FORSCHUNGEN UND QUELLEN
ZUR KIRCHEN- UND KULTURGESCHICHTE
OSTDEUTSCHLANDS

IM AUFTRAGE DES INSTITUTES
FÜR OSTDEUTSCHE KIRCHEN- UND KULTURGESCHICHTE
HERAUSGEGEBEN VON PAUL MAI

Band 33

# KATHOLISCHES MILIEU UND VERTRIEBENE

EINE FALLSTUDIE AM BEISPIEL
DES OLDENBURGER LANDES
1945–1965

von

Michael Hirschfeld

2002

BÖHLAU VERLAG KÖLN WEIMAR WIEN

Gedruckt mit Unterstützung des Bischöflich Münsterschen Offizialats Vechta, des Heimatbundes für das Oldenburger Münsterland, des Visitators für Priester und Gläubige aus der Grafschaft Glatz, des St.-Hedwigs-Werkes der Diözese Osnabrück und des Ev.-Luth. Oberkirchenrates Oldenburg, ferner durch eine Spende der Bremer Landesbank Kreditanstalt Oldenburg - Girozentrale -, der Landessparkasse zu Oldenburg, der Oldenburgischen Landesbank AG an die Oldenburgische Landschaft.

Imprimatur – Coloniae, die m. 10. Junii 2002
Jr. Nr. 106250 I 90 - + Klaus Dick, vic. eplis.

Die Deutsche Bibliothek – CIP-Einheitsaufnahme

**Hirschfeld, Michael :**
Katholisches Milieu und Vertriebene : eine Fallstudie am Beispiel des Oldenburger Landes ; 1945–1965. / von Michael Hirschfeld. – Köln ; Weimar ; Wien : Böhlau, 2002
(Forschungen und Quellen zur Kirchen- und Kulturgeschichte Ostdeutschlands ; Bd. 33)
Zugl.: Vechta, Hochschule, Diss., 2001
ISBN 3-412-15401-6

Umschlagabbildung: Älteres ostvertriebenes Ehepaar in der Wesermarsch auf dem Weg zur Kirche, ca. 1958.
(Foto: Offizialatsarchiv Vechta, Bildersammlung)
© 2002 by Böhlau Verlag GmbH & Cie, Köln
Ursulaplatz 1, D-50668 Köln
Tel. 0221/913 90-0 Fax 0221/913 90-11
vertrieb@boehlau.de
Alle Rechte vorbehalten
Gedruckt auf chlor- und säurefreiem Papier
Gesamtherstellung: MVR Druck GmbH, Brühl
Printed in Germany
ISBN 3-412-15401-6

# INHALT

Vorwort des Herausgebers .................................................................. XI
Vorwort des Verfassers ..................................................................... XIII

EINLEITUNG ......................................................................................... 1

1. Thematisierung ............................................................................... 1
2. Problematisierung .......................................................................... 7
3. Forschungsstand und Operationalisierung ................................... 21
4. Quellenlage .................................................................................... 65

I. KIRCHLICHES VEREINSWESEN UND RELIGIÖSE
   BRAUCHTUMSPFLEGE ALS MILIEUBINDEFAKTOREN ......... 67

1. Die Topoi Volkstum und Heimat im Kontext der Nachkriegszeit und in
   Relation zur Seelsorge an den Heimatvertriebenen ............................ 69
   a) Volkstum ................................................................................... 69
   b) Heimat ...................................................................................... 73
2. Die Entstehung eines Kulturwerkes in Nordwestdeutschland ............ 78
   a) Die Vorarbeiten der Deutschen Hedwig-Stiftung ..................... 78
   b) Die Etablierung des Hedwigs-Werkes in den Nachbardiözesen Osnabrück
      und Paderborn ........................................................................... 80
   c) Ernennung eines Diözesan-Vertriebenenseelsorgers ................ 86
3. Intentionen des Hedwigs-Werkes und ihre Wechselwirkung im
   Bistum Münster................................................................................... 88
   a) Intensität der Hedwigsverehrung in Ostdeutschland vor 1945 zwischen
      Anspruch und Realität ............................................................... 88
   b) Opposition gegen Hedwigs-Werk-Gründung in der Leitungsebene des
      Bistums ...................................................................................... 90
   c) Überlagerung der religiösen durch die politisch-gesellschaftliche Dimension   94
   d) Politisch-gesellschaftliche Konkurrenz: Der Sonderweg des Geistlichen
      Rates Georg Goebel .................................................................. 96
   e) Adaption religiös-kultureller Ziele durch weltliche Vertriebenen-
      organisationen ........................................................................... 99

4. Rezeptionsversuche auf der Mesoebene des Fallbeispiels ............... 101
   a) Erster Versuch einer Hedwigs-Werk-Etablierung für Oldenburg und das Bistum Münster 1948 ............... 101
   b) Das Spannungsfeld zwischen Diaspora- und Vertriebenenkatholizismus als Ursache für die Suche nach Vergemeinschaftungsformen ............... 104
   c) Die fehlende Bindungskraft der Vertriebenen in Südoldenburg ............... 112
   d) Schleichender Gründungsprozeß und Akzeptanz einzelner Hedwigskreise – Das Fallbeispiel Delmenhorst ............... 114
   e) Zweiter Versuch einer Etablierung auf der Mesoebene 1951/52 ............... 120
   f) Ernennung eines Bezirksvertriebenenseelsorgers ............... 127
   g) Abgesang der Kulturwerk-Idee vor dem Hintergrund der Assimilation ....... 128
5. Wallfahrten als Ausdruck einer besonderen Religiosität ............... 130
6. Zwischenbilanz ............... 137

II. SOZIAL-KARITATIVE ORGANISATIONSKONZEPTE DER HIERARCHIE  141

1. Direktiven von Papst und Diözesanbischof ............... 143
2. Organisation auf der Diözesan- und Offizialatsebene ............... 151
   a) Der oldenburgische Ansatz ............... 156
   b) Der münsterische Ansatz ............... 158
   c) Konflikte zwischen Oldenburg und Münster ............... 159
3. Ausbau des sozialen Netzes ............... 165
   a) Flüchtlingskrankenhäuser und Altenheime ............... 165
   b) Waisenhäuser ............... 174
   c) Erfassung elternloser und verwahrloster Jugendlicher ............... 176
   d) Kindergärten ............... 180
   e) Personelle Ausstattung als Kennzeichen ostdeutscher Prägung ............... 182
4. Organisierte Caritas im Kontext politischer Maßnahmen ............... 191
5. Organisierte Caritas im Kontext anderer Wohlfahrtsverbände ............... 196
6. Organisierte Caritas im Kontext ausländischer Hilfsmaßnahmen ............... 199
7. Das System der Pfarr-Caritas ............... 201
   a) Pfarr-Caritas in Nordoldenburg ............... 203
   b) Pfarr-Caritas in Südoldenburg ............... 206
   c) Kindererholung als spezifische Aufgabe ............... 208
8. Individuelle Hilfsleistungen außerhalb der organisierten Caritas ............... 212
9. Zwischenbilanz ............... 214

III. KARITATIV-PASTORALE KONZEPTE UND DEREN REZEPTION AUF DER MIKROEBENE ............... 217

1. Das System der Patengemeinden ............... 217

2. Patenschaften für Kirchenbauten als Element der Milieufestigung ............... 227
3. Bettelbriefe und -predigten – Der Beitrag der Vertriebenengemeinden zu einer festen Beheimatung ............................................................................ 239
4. Zwischenbilanz ............................................................................................ 249

## IV. AUSSERORDENTLICHE INNOVATIVE SEELSORGEMETHODEN ZUR STÄRKUNG DER MILIEUKOHÄRENZ .................................................. 250

1. Geistliche Begleitung der Wanderungsbewegungen .................................... 251
2. Alternative Erfassungsmodelle .................................................................... 253
   a) Kapellenwagenmissionen ....................................................................... 253
   b) Motorisierung der Geistlichen ............................................................... 261
   c) Katholische Siedlungsinitiativen für Vertriebene ................................... 263
3. Zwischenbilanz ............................................................................................ 279

## V. INTERKONFESSIONELLE KONTAKTE UND ÖKUMENISCHE ANNÄHERUNGEN ZWISCHEN MILIEUAUFWEICHUNG UND MILIEUSTABILISIERUNG ............................................................................ 282

1. Evakuierte und Vertriebene als Auslöser milieuübergreifender Kontakte ........ 282
   a) Die Ausgangslage ................................................................................... 282
   b) Voraussetzungen der Mitbenutzung evangelischer Kirchen im Raum der Fallstudie ........................................................................................... 285
2. Kirchenmitbenutzung zwischen Milieuformierung und -gefährdung ............. 286
   a) auf der Mesoebene ................................................................................. 286
   b) Das Fallbeispiel Emstek ......................................................................... 289
3. Normative Handlungsmaximen und deren Rezeption ................................. 291
   a) auf der Mesoebene ................................................................................. 291
   b) auf der Makroebene der katholischen Universalkirche ......................... 296
4. Irritationen an der Basis – Folgen heterogener Konfessionszonen für das Milieuverständnis ................................................................................... 298
5. Zwischen materiellen Konflikten als Motivation zur Milieuabgrenzung und wachsender Kooperation ....................................................................... 312
6. Die Mischehenproblematik als typisches Milieukennzeichen ...................... 316
7. Elemente katholischer Milieuverfestigung und protestantische Provokationen .. 322
8. Zwischenbilanz ............................................................................................ 331

## VI. DIE KONFESSIONSSCHULE ALS MILIEUGARANTIN ............................ 335

1. Wiederherstellung des Konfessionsschulwesens als Voraussetzung ............ 335

2. Einrichtung katholischer Bekenntnisschulen als Elemente lokaler
   Milieubildung in der Diaspora .................................................................. 340
   a) Allgemeine Vorgaben ......................................................................... 340
   b) Fallbeispiele auf der Mikroebene ...................................................... 341
3. Der niedersächsische Schulkampf und seine Folgen für die Milieufestigung ..... 346
   a) Das Vorgehen der Regierung .............................................................. 346
   b) Die Rolle des BHE für die vertriebenen Katholiken ........................... 349
   c) Proteste gegen die Schulpolitik aus dem Vertriebenenspektrum ....... 352
   d) Versuche der Umformung des BHE von der Interessen- zur Milieupartei .... 356
   e) Politischer Zickzackkurs des Vertriebenenklerus .............................. 365
4. Zwischenbilanz ........................................................................................ 370

## VII. DER KLERUS ALS SOZIALE FÜHRUNGSSCHICHT ........................ 372

1. Die spezifische Prägung des Vertriebenenklerus .................................... 373
   a) Bedeutende Theologen an der Breslauer Universität als Vorbilder ..... 373
   b) Die Quickborn-Ideale als primäre Lebensgrundlage .......................... 375
   c) Quickborn als Grundlage für die Förderung einer Vielfalt pastoraler Berufe ... 382
   d) Quickborn und liturgisches Apostolat der Grüssauer Benediktiner als
      Anstoß für die „singende Gemeinde" .................................................. 383
   e) „Schlesische Toleranz" ....................................................................... 387
2. Die spezifische Prägung des oldenburgischen Klerus ............................ 390
3. Aktivierung des ostvertriebenen Klerus zur Milieuformierung .............. 395
   a) durch das Bischöfliche Offizialat als zuständige kirchliche Behörde ..... 395
   b) durch staatliche Maßnahmen .............................................................. 401
4. Empirische Beispiele des Interaktionsverhaltens von vertriebenen und
   einheimischen Klerikern ......................................................................... 402
5. Desintegrationserscheinungen im Spannungsfeld zwischen „östlicher" und
   „westlicher" Identität .............................................................................. 414
   a) Kirchenrechtliche Vorgaben ............................................................... 414
   b) Berufliche Stellung im Aufnahmebistum ........................................... 418
   c) Finanzielle Stellung im Aufnahmebistum .......................................... 428
   d) Bedrohung der heimatlichen Identität ................................................ 429
6. Vertriebenenseelsorger als Milieubindekräfte ......................................... 433
   a) Vergemeinschaftung des Klerus ......................................................... 433
      1 auf der Makroebene ......................................................................... 433
      2 auf der Mesoebene im oldenburgischen Ostpriesterkonveniat ........ 436
   b) Einflußnahme ostdeutscher Ordinarien auf die Pastoral ..................... 450
   c) Die „Personalpfarrei" als alternative Seelsorgeform .......................... 458
   d) Tradierung der Milieubindung durch Priesternachwuchs .................. 461
      1 Schaffung von Strukturen auf der Makroebene ............................... 461
      2 Kirchenrechtliche Vorgaben ............................................................ 463
      3 Auswirkungen auf den Untersuchungsraum .................................... 465

|   |   |
|---|---|
| e) Berufungskrise im Kontext des allgemeinen Rückgangs der Priesterzahlen | 470 |
| f) Einsatz von Ordensgemeinschaften in der Pfarrseelsorge | 489 |
| g) Frauen als Bindekräfte in der Pastoral | 498 |
| 7. Zwischenbilanz | 506 |

RESÜMEE ............................................................................................. 509

ANHANG .............................................................................................. 533

| | |
|---|---|
| Karten und Tabellen | 533 |
| Quellen- und Literaturverzeichnis | 551 |
| Abkürzungsverzeichnis | 607 |
| Abbildungsverzeichnis | 611 |
| Abbildungsnachweis | 613 |
| Dokumentenverzeichnis | 615 |
| Dokumentennachweis | 616 |
| Tabellenverzeichnis | 617 |

PERSONEN- UND ORTSREGISTER ................................................. 619

## VORWORT DES HERAUSGEBERS

Das Thema „Flucht und Vertreibung" von Millionen Deutschen aus den ehemaligen deutschen Ostgebieten ist seit Mitte der 1980er Jahre erneut in den Blickpunkt der Forschung gerückt. Bereits in den 1950er und 60er Jahren erschien eine Vielzahl von Publikationen zur Flüchtlingsproblematik, Erlebnisberichte von Betroffenen, aber auch wissenschaftliche Abhandlungen statistischer, historischer, soziologischer und volkskundlicher Art. Vereinzelt meldeten sich damals – ab 1946 – auch Theologen zu Wort, die den Komplex nicht nur als karitatives und pastoraltheologisches, sondern als Grundsatzproblem von Kirche und Gesellschaft einstuften. Freilich trugen alle diese Veröffentlichungen den Stempel der Erlebnisgeneration. Die Bewältigung praktischer Schwierigkeiten, die Eingliederung der Flüchtlinge und Vertriebenen in Staat, Kirche und Gesellschaft, bildete den Hintergrund dieser Äußerungen und Veröffentlichungen.

Inzwischen ist seit dem Ende des Zweiten Weltkriegs und den Jahren der Vertreibung bereits mehr als ein halbes Jahrhundert vergangen. Die zeitliche Distanz ermöglicht einen anderen, vielleicht auch objektiveren Blick auf die Ereignisse. Auch haben sich die Wissenschaften in ihren Fragestellungen und in ihrer Methodik weiterentwickelt. Die vorliegende Arbeit ist eine Dissertation der Geschichtswissenschaft. Sie wurde im Jahr 2000 von Michael Hirschfeld im Fach Neuere Geschichte an der Hochschule Vechta bei Prof. Dr. Joachim Kuropka mit dem Thema „Desintegrationsprozesse im katholischen Milieu durch Flüchtlinge und Vertriebene 1945–1965. Eine Fallstudie" eingereicht und mit der Bestnote „summa cum laude" bewertet. Im Ansatz ist die vorliegende historische Dissertation stark sozialgeschichtlicher Methodik und Terminologie verpflichtet. Wichtig aus Sicht unseres Instituts ist es, daß hier die beiden Felder Vertriebenenforschung und Katholizismusforschung zueinander in Beziehung gesetzt werden. Ausgangspunkt ist der Leitbegriff des „katholischen Milieus", der sich in der Forschung in den vergangenen beiden Jahrzehnten mehr und mehr durchgesetzt hat und nichts anderes als das spezifische soziale und kulturelle Umfeld der Katholiken im Miteinander mit anderen sozialen Gruppen bezeichnet.

Hirschfeld liefert eine territorial und zeitlich begrenzte Fallstudie: Katholisches Milieu und Vertriebene werden am Beispiel des Oldenburger Landes 1945 bis 1965 behandelt. Eine Vertriebenengeschichte zum Oldenburger Land war bisher ein Forschungsdefizit. Eine der leitenden Fragestellungen dieser Arbeit ist es, inwieweit die Vertriebenen ihre Identität – mit eigenen Frömmigkeitsformen – bewahren konnten oder inwieweit Vertriebene einer Integration in der neuen Umgebung zugeführt wurden. Der Verfasser stellt klar heraus, daß die offizielle Zielsetzung der Kirchenleitung in Westdeutschland die Integration der Vertriebenen war. Dies war im nachhinein betrachtet letztendlich sicherlich die richtige Grundentscheidung. Dadurch wurde verhindert, daß sich die Ostvertriebenen mit der Forderung nach der Rückgabe der verlorenen Heimat und der Durchsetzung dieses Ziels, notfalls auch mit terroristischen Mitteln – man denke nur an die Palästinenser – zum sozialen und politischen Sprengstoff in Europa entwickelten. Auf der anderen Seite wurden partielle Maßnahmen zur Identitätswahrung durchaus auch getroffen: Die Gründung der Hedwigswerke, die Durchführung spezieller Vertriebenenwallfahrten, die Betreuung von Gemeinden durch Priester aus den ehemaligen deutschen Ostgebieten zählen hierzu.

Konkret werden bei Hirschfeld durchaus auch die Alltagsschwierigkeiten angesprochen, die auftauchten, als die einheimische Bevölkerung des Oldenburger Landes mit Flüchtlingen und Vertriebenen aus den deutschen Ostgebieten konfrontiert wurde: Karitative Hilfsmaßnahmen, das System von Patengemeinden, Kapellenwagenmission, Kirchenneubauten, Siedlungswerke, Mischehenproblematik, niedersächsischer Schulkampf um die Bekenntnisschule, Konflikte zwischen oldenburgischem Klerus und Vertriebenenklerus, aber auch die aus der Not geborenen ökumenischen Kontakte kommen ins Blickfeld und werden systematisch abgehandelt. Von seinem übergreifenden theoretischen Ansatz geht Hirschfeld auch der Frage nach, ob die gezielte Integration der Vertriebenen, der Entzug der Identität, nicht auch teilweise zum Verlust der Kirchlichkeit – sprich zu Indifferentismus, Kirchenaustritten etc. – geführt und den Prozeß der Säkularisierung der modernen Gesellschaft beschleunigt habe.

Hingewiesen sei in diesem Zusammenhang auf eine weitere Regionalstudie zur kirchlichen Zeitgeschichte, die als Band 11 unserer Institutsreihe „Arbeiten zur schlesischen Kirchengeschichte" im Thorbecke-Verlag Stuttgart 2000 erschien: Dietmar Meder: „Integration oder Assimilation? Eine Feldstudie über den Beitrag der Kirche zur Integration der Heimatvertriebenen vor Ort in der Diözese Rottenburg".

Das Institut für ostdeutsche Kirchen- und Kulturgeschichte dankt dem Autor Dr. Michael Hirschfeld für diese fundierte Untersuchung, auch für seinen persönlichen Druckkostenzuschuß zu diesem Band. Hirschfelds Kardinal-Bertram-Stipendiatenarbeit „Prälat Franz Monse (1882–1962), Großdechant von Glatz" wurde bereits 1997 als Band 7 unserer Reihe „Arbeiten zur schlesischen Kirchengeschichte" veröffentlicht. Verbindlicher Dank sei auch folgenden Institutionen aus dem Oldenburger Raum abgestattet, die mit spürbaren Zuschüssen die Drucklegung vorliegender Publikation unterstützten: Dem Bischöflich Münsterschen Offizialat in Vechta, dem Visitator für Priester und Gläubige aus der Grafschaft Glatz in Münster, dem St.-Hedwigs-Werk der Diözese Osnabrück, dem Heimatbund für das Oldenburger Münsterland in Cloppenburg, der Oldenburgischen Landschaft und dem Evangelisch-Lutherischen Oberkirchenrat, jeweils in Oldenburg.

Msgr. Dr. Paul Mai
1. Vorsitzender des Instituts für ostdeutsche Kirchen- und Kulturgeschichte Regensburg

# VORWORT DES VERFASSERS

Was die historische Fachdisziplin so nüchtern unter dem Begriff „Kirchliche Zeitgeschichte" subsumiert – die Veränderungen von Kirche im Kontext von Politik und Gesellschaft des 19. und 20. Jahrhunderts – faszinierte mich schon als Jugendlicher in der sog. katholischen Diaspora des Oldenburger Landes. Traditionen und Umbrüche in der katholischen Kirche Deutschlands blieben ein Thema mit vielen Fragen, die mein Geschichtsstudium in Münster durchzogen, sich während der Studienjahre immer brennender stellten und zunehmend in den Mittelpunkt immer ausgeprägterer sozial- und mentalitätsgeschichtlicher Interessen rückten.

Mit Professor Dr. Joachim Kuropka (Vechta) fand ich nach dem Ersten Staatsexamen einen akademischen Lehrer, der meine Idee, eine Dissertation zum westdeutschen Katholizismus nach 1945 an der Schnittstelle zwischen Vertriebenen und Einheimischen zu beginnen, gerne aufgriff. Mit seinen methodischen Anregungen und Ratschlägen trug er entscheidend dazu bei, das Thema zu konkretisieren und im Kontext der katholischen Milieuforschung als Fallstudie zu verorten. In der ihm eigenen engagierten und temperamentvollen Art begleitete er den mehr als dreijährigen Entstehungsprozeß des vorliegenden Werkes stets mit kritischer Loyalität und großer Diskussionsbereitschaft. Ihm und den Mitgliedern seines Doktorandenseminars „Katholizismus in der Region" an der Hochschule Vechta verdanke ich zahlreiche weiterführende Gedanken und Anstöße.

Der Dank gilt neben Professor Kuropka für die Übernahme des Erstgutachtens den beiden weiteren Gutachtern Professor Dr. Alwin Hanschmidt (Vechta) und Professor Dr. Paul Leidinger (Münster), die ebenso dazu beitrugen, daß mein mit dem Einreichen der Dissertation im Herbst 2000 eingeleitetes Promotionsverfahren an der Hochschule Vechta im Sommersemester 2001 mit großem Erfolg abgeschlossen werden konnte.

Eine jederzeit überaus freundliche Aufnahme und Unterstützung erfuhr ich in den Jahren der Arbeit an meiner Dissertation im Archiv des Bischöflich Münsterschen Offizialats Vechta. Dessen Leiter Willi Baumann (Langförden) und sein Mitarbeiter Peter Sieve M.A. (Oythe) begleiteten das Projekt nicht nur mit besonderem Interesse und stellten unermüdlich Akten aus den Beständen des Hauses zur Verfügung, sondern sie gaben manche Hinweise auf versteckte Literatur zur Thematik und ermutigten mich in vielerlei Hinsicht. Darüber hinaus begleitete mich Willi Baumann zu Lokalterminen in zahlreiche Pfarrarchive Nordoldenburgs und öffnete hier viele Türen. Gemeinsam mit Peter Sieve trug er außerdem durch kritische Lektüre meines fertigen Manuskriptes zu dessen vorliegender Gestalt bei. Ein ähnlich maßgeblicher Anteil am Korrekturprozeß kommt auch Oberstudiendirektor a.D. Dr. Johannes Sziborsky (Jandelsbrunn) zu.

Eine gute Basis für den erfolgreichen Abschluß meines Projektes bereitete die materielle und vor allem ideelle Förderung durch den Apostolischen Visitator für die Priester und Gläubigen aus dem Erzbistum Breslau Apostolischer Protonotar Winfried König (Münster), bei dem ich während der Promotionszeit als wissenschaftlicher Mitarbeiter sowohl einige Buchprojekte verantwortlich betreuen durfte als auch – gleichsam als Nebeneffekt – viele hilfreiche Kontakte zu Personen wie Institutionen im Bereich des schlesischen bzw. Vertriebenenkatholizismus knüpfen konnte.

Dem Institut für ostdeutsche Kirchen- und Kulturgeschichte e.V., das mich bereits während des Studiums durch Vergabe eines Kardinal-Bertram-Stipendiums förderte, und seinem 1. Vorsitzenden Archiv- und Bibliotheksdirektor Msgr. Dr. Paul Mai (Regensburg) bin ich für die Aufnahme meiner Dissertation in seine Reihe „Forschungen und Quellen zur Kirchen- und Kulturgeschichte Ostdeutschlands" dankbar.

Ebenso verbunden weiß ich mich Offizialatsrat Prälat Leonhard Elsner (Vechta), dem Ständigen Vertreter des Bischöflichen Offizials, der meine Arbeit interessiert verfolgte, mir eine Tätigkeit als wissenschaftlicher Mitarbeiter an einem Projekt des Offizialatsarchivs Vechta ermöglichte und ebenso wie auch Prälat König das Erscheinen dieser Dissertation förderte.

Last but not least gilt der Dank meinen Eltern Rolf und Christiane Hirschfeld (Delmenhorst), die mein Promotionsvorhaben nicht allein von Beginn an verständnisvoll mitgetragen haben, sondern auch dessen Wachsen und Werden mit liebevoller Aufmerksamkeit und großem Verständnis begleiteten.

In Dankbarkeit sei diese für die Drucklegung nur leicht überarbeitete Dissertation allen Genannten gewidmet. Aber auch die vielen Ungenannten sollen an dieser Stelle nicht vergessen werden, unabhängig davon, ob sie als Fachkollegen durch kleine Fingerzeige Mosaiksteinchen zum Gelingen dieses Buches beigetragen oder ob sie in meinem großen Freundeskreis für die bei aller Liebe zur Wissenschaft notwendige Bodenhaftung gesorgt haben.

Lingen (Ems), im Februar 2002              Michael Hirschfeld

# EINLEITUNG

## 1. Thematisierung

Die Kirchen „sind wohletabliert, gehören zum Bestand der Tradition und zur Autorität, [...] sind normsetzende Mächte des individuellen wie des sozialen Lebens. Auf dem Dorf und in der kleinen Stadt zumindest prägen die Kirchen die Volksschulen, die Geistlichen sind – auch – Instanzen der sozialen Kontrolle. Zu den Kirchen zu gehören, ist selbstverständlich, sich von ihnen zu distanzieren, bedarf der Rechtfertigung, stellt den Menschen außerhalb der Normalität."[1] So beschrieb Thomas Nipperdey die Situation des Christentums in Deutschland, insbesondere aber des Katholizismus, im Hinblick auf die Jahre 1870 bis 1918, und seine Beobachtung für die Epoche des Kaiserreichs läßt sich im wesentlichen unverändert auch auf diese im Zeitraum nach dem Zweiten Weltkrieg angesiedelte Studie übertragen. Unter den deutschen Katholiken ist seit der Mitte des 19. Jahrhunderts und verstärkt in der Folge des Kulturkampfes die Tendenz zur Herausbildung einer vieldimensionalen Subkultur zu beobachten, die nahezu alle Bereiche des menschlichen Lebens erfaßte und „von unerhörter Dichte und Intensität"[2] war. Sie wird inzwischen schon beinahe definitorisch unter dem Topos „**katholisches Milieu**" subsumiert, wobei sich dieser Begriff im wissenschaftlichen Diskurs[3] wie auch in der kirchlichen Pastoral[4] fast gleichermaßen etabliert hat.

---

[1] Nipperdey, Thomas, Religion im Umbruch. Deutschland 1870–1918, München 1988, 8.

[2] Vgl. ebd., 24.

[3] Der Milieubegriff fand erstmals als Komponente der Soziologie durch Auguste Comte Eingang in die Wissenschaft. Einen knappen, gut lesbaren Überblick zur Entstehung u. Entwicklung des Milieubegriffs bieten: Kaufmann, Doris, Katholisches Milieu in Münster 1928–1933. Politische Aktionsformen und geschlechtsspezifische Verhaltensräume (Düsseldorfer Schriften zur Neueren Landesgeschichte und zur Geschichte Nordrhein-Westfalens, Bd. 14), Düsseldorf 1984, hier 15–39, u. aktueller: Arbeitskreis für kirchliche Zeitgeschichte, Münster, Katholiken zwischen Tradition und Moderne. Das katholische Milieu als Forschungsaufgabe, in: Westfälische Forschungen, Bd. 43 (1993), 588–645. Ergänzend sei verwiesen auf: Klöcker, Michael, Das katholische Milieu. Grundüberlegungen – in besonderer Hinsicht auf das Deutsche Kaiserreich von 1871, in: Zeitschrift für Religions- und Geistesgeschichte, Bd. 44 (1992), 241–262; Blaschke, Olaf, Kuhlemann, Frank-Michael (Hrsg.), Religion im Kaiserreich. Milieus – Mentalitäten – Krisen (Religiöse Kulturen der Moderne, Bd. 2), Gütersloh 1996. Neuerdings vgl. auch: Horstmann, Johannes, Liedhegener, Antonius (Hrsg.), Konfession, Milieu, Moderne. Konzeptionelle Positionen und Kontroversen zur Geschichte von Katholizismus und Kirche im 19. und 20. Jahrhundert (Veröffentlichungen der Katholischen Akademie Schwerte, Bd. 47), o. O. 2001.

[4] Vgl. Höffner, Joseph, Pastoral der Kirchenfernen. Eröffnungsreferat bei der Herbstvollversammlung der Deutschen Bischofskonferenz 1979 in Fulda (Der Vorsitzende der Deutschen Bischofskonferenz, Bd. 7), Bonn 1979, 50ff.

Der als wesentliches Kennzeichen des Bedeutungsfeldes Katholizismus in den letzten Jahren immer stärker in den Vordergrund gerückte Milieubegriff trägt dazu bei, im Sinne der Definition des Wortes Milieu das soziale und kulturelle Umfeld[5] als die beiden Komponenten der Umgebung, in der ein Mensch lebt und die ihn prägt[6], abzugrenzen.

Das katholische Milieu versteht sich daher als Synonym für eine Art Subgesellschaft, die sich neben der Besinnung auf das katholische Wert- und Normensystem und einen ritualisierten Alltag, in dem Gottesdienstbesuch und regelmäßiger Empfang der Sakramente einen zentralen Platz einnahmen, über ein breit differenziertes kirchliches Vereinswesen, das von kulturellen und sportlichen Angeboten bis hin zur Berufs- und Standesvertretung reichte, und nicht zuletzt über die politische Organisation in der Zentrumspartei definierte.

Ein solch breitgefächertes Angebot, das jedem Katholiken ein Betätigungsfeld bot, ohne das Milieu und seinen Stand verlassen zu müssen, fand sich im übrigen nicht nur in agrarisch orientierten katholischen Regionen oder in Klein- und Mittelstädten mit einer katholisch geprägten bürgerlichen Bevölkerung, sondern war in besonderer Weise im Zuge der Industrialisierung in der katholischen Diaspora entstanden, wo sich die Minderheit durch die Einrichtung von Schulen, Kindergärten und Krankenhäusern sowie den Aufbau eines vielfältigen Vereinsnetzes „stützende Strukturen"[7] in einer religiös-kulturell anders bestimmten Umgebung geschaffen hatte[8].

Das Ende des Zweiten Weltkriegs bedeutete für die Lebenswelt des katholischen Milieus einen tiefen Einschnitt, da es die strukturellen Voraussetzungen menschlichen Zusammenlebens in Deutschland plötzlich fundamental veränderte. Die Flucht und Vertreibung von 12,89 Millionen Menschen[9] aus den ostdeutschen Provinzen, dem Sudetenland und den deutschen Sprachinseln Ost- und Südosteuropas in den Westen ging nicht pro-

---

[5] Zur Unterscheidung zwischen kultureller und sozialer Komponente vgl. Rohe, Karl, Wahlen und Wählertradition in Deutschland. Kulturelle Grundlagen deutscher Parteien und Parteiensysteme im 19. und 20. Jahrhundert, Frankfurt/M. 1992, 14–22 u. 92.

[6] Der Begriff „Milieu" ist ursprünglich von lateinisch medius und locus abgeleitet. Vgl. Duden. Das große Wörterbuch der deutschen Sprache, 2., völlig neu bearb. u. erw. Aufl. Mannheim 1993. Der kleine Duden. Fremdwörterbuch, 2. Aufl. Mannheim u. a. 1983, definiert Milieu als „Gesamtheit der natürlichen und sozialen Lebensumstände eines Individuums oder einer Gruppe". Michael Klöcker weist ergänzend auf eine Doppelbedeutung, nämlich Mitte u. soziale Umwelt, hin. Vgl. Klöcker, Michael, Das katholische Milieu (wie Anm. 3), 244. Zur Diskussion des Milieubegriffs vgl. ausführlich den Abschnitt Operationalisierung in diesem Kap.

[7] Kösters, Christoph, Katholiken in der Minderheit. Befunde, Thesen und Fragen zu einer sozial- und mentalitätsgeschichtlichen Erforschung des Diasporakatholizismus in Mitteldeutschland und der DDR (1830/40–1961), in: Wichmann-Jahrbuch des Diözesangeschichtsvereins Berlin, NF, Bd. 4 (1996/1997), 169–204, hier 170.

[8] Vgl. Klöcker, Michael, Das katholische Milieu (wie Anm. 3), 245.

[9] So die Gesamtzahl der bis zum 31.12.1955 in die Bundesrepublik, die DDR u. nach Österreich gekommenen Flüchtlinge u. Vertriebenen. Vgl. Reichling, Gerhard, Die Heimatvertriebenen im Spiegel der Statistik (Schriften des Vereins für Sozialpolitik, NF, Bd. 6/III), Berlin 1958, 14. Die Zahl der Flüchtlinge und Vertriebenen aus den deutschen Ostprovinzen betrug am 13.9.1950 7 Millionen. Vgl. ebd., 23.

blemlos an den Betroffenen wie auch an der aufnehmenden Bevölkerung vorbei. Vielmehr beinhaltete dieser Migrationsprozeß einen radikalen Wandel mit unabsehbaren Folgen für die religiösen Lebensräume.

„Die Kirchen haben die Vertriebenen auf ihren Flüchtlingswegen begleitet. Viele Pfarrer [...] sind unentwegt an der Seite ihrer vertriebenen Pfarrmitglieder geblieben. Nicht selten haben ganze Gemeinden [...] in einer manchmal wenig freundlichen Umwelt ein neues Zuhause gesucht und gefunden. Wenn man heute noch die Neusiedlung der Heimatvertriebenen genauer betrachtet, spürt man an vielen Orten, wie die erneute kirchliche Verwurzelung eine erste Heimat geboten hat."

Mit diesen Worten würdigte der derzeitige Vorsitzende der Deutschen Bischofskonferenz, der Mainzer Bischof Karl Kardinal Lehmann, in der Retrospektive den Einsatz der katholischen Kirche für die 1945/46 aus den deutschen Ostgebieten geflohenen und vertriebenen Menschen, und er signalisierte dieser Gruppe von Katholiken damit zugleich, daß die Kirche in den seit dem Kriegsende vergangenen Jahrzehnten stets bereit gewesen sei, ihr „Heimat" zu bieten, sie also, um mit dem oben eingeführten Terminus zu operieren, in das katholische Milieu aufzunehmen[10].

Eine „Heimat" bieten: Auf diesen Nenner kann man die vielfältigen pastoralen und karitativen Herausforderungen bringen, vor denen die 21 katholischen Bistümer westlich der Oder-Neiße-Linie konkret seit Beginn des Jahres 1945 standen. Noch vor dem endgültigen Zusammenbruch des NS-Regimes begann sich ein großer Flüchtlingsstrom über ihre Pfarreien zu ergießen, der seinen Höhepunkt in den Massenvertreibungen der Deutschen aus Ostdeutschland in den Jahren 1945 bis 1947 fand. Bereits zum Zeitpunkt der ersten Volkszählung nach dem Krieg, am 29. Oktober 1946, befanden sich mehr als 9,5 Millionen Flüchtlinge und Vertriebene allein in den vier alliierten Besatzungszonen, davon 6,1 Millionen in den drei westlichen Besatzungszonen[11].

Für die katholische Kirche markierte die vom polnischen Primas Augustyn Kardinal Hlond mit Hilfe vatikanischer Sondervollmachten im August 1945 erfolgte Absetzung der ostdeutschen Jurisdiktionsträger zugunsten polnischer Apostolischer Administratoren de facto das Ende der Kirchenprovinz Breslau. Daß dieser Vorgang auf Sondervollmachten des Vatikans zur Neuordnung der Seelsorge in Polen basierte, deren Geltung für die

---

[10] Lehmann befaßte sich mit dieser Thematik anläßlich der zum 1.1.1999 erfolgten Neuordnung der Vertriebenen- u. Aussiedlerseelsorge: Lehmann, Karl, Die Kirche inmitten von Vertreibungsschicksal und Flüchtlingselend. Kleiner Versuch einer Würdigung der Heimatvertriebenenseelsorge, in: Kirche und Heimat. Die katholische Vertriebenen- und Aussiedlerseelsorge in Deutschland (Arbeitshilfen der Deutschen Bischofskonferenz, H. 146), Bonn o. J. (1999), 7–10, hier 9.

[11] Zu den Vertreibungszahlen vgl. Reichling, Gerhard, Die Heimatvertriebenen im Spiegel der Statistik (wie Anm. 9), 14ff. Dagegen geht das Polnische Statistische Jahrbuch von 1949 nur von 2,21 Millionen „Umsiedlern" aus Polen zwischen 1945 und 1948 aus u. ist als „geschönte Quelle" zu bezeichnen. Erstaunlich ist, daß diese Angaben noch 1995 Eingang in die Augsburger Dissertation von Jan Siedlarz fanden und hier unreflektiert übernommen wurden. Vgl. Siedlarz, Jan, Kirche und Staat im kommunistischen Polen 1945–1989 (Abhandlungen zur Sozialethik, Bd. 38), Paderborn u. a. 1996, 35.

deutschen Ostgebiete nicht nur in Deutschland fraglich und deshalb in der wissenschaftlichen Forschung umstritten war und ist, sondern auch vom Vatikan im nachhinein bedauert wurde, zeigt die Tatsache, daß die deutsche kirchliche Hierarchie in den nunmehr unter polnischer Verwaltung stehenden Provinzen de iure noch bis 1972 weiterbestand[12]. Diese sogenannte Ostdeutsche Kirchenprovinz setzte sich aus der Erzdiözese Breslau mit (1940) rund 2,1 Millionen Katholiken[13], der nordostdeutschen Diözese Ermland mit (1940) ca. 375.000 Katholiken[14], der Freien Prälatur Schneidemühl mit (1940) insgesamt

---

[12] Hlond, der bis Kriegsende im Franziskanerkloster Wiedenbrück interniert war, reiste anschließend nach Rom und erhielt dort von Pius XII. per Dekret den Auftrag, die Kirche „in tutto il territorio polacco" neu zu ordnen. Da die deutschen Ostgebiete aber lediglich unter polnische Verwaltung gestellt waren und nicht zum eigentlichen polnischen Staatsgebiet gehörten sowie zudem das Dekret vor Abschluß des Potsdamer Abkommens ausgefertigt worden war, wird seine Geltung für diese Gebiete in Frage gestellt. Vgl. hierzu Scholz, Franz, Zwischen Staatsräson und Evangelium. Kardinal Hlond und die Tragödie der ostdeutschen Diözesen. Tatsachen – Hintergründe – Anfragen, 2., verbess. u. erw. Aufl. Frankfurt/M. 1988. Bei Siedlarz, Jan, Kirche und Staat im kommunistischen Polen (wie Anm. 11), 45, hingegen wird das Verhalten Hlonds gegenüber der ostdeutschen Hierarchie als vollkommen gerechtfertigt dargestellt und nicht kritisch hinterfragt. Die Auflösung der Ostdeutschen Kirchenprovinz wurde im Kontext des Warschauer Vertrages am 28.6.1972 durch die Apostolische Konstitution „Episcoporum Poloniae" vom Vatikan vollzogen und eine polnische Hierarchie in diesem Gebiet geschaffen.

[13] Zu den hier u. im folgenden genannten Katholiken-, Pfarreien- und Priesterzahlen der ostdeutschen Jurisdiktionsbezirke nach dem Stand von 1940 vgl. Zentralstelle für kirchliche Statistik (Hrsg.), Kirchliches Handbuch für das katholische Deutschland, Bd. XXII (1943), Köln o. J. (1943), 390ff. Im Erzbistum Breslau bestanden zu diesem Zeitpunkt 725 Pfarreien und 116 Kuratien mit 1.454 Diözesanpriestern. Vgl. passim: Marschall, Werner, Geschichte des Bistums Breslau, Stuttgart 1980; Köhler, Joachim, Die katholische Kirche, in: Menzel, Josef Joachim (Hrsg.), Geschichte Schlesiens, Bd. 3: Preußisch Schlesien 1740–1945, Österreichisch Schlesien 1740–1918/45, Stuttgart 1999, 165–251. Zu den kirchlichen Strukturen in allen Vertreibungsgebieten vgl. im Überblick: Kindermann, Adolf, Religiöse Wandlungen und Probleme im katholischen Bereich, in: Lemberg, Eugen, Edding, Friedrich (Hrsg.), Die Vertriebenen in Westdeutschland. Ihre Eingliederung und ihr Einfluß auf Gesellschaft, Wirtschaft, Politik und Geistesleben, Bd. III, Kiel 1959, 92–158; Gatz, Erwin, Geschichte des kirchlichen Lebens in den deutschsprachigen Ländern seit dem Ende des 18. Jahrhunderts, Bd. I: Die Bistümer und ihre Pfarreien, Freiburg u. a. 1991, 218–233. Einen guten Überblick hinsichtlich des Status quo von 1945 bietet neuerdings: Gröger, Johannes, „An die Seelen dieser Menschen herankommen". Formen und Entwicklungen katholischer Vertriebenenseelsorge, in: Hirschfeld, Michael, Trautmann, Markus (Hrsg.), Gelebter Glaube – Hoffen auf Heimat. Katholische Vertriebene im Bistum Münster, Münster 1999, 19–70.

[14] Das Bistum Ermland umfaßte die preußische Provinz Ostpreußen mit 145 Pfarreien und 41 Kuratien, in denen 348 Priester wirkten. Sitz der Diözese war Frauenburg. Vgl. Gatz, Erwin, Geschichte des kirchlichen Lebens in den deutschsprachigen Ländern seit dem Ende des 18. Jahrhunderts, Bd. I: Die Bistümer und ihre Pfarreien (wie Anm. 13), 298; passim: Wermter, Ernst Manfred, Geschichte der Diözese und des Hochstifts Ermland, 2., durchgesehene u. erg. Aufl. Münster 1977; Reifferscheid, Gerhard, Das Bistum Ermland und das Dritte Reich (Bonner Beiträge zur Kirchengeschichte, Bd. 7), Köln u. a. 1975; Penkert, Alfred, Ermland in der Zerstreuung. Die ostpreußischen Katholiken nach ihrer Flucht und Vertreibung aus der Heimat (Veröffentlichungen der Bischof-Maximilian-Kaller-Stiftung), Münster 2000.

rund 134.000 katholischen Christen[15] sowie der Diözese Berlin zusammen. Während ein Restteil der Erzdiözese Breslau um Görlitz in der sowjetischen Besatzungszone (SBZ) lag und ein Teil der ostdeutschen Bevölkerung, vornehmlich in Oberschlesien und im Ermland, zunächst in der Heimat verbleiben konnte, waren vom Bistum Berlin lediglich die flächenmäßig großen Diasporagebiete Ostbrandenburg und Hinterpommern mit (1940) nur etwa 33.000 Katholiken ebenfalls von der Vertreibung betroffen. Neben die (1940) ca. 163.000 katholischen Christen aus der politisch zu Schlesien gehörenden, kirchlich aber im Rang eines Generalvikariates der tschechischen Erzdiözese Prag unterstehenden Grafschaft Glatz[16] und die 81.000 Gläubigen des analog dazu als Generalvikariat Branitz zum tschechischen Erzbistum Olmütz gehörenden Gebietes um Leobschütz in Oberschlesien[17] traten rund 140.000 deutsche Katholiken der exemten Diözese Danzig[18]. Letzterer Jurisdiktionsbezirk war 1925 für das Territorium der unter Völkerbundsmandat stehenden Freien Stadt Danzig gebildet worden und hatte in den Kriegsjahren auch die Administration über das nach dem Ersten Weltkrieg an Polen gefallene Bistum Kulm ausgeübt. Aus diesem Territorium und aus der gleichfalls bereits in der Zwischenkriegszeit polnischen Erzdiözese Posen fanden die Flüchtlings- und Vertriebenenströme der Jahre 1945 bis 1947 Ergänzung[19]. Die Auflistung der kirchlichen Sprengel in den Vertreibungsgebieten ist schließlich zu erweitern um die auf dem Territorium des 1922 an

---

[15] Die Freie Prälatur Schneidemühl war kongruent mit der preußischen Provinz Grenzmark Posen-Westpreußen, die sich aus 75 Pfarreien und 12 Kuratien mit 134 Priestern zusammensetzte. Vgl. Geschichte des kirchlichen Lebens in den deutschsprachigen Ländern seit dem Ende des 18. Jahrhunderts, Bd. I: Die Bistümer und ihre Pfarreien (wie Anm. 13), 582; passim: Radunz, Martha, Geschichte der Freien Prälatur Schneidemühl, Teil 1, Fulda o. J. (1995).

[16] Das Generalvikariat Glatz bestand aus 55 Pfarreien und 9 Kuratien, in denen 123 Priester Dienst taten. Vgl. Geschichte des kirchlichen Lebens in den deutschsprachigen Ländern seit dem Ende des 18. Jahrhunderts, Bd. I: Die Bistümer und ihre Pfarreien (wie Anm. 13), 335; passim: Bartsch, Alois (Hrsg.), Die Grafschaft Glatz. Deutschlands Erker, Gesundbrunnen und Herrgottswinkel, Bd. V: Der Herrgottswinkel Deutschlands, Lüdenscheid o. J. (1968).

[17] Das Generalvikariat Branitz war in 41 Pfarreien und sechs Kuratien eingeteilt. Hier amtierten 83 Priester. Vgl. Geschichte des kirchlichen Lebens in den deutschsprachigen Ländern seit dem Ende des 18. Jahrhunderts, Bd. I: Die Bistümer und ihre Pfarreien (wie Anm. 13), 386–388. Hier erscheint der Jurisdiktionsbezirk Branitz unter der älteren Bezeichnung Katscher.

[18] Im Bistum Danzig gab es 35 Pfarreien und 11 Kuratien mit 92 in der Seelsorge tätigen Priestern. Vgl. Geschichte des kirchlichen Lebens in den deutschsprachigen Ländern seit dem Ende des 18. Jahrhunderts, Bd. I: Die Bistümer und ihre Pfarreien (wie Anm. 13), 249; passim: Samerski, Stefan, Die Katholische Kirche in der Freien Stadt Danzig 1920–1933. Katholizismus zwischen Libertas und Irredenta (Bonner Beiträge zur Kirchengeschichte, Bd. 17), Köln u. a. 1991.

[19] Vertiefend sei bezüglich der kirchlichen Neuorganisation der im Zuge des Versailler Vertrags abgetrennten Gebiete verwiesen auf: Samerski, Stefan, Ostdeutscher Katholizismus im Brennpunkt. Der deutsche Osten im Spannungsfeld von Kirche und Staat nach dem Ersten Weltkrieg (Kulturstiftung der deutschen Vertriebenen: Historische Forschungen), Bonn 1999.

Polen abgetretenen Ostoberschlesien errichtete Diözese Kattowitz und nicht zuletzt um die Jurisdiktionsbezirke des Sudetenlandes[20].

Die einheimische Bevölkerung in West- und Mitteldeutschland wurde im Frühjahr 1945 zunächst mit Flüchtlingen aus den deutschen Ostgebieten konfrontiert, die vor der näherrückenden Roten Armee geflohen waren. Aufgrund dieser ersten Begegnungen bürgerte sich ebenfalls für die im Zuge des Massenexodus in den Folgejahren in den Westen gelangenden Ostdeutschen der Begriff „Flüchtlinge" ein. Dieser Terminus wurde zudem auch in der Behördensprache durch die im Sommer 1945 in allen Kommunen der britischen Besatzungszone erfolgte Bildung von Flüchtlingsausschüssen übernommen. Er wurde sowohl im landläufigen als auch im amtlichen Sprachgebrauch beibehalten, als im Verlauf des Jahres 1946 die Flüchtlingswelle durch die Zuweisung der Vertriebenentransporte quantitativ weit in den Schatten gestellt wurde. Die Verwaltung hielt an diesem nicht mehr korrekten Begriff auch fernerhin als Sammelname fest. Erst das Bundesvertriebenen- und -flüchtlingsgesetz (BVFG) vom 5. Juni 1953 versuchte die Bezeichnung „Vertriebener" zum Sammelbegriff zu machen und damit vom „Sowjetzonenflüchtling" zu unterscheiden, ohne daß es jedoch gelang, insbesondere auf Länderebene eine konsequente Sprachregelung durchzusetzen. Immerhin wurde geradezu paradoxerweise dem Terminus „Vertriebener" juristisch bescheinigt, „eine andere Würde als der Name Flüchtling zu besitzen"[21]. Weil die überwiegende Mehrheit der Ostdeutschen ihre alte Heimat nicht freiwillig verlassen hat, sondern im Wortsinn vertrieben worden ist, wird in der vorliegenden Arbeit in der Regel die Bezeichnung „Vertriebene" gebraucht. Allein der stilistischen Abwechslung halber ist sie gelegentlich durch den Begriff „Flüchtlinge" synonym ersetzt, ohne daß in diesen Fällen von „echten" Flüchtlingen die Rede wäre[22].

---

[20] Neben einem Anteil der Erzdiözese Breslau im sog. Österreichisch-Schlesien bestanden 1945 die (Erz)diözesen Prag, Budweis, Leitmeritz, Königgrätz, Brünn und Olmütz. Während der Prozentsatz der deutschsprachigen Katholiken allein in Leitmeritz ca. 70 % betrug, lag er in den übrigen Jurisdiktionsgebieten zwischen 20 % und einem Drittel. Vgl. Huber, Kurt A. u. a., Die Diözesanorganisation von Böhmen-Mähren-Schlesien, in: Archiv für Kirchengeschichte von Böhmen-Mähren-Schlesien, Bd. I (1967), 9–40. In dem Überblick von Gröger, Johannes, „An die Seelen dieser Menschen herankommen" (wie Anm. 13) über die Aufnahme katholischer Vertriebener im Bistum Münster sind die sudetendeutschen Gebiete außer Acht gelassen worden, weil von dort nur ein sehr geringer Bevölkerungsteil in die Diözese kam.

[21] Rogge, Heinrich, Vertreibung und Eingliederung im Spiegel des Rechts, in: Lemberg, Eugen, Edding, Friedrich (Hrsg.), Die Vertriebenen in Westdeutschland (wie Anm. 13), 174–245, hier 189–191. Dabei handelt es sich um die knappe, neutral gehaltene Darstellung des Begriffsproblems aus der Sicht eines Juristen.

[22] Damit ist zugleich eine Abgrenzung von den SBZ- bzw. DDR–Flüchtlingen getroffen, die in dieser Arbeit nicht berücksichtigt werden, wenngleich sich unter ihnen auch zahlreiche Vertriebene befanden.

## 2. Problematisierung

Probleme des katholischen Milieus nach 1945 in zeitgenössischer Sicht

Die vorliegende Untersuchung verfolgt in erster Linie das Ziel, einen Beitrag zur empirischen Erforschung der Situation des westdeutschen Nachkriegskatholizismus zu leisten und dabei die Ostflüchtlinge und -vertriebenen als spezifische Gruppe herauszugreifen bzw. in Wechselbeziehung mit den einheimischen Katholiken zu stellen.

Am Beginn einer entsprechenden mentalitätsgeschichtlich orientierten Annäherung an die Thematik soll eine Analyse zeitgenössischer Untersuchungen zum deutschen Katholizismus nach 1945 stehen, die bereits unmittelbar nach Kriegsende Brüche und Verwerfungen in Fragen der Religiosität und Kirchlichkeit aufzeigten und zum Nachdenken über deren Folgen anregten.

Unter dem Titel „Zeitaufgaben der Christenheit" veröffentlichte der Jesuit Max Pribilla 1946 Gedanken über den Stellenwert von Kirche in der Gesellschaft der Gegenwart, die ein düsteres Szenario einer „immer mehr um sich greifende[n] völlige[n] Gleichgültigkeit gegen alles Religiöse"[23] zeichneten. Die Verantwortung hierfür schrieb er einem weitreichenden Sensibilitätsverlust der Menschen für ihre Umwelt zu. Statt dessen stünde der „Kult des eigenen Ichs"[24] zunehmend im Mittelpunkt des alltäglichen Lebens. Bei der Ursachenforschung stieß der Verfasser des Beitrags auf die Folgen der technisierten Welt, die den einzelnen Christen aus seiner angestammten, überschaubaren Lebenswelt herausgerissen und individualisiert habe. Angesichts dieser Tendenz zum Partikularismus forderte Pribilla ein Bekenntnis zur „katholischen Weite"[25] in Wissenschaft, Seelsorge und Caritas. Der Hauptakzent sollte dabei nach seiner Vorstellung auf einer „Mobilmachung"[26] der Seelsorge liegen, die in Ruhe und Gelassenheit erfolgen müsse, um eine Rechristianisierung zu ermöglichen.

Ähnlich wie der Jesuit Pribilla gehörte auch der vom NS-Regime verfolgte Dominikaner-Provinzial Laurentius Siemer[27] zu den kritischen Zeitzeugen im kirchlichen Bereich, die Ende der 1940er Jahre ernsthafte Überlegungen zur Gegenwartssituation des Katholizismus anstellten. Der Ordensmann beklagte nicht nur den staatlichen Zusam-

---

[23] Pribilla, Max, Zeitaufgaben der Christenheit, in: Stimmen der Zeit, Bd. 139 (1946/47), 338–357, hier 339.
[24] Ebd.
[25] Vgl. ebd., 342.
[26] Ebd., 349.
[27] P. Laurentius Siemer OP, geboren 1888 in Elisabethfehn in Oldenburg, Priesterweihe 1914 in Düsseldorf, 1921 Rektor des Dominikanerkollegs in Vechta-Füchtel, 1932–1946 Provinzial der deutschen Dominikaner, gestorben 1956 in Köln. Vgl. Hachmöller, Bernard, Artikel: Siemer, Joseph (P. Laurentius OP), in: Friedl, Hans u. a. (Hrsg.), Biographisches Lexikon zur Geschichte des Landes Oldenburg, Oldenburg 1992, 673–675; Ockenfels, Wolfgang, Laurentius Siemer (1888–1956), in: Aretz, Jürgen u. a. (Hrsg.), Zeitgeschichte in Lebensbildern. Aus dem deutschen Katholizismus des 19. und 20. Jahrhunderts, Bd. 5, Mainz 1982, 147–160; Zumholz, Maria Anna, Laurentius Siemer OP, in: Jahrbuch für das Oldenburger Münsterland 1996, 53–70.

menbruch Deutschlands, sondern proklamierte zugleich „eine innere Krise der Menschenseele"[28]. Auch Siemer blieb bei seiner Darlegung der Krisensymptome noch ganz in der philosophisch-theologischen Sphäre und sah den Ansatz zu deren Überwindung analog zu Pribilla in einer stärkeren Realisierung der Communio-Idee der Kirche.

Parallel zu diesen Überlegungen brachte dagegen der Philosoph und Theologe Paul Simon[29] die Flüchtlinge und Vertriebenen als Faktor für die Probleme im kirchlichen Bereich in die Diskussion ein. Simon, der zu den bedeutendsten Vordenkern des deutschen Katholizismus in dieser Zeit gehörte, ging in seinen geschichtstheoretischen Überlegungen von einer gegenwärtigen Epoche aus, in der „das Wissen zwar zunimmt, das Denken aber dauernd abnimmt"[30]. Als Wendepunkte der Geschichte begriff er die Französische Revolution, in der die Religion zugunsten des Staates in die Defensive gedrängt worden sei, und den Versailler Vertrag, der die Fundamente für den Erfolg des Nationalsozialismus gelegt habe. Drei in den ersten Nachkriegsmonaten beobachtete Aspekte ließen Simon die Gefahr einer Wiederholung nationalistischer Tendenzen der 1920er Jahre heraufbeschwören. Nicht allein in kirchlicher Hinsicht, sondern insbesondere auch bezüglich der politischen Entwicklung bewertete er neben den starken Kriegszerstörungen der Städte einerseits und der hohen Arbeitslosigkeit in der Bevölkerung andererseits vornehmlich den Flüchtlings- und Vertriebenenzustrom als einen „Herd dauernder Beunruhigung"[31]. Gerade in dieser sozialen Gruppe vermutete der Philosoph ein starkes Unzufriedenheitspotential, das den Neuaufbau eines aus dem europäischen Geist eines christlichen Humanismus geprägten Staatswesens und damit zugleich auch die Restitution der damit verbundenen Rolle der Kirchen behindern könnte. Dieser Gedankengang ließ ihn zu der Schlußfolgerung gelangen, daß die Vertriebenen „sogar das Schicksal der Kirchen und die Zukunft des Christentums in Deutschland entscheiden" könnten[32]. Da in dem von kulturpessimistischen Tendenzen bestimmten Beitrag die Schaffung eines Ausgleichs für die Vertriebenen und eine gerechte und menschenwürdige Ansiedlung nicht

---

[28] Siemer. Laurentius, Die katholische Kirche und die Krise der Gegenwart, in: Die neue Ordnung, 2. Jg. (1948), 362–367, hier 362.

[29] Paul Simon, geboren 1882 in Dortmund, Priesterweihe 1907 in Paderborn, 1920 Prof. für Philosophie ebd., 1925 desgl. in Tübingen, 1933 von den Nationalsozialisten entlassen u. Dompropst in Paderborn, gestorben 1946 ebd. Zur Person vgl. Riesenberger, Dieter, Der Paderborner Dompropst Paul Simon 1882–1946. Ein Beitrag zur Geschichte des Nationalsozialismus, der Ökumene und der Nachkriegsjahre in Paderborn (Zeitgeschichte im Erzbistum Paderborn, Bd. 1), Paderborn 1992.

[30] Simon, Paul, Die katholische Akademikerbewegung, zit. nach Riesenberger, Dieter, Der Paderborner Dompropst (wie Anm. 29), 64.

[31] Simon, Paul, Noch einmal am Scheidewege?, in: Hochland, Bd. 40 (1947/48), 18–36, hier 34. Hierbei handelt es sich um ein posthum veröffentlichtes Manuskript Simons, das eigentlich den Titel „Zu spät?" getragen hatte. Vgl. Riesenberger, Dieter, Der Paderborner Dompropst (wie Anm. 29), 15 u. Anm. 46.

[32] Ebd., 34.

vorstellbar erschienen, vertrat Simon einen pragmatischen Lösungsansatz und schlug deren Auswanderung nach Übersee vor[33].

Einen anderen konstruktiven Ansatz entwickelte in der unmittelbaren Nachkriegszeit der Tübinger Pastoraltheologe Franz Xaver Arnold in einem weit verbreiteten Aufsatz über „Das Schicksal der Heimatvertriebenen und seine Bedeutung für die katholische Seelsorge"[34]. Arnold teilte in dieser Studie, die auch international große Aufmerksamkeit erregte, nicht nur die Befürchtungen Simons hinsichtlich einer Auswirkung des Massenexodus aus Ostdeutschland auf die Zukunft des Christentums in Mitteleuropa, sondern bekräftigte sie noch durch seine Ausgangsthese, daß die Vertreibung eine „völlig veränderte äußere und innere Situation aller Seelsorge im deutschen Raum"[35] mit sich gebracht habe und sich die „geistige Entwicklung der Ostvertriebenen bald als das Kernproblem der Gegenwart, auch als das Kernproblem des christlichen Lebens dieser Zeit erweisen" werde. Statt auf die zum Zeitpunkt der Veröffentlichung von Arnolds Aufsatz im Mittelpunkt des Interesses stehende karitative Hilfe für die Flüchtlinge und Vertriebenen richtete der Pastoraltheologe den Blick primär auf die seelsorglichen Folgen der demographischen Veränderungen, da nur von der Pastoral her die anstehenden Probleme gelöst werden könnten[36]. Sein Augenmerk gehörte dabei insbesondere der großen Zahl in die Diaspora verschlagener ostdeutscher Katholiken, die dort einerseits „das Los [...] der religiösen Isolierung"[37] zu tragen hätten, andererseits auf einen ihren heimatlichen religiösen Bräuchen völlig entgegenstehenden Minderheitenkatholizismus treffen würden. Arnold ging davon aus, daß diese Konstellationen zu Spannungen führen müßten, die selbst für „das christliche Dorf heute eine Krise auf Leben und Tod"[38] beinhalten würden, und die ostdeutschen Katholiken diesen „Klimawechsel"[39] aufgrund der ihnen fehlenden Diasporafestigkeit nicht überstehen würden. Einer Tendenz zum Nihilismus bei den in religiösen Belangen weitgehend auf sich selbst gestellten Vertriebenen sah er dadurch Vorschub geleistet, daß „der organisatorische Aufbau der Seelsorge in diesen religiösen Notstandsgebieten in erschreckendem Maße hinter dem Tempo der rasch fortschreitenden Entwicklung eines religiösen und moralischen Niedergangs zurückbleibt"[40]. Bei Arnold

---

[33] Vgl. ebd., 35.

[34] Arnold, Franz Xaver, Das Schicksal der Heimatvertriebenen und seine Bedeutung für die katholische Seelsorge, Stuttgart 1949, in französischer Sprache erschienen unter dem Titel: Le sort des personnes déplacées et l'apostolat catholique en Allemagne, in: Nouvelle Revue Théologique, 82. Jg., Nr. 9 v. November 1950, 959–972, außerdem unter dem Titel: Die Heimatvertriebenen und die katholische Seelsorge, in: Anima, Bd. 6 (1951), 238–249. Der Aufsatz basiert auf einem am 11.11.1947 im Rahmen einer Caritas-Feierstunde in Tübingen gehaltenen Vortrag, der erstmals in Christ unterwegs 6/1948 publiziert wurde.

[35] Arnold, Franz Xaver, Das Schicksal der Heimatvertriebenen (wie Anm. 34), 4. Das folg. Zit. ebd., 5.

[36] Ebd., 14 u. 36.

[37] Ebd., 6.

[38] Ebd., 13.

[39] Ebd., 7.

[40] Ebd., 9.

stand somit der Glaube an ein organisatorisches Konzept im Mittelpunkt des Denkens. Als sich wechselseitig ergänzende Alternativen postulierte er die gleichberechtigte Behandlung der Vertriebenen in den eingesessenen Pfarreien und die gleichzeitige weitgehende Berücksichtigung ihrer religiös-kulturellen Eigenarten vor dem Hintergrund der Heranziehung von Laien zur Mitarbeit in der Seelsorge[41].

Diesem Primat der Pastoral vor den karitativen Hilfsmaßnahmen schloß sich ebenfalls einer der bald einflußreichsten katholischen Publizisten in Westdeutschland, Otto B. Roegele, in einem eine Flut von unterschiedlichen Reaktionen auslösenden Beitrag für die Zeitschrift „Hochland" an. Unter der Überschrift „Der deutsche Katholizismus im sozialen Chaos"[42] beklagte der Laie Roegele, daß die kirchliche Hierarchie die Weichen für eine angemessene religiöse Betreuung der ostdeutschen Katholiken im Westen nur unzureichend gestellt habe. Neben die sich verstärkenden Schwierigkeiten in der räumlichen Diaspora trete zunehmend eine vom Episkopat nicht wahrgenommene geistige Diaspora, die sich über die Minderheitengebiete des Katholizismus hinaus auf die gesamte agrarisch geprägte katholische Lebenswelt erstrecke, da hier ein lebendiges Gemeindeleben weitgehend fehle und das religiöse Handeln sich immer stärker auf ein Gewohnheitschristentum beschränke[43]. Diese mangelnde Vitalität gelebten christlichen Handelns, deren Indikator nicht zuletzt ein zunehmender Mangel an Priester- und Ordensberufen sei, machte Roegele für die insbesondere in katholischen ländlichen Regionen verstärkt beobachtete Intoleranz der einheimischen Bevölkerung gegenüber ostdeutschen Angehörigen ihrer Konfession verantwortlich[44]. Er forderte daher ein Seelsorgeprogramm, das in absehbarer Zeit Abhilfe garantiere. Vor allem aber mache sich der Priestermangel in dieser Situation eklatant bemerkbar, und es fehle an Seelsorgern, die freiwillig ihren Dienst in der Diaspora aufnähmen und den dort herrschenden räumlichen wie auch geistigen Problemen gewachsen seien. Die insgesamt gestiegene Kirchlichkeit dagegen sei im Zuge der allgemeinen Konjunkturwelle für Religiöses nicht überzubewerten und der Blick vielmehr auf die religiöse Einsamkeit gerade der ostvertriebenen Katholiken in der Diaspora Nord- und Mitteldeutschlands zu richten. Roegele ging also davon aus, daß die auf hohem Niveau stehenden Kirchenbesucherzahlen nur einen oberflächlichen Trend beschrieben, der aus den Sorgen und Nöten der Zeit resultiere. Bei genauer Beobachtung hingegen werde gerade durch das Vertriebenenproblem eine verstärkte Abkehr von der Kirchlichkeit markiert. Analog zu Arnold schlug auch Roegele eine Aktivierung der Laien auf der Pfarrebene als wesentliche Voraussetzung ei-

---

[41] Vgl. ebd., 11.
[42] Roegele, Otto B., Der deutsche Katholizismus im sozialen Chaos. Eine nüchterne Bestandsaufnahme, in: Hochland, Bd. 41 (1948/49), 205–233. Der Aufsatz geht auf einen Vortrag v. 8.10.1948 in Royaumont bei Paris zurück. Auf die teilweise sehr kritischen Stellungnahmen zu dem Aufsatz rekurriert: Ders., Verbotenes oder gebotenes Ärgernis? Ein Nachwort von Otto B. Roegele, ebd., 542–557.
[43] Vgl. ebd., 215.
[44] Vgl. ebd., 220ff.

nes vom deutschen Nachkriegskatholizismus vor dem Hintergrund der Vertriebenenintegration zu entwickelnden missionarischen Geistes vor.

In der Eröffnungsrede des ersten deutschen Nachkriegs-Katholikentages in Mainz hatte der Jesuit Ivo Zeiger 1948 den von Roegele implizit aufgenommenen, viel zitierten Begriff von „Deutschland als Missionsland"[45] geprägt. Sehr eindringlich hatte er bei dieser Festveranstaltung die „Lebensfrage der Kirche Deutschlands"[46] gestellt und die Vertriebenenaufnahme in christlicher Metaphorik als ein im Wachsen begriffenes „Kreuz" des deutschen Volkes bezeichnet. Die Problemursache erkannte er jedoch nicht in starren Strukturen der Kirche, sondern in den für sie unvorhersehbaren allgemeinen gesellschaftlichen Umwälzungen nach Kriegsende und forderte davon ausgehend eine Umkehr durch Neuevangelisierung. Die praktische Umsetzung von Zeigers Postulat blieb in dieser Beschreibung allerdings noch relativ unscharf. Ein erstes treffendes Konzept für diesen kirchlichen Auftrag lieferte ein Jahrzehnt später ein erfahrener Diasporaseelsorger vor dem Hintergrund seines seelsorglichen Wirkens in der DDR. Er stellte drei Aspekte heraus: Neuevangelisierung bedeute zunächst den Gemeindeaufbau, als zweites Element käme die praktische Einzelseelsorge an den Gemeindemitgliedern hinzu, erst in der dritten Stufe stehe die Weckung des missionarischen Geistes, also die Erziehung zur Bereitschaft, den Glauben als Laie öffentlich weiterzugeben[47].

Der Vorwurf eines Mangels an Impetus, die christliche Botschaft der Nächstenliebe in der konkreten Situation der Vertriebenenaufnahme erfolgreich zu praktizieren, durchzieht die Rezeption dieses Vorgangs bis in die Gegenwart. Die beiden Tübinger Kirchenhistoriker Joachim Köhler und Rainer Bendel beispielsweise versuchten in einem 1998 publizierten kritischen Aufsatz zum Phänomen der Vertriebenenseelsorge eine Reihe von Belegen dafür zusammenzustellen, die aus heutiger Sicht den Schluß zulassen, „daß von den Verantwortlichen in der Kirche die Not gar nicht wahrgenommen und an der Wirklichkeit vorbei pastorisiert wurde"[48].

---

[45] Die Eröffnung des Mainzer Katholikentages fand am 2.9.1948 im Dom zu Mainz statt. Vgl. hierzu den Abdruck der Rede: Zeiger, Ivo, Um die Zukunft der katholischen Kirche in Deutschland, in: Stimmen der Zeit, Bd. 141 (1947/48), 241–252, hier 249. Die Bedeutung dieses Topos belegt auch die Tatsache, daß er Eingang in die äußerst geraffte Skizze des Nachkriegskatholizismus von Ludwig Volk fand, in: Jedin, Hubert, Repgen, Konrad (Hrsg.), Handbuch der Kirchengeschichte, Bd. VII, Freiburg 1979/1985, hier 552.

[46] Zeiger, Ivo, Um die Zukunft der katholischen Kirche in Deutschland (wie Anm. 45), 241.

[47] Gemeint ist der spätere Erfurter Bischof Hugo Aufderbeck (1909–1981), damals Seelsorgeamtsleiter in Magdeburg. Vgl. ders., Diaspora – Ghetto oder Mission? Notizen zur Theologie der Diaspora, in: Ders. (Hrsg.), Sperare. Pastorale Aufsätze, Bd. VIII, Leipzig 1979, 39–55, neu abgedruckt, in: Kresing, Bruno (Hrsg.), Für die Vielen. Zur Theologie der Diaspora, Paderborn 1984, 23–41.

[48] Vgl. Köhler, Joachim, Bendel, Rainer, Bewährte Rezepte oder unkonventionelle Experimente? Zur Seelsorge an Flüchtlingen und Heimatvertriebenen. Anfragen an die und Impulse für die Katholizismusforschung, in: Köhler, Joachim, Melis, Damian van (Hrsg.), Siegerin in Trümmern. Die Rolle der katholischen Kirche in der deutschen Nachkriegsgesellschaft (Konfession und Gesellschaft, Bd. 15), Stuttgart u. a. 1998, 199–228, hier 223.

Geradezu konträr hierzu nimmt sich das von Kardinal Karl Lehmann gezogene – und eingangs zitierte – Fazit aus, durch ihren in der christlichen Botschaft implizierten ausdrücklichen Verzicht auf Rache und Vergeltung, den Willen zur Versöhnung sowie dessen explizite Realisierung im praktischen Handeln zahlreicher Priester und Laien habe die Kirche erfolgreiche Arbeit an den Vertriebenen geleistet[49]. Neben dem pessimistischen Bild einer von den Vertreibungsfolgen ausgelösten Entkirchlichung steht also die optimistische Bewertung der Leistung, durch Gemeinde- und Gemeinschaftsbildung dazu beigetragen zu haben, daß die Ostvertriebenen nicht zu einem sozialen Sprengstoff innerhalb der westlichen Besatzungszonen wurden und in terroristischer Manier für die Wiedererringung ihrer verlorenen Heimat zu kämpfen begannen. Lehmanns Diktum markiert den weitgehenden Anspruch der katholischen Kirche, „die kulturellen und religiösen Eigenheiten des Fremden [zu] berücksichtigen"[50].

In dem hieraus resultierenden Spannungsverhältnis zwischen Theorie und Praxis sind alle geglückten und verpaßten Chancen des Dialogs und der Konfrontation von Einheimischen und Vertriebenen zu messen, und in diesem Spannungsfeld findet sich die Bezugsgruppe der katholischen Heimatvertriebenen zwischen dem Wunsch nach Bewahrung einer angestammten **Identität** in ihrer religiös-kulturellen Lebenswelt und dem Willen nach einer raschen **Integration** insbesondere in wirtschaftlichen, aber auch in gesellschaftlichen Belangen wieder. In der kirchlichen Wirklichkeit schien aus der Retrospektive gesehen die Priorität auf den Faktor Integration gesetzt worden zu sein. Wenn der Nachkriegskatholizismus sich auch im Vergleich zur Zeit vor 1933 zu politischer Abstinenz verpflichtete, so mußte er möglicherweise deshalb in der ihm zugefallenen Autorität während einer Zeit der geistigen Leere nach dem Zusammenbruch der NS-Ideologie „im Sinne der Vermittlung zwischen dem Individuum und der Gesellschaft in wirtschaftlicher, sozialer und geistig-kultureller Hinsicht"[51] wirken, um seine Verortung im gesellschaftlichen System der Bundesrepublik zu fördern.

Es läßt sich also eine Wechselwirkung zwischen inneren Veränderungen im Katholizismus und einer allgemeinen gesellschaftlichen Tendenz zur Mobilität beschreiben. Folglich rücken die Reaktionen von Hierarchie und Gläubigen auf den gesellschaftlichen Strukturwandel in den Mittelpunkt dieser Studie und lassen eine Untersuchung mit sozial- und mentalitätsgeschichtlichen Fragestellungen notwendig erscheinen.

---

[49] Vgl. Lehmann, Karl, Die Kirche inmitten von Vertreibungsschicksal (wie Anm. 10), 7–10.

[50] Lesch, Karl Josef, Die Begegnung mit dem Fremden als Chance ökumenischen Lernens für die christlichen Gemeinden, in: Kürschner, Wilfried, von Laer, Hermann (Hrsg.), Zwischen Heimat und Fremde. Aussiedler – Ausländer – Asylanten (Vechtaer Universitätsschriften, Bd. 11), Cloppenburg 1993, 99–121, hier 117.

[51] Greschat, Martin, Kirche und Öffentlichkeit in der deutschen Nachkriegszeit (1945–1949), in: Boyens, Armin u. a., Kirchen in der Nachkriegszeit. Vier zeitgeschichtliche Beiträge, Göttingen 1979, 100–124, hier 106f.

## Identitätsbewahrung und Integration, katholisches Milieu und Modernisierung als zentrale Begriffe zur Problemfixierung

Für die hier im Zentrum des Interesses stehende soziale Gruppe der Vertriebenen muß den beiden Topoi **Identitätsbewahrung und Integration**[52] als den zentralen Begriffen des Spannungsfeldes, die nach Hans-Ulrich Wehler zwei „typische Felder potentieller Konfliktentfaltung"[53] darstellen, erhöhte Aufmerksamkeit zugewandt werden.

Eine Identität[54] zu suchen, zu finden und zu bewahren, bedeutet „die Einbettung des einzelnen in die Sozialwelt"[55] oder kurz gefaßt eine Konservierung vollkommener Übereinstimmungen.

Integration hingegen steht begrifflich für die „Verbindung einer Vielheit von einzelnen Personen zu einer gesellschaftlichen und kulturellen Einheit"[56] und damit für einen „progressiven" Prozeß. Vor dem Hintergrund der konkreten Situation der Heimatvertriebenen läßt sich mit dem Wort Identität die Bewahrung von bestimmten Eigenschaften, Sitten und Bräuchen konnotieren, mit Integration jedoch der Verzicht auf diese tradierten Güter um den Preis eines vollkommenen Aufgehens in der neu geschaffenen Situation.

Der Terminus Integration beinhaltet den Neubeheimatungsprozeß der Vertriebenen, wie ihn Rudolf Lange für den kirchlichen Bereich Mitte der 1960er Jahre in drei Phasen herausstellte[57], nämlich

1.) die Phase der Isolierung gegenüber der Gesellschaft,
2.) die Phase der Indifferenz oder des Schwebezustandes und
3.) die Phase der erzielten Eingliederung.

Zuvor hatte bereits der Königsteiner Kirchenrechtler und Organisator der Vertriebenenseelsorge Adolf Kindermann aus zeitgenössischer Perspektive für eine entsprechende Dreiteilung plädiert, dabei jedoch im Anschluß an die karitative Phase sowohl den Schwebezustand als auch die Eingliederung als Einheit gesehen und anstelle eines stati-

---

[52] Zum Integrationsbegriff per se vgl. dessen Diskussion bei Lüttinger, Paul (unter Mitwirkung von Rita Rossmann), Integration der Vertriebenen. Eine empirische Analyse, Frankfurt/M. u. a. 1989, 34–41.
[53] Wehler, Hans-Ulrich, Modernisierungstheorie und Geschichte, Göttingen 1975, 36.
[54] Das Wort Identität leitet sich von lateinisch „idem" = derselbe ab.
[55] So Luckmann, Thomas, Persönliche Identität, soziale Rolle und Rollendistanz, in: Marquard, Odo, Stierle, Karlheinz (Hrsg.), Identität (Poetik und Hermeneutik, Bd. VIII), München 1979, 293–313, hier 293.
[56] Abgeleitet von lateinisch „integratio" = Wiederherstellung eines Ganzen.
[57] Vgl. Lange, Rudolf, Theologie der Heimat. Ein Beitrag zur Theologie der irdischen Wirklichkeiten, Freilassing 1965, 102.

schen Endzustandes eine metaphysische Phase der geistigen Auseinandersetzung mit dem Geschehen innerhalb der Kirche, also im katholischen Milieu, konstatiert[58].

Gemäß diesen Ansätzen ist der Integrationsbegriff vornehmlich auf die kulturelle Dimension zu beziehen, die in den Positionen und Wertvorstellungen der ostdeutschen Bevölkerung, aber auch der aufnehmenden Einwohner Westdeutschlands zum Ausdruck kommt. Seine sozialstrukturelle Komponente bildet in diesem Zusammenhang lediglich die Basis[59].

In der sozialwissenschaftlichen Forschung dominiert vielmehr ein ebenfalls dreistufiges Modell, das einer als „Akkulturation" beschriebenen Anpassung den als Assimilation verstandenen Zustand der Ähnlichkeit folgen läßt und schließlich in eine Phase des Gleichgewichts zwischen den Fremden und den Einheimischen einmündet[60].

Analog hierzu scheint der Prozeß der Integration auf der kirchlichen Ebene als Gesamtphänomen bei Rudolf Lange am zutreffendsten beschrieben, wenn man davon ausgeht, daß er in unmittelbarer Adaption an den wirtschaftlichen Aufschwung der Nachkriegszeit erfolgt ist. Das bei Kindermann vorausgesetzte Maß an Reflexionsfähigkeit läßt sich hingegen nur schwerlich ausmachen.

So ist das Stichwort Integration zwar in seinem gesellschaftlichen und wirtschaftlichen Bezug überaus positiv konnotiert, jedoch im religiösen Sektor – und hier insbesondere im Hinblick auf die katholischen Vertriebenen – mit Fragezeichen zu versehen, wenn die langfristigen Folgen der Prosperität der Industrienation Deutschland bedacht werden.

Identitätsbewahrung ist dagegen mit der Verortung der ostdeutschen Katholiken gleichzusetzen, die in diesem Fall durch die Schaffung einer „kirchlichen Subkultur"[61] erfolgte. Diese beinhaltet zugleich religiöse und kulturelle Elemente, vor allem aber das

---

[58] Vgl. (Kindermann, Adolf), Das Phänomen der Flüchtlinge und Heimatvertriebenen in unserem Jahrhundert, in: 6. Verzeichnis der heimatvertriebenen Priester aus dem Osten, Stand: 1.7.1969, Königstein o. J. (1969), 9–14. Dieser Gliederungsansatz wurde von Vertriebenenbischof Gerhard Pieschl in mehreren Publikationen ohne Quellenangabe und ohne Hinterfragen adaptiert. Vgl. Pieschl, Gerhard, Aufbau und Organisation der Vertriebenenseelsorge sowie Probleme der Vertriebenenarbeit im katholischen Bereich, in: 40 Jahre Arbeit für Deutschland. Die Vertriebenen und Flüchtlinge, Frankfurt/M./Berlin 1989, 265–273, u. ders., Entwicklung der Vertriebenenseelsorge in der katholischen Kirche in der Bundesrepublik Deutschland, in: Kirche und Heimat (wie Anm. 10), 11–26, hier 11.

[59] Zur Unterscheidung zwischen einer sozialstrukturellen u. einer politisch-kulturellen Dimension der Integration vgl. Holtmann, Everhard, Flüchtlinge in den 50er Jahren: Aspekte ihrer gesellschaftlichen und politischen Integration, in: Schildt, Axel, Sywottek, Arnold (Hrsg.), Modernisierung im Wiederaufbau. Die westdeutsche Gesellschaft der 50er Jahre (Forschungsinstitut der Friedrich-Ebert-Stiftung, Reihe: Politik- und Gesellschaftsgeschichte, Bd. 33), Bonn 1993, 349–361, hier 351.

[60] Vgl. Esser, Hartmut u. a., Arbeitsmigration und Integration. Sozialwissenschaftliche Grundlage (Materialien zur Arbeitsmigration und Ausländerbeschäftigung, Bd. 4), Königstein 1979, 5.

[61] Baha, Norbert, Wiederaufbau und Integration. Die Stadt Delmenhorst nach 1945. Eine Fallstudie zur Problematik von Stadtentwicklung und Vertriebeneneingliederung, Delmenhorst 1983, 137.

Postulat einer kirchlichen Sonderbetreuung für die Heimatvertriebenen, wie sie noch 1965 von Rudolf Lange wissenschaftlich begründet wurde[62].

Insbesondere in den reinen „Vertriebenengemeinden" zeigten sich diese Besonderheiten schon äußerlich an der Adaptierung bestimmter Bräuche und Riten im Kirchenjahr[63]. Für die zumeist aus im religiösen Bereich stark traditionsbestimmten Regionen stammenden vertriebenen Katholiken stellten sie ein „Netz von bedeutungsvollen Handlungen"[64] dar, für das im folgenden einige Beispiele genannt seien: So suchten ostvertriebene Pfarrer zu Jahresbeginn alle Familien persönlich auf, führten also den sogenannten Kolendegang weiter, eine in Ostdeutschland und den angrenzenden slawischen Sprachräumen traditionelle Form der Kontaktpflege zwischen dem Priester und allen Gemeindemitgliedern[65]. Eine ähnliche soziale Bindungskraft in der Situation der Zerstreuung kam auch den schlesischen Maiandachten, den bei Kerzenschein abgehaltenen morgendlichen Roratemessen im Advent[66] oder der in weiten Teilen der späteren Bundesrepublik unüblichen Weihnachtsmesse, die um Mitternacht in der Christnacht gefeiert wurde[67], als Ausdruck einer besonders gemüthaft, ja im weitesten Sinne „barock" bestimmten Volksfrömmigkeit zu. In größerem Rahmen sind spezifische Vertriebenenwallfahrten mit gemeinschaftsbindender Funktion auf der Meso- und Makroebene zu nennen.

Mögliche negative Kennzeichen der Identitätsbewahrung sind in der grundsätzlichen Gefahr einer Ghettomentalität und einer im Sinne der Überbetonung des Heimat- und Volkstumsgedankens nicht allein kirchlich, sondern vor allem auch politisch restaurativen Tendenz zu überprüfen. Grundsätzlich steht dieser Topos damit aber auch für die von Heinz Hürten als Phänomen des Nachkriegskatholizismus konstatierte „Verkirchlichung"[68] im Sinne einer engeren Bindung der Gläubigen an Episkopat und Klerus als

---

[62] Vgl. Lange, Rudolf, Theologie der Heimat (wie Anm. 57), 303.

[63] Einen ersten Überblick bietet: Karasek-Langer, Alfred, Und wieder grünt der alte Stamm. Das religiöse Brauchtum der Heimatvertriebenen, in: Christ unterwegs 3/1950, 5–7; 4/1950, 6–9 u. 5/1950, 8–12.

[64] Sauermann, Dietmar, „Aus allen Bindungen der Heimat herausgerissen". Vertriebenenseelsorge und Sonderbewußtsein der Vertriebenen, in: Hirschfeld, Michael, Trautmann, Markus (Hrsg.), Gelebter Glaube – Hoffen auf Heimat (wie Anm. 13), 187–216, hier 191.

[65] Vgl. Fuhrich, Hermann, Die Kolende. Untersuchungen über ihre Geschichte und ihre Verbreitung im deutschen und westslawischen Raum, in: Schlesisches Priesterjahrbuch, Bd. V/VI (1964/1965), 45–91.

[66] Die Bezeichnung dieser Adventsmessen leitet sich vom lateinischen „rorate" = „Tauet (Himmel, den Gerechten)" ab.

[67] In Westdeutschland feierte man dagegen in der Frühe des Ersten Weihnachtstages das Engelamt als erste Weihnachtsmesse. Zum Brauchtum der Mitternachtsmesse vgl. Achenbach, Ute, Ostdeutsche Brauchtumsverhältnisse in Nordrhein-Westfalen. Vorläufige Skizze einer neuen volkskundlichen Entwicklung, 2 Bde., Maschinenschrift, Dortmund 1955, zit. nach: Sauermann, Dietmar, „Aus allen Bindungen der Heimat herausgerissen" (wie Anm. 64), 208f.

[68] Vgl. Hürten, Heinz, Zukunftsperspektiven kirchlicher Zeitgeschichte, in: Hehl, Ulrich von, Repgen, Konrad (Hrsg.), Der deutsche Katholizismus in der zeitgeschichtlichen Forschung, Mainz 1988, 97–106, hier 101, wo der ursprünglich von August Pieper geprägte Begriff der „Verkirchlichung" eingeführt wird.

dies im Zeichen einer Dominanz des Vereinskatholizismus vor 1933 möglich gewesen wäre. Integration beinhaltet demgegenüber die Gefahr der „Entkirchlichung" im Zuge einer gesellschaftskonformen Individualisierung, einen Prozeß, dem die Vertriebenen rascher ausgesetzt sein konnten als die durch Wahrung tradierter Sitten und Bräuche innerhalb der althergebrachten Umgebung Halt findende einheimische Bevölkerung[69].

So sehr die beiden Schlagwörter daher einen geeigneten Ausgangspunkt für die Beschäftigung mit der Thematik zu bieten versprechen, weil sie ein Gegensatzpaar bilden, so sehr besitzen sie gleichzeitig eine wechselseitig komplementäre Funktion, da sie aufeinander aufbauen und da berücksichtigt werden muß, daß die Schaffung von Identität ebenso nur eine Übergangsphase auf dem Weg zur Integration darstellt wie umgekehrt die Ermöglichung von Integration kirchlich neue Identität schaffen kann.

Insofern wird also ein ambivalentes Verständnis der Grundvokabeln vorausgesetzt, die grundsätzlich einen gemeinsamen Nenner besitzen: Ihre Intention ist die kirchliche Rückgewinnung psychisch zerbrochener oder doch zumindest in ihrem Selbstbewußtsein seelisch verletzter Menschen. Allerdings sind die Wege hierzu durchaus verschieden, abhängig davon, ob als Ersatz für das verlorene Milieu in der Heimat ein Ersatzmilieu geboten wird oder eine Absorbierung durch das tradierte katholische Milieu westlicher Prägung intendiert wurde, weshalb in diesem Kontext als weiterer zentraler Begriff der bereits eingangs eingeführte Topos **katholisches Milieu** herangezogen werden soll. Als dritte Deutungskategorie neben Identitätsbewahrung und Integration bedarf er jedoch noch einer gesonderten inhaltlichen Klärung und einer Spezifizierung für diese Studie.

Der durch die Milieuerosion sichtbar werdende langfristige gesellschaftliche Prozeß wird ebenso kurz wie treffend mit dem Begriff **Modernisierung** umschrieben, der von Urs Altermatt als unabdingbare Bezugsgröße im wissenschaftlichen Diskurs etabliert wurde[70]. Als Vokabel in wissenschaftlichem Sinn der Soziologie entlehnt, hat sie Hans-Ulrich Wehler für die zeitgeschichtliche Forschung zusammengefaßt[71] und ihre Merkmale als formale Kriterien adaptiert: Individualisierung, Differenzierung, Rationalisierung sind typische Tendenzen der Modernisierung. Dieser vierte essentielle Topos steht in dieser Arbeit im übrigen für eine „Doppelstrategie"[72], nämlich sowohl für die gesamt-

---

[69] Vgl. Kuropka, Joachim, Heimat und Kirche zwischen Milieu und Mentalität, unveröffentlicher Vortrag anläßlich der Vorstellung des Buches „Gelebter Glaube – Hoffen auf Heimat" (wie Anm. 13) in Münster, 15.6.1999, 18. Kuropka sieht hier die Tendenz für einen verstärkten Auszug aus der Kirche gerade bei den Vertriebenen aufgrund ihrer fehlenden lokalen Bindung.

[70] Vgl. Altermatt, Urs, Katholizismus: Antimodernismus mit modernen Mitteln?, in: Ders. u. a. (Hrsg.), Moderne als Problem des Katholizismus (Eichstätter Beiträge, Bd. 28), Regensburg 1995, 33-50, hier 33.

[71] Vgl. Wehler, Hans-Ulrich, Modernisierungstheorie und Geschichte (wie Anm. 53), insbes. 58–63. Seinem Postulat gemäß sollte durch Verknüpfung von Modernisierungstheorie und Geschichte der Gegensatz zwischen Theorie und Praxis überwunden werden.

[72] Dieser Begriff ist in bezug auf die Gesellschaft als solche und den Katholizismus im speziellen sowie in einem anderen zeitlichen Kontext geprägt bei Leugers-Scherzberg, August, Die Modernisierung des Katholizismus: Das Beispiel Felix Porsch, in: Loth, Wilfried (Hrsg.), Deutscher

gesellschaftliche Dimension des Katholizismus als auch für den Vertriebenenkatholizismus als dessen Bestandteil. Speziell für letzteren wäre hier zum einen der Terminus Anonymisierung hervorzuheben, der in der Zerstreuung jahrhundertelang in einem Lebensraum verwurzelter Familien, Dorf- und Glaubensgemeinschaften auf die verschiedenen Besatzungszonen Deutschlands 1945/46 seinen äußerlich erkennbaren Ausgang nahm, zum anderen wäre der Begriff Mobilität als spezifisches Kennzeichen der Modernisierung im Vertriebenenmilieu zu benennen. Im Rahmen des Wandels zur modernen Industriegesellschaft der 1950er und 1960er Jahre, in der nicht mehr (ausschließlich) die Kirche, sondern andere gesellschaftliche Subsektoren wie Wirtschaft, Bildung und Familie bestimmend wurden, waren es vornehmlich die Flüchtlinge und Vertriebenen, die sich aufgrund fehlender Verwurzelung den wirtschaftlichen Zwängen bereitwillig unterordneten und durch eine hohe Fluktuation dazu beitrugen, daß „die Kirchen zu einem gesellschaftlichen Teilsystem unter vielen wurden"[73].

## Zur Frage der Periodisierung

Insbesondere angesichts des sozial- und mentalitätsgeschichtlichen Zugangs stellt sich letztlich auch noch die Frage nach der Richtigkeit der Periodisierung. Erinnert sei dabei zunächst an die Feststellung von Martin Broszat, „daß die Gesellschaftsgeschichte der Not- und Umbruchszeit nicht synchron mit der politischen Geschichte verläuft, sondern die Zäsur des Regimewechsels übergreift"[74], die parallele Gültigkeit für den Katholizismus als gesellschaftliche Gruppe besitzt. Diesbezüglich sei nur auf die Diskontinuitäten hingewiesen, die mit den Kriegsereignissen seit 1939 verbunden waren.

„Der Zusammenbruch 1945 war für die Kirchen, zumal für die katholische, *nicht eine Stunde Null.*" Diese definitive Feststellung des Kirchenhistorikers Klaus Schatz[75] charakterisiert kurz und prägnant die allgemeine Situation der katholischen Kirche vor dem Hintergrund des Endes des „Tausendjährigen Reiches" mit der deutschen Kapitulation am 8. Mai 1945. Wie auch schon Werner K. Blessing in einer beispielhaften Arbeit über den Katholizismus im Erzbistum Bamberg zwischen „Machtergreifung" und Gründung der Bundesrepublik gezeigt hat, kann für den bodenständigen Katholizismus das

---

Katholizismus im Umbruch zur Moderne (Konfession und Gesellschaft, Bd. 3), Stuttgart u. a. 1991, 219–235, hier 220.

[73] Reeken, Dietmar von, Kirchen im Umbruch zur Moderne. Milieubildungsprozesse im nordwestdeutschen Protestantismus 1849–1914 (Religiöse Kulturen der Moderne, Bd. 9), Gütersloh 1999, 11.

[74] Broszat, Martin u. a. (Hrsg.), Von Stalingrad zur Währungsreform. Zur Sozialgeschichte des Umbruchs in Deutschland (Quellen und Darstellungen zur Zeitgeschichte, Bd. 26), 2. Aufl. München 1989, XXX.

[75] Schatz, Klaus, Zwischen Säkularisation und Zweitem Vatikanum. Der Weg des deutschen Katholizismus im 19. und 20. Jahrhundert, Frankfurt/M. 1986, 286.

Jahr 1945 nicht als geeignete Zäsur betrachtet werden[76]. Zu sehr wurde die Kirche nicht nur in den agrarisch-katholischen Regionen, an denen der Weltkrieg – abgesehen von den Eingezogenen und Gefallenen – vergleichsweise glimpflich vorbeigegangen war, sondern auch in der Diaspora als einzige Stabilität garantierende Institution im Chaos des Kriegsendes angesehen und demgemäß auch von den Alliierten als wichtigster Ansprechpartner betrachtet. Dieses Phänomen der Autorität, das durch eine von der Katastrophe des Zusammenbruchs verursachte vertiefte Religiosität und Kirchlichkeit verstärkt wurde, ist ähnlich wie im Erzbistum Bamberg zu beurteilen, allerdings nur wenn man die Alltagssituation im Westen als absolut ansieht. Seitens der kirchlichen Hierarchie zumindest kam nach dem Scheitern der Wahnideen des Nationalsozialismus und der Bewußtwerdung der ebenso antichristlichen Haltung des Kommunismus die Idee eines Projektes zur „Rechristianisierung" Europas auf[77]. Selbst Theologen und Historiker, die aufgrund ihrer Forschungen zu dem Ergebnis gelangt sind, eine Desillusionierung des frühen Nachkriegskatholizismus betreiben zu müssen, wie Joachim Köhler und Damian van Melis, gestehen neidlos ein, daß die „deutsche Zusammenbruchsgesellschaft [...] von einem großen kirchlichen Einfluß geprägt [war], den schon die Zeitgenossen wahrnahmen"[78].

Aber trotz der grundsätzlichen „Bereitschaft [...], eine Neuordnung der Gesellschaft aus christlichem Geist voranzutreiben, sind die Bedingungen kaum reflektiert worden, unter denen dies optimal geschehen konnte"[79]. Ein Ansatzpunkt war Ivo Zeigers vorgenannte Rede über „Deutschland als Missionsland" auf dem Mainzer Katholikentag 1948[80].

Wie sehr nämlich die Diskussion um die Diskontinuität von der kirchlichen Hierarchie aufgegriffen wurde, verdeutlicht ein Auszug aus einem Brief des Bischofs von Münster, Clemens August Graf von Galen, an den Erzbischof von Köln, Josef Frings. Hierin wurde die Frage nach der aus dem Krieg zu ziehenden Lehre gestellt: „Sollen wir nach Möglichkeit [...] das jetzt Zerstörte wieder herstellen? Oder war vieles vor Gottes Augen vielleicht doch überaltert, für den Abbruch reif, so daß ganz Anderes, Neues an seine Stelle treten soll?"[81]

---

[76] Vgl. Blessing, Werner K., „Deutschland in Not, wir im Glauben ...". Kirche und Kirchenvolk in einer katholischen Region 1933–1949, in: Broszat, Martin u. a. (Hrsg.), Von Stalingrad zur Währungsreform (wie Anm. 74), 3–111.

[77] Zum Aspekt der Rechristianisierung vgl. Gotto, Klaus, Die Katholische Kirche und die Entstehung des Grundgesetzes, in: Rauscher, Anton (Hrsg.), Kirche und Katholizismus 1945–1949 (Beiträge zur Katholizismusforschung, Reihe B), München u. a. 1977, 88–108, hier 89f.

[78] Köhler, Joachim, Melis, Damian van, Siegerin in Trümmern (wie Anm. 48), hier Einleitung, 11.

[79] So Hürten, Heinz, Kurze Geschichte des deutschen Katholizismus 1800–1960, Mainz 1986, 245.

[80] Vgl. Anm. 45.

[81] Galen an Frings v. 11.1.1945, zit. bei Kuropka, Joachim, Neubeginn 1945. Bischof von Galen und die katholische Kirche in Westfalen, in: Ders. (Hrsg.), Clemens August Graf von Galen. Menschenrechte – Widerstand – Euthanasie – Neubeginn, Münster 1998, 269–284, hier 277.

Wenngleich die katholischen Bischöfe auch in einigen Punkten, beispielsweise in der Zurückweisung der alliierten Kollektivschuldthese, eine gesellschaftliche Vorreiterrolle einnehmen konnten[82], so fehlte es ihnen doch letztlich an einem Konzept für eine tiefgreifendere Neuordnung des deutschen Katholizismus angesichts des von den demographischen Veränderungen bestimmten Paradigmenwechsels.

Demgegenüber mutierte der westdeutsche Katholizismus als Gesamtgruppe gesehen gerade vor dem Bewußtsein des Verlustes der Minoritätenrolle in Westdeutschland zum „eigentlichen Entdecker der Bundesrepublik als einer neuen politischen Heimat"[83]. Die nicht unbeträchtliche Zahl von Konversionen evangelischer Christen zum Katholizismus unterstreicht diesen Prestigegewinn[84].

Summa summarum könnte man also die Jahreszahl 1945 mit guten Gründen als Datum der Kontinuität im deutschen Katholizismus reklamieren, wenn da nicht der selbst das entlegenste Dorf berührende Einstrom der Flüchtlinge und Vertriebenen gewesen wäre, der im katholischen Kerngebiet wohl insgesamt weniger sichtbare Folgen mit sich brachte als in der Diaspora. Treffender als mit dem Terminus „Stunde Null" ließe sich dieses Datum daher gemäß einem Diktum von Theodor Heuss als „Jahr des Heils und des Unheils" bezeichnen.

Heinz Hürten hat diese Ambivalenz einmal unter anderen Vorzeichen in der banal klingenden, aber treffenden Überschrift ausgedrückt: „Der neue Anfang und die neue Krise"[85]. Es ist aus dem Vorausgeschickten unschwer zu erahnen, daß für diese Untersuchung weniger der Neuanfang als vielmehr die Krise das zu untersuchende Phänomen darstellt. Eine Krise zunächst im materiellen, bald aber auch im seelsorglichen bzw. geistigen Sinn, die sich 1945 gleichermaßen daran zu entzünden begann, daß die katholischen Vertriebenen von ihren eigenen Glaubensschwestern und -brüdern wie auch von den Protestanten als Störfaktoren in der Kontinuität des Gemeinde- bzw. Gemeinschaftslebens betrachtet wurden[86].

Nicht allein aufgrund der Akten-Sperrfrist, die ca. 30 Jahre beträgt, und der für eine ausgewogene historische Darstellung notwendigen Distanz von einer Generation wurde das Jahr 1965 als Endmarke der Untersuchung gewählt. 1965 steht einerseits vielfach für

---

[82] Vgl. hierzu insbesondere die Reaktionen des Münsteraner Bischofs Clemens August Graf von Galen, analysiert bei Leschinski, Susanne, Clemens August Kardinal von Galen in der Nachkriegszeit 1945/46, in: Kuropka, Joachim (Hrsg.), Clemens August Graf von Galen. Neue Forschungen zum Leben und Wirken des Bischofs von Münster, 2. Aufl. Münster 1993, 245–271.

[83] Vgl. Schmidtchen, Gerhard, Protestanten und Katholiken. Soziologische Analyse konfessioneller Kultur, Bern u. a. 1973, 245.

[84] Vgl. Damberg, Wilhelm, Abschied vom Milieu? Katholizismus im Bistum Münster und in den Niederlanden 1945–1980 (Veröffentlichungen der Kommission für Zeitgeschichte, Reihe B, Bd. 79), Paderborn u. a. 1997, 107ff.

[85] Hürten, Heinz, Kurze Geschichte des deutschen Katholizismus (wie Anm. 79), 243.

[86] Diese innerkirchliche Spannung wird am lokalen Beispiel deutlich aufgezeigt bei Kuropka, Joachim, Vom Neubeginn zur Gegenwart. Löningen seit 1945, in: Jansen, Margaretha (Bearb.), Löningen in Vergangenheit und Gegenwart. Zur Geschichte unserer Stadt. Fünf Viertel und eine Wiek, Löningen 1998, 211–250, hier 221.

eine Zäsur, möglicherweise sogar für den Abschluß der kirchlichen Neubeheimatung der Vertriebenen, wie mehrere Veröffentlichungen belegen, die sich vor dem Hintergrund der 20jährigen Wiederkehr des Kriegsendes dieser Frage annahmen[87]. Mit Blick auf die Zukunft des in der Nachkriegszeit aufgebauten Gemeinschaftsgefüges der ostvertriebenen Katholiken äußerte sich beispielsweise Joachim Behnke, damals eine Leitfigur in der katholischen Vertriebenenarbeit, 1965 in einem Vortrag auf einer Studientagung der katholischen Vertriebenenorganisationen in Königstein/Taunus pessimistisch: „Nun läßt sich nicht leugnen, daß nach und nach diese Kristallisationspunkte nicht mehr sein werden, weil von der jungen Generation die persönlichen Bindungen zu den alten Pfarrern [...] nicht mehr bestehen, weil aber auch nach 20 Jahren mancher dieser Pfarrer nicht mehr lebt."[88] Die Grenzmarke in der Mitte der 1960er Jahre symbolisiert andererseits über die Gruppe der Vertriebenen hinaus auch den Schlußpunkt des Zweiten Vatikanischen Konzils und damit einen Einschnitt in der jüngsten Geschichte der katholischen Kirche insgesamt. Insbesondere vor dem Hintergrund der Tatsache, daß die bisherige Katholizismusforschung weitgehend die Auffassung vertreten hat, daß erst in der unmittelbaren Folge des Konzils und verstärkt durch die Diskussion um die päpstliche Enzyklika „Humanae Vitae" 1968 die Kirche in Deutschland immer mehr an Rückhalt bei ihren Gläubigen verloren hat, stellt diese Endzäsur ein gleichermaßen sakrales Pendant zu jener weltlichen Scheidegrenze dar, die Anselm Doering-Manteuffel mit dem Tod Adenauers 1967 und der Studentenrevolte im Folgejahr markiert hat[89]. Während sich die profane Epochengrenze mit dem politischen Paradigmenwechsel von den Konservativen zu den Sozialdemokraten relativ eindeutig ziehen läßt, wird sie für den Katholizismus mit dem „Erosionsprozeß, der in beiden Kirchen zu einem Absinken der religiösen Praxis um rund die Hälfte führte"[90], begründet, der wiederum im Zusammenhang mit der Liberalisierung kirchlicher Glaubens- und Sittenvorschriften gesehen wurde. Mit dem „ziemlich genau in der Mitte der sechziger Jahre" datierten Beginn dieser Glaubenskrise setzt Hans Maier das Ende des Nachkriegskatholizismus an dieser Stelle an[91].

Selbst wenn die Frage nach der Bedeutung einzelner historischer Ereignisse für die Milieuerosion erst in dieser Untersuchung problematisiert und hier im Rahmen einer Fallstudie einer kritischen Überprüfung unterzogen wird, bietet sich die gewählte Zäsur an. Schließlich erweist sich das Argument des Aufbruchs durch das Konzil nicht aus der Luft gegriffen, wenn man den Blickwinkel nur auf den Bereich des interkonfessionellen

---

[87] Vgl. Lange, Rudolf, Theologie der Heimat (wie Anm. 57), u. Behnke, Joachim, Nach 20 Jahren. Die Arbeit der katholischen Vertriebenenorganisationen. Rückblick und Schwerpunkte für die Zukunft, Hildesheim 1966.

[88] Referat v. 5.12.1965, abgedruckt, in: Behnke, Joachim, Nach 20 Jahren (wie Anm. 87), 36.

[89] Vgl. Doering-Manteuffel, Anselm, Deutsche Zeitgeschichte nach 1945. Entwicklung und Problemlagen der historischen Forschung zur Nachkriegszeit, in: Vierteljahrshefte für Zeitgeschichte, Bd. 41 (1/1993), 1–29, hier 1.

[90] Maier, Hans, Kirche, Religion und Kultur, in: Broszat, Martin (Hrsg.), Zäsuren nach 1945. Essays zur Periodisierung der deutschen Nachkriegsgeschichte (Schriftenreihe der Vierteljahrshefte für Zeitgeschichte, Bd. 61), München 1990, 131–139, hier 132.

[91] Ebd.

Zusammenlebens lenkt, der sich als unmittelbare Folge der Vertreibung virulent erwiesen hatte. Waren wenige Jahre zuvor ökumenische Gespräche, Gottesdienste und Eheschließungen noch undenkbar, so standen sie nach 1965 auf der Tagesordnung fast jeder Gemeinde.

So sinnvoll die Eingrenzung auch ist, so wichtig erscheint es auch zugleich, über diese Eckdaten hinweg zu schauen und das Davor und Danach zu betrachten. Die Situation des Nachkriegskatholizismus beim Eintreffen der Flüchtlinge und Vertriebenen ist nicht unabhängig von den vorhergehenden Ereignissen einer zu bestehenden Bewährungsprobe in der NS-Zeit im Blick zu behalten. Sie kann somit nicht losgelöst von den Vergemeinschaftungstendenzen gesehen werden, die als Reaktion auf die nationalsozialistischen Repressalien bewertet werden müssen. Daneben ist ebenfalls kritisch zu beobachten, inwiefern die erhöhte Milieugeschlossenheit der Jahre 1933 bis 1945 letztlich auch negative Folgen für den Nachkriegskatholizismus aufwies.

Ebenso ist der rein optisch gesehen offenbar parallel mit der Umsetzung des „Aggiornamento" in der ersten Zeit nach dem Konzil einhergehende Auszug vieler Katholiken aus der Kirche in seiner Rückbezogenheit auf den Untersuchungszeitraum selbstverständlich mit zu veranschlagen. Diese beiden Pole, die sich pointiert formuliert als Wechsel zwischen einer Stärkung des Zusammenhalts vor dem Hintergrund des totalitären Staates und dessen zunehmender Auflösung angesichts einer liberalen Gesellschaftsstruktur und eines kapitalistischen Entwicklungsschubes kennzeichnen lassen, begrenzen die Untersuchung zeitlich und wollen Hilfestellung bei der Suche nach der Bewandtnis der Vertriebenen für die Kontinuitäten und Brüche in den beiden dazwischen liegenden Dekaden leisten.

## 3. Forschungsstand und Operationalisierung

### Forschungsstand

In der Forschung berühren sich im Hinblick auf die vorliegende Arbeit zwei sehr unterschiedliche und nicht unbedingt miteinander korrespondierende Felder zeitgeschichtlichen Arbeitens, nämlich zum einen die Katholizismusforschung und zum anderen die Vertriebenenforschung.

### Vertriebenenforschung

Hinsichtlich der Vertriebenenforschung läßt sich je nach Perspektive und zeitlicher Nähe zwischen einer „älteren" und einer „neueren" Schule unterscheiden[92]. In den 1950er Jah-

---

[92] Zu den zum Vertriebenenproblem erschienenen Titeln vgl. Krallert-Sattler, Gertrud, Kommentierte Bibliographie zum Flüchtlings- und Vertriebenenproblem in der Bundesrepublik Deutschland, in Österreich und der Schweiz, hrsg. v. Bayerischen Staatsministerium für Arbeit und Sozialordnung, München 1989, ergänzend: Schlau, Wilfried, Die Ostdeutschen – Eine Bilanz, 1945–1995, München 1996, 183–279; Frantzioch, Marion, Die Vertriebenen. Hemmnisse, An-

ren ging es zuerst darum, die Geschehnisse der Jahre 1945/46 selbst in Form von Erlebnisberichten zu dokumentieren und auf diesem Wege zu verarbeiten, wobei sich an entsprechenden Unternehmungen nahezu ausschließlich Historiker beteiligten, die aus den Vertreibungsgebieten stammten bzw. dort vor 1945 ihren Wirkungskreis besaßen[93].

Eine wissenschaftliche Beschäftigung mit diesem Themenkomplex leitete parallel der Versuch einer Gesamtschau der Einzelaspekte, herausgegeben von Eugen Lemberg und Friedrich Edding, ein.[94] Während dieses Kompendium trotz der Mitarbeit zahlreicher von der Vertreibung persönlich betroffener Wissenschaftler bis in die Gegenwart als Standardwerk gilt, trägt eine 20 Jahre später von dem ehemaligen Bundesminister Hans Joachim von Merkatz herausgegebene Bilanz der Vertriebenenintegration mehr den Charakter eines Erinnerungsbandes[95].

Nach einer Reihe von eher sekundären Beiträgen sowie populär gehaltenen Darstellungen[96] erschienen in der zweiten Hälfte der 1980er Jahre dann wieder drei Sammelbände, deren Herausgeber sich von der Intention geleitet sahen, die Vertreibung und ihre Folgen nicht nur in ihrer Vielschichtigkeit neu zu analysieren, sondern vor allem vor dem Hintergrund der Migrationsforschung Zukunftsperspektiven für eine Bearbeitung der Problematik aufzuzeigen[97]. Es handelt sich dabei allesamt um Aufsatzsammlungen, die unter dem Primat der Politik, Verwaltung und Wirtschaft standen. Kulturelle Themenfelder gerieten dabei ins Hintertreffen, der Beitrag der Kirchen zur Lösung der Vertriebenenfrage wurde meist gar nicht, und wenn, dann nur sehr oberflächlich behandelt.

---

triebkräfte und Wege ihrer Integration in der Bundesrepublik Deutschland. Mit einer kommentierten Bibliographie, Berlin 1987, sowie Auerbach, Hellmuth, Literatur zum Thema. Ein kritischer Überblick, in: Benz, Wolfgang (Hrsg.), Die Vertreibung der Deutschen aus dem Osten. Ursachen, Ereignisse, Folgen, Frankfurt/M. 1985 (aktualisierte Neuausgabe 1995), 277–294.

[93] Dokumentarisch angelegt sind: Dokumente der Menschlichkeit aus der Zeit der Massenaustreibungen. Gesammelt u. hrsg. v. Göttinger Arbeitskreis, Kitzingen 1950 (2. verm. Aufl. Würzburg 1960); Schieder, Theodor (Bearb.), Dokumentation der Vertreibung der Deutschen aus Ost-Mitteleuropa, 5 Bde., Ortsreg. u. 3 Beihefte, hrsg. v. Bundesministerium f. Vertriebene, Bonn 1954–1962. Vgl. zur Intention auch Schieder, Theodor, Die Vertreibung der Deutschen aus dem Osten als wissenschaftliches Problem, in: Vierteljahrshefte für Zeitgeschichte 8/1960, 1–16.

[94] Vgl. Lemberg, Eugen, Edding, Friedrich (Hrsg.), Die Vertriebenen in Westdeutschland (wie Anm. 13).

[95] Vgl. Merkatz, Hans Joachim von (Hrsg.), Aus Trümmern wurden Fundamente. Vertriebene, Flüchtlinge, Aussiedler. Drei Jahrzehnte Integration, Düsseldorf 1979.

[96] Für ein breites Publikum gedacht, aber gut im Überblick z.B.: Böddeker, Günter, Die Flüchtlinge. Die Vertreibung der Deutschen im Osten, München 1980; Kuhn, Ekkehard, Nicht Rache, nicht Vergeltung. Die deutschen Vertriebenen, München u. a. 1987; Zayas, Alfred-Maurice de, Anmerkungen zur Vertreibung der Deutschen aus dem Osten, Stuttgart 1986.

[97] Vgl. Benz, Wolfgang (Hrsg.), Die Vertreibung der Deutschen aus dem Osten (wie Anm. 92); Schulze, Rainer u. a. (Hrsg.), Flüchtlinge und Vertriebene in der westdeutschen Nachkriegsgeschichte. Bilanzierung der Forschung und Perspektiven für die künftige Forschungsarbeit (Veröffentlichungen der Historischen Kommission für Niedersachsen und Bremen, XXXVIII; Quellen und Untersuchungen zur Geschichte Niedersachsens nach 1945, Bd. 4), Hildesheim 1987; Bade, Klaus J. (Hrsg.), Neue Heimat im Westen: Vertriebene, Flüchtlinge, Aussiedler, Münster 1990.

Eine Priorität wirtschaftlicher Fragestellungen vor der kulturellen Problematik bei der Vertriebenenintegration konstatierte in diesem Sinne bereits in den 1960er Jahren der Niederländer Hiddo M. Jolles[98]. Er charakterisierte die Flüchtlingsfrage als „ein äußerst verführerisches, [...] fast unzugängliches Problem"[99] und gehörte damit zu den ersten, die sich aus soziologischer Perspektive der Thematik annahmen, die zuvor bei Helmut Schelsky eher ein Randaspekt geblieben war[100]. Schließlich kam die wissenschaftliche Aufarbeitung in diesem Bereich der Vertriebenenforschung erst nach einer längeren Zeit des Stillstands weiter voran[101]. 1989 legte beispielsweise Paul Lüttinger eine viel beachtete Analyse vor, die unter Zuhilfenahme empirischer Methoden die Hypothese einer bis spätestens Ende der 1950er Jahre erfolgreich abgeschlossenen Integration der Vertriebenen für obsolet erklärte[102].

Von der Volkskunde, die auch zwischen 1960 und 1980, als die Beschäftigung mit den Vertriebenen von der historischen Forschung weitgehend ausgeblendet wurde, entsprechende Themen bearbeitete[103], kamen neue Akzente durch Albrecht Lehmann hinzu, der sich der Vertriebenenproblematik anhand der Schilderung von Einzelschicksalen näherte[104] und damit eine neue Methodik für die ostdeutsche Volkskunde etablierte, die von biographischer Forschung, Erfahrungsgeschichte und Oral History ausgeht. Inzwischen hat auch die regionale Volkskunde die Vertriebenen entdeckt, diese Ansätze übernom-

---

[98] Vgl. Jolles, Hiddo M., Zur Soziologie der Heimatvertriebenen und Flüchtlinge, Köln 1965, 259ff.
[99] Ebd., 11.
[100] Vgl. Schelsky, Helmut, Familie und Gesellschaft. Eine Bestandsaufnahme der Familie in Westdeutschland I, in: Wort und Wahrheit. Monatsschrift für Religion und Kultur, Bd. 8 (1/1953), 21–28.
[101] Joachim Kuropka nennt hier die Jahre 1989/90 als Beginn einer „Erkenntniswende", in deren Folge das Thema Vertreibung wieder wissenschaftlich thematisiert werden konnte. Vgl. Kuropka, Joachim, Schicksal Heimat. Vertreibung, neue Beheimatung, Heimat Europa und historische Erinnerung, in: Jahrbuch für das Oldenburger Münsterland 2000, 379–390, hier 381f.
[102] Vgl. Lüttinger, Paul (unter Mitwirkung v. Rita Rossmann), Integration der Vertriebenen (wie Anm. 52), der zwar eine gelungene Integration der Vertriebenen in die bundesrepublikanische Gesellschaft nicht leugnet, sich jedoch massiv gegen die „globale Aussage einer bereits zu Ende der fünfziger Jahre geglückten Integration" wendet. Ebd., 240.
[103] Hier sei insbes. auf die Tätigkeit der Kommission für ostdeutsche Volkskunde in der Deutschen Gesellschaft für Volkskunde hingewiesen.
[104] Vgl. Lehmann, Albrecht, Im Fremden ungewollt zuhaus. Flüchtlinge und Vertriebene in Westdeutschland 1945–1990, 2. Aufl. München 1993; ders., Erinnern und Vergleichen. Flüchtlingsforschung im Kontext heutiger Migrationsbewegungen, in: Dröge, Kurt (Hrsg.), Alltagskulturen zwischen Erinnerung und Geschichte. Beiträge zur Volkskunde der Deutschen im und aus dem östlichen Europa (Schriften des Bundesinstituts für ostdeutsche Kultur und Geschichte, Bd. 6), München 1995, 15–30.

men und mit Hilfe von Interviews begonnen, deren kulturellen Beitrag zur Nachkriegsgesellschaft zu dokumentieren[105].

Auf der Ebene des Landes Niedersachsen ließen Studien zur Flüchtlings- und Vertriebenenproblematik – von einigen Einzelarbeiten abgesehen – lange auf sich warten. Seit Beginn der 1980er Jahre wird dieses Forschungsfeld allerdings von Zeithistorikern und Archivaren zunehmend erschlossen, wobei eine Gesamtdarstellung noch ein Desiderat ist[106].

Für das Oldenburger Land hingegen, das hier als Fallbeispiel herangezogen wird, stellt die Vertriebenenforschung noch Neuland dar. Als historische Größe tauchten die ostdeutschen Neubürger erstmals Mitte der 1960er Jahre als Stichwort in einem regionalgeschichtlichen Lexikon auf[107]. Eine ausführliche, aber rein statistische Erfassung erfuhren sie schließlich in Albrecht Eckhardts Überblicksdarstellung in dem 1987 erschienen

---

[105] Für Westfalen und das westliche Niedersachsen ist diesbezüglich ein 1996 begonnenes Projekt der Volkskundlichen Kommission für Westfalen unter Leitung von Dietmar Sauermann zu nennen: Vgl. auch Sauermann, Dietmar, Gefühle und Gedanken der Heimatvertriebenen bei ihrer Auseinandersetzung mit der gegenwärtigen Gesellschaft, in: Eiynck, Andreas (Hrsg.), „Alte Heimat – Neue Heimat". Flüchtlinge und Vertriebene im Raum Lingen nach 1945, Lingen 1997, 189–216; ders., Akkulturationsprobleme aus der Sicht der Betroffenen, in: Leidinger, Paul (Hrsg.), Deutsche Ostflüchtlinge und Ostvertriebene nach 1945 in Westfalen (Schriften der Historischen Kommission für Westfalen) (in Vorbereitung).

[106] Vgl. Kollai, Helmut R., Die Eingliederung der Vertriebenen und Zuwanderer in Niedersachsen, Berlin 1959; Bradatsch, Walter, Loebel, Hansgeorg, Neue Heimat in Niedersachsen. Zur Geschichte der Vertriebenen in unserem Lande/30 Jahre Bund der Vertriebenen. Versuch einer Chronik, Alfeld/Leine 1979; Brosius, Dieter, Zur Lage der Flüchtlinge in Niedersachsen nach 1945, in: Niedersächsisches Jahrbuch für Landesgeschichte, Bd. 55 (1983), 99–113; Grebing, Helga, Flüchtlinge und Parteien in Niedersachsen. Eine Untersuchung der politischen Meinungsbildungs- und Willensbildungsprozesse während der ersten Nachkriegszeit 1945–1952/53, Hannover 1990; als knappe Überblicksdarstellung vgl. Brosius, Dieter, Die Eingliederung der Flüchtlinge als Verwaltungsproblem, in: Poestges, Dieter (Red.), Übergang und Neubeginn. Beiträge zur Verfassungs- und Verwaltungsgeschichte Niedersachsens in der Nachkriegszeit, Göttingen 1997, 81–96; Bade, Klaus J. (Hrsg.), Fremde im Land. Zuwanderung und Eingliederung im Raum Niedersachsen seit dem Zweiten Weltkrieg (IMIS-Schriften, Bd. 3), Osnabrück 1997. Regionalbezogene Arbeiten liegen nur zu Bereichen außerhalb Oldenburgs vor: Brosius, Dieter, Hohenstein, Angelika, Flüchtlinge im nordöstlichen Niedersachsen 1945–1948, Hildesheim 1985; von der Brelie-Lewien, Doris, Dann kamen die Flüchtlinge. Der Wandel des Landkreises Fallingbostel vom Rüstungszentrum im „Dritten Reich" zur Flüchtlingshochburg nach dem Zweiten Weltkrieg, Hildesheim 1990; Krug, Martina, Mundhenke, Karin, Flüchtlinge in der Stadt Hameln und in der Region Hannover 1945–1952, Hildesheim 1987. Eine Aufstellung aller bis 1986 erschienenen Titel enthält: Steinert, Johannes-Dieter, Flüchtlinge, Vertriebene und Aussiedler in Niedersachsen. Eine annotierte Bibliographie, Osnabrück 1986.

[107] Vgl. Scheliha, Hans Heinrich von, Artikel: Vertriebene und Flüchtlinge im Verw.- bez. Oldenburg, in: Hellbernd, Franz, Möller, Heinz (Bearb.), Oldenburg – ein heimatkundliches Nachschlagewerk, Vechta 1965, 672–676. Neu akzentuiert v. Verf., in der Neuauflage Löningen 1999, 663–667.

Standardwerk „Geschichte des Landes Oldenburg"[108]. Auch im Zusammenhang mit dem 50. Jahrestag von Flucht und Vertreibung 1995 bzw. 1996 ist diesem Manko nicht abgeholfen worden, während beispielsweise in benachbarten Regionen die Aufnahme der Vertriebenen sowohl im Hinblick auf eine Gesamtschau gewürdigt als auch in Einzelaspekten beleuchtet wurde[109]. Von einem gestiegenen Interesse an der Thematik in Oldenburg geben allerdings zahlreiche lokale Studien Auskunft, deren wichtigste für den Bereich der Stadt Oldenburg im Zusammenhang mit einem Ausstellungsprojekt des dortigen Stadtmuseums entstanden ist[110]. Eher spärlich nimmt sich auch die Zahl der gedruckten Erinnerungen an die Vertriebeneneingliederung aus, die ohnehin nur „einen Teil des Schicksals der Erfahrungen, die viele Heimatvertriebene [...] in Oldenburg gemacht haben", dokumentieren kann[111]. Eine nachhaltige Wirkung auf diesem Sektor kommt der 1983 erschienenen Dissertation von Norbert Baha zur Vertriebeneneingliederung in der Stadt Delmenhorst zu, die bis heute den Charakter einer Pionierstudie nicht verloren hat[112]. Inzwischen ist ihr eine ebenfalls lokal ausgerichtete Dissertation von Andreas von Seggern für den Bereich der Stadt Oldenburg nachgestellt worden und die Ostdeutschen tauchen ebenso im Rahmen eines jüngst erschienenen Sammelbandes zur Nachkriegszeit in der Region aus dem Dunkel der Geschichte auf[113].

---

[108] Vgl. Eckhardt, Albrecht, Schmidt, Heinrich (Hrsg.), Geschichte des Landes Oldenburg. Ein Handbuch, 4. verbess. Aufl. Oldenburg 1993, 513 ff.

[109] Vgl. z. B. die 1997 durchgeführte Ausstellung des Emslandmuseums in Lingen über die Flüchtlingsaufnahme und -integration im südlichen Emsland u. insbes. den Begleitband: Eiynck, Andreas (Hrsg.), „Alte Heimat – Neue Heimat" (wie Anm. 105) oder für das Ostmünsterland: Münsterland. Jahrbuch des Kreises Warendorf 1996, das ganz den Heimatvertriebenen und Flüchtlingen gewidmet ist. Für Westfalen liegt jetzt sogar eine Untersuchung zu den Flüchtlingslagern vor: Müller, Simone, Die Durchgangslager für deutsche Ostflüchtlinge und Ostvertriebene in Westfalen (1945–1950) (Uni Press Hochschulschriften, Bd. 118), Münster u.a. 2001.

[110] Vgl. Meyer, Lioba (Hrsg.), Zuhause war anderswo. Flüchtlinge und Vertriebene in Oldenburg, Oldenburg 1997. Darüber hinaus siehe: Harms, Helmut, Vom „Heil!" zum „Unheil". Das Ammerland 1945/46. Chaos und Neuanfang, Westerstede 1995, u. Leik, Walter, Flucht, Vertreibung und neue Eingliederung der Flüchtlinge und Vertriebenen in Westerstede, Westerstede 1996, sowie Delmenhorster Heimatjahrbuch 1997, Delmenhorst 1997, das diese Thematik ausführlich behandelt. Außerdem vgl. die Kleinschrift: Jeverländischer Altertums- und Heimatverein (Hrsg), „Toloopen Volk". Wie sind die Vertriebenen und Flüchtlinge nach dem 2. Weltkrieg im Jeverland „angekommen"? Gesprächsprotokolle aus der Geschichtswerkstatt, Jever 2000. Wissenschaftlich hat die Gemeinde Stuhr ihre Nachkriegsentwicklung aufbereiten lassen: Vgl. Oltmann, Joachim, Wieder in die Gänge kommen. Die Gemeinde Stuhr in der Nachkriegszeit 1945–1950, Bremen 1990.

[111] Seeber, Ekkehard, in: Engelmann, Joachim, Lebensstation Kreyenbrück. Aus der Geschichte der Oldenburger Hindenburg-Kaserne, Oldenburg 1995, hier 7. Bei dem Band handelt es sich um einen persönlichen Erlebnisbericht über Vertriebene in Oldenburg-Kreyenbrück.

[112] Vgl. Baha, Norbert, Wiederaufbau und Integration (wie Anm. 61).

[113] Vgl. Seggern, Andreas von, „Großstadt wider Willen". Zur Geschichte der Aufnahme und Integration von Flüchtlingen und Vertriebenen in der Stadt Oldenburg nach 1944 (Fremde Nähe. Beiträge zur interkulturellen Diskussion, Bd. 8), Münster 1997; Düselder, Heike, „Heimat', das ist nicht nur Land und Landschaft". Flüchtlinge und Vertriebene im Land Oldenburg, in: Eckhardt, Albrecht (Hrsg.), Oldenburg um 1950. Eine nordwestdeutsche Region im ersten Nachkriegsjahr-

## Katholizismusforschung

Was die deutsche Katholizismusforschung als zweiten im Kontext dieser Arbeit zu beachtenden Strang zeitgeschichtlicher Forschung betrifft[114], setzte hier seit 1962 die von Profanhistorikern angeregte und von der Deutschen Bischofskonferenz getragene Kommission für Zeitgeschichte einen Meilenstein. In deren beiden „Blauen Reihen" mit Quellen bzw. Forschungen sind mittlerweile insgesamt bald 140 Bände, darunter zahlreiche mit Forschungsergebnissen, erschienen, um einmal rein quantitativ die Ergebnisse der Beschäftigung mit kirchlicher Zeitgeschichte auf katholischer Seite deutlich zu machen. Wenn der eindeutige Schwerpunkt hierbei allerdings von Beginn an auf der Erforschung des Verhältnisses von katholischer Kirche und Nationalsozialismus lag bzw. Themen aus Kaiserreich und Weimarer Republik aufgegriffen wurden, so hat sich – mit Ausnahme etwa der als wegweisend zu bezeichnenden Untersuchung über das Zentralkomitee der deutschen Katholiken von Thomas Großmann – seit der deutschen Wiedervereinigung trotz eines geradezu inflationären Ansteigens der Publikationen erst in der unmittelbaren Gegenwart ein wenig daran geändert[115].

---

zehnt, Oldenburg 2000, 57–80. Einem Vortrag des früheren Regierungspräsidenten Horst Milde zur Thematik kommt hingegen eher Essaycharakter zu. Vgl. Milde, Horst, Oldenburg und Schlesien. Alte und neue Heimat von 1945 bis zur Gegenwart, in: Oldenburger Jahrbuch, Bd. 101 (2001), 145–157.

[114] Allgemein vgl. hierzu die Bibliographien: Hehl, Ulrich von, Hürten, Heinz (Hrsg.), Der Katholizismus in der Bundesrepublik Deutschland 1945–1980. Eine Bibliographie (Veröffentlichungen der Kommission für Zeitgeschichte, Reihe B, Bd. 40), Mainz 1983; Abmeier, Karlies, Hummel, Karl-Joseph (Hrsg.), Der Katholizismus in der Bundesrepublik Deutschland 1980–1993. Eine Bibliographie (Veröffentlichungen der Kommission für Zeitgeschichte, Reihe B, Bd. 80), Paderborn u. a. 1997.

[115] Vor 1990 erschienen in der Reihe B der „Veröffentlichungen der Kommission für Zeitgeschichte" – ohne Berücksichtigung der Adenauer-Studien – lediglich vier eindeutig auf die Nachkriegszeit ausgerichtete Arbeiten: Steuber, Klaus, Militärseelsorge in der Bundesrepublik Deutschland. Eine Untersuchung zum Verhältnis von Staat und Kirche (Bd. 12), Mainz 1972; van Schewick, Burkhard, Die katholische Kirche und die Entstehung der Verfassungen in Westdeutschland 1945–1950 (Bd. 30), Mainz 1980; Doering-Manteuffel, Anselm, Katholizismus und Wiederbewaffnung. Die Haltung der deutschen Katholiken gegenüber der Wehrfrage 1948–1955 (Bd. 32), Mainz 1981, u. Hackel, Renate, Katholische Publizistik in der DDR 1945–1984 (Bd. 45), Mainz 1987, sowie in der Quellen-Reihe die Lebenserinnerungen von Hubert Jedin (Bd. 30), Mainz 1984. Seit der Wende erschienen: Großmann, Thomas, Zwischen Kirche und Gesellschaft. Das Zentralkomitee der deutschen Katholiken 1945–1990 (Bd. 56), Mainz 1991; Raabe, Thomas, SED-Staat und katholische Kirche. Politische Beziehungen 1949–1961 (Bd. 70), Paderborn u. a. 1995 (2. Aufl. 1997); Damberg, Wilhelm, Abschied vom Milieu? (wie Anm. 84); Tischner, Wolfgang, Katholische Kirche in der SBZ/DDR 1945–1951. Die Formierung einer Subgesellschaft im entstehenden sozialistischen Staat (Bd. 90), Paderborn u.a. 2001; Grypa, Dietmar, Die katholische Arbeiterbewegung in Bayern nach dem Zweiten Weltkrieg (1945–1963) (Bd. 91), Paderborn u.a. 2001. Von den 1990–2001 publizierten über 40 Monographien waren somit nur fünf der jüngsten Epoche der Zeitgeschichte nach 1945 gewidmet.

Obwohl die Veröffentlichungen der Kommission für Zeitgeschichte nach wie vor einen gewichtigen Stellenwert für die Forschung zu katholischen Themen besitzen, haben sie ihr Monopol für die Aufarbeitung der jüngsten Vergangenheit dieses Bereiches in den letzten Jahren zunehmend eingebüßt. Ursächlich dafür mag weniger die Tatsache sein, daß die Beschäftigung mit der jüngsten Zeitgeschichte hier immer noch ein besonderes Desiderat darstellt, sondern daß sie den bereits in der Theoriediskussion dieser Einleitung geschilderten Paradigmenwechsel von einer in sich und der Kirche verwurzelten Zeitgeschichte hin zu einer gegenüber allen benachbarten Fachdisziplinen offenen Sozial- und Mentalitätsgeschichte nicht konsequent mitvollzogen haben. Dabei hatte ein Symposion zum 25jährigen Bestehen der Kommission für Zeitgeschichte 1987 bereits die inhaltlichen Weichen für ein Aufgreifen sozialgeschichtlicher Fragestellungen unter dem Schlagwort „Katholisches Milieu" und gleichzeitig weg von der inhaltlichen Konzentration auf Kaiserreich und Nationalsozialismus und hin zur Nachkriegszeit gestellt. Zeitgeschichte habe „heute einen anderen Gegenstand als damals, da Hans Rothfels ihre theoretischen Grundlagen konzipierte[116], und wird in absehbarer Zukunft wieder einen anderen Gegenstand haben". Mit diesen Worten machte Heinz Hürten bei diesem Anlaß ihren beständigen Wandel deutlich[117]. Vorausgegangen war 1985 eine in der Retrospektive als eigentliche Zäsur in der Katholizismusforschung angesehene Expertentagung[118], die Hürtens oben genannte Forderungen bereits antizipiert hatte und vor allem die Grundlagen für eine ökumenisch offene kirchliche Zeitgeschichte gelegt hatte[119].

Gerade von der Schweiz aus hatte die Katholizismusforschung bereits in den 1970er Jahren durch Victor Conzemius neue Impulse erhalten, als dieser eine zukünftig historisch und nicht theologisch dominierte Kirchengeschichte einforderte[120], und wurde

---

[116] Vgl. Rothfels, Hans, Zeitgeschichte als Aufgabe, in: Vierteljahrshefte für Zeitgeschichte 1/1953, 1–8.

[117] Vgl. Hürten, Heinz, Zukunftsperspektiven kirchlicher Zeitgeschichte (wie Anm. 68), 97–106, sowie Greschat, Martin, Bemerkungen zum Thema, in: Hehl, Ulrich von, Repgen, Konrad (Hrsg.), Der deutsche Katholizismus in der zeitgeschichtlichen Forschung (wie Anm. 68), 107–110. Auch auf protestantischer Seite ist die sozial- und mentalitätsgeschichtliche Forschung erst „in den letzten Jahren in Gang gekommen". So Reeken, Dietmar von, Kirchen im Umbruch zur Moderne (wie Anm. 73), 13. Die Grundlagen formulierte Hans Rothfels in: Ders., Zeitgeschichte als Aufgabe (wie Anm. 116).

[118] So das Urteil von Damberg in: Ders., Kirchliche Zeitgeschichte Westfalens, der Schweiz, Belgiens und der Niederlande. Das katholische Beispiel, in: Westfälische Forschungen, Bd. 42 (1992), 445–465, hier 445.

[119] Vgl. den Tagungsband zu diesem Symposion in Hüningen/Schweiz: Conzemius, Victor, Greschat, Martin, Kocher, Hermann (Hrsg.), Die Zeit nach 1945 als Thema kirchlicher Zeitgeschichte, Göttingen 1988. Außerdem hatte Wilfried Loth schon mit seiner Aufsehen erregenden Arbeit: Katholiken im Kaiserreich. Der politische Katholizismus in der Krise des wilhelminischen Deutschlands, Düsseldorf 1984, die Grundlagen einer kritischen Katholizismusforschung in deutlicher Abgrenzung von den Positionen der Bonner Kommission für Zeitgeschichte gelegt.

[120] Conzemius, Victor, Kirchengeschichte als ´nichttheologische` Disziplin. Thesen zu einer wissenschaftlichen Standortbestimmung, in: Theologische Quartalschrift, Bd. 155 (1975), 187–197.

nunmehr in der Phase der gesellschaftsgeschichtlichen Neuorientierung wesentlich von Urs Altermatt beeinflußt, der 1989 den Theoriediskussionen mit einer regionalen Studie zum Schweizer Katholizismus des 19. und 20. Jahrhunderts eine erste Anwendung am regionalen Beispiel gegenüberstellte[121].

Letztlich wurde diesem Postulat zwar auch im Rahmen der Kommission für Zeitgeschichte Rechnung getragen[122], jedoch gelang es bis in die Gegenwart nicht, diese Vorgaben in der „Blauen Reihe" angemessen zu realisieren. Dagegen nahmen die von Albrecht Langner und Anton Rauscher verantworteten „Beiträge zur Katholizismusforschung" sich der Nachkriegszeit bereits in den 1970er Jahren gleich mehrfach an[123].

Die aktuelle und kontroverse Diskussion zogen aber zwei Konkurrenzunternehmungen an sich, deren Anfänge in das Jahr 1988 zurückgehen: Zum einen die von dem evangelischen Kirchenhistoriker Gerhard Besier und seinen Schülern begründete Zeitschrift „Kirchliche Zeitgeschichte", zum anderen eine unter dem programmatischen Leitwort „Konfession und Gesellschaft" stehende Buchreihe, die von in der Mehrzahl evangelischen Kirchenhistorikern herausgegeben wird[124]. Obgleich beide Initiativen als Resonanz auf die neuen Leitlinien kirchengeschichtlicher Forschung zu verstehen sind und sich als ökumenisch offen präsentieren, sind ihre Herangehensweisen diametral entgegengesetzt. Während Besier die theologische Warte einer transzendenten Komponente der Kirchengeschichte betont, setzen Wilfried Loth und Anselm Doering-Manteuffel als Exponenten von „Konfession und Gesellschaft" die Priorität auf eine konsequente Umsetzung von Altermatts Forderungen nach einer Synthese von Kirche und Gesellschaft im Sinne einer Öffnung der Kirche für die Welt oder – konkreter formuliert – einem interdisziplinären Austausch der Kirchengeschichte[125]. Der Dissens weitete sich schließ-

---

[121] Vgl. Altermatt, Urs, Katholizismus und Moderne. Studien zur Sozialgeschichte der Schweizer Katholiken im 19. und 20. Jahrhundert, Zürich 1989. Das folg. Zit. ebd., 28.

[122] Vgl. die Aufsätze des langjährigen Geschäftsführers der Kommission: Hehl, Ulrich von, Umgang mit katholischer Zeitgeschichte. Ergebnisse, Erfahrungen, Aufgaben, in: Bracher, Karl Dietrich u. a. (Hrsg.), Staat und Parteien. Festschrift für Rudolf Morsey zum 65. Geburtstag, Berlin 1992, 379–395, hier insbes. 380, u. ders., Der deutsche Katholizismus nach 1945 in der zeitgeschichtlichen Forschung, in: Kaiser, Jochen-Christoph, Doering-Manteuffel, Anselm (Hrsg.), Christentum und politische Verantwortung. Kirchen im Nachkriegsdeutschland (Konfession und Gesellschaft, Bd. 2), Stuttgart u. a. 1990, 146–175.

[123] Vgl. aus der oben genannten Reihe insbes. Rauscher, Anton (Hrsg.), Kirche und Katholizismus (wie Anm. 77); ders. (Hrsg.), Katholizismus, Rechtsethik und Demokratiediskussion 1945–1963, München 1981; ders. (Hrsg.), Religiös-kulturelle Bewegungen im deutschen Katholizismus seit 1800, München 1986; Langner, Albrecht (Hrsg.), Katholizismus im politischen System der Bundesrepublik 1949–1963, München 1978; ders. (Hrsg.), Katholizismus, Wirtschaftsordnung und Sozialpolitik 1945–1963, München 1980.

[124] Vgl. Kirchliche Zeitgeschichte, Göttingen 1988ff.; Konfession und Gesellschaft, Stuttgart u. a. 1988ff.

[125] Vgl. Altermatt, Urs, Katholizismus: Antimodernismus mit modernen Mitteln? (wie Anm. 70).

lich Mitte der 1990er Jahre zu einer öffentlich ausgetragenen Kontroverse aus[126], die eher dazu führte, bestehende Gräben zu vertiefen als einen Ausgleich herbeizuführen. Insofern bieten die Grabenkämpfe der unterschiedlichen Richtungen, deren Ende nicht absehbar ist, auf wissenschaftlicher Ebene einen Beleg für ein das heutige Kirchen- wie auch Katholizismusverständnis charakterisierendes Phänomen, daß sich nämlich „nicht mehr präzise und allseits akzeptiert umschreiben [läßt], was genuin katholisch ist"[127].

Die bisher aktuellste und, wenngleich von der sozialgeschichtlichen Komponente geprägte, so doch von billiger Polemik freie Synthese des Forschungsfeldes kirchliche Zeitgeschichte bietet schließlich Werner K. Blessing[128].

Von Seiten der Nachbardisziplinen liegt bereits seit dem Beginn der 1970er Jahre eine soziologische Analyse der Konfessionen allgemein von Gerhard Schmidtchen vor[129], und zuvor hatte sich Walter Menges mit besonderem Blick auf die Mikroebene einer soziologischen Bestandsaufnahme der katholischen Vertriebenen verschrieben[130].

Makrosoziologisch hingegen ebneten erst Karl Gabriel und Franz Xaver Kaufmann 1980 den Weg zu einer spezifischen Beschäftigung mit dem Phänomen Katholizismus und formulierten erste Erkenntnisinteressen[131], die Gabriel 1992 in einer vielbeachteten Studie zur Situation des Christentums in der Gegenwartsgesellschaft konkretisiert hat[132]. Zuletzt hat ein von Kaufmann und seinem Fachkollegen Arnold Zingerle herausgegebener Sammelband einen interdisziplinären Brückenschlag zwischen Historikern und Soziologen in der jüngsten Katholizismusforschung zu leisten und die zentrale Stellung des Milieubegriffs zu relativieren versucht[133]. Das Zweite Vatikanum als die bisher angenommene Scheidegrenze zwischen Restauration und Modernisierung wurde dabei von Karl Ga-

---

[126] Vgl. die von persönlichen Werturteilen über den „Gegner" geprägten Beiträge von Doering-Manteuffel u. Besier, in: Doering-Manteuffel, Anselm, Nowak, Kurt (Hrsg.), Kirchliche Zeitgeschichte. Urteilsbildung und Methoden (Konfession und Gesellschaft, Bd. 8), Stuttgart u. a. 1996, 79–89 u. 90–100.

[127] Hehl, Ulrich von, Umgang mit katholischer Zeitgeschichte (wie Anm. 122), 394.

[128] Blessing, Werner K., Kirchengeschichte in historischer Sicht. Bemerkungen zu einem Feld zwischen den Disziplinen, in: Doering-Manteuffel, Anselm, Nowak, Kurt (Hrsg.), Kirchliche Zeitgeschichte (wie Anm. 126), 14–59.

[129] Vgl. Schmidtchen, Gerhard, Protestanten und Katholiken (wie Anm. 83).

[130] Vgl. Menges, Walter, Wandel und Auflösung der Konfessionszonen, in: Lemberg, Eugen, Edding, Friedrich (Hrsg.), Die Vertriebenen in Westdeutschland (wie Anm. 13), Bd. III, 1–22; ders., Soziologische Befunde und Betrachtungen zur kirchlichen Situation der Vertriebenen, in: Schlesisches Priesterjahrbuch, Bd. V/VI (1964/65), Stuttgart 1966, 22–44.

[131] Vgl. Gabriel, Karl, Kaufmann, Franz Xaver (Hrsg.), Zur Soziologie des Katholizismus, Mainz 1980, hier insbes. 7–23.

[132] Vgl. Gabriel, Karl, Christentum zwischen Tradition und Postmoderne (Quaestiones disputatae, Bd. 141), 7. Aufl. Freiburg u.a. 2000.

[133] Kaufmann, Franz Xaver, Zingerle, Arnold (Hrsg.), Vatikanum II und Modernisierung. Historische, theologische und soziologische Perspektiven, Paderborn u. a. 1996, darin v. a. Hürten, Heinz, Deutscher Katholizismus unter Pius XII.: Stagnation oder Erneuerung, 53–65, u. Gabriel, Karl, Katholizismus und katholisches Milieu in den fünfziger Jahren der Bundesrepublik: Restauration, Modernisierung und beginnende Auflösung, 67–83.

briel in Frage gestellt, der Blick auf die 1950er Jahre gerichtet und somit ein Paradigmenwechsel eingeleitet.

Aus dem Bereich der Politikwissenschaften bzw. Politikgeschichte näherten sich schließlich Karl Schmitt und Thomas M. Gauly dem Nachkriegskatholizismus und unterstrichen Beziehungen zwischen Kirchlichkeit und Wahlverhalten sowie Kirchenführung und politischem Handeln, die in der kirchlichen Zeitgeschichtsforschung bisher nicht diskutiert worden waren[134]. Herbert Kühr eruierte sozial- und politikgeschichtliche Vorstellungen am Beispiel des Katholizismus und brachte eine noch ausführlich zu diskutierende Erweiterung des Begriffs katholisches Milieu hervor[135].

Wendet man sich unter Einbeziehung der Nachbardisziplinen von der deutschen zur regionalen Katholizismusforschung, so läßt sich hier nur partiell eine Umsetzung der Anregungen und Postulate finden. Der Katholizismus in der ehemaligen DDR bildet eine Ausnahme, wie ein regelrechter Boom an Neuerscheinungen in den letzten Jahren belegt, wobei das Interesse im wesentlichen den Beziehungen der Kirche zu Staat und Politik gilt[136].

Zwischen Theorie und Praxis besteht also ein durchaus gravierender Unterschied, wie sich aus der Vermutung ersehen läßt, daß Altermatts Forschungen zum Schweizer Katholizismus auch deswegen so häufig als exemplarisch bezeichnet werden, weil es noch immer kaum weitere wissenschaftliche Studien ähnlichen Formats zum Nachkriegskatholizismus in deutschen Regionen gibt. Eine Ausnahme bildet dabei die bereits in anderem Zusammenhang erwähnte, von sozialgeschichtlichen Fragestellungen geleitete Untersuchung von Werner K. Blessing über den Katholizismus im Erzbistum Bamberg, die neben der NS-Zeit auch die erste Nachkriegszeit berücksichtigt.

Vom Einzelnen zum Allgemeinen gehend, läßt sich interessanterweise insbesondere für den Bereich des Bistums Münster, zu dem die für diese Studie ausgewählte Beispielregion Oldenburg gehört, gegenwärtig ein Schwerpunkt in der Beschäftigung mit der jüngsten Geschichte nach 1945 ausmachen, der im wesentlichen mit den Arbeiten des

---

[134] Vgl. Schmitt, Karl, Konfession und Wahlverhalten in der Bundesrepublik Deutschland (Ordo Politicus, Bd. 27), Berlin 1989; Gauly, Thomas M., Kirche und Politik in der Bundesrepublik Deutschland 1945–1976, Bonn 1990, vgl. hier insbes. 19–52.

[135] Vgl. Kühr, Herbert, Katholische und evangelische Milieus. Vermittlungsinstanzen und Wirkungsmuster, in: Oberndörfer, Dieter u. a. (Hrsg.), Wirtschaftlicher Wandel, religiöser Wandel und Wertwandel. Folgen für das politische Verhalten in der Bundesrepublik Deutschland (Ordo Politicus, Bd. 25), Berlin 1985, 245–261.

[136] Vgl. neben den in Anm. 115 erwähnten Arbeiten von Thomas Raabe u. Wolfgang Tischner hier nur die wichtigsten: Ester, Hans u. a. (Hrsg.), Dies ist nicht unser Haus. Die Rolle der katholischen Kirche in den politischen Entwicklungen in der DDR, Amsterdam u. a. 1992; Dähn, Horst (Hrsg.), Die Rolle der Kirchen in der DDR. Eine erste Bilanz, München 1993; Vollnhals, Clemens (Hrsg.), Die Kirchenpolitik von SED und Staatssicherheit. Eine Zwischenbilanz, 2. Aufl. Berlin 1997; von Hehl, Ulrich, Hockerts, Hans Günter (Hrsg.), Der Katholizismus – gesamtdeutsche Klammer in den Jahrzehnten der Teilung? Erinnerungen und Berichte, Paderborn u. a. 1996; Schäfer, Bernd, Staat und katholische Kirche in der DDR (Schriften des Hannah-Arendt-Instituts für Totalitarismusforschung, Bd. 8), 2. Aufl. Köln u. a. 1999.

Münsteraner Kirchenhistorikers Wilhelm Damberg und des von ihm initiierten „Arbeitskreises für kirchliche Zeitgeschichte, Münster" zusammenhängt[137].

Das Bistum Münster erscheint damit, zumindest was die Nachkriegsgeschichte betrifft, die auch hier „bis in die achtziger Jahre hinein in einem bestürzenden Umfang vernachlässigt worden" war[138], im Vergleich zu benachbarten Diözesen inzwischen beispielhaft erforscht, und es fehlt hier auch nicht an grundlegenden Überblicksdarstellungen von Format, die in vielen anderen Bistümern noch immer als Desiderat gelten[139].

Als auffällig erweist sich dabei die wohl aufgrund der geographischen Lage des Bistums bedingte Fixierung der Geschichtsschreibung auf eine Einordnung in den westeuropäischen Raum. So verglich Wilhelm Damberg den Forschungsstand der regionalen kirchlichen Zeitgeschichte vorzugsweise mit der Situation in Belgien und insbesondere den Niederlanden[140] und bezog letztere in seine umfangreiche Analyse der Nachkriegsgeschichte des Bistums bis 1980 im Sinne einer verstärkt unter dem Postulat der Internationalität stehenden Katholizismusforschung mit ein[141]. Die 1945/46 so plötzlich einsetzende „östliche Färbung" im Bistum wurde dagegen nur unzulänglich beachtet.

---

[137] Vgl. Arbeitskreis für kirchliche Zeitgeschichte, Münster, Katholiken zwischen Tradition und Moderne (wie Anm. 3); Damberg, Wilhelm, Kirchliche Zeitgeschichte Westfalens (wie Anm. 118); ders., Katholizismus im Umbruch. Beobachtungen zur Geschichte des Bistums Münster in den 40er und 50er Jahren, in: Haas, Reimund (Hrsg.), Ecclesia Monasteriensis. Beiträge zur Kirchengeschichte und religiösen Volkskunde Westfalens. Festschrift für Alois Schröer zum 85. Geburtstag, Münster 1992, 385–403; Köster, Markus, „Betet um einen guten Ausgang der Wahl!" Kirche und Parteien im Bistum Münster zwischen Kapitulation und Konzil, in: Köhler, Joachim, Melis, Damian van (Hrsg.), Siegerin in Trümmern (wie Anm. 48), 103–124; Großbölting, Thomas, „Wie ist Christsein heute möglich?" – Suchbewegungen des nachkonziliaren Katholizismus im Spiegel des Freckenhorster Kreises (Münsteraner Theologische Abhandlungen, Bd. 47), Altenberge 1997; Arbeitskreis für kirchliche Zeitgeschichte, Münster, Konfession und Cleavages im 19. Jahrhundert. Ein Erklärungsmodell zur regionalen Entstehung des katholischen Milieus in Deutschland, in: Historisches Jahrbuch, Bd. 120 (2000), 358–395.

[138] Damberg, Wilhelm, Kirchliche Zeitgeschichte Westfalens (wie Anm. 118), 446.

[139] Als Überblicksdarstellungen aus den vergangenen Jahren sind hier zu verzeichnen: Thissen, Werner (Hrsg.), Das Bistum Münster, 3 Bde., Münster 1993; Hauptabteilung Schule und Erziehung (Hrsg.), Das Bistum Münster, 5 Bde., Strasbourg 1992–1998, sowie vor allem Damberg, Wilhelm, Moderne und Milieu (1802–1998) (Angenendt, Arnold (Hrsg.), Geschichte des Bistums Münster, Bd. V), Münster 1998. In den Diözesen Hildesheim und Osnabrück beispielsweise fehlen über Handbücher und Einzelstudien hinaus bislang sowohl eine gehaltvolle Überblicksdarstellung zur Bistumsgeschichte als auch Spezialstudien zur Nachkriegszeit. Der Vorreiterrolle Münsters entspricht allenfalls die Forschung im Erzbistum Paderborn, wo sowohl Gesamtdarstellungen (Hengst, Karl u. a.. Die Kirche von Paderborn, 6 Bde., Strasbourg 1995–1999 u. Brandt, Hans Jürgen, Hengst, Karl, Geschichte des Erzbistums Paderborn, Dritter Band, Paderborn 1997) als auch Einzelstudien in der bisher 5 Bände zählenden Reihe „Zeitgeschichte im Erzbistum Paderborn" vorliegen, z. T. auch im Bistum Hildesheim. Vgl. Scharf-Wrede, Thomas, Das Bistum Hildesheim 1866–1914. Kirchenführung, Organisation, Gemeindeleben (Quellen und Studien zur Geschichte des Bistums Hildesheim, Bd. 3), Hannover 1995.

[140] Vgl. Damberg, Wilhelm, Kirchliche Zeitgeschichte Westfalens (wie Anm. 118).

[141] Vgl. Damberg, Wilhelm, Abschied vom Milieu? (wie Anm. 84).

Vor dem Hintergrund der Migrationsbewegungen, die das teilweise zum Bistumsterritorium gehörige Ruhrgebiet zu Beginn des Jahrhunderts erfahren hatte, und im Hinblick darauf, daß dieser Bistumsteil ebenso wie der Niederrhein aufgrund starker Kriegszerstörungen nur geringfügig mit Vertriebenen belegt wurde, erscheint letzterer Faktor in der historischen Einordnung abgeschwächt. Damit hat die bisherige zeitgeschichtliche Forschung im Bistum sich eindeutig in den Kontext der eingangs geschilderten allgemeinen Migrationsgeschichte gestellt und die Vertreibung als Phänomen ihrer Singularität entkleidet. Wenn Wilhelm Damberg den Schwerpunkt auf die Binnenwanderungen der 1950er Jahre setzt, die angesichts des wirtschaftlichen Aufschwungs den Industriegebieten an Rhein und Ruhr einen großen Bevölkerungszuwachs brachten[142], übersieht er die Tatsache, daß unter Einbeziehung der innerhalb der Bundesrepublik umgesiedelten Vertriebenen mehr als 50 % der Bevölkerungszunahme innerhalb der Diözese aus den Reihen der Ostdeutschen resultierte[143]. Daneben stehen bei ihm die pastoralen Weichenstellungen und Neuakzentuierungen der Bistumsleitung im Mittelpunkt des Interesses. Dabei wird die Rückkoppelung an die Pfarrgemeinden mit ihren unter anderem auch durch die demographischen Veränderungen im Zuge der Vertreibung bedingten spezifischen Problemen und Gestaltveränderungen kaum berücksichtigt.

So intensiv die Diözese Münster als Ganzes von der kirchlichen Zeitgeschichtsforschung betrachtet worden ist, so wenig ist dabei parallel den pastoralen Entscheidungen in der zweiten kirchlichen Zentrale des Bistums, dem Bischöflich Münsterschen Offizialat in Vechta, eine größere Aufmerksamkeit zuteil geworden. Wenn man einmal von einem die veränderte Situation von 1946 aus unmittelbarem Erleben reflektierenden Aufsatz des damaligen Offizials absieht[144], reicht die Forschung innerhalb dieser Bistumsregion selbst über Handbuch- und Überblicksdarstellungen[145] kaum hinaus und versucht

---

[142] Bei Damberg, Wilhelm, Moderne und Milieu (wie Anm. 139), 334, heißt es wörtlich: „Die Wanderungswelle von Flüchtlingen und Vertriebenen wurde seit Beginn der 50er Jahre nochmals überlagert von den Wanderungsbewegungen, die das sog. 'Wirtschaftswunder' auslöste [...]."

[143] Vgl. Trautmann, Markus (Bearb.), Die Vertriebenen im Spiegel statistischer Erhebungen, in: Hirschfeld, Michael, Trautmann, Markus (Hrsg.), Gelebter Glaube – Hoffen auf Heimat. Katholische Vertriebene im Bistum Münster, Münster 1999, 433–454. Demnach lebten 1950 mehr als 200.000 katholische Vertriebene im Bistum Münster. Laut Damberg, Wilhelm, Moderne und Milieu (wie Anm. 139), 334, betrug der Gesamtzuwachs an Katholiken in der Diözese zwischen 1940 und 1957 rund 500.000.

[144] Pohlschneider, Johannes, Unsere Oldenburgische Diaspora. Tatsachen und Eindrücke, in: Paulus und Liudger. Ein Jahrbuch aus dem Bistum Münster, 2. Jg. 1948, Münster 1948, 42–49.

[145] Vgl. insbes. Kuropka, Joachim, Die Katholische Kirche in Oldenburg im 19. Jahrhundert – Katholisches Leben in einem protestantischen Staat u. Die katholische Kirche in Oldenburg im 20. Jahrhundert, in: Schäfer, Rolf u. a. (Hrsg.), Oldenburgische Kirchengeschichte, Oldenburg 1999, 473–641; Baumann, Willi, Sieve, Peter (Hrsg.), Die katholische Kirche im Oldenburger Land. Ein Handbuch, Vechta 1995; auch: Hinxlage, Helmut, Die Geschichte des Bischöflich Münsterschen Offizialates in Vechta, Vechta 1991. Unter stark juristischen Akzentsetzungen ist des weiteren hinzuweisen auf: Zürlik, Josef, Staat und Kirchen im Lande Oldenburg von 1848 bis zur Gegenwart, in: Oldenburger Jahrbuch, Bd. 82 (1982), 33–98, u. Oldenburger Jahrbuch, Bd. 83 (1983), 107–166, sowie ders., Die katholischen Dekanate im Herzogtum (Landesteil) Oldenburg

erst in jüngster Zeit Einzelstudien einen gebührenden Platz einzuräumen[146]. Die von Historikern der Hochschule Vechta erbrachten Beiträge zur jüngeren Kirchengeschichte Oldenburgs sind fast ausschließlich dem in Südoldenburg besonders spannungsreichen Verhältnis von katholischer Kirche und NS-Staat gewidmet[147].

Aus dem Rahmen fällt dabei eine erste Initiative zur Beschäftigung mit den katholischen Vertriebenen im Bistum Münster, die unter anderem vom Verfasser eingeleitet worden ist und in Form eines Sammelbandes zunächst Grundlagenarbeit zu leisten und eine erste, vorläufige Bilanz zu ziehen versucht hat[148].

Katholisches Milieu und Vertriebene als Thema kirchlicher Zeitgeschichte

Erst in diesen jüngsten Bemühungen wird erstmals ansatzweise das Tertium Comparationis zwischen Vertriebenen- und Katholizismusforschung sichtbar. Entsprechende Ansätze, die damals jedoch verständlicherweise einen primär dokumentarischen Charakter besaßen, gab es auch auf bundesdeutscher Ebene bereits in den 1950er Jahren, also parallel zum Einsetzen der allgemeinen Vertriebenenforschung. Den geistigen Vordenkern der Vertriebenenseelsorge in den Westzonen, Adolf Kindermann, Paulus Sladek und Johan-

---

und ihr Verhältnis zum Staat, in: Oldenburger Jahrbuch, Bd. 89 (1989), 55–74, vgl. neuerdings auch Twickel, Max-Georg Freiherr von, Überblick zur katholischen Kirchengeschichte im früheren Niederstift Münster und im heutigen Offizialatsbezirk Oldenburg bis in die Gegenwart (Vorträge der Oldenburgischen Landschaft, H. 31), Oldenburg 2001.

[146] Vgl. die vom Offizialat herausgegebene Reihe Quellen und Beiträge zur Kirchengeschichte des Oldenburger Landes, Vechta 1996ff. In der für Spezialarbeiten offenen, inzwischen vier Bde. zählenden Reihe ist bisher nur die Zeit bis 1945 in den Blick genommen worden, wobei drei Bde. mittelalterliche bzw. frühneuzeitliche Themen behandeln.

[147] Vgl. hierzu die zahlreichen Arbeiten von Joachim Kuropka, Maria Anna Zumholz u. Rudolf Willenborg.

[148] Vgl. Hirschfeld, Michael, Trautmann, Markus (Hrsg.), Gelebter Glaube – Hoffen auf Heimat (wie Anm. 13) u. hierin insbes. die Beiträge v. M. Hirschfeld, M. Trautmann, H.-G. Aschoff, D. Sauermann u. J. Gröger. Vorausgegangen waren einige kleinere Studien zu Randthemen des Grundproblems auch über die Bistumsgrenzen hinaus: Vgl. u. a. Hirschfeld, Michael, 50 Jahre Glatzer Wallfahrt nach Telgte, in: Münsterland. Jahrbuch des Kreises Warendorf 1996, 64–68; ders., Von der Trauer zum Dank. Die Vertriebenenwallfahrt nach Bethen zwischen Neubeginn und Integration, in: Archiv für schlesische Kirchengeschichte, Bd. 55 (1997), 291–300.; ders., „Das kostet mich meine Schuhsohlen und mein Herz". Ein Beitrag zur Geschichte der Diasporagemeinde Hude, in: Ders. (Hrsg.), 1948–1998. 50 Jahre Katholische Kirchengemeinde St. Marien Hude, Hude 1998, 14–58; ders., Der heimatlosen, wandernden Jugend Hilfe geben. Das katholische St.-Ansgar-Jugendwerk im Christlichen Jugenddorf Adelheide 1948–1959, in: Oldenburger Jahrbuch, Bd. 98 (1998), 143–155; ders., Vertriebenenwallfahrten in Westfalen und ihre Bedeutung für die Integration der Vertriebenen, in: Leidinger, Paul (Hrsg.), Deutsche Ostflüchtlinge und Ostvertriebene in Westfalen nach 1945 (wie Anm. 105). Außerdem vgl. jetzt Hirschfeld, Michael, Stabilisierung oder Erosion? Das katholische Milieu und die Flüchtlinge und Vertriebenen in Südoldenburg in der Nachkriegszeit, in: Heimatbund für das Oldenburger Münsterland (Hrsg.), Jahre des Neubeginns – Das Oldenburger Münsterland in der Nachkriegszeit (Blaue Reihe, Bd. 7), Cloppenburg 2001, 82–98.

nes Kaps, um hier nur einige namentlich zu erwähnen, kam es auf eine Selbstreflexion des Geschehens und seine Einbettung in das christliche Weltbild an. Von diesem Impetus getragen, entstand bis 1965 eine Reihe von Schriften und Zeitschriftenartikeln, die vor allem von einer publizistischen Zielrichtung bestimmt waren[149].

Ein besonderes Augenmerk galt dabei neben pastoraltheologischen Hilfestellungen kirchenrechtlichen Fragen nach dem Weiterbestand der ostdeutschen Diözesen, die im amtlichen päpstlichen Jahrbuch „Annuario Pontificio" noch immer unter der Rubrik Deutschland aufgeführt waren, sowie nach der jurisdiktionellen Zugehörigkeit der vertriebenen Priester (Inkardinationsfrage)[150]. In diesem Kontext nahm die kirchliche Warte innerhalb der Diskussion um das Heimatrecht und die Volkstumsfrage einen besonderen Stellenwert ein[151]. Trotz ihrer Vielzahl haftete fast allen Broschüren und Aufsätzen der „Stallgeruch" offiziöser Standpunkte der katholischen Vertriebenenseelsorge an. Außerhalb eines Spektrums von aus dem Osten stammenden katholischen Wissenschaftlern sorgte lediglich der Pastoraltheologe Franz Xaver Arnold für Neuansätze.[152] Mit zunehmender zeitlicher Distanz traten dann erste Gesamtdarstellungen auf den Plan, die allerdings stark fakten- und institutionsgeschichtlich orientiert waren[153] und verständlicherweise häufig nicht ganz frei von zeitlicher Nähe sind.

---

[149] Vgl. u. a. Kindermann, Adolf, Religiöse Wandlungen (wie Anm. 13); Puzik, Erich, Gedanken zur Flüchtlingsseelsorge (Referat v. 1947), in: Unverricht, Hubert, Keil, Gundolf (Hrsg.), De Ecclesia Silesiae. Festschrift zum 25jährigen Bestehen der Apostolischen Visitatur Breslau, Sigmaringen 1997, 9–15; Sladek, Paulus, Die religiöse Lage der Heimatvertriebenen, in: Stimmen der Zeit, Bd. 143 (1948/49), 425–433; ders., Die Flüchtlingsfrage sozial gesehen, ebd., Bd. 144 (1949), 343–352; Kindermann, Adolf, Die Heimatvertriebenen religiös-seelsorgerlich gesehen, in: Groner, Franz (Hrsg.), Kirchliches Handbuch für das katholische Deutschland, Bd. XXIII (1944–1951), Köln 1951, 203–218; Menges, Walter, Wandel und Auflösung der Konfessionszonen (wie Anm. 130); Sladek, Paulus, Die Kulturaufgaben der Vertriebenen, München 1962; Kewitsch, Paul, Bewältigung der Vertriebenen- und Flüchtlingsnot aus dem Geist des Glaubens und der Liebe, in: Lehmann, Ernst (Bearb.), Eingliederung der Vertriebenen und Flüchtlinge als Unterrichtsaufgabe, Hannover 1964, 104–112.

[150] Vgl. Braunstein, Karl, Die Vertreibung im Lichte des Kirchenrechtes, in: Königsteiner Blätter 3–4/1960, 65–132; Braun, Gustav, Zur kirchenrechtlichen Lage des heimatvertriebenen Klerus in Deutschland, in: Archiv für katholisches Kirchenrecht, Bd. 125 (1951), 267–277; Kindermann, Adolf, Die Weihe der aus den deutschen Ostgebieten vertriebenen Theologen, in: Königsteiner Blätter 1/1956, 10–21.

[151] Vgl. Hadrossek, Paul, Stand und Kritik der rechtstheoretischen Diskussion zum natürlichen Recht auf Heimat, Sonderdruck, aus: Schlesisches Priesterjahrbuch, Bd. III/IV (1964); Raupach, Hans, Zurück zu den Quellen des Volkstums, in: Christ unterwegs 5/1949, 4–7; Essen, Werner, Das Ja zum Volkstum, in: Christ unterwegs 1/1951, 1–6.

[152] Vgl. Arnold, Franz Xaver, Das Schicksal der Heimatvertriebenen (wie Anm. 34).

[153] Vgl. Kindermann, Adolf, Religiöse Wandlungen (wie Anm. 13); Nahm, Peter Paul, Der kirchliche Mensch in der Vertreibung, 3. Aufl. Wolfenbüttel 1961; Schwarz, Eberhard, Braun, Gustav, Christliches Heimaterbe. Beiträge der Konfessionen zur Kultur- und Heimatpflege der deutschen Ostvertriebenen, Hannover/Würzburg 1964, hier 67–109; Lorenz, Franz, Die katholische Vertriebenenseelsorge, in: Merkatz, Hans Joachim von (Hrsg.), Aus Trümmern wurden Fundamente (wie Anm. 95), 247–261.

Zu Recht beklagte daher Joachim Köhler 1986 die Aufarbeitung der kirchlichen Zeitgeschichte der ehemaligen deutschen Ostgebiete, speziell Schlesiens, als ein dringendes Desiderat[154]. Er sah den Mangel an Arbeiten zu dieser Thematik aber auch in dem fehlenden zeitlichen Abstand begründet, der lediglich die Zeitgenossen auf den Plan rufe. Obwohl er diesen zubilligte, „das Atmosphärische einer Epoche" dem Leser näherbringen zu können, schränkte er doch ein: „Aber der Zeitgenosse steht so sehr im Kontext der Zeit, daß er diesen Horizont nur selten überschreitet."

Diese Tendenz blieb nicht nur auf einige Jahrzehnte beschränkt, sondern bestimmt auch gegenwärtig noch die Publikationen zu den katholischen Vertriebenen nachhaltig, zumal in diesem Genre ausschließlich Überblicksdarstellungen greifbar sind[155].

Eine Vielzahl interessanter Quellen zur Vertriebenenseelsorge wurde 1980 in einem von Franz Lorenz herausgegebenen Band einer interessierten Öffentlichkeit zugänglich gemacht[156]. Jedoch fehlt es bislang sowohl an einem Versuch, die hier edierten Zeitzeugnisse kritisch auszuwerten als auch überhaupt an einer auf den gegenwärtigen Forschungserkenntnissen basierenden Gesamtdarstellung des Vertriebenenkatholizismus, wie sie umgekehrt auf evangelischer Seite schon seit Mitte der 1980er Jahre in zumindest quantitativer Reichhaltigkeit vorliegt[157].

Dieses Nachhinken auf katholischer Seite erscheint schon allein deshalb kaum verwunderlich, da die Wechselwirkung von Nachkriegskatholizismus und Vertriebenenintegration bisher nicht einmal in die allgemeinen Überblicksdarstellungen zum deutschen Katholizismus nach 1945 überall Eingang gefunden hat. Heinz Hürtens „Kurze Geschichte des deutschen Katholizismus 1800–1960"[158] von 1986 beispielsweise erwähnt die Ver-

---

[154] Vgl. Köhler, Joachim, Zur katholischen Kirchengeschichte Schlesiens, in: Bossle, Lothar u. a. (Hrsg.), Schlesien als Aufgabe interdisziplinärer Forschung (Schlesische Forschungen, Bd. 1), Sigmaringen 1986, 15–33. Die folg. Zit. finden sich ebd., 31.

[155] Vgl. Gröger, Johannes, Triller, Dorothea, Hirschfeld, Michael, Münster – ein Sitz katholischer Vertriebenenseelsorge, in: Gesellschaft für ostdeutsche Kulturarbeit (Hrsg.), Neuanfang in Münster, 2. Aufl. Münster 1997, 357–380; Brzoska, Emil, Marschall, Werner, Die Apostolische Visitatur Breslau, in: Unverricht, Hubert, Keil, Gundolf (Hrsg.), De Ecclesia Silesiae (wie Anm.149), 17–26; Gröger, Johannes, Als „Wanderbischof" durch die Zeit. Prälat König als Apostolischer Visitator für die Priester und Gläubigen aus dem Erzbistum Breslau, ebd., 49–61; Grocholl, Wolfgang, Die Kanonische Visitatur Branitz. Ihr kulturgeschichtlicher Auftrag, ebd., 71–82. Ebenso vgl. das Kapitel zur Nachkriegszeit bei Marschall, Werner, Geschichte des Bistums Breslau (wie Anm. 13), u. jetzt auch Gröger, Johannes, „An die Seelen dieser Menschen herankommen" (wie Anm. 13) u. Hirschfeld, Michael, Die schlesischen Katholiken nach 1945 in Westdeutschland, in: König, Winfried (Hrsg.), Erbe und Auftrag der schlesischen Kirche. 1000 Jahre Bistum Breslau, Dülmen 2001, 256–299.

[156] Vgl. Lorenz, Franz (Hrsg.), Schicksal Vertreibung – Aufbruch aus dem Glauben. Dokumente und Selbstzeugnisse vom religiösen, geistigen und kulturellen Ringen, Köln 1980.

[157] Vgl. Rudolph, Hartmut, Evangelische Kirche und Vertriebene: Bd. 1: Kirchen ohne Land; Bd. 2: Kirche in der neuen Heimat (Arbeiten zur kirchlichen Zeitgeschichte, Reihe B, Bd. 11 u. 12), Göttingen 1984 u. 1985.

[158] Vgl. Hürten, Heinz, Kurze Geschichte des deutschen Katholizismus 1800–1960 (wie Anm. 79), hier 243–257.

treibung und einen möglichen Kausalzusammenhang zur Entwicklung der katholischen Kirche erst gar nicht, um sich ausschließlich den organisatorischen Problemen der Kirche nach dem Zusammenbruch des NS-Regimes bezüglich des Vereinswesens, der Bildungsfrage und nicht zuletzt der Frage des politischen Katholizismus zu widmen. Klaus Schatz dagegen stellte in seinem parallel erschienenen kirchenhistorischen Überblick „die Auflösung konfessionell homogener Gebiete durch die Heimatvertriebenen" explizit heraus, ohne jedoch über die rein deskriptive Ebene hinauszugehen[159]. Währenddessen befaßte sich der evangelische Kirchenhistoriker Kurt Nowak in seiner unter Akzentuierung problemgeschichtlicher Fragestellungen entstandenen Kompilation evangelischer und katholischer, unter dem Begriff Christentum subsumierter Kirchengeschichte[160] ausführlicher und zugleich differenzierter mit den Ostvertriebenen, wobei der Hauptakzent nach wie vor auf deren karitativer Betreuung lag. Der evangelische Kirchenhistoriker Hartmut Rudolph wies kurz darauf explizit darauf hin, daß „die kirchliche Zeitgeschichte paradigmatisch die gesamthistorische oder gesamt-gesellschaftliche Relevanz der Flüchtlingsaufnahme für die Entwicklung nach 1945 zu erhellen"[161] vermöge. Eine vielzitierte Grundlage für die Behandlung der Vertreibung und ihrer Folgen auf katholischer Ebene bildete aber weiterhin ein in der Forschungslandschaft recht einsam stehender Aufsatz von Hans Braun aus dem Jahre 1977, dessen Mischung von Faktenreichtum und spürbarer innerer Distanz zur Thematik ihn bis heute nachwirken läßt[162]. Der Verfasser schilderte darin zum einen kurz und prägnant die durch den Flüchtlings- und Vertriebenenstrom ausgelösten konfessionellen Verschiebungen, ordnete das dadurch entstandene soziale Chaos jedoch letztlich der hohen moralischen Integrität und Kontinuität der Kirche unter, durch die den Vertriebenen eine rasche und unproblematische Neubeheimatung geboten worden sei.

Einen ersten Schritt in Richtung Manifestierung der Vertriebenenfrage im Kontext des katholischen Milieus, der sich zugleich von der Zielrichtung Hans Brauns entfernt, haben – wie schon erwähnt – Joachim Köhler und Rainer Bendel mit einem vielfach Neuland betretenden Aufsatz geleistet. Dieser hebt sich in seiner nach Zukunftsperspektiven für die kirchliche Vertriebenenforschung suchenden Form entscheidend von den bisherigen institutionsgeschichtlich orientierten Arbeiten auf diesem Sektor ab und problematisiert den Faktor Vertriebenenseelsorge vor der Folie der gesellschaftlichen Entwicklung des Nachkriegskatholizismus. Zudem vertreten die Autoren die Meinung, daß sich die Spezialforschung nicht länger allein auf den Sektor Vertriebene konzentrieren solle, sondern die Ein-

---

[159] Schatz, Klaus, Zwischen Säkularisation und Zweitem Vatikanum (wie Anm. 75), 290f.

[160] Nowak, Kurt, Geschichte des Christentums in Deutschland. Religion, Politik und Gesellschaft vom Ende der Aufklärung bis zur Mitte des 20. Jahrhunderts, München 1995, hier 291ff.

[161] Rudolph, Hartmut, Der Beitrag der kirchlichen Zeitgeschichte zur Flüchtlingsforschung – Hinweise und Fragen, in: Schulze, Rainer u. a. (Hrsg.), Flüchtlinge und Vertriebene in der westdeutschen Nachkriegsgeschichte (wie Anm. 97), 245–251, hier 250.

[162] Vgl. Braun, Hans, Demographische Umschichtungen im deutschen Katholizismus nach 1945, in: Rauscher, Anton (Hrsg.), Kirche und Katholizismus (wie Anm. 77), 9–25.

heimischen als Gegenpart mit einzubeziehen habe[163]. In diesem Postulat liegt gleichwohl ein wichtiges Verdienst für die weitere wissenschaftliche Diskussion über die Vertriebenen als Faktor der kirchlichen Zeitgeschichte nach 1945. Wer allerdings diesen Beitrag genauer liest, der wird seine Intention in der Suche eines Nachweises dafür erblicken, daß „die Welt aus den Fugen geraten ist"[164]. Wenn Köhler und Bendel damit die Vertriebenen primär als Störfaktoren im geschlossenen katholischen Milieu der Nachkriegszeit betrachten und hiermit die Anklage an das Milieu verbinden, es habe nicht genügend reagiert und seine Chance verpaßt, erscheint dies wenig differenziert und kommt einem Pauschalurteil gleich. Die Variante einer geglückten kirchlichen Beheimatung der ostdeutschen Katholiken im westdeutschen Katholizismus wird nicht ernsthaft erwogen, die Möglichkeit eines Halts innerhalb der Kirche mittels Bewahrung der heimatlichen Identität von vornherein als restaurative Tendenz abgelehnt. Seine Legitimation zieht dieser, eine schuldbeladene und düstere Vergangenheit des deutschen Katholizismus zeichnende Ansatz Köhlers und Bendels aus einer These von Reinhart Koselleck, die ein Hinterfragen historischer Prozesse „aus der jeweils fortgeschrittenen Perspektive, in die die Vergangenheit getaucht wird"[165], vorsieht. Dem steht ein älteres, hiermit geradezu obsolet gewordenes Diktum Köhlers diametral gegenüber, demgemäß historisches Arbeiten „umso objektiver [wird], je mehr man sich von der Geschichte bestimmen läßt, je weniger man die Geschichte unter das Diktat des Augenblicks, der Gegenwart und des subjektiven Selbstverständnisses stellt"[166]. Zumindest erscheint die „Gefahr des Augenblicks" durch die Absolutsetzung der These von Koselleck recht nahe. Kirchenhistorische Ereignisse werden hier unweigerlich einer alleinigen Deutung aus fortgeschrittener Perspektive ausgesetzt. Die Geschichte selbst bleibt dabei keine zwischen Positivem und Negativem abwägende Größe mehr, sondern wird zu einem Spiegelbild des Versagens, wenn spätere und damit in aller Regel reifere Erkenntnisse aus der Retrospektive heraus antizipiert werden. Konkretisiert wird der Tübinger Ansatz noch durch das Exposé Rainer Bendels für sein die vorgenannten Fragestellungen aufgreifendes Habilitationsprojekt an der Katholisch-Theologischen Fakultät in Tübingen. Bendel übertreibt nicht, wenn er darin die Vertriebenenseelsorge als „ein kardinales Thema für die kirchliche Zeitgeschichte in Deutschland [benennt], da sich an ihr eine Vielzahl von [...] Phänomenen wie in einem Fokus sammelt und bricht"[167]. In Fortsetzung des gemeinsam

---

[163] Vgl. Köhler, Joachim, Bendel, Rainer, Bewährte Rezepte oder unkonventionelle Experimente? (wie Anm. 48), 225.

[164] Vgl. ebd., 224.

[165] Koselleck, Reinhart, Moderne Sozialgeschichte und historische Zeiten, in: Rossi, Pietro (Hrsg.), Theorie der modernen Geschichtsschreibung, Frankfurt/M. 1987, 173–190, hier 179f., zit. bei Köhler, Joachim, Bendel, Rainer, Bewährte Rezepte oder unkonventionelle Experimente? (wie Anm. 48), 227.

[166] Köhler, Joachim, Zur katholischen Kirchengeschichte Schlesiens (wie Anm. 154), 32.

[167] Vgl. Bendel, Rainer, Die katholische Kirche nach dem Zweiten Weltkrieg in ihrer Sorge für Flüchtlinge und Heimatvertriebene. Eine Projektskizze. Für die Überlassung dieses unveröffentlichten Exposés, der Grundlage einer im Sommersemester 2001 angenommenen Habilitationsschrift an der Kath.-Theol. Fakultät der Eberhard-Karls-Universität Tübingen, weiß sich der Verf. Herrn Dr. Bendel, Tübingen, zu Dank verpflichtet.

mit Joachim Köhler verfaßten Aufsatzes macht er diese Phänomene jedoch in auffälligem Maße an betont kritischen Stimmen aus der zeitgenössischen Publizistik fest[168]. In dieser Tradition steht ebenfalls eine im wesentlichen auf der Methode der Oral History basierende „Feldstudie" von Dietmar Meder über die kirchliche Integration der Vertriebenen in einigen Gemeinden des Bistums Rottenburg[169]. Die aus Tübingen zudem erhobene Forderung, dem Vertriebenenkatholizismus in erster Linie über prosopographische Studien zu seinen Exponenten näher zu kommen, konnte jedoch bisher nur in Ansätzen erfüllt werden, da es an einem mit dem hierfür notwendigen Apparat ausgestatteten Forschungsinstitut, offenbar aber auch an interessierten Bearbeitern fehlt[170].

Die niedersächsische Vertriebenenforschung hat das Beziehungsgeflecht Vertriebene und Kirche bisher nahezu ausgeblendet und fast ausschließlich die politische und wirtschaftliche Integration der Ostdeutschen in das neu entstandene Bundesland untersucht. Auch die Intensivierung der regionalen Vertriebenenforschung, wie sie im Rahmen der Erforschung von Wanderungsbewegungen unter dem Dach des Osnabrücker Instituts für Migrations- und Interkulturelle Studien (IMIS) erfolgt, hat lediglich soziologische Aspekte im profanen Bereich stärker betont[171]. Ausnahmen bilden hier Aufsätze von

---

[168] Vgl. Roegele, Otto B., Der deutsche Katholizismus im sozialen Chaos (wie Anm. 42); Ders., Verbotenes oder gebotenes Ärgernis? Ein Nachwort von Otto B. Roegele (wie Anm. 42); Augsten, Stefan, Der restaurative Charakter der kirchlichen Arbeit seit 1945, in: Lebendige Seelsorge, Bd. 2 (1951), 14–24.

[169] Vgl. Meder, Dietmar, Integration oder Assimilation? Eine Feldstudie über den Beitrag der Kirche zur Integration der Heimatvertriebenen vor Ort in der Diözese Rottenburg (Arbeiten zur schlesischen Kirchengeschichte, Bd. 11), Stuttgart 2000. Hier stehen Interviews mit 12 Zeitzeugen aus neun verschiedenen Gemeinden im Mittelpunkt, wobei die Repräsentativität der Orte und Personen fraglich erscheint. Aktenmaterial aus Pfarrarchiven bzw. dem Diözesanarchiv wird kaum herangezogen, ebenso präsentiert die Studie keine Fakten und Zahlen zum Anteil katholischer Vertriebener auf der Bistumsebene.

[170] Vorgaben für eine Biographie von Persönlichkeiten der ostdeutschen Kirche des 20. Jahrhunderts liefern für den Bereich Schlesien zwei Bände mit Kurzbiographien: Gottschalk, Joseph (Hrsg), Schlesische Priesterbilder, Bd. 5, Aalen/Württ. 1967, u. Gröger, Johannes, Köhler, Joachim, Marschall, Werner (Hrsg.), Schlesische Kirche in Lebensbildern, Sigmaringen 1992. Außerdem konnten in den letzten Jahren im Rahmen von Kardinal-Bertram-Stipendien des Schlesischen Priesterwerkes bzw. des Instituts für ostdeutsche Kirchen- und Kulturgeschichte einige Biographien von Nachwuchshistorikern bearbeitet werden. Publiziert ist bislang: Hirschfeld, Michael, Prälat Franz Monse (1882–1962). Großdechant von Glatz (Arbeiten zur schlesischen Kirchengeschichte, Bd. 7), Sigmaringen 1997; Leichsenring, Jana, Gabriele Gräfin Magnis – Sonderbeauftragte Kardinal Bertrams für die Betreuung der katholischen „Nichtarier" Oberschlesiens: Auftrag – Grenzüberschreitung – Widerstand (Arbeiten zur schlesischen Kirchengeschichte, Bd. 9), Stuttgart 2000 u. Lempart, Matthias, Der Breslauer Domvikar und Jugendseelsorger Gerhard Moschner als Organisator der vertriebenen katholischen Schlesier (Arbeiten zur schlesischen Kirchengeschichte, Bd. 12), Ostfildern 2001.

[171] Vgl. Bade, Klaus J. (Hrsg.), Fremde im Land (wie Anm. 106). In Westfalen hingegen hat die dortige Historische Kommission 1996 ein Symposion zum Thema durchgeführt u. will noch einen Sammelband vorlegen, der die Beteiligung beider großer Kirchen an der Vertriebenenaufnahme eingehend berücksichtigt. Vgl. Leidinger, Paul (Hrsg.), Deutsche Ostflüchtlinge und Ost-

Hans-Georg Aschoff und Joachim Kuropka, die in ihrer allgemeinen Beschäftigung mit dem niedersächsischen Katholizismus nach 1945 wesentlich auf die durch Flucht und Vertreibung verursachten konfessionellen Verschiebungen rekurrieren[172]. Rolf Schäfers ohnehin äußerst knapp gehaltener Abschnitt über die katholische Kirche in Oldenburg nach dem Zweiten Weltkrieg für die „Geschichte des Landes Oldenburg" berücksichtigt den Vertriebenenzustrom lediglich in einem Halbsatz[173].

In den bereits erwähnten lokalhistorischen Studien im Bereich des Fallbeispiels Oldenburg wird das Themenfeld kirchlicher Vertriebenenarbeit zwar meist nicht ignoriert, jedoch anhand weniger Fakten nur knapp dokumentiert. Ein Beispiel hierfür bietet Andreas von Seggerns Dissertation über die Flüchtlings- und Vertriebenenintegration in der Stadt Oldenburg, die den kirchlichen Anteil weitgehend auf karitative Maßnahmen reduziert und unter dem Beitrag „nicht-staatlicher Institutionen"[174] subsumiert.

---

vertriebene in Westfalen nach 1945 (wie Anm. 105). Beispielhaft für eine gelungene Einbeziehung des kirchlichen Sektors erscheint der zu einer Ausstellung in Baden-Württemberg vom dortigen Innenministerium herausgegebene Sammelband: Eberl, Immo (Bearb.), Flucht, Vertreibung, Eingliederung. Baden-Württemberg als neue Heimat, Sigmaringen 1993.

[172] Vgl. Aschoff, Hans-Georg, Die katholische Kirche in Niedersachsen nach 1945, in: Jahrbuch der Gesellschaft für Niedersächsische Kirchengeschichte, Bd. 91 (1993), 211–238; Kuropka, Joachim, Eine Minderheit in Niedersachsen: Die Katholiken, in: Ders., Laer, Hermann von (Hrsg.), Woher kommt und was haben wir an Niedersachsen (Vechtaer Universitätsschriften, Bd. 16), Cloppenburg 1996, 187–218, hier 194.

[173] Vgl. Schäfer, Rolf, Kirchen und Schulen im Landesteil Oldenburg im 19. und 20. Jahrhundert, in: Eckhardt, Albrecht, Schmidt, Heinrich (Hrsg.), Geschichte des Landes Oldenburg (wie Anm. 108), 791–841, hier 833. Ohne Kenntlichmachung als Zit. erneut bei Hinxlage, Helmut, Die Geschichte des Bischöflich Münsterschen Offizialates (wie Anm. 145), 70. Einen am Rande zu erwähnenden Beitrag leistete schließlich Harald Schieckel mit der Aufnahme von Daten zu katholischen Vertriebenengeistlichen in Oldenburg in einem genealogischen Aufsatz. Vgl. Schieckel, Harald, Schlesier in Oldenburg – Oldenburger in Schlesien, in: Oldenburgische Familienkunde 1/1999, 1–19.

[174] Seggern, Andreas von, „Großstadt wider Willen" (wie Anm. 113), 25. Kirchliche Aktivitäten katholischerseits sind in der über 350 Seiten umfassenden Arbeit auf drei Stellen beschränkt. In einem weiteren Aufsatz reduziert von Seggern den katholischen Beitrag zur Flüchtlingsfürsorge auf den Satz: „Die katholische Diasporagemeinde der Stadt [...] war angesichts eines Seelenzuwachses von 180 Prozent durch Flüchtlinge katholischen Glaubens zunächst vornehmlich mit den Vorgängen innerhalb ihrer Gemeinschaft beschäftigt.", in: Seggern, Andreas von, Die unfreiwillige Großstadt. Ein Beitrag zur Geschichte der Flüchtlingsaufnahme und -integration in der Stadt Oldenburg zwischen 1945 und 1961, in: Meyer, Lioba (Hrsg.), Zuhause war anderswo (wie Anm. 110), 25–68, hier 39. Abgesehen davon, daß der Aussagewert dieses Satzes wohl zu Recht in Zweifel gezogen werden kann, ist hier gleichzeitig ein Stück Unsicherheit des Autors im Umgang mit diesem Spezialbereich seiner Themenstellung erkennbar, der auch entsprechende Arbeiten anderer Autoren durchzieht. Vgl. Leik, Walter, Flucht, Vertreibung und neue Eingliederung u. Harms, Helmut, Vom „Heil!" zum „Unheil" (beide wie Anm. 110). In der quellengesättigten Arbeit von Oltmann, Joachim, Wieder in die Gänge kommen (wie Anm.110) werden die Kirchen schließlich völlig mißachtet und tauchen nicht einmal unter dem Stichwort „Kultur" auf. Positiv dagegen Düselder, Heike, „Heimat', das ist nicht nur Land und Landschaft" (wie Anm. 113), die in Anlehnung an die Forschungen des Verf. auf den kirchlichen Aspekt rekurriert.

Angesichts dieser weitgehenden Ausblendung kirchlicher Aspekte aus der Vertriebenenforschung in Oldenburg, erhält die lokale Fallstudie von Norbert Baha über Delmenhorst noch einen zusätzlichen Stellenwert, da hier den kirchlichen Auswirkungen der Vertreibung im Kontext des katholischen Milieus entsprechende Aufmerksamkeit geschenkt wird[175]. Die insgesamt magere Ausbeute an regional- und lokalhistorischen Forschungen zum Nachkriegskatholizismus resultiert sicherlich nicht allein aus der Tatsache, daß diese Epoche erst mit der zunehmenden Distanz der jüngsten Vergangenheit in den Forscherblick gerückt ist, sondern signalisiert zugleich, wie stark in der gegenwärtigen Gesellschaft der „Sinn für das Proprium von Kirche, Religion und Religiosität [...] geschwunden [ist]"[176].

Dagegen wirkt es optimistisch, die fehlende Berücksichtigung kirchlicher Themen im Diskurs der Geschichtswissenschaft mit der Bemerkung zurückzuweisen, daß die Kirche auch unter veränderten Vorzeichen „weiterhin, aktiv und reaktiv, zu den geschichtsgestaltenden Mächten"[177] zähle. Weitaus realistischer erscheint es, mit der dem Historiker gebotenen Nüchternheit zuzugeben und in der weiteren wissenschaftlichen Beschäftigung davon auszugehen, daß die Kirchengeschichte für den „modernen aufgeklärten Zeithistoriker im allgemeinen als ein eher unergiebiges Randgebiet [erscheint], das man lieber einigen Spezialisten aus den theologischen Fakultäten überläßt"[178]. Da also über den Tatbestand der Randständigkeit dieses Themenfeldes überkonfessionell Einmütigkeit herrscht, gilt es umso mehr als Herausforderung, ohne Orientierungsmöglichkeiten an einer größeren Zahl von wissenschaftlichen Vorarbeiten Neuland zu betreten und der Katholizismusforschung innerhalb der allgemeinen Zeitgeschichte Konturen zu verschaffen. Letztlich bedeutet dies in Anlehnung an Julius Bachems auf den politischen Katholizismus bezogenen Aufruf zum Ausbruch aus dem „Zentrumsturm" vom Beginn des 20. Jahrhunderts (Historisch-politische Blätter 1906) den Wunsch nach einer Überwindung der Ghettomentalität in der kirchlichen Zeitgeschichtsforschung. Treffend ist diese Intention in jüngster Vergangenheit von Werner K. Blessing formuliert worden, der resümierte: „Es geht um eine Erweiterung auf beiden Seiten: Der allgemeinen Geschichte soll die in Deutschland lange vernachlässigte Bedeutung der Religion für die moderne Welt vermittelt werden, der

---

[175] Vgl. Baha, Norbert, Wiederaufbau und Integration (wie Anm. 61). Baha hat diesen Teilaspekt in einem weiteren Aufsatz gesondert aufgegriffen. Vgl. ders., Kirche und Gesellschaft in der Nachkriegszeit. Soziale und konfessionelle Auswirkungen des durch den Flüchtlings- und Vertriebenenzustrom ausgelösten Strukturwandels am Beispiel der nordwestdeutschen Industriestadt Delmenhorst, in: Niedersächsisches Jahrbuch für Landesgeschichte, Bd. 57 (1985), 237–255.

[176] Diese Erkenntnis gewinnt zumindest Rudolf Lill in seinem Aufsatz: Der deutsche Katholizismus in der neueren historischen Forschung, in: Hehl, Ulrich von, Repgen, Konrad (Hrsg.), Der deutsche Katholizismus in der zeitgeschichtlichen Forschung (wie Anm. 68), 41–64.

[177] So Kurt Nowak im Vorwort zu seiner Geschichte des Christentums in Deutschland (wie Anm. 160), 9.

[178] Vollnhals, Clemens, Kirchliche Zeitgeschichte nach 1945, in: Kaiser, Jochen-Christoph, Doering-Manteuffel, Anselm (Hrsg.), Christentum und politische Verantwortung (wie Anm. 122), 176–191, hier 176.

Kirchengeschichte die von ihr zu wenig wahrgenommene gesellschaftliche Bedingtheit religiöser Formen und institutioneller Geltung."[179]

## Operationalisierung

### Konzept und Rezeption der Milieutheorie

Eine wissenschaftliche Beschäftigung mit einem Thema der kirchlichen Zeitgeschichte ist gegenwärtig vor dem Hintergrund einer „generellen Aufwertung der Kulturgeschichte" ohne eine Berücksichtigung des Milieubegriffs, der ein Leitmotiv in dieser Arbeit darstellt, nicht mehr möglich[180]. Das Schlagwort **katholisches Milieu** ist in der deutschsprachigen Katholizismusforschung seit der zweiten Hälfte der 1980er Jahre nahezu unbestritten „zu einem Schlüsselbegriff für die Erforschung des deutschen Katholizismus und der katholischen Kirche in der Moderne geworden"[181]. Dabei ist der ursprünglich gesellschaftlich pejorativ akzentuierte Milieubegriff zunächst ein Produkt der kirchen- und gesellschaftskritischen Literatur gewesen, wie sie im Kontext von Ernst-Wolfgang Böckenfördes aufsehenerregendem Hochland-Aufsatz zum Verhalten des deutschen Katholizismus 1933 und Rolf Hochhuths „Stellvertreter" 1963 von Carl Amery geprägt wurde. Letzterer charakterisierte angesichts eines damals gesellschaftlich verankerten abwertenden Verständnisses des Begriffes den Zusammenhalt des Katholizismus vor dem Hintergrund eines von ihm konstatierten Versagens gegenüber dem Nationalsozialismus erstmals als Milieu, ohne diesen Terminus einer weitergehenden Definition zu unterziehen[182]. 1966 adaptierte M. Rainer Lepsius den Milieubegriff und machte ihn zur Grundlage einer soziologischen Klassifizierung des deutschen Parteiensystems im Kaiserreich. Zu den von ihm als Kennzeichen politischer Stabilität und Kontinuität im Deutschen Reich zwischen 1871 und dem Aufstieg des Nationalsozialismus herausgestellten vier unterschiedlichen Sozialmilieus zählte neben dem konservativ-protestantischen und dem protestantisch-bürgerlich-liberalen sowie dem sozialdemokratischen auch das katholische Milieu[183].

Damit war die Milieutheorie zwar geboren, jedoch zunächst auf der soziologisch-politologischen Ebene in den wissenschaftlichen Diskurs eingeführt worden. Sie wurde

---

[179] Blessing, Werner K., Kirchengeschichte in historischer Sicht (wie Anm. 128), 14–59, hier 32.

[180] Blaschke, Olaf, Kuhlemann, Frank-Michael, Religion in Geschichte und Gesellschaft. Sozialhistorische Perspektiven für die vergleichende Erforschung religiöser Mentalitäten und Milieus, in: Dies. (Hrsg.), Religion im Kaiserreich (wie Anm. 3), 7–56.

[181] Arbeitskreis für kirchliche Zeitgeschichte, Münster, Katholiken zwischen Tradition und Moderne (wie Anm. 3), 588.

[182] Vgl. Amery, Carl, Die Kapitulation oder Deutscher Katholizismus heute, Reinbek 1963.

[183] Vgl. Lepsius, M. Rainer, Parteiensystem und Sozialstruktur: zum Problem der Demokratisierung der deutschen Gesellschaft, in: Abel, Wilhelm u. a. (Hrsg.), Wirtschaft, Geschichte und Wirtschaftsgeschichte. Festschrift zum 65. Geburtstag von Friedrich Lütge, Hamburg 1966, 371–393.

deshalb in den 1970er Jahren auch im wesentlichen nur von Historikern und Politikwissenschaftlern aufgegriffen, die eine Präzisierung des Ansatzes von Lepsius mit Hilfe von Regional- und Lokalstudien zu erzielen versuchten[184].

Die Beschäftigung mit der jüngsten kirchlichen Zeitgeschichte katholischer Provenienz – so sie überhaupt erfolgte – konzentrierte sich parallel dazu hingegen noch fast ausnahmslos auf Fragen nach der Wechselwirkung von Katholizismus und Politik im Nachkriegsdeutschland[185] und in den wesentlich stärker aufgearbeiteten Epochen von Kaiserreich und Weimarer Republik auf die Bedeutung des Vereins- und Verbandskatholizismus[186], wobei sich gerade für letztgenannte Zeiträume seit einigen Jahren eine zunehmende Orientierung am Milieu- und Mentalitätsbegriff bemerkbar macht[187].

Stellte Wolfgang Schieder noch 1986 eine nach wie vor vorherrschende Reduzierung der Kirchengeschichte auf die Institutionengeschichte fest[188], so setzte Urs Altermatt für die Schweizer Katholizismusgeschichte bereits um 1970 einen „Paradigmawechsel"[189] an und erklärte das vermehrte Interesse an der Religions- und Kulturgeschichte mit der zunehmenden Sinnsuche der Menschen in einer pluralisierten Gesellschaft.

Je stärker nämlich in der Folge der Einfluß sozial- und mentalitätsgeschichtlicher Ansätze in der allgemeinen Geschichtsforschung seinen Durchbruch erlebte, vermochte sich auch die Katholizismusforschung einer Erweiterung um solche Fragestellungen nicht mehr zu verschließen. Sie konnte dabei jedoch allenfalls in methodischen Grundzügen auf die Erträge der vom „Primat der Innenpolitik" geprägten Sozialhistoriker auf-

---

[184] Konstruktive Beiträge leisteten zum einen Buchhaas, Dorothea, Kühr, Herbert, Von der Volkskirche zur Volkspartei – Ein analytisches Stenogramm zum Wandel der CDU im rheinischen Ruhrgebiet, in: Kühr, Herbert (Hrsg.), Vom Milieu zur Volkspartei. Funktionen und Wandlungen der Parteien im kommunalen und regionalen Bereich, Königstein/Taunus 1979, 135–232, zum anderen ein auf historische Wahlforschung konzentriertes Projekt von Wolfgang Günther an der Universität Oldenburg. Vgl. hierzu Naßmacher, Karl-Heinz, Kontinuität und Wandel eines regionalen Parteiensystems. Zur politischen Entwicklung Oldenburgs im 20. Jahrhundert, in: Günther, Wolfgang (Hrsg.), Sozialer und politischer Wandel in Oldenburg. Studien zur Regionalgeschichte vom 17.–20. Jahrhundert (Schriftenreihe der Universität Oldenburg), Oldenburg 1981, 221–251. Vgl. auch Naßmacher, Karl-Heinz, Zerfall einer liberalen Subkultur – Kontinuität und Wandel des Parteiensystems in der Region Oldenburg, in: Kühr, Herbert (Hrsg.), Vom Milieu zur Volkspartei (wie oben), 29–134.

[185] Vgl. Gotto, Klaus, Die katholische Kirche und die Entstehung des Grundgesetzes (wie Anm. 77), 88–108; ders., Wandlungen des politischen Katholizismus nach 1945, in: Oberndörfer, Dieter u. a. (Hrsg.), Wirtschaftlicher Wandel (wie Anm. 135), 221–235.

[186] Hier sei insbesondere auf die zahlreichen Publikationen der Kommission für Zeitgeschichte verwiesen.

[187] Vgl. Blaschke, Olaf, Kuhlemann, Frank-Michael, Religion in Geschichte und Gesellschaft (wie Anm. 180); Klöcker, Michael, Das katholische Milieu (wie Anm. 3).

[188] Schieder, Wolfgang, Einleitung, in: Ders. (Hrsg.), Volksreligiosität in der modernen Sozialgeschichte (Geschichte und Gesellschaft; Sonderheft 11), Göttingen 1986, 7–11, hier 7.

[189] Altermatt, Urs, Paradigmawechsel in der Katholizismus-Geschichte, in: Ders. (Hrsg.), Schweizer Katholizismus im Umbruch 1945–1990 (Religion – Politik – Gesellschaft in der Schweiz, Bd. 7), Freiburg/Schweiz 1993, 3–14, hier 4.

bauen, da bei diesen Kirche und religiöses Leben weitgehend ausgeklammert blieben. Die Exponenten der kirchlichen Zeitgeschichtsforschung standen daher vor der Aufgabe, die adaptierten Forschungsansätze auf die eigene Materie anzuwenden sowie vor allem aus ihrer Fachkenntnis heraus weiterzuentwickeln und den Katholizismus als „Prüfstein für die Milieufrage"[190] zu begreifen.

Zum einen erhielt dieser Prozeß für die Katholizismusforschung Anstöße von innen heraus, wofür exemplarisch das Diktum von Urs Altermatt steht, den „Katholizismus von unten und innen zu erforschen"[191]. Vorsichtiger drückte sich Heinz Hürten aus, der anklingen ließ, daß „das technische Instrumentarium der Sozialgeschichte stärker benutzt werden müsse"[192].

Zum anderen griff von außen her auch die von Lepsius direkt beeinflußte politikwissenschaftliche Forschung den Terminus vom katholischen Sozialmilieu auf und versuchte, Wege zu weisen, ihn von einer Engführung auf den politischen Katholizismus zwischen 1871 und 1933 zu befreien und ihm neue Forschungsfelder zu bereiten[193]. Primär ging es dabei um methodologische Fragestellungen, konkret etwa darum, „wie die mikrosoziologischen Befunde in die Makrokonstellationen eingeordnet werden können".

Vor der Folie der hier skizzierten Renaissance der Alltags- und Mentalitätsgeschichte soll die Analyse von innerkirchlichen Prozessen und gesellschaftlichen Veränderungen vorgenommen werden.

Hinsichtlich des zentralen Topos vom Katholischen Milieu hat Herbert Kühr auf drei typologische Merkmale hingewiesen: Zum einen auf die Glaubens- und Heilslehre der katholischen Kirche, die ihren Ausdruck für den Gläubigen in erster Linie in der Sakramentenspendung findet, zum anderen auf die Organisationsdichte, wobei zwischen fünf Organisationstypen, nämlich kirchlichen Einrichtungen im engeren Sinne, Standesorganisationen, funktionsspezifischen, interkonfessionellen und politischen Organisationen[194] zu unterscheiden ist. Nicht zuletzt hebt Kühr die Mentalitätsgebundenheit, die durch eine Ritualisierung des Alltags ihre äußere Form findet, als bestimmendes Moment des Milieus hervor und differenziert hierbei zwischen Initiationsriten, wie Taufe und Beerdigung, sowie im kirchlichen Jahreskreis wiederkehrenden Riten, wie Wallfahrten und Prozessionen. Die Ausprägung aller dieser Merkmale macht er an der Minderheitenrolle des Katholizismus im Kaiserreich und der Weimarer Republik fest, die ein konfessionelles Eigenbewußtsein unter Abgrenzung von der übrigen Gesellschaft bei gleichzeitiger Ausbildung eines engmaschigen sozialen Netzes und einer Vielzahl von den Alltag durchziehenden Gemeinschaftselementen bewirkt habe.

---

[190] Ebd., 24.
[191] Altermatt, Urs, Katholizismus und Moderne (wie Anm. 121),28. Altermatt wiederum orientiert sich an der französischen „histoire religieuse".
[192] Hürten, Heinz, Zukunftsperspektiven kirchlicher Zeitgeschichte (wie Anm. 68), 106.
[193] Diesen Prozeß leitete Herbert Kühr 1983 bei einem Kolloquium des Freiburger Arnold-Bergstraesser-Instituts für kulturwissenschaftliche Forschung ein. Vgl. Kühr, Herbert, Katholische und evangelische Milieus (wie Anm. 135). Das folg. Zit. ebd., 248.
[194] Vgl. ebd., 249–253.

Die Plausibilität von Kührs Modellvorstellungen läßt sich an ihrer Adaption durch Vertreter anderer Fachdisziplinen erkennen. Sie wurden in der Folge sowohl zur Grundlage für die sozial-strukturellen Forschungen von Karl Gabriel[195] zum Katholizismus der ersten Nachkriegszeit als auch für die umfangreichen und weiterführenden Diskussionen des im wesentlichen aus Kirchenhistorikern bestehenden Münsteraner „Arbeitskreises für kirchliche Zeitgeschichte" um Wilhelm Damberg[196], so daß sich von einem Perspektivenwechsel vom politisch definierten Milieubegriff zu einem primär religiös verstandenen Milieubegriff sprechen läßt[197]. Letzterer basiert auf Dambergs Forderung, daß die „hochgespannten Erwartungen an Studien auf der Mikro- und Mesoebene nur eingelöst werden können, wenn es gelingt, eine gemeinsame theoretische Perspektive einzuarbeiten"[198]. Ein Postulat, das im Rahmen dieser Arbeit aufgegriffen und einer Modifikation unterzogen werden soll.

Inzwischen gibt es in der Forschung allerdings auch bereits Ansätze von Distanz gegenüber der Milieutheorie. Beispielsweise erscheint es dem Bielefelder Soziologen Franz Xaver Kaufmann „fragwürdig, ein so komplexes Sozialphänomen wie den neuzeitlichen Katholizismus mit einem einzigen soziologischen Begriff beschreiben zu wollen"[199]. Und Dietmar von Reeken kritisiert mit Blick auf die Alltagsrealität die fehlende Abgrenzbarkeit der religiösen von anderen Milieus, die er als stets in Bewegung befindlich und gegenseitig durchlässig kennzeichnet, um gleichzeitig den Milieubegriff unter der Prämisse, „ein idealtypisches Konstrukt des Historikers"[200] zu sein, selbst als Modell seiner Forschungen zugrunde zu legen. Die heimatvertriebenen Katholiken erscheinen als ein Faktor der hier konstatierten Vielfältigkeit des Katholizismus, der sich nicht in ein vorgefertigtes Schema pressen lässt. Zumindest fielen sie in der ersten Zeit nach ihrer Ankunft im Westen aus dem tradierten katholischen Milieu heraus und ließen sich eben deshalb zumeist nicht ohne Schwierigkeiten beispielsweise in das kirchliche Vereinsleben der Aufnahmeorte integrieren.

---

[195] Vgl. zum Grundtenor der diversen Aufsätze von Karl Gabriel exemplarisch ders., Christentum zwischen Tradition und Postmoderne (wie Anm. 132).

[196] Von den im Forschungsbericht des Arbeitskreises für kirchliche Zeitgeschichte genannten acht Mitgliedern stammten sieben aus der Schule des überregional bekannten Münsteraner Lehrstuhlinhabers für Mittlere und Neuere Kirchengeschichte, Prof. Dr. Arnold Angenendt, und nur einer deklarierte sich hier als Profanhistoriker. Vgl. Arbeitskreis für kirchliche Zeitgeschichte, Münster, Katholiken zwischen Tradition und Moderne (wie Anm. 3), 588, Anm. 1.

[197] Vgl. Reeken, Dietmar von, Kirchen im Umbruch zur Moderne (wie Anm. 73), 17. Wenngleich nicht mit dem hier behandelten Zeitraum korrespondierend, bietet diese Arbeit eine Reihe interessanter Denkanstöße zur Milieuforschung.

[198] Damberg, Wilhelm, Kirchliche Zeitgeschichte Westfalens (wie Anm. 118), 463.

[199] Kaufmann, Franz Xaver, Zur Einführung: Probleme und Wege einer historischen Einschätzung des II. Vatikanischen Konzils, in: Ders., Zingerle, Arnold (Hrsg.), Vatikanum II und Modernisierung (wie Anm. 133), 9–34, hier 15.

[200] Reeken, Dietmar von, Kirchen im Umbruch zur Moderne (wie Anm. 73), 18. Für von Reeken erweisen sich die Abgrenzung nach „außen" u. die Formierung nach „innen" als zentrale Komponenten des Milieubegriffs. Vgl. ebd., 19.

Im vorliegenden Fall sollen aber trotz dieser kritischen Anfragen die milieutheoretischen Vorgaben als Grundraster aufgegriffen werden, zumal es darum geht, ein Theoriemodell auszugestalten, das – cum grano salis – hilfreich erscheint, um den Faktor Vertriebene in bezug zur sowohl innerkirchlichen als auch gesellschaftlichen Desintegration des Nachkriegskatholizismus zu setzen.

Es geht also darum, inwieweit das katholische Milieu in Westdeutschland in der gesellschaftlichen Öffentlichkeit der frühen Nachkriegszeit noch ohne Einschränkungen existent und vor allem funktionsfähig war bzw. ob und wie die „Erosionsgeschichte" des Katholizismus – und hiermit ist nota bene nicht der politische Katholizismus per se gemeint[201] – von den demographischen Veränderungen infolge der Migrationswelle aus Ostdeutschland beeinflußt worden ist.

Aus den bisherigen Forschungsergebnissen wird allerdings gefolgert, daß das katholische Milieu in den 1950er Jahren noch weitgehend intakt gewesen sei. Zu denken ist hier an die Resultate der zahlreichen Studien von Karl Gabriel, der dem katholischen Bevölkerungsteil in der Bundesrepublik infolge seiner Datenanalysen von Umfrageergebnissen für das Jahrzehnt von 1950 bis 1960 „eine außerordentlich hohe Kirchlichkeit"[202] attestiert. Dabei stellt sich die Frage, ob mit diesem Zugang auf rein statistischer und demoskopischer Basis, untermauert durch das Rekurrieren auf zeitgenössische Sekundärliteratur, der Stellenwert von Kirche in der deutschen Nachkriegsgesellschaft nicht nur sehr oberflächlich untersucht worden ist. Aus der Perspektive der Sozial- und Mentalitätsgeschichte steht der vielbeschworenen „Tendenz zur Verkirchlichung des Katholizismus"[203] in der Realität eine fortschreitende Vernetzung zwischen innerkirchlichen Prozessen und dem gesamtgesellschaftlichen Vorgang der Säkularisierung des Alltags gegenüber, die weniger durch die Interpretation von Umfrageergebnissen als vielmehr durch die Heranziehung und differenzierte Bewertung empirischen Materials insbesondere auf der Mikro- und Mesoebene erkennbar wird.

---

[201] Unter diesen Vorzeichen erkennt jedoch der Historiker Wilfried Loth sowohl vor 1914 als auch vor 1933 eine Erosion. Vgl. ders., Integration und Erosion: Wandlungen des katholischen Milieus in Deutschland, in: Ders. (Hrsg.), Deutscher Katholizismus im Umbruch zur Moderne (wie Anm. 72), 266–281.

[202] Gabriel, Karl, Zwischen Tradition und Modernisierung, Katholizismus und Katholisches Milieu in den 50er Jahren der Bundesrepublik, in: Doering-Manteuffel, Anselm, Nowak, Kurt (Hrsg.), Kirchliche Zeitgeschichte (wie Anm. 126), 248–262, hier 252. Dieser Aufsatz ist auch abgedruckt unter dem Titel: Die Katholiken in den 50er Jahren: Restauration, Modernisierung und beginnende Auflösung eines konfessionellen Milieus, in: Schildt, Axel, Sywottek, Arnold (Hrsg.), Modernisierung im Wiederaufbau (wie Anm. 59), 418–430. Zur Interpretation des Nachkriegskatholizismus durch Gabriel vgl. auch ders., Christentum zwischen Tradition und Postmoderne (wie Anm. 132).

[203] Gotto, Klaus, Wandlungen des politischen Katholizismus nach 1945 (wie Anm. 185), 224. Hier auch ausführliche Belege für ein Fortwirken des katholischen Milieus nach dem Zweiten Weltkrieg. Vgl. auch Hürten, Heinz, Zukunftsperspektiven kirchlicher Zeitgeschichte (wie Anm. 68), 97–106.

Wenn im Titel einer 1997 erschienenen Studie zum Nachkriegskatholizismus im Bistum Münster die Frage nach dem „Abschied vom Milieu?"[204] gestellt wird, so ist diese sicherlich nicht rhetorisch zu verstehen, sondern verlangt eine abwägende Analyse des auf der Mesoebene dieser Diözese zur Verfügung stehenden Quellenmaterials.

Wird in dieser Untersuchung der Fokus auf eine spezifische Gruppe des Nachkriegskatholizismus gerichtet, erscheint es wichtig zu betonen, daß der Topos katholisches Milieu hier dessen traditionellem Verständnis entspricht und ein Milieu als „Träger kollektiver Sinndeutung"[205] im religiösen Bereich verstanden wird, ohne dabei einen starren, fest abgegrenzten Milieubegriff zugrunde legen zu wollen. Es hat also die Aufgabe, „die lebensprägenden katholischen Deutungsmuster, die eigene katholische Religion mit ihrem Wert- und Normenkomplex, unter den sich in rasantem Tempo wandelnden Lebensbedingungen lebbar zu halten"[206].

Gerade an dieser Stelle aber setzte nicht nur der Dissens zwischen Identitätsbewahrung im heimatlichen Kontext und Integration ein, sondern auch die Zersetzung des katholischen Milieus. Die vom nicht länger genuinen Milieu nicht mehr absorbierten – wenn man so will „fortschrittlichen" – im Sinne von „fort-schreitenden" – Kräfte könnten damit in eine Vorreiterrolle im Prozeß des Milieuzerfalls gelangen.

Auf der Ebene der Milieutheorie beinhaltet diese unmittelbar mit dem Vertriebenenzustrom verknüpfte Entwicklung des deutschen Katholizismus zunächst eine Veränderung des Deutungsrahmens, die nicht nur in eine, sondern in zwei Komponenten einmündet:

1) Das religiöse Moment wird zunehmend von einem in allen Belangen kosmopolitischen Denken abgelöst. Die zentrale Rolle von kirchlichen Glaubenswahrheiten und die hervorgehobene Funktion des Klerus erfährt daher Einbußen in ihrer Bedeutung für den einzelnen Christen.
2) Es ist nicht mehr unbedingt der Gedanke der Einheit, der nach außen hin selbstverständlich bestimmend bleibt, charakteristisch für das katholische Nachkriegsmilieu, sondern verstärkt die vom Grad der religiösen Extremsituation und von der Zusammensetzung der Kirchengemeinde abhängige Polarisierung zwischen zwei Mentalitäten.

Der Stellenwert gerade der zweiten Komponente hängt natürlich entscheidend vom Blickwinkel ab. Betrachtet man etwa die bundesdeutsche Gesamtentwicklung des Katholizismus der ersten Nachkriegsjahre, wird sie ebenso wenig deutlich wie bei der Fokussierung einer traditionell katholischen und aufgrund ihres hohen

---

[204] Vgl. Damberg, Wilhelm, Abschied vom Milieu? (wie Anm. 84).

[205] So der Versuch einer Definition bei: Arbeitskreis für kirchliche Zeitgeschichte, Katholiken zwischen Tradition und Moderne (wie Anm. 3), 606. Diesem quantitativen Zugriff wird von Kritikern fehlende Trennschärfe u. eine bisher fehlende praktische Umsetzung vorgeworfen. Vgl. z. B. Reeken, Dietmar von, Kirchen im Umbruch zur Moderne (wie Anm. 73), 17, Anm. 20. Ein einheitliches Milieukonzept stellt noch immer ein Desiderat dar.

[206] So die Auslegung dieser Definition bei Kösters, Christoph, Katholiken in der Minderheit (wie Anm. 7), 170.

kussierung einer traditionell katholischen und aufgrund ihres hohen Zerstörungsgrades kaum mit Flüchtlingen und Vertriebenen belegten Region wie dem Bistum Aachen. Es bedarf hierzu folglich der Konzentration auf eine von unterschiedlichen Konfessionsstrukturen vorgeprägte Meso- bzw. Mikroebene, auf der zudem das Vertriebenenproblem eine Rolle spielte. Diese Verbindungslinie zwischen der Auflösung des katholischen Milieus und der Aufnahme und Integration der Ostflüchtlinge und Ostvertriebenen hat auch Herbert Kühr herausgestellt, denn „die Flüchtlingsströme [...] sprengten die traditionell praktizierte Abgrenzung und zogen in nahezu allen Lebensbereichen [...] Kontakthäufigkeiten zwischen Angehörigen der beiden Konfessionen nach sich"[207]. Das Miterleben von Nationalsozialismus, Schoah und Zweitem Weltkrieg hatte hier einerseits ein engeres Zusammenrücken christlich motivierter Kräfte wesentlich gefördert. Andererseits verlangte die Herausbildung eines spezifischen Vertriebenenkatholizismus, der im wesentlichen ein Diasporakatholizismus war, ein milieuspezifisches Profil. Die für die zweite Hälfte des 19. Jahrhunderts prägende gesellschaftliche Minoritätssituation der Katholiken schien 1945/46 also eine Renaissance zu erleben. Wie die katholischen Christen im Zeitalter der Industrialisierung und Verstädterung zwischen 1850 und 1914 bei der Kirche und ihren Verbänden und Institutionen Schutz gesucht hatten, so liegt – auf den ersten Blick – ebenso für die Sozialgruppe der Flüchtlinge und Vertriebenen ein Schulterschluß mit der Kirche nahe, um in der Vereinzelung ein Gemeinschaftsgefühl zu evozieren.

### Bindefaktoren als Deutungsrahmen des katholischen Milieus

Diese Annahme verstärkt zumindest ein Blick auf die Milieubindefaktoren, die für die Bildung des katholischen Milieus konstitutiv sind[208]. Sie dienen als Folie für eine Formulierung des Deutungsrahmens. Als erstes dieser Segmente ist die Formierung in Vereinen und Organisationen zu erwähnen. Hierbei sind Standesvereine, deren Zielsetzung in einer Ergänzung des Arbeitslebens lag, von politischer Betätigung im Zentrum als Milieupartei und diese wiederum von pastoral-karitativen Initiativen zu unterscheiden. Als gemeinsames Merkmal ist die Ausrichtung dieser zentralisierten und bürokratisierten Freizeitangebote auf der Pfarrebene mit ergänzenden Strukturen auf der Diözesanebene zu betrachten. Zum Zweiten sei das kollektive Praktizieren traditionaler Frömmigkeitsformen benannt, wobei Alltagsrituale, wie Gottesdienstbesuch, Kommunionempfang, Pflege des Rosenkranzgebets usw. ebenso wie in größeren Abständen praktizierte volksreligiöse Elemente, wie Wallfahrten, unterschieden werden müssen. Drittes und ebenso wesentliches Element des traditionalen katholischen Milieus ist die Absicherung durch ein konfessionell gegliedertes System kirchlicher Sozialleistungen. Das heißt, Krankenhäuser und Kinderheime usw. befinden sich in Trägerschaft der Pfarreien oder katholi-

---

[207] Kühr, Herbert, Katholische und evangelische Milieus (wie Anm. 135), 255. Ähnlich auch Gabriel, Karl, Zwischen Tradition und Modernisierung (wie Anm. 202), 258.

[208] Hinsichtlich der Milieubindefaktoren sei auf die bisherige Literatur, insbesondere auf die theoretische Grundlegung bei: Arbeitskreis für kirchliche Zeitgeschichte, Münster, Katholiken zwischen Tradition und Moderne (wie Anm. 3), 598, verwiesen.

scher Stiftungen und werden durch Angehörige weiblicher Kongregationen geführt. Im Erziehungsbereich tritt viertens das kirchliche Sozialisationsmonopol im Bereich der Kindergärten, des Volksschulwesens und teilweise auch bei den höheren Schulen hinzu. Beim fünften aufzuzeigenden Milieubindefaktor handelt es sich um die konfessionell bedingten Milieugrenzen, die eine klare territoriale Abgrenzung zwischen homogenen katholischen und evangelischen Regionen ermöglichen und damit das Moment der Separation fördern. Das sechste und letzte Element ist der Klerus, der als sakralisiertes Führungspersonal in Form eines Bindeglieds zwischen der hierarchischen Struktur der Kirche und den Milieuangehörigen fungiert.

### Bindefaktoren als Proprium der Pastoral an den Vertriebenen

Im Anschluß an diese Aufzählung lassen sich einige zentrale Milieubindefaktoren herausgreifen, die ebenso wie für die Gründungsphase des katholischen Milieus auch für die Vertriebenenaufnahme nach 1945 Geltung beanspruchen können. Zum primären Faktor wird in diesem Kontext zunächst die Bildung karitativer Hilfsorganisationen. Als spezifische Reaktion auf das Chaos der Zwangsmigration wird von der kirchlichen Hierarchie ein entsprechendes Institutionengeflecht geschaffen, das organisatorische Stabilität garantiert. Gleichsam als Reaktionsmuster hierzu läßt sich das Phänomen der in verschiedenen Berufs- und Standesgruppen an der Basis organisierten Caritas erwähnen. In diesem Kontext wird zudem die Zahl der katholischen Sozialeinrichtungen erheblich ausgebaut und der Anteil der Pflege- und Erziehungsberufe durch die Rekrutierung ostvertriebener Ordensfrauen erweitert. Für die Sozialgruppe der Flüchtlinge und Vertriebenen trifft als weiterer Milieubindefaktor der Zusammenschluß in besonderen Vereinen und Gruppen zu, um eine Solidarisierung in der Minoritätssituation zu bewirken. Ergänzt wird dieses Spezifikum durch volksreligiöse Elemente, die sich exemplarisch im Bereich der Vertriebenenwallfahrten beobachten lassen. Insbesondere in Diasporasituationen kommt schließlich der Etablierung einer Konfessionsschule bzw. eines Kindergartens eine milieustärkende Funktion zu. Einen entscheidenden Wandel erlebt schließlich der Aspekt der Konfessionalität als Abgrenzungsfaktor durch die mit der Flucht und Vertreibung verbundene Aufhebung konfessionell homogener Regionen. Eine dezidiert dem herkömmlichen Milieuschema entsprechende Rolle spielt letztendlich der Klerus, der eine Managerfunktion beim Aufbau neuer Gemeinden in der Diaspora wie auch bei der individuellen Betreuung der Gläubigen einnimmt.

### Fragen als Grundmuster für einen Leitfaden

Alles in allem scheint der von der Milieuforschung aufgezeigte Deutungsrahmen somit in vielen Punkten auf die soziale Gruppe der katholischen Vertriebenen anwendbar zu sein, zumal bei ihr das für die Milieubildung charakteristische Muster einer defensiven Geschlossenheit wiederkehrt.

Lenkt man den Blick vor dieser Folie zurück auf die eingangs bereits berührte Frage nach der Wechselwirkung von Milieuerosion und Vertriebenenzustrom, so lassen sich zu deren Konkretisierung und Verdichtung weitere Fragen formulieren, die einen durchgängigen Leitfaden für den Aufbau des Hauptteils dieser Untersuchung bilden können.

Welchen Einfluß besaßen die heimatliche kulturelle Identität und spezifische Frömmigkeit der Vertriebenen als Bindungselemente für die Ausprägung eines katholischen Vertriebenenmilieus? Sind Vereinsbildungen auf der Meso- und Mikroebene als Katalysatoren für die Kirchlichkeit der Vertriebenen anzusehen oder kommt diesen Faktoren einer traditionalen Frömmigkeit nur ein Bindungscharakter für den ohnehin kirchlich sozialisierten Teil der Vertriebenen zu? Inwieweit hat die kirchliche Hierarchie innovative Maßnahmen gefördert, um durch eine Erhöhung des Organisationsgrades die Voraussetzungen für eine Anbindung der Vertriebenen an die Kirche zu schaffen und Vergemeinschaftungsformen mit immanenten wie auch transzendenten Bezügen zu ermöglichen?

Welche konkreten Maßnahmen von Kirchenbehörden und kirchlichen Institutionen bildeten die materiellen und geistigen Voraussetzungen für eine geistliche Beheimatung der Vertriebenen in ihren Jurisdiktionsbereichen? Trugen diese Maßnahmen einen dezidiert integrativen oder einen primär identitätsbewahrenden Charakter? Hatte beispielsweise die Caritas-Hilfe lediglich eine quantitative oder darüber hinaus auch eine qualitative Bedeutung? Inwieweit blieb der sozial-karitative wie auch der pastorale Impetus an das „law and order-Prinzip" gebunden bzw. wo entwickelten sich an der Basis unmittelbare individuelle Interdependenzen zwischen einheimischen und vertriebenen Gemeindemitgliedern?

Wie wurde die aus den demographischen Veränderungen resultierende, bisher ungekannte Nähe zwischen den beiden großen Konfessionen von den ostdeutschen Katholiken und ihren Seelsorgern wahrgenommen? Welche Auswirkungen besaß die konfessionelle Durchmischung auf die Milieubindung der katholischen Vertriebenen? Erwies sich die neue konfessionelle Gemengelage als Ausgangspunkt für das seit dem Zweiten Vatikanischen Konzil intensivierte ökumenische Miteinander zwischen katholischer und evangelischer Kirche oder trugen die Kontakte der unmittelbaren Nachkriegszeit rein pragmatische Züge?

Welcher Stellenwert kam der staatlichen Privilegierung eines konfessionell gebundenen Erziehungswesens für die Vertriebenen in der Diaspora zu? Inwieweit spielte die Existenz der Konfessionsschule eine eminent wichtige Rolle für die Milieueinbindung der Vertriebenen?

Gab es zentrale Antriebskräfte für den ostdeutschen Klerus bei der Neuetablierung im Westen? Wirkte in diesem Prozeß zum Beispiel die in Schlesien stark rezipierte Jugend- und Liturgiebewegung ebenso nach wie spezifische universitäre Prägungen? Wurden auf diesem Hintergrund in die Pfarreien neue, im Westen bisher unbekannte Impulse eingebracht, die starre Formen traditionaler Kirchlichkeit ablösten? Sind des weiteren personelle und konzeptionelle Ressourcen freigesetzt worden, um den gestiegenen Anforderungen insbesondere in der Diasporaseelsorge gerecht zu werden? Inwieweit und unter welchen Voraussetzungen ist möglicherweise durch das Management des Klerus ein Submilieu entstanden, das sich als „Vertriebenenkatholizismus" fassen ließe. Wie wirkten sich Kontroversen im Interaktionsverhalten zwischen vertriebenem und einheimischem Klerus auf die Homogenität des katholischen Milieus aus? Resultiert hieraus möglicherweise ein Stück weit die Abnahme geistlicher Berufe?

Zusammengefaßt geht es also darum, zu hinterfragen, in welcher Intensität die im Klerus exemplarisch zu beobachtenden Mentalitätsgegensätze zwischen Einheimischen und Vertriebenen letztlich kirchliche Desintegrationserscheinungen bei den Vertriebenen beschleunigten.

Im Hinblick auf die gesamtgesellschaftliche Entwicklung in Westdeutschland nach 1945 ist deshalb zu fragen, ob sich die Flüchtlinge und Vertriebenen gerade aufgrund der ihnen fehlenden traditionellen kirchlichen Verbundenheit und religiösen Akkulturation innerhalb der Großgruppe der Katholiken als Exponenten einer zunehmend von großer Dynamik, Spontaneität und Individualität als Faktoren der Moderne geprägten Gesellschaft erwiesen oder aber nur anteilig daran partizipierten?

## Hypothesen

Der Anknüpfungspunkt für die Formulierung von Hypothesen ist die Annahme, daß die Aufnahme der ostdeutschen Katholiken in das kirchliche wie auch gesellschaftliche Umfeld im Westen sowohl den Säkularisierungsprozeß als auch den innerkirchlichen Wandel beschleunigt hat und daß damit die Gestaltveränderungen im deutschen Katholizismus nicht eine Folge der Öffnung der Kirche auf die moderne Welt hin im Rahmen des Zweiten Vatikanischen Konzils und auf den Modernisierungsprozeß waren, in dem die Vertriebenen gewissermaßen ein „Ferment" bildeten.

Diesbezüglich hat bereits Karl Gabriel darauf verwiesen, daß die 1950er Jahre für den Katholizismus als „‚Sattelzeit' seiner Auflösung im Modernisierungsprozeß der sechziger Jahre" anzusehen sind[209]. Obwohl die Erkenntnisse Gabriels nicht auf einem den Kriterien der historischen Disziplin standhaltenden Fundament basieren, wird hier implizit die zwischen den beiden Polen Integration und Identität angesiedelte Neubeheimatung der ostvertriebenen Katholiken in kausalen Zusammenhang mit dem Veränderungsprozeß des Katholizismus vor dem Hintergrund einer immer weniger Raum für das Religiöse gewährenden gesellschaftlichen Säkularisierung[210] gestellt.

Einen Ansatzpunkt für eine Verknüpfung des Aufnahmeprozesses der Vertriebenen mit der Destabilisierung des Katholizismus allgemein bot schon Anfang der 1950er Jahre eine bisher von der Forschung kaum beachtete Einschätzung Helmut Schelskys. Er konstatierte aufgrund empirischer Untersuchungen, „daß die Entwurzelung der breiten, der Kirche in traditioneller Sitte verbundenen Schichten des deutschen Ostens diesen auch ihre altgewohnte Einstellung zur Kirche sehr erschwert hat, insofern sie jetzt ihre Bindungen in ihren persönlichen und privaten Entschluß zurücknehmen müssen. [...] Daß der Umfang der sozial bedingten und verwurzelten Kirchlichkeit durch die Umwälzun-

---

[209] Gabriel, Karl, Zwischen Tradition und Modernisierung (wie Anm. 202), 262.
[210] Zum Terminus Säkularisierung als Kennzeichen für den Rationalisierungsschub vgl. im Überblick: Lübbe, Hermann, Säkularisierung. Geschichte eines ideenpolitischen Begriffs, Freiburg 1975.

gen unserer Sozialstruktur abgenommen hat, kann kaum bezweifelt werden."[211] Die hieraus resultierenden Folgen für die Kirche insgesamt spiegeln sich in der Feststellung des evangelischen Kirchenhistorikers Hartmut Rudolph wider: „Zwangsmigration und Flüchtlingsaufnahme bilden einen der den Weg der Kirchen nach 1945 prägenden historischen Vorgänge, ohne deren Berücksichtigung die kirchliche Entwicklung nach dem Zweiten Weltkrieg nicht angemessen [...] bewertet werden kann."[212]

Somit gibt es Hinweise darauf, daß die Vertriebenen aufgrund ihrer Mentalitätsunterschiede gegenüber dem westdeutschen Katholizismus einen bedeutsamen Störfaktor im Regenerierungsprozeß des deutschen Nachkriegskatholizismus bildeten und der Vorgang ihrer Aufnahme eine entscheidende Verwerfung in der Geschichte des deutschen Katholizismus im 20. Jahrhundert darstellt. Zudem waren sie durch den Heimatverlust auch religiös bindungslos geworden und ließen sich deshalb nur schwer in eine sich reorganisierende und stabilisierende Kirchenstruktur integrieren.

Statt dessen wurde den ostdeutschen Katholiken seitens der Hierarchie ein Netzwerk vornehmlich sozial-karitativer Organisationen übergestülpt, die Weichen dabei jedoch eindimensional auf eine radikale Integration gestellt. Indem Methoden einer individuellen Seelsorge zum Zweck der Identitätsbewahrung kaum berücksichtigt wurden, fand die psychologisch-soziologische Komponente des Lebensumfeldes der Vertriebenen bei den kirchlichen Behörden kaum Beachtung. In der Folge kam es daher wohl zu einer strukturellen Verbesserung durch Verdichtung des Netzes der Seelsorgestellen und Ausbau des religiösen Angebotes vornehmlich in der Diaspora, nicht aber zu einer annähernd vollständigen Kompensation traditionaler Faktoren in Kirche und Gesellschaft. Es fehlte den Vertriebenen vornehmlich an Rückzugsmöglichkeiten in traditionale religiöse Welten. Das von der Hierarchie geschaffene Organisationskonzept entbehrte zumeist der individuellen Bemühungen um den einzelnen Gläubigen und öffnete den Weg zum Abgleiten in eine diffuse Katholizität. Die einheimischen Katholiken in den Pfarreien entwickelten zwar einen karitativen Impetus, der aber meistenteils aus einem oberhirtlich anerzogenen missionarischen Denken gespeist war und aus der unmittelbaren wirtschaftlichen und religiösen Not der Neuankömmlinge resultierte.

Das interkonfessionelle Gespräch mit der evangelischen Kirche wurde von der katholischen Hierarchie aus rein pragmatischen Erwägungen heraus gesucht, während sie weiterreichenden Kontakten – so die Annahme – vornehmlich deshalb reserviert gegenüberstand, weil sie als Gefährdung des katholischen Milieus und seiner konstitutiv wirkenden Abgrenzung zur Umwelt verstanden wurden. Auf der Mikroebene hingegen erfolgte in der Diaspora eine Annäherung von Katholiken und Protestanten, die den vom Zweiten Vatikanum vorgenommenen Paradigmenwechsel in der Ökumene partiell antizipierte. Dieser Prozeß mußte jedoch gerade angesichts der Minoritätssituation der Katholiken vor Ort immer wieder zu Spannungen führen, die von identitätsbewahrenden Maßnah-

---

[211] Schelsky, Helmut, Wandlungen der deutschen Familie in der Gegenwart, Stuttgart 1952, 268f.

[212] Rudolph, Hartmut, Der Beitrag der kirchlichen Zeitgeschichte zur Flüchtlingsforschung (wie Anm. 161), 249.

men hervorgerufen wurden. Als zentrales Element der Milieuformierung wurde dabei die Etablierung der Bekenntnisschule in der Diaspora betrachtet.

Trotz der milieustärkenden Wirkung, die der Bildungssektor ermöglichte, läßt sich insgesamt – so die Hypothese – der Prozeß einer Freisetzung und Loslösung aus verblassenden oder wegfallenden religiösen Bindungen beobachten, was vor allem für den Vertriebenenkatholizismus in den bestehenden katholischen Milieus galt und sich hier – sowohl in einer katholischen Lebensumwelt als auch in den Diasporastädten – nur graduell unterschied. Charakteristisch erscheint hier wie dort eine Anonymisierung der Vertriebenen, die als Minderheit nur schwer eine Lobby auszubilden vermochten bzw. Beachtung im Gemeindeleben fanden. Diese Inferiorität verstärkte neben der aus wirtschaftlichen Gründen erhöhten Mobilität eine zunehmende Privatisierung und Individualisierung unter den ostdeutschen Katholiken. Es ist des weiteren davon auszugehen, daß das Zusammentreffen von einheimischem und vertriebenem Klerus zu Spannungen im Interaktionsverhalten führte, so daß die Geistlichkeit nicht länger eine homogene Führungsschicht auszubilden vermochte. Damit war in der Folge der Weg zu einer weitergehenden Pluralisierung innerhalb des deutschen Nachkriegskatholizismus geebnet, der somit zunehmend seine innere Kohärenz verlor.

Angesichts dieser Strukturen ist davon auszugehen, daß sich der ostdeutsche Klerus lediglich in den neu entstandenen Vertriebenengemeinden ungehindert als Elite und Leitbild profilieren und organisatorisch betätigen konnte. In Form einer Koalition von Vertriebenenklerus und Vertriebenenvolk kam es hier auf der Mikroebene zu erfolgreicher neuer Milieubildung. Kennzeichnend hierfür erscheint einerseits die Adaptierung traditionaler ostdeutscher kirchlicher Elemente mit restaurativer Tendenz und andererseits die Einbringung von progressiven Erfahrungen aus der Jugend- und Liturgiebewegung. Dem allgemeinen Abschmelzen der Milieuverbundenheit der Vertriebenen stand also als ambivalenter Prozeß die Herausbildung neuer Kleinmilieus in den neu gegründeten Vertriebenengemeinden gegenüber, die eine verstärkte Bindungsfähigkeit aufwiesen. Dieser Argumentation zufolge würden sich die katholischen Vertriebenen als Beleg dafür heranziehen lassen, daß für den Zeitraum zwischen Kriegsende und Ende des Zweiten Vatikanischen Konzils nicht pauschal von einer „Renaissance und Stabilität" garantierenden Phase im Katholizismus der Bundesrepublik gesprochen werden kann[213].

Statt dessen ließe sich bei der hier in den Blick genommenen und in besonderer Weise vom gesellschaftlichen Modernisierungsprozeß erfaßten Bevölkerungsgruppe im allgemeinen von einer radikalen Verdrängung der Alltagsreligiosität und Kirchlichkeit durch tiefgreifende gesellschaftliche Veränderungen sprechen. Eine erfolgreiche Neuetablierung primär restaurativer Elemente von Kirchlichkeit ging mit der Adaption konziliarer Prozesse einher, wenngleich der Klerus hierbei die Führungsrolle beibehielt. Durch die weitgehende Beschränkung dieses Seelsorgekonzeptes auf agrarisch geprägte Diasporaregionen erhielt der „progressive" Beitrag im Rahmen eines Submilieus des Vertriebenenkatholizismus jedoch kaum Breitenwirkung auf der Meso- oder Makroebene,

---

[213] So für die Jahre 1949–1968 charakterisiert in der grundlegenden Arbeit: Gabriel, Karl, Christentum zwischen Tradition und Postmoderne (wie Anm. 132), 47.

blieb also auf die Mikroebene beschränkt. Vielmehr ist insgesamt davon auszugehen, daß die Vertriebenen aufgrund ihrer geringen Profilierungsmöglichkeiten besonders stark von der Säkularisierung erfaßt wurden, für deren Tendenzen sie grundsätzlich aufgrund ihrer Heimat- und Bindungslosigkeit eher anfällig erschienen als andere Bevölkerungsteile. Der mit der Aufnahme und Integration der ostdeutschen Katholiken einhergehende kirchlich-gesellschaftliche Transformationsprozeß dürfte deshalb einen bislang wenig beachteten, essentiellen Schritt im „Umbruch zur Moderne"[214] des deutschen Katholizismus markieren.

## Basis-Indikatoren

Da die vorgenannten Thesen sich nur schwer in ein klar strukturiertes Theoriekonzept einbinden lassen, weil beispielsweise der Prozeß der Anonymisierung oder der Differenzierung als solcher nicht im einzelnen belegbar erscheint, gilt es, nach Größen zu suchen, die einen quantifizierenden Zugriff ermöglichen und die eine möglichst hohe Aussagekraft besitzen. Als eine solche Grundeinheit läßt sich eine Vielzahl von Basis-Indikatoren aufzählen, mit deren Hilfe eine Vergleichbarkeit und eine statistische Verortung der beobachteten Phänomene erzielt werden kann[215]. Für den Sektor der Vertriebenenaufnahme im Nachkriegsdeutschland bieten sich unter Berücksichtigung der Meso- und Mikroebene folgende Basis-Indikatoren als Maßeinheiten besonders an: Zum einen das Verhältnis der Katholiken pro Seelsorger, zum anderen das Ausmaß der konfessionellen Verschiebung; drittens die Mischehenquote und schließlich die Entwicklung des Priesternachwuchses und sodann die rechtliche Stellung des Klerus insgesamt. Als sechster Faktor einer statistischen Überprüfbarkeit des dargestellten Wandlungsprozesses im deutschen Katholizismus ist die Organisationsdichte des Milieus heranzuziehen, das heißt die Dichte des Netzes von Kirchengemeinden, Vereinen und Gruppen. Während letztgenannte empirisch faßbare Fakten der Binnenorganisation des Milieus und der Milieubindung seiner Mitglieder zumeist implizit an den entsprechenden Stellen mit einfließen, sind den übrigen Grundlagen-Faktoren größtenteils explizite Exkurse gewidmet.

Dabei ist allerdings von vornherein beabsichtigt, die der Quantifizierung dienenden Elemente nicht in das Zentrum der Erörterung zu stellen. Das bedeutet konkret, daß nicht juristische Maßgaben bzw. rein quantitative Analysen von Zahlen- und Datenmaterial als Ausgangspunkt fungieren, sondern daß diese als Meßlatten den Rahmen der Untersuchung bilden. Der mentalitätsgeschichtliche Ansatz bleibt dabei in seiner ganzen Bandbreite erkennbar, und es wird der Versuch unternommen, diesen mit Zugängen aus der Tradition der sozialkritischen Theorie zu verbinden.

---

[214] So der Titel eines Sammelbandes, der sich schwerpunktmäßig mit dem Katholizismus im Kaiserreich auseinandersetzt: Loth, Wilfried (Hrsg.), Deutscher Katholizismus im Umbruch zur Moderne (wie Anm. 72).

[215] Analog zu den Milieubindefaktoren wird bei der Benennung der Basis-Indikatoren ebenfalls rekurriert auf: Arbeitskreis für kirchliche Zeitgeschichte, Münster, Katholiken zwischen Tradition und Moderne (wie Anm. 3), hier 629f.

So geht es nicht etwa darum, den zu einem geflügelten Wort gewordenen „Respekt vor den Geßlerhüten der Theorie"[216] in seinem abwertenden Verständnis für sich zu reklamieren, zumal eine apriorische und heilsgeschichtlich orientierte Perspektive der Zeitgeschichte ohnehin nicht hilfreich erscheint. Vielmehr ist es evident, daß das methodische Gerüst ein analytisches Instrumentarium bedeutet, das den Blick in die Quellen nicht zu ersetzen vermag.

### Anknüpfungspunkt Meso- und Mikroebene – Das Fallbeispiel Oldenburg

Aus der Anwendung der milieutheoretischen Überlegungen auf die Thematik der Arbeit ergibt sich eine Ambivalenz: Während auf der Makroebene die zentrale These eines aus der Vertriebenenproblematik resultierenden Schubes für den „Abschied vom Milieu" im Raum steht, läßt sich auf der Meso- und Mikroebene eine Erweiterung des Milieus durch die Neugründung der Vertriebenengemeinden konstatieren. Insbesondere letztere von der Wissenschaft bisher kaum beachtete – so die Schlußfolgerung aus der zeitgenössischen Beurteilung und den aufgezeigten Forschungsdefiziten – Submilieus, ihre Entstehungsbedingungen und ihr Umfeld müssen im Zusammenhang mit der zentralen Frage nach dem Zeitpunkt des Beginns der Milieuauflösung untersucht werden.

Gerade in diesem Sinne erweist sich eine regionale Beschränkung der Untersuchung auf eine Fallanalyse, wie sie von der Milieuforschung als „Konzentration auf bestimmte Länder, Regionen, Orte zu einer bevorzugten Richtung der Erforschung des katholischen Milieus"[217] erklärt worden ist, als hilfreich.

Insgesamt muß demnach – analog zum Modellvorschlag des „Arbeitskreises für kirchliche Zeitgeschichte" – versucht werden, die Problemstellung auf die Meso- und Mikroebene der Untersuchungsregion und ihrer Städte und Gemeinden, die als Spiegelbild der Gesamtsituation gesehen werden können, zu projizieren. Mit Hilfe empirischen Quellenmaterials kann schließlich die Frage des Erosionsbeginns im katholischen Milieu am Beispiel von Einzelfällen eindeutiger bejaht oder zurückgewiesen werden[218].

---

[216] So die kritische Anmerkung von Hans Maier bezüglich einer verstärkt theoriegeleiteten Katholizismusforschung, in: Frankfurter Allgemeine Zeitung v. 1.9.1992, 13. Der Vorwurf wurde aufgegriffen und zurückgewiesen, bei: Holzem, Andreas, Geßlerhüte der Theorie? Zu Stand und Relevanz des Theoretischen in der Katholizismusforschung, in: Doering-Manteuffel, Anselm, Nowak, Kurt (Hrsg.), Kirchliche Zeitgeschichte (wie Anm. 126), 180–202.

[217] Klöcker, Michael, Das katholische Milieu (wie Anm. 3), 253.

[218] Den Vorzug des regionalen Blickwinkels belegen z.B. Werner K. Blessing am Beispiel des Erzbistums Bamberg u. Siegfried Weichlein am Beispiel des Bistums Fulda. Vgl. Blessing, Werner K., „Deutschland in Not, wir im Glauben ..." (wie Anm. 76); Weichlein, Siegfried, Konfession und Region. Katholische Milieubildung am Beispiel Fuldas, in: Blaschke, Olaf, Kuhlemann, Frank-Michael (Hrsg.), Religion im Kaiserreich (wie Anm. 3), 193–232.

Demgegenüber sieht der bereits aufgezeigte, von Joachim Köhler und Rainer Bendel formulierte methodische Ansatz den Einstieg in einer Synthese auf der Makroebene[219]. Über das Aufwerfen zahlreicher provokanter Fragen hinaus fehlt es diesen theoretischen Überlegungen an einem überzeugenden analytischen Zugriff, der die Diskussion um die Datierung der Auflösung des katholischen Milieus voranbringen könnte. Dieses Defizit der Forschung läßt sich hingegen am ehesten mit Hilfe einer Fallstudie und einer praxis- bzw. realitätsbezogenen und durch Quellenanalyse belegbaren Gebrauchsanleitung beseitigen.

Um den Wandel der Lebenswelt der deutschen Katholiken, das katholische Milieu in seiner Erosion zwischen 1945 und 1965, möglichst vollständig erfassen zu können, wird der Fokus in dieser Studie – wie bereits mehrfach erwähnt – auf das Oldenburger Land gerichtet, da die kirchlichen und konfessionellen Strukturen dieser Region ideale Voraussetzungen für die Auswahl als Fallbeispiel bieten.

Oldenburg ist seit 1946 Bestandteil des von der britischen Besatzungsmacht neu geschaffenen Landes Niedersachsen, das durch den Flüchtlings- und Vertriebenenzustrom in den ersten fünf Nachkriegsjahren einen Bevölkerungszuwachs von 1,85 Millionen Menschen verzeichnete, was einem Anteil von 27,2 % an der Gesamtbevölkerung entsprach. Damit erzielte Niedersachsen hinsichtlich der Aufnahme von Flüchtlingen und Vertriebenen nach Bayern, hinsichtlich des Anteils der Vertriebenen an der Gesamtbevölkerung nach Schleswig-Holstein den Spitzenwert unter den westdeutschen Ländern[220]. Das Flüchtlingsproblem erwies sich somit in Niedersachsen in allen seinen Auswirkungen als besonders virulent.

Die Ziele dieser Untersuchung lassen sich schließlich nur anhand einer überschaubaren Region empirisch analysieren. Oldenburg kann in stärkerem Maße als etwa das benachbarte Hannover, das seit 1866 eine preußische Provinz bildete, auf eine eigene politische und kulturelle Identität zurückblicken, die sich in einer jahrhundertelangen Existenz als eigenständiges deutsches Territorium manifestiert hatte. Auf dem Wiener Kongreß 1815 in den Rang eines Großherzogtums erhoben, überdauerte Oldenburg den Sturz der Monarchie 1918 als Freistaat und behielt selbst im Zuge der nationalsozialistischen Gleichschaltung der Länder einen eigenen Ministerpräsidenten, obwohl es auf Parteiebene im größeren Gau Weser-Ems aufging. 1945 wurde dann der Freistaat wiederhergestellt, ging aber bereits im November 1946 auf Anordnung der britischen Besatzungsmacht mit Braunschweig, Schaumburg-Lippe und der preußischen Provinz Hannover in

---

[219] Vgl. Köhler, Joachim, Bendel, Rainer, Bewährte Rezepte oder unkonventionelle Experimente? (wie Anm. 48), 226f. Hier wird methodisch von einer Grobsegmentierung in die vier Schritte Vertriebenenpastoral, Exponenten der Vertriebenenseelsorge, Pastoral vor 1945 in der alten Heimat sowie einer Zusammenfassung, Einordnung und Bewertung der Ergebnisse ausgegangen.

[220] Vgl. Reichling, Gerhard, Die Heimatvertriebenen im Spiegel der Statistik (wie Anm. 9), 16–19; Waldmann, Peter, Die Eingliederung der ostdeutschen Vertriebenen in die westdeutsche Gesellschaft, in: Becker, Josef u. a. (Hrsg.), Vorgeschichte der Bundesrepublik Deutschland. Zwischen Kapitulation und Grundgesetz (UTB, Bd. 854), München 1979, 163–192, hier 166ff.

dem neuen Land Niedersachsen auf. Während die oldenburgischen Traditionen hier anfänglich auch politisch in der Bildung eines mit dem Freistaat kongruenten Verwaltungsbezirkes weiterlebten, ist Oldenburg mit der Eingliederung dieser Einheit in den größeren Regierungsbezirk Weser-Ems 1978 nur noch als kulturelle Einheit, beispielsweise in der Existenz eines Kulturverbandes, der Oldenburgischen Landschaft, präsent[221].

Prägend für die konfessionelle Situation des Oldenburger Landes im 19. und in der ersten Hälfte des 20. Jahrhunderts erscheint zudem das Nebeneinander von zwei Arten des katholischen Milieus unter einer Leitungsstruktur:

1.) das Diasporamilieu des seit der Reformationszeit lutherischen alten Herzogtums Oldenburg, das meist als Nordoldenburg bezeichnet wird und aus den heutigen Kreisen Friesland, Ammerland, Wesermarsch und Oldenburg sowie den kreisfreien Städten Oldenburg, Wilhelmshaven und Delmenhorst gebildet wird, und
2.) das homogene katholische Milieu des im Zuge der Gegenreformation zum Katholizismus zurückgekehrten Gebietes der heutigen Kreise Vechta und Cloppenburg, das bis 1803 zum geistlichen Territorium des Bischofs von Münster gehörte und dort gemeinsam mit den heutigen Altkreisen Aschendorf-Hümmling und Meppen das sogenannte Niederstift Münster gebildet hatte[222].

Nach der Ankunft der Flüchtlinge und Vertriebenen lassen sich in dem überschaubaren Raum der Untersuchungsregion drei unterschiedliche Gemeindetypen für die kirchliche Betreuung der katholischen Flüchtlinge und Vertriebenen differenzieren. Zum einen das traditionelle katholisch-ländliche Modell einer Minoritätssituation innerhalb eines gefestigten katholischen Gemeindelebens im Oldenburger Münsterland, zum anderen die Aufstockung bestehender Diasporagemeinden, in denen die ostdeutschen Katholiken nun die Hälfte oder sogar Dreiviertel der Gemeindemitglieder stellten, und schließlich die erst durch die Vertriebenen 1946 neu entstehenden, fast homogen aus ostdeutschen Katholiken zusammengesetzten Seelsorgebezirke.

Die oldenburgischen Katholiken verfügen bis in die Gegenwart hinein trotz der Kleinräumigkeit über eine eigene kirchliche Struktur innerhalb der Diözese Münster[223].

---

[221] Vgl. grundlegend zur Landesgeschichte: Eckhardt, Albrecht, Schmidt, Heinrich (Hrsg.), Geschichte des Landes Oldenburg (wie Anm. 108), u. speziell zur Nachkriegssituation: Ders., Land und Verwaltungsbezirk Oldenburg vom Kriegsende bis in die fünfziger Jahre. Verfassung, Verwaltung, Politik, Kirchen, in: Ders. (Hrsg.), Oldenburg um 1950 (wie Anm. 113), 9–36.

[222] Vgl. Schlömer, Hans, 300 Jahre beim Bistum Münster, Vechta 1968 (Sonderdruck, aus: Jahrbuch für das Oldenburger Münsterland 1969, 195–208).

[223] Zur Geschichte des Bistums Münster vgl. Angenendt, Arnold (Hrsg.), Geschichte des Bistums Münster, Bd. 1, 4 u. 5, Münster 1998, insbes. Bd. 5: Damberg, Wilhelm, Moderne und Milieu (wie Anm. 139), u. Thissen, Werner (Hrsg.), Das Bistum Münster (wie Anm. 139), Bd. III: Die Pfarrgemeinden, 31–36, 479–481 u. 691–694, sowie als älteren Überblick Börsting, Heinrich, Geschichte des Bistums Münster, Bielefeld 1951. Zum oldenburgischen Bistumsteil vgl. jetzt Schäfer, Rolf u. a. (Hrsg.), Oldenburgische Kirchengeschichte (wie Anm. 145).

Nachdem es dem oldenburgischen Großherzog als Summus Episcopus der lutherischen Landeskirche nicht gelungen war, für seine katholischen Untertanen ein eigenes Bistum zu schaffen, wurde in der sogenannten Konvention von Oliva 1830 eine dem Bischof von Münster direkt unterstehende selbständige kirchliche Verwaltung geschaffen, das Bischöflich Münstersche Offizialat in Vechta[224], dessen Leiter im Range eines noch dazu mit besonderen Vollmachten ausgestatteten Quasi-Generalvikars weitgehende Befugnisse für die Verwaltung der katholischen Gemeinden des damaligen Großherzogtums erhielt[225]. Da die Zugehörigkeit des sogenannten Offizialatsbezirks Oldenburg zum geographisch getrennten, große Teile Westfalens und den Niederrhein umfassenden Bistum Münster somit erhalten blieb, ergibt sich die Möglichkeit, die Diözesanebene als größeren Bezugsraum immer wieder heranzuziehen und auf diese Weise eine regionale Engführung zu vermeiden.

Im stark agrarisch geprägten Südteil hatte die langjährige politische wie auch die fortdauernde kirchliche Zugehörigkeit zum Hochstift Münster ebenso wie die im protestantischen Großherzogtum Oldenburg seit 1815 erfahrene religiöse Toleranz als „das Ergebnis einer sich durch Jahrzehnte ziehenden Entwicklung"[226] zur Ausprägung einer starken Eigenidentität geführt[227], die sich in der Bezeichnung Oldenburger Münsterland treffend widerspiegelt. Religiös-kulturelles Bewußtsein, das sich rein äußerlich an den zahlreichen Wegekreuzen und Bildstöcken an den Straßenrändern der Kreise Vechta und Cloppenburg dokumentiert, war hier gerade vor dem Hintergrund der Zugehörigkeit zu einem protestantischen Staatsgebilde eng vernetzt mit dem lokalen öffentlichen Leben[228] und ein integraler Bestandteil der privaten Sphäre der Bevölkerung. Es war kurz gesagt eine „elementare Kategorie regionaler Zusammengehörigkeit"[229] geworden. Organisato-

---

[224] Vgl. zur Entstehung des Offizialats: Schulze, Heinz-Joachim, Die Begründung des Bischöflich Münsterschen Offizialats in Vechta, in: Oldenburger Jahrbuch, Bd. 62 (1963), 71–121; Zürlik, Josef, Die Auseinandersetzungen um die Rechtswirksamkeit der Konvention von Oliva vom 5. Januar 1830, in: Oldenburger Jahrbuch, Bd. 91 (1991), 61–93, sowie allgemein Hinxlage, Helmut, Die Geschichte des Bischöflich Münsterschen Offizialates (wie Anm. 145) u. Twickel, Max-Georg Freiherr von, Überblick zur katholischen Kirchengeschichte (wie Anm. 145).

[225] Zu den einzelnen Bischöflichen Offizialen in Vechta vgl. Instinsky, Markus, „Bloß der Verdacht bleibt ...". Zur Amtsenthebung des ersten Vechtaer Offizials im August 1846, in: Heimatblätter Nr. 4 v. 10.8.1996, 38–39, Hartong, Kurt, Lebensbilder der Bischöflichen Offiziale in Vechta, Vechta o. J. (1980), u. Hinxlage, Helmut, Die Geschichte des Bischöflich Münsterschen Offizialates (wie Anm. 145).

[226] Schmidt, Heinrich, 175 Jahre Oldenburger Münsterland (Vorträge der Oldenburgischen Landschaft, H. 3), Oldenburg 1979, 8.

[227] Vgl. Kuropka, Joachim, Zur historischen Identität des Oldenburger Münsterlandes, 2., durchgesehene Aufl. Münster 1987, 17. Zum Begriff „Oldenburger Münsterland" vgl. auch Hanschmidt, Alwin, „Oldenburger Münsterland". Zur Geschichte eines Namens, in: Jahrbuch für das Oldenburger Münsterland 1989, 5–20, ders., Noch einmal: „Oldenburger Münsterland", in: Jahrbuch für das Oldenburger Münsterland 1990, 203–213.

[228] Vgl. Kuropka, Joachim, Zur historischen Identität des Oldenburger Münsterlandes (wie Anm. 227), 68f.

[229] Schmidt, Heinrich, 175 Jahre Oldenburger Münsterland (wie Anm. 226), 14.

risch bestanden hier vor 1945 die vier Dekanate Cloppenburg, Friesoythe, Vechta und Damme mit insgesamt 46 Pfarreien und 18 Filialkirchen[230].

Infolge der Industrialisierung, die vor allem den Norden des Landes erfaßte, entstanden zwischen 1850 und 1914 über die bereits existenten Missionsgemeinden in Oldenburg, Jever und Wildeshausen hinaus acht katholische Diasporagemeinden im evangelischen Teil, die sich allerdings im wesentlichen auf das städtische Milieu der Industrie- und Hafenstädte beschränkten[231]. Eingefügt sei hier, daß der im folgenden immer wiederkehrende Begriff „Diaspora" in diesem Kontext als situativer Sammelbegriff für Minderheit, Vereinzelung und Anderssein des katholischen Bevölkerungsteils in einer mehrheitlich anderskonfessionellen Umgebung verstanden wird[232].

Trotz der für die damalige Zeit typischen Diasporaphänomene, zu denen vor allem die regionale Heterogenität der Zuwanderer und die Verluste durch konfessionsverschiedene Ehen zu zählen sind, konnten sich die katholischen Christen in den neugebildeten Diasporagemeinden jedoch meist innerhalb kurzer Zeit etablieren[233]. Fixpunkte der Milieubildung zum Zweck der Identitätsbewahrung waren dabei der Aufbau eines alle Interessenfelder erfassenden Vereinswesens[234], die Gründung karitativer Einrichtungen, wie zum Beispiel eigener Krankenhäuser, Arbeiterinnenheime oder Kindergärten[235], sowie

---

[230] Zur territorialen Struktur Südoldenburgs, des Offizialatsbezirks bzw. des Bistums vgl. – mit Hinweisen auf weiterführende Literatur – Sowade, Herbert, Wachstum, Grenzen und Gestalt des Bistums Münster, in: Thissen, Werner (Hrsg.), Das Bistum Münster (wie Anm. 139), Bd. II: Pastorale Entwicklung im 20. Jahrhundert, 319–359; Baumann, Willi, Sieve, Peter (Hrsg.), Die katholische Kirche im Oldenburger Land (wie Anm. 145), u. als älteres Standardwerk: Willoh, Karl, Geschichte der katholischen Pfarreien im Herzogtum Oldenburg, 5 Bde., Köln 1897ff., Neudruck Osnabrück 1975.

[231] Dabei handelte es sich um Varel (1851), Rüstringen bzw. Wilhelmshaven (1860/1901), Augustfehn (1863), Brake (1878), Delmenhorst (1879), Wangerooge (1901), Nordenham (1909). Vgl. Sieve, Peter, Die katholische Kirche im Offizialatsbezirk Oldenburg von ihren Anfängen bis zur Gegenwart, in: Baumann, Willi, Sieve, Peter (Hrsg.), Die katholische Kirche im Oldenburger Land (wie Anm. 145), 3–64, hier 34.

[232] Der Diasporabegriff wird hier gemäß dem Verständnis des Untersuchungszeitraums rein konfessionell verstanden. Von Diaspora wird demnach dort gesprochen, wo in einem Bezugsraum weniger als ein Drittel der Bevölkerung der entsprechenden Konfession angehört. Vgl. zur Definition: Ullrich, Lothar, Diaspora und Ökumene in dogmatischer (systematischer) Sicht, in: Kresing, Bruno (Hrsg.), Für die Vielen (wie Anm. 47), 156–192, u. Aschoff, Hans-Georg, Diaspora in Deutschland von der Säkularisation bis zur Gründung der Bundesrepublik, in: Rieße, Günter, Kathke, Clemens A. (Hrsg.), Diaspora: Zeugnis von Christen für Christen. 150 Jahre Bonifatiuswerk der deutschen Katholiken, Paderborn 1999, 253–273, hier 253.

[233] Diese Entwicklung läßt sich in allen nordoldenburgischen Gemeinden zwischen 1870 und 1914 beobachten. Eine detaillierte Untersuchung des katholischen Diasporamilieus in diesem Zeitraum bietet Kuropka, Joachim, Die römisch-katholische Kirche in Delmenhorst, in: Schäfer, Rolf, Rittner, Reinhard (Hrsg.), Delmenhorster Kirchengeschichte. Beiträge zur Stadt-, Schul- und Sozialgeschichte (Delmenhorster Schriften, Bd. 15), Delmenhorst 1991, 143–177.

[234] Zu den Vereinsgründungen in den Diasporagemeinden vor 1945 vgl. Baumann, Willi, Sieve, Peter (Hrsg.), Die katholische Kirche im Oldenburger Land (wie Anm. 145), 321ff.

[235] Zur Gründung der katholischen Krankenhäuser vgl. ebd., 218–220.

insbesondere die Etablierung eines konfessionellen Volks- und Mädchenschulwesens[236]. Da die Diasporakatholiken fast ausnahmslos zur Arbeiterschicht gehörten, leistete die Bevölkerung des Oldenburger Münsterlandes materielle wie auch personelle Hilfe bei der Schaffung dieser Strukturen[237].

Am Vorabend des Zweiten Weltkriegs ergaben sich für die gesellschaftliche Gruppe der Katholiken Oldenburgs also drei mögliche Lebenssituationen: Einerseits die konfessionell homogene in den Städten und Dörfern der Kreise Cloppenburg und Vechta, in denen damals Dreiviertel der oldenburgischen Katholiken lebten. Andererseits die Diaspora im Norden des Landes, wobei zwischen einer vollkommenen Diasporasituation in den agrarischen Gebieten und einer durch die Existenz eines festgefügten katholischen Milieus aufgelockerten Diasporasituation im Sinne eines katholischen Inseldaseins in Städten wie Oldenburg mit Osternburg, Wilhelmshaven und Delmenhorst und – in geringerem Maße – auch Nordenham, Brake, Varel und Jever differenziert werden muß. Die flächendeckende kirchliche Organisation in Form kanonisch errichteter Pfarreien war in Nordoldenburg dagegen erst 1930 erfolgt[238]. Insgesamt bestanden hier vor Beginn des Zweiten Weltkrieges dann acht Pfarreien (Jever, Wilhelmshaven (Rüstringen) St. Marien, Wilhelmshaven St. Willehad (bis 1937 preußisch), Varel, Oldenburg, Nordenham, Delmenhorst und Wildeshausen) und sechs Filialgemeinden (Wangerooge, Ahlhorn, Augustfehn, Brake, Einswarden und Osternburg)[239], die seit dem 1. Januar 1927 im Dekanat Oldenburg zusammengefaßt waren. Die größte Zahl der Diasporakatholiken lebte allerdings in den Zentren der Gemeinden.

Angesichts des in der oldenburgischen Geschichte bislang beispiellosen Bevölkerungszuwachses infolge von Flucht und Vertreibung aus Ostdeutschland lassen sich keine Veränderungen in der Konfessionsstatistik erkennen. Waren von den 578.000 Einwohnern Oldenburgs des Jahres 1939 25,4 % katholischer Konfession gewesen, so erhöhte sich

---

[236] Zu den Gründungen der katholischen Volks- und Höheren Mädchenschulen vgl. ebd., 249ff.

[237] Der oldenburgische Diasporaklerus und die katholischen Lehrer stammten ausnahmslos aus Südoldenburg. Ebenso leisteten hier im Bistum Münster beheimatete Schwesternkongregationen, wie die Schwestern Unserer Lieben Frau, die Mauritzer Franziskanerinnen oder die Clemensschwestern, im karitativen u. schulischen Bereich Aufbauarbeit. Für Kirchenbauten wurden Sonderkollekten in Südoldenburg angeordnet, so z. B. im Kirchlichen Amtsblatt für die Diözese Münster v. 12.3.1903 für die neue Kirche in Delmenhorst. Vgl. Kuropka, Joachim, Die römisch-katholische Kirche in Delmenhorst (wie Anm. 233), 143.

[238] Erst am 18.12.1930 wurden die bisherigen Missionspfarreien Wildeshausen, Oldenburg und Jever mit Wirkung vom 1.1.1931 zu kanonisch errichteten Pfarreien erhoben. Erste offiziell errichtete Pfarrei in diesem Diasporagebiet war 1912 Delmenhorst, gefolgt von Wilhelmshaven, Rüstringen, Nordenham u. Varel. Vgl. Kuropka, Joachim, Die Errichtung der ersten katholischen Pfarreien in Nordoldenburg. Zur kirchlichen Organisation eines Missionsgebiets 1831–1931, in: Eckermann, Willigis, Lesch, Karl Josef (Hrsg.), Dem Evangelium verpflichtet. Perspektiven der Verkündigung in Vergangenheit und Gegenwart, Kevelaer 1992, 183–196.

[239] Vgl. Börsting, Heinrich, Schröer, Alois (Hrsg.), Handbuch des Bistums Münster, 2. Aufl. Münster 1946, 387–401.

dieser Anteil infolge der demographischen Veränderungen am Kriegsende, die 210.000 Neubürger in die Region brachten[240], zunächst nur geringfügig auf 28,9 % (1946) und pendelte sich längerfristig bei 27,1 % (1950) ein. In absoluten Zahlen gesprochen, stieg die Katholikenzahl im Oldenburger Land von 144.996 (1940) auf 238.726 (1948) und dabei allein in der Diaspora der Untersuchungsregion um mehr als das Doppelte, von 33.731 (1936) auf 105.845 (1948) an[241]. Unter der katholischen Bevölkerung Oldenburgs waren danach im Jahre 1950 28,7 % Ostvertriebene[242]. Mehr als ein Viertel der oldenburgischen Bevölkerung bestand damit fast schlagartig nicht mehr aus Einheimischen, sondern aus zwangsweise Zugewiesenen von jenseits der Oder und Neiße. Dies bedeutete im Vergleich zu den benachbarten Diözesen Osnabrück und Hildesheim, die einen Vertriebenenanteil von 44 % bzw. 60 % unter der katholischen Bevölkerung zu verzeichnen hatten[243], eine vergleichsweise kleine Rate.

Auch hinsichtlich des prozentualen Anteils an der Gesamtbevölkerung ist der Zuwachs an Angehörigen der katholischen Konfession kaum auszumachen, und ebenfalls ein vergleichender Blick auf die Veränderungen in der niedersächsischen Konfessionsstatistik zeigt nur, daß auch dort kein sprunghafter prozentualer Anstieg der Katholiken erkennbar ist[244].

Verständlich wird dies, wenn man bedenkt, daß in den Vertreibungsgebieten Ostpreußen und Posen-Westpreußen, in Pommern und Ostbrandenburg sowie in Schlesien 66,4 % (1939), also zwei Drittel der Einwohner, ohnehin evangelischer Konfession waren und insbesondere in den katholischen Regionen der Vertreibungsgebiete, wie Oberschlesien und dem Ermland, ein vergleichsweise hoher Prozentteil an deutschen Bewohnern zurückgeblieben war[245]. Da es kaum einen nennenswerten Prozentsatz an fast aus-

---

[240] Vgl. zu den statistischen Angaben auch im folgenden: Trautmann, Markus (Bearb.), Die Vertriebenen im Spiegel statistischer Erhebungen, in: Hirschfeld, Michael, Trautmann, Markus (Hrsg.), Gelebter Glaube – Hoffen auf Heimat (wie Anm. 13), 433–454.

[241] Vgl. Zentralstelle für kirchliche Statistik (Hrsg.), Kirchliches Handbuch für das katholische Deutschland, Bd. XXII (1943), Köln o. J. (1943), 358f., u. Groner, Franz (Hrsg.), Kirchliches Handbuch für das katholische Deutschland, Bd. XXIII (1944–1951), Köln 1951, 346f.

[242] Vgl. Trautmann, Markus, Die Vertriebenen im Spiegel statistischer Erhebungen (wie Anm. 240).

[243] Osnabrück hatte 445.000, Hildesheim 410.000 katholische Heimatvertriebene aufzunehmen. So die Zahlen in Christ unterwegs 9/1950, 19, zit. nach: Braun, Hans, Demographische Umschichtungen (wie Anm. 162), hier 14.

[244] In Niedersachsen stieg der Katholikenanteil von 16,4 % (1939) auf 18,8 % (1950). Vgl. zu diesen u. den übrigen Zahlen: Statistisches Handbuch für Niedersachsen 1950, Hannover 1950, sowie Statistik des Deutschen Reichs, Bd. 552, Berlin 1942. Einen guten Überblick über die statistische u. organisatorische Entwicklung der katholischen Kirche in Niedersachsen vermittelt: Aschoff, Hans-Georg, Die katholische Kirche in Niedersachsen nach 1945 (wie Anm. 172). Vgl. auch Mosler, Josef, Die Vertriebenen in der niedersächsischen Konfessionsstatistik, in: Christ unterwegs 1/1954, 6–8.

[245] Vgl. Gatz, Erwin, Die Pfarrei unter dem Einfluß des Nationalsozialismus und des Zweiten Weltkrieges, in: Ders. (Hrsg.), Geschichte des kirchlichen Lebens in den deutschsprachigen Ländern seit dem Ende des 18. Jahrhunderts, Bd. I (wie Anm. 13), 123–138, hier 133. Zu den Herkunftsgebieten u. dem jeweiligen Anteil an der Gesamtzahl der Vertriebenen vgl. Reichling, Gerhard, Die Heimatvertriebenen im Spiegel der Statistik (wie Anm. 9), 22f.

schließlich katholischen Sudetendeutschen ins Oldenburgische verschlug, kann – ohne die späteren SBZ-Flüchtlinge einzubeziehen – diese konfessionelle Zusammensetzung der in das Oldenburger Land gelangten Ostdeutschen absolut gesetzt werden, womit der nur leichte Anstieg der Prozentzahl an Katholiken erklärt wäre.

Die großen konfessionellen Verschiebungen als wesentliches Kennzeichen der Nachkriegssituation können hingegen auf der Ebene der Kreise und Kommunen beobachtet werden. Der Sprung von der Makro- auf die Mikroebene läßt die Veränderung erkennbar werden, die „eine religiös-kulturelle Strukturveränderung mit sich brachte, die nicht ohne weiteres zu verarbeiten war"[246].

Eines wird aber bereits an dieser Stelle deutlich: Das Ende einer weitgehenden konfessionellen Homogenität, wie sie in weiten Teilen des Deutschen Reiches vor 1945 noch typisch war[247], läßt sich keineswegs gleichsetzen mit der Bildung neuer Mehrheiten. Lediglich Verschiebungen können ausgemacht werden.

Legt man hier die Ergebnisse der Volkszählung von 1950 zugrunde, so lag die höchste Prozentmarke der Katholiken in Nordoldenburg auf Kreisebene mit 23,6 % in der kreisfreien Stadt Delmenhorst noch unter einem Viertel der Bevölkerung und schwankte im übrigen zwischen 7,9 % im Kreis Ammerland und 15,6 % in der Stadt Oldenburg, während sie in den katholischen Kreisen Vechta und Cloppenburg mehr als 75 % betrug.

Bei der Volkszählung 1946 gaben in Nordoldenburg lediglich 36,6 % der Zugewiesenen eine Zugehörigkeit zur katholischen Kirche an; vier Jahre später waren hier sogar nur noch 27,9 % der Vertriebenen katholisch. Keines der beiden Stichdaten kann als repräsentativ angesehen werden, da die Volkszählung 1946 noch nicht den Endpunkt des Vertriebenenzustroms markierte, 1950 jedoch zum einen ein Teil der Eingewiesenen bereits wieder abgewandert war, zum anderen die nach der Ankunft im Westen geborenen Kinder von Flüchtlingen und Vertriebenen diesen zugerechnet wurden. Dennoch wird zumindest ungefähr deutlich, daß die Katholikenzahl in Nordoldenburg zwar mächtig nach oben geschnellt war, jedoch insgesamt gesehen einen Wert von einem Viertel bis zu einem Drittel der Vertriebenen nie überschritten hat. Diese Zahl entsprach damit in etwa dem Prozentsatz an der ostdeutschen Bevölkerung.

Mit dieser Feststellung aber kann bereits vorab – zumindest für das Untersuchungsgebiet – eine in der mündlichen Überlieferung immer wieder auftretende Meinung widerlegt werden, daß nämlich bewußt eine Mehrheit von Katholiken aus dem Osten in die norddeutsche Diaspora und umgekehrt der größte Teil der Protestanten in katholische Regionen verschlagen wurde. Der Vergleich mit Südoldenburg bestätigt dies: In den Landkreisen Vechta und Cloppenburg wurden zwar 62,6 % (1946) bzw. 61,6 % (1950) der Vertriebenen als Protestanten registriert, was sogar etwas unter der oben genannten Konfessionszusammensetzung der Vertreibungsgebiete lag. Sieht man von den zumeist stark zerstörten Städten ab, die nur in vergleichsweise geringem Maß an der Vertriebenenaufnahme beteiligt wurden, läßt sich keine Systematik in der Vertriebenenverteilung ausmachen. Die konkreten Schwierigkeiten lagen ohnehin vor Ort und werden erst deut-

---

[246] Kuropka, Joachim, Eine Minderheit in Niedersachsen (wie Anm. 172), 194.
[247] Vgl. Menges, Walter, Wandel und Auflösung der Konfessionszonen (wie Anm. 130), 2.

lich sichtbar, wenn man berücksichtigt, daß in Nordoldenburg durchschnittlich 58,9 % der katholischen Gläubigen aus dem Osten stammten, wobei diese Zahl zwischen 46,0 % in den hier bisher am ehesten über ein etabliertes katholisches Milieu verfügenden kreisfreien Städten Oldenburg, Wilhelmshaven und Delmenhorst und 71,7 % in den vier Landkreisen schwankte. Wie Gerhard Reichling bereits 1958 als Ergebnis statistischer Auswertungen feststellte, war selbst in Diasporakreisen ein „gewisser Grundstock von Angehörigen der eigenen Konfession [...] in jedem Fall vorhanden"[248].

Was die Statistiken jedoch nicht zeigen können, ist der Unterschied zwischen der Verteilung der durch Binnenmigration bedingten Zuwanderung zur Zeit der Industrialisierung, die lediglich eine „punktuelle Auflockerung der Konfessionszonen"[249] zur Folge gehabt hatte, und der flächendeckenden Durchmischung 1945/46. Die Novität ist also in der plötzlichen und unvermittelten Existenz eines dichten Netzes wenngleich vereinzelter Katholiken zu suchen, und dieses Tür-an-Tür-Wohnen „gab dem Zusammenleben von Evangelischen und Katholischen eine ganz neue Dimension"[250], die in einer sprunghaften Zunahme konfessionsverschiedener Ehen gerade in den bisher konfessionell homogenen Gebieten äußerlich erkennbar wurde.

Das eigentliche Problem lag also in der konfessionellen Mischung, die „ein neues, bisher unbekanntes Niveau [erreichte], so daß die Chancen des Aufeinandertreffens und neuer Interaktionserfahrungen zwischen den Konfessionen beträchtlich steigen"[251] mußten. Diese Strukturveränderungen waren in Oldenburg verständlicherweise in stärkerem Maße spürbar als in genuin gemischtkonfessionellen Regionen, wie zum Beispiel dem benachbarten Osnabrücker Land.

Obwohl der Anteil der Protestanten unter den nach Oldenburg verbrachten Vertriebenen höher war als derjenige der Katholiken, schien sich auch in dieser Region die allgemein konstatierte Angst vor einer katholischen Dominanz breit zu machen, die sich an der Übertragung einiger öffentlicher Ämter im niedersächsischen Verwaltungsbezirk Oldenburg an Katholiken entzündete, während umgekehrt der Anstieg der sogenannten Mischehen, der im gesamten Bistum Münster fast 100 % betrug, als Warnsignal gesehen wurde[252].

In welcher Form diese Ressentiments innerhalb Oldenburgs von beiden Seiten geschürt wurden, bleibt im einzelnen zu untersuchen. Daß der Kern des Problems jedoch in dem katholischen Übergewicht der Führungsköpfe der neuen Bundesrepublik lag, untermauert exemplarisch die Aussage des niedersächsischen Flüchtlingsministers und evangelischen Theologen Heinrich Albertz, der im September 1949 gegenüber dem Schweizer

---

[248] Reichling, Gerhard, Die Heimatvertriebenen im Spiegel der Statistik (wie Anm. 9), 137.

[249] Aschoff, Hans-Georg, Die katholische Kirche in Niedersachsen nach 1945 (wie Anm. 172), 219.

[250] Sauermann, Dietmar, „Aus allen Bindungen der Heimat herausgerissen" (wie Anm. 64), 187–216.

[251] Gabriel, Karl, Zwischen Tradition und Modernisierung (wie Anm. 202), 258.

[252] Vgl. Groner, Franz (Hrsg.), Kirchliches Handbuch für das katholische Deutschland, Bd. XXIV (1952–1956), Köln 1956, 348.

evangelischen Pressedienst die Ansicht vertrat, es sei „ganz ohne Zweifel der Purpur der Kardinäle die wichtigste Farbe gewesen, die Bonn bei seiner Eröffnung zeigte"[253].

Die Ursache entsprechender konfessioneller Differenzen – und nur dies kann hier vorab klargestellt werden – war nicht hausgemacht, sondern allein von den Entscheidungen der britischen Besatzungsmacht abhängig. Letztere hatte sich die Aufsicht und Kontrolle der Vertriebenenzuweisung vorbehalten und den deutschen Verwaltungen und Behörden kein Mitspracherecht zugestanden[254]. So mußte auch der Versuch des Vechtaer Offizials Pohlschneider, die Einweisungen von konfessionellen Faktoren abhängig zu machen und im nachhinein Korrekturen an den zentral gelenkten Einweisungen durch erneute Transferierung von Vertriebenen gemäß den Konfessionsgrenzen vorzunehmen, auf taube Ohren stoßen[255].

Es blieb daher nur der Ausweg einer Ausweitung der Seelsorge, der sich allein anhand eines kurzen Blicks auf die Fakten als Herausforderung bezeichnen läßt: Zwischen dem Kriegsende und 1949 wurden 21 neue Seelsorgebezirke in der oldenburgischen Diaspora errichtet, die nicht nur fast ausschließlich aus ostvertriebenen Katholiken bestanden, sondern zumeist auch von ostdeutschen Priestern geleitet wurden[256], so daß sie aufgrund dieser konstitutiven Merkmale als „Vertriebenengemeinden" in den Diskurs eingeführt werden können. Bis Mitte der 1950er Jahre konnten insgesamt 23 Kirchenneubauten errichtet werden. Zwischen 1955 und 1965 wurden dann noch einmal 17 Kirchen und Kapellen in Nordoldenburg neu erbaut[257]. Darüber hinaus bestanden bis zu 109 Notgottesdienststationen. Insgesamt fanden 40 ostdeutsche Priester Aufnahme im Offizialatsbezirk, da jedoch nur die jüngeren unter ihnen den Belastungen des Gemeindeaufbaus in der Diaspora gewachsen waren, stellten sich erstmals auch Ordensgemeinschaften in den Dienst der Pfarrseelsorge[258]. Schließlich erforderte die große Zahl alter, kranker und aus ihren familiären Bindungen herausgerissener Vertriebener die Einrichtung von Flücht-

---

[253] Schweizer ev. Pressedienst v. 19.10.1949, zit. bei: Trippen, Norbert, Interkonfessionelle Irritationen in den ersten Jahren der Bundesrepublik Deutschland, in: Bracher, Karl Dietrich u. a. (Hrsg.), Staat und Parteien (wie Anm. 122), 345–377, hier 353–355.

[254] Vgl. hierzu insbes. Brosius, Dieter, Die Eingliederung der Flüchtlinge als Verwaltungsproblem (wie Anm. 106).

[255] Dieses Vorhaben wird in der bisherigen Literatur nur am Rande erwähnt – so bei Pohlschneider, Johannes, Der nationalsozialistische Kirchenkampf in Oldenburg, Kevelaer 1978 –, in der vorliegenden Arbeit jedoch anhand von Quellenauswertungen erstmals ausführlich diskutiert.

[256] Von 17 Vertriebenengemeinden wurden am 1.1.1948 15 von einem vertriebenen Geistlichen betreut. Vgl. Personal-Schematismus des Bistums Münster 1949, Münster 1949.

[257] Vgl. zu den Kirchenneubauten im Offizialatsbezirk Oldenburg im einzelnen: Baumann, Willi, Sieve, Peter (Hrsg.), Die katholische Kirche im Oldenburger Land (wie Anm. 145). Im rheinisch-westfälischen Teil des Bistums Münster wurden in der Amtszeit von Bischof Keller (1947–1961) 171 Kirchen gebaut bzw. geplant. Vgl. Kroos, Franz, Dr. Michael Keller. Bischof von Münster, Recklinghausen 1962, 105f.

[258] Vgl. Hirschfeld, Michael, Orden und Kongregationen aus den deutschen Ostgebieten im Dienste der Heimatvertriebenen, in: Ders., Trautmann, Markus (Hrsg.), Gelebter Glaube – Hoffen auf Heimat (wie Anm. 13), 391–412. Hier sind auch die Tätigkeitsorte und -felder weiblicher Orden und Kongregationen im Überblick dargestellt.

lingskrankenhäusern bzw. -altenheimen und Kinderheimen[259]. Soweit nur eine sicherlich unvollständige Aufzählung der personellen und materiellen Investitionen als „output" des Vertriebenenzustroms, womit die eigentliche Problematik jedoch nur höchst oberflächlich erfaßt ist.

Ermöglicht wurde diese Entwicklung erst durch staatliche Direktiven, von denen nur zwei zentrale Dokumente hier vorab erwähnt werden sollen:

Einmal eine eilige Verfügung des oldenburgischen Staatsministeriums vom 31. August 1945, in der die Einrichtung von kommunalen Flüchtlingsausschüssen angeordnet wurde. Hierzu sollten auch die Ortsgeistlichen bzw. von ihnen beauftragte Personen seitens der Kirche hinzugezogen werden, weshalb das Dekret sowohl der katholischen als auch der evangelischen kirchlichen Behörde zur Weitergabe an alle Pfarrämter und karitativen Einrichtungen zugesandt wurde[260].

Außerdem ein von Innenminister Wegmann am 2. Oktober 1946, noch kurz vor der Eingliederung Oldenburgs in das neu gebildete Bundesland Niedersachsen, unterzeichneter Erlaß an die Landräte der Kreise und Oberbürgermeister der kreisfreien Städte, der die Behörden anwies, den kirchlichen Seelsorgemaßnahmen an den Vertriebenen durch Bereitstellung von Verkehrsmitteln, Wohn- und Arbeitsräumen jegliche Unterstützung zu gewähren[261]. Wenn der Staat damit die religiöse Betreuung der ostdeutschen Christen zur Chefsache machte, wird deren Stellenwert im Zusammenhang mit der Flüchtlings- und Vertriebenenaufnahme deutlich.

Entsprechende staatliche Bemühungen um eine Einbeziehung der Kirchen in dieser Situation des sozialen Chaos gab es natürlich auch in anderen Teilen Westdeutschlands[262].

Der Schaffung staatlicher Rahmenbedingungen für die Ausbildung von neuen Strukturen, die sich in der von Offizial Pohlschneider eingeleiteten Neubegründung des Landes-Caritasverbandes für Oldenburg und in dem Aufbau eines Patenschaftsnetzes zwischen „alten" Pfarreien im Süden und „Vertriebenengemeinden" im Norden des Offizialatsbezirkes manifestierte, standen die alltäglichen Schwierigkeiten des Zusammenlebens gegenüber; eine Spannung zwischen Theorie und Praxis, von der die vorliegende Untersuchung immer wieder durchzogen ist.

Über die regionalen Spezifika des Fallbeispiels Oldenburg hinaus wäre als Resultat zum einen eine neue Standortbestimmung der Vertriebenen innerhalb der Katholizismusforschung notwendig. Als Katalysatoren einer mobilen Gesellschaft müßten sie schließ-

---

[259] Vgl. ebd. u. zusätzlich: Sieve, Peter, Die katholische Kirche (wie Anm. 231), u. Angaben in den Akten des OAV.

[260] Vgl. Eiliges Rundschreiben des oldenburgischen Staatsministeriums Nr. I 6225 v. 31.8.1945, in: Archiv OKR A L-12II.

[261] Vgl. Erlaß des oldenburgischen Ministeriums des Inneren an Oberbürgermeister und Landräte Nr. I 16422 v. 2.10.1946, in: StAOl Best. 136–125–66, B.

[262] Vgl. z.B. das Münsterland, wo ein Schnellbrief des Regierungspräsidenten von Münster v. 3.10.1945 an die Landräte, Oberbürgermeister u. kirchlichen Behörden ebenfalls die Bildung von Flüchtlingsausschüssen anregte, die sich auf die Mitarbeit der Kirchen und ihrer karitativen Organisationen stützen sollten, in: BAM NA 101–39.

lich sowohl von der kirchlichen Zeitgeschichte als auch von der Gesellschaftsgeschichte wahrgenommen werden. Zum anderen wäre eine definitive Aussage über den Zeitpunkt des Erosionsbeginns im katholischen Milieu zu treffen.

## 4. Quellenlage

Die vorliegende Studie basiert auf einem reichhaltigen Aktenfundus aus insgesamt 30 kirchlichen und staatlichen Archiven. Letztere erwiesen sich als wichtige Quelle, weil hier die Korrespondenzen auf der Mesoebene greifbar waren und sich die Positionen innerhalb der katholischen Kirchenbehörden, die Rolle staatlicher Behörden sowie der evangelischen Kirchenleitung widerspiegeln.

Über die Erfassung von Material zu organisatorisch-strukturellen Fragen der mittleren Ebene hinaus wurden zahlreiche Archive konsultiert, in denen sich die Problemstellungen der Mikroebene eruieren ließen. Darüber hinaus wurden systematisch die überlieferten Akten der spezifischen regionalen und überregionalen Sondereinrichtungen der Vertriebenenseelsorge durchgesehen sowie Dokumente aus Archiven der Kongregationen herangezogen.

An gedruckten Quellen wurde zum einen auf die statistischen Nachschlagewerke und offiziellen kirchenamtlichen Verlautbarungen rekurriert, die Auskünfte zu den Organisations- und Vergemeinschaftungsformen des Katholizismus auf der Makro-, Meso- und Mikroebene vermitteln können. Zum anderen wurde auf die kirchliche Presse und die regionalen Tageszeitungen zurückgegriffen, die weitgehend systematisch bezüglich der Themenstellung durchgesehen wurden.

Auf die in der Zeitgeschichtsforschung in den letzten Jahren immer stärker in den Vordergrund gerückte, zugleich aber auch kontrovers diskutierte Oral History[263] sollte schließlich nicht verzichtet werden, so daß Aspekte aus Interviews in die Darstellung einbezogen wurden. Die weitaus meisten handelnden Persönlichkeiten des Untersuchungszeitraumes sind zwar ohnehin bereits verstorben oder aus Alters- und Krankheitsgründen nicht mehr zu befragen gewesen. Dennoch soll mittels Beschränkung der Interviews bewußt bleiben, daß jede retrospektive Erinnerung immer von einer persönlichen Distanz geprägt ist, die dazu tendiert – je nach gemachter Grunderfahrung – den nachgefragten Erfahrungswert entweder zu glorifizieren oder aber durch eine überaus kritische Brille zu betrachten. Es besteht also die Gefahr, daß Zeitzeugen Erlebtes in der einen oder anderen Richtung verklären, je größer die Distanz ist und je älter und damit vergeßlicher die einzelnen sind.

Dabei soll die Oral History-Methode hier nicht grundsätzlich in Frage gestellt werden, zumal sie einen Ausgleich zu einem reinen „Aktenpositivismus" schaffen kann. Da-

---

[263] Einen Überblick hinsichtlich der kontroversen Bewertung vermittelt Geppert, Alexander C. T., Forschungstechnik oder historische Disziplin? Methodische Probleme der Oral History, in: Geschichte in Wissenschaft und Unterricht 5 (1994), 303–323.

zu ist sie aber nicht als vorrangige, sondern als ergänzende Methode zu betrachten, die im Sinne von Hans Rothfels den „Erfahrungsraum des Mitlebenden" lebendig werden läßt, wenngleich nur ausschnittweise, da sie immer nur subjektiv Empfundenes wiedergeben kann.

# I. KIRCHLICHES VEREINSWESEN UND RELIGIÖSE BRAUCHTUMSPFLEGE ALS MILIEUBINDEFAKTOREN

„Die religiöse Lage der Vertriebenen ist Besorgnis erregend. Ein großer Teil der Katholiken geht nicht mehr in die Kirche"[1], notierte ein westdeutscher Geistlicher im November 1947. Bedeutsam erscheint an dieser Aussage vor allem, was der Zeitzeuge im Hinblick auf die Bedeutung der kirchlichen Standesvereine als traditionale Milieubindefaktoren ergänzte. Die Anziehungskraft, die beispielsweise der Katholisch-Kaufmännische Verein (KKV), die Kolpingsfamilie und die Katholische Arbeitnehmer-Bewegung (KAB) auf die ostdeutschen Katholiken ausübten, wurde von ihm als „äußerst gering" eingestuft. Obwohl das herkömmliche Vereinswesen im Bereich des Fallbeispiels Oldenburg besonders stark ausgeprägt war[2] und sowohl im katholischen Oldenburger Münsterland als auch in den nordoldenburgischen Diasporapfarreien nach Kriegsende umgehend neu konstituiert wurde, fanden die heimatlosen Neubürger hier im allgemeinen keinen Anschluß und blieben somit ohne Vertretung in ihren spezifischen Belangen. Hinsichtlich der Milieueinbindung machten sich bei den ostvertriebenen katholischen Christen also bereits in den ersten Monaten nach der Vertreibung zum einen die mangelnde Fähigkeit der traditionalen Vereine, sich auf das individuelle Bedürfnis der Vertriebenen nach heimatlicher religiös-kultureller Identität einzustellen und zum anderen – und daraus resultierend – das Fehlen einer innerkirchlichen Interessenvertretung als wichtige Defizite hinsichtlich einer kirchlichen Neusozialisation bemerkbar, die den Neuankömmlingen im Gemeindeleben der Aufnahmepfarreien, aber auch auf überörtlicher Ebene eine gewisse Repräsentation und damit eine Akzeptanz ihrer Eigenidentität mit den in Schlesien, Ostpreußen usw. spezifischen religiösen Prägungen ermöglicht hätte.

Die aus der fehlenden Verankerung dieses Basisindikators resultierende Gefahr eines Herausfallens der Vertriebenen aus dem angestammten katholischen Milieu infolge der Vertreibungssituation, wie sie Soziologen als Phänomen einer jeden Zwangsmigration

---

[1] Kaplan August Pricking, Nottuln, an das Generalvikariat Münster v. 24.11.1947, in: BAM NA 101-40. Hier auch das folg. Zit.
[2] Vgl. hierzu Kösters, Christoph, Katholische Verbände und moderne Gesellschaft. Organisationsgeschichte und Vereinskultur im Bistum Münster 1918 bis 1945 (Veröffentlichungen der Kommission für Zeitgeschichte, Reihe B, Bd. 68), Paderborn u. a. 1995, insbes. 573ff. Kösters spricht hier zusammenfassend von einem traditionell äußerst dicht geknüpften Netz katholischer Verbände in der Diözese Münster u. damit auch in deren oldenburgischem Anteil.

beschreiben³, erkannten auch die führenden Persönlichkeiten des ostdeutschen Katholizismus. Der Kirchenrechtler und Gründer der Königsteiner Hochschule für ostdeutsche Theologen, Adolf Kindermann, beispielsweise thematisierte Ziele und Anliegen einer gesonderten Seelsorge an den Heimatvertriebenen bereits in einem Referat auf der ersten Konferenz der Diözesan-Vertriebenenseelsorger im März 1947 in Königstein. Er begründete die Notwendigkeit einer Sonderseelsorge kurz, aber eindrucksvoll damit, daß die Vertriebenen sich im Westen noch nicht zu Hause fühlten und daher neben der normalen Seelsorge „noch für einige Zeit" einer speziellen kirchlichen Beheimatung bedürften⁴.

Als eigentliche Ursache für die erforderliche Sonderbetreuung machte der Tübinger Pastoraltheologe Franz Xaver Arnold den radikalen Kulturwechsel zwischen Heimat- und Aufnahmeregion aus. Er postulierte, daß die sich aus dieser abrupten sozialen Veränderung zwangsläufig ergebenden Spannungen innerhalb des katholischen Milieus eine Stütze erhalten müßten, die über die Anteilnahme am Schicksal der Vertriebenen in den Gottesdiensten hinauszugehen habe⁵.

Zu einem sehr frühen Zeitpunkt hatte sich schon der sudetendeutsche Augustinerpater Paulus Sladek mit der religiös-kulturellen Identität der Heimatvertriebenen auseinandergesetzt. Als erster Repräsentant des Vertriebenenklerus erkannte er die längerfristige Etablierung einer eigenen Vertriebenenseelsorge auf kultureller Basis als Desiderat. Zur Grundvoraussetzung wurde für ihn dabei, daß ein religiöses Leben nicht nur Bestandteil und Fundament jeder Kultur sei, sondern „die letzte tragende Kraft für ein geordnetes Volksleben und für das Heimatbewußtsein"⁶. Damit beschwor er die kirchliche Hierarchie, für seine Landsleute über den Auftrag zur Spendung der Sakramente und der karitativen Hilfe hinaus pastorale Anstrengungen auf sich zu nehmen, um auch vor dem Hintergrund eines nicht mehr intakten politisch-gesellschaftlichen Umfeldes einen Halt

---

³ Vgl. Menges, Walter, Soziologische Befunde und Betrachtungen zur kirchlichen Situation der Vertriebenen, in: Schlesisches Priesterjahrbuch, Bd. V/VI (1964/1965), 22–44. Menges rekurriert hier insbesondere auf die Forschungen von Elisabeth Pfeil, Karl Veit Müller u. Eugen Lemberg.

⁴ Kindermann, Adolf, Die Heimatvertriebenenseelsorge, ihr derzeitiger Stand und ihre nächsten Aufgaben, Maschinenschrift, in: BAM NA 101-40.

⁵ Vgl. Arnold, Franz Xaver, Das Schicksal der Heimatvertriebenen und seine Bedeutung für die katholische Seelsorge, Stuttgart 1949, in französischer Sprache als: Le sort des personnes déplacées et l'apostolat catholique en Allemagne, in: Nouvelle Revue Théologique, 82. Jg., Nr. 9/November 1950, 959–972.

⁶ Sladek, Paulus, Kulturaufgaben der Vertriebenen, Sonderdruck, aus: Christ unterwegs 5/1962, 1. P. Paulus Sladek OESA, geboren 1908 in Trebnitz/Böhmen, Priesterweihe 1932, Dr. theol. u. Lehrstuhlvertreter für Dogmatik in Prag, 1945–1980 Leiter der Kirchl. Hilfsstelle, später Kath. Arbeitsstelle (Süd) für Heimatvertriebene in München, Bundesbeirat der Ackermanngemeinde der sudetendeutschen Katholiken. Vgl. Ohlbaum, Rudolf, P. Paulus Sladek. Sein Weg und Wirken, in: Ders. (Hrsg.), P. Paulus Sladek. Not ist Anruf Gottes. Aus Veröffentlichungen, Rundschreiben, Predigten und Briefen. Dokumente zur Geschichte der Vertriebenenseelsorge, München u. a. 1991, 447–523.

zu vermitteln und des weiteren, wenn möglich, eine gewichtige Funktion auf dem Feld der kulturellen Sozialisation zu spielen.

Grundsätzlich lassen sich also zwei Faktoren als konstitutiv für das Bemühen der geistigen Vordenker der ostvertriebenen Katholiken erkennen, ihre Landsleute nicht auf das bestehende Angebot an religiösen Sozialisationsfaktoren zu beschränken, sondern sich für eine Sonderseelsorge einschließlich eines besonderen Laienengagements einzusetzen. Einerseits sollte dadurch das nach dem Verlust der alten sozialen Bindungen geschwundene Interesse an gesellschaftlicher Betätigung geweckt werden, andererseits galt es, dem Prozeß religiöser Entfremdung entgegenzuwirken und Identitätssicherung innerhalb des katholischen Milieus zu betreiben.

## 1. Die Topoi Volkstum und Heimat im Kontext der Nachkriegszeit und in Relation zur Seelsorge an den Heimatvertriebenen

### a) Volkstum

In dem hier aufgezeigten Spannungsfeld der Interessen eines sich universal präsentierenden und deshalb integrativ wirkenden Katholizismus und eines im Schmerz des Heimatverlustes verstärkt aufbrechenden Eigenkolorits der Vertriebenen im Sinne einer Separation[7] spielt der Begriff des Volkstums eine zentrale Rolle. So wie er Zugang zur spezifischen Mentalität des Vertriebenenkatholizismus vor dem Hintergrund des direkten Erlebens des Heimatverlustes gewährleistet, bedarf er an dieser Stelle einer näheren Erläuterung, zumal dieser von der Ideologie des Nationalsozialismus adaptierte Topos nach 1945 mit einem gesellschaftlichen Tabu belegt war.

Dabei erwies sich freilich das Volkstum, worunter im Kontext der vorliegenden Studie ganz simpel die heimatliche mentale Prägung der Vertriebenen, wie Ostpreußen, Pommern oder Schlesier, verstanden werden soll, als das bestimmende Moment der Charakterisierung ihrer Eigenart und damit der Differenzierung von der aufnehmenden Bevölkerung im Westen, wodurch die Vertriebenenseelsorge erst ihre Legitimation erfuhr. Es bestand somit für die Ostdeutschen die Schwierigkeit, den 1810 erstmals von Friedrich Ludwig Jahn angewandten Begriff Volkstum[8] seiner in der NS-Zeit erfolgten Pervertierung zu entziehen und an seine der Romantik entstammende ursprüngliche Bedeutung zu erinnern.

„Zurück zu den Quellen des Volkstums" lautete 1949 der programmatische Titel eines Beitrags des Nationalökonomen und Soziologen Hans Raupach in der von der

---

[7] Vgl. Blessing, Werner, „Deutschland in Not, wir im Glauben ...". Kirche und Kirchenvolk in einer katholischen Region 1933–1949, in: Broszat, Martin u. a. (Hrsg.), Von Stalingrad zur Währungsreform. Zur Sozialgeschichte des Umbruchs in Deutschland (Quellen und Darstellungen zur Zeitgeschichte, Bd. 26), 2. Aufl. München 1989, 3–111, hier 85.

[8] Vgl. Art. Volkstum, in: Der neue Brockhaus, Bd. 4, Leipzig 1938, 611; Jahn, Friedrich Ludwig, Deutsches Volkstum, 1810.

Kirchlichen Hilfsstelle für Flüchtlinge in München herausgegebenen Zeitschrift „Christ unterwegs"[9], der „den völligen Zusammenbruch einer Gedankenwelt, die um die ‚Erhaltung des Volkstums' aufgebaut war", konstatierte und darüber reflektierte, ob es in Deutschland nach der Erfahrung des Nationalsozialismus und des Zweiten Weltkriegs überhaupt legitim sei, die Volkstumsfrage wieder zu stellen. Raupach bejahte diese Frage aber mit dem Hinweis, daß es sich beim Volkstum um ein existentielles Gut jedes Menschen handele, das gleichberechtigt neben und in Verschränkung mit Sitte, Recht und Religion stehe, und stellte in diesem Zusammenhang die Beziehung zwischen Volkstumsgedanken und Kirche als beispielhaft heraus. Für letztere sei das Volkstum nicht Selbstzweck, sondern Mittler zu transzendenten Lebenserfahrungen und folglich aus der Enge nationalsozialistischer Vereinnahmung befreit. Raupach wollte damit also auf die Existenz einer spezifischen, von regionalen Merkmalen bestimmten Religiosität hinweisen. Als Quintessenz aus dieser Beobachtung forderte er die stärkere Verbreitung eines religiösen Verständnisses des Volkstums als Heilmittel gegen das Aufkommen neuer Nationalismen in Deutschland im Sinne einer „Verinnerlichung der Beziehungen".

Auch der Soziologe Werner Essen, der sich in der unmittelbaren Nachkriegszeit intensiv mit der Erfassung und Dokumentation der von den Vertreibungen in Ostmitteleuropa ausgehenden Migrationsbewegungen beschäftigte, gehörte zu den Wissenschaftlern, die für den Bereich der kirchlichen Vertriebenenarbeit auf eine positive Erneuerung des Volkstumsbegriffs im Hinblick auf die Neusozialisation der Ostdeutschen hindrängten und diese in ihren Forschungsergebnissen als notwendig postulierten. „Das Ja zum Volkstum" lautete beispielsweise die Überschrift eines Diskussionsbeitrages aus seiner Feder, der in der Januar-Nummer 1951 von „Christ unterwegs" abgedruckt wurde. Darin betonte Essen die „enge Verknüpfung und Parallelität von Volkstum und Religion"[10] und beklagte dabei ebenso wie Raupach die falsche Gleichsetzung von Volkstums- und Staatsgedanken als Folge faschistischer Ideologien in Europa. Entsprechende Studien legten in diesen Jahren auch Eugen Lemberg und Hermann Ullmann[11] vor, woraus sich ablesen läßt, daß die Erörterung theoretischer Grundlagen des Verhältnisses von Religion und Volkstum im kulturwissenschaftlichen Diskurs der Nachkriegszeit einen hohen Stellenwert einnahm, was auch in der Realität des Vertriebenenalltags zutage trat. Die bis heute im Untertitel der 1956 ins Leben gerufenen Vierteljahresschrift „Schlesien" enthaltene Trias „Kunst – Wissenschaft – Volkstum" unterstreicht diese dem Volkstumsbegriff zugewandte Beachtung innerhalb der kulturell interessierten Öffentlichkeit ostdeutscher Provenienz[12].

---

[9] Vgl. Christ unterwegs 5/1949, 4–7. Dieses seit 1947 erscheinende Monatsorgan erreichte vor allem sogenannte Multiplikatoren der kirchlichen Vertriebenenarbeit, also Geistliche u. Journalisten, u. diente bis zur Einstellung 1966 als ebenso anspruchsvolles wie zentrales Diskussionsforum für Fragen der Vertriebenenseelsorge. Die drei folg. Zit. finden sich ebd., 4, 6f, 7.

[10] Christ unterwegs 1/1951, 1.

[11] Vgl. ebd. 9/1950, 9–14.

[12] Vgl. Schlesien. Eine Vierteljahresschrift für Kunst, Wissenschaft und Volkstum (1956ff.). Diese Zeitschrift wird vom Kulturwerk Schlesien in Amberg, später Würzburg (jetzt Stiftung Kulturwerk Schlesien) herausgegeben.

Die Annäherung der Disziplinen Religion und Volkstum ist einerseits angesichts eines fehlenden Nationalstaates und des für die politische Betätigung der Vertriebenen bis 1948 geltenden Koalitionsverbots[13] anfänglich auch von Vertretern des Volkstumsgedankens vorangetrieben worden, die in der Kirche die einzige Nische zur Pflege des kulturellen Erbes erkannten. Andererseits läßt sich ebenso ein Hinausdrängen der Vertriebenenseelsorge über die Bereiche rein pastoraler Zuständigkeit oder karitativer Liebestätigkeit erkennen. Mit der Hinwendung der katholischen Vertriebenenhierarchie zum Volkstumsgedanken wurde offensichtlich auch der Ansicht Rechnung getragen, daß die Erfüllung des Wunsches nach sozialer Absicherung in den Faktoren Wohnung, Arbeit und Lebensstandard nicht als Nonplusultra für ein erfülltes und zufriedenes Dasein der ostvertriebenen Bürger gesehen werden konnte[14], sondern vielmehr einer Ergänzung durch eine gesellschaftliche Komponente bedurfte.

Mit der Volkstumspflege – auch und vornehmlich im kirchlichen Bereich – eröffnete sich ein weites Feld, das zu einer Relativierung des in der einheimischen Bevölkerung häufig allein gesehenen Gedankens der raschen sozialen Integration beitragen konnte. Diese Renaissance traf nicht nur das 1945/46 untergegangene ostdeutsche Volkstum, sondern in ähnlicher Weise ebenso die regionale Identität in allen anderen deutschen Ländern bzw. Provinzen[15]. Eine Differenzierung zwischen Einheimischen und Vertriebenen angesichts eines von unterschiedlichen Lebenssituationen abhängigen Volkstumsverständnisses ist beispielsweise dahingehend auszumachen, daß die mit der Rückbesinnung auf die Heimat im allgemeinen, das heißt profanen Sinne verbundene Ablenkung von der weit verbreiteten Zukunftsangst bei den Ostvertriebenen natürlicherweise in einem weit-

---

[13] Zum Koalitionsverbot vgl. grundsätzlich Rogge, Heinrich, Vertreibung und Eingliederung im Spiegel des Rechts, in: Lemberg, Eugen, Edding, Friedrich (Hrsg.), Die Vertriebenen in Westdeutschland. Ihre Eingliederung und ihr Einfluß auf Gesellschaft, Wirtschaft, Politik und Geistesleben, Bd. I, Kiel 1959, 174–245, hier 188f. Das Koalitionsverbot wurde nach einer entsprechenden Aufforderung der Ministerpräsidenten der Bi-Zone auf einer Konferenz in Oldenburg am 26.1.1946 von der Militärregierung umgesetzt, deren Anliegen dieser Wunsch weitgehend entgegenkam. Vgl. Bradatsch, Walter, Loebel, Hansgeorg (Hrsg.), Neue Heimat in Niedersachsen, Hannover 1979, 67. Nicht-politische Flüchtlingsvereinigungen wurden von den Briten für Niedersachsen am 5.8.1948 wieder zugelassen. Zuvor hatte am 14.7.1948 ein entsprechendes Gespräch zwischen Ministerpräsident Kopf und dem Verantwortlichen der Militärregierung stattgefunden. Vgl. Steinert, Johannes-Dieter, Flüchtlingsvereinigungen – Eingliederungsstationen?, in: Jahrbuch für deutsche und osteuropäische Volkskunde, Bd. 28 (1990), 55–73, Anm. 14. Zur Situation des politischen Flüchtlingswesens in der unmittelbaren Nachkriegszeit vgl. außerdem ders., Organisierte Flüchtlingsinteressen und parlamentarische Demokratie: Westdeutschland 1945–1949, in: Bade, Klaus J. (Hrsg.), Neue Heimat im Westen. Vertriebene – Flüchtlinge – Aussiedler, Münster 1990, 61–80.

[14] Ein entsprechendes Erklärungsmuster entwickelte Johannes-Dieter Steinert für die weltlichen Flüchtlingsgruppen. Vgl. Steinert, Johannes-Dieter, Flüchtlingsvereinigungen – Eingliederungsstationen? (wie Anm. 13), hier 55.

[15] Vgl. Stambolis, Barbara, Glaube und Heimat. Die katholische Osthilfe im Erzbistum Paderborn (Zeitgeschichte im Erzbistum Paderborn, Bd. 5), Paderborn 1998, 56ff. Hier wird darauf verwiesen, daß sich u. a. die „Frankfurter Hefte" dieser Thematik annahmen.

aus stärkerem Maße vorhanden sein mußte als bei der einheimischen Bevölkerung. Erstere hatten – einmal zugespitzt formuliert – den „Verlust der Mitte" zu beklagen, um einen Buchtitel der 1950er Jahre symbolisch zu gebrauchen[16], und verbanden mit dem Topos Volkstum die „Gnade der Heimkehr", wie der Glatzer Generalvikar Prälat Franz Monse das Hauptstreben seiner Landsleute nach 1945 einmal zusammenfaßte[17]. Letztere hingegen lebte nach wie vor in ihrer gewohnten Umgebung, die nur während der letzten Kriegsmonate vorübergehend zu einer „verstörten Gesellschaft"[18] mutiert war, welche in ihrer Perspektive um so stärker gesundete, desto mehr sich dort Staatlichkeit und wirtschaftliches Wachstum wieder zu entscheidenden Faktoren entwickelten.

Dieser Kontext läßt erkennen, weshalb die Heimatvertriebenen in ihrer ganz persönlichen Zerrissenheit zwischen Heimat und Fremde in besonderer Weise dafür aufgeschlossen erschienen, ein Eigenkolorit zu bewahren. Eben diese Vielfalt an geistigen Werten, die sich sowohl dem einzelnen Subjekt als auch der Gemeinschaft der Menschen anbot, wurde dabei unter der Vokabel „Volkstum" subsumiert[19]. Bezüglich dieser Definition ist es nicht verwunderlich, wenn die Heimatvertriebenen die Rückbesinnung auf einen durch das NS-Regime pervertierten Begriff – nota bene in religiös-kultureller Hinsicht – als Resultat der Not der Zeit ansahen. Ihnen ging es ganz offensichtlich weniger um eine Adaptierung und Umfunktionalisierung der von der Blut- und Boden-Ideologie der Nationalsozialisten propagierten Idee eines von germanischen Herrenmenschen geprägten Volkstums, sondern in Revitalisierung dieses Topos im Geiste von Papst Pius XII. darum, religiöses Leben und heimatliche Brauchtumspflege zu verbinden[20]. Der Begriff der Religio stand hierbei vor dem der Patria, wobei die Existenz eines Spannungsfeldes zwischen beiden nicht geleugnet werden kann, gerade weil die Erschütterungen des Dritten Reiches auch und insbesondere in ihnen nachwirkten. Dieser in der Öffentlichkeit primär vor Augen stehenden Abhängigkeit versuchte der Glatzer Generalvikar Monse 1949 in der ersten Ausgabe der katholischen Vertriebenenzeitschrift „Heimat und Glaube" entgegenzutreten, indem er den Einsatz des Vertriebenenkatholizismus für die Heimat damit begründete, daß das Heimatrecht ein Naturrecht sei, das bereits in den neutestamentlichen Paulusbriefen festgeschrieben sei[21].

---

[16] Vgl. Sedlmayr, Hans, Verlust der Mitte. Die bildende Kunst des 19. und 20. Jahrhunderts als Symptom und Symbol der Zeit, Frankfurt/M. 1955.

[17] Monse, Franz, Heimat und Kirche, in: Heimat und Glaube 1/1949, 6.

[18] Vgl. Pfeil, Elisabeth, Der Flüchtling. Gestalt einer Zeitenwende, Hamburg 1948.

[19] Vgl. Golombek, Oskar, Heimatliches Brauchtum auf fremdem Boden – Begegnungen und Spannungen (Schriftenreihe des Rheinischen Heimatbundes, H. 17), Neuß 1965, 7. Golombek berief sich hier auf den Volksbildner Anton Heinen, der den Begriff vom „Zauber echten Volkstums" prägte.

[20] Vgl. Ansprache Pius' XII. an die neu ernannten Kardinäle am 20.2.1946 in Rom, zit. bei Golombek, Oskar (Hrsg.), Pius XII. zum Problem der Vertreibung (Schriftenreihe der Kath. Arbeitsstelle (Nord) für Heimatvertriebene, H. 1), 3., vermehrte Aufl. Köln 1963, 46–48, hier 47.

[21] Vgl. z. B. Neues Testament, 2. Brief an die Korinther.

## b) Heimat

Mit dem Schlüsselwort „Volkstum" eng verbunden und oft zu einem untrennbaren korrelativen Begriffspaar vereint, erweist sich somit die Vokabel „Heimat". Auch sie muß als gewichtiges Motiv im Prozeß des kirchlich-gesellschaftlichen Wandels nach 1945 einer Analyse unterzogen werden. Angesichts der fortschreitenden Individualisierung und der zunehmenden Fluktuation gerade unter den Vertriebenen erscheint sie als ein höchst ambivalenter Begriff mit zwei Komponenten. Heimat definierte der ostdeutsche Theologe Franz Manthey[22] in erster Linie nämlich als „eine Landschaft, die sich von allen anderen Gegenden der Erde dadurch unterscheidet, daß sie einem vertraut und irgendwie seelisch zu eigen ist"[23]. Wie eingewandt wurde, ist es bis in die Gegenwart noch nicht gelungen, Heimat aus wissenschaftlicher Perspektive kurz und zugleich umfassend zu definieren[24]. Weil es in diesem Zusammenhang jedoch lediglich um die religiöse Komponente des Begriffs geht, mag dieser Erklärungsversuch hier weiter ausgeführt werden.

Da die Menschen, mit denen gemeinsam das Individuum in der Landschaft heimisch ist, ebenso Heimat bedeuten[25], erklärte Manthey die Heimat im weiteren zu einem geistigen Raum der Geborgenheit und schlug daraus resultierend die Brücke zum christlichen Gedankengut als einem wesentlichen Bestandteil des Heimatbegriffs. Letzterer beinhalte „ein ganz besonderes Gotterleben. Zum Besitze einer Heimat gehört auch ein Geborgensein in Gott, ein Vertrautsein mit dem Heiligen und Göttlichen, und das auf eine ganz besondere, lokal und stammlich gefärbte und geprägte Weise, die man woanders als in der angestammten Heimat nicht hätte und ein jeder je anders verschieden erlebt."[26] Aus dieser Erklärung resultiert zum einen, daß Heimat ein „vages, verschieden besetzbares Symbol für intakte Beziehungen"[27] darstellt und zum anderen von der für das hier zu deutende religiöse Heimatverständnis maßgeblichen Theologie als ein Phänomen aufgefaßt wurde, das neben einer rein profanen auch eine gleichgewichtige transzendente

---

[22] Franz Manthey, geboren 1904 in Zaborowo/Krs. Strasburg (Westpr.), Priesterweihe 1928 in Pelplin für das Bistum Kulm, war Professor am Priesterseminar in Hildesheim u. erlangte insbesondere durch seine Bücher „Heimat und Heilsgeschichte", Hildesheim 1963, u. „Polnische Kirchengeschichte", Hildesheim 1965, größere Bedeutung, gestorben 1971. Vgl. auch Artikel: Franz Manthey, in: Hirschfeld, Michael, Trautmann, Markus, Vor 1945 geweihte Priester ostdeutscher Herkunft, in: Dies. (Hrsg.), Gelebter Glaube – Hoffen auf Heimat, Katholische Vertriebene im Bistum Münster, Münster 1999, 265–371, hier 328f.

[23] Manthey, Franz, Heimat und Heilsgeschichte. Versuch einer biblischen Theologie der Heimat, Hildesheim 1963, 13.

[24] Kuropka, Joachim, Heimat und Kirche zwischen Milieu und Mentalität, unveröffentlichtes Vortragsmanuskript v. 15.6.1999. Kuropka hilft sich anstelle einer Definition mit einer literarischen Beschreibung des in Ostpreußen geborenen Schriftstellers Siegfried Lenz weiter.

[25] Dies betont v. a. Stavenhagen, Kurt, Heimat als Grundlage menschlicher Existenz, Göttingen 1939.

[26] Manthey, Franz, Heimat und Heilsgeschichte (wie Anm. 23), 14.

[27] Bausinger, Hermann, Heimat und Identität, in: Köstlin, Konrad, Bausinger, Hermann (Hrsg.), Heimat und Identität. Probleme regionaler Kultur, Neumünster 1980, 9–24, hier 19.

Komponente besitzt und daher ohne Korrespondenz zu religiösen Bezügen nicht denkbar erscheint. Auf den Punkt gebracht, bedeutet dies gemäß dem zeitgenössischen Verständnis der ersten Nachkriegsjahre, daß Heimatbesitz ohne eine Bindung an das katholische Milieu nicht denkbar erschien[28] und der „Heimat" eine Klammerfunktion für die Bewahrung des kirchlichen Zusammenhalts in der Fremde zugeschrieben wurde.

In der Praxis hatte der schlesische Publizist Rudolf Jokiel[29] bereits auf dem zweiten Nachkriegs-Katholikentag in Bochum 1949 auf die oftmals die materielle Not übertreffende geistige Leere und Vereinsamung seiner Landsleute aufmerksam gemacht[30]. Gerade die im Zweiten Weltkrieg an der Front stehende jüngere Generation – so Jokiel – habe die Heimat in der Fremde Frankreichs oder Rußlands schätzen gelernt und sei mit dem Entschluß zurückgekehrt, „auch daheim selbst sich besser umzusehen, tiefer einzuwurzeln im heimatlichen Boden"[31]. Die Enttäuschung über die Zerstörung dieser Hoffnungen durch die Vertreibung habe eine noch weiter vertiefte Heimatbeziehung entstehen lassen. Während Jokiel aus dem Geist seiner Quickborn-Ideale heraus den Topos Heimat als eine Art Bollwerk und kritisches Gegengewicht gegen eine Individualisierung der Gesellschaft begriff, sah der Kölner Diözesan-Vertriebenenseelsorger Oskar Golombek hier keinen kausalen Zusammenhang und argumentierte emotionsloser, wenn er konstatierte, es sei „ein Lebensgesetz, daß man in einem gewissen Abstand von der Heimat sein muß, um sie in ihrem ganzen Reichtum richtig zu begreifen und bewußt zu erfassen"[32]. Der Idealismus Jokiels barg somit die Gefahr einer romantisch-religiösen Verklärung des Heimatbegriffs, wie sie in verschiedenen Bereichen der bundesdeutschen Nachkriegsgesellschaft zu beobachten war. „Heimat, das ist nicht nur ein Klang aus dem Diesseits, sondern auch aus dem Jenseits, es erinnert daran, woher wir kommen und wohin wir gehen und bringt uns zum Bewußtsein, daß das Diesseits nur eine Brücke zum Jenseits, daß die irdische Heimat nur ein Symbol und Gleichnis der eigenen Geborgenheit und Vollendung ist."[33]

Grundsätzlich blieb der Heimatbegriff in dieser Zeit aber trotz der auch ihn prägenden Züge religiöser Renaissance in Deutschland von seinen profanen Wurzeln bestimmt, die ihm in den ersten Jahren nach 1945 gleich dem Volkstumsgedanken eine ambivalente

---

[28] Vgl. Kaps, Johannes, Was ist uns die Heimat?, in: Schlesien als Erbe und Aufgabe. Was ist und will die Eichendorffgilde? Grundsätze und Werkmaterial, München o. J., 8–9, hier 8. Kaps definierte hier „Heimat" im übrigen analog zu Franz Manthey.

[29] Rudolf Jokiel, geboren 1897 in Wandersleben, engagierter Quickborner, Schriftleiter des Neisser Volksbildungshauses „Heimgarten", nach 1945 beim Bayerischen Roten Kreuz tätig, zugleich literarisch-publizistisch aktiv, gestorben 1976 in München-Pasing. Vgl. Mai, Paul, Rudolf Jokiel (1897–1976), in: Gröger, Johannes u. a. (Hrsg.), Schlesische Kirche in Lebensbildern, Sigmaringen 1992, 164–167.

[30] Der Beitrag wurde kurz darauf in gedruckter Form zugänglich gemacht. Vgl. Jokiel, Rudolf, Um Glaube und Heimat. Anregungen zur Pflege des Volks- und Brauchtums der Heimatvertriebenen (Arbeitsmaterialien der Eichendorffgilde, H. 4), München 1949.

[31] Ebd., 4.

[32] Golombek, Oskar, Heimatliches Brauchtum (wie Anm. 19), 12.

[33] Jokiel, Rudolf, Um Glaube und Heimat (wie Anm. 30), 11.

Bedeutung zukommen ließen. Maßgeblich bestimmt wurde diese durch das von der Rassenideologie des Nationalsozialismus und dem anschließend erhobenen Vorwurf der deutschen Kollektivschuld am Zweiten Weltkrieg und seinen Folgen ausgelöste Trauma. Eine deutsche Heimat im nationalstaatlichen Sinne war nicht mehr existent, aber gleichzeitig wurde die Heimat im Sinne der regionalen und lokalen Herkunft verstärkt betont und zu einer Art Ersatzmetapher für die in Frage gestellte deutsche Identität gemacht. Für Eugen Lemberg manifestierte der Begriff daher das Spannungsverhältnis zwischen dem „Ziel der Eingliederung" und dem „Ziel der Rückkehr"[34], umfaßte also gleichsam komprimiert die gesamte Tragik des Vertriebenenschicksals. In einer philosophischen Betrachtung verdeutlichte Martin Heidegger treffend dieses neue Lebensgefühl des aus alten Bindungen herausgerissenen Nachkriegsmenschen. Als Wohnender – so der Freiburger Philosoph – bräuchte der Mensch einen Ort zum Anlehnen, etwas zum Zuhausesein[35]. Die Soziologie schließlich betonte den Gedanken der Heimatliebe auf dem Boden des Denkens von Max Scheler als einen Ausdruck der „echten Liebesarten"[36]. Heimat wurde hier zu einem von den Entwicklungen der Gesellschaft mitbestimmten Faktor.

Kehrt man unter Berücksichtigung dieser hier nur angedeuteten Zugänge zur eingangs benannten theologischen Warte des Heimatverständnisses zurück, so war neben Franz Manthey der Breslauer Diözesanpriester Rudolf Lange[37] bemüht, „ein so komplexes Sozialphänomen, wie es die Heimat ist, begrifflich zu markieren"[38]. Aus seiner eigenen Identität als Heimatvertriebener heraus unterschied er zwischen einer geistigen, subjektiven und objektiven Heimatlosigkeit[39], wobei alle drei Kategorien auf die ostdeutschen Katholiken zutrafen. Entscheidend erscheint hier allerdings die Tatsache, daß Lange die geistige Leere der Ostvertriebenen an die erste Stelle seiner Klassifizierung setzte. Offensichtlich billigte er dem kulturellen Aspekt innerhalb der Phase der Neubeheimatung in seinen pastoralsoziologischen Untersuchungen einen besonderen Stellenwert zu, den auch die westdeutschen Bischöfe dahingehend adaptiert hatten, daß sie in ihren Ansprachen die Schlagwörter Heimat und Kirche als „Fixpunkte der Tradition und geschichtlicher Kontinuität im Sinne des christlichen Abendlandes"[40] bezeichneten.

Schon angesichts dieser gesamtgesellschaftlich grundgelegten geistigen Prägung schien es wenig realistisch, eine rasche Integration der Vertriebenen auf kirchlicher Ebene mit dem Verweis auf die Internationalität des Katholizismus zu erreichen. Zwar wird be-

---

[34] Vgl. Lemberg, Eugen, Die Ausweisung als Schicksal und Aufgabe, Gräfelfing 1949.
[35] Vgl. Heidegger, Martin, Bauen, Wohnen, Denken, in: Bartning, Otto (Hrsg.), Mensch und Raum, Darmstadt 1952, 53–67.
[36] Scheler, Max, Wesen und Formen der Sympathie, 5. Aufl. Frankfurt/M. 1948, 185f.
[37] Rudolf Lange, geboren 1911 in Schwarzheide/Lausitz, Priesterweihe 1937 in Breslau, war Prof. für Pastoralsoziologie in Bamberg, gestorben 1989 ebd. Vgl. Gröger, Johannes, Schlesische Priester auf deutschen Universitätslehrstühlen seit 1945 (Arbeiten zur schlesischen Kirchengeschichte, Bd. 3), Sigmaringen 1989, 74–75.
[38] Vgl. Lange, Rudolf, Theologie der Heimat. Ein Beitrag zur Theologie der irdischen Wirklichkeiten, Freilassing 1965.
[39] Vgl. ebd., 14f.
[40] Ebd., 58.

hauptet, daß grundsätzlich jegliche „nationale und landsmannschaftliche Einfärbung der katholischen Kirche [...] von dieser Mitte her eine Randerscheinung"[41] bedeuten müsse, jedoch ist angesichts der besonderen Situation des Vertreibungserlebnisses in der zweiten Hälfte der 1940er Jahre unter den Heimatvertriebenen eine Zurückdrängung des Gedankens von einem weltumspannenden Katholizismus ganz im Sinne jenes bereits beschriebenen regional begrenzten Heimatdenkens auszumachen. An entsprechenden Bemühungen hat es nicht gefehlt, den gerade für den Katholizismus zentralen Gedanken der Universalität auch im Vertriebenenmilieu zu verankern, um mit der Argumentation Trost zu spenden, daß die nunmehr in Schlesien, Ostpreußen und Pommern lebenden Polen ja schließlich derselben weltumspannenden römischen Kirche angehörten wie Teile der früheren Bewohner dieser Regionen, also eine Kontinuität gewährleisteten. Auch sollte dadurch wohl einer „Verschreberung" des deutschen Nachkriegskatholizismus entgegengewirkt werden. Jedoch blieben entsprechende Ansätze, soweit sie einen in Korrespondenz mit dem Heimat- und Volkstumsrecht entstehenden Vertriebenenkatholizismus betrafen[42], rein theoretischer Natur, so daß die religiös-kulturelle Dimension der Vertriebenenseelsorge um so mehr als Desiderat beklagt wurde, desto stärker die Konflikte im alltäglichen Zusammenleben von Einheimischen und Vertriebenen sich als unüberwindbare Gegensätze herausstellten und sprichwörtlich ein „heißes Eisen" blieben.

„Das heiße Eisen", so überschrieb 1954 Callistus Siemer, ein aus Südoldenburg gebürtiger Dominikanerpater[43] einen an seine Landsleute gerichteten Appell, in dem er ein besonderes Heimatbedürfnis gerade der Heimatvertriebenen gegenüber den Heimatverbliebenen konstatierte, für das er den Gegensatz von noch erfahrbarer und nicht mehr erfahrbarer Heimat verantwortlich machte. Daher seien die einheimischen Katholiken herausgefordert, den Vertriebenen in dreifacher, nämlich psychologischer, ethischer und religiöser Hinsicht einen Heimatersatz zu bieten. In dieser zeitgenössischen theoretischen Handreichung erwies sich die religiöse Komponente des Heimatbegriffs – nunmehr auf die konkrete regionale Ebene des Fallbeispiels Oldenburg bezogen – als in besonderer Weise mit der Vertriebenenproblematik verknüpft. Letztlich erscheint also die im folgenden näher zu behandelnde Problematik innerkirchlicher Vergemeinschaftungsformen für die Heimatvertriebenen nicht allein in Abhängigkeit von einem wiedererstarkten

---

[41] So Sauermann, Dietmar, „Aus allen Bindungen der Heimat herausgerissen". Vertriebenenseelsorge und Sonderbewußtsein der Vertriebenen, in: Hirschfeld, Michael, Trautmann, Markus (Hrsg.), Gelebter Glaube – Hoffen auf Heimat (wie Anm. 22), 187–216, hier 189.

[42] Vgl. zum Beispiel Christ unterwegs 3/1951, 13.

[43] Vgl. Siemer, Callistus, Das heiße Eisen, in: Heimatkalender für das Oldenburger Münsterland 1954, 34–37. P. Callistus Siemer OP, geboren 1912 in Barßel, Dr. phil., Priesterweihe 1938 in Walberberg, war Dozent an der Pädagogischen Hochschule in Dortmund u. Koblenz, gestorben 1982 in Koblenz. Vgl. Nachruf, in: Oldenburgische Volkszeitung v. 20.1.1982. Siemer versuchte mit dem Artikel, in seiner Heimatregion Sympathien für die Vertriebenen aufzubauen, u. beschäftigte sich auch weiterhin mit diesem Problem. Vgl. dazu ders., Die Vertreibung aus der Heimat als geschichtliche Erscheinung und ihre geistliche Bewältigung, in: Heimatkalender für das Oldenburger Münsterland 1959, 41–50.

westdeutschen Katholizismus zu sehen, der die Kirche weitgehend als „Siegerin in Trümmern"[44] und damit sozusagen von systemimmanenten Faktoren abhängig sah, sondern weitaus stärker von der gesamtgesellschaftlichen Realität beeinflußt zu sein.

Das Postulat, Kirche und Religiosität nicht eindimensional auf ihre seelsorgliche Funktion einzuschränken, versteht sich daher nicht in erster Linie als von der Hierarchie vorgegeben, sondern läßt sich in der ersten Nachkriegszeit in vielen Fällen als ein von außerkirchlichen Umweltfaktoren bestimmter Wunsch nach „Hilfe geistiger, religiöser Art"[45] erkennen, der in nicht geringem Maße psychologischer Natur ist und sich als bestimmendes Wesensmerkmal von einer tiefgreifenden Zäsur zerschnittener Lebenswege ausmachen läßt. Als Beleg hierfür mag die Tatsache dienen, daß die religiöse Nischenkultur der Vertriebenen zwar häufig, aber nicht unbedingt von Geistlichen angedacht, dann aber letztlich zumeist von Laien ausgeführt und gelebt wurde. Vereinsamung und Schmerz sollten durch das Hervorrufen eines Gemeinschaftseffektes, einer Welle der Solidarität, vergessen gemacht und statt dessen ein fester Halt in einer unsicher erscheinenden Gegenwart und Zukunft geschaffen werden[46]. Es ist also ein regelrechter „Organisationsdrang"[47] festzustellen, als dessen Kehrseite sich ein weit verbreitetes Desinteresse der Ostvertriebenen allgemein an politischer Betätigung ausmachen läßt. In diesem Zusammenhang kann die eingangs zitierte Beobachtung aus dem Münsterland von der Abstinenz der heimatvertriebenen Katholiken hinsichtlich des etablierten kirchlichen Vereinswesens nur unterstrichen werden. Wenn es für die Vertriebenen also religiöse Heimat gab, dann fand diese sich zumeist in erster Linie in der Rückbesinnung auf eigene Traditionen und Bräuche. Um eine allgemeine Definition des Begriffs Heimat heranzuziehen, war sie demnach eine Art „Kompensationsraum, in dem die Versagungen und Unsicherheiten des eigenen Lebens ausgeglichen werden, in dem aber auch die Annehmlichkeiten des eigenen Lebens überhöht erscheinen"[48].

Stand der Gemeinschaftssuche auf der einen Seite eine Verlorenheit auf der anderen Seite gegenüber, so darf an dieser Stelle ebenfalls nicht verschwiegen werden, daß der Verlust des gewohnten Lebensumfeldes auch zu einer weitgehenden Reduzierung der Erlebniswelt auf den Bereich der Familie führte, also eine „unheimliche Vereinzelung und Vereinsamung, durch eine Art soziale Verinselung gekennzeichnet"[49], hervorgerufen wurde.

Gesellschaftliche Betätigung erschien als Luxus, dem nachzukommen, abgesehen von der räumlichen Zerstreuung und den oft noch mangelhaften Verkehrsverbindungen, die persönliche Situation erschwerte, die häufig von Arbeitslosigkeit, Trauer um den Verlust

---

[44] So der Titel eines 1998 herausgegebenen Sammelbandes: Köhler, Joachim, Melis, Damian van (Hrsg.), Siegerin in Trümmern. Die Rolle der katholischen Kirche in der deutschen Nachkriegsgesellschaft (Konfession und Gesellschaft, Bd. 15), Stuttgart u. a. 1998.
[45] So Helmut Scholz, in: Schindler, Karl, Die Entstehung der Eichendorffgilden, München 1978, 4.
[46] Über die Motive zu einem kulturellen Zusammenschluß vgl. ebd.
[47] Steinert, Johannes-Dieter, Flüchtlingsvereinigungen – Eingliederungsstationen? (wie Anm. 13), 59. Dies ist bezogen auf die Gründung weltlicher Interessenverbände.
[48] Bausinger, Hermann, Heimat und Identität (wie Anm. 27), 13.
[49] Lange, Rudolf, Theologie der Heimat (wie Anm. 38), 77f.

des Familienvaters oder Hoffnung auf dessen baldige Rückkehr aus der Kriegsgefangenschaft geprägt war. Auch die Suche nach und Kontaktaufnahme mit den eigenen Verwandten und Freunden oder das Streben nach Zuzugsgenehmigungen für Familienangehörige bestimmte die konkrete persönliche Situation. Letztlich liegen in dem verstärkten familiären Rückzug der Vertriebenen, in dem Versuch, eine Ersatzheimat im engsten Kreis zu bauen"[50], aber die Wurzeln ihres Gemeinschaftsbewußtseins, und der zunächst vermutete Gegensatz hebt sich auf. Wenn beobachtet wurde, daß die Flüchtlinge in einem sehr starken Familienbewußtsein lebten[51], so bedeutete dies nichts anderes als eine Vorbereitung auf jenen bereits genannten Effekt der Gruppendynamik. Dieser resultierte nach Einschätzung von Helmut Schelsky aus der Zerstreuung der einzelnen Familien, wodurch nicht die Auflösung familiärer und freundschaftlicher Bande bewirkt wurde, sondern – nach einer Phase der Selbstfindung – deren Ausbau[52]. Natürlich beansprucht der hier nachgezeichnete Entwicklungsprozeß keine Allgemeingültigkeit, sondern versucht lediglich eine generelle Tendenz zu skizzieren, die bestimmend ist für jene im folgenden unter den Fragestellungen des regionalen Fallbeispiels aufgearbeiteten Phänomene auf dem kulturellen Sektor der Aufnahme katholischer Vertriebener.

## 2. Die Entstehung eines Kulturwerkes in Nordwestdeutschland

### a) Die Vorarbeiten der Deutschen Hedwig-Stiftung

Die von Paulus Sladek gewissermaßen pionierhaft geschaffene und von der soziologischen Forschung der ersten Nachkriegsjahre untermauerte Kulturwerk-Idee basierte auf der Erkenntnis, daß Not beten lehrt und das Interesse an kirchlicher Gemeinschaft über den Gottesdienstbesuch und Sakramentenempfang hinaus bei ostdeutschen Katholiken in der Vertreibungssituation im Grunde genommen „intensiver war und von einer größeren Zahl von Menschen getragen wurde, als das religiöse Leben in der alten Heimat"[53]. Es läßt sich also unter den Heimatvertriebenen keinesfalls nur eine Entfremdung von der Kirche feststellen, sondern es fanden sich gerade unter ihnen in Nordwestdeutschland Vertreter sowohl des Vertriebenenklerus als auch verbandlich geprägter Laienkräfte, die

---

[50] Bausinger, Hermann, Heimat und Identität (wie Anm. 27), 21.
[51] Vgl. Nahm, Peter Paul, Der kirchliche Mensch in der Vertreibung. Die sozialen, wirtschaftlichen, politischen und kulturellen Wirkungen des Eingliederungsauftrags unter besonderer Berücksichtigung des kirchlichen und konfessionellen Bereichs, 3. Aufl. Wolfenbüttel 1961, 14.
[52] Vgl. Schelsky, Helmut, Familie und Gesellschaft, in: Wort und Wahrheit, Bd. 8 1/1953, 21–28, hier 26.
[53] Sladek, Paulus, Kulturaufgaben der Vertriebenen (wie Anm. 6), 3.

diese Chance einer gleichsam ganzheitlichen „Verortung der Vertriebenen"[54] auf der Basis des heimatlichen religiösen Brauchtums nutzen wollten, um die Gläubigen in ihren vielfältigen Ängsten und Nöten nicht allein zu lassen. Ihr Anliegen war es, zwischen den Komponenten Integration und Identitätsbewahrung eine Subkultur anzusiedeln, die innerhalb der Kirche den Heimatvertriebenen Halt zu vermitteln versprach.

Die heilige Herzogin Hedwig von Schlesien[55] schien dabei von Anbeginn eine besondere Mittlerfunktion einzunehmen und als „Galionsfigur eines kirchlich-gesellschaftlichen Programms"[56] geeignet zu sein. Ihre Auswahl deutete vor allem auf die quantitative Überlegenheit der Schlesier unter den katholischen Vertriebenen hin[57].

Jedenfalls nannte der ostvertriebene Lehrer Maximilian Maria Schulz seinen im Oktober 1946 in Marienthal bei Wesel gegründeten religiös-kulturellen Verein nach der schlesischen Landespatronin „Deutsche Hedwig-Stiftung", wobei es gemäß der Satzung in erster Linie darum ging, das Lebenswerk der heiligen Hedwig in der deutschen Kirchen- und Geistesgeschichte zu verankern[58]. Aufgrund der strengen Lizenzbestimmungen der Alliierten gegen landsmannschaftliche Vereinigungen scheint hier nur verklausuliert durch, was das eigentliche Anliegen der Deutschen Hedwig-Stiftung war und erst am Ende der Satzung versteckt zu finden ist: „Es gilt, die Heimat im Geist neu erstehen zu lassen, um so den Ostvertriebenen geistige Heimat zu ermöglichen."[59] Der Laieninitiator war also bemüht, den Heimatvertriebenen einen Ort der Beheimatung unter religiösen Vorzeichen zu schaffen, wobei die aufnehmende Bevölkerung im Westen sich in die Ziele der Gruppierung ausdrücklich eingeschlossen sehen sollte und die konfessionelle Zu-

---

[54] Braun, Hans, Demographische Umschichtungen im Deutschen Katholizismus nach 1945, in: Rauscher, Anton (Hrsg.), Kirche und Katholizismus 1945–1949 (Beiträge zur Katholizismusforschung, Reihe B), München u. a. 1977, 9–25, hier 19.

[55] Zur Bedeutung Hedwigs (1174–1243), heiliggesprochen 1267, für Schlesien und allgemein vgl. passim Gottschalk, Joseph, St. Hedwig – Herzogin von Schlesien (Forschungen und Quellen zur Kirchen- und Kulturgeschichte Ostdeutschlands, Bd. 2), Köln 1964, u. ders., Beheimatung durch St. Hedwig, einst und jetzt, in: Schlesisches Priesterjahrbuch, Bd. II (1961), 123–129.

[56] Dröge, Kurt, Zur Entwicklung des Hedwigsbildes in den Hedwigskreisen von 1947 bis 1993, in: Grunewald, Eckhard, Gussone, Nikolaus (Hrsg.), Das Bild der heiligen Hedwig in Mittelalter und Neuzeit (Schriften des Bundesinstituts für ostdeutsche Kultur und Geschichte, Bd. 7), München 1996, 225–240, hier 233.

[57] Vgl. Dröge, Kurt, Katholische Flüchtlingsvereinigungen – die Hedwigskreise im Raum Lingen, in: Eiynck, Andreas (Hrsg.), „Alte Heimat – Neue Heimat". Flüchtlinge und Vertriebene im Raum Lingen, Lingen 1997, 113–124, hier 113.

[58] Vgl. Festschrift 25 Jahre St.-Hedwigs-Werk der Diözese Osnabrück. Eine Dokumentation, Münsterschwarzach o. J. (1972), 11. Vgl. auch Schulz, Maximilian M., Abendland und Ostdeutschland (Deutsche Hedwig-Stiftung, Bd. 1), Recklinghausen 1948, 5. Die hl. Hedwig wurde von Schulz als Patronin ausgewählt, weil sie ihm als hervorragende Trägerin seiner abendländischen Kulturidee erschien. Den Hinweis auf die Schrift von Schulz u. eine Kopie derselben verdankt der Verf. Schulamtsdirektor a. D. Wendelin Sandner, Hagen am Teutoburger Wald.

[59] Festschrift 25 Jahre St.-Hedwigs-Werk (wie Anm. 58), 12. Neu abgedruckt u. bis in die Gegenwart erweitert, in: St.-Hedwigs-Werk der Diözese Osnabrück 1947–2000. Eine Dokumentation, Osnabrück 2000.

gehörigkeit der Mitglieder eine eher sekundäre Rolle spielte[60]. Vielmehr sah Schulz sein Anliegen aus einem geistesgeschichtlichen Zusammenhang heraus, in dem die ostdeutsche Kultur bzw. die Kirche als deren wesentliche Trägerin einen unlösbaren Bestandteil des christlichen Abendlandes bildete. Mit dem Geschehnis der Vertreibung aber war ein Teil des Abendlandes dieser Zivilisation entrissen worden, weshalb es für ihn galt, dieser Idee wenigstens auf geistiger Ebene ein Forum für die Zukunft zu bewahren[61].

In dieser Intention gelang es ihm, anläßlich der großen Schlesier-Wallfahrt nach Werl am 29. Juni 1947 nicht nur den Päpstlichen Sonderbeauftragten für die Vertriebenen, Bischof Maximilian Kaller, und Erzbischof Lorenz Jaeger[62] von Paderborn als Schirmherren zu verpflichten, sondern nach Kallers plötzlichem Tod den nordrhein-westfälischen Ministerpräsidenten Karl Arnold zur Übernahme des Protektorats der Kulturwerk-Idee zu gewinnen[63]. In den Stiftungsbeirat berief er darüber hinaus eine Vielzahl von Theologen, Wissenschaftlern, Politikern und Künstlern[64], die sich bereitwillig zur Verfügung stellten, ohne allerdings jemals Gelegenheit zu erhalten, die Stiftung öffentlich zu repräsentieren.

### b) Die Etablierung des Hedwigs-Werkes in den Nachbardiözesen Osnabrück und Paderborn

Die ausgeprägten Grundvorstellungen von Schulz wurden nämlich recht bald vom Leiter der Katholischen Osthilfe in Lippstadt, Pfarrer Wilhelm Trennert[65], und seinem priesterlichen Freund Pfarrer Johannes Smaczny[66] im Anschluß an die noch von Schulz im Ok-

---

[60] Vgl. Schulz, Maximilian Maria, Abendland und Ostdeutschland (wie Anm. 58), 6.

[61] Die ebd. nachzulesende philosophische Begründung v. Schulz stand im Mittelpunkt des von ihm im Rahmen der ersten großen Vertriebenenwallfahrt am 29.6.1947 in Werl gehaltenen Festvortrags.

[62] Lorenz Jaeger, geboren 1892 in Halle/Saale, Priesterweihe 1921 in Paderborn, 1941 Erzbischof ebd., 1965 Kardinal, 1973 em., gestorben 1975 in Paderborn. Vgl. Gatz, Erwin, Artikel: Jaeger, Lorenz (1892–1975), in: Ders. (Hrsg.), Die Bischöfe der deutschsprachigen Länder 1785/1803–1945. Ein biographisches Lexikon, Berlin 1983, 344–346.

[63] Vgl. Christ unterwegs 1/1948, 29, u. Festschrift 25 Jahre St.-Hedwigs-Werk (wie Anm. 58), 12.

[64] Zu den Namen vgl. ebd., 12. Ausnahme blieb der Jesuit Prof. Hans Hirschmann (1908–1981), der auf den Hedwigstagen 1947 zwei Referate hielt.

[65] Wilhelm Trennert, geboren 1909 in Posen, Priesterweihe 1935 in Breslau, 1941 Pfarrer in Driesen/Neumark, 1945 Leiter der Kath. Osthilfe in Lippstadt, 1947 Gründer u. Diözesanpräses des St.-Hedwigs-Werkes in der Erzdiözese Paderborn, Prälat, gestorben 1972 in Lippstadt. Vgl. Kluge, Gerhard, Wilhelm Trennert (1909–1972), in: Gröger, Johannes u. a. (Hrsg.), Schlesische Kirche in Lebensbildern (wie Anm. 29), 317–319.

[66] Johannes Smaczny, geboren 1902 in Myslowitz (O/S), Priesterweihe 1926 in Breslau, 1936 Pfarrer in Liegnitz Dreifaltigkeit, 1946 Seelsorger in Werl u. Gelsenkirchen, 1948 Diözesanpräses des St.-Hedwigs-Werkes in der Diözese Osnabrück mit Sitz in Meppen, zugl. Diözesan-Vertriebenenseelsorger, 1958 zugl. Seelsorger in Rühlermoor, gestorben 1968 ebd. Vgl. Kluge, Gerhard, Johannes Smaczny (1902–1968), in: Gröger, Johannes u. a. (Hrsg.), Schlesische Kirche

tober 1947 in Lippstadt organisierten ersten „Hedwigstage" adaptiert[67]. Inwieweit es dabei von Seiten der beiden Breslauer Diözesanpriester zu einer Ausbootung des Gründers Maximilian Maria Schulz kam oder dieser sich selbst aus der Arbeit zurückzog, ist nicht mehr eindeutig zu klären. Faktum ist jedenfalls, daß zur Jahreswende 1947/48 ein entscheidender Paradigmenwechsel in der Ausrichtung der Initiative stattfand. Trennert und Smaczny sahen ihre Zielgruppe zwar weiterhin als ostdeutsche Kulturträger, legten die Mitgliedschaft jedoch eindeutig auf Katholiken fest und zeigten sich vor allem bemüht, das Kulturwerk zum einen der von Schulz proklamierten philosophischen Komponente zu entkleiden und zum anderen trotz der weiterhin schlesische Anklänge hervorrufenden Namensgebung als überlandsmannschaftliche Organisation zu etablieren, die ebenso die Ermländer, Danziger, Schneidemühler und Sudetendeutschen ansprechen sollte. Damit einher ging auch eine Popularisierung der Deutschen Hedwig-Stiftung als St.-Hedwigs-Werk mit untergeordneten lokalen Hedwigskreisen[68]. Konkret hieß dies, daß der Anspruch von Maximilian Maria Schulz, der eine intellektuelle Elite zum Träger und Multiplikator seiner religiös-kulturellen Pläne machen wollte, zugunsten einer volkskirchlichen Orientierung aufgegeben wurde.

Einen gänzlich anderen Verlauf hatte in dieser Hinsicht der parallel zu diesen Geschehnissen in der britischen Besatzungszone erfolgte Zusammenschluß katholischer Ostvertriebener in Süddeutschland genommen[69]. Durch die kirchliche Jugendarbeit im Nationalsozialismus inspiriert, waren in München frühere Angehörige katholischer Jungmännergruppen aus den Vertreibungsgebieten Schlesien und Sudetenland zusammengekommen. Um auch offiziell agieren zu können, hatten sie sich angesichts des Koalitionsverbots für die Vertriebenen als Untergruppe der von Einheimischen begründeten „Katholischen Jungen Mannschaft" (KJM) angeschlossen, konnten aber 1947 bereits durch die Initiative von Pater Paulus Sladek und des Laien Hans Schütz[70] die „Ackermannge-

---

in Lebensbildern (wie Anm. 29), 220–222, u. Hirschfeld, Michael, Artikel: Smaczny, Johannes, in: Emsländische Geschichte, Bd. 7 (1998), 257–263.

[67] Vgl. Festschrift 25 Jahre St.-Hedwigs-Werk (wie Anm. 58), 12ff., u. Dröge, Kurt, Zur Entwicklung des Hedwigsbildes (wie Anm. 56), 227.

[68] Zur Entwicklung der St.-Hedwigs-Werke allgemein vgl. auch Schwarz, Eberhard, Braun, Gustav, Christliches Heimaterbe. Beiträge der Konfessionen zur Kultur- und Heimatpflege der deutschen Ostvertriebenen, Hannover u.a. 1964, 97–98, u. Kindermann, Adolf, Religiöse Wandlungen und Probleme im katholischen Bereich, in: Lemberg, Eugen, Edding, Friedrich (Hrsg.), Die Vertriebenen in Westdeutschland (wie Anm. 13), Bd. III, Kiel 1959, 92–158, hier 135.

[69] Vgl. zum folgenden: Schindler, Karl, Die Entstehung der Eichendorffgilden (wie Anm. 45). Das Selbstverständnis der Eichendorffgilde wird dargelegt, in: Schlesien als Erbe und Aufgabe (wie Anm. 28). Betr. Eichendorffgilden ist außerdem passim auf eine im Rahmen eines Kardinal-Bertram-Stipendiums erstellte, noch ungedruckte, vom Verf. nicht eingesehene Arbeit von Rainer Bernd (Staatsexamensarbeit Universität Trier WS 1997/98) zu verweisen.

[70] Hans Schütz, geboren 1901 in Hemmehübel/Böhmen, Schreiner, dann Gewerkschaftssekretär der Christl. Gewerkschaft im Sudetenland, 1935–1938 Parlamentsabgeordneter in Prag, 1946 Mitarbeiter der Kirchl. Hilfsstelle in München, 1949–1963 MdB, 1964–1966 Minister für Arbeit u. soziale Fürsorge in Bayern, gestorben 1982 in München. Vgl. Rudolph, Hartmut, Evangelische

meinde" der sudetendeutschen Katholiken und damit eine eigene Organisation gründen. Schon der aus der Literatur des Mittelalters entnommene Titel dieses ersten katholischen Vertriebenenverbandes, der alsbald auch in zahlreichen anderen Regionen und Städten der amerikanischen Zone aktiv wurde, deutet auf das Bildungsniveau der Gründerväter und zugleich auf den kulturellen Anspruch dieser Gruppe hin[71]. In analoger Weise bestimmten daraufhin die schlesischen Katholiken in der bayerischen Metropole den bedeutendsten schlesischen Dichter der Romantik, Joseph Freiherr von Eichendorff, zu ihrem Patron[72]. In der Begründung hierfür hieß es: „Seine lebensbejahende, sehnsuchtsvolle und gottfrohe Art soll auch uns ein fester Halt in der Zeit der Auflösung und Verneinung sein. Wir haben die Bezeichnung ‚Gilde' gewählt, um zu zeigen, daß wir nicht irgendwelche Vereinsmeierei betreiben, sondern eine wirkliche Arbeitsgemeinschaft mit einer festen Zielsetzung sein wollen, die sich ihren Landsleuten sowohl wie ihrer neuen Heimat verpflichtet fühlt."[73] Als Aufgabenfelder der sich in verschiedenen städtischen Gruppen in Süddeutschland als lose Zusammenschlüsse manifestierenden Gilden[74] nannte einer der Männer der ersten Stunde:

„1. Religiöse Erneuerung,
 2. soziale Hilfe, soweit uns dazu Möglichkeiten offenstanden,
 3. Erhaltung schlesischen Volksgutes in Brauchtum, Literatur und Gesang bzw. Musik."

In ihrer Konzeption waren Eichendorffgilde wie auch Ackermanngemeinde damit auf die landsmannschaftliche Zugehörigkeit ihrer Mitglieder zugeschnitten, symbolisierten also gleichsam den Volkstumsgedanken, verankerten aber – wie die Eichendorffgilde – in ihren Grundsätzen zugleich auch die Offenheit für die Lebensart und Kultur der neuen Heimat. Nachdem in den Bemühungen der süddeutschen Kulturwerke, die im übrigen vorwiegend eine städtische Bevölkerungsschicht erfaßten, anfänglich die soziale Komponente eine große Rolle gespielt hatte, nahm bald der Bildungsgedanke im Kontext des Engagements akademisch geprägter Laien einen immer größeren Raum ein. Demgemäß hieß es dann auch in einer programmatischen Erklärung expressis verbis, diese Initiative wolle „keine Massenbewegung werden" und sei kein üblicher Verein mit Satzungen,

---

Kirche und Vertriebene 1945–1972, Bd. I: Kirchen ohne Land (Arbeiten zur kirchlichen Zeitgeschichte, Reihe B, Bd. 11), Göttingen 1984, 595.

[71] Vgl. hierzu auch Sladek, Paulus, Die Ackermanngemeinde, Paderborn 1961.

[72] Die Gründung der beiden religiösen Kulturwerke 1946/47 in München war nur daher möglich, weil sie sich als Unterorganisationen der Katholischen Jungen Mannschaft deklarierten, die aufgrund ihrer unmittelbaren Nähe zur Katholischen Kirche nicht unter das Koalitionsverbot fielen. Vgl. hierzu Schindler, Karl, Die Entstehung der Eichendorffgilden (wie Anm. 45), 6f.

[73] Mitteilungen der Eichendorffgilde, 1/1947.

[74] Eichendorffgilden entstanden in Passau, Ulm, Stuttgart, Augsburg, Regensburg, Frankfurt/M., Bonn, Köln, Neuß, Essen, Düsseldorf u. Hannover, um nur die wichtigsten zu nennen. Geographisch gesehen, ballten sie sich im süddeutschen Raum und im Rheinland, während in den katholischen Diasporagebieten Norddeutschlands keine Gründungen zu verzeichnen sind.

sondern eine ideelle Gemeinschaft[75]. Eine Ähnlichkeit mit den Zielsetzungen der anfänglich in Nordwestdeutschland bestehenden Deutschen Hedwig-Stiftung hinsichtlich der Erhaltung des religiös-kulturellen Erbes der Heimat mit Hilfe von regelmäßigen Treffen, Buchpublikationen sowie der Herausgabe einer Monatszeitschrift ist feststellbar[76]. Die Eichendorffgilden standen damit im Gegensatz zu der überlandsmannschaftlichen, hierarchisch gegliederten und im Leben jeder einzelnen Pfarrgemeinde fest verankerten Institution, die Wilhelm Trennert und Johannes Smaczny in den nordwestdeutschen Diözesen verankern wollten. Selbstbewußt kommentierte der seit 1947 als Vorsitzender der Eichendorffgilden fungierende Journalist Rudolf Jokiel: „Wir [...] sind eine Laienbewegung unter katholischen Schlesiern, die selbstverständlich mit befreundeten Geistlichen aufs engste zusammenarbeitet [...] , die aber bewußt sich nicht an die Masse wendet, sondern eine Auslese trifft. [...] Wir werden also auf weiten Gebieten aufs engste mit dem St. Hedwigswerk zusammenarbeiten können, sehen aber unsere Aufgabe vor allem [...] als Vortrupp in der Erhaltung und Pflege schlesischer Art."[77]

Die bereits vom konzeptionellen Ansatz her stärker kleruszentrierte und hierarchieorientierte, aber auch die Klammerfunktion eines ostdeutschen Katholizismus beanspruchende Prägung des St.-Hedwigs-Werkes wird an dieser Stelle deutlich. Ganz den Vorkriegstraditionen des katholischen Vereinswesens, wie etwa den Katholischen Arbeiter- oder Gesellenvereinen, verhaftet, sollten die Priester hier die Führungsrolle als Präsides übernehmen. Vermutlich liegt in dieser Ausrichtung aber auch der Grund für die im Dezember 1947 von den (Erz)bischöfen Jaeger (Paderborn) und Berning (Osnabrück) für die Gründung von Hedwigs-Werken innerhalb ihrer Diözesen erfolgte kirchliche Approbation, zumal die Initiatoren ihr Projekt streng an den Bistumsgrenzen orientierten und so der kirchlichen Autorität Rechnung trugen, während die in München entstandenen religiösen Kulturwerke sich allmählich im gesamten westlichen Besatzungsgebiet in Form von „Inselgruppen" sammelten. Ein solcher lokal agierender Verbund von Mitgliedern der Eichendorffgilde wurde 1948 auch in der Bischofsstadt Münster gegründet[78]. Noch

---

[75] Vgl. Was ist und will die Eichendorffgilde?, abgedruckt in: Schlesien als Erbe und Aufgabe (wie Anm. 28), 3–5. Vgl. auch die 1951 verabschiedeten „Leitsätze der Eichendorffgilde", ebd., 6–7. Bei der Hauptversammlung der Gilden 1951 wurde „Heimatwerk Schlesischer Katholiken" als Dachbegriff gewählt. Institutionalisiert wurde das Heimatwerk allerdings erst 1958.

[76] Aus den „Mitteilungen der Eichendorffgilde" wurde ab Januar 1952 „Der Schlesische Katholik", der sich immer mehr zum Organ aller Breslauer Katholiken entwickelte u. daher seit Nr. 1/1974 als „Heimatbrief der Katholiken des Erzbistums Breslau" vom Apostolischen Visitator Breslau herausgegeben wird. Ab Nr. 1/2000 lautet der Titel „Schlesien in Kirche und Welt. Heimatbrief der Katholiken aus dem Erzbistum Breslau". Die Tageszeitung „Schlesierwarte" ging im sudetendeutschen „Volksboten" auf.

[77] Mitteilungen der Eichendorffgilde, Nr. 3 v. Februar 1948. Als Leitlinie fungierte hier ebenso Rudolf Jokiels grundlegende Ausführung Um Glaube und Heimat (wie Anm. 30).

[78] Vgl. Gröger, Johannes, „An die Seelen dieser Menschen herankommen". Formen und Entwicklungen der Vertriebenenseelsorge, in: Hirschfeld, Michael, Trautmann, Markus (Hrsg.), Gelebter Glaube – Hoffen auf Heimat (wie Anm. 22), 19–70, hier 44. Die Eichendorffgilde Münster firmierte später als Heimatwerk Schlesischer Katholiken Diözesanverband Münster.

bevor in der britischen Zone die landsmannschaftliche Vereinigungen betreffenden Lizenzbestimmungen aufgehoben wurden[79], hatten aber die Ordinarien von Osnabrück und Paderborn mit diesem Schritt nicht allein den Aufbau von Zentralen kirchlich-kultureller Vertriebenenarbeit in ihren Diözesen ermöglicht, sondern zugleich den Weg für die Bildung eines Netzes von Hedwigskreisen auf der untersten Ebene der kirchlichen Struktur, auf dem Boden der Pfarrei, frei gemacht. Durch die bischöfliche Zustimmung nahm die neue Institution zweifellos „eine Mittelstellung zwischen religiösem Verein und offizieller kirchlicher Stelle ein"[80], zumal die Bindungskraft der Heimatvertriebenen durch eine förmliche schriftliche Aufnahme, die über die Ausstellung von Mitgliedsausweisen erfolgte, gestärkt werden sollte. Gleichzeitig war ihr aber auch eine Mittlerfunktion zwischen Vertriebenen und Ortskirche zugedacht worden. So stand der Oberhirte der Diözese nominell an der Spitze, während auf Pfarrebene grundsätzlich dem einheimischen Ortspfarrer das Präsesamt zugesprochen wurde. Damit verband sich der Anspruch auf ein flächendeckendes Netz von Hedwigskreisen, die somit für alle Schichten der Vertriebenen zugänglich waren und nicht auf eine akademische Elite beschränkt blieben.

In ihrer Satzung wurden die Hedwigs-Werke lapidar als kirchliche Einrichtung bezeichnet, deren primäre Aufgabe in der religiösen Betreuung der Vertriebenen unter Berücksichtigung heimatlicher kultureller Werte liege[81]. Unter anderem hieß es dort: „Der Mensch trägt eine Gewissensverpflichtung, zu seiner Stammesart zu stehen [...]. Auch der Ostvertriebene darf nicht dem Stamme untreu werden, aus dem er entsprossen ist. Er kann sich nicht von der Heimaterde lösen, ohne im luftleeren Raum zu stehen und als ‚Weltbürger' dahinzusiechen." Heimat sollte also gemäß der Diktion von Rudolf Lange als „geistiger Lebensraum" erhalten bleiben, dessen negatives Pendant der ohne festen Halt und vor allem ohne religiösen Mittelpunkt vagabundierende Kosmopolit war. Zusätzliche Leitlinien formulierte der als Diözesan-Geschäftsführer des Osnabrücker Zweiges des St.-Hedwigs-Werkes wirkende Pfarrer Johannes Smaczny 1948 in einer Informationsbroschüre[82], indem er dem kulturellen Auftrag der katholischen Heimatvertriebenen für die Erhaltung eines ostdeutschen Volkstums Priorität einräumte. Das St.-Hedwigs-Werk beinhaltete daher zumindest hinsichtlich seiner von den Initiatoren unter Billigung

---

[79] Zum Koalitionsverbot und der allmählichen Gründung landsmannschaftlicher Organisationen durch die Vertriebenen in der britischen Zone vgl. Steinert, Johannes-Dieter, Flüchtlingsvereinigungen – Eingliederungsstationen? (wie Anm. 13), 55–68. Die Zulassung von Flüchtlingsvereinen wurde durch einen gemeinsamen Erlaß des Niedersächsischen Ministeriums des Innern u. des Ministeriums für Flüchtlingsangelegenheiten v. 24.9.1948 geregelt.

[80] Schroubek, Georg R., Wallfahrt und Heimatverlust. Ein Beitrag zur religiösen Volkskunde der Gegenwart (Schriftenreihe der Kommission für ostdeutsche Volkskunde in der Deutschen Gesellschaft für Volkskunde, Bd. 5), Marburg 1968, 271.

[81] Vgl. Satzung der St.-Hedwigs-Werke Osnabrück und Paderborn, (gekürzt) abgedruckt in: Smaczny, Johannes, Das St.-Hedwigs-Werk. Ein Bildungswerk der katholischen Heimatvertriebenen, in: Ders. (Bearb.), Heimat und Glaube. Jahrbuch der katholischen Heimatvertriebenen, Lippstadt 1953, 49–52. Die zit. Passagen hier 51.

[82] Smaczny, Johannes, Was will das St.-Hedwigs-Werk. Ein Beitrag zur Frage der Ostnot, Paderborn 1948. Vgl. hier auch die folg. Ausführungen.

der kirchlichen Hierarchie vorgegebenen Zielsetzung keine unmittelbare soziale Komponente. Ebenso versuchte Smaczny einer vermeintlichen politischen Vereinnahmung dadurch zu begegnen, daß er den kirchlichen Charakter des Verbandes betonte und jedem möglichen Tummeln auf dem „Kampfesboden der Politik" eine Absage erteilte[83]. Bildung statt Politik, Kultur statt Fürsorge: Mit diesen Slogans läßt sich die Absicht des geistigen Vaters der religiösen Vertriebenenarbeit in Nordwestdeutschland vielleicht am deutlichsten auf den Punkt bringen[84]. Damit ist zugleich sichtbar, daß sich das Hedwigs-Werk in seiner Intention von den ursprünglichen Anliegen der Deutschen Hedwig-Stiftung, „die Geschichte unseres Vaterlandes vorzutreiben in die Ordnung eines Gottesstaates"[85], schon weit entfernt hatte.

Dennoch engagierten sich zahlreiche Mitglieder der Hedwigskreise zugleich auf der Ebene der ab 1949 als politische Vertretungen für die Vertreibungsregionen gebildeten Landsmannschaften, zu denen auch Smaczny Kontakt suchte. Die Gefahrenpunkte einer zu engen Verquickung zwischen kirchlicher und politischer Vertriebenenarbeit erkannte er aber deutlich in den Faktoren der Überkonfessionalität und in der möglichen politischen Radikalisierung[86]. Gerade letzterer sollte aber die Konzeption des St.-Hedwigs-Werks vorbeugen und – wie Smaczny als dessen geistiger Vater etwas pathetisch formulierte – den „Hymnus der christlichen Heimat singen"[87].

Der Osnabrücker Bischof Wilhelm Berning[88] bekundete den Heimatvertriebenen in diesem Zusammenhang in einem zum Weihnachtsfest 1947 im Kirchlichen Amtsblatt seiner Diözese veröffentlichten Schreiben zunächst seine besondere Solidarität[89]. Des weiteren lobte er den auf Firmungsreisen in der weiträumigen Diaspora beobachteten Einsatz sowohl der einheimischen als auch der heimatvertriebenen Priester im Dienste der Flüchtlinge und gab zugleich eine Begründung für seine Zustimmung zum St.-Hedwigs-Werk. Berning war bereit, dessen Patronat zu übernehmen, weil diese Menschen ein Recht auf Unterstützung hätten. Daher habe er sich seitens der Aufnehmenden verpflichtet gefühlt, „ein kirchliches Werk zu schaffen, das die Werte der alten Heimat mit ihrer Kultur und ihren religiösen Gebräuchen bewahrt und zugleich eine Brücke schlägt zwischen den Ostvertriebenen und den Einheimischen, um beide miteinander zu echt christlicher Gemeinschaft zu verbinden".

---

[83] Ebd., 21.
[84] Vgl. Festschrift 25 Jahre St.-Hedwigs-Werk (wie Anm. 58), 14f.
[85] Schulz, Maximilian Maria, Abendland und Ostdeutschland (wie Anm. 58), 23.
[86] Vgl. Dröge, Kurt, Zur Entwicklung des Hedwigsbildes (wie Anm. 56), 235.
[87] Smaczny, Johannes, in: Ders. (Bearb.), Heimat und Glaube. Jahrbuch (wie Anm. 81), 4.
[88] Wilhelm Berning, geboren 1877 in Lingen/Ems, Priesterweihe 1900 in Osnabrück, 1914 Bischof ebd., 1950 Titular-Erzbischof, gestorben 1955 in Osnabrück. Vgl. Seegrün, Wolfgang: Artikel: Wilhelm Berning (1877–1955), in: Gatz, Erwin, Die Bischöfe der deutschsprachigen Länder (wie Anm. 62), 40–43; ders., Wilhelm Berning (1877–1955). Ein Lebensbild, in: Osnabrücker Mitteilungen, Bd. 79 (1972), 79–92; Recker, Klemens-August, Artikel: Berning, Wilhelm, in: Emsländische Geschichte, Bd. 6 (1997), 135–141; ders., „Wem wollt ihr glauben?" Bischof Berning im Dritten Reich, 2. Aufl. Paderborn u. a. 1998.
[89] Kirchliches Amtsblatt für die Diözese Osnabrück v. 10.2.1948. Hier auch die folg. Zit.

### c) Ernennung eines Diözesan-Vertriebenenseelsorgers

Auf der Leitungsebene des Bistums Münster gab es parallel hierzu zwar schon sehr früh Bemühungen, feste Strukturen für eine Vertriebenenseelsorge zu schaffen[90]. Als Diözesan-Caritasdirektor Holling im Frühjahr 1946 den früheren Schneidemühler Caritasdirektor Wilhelm Volkmann für dieses Amt in Vorschlag brachte[91], ging man jedoch ausschließlich von einem karitativen Aufgabenbereich aus, dessen Ziel und Zweck im wesentlichen die Linderung der wirtschaftlichen Not unter den Vertriebenen sein sollte. Folglich war Volkmann auch als Referatsleiter dem Diözesan-Caritasdirektor unterstellt worden. Die Einflußnahme auf eine individuelle seelsorgliche Betreuung der Vertriebenen blieb ihm damit von vornherein verwehrt. Ohnehin fehlte dem Amt des Diözesan-Vertriebenenseelsorgers zum damaligen Zeitpunkt noch die Grundlage für einen größeren Radius an Aktivitäten, da seine flächendeckende Schaffung in allen Diözesen der britischen und amerikanischen Besatzungszone erst auf einer Seelsorgekonferenz ostdeutscher Priester in Eichstätt im August 1946 thematisiert wurde[92]. Eine von dort aus ergangene Resolution an die kurz darauf tagende Fuldaer Bischofskonferenz bildete die Grundlage für deren Beschluß einer Einsetzung von Diözesan-Vertriebenenseelsorgern in allen Bistümern[93]. Ob diese Sonderseelsorger allerdings haupt- oder nebenamtlich bestellt wurden, blieb den einzelnen Bistumsleitungen vorbehalten[94]. Einen Präzedenzfall hatte der Hildesheimer Bischof Joseph Godehard Machens bereits im März 1946 geschaffen, als er systematische Richtlinien für die Vertriebenenseelsorge in seiner Diözese verkündet hatte.

Daß man im Bistum Münster dieser Entwicklung ebenfalls vorausgeprescht war, gelangte allerdings nach außen hin offensichtlich nicht zur Kenntnis. So wurde der Päpstliche Sonderbeauftragte, Bischof Maximilian Kaller, zu Beginn des Jahres 1947 bei Kapitularvikar Franz Vorwerk bezüglich der Ernennung eines „Diözesanflüchtlingsseelsorgers" vorstellig und empfahl für diese Aufgabe neben Wilhelm Volkmann den aus dem westfälischen Bistumsteil stammenden Breslauer Diözesanpriester Dr. Paulus Tillmann,

---

[90] Vgl. auch Gröger, Johannes, „An die Seelen dieser Menschen herankommen" (wie Anm. 78), hier 37f.

[91] Vgl. Holling an Kapitularvikar Vorwerk v. 28.5.1946, in: BAM A-101-40.

[92] Vgl. Köhler, Joachim, Alfons Maria Härtel und die Anfänge der Flüchtlings- und Vertriebenenseelsorge im Bistum Rottenburg, in: Rottenburger Jahrbuch für Kirchengeschichte, Bd. 7 (1988), 111–125, hier 117.

[93] Vgl. Penkert, Alfred, Auf den letzten Platz gestellt? Die Eingliederung der geflüchteten und vertriebenen Priester des Bistums Ermland in die Diözesen der vier Besatzungszonen Deutschlands in den Jahren 1945–1947 (Veröffentlichungen der Bischof-Maximilian-Kaller-Stiftung), Münster 1999, 96, wo zudem die distanzierte Haltung des Episkopats hinsichtlich der Vertriebenenseelsorge akzentuiert wird.

[94] Vgl. Engelbert, Josef, Die heutigen Aufgaben des Diözesan-Vertriebenen-Seelsorgers, in: Christ unterwegs 12/1953, 10–12. Hier auch die Angaben zur Organisation der Vertriebenenseelsorge im Bistum Hildesheim, die im Kirchlichen Amtsblatt für die Diözese Hildesheim v. 15.3.1946 veröffentlicht sind.

obwohl Volkmann zu diesem Zeitpunkt ja bereits ernannt war. Vor allem aber legte Kaller dem parallel in allen westdeutschen Diözesen – mit Ausnahme der französischen Zone – neugeschaffenen Amt eine Definition zugrunde, derzufolge der Diözesan-Flüchtlingsseelsorger eine Mittlerrolle zwischen dem Vertriebenenbischof, also Kaller, auf der einen und dem Vertriebenenklerus auf der anderen Seite einnehmen sollte. Gleichzeitig sollte er auch der Sprecher seiner ostdeutschen Mitbrüder beim Ortsbischof sein und deren Sorgen und Nöte entsprechend weitertragen[95]. Dieses Aufgabenverständnis wurde auf einer ersten Arbeitstagung aller ernannten Diözesan-Vertriebenenseelsorger im März 1947 in Königstein, die sich als Interessenvertretung aller heimatvertriebenen Priester deklarierte und eine gerechte Lösung der Ostfrage propagierte, bestätigt[96] und den Teilnehmern eine intensive Betreuung der Flüchtlingspriester in ihren Diözesen nahegelegt. Ein besonderer Akzent sollte auch – wie ein späterer Aufgabenkatalog es ausdrückte – auf der Funktion als „Brückenbauer [...] zwischen Heimatverbliebenen und Heimatvertriebenen"[97] liegen. In Münster stieß dieses Konzept allein durch die räumliche Weite des Bistums von Duisburg am Niederrhein bis zur Insel Wangerooge auf organisatorische Schwierigkeiten, zumal auch eine exakte Aufgabenumschreibung seitens der Bistumsleitung zunächst nicht erfolgte[98]. Lediglich der sozial-karitative Part der Diözesan-Vertriebenenseelsorge war durch die Zuordnung Wilhelm Volkmanns zum Diözesan-Caritasverband recht gut abgegrenzt. Gerade auf diesem Sektor erfuhr dieser zudem wirksame Hilfe seitens des Münsteraner Diözesanpriesters August Pricking, der sich nach 1946 drei Jahre lang als Mitarbeiter in der Vertriebenenseelsorge engagiert und effektiv für einen Abbau von Mauern zwischen Einheimischen und Vertriebenen einsetzte, seine Tätigkeit jedoch auf den westfälischen Bistumsteil und hier vor allem auf Stadt und Landkreis Münster beschränkte. Von Volkmann selbst gingen zumindest für den Offizialatsbezirk Oldenburg und die dorthin verschlagenen Vertriebenen kaum Impulse aus. Die geringe Präsenz des Schneidemühler Diözesanpriesters in diesem Bistumsteil resultierte wohl aus der großen Entfernung, nicht zuletzt aber auch aus der Tatsache mangelnder persönlicher Kontakte.

Wenn als Erklärung für das ablehnende und in kulturellen Belangen der Vertriebenen wenig konstruktive Verhalten Wilhelm Volkmanns über die auf der vorgenannten Königsteiner Konferenz 1947 markierten Vorgaben hinaus die Vermutung angeführt werden kann, daß er „durch seine Tätigkeit beim Diözesan-Caritasverband gut untergebracht

---

[95] Vgl. Kaller an Vorwerk v. 19.1.1947, in: BAM NA-101-40.
[96] Vgl. Protokoll der Arbeitstagung der Diözesan-Flüchtlingsseelsorger v. 25./26.3.1947, ebd.
[97] Engelbert, Josef, Die heutigen Aufgaben des Diözesan-Vertriebenen-Seelsorgers (wie Anm. 94), 10.
[98] Ähnlich war die Situation im Bistum Rottenburg, wo Pfarrer Alfons M. Härtel bis zu seinem Tod 1970 lediglich als Diözesanbeauftragter amtierte und 1949 zusätzlich den Aufbau einer Stuttgarter Pfarrei übertragen bekam. Weder erhielt er den Titel Diözesan-Vertriebenenseelsorger, noch wurde sein Arbeitsfeld genau definiert. Vgl. Köhler, Joachim, Alfons Maria Härtel und die Anfänge der Flüchtlings- und Vertriebenenseelsorge im Bistum Rottenburg (wie Anm. 92), 122.

war und die Hedwigsverehrung ihm wohl auch nicht lag"[99], so können daraus zwei Schlüsse gezogen werden.

Zum einen hinterließ seine Arbeit in Münster offensichtlich vor Ort in den Gemeinden vergleichsweise wenige Spuren. Entsprechend verhalten klang sein Name auch in einem Bericht seines einheimischen Mitarbeiters in der Flüchtlingsbetreuung, Kaplan Pricking, an, wenn es dort recht lapidar hieß: „Volkmann [...] sucht von seiner Dienststelle am Caritasverband aus für die Vertriebenen sich einzusetzen."[100]

Zum anderen lag es nahe, daß der dem Klerus der Freien Prälatur Schneidemühl angehörende Diözesan-Vertriebenenseelsorger Volkmann keinen besonderen Bezug zu einem ostdeutschen Kulturwerk mit der heiligen Hedwig als Leitfigur entwickelte, da ihm aus seiner Heimat, einer Grenzregion zwischen Posen und Westpreußen, die Hedwigsverehrung fremd sein mußte[101]. Volkmann war deshalb von seiner kulturellen Prägung her den zumeist aus den schlesischen Jurisdiktionsbezirken Breslau und Glatz stammenden ostvertriebenen Priestern und Gläubigen innerhalb der Diözese wohl ebenso wenig nahestehend[102] wie den einheimischen Katholiken.

## 3. Intentionen des Hedwigs-Werkes und ihre Wechselwirkung im Bistum Münster

### a) Intensität der Hedwigsverehrung in Ostdeutschland vor 1945 zwischen Anspruch und Realität

Unabhängig von der persönlichen Prägung des münsterischen Diözesan-Vertriebenenseelsorgers stellt sich die Frage, ob die heilige Hedwig als Patronin des Zusammenschlusses überhaupt die Rolle einer Identifikationsfigur für alle katholischen Vertriebenen vom Memelland im Norden bis zum Sudetenland und nach Südosteuropa hin einnehmen konnte, wie sie ihr laut Satzung als „Schutzfrau des deutschen Ostens und als Vorbild eines einfachen christ-frohen Lebens"[103] zugeschrieben wurde.

Hatten also die Ostvertriebenen katholischer Konfession in ihrer großen Mehrheit bereits vor der Vertreibung in St. Hedwig „nicht nur den heiligen Anfang ostdeutscher Ge-

---

[99] Gespräch des Verf. mit Prälat Rudolf Kurnoth, Moers-Asberg, v. 7.7.1997. In entsprechender Weise äußerte sich auch der Apostolische Visitator Breslau, Apost. Protonotar Winfried König, Münster, am 9.12.1997 gegenüber dem Verf.

[100] Pricking an Generalvikariat v. 24.11.1947, in: BAM NA 101-40.

[101] Von den (1928) 74 Pfarrkirchen des Schneidemühler Jurisdiktionsbezirkes trug nur eine, in Geyersdorf, Dekanat Fraustadt, das Hedwigspatrozinium. Vgl. Westpfahl, Franz (Hrsg.), Die Apostolische Administratur Schneidemühl. Ein Buch für das katholische Volk, Schneidemühl 1928.

[102] Dies galt insbesondere für Oldenburg, wo (1948) 34 Breslauer Priester 5 Glatzer und 1 Olmützer Priester wirkten, also der gesamte Vertriebenenklerus aus Schlesiern bestand. Vgl. Kap. VII Der Klerus als soziale Führungsschicht.

[103] Satzung des St.-Hedwigs-Werkes (wie Anm. 81), 49.

schichte, sondern auch das heilige Herz ihrer ostdeutschen Heimat" verehrt? Dieser starke emotionale Bezug war jedenfalls von Maximilian Maria Schulz in seiner Kulturwerkidee zugrunde gelegt und von den Initiatoren des Hedwigs-Werkes ausgeweitet worden, obwohl ein Blick auf die Wallfahrten der Vorkriegszeit allein für Schlesien belegt, daß hierbei keineswegs die Verehrung der Landespatronin Hedwig an erster Stelle stand. So läßt sich in den 1930er Jahren beispielsweise für 50 % der Pilgerziele im Erzbistum Breslau eine Marienwallfahrt und nicht etwa eine Hedwigstradition belegen[104]. Innerhalb der Diözese war ihre Popularität durchaus regional verschieden und im wesentlichen auf bestimmte Regionen Niederschlesiens (zum Beispiel auf das von Hedwig gegründete Kloster Trebnitz) begrenzt. Während für das Gros der Oberschlesier der St.-Anna-Kult mit dem Heiligtum auf dem Annaberg im Zentrum des Wallfahrtsbrauchtums stand, pilgerten die Bewohner der Grafschaft Glatz zu den Marienheiligtümern Albendorf, Wartha, Maria Schnee und Grulich[105]. Wie bei den gläubigen Menschen war auch insbesondere im Klerus die Marienfrömmigkeit stark verbreitet[106].

Belegen läßt sich diese Beobachtung mittels eines Berichtes über eine Hedwigsfeier in Delmenhorst im Oktober 1953. Hierbei äußerte der Festredner, ein aus der Grafschaft Glatz stammender Priester, daß „in der Heimat mancherorts nicht so sehr des Festes der heiligen Hedwig gedacht" worden sei wie in der Zeit nach der Vertreibung[107]. Hieraus läßt sich nicht von ungefähr eine latente Kritik am Hedwigskult ableiten. Allerdings erscheint es als etwas überzogene Behauptung, daß die Namensgeberin des kirchlichen Heimatwerkes für die Vertriebenen „so etwas wie eine fremde Heilige in einem fremden Land"[108] gewesen sei. Schließlich resultierte die Namenswahl Hedwigs-Werk zunächst einmal aus der in den Regionen des Bistums Münster ebenso wie in den benachbarten Jurisdiktionsbezirken Osnabrück und Paderborn zu verzeichnenden Mehrheit von katholischen Schlesiern gegenüber Katholiken aus anderen Vertreibungsgebieten. Im Sinne der Identitätsstiftung war der Vorrang des Hedwigs- vor dem Marienpatrozinium evident, denn während es sich bei Hedwig um eine spezifische Hcilige mit regionaler Bindungskraft handelte, läßt sich die Marienverehrung als Phänomen der (katholischen) Weltkirche deuten. Ein ostdeutscher Marienverein etwa wäre in der neuen Umgebung sicherlich ohne erkennbare Konturen geblieben, wie auch der als Stückwerk anzusehende

---

[104] Vgl. Nowack, Alfons, Schlesische Wallfahrtsorte älterer und neuerer Zeit im Erzbistum Breslau, Breslau 1937. Hier werden 40 Wallfahrtsorte, darunter 20 Marienheiligtümer, genannt.

[105] Bei Dröge, Kurt, Zur Entwicklung des Hedwigsbildes (wie Anm. 56), wird von katholischen Oberschlesiern und Bewohnern der Grafschaft Glatz berichtet, die bis zur Vertreibung keine engere Hedwigsbeziehung besaßen. Vgl. hierzu auch Mai, Paul, Die Entwicklung der Hedwigswallfahrten in Deutschland nach 1945, in: Grunewald, Eckhard, Gussone, Nikolaus (Hrsg.), Das Bild der heiligen Hedwig in Mittelalter und Neuzeit (wie Anm. 56), 247–257.

[106] Zum Aspekt der schlesischen Marienfrömmigkeit fehlt es allerdings noch an einer detaillierten mentalitätsgeschichtlichen Studie.

[107] Kirche und Leben Oldenburg v. 8.11.1953.

[108] Dröge, Kurt, Zur Entwicklung des Hedwigsbildes (wie Anm. 56), 233. Hier wird diese These aus Interviews des Verf. mit 21 Zeitzeugen abgeleitet. Aus historischer Warte ist deren Repräsentativität allerdings kritisch zu beurteilen.

Versuch zeigt, die nordwestdeutschen Marienwallfahrten teilweise als Hedwigswallfahrten zu überformen[109].

b) Opposition gegen Hedwigs-Werk-Gründung in der Leitungsebene des Bistums

Die Opposition von Caritasdirektor Volkmann richtete sich allerdings weniger gegen den Namen als vielmehr gegen die Bildung einer kirchlichen Interessenvereinigung zur Identitätsbewahrung der Vertriebenen überhaupt, in der er die Gefahr einer Vertiefung der Gräben zwischen ost- und westdeutschen Katholiken sah[110]. In Reaktion auf die Anfrage eines Kaplans aus dem Erzbistum Breslau, der im ostmünsterländischen Oelde einen Hedwigskreis zu gründen gedachte[111], erklärte er im Dezember 1949 dieses Ansinnen gegenüber dem Bischöflichen Generalvikariat für inopportun. Als Begründung führte Volkmann an, die Existenz des Hedwigs-Werks sei in Diasporadiözesen sinnvoll, nicht aber in einem überwiegend katholischen Gebiet wie dem Bistum Münster. Hier nämlich bestünden in allen Pfarreien in ausreichendem Maße Interessen- und Standesvereine, so daß ein Hedwigskreis überflüssig erscheine. Seiner Ansicht nach lag der Schlüssel zu einem besseren Miteinander von Heimatvertriebenen und Heimatverbliebenen in der katholischen Kirche folglich statt in der Schaffung einer innerkirchlichen Vergemeinschaftungsform vielmehr in der Integration ostdeutscher Bräuche und Traditionen in die vorhandenen westdeutschen Strukturen. Gleichwohl verwies er darauf, daß die Förderung der Ostvertriebenen auf Pfarrebene unabhängig von der Existenz eines eigenen Vereins immer von der Aufgeschlossenheit des jeweiligen Pfarrers abhängig sei. Volkmann gestand damit quasi ein, daß die von ihm in der Theorie verfochtene Eingliederung in das vorhandene kirchliche Leben vor Ort in der Praxis auf unterschiedliche Weise und nicht immer zum Wohle der Vertriebenen geschah. Dem zuständigen Generalvikar Johannes Pohlschneider empfahl der Diözesan-Vertriebenenseelsorger zur Abhilfe dieser Mißstände, die Geistlichen über das Kirchliche Amtsblatt aufzufordern, die Vertriebenen möglichst zahlreich in die auf Ortsebene vorhandenen Standesvereine zu integrieren[112]. Damit war – wenn auch mit Verzögerung – dem Anliegen des kirchlichen Kulturwerkes der Heimatvertriebenen erstaunlicherweise von der Diözesanleitung der kirchlichen Vertriebenenarbeit aus eine Absage erteilt worden, zumal der Generalvikar, dem die Anlie-

---

[109] Erkennbar ist dies in Rulle (Bistum Osnabrück), vgl. Mai, Paul, Die Entwicklung der Hedwigswallfahrten (wie Anm. 105), 256, sowie in Telgte (Diözesanvertriebenenwallfahrt) u. vor allem in Xanten-Marienbaum, wo ab 1966 eine St.-Hedwigs-Wallfahrt im Oktober etabliert wurde. Vgl. auch Hirschfeld, Michael, Auf der Suche nach einem Ort der besonderen Nähe Gottes. Zur Gründung und Entwicklung der Vertriebenenwallfahrten im Bistum Münster, in: Ders., Trautmann, Markus (Hrsg.), Gelebter Glaube – Hoffen auf Heimat (wie Anm. 22), 217–238, u. den Abschnitt Wallfahrten als Ausdruck einer besonderen Religiosität in diesem Kap.

[110] Vgl. Volkmann an Generalvikariat Münster v. 7.12.1949, in: BAM NA 101-414.

[111] Dabei handelte es sich um Hermann Schubert (1915–1990), der nach Kriegsgefangenschaft 1947 Kaplan in Oelde wurde. Vgl. Hirschfeld, Michael, Trautmann, Markus, Vor 1945 geweihte Priester ostdeutscher Herkunft (wie Anm. 22), 351f.

[112] Volkmann an Generalvikariat Münster (wie Anm. 110).

gen der Vertriebenen aus seiner früheren Tätigkeit als Bischöflicher Offizial für Oldenburg vertraut waren, der hinsichtlich einer Verbandsgründung aber bisher passiv geblieben war, sich voll und ganz der Stellungnahme Volkmanns anschloß[113].

Dabei hatte der Leiter des St.-Hedwigs-Werkes im Bistum Osnabrück, Pfarrer Johannes Smaczny, in einer programmatischen Broschüre vom Juli 1948 das Hedwigs-Werk klar als „Ergänzung zu den üblichen kirchlichen Standesvereinen und Bildungsgruppen der katholischen Organisationen"[114] definiert und erklärt, daß die ostvertriebene Mutter selbstverständlich Mitglied in der katholischen Frauengemeinschaft ihrer neuen Wohnpfarrei, der Mann Mitglied der KAB, Kolpingsfamilie oder in einem anderen Standesverein der Männer werden sollte.

Als Intention der Gemeinschaftsbildung lassen sich zwei spezifische Merkmale ablesen. Zum einen boten die lokalen Hedwigskreise dem einzelnen Vertriebenen im unmittelbaren Lebensumfeld ein kontinuierliches Programm mit monatlichen Versammlungen, die religiöse Andacht und Weiterbildungsmaßnahmen vereinten, sowie der Möglichkeit, geschlossen an regionalen und überregionalen Veranstaltungen teilzunehmen. Zum anderen erreichte die Mitglieder jeden Monat die Verbandszeitschrift „Heimat und Glaube", die durch ihre religiösen Beiträge milieustärkenden Charakter besitzen und versehen mit Nachrichten aus den einzelnen Hedwigskreisen als „Familienblatt" fungieren sollte.

In der Bistumsleitung schien man ganz offensichtlich froh darüber zu sein, daß der münsterische Verantwortliche für die Vertriebenenseelsorge einer bedingungslosen Integration der Flüchtlinge den Vorzug gab. Eine solche Haltung entsprach zumindest auf den ersten Blick auch den bereits eingangs zitierten Empfehlungen des Pastoraltheologen Franz Xaver Arnold, die eine psychologisch-seelsorgliche Integration der Ostvertriebenen implizierten, um diese nicht länger als Fremdkörper im kirchlichen Leben zu sehen. Arnold argumentierte wie folgt: „Die Heimatlosen sind darauf bedacht, daß sie als volle und gleichberechtigte Mitglieder der Pfarrei behandelt werden. Sie ertragen es nicht, wie ‚Dahergelaufene und Hereingeschmeckte' mehr oder weniger gern ‚geduldet' zu werden. Beide, die Heimatlosen und die Einheimischen, müssen eine Einheit werden wollen und werden, sollen nicht beide aneinander scheitern."[115] Obwohl diese Studie an maßgeblichen Stellen publiziert wurde, was ihre schon von den Zeitgenossen erkannte Bedeutung unterstreicht, scheint sie im Bischöflichen Generalvikariat in Münster ebensowenig wie in der dortigen Diözesan-Vertriebenenseelsorge rezipiert worden zu sein, da hier der gegen Ende von Arnolds einfühlsam formulierten Ausführungen enthaltene Appell an die Verantwortlichen in der Kirche, Sensibilität gegenüber den Vertriebenen zu zeigen und

---

[113] Pohlschneider an Schubert v. 7.12.1949, in: BAM NA 101–414. Hier auch das folg. Zit. Letztlich etablierte Schubert dennoch einen eigenständigen kirchlichen Vertriebenenverein in Oelde, der sich nach der Lockerung des Verbots in den 1950er Jahren dem St.-Hedwigs-Werk anschloß u. noch gegenwärtig besteht.

[114] Smaczny, Johannes, Was will das St.-Hedwigs-Werk (wie Anm. 82), 30.

[115] Arnold, Franz Xaver, Das Schicksal der Heimatvertriebenen (wie Anm. 5), 17. Das folg. Zit. ebd., 22. Das aus einem Vortrag von 1947 hervorgegangene Manuskript wurde zuvor bereits in der Zeitschrift Christ unterwegs (6/1948) abgedruckt.

jegliches unpsychologisches Verhalten im gegenseitigen Umgang zu unterlassen, keinerlei Wirkung zeigte. Dabei erweist sich Arnolds Postulat als kennzeichnend für die Skepsis, die der Verfasser der gegenwärtigen Lage entgegenbrachte, in der er eine Bewährungsprobe für den Katholizismus sah.

Entgegen der intransigenten Haltung der bischöflichen Behörde war 1948 die Gründung einer Eichendorffgilde in Münster möglich gewesen[116], die – von im öffentlichen Leben einflußreichen vertriebenen Laien getragen – ganz gemäß der Ausrichtung ihrer Zentrale in München eine Domäne schlesischer Intellektueller im Umkreis von Universität und Gymnasien der Bischofsstadt wurde und vielleicht deshalb von Bischof und Generalvikar stillschweigend geduldet war.

Dem für ein kirchliches Eigenleben der Heimatvertriebenen eingetretenen Oelder Kaplan war ganz im Gegensatz hierzu, eben gemäß der Diktion Volkmanns, recht deutlich nahegelegt worden, die ostdeutschen Gemeindemitglieder ausschließlich in die bestehenden kirchlichen Vereine einzubinden, um „alles zu tun, daß die Spannungen zwischen den Einheimischen und den Ostvertriebenen tunlichst überbrückt werden"[117].

Die Spannungen zu überbrücken, bedeutete für Generalvikar Pohlschneider somit, jegliche Formen einer Sonderseelsorge für die Neubürger zu vermeiden. Als Ursache für diese Verhaltensweise kann zunächst einmal die Angst vor einer weitergehenden Isolation der Vertriebenen angeführt werden. Waren sie schon in sozialer Hinsicht die Parias der deutschen Nachkriegsgesellschaft, so sollten sie es nach dem Willen der Kirchenführung nicht zusätzlich in geistig-kultureller Hinsicht werden. Eine kirchliche Reintegration über den Umweg einer gesellschaftlich exotisch anmutenden Sonderorganisation schien hier bei Abwägen der Vor- und Nachteile stärkere Gefahren zu beinhalten als Nutzen zu bringen. In der Retrospektive kann nur darüber spekuliert werden, ob der wahre Grund für die Ablehnung jedoch weniger in diesem Punkt sowie in der auf der Pfarrebene befürchteten Konkurrenz zu den etablierten Standesvereinen als viel eher in dem Absolutheitsanspruch des St.-Hedwigs-Werkes zu suchen ist, das für sich beanspruchte, „alle katholischen Ostvertriebenen in seinen Reihen zu sammeln und damit d i e katholische Kulturbewegung des Ostens zu werden"[118]. Diesem Abschnitt im Programm der ostdeutschen Kulturorganisation haftete eine ideologische Komponente an, die über den Eindruck einer „verordneten Heiligen"[119] als Leitfigur hinaus offenbar in Münster die Befürchtung einer Instrumentalisierung der Mitglieder laut werden ließ, die von der kirchlichen Hierarchie nicht im Blick behalten werden konnte. Wie das im folgenden noch aufzuzeigende jahrelange Ringen um einen Zweigverband des St.-Hedwigs-Werkes im Bistum Münster belegt, war für den Generalvikar allenfalls eine Organisation auf Bistumsebene in räumlicher Nähe zur eigenen Behörde denkbar. Aktivitäten, die von den Hedwigs-Werk-Zentralen

---

[116] Vgl. Gröger, Johannes, „An die Seelen dieser Menschen herankommen" (wie Anm. 78), 44. Zu den führenden Gestalten der Münsteraner Eichendorffgilde gehörten Oberbibliotheksrat Dr. Robert Samulski u. der Studienrat Dr. Ernst Bednara.

[117] Pohlschneider an Schubert (wie Anm. 113).

[118] Smaczny, Johannes, Was will das St.-Hedwigs-Werk (wie Anm. 82), 31.

[119] So Dröge, Kurt, Zur Entwicklung des Hedwigsbildes (wie Anm. 56), 238.

in Meppen und Lippstadt gesteuert wurden, erwiesen sich zudem als wenig kontrollierbar, wie ein weiteres Beispiel aus dem westfälischen Bistumsteil zeigt.

Wie ungern nämlich von außerhalb der Diözese vorbereitete Versuche gesehen wurden, hier eine kirchliche Vertriebenengruppierung zu gründen, belegt das Scheitern eines entsprechenden Planes im münsterländischen Nordwalde, wo Ende 1949 einige heimatvertriebene Lehrer eigenständig Kontakt zum St.-Hedwigs-Werk Osnabrück und seinem Geschäftsführer Smaczny aufgenommen und diesen zu Werbungszwecken zum Predigen in allen Sonntagsgottesdiensten eingeladen hatten. Der Ortspfarrer verwehrte sich diesem Vorhaben zwar nicht, informierte jedoch im nachhinein das Generalvikariat, da die Gründung eines örtlichen St.-Hedwigs-Kreises beschlossen und ihm die Führung angetragen worden war. Nach Münster teilte er mit, er habe dieses Ansinnen mit dem Hinweis abgelehnt, daß die Vertriebenen sich doch in den tradierten Vereinen betätigen sollten[120]. Recht erbost wandte der Generalvikar sich daraufhin an Pfarrer Smaczny, in dem er offensichtlich den Drahtzieher für den Nordwalder Gründungsversuch erblickte, und machte ihn unter Verweis auf das Urteil des Diözesan-Vertriebenenseelsorgers, daß die konfessionelle Struktur in den Bistümern Münster und Osnabrück sich wesentlich unterscheide, in wenig mitbrüderlichem, harschem Tonfall darauf aufmerksam, daß er sich künftig „in unserer Diözese nach diesen Grundsätzen [...] zu richten und mitzuhelfen [habe], daß eine einheitliche Linie gewahrt bleibt"[121]. Schützenhilfe für diese offizielle münsterische „Linie" gab es seitens des Beauftragten der Fuldaer Bischofskonferenz für die Flüchtlingsseelsorge, Prälat Dr. Franz Hartz[122], der als Schneidemühler Oberhirte im übrigen dem Hedwigs-Werk-Gegner Wilhelm Volkmann verbunden war und gegenüber Johannes Smaczny anmerkte, daß auch er das St.-Hedwigs-Werk in den mehrheitlich katholischen Diözesen West- und Süddeutschlands für nicht praktikabel halte[123].

Der Widerwille von Volkmann und Hartz gegen die Gründung eines Hedwigs-Werkes in der Diözese entsprach einer in Königstein festgelegten einheitlichen Linie der Diözesan-Vertriebenenseelsorger, die für bindend erachtet wurde, ohne offenbar die von Münster räumlich weit entfernte Diasporasituation in Nordoldenburg näher in den Blick zu nehmen. Außerdem müssen mögliche Ängste sowohl im einheimischen als auch im vertriebenen Klerus berücksichtigt werden, hinter der Einrichtung von Hedwigskreisen

---

[120] Vgl. Pfarrer August Jansen, Nordwalde, an Generalvikariat Münster v. 15.12.1949, in: BAM NA 101–414.

[121] Pohlschneider an Smaczny v. 22.12.1949, ebd.

[122] Franz Hartz, geboren 1882 in Hüls bei Krefeld, Priesterweihe 1908 in Münster, 1930 Prälat in Schneidemühl, 1945 vertrieben in Fulda, 1949 Beauftragter für die Vertriebenenseelsorge, gestorben 1953 in Fulda. Vgl. Brandt, Hans Jürgen, Artikel: Hartz, Franz (1882–1953), in: Gatz, Erwin (Hrsg.), Die Bischöfe der deutschsprachigen Länder 1785/1803–1945 (wie Anm. 62), 289–290, u. Prälat Dr. Franz Hartz, Vater der Vertriebenen. Zum Gedenken am 50. Jahrestage seiner Hl. Priesterweihe, Hildesheim o. J. (1958).

[123] Vgl. Hartz an Smaczny v. 2.6.1950, in: Archiv St.-Hedwigs-Werk Osnabrück: Korrespondenz 1948–1951. Vgl. auch Protokoll der ersten Konferenz der Diözesanflüchtlingsseelsorger in Königstein, 25./26.3.1947, in: BAM NA-101-40.

könnten sich vielleicht „kryptopolitische Tarngemeinschaften"[124] verstecken, die kirchliches Engagement nur als Deckmantel für politische Ansprüche benutzten. Auch in dieser Hinsicht erwies sich die Variante des Importes des religiösen Kulturwerkes aus den Nachbardiözesen aufgrund der fehlenden Kontrollmöglichkeiten als ungünstige Konstellation.

Diese Sorge wurde in der Perspektive der einheimischen Hierarchie noch dadurch verstärkt, daß Ende der 1940er Jahre Vertriebenenwallfahrten sowie Heimattreffen auf Pfarrebene zunehmend Zulauf erhielten und die Vertriebenenseelsorger mit Hilfe von Heimatpfarrbriefen die Angehörigen ihrer ehemaligen Kirchengemeinden in der ganzen Welt zu erreichen begannen. Das Ordnungsprinzip der alten Heimatpfarrei wurde in den Köpfen vieler ostdeutscher Katholiken folglich konserviert. Angesichts eines Vakuums, in dem sich die katholischen Ostvertriebenen befanden, mußte einer Institutionalisierung der kirchlichen Vertriebenenseelsorge eine besondere Bedeutung zukommen[125]. Auf der Mikroebene mußte sich das Fehlen von Milieubindefaktoren im religiös-kulturellen Bereich bemerkbar machen, wobei zwischen den Lebenswelten in den eingangs eingeführten Gemeindetypen der Vertriebenengemeinde, der aus dem 19. Jahrhundert stammenden Diasporagemeinde und der etablierten Pfarrei differenziert werden muß.

c) Überlagerung der religiösen durch die politisch-gesellschaftliche Dimension

Nach der 1948 in Niedersachsen wieder gestatteten Bildung von Flüchtlingsvereinen mit weltlichem Charakter war die Attraktivität des Hedwigs-Werkes für eine eher politisch motivierte Klientel weiterhin gegeben, da die übrigen Flüchtlingsvereine, abgesehen von den zunehmenden Hürden bei der Genehmigung, nicht über die Grenzen der Landkreise hinaus bestehen durften[126]. Ein deutliches Zeichen für die nun in aller Öffentlichkeit betriebene wachsende Politisierung des kirchlichen Verbandes läßt sich aber der seit Beginn der 1950er Jahre zunehmenden Betonung der weltlichen Kundgebung bei den Wallfahrten nach Werl, wie auch nach Rulle entnehmen. In Analogie zum Titel der 1949 von Johannes Smaczny begründeten Monatszeitschrift „Heimat und Glaube" wurde dort seitens verschiedener Redner der öffentliche Eindruck erweckt, die Heimat stehe vor dem Glauben an erster Stelle. Als Auslöser einer entsprechenden Propaganda ist neben dem Verdachtsmoment einer zunächst „kryptopolitisch"[127] agierenden Organisation, die angesichts der neugewonnenen bundesrepublikanischen Freiheiten nunmehr allerdings ihre Karten offen auf den Tisch zu legen begann, vielmehr der rasante Aufstieg des

---

[124] Diesen Begriff prägte Norbert Baha in seiner Dissertation. Vgl. ders., Wiederaufbau und Integration. Die Stadt Delmenhorst nach 1945. Eine Fallstudie zur Problematik von Stadtentwicklung und Vertriebeneneingliederung, Delmenhorst 1983, hier 140.

[125] Vgl. Dröge, Kurt, Hedwigskreise. Religiöse Vereinsformen der Nachkriegszeit in Nordwestdeutschland, in: Rheinisch-westfälische Zeitschrift für Volkskunde, Bd. 39 (1994), 67–86, hier 69f., der das St.-Hedwigs-Werk in seiner Anfangsphase als Sozialwerk bezeichnet.

[126] Vgl. Erlaß v. 24.9.1948, präzisiert durch Schreiben des Niedersächsischen Ministeriums für Flüchtlinge v. 26.11.1948, in: StAOl Best. 136-111-8a.

[127] Vgl. Baha, Norbert, Wiederaufbau und Integration (wie Anm. 124), 140.

Blocks der Heimatvertriebenen und Entrechteten (BHE) anzusehen. Seine Anfangserfolge unter großen Teilen der Vertriebenen bei den Landtagswahlen in Schleswig-Holstein und Niedersachsen 1950 bzw. 1951 gaben den mit einer Reihe von CDU-Politikern verbundenen Führungsgestalten des Hedwigs-Werkes Anlaß, der politischen Komponente ihres Heimat- und Kulturwerkes einen höheren Stellenwert einzuräumen[128].

Der von letzterem 1948 angekündigte Kampf „gegen einen Radikalismus, der von unsauberen Elementen geschürt"[129] ist, vermochte jetzt eine willkommene Gelegenheit zur Entfaltung zu finden, zumal zahlreiche Exponenten des BHE dem national-konservativen Lager zuzurechnen waren. Höhepunkt dieser Entwicklung war der Auftritt von Bundeskanzler Konrad Adenauer auf der großen Schlesierwallfahrt des St.-Hedwigs-Werkes in Werl im Vorfeld der Bundestagswahl 1953[130]. Auch der von Smaczny in Meppen aufgebaute Presseapparat mit zahlreichen Publikationen[131] trug maßgeblich dazu bei, daß neben Vertretern der kirchlichen Hierarchie jetzt der Bundeskanzler nicht nur als Verfechter der Vertriebeneninteressen herausgestellt, sondern auch als persönlicher Garant einer friedlichen Wiedervereinigung Gesamtdeutschlands in seinen Vorkriegsgrenzen angesehen werden konnte[132]. Die unbedingte Aufrechterhaltung des Rückkehrwillens galt also in der Anfangsphase der Bundesrepublik und zu einem Zeitpunkt, an dem die Wunden der Vertreibung zugunsten einer Integration im Westen allmählich zu verheilen begannen, als Maxime der verbandlich organisierten katholischen Vertriebenen – wohlgemerkt fast ausschließlich außerhalb des Fallbeispiels Oldenburg. Der Kirche selbst kam dabei in den Augen der Verantwortlichen des St.-Hedwigs-Werkes die Rolle einer unbequemen Mahnerin zu. „Die Kirche schützt das Heimatrecht" lautet in diesem Sinne beispielsweise die Überschrift eines von Johannes Smaczny verantworteten Artikels, der als einzige Lösung der Vertriebenenproblematik ganz dezidiert die „Rückkehr der Ausgewiesenen in die ihnen von Rechts wegen zustehende Heimat und Rückgabe ihres Eigentums" forderte[133]. Die 1955 veröffentlichten revidierten Leitsätze der religiösen Kulturorganisation

---

[128] Zu den CDU-Exponenten des Hedwigs-Werkes gehörten Bundesvertriebenenminister Hans Lukaschek, Hermann Ehren u. Ernst Kuntscher (alle MdB).

[129] Smaczny, Johannes, Was will das St.-Hedwigs-Werk (wie Anm. 82), 31.

[130] Vgl. Hirschfeld, Michael, Vertriebenenwallfahrten in Westfalen und ihre Bedeutung für die Integration der Vertriebenen, in: Leidinger, Paul (Hrsg.), Deutsche Ostflüchtlinge und Ostvertriebene in Westfalen nach 1945 (Schriften der Historischen Kommission für Westfalen), (in Vorbereitung), hier 292. Zu den Kontakten Adenauers mit den Vertriebenen allgemein vgl. Mensing, Hans Peter, Konrad Adenauer im Briefwechsel mit Flüchtlingen und Vertriebenen (Kulturstiftung der deutschen Vertriebenen: Historische Forschungen), Bonn 1999.

[131] In Ergänzung zu „Heimat und Glaube" wurde 1953 ein gleichnamiges Jahrbuch herausgegeben (wie Anm. 81), das ab 1954 jährlich als „Hedwigs-Kalender für die katholischen Heimatvertriebenen" erschien. Einen besonderen parteipolitischen Akzent zugunsten der CDU setzte darüber hinaus der im Kontext der Bundestagswahl 1953 herausgegebene Band „Der ostdeutsche Katholik in der Verantwortung".

[132] Vgl. Der Tag der Rückkehr wird kommen, in: Hedwigs-Kalender 1954, 64f.

[133] In: Smaczny, Johannes (Bearb.), Heimat und Glaube (wie Anm. 81), 12–18. Verf. war der Breslauer Konsistorialrat DDr. Johannes Kaps (1906–1959).

stellten dann ganz treffend vor Augen, daß es dem Hedwigs-Werk mittlerweile nicht mehr vornehmlich um eine religiöse Komponente – wie in den Gründungssatzungen formuliert –, sondern in gestärktem Selbstbewußtsein darum ging, „den bisherigen Caritas- und Fürsorgeempfänger ‚Flüchtling' als ‚Kulturträger des deutschen Ostens'" herauszustellen[134]. Es handelte sich dabei somit um einen bereits aus der Gründungsphase bekannten Ansatz, der angesichts der zunehmenden wirtschaftlichen Saturiertheit der Vertriebenen ausbaufähig erschien, um die Gesamtkonzeption des Hedwigs-Werkes aufrechtzuerhalten.

### d) Politisch-gesellschaftliche Konkurrenz: Der Sonderweg des Geistlichen Rates Georg Goebel

Die Entwicklung des St.-Hedwigs-Werkes in Nordwestdeutschland führte zu Beginn der 1950er Jahre weg von der Intention einer rein kulturellen Vernetzung und hin zu einer politischen Vereinnahmung der Zielgruppe des Kulturwerks, die ihren Höhepunkt im Vorfeld der Bundestagswahlen 1953 erreichte. Wenn somit die Intentionen der geistigen Vordenker des Vertriebenenkatholizismus, wie Paulus Sladek, nicht mehr mit der Realität übereinstimmten, so mag dies mit der Veränderung des Interessenspektrums der Vertriebenen und der in den Anfangsjahren der Bundesrepublik allgemein zu verzeichnenden Symbiose von katholischer Kirche und Politik hinreichend begründet werden können. Für die Anerkennung des Hedwigs-Werkes im innerkirchlichen Raum schien dieses Wirken jedenfalls kaum von Vorteil zu sein, wenngleich die Zielrichtung einer mehr oder weniger deutlichen Unterstützung der Politik der Adenauer-Regierung, derjenigen des Klerus und der etablierten kirchlichen Verbände eigentlich entsprach. Eine Nähe zu radikalen Forderungen rechtsgerichteter Gruppierungen oder weltlicher Vertriebenenverbände konnte dem Hedwigs-Werk nicht nachgesagt werden. Dennoch darf vermutet werden, daß vornehmlich eine in der Öffentlichkeit prägend wirkende Gestalt des in Westdeutschland lebenden Vertriebenenklerus am Ende der 1940er Jahre einen nicht unwesentlichen Beitrag zur Distanzierung der Münsteraner Bistumsleitung und des Vechtaer Offizialats vom Kulturwerkgedanken geleistet hat.

Es handelt sich dabei um den Geistlichen Rat Georg Goebel[135], einen der Erzdiözese Prag/Grafschaft Glatz angehörenden Priester, der bereits in den 1930er Jahren als Seelsorger der deutschen Auslandskatholiken und Caritasdirektor im Bistum Jassy/Rumänien Erfahrungen in der Minoritätenbetreuung und in der Sorge um sozial Randständige ge-

---

[134] Bedeutung des St.-Hedwigs-Werkes, in: Hedwigs-Kalender 1955, 82.
[135] Georg Goebel, geboren 1900 in Albendorf, Priesterweihe 1926 in Breslau, 1931 Diözesan-Caritasdirektor im Bistum Jassy/Rumänien, 1941 Pfarrer in Rosenthal/Grafschaft Glatz, 1946 Tätigkeit bei der Katholischen Osthilfe in Lippstadt, 1947 politische Tätigkeit in der Sammlung der Vertriebenen, 1951 Rückkehr in die Pfarrseelsorge u. Pfarrvikar in Kierspe, 1953 Pfarrvikar in Werdohl-Eveking, 1. Vorsitzender der Zentralstelle Grafschaft Glatz in Lüdenscheid, 1950 Mitbegründer u. Herausgeber der Heimatzeitung „Grafschafter Bote", gestorben 1965 in Lüdenscheid, beigesetzt in Laer, Krs. Steinfurt. Vgl. Großpietsch, Peter, Georg Goebel (1900–1965), in: Gröger, Johannes u. a. (Hrsg.), Schlesische Kirche in Lebensbildern (wie Anm. 29), 207–210.

sammelt hatte und sich nach der Vertreibung herausgefordert fühlte, aus eigener Initiative heraus Maßnahmen für die Interessenbildung unter den Ostvertriebenen zu ergreifen[136]. Anfänglich im sozial-karitativen Wirkungsbereich der Katholischen Osthilfe in Lippstadt eingesetzt, löste sich der Geistliche nach Konflikten im Sommer 1947 von jeglicher Bindung an eine kirchliche Institution, nachdem seine Versuche gescheitert waren, maßgebliche Persönlichkeiten des Vertriebenenklerus für die Schaffung einer politischen Interessenvertretung der Ostdeutschen zu gewinnen[137]. Während Georg Goebel dadurch im Spektrum der katholischen Vertriebenenseelsorge zu einem Außenseiter wurde, der ohne Rückendeckung der Hierarchie, die ihm sogar die „cura primaria" entzog[138], handelte, erregte er auf politischem Parkett durch die Gründung eines „Hauptausschusses der Ostvertriebenen in der britischen Zone" öffentliches Aufsehen. Vor allem aber vermochte er durch seine Eloquenz ein Massenpublikum an sich zu binden, das auf die Marktplätze der Städte in der britischen Zone strömte, wenn sich Goebel dort zum Sprachrohr des Rückkehrrechts der Vertriebenen machte und deren soziale Absicherung in den Aufnahmeregionen forderte.

In der Stadt Oldenburg sprach er am 14. November 1948 auf Einladung der dort gebildeten lokalen „Arbeitsgemeinschaft der Ostvertriebenen" auf einer Kundgebung und forderte nicht nur einen Lastenausgleich für seine Landsleute, um diesen eine neue Existenzgrundlage zu ermöglichen, sondern begründete sein Postulat damit, daß „wir diese Unterlagen brauchen für die letzte Abrechnung mit den Polen"[139].

Nach außen hin erzielte er auf diese Weise in jeglicher Hinsicht eine ambivalente Wirkung. Einerseits verliehen ihm sein Charisma und seine Offenheit in der Meinungsbekundung eine große Resonanz bei der Presse, andererseits griff diese auch besonders gern die in seinen Reden zunehmenden radikalen Tendenzen heraus. Für eine breite Öf-

---

[136] Goebel wird in der bisher vorliegenden Literatur durchaus kontrovers beurteilt: Der zum ersten Todestag herausgegebene Gedenkband etwa vermittelt zwar in Text und Bild eine Fülle von Impressionen aus seinem wechselhaften Leben, blendet aber kritische Punkte bewußt aus: Christoph, Leo (Hrsg.), Geistl. Rat G. Goebel und seine Grafschafter, Lüdenscheid o. J. (1966). Ein uneingeschränkt positives Bild zeichnet auch: Großpietsch, Peter, Georg Goebel (1900–1965) (wie Anm. 135). Erste kritische Annäherungen finden sich bei Steinert, Johannes-Dieter, Organisierte Flüchtlingsinteressen und parlamentarische Demokratie: Westdeutschland 1945–1949 (wie Anm. 13) sowie ders., Flüchtlingsvereinigungen – Eingliederungsstationen? (wie Anm. 13); Hirschfeld, Michael, Der Fall des Grafschafter Priesters Georg Goebel, in: Ders., Prälat Franz Monse (1882–1962). Großdechant von Glatz (Arbeiten zur schlesischen Kirchengeschichte, Bd. 7), Sigmaringen 1997, 149–154. Eine detaillierte Biographie Goebels ist ein Desiderat der Vertriebenenforschung.

[137] Goebel hatte z. B. auf einer Tagung der „Arbeitsgemeinschaft ostverwiesener Seelsorger" am 31.3. u. 1.4. 1947 in Lippstadt sein Programm vorgestellt, das in der Schärfe seiner Formulierung auf Ablehnung bei den Anwesenden stieß. Vgl. Hirschfeld, Michael, Prälat Franz Monse (wie Anm. 136), 150.

[138] So Generalvikar Dr. Rintelen, Paderborn, 1947. Vgl. Volksblatt v. 19.6.1950.

[139] Bericht aus der Nordwest-Zeitung v. 16.11.1948, zit. nach Seggern, Andreas von, „Großstadt wider Willen". Zur Geschichte der Aufnahme und Integration von Flüchtlingen und Vertriebenen in der Stadt Oldenburg nach 1944 (Fremde Nähe – Beiträge zur interkulturellen Diskussion, Bd. 8), Münster 1997, 216.

fentlichkeit war Goebel damit gleichsam mit dem Stempel eines Revanchisten versehen. Zur Schlagkraft dieses Pauschalurteils trug nicht nur bei, daß seine „politische[n] Ambitionen [...] schwer zu fassen [waren], da er in seinen Meinungen und Entscheidungen äußerst sprunghaft war"[140], sondern vor allem die Mitgliedschaft des Geistlichen in nationalkonservativen Parteien und Gruppierungen im Vorfeld der ersten Bundestagswahl 1949[141]. Diese vom Geistlichen Rat Goebel ausgehende Sogwirkung mußte im innerkirchlichen Bereich unzweifelhaft die Skepsis hinsichtlich kultureller Sonderrechte für die ostdeutschen Katholiken erhöhen und als Fanal gegen das – wieder – angestrebte Idealbild eines auch politisch einheitlich agierenden Katholizismus verstanden werden.

In den regionalgeschichtlichen Quellen schlugen sich Goebels Auftritte allerdings nur auf staatlicher Ebene nieder, wo ihm ebenfalls der Ruf einer Persona non grata vorauseilte, was sich zunächst durch eine Warnung des Niedersächsischen Ministerpräsidenten Hinrich Wilhelm Kopf bemerkbar machte. Per Rundschreiben wies dieser am 8. Februar 1949 die Regierungs- und Verwaltungspräsidenten an, die Leiter der Kreisflüchtlingsämter auf die Rednertätigkeit Goebels aufmerksam zu machen. Falls dieser auf einer Versammlung spreche, sei umgehend schriftlich hierüber Bericht zu erstatten[142]. Als der durch geschickte Rhetorik glänzende Priester im April 1949 bei einer Flüchtlingskundgebung in Löningen auftreten sollte und das Hannoveraner Ministerium acht Tage darauf den Bericht anmahnte, konnte die zuständige Abteilung im Verwaltungspräsidium nur darauf hinweisen, daß der Redner auf der Veranstaltung nicht erschienen sei. Dafür trat der von seinen priesterlichen Pflichten beurlaubte Geistliche einige Monate später in Wildeshausen anläßlich einer Großkundgebung auf dem Sportplatz auf, die von der Gemeinschaft der Ostvertriebenen im Kreis Oldenburg einberufen worden war. Entgegen den vorhergehenden Warnungen gab Goebels Rede allerdings für den persönlich anwesenden Oberkreisdirektor keinen Grund zur Beanstandung. „Er entwickelte im ersten Teil seiner Rede das Ostvertriebenenproblem als eine ganz Deutschland angehende Frage. Im zweiten Teil [...] ging er auf das Zusammenleben der Ostvertriebenen mit der einheimischen Bevölkerung im Westen ein und gab den Ostvertriebenen gewisse Ratschläge für ihre allgemeine Einstellung."[143] So distanziert und bürokratisch lautete die Einschätzung

---

[140] Steinert, Johannes-Dieter, Organisierte Flüchtlingsinteressen (wie Anm. 13), 72.

[141] Goebel gründete 1948 gemeinsam mit Joachim von Ostau, einem deutsch-völkisch ausgerichteten Hitler-Gegner, die „Notgemeinschaft des deutschen Volkes", deren Parteiprogramm ein korporatives Staatssystem propagierte. 1949 trat er als Mitinitiator der „Tatgemeinschaft freier Deutscher" auf, die stärker auf materiellen Ausgleich für die Vertriebenen ausgerichtet war. Im Vorfeld der Landtagswahl 1950 in Nordrhein-Westfalen rief Goebel schließlich zur Unterstützung der rechtsgerichteten Deutschen Reichspartei (DRP) auf. Vgl. Steinert, Johannes-Dieter, Flüchtlingsvereinigungen – Eingliederungsstationen? (wie Anm. 13), 62, u. ders., Organisierte Flüchtlingsinteressen (wie Anm. 13), 72–76.

[142] Vgl. Anweisung d. Niedersächsischen Ministerpräsidenten an die Regierungs- u. Verwaltungspräsidenten v. 8.2.1949, in: StAOl Best. 136-111-8a. Hier auch die folg. Dokumente zu Goebel.

[143] Oberkreisdirektor Dr. Carl Ballin an Verwaltungspräsident Wegmann v. 1.6.1949, ebd. Hier auch die folg. Zit.

des leitenden Verwaltungsbeamten des Kreises Oldenburg, der zu dem Resultat kam, daß Goebel „keineswegs irgendwie ketzerisch" sei, sondern „vielmehr durchpulst von dem Gefühl wahrer Menschlichkeit".

Ähnlich positiv hatte sich auch der Vechtaer Oberkreisdirektor geäußert, als er über einen Auftritt Goebels im Vechtaer Schützenhof vor 1.500 Zuhörern vermerkte, daß der Redner die Aufforderung, sich im Westen neu einzurichten, mit dem Gedanken des Heimatrechts verknüpft habe. Offensichtlich entsprachen also die Warnungen vor Goebels Demagogie nicht dem vom lokalen Standpunkt aus als Political Correctness empfundenen Inhalt seiner im Oldenburgischen gehaltenen Reden.

Dennoch blieb sein letztlich erfolgloses Engagement für die „Tatgemeinschaft freier Deutscher" und andere in wesentlich massiverer Form als die großen Parteien auf die Wiederherstellung des Deutschen Reiches in den Grenzen von 1937 hinwirkende politische Splittergruppen im allgemeinen Bewußtsein Kennzeichen einer fehlenden Kongruenz zu den vom Episkopat und der Mehrheit des Klerus unterstützten Kräften in der CDU, die zu Exponenten des neuen demokratischen Systems der Bundesrepublik wurden. Zudem hatte sich Goebel keineswegs „bei den verschiedenen Verpflichtungen von priesterlichen Gesichtspunkten leiten lassen"[144] – wie nachträglich behauptet wurde –, sondern dem Streben zahlreicher religiös motivierter Heimatvertriebener nach einem Stück eigener kirchlicher Identität einen „Stachel ins Fleisch" versetzt.

e) Adaption religiös-kultureller Ziele durch weltliche Vertriebenenorganisationen

Die unbestreitbare Pionierfunktion des katholischen Priesters Georg Goebel bezüglich einer flächendeckenden Gründung von Interessengemeinschaften der Ostvertriebenen (IGO) auf überkonfessioneller und überlandsmannschaftlicher Basis erfuhr allerdings sowohl bei ostdeutschen Katholiken als auch bei einigen Geistlichen Rückhalt. So wählte beispielsweise der im Sommer 1949 von den Behörden zugelassene „Heimatverein der Ostdeutschen" in Bockhorn den dortigen katholischen Vertriebenenseelsorger Gerhard Schuster zu seinem 2. Vorsitzenden[145].

Im westfälischen Bistumsteil engagierte sich der im ostmünsterländischen Ahlen wirkende Kaplan Rudolf Kurnoth aus der Erzdiözese Breslau stark in der Aufgabe eines Vorsitzenden des kommunalen Flüchtlingsbeirates und vollzog dort im Beisein des Geistlichen Rates Goebel die Gründung einer IGO[146], denn „Seelsorge erstreckte sich

---

[144] So bei Christoph, Leo (Hrsg.), Geistlicher Rat G. Goebel und seine Grafschafter (wie Anm. 136), 45–47.

[145] Zur Wahl von Pfarrer Gerhard Schuster vgl. Protokoll der Gründungsversammlung v. 23.6.1949, ebd. Eine regionalgeschichtliche Studie zur politischen Manifestation der Vertriebenen steht für Oldenburg noch aus. Auf lokaler Ebene hat Norbert Baha diesen Prozeß in dem Band Wiederaufbau und Integration (wie Anm. 124) beispielhaft nachvollzogen. Vgl. ebd., 137–196.

[146] Vgl. Schulte, Ludger, Bauen und Wohnen in der neuen Heimat. Vier Siedlungen für Vertriebene und Flüchtlinge in Ahlen, in: Münsterland. Jahrbuch des Kreises Warendorf 1996, 95–102, hier 99.

für ihn auf den Menschen in allen seinen Daseinsbereichen"[147]. Die IGO verstand es also mancherorts, unter maßgeblicher Einbeziehung von Vertriebenenklerus und kirchlich aktiven Katholiken eine Ersatzfunktion für das nicht genehmigte kirchliche Heimatwerk einzunehmen, wobei sie auf rein weltlichem Terrain „handelndes Subjekt durch aktive Partizipation"[148] blieb.

Von der Übernahme einer Führungsrolle in der IGO war es schließlich nur noch ein kleiner Schritt zum kommunalpolitischen Engagement. In Schillig zum Beispiel bedeutete der katholische Vertriebenenseelsorger Hugo Springer eine solche Integrationsfigur. Als Interessengarant der Vertriebenen beider Konfessionen gelangte er 1948 in den Rat der zuständigen politischen Gemeinde Minsen und wurde in den folgenden Legislaturperioden mit tatkräftiger Wahlhilfe seiner evangelischen Landsleute stets wiedergewählt[149].

Dagegen konstituierte sich 1949 – ebenfalls ohne offizielle kirchliche Unterstützung – für den Bereich der Stadt Oldenburg ein „Schlesischer Arbeitskreis Oldenburg", der in der Öffentlichkeit als „Schlesische Landsgemeinde" auftrat und sich bereits in seinen Leitlinien ganz deutlich von politischen Interessenvertretungen abgrenzte, wenn es dort hieß: „Unsere Selbsterhaltung liegt in Arbeit und Selbsthilfe, nicht in der Wiederherstellung der Vergangenheit."[150] Insbesondere fällt aber der starke religiöse Akzent auf, der gemäß den Leitlinien „aller Heimatarbeit erst ihren eigentlichen und vollen Sinn" gebe und den die überkonfessionelle Gruppe in sechs Punkte faßte:

„a) Herausstellen des inneren Sinnes der Ausweisung,
 b) Abbau des nationalen Hasses,
 c) Anregung zur Bestimmung von Flüchtlingsbischöfen,
 d) Vertretung in den kirchlichen Körperschaften,
 e) Abhaltung von Heimatkirchentagen,
 f) Pflege des ‚Bruderschaftsgedankens': ‚Konkordanz statt Koalition'".

Der religiös-kulturellen Heimatpflege wurde hier mit dem Versöhnungsgedanken erstmals ein neues Element beigefügt, das sich zu diesem Zeitpunkt weder in den Satzungen des St.-Hedwigs-Werkes noch in den Leitlinien der Eichendorffgilde fand. Der Gedanke des Brückenbaus in die verlorene Heimat mutet als zukunftsorientierter Ansatz an, der aber offenbar – analog zur Konzeption der „Deutschen Hedwig-Stiftung" von 1946 – allzu vorausschauend gedacht war. Allein aufgrund der geringen persönlichen Distanz der

---

[147] Sauermann, Dietmar, „Aus allen Bindungen der Heimat herausgerissen" (wie Anm. 41), 204.
[148] Steinert, Johannes-Dieter, Flüchtlingsvereinigungen – Eingliederungsstationen? (wie Anm. 13), 60.
[149] Vgl. Chronologie der katholischen Seelsorgestelle Schillig, in: Pfarrarchiv Schillig, wo Pfarrer Springer seine Popularität als Kommunalpolitiker mit Erstaunen vermerkt.
[150] Arbeitsübersicht des „Schlesischen Arbeitskreises", Oldenburg, in: StAOl Best. 136-125-66-B-1b: Betreuung, Verschiedenes 1945–1949. Hier auch das folg. Zit. Vgl. zum religiösen Impetus der „Schlesischen Landsgemeinde" auch Seggern, Andreas von, „Großstadt wider Willen" (wie Anm. 139), 224.

meisten Heimatvertriebenen zu den oftmals als Trauma empfundenen Erfahrungen in der polnischen Besatzungszeit bis zur Vertreibung mußte diesem Konzept der Erfolg versagt bleiben. Wenn auch der Kirche ein ihrem Selbstverständnis entsprechender gesellschaftlicher Einfluß eingeräumt wurde, implizierte das Konzept zugleich unter Benennung des „Bruderschaftsgedankens" eine Verwischung der konfessionellen Grenzen, durchbrach damit also die gängigen Milieuvorstellungen, die gemäß dem zeitgenössischen Katholizismusverständnis gerade in den Diasporagebieten neu installiert werden sollten. Deshalb gelang es dem „Schlesischen Arbeitskreis Oldenburg" folglich auch nicht, von der Oldenburger Pfarrgeistlichkeit oder vom Bischöflichen Offizialat in Vechta gefördert zu werden und als Modell einer weltlich gesteuerten Vergemeinschaftungsform mit religiöser Komponente Schule zu machen[151].

Darüber hinaus fehlte es diesem lokal begrenzten Ansatz an einer entsprechenden Breitenwirkung. Das heißt konkret, nur regional oder überregional wirkende Organisationen wie das St.-Hedwigs-Werk konnten das katholische Vertriebenenmilieu flächendeckend dahingehend absorbieren, daß eine größere Breitenwirkung erzielt wurde. Abgesehen vom fehlenden Plazet der Bistumsleitung in Münster besaßen die Zentralen dieses Heimat- und Kulturwerkes in Lippstadt und Meppen folglich gleichsam das Monopol für eine organisatorische Bindung der ostdeutschen Katholiken im nordwestdeutschen Raum, zumal die auf ein intellektuelles Potential hin orientierten schlesischen Eichendorffgilden in dieser weniger bürgerlich-städtisch als vielmehr agrarisch-industriell geprägten Region nicht wirklich Fuß zu fassen vermochten[152].

## 4. Rezeptionsversuche auf der Mesoebene des Fallbeispiels

### a) Erster Versuch einer Hedwigs-Werk-Etablierung für Oldenburg und das Bistum Münster 1948

Die Sogwirkung des Sammlungsprozesses der Heimatvertriebenen auf der mittleren Ebene der kirchlichen Jurisdiktionsbezirke konnte am Offizialatsbezirk Oldenburg nicht vorbeigehen. Als in der benachbarten Diözese Osnabrück innerhalb weniger Monate des Jahres 1948 50 örtliche Hedwigsvereine gegründet worden waren[153], beschäftigte diese Gründungswelle, die im wesentlichen von der Hedwigs-Werk-Zentrale im nahegelegenen emsländischen Meppen aus gesteuert wurde, auch den im Bereich des Fallbeispiels bestehenden Konveniat ostvertriebener Priester. Auf dessen Einladung informierte hier im Juni 1948 ein in Bersenbrück im Bistum Osnabrück wirkender regelmäßiger Teilnehmer

---

[151] Zumindest sind bei den kirchlichen Akten im OAV keine Angaben zum „Schlesischen Arbeitskreis" in Oldenburg enthalten.
[152] Lediglich Ganderkesee bildete hier bedingt durch den aus der Jugendbewegung kommenden Seelsorger eine Ausnahme. Kurzzeitig vermochte sich hier eine Eichendorffgilde zu bilden, die aber im überpfarrlichen Kontext nicht stärker hervortrat.
[153] Vgl. Dröge, Kurt, Hedwigskreise (wie Anm. 125), 73.

des Koneviats über die Aufgabenstellung des St.-Hedwigs-Werkes. Dieses Referat blieb nicht ohne Resonanz und öffnete den Zuhörern die Zusammenhänge zwischen Religion und heimatlicher Kultur, wie im folgenden Rundbrief an die Ostpriester begeistert vermerkt wurde[154]. Der Sprecher des oldenburgischen Vertriebenenklerus, Pfarrer Otto Jaritz aus Rastede, registrierte in diesem Zusammenhang resigniert, es hätten im Offizialatsbezirk „inzwischen [...] neutrale Kräfte die Pflege heimatlichen Brauchtums der Vertriebenen in die Hand genommen, und wir können uns höchstens noch einschalten bzw. den Versuch dazu machen". Einem ersten konkreten Schritt in diese Richtung war bereits im März 1948 kein nennenswerter Erfolg beschieden gewesen. Schon damals hatte der ostvertriebene Ganderkeseer Pfarrektor gegenüber Offizial Pohlschneider die Gründung eines Diözesanwerkes der katholischen Vertriebenen auf Bistumsebene angeregt und zugleich signalisiert, daß in seiner Kirchengemeinde Interesse an einem Hedwigskreis bestehe[155]. Anscheinend gab es auf diese Anfrage hin keine Resonanz aus Münster oder Vechta, denn der Vertriebenenseelsorger wiederholte das Anliegen im Juni desselben Jahres noch einmal mündlich gegenüber Bischof Michael Keller, als dieser zur Firmung in Ganderkesee weilte. Es heißt, Keller habe bei allem Verständnis für die Sorgen und Nöte der Vertriebenen die Bitte abgelehnt[156], so daß die Ganderkeseer Katholiken sich kurz darauf dem Verband der Eichendorffgilden anschlossen, die sich im Vergleich zum Hedwigs-Werk bewußt als Laieninitiative katholischer Schlesier in der Nachfolge der Jugendbewegung verstanden[157]. Weitab von ihren Schwestergilden konnte sich diese im Offizialatsbezirk Oldenburg isoliert bleibende Gruppe allerdings nach außen hin nicht weiter entfalten, sondern blieb auf gemeindeinterne Aktivitäten beschränkt, die jedoch im Grunde genommen keiner Vereinsbildung bedurften, da sie ohnehin die nahezu vollständig aus Schlesien stammende Gemeinde als Ganzes ansprachen.

An dieser Stelle wird deutlich, warum ein kulturelles Eigenleben mit ostdeutschen (schlesischen) Traditionen in der Diaspora des Fallbeispiels zwar vielerorts, ohne nach einem regionalen Zusammenschluß zu streben, gepflegt, jedoch kaum nach außen getragen wurde. Schließlich bestanden die dortigen Diasporagemeinden, sofern sie Nachkriegsgründungen waren, in der Regel zu mehr als 95 % aus Flüchtlingen und Vertriebenen. Eine Brauchtumspflege war hier somit bereits in der regulären Seelsorge intendiert, zumal die Seelsorger der Vertriebenengemeinden zumeist ebenfalls im Osten beheimatet waren.

---

[154] Vgl. Rundbrief an die oldenburgischen Ostpriester (im weiteren zit. ROK) v. 21.9.1948. Hier auch das folg. Zit.

[155] Richter an Pohlschneider v. 13.3.1948, in: OAV B-18-21. Eine Antwort auf diesen Brief ist hier ebensowenig überliefert wie entsprechende Bemühungen von O. Jaritz aus dem Jahr 1948 in den Archiven dokumentiert sind.

[156] Dies geht aus einem Brief von Anton Zimmermann, Delmenhorst, an Pfarrer J. Smaczny, Meppen, v. 12.6.1950 hervor, in: Archiv St.-Hedwigs-Werk Osnabrück, Korrespondenz 1948–1951.

[157] Vgl. Mitteilungen der Eichendorffgilde Nr. 6 v. Mai 1948 u. Schindler, Karl, Die Entstehung der Eichendorffgilden (wie Anm. 45), 21 u. 26.

Dies zeigt sich etwa an der Einladung zu einem Gemeinschaftsabend der Vertriebenengemeinde Rastede, der Ende der 1940er Jahre unter dem Motto „Verlorene Heimat" stattfand. Das Vertreibungsschicksal war hier unter den Eingeladenen das identitätsstiftende Merkmal, und eine Sonderseelsorge erwies sich als unnötig. Es war dort selbstverständlich, neben dem Münsteraner „Laudate" auch das Breslauer Diözesangesangbuch „Weg zum Himmel" zu benutzen, so es bei der Vertreibung gerettet werden konnte.

Aber nicht nur das religiöse Liedgut des deutschen Ostens wurde in den Vertriebenengemeinden Nordoldenburgs im Rahmen der Sonntags- und Werktagsgottesdienste gepflegt, auch innerhalb der Liturgie fanden Elemente ihren Platz, die als vertriebenenspezifisch bezeichnet werden können. So wurde zum Beispiel in der Vertriebenengemeinde St. Marien (später: St. Michael) in Oldenburg-Kreyenbrück stets das „Vater unser der Heimatlosen" gebetet. Dabei handelt es sich um einen Gebetstext und Erläuterungen des früheren Spirituals des Breslauer Priesterseminars, Erich Puzik, aus dem Jahre 1948, der beispielsweise unter die Vergebungsbitte den Zusatz stellte, daß „nur Liebe und Verzeihen [...] den Schlußpunkt hinter eine Folge von Freveln setzen" können[158]. Unter schlesischen Priestern wurde das in geringer Auflage erschienene Büchlein von Hand zu Hand gereicht und fand so weite Verbreitung.

Über dieses und ähnliche Versatzstücke hinaus mußte es in den neu gegründeten Gemeinden in erster Linie darum gehen, zunächst einmal die äußeren Voraussetzungen für ein erfolgreiches Gemeindeleben zu schaffen, also die auf diverse Bauerschaften zerstreuten und oft aus unterschiedlichen sozialen Verhältnissen und Regionen auch innerhalb Schlesiens stammenden Gläubigen zu einer Gemeinschaft zu formen, zugleich die Planung einer würdigen Gottesdienststätte als Kennzeichen einer künftigen Verwurzelung in der neuen Umgebung voranzutreiben und letztlich durch Kollektenpredigten in Südoldenburg, dem Münsterland und anderen Teilen Westdeutschlands die notwendigen finanziellen Mittel zu beschaffen. Angesichts dieser zu leistenden Aufgaben blieb kaum die Zeit, um den Blick intensiver zurück auf die kulturellen Wurzeln zu richten und sich der ostdeutschen Identität durch Verankerung in einem mit Satzungen versehenen Verein rückzuversichern.

Wie sich anhand der Ausbreitung und Etablierung der Hedwigskreise im Bistum Osnabrück belegen läßt, waren diese lokalen Zusammenschlüsse ganz offenbar auch dort eben nicht primär in der Diaspora erfolgreich, wo sie der Münsteraner Diözesan-Vertriebenenseelsorger Volkmann allein für „segensreich und erforderlich" hielt, sondern in katholischen bzw. gemischtkonfessionellen Regionen mit höherem Anteil an einheimischen Katholiken, da sie dort eine Abgrenzungsmöglichkeit gegenüber letzteren darstellten. So konzentrierten sich die Mitgliedsverbände des Osnabrücker Diözesanwerkes auf das Emsland, Osnabrücker Land und die Grafschaft Bentheim. Die in ihrer konfessionel-

---

[158] Vgl. Chronik des Pfarrektorats Oldenburg-Kreyenbrück. Das „Vater unser der Heimatlosen" stand im Kontext zahlreicher Bittrufe, Gebete und Lieder der Ostvertriebenen, in denen sich der Heimatverlust ausdrückte und die vor allem bei Wallfahrtstreffen gesungen wurden. Auszugsweise abgedruckt bei Lorenz, Franz (Hrsg.), Schicksal Vertreibung. Aufbruch aus dem Glauben. Dokumente und Selbstzeugnisse vom religiösen, geistigen und kulturellen Ringen, Köln 1980, 145–151.

len Zusammensetzung der Situation in Nordoldenburg vergleichbaren Vertriebenengemeinden Ostfrieslands und der Kreise Grafschaft Hoya und Diepholz wiesen dagegen nur vereinzelt bzw. über einen kürzeren Zeitraum hinweg Hedwigskreise auf[159]. Entgegen dem Diktum Volkmanns, „daß die Verhältnisse in der Diözese Münster weitgehend anders gelagert sind als in der Diözese Osnabrück"[160], läßt sich wenigstens für die oldenburgische Diaspora ein genaues Spiegelbild der Osnabrücker Entwicklung konstatieren. Eine Ausnahme stellt dabei die Situation in Ganderkesee dar, von der bereits die Rede war. Das bedeutet, daß der Kulturwerk-Bewegung seitens der Vertriebenengemeinden weitgehend der für eine Gründung notwendige Impetus fehlte und lediglich in vier in der Zeit der Industrialisierung entstandenen Diasporagemeinden intensive Bestrebungen zu verzeichnen sind, auch gegen kirchenoberliche Widerstände einen katholischen Vertriebenenverband im Geist des St.-Hedwigs-Werkes zu begründen.

b) Das Spannungsfeld zwischen Diaspora- und Vertriebenenkatholizismus als Ursache für die Suche nach Vergemeinschaftungsformen

Diese Etablierungsversuche bezogen sich auf die Städte Delmenhorst, Nordenham, Varel und Wildeshausen. Bis auf letztere handelt es sich hierbei um industriell geprägte Orte, die zwar nicht über jene katholische Tradition verfügten wie die Kleinstädte oder Landgemeinden im Emsland und Osnabrücker Land, in denen das Hedwigs-Werk seine nachhaltigsten Erfolge erzielte, die jedoch bereits vor 1945 ein eigenes, ganz spezifisches katholisches Diasporamilieu ausgebildet hatten.

Welche Ressentiments der gerade hier in seiner Abwehrhaltung bezüglich allem Fremden gefestigte Minderheitenkatholizismus auch gegenüber den eigenen Glaubensschwestern und -brüdern aus dem Osten ausbildete, belegen exemplarisch drei in „Christ unterwegs" abgedruckte Briefe, die in ihrer präzisen Formulierung und Zuspitzung des Konfliktes zwischen einheimischen und vertriebenen Katholiken in der Diaspora auf den ersten Blick symbolisch und verallgemeinernd wirken, die geltende Grundproblematik aber auch für die Untersuchungsregion Oldenburg einfühlsam widerspiegeln: Da schreiben die Einheimische „Elisabeth" und die Vertriebene „Hedwig" einer „Freundin" ganz unverblümt über ihre Sicht der Ostvertriebenen in ihrem konkreten Lebensumfeld, der fränkischen Diaspora. Bei der ersteren kann man unter anderem folgende Sätze lesen: „Im allgemeinen sind ja die Fremden ganz anständig. [...] Aber sie sind so laut und lebhaft, ganz anders als wir, so maßlos in ihren Gefühlsäußerungen, besonders in ihrem Schmerz. Es ist natürlich schwer, die Heimat verlassen zu müssen. Aber wir haben schließlich alle unser Kriegsopfer gebracht, und damit muß man als Christenmensch doch einmal fertig werden. Wir haben sie nicht gerufen, und wenn wir unser bißchen Habe mit ihnen teilen, sollten sie dankbar sein und sich in unser Dorf, in unser Gemeinschafts-

---

[159] Vgl. Karte der Hedwigskreise in der Diözese Osnabrück, in: Dröge, Kurt, Hedwigskreise (wie Anm. 125), 72. Bei Dröge, Kurt, Katholische Flüchtlingsvereinigungen (wie Anm. 57), 115f., wird hingegen behauptet, die Vereinsgründungen seien überall relativ flächendeckend erfolgt.

[160] Zit. v. Pohlschneider an Smaczny v. 22.12.1949, in BAM NA 101-414.

leben einfügen. Es geht doch nicht, daß sie uns mit ihrem so fremden Wesen beherrschen wollen. [...] Sie klagen, daß nur so selten Gottesdienst ist [...], wollen ihren heimatlichen Gewohnheiten mit unzähligen Seelenämtern, Prozessionen usw. treu bleiben, wollen am liebsten ihre eigenen Lieder singen. Sage selbst [...], wer hat hier die älteren Rechte? Wir haben die Fremden nicht gerufen. [...] Sie dürfen nicht vergessen, daß sie schließlich nur Gäste sind."[161] Und sie resümierte: „Wir sind alle unzufrieden und bedrückt. Der geschlossene Kreis unserer Heimatgemeinde, der uns liebend umfing, ist gesprengt." „Hedwig", der ostdeutsche Gegenpart, schwelgte dagegen in der heimatlichen Erinnerung eines barocken schlesischen Katholizismus, dessen Fehlen in der neuen Heimat sie „auch religiös heimatlos" gemacht habe, worin sie aber eine „Prüfung" ihres Glaubens sah. „Ich meine immer, es müßte alles ein böser Traum sein und die Glocken von St. Nikolaus müßten läuten, unser guter Pater R. auf die Kanzel steigen, unsere Weihnachtslieder müßten klingen. [...] Sollen wir das wirklich nicht wieder erleben?" Und sie stellte die bange Frage, was sein würde, „wenn wir erst wieder heim können. Wir dürfen doch bestimmt wieder nach Hause?"

Obwohl die rein pädagogische Intention dieser stilisierten, von Gemeinplätzen geprägten „Briefe" in einem dritten Schreiben besonders evident wird, das die „Freundin" als Adressatin sowohl an „Elisabeth" als auch an „Hedwig" richtete, und in dem sie die Christus-Liebe als größtes Ziel und einigendes Band aller Christen heraufbeschwor, geben sie die Ursachen des Konfliktes in den seit der Industrialisierung bestehenden oldenburgischen Diasporagemeinden treffend wieder.

Diese lassen sich an einem Beispiel aus der Untersuchungsregion genauer betrachten: Was die nordoldenburgische Kleinstadt Varel betraf, in der 1947 1.200 Stammkatholiken 3.900 Flüchtlingen gegenüber standen[162], konstatierte ein alteingesessener Diasporakatholik anläßlich der 100-Jahrfeier der Gemeinde 1951 analog zu „Elisabeth" einen spürbaren Unterschied zwischen beiden Mentalitäten, für den er die Verschiedenheit des jeweiligen Migrationsprozesses verantwortlich machte. Während die alteingesessenen Pfarrangehörigen freiwillig Varel als neue Heimat gewählt und sich auf die Diasporasituation bewußt eingelassen hätten, wohne vielen Vertriebenen eine grundsätzliche Abwehrhaltung gegen die Beheimatung im Ort inne. „Diese Menschen, die noch wie vor sechs Jahren heimatlos sind, haben, ebensowenig wie sie bleiben wollen, wo sie sind, als Katholiken den Willen, die katholische Kirche in dem ihnen fremden Lande einzupflanzen. Sie haben, wie ich aus Gesprächen entnehmen konnte, zum größten Teil das Verlangen, wieder in kath[olische] Gegenden zu kommen. Man muß, glaube ich, sagen, daß die große Masse der Vertriebenen nicht ‚diasporafähig' ist, und es ist noch nicht abzusehen,

---

[161] Wir sitzen am selben Tische [...]. Drei Briefe vom Zueinanderfinden, in: Christ unterwegs, 1/1950, 3–7, hier 3. Die beiden folg. Zit. ebd., 4, das dritte Zit. ebd., 6. Den gemütsbezogenen Zug der ostdeutschen Frömmigkeit stellt auch Sauermann, Dietmar, „Aus allen Bindungen der Heimat herausgerissen" (wie Anm. 41) heraus.

[162] Vgl. Zahlen von Pfarrer Otto Langeland, in: Steinkamp, Karl, Die 100jährige Entwicklung der katholischen Kirchengemeinde Varel, o. O. o. J. (Varel 1951), 2. Aufl. 1981, 78.

ob die vielen katholischen Flüchtlinge eine Stütze für die alte Diasporagemeinde sind oder nicht."[163]

An dieser Einschätzung, die sicherlich stark von einer persönlichen Distanz des einheimischen Verfassers zu den die Diasporagemeinde nunmehr zahlenmäßig dominierenden Vertriebenen bestimmt ist, läßt sich dennoch gut erkennen, daß die etablierten Diasporchristen sich aus ihrem selbstgeschaffenen und liebevoll eingerichteten Refugium nur ungern in die Realität herausholen lassen und diese anerkennen wollten. Umgekehrt mußte aus solchen und ähnlichen Reaktionen bei den Vertriebenen selbst das Gefühl einer „doppelten Diaspora" erwachsen, das den Wunsch nach einer Nische im religiösen Leben zweifelsohne gerade in den nordoldenburgischen Industrie- und Hafenstädten verstärkte, wo sie ein gefestigtes katholisches Milieu „en miniature" vorfanden. Ganz offensichtlich besitzt in diesem Zusammenhang grundlegende Geltung, was zur Spezifizierung des Begriffs „Diaspora" angemerkt wurde: „Die Essentials des Kircheseins werden durch den diasporalen Kontext sehr unterschiedlich geprägt."[164] Dabei versuchte der Vareler Chronist, der Glaubenspraxis der Vertriebenen durchaus gerecht zu werden, denn „bei all dem gibt es auch eine große Zahl diasporafester Flüchtlinge, denen der katholische Glaube das letzte Stück Heimat bedeutet. Man spürt das auch bei den Gottesdiensten, wenn jung und alt mit Begeisterung die bekannten, gemütvollen schlesischen Lieder singen. Das Leid hat zu einer tiefen Religiosität geführt, sie opfern gern noch von ihrem Wenigen für die Kirche und stellen großherzig ihre Freizeit zur Verfügung, wenn eine Feier vorbereitet werden soll."[165] Exemplarisch für eine Ausweitung des bisherigen kirchlichen Gemeinschaftslebens erwähnte der einheimische Zeitzeuge die angesichts des Zuwachses an Gläubigen erfolgte Einführung einer Fronleichnamsprozession sowie die nach schlesischem Vorbild kopierte Mitternachtsmette zu Weihnachten, die auch Andersgläubige in die überfüllte St.-Bonifatius-Kirche lockte[166]. Allerdings schwingt hier aus einer für den „alten" Diasporakatholizismus typischen rationalen Haltung ein Wermutstropfen mit, der sich auf die seit dem Eintreffen der Vertriebenen deutlich gesunkene religiöse Praxis bezog. Ein Wert, der an der Abnahme des Kirchenbesuchs von 55 % der Gemeindemitglieder (vor 1945) auf ca. 25 % festgemacht wurde, ohne jedoch nach den Ursachen hierfür zu forschen. Außerdem fehle es den Jugendlichen aus Vertriebenenfamilien an dem nötigen Maß an Selbstvertrauen, um am sonntäglichen Kirchgang festzuhalten. „Ich weiß mehrere Jugendliche, die 1946 noch in die Kirche kamen, heute jedoch schon gleichgültig geworden sind."[167] Andererseits beobachtete der Vareler Gewährsmann, daß seit dem Einströmen der Vertriebenen, die Dreiviertel der Gläubigen stellten, die Zahl der kirchlichen Eheschließungen auch analog hierzu um das Dreifache der Kriegs- und Vorkriegszeit

---

[163] Ebd., 79f.
[164] Vgl. Ullrich, Lothar, Diaspora und Ökumene in dogmatischer (systematischer) Sicht, in: Kresing, Bruno (Hrsg.), Für die Vielen. Zur Theologie der Diaspora, Paderborn 1984, 156–192, hier 182. Ullrich stellt die These auf, Diasporatheologie sei grundsätzlich kontextuelle Theologie.
[165] Vgl. Steinkamp, Karl, Die 100jährige Entwicklung (wie Anm. 162), 80.
[166] Vgl. ebd., 70.
[167] Ebd., 80.

angestiegen war. Der Anteil derjenigen, die vor dem katholischen Priester einen anderskonfessionellen Partner ehelichten, war dabei jedoch lediglich von 55,8 % – als Mittelwert der vorherigen Jahrzehnte – auf 59,1 % gestiegen. Wenn auch hier die Zahl der Gemeindemitglieder, die sich nicht katholisch trauen ließen, nicht berücksichtigt ist, so deutet diese Entwicklung in Varel nicht auf die Mischehe als bestimmender Faktor kirchlicher Desintegration hin. Inwieweit diese Beobachtung allerdings ebenso für die anderen Gemeinden des Fallbeispiels gilt, wird an anderer Stelle noch detaillierter untersucht werden[168].

Tabelle 1: Kirchliche Eheschließungen in Varel St. Bonifatius

| Jahr | Gesamtzahl | davon Mischehen (in %) |
|---|---|---|
| 1911–1920 | 40 | 19 (47,5) |
| 1921–1930 | 41 | 26 (63,4) |
| 1931–1940 | 57 | 34 (59,6) |
| 1941–1945 | 34 | 17 (50,0) |
| **vor 1945 insgesamt** | **172** | **96 (55,8)** |
| 1946–1951 | 164 | 97 (59,1) |

*Quelle: OAV: Zweitschriften der Trauungsbücher von St. Bonifatius Varel*

Eine Schlußfolgerung ist aber bereits an dieser Stelle aus den statistischen Werten des lokalen Beispiels zu ziehen: Nicht wenige Vertriebene gaben offenbar in ihrer sensiblen psychischen Lage infolge von Negativerfahrungen mit altansässigen Glaubensschwestern und -brüdern den sonntäglichen Kirchgang wie auch eine in der Heimat gepflegte kirchliche Bindung allmählich auf. Dies wird an den weiteren Beispielen von Eingaben und Beschwerden heimatvertriebener Katholiken gegenüber dem Bischöflichen Offizialat in Vechta deutlich, in denen sich zugleich die Schwierigkeiten des Miteinanders zwischen „alten" und „neuen" Diasporakatholiken widerspiegeln.

Dies betraf zunächst einmal den schlesischen Brauch der Mitternachtsmesse in der Christnacht. Was in der Erzdiözese Breslau und den ihr benachbarten Jurisdiktionsbezirken als Privileg galt, nämlich um 24 Uhr bereits die erste Weihnachtsmesse, das sogenannte Engelamt, zu zelebrieren, war in Nordwestdeutschland unbekannt. Hier fand das Engelamt erst in der Frühe des Ersten Weihnachtstages statt. Welchen Stellenwert die Mitternachtsmesse mit dem „Transeamus" als zentrales Weihnachtserlebnis[169] bei den Ostvertriebenen besaß, zeigt deren offenbar zahlreiches Bitten und Drängen in der Ad-

---

[168] Vgl. Kap. V Interkonfessionelle Kontakte und ökumenische Annäherungen.
[169] Vgl. Sauermann, Dietmar, „Aus allen Bindungen der Heimat herausgerissen" (wie Anm. 41), 209. Das in Schlesien beliebte „Transeamus" („Lasset uns nun gehen"), eine Vertonung des Weihnachtsoffertoriums vom Breslauer Domkapellmeister Joseph Ignaz Schnabel (1767–1831), steht symbolisch für die Idee vom Aufbruch des pilgernden Gottesvolkes zur Krippe.

ventszeit 1946, das selbst einheimische Priester zu einer Anfrage beim Offizialat veranlaßte. So begründete der Pfarrer von Wildeshausen, der als erster einen Antrag auf Aufnahme der schlesischen Tradition stellte, dies vordringlich mit der drangvollen Enge in seinem Gotteshaus: „Schon im vorigen Jahre war unsere kleine Kirche in der Christmesse um 6 Uhr morgens überfüllt. Bei dem gewaltigen Zuwachs der Gemeinde wird unsere Kirche in diesem Jahre die Gläubigen um 6 Uhr morgens nicht fassen können. Zudem ist es dringender Wunsch vieler Schlesier, daß eine mitternächtliche Christmesse gefeiert wird, weil sie es von der Heimat her so gewohnt sind. Daher bitten wir um die Genehmigung, um 12 Uhr nachts die erste Christmesse feiern zu dürfen."[170] Dieses Gesuch, wie auch die entsprechenden Bitten der Vertriebenenseelsorger aus Bockhorn und Zetel sowie zwei weiterer einheimischer Pfarrer in Jever und Varel, wurde von Offizial Pohlschneider im Hinblick auf die besonderen Verhältnisse und unter Hinweis auf das Kirchenrecht, das die Möglichkeit einer Mitternachtsmesse einräumte, wenn sie als Pfarrmesse deklariert war, formlos genehmigt[171]. Allerdings betrafen diese auch in den Folgejahren wiederholt ausgesprochenen Bitten um Ausnahmegenehmigungen lediglich die nordoldenburgische Diaspora. Interessant erscheint dabei, daß diese liturgische Neuerung nicht von allen Vertriebenengemeinden beantragt wurde, statt dessen aber – wie die Beispiele Wildeshausen, Jever und Varel belegen – in Gemeinden mit einem Kern etablierter Katholiken ebenfalls zum Bestandteil des weihnachtlichen Gottesdienstangebotes gemacht wurde, wobei anzunehmen ist, daß die Mitternachtsmesse dort nahezu ausschließlich von den Vertriebenen der Pfarrei besucht wurde. Ausschlaggebend für die Einführung war vordringlich die liturgische Aufgeschlossenheit des Ortspfarrers, wie sie im Falle Wildeshausen für den oldenburgischen Klerus eine Ausnahme darstellte[172].

Daß man im Offizialat schließlich bemüht war, die als besonders feierlicher Höhepunkt des Weihnachtsfestes geltende schlesische Tradition nicht allerorten zu übernehmen, sondern möglichst auf die Diasporagemeinden zu beschränken, zeigt eine Anfrage des Cloppenburger Dekanatsjugendführers der männlichen Jugend aus dem Jahre 1949[173]. Der in Löningen beheimatete Jugendliche regte darin im Namen der Weltkriegssoldaten und der Flüchtlinge die Einführung der Mitternachtsmesse in der Löninger Pfarrkirche an. Offizial Grafenhorst schlug diese Bitte jedoch nicht nur mit Blick auf das Kirchenrecht, das die Mitternachtsmesse nicht zwingend vorsehe, sondern vor allem mit

---

[170] Pfarrer Anton Fortmann, Wildeshausen, an Offizialat v. 12.12.1946, in: OAV A-2-57. Hier auch die übrigen Anfragen zum Thema Mitternachtsmesse.

[171] Vgl. die knappen Genehmigungsvermerke, ebd. Vgl. CIC von 1917, Freiburg u.a. 1920, can. 821 § 2. Dort heißt es: „Nur die Conventual- oder Pfarrmesse darf um Mitternacht beginnen, eine andere nur mit apostolischem Indult." Zit. nach Eichmann, Eduard, Lehrbuch des Kirchenrechts auf Grund des Codex Juris Canonici für Studierende (Wissenschaftliche Handbibliothek. Erste Reihe: Theologische Lehrbücher, Bd. XXXIV), Paderborn 1926.

[172] Zu dem von der liturgischen Erneuerungsbewegung beeinflußten Pfarrer Anton Fortmann, Wildeshausen, vgl. das Kap. VII Der Klerus als soziale Führungsschicht.

[173] Dekanatsjugendführer Rudolf Schoenke, Löningen, an Grafenhorst v. 12.12.1949, in: OAV A-2-57.

dem Hinweis ab, daß „die Tradition in unserem Lande nicht für die Mitternachtsmesse"[174] spreche. Als stärkstes Argument führte er hingegen die offenbar von einigen nordoldenburgischen Pfarrern festgestellte Unterordnung des religiösen Anliegens der Mitternachtsmesse unter deren Erlebnis- und Sensationswert an. Die grundsätzliche Bereitschaft von Offizial Pohlschneider, die Aufnahme der schlesischen Tradition in begründeten Ausnahmefällen zu gestatten, hatte unter seinem Nachfolger, womöglich auch aufgrund des gewachsenen Abstandes zum Vertreibungsgeschehen, einer größeren Zurückhaltung Platz gemacht, wie sie auch aus anderen Regionen Westdeutschlands überliefert ist[175]. Die Einschätzung, daß sich „die vollständige Einbürgerung der ostdeutschen Mitternachtsmesse [...] nicht aufhalten lassen"[176] werde, widerspricht somit der Realität. Das Beharren der Generalvikariate auf einer jährlich zu wiederholenden Eingabe, von der die Erlaubnis abhängig gemacht wurde, verfolgte jedenfalls auch den Zweck, die Etablierung des Brauches zu verhindern. Exemplarisch verdeutlicht die Argumentation von Heinrich Grafenhorst gegenüber dem südoldenburgischen Dekanatsjugendführer den Vorbehalt eines eher nüchtern geprägten Norddeutschen hinsichtlich der mitternächtlichen Liturgie und gegen eine über das Religiöse hinaus gewonnene Anziehungskraft der Kirche, wie sie sich in dem aus Varel überlieferten Besuch der katholischen Mitternachtsmesse durch Protestanten manifestierte[177].

Aber auch über die Gestaltung der Weihnachtsliturgie hinaus gab es im gottesdienstlichen Leben eine Reihe von Disparitäten, die aus den unterschiedlichen Vorstellungen von Vertriebenen und Einheimischen resultierten.

In Blexen beispielsweise, einer Außenstation des Pfarrektorats Einswarden, beklagte sich ein Heimatvertriebener darüber, daß der einheimische Seelsorger auf den Außenstationen immer weniger Gottesdienste halte und das schlesische Liedgut mehr und mehr vernachlässige. Damit aber werde den Gemeindemitgliedern eine „Kraftquelle [...] als letztes gerettetes Heimatgut"[178] entzogen. Wenn der Adressat gegenüber der kirchlichen Behörde auch nicht mit Konsequenzen drohte, so bat er doch um die Besetzung der Seelsorgerstelle in Einswarden mit einem heimatvertriebenen Priester mit der Begründung, dann „gäbe es bestimmt weniger Mißverständnisse, und das zur Zeit mehr als kümmerliche religiöse Leben in unsrer Gemeinde würde wieder neuen Aufschwung nehmen". Wie sehr für diesen Bittsteller Heimatbewußtsein und religiöse Praxis eine Einheit bildeten, zeigt sich schließlich in seinem trotzigen Verlangen, daß wir „unsern katholischen Glauben, unser letztes Stück Heimat um keinen Preis hergeben inmitten andersgläubiger Umgebung".

---

[174] Grafenhorst an Schoenke v. 15.12.1949, ebd.
[175] Vgl. hierzu die von Ute Achenbach 1955 für Nordrhein-Westfalen erhobenen Angaben, die nur maschinenschriftlich vorliegen. Vgl. Sauermann, Dietmar, „Aus allen Bindungen der Heimat herausgerissen" (wie Anm. 41), 208f.
[176] Zit. nach ebd., 209.
[177] Vgl. Steinkamp. Karl, Die 100jährige Entwicklung (wie Anm. 162), 80. Vgl. Anm. 160.
[178] Paul Klenner, Blexen, an Offizialat, o. Datum, in OAV A-13-2 III. Hier auch das folg. Zit. Der einheimische Priester war Pfarrektor Wilhelm Witten, der von 1945 bis 1956 in Einswarden tätig war.

Eine nunmehr in Delmenhorst beheimatete Ostvertriebene beschwerte sich beim Offizialat über die rigide Behandlung durch den dortigen Kirchenschweizer, der die Gottesdienstbesucher in der Kirche gestoßen habe. Sie sehe sich daher nicht mehr in der Lage, ihrer Sonntagspflicht nachzukommen, es sei denn, es würde „für die Vertriebenen ein extra Gottesdienst abgehalten [...], ohne Ordner, so wie es in unserer Heimat war und trotzdem die größte Ordnung herrschte"[179]. Ganz offenbar fühlte sich die Verfasserin dieses Briefes in der angesichts des Vertriebenenzustroms überfüllten Delmenhorster Pfarrkirche unwohl und sah einen Ausweg in der Schaffung einer Sonderseelsorge. Das Wiederaufleben kirchlichen Brauchtums aus der Heimat schien dabei auch für diese Vertriebene ein Gradmesser für die Kirchlichkeit der Ostvertriebenen zu sein. Dabei waren die Emotionen gerade in der zu beinahe gleichen Teilen aus Alt- und Neubürgern bestehenden Pfarrei Delmenhorst, deren Gottesdienstbesucherzahl in der Pfarrkirche und den Außenstationen insgesamt von 5.145 (1946) auf 8.338 (1947) emporgeschnellt war[180], besonders hochgekocht.

Den Auslöser hatte eine Predigt gebildet, die der aus der Grafschaft Glatz stammende Kaplan Hubertus Günther[181] am 14. September 1947 dort in allen Sonntagsgottesdiensten gehalten hatte. Günther, ein ehemaliger Franziskanerpater, hatte in Lingen/Ems (Bistum Osnabrück) eine „Seelsorgestelle für die Ausgewiesenen des deutschen Ostens" gegründet und sich darüber hinaus mit besonderem Engagement in den Dienst der geistlichen Betreuung seiner Landsleute gestellt, denen er durch Vorträge und Predigten eine Lobby zu verschaffen versuchte[182]. In der Folge seines Delmenhorst-Besuches erreichten das Offizialat zahlreiche Beschwerdeschriften einheimischer Katholiken. Von jener Herzlichkeit, mit der die Delmenhorster Katholiken noch 1 1/2 Jahre zuvor ihre „Liebe[n] katholische[n] Flüchtlinge"[183] begrüßt hatten, war jetzt nicht mehr viel zu verspüren. Günther hatte nämlich den kritischen Stimmen zufolge in seiner Ansprache auf die kollektive Unschuld der Vertriebenen an ihrem Schicksal hingewiesen und diese damit begründet,

---

[179] Helene Nauke, Delmenhorst, an Offizialat v. 29.11.1949, ebd.

[180] Vgl. Kirchenregister der Pfarrgemeinde St. Marien Delmenhorst. Zit. aus: Baha, Norbert, Wiederaufbau und Integration (wie Anm. 124), 251. Für 1945 lagen leider keine Zahlen vor.

[181] Hubertus Günther, geboren 1907 in Oppeln (O/S), zunächst Franziskaner, Priesterweihe 1934 in Breslau, als P. Xaverius OFM, 1935 im Franziskanerkloster Glatz, 1939 Jugendseelsorger im Generalvikariat Glatz, 1942 dort inkardiniert, 1946 Gründer u. Leiter einer „Seelsorgestelle für die Ausgewiesenen des deutschen Ostens" in Listrup bzw. Lingen/Ems, 1949 Seelsorger in Uelsen, später in Ankum, Hasbergen u. Osnabrück-Nahne, 1968–1992 Diözesanpräses des St.-Hedwigs-Werkes u. Diözesanvertriebenenseelsorger im Bistum Osnabrück, gestorben 1994 in Oesede. Vgl. Hirschfeld, Michael, Artikel: Günther, Hubertus, in: Emsländische Geschichte, Bd. 7 (1998), 136–142.

[182] Zu dem folg. Vorgang vgl. Akte: Ostvertriebene Katholiken, in: Pfarrarchiv St. Marien Delmenhorst. Zur Person Günthers u. seinem Nachkriegswirken vgl. Hirschfeld, Michael, Artikel Günther, Hubertus (wie Anm. 181) sowie ders., „Unterwegs nach einem Zuhause" – Die Wurzeln der Grafschaft Glatzer Katholiken in der Vertreibung liegen in Listrup, in: Eiynck, Andreas (Hrsg.), „Alte Heimat – Neue Heimat" (wie Anm. 57), 103–112.

[183] Schreiben des Kath. Pfarramts Delmenhorst an die kath. Flüchtlinge v. 17.3.1946, in: Pfarrarchiv St. Marien Delmenhorst: Ostvertriebene Katholiken.

daß die führenden NS-Politiker aus dem Westen stammten, im Kriegsverlauf hingegen die ostdeutschen Regimenter die größten Erfolge zu verzeichnen gehabt hätten. Außerdem hatte er das kurz zuvor von der Fuldaer Bischofskonferenz zugestandene Recht aller Vertriebenen auf einen regelmäßigen Sondergottesdienst in Abständen von vier bis sechs Wochen in deutlicher Sprache eingefordert. Die Beschwerdebriefe bezichtigten ihn deshalb in polemischer Weise der „Methoden eines Goebbels" und hielten ihm vor, die „Atmosphäre einer KPD-Versammlung" geschaffen zu haben[184]. Offizial Pohlschneider schenkte diesen Vorwürfen uneingeschränkt Glauben und untersagte Günther fortan jegliche Betätigung in allen Kirchen des Offizialatsbezirks[185]. Der Kaplan hatte also ohne vorherige Anhörung ein Seelsorgeverbot für den gesamten Jurisdiktionsbezirk erhalten, weil er in direkter und wenig diplomatischer Weise seine Meinung öffentlich kundgetan hatte, die unter seinen Zuhörern eine Kontroverse entfachte. Der Bischöfliche Offizial meinte offenbar, daß die einheitliche Linie der kirchlichen Autorität in Gefahr sei, eine Angst, von der die offizielle oberhirtliche Haltung gegenüber den Ostvertriebenen im Bistum Münster nicht nur in diesem Punkt bestimmt war. Unverblümt vertrat er diese Maxime auch gegenüber dem Glatzer Generalvikar Franz Monse, dessen engster Mitarbeiter der gemaßregelte Hubertus Günther war. Er sei – so Pohlschneider – nach den in Delmenhorst hervorgerufenen „Entgleisungen"[186] davon überzeugt, „daß es Aufgabe sowohl der einheimischen wie der ostvertriebenen Priester ist, alles zu tun, was in ihren Kräften steht, um den Frieden in den Gemeinden zu fördern, nicht aber noch weitere Verwirrung zu schaffen". Auch wenn der Offizial sich in demselben Schreiben erfreut über die mannigfache Unterstützung zeigte, die der oldenburgische Klerus durch ostvertriebene Priester hinsichtlich der seelsorglichen Betreuung ihrer Landsleute erfuhr, schien der Schock über die von der Bevölkerungsverschiebung veränderte Konfessionskarte ihm tief in den Gliedern zu sitzen, wenn er den Vertriebenenzustrom noch immer als „Verwirrung" und nicht als Herausforderung für die Zukunft der Kirche betrachtete.

Diese Einstellung spiegelte im übrigen auch den Eindruck des oldenburgischen Klerus in den Pfarreien wider, der angesichts des überdimensional gewachsenen Pensums an seelsorglicher Arbeit schlicht überfordert war. In dieser Situation ist die Angst verständlich, die ohnehin als schwierig erachtete Chance einer religiösen Neusozialisation der ostvertriebenen Gemeindemitglieder durch deren Separationsbestrebungen zu verspielen. Einen entsprechenden Beleg liefert ein Eintrag von Dechant Heinrich Grafenhorst, dem nachmaligen Bischöflichen Offizial, in die Pfarrchronik von St. Peter in Oldenburg, in dem er im Jahre 1948 im Anschluß an eine Situationsbeschreibung eine den kulturellen Bestrebungen der katholischen Heimatvertriebenen gegenüber völlig konträre Programmatik entfaltete. „Die Pfarrgemeinde Oldenburg hat z. Zt. durch die im engeren Stadtbezirk lebenden 18.000 katholischen Flüchtlinge ein merkwürdiges Gepräge. Es ist sehr schwer, Ordnung hineinzubringen und Ordnung zu halten. Man merkt, daß viele Flücht-

---

[184] Drei Briefe altansässiger Delmenhorster Gemeindemitglieder an das Offizialat v. 15. u. 16.9.1947, in: OAV A-2-13.
[185] Vgl. Pohlschneider an Günther v. 29.9.1947, ebd.
[186] Pohlschneider an Monse, o. Datum, ca. 1.10.1947, ebd. Hier auch das folg. Zit.

linge nach und nach abständig werden, Mischehen eingehen und dergleichen. Die Gemeinde müßte zusammengefaßt und lebendig werden."[187] Die Tatsache einer vermehrten Tendenz zur Unkirchlichkeit im Vertriebenenmilieu stellt somit nicht nur einen bloßen Vorwurf der einheimischen Katholiken dar, sondern ein ernstzunehmendes Problem. Am Beispiel Delmenhorst ist in der Retrospektive belegt worden, daß sich bis Ende der 1950er Jahre der Kommunionempfang der Katholiken von zwei Dritteln der Gemeindemitglieder auf ein Drittel reduzierte, wobei die Vermutung gehegt wurde, „daß die Areligiosität subkutan eine erheblich größere Ausdehnung erfahren hatte, als dies durch statistisches Material dokumentiert werden kann"[188].

c) Die fehlende Bindungskraft der Vertriebenen in Südoldenburg

Es mutet geradezu erstaunlich an, daß im Oldenburger Münsterland keine Gründung eines Hedwigskreises zu verzeichnen ist, wenngleich hier doch die Situation ähnlich gelagert war wie in den katholischen Gebieten des Nachbarbistums Osnabrück. Wenn auch der Vertriebenenanteil unter den Katholiken der Kreise Vechta und Cloppenburg nicht mehr als zwei Drittel wie in den Landkreisen Nordoldenburgs, sondern nur 11,6 % betrug[189], so gab es doch Pfarreien mit einer gewichtigen katholischen Majorität unter den ostdeutschen Neubürgern, wie zum Beispiel Lohne, wohin zahlreiche Gläubige aus der Grafschaft Glatz verschlagen worden waren.

Lediglich in Vechta sind Bestrebungen von seiten der Vertriebenen nachweisbar, ihre kirchliche Identität zu institutionalisieren. Eine dort lebende Schlesierin berichtete Pfarrer Smaczny im November 1951 von sechs oder sieben Interessenten für das St.-Hedwigs-Werk in der Stadt, die durch die Lektüre von „Heimat und Glaube" inspiriert worden seien. „Jedenfalls wünschen wir brennend, dem St. Hedwigswerk anzugehören"[190], ließ sie den Osnabrücker Diözesan-Geschäftsführer wissen, um gleichzeitig einzugestehen, daß ein erster Versuch der Vereinsgründung im Frühjahr kläglich gescheitert sei. Allerdings fänden sich die religiösen Bedürfnisse der Vechtaer Ostvertriebenen in einem monatlich von dem einheimischen Geistlichen Bernhard Brengelmann in der Kapelle des Antoniushauses zelebrierten Vertriebenengottesdienst wieder.

Dieser einzige Gründungsanstoß aus dem katholischen Südteil des Offizialatsbezirks verlief ohne nennenswerte Nachwirkungen, wenn man einmal davon absieht, daß Pfarrer Smaczny prompt auf die Anfrage reagierte, seine Adressatin aber nur an Caritasdirektor

---

[187] Grafenhorst, in: Pfarrchronik St. Peter Oldenburg: Eintrag von 1948.
[188] Baha, Norbert, Wiederaufbau und Integration (wie Anm. 124), 135. Baha legte in seiner Untersuchung die Kommunionzahlen der Gemeinden St. Marien u. St. Christophorus Delmenhorst zugrunde.
[189] Im Kreis Vechta: 12,3 %, im Kreis Cloppenburg: 9,2 %. Die Zahlen entstammen den Ergebnissen der Volkszählung von 1950, vgl. Trautmann, Markus (Bearb.), Die Vertriebenen im Spiegel statistischer Erhebungen, in: Hirschfeld, Michael, ders. (Hrsg.), Gelebter Glaube – Hoffen auf Heimat (wie Anm. 22), 433–454, hier 442.
[190] Maria Klein, Vechta, an Smaczny v. 8.11.1951, in: Archiv St.-Hedwigs-Werk Osnabrück: Korrespondenz 1948–1951.

Volkmann verwies[191]. Nach dem 1949 in Nordwalde eingehandelten persönlichen Wirkungsverbot für das Bistum Münster war Smaczny offenbar bemüht, Zurückhaltung in seiner Werbetätigkeit über Diözesangrenzen hinaus zu üben[192].

Auch im benachbarten Lohne, wo eine große Gruppe von Grafschaft Glatzer Katholiken, zumeist aus Mittelwalde, ein intensives Gemeinschaftsleben führte und wo zudem regelmäßig der aus Mittelwalde gebürtige Glatzer Generalvikar Prälat Franz Monse zu Gast war[193], fehlte es an einer institutionalisierten Bindung der Vertriebenen auf kirchlicher Ebene.

Eine Erklärung für die im Oldenburger Münsterland fehlende Resonanz eines Kulturwerkes bietet die topographische Situation. Die größere Nähe zu den kirchlichen Behörden in Vechta bzw. Münster brachte offenbar ein strengkirchliches Verhalten des Ortsklerus im Sinne der oldenburgischen Vorstellungen von einem einheitlichen katholischen Milieus mit sich, das jeden Ansatz einer landsmannschaftlichen Vereinsbildung bereits im Keim erstickte.

Darüber hinaus konnten viele Bauern zwar zu Naturalien- oder Geldspenden für die nordoldenburgische Diaspora überredet werden, ließen aber gleichzeitig die bei ihnen einquartierten Vertriebenen merken, daß sie auf ihrem Hof ungeliebte Gäste seien. Hier liegt ein allgemeines psychologisches Phänomen vor, die Not in der Ferne zu sehen, in der unmittelbaren Nähe aber nicht wahrzunehmen oder zu verdrängen. Von entsprechendem Handeln waren jedenfalls offenbar auch die kirchlichen Amtsträger in den Kreisen Vechta und Cloppenburg nicht frei. Über den Dinklager Pfarrer Dechant Gottfried Plump[194] beispielsweise ging bei Bischof Michael Keller persönlich 1950 eine Beschwerde ein, deren Grundtenor lautete, daß der Geistliche wie große Teile der einheimischen Bevölkerung häufig unwirsch auf Anliegen der Vertriebenen reagiere[195]. Der evangelische Ortspfarrer hingegen – so hieß es in der Eingabe – widme sich mit Nachdruck den Sorgen und der Identitätsbewahrung seiner vertriebenen Gemeindemitglieder. Allerdings stellten die katholischen Vertriebenen mit ihren spezifischen seelsorglichen Wünschen in einer traditionsreichen Großpfarrei wie Dinklage nur eine Minderheit, während die evangelischen Gemeinden Südoldenburgs fast ausschließlich von Ostdeutschen geprägt waren, so daß deren Belange verständlicherweise dort im Zentrum des Interesses der Priester bzw. Pastoren stehen mußten. Natürlich sind mit diesem Hinweis die als Kollek-

---

[191] Smaczny an Klein v. 9.11.1951, ebd.

[192] Nach der Aufhebung des Hedwigskreis-Verbots trat Smaczny zum Beispiel im Januar 1956 vor dem Hedwigskreis in Emsdetten öffentlich auf. Vgl. Heimat und Glaube 3/1956.

[193] Vgl. hierzu die entsprechenden Berichte in der Oldenburgischen Volkszeitung zu den Treffen 1950 u. 1952 (o. Datum, in: Archiv des Kanonischen Visitators Glatz, Münster). Monses Bruder war in Mühlen ansässig geworden.

[194] Gottfried Plump, geboren 1883 in Bakum, Priesterweihe 1910 in Münster, 1938 Pfarrer in Dinklage, Dechant, 1951 zugleich nichtresidierender Domkapitular in Münster, 1965 i. R., gestorben 1970 in Dinklage. Vgl. Heitmann, Clemens, Priesterbuch des Offizialatsbezirks Oldenburg, Bd. 2, Friesoythe 1985, 39.

[195] Vgl. Beschwerde des Breslauer Vertriebenen Bruno Peter an Bischof Keller v. 10.3.1950, weitergeleitet an das Offizialat, in: OAV A-9-74.

tivhandlung der eingesessenen Dinklager Katholiken und ihres Klerus beklagte Ablehnung und die damit einhergehenden Verletzungen der Vertriebenen nicht gerechtfertigt, aber es wird evident, „daß sich ihnen aufgrund ihrer Minderheit kaum Möglichkeiten boten, althergebrachte religiöse und kirchliche Traditionen der Heimat zu bewahren"[196]. Wo diese Selbstentfaltung in der kirchlichen Gemeinschaft vor Ort jedoch nicht möglich war, mußte es auch um die Bindekraft des katholischen Milieus für die Vertriebenen im allgemeinen und deren Identitätsbewahrung im einzelnen schlechter bestellt sein.

### d) Schleichender Gründungsprozeß und Akzeptanz einzelner Hedwigskreise – Das Fallbeispiel Delmenhorst

Signifikant für ein spezifisches Vereinsleben der katholischen Vertriebenen auf lokaler Ebene ist deren Interessengruppe in Delmenhorst. Der Fokus soll im folgenden exemplarisch auf ihre langwierige und spannungsreiche Entstehungsgenese gerichtet werden.

Bereits im Verlauf des Jahres 1947 fand sich eine Gruppe von Heimatvertriebenen zu eigenen Aktivitäten innerhalb der Pfarrei St. Marien in Delmenhorst zusammen[197], wobei die Initiative nicht bei dem ostvertriebenen Kaplan Edmund Plehn, sondern bei einigen engagierten Laien lag. Als führender Kopf ist hierbei der Rentner Anton Zimmermann auszumachen, der von Beginn an mit großem persönlichem Engagement die von zahlreichen Höhen und Tiefen bestimmte Entwicklung dieses Zusammenschlusses begleitete. Somit läßt sich im Gegensatz zu der distanzierten Haltung des einheimischen Klerus und der kirchlichen Behörde von einem von der Basis her gewachsenen Verein sprechen, der sich allerdings zunächst lediglich in Zusammenarbeit mit weltlichen Interessenvertretungen der Vertriebenen zu entfalten vermochte. Erstmals wurde im Juni 1948 der Glatzer Generalvikar Franz Monse als Redner einer „Feierstunde für Flüchtlinge" eingeladen, die allerdings auf profanem Terrain, nämlich in der Aula der damaligen Oberschule (heute: Gymnasium), stattfand und als deren Veranstalter der Vertriebenenausschuß der örtlichen

---

[196] So das Resultat für das ähnliche Phänomene aufweisende Westmünsterland bei Trautmann, Markus, „.... Anspruch darauf, daß wir sie mit Verständnis aufnehmen ...". Die Eingliederung der Vertriebenen und Flüchtlinge, in: Gördes, Karlheinz (Red.), „.... das Beste der Städte und des platten Landes jederzeit ...". Aus dem Werden und Wirken des Münsterlandkreises Borken, Borken 1995, 239–262, hier 261.

[197] Diese Gruppe trug aufgrund einer fehlenden Approbation durch die kirchlichen Stellen in Münster und Vechta keineswegs bereits die Bezeichnung St.-Hedwigs-Kreis, wie in der bisherigen Forschung u. Literatur behauptet wird. Vgl. Baha, Norbert, Kirche und Gesellschaft in der Nachkriegszeit. Soziale und konfessionelle Auswirkungen des durch den Flüchtlings- und Vertriebenenzustrom ausgelösten Strukturwandels am Beispiel der nordwestdeutschen Industriestadt Delmenhorst, in: Niedersächsisches Jahrbuch für Landesgeschichte, Bd. 57 (1985), 237–255, hier 243, sowie: Festschrift 1879–1979. 100 Jahre Katholische Gemeinde Delmenhorst, Delmenhorst 1979, 94. Außerdem liegt der Arbeitsbeginn des St.-Hedwigs-Werkes allgemein ja erst 1948. Der im folgenden zugrunde gelegte Briefwechsel zwischen Anton Zimmermann u. dem St.-Hedwigs-Werk Osnabrück setzte erst 1950 ein. Vgl. Archiv St.-Hedwigs-Werk Osnabrück: Korrespondenz 1948–1951 u. 1952ff.

CDU fungierte[198]. Während die Delmenhorster Geistlichkeit damals – möglicherweise auch im Hinblick auf den erst ein Jahr zurückliegenden Vorfall um den Glatzer Kaplan Günther bei seiner Predigt in der St.-Marien-Kirche – nicht in Erscheinung trat, wurde Monse im Folgejahr, als er erneut als Festredner eingeladen worden war, zugleich in sakralem Rahmen empfangen. „St. Marien war am Mittwoch und Donnerstag das Ziel von weit über 2.000 Vertriebenen der Grafschaft Glatz, die besonders aus Varel, Zetel, Wilhelmshaven, Jade, Nordenham und vielen anderen Orten Nordoldenburgs nach hier kamen", vermeldete die Lokalpresse[199]. Auf Vermittlung des Ortspfarrers Propst Wilhelm Niermann war vielen der Besucher eigens im katholischen St.-Ansgar-Jugendwerk in Adelheide ein Nachtquartier ermöglicht worden. Der Grafschaft Glatzer Ordinarius zelebrierte 1949 im übrigen nicht nur zum Auftakt der Veranstaltung ein Pontifikalamt in der Pfarrkirche, sondern auch die weltliche Feierstunde fand diesmal auf dem Kirchvorplatz statt.

Bewegten sich beide Kundgebungen durch die Wahl des Veranstaltungsortes rein äußerlich in einem Wechsel zwischen weltlichem und kirchlichem Charakter, so sprach der geistliche Redner bei beiden Besuchen gleichsam in politischer Mission, wenn er die unterschiedliche Auslegung des Potsdamer Abkommens reflektierte und jeglichen Gedanken an einen Heimatverzicht als Sünde brandmarkte[200]. Die bereits analysierte Gleichung von kirchlicher Vertriebenenarbeit und politischer Vereinnahmung des Heimat- und Volkstumsbegriffs läßt sich hier festmachen, fand aber offensichtlich keinen nachhaltigen Beifall beim Delmenhorster Pfarrer. Über diese außerordentlichen Versammlungen hinaus wurden jedenfalls keine Seelsorgsmaßnahmen speziell für die ostdeutschen Gemeindemitglieder eingeleitet, obwohl Anton Zimmermann eifrig für den Bezug der Hedwigs-Werk-Zeitschrift „Heimat und Glaube" warb und eine stattliche Anzahl von ca. 300 Abonnenten innerhalb der Pfarrei gewinnen konnte. Für das Folgejahr 1950 sah die katholische Vertriebenengruppierung den früheren Breslauer Weihbischof Josef Ferche als Redner vor, um bei dieser Gelegenheit die geplante Gründung eines Hedwigskreises zu vollziehen, der an das Osnabrücker Diözesanwerk angeschlossen werden sollte[201].

Im ersten Halbjahr 1950 gestaltete sich das religiöse Eigenleben der Delmenhorster ostvertriebenen Katholiken wie folgt: In der Nacht von Gründonnerstag zu Karfreitag hielten sie eine eigene Betstunde in St. Marien ab, luden die älteren Landsleute monatlich zu einer Andacht und anschließendem Heimatnachmittag mit Lichtbildervortrag in das Pfarrheim ein und veranstalteten als Höhepunkt im Mai einen als Wallfahrt deklarierten

---

[198] Vgl. hierzu Nordwest-Zeitung v. 20.6.1948.

[199] Vgl. ebd. v. 2.7.1949 sowie Die Welt v. 1.7.1949.

[200] Wie oben. Vgl. auch Hirschfeld, Michael, Prälat Franz Monse (wie Anm. 136), 132. 1950 fand eine allgemeine Feierstunde auf dem Neuen Markt mit Bundesvertriebenenminister Lukaschek und Vertretern beider Konfessionen statt. Ein ursprünglich geplanter Feldgottesdienst wurde nach Einspruch Niermanns abgesagt. Offenbar war hier an einen ökumenischen Gottesdienst gedacht worden. Vgl. Delmenhorster Zeitung v. 4.7.1950.

[201] Vgl. Zimmermann an Smaczny v. 28.3.1950, in: Archiv St.-Hedwigs-Werk Osnabrück: Korrespondenz 1948–1951. Letztlich repräsentierte doch Monse die kath. Kirche bei der Veranstaltung. Vgl. Delmenhorster Zeitung v. 7.7.1950.

Ausflug zur Ruine des Zisterzienserklosters in Hude mit 300 Teilnehmern. Hier hielt der schlesische Ortsgeistliche eine Maiandacht im Freien. Angesichts dieser Vielzahl an Aktivitäten[202] entsprach die Delmenhorster Gruppe exakt den Vorgaben der Satzung des St.-Hedwigs-Werkes, jeden Monat einen Gottesdienst mit heimatlichen Liedern und religiösem Brauchtum zu halten[203], wenngleich Zimmermann anmerkte: „Kirchlich ist man hier bemüht, uns dem Heimatliedgut und sonstigen kulturellen Belangen zu entfremden."[204] Zeigte sich Propst Niermann nunmehr einer stärkeren Institutionalisierung der Arbeit einerseits gewogen, mußte Anton Zimmermann andererseits nach einer Aussprache feststellen, daß die einheimischen Geistlichen von der Intention des St.-Hedwigs-Werkes eine ganz falsche Auffassung hätten[205]. Der von diesen Mißklängen umgehend in Kenntnis gesetzte Pfarrer Johannes Smaczny wandte sich daraufhin an Propst Niermann mit der ausdrücklichen Bitte, auch angesichts der Tatsache, daß der Aufbau eines Diözesanwerkes der Heimatvertriebenen im Bistum Münster noch nicht begonnen habe, „in Ihrer Pfarrei einen pfarrlich beschränkten Heimatkreis der kath[olischen] Ostvertriebenen zu bilden, um sie [...] gegen die Zeiteinwirkungen zu schützen"[206]. Niermann hingegen stellte sich vehement gegen die geplante Gründung eines St.-Hedwigs-Kreises in Delmenhorst: zum einen unter Verweis auf die Meinung von Bischof Michael Keller, der diese auf Anfrage ausdrücklich verboten habe[207], zum anderen, weil er noch immer die Auseinandersetzung um die Delmenhorster Predigt des Glatzer Kaplans Hubertus Günther nicht vergessen hatte und in Anspielung darauf argumentierte, daß „wir uns ein zweites Experiment in der Diaspora nicht erlauben können". Wenn der Pfarrer von Delmenhorst sich auch hinter dem fehlenden Plazet des Bischofs versteckte und davor warnte, „daß wir uns durch Überorganisation zersplittern", so war er zugleich bemüht, seinen persönlichen Einsatz für die Vertriebenen in ein positives Licht zu rücken. Niermann lobte gegenüber Smaczny nicht nur die Existenz der katholischen Vertriebenenzeitschrift „Heimat und Glaube", der er einen vorbildlichen Apostolatscharakter zusprach, sondern wies zugleich auf die Tatsache hin, daß in seiner Pfarrei bereits ein Singkreis schlesischer Katholiken bestehe und er außerdem in diesem Sommer einem heimatlosen oberschlesischen Neupriester eine feierliche Primiz ermögliche, zu der die Gemeindemitglieder sogar das Geld für einen Primizkelch gestiftet hätten[208]. Tatsächlich war der oldenburgische

---

[202] Vgl. auch den Bericht in Kirche und Leben Oldenburg v. 13.8.1950: Ostvertriebene feiern in Delmenhorst das Fest St. Anna.

[203] Vgl. Satzung der St.-Hedwigs-Werke Osnabrück und Paderborn (wie Anm. 81), 49.

[204] Zimmermann an den Geschäftsführer der Arbeitsgemeinschaft der Eichendorffgilden, München, v. 3.8.1953, in: Archiv des Apostolischen Visitators Breslau, Münster: Eichendorffgilden.

[205] Vgl. Zimmermann an Smaczny v. 12.6.1950, in: Archiv St.-Hedwigs-Werk Osnabrück: Korrespondenz 1948–1951.

[206] Smaczny an Niermann v. 13.6.1950, ebd.

[207] Vgl. Niermann an Smaczny v. 16.6.1950, ebd. Hier auch das folg. Zit.

[208] Dabei handelte es sich um einen Benediktiner der Abtei Metten, P. Corbinian Plaschczek OSB, aus Beuthen (O/S), dessen Eltern in der Heimat geblieben waren, so daß er die Primiz in der Wohngemeinde seines Bruders feierte. Vgl. Mitteilung v. P. Plaschczek OSB, Rosenheim, an den Verf. v. 25.9.1996.

Pfarrer von Delmenhorst den Heimatvertriebenen nicht grundsätzlich abgeneigt und ließ sich von der den schlesischen Katholiken zugeschriebenen „Gedankenfülle der Liturgie"[209] stark inspirieren. Ausdruck von dieser schlesischen Komponente in Niermanns Handeln geben seine steten Bemühungen um eine Intensivierung des liturgischen Lebens, der Kunst und der Kirchenmusik, die die Pfarrei Delmenhorst im ersten Nachkriegsjahrzehnt weit über die Grenzen der Region hinaus bekannt machten[210].

Ganz in diesem Sinne begründete Zimmermann in der Folge als weiteres Aushängeschild der vertriebenen Katholiken eine Spielschar, die sich der Katholischen Ostdeutschen Jugend (KOJ), dem Jugendverband des St.-Hedwigs-Werkes, locker anschloß und nicht nur die monatlichen Heimatstunden umrahmte, sondern auch über das Vertriebenenmilieu hinaus aktiv wurde, wenn sie beispielsweise eine Weihnachtsfeier der KAB St. Marien mitgestaltete.

Dennoch schien dieses Engagement nicht die erhoffte Resonanz bei den vertriebenen Katholiken vor Ort zu finden[211]. Die potentielle Klientel der katholischen Spielschar nutzte offensichtlich lieber die Tanz- und Vergnügungsangebote der landsmannschaftlichen Vertriebenenvereine, mit denen das religiöse Bildungsprogramm nicht konkurrieren konnte. „Das kostete außer 60 Pfg. Eintritt noch Zeche, sehe und staune, da waren die Betreffenden noch zu vorgerückter Nachtstunde [...] vollzählig da", notierte Zimmermann resigniert[212]. Die Bemühungen auf der Brauchtumsschiene hatten demnach einen Tiefpunkt erreicht, weshalb sie auf andere Bahnen gelenkt werden sollten. Davon berichtet ein Beitrag im Mitteilungsblatt der schlesischen Eichendorffgilden, dem „Schlesischen Katholik", der in seiner Juni-Ausgabe 1952 einen Aufruf zur Gründung einer Eichendorffgilde in der Delmestadt abdruckte. Als Ansprechpartner fungierte wiederum Anton Zimmermann[213]. Doch war in der Folge von dieser alternativen Entwicklungsmöglichkeit des Delmenhorster Zusammenschlusses, die aufgrund der bereits beschriebenen primär akademischen Ausrichtung der Eichendorffgilden der Sozialstruktur des dortigen Interessentenkreises ohnehin nur bedingt entsprochen hätte, keine Rede mehr. Statt dessen wurde zum Hedwigsfest 1952 nunmehr unter der Regie des ostvertriebenen Kaplans erneut ein Laienspiel aufgeführt und zudem ein weihnachtliches Krippenspiel angekündigt, das „die rührige kulturelle Arbeit der Gruppe fortführen"[214] sollte. Eine mit

---

[209] Sauermann, Dietmar, „Aus allen Bindungen der Heimat herausgerissen" (wie Anm. 41), 192.

[210] Vgl. Hirschfeld, Michael, Kramer, Ernst (Hrsg.), Propst Wilhelm Niermann. Eine Gedenkschrift zu seinem 40. Todestag, Delmenhorst 1995.

[211] Vgl. Zimmermann an Smaczny v. 21.12.1950, ebd, der sich über das geringe Interesse der Vertriebenen an der Arbeit der Spielschar beklagte. Spielscharen waren auch andernorts Kennzeichen einer Sammlung von kath. Vertriebenen. Verwiesen sei diesbezüglich auf die Aktivitäten des vertriebenen Kaplans Rudolf Kurnoth im münsterländischen Ahlen, vgl. Sauermann, Dietmar, „Aus allen Bindungen der Heimat herausgerissen" (wie Anm. 41), 205.

[212] Zimmermann an Smaczny v. 28.3.1951, in: Archiv St.-Hedwigs-Werk Osnabrück: Korrespondenz 1948–1951.

[213] Vgl. Der Schlesische Katholik 6/1952, 8.

[214] Heimat und Glaube 12/1952, 8.

der zunehmenden Präsenz der Heimatvertriebenen im Gemeindealltag verbundene Lockerung des anfänglich verkrampften Verhältnisses zum einheimischen Klerus läßt sich schließlich aus den Aktivitäten zum Hedwigstag des Folgejahres erkennen[215]. So stellten die beiden Gemeindepfarrer von St. Marien und St. Christophorus die schlesische Patronin am darauffolgenden Sonntag als glaubensstarke Frau der Kirchengeschichte und Vorbild für ein christliches Leben in Gegenwart und Zukunft in den Mittelpunkt ihrer Predigten, und auch der weltliche Teil der Feierlichkeiten wurde nicht mehr im Pfarrheim, sondern in der öffentlichkeitswirksameren Atmosphäre der städtischen Veranstaltungshalle begangen. Das unablässige Wirken von Anton Zimmermann zielte aber darauf hin, den noch immer namenlosen Kreis der katholischen Ostvertriebenen in der nordoldenburgischen Industriestadt aus seinem kirchlichen wie gesellschaftlichen Schattendasein herauszuführen. Dies offenbarte er im Sommer 1953 dem Geschäftsführer der Arbeitsgemeinschaft der Eichendorffgilden: „Wir kämpfen schon seit Jahren um die Erreichung der katholischen Vertriebenen-Vereinigung. Ich hoffe, daß die Abonnenten von ‚Heimat und Glaube' der Anfang sind", und beklagte zudem, daß „von den katholischen Schlesiern keine impulsive führende Kräfte (sic!) hier [seien], wie es anderwärts der Fall ist"[216]. Da man sich weiterhin eine feste Firmierung als Ziel gesetzt hatte, es jedoch nicht erneut zu einer Belastungsprobe im Verhältnis zur kirchlichen Hierarchie kommen lassen wollte, wählte man einen dritten Weg und gründete zum Jahresbeginn 1954 unter dem Vorsitz Zimmermanns eine „Vereinigung der heimatvertriebenen Katholiken in Delmenhorst" mit mehr als 200 Mitgliedern, die sich ein Jahr darauf beim örtlichen Amtsgericht als Verein eintragen ließ und als korporatives Mitglied dem Paderborner Diözesanverband des St.-Hedwigs-Werks in Lippstadt beitrat[217].

Aufgeschlossen hinsichtlich eines Ausbaus der Vereinsarbeit erwies sich insbesondere der südoldenburgische Priester Heinrich Huslage, der 1952 die zu Großteilen aus Vertriebenen bestehende neugebildete Gemeinde St. Christophorus im Süden der Stadt übernommen hatte. Zimmermann lobte den Geistlichen vor allem wegen seiner humoristischen Einlagen bei den Heimatnachmittagen, „worüber viel gelacht wurde. Überhaupt als Herr Pfarr-Rektor versuchte, unseren Dialekt nachzuahmen"[218]. Doch auch Huslage lehnte eine Institutionalisierung des katholischen Vertriebenenvereins ab, als der Vorsitzende Zimmermann dieses Anliegen 1955 in einem Vortrag noch einmal zur Sprache brachte[219]. Erst eine Grundsatzentscheidung von Bischof Michael Keller im Oktober 1955 ermöglichte der „Vereinigung heimatvertriebener Katholiken" offiziell die Mitgliedschaft

---

[215] Vgl. Kirche und Leben Oldenburg v. 8.11.1953: Artikel: Hedwigsfeier.
[216] Zimmermann an Geschäftsführer der Arbeitsgemeinschaft der Eichendorffgilden, München, v. 13.7. u. 3.8.1953, in: Archiv des Apostolischen Visitators Breslau, Münster: Eichendorffgilden.
[217] Vgl. OAV B-18-3.
[218] Zimmermann an Smaczny v. 7.3.1955, in: Archiv St.-Hedwigs-Werk Osnabrück: Korrespondenz 1952ff.
[219] Zimmermann sprach zu der Thematik „Warum Organisation der heimatvertriebenen Katholiken". Vgl. dessen Bericht an Smaczny v. 16.7.1955, ebd.

im Hedwigs-Werk und das Führen von dessen Signet, eine Wendung, die bezeichnenderweise zeitlich parallel mit dem Tod des Propstes Niermann erfolgte[220].

Allerdings ging der von einem ostdeutschen Nachbarpfarrer geäußerte Wunsch, daß der Nachfolger Niermanns ein offeneres Ohr für die Anliegen der Vertriebenen nach institutioneller Bindung haben möge, nicht in Erfüllung. Davon zeugt eine Petition an das Offizialat vom Januar 1957, in der die Vorstandsmitglieder des Hedwigskreises darum nachsuchten, den kirchlichen Vereinen in der Pfarrei gleichgeordnet zu werden und einen Geistlichen als Präses zu erhalten, was ihnen seitens des neuen Pfarrers verwehrt worden sei. Offizial Grafenhorst, der dem Ansuchen Folge leistete und selbst beim Delmenhorster Pfarrer vorstellig wurde, legte den Vorgang allerdings ein halbes Jahr nach dieser Rückfrage unbeantwortet ad acta und vermerkte nur lakonisch am Rand: „Dechant K. hält es für richtig, der Sache vorerst keine Beachtung zu schenken."[221] Damit wurde deutlich, daß es sich bei entsprechenden Initiativen aus Sicht des einheimischen Klerus wie der zuständigen Behörde um vorübergehende, sich biologisch lösende Erscheinungen handelte, die man zwar nicht zu unterdrücken versuchte, jedoch auch nicht zu fördern gedachte. Die weitere Entwicklung des Delmenhorster Hedwigskreises gab dieser Einstellung im Grunde genommen recht. Bis Mitte der 1960er Jahre schrumpfte die Gruppe gleichsam auf einen Seniorenkreis zusammen, dem zwar ein als Präses um ein aktives Gemeinschaftsleben bemühter junger einheimischer Geistlicher für einige Jahre neuen Schwung zu verleihen verstand, der jedoch ab Ende der 1980er Jahre aus Altersgründen keine Zusammenkünfte mehr veranstaltete[222].

Stärker als in Delmenhorst, wo die Entwicklung aufgrund des vehementen Einsatzes eines einzelnen Laien einen für die Untersuchungsregion singulären Charakter erhielt, ist in Nordenham, Varel und Wildeshausen die Aktivität im wesentlichen auf gelegentliche Heimatnachmittage und die Fernmitgliedschaft einzelner Abonnenten von „Heimat und Glaube" beschränkt geblieben[223]. Analog zu Delmenhorst gab es aber auch hier unter den

---

[220] Ein offizielles Dekret des Bischofs in dieser Hinsicht konnte nicht ermittelt werden. Die Information der Zulassung stützt sich daher auf ein Schreiben von Pfarrer Helmut Richter, Ganderkesee, an Smaczny v. 5.11.1955, ebd. Hier auch das folg. Zit.

[221] Vereinigung heimatvertriebener Katholiken in Delmenhorst an Grafenhorst v. 28.1.1957 u. Notiz Grafenhorsts v. 17.7.1957, in: OAV B-18-3. Der Brief war unterschrieben von: Anton Zimmermann (Vors.), Bruno Ringel, Günther Gremlowski, Elisabeth Teuber, Heinrich Siegert, Alfons Weigmann, Wenzel und Agnes Baha.

[222] Bei dem Geistlichen handelte es sich um den aus Südoldenburg stammenden Rudolf Voet. Vgl. Festschrift 1879–1979. 100 Jahre Katholische Gemeinde Delmenhorst (wie Anm. 197), 94. Nach Information von Frau Elisabeth Schmidt, Delmenhorst, gehören dem St.-Hedwigs-Werk (1998) noch 23 Mitglieder an, die regelmäßig die Zeitschrift „Heimat und Glaube" erhalten.

[223] So belegt es ein Zeitzeuge für Wildeshausen. Vgl. telefonische Mitteilung von Herrn Thomalla, Wildeshausen, v. 30.10.1998. Seine Eltern organisierten hier Heimatnachmittage im Pfarrheim, sammelten die Mitgliedsbeiträge ein u. verteilten „Heimat und Glaube". Hier wie auch in Varel und Nordenham liegen in den Pfarrarchiven keine Dokumente betr. Hedwigskreis vor. Auch in den Jahrgängen von „Heimat und Glaube" fanden sich keine Berichte über Aktivitäten dieser oldenburgischen Hedwigskreise.

ostvertriebenen Laien einzelne Verfechter einer spezifischen Form der kirchlichen Vergemeinschaftung, wie etwa in Nordenham die Caritas-Helferin Helene Zenker. Sie bekräftigte bereits im Frühjahr 1948 gegenüber Pfarrer Smaczny, daß das Hedwigs-Werk „hier für unsere traurige Diaspora von erhöhtem Werte sein dürfte, denn die religiöse Not nimmt hier in der Hafenzone immer bedrohlichere Formen an, da müssen auch Abwehr und Überwindung gesteigert werden"[224].

Insgesamt belegt die Tatsache eines allein in Nordoldenburg punktuell erfolgreichen Bestrebens zur Bildung separater Vergemeinschaftungsformen, daß die kirchliche Behörde in der Diaspora angesichts der besonderen Situation offensichtlich weniger streng vorging als im Süden des Offizialatsbezirks.

Währenddessen konnte im münsterländischen Emsdetten ein 1950 aus einer Privatinitiative heraus entstandener weltlicher Kreis von Heimatvertriebenen, der sich stark dem religiösen Brauchtum verbunden fühlte, fünf Jahre darauf – analog zu der Delmenhorster Gruppe – dem St.-Hedwigs-Werk offiziell beitreten[225]. Auffällig ist die zeitliche Nähe dieser pastoralen Kurskorrektur in der Bistumsleitung mit dem Wechsel im Amt des Generalvikars von Johannes Pohlschneider zu Laurenz Böggering im Herbst 1954[226]. Mag auch die Tatsache, daß zehn Jahre nach Kriegsende angesichts der sich abzeichnenden Integration der Heimatvertriebenen von einer Sondergruppe wie dem Hedwigs-Werk keine Gefahr mehr ausgehen konnte, bei dieser Entscheidung eine Rolle gespielt haben, so ist die Parallele zu den Personalveränderungen an der Verwaltungsspitze der Diözese doch unverkennbar. Schon bei seinem Abschied als Offizial für Oldenburg in Vechta hatte Pohlschneider im November 1948 in einem Kanzelwort an die Katholiken des Offizialatsbezirks den Zusammenhalt der Gläubigen als Maxime seines Wirkens genannt, „denn gemeinsames Leid und gemeinsame Sorgen schmieden die Menschen enger zusammen und lassen die gegenseitige Liebe erstarken"[227]. Eine Sonderseelsorge für die Vertriebenen mußte unter dieser Prämisse als Zeichen einer inopportunen Pluralisierung empfunden werden, woraus auch die ablehnende Haltung Pohlschneiders im Hinblick auf die Bestrebungen zur Gründung eines Diözesanwerkes der Heimatvertriebenen ein Stück weit resultiert haben wird.

e) Zweiter Versuch einer Etablierung auf der Mesoebene 1951/52

Exakt zu der Zeit, in der das St.-Hedwigs-Werk im Bistum Osnabrück 1951 mit 88 Hedwigskreisen seine größte Ausdehnung erreichte[228], wurde von Oldenburg aus ein erneuter

---

[224] Zenker an Smaczny v. 3.5.1948, in: Archiv St.-Hedwigs-Werk Osnabrück: Korrespondenz 1948–1951.

[225] Vgl. Archiv St.-Hedwigs-Werk Osnabrück: Korrespondenz 1948–1951, 1952ff. sowie Sauermann, Dietmar, „Aus allen Bindungen der Heimat herausgerissen" (wie Anm. 41), 202–204.

[226] Vgl. Thissen, Werner (Hrsg.), Das Bistum Münster, Bd. I: Die Bischöfe von Münster, Münster 1993, 386.

[227] Abschiedswort Pohlschneiders an die oldenburgischen Katholiken v. 22.11.1948, in: Pfarrarchiv St. Marien Delmenhorst: Rundschreiben des Bischöflichen Offizialats 1945–1954.

[228] Vgl. Festschrift 25 Jahre St.-Hedwigs-Werk (wie Anm. 58), 18ff. Am Jahresende 1952 war die Zahl der Hedwigskreise bereits auf 81 zurückgegangen.

Vorstoß unternommen, um die zunehmende Abwendung der Vertriebenen vom kirchlichen Leben mit Hilfe eines eigenen religiösen Kristallisationspunktes zu stoppen. Offenbar hatte der Anfangserfolg der Hedwigskreise auf den in Insellage innerhalb des Osnabrücker Diözesanterritoriums befindlichen Offizialatsbezirk nicht nur vorübergehend anziehend gewirkt. Woher der Anstoß zu diesem zweiten Versuch kam, die Kulturinitiative auch in der Diözese Münster zu etablieren, ist nicht mehr festzustellen. Doch ist anzunehmen, daß sowohl der Sprecher der oldenburgischen Vertriebenengeistlichen, Otto Jaritz, als auch Johannes Smaczny das Anliegen wiederholt bei Caritasdirektor Volkmann sowie bei Offizial Grafenhorst zur Sprache gebracht hatten. Zumindest hatte Volkmann im Herbst 1951 anläßlich einer Tagung der Diözesan-Vertriebenenseelsorger in Königstein Smaczny signalisiert, daß er an eine Verstärkung der Maßnahmen zur Vertriebenenpastoral in seinem Zuständigkeitsbereich denke, woraufhin ihn Smaczny wissen ließ, daß „im Laufe der Zeit von verschiedenen Orten aus der Diözese Münster Anfragen gekommen sind, ob dort nicht endlich ein St. Hedwigswerk in ähnlicher Art wie bei uns ins Rollen kommt"[229]. Zudem bezog Pfarrer Jaritz im November 1951 nach der Teilnahme an einem Gespräch zwischen Kirchenvertretern und Verantwortlichen des Zentralverbandes vertriebener Deutscher (ZvD), einer der beiden rivalisierenden weltlichen Organisationen der Vertriebenen[230], dezidiert Stellung zur Frage eines religiösen Kulturwerks. Zwar habe die Unterredung mit der Interessenvertretung der Vertriebenen in freundschaftlicher Atmosphäre stattgefunden, jedoch sei ihm dabei deutlich geworden, daß die politischen Vertriebenenorganisationen sich diverser Themenbereiche annähmen, die eigentlich von der Kirche besetzt werden müßten. Seiner Einschätzung nach machte sich das Fehlen eines konfessionellen Vertriebenenverbandes angesichts anhaltender Spannungen im Verhältnis zu den Einheimischen negativ bemerkbar und führte zu einer politischen Radikalisierung der ostdeutschen Katholiken[231]. Jaritz sah also Handlungsbedarf aufgrund eines Freiraums innerhalb der vielfältigen Vereinslandschaft der Kirche. Kurz darauf schaltete sich der im Bischöflichen Generalvikariat mit der Koordination des Laienapostolats beauftragte Domvikar Heinrich Tenhumberg in die Angelegenheit ein und bat Jaritz um Rat, ob eine Vergemeinschaftung der Ostvertriebenen auf Bistumsebene

---

[229] Smaczny an Volkmann v. 9.11.1951, in: Archiv St.-Hedwigs-Werk Osnabrück: Korrespondenz 1948–1951. Dieser Brief bezog sich unmittelbar auf die Anfrage von Maria Klein aus Vechta v. 8.11.1951, ebd.

[230] Der ZvD befand sich bis 1953 in Konkurrenz zur VdO, der Vereinigung der Ostdeutschen, die als Dachverband der Landsmannschaften fungierte. Hinsichtlich der verwirrenden Vielzahl von Vereinsbildungen auf weltlichem Terrain vgl. Baha, Norbert, Wiederaufbau und Integration (wie Anm. 124), 137–175. Einen knappen Überblick über die beiden politischen Vertretungen der Vertriebenen gibt Waldmann, Peter, Die Eingliederung der ostdeutschen Vertriebenen in die westdeutsche Gesellschaft, in: Becker, Josef u. a. (Hrsg.), Vorgeschichte der Bundesrepublik Deutschland. Zwischen Kapitulation und Grundgesetz (UTB, Bd. 854), München 1979, 163–192.

[231] Jaritz über das Gespräch v. 5.11.1951 an Grafenhorst, in: OAV A-9-75. Einer weiteren Gesprächseinladung im März 1952 leistete der Klerus nicht Folge, da gleichzeitig eine Konferenz mit Bischof Keller stattfand.

**ST. HEDWIGS-WERK** DIÖZESE OSNABRÜCK

DAS HEIMAT-BILDUNGSWERK DER KATH. OSTVERTRIEBENEN

DIÖZESANLEITUNG:
Hochwürden
Herrn Pfr. Otto Jaritz
Rastede
Oldenburgerstr. 16

(23) MEPPEN/EMS DOMHOF
Fernruf 333

28. Januar 1952

Carissime!

    Durch Pfr. E. Czech wurde mir berichtet, dass die schlesischen Geistlichen im Kreise Oldenburg starkes Interesse am St. Hedwigswerk zeigen. Ein Sprecher von ihnen ist Confrater Jaritz geworden, der an den H.H. Bischof selbst in dieser Angelegenheit herangehen wollte.

    Ich darf mit gleicher Post mein Büchlein "Was will das St. Hedwigswerk" Ihnen zureichen und auch neue Satzungen, wie sie in der Weiterentwicklung auch Osnabrück jetzt annimmt. Wir wollen einen E.V. begründen, um vermögensrechtlich sicher zu stehen.

    Es war bis jetzt für uns eine Enttäuschung, dass man in der Diözese Münster dem Gedanken des Diözesanwerkes der kath. Heimatvertriebenen so wenig Verständnis entgegengebracht hat, besonders von Seiten des Confraters Volkmann, der die Flüchtlingsbetreuung besorgt. Es wäre gut, wenn von verschiedenen Seiten der Wunsch klar und deutlich auch an ihn herangetragen wird. Schliesslich unterliegt die Flüchtlingsseelsorge nicht einem Diktator.

Geschäftsleitung: Pfr. Joh. Smaczny, (23) Meppen-Ems, Domhof.
Postscheckkonto Hannover 2972 / Bank: Sparkasse des Kreises Meppen.

Korrespondenz des Diözesanpräses des St.-Hedwigs-Werkes Osnabrück, Pfarrer Johannes Smaczny, mit Pfarrer Otto Jaritz, Rastede

Am vergangenen Mittwoch hatten wir in Osnabrück unsere Generalversammlung, die zeigte, dass der Gedanke des St. Hedwigswerkes Zukunftslinie hat und anerkannte Arbeit leistet.

Wenn wir Ihnen irgendwie behilflich sein können, tun wir es gern im Interesse unserer heimatvertriebenen Landsleute und bleiben

c.a.fr.

Ihr ergebener

Joh. Smuszny

überhaupt noch sinnvoll sei[232]. Nach ausführlicher Diskussion im Konveniat der ostvertriebenen Priester antwortete Jaritz, daß der Wunsch nach einer eigenen Organisation unter den Ostvertriebenen des Bezirks weit verbreitet sei, zumal „die drohende Radikalisierung und die Entwicklung auf dem politischen Gebiet den kirchlichen Stellen [...] doch erhebliche Sorgen"[233] bereiteten. Damit hatte der Sprecher des Vertriebenenklerus im Oldenburger Land unmißverständlich deutlich gemacht, daß der Kirche die Gefahr drohe, unter den ostdeutschen Katholiken an Einfluß zu verlieren, wenn sie ihnen nicht ein gewisses Maß an Eigenleben zugestehe. Außerdem wies Jaritz in seiner Stellungnahme auf die Haltung eines Mitglieds des Münsteraner Diözesanführungskreises hin, das im Hinblick auf das Zusammenleben von Einheimischen und Vertriebenen die radikale Forderung geäußert habe: „Entweder Ihr werdet echte Münsterländer, singt unsere Lieder mit, fügt Euch in unsere Formen des Gottesdienstes ein, vergeßt eure alten Traditionen oder Ihr bleibt ewig heimatlos." Diese Empfehlung spreche die Sprache der Arroganz der Einheimischen gegenüber den Fremden und gehe an der Realität des Zusammenlebens vorbei. Wenn der Rasteder Geistliche seinem Adressaten des weiteren Einblick in das Wirken der ebenfalls nicht namentlich genannten Flüchtlingsvereine in „einer Nachbardiözese" gab, wird erkennbar, daß das Osnabrücker St.-Hedwigs-Werk für ihn und sicherlich für die Mehrzahl der schlesischen Priester im Offizialatsbezirk weiterhin Vorbildfunktion besaß.

Unmißverständlich versuchte Jaritz die Bedenken der Bistumsleitung gegenüber einer Genehmigung des Kulturwerks im Bistum mit dem Hinweis zu zerstreuen, daß dem jeweiligen Ortspfarrer die Präsesfunktion garantiert bleibe. Eine kirchlich-kulturelle Betreuung der Vertriebenen könne jedenfalls „nach allgemeiner Ansicht [...] nur dann geleistet werden [...], wenn dahinter eine Organisation steht, die durch die Autorität der Diözese gestützt wird".

Diese Auffassung teilte zwar auch Tenhumberg, signalisierte aber zugleich, daß ihm an einem Alternativmodell gelegen sei[234]. Diplomatisch versicherte der Domvikar dem Seelsorger von Rastede, daß „meine Rückfrage keine Zurückstellung Ihres Anliegens bedeuten sollte. Ich werde im Gegenteil alles daran setzen, daß wir auch in unserer Diözese möglichst bald zu einer befriedigenden Lösung des Problems der Vertriebenenbetreuung gelangen."[235] Für Jaritz bot dieses motivierendere Bekenntnis bald danach Anlaß, seinem Ansprechpartner in der Bistumsleitung Kenntnis von einem Brief zu geben, den Pfarrer Smaczny an ihn gerichtet hatte[236]. Unter demonstrativer Beifügung eines Exemplares der Osnabrücker Satzung des Vertriebenenverbandes hatte dieser sich in die Diskussion eingemischt und deutliche Worte über den Zustand der Vertriebenenseelsorge im Nachbarbistum gefunden. Smaczny zeigte sich unter anderem darüber verärgert, daß „die schle-

---

[232] Vgl. Tenhumberg an Jaritz v. 26.11.1951, in: OAV Nachlaß Otto Jaritz (1909–1987).
[233] Jaritz an Tenhumberg v. 27.12.1951, ebd. Hier auch das folg. Zit.
[234] Tenhumberg an Jaritz, o. Datum, jedoch mit Neujahrswünschen versehen. Hier auch die folg. Zit., in: OAV Nachlaß Otto Jaritz (1909–1987).
[235] Tenhumberg an Jaritz v. 12.1.1952, ebd.
[236] Vgl. Jaritz an Tenhumberg v. 4.2.1952, ebd.

sischen Geistlichen im Kreise Oldenburg (sic!) starkes Interesse am St.-Hedwigs-Werk zeigen [...], daß man [aber] in der Diözese Münster dem Gedanken des Diözesanwerkes der kath[olischen] Heimatvertriebenen so wenig Verständnis entgegengebracht hat, besonders von Seiten des Confraters Volkmann, der die Flüchtlingsbetreuung besorgt"[237]. Noch einmal gewann somit der in konzeptionellen Fragen herrschende Dissens zwischen dem Schneidemühler Diözesanpriester Wilhelm Volkmann und dem Schlesier Johannes Smaczny an Schärfe, vor allem, weil letzterer an die Adresse Volkmanns gerichtet ergänzte: „Es wäre gut, wenn von verschiedenen Seiten der Wunsch klar und deutlich auch an ihn herangetragen wird. Schließlich unterliegt die Flüchtlingsseelsorge nicht einem Diktator." Jaritz selbst enthielt sich zwar eines Kommentares, verlieh dem Vorstoß Smacznys aber dadurch eine zusätzliche Brisanz, daß er den Brief nicht in voller Länge, sondern lediglich in seinen für neuen Zündstoff sorgenden Passagen gegenüber Tenhumberg zitierte.

Bezeichnenderweise war gerade in diesen Wochen im Kirchlichen Amtsblatt der Nachbardiözese Osnabrück noch einmal auf die „dringliche Aufgabe, [...] in den einzelnen Seelsorgestationen Hedwigskreise zu begründen"[238], hingewiesen worden. Mit bischöflicher Autorität wurde dort also das Kulturwerk der katholischen Vertriebenen gefördert, was sich besonders im Osnabrücker Land und dem Emsland in einer großen Dichte von Hedwigskreisen bemerkbar machte[239]. Die Schubkraft dieser Bewegung zur Identitätsbewahrung und Einbindung der Vertriebenen in das katholische Milieu war dadurch zweifellos beträchtlich erhöht worden, ohne daß sie meßbar erscheint. Die Tatsache, daß gerade die Osnabrücker Diasporaregionen Ostfriesland und Diepholz-Hoya „weiße Flecken" im Verbreitungsgebiet des St.-Hedwigs-Werkes darstellten, macht zwar deutlich, daß auf diese Weise keineswegs allen Vertriebenen der Nachbardiözese eine Milieu-Einbindung über die Gottesdienstgemeinde hinaus ermöglicht wurde. Jedoch bot das Osnabrücker Kulturwerk als Modell die Voraussetzungen für eine beispielhafte Vernetzung unter den vertriebenen Katholiken. Immerhin erreichte es zu Beginn der 1950er Jahre einschließlich aller Familienangehöriger seiner Mitglieder schätzungsweise 15.000 bis 20.000 Menschen[240].

Gegenüber einer entsprechenden Organisation für das Bistum Münster zeigte sich Domvikar Tenhumberg dennoch weiterhin unentschlossen: Die Querelen ließ er unkommentiert und nahm nur zu den beigelegten Satzungen des St.-Hedwigs-Werkes Stellung, die er mit Interesse gelesen hatte, kritisierte allerdings die ihm unglücklich erscheinende Namenswahl[241]. Als münsterische Variante der Kulturorganisation schwebte ihm eine Umkehrung des Zeitschriftentitels „Heimat und Glaube" in „Glaube und Heimat" vor. Offenbar fand er jedoch seitens der Bistumsleitung keinerlei Rückhalt für seine Planun-

---

[237] Smaczny an Jaritz v. 28.1.1952, ebd. Hier auch das folg. Zit.
[238] Kirchliches Amtsblatt für die Diözese Osnabrück v. 21.1.1952.
[239] Allein im Osnabrücker Land bestanden 1951 23 Hedwigskreise. Vgl. Dröge, Kurt, Hedwigskreise (wie Anm. 125), 72. Vgl. auch die Kartenskizze ebd.
[240] So die Schätzung von Kurt Dröge, ebd., 73.
[241] Vgl. Tenhumberg an Jaritz v. 11.2.1952, in: OAV Nachlaß Otto Jaritz (1909–1987).

gen. Inwieweit die Brüskierung Wilhelm Volkmanns, der das uneingeschränkte Vertrauen der Bistumsleitung, insbesondere aber von Diözesan-Caritasdirektor Theodor Holling, genoß[242], die Abkehr Tenhumbergs von seinem Hilfsangebot für die Vergemeinschaftung der Vertriebenen beschleunigt haben könnte, kann nicht mehr geklärt werden. Fest steht allein, daß auch eine letzte auf Geheiß von Jaritz erfolgte direkte Intervention von Johannes Smaczny in Münster ihren Zweck verfehlte, die frostig gewordene Atmosphäre zu verbessern und konstruktiv zu wirken, obwohl – oder gerade weil – Smaczny hierin die Autorität des Paderborner Erzbischofs Lorenz Jaeger als gewichtigstes Argument anführte. Letzterer habe erklärt, daß er „jede weitere kulturelle Betreuung der Heimatvertriebenen nur im St.-Hedwigs-Werk sieht und eine aufkommende landsmannschaftliche Zersplitterung [...] ablehnt"[243].

Auch die Tatsache, daß noch zum selben Zeitpunkt ein religiöses Kulturwerk der Vertriebenen im Bistum Hildesheim unter dem Namen „Kardinal-Bertram-Werk" durchgesetzt wurde, besaß keine Auswirkungen auf die festgefahrene Lage im Bereich der Fallstudie[244].

Inwieweit Bischof Michael Keller persönlich in die langwierigen Diskussionen um die Realisierung eines Kulturwerkes der katholischen Vertriebenen im Offizialatsbezirk Oldenburg bzw. im Gesamtbistum eingriff, ist nicht mehr zu rekonstruieren. Allerdings gibt es Indizien dafür, daß er dieses Vorhaben als gefährliche Nachkriegsentwicklung des deutschen Katholizismus betrachtete. Schon bei seinem ersten Ad-Limina-Besuch in Rom, im März 1948, hatte er gegenüber Papst Pius XII. neben der zunehmenden Auflösung familiärer Strukturen und dem daraus resultierenden Niedergang der Ehe vor allem „die Auflösung des einheitlich katholischen Charakters der Diözese im Zuge der Flüchtlings- und Wanderbewegungen" beklagt, die „Gefahren mit sich bringe, denen die Gläubigen nicht gewachsen seien"[245]. Jener Zukunftspessimismus, der Kellers Amtszeit trotz vieler Kontinuitäten bestimmte, die im kirchlichen Leben der Diözese gerade aus dem Blickwinkel des katholischen Münsterlandes heraus zu verzeichnen waren[246], wirkte sich also offenbar negativ auf die Realisierung der Kulturwerkidee aus und ließ entsprechende

---

[242] Volkmann stand bereits vor der Vertreibung in Kontakt mit dem Diözesan-Caritasverband Münster u. dessen Direktor Holling, vgl. Kap. II Sozial-karitative Organisationskonzepte der Hierarchie.

[243] Erzbischof Jaeger, zit. bei Smaczny an Tenhumberg v. 11.2.1952, in: BAM NA 101-414.

[244] Zur Gründung und zu den Aufgaben des Kardinal-Bertram-Werkes vgl. Mosler, Josef, Das Kardinal-Bertram-Werk. Seine deutsche und europäische Aufgabe, in: Hedwigs-Kalender für die katholischen Heimatvertriebenen 1954, 85–88. Die Gründung war durch eine von Bischof Joseph Godehard Machens unterzeichnete Verordnung vom 21.4.1952 möglich geworden. Selbst von einem nur kurzzeitigen Bestehen des Hedwigswerkes kann im Bistum Münster keine Rede sein, wie dies bei Dröge, Kurt, Hedwigskreise (wie Anm. 125), 68, Anm. 7, fälschlich behauptet wird. Dort heißt es: „Das St.-Hedwigs-Werk Münster hatte nicht lange Bestand."

[245] Damberg, Wilhelm, Abschied vom Milieu? Katholizismus im Bistum Münster und in den Niederlanden 1945–1980 (Veröffentlichungen der Kommission für Zeitgeschichte, Reihe B, Bd. 79), Paderborn u.a. 1997, 122f.

[246] Vgl. hierzu auch das Kap. II Sozial-karitative Organisationskonzepte der Hierarchie.

Initiativen im Bischöflichen Palais verebben. Dagegen wurden gleichzeitig stärker zukunftsgerichtet erscheinende pastorale Strategien, zum Beispiel durch Aktivierung und Einbindung der Laien im Sinne der Idee der „Katholischen Aktion", entwickelt[247]. Die Tatsache, daß Keller seine erste Firmreise im Frühjahr 1948 in die nordoldenburgische Diaspora unternommen hatte, zeigte, daß ihm die Sorge für die Vertriebenen zwar grundsätzlich am Herzen lag. Letztlich aber erschien ihm die Präsenz heimatloser Menschen aus dem Osten als eine wesentliche Antriebskraft der schleichenden Erosion des katholischen Milieus in seinem Bistum, eben dafür, „daß die schon lange wirkenden Entwicklungen nach dem Kriegsende eine neue Qualität gewonnen hatten"[248].

Vielleicht auch gerade deshalb wurde zu Beginn der 1950er Jahre innerhalb des von Keller einberufenen Diözesanführungskreises, eines Laiengremiums, das dem Bischof in seelsorglichen Fragen beratend zur Seite stehen sollte, ein eigener Sachausschuß für Heimatvertriebene konstituiert. Hier herrschte jedoch überwiegend Zustimmung für die pastorale Linie des Bischofs, so daß in einer Sitzung im Januar 1952 im Beisein von Domvikar Tenhumberg beschlossen wurde, „in unserer Diözese keinen eigenen Verein der katholischen Heimatvertriebenen zu bilden"[249]. Statt dessen sollte die Kompetenz des Sachausschusses ausgedehnt und ihm entsprechende Gremien auf Dekanats- und Pfarrebene zur Seite gestellt werden, die den Vertriebenen eine Repräsentation innerhalb bestehender Bistumsstrukturen garantierten, ohne daß dieses Vorhaben im oldenburgischen Bistumsteil eine Umsetzung erfuhr.

### f) Ernennung eines Bezirksvertriebenenseelsorgers

Die einzige pastorale Initiative Bischof Kellers bezüglich einer Institutionalisierung und stärkeren Vernetzung der kirchlichen Vertriebenenarbeit stellte die Ernennung von sieben Bezirksvertriebenenseelsorgern für die einzelnen Teile des Bistums Münster dar. Für den Offizialatsbezirk Oldenburg wurde diese nebenamtliche Aufgabe im Juni 1953 dem Regionalsprecher der ostdeutschen Priester und Pfarrektor von Rastede, Otto Jaritz, übertragen. Im Grunde genommen änderte die Ernennung aber nichts an dem vielfältigen Einsatz dieses Breslauer Diözesanpriesters für eine Organisation der katholischen Vertriebenen in der Region und blieb somit Makulatur. Jaritz selbst hatte zudem nur per Zufall aus der Presse von der Schaffung seines neuen Amtes erfahren. Offenbar aus Verärgerung über diese fehlende Transparenz im Zuge der Ernennung nutzte er auch kaum die Chance, seinem Wirken eine größere Öffentlichkeit zu verleihen, während sich beispielsweise ein gleichzeitig zum Bezirksvertriebenenseelsorger für das niederrheinische

---

[247] Der Pastoralplan sah neben der Bildung eines Diözesanführungskreises, in dem auch Laien vertreten waren, die Bildung von Pfarrführungskreisen auf der unteren Ebene vor. Deren Laienmitglieder sollten an der Koordination der seelsorglichen Aktivitäten partizipieren. Vgl. ausführlich: Damberg, Wilhelm, Abschied vom Milieu? (wie Anm. 245), 122ff.
[248] Ebd., 125.
[249] Protokoll der Sitzung des Sachausschusses der Heimatvertriebenen am 29.1.1952, in: Archiv des Apostolischen Visitators Breslau, Münster: Bistum Münster.

Industriegebiet ernannter Caritasdirektor aus Duisburg umgehend mit einem Rundschreiben an alle Pfarrämter seiner Region wandte, in dem er „um die Benennung eines besonders vertrauenswürdigen Sprechers der Ostvertriebenen Ihrer Gemeinde für den Bezirksführungskreis [bat], der eine wirkliche Hilfe sein kann bei der uns obliegenden Aufgabe, die ‚Wandernde Kirche' auch seelisch und kulturell in unseren Pfarreien zu beheimaten"[250]. Darüber hinaus fühlte sich Jaritz in seinen Entscheidungen von der Bistumsspitze alleingelassen und resümierte einige Jahre später: „Niemals sind in dieser Angelegenheit Anregungen erfolgt oder irgendwelche Besprechungen gewesen. Jeder tut an seiner Stelle gewiß seine Pflicht, aber was könnte in dieser Beziehung geschehen, wenn eine geordnete organisierte Arbeit in der gesamten Bundesrepublik vollzogen würde!"[251]

Lediglich innerhalb der Vertriebenenhierarchie fand Jaritz entsprechende Geltung, wenn er beispielsweise auf Anregung des in Visbek lebenden Breslauer Domkapitulars Ernst Lange in die Vorbereitungskommission der 1952 in Köln gegründeten „Katholischen Arbeitsstelle (Nord) für Heimatvertriebene der Fuldaer Bischofskonferenz" berufen wurde und an deren Tätigkeit fortan stellvertretend für den Offizialatsbezirk Oldenburg Anteil hatte[252].

### g) Abgesang der Kulturwerk-Idee vor dem Hintergrund der Assimilation

Somit konnte die Struktur der Bezirksvertriebenenseelsorge auch keinen Vorschub für eine Erlaubnis zur flächendeckenden Bildung von kirchlichen Vertriebenenvereinen innerhalb des katholischen Milieus leisten. Man hatte ganz einfach die Chance, ein „sehr wirkungsvolles Instrument zur Kanalisierung der Sonderinteressen"[253] zu schaffen, durch das Fehlen einer entsprechenden Lobby verpaßt. Verstärkt wurde dieser Eindruck immer wieder durch Erfolgsmeldungen aus der Nachbardiözese Osnabrück. Dort war anläßlich der sechsten Generalversammlung des Hedwigs-Werkes von einem großen Durchbruch in eine breite Öffentlichkeit die Rede[254], was auch im Offizialatsbezirk Oldenburg mit wachem Interesse registriert wurde. Aber es war endgültig zu spät, als der Vorsitzende des Hildesheimer Kardinal-Bertram-Werkes, Ernst Kuntscher MdB[255], 1955 in einem Brief an den Vechtaer

---

[250] Caritasdirektor Heinrich Tellen, Duisburg, an die Pfarrer im rheinischen Industriegebiet v. 24.7.1953, Privatbesitz.

[251] Jaritz an Herbert Gröger, Münster, v. 16.1.1959, in: OAV Nachlaß Otto Jaritz (1909–1987).

[252] Jaritz schien Lange für Leitungsaufgaben auf regionaler Ebene prädestiniert zu sein. Die Kath. Arbeitsstelle (Nord) wurde als Pendant zur Kirchlichen Hilfsstelle in München eingerichtet. Dem Initiator und Leiter Oskar Golombek ging es dabei darum, „daß wir uns im katholischen Sektor auf eine gemeinsame Linie einigen und eine geschlossene Führung aufbauen". Golombek an Lange v. 5.2.1950, ebd.

[253] Sauermann, Dietmar, „Aus allen Bindungen der Heimat herausgerissen" (wie Anm. 41), 202.

[254] Vgl. Protokoll der Generalversammlung vom 22.2.1953, in: Archiv St.-Hedwigs-Werk Osnabrück: Korrespondenz 1952ff.

[255] Ernst Kuntscher, geboren 1899 in Bautsch/Ostsudeten, Schlosser u. christl. Gewerkschaftler, 1947–1949 MdL, 1949–1969 MdB (CDU) u. eng den Hedwigs-Werken u. dem Kardinal-Bertram-Werk verbunden, gestorben 1971 in Stade. Vgl. Simon, Barbara (Bearb.), Abgeordnete in Niedersachsen 1946–1994. Biographisches Handbuch, Hannover 1996, 225.

Landtagsabgeordneten und Landes-Caritasdirektor Hans Watermann nochmals einen Vorstoß in dieser Hinsicht anregte. Kuntschers Argumentation blieb ohne Resonanz, obwohl er bekräftigte, daß durch die Errichtung kirchlicher Interessenverbände der Heimatvertriebenen in allen Teilen Niedersachsens insgesamt beachtliche Fortschritte erzielt worden seien, was leider für das Oldenburger Land nicht behauptet werden könnte[256].

Reichlich verbittert äußerte sich vier Jahre darauf auch noch einmal Bezirksvertriebenenseelsorger Jaritz über die mangelnde Aktivität der Bistumsleitung gegenüber einer Organisation der Heimatvertriebenen, führte sie aber auf die „furchtbare Zersplitterung in Hedwigswerk, Kardinal-Bertram-Werk, Eichendorffgilde" zurück, für deren parallele Existenz er persönliche Unstimmigkeiten unter den führenden Persönlichkeiten des ostdeutschen Katholizismus verantwortlich machte[257]. Selbstkritisch konstatierte der geistige Vordenker der vertriebenen Katholiken Oldenburgs ein nicht nur von der einheimischen Hierarchie vorgegebenes, sondern zudem von den Vertriebenen provoziertes Organisationsdefizit, das aus der mangelnden Fähigkeit resultiere, eine einheitliche Organisation zu schaffen.

Dem konnte auch der einmalig gebliebene Versuch einer regionalen Großveranstaltung der schlesischen Katholiken Oldenburgs, wie sie im selben Jahr der Diözesanverband Münster des Heimatwerkes Schlesischer Katholiken gemeinsam mit der Katholischen Arbeitsstelle (Nord) für Heimatvertriebene im Gedenken an den 100. Geburtstag des letzten deutschen Bischofs von Breslau, Adolf Kardinal Bertram, durchführte[258], nicht nachhaltig entgegenwirken. Die grundsätzliche Offenheit von Offizial Grafenhorst für die mit Festgottesdiensten in allen katholischen Kirchen der Stadt Oldenburg eingeleitete „Kardinal-Bertram-Gedächtnisfeier" manifestierte sich jedenfalls in seiner Teilnahme an der Festakademie[259].

Die Kulturwerk-Idee hatte sich im Offizialatsbezirk Oldenburg dadurch, daß sie allzu lange in statu nascendi geblieben war und die sich bietenden Chancen nicht ausreichend ausgeschöpft wurden, immer mehr abgenutzt, obwohl auf regionaler Ebene eine maßgebliche Persönlichkeit des Vertriebenenklerus wie Otto Jaritz mit bisweilen schon naiver Hartnäckigkeit die Idee verfochten hatte. Bedingt durch den unablässig voranschreitenden Integrationsprozeß der Vertriebenen in eine verstärkt vom „Wirtschaftswunder" geprägte und sich schnell wandelnde bundesrepublikanische Gesellschaft erwies sich schon der Zeitpunkt der letztlich gescheiterten Verhandlungen zwischen Pfarrer Jaritz und Domvikar Tenhumberg zu Beginn der 1950er Jahre als reichlich spät. Die in Rudolf Langes theoretischen Überlegungen als erste von drei Phasen der Vertriebenenassimilation gekennzeichnete „familienhafte und landsmannschaftliche Isolierung gegenüber der Gesamtgesellschaft"[260] stand zu diesem Zeitpunkt zumindest in kultureller Hinsicht in

---

[256] Vgl. Kuntscher an Watermann v. 9.2.1955, in: OAV Nachlaß Otto Jaritz (1909–1987).
[257] Jaritz an Herbert Gröger, Münster, v. 16.1.1959, ebd.
[258] Vgl. Kardinal-Bertram-Feier in Oldenburg, in: Der Schlesische Katholik 12/1959.
[259] Vgl. OAV A-9-75. Grafenhorst nahm an der Veranstaltung teil, obwohl er deshalb einen anderen Termin absagen mußte. Siehe auch Archiv des Apostolischen Visitators Breslau, Münster: Heimatwerk Schlesischer Katholiken: Münster.
[260] Lange, Rudolf, Theologie der Heimat (wie Anm. 38), 102.

Oldenburg vor dem Abschluß. Bezieht man Langes Untergliederung des Neubeheimatungsprozesses auf die Entwicklung der kirchlichen Kulturwerke, so gilt dies vor allem unter Verweis auf die unter freien Entfaltungsmöglichkeiten entstandenen Hedwigskreise im Nachbarbistum Osnabrück, die 1951 bereits rein zahlenmäßig ihren höchsten Stand erreicht hatten[261]. Ihr über eine rein lokale Wirksamkeit hinausreichendes Hauptcharakteristikum blieb die Beteiligung an Bezirkswallfahrten und der jährlichen Diözesanwallfahrt nach Rulle[262], die den Wunsch nach der größeren Gemeinschaft erfüllen halfen. Dem stand Oldenburg ausnahmsweise nicht nach.

## 5. Wallfahrten als Ausdruck einer besonderen Religiosität

Vielmehr läßt sich in der Untersuchungsregion wohl auch gerade angesichts der von der Hierarchie verordneten Reduktion des kirchlichen Gemeinschaftslebens der Vertriebenen ein starkes Ventil in der jährlichen Durchführung einer gesonderten Vertriebenenwallfahrt in das südoldenburgische Marienheiligtum Bethen bei Cloppenburg feststellen. In erster Linie ausschlaggebend für den Erfolg dieser regionalen Großveranstaltung dürfte die Tatsache gewesen sein, daß das Frömmigkeitsritual der Wallfahrt zu den wesentlichen Elementen des Glaubenslebens der schlesischen Katholiken in der Heimat gehörte[263]. Während im Oldenburger Münsterland die Marien-Frömmigkeit nach einer Unterbrechung in Folge der Aufklärung erst in der zweiten Hälfte des 19. Jahrhunderts wieder deutlich an Gewicht gewann[264] und die Wallfahrt zu der aus dem Mittelalter stammenden Pieta in Bethen erst am Beginn des Ersten Weltkriegs wieder auflebte[265], war die Wall-

---

[261] Vgl. Dröge, Kurt, Hedwigskreise (wie Anm. 125), 73. Sieben Jahre später (1958) bestanden nur noch 66 Hedwigskreise im Bistum Osnabrück.

[262] Vgl. ebd. u. Hirschfeld, Michael, Vertriebenenwallfahrten in Westfalen und ihre Bedeutung für die Integration der Vertriebenen (wie Anm. 130). Hier wird auch besonders auf die Hedwigs-Werk-Wallfahrt nach Rulle eingegangen.

[263] Vgl. Hirschfeld, Michael, Von der Trauer zum Dank. Die Vertriebenenwallfahrt nach Bethen zwischen Neubeginn und Integration, in: Archiv für schlesische Kirchengeschichte, Bd. 55 (1997), 291–300, hier 291.

[264] Vgl. Kuropka, Joachim, Katholisches Leben in einem protestantischen Staat, in: Schäfer, Rolf u. a. (Hrsg.), Oldenburgische Kirchengeschichte, Oldenburg 1999, 473–522, hier 511f. Kuropka macht eine verinnerlichte Marienfrömmigkeit an der zunehmenden Errichtung von Marienaltären im Zusammenhang von Kirchenneubauten im Offizialatsbezirk Oldenburg fest. Außerdem wurden nahezu alle zwischen 1870 und 1914 in Nordoldenburg neu errichteten Kirchen unter das Patronat Mariens gestellt.

[265] Die Verbundenheit der katholischen Bevölkerung Oldenburgs mit Bethen wurde nach dem Ersten Weltkrieg durch den Bau einer großen Wallfahrtskirche, die zugleich als Gedächtniskirche für die Gefallenen gedacht war, manifestiert. Vgl. zu dieser Entwicklung: Strickmann, Heinz, Deux, Klaus, Geschichte und große Ereignisse des Wallfahrtsortes Bethen (Heimatkundliche Beiträge, H. 2), Cloppenburg 1982, u. Beering, Bernhard, Der Wallfahrtsort Bethen, in: Stadt Cloppenburg (Hrsg.), Beiträge zur Geschichte der Stadt Cloppenburg, Bd. 2, Cloppenburg 1988, 317–325.

fahrtstradition an den schlesischen Pilgerstätten, wie zum Beispiel in Wartha und Albendorf sowie auf dem oberschlesischen St. Annaberg, über Jahrhunderte hinweg nahezu ungebrochen geblieben. Maria spielte darüber hinaus in der schlesischen Frömmigkeitsgeschichte eine hervorgehobene Rolle, da fast alle großen Pilgerstätten dieser ostdeutschen Region, einmal abgesehen vom oberschlesischen Annaberg, Marienkulte aufwiesen[266]. Bethen steht also ganz im Kontext einer bei allen Vertriebenenwallfahrten in Westdeutschland beobachteten „Tendenz, wenn irgend möglich sich Pilgerziele auszuwählen, die [...] Ähnlichkeit mit heimischen Gnadenstätten haben"[267]. Viel stärker als für den westdeutschen Katholizismus oldenburgischer Prägung lebten die Schlesier ihre Frömmigkeit nicht allein in der Beteiligung am Sonntagsgottesdienst aus, sondern verstanden den Glauben vielmehr als ein „Netz von bedeutungsvollen Handlungen"[268], in dem die Messe in der heimatlichen Pfarrkirche nur einen Bestandteil bildete, der durch eine Vielzahl von religiösen Brauchtumselementen Ergänzung erfuhr. Diesen Aspekt bestärkte die Tatsache, daß menschliche Notsituationen wie Armut, Arbeitslosigkeit, fehlende Verwurzelung und menschliche Geborgenheit grundsätzlich einen Hang zu intensivierter Religiosität mit sich bringen und die Bedeutung von Wallfahrtsheiligtümern als Orte der besonderen Nähe Gottes im Empfinden der gläubigen Katholiken noch zu steigern halfen. Gerade die im Bereich des Fallbeispiels Oldenburg vornehmlich lebenden Schlesier waren – ebenso wie die Sudetendeutschen – für eine solche, mystisch verankerte Kirchlichkeit durch ihre gemeinhin als gemüthaft geltende Mentalität sehr offen. In diesem Zusammenhang läßt sich davon sprechen, daß die Katholiken aus ostdeutschen Regionen über eine spezifische Frömmigkeitspraxis verfügten[269].

Gegenüber den persönlichen Anliegen trat auch bald der Gedanke an eine Sühneleistung für die Verbrechen des deutschen Volkes, wie sie die erste große Vertriebenenwallfahrt in den westlichen Besatzungszonen, die im Juni 1946 8.000 Vertriebene nach Altötting führte, bestimmt hatte, bei den einzelnen heimatvertriebenen Katholiken zurück. Dennoch ging von diesem bayerischen Großtreffen eine Signalwirkung für ganz Westdeutschland aus[270]. Es fand Nachahmung in einer großen Schlesier-Wallfahrt, zu der

---

[266] Ebenfalls bei Kirchenpatrozinien trat Maria in Schlesien bereits im Mittelalter am häufigsten auf. Vgl. Marschall, Werner, Mittelalterliche Heiligenkulte in Schlesien, in: Köhler, Joachim (Hrsg.), Heilige und Heiligenverehrung in Schlesien (Schlesische Forschungen, Bd. 7), Sigmaringen 1997, 19–30, hier 24. Zu den Wallfahrtsorten vgl. Mai, Paul, Schlesierwallfahrten in Süd- und Westdeutschland. Ein Beitrag der Vertriebenen zur Aussöhnung der Völker, in: Archiv für schlesische Kirchengeschichte, Bd. 51/52 (1994), 77–88, hier 78.

[267] Schroubek, Georg R., Wallfahrt und Heimatverlust (wie Anm. 80), 242. Diese Arbeit aus den 1960er Jahren bietet aus volkskundlicher Warte einen guten Überblick über die Gründung und Entwicklung aller Vertriebenenwallfahrten in der Bundesrepublik u. ist als Standardwerk auf diesem Gebiet bis heute heranzuziehen.

[268] Sauermann, Dietmar, „Aus allen Bindungen der Heimat herausgerissen" (wie Anm. 41), 191.

[269] Vgl. Kindermann, Adolf, Religiöse Wandlungen und Probleme im katholischen Bereich (wie Anm. 68), 149.

[270] Vgl. ebd., 218f.

15.000 Ostvertriebene aus der britischen Besatzungszone am 29. Juni 1947 im westfälischen Marienwallfahrtsort Werl mit dem ersten Vertriebenenbischof Maximilian Kaller zusammenkamen[271] und woran auch 60 Flüchtlinge aus Ganderkesee unter Leitung ihres Vertriebenenseelsorgers teilnahmen[272]. Trotz der angesichts noch unzureichender Verkehrsverbindungen mit dieser Beteiligung verbundenen Strapazen löste das Erlebnis bei allen, die dabei gewesen waren, „eine Welle der Freude, des Zusammenhaltes und des Eifers"[273] aus. Zu der Suche nach einem festen Halt in der Bedrängnis der Zeit trat aufgrund der starken Vereinzelung der Heimatvertriebenen erkennbar der Wunsch nach einem wiederkehrenden christlichen Gemeinschaftserlebnis in erreichbarer Nähe, das zugleich zu einem Wiedersehen mit Verwandten, Nachbarn und Freunden sowie den Geistlichen aus dem alten Heimatort im Osten genutzt werden konnte.

Daher bemühten sich sowohl die Ordinarien der ostdeutschen Jurisdiktionsbezirke als auch die Vertriebenenseelsorger der einzelnen Diözesen parallel zueinander, die Wallfahrt als vordringliche Seelsorgemaßnahme zur Sammlung ihrer Landsleute aufzugreifen, weil sie erkannten, daß von dieser Frömmigkeitsform eine starke Bindungskraft für die entwurzelten Menschen ausging[274].

Dabei stand bei den für die Diözesanen der einzelnen ostdeutschen Bistümer organisierten Treffen zunächst vielfach die praktische Machbarkeit vor dem religiösen Charakter des Veranstaltungsortes im Vordergrund. So jedenfalls stellten es zwei 1946 und 1947 in Listrup, dem emsländischen Wohnort des Glatzer Generalvikars Franz Monse, durchgeführte Wallfahrten der Katholiken aus der Grafschaft Glatz[275] ebenso vor Augen wie ein gleichfalls unter diesem Aspekt durchgeführtes Treffen der Gemeindemitglieder von Wartha in Maria Veen im Münsterland[276].

---

[271] Vgl. demnächst Hirschfeld, Michael, Vertriebenenwallfahrten in Westfalen (wie Anm. 130).

[272] Vgl. Hirschfeld, Michael, „Gleich eine herzlichere Familiengemeinschaft". St. Hedwig in Ganderkesee als Beispiel für den Aufbau einer Vertriebenengemeinde im Bistum Münster, in: Ders., Trautmann, Markus (Hrsg.), Gelebter Glaube – Hoffen auf Heimat (wie Anm. 22), 127–152, hier 143.

[273] Chronik des Pfarrektorats Ganderkesee, in: Pfarrarchiv Ganderkesee, 27.

[274] Zu der Unterscheidung zwischen überregionalen, landsmannschaftlichen Wallfahrten u. regionalen, überlandsmannschaftlichen Wallfahrten vgl. Hirschfeld, Michael, Vertriebenenwallfahrten in Westfalen (wie Anm. 130).

[275] Vgl. zu den Glatzer Wallfahrten nach Listrup: Hirschfeld, Michael, „Unterwegs nach einem Zuhause" (wie Anm. 182), 103–112. Die Glatzer Tradition wurde ab 1947 im etablierten Marienwallfahrtsort Telgte fortgesetzt. Vgl. Hirschfeld, Michael, 50 Jahre Glatzer Wallfahrt nach Telgte. Eine Initiative von Großdechant Prälat Dr. Franz Monse, in: Münsterland. Jahrbuch des Kreises Warendorf 1996, 64–68.

[276] Maria Veen, Krs. Borken, war Ende des 19. Jahrhunderts als Arbeiterkolonie gegründet worden. Eine Wallfahrtstradition wurde hier erst von den Warthaer Vertriebenen eingeführt, die eine Kopie ihres Gnadenbildes in der Dorfkirche aufstellten. Vgl. Trautmann, Markus, „Arm ist nur, der keine Liebe hat!" Leben und Wirken des Seelsorgers Oskar Franosch (1899–1992) in den Diözesen Breslau und Münster, in: Hirschfeld, Michael, Trautmann, Markus, Gelebter Glaube – Hoffen auf Heimat (wie Anm. 22), 71–126, hier insbes. 100f.

Unter dem diözesanen Aspekt jedoch bot sich ein Zurückgreifen auf den etablierten Wallfahrtsort Bethen auch deshalb an, weil die dort verehrte „Schmerzhafte Mutter" von den Menschen in ihren Sorgen und Nöten als Leitmotiv angesehen wurde[277]. Diese Symbolik ist ebensowenig zu unterschätzen wie eine noch tiefere Bedeutung, die von den Vertriebenen in den Bether Konpatronen St. Antonius und St. Anna entdeckt wurde. Während der heilige Antonius von Padua traditionell bei der Wiedergewinnung von verlorenem Eigentum angerufen wurde, verstärkte das in der Gnadenkapelle zusätzlich vorhandene Bild der Anna Selbdritt den Bezug der Oberschlesier zu Bethen. Auch von den nicht zu verkennenden technischen Gegebenheiten her war dieser nördlichste deutsche Wallfahrtsort mit der Eisenbahn gut erreichbar. Nicht zuletzt erschien er für die neuen Diasporakatholiken Nordoldenburgs aus der Wesermarsch, dem Ammerland und Friesland als Begegnungsort geeignet, weil er den Diasporakatholizismus in Berührung mit dem traditionellen Katholizismus des Oldenburger Münsterlandes brachte. Dies manifestierte sich bei der Vertriebenenwallfahrt optisch durch eine am Beginn stehende Prozession, die von der Cloppenburger Innenstadt aus nach Bethen führte[278]. In gewissem Sinne leistete die Einrichtung der Vertriebenenwallfahrt also Starthilfe für das Bewähren in einer andersdenkenden Umgebung trotz zunehmender Vereinzelung.

Den Anstoß hierzu gaben der in Stapelfeld bei Cloppenburg mit der Seelsorge beauftragte Erzpriester Josef Wahlich und der nach Visbek gelangte Breslauer Domkapitular Ernst Lange mit der Organisation und Durchführung der ersten oldenburgischen Vertriebenenwallfahrt am 2. Juli 1947, dem Fest Mariä Heimsuchung. „Große Flüchtlingswallfahrt aus dem ganzen Lande – vom Nordseestrand bis zum Süden. Etwa 3.000–4.000 Flüchtlinge. 9 Uhr Levitenamt, es folgten noch besondere Predigten und Andachten. Eisenbahn und LKW beförderten die Pilger [...]"[279], notierte ein einheimischer Zeitzeuge.

Mit den „besonderen Predigten und Andachten" spielte der Beobachter wohl auf die sich dem Pilgergottesdienst anschließenden typisch ostdeutschen Elemente des Treffens an, nämlich eine Singstunde mit schlesischen Liedern, bei der zwei Vertriebenengeistliche in Quickborn-Tradition zur Klampfe griffen und für die Anwesenden die Atmosphäre der katholischen Jugendbewegung der Zwischenkriegszeit wieder aufleben ließen[280], und eine abschließende Marienfeier am Nachmittag. Die weitgehend geschlossene Beteiligung gerade der neu entstandenen Vertriebenengemeinden Nordoldenburgs, deren Mitglieder stets gemeinsam mit ihrem Seelsorger per Bahn und später per Bus nach Bethen

---

[277] Die Wallfahrt der Vertriebenen zu einer Pieta-Darstellung findet sich ebenfalls in Werl, Telgte u. Kevelaer.

[278] Die Prozession zu Beginn des Vertriebenentreffens in Anspielung auf den eigentlichen Charakter der Wallfahrt fand erstmals 1948 statt. Vgl. Hirschfeld, Michael, Von der Trauer zum Dank (wie Anm. 263), 293.

[279] Diese Notiz findet sich in der Chronik des damaligen Bether Hauptlehrers Aloys Niemeyer. Vgl. Niemeyer, Aloys, Chronik des Wallfahrtsortes Bethen. Handschriftliches Manuskript in Familienbesitz, Bethen. Für die freundliche Gewährleistung der Einsichtnahme gilt Frau Agnes Niemeyer, Bethen, der Dank des Verf.

[280] Dabei handelte es sich um die Pfarrer Helmut Richter, Ganderkesee, u. Oskar Franosch, Westerkappeln. Vgl. Hirschfeld, Michael, Von der Trauer zum Dank (wie Anm. 263), 297.

reisten, zeigt die im katholischen Vertriebenenmilieu besonders ausgeprägte Wallfahrtsfreudigkeit. Die Teilnehmerzahl blieb mit 3.000 bis 4.000 in den 1950er Jahren trotz der zunehmenden Assimilierung der Vertriebenen ungefähr gleich, und es ließ sich nur allmählich ein Rückgang verzeichnen[281].

Die sentimentalen Regungen, die das Erleben eines solchen Festtages mit einem dicht gefüllten Programm bei den einzelnen Teilnehmern aus den oldenburgischen Diasporagemeinden auslösen mußten, gibt eine Passage aus dem Pressebericht des Jahres 1950 wieder, in der die Gefühle des Verfassers nicht zurückgehalten waren, wenn es dort hieß: „Wie froh und wehmütig pochte das Herz, so ganz unter Landsleuten den Bittgang zur Trösterin der Betrübten zu machen. [...] Und darum war es uns ein Bedürfnis, uns zu Füßen derjenigen wiederzusehen, die wir als die ‚Königin der Märtyrer' so innig verehren. Wir hoffen zuversichtlich auf unsere Heimkehr!"[282]

Anhand dieser Passage wird erkennbar, daß es den Wallfahrtsteilnehmern offenbar nicht allein um die religiöse Dimension der Zuflucht bei der Bether Pieta ging, sondern implizit auch die Rückkehrhoffnung eine große Rolle spielte. Der Kalte Krieg tangierte auch die oldenburgische Vertriebenenwallfahrt, so daß sie in den 1950er Jahren mit der Betonung des Brückenschlages zu den Menschen in Ostmitteleuropa, insbesondere aber in der DDR, eine deutliche Akzentverschiebung erfuhr. Wie auffällig diese Politisierung für den außenstehenden Beobachter gewesen sein muß, belegt eine Notiz des bereits zitierten Chronisten des Wallfahrtsortes, der 1957 über die Predigt eines schlesischen Franziskanerpaters kritisch bemerkte: „P[ater] Hartmann sprach zu den Gläubigen eine recht deutliche Sprache über die antichristliche Haltung der SPD und des russischen Kommunismus, beinahe wie in einer Wahlversammlung."[283]

Wie sehr die Vertriebenenwallfahrt nach Bethen von einem Trosttag für die in die oldenburgische Diaspora verschlagenen Katholiken zu einer Manifestation gegen die kommunistische Regierung in der DDR und im übrigen Ostmitteleuropa geworden war, dokumentiert rein äußerlich die Verlegung vom Fest der Sieben Schmerzen Mariens (22. September) auf den im Gedenken an den Volksaufstand in der DDR von 1953 zum „Tag der deutschen Einheit" erklärten 17. Juni. Angesichts des eigenen Schicksals und der zahlreichen verwandtschaftlichen Beziehungen in die DDR sowie in die unter polnischer Verwaltung stehenden deutschen Ostgebiete nahmen die Teilnehmer den Paradigmenwechsel gut auf und internalisierten das neue Verständnis des Treffens als solidarische Demonstration des Glaubens, die gegen den in Osteuropa propagierten Atheismus gerichtet war, wie der Bericht eines Jugendlichen aus dem Jahre 1958 zeigt: „Über 3.000 Wallfahrer füllten dicht gedrängt den großen Vorplatz der Kirche. Es war ein mächtiges Singen und eindringliches Beten für die Menschen, die in Unfreiheit und Kirchenverfolgung aushalten. Pfarrer Schuster erinnerte in seiner Predigt eindringlich, daß wir Heimatvertriebene uns besonders der Fürbitte für unsere Landsleute in den ostdeutschen Gebieten und unter kommunistischer Herrschaft annehmen müssen. Und ich wurde von

---

[281] Vgl. ebd., 298.
[282] So der ostvertriebene Berichterstatter in der Münsterländischen Tageszeitung v. 13.6.1950.
[283] Niemeyer, Aloys, Chronik des Wallfahrtsortes Bethen (wie Anm. 279).

*Herzliche Einladung*
## zur Ostvertriebenen-Wallfahrt
des Oldenburger Landes nach Bethen b. Cloppenburg
**am Mittwoch, dem 30. Mai 1951**

9.00 Uhr: Prozession vom Pensionat-Osterstraße nach Bethen.
9.45 Uhr: Begrüßung durch H. H. Prälat Lange. Anschließend Pontifikalamt Sr. Excellenz des Hochw. H. Weihbischofs Ferche ~~(voraussichtlich)~~.
Nach der Mittagspause: Festpredigt ~~eines Oblatenpaters~~ v. G.R. Golombek und Schlußandacht.

J. A.
**Erzpriester Wahlich,**
Stapelfeld über Cloppenburg

**Drucksache**

Hochw. kath. Pfarr-Rektorat

(23) B o c k h o r n
i. Old.
Bahnhofstr. 4

**Erzpriester Wahlich**
Stapelfeld über Cloppenburg

Einladungspostkarte zur Ostvertriebenen-Wallfahrt nach Bethen, versandt von Erzpriester Wahlich, Stapelfeld, 20.5.1951 (Poststempel)

Herzen froh, daß ich mit meinem Singen und Beten dabei war, denn jeder von uns in Westdeutschland ist glücklich, daß er nicht in der Sowjetzone leben muß, aber darf deswegen nicht satt und gleichgültig werden gegenüber der Not seiner Landsleute."[284]

Bei der Marienstatue in Bethen etablierte sich also einer von zahlreichen Vertriebenenwallfahrtsorten in der Bundesrepublik[285], weil sich hier eine neue Tradition in der Fremde ausbilden konnte, die – wie es die Schilderung des Jugendlichen zur Sprache bringt – den „Weggang vom Alltag"[286] als wesentliches Phänomen konsolidierte.

Wenngleich das regionale Wallfahrtstreffen damit zugleich einen politischen Anstrich erhielt, korrespondierte dieser nicht mit den dezidiert politischen Tönen der weiterhin auch von einer Reihe von Vertriebenen aus dem Offizialatsbezirk Oldenburg besuchten Schlesier-Wallfahrt nach Werl, das sich zum zentralen Wallfahrtsort der Vertriebenen entwickelt hatte[287]. Hatte es dort anfänglich angesichts des Koalitionsverbots für die Vertriebenen den für die gesamte britische Zone zentralen Freiraum gegeben, um zu den aktuellen politischen Ereignissen Stellung zu beziehen, so war der politische Charakter dieses Großtreffens unter der Regie des St.-Hedwigs-Werkes auch nach Gründung der Bundesrepublik ausgeweitet worden. Der bei der Organisation federführende Paderborner Diözesanpräses des St.-Hedwigs-Werkes, Wilhelm Trennert, erhoffte sich damit eine Magnetfunktion des religiösen Charakters auch für die weniger kirchlich eingestellten ostvertriebenen Katholiken. Erstmals hatte bereits 1947 in Werl der Glatzer Generalvikar Monse mit der Verlesung eines dem britischen Außenminister Ernest Bevin übersandten Memorandums zur Rückgabe Schlesiens öffentliches Aufsehen erregt und zur Steigerung der Teilnehmerzahlen an der dortigen Schlesier-Wallfahrt in den Folgejahren beigetragen[288]. Nach der Teilnahme mehrerer CDU-Bundesminister erreichte die Schlesier-Wallfahrt in Werl ihren Höhepunkt bei der Wallfahrtskundgebung 1953 mit einer Rede von Bundeskanzler Konrad Adenauer vor 60.000 Zuhörern[289].

Offensichtlich nicht zuletzt, weil das in Werl ebenso wie in Rulle als Veranstalter fungierende St.-Hedwigs-Werk nicht in der Gunst der kirchlichen Leitung von Bistum und Offizialat stand, achteten die Organisatoren der Bether Vertriebenenwallfahrt darauf, daß hier eine ähnliche politische Akzentuierung nicht stattfand. Sie veranstalteten daher im Anschluß an die zumeist von dem schlesischen Weihbischof Josef Ferche aus Köln

---

[284] Bericht eines ungenannten Jugendlichen über den 17.6.1958, in: Der Schlesische Katholik 7/1958, auch abgedruckt bei Gröger, Johannes, „An die Seelen dieser Menschen herankommen" (wie Anm. 78), 57.

[285] Vgl. Schroubek, Georg R., Wallfahrt und Heimatverlust (wie Anm. 80). Hier werden bis zu 240 Orte in Westdeutschland genannt, die einmalig oder häufiger für religiöse Treffen der Vertriebenen dienten. Etwa 35–40 von ihnen kam über einen längeren Zeitraum, analog zu Bethen, der Charakter einer regional wirkenden Wallfahrt zu.

[286] Wiebel-Fanderl, Olivia, Religion als Heimat? Zur lebensgeschichtlichen Bedeutung katholischer Glaubenstraditionen, Wien 1993, 170.

[287] Vgl. Mai, Paul, Schlesierwallfahrten in Süd- und Westdeutschland (wie Anm. 266), 77.

[288] Zum „Bevin-Brief" vgl. Hirschfeld, Michael, Prälat Franz Monse (wie Anm. 136), 128–130.

[289] Vgl. Hirschfeld, Michael, Vertriebenenwallfahrten in Westfalen (wie Anm. 130).

als Pontifikalamt gefeierte Pilgermesse keine öffentliche Kundgebung mit Vertretern des öffentlichen Lebens, sondern es folgten lediglich – wie erwähnt – Sing- und Gebetsstunden.

Die geistliche Dimension stand hier somit trotz der politischen Untertöne in den Predigten stets im Mittelpunkt. Als Indiz für eine allmähliche Akzeptanz des Großtreffens ist schließlich die kurzzeitige Anwesenheit des Weihbischofs von Münster, Heinrich Baaken, bei der Wallfahrt im Jahre 1961 anzusehen[290].

Als rein quantitativer Faktor für das religiöse Gemeinschaftsleben der ostvertriebenen Katholiken in der Untersuchungsregion läßt sich zudem die ergänzend zur Bether Wallfahrt in den 1950er Jahren eingeführte jährliche Pilgermesse für Heimatvertriebene in der Wallfahrtskapelle St.-Anna-Klus in Südlohne betrachten, die auf der Anna-Verehrung der Oberschlesier basierte[291].

Einen wenn auch lediglich lokal begrenzten Einfluß übte schließlich die 1948 in Bethen wiederaufgenommene Wallfahrtstradition der sogenannten Stiftspfarreien des ehemaligen Zisterzienserklosters Kamenz aus, die ursprünglich in Wartha beheimatet gewesen war. Mitglieder der 12 Pfarreien aus dem gesamten Bundesgebiet trafen sich in der Folge jährlich unter der Leitung von zwei nunmehr im Offizialatsbezirk Oldenburg wirkenden Geistlichen aus diesem Gebiet in Südoldenburg[292].

## 6. Zwischenbilanz

Wenn die Rolle der katholischen Kirche in der ersten Nachkriegszeit als „Halt in der Not und Ausweglosigkeit der Zeitgenossen"[293] gekennzeichnet wird, so trifft dies zwar auf die Linderung sozialer Nöte der vom Verlust ihrer Heimat und ihres angestammten Besitzes betroffenen Menschen aus Ostdeutschland zu, nicht aber auf den Bereich der religiösen Kulturpflege und Identitätsbewahrung. Die Zwangsmigration von Ost nach West führte auf der Mikroebene der Gemeinden dazu, daß in ostdeutschen Regionen verbreitete religiöse Rituale in der neuen Heimat vor allem dort keine Fortsetzung mehr fanden, wo vertriebene Katholiken als Minderheit neben einheimischen Katholiken lebten. Wäh-

---

[290] Baaken nahm an der Nachmittagsandacht teil. Vgl. Hirschfeld, Michael, Von der Trauer zum Dank (wie Anm. 263), 297f.
[291] Vgl. ebd., 228. Die dortige Wallfahrt fand von 1950 bis etwa 1960 statt. Genaues ließ sich mangels Quellen nicht eruieren.
[292] Die „Kamenzer Stiftswallfahrt" ist daher eher zufällig in Bethen weitergeführt worden, obwohl auch zahlreiche Katholiken aus den beteiligten Pfarreien im Oldenburger Land eine neue Bleibe gefunden hatten. Bei den Initiatoren handelte es sich um Erzpriester Alfons Scholz, früher Maifritzdorf bei Kamenz, in Elsfleth u. Kaplan Georg Gruhn, vorher Follmersdorf bei Kamenz, in Lemwerder. Die „Kamenzer Stiftswallfahrt" wurde bis 1992 durchgeführt u. anschließend mit der allgemeinen Vertriebenenwallfahrt vereinigt. Vgl. Hirschfeld, Michael, Auf der Suche nach einem Ort der besonderen Nähe Gottes (wie Anm. 109), 227.
[293] Kuropka, Joachim, Die katholische Kirche im 20. Jahrhundert, in: Schäfer, Rolf u.a. (Hrsg.), Oldenburgische Kirchengeschichte (wie Anm. 264), 523–641, hier 604.

rend in den neugebildeten Vertriebenengemeinden zumeist ostvertriebene Seelsorger bemüht waren, Sitten und Bräuche der Heimat zu tradieren, waren die heimatlosen Schlesier, Ermländer und Sudetendeutschen gerade in den kleinstädtischen Diasporamilieus Nordoldenburgs sowie im traditionell katholischen Südoldenburg einem radikalen religiös-kulturellen Bruch ausgesetzt. Weder die Liturgie noch das etablierte kirchliche Vereinswesen nahmen dort Rücksicht auf die im Osten besonders stark verankerten Frömmigkeitspraktiken und suchten nach Anknüpfungspunkten für die Aufrechterhaltung von Traditionssträngen, wie Kolendegang, Rorate oder Mitternachtsmesse.

Die historisch und gesellschaftlich bedingte sowie theologisch adaptierte Verwurzelung der Einheit von Religion und Kirche mit dem jeweiligen regionalspezifischen Volkstum läßt vielmehr darauf schließen, daß sich in der Mentalitätsproblematik ein zentraler Aspekt im Spannungsfeld zwischen Identitätsbewahrung und Integration offenbarte. Speziell für das Fallbeispiel Oldenburg lag eine Verstärkung dieser Kontraste in der Tatsache, daß hier nur in geringem Maße Katholiken aus Ostpreußen aufgenommen wurden, hingegen zum überwiegenden Teil Schlesier, die wiederum mehrheitlich aus den für ihre spezifische Form der Religiosität bekannten Regionen Oberschlesien und Grafschaft Glatz kamen[294].

Daher wurde sowohl in den Pfarreien als auch bei der kirchlichen Behörde in einer Herausbildung neuer Submilieus der Vertriebenen die Gefahr eines Aufbruchs aus einer geschlossenen kirchlichen Ordnung gesehen. Wenn für die Nachkriegszeit auf der Mesoebene des Bistums Münster konstatiert wird, daß nicht nur der Gottesdienstbesuch, sondern darüber hinaus auch „Prozessionen und andere Kirchenfeste [...] sich einer außerordentlichen Beteiligung"[295] erfreuten, so ist dies sicherlich zwar nicht zuletzt auf die starke volksreligiöse Ausrichtung der Vertriebenen zurückzuführen. Die Ignoranz und fehlende Sensibilität gegenüber einer spezifischen religiösen Mentalität der Vertriebenen auf der einen und die mangelnde Sachkenntnis der kirchlichen Hierarchie auf der anderen Seite führten jedoch ebenso rasch zu Einbrüchen in der Bindekraft durch das überkommene westdeutsche katholische Milieu.

Führende ostvertriebene Priester und Laien erkannten die Gefährdung ihrer Landsleute vor dem Hintergrund der Modernisierung und versuchten, durch Gründung kirchlicher Interessenvereine auf der Makro- und Mesoebene einen potentiellen Milieubindefaktor zu etablieren. Die überlandsmannschaftlich ausgerichteten Hedwigs-Werke in Nordwestdeutschland sollten – in Korrespondenz zu den schlesischen Eichendorffgilden in Süddeutschland und anderen landsmannschaftlich gegliederten kirchlichen Vertriebenenverbänden – unter Betonung der Faktoren Volkstum und Heimat eine religiöse Milieueinbindung mit politisch-gesellschaftlicher Schulung verbinden. Der Grundgedanke lag darin, daß sich die Vertriebenen weniger über ein universales Verständnis des Katho-

---

[294] Ebd. Der Anteil der Schlesier an der Gesamtzahl der Vertriebenen in Oldenburg betrug hingegen nur 44 %. Vgl. Trautmann, Markus (Bearb.), Die Vertriebenen im Spiegel statistischer Erhebungen, (wie Anm. 189), 454.

[295] Damberg, Wilhelm, Moderne und Milieu 1802–1998 (Angenendt, Arnold (Hrsg.), Geschichte des Bistums Münster, Bd. V), Münster 1998, 315.

lizismus als vielmehr über die Bewahrung ihrer Identität erfassen ließen, wobei die potentielle Klientel der Hedwigskreise allerdings „eine neue, unter demographischen wie soziokulturellen Aspekten ziemlich disparate Gruppe [bildete], die es in dieser Form niemals zuvor gegeben hat"[296]. Tatsächlich erreichte das Hedwigs-Werk durch Schaffung eines dichten Netzes an Ortsvereinen im Bistum Osnabrück eine große Zahl ostdeutscher Katholiken, die hier ein Geborgenheit und Gottesnähe ausstrahlendes Gegengewicht zu ihrer von sozialer Vereinzelung und Ausgrenzung bestimmten Lebenswelt fanden. In diesem Bewußtsein ist das eindringliche Bemühen der Ostvertriebenen um die Schaffung eines separaten Vereinswesens nicht nur als ein Produkt lobbyistischer Tendenzen zugunsten des eigenen Selbstbehauptungswillens, sondern als Interessenvertretung zur Werbung um Sympathie und Verständnis für ihre Situation zu bewerten.

Im Bereich der Fallstudie unterbanden Bischof Michael Keller und die kirchliche Behörde in Vechta allerdings mit nachhaltiger Intensität die Verbreitung von Hedwigskreisen, um einerseits eine Isolation der Vertriebenen bzw. eine mögliche Spaltung der Gemeinden zu verhindern und andererseits einer politischen Instrumentalisierung der Kirche für die Rechte der Vertriebenen keinen Vorschub zu leisten. Gleichzeitig stellten sie die Weichen für eine Regeneration und Restauration der vor 1933 bewährten Milieustrukturen mit dem Ziel einer bedingungslosen Integration der ostdeutschen Bevölkerung, womit die Chancen einer größeren Organisationsdichte der Vertriebenen gering blieben.

Da die Priester im Gehorsam der Linie von Bischof und Offizialat folgten, fehlte oftmals ein Geistlicher als traditioneller Motor für weitreichende Vereinsaktivitäten. Bei Initiativen zur Vereinsbildung aus ostdeutschen Traditionen heraus waren folglich die Laien auf sich selbst gestellt, und es hing von ihrer Einsatzbereitschaft und Fähigkeit, Positionen zu beziehen, ab, ob ein kirchlicher Interessenverein der Vertriebenen als stützendes Korsett im Sinne einer identitätsbewahrenden Pastoral entstehen konnte. Ein solches Beispiel auf der Mikroebene, das zugleich für die Emanzipation der Laien spricht, findet sich in Delmenhorst. Hier konnte die Existenz eines lokalen Hedwigsvereins einen Beitrag zur Milieuformierung leisten, bot aber keine unbedingte Gewähr für eine erhöhte Dichte des katholischen Vertriebenenmilieus, da Teile der ostdeutschen Katholiken zwar an landsmannschaftlichen Bindungen, nicht jedoch an religiös-kulturellen Bildungsveranstaltungen interessiert waren. Die Hedwigs-Werk-Idee stellte somit kein Patentrezept für eine Abwehr gegen die Milieuerosion dar.

Eine solche Frontstellung kam im regionalen Kontext der Vertriebenenwallfahrt nach Bethen zu, die auf Initiative einiger Vertriebenenseelsorger jedes Jahr turnusmäßig ein lockeres Korsett für das Bekenntnis zur schlesischen oder ermländischen Religiosität bildete. Für den kulturellen Sektor der Vertriebenenarbeit insgesamt gilt also, daß hier eine „Heterogenität der Initiative, des Handelns ohne zentrale Planungsinstanz und ohne zentrale Konzeption"[297] wirksam geworden ist.

---

[296] Dröge, Kurt, Zwischen Familie und Kirche, Verein und Gesellschaft. Die Nischenkultur der Hedwigskreise in Hamburg, in: Jahrbuch für deutsche und osteuropäische Volkskunde, Bd. 33 (1995), 200–221, hier 202.
[297] Jolles, Hiddo M., Zur Soziologie der Heimatvertriebenen und Flüchtlinge, Köln 1965, 260.

Das als desintegrativ und die Einheit des katholischen Milieus gefährdend betrachtete Streben der ostdeutschen Katholiken nach einer organisatorischen Verzahnung beinhaltet somit eine Ambivalenz, die in dieser Form von der kirchlichen Hierarchie des Bistums nicht erkannt wurde. Zum einen bot es in Bethen, aber auch in den landsmannschaftlich geschlossenen Vertriebenengemeinden, den Raum für eine öffentliche Manifestation heimatlicher Sitten und Bräuche, zum anderen verhinderte es eine Kohäsion des katholischen Vertriebenenmilieus mit Hilfe einer Zwischeninstanz, die nach außen Transparenz gezeigt bzw. nach innen hin als Bindungsfaktor fungiert hätte.

Somit erwies es sich als pastoraler Fehler, die bestehenden Mentalitätsunterschiede durch einen Primat der Milieugeschlossenheit zunächst autoritär zu negieren und gegen die Ausbildung von Refugien einer volkstümlich getragenen Kirchlichkeit einzuschreiten, bevor mit zunehmender Distanz vom Vertreibungsgeschehen eine positivere Haltung der kirchlichen Behörden gegenüber den Vergemeinschaftungstendenzen der Vertriebenenseelsorge zu beobachten war[298].

---

[298] Ein eindrucksvoller Beweis hierfür ist in der Gründungsfeier des „Heimatwerkes schlesischer Katholiken" zu erkennen, des Dachverbandes aller katholischen schlesischen Gruppen, die 1958 in Münster stattfinden konnte. Vgl. Archiv des Apostolischen Visitators Breslau, Münster: Gründung Heimatwerk Schlesischer Katholiken 1958.

## II. SOZIAL-KARITATIVE ORGANISATIONSKONZEPTE DER HIERARCHIE

„Ich glaube, es gibt Zeiten, in denen nur die Caritas zu ihrem Recht kommt. Ich glaube, es gibt Zeiten, in denen nur die Caritas, die christliche Liebe, die Gerechtigkeit retten kann; ich glaube auch, daß wir in solcher Zeit leben. [...] Wo diese Liebe (= Caritas. Anm. d. Verf.) ist, da ist Gott. Da ist Christus. Da ist Kirche: Kirche im Volk."[1] Diese Idee eines Caritas-Zeitalters entwickelte der Moraltheologe und Jesuit Hans Hirschmann in einer Ansprache auf dem 73. Deutschen Katholikentag 1949 in Bochum. Im Kontext dieser zweiten Großveranstaltung des deutschen Katholizismus nach Kriegsende, deren Motto „Gerechtigkeit schafft Frieden" alle Reden und Predigten der Versammlung durchzog, griff Hirschmann damit einen Topos auf, der vom Deutschen Caritasverband unmittelbar nach dem Zweiten Weltkrieg geprägt worden war. In einer von Vertretern aller Diözesan-Caritasverbände unterzeichneten Erklärung war in pathetischen Worten Zuversicht darüber bekundet worden, daß die wunderbare Kraft tätiger Nächstenliebe nicht allein die materielle Not der Heimatvertriebenen lindern könne, sondern außerdem die geistige Erneuerung der Welt bewirke und ein besseres Zeitalter einzuleiten helfe[2].

Mit dem Begriff der „geistigen Erneuerung" war der im Kirchenrecht grundgelegte doppelte Anspruch christlicher Nächstenliebe formuliert worden, durch die Versorgung der Menschen mit Hilfsgütern zugleich deren Kirchlichkeit zu stärken[3]. In Anlehnung an dieses Postulat sollte die organisierte Caritas sich als ein wichtiger Faktor für die Einbindung der Vertriebenen in das katholische Milieu erweisen. Dessen Geschlossenheit aber mußte aufgrund eines gewandelten Sozialverhaltens der Einheimischen im besetzten Deutschland in Frage stehen. Angesichts des Verlustes der staatlichen Ordnung und der Zerschlagung tradierter gesellschaftlicher Beziehungen durch die Vertreibung mußte auch für viele Katholiken gelten, was ein Sozialhistoriker in der Retrospektive so formu-

---

[1] Hirschmann, Hans, Unser Weg – Kirche im Volk, in: Generalsekretariat des Zentralkomitees der Deutschen Katholikentage (Hrsg.), Gerechtigkeit schafft Frieden. Der 73. Deutsche Katholikentag vom 31. August bis 4. September 1949 in Bochum, Paderborn 1949, 35–46, hier 41f.

[2] Vgl. Proklamation des Zentralrates des Deutschen Caritasverbandes v. 7.11.1945, abgedruckt mit dem Hinweis des Bischöflichen Generalvikariats auf Umsetzung in den Gemeinden, in: Kirchliches Amtsblatt für die Diözese Münster v. 27.12.1945, 38–40. Einen knappen, aber informativen Überblick zum Handeln des Deutschen Caritasverbandes hinsichtlich der Flüchtlingsaufnahme bietet: Wollasch, Hans Josef, „Das radikale Christentum muß sich jetzt zeigen". Der DCV nach dem Zusammenbruch von 1945, in: Caritas, Bd. 96 (1995), 324–336.

[3] Die Zusammengehörigkeit von Caritas und Seelsorge beschreiben im 1945 gültigen Codex Juris Canonici von 1917, Freiburg u.a. 1920, die cc. 1489–1494 u. 1513–1517.

lierte: „Die Solidarität der Nachbarn, der Freunde und auch der Verwandten [...] scheint brüchiger geworden zu sein. Nur wenige erzählen von Menschen, auf die man sich auch in der Not hätte verlassen können. Der allgemeine Tenor ist eher: ‚Jetzt lernte man die Deutschen kennen', ‚Jeder war sich selbst der Nächste, aber das lag eben daran, daß niemand was hatte'. Die Familie ist wohl als die Institution aufgefaßt worden, die gemeinsames Überleben ermöglichte."[4]

Die Begriffe „Nahrungsnot" und „Wohnraumnot"[5] markieren daher zwar zentrale Probleme der Vertriebenen und erforderten Maßnahmen der Caritas zur Beschaffung von Lebensmitteln und die Bereitstellung von Wohnungen, die in der Gründung einer deutschlandweit aktiven „Caritas-Vertriebenen- und Flüchtlingshilfe" in Freiburg und in der Errichtung einer von der Fuldaer Bischofskonferenz getragenen „Kirchlichen Hilfsstelle" in Frankfurt/Main ihren ersten Ausdruck auf der Makroebene fanden[6]. Jedoch galt es, parallel zur Schaffung eines Existenzminimums für die Heimatlosen als den vornehmlichen „Trägern [...] der sozialen Not"[7] die Grundlage für deren Identifikation mit Glauben und kirchlicher Gemeinschaft zu schaffen und eine Neuformierung des katholischen Milieu zu ermöglichen, die einem Rückzug in ein rein familiäres Umfeld entgegenwirkte[8].

Einem „Memorial für die Caritas-Flüchtlingshilfe" zufolge, das den deutschen Bischöfen von der Zentralstelle des Deutschen Caritasverbandes als Arbeitshilfe zugesandt

---

[4] Plato, Alexander von, Fremde Heimat. Zur Integration von Flüchtlingen und Einheimischen in die Neue Zeit, in: Niethammer, Lutz, Plato, Alexander von (Hrsg.), „Wir kriegen jetzt andere Zeiten". Auf der Suche nach der Erfahrung des Volkes in nachfaschistischen Ländern (Lebensgeschichte und Sozialkultur im Ruhrgebiet 1930 bis 1960, Bd. 3), Berlin u. a. 1985, 172–219, hier 205.

[5] Kindermann, Adolf, Die Heimatvertriebenen religiös-seelsorglich gesehen, in: Groner, Franz (Hrsg.), Kirchliches Handbuch für das katholische Deutschland, Bd. XXIII (1944–1951), Köln 1951, 203–218, hier 210f.

[6] Die „Caritas-Vertriebenen- und Flüchtlingshilfe" wurde am 1.12.1945 gegründet. Vgl. zu den Aktivitäten dieser zentralen Hilfsstelle Püschel, Erich, Die Hilfe der Caritas, in: Lemberg, Eugen, Edding, Friedrich (Hrsg.), Die Vertriebenen in Westdeutschland. Ihre Eingliederung und ihr Einfluß auf Gesellschaft, Wirtschaft, Politik und Geistesleben, Bd. I, Kiel 1959, 263–273. Die „Kirchliche Hilfsstelle" in Frankfurt/Main wurde auf der Fuldaer Bischofskonferenz am 23.8.1945 in Nachfolge der 1943 gegründeten „Kirchlichen Hilfsstelle für seelsorgliche Sonderaufgaben" ins Leben gerufen. Sie stand unter dem Protektorat des Osnabrücker Bischofs Wilhelm Berning u. wurde von Prälat Albert Büttner geleitet. Vgl. Volk, Ludwig, Akten deutscher Bischöfe über die Lage der Kirche, Bd. VI: 1943–1945 (Veröffentlichungen der Kommission für Zeitgeschichte, Reihe A, Bd. 38), Mainz 1985, 706f.

[7] Schütz, Hans, Die große soziale Not der Heimatvertriebenen, in: Generalsekretariat des Zentralkomitees der Deutschen Katholikentage (Hrsg.), Gerechtigkeit schafft Frieden (wie Anm. 1), 140–144, hier 140.

[8] So die aus dem Kirchenrecht abgeleitete Definition des Kirchenrechtsexperten der Vertriebenen, Prof. Dr. Karl Braunstein. Vgl. Braunstein, Karl, Die Vertreibung im Lichte des Kirchenrechtes, in: Königsteiner Blätter 3-4/1960, 65–132, hier 83.

wurde, hatte „mitten in dieser Zeit, in der ganz Deutschland unter dem harten Gebot des Mangels steht, Gott die organisierte Caritasarbeit in der Flüchtlingshilfe vor die größte, vor eine heroische Aufgabe gestellt"[9].

## 1. Direktiven von Papst und Diözesanbischof

Angesichts der hierarchischen Struktur der Kirche kam im Vorfeld organisatorischer Maßnahmen auf sozialem Gebiet den Stellungnahmen des Heiligen Stuhls in Rom sowie des Diözesanbischofs ein wegweisender Charakter zu. Papst Pius XII. (reg. 1939–1958) hatte am 1. November 1945 gegenüber dem Münchner Erzbischof Michael Kardinal von Faulhaber erstmals öffentlich zu Flucht und Vertreibung in Ostdeutschland Stellung bezogen. In diesem von zahlreichen kirchlichen Amtsblättern deutscher Bistümer abgedruckten Schreiben zeigte er sich gut informiert über die tragischen Geschehnisse in Ostdeutschland seit Kriegsende[10]. Indem der Papst sich hinsichtlich der politischen Realitäten machtlos erklärte, versicherte er seinem Adressaten seine Bereitschaft zu jeglicher Hilfeleistung für die deutschen Vertriebenen und rief die deutschen Katholiken zugleich dazu auf, „mit vereinter Kraft den Wiederaufbau Eures Vaterlandes in Angriff zu nehmen"[11]. Die Klagen des Papstes über die Grausamkeit der Vertreibung und ihrer Folgen sowie das Eingeständnis seiner eigenen Hilflosigkeit, wie es noch deutlicher in seiner Ansprache am Heiligabend 1945 erkennbar wurde[12], stellten die Reaktion auf verschiedene Eingaben deutscher Bischöfe dar, die den Heiligen Stuhl zuvor erreicht hatten. Sie markierten nur einen zentralen Punkt in der päpstlichen Verurteilung jeglicher Vertreibungsmaßnahmen, der später Eingang in die Apostolische Konstitution „Exsul Familia" fand, die der Heilige Stuhl 1952 gleichsam als Summe seiner Stellungnahmen zu dieser Problematik publizierte[13].

Zu den ersten Vertretern des deutschen Episkopats, die Pius XII. von den Geschehnissen in Ostdeutschland informierten, gehörte der für die Untersuchungsregion Olden-

---

[9] Memorial für die Caritas–Flüchtlingshilfe v. 27.12.1945, in: BAM NA 101-40.
[10] Vgl. Pius XII. an Kardinal v. Faulhaber v. 1.11.1945, bei: Golombek, Oskar (Hrsg.), Pius XII. zum Problem der Vertreibung (Schriftenreihe der Katholischen Arbeitsstelle (Nord) für Heimatvertriebene, H.1), 3., vermehrte Aufl. Köln 1963, 40–42, hier 41.
[11] Ebd., 42.
[12] Pius XII. an das Heilige Kollegium v. 24.12.1945, ebd., 43–46. Hier, 45, hieß es u. a. über den Totalitarismus sowjetischer Prägung: „Mit einem Federstrich ändert er die Grenzen der Staaten. [...] Mit schlecht verhüllter Grausamkeit vertreibt er Millionen von Menschen, Hunderttausende von Familien in tiefstem Elend von Haus und Hof, entwurzelt sie und reißt sie heraus aus einer Zivilisation und einer Kultur, die sie durch Generationen hindurch zu entwickeln sich bemüht haben."
[13] Vgl. Grentrup, Theodor (Hrsg.), Die Apostolische Konstitution „Exsul Familia" zur Auswanderer- und Flüchtlingsfrage, München 1955/56. Hier insbes. 137–140 u. 166ff.

burg zuständige Bischof von Münster, Clemens August Graf von Galen[14]. Bereits 18 Tage nach Beendigung der Potsdamer Dreimächtekonferenz und der Verkündung des die Vertreibung der Ostdeutschen reglementierenden Protokolls ließ von Galen einen mehrseitigen Brief über den Apostolischen Nuntius Cesare Orsenigo nach Rom expedieren. Hierin verwahrte sich der Bischof nicht allein gegen die von den Alliierten proklamierte Kollektivschuld aller Deutschen an den NS-Verbrechen, sondern stellte zugleich einen Zusammenhang zwischen dieser Auffassung der Siegermächte und der Vertreibung her, „wie sie teils schon durchgeführt, teils für die Zukunft beschlossen ist"[15]. Im Vorgriff auf die Vertreibungsfolgen wies er Pius XII. darauf hin, daß ein noch engeres Zusammenrücken der durch Ausgebombte und Evakuierte belasteten Bevölkerung Restdeutschlands auf Dauer „zu einer schweren Geduldsprobe [werden] [...] und eine Gefährdung nicht nur der Liebe, sondern auch der guten Sitten" bedeuten könnte. Die Hauptsorge des münsterischen Bischofs galt der wirtschaftlichen Versorgung der Menschen, wobei seine Angst vor einer Proletarisierung, die eine Hinwendung zum Kommunismus zur Folge haben könnte, aus dem Schreiben an den Papst deutlich hervorgeht.

Zu diesem Zeitpunkt hatte das Flüchtlingselend das Bistum Münster und damit auch dessen oldenburgischen Anteil jedoch noch kaum tangiert. Statt dessen resultierte die rasche Reaktion des Bischofs aus einer Vielzahl von Briefen, die Clemens August von Galen im Laufe des Sommers 1945 von Flüchtlingen aus dem deutschen Osten zugingen. Diese bekundeten dem Bischof von Münster ganz persönlich ihre Sorgen und Nöte über den Verlust von Angehörigen, die Greueltaten der Roten Armee und das Elend ihrer Aufnahmebedingungen in den alliierten Besatzungszonen wohl primär deshalb in Mün-

---

[14] Clemens August Graf von Galen, geboren 1878 in Dinklage, Priesterweihe 1904 in Münster, 1933 Bischof von Münster, 1946 Kardinal, gestorben 1946 in Münster. Vgl. für den ersten Überblick folg. Kurzbiographien: Löffler, Peter, Artikel: Galen, Clemens August Graf von, in: Friedl, Hans u. a. (Hrsg.), Biographisches Handbuch zur Geschichte des Landes Oldenburg, Oldenburg 1992, 218–222; Iserloh, Erwin, Clemens August Graf von Galen (1933–1946), in: Thissen, Werner (Hrsg.), Das Bistum Münster, Bd. I: Die Bischöfe von Münster, Münster 1993, 298–310. Gerade in der intensiven Forschung zu Bischof Clemens August Graf von Galen ist bisher der Beschäftigung des Bischofs mit der Flüchtlingsfrage kaum Beachtung geschenkt worden. Vgl. den Aufsatz von Kuropka, Joachim, Neubeginn 1945. Bischof von Galen und die katholische Kirche in Westfalen, in: Ders. (Hrsg.), Clemens August Graf von Galen. Menschenrechte – Widerstand – Euthanasie – Neubeginn, Münster 1998, 269–284. Erstmals rezipiert wird dieser Aspekt bei Aschoff, Hans-Georg, „Die Fremden beherbergen". Leistungen der Caritas für Vertriebene und Flüchtlinge im Bistum Münster, in: Hirschfeld, Michael, Trautmann, Markus (Hrsg.), Gelebter Glaube – Hoffen auf Heimat. Katholische Vertriebene im Bistum Münster, Münster 1999, 153–186, hier 160–161.

[15] Von Galen an Pius XII. v. 20.8.1945, zit. nach: Löffler, Peter (Bearb.), Bischof Clemens August Graf von Galen. Akten, Briefe und Predigten 1933–1946, Bd. II (Veröffentlichungen der Kommission für Zeitgeschichte, Reihe A, Bd. 42), 2., erw. Aufl. Paderborn u. a. 1996, 1209–1212, hier 1210. Hier auch das folg. Zit., 1211. Zu den Stellungnahmen deutscher Bischöfe zur Vertriebenenproblematik vgl. Brzoska, Emil, Das Flüchtlings- und Vertriebenenproblem als Herausforderung der Deutschen Bischöfe in den Jahren 1945 bis 1949 (Schriftenreihe der Apostolischen Visitatur Breslau, Bd. 2), Münster o. J. (1989).

ster, weil sie in dem „Löwen von Münster" einen überregional bekannten, mutigen Verteidiger des Glaubens in der NS-Zeit sahen. So ist auch zu erklären, weshalb fast zwei Drittel der über 50 Briefe, die von Galen in diesen Monaten zugingen, von Ostflüchtlingen geschrieben wurden, die nicht auf dem Territorium des Bistums Münster lebten[16]. Galen war eben ganz augenscheinlich „weit über Münster hinaus zu einem Symbol katholischen Selbstbehauptungswillens geworden"[17]. Jedenfalls hatten die Absender mit der Schilderung ihrer sich jeweils in unterschiedlichen Facetten wiederholenden Einzelschicksale den Bischof, der bereits in einem Hirtenbrief vom 26. Juni 1945 seine Solidarität mit den Heimatvertriebenen bekundet hatte[18], aufgerüttelt. Clemens August von Galen dürfte damit schon sehr frühzeitig zu den hinsichtlich der Flüchtlingskatastrophe bestinformierten westdeutschen Oberhirten gehört haben.

Ebenso rechtzeitig versuchte er lange vor dem Herannahen größerer Vertriebenentransporte die Gläubigen des Bistums für eine Aufnahme dieser Menschen in Gerechtigkeit und Frieden zu sensibilisieren. Die ihn erschütternden Nachrichten aus den Briefen der Flüchtlinge flossen somit auch indirekt in ein vom 15. August 1945 datiertes Hirtenwort zum Caritassonntag ein, in dem er an die einheimischen Katholiken appellierte, den Heimatlosen Tür und Herz zu öffnen. Es sei „ein tiefer Eingriff in die eigenen Bestände notwendig"[19], um diese Menschen mit dem Lebensnotwendigsten zu versorgen. Von Galen übersandte dem Papst zudem Ende September 1945 einige der ihm zugegangenen Erlebnisberichte, um seiner Sorge Ausdruck zu verleihen und Pius XII. zur Entsendung eines Päpstlichen Visitators in die Gebiete östlich von Oder und Neisse zu bewegen[20]. Da zu diesem Zeitpunkt das Flüchtlingselend das Territorium des Bistums Münster kaum erfaßt hatte, galt nur einer von mehreren Appellen des Bischofs an die Katholiken im Bistum Münster der Aufnahme einer größeren Zahl von Heimatvertriebenen[21]. Daher leitete der Bischof zu diesem Zeitpunkt auch noch keine konkreten Handlungsmaximen für das katholische Milieu in seiner Diözese aus seinen Forderungen ab, wie sie zeitgleich der Paderborner Erzbischof Lorenz Jaeger mit der im Oktober 1945 erfolgten Gründung der „Katholischen Osthilfe", einer Hilfsstelle für Ostflüchtinge in Lippstadt, als erster deut-

---

[16] Die 55 Briefe, deren erster vom 7.8.1945 datiert, sind gesammelt, in: BAM A-0-11 u. NA 101-40. Von den Absendern waren 20 in das Bistum Münster gelangt, 35 lebten hingegen in anderen Teilen Deutschlands westlich der Oder und Neiße (v. a. in Sachsen, Thüringen u. Schleswig-Holstein). Exemplarisch sei auf den aus diesen Beständen stammenden Bericht eines Ostvertriebenen verwiesen, der in den Sammelband Hirschfeld, Michael, Trautmann, Markus (Hrsg.), Gelebter Glaube – Hoffen auf Heimat (wie Anm. 14), 30–31, Aufnahme gefunden hat.

[17] Köster, Markus, „Betet um einen guten Ausgang der Wahl!". Kirche und Parteien im Bistum Münster zwischen Kapitulation und Konzil, in: Köhler, Joachim, Melis, Damian van (Hrsg.), Siegerin in Trümmern. Die Rolle der katholischen Kirche in der deutschen Nachkriegsgesellschaft (Konfession und Gesellschaft, Bd. 15), Stuttgart u. a. 1998, 103–124, hier 105.

[18] Vgl. Hirtenbrief v. Galens v. 25.6.1946, in: Löffler, Peter (Bearb.), Akten und Briefe (wie Anm. 15), 1151–1160.

[19] Hirtenwort v. Galens zum Caritassonntag v. 15.8.1945, ebd., 1205–1209, hier 1208.

[20] Vgl. v. Galen an Pius XII. v. 25.9.1945, ebd., 1226–1228, hier 1228.

[21] Vgl. Predigt v. Galens im Marienwallfahrtsort Bethen am 7.10.1945, ebd., 1229–1232.

scher Bischof in seinem Jurisdiktionsbezirk realisierte[22]. Deutlicher wurde Bischof Clemens August von Galen erst in seinem Adventshirtenbrief vom 8. Dezember 1945, in dem er bereits eine unbedingte Gleichstellung der ostdeutschen Katholiken anmahnte, wenn es dort unter anderem hieß: „Jenen aber, die die Grenzen des Bistums als heimatlose Flüchtlinge überschreiten, rufe ich ein herzliches Willkommen zu! Als Kinder des himmlischen Vaters, als Brüder und Schwestern Jesu Christi [...] sollt ihr bei uns Obdach und Zehrung finden, soweit es möglich ist. Es mag wenig sein, was wir euch bieten können. Aber es soll in christlicher Liebe dargeboten und in christlicher Bescheidenheit angenommen werden. [...] Kommet auch in unsere Kirchen, in das Haus Gottes: dort habt ihr Heimatrecht."[23]

Am Dreikönigstag 1946 ging der Bischof, dessen Ernennung zum Kardinal kurz zuvor bekannt geworden war, in einer Predigt in der Heilig-Kreuz-Kirche in Münster ein weiteres Mal vor einer größeren Öffentlichkeit explizit auf die Situation der Flüchtlinge ein und stellte dieses aktuelle Geschehen in den Kontext der Verbrechen des NS-Regimes. So wie er gegen dieses Unrechtssystem protestiert habe, in dem das Recht von der Macht abhängig gewesen sei, so werde er auch hinsichtlich der Vertreibung nicht von Protesten ablassen[24], erklärte von Galen den Gottesdienstbesuchern und zog damit in seiner Gewichtung der Ereignisse eine deutliche Parallele zwischen den Rechtsbrüchen der Hitler-Diktatur und dem Verhalten der polnischen Verwaltungsmacht in Ostpreußen, Pommern und Schlesien[25].

Dabei hatte Clemens August von Galen immer noch insbesondere die in der sowjetisch besetzten Zone gelandeten Flüchtlinge vor Augen, wie auch ein Hirtenwort vom

---

[22] Vgl. Stambolis, Barbara, Glaube und Heimat. Die Flüchtlingsarbeit der Katholischen Osthilfe im Erzbistum Paderborn nach 1945 (Zeitgeschichte im Erzbistum Paderborn, Bd. 5), Paderborn 1998, 10.

[23] Hirtenbrief v. Galens v. 8.12.1945, in: Löffler, Peter (Bearb.), Bischof Clemens August Graf von Galen. Akten, Briefe und Predigten (wie Anm. 15), 1251–1253, hier 1253.

[24] Diese Proteste sind nicht singulär für v. Galen, sondern bestimmten auch die Linie anderer Bischöfe, so etwa die Forderungen der bayerischen Bischöfe auf ihrer Frühjahrskonferenz 1947, die sich auf ein Rundschreiben des US-amerikanischen Episkopats bezogen. Vgl. Die bayerischen Bischöfe: Aufruf über die gottgegebenen Menschenrechte v. 22.4.1947, in: Löhr, Wolfgang (Bearb.), Dokumente deutscher Bischöfe, Bd. 1: Hirtenbriefe und Ansprachen zu Gesellschaft und Politik 1945–1949, Würzburg 1985, 193–195; Lesch, Karl Josef, Umkehr und Erneuerung. Schwerpunkte der Seelsorge und Verkündigung nach 1945, in: Eckermann, Karl Willigis, Kuropka, Joachim (Hrsg.), Neubeginn 1945 zwischen Kontinuität und Wandel (Vechtaer Universitätsschriften, Bd. 4), Cloppenburg 1988, 165–185, hier 166–168.

[25] Predigt v. Galens v. 6.1.1946, in: Löffler, Peter (Bearb.), Bischof Clemens August Graf von Galen. Akten, Briefe und Predigten (wie Anm. 15), 1264–1265. Diese Gewichtung stellt auch Werner K. Blessing heraus. Vgl. Blessing, Werner K., „Deutschland in Not, wir im Glauben ...". Kirche und Kirchenvolk in einer katholischen Region 1933–1949, in: Broszat, Martin u. a. (Hrsg.), Von Stalingrad zur Währungsreform. Zur Sozialgeschichte des Umbruchs in Deutschland (Quellen und Darstellungen zur Zeitgeschichte, Bd. 26), 2. Aufl. München 1989, 3–111, hier 64.

25. Januar 1946 belegt[26]. Obwohl zu diesem Zeitpunkt schon größere Flüchtlingsströme in den Westen Deutschlands gelangt waren, beschränkte sich der Spendenappell auf die Massen ostdeutscher Katholiken, „herausgerissen aus dem katholischen Mutterboden und hineingesetzt in die weiten Gebiete der Diaspora von Mecklenburg, Holstein, Hannover, Sachsen und Thüringen". Von den Problemen, die im eigenen Bistumsterritorium die wachsende Zahl katholischer Flüchtlinge insbesondere in der oldenburgischen Diaspora mit sich brachte, war zu diesem Zeitpunkt noch nicht viel zu spüren. Die Fragen nach seelischem Trost, materieller Hilfe und Geborgenheit und implizit nach den Folgen eines Mangels an diesen Eigenschaften christlicher Nächstenliebe für die Bindekraft des katholischen Milieus aber, die von Galen in seinem Hirtenwort aufwarf, stellten sich spätestens ein halbes Jahr danach in eben dieser Dringlichkeit den Verantwortlichen für Caritas und Seelsorge im oldenburgischen Bistumsteil. Von Galens Reduzierung sozialer Maßnahmen auf Spendenbitten für die mitteldeutsche Diaspora war offenbar stark von der Überzeugung bestimmt, in der Flüchtlingsfrage selbst ohnmächtig zu sein.

In seinem vier Tage zuvor, am 21. Januar 1946, abgefaßten Fastenhirtenbrief bekannte von Galen: „Ich habe keine Macht, ich habe keinen Einfluß auf die Machthaber, ja es ist mir nicht einmal möglich, jenen Stellen, die zu entscheiden haben, unsere Not und eure Bitten vorzutragen."[27] Gemäß dem Leitwort des Hirtenschreibens „Komm, nimm dein Kreuz und folge mir" (Mk 10,22) beantwortete Galen die Frage nach dem Sinn des Flüchtlingselends aus dem Glauben heraus. So wie Jesus Christus seine Mitmenschen aufgefordert habe, ihr Kreuz auf sich zu nehmen, seien auch die Vertriebenen genötigt, sich ihrem Schicksal zu ergeben. Diese bittere Wahrheit wird in seinem Fastenhirtenbrief zwar nicht expressis verbis, jedoch zwischen den Zeilen ausgesprochen.

Ebenfalls vom 25. Januar 1946 datiert eine von den Bischöfen der Kölner und Paderborner Kirchenprovinz erlassene „Kanzelverkündigung zur Not der Ostflüchtlinge"[28]. Hierin wurde über die Ebene einer Diözese wie Münster hinaus im gesamten nordwestdeutschen Raum nicht nur die mit der Vertreibung verbundene brachiale Gewalt von Russen und Polen in Schlesien, Ostpreußen usw. sowie das Schweigen der Weltöffentlichkeit zu diesen Vorgängen in scharfer Form kritisiert, sondern die Gläubigen zugleich auf den zu erwartenden massiven Einstrom von Vertriebenen auch in die britische Zone vorbereitet. Sie wurden gebeten, „wenn die Ostflüchtlinge zu uns kommen, sie mit der ganzen Opferbereitschaft christlicher Liebe zu empfangen".

Solidaritätsappelle lassen sich folglich als allgemeine Reaktionen westdeutscher Bischöfe auf den Bevölkerungszuwachs in ihren Jurisdiktionsbezirken konstatieren. Konkrete Initiativen der karitativen Hilfeleistung blieben über gute Worte und Kollekten

---

[26] Hirtenwort v. Galens zur Kollekte für die Bedürfnisse der Flüchtlingsbetreuung, in: Kirchliches Amtsblatt für die Diözese Münster v. 25.1.1946, 5. Die Kollekte fand am 17.2.1946 statt.

[27] Fastenhirtenbrief v. Galens v. 21.1.1946, in: Kirchliches Amtsblatt für die Diözese Münster v. 1.2.1946 u. in: Löffler, Peter (Bearb.), Bischof Clemens August Graf von Galen. Akten, Briefe und Predigten (wie Anm. 15), 1279–1282, hier 1280.

[28] Kanzelverkündigung zur Not der Ostflüchtlinge v. 30.1.1946, in: Kirchliches Amtsblatt für die Diözese Münster v. 4.5.1946, 67f.

hinaus in den ersten Monaten nach Kriegsende eher ein Randthema. Obwohl gerade der Bischof von Münster ein Kristallisationspunkt für die Anliegen der von Flucht und Vertreibung betroffenen Ostdeutschen geworden war, wurde die Fülle von deren Problemen nicht zuletzt durch die Sorgen und Nöte der einheimischen Bevölkerung überlagert, zu denen neben der Trauer über gefallene oder vermißte Angehörige vornehmlich in den größeren Orten Bombenschäden an Kirchen und Wohnhäusern, Zerstörung bzw. Demontage von Industriebetrieben, Sorge um die Wiedereinrichtung konfessioneller Schulen und vieles andere mehr gehörten.

Wenn auch Bischof von Galen in einer Rede in Rom anläßlich seiner Reise zur Kardinalserhebung nochmals eine Lanze für die Rechte der Vertriebenen brach[29], gelangten Vorhaben, über die verbale Unterstützung hinaus auch eine wirksame praktische Hilfe einzuleiten, bedingt durch den jähen Tod des Kardinals zunächst nicht zur Ausführung. Die Vertriebenenproblematik geriet sogar ein wenig aus dem Blickfeld der Bistumsleitung. Vom 27. April 1946 schließlich datiert eine vom Kapitularvikar, dem früheren Oldenburger Offizial Franz Vorwerk, unterzeichnete Empfehlung im „Kirchlichen Amtsblatt", die offensichtlich unmittelbar die Anregungen der Bischöfe aufgriff und dem Seelsorgeklerus des Bistums detaillierte Hilfestellungen vermittelte, in welcher Weise das Problem des Bevölkerungszustroms in den Sonntagspredigten gezielt aufgegriffen werden könnte[30]. Der Verfasser dieses als Ergänzung zur Flüchtlingsaufnahme und keineswegs als Anweisung formulierten Artikels war allerdings nicht Vorwerk selbst, sondern der zur Mitarbeit im Diözesan-Caritasverband freigestellte Nottulner Kaplan August Pricking[31], der die Handreichung dem Generalvikariat mit der Bitte um Verbreitung überlassen hatte. Allein das Wissen um diese Hintergründe läßt die Vermutung zu, daß Kapitularvikar Vorwerk sich mit der Flüchtlingsproblematik persönlich nicht allzu intensiv befaßt hat, obwohl er im Rahmen einer Caritaskonferenz im Juli 1946 die Pfarrer des Bistums ermahnte, sich den Neuankömmlingen gegenüber aufgeschlossen zu zeigen und außerdem als langjähriger Vorsitzender des Landes-Caritasverbandes für Oldenburg in der Vorkriegszeit ein Auge für die Not der Menschen haben mußte[32]. Er stellte heraus, daß die Pfarrer von sich aus Flüchtlingsfamilien in ihre Pfarrhäuser aufnehmen sollten[33].

---

[29] Vgl. Blessing, Werner K, „Deutschland in Not, wir im Glauben ..." (wie Anm. 25), 64.

[30] Vgl. Seelsorgliche Betreuung der Ostflüchtlinge, in: Kirchliches Amtsblatt für die Diözese Münster v. 4.5.1946, 69f.

[31] August Pricking, geboren 1906 in Lippramsdorf, Priesterweihe 1932 in Münster, 1946 Flüchtlingsseelsorger im westfälischen Teil des Bistums Münster, 1949 Rektor in Ibbenbüren-Esch, 1952 Propst in Borken, Ehrendomkapitular, 1977 Vicarius Cooperator in Buldern, 1982 i. R. ebd., gestorben 1990. Vgl. Priesterbuch des Bistums Münster 1984, Münster 1984, 28.

[32] Vorwerk war bereits als Strafanstaltspfarrer in Vechta ab 1926 zugleich Vorsitzender des Landes-Caritasverbandes gewesen und hatte diese Aufgabe in seiner Zeit als Offizial von 1933 bis 1940 beibehalten. Vgl. Hinxlage, Helmut, Die Geschichte des Bischöflich Münsterschen Offizialates in Vechta, Vechta 1991, 56.

[33] Vgl. Vorwerk, in: Rundbrief des Landes-Caritasverbandes (im weiteren zit. als LCV) v. 28.7.1946. Die Rundbriefe des LCV wurden geschlossen im Pfarrarchiv St. Marien Delmenhorst eingesehen, da im OAV keine greifbare Sammlung vorlag.

Die Tatsache aber, daß in der Zeit der Sedisvakanz des münsterischen Bischofsstuhls und damit in seiner Amtszeit als Kapitularvikar keinerlei weitere Verordnungen zur karitativen wie auch seelsorglichen Betreuung ostdeutscher Katholiken erfolgten, deutet auf eine ablehnende Haltung Vorwerks gegenüber den Vertriebenen hin.

Exemplarisch sei an dieser Stelle die barsche Abfuhr erwähnt, die sich ein schlesischer Priester einholte, der mit einem Teil seiner Gemeinde nach Ochtrup im westfälischen Bistumsteil vertrieben worden war, als er dem Kapitularvikar die Bitte vortrug, weiterhin dort unter seinen Landsleuten wirken zu dürfen[34]. Nach der Ansicht Vorwerks galt es jedoch, die Gefahr der Formierung eines separaten katholischen Milieus unter den Vertriebenen abzuwehren und statt dessen deren Integration in die bestehende soziale Einheit des Katholizismus vor Ort zu fördern. Aus diesem Grund versetzte er den vertriebenen Geistlichen in ein kaum mit schlesischen Vertriebenen belegtes Dorf im Kreis Recklinghausen.

Angesichts dieser Haltung ist es verständlich, daß der Kapitularvikar auch nur wenige mitfühlende Worte fand, als er Ende April 1946 zu einer neuerlichen Kollekte für die Flüchtlinge aufzurufen hatte[35]. Die Angelegenheit schien für ihn im übrigen allein deshalb sekundär, weil auch jetzt der Ertrag nicht direkt für die Versorgung von Vertriebenen innerhalb des Bistums Münster vorgesehen war, sondern dem Diasporakommissariat der deutschen Bischöfe für Mitteldeutschland zur Verfügung gestellt werden mußte[36]. Als Vorwerk schließlich im Rahmen des wie alljährlich am Dreifaltigkeitssonntag veranstalteten Bekenntnistags der katholischen Jugend eine „Kollekte für die Notleidenden besonders in der Jugend der Kirche"[37] anordnete, ohne die genaue Bestimmung der Spenden bekanntzugeben, regte Diözesan-Caritasdirektor Theodor Holling an, doch zugleich eine Bekleidungs- und Lebensmittelsammlung für die armen und notleidenden Flüchtlinge und Vertriebenen vor Ort im Bistum durchzuführen.

Eine Richtlinie für weitere Hilfsleistungen eingesessener oldenburgischer Katholiken gegenüber ihren ostdeutschen Glaubensschwestern und -brüdern eröffnete ein auf der Fuldaer Bischofskonferenz des Jahres 1947 verabschiedeter Hirtenbrief der deutschen Bischöfe, der sich konkret der Frage nach wirksamer Hilfe für die durch Flucht und Vertreibung an den Rand des Existenzminimums gedrängten Menschen stellte[38]. Als ideale Linderungsmaßnahme wurde hier die Bildung eines Netzes von Patenschaften auf per-

---

[34] Es handelte sich dabei um den Pfarrer des schlesischen Wallfahrtsortes Wartha, Oskar Franosch. Vgl. Trautmann, Markus, „Arm ist nur, der keine Liebe hat!" Leben und Wirken des Seelsorgers Oskar Franosch (1899–1992) in den Diözesen Breslau und Münster, in: Hirschfeld, Michael, Trautmann, Markus (Hrsg.), Gelebter Glaube – Hoffen auf Heimat (wie Anm. 14), 71–126, hier 93. Zu Vorwerks Haltung zu den Vertriebenen vgl. auch das Kap. VII Der Klerus als soziale Führungsschicht.
[35] Vgl. Vorwerk, Franz, Kollektenaufruf für die Flüchtlinge v. 29.4.1946, in: Kirchliches Amtsblatt für die Diözese Münster v. 4.5.1946, 67.
[36] Die Kollekte fand am 19.6.1946 statt. Vgl. ebd.
[37] Kollektenaufruf Vorwerks v. 20.5.1946, zit. in Rundschreiben des LCV v. 4.6.1946.
[38] Vgl. Hirtenbrief der deutschen Bischöfe v. 20.8.1947, in: Kirchliches Amtsblatt für die Diözese Münster v. 20.8.1947, 61–66.

sönlicher Ebene der Pfarreien, also zwischen einheimischen Familien und Vertriebenenfamilien, nahegelegt. Des weiteren warnte dieser Trost- und Mahnbrief Priester und Gläubige in den Diözesen Restdeutschlands davor, nur die materielle Komponente der Hilfe zu sehen und die seelische und sittliche Not der Heimatlosen zu verkennen. Mit pessimistischem Grundton wurde hier den Adressaten vor Augen geführt, es seien „Kräfte am Werke, die an den Grundmauern des christlichen Glaubens und der christlichen Sitte rütteln". Der am 14. September von allen Kanzeln verlesene Bischofsbrief suchte also in Anlehnung an das bereits in einem Gemeinsamen Hirtenwort der westdeutschen Bischöfe vom März 1946 angesprochene Postulat einer neuen Verchristlichung der deutschen Gesellschaft[39] eindringlich darum nach, bei jeder sozialen Tat aus katholischer Initiative zugleich die Hinführung zur Kirchlichkeit als wichtige Säule zu sehen. Die Bischöfe zogen in diesem Zusammenhang eine Parallele zwischen dem Kreuz des Herrn und dem Kreuz der Vertreibung, das sie in die Nachfolge Christi gestellt und deshalb mit Gottvertrauen auf sich genommen wissen wollten. Außerdem stellte der Hirtenbrief die durch die Vertreibung verstärkten sozialen Unterschiede heraus und forderte Priester wie Laien auf, sich im Sinne einer befriedigenden Lösung der sozialen Frage für einen gesetzlichen Lastenausgleich nachhaltig einzusetzen. Damit hatte der Episkopat die nach Gründung der Bundesrepublik einsetzenden staatlichen Maßnahmen zur Schaffung von sozialer Gerechtigkeit weitgehend antizipiert und seinem Hirtenschreiben eine wegweisende Dimension verliehen.

Aufgeschlossen gegenüber den Anliegen der Vertriebenen in seinem Bistum zeigte sich von Beginn an auch der im Juli 1947 ernannte Nachfolger von Galens, Bischof Michael Keller[40], der in einer Grußbotschaft an die Katholiken des Bistums bereits am Tag seiner Bischofsweihe und Inthronisation, am 28. Oktober 1947, in besonderer Weise die Ostvertriebenen anzusprechen versuchte[41]. Gerade durch seine Herkunft aus der Diaspora und seine langjährige seelsorgliche Tätigkeit in der Großstadt Hamburg mag seine Offenheit für die Anliegen der Diasporakatholiken und der dortigen Vertriebenen erklärbar sein. So führte Michael Keller wohl auch nicht ganz unabsichtlich seine erste Firmungsreise im Bistum im Juni 1948 in das Dekanat Oldenburg, über die er im nachhinein reflektierte: „Ich stand am Strande der Nordsee [...]. Ich segnete die Kinder in vollgepfropften Nissenhütten, ausgemergelte Kinder mit nackten Füßen; ihre Lumpen genügten kaum, um ihre Blöße zu bedecken. [...] Ich suchte in Kellerlöchern, nun behördlich als menschliche Notwohnungen abgestempelt, nach hilflosen alten Leuten, ich kostete von

---

[39] Vgl. Gemeinsames Hirtenwort der westdeutschen Bischöfe v. 26.3.1946, in: Kirchliches Amtsblatt für die Diözese Münster v. 4.5.1946, 68f., hier 68.

[40] Michael Keller, geboren 1896 in Siegen, aufgewachsen in Leipzig, Priesterweihe 1921 in Innsbruck, Pastor in Hamburg, Domkapitular in Osnabrück, 1947 Bischof von Münster, gestorben 1961 ebd. Vgl. als Kurzbiographie: Hürten, Heinz, Michael Keller (1947–1961), in: Thissen, Werner (Hrsg.), Das Bistum Münster, Bd. I: Die Bischöfe von Münster (wie Anm. 14), 311–319, u. ders., Michael Keller, in: Aretz, Jürgen u. a. (Hrsg.), Zeitgeschichte in Lebensbildern. Aus dem deutschen Katholizismus des 19. und 20. Jahrhunderts, Bd. 4, Mainz 1980, 208–224.

[41] Zit., in: Christ unterwegs 1/1948, 7.

ihrer mageren Wassersuppe."[42] In einer Dokumentation der Reaktionen deutscher Bischöfe auf die Vertriebenenproblematik wurde gerade diese einfühlsame Komponente im Handeln des Bischofs von Münster als beispielhaft für die karitative Sorge um die Vertriebenen betont[43].

In einem im Anschluß an diese Reise für die Katholiken der nordoldenburgischen Diaspora verfaßten Hirtenwort wurde die eigentliche Intention Kellers dann aber deutlich erkennbar[44]. Es ging ihm neben der Hilfe in karitativen Belangen nicht um einen Aufruf zu einer baldmöglichen Rückkehr in die Heimat, sondern um die Schaffung der Voraussetzungen für eine Einwurzelung der ostdeutschen Katholiken in seinem Bistum. Der in dem Hirtenbrief geäußerte Aufruf, der „Heimat innerlich die Treue" zu bewahren, verfolgte primär die Absicht, die aus Schlesien oder dem Ermland mitgebrachte Religiosität in der Diaspora nicht zu verlieren. Die Sorge um die Verblassung der „Leuchtkraft des Glaubens" bestimmte dann in der Folge auch immer stärker die Haltung des Bischofs von Münster gegenüber den ostdeutschen Katholiken in seiner Diözese und insbesondere gegenüber den Ostvertriebenen in Nordoldenburg und ließ die sich in zahlreichen Spendenaufrufen äußernde karitative Dimension der Hirtensorge parallel zu dem wirtschaftlichen Aufschwung ab Ende der 1940er Jahre zunehmend zurücktreten[45]. Die ostvertriebenen Katholiken waren damit aus der Perspektive des Oberhirten zu einer besonderen Risikogruppe in bezug auf Auflösungstendenzen innerhalb des katholischen Milieus geworden.

## 2. Organisation auf der Diözesan- und Offizialatsebene

Die praktische Umsetzung dieser Anregungen erwies sich aber zunächst als Aufgabe der Diözesan-Caritasverbände, die bereits in der Zeit des Ersten Weltkriegs in allen deutschen Jurisdiktionsbezirken gegründet und zu einer wichtigen Säule des katholischen Milieus geworden waren[46]. Da sie jedoch nach der Unterdrückung in der Zeit des National-

---

[42] Michael Keller: Hirtenwort zur Caritassammlung v. 4.10.1948, in: Kirchliches Amtsblatt für die Diözese Münster v. 7.10.1948, 109.

[43] Vgl. Brzoska, Emil, Das Flüchtlings- und Vertriebenenproblem (wie Anm. 15), 40.

[44] Vgl. Hirtenwort Kellers an die Katholiken der nordoldenburgischen Diaspora v. 1.7.1948, Expl., in: Pfarrarchiv St. Marien Delmenhorst: Korrespondenz mit dem Bischöflichen Offizialat 1945–1954. Hier auch das folg. Zit.

[45] Die Verblassung der „Leuchtkraft des Glaubens" ist ein Topos in Kellers Predigt vor 2.000 Vertriebenen im Rahmen der Kapellenwagenmission in Delmenhorst am 25.7.1952, abgedruckt in: Hirschfeld, Michael, Trautmann, Markus (Hrsg.), Gelebter Glaube – Hoffen auf Heimat (wie Anm. 14), 35–36. Vgl. auch den Bericht über den 25.7.1952, in: Kirche und Leben Oldenburg v. 3.8.1952.

[46] Verpflichtend wurde ihre Errichtung durch einen Beschluß der Fuldaer Bischofskonferenz vom August 1915. In diesem Kontext entstand 1916 der Diözesan-Caritasverband Münster. Vgl. Brandt, Hans-Jürgen (Hrsg.), Der Caritasverband für das Erzbistum Paderborn in Geschichte und Gegenwart (Veröffentlichungen zur Geschichte der Mitteldeutschen Kirchenprovinz, Bd. 5), 2. Aufl. Paderborn 1994, 17–167. Zum Diözesan-Caritasverband Münster in Geschichte und Ent-

sozialismus zunächst neugebildet werden mußten, war ihre Leistungsfähigkeit in der unmittelbaren Nachkriegszeit teilweise eingeschränkt. Eine gute Startbedingung für den Verband im Bistum Münster lag darin, daß er trotz der system- und kriegsbedingten Einschränkungen und Repressalien in seiner Organisationsstruktur weitgehend intakt geblieben war und zumindest die ersten groben Planungen für eine Soforthilfe zur Linderung des Flüchtlingselends zu bestreiten sowie die Weichen für umfänglichere Maßnahmen zur Vertriebenenfürsorge zu stellen vermochte[47]. Für diese Kontinuität garantierten in personeller Hinsicht Diözesan-Caritasdirektor Domkapitular Theodor Holling und Caritasdirektor Josef Tenspolde[48], zwei Priester des Bistums Münster, deren zum Zeitpunkt der Flüchtlings- und Vertriebenenaufnahme bereits mehr als 20 Jahre währende kontinuierliche Leitungstätigkeit in der kirchlich-sozialen Arbeit der Diözese eine günstige Voraussetzung für das Meistern der anstehenden Probleme darstellte. Vor allem Theodor Holling als vornehmlicher Organisator der Caritas im Bistum, wurde mehrfach für seinen Einsatz um die Flüchtlingsbetreuung auch von staatlicher Seite geehrt[49].

Am 28. Mai 1946 äußerte er gegenüber Kapitularvikar Vorwerk die Bitte um Berufung des sozial engagierten ostvertriebenen Priesters Wilhelm Volkmann[50] in den Diöze-

---

wicklung vgl. Knievel, Wilfried, Die Gründung des Caritasverbandes für die Diözese Münster im Jahre 1916, in: 75 Jahre Caritasverband für die Diözese Münster. Rückblicke 1916–1991, Münster o. J. (1991), 9–47, Das Bistum Münster, H. III, Strasbourg 1995, sowie Geerlings, Dieter, Knievel, Wilfried, Caritas – bleibender Auftrag im sozialen Wandel, in: Thissen, Werner (Hrsg.), Das Bistum Münster (wie Anm. 14), Bd. II: Pastorale Entwicklung im 20. Jahrhundert, 203–228. Einen Überblick der karitativen Einrichtung in der ersten Nachkriegszeit auf Bistumsebene ermöglicht das zweibändige Werk: Diözesan-Caritasverband Münster (Hrsg.), Die caritativen Anstalten im Bistum Münster, Münster 1955. Zur Vor- und Frühgeschichte des Diözesan-Caritasverbandes vgl. Wagener-Esser, Meike, Organisierte Barmherzigkeit und Seelenheil. Das caritative Sozialnetzwerk im Bistum Münster von 1803 bis zur Gründung des Diözesancaritasverbands 1916 (Münsteraner Theologische Abhandlungen, Bd. 61), Altenberge 1999.

[47] Vgl. Aschoff, Hans-Georg, „Die Fremden beherbergen" (wie Anm. 14), 163.

[48] Theodor Holling, geboren 1888 in Papenburg, aufgewachsen in Warendorf, Priesterweihe 1912 in Münster, seit 1920 Diözesan-Caritasdirektor, 1944 zugleich Domkapitular, gestorben 1964, vgl. Tellen, Heinrich, Domkapitular Holling ging heim zum Gott der Liebe, in: Caritasblätter für das Bistum Münster 1964, 206–209, sowie Priesterbuch des Bistums Münster 1957, Münster o. J. (1957), 41; Josef Tenspolde, geboren 1886 in Wüllen, Priesterweihe 1912 in Münster, 1922 Caritasdirektor ebd., gestorben 1959. Vgl. Priesterbuch des Bistums Münster 1957, Münster o. J. (1957), 41. Als Präsident des Diözesan-Caritasverbandes fungierte Weihbischof Heinrich Roleff von 1937 bis 1961.

[49] Vgl. Aschoff, Hans-Georg, „Die Fremden beherbergen" (wie Anm. 14), 164, wo die Verleihung des Bundesverdienstkreuzes (1957) und des Ehrenzeichens des Deutschen Roten Kreuzes Erwähnung finden.

[50] Wilhelm Volkmann, geboren 1900 in Bromberg/Westpr., Priesterweihe 1927 in Fulda für Schneidemühl, dort seit 1931 Diözesan-Caritasdirektor sowie Pfarrer in Breitenstein, 1946 Caritas-Direktor in Münster, 1964 Apostolischer Visitator für Schneidemühl, gestorben 1972 in Münster, vgl. Artikel: Volkmann, Wilhelm, in: Hirschfeld, Michael, Trautmann, Markus, Vor 1945 geweihte Priester ostdeutscher Herkunft, in: Dies. (Hrsg.), Gelebter Glaube – Hoffen auf Heimat (wie Anm. 14), 363.

san-Caritasverband. Damit hatte Holling ein Anliegen Kardinal von Galens aufgegriffen, der noch vor seinem Tode nach einem geeigneten ostvertriebenen Priester Ausschau gehalten hatte, der ein neu einzurichtendes Referat für Flüchtlingsseelsorge leiten könnte, dessen Besoldung die Diözese übernehme[51].

Nicht allein durch seine Aufgabe als Diözesan-Caritasdirektor in dem kleinen ostdeutschen Jurisdiktionsbezirk Schneidemühl schien Wilhelm Volkmann prädestiniert für die Leitung eines neu zu schaffenden Vertriebenenreferats innerhalb des Diözesan-Caritasverbandes, es gab auch in die Vorkriegszeit reichende Verbindungen zwischen der Caritas in Schneidemühl und in Münster, als erstere Kinder aus den Industrieregionen des Bistums Münster zu Ferienaufenthalten aufnahm und in den ländlichen Gebieten der Grenzmark Posen-Westpreußen verteilte[52]. Nach dem lapidaren Plazet des Kapitularvikars konnte der Flüchtlingspriester bereits am 1. Juli 1946 seine Arbeit im Rang eines Caritasdirektors aufnehmen. Sein Arbeitsfeld mußte künftig darin liegen, zum einen ein christliches Solidaritätsgefühl zu erzeugen und dadurch Hilfsbereitschaft zu wecken und zum anderen die Organisation der Spendenverteilung vorzunehmen[53].

Bedingt durch die finanzielle Eigenständigkeit entschied sich Offizial Pohlschneider bereits kurz nach Kriegsende für eine Neukonstituierung des nur noch nominell existierenden Landes-Caritasverbandes für Oldenburg. Wenngleich aktuelle Forschungen zur Caritasgeschichte in der NS-Zeit inzwischen für die Reichsebene aufzeigen, daß die katholischen Wohlfahrtseinrichtungen in ihrem überregionalen Wirken trotz zahlreicher Konflikte in ihrem Bestand grosso modo nicht beeinträchtigt wurden[54], läßt sich gerade für den Offizialatsbezirk Oldenburg belegen, daß Initiativen des eigenständigen Landes-Caritasverbandes – wie sich der damalige Offizial Johannes Pohlschneider erinnerte – „auch im Oldenburger Land erstickt worden"[55] sind.

So waren die in der Weimarer Zeit organisierten Caritas-Sammlungen von der Nationalsozialistischen Volkswohlfahrt (NSV) adaptiert und zu einem nationalsozialisti-

---

[51] Vgl. Holling an Vorwerk v. 28.5.1946, in: BAM NA 101-40. Vorwerk erklärte sich am 12.6.1946 mit dem Vorschlag Hollings einverstanden, ebd.

[52] Vgl. Geerlings, Dieter, Knievel, Wilfried, Caritas – bleibender Auftrag im sozialen Wandel (wie Anm. 46), 213. Aufgegriffen bei Aschoff, Hans-Georg, „Die Fremden beherbergen" (wie Anm. 14), 164.

[53] Vgl. Eder, Manfred, Wiederaufbau und Neuorientierung, in: Gatz, Erwin (Hrsg.), Geschichte des kirchlichen Lebens in den deutschsprachigen Ländern seit dem Ende des 18. Jahrhunderts, Bd. V: Caritas und soziale Dienste, Freiburg u. a. 1997, 280–294, hier 289f.

[54] So ein Ansatz, der von einer „Interaktion" zwischen Caritas und NSV ausgeht und zu belegen versucht, daß die Caritas zwischen 1933 und 1945 immer einen Platz im Bereich der Wohlfahrtspflege eingenommen habe. Vgl. Hammerschmidt, Peter, Die Wohlfahrtsverbände im NS-Staat. Die NSV und die konfessionellen Verbände Caritas und Innere Mission im Gefüge der Wohlfahrtspflege des Nationalsozialismus, Opladen 1999, hier insbes. 557 u. 562.

[55] Pohlschneider, Johannes, Der nationalsozialistische Kirchenkampf in Oldenburg. Erinnerungen und Dokumente, Kevelaer 1978, 120. Das hier enthaltene Kapitel XV (Christliche Caritas im Kampf gegen die Not), 118–126, bietet wohl die erste Darstellung der Neuanfänge der Caritas in Oldenburg nach 1945.

schen Sozialwerk umgestaltet worden, das in erster Linie propagandistische Zwecke erfüllte[56]. Zahlreiche katholische Kindergärten in Oldenburg waren in NSV-Kindergärten umgewandelt worden, und nach Beginn des Zweiten Weltkriegs hatten zudem die von Schwestern Unserer Lieben Frau geleiteten katholischen Kinderheime in Ahlhorn und auf der Insel Wangerooge schließen müssen[57].

Daneben verfügte die katholische Kirche im Offizialatsbezirk Oldenburg aber weiterhin über einen „Kranz caritativer Einrichtungen"[58], von Krankenhäusern bis hin zu Kindergärten und Schwesternstationen, die sich der ambulanten Krankenpflege und den Belangen sozial schwacher Menschen widmeten. Daher mußte die Caritas nach dem Zusammenbruch des Dritten Reichs auf der Mesoebene selbstverständlich nicht vollständig neu beginnen, sondern konnte auf eine vielfältige Basis an Einrichtungen und sozialen Grunddiensten zurückgreifen, die allerdings angesichts des Ausmaßes der Bevölkerungsverschiebungen keineswegs ausreichend war[59].

Die Wiederbelebung einer eigenständigen Caritasorganisation im Bereich der Fallstudie hielt Offizial Pohlschneider vornehmlich für erforderlich, um den direkten Kontakt seiner Behörde zu staatlichen Stellen auch auf dem sozialen Sektor in eigener Regie betreiben zu können sowie umgekehrt den Behörden einen kirchlichen Ansprechpartner innerhalb der politischen Grenzen zu bieten[60]. Darüber hinaus war es die Intention, „allen kommunistischen Tendenzen von vornherein durch positive soziale Werke den Nährboden zu entziehen"[61].

Als Ausgangspunkt der Wiederaufnahme der Caritas-Tätigkeit auf Offizialatsebene kann ein von Vertretern des Oldenburgischen Staatsministeriums anberaumtes Gespräch von Ministerpräsident Theodor Tantzen mit Vertretern der Kirchen und der freien Wohlfahrtsverbände angesehen werden, bei dem alle Organisationen angesichts der schwierigen Lage ihre Mithilfe bei der Flüchtlingsbetreuung zugesagt hatten, um einen Neuaufbau des gesellschaftlichen Lebens auf christlicher Basis zu fördern[62].

---

[56] Vgl. Geerlings, Dieter, Knievel, Wilfried, Caritas – bleibender Auftrag im sozialen Wandel (wie Anm. 46), 203–228, 212.

[57] Nachkriegsbericht von ca. 1946 über die Situation der oldenburgischen Caritas, in: StAOl Best. 136-120-6.

[58] Pohlschneider, Johannes, Der nationalsozialistische Kirchenkampf (wie Anm. 55), 122.

[59] Vgl. Brandt, Hans-Jürgen, Chronik des Paderborner Diözesan-Caritasverbandes mit Berücksichtigung des Bischöflichen Amtes Magdeburg, in: Ders. (Hrsg.), Der Caritasverband für das Erzbistum Paderborn (wie Anm. 46), 17–167, hier 73.

[60] Entsprechendes enthält auch die erste Nachkriegssatzung des Landes-Caritasverbandes für Oldenburg v. 1945, die noch Lohne als Sitz der Institution angibt. Die Aufgaben eines Caritas-Sekretärs lagen dabei wie auch schon zuvor nominell in den Händen des Offizialatssekretärs Heinrich Lanfermann, als ausführendes Organ trat aber zunächst das Seelsorgeamt im Bischöflichen Offizialat in Erscheinung.

[61] So Offizial Pohlschneider in einer Kanzelerklärung v. 12.6.1945, in: Pfarrarchiv St. Marien Delmenhorst: Rundschreiben des Bischöflich Münsterschen Offizialats.

[62] Das genaue Datum des Gesprächs ließ sich nicht eruieren. Theodor Tantzen, zit. bei Pohlschneider, Johannes, Der nationalsozialistische Kirchenkampf (wie Anm. 55), 116. Zur Person Tantzens, geboren 1877 in Abbehausen, 1919–1923 u. 1945–1946 oldenburgischer Ministerpräsi-

In diesem Sinne erließ das Ministerium mit Datum vom 31. August 1945 ein Rundschreiben bezüglich der Flüchtlingsbetreuung[63]. Der beiden Kirchenleitungen, also auch dem Bischöflichen Offizialat, zur Weitergabe an die Caritas-Mitarbeiter innerhalb der Pfarreien zugestellte Brief skizzierte in knappen Zügen, daß die Flüchtlingsnot „die Nutzbarmachung aller verfügbaren materiellen und geistigen Hilfskräfte" erfordere, also ein Schulterschluß zwischen Staat, Kirchen und Wohltätigkeitsorganisationen notwendig sei. Unter Verweis auf die signalisierte Bereitschaft der angeschriebenen Organisationen zur Mithilfe ordnete das Schreiben des Staatsministeriums nunmehr zwingend für jede Kommune bis zum 15. September 1945 die Bildung eines gesonderten Gremiums für Flüchtlingsfragen an, das unter dem offiziellen Namen „Ausschuß zur Betreuung der Flüchtlinge und Evakuierten" firmieren sollte und dem neben dem Bürgermeister bzw. einem anderen Repräsentanten der politischen Gemeinde sowie einem Flüchtlingsvertreter stets ein Delegierter der Kirchen bzw. ihrer Verbände angehören sollte. Beide Konfessionen waren paritätisch zu berücksichtigen, so die vor Ort aufgenommenen Flüchtlinge sowohl evangelisch als auch katholisch waren. Damit waren die Rahmenbedingungen für ein grundsätzlich mindestens vier Personen umfassendes Gremium abgesteckt, dessen Zusammensetzung von den Kommunen durch weitere Einheimische wie Flüchtlingsvertreter nach Belieben Ergänzung erfahren konnte. Eine Quote für Flüchtlingsvertreter gab es also nicht.

In Löningen zum Beispiel, wo die „Kommission für die Flüchtlingsbetreuung" zu Beginn des Monats September 1945 bereits ihre Arbeit aufnahm, gehörten ihr gleich vier katholische Geistliche als Repräsentanten der im Stadtgebiet bestehenden Kirchengemeinden Löningen, Bunnen, Benstrup und Evenkamp, der evangelische Flüchtlingspfarrer sowie eine Mauritzer Franziskanerin aus dem katholischen Krankenhaus St.-Anna-Stift an[64].

Neben der Registrierung der Neuankömmlinge in einer Kartei sowie der Überwachung der Unterbringung und materiellen Grundversorgung, die den landläufig als Flüchtlingsausschüsse bezeichneten Einrichtungen den Rang von zentralen Anlaufstellen für die einströmende ostdeutsche Bevölkerung verlieh, stand hier auch die seelsorgliche Komponente der Aufnahme in der Fremde zur Disposition, die gemäß dem Rundschreiben ständig im Auge zu behalten war und trotz der mit der Ausschußbildung eingeleiteten Bündelung aller sozial engagierten Kräfte zu einer ureigenen Angelegenheit der kirchlichen Wohlfahrtsverbände erklärt wurde. Es läßt sich also festhalten, daß der

---

dent, gestorben 1947 in Oldenburg, vgl. Günther, Wolfgang, Artikel: Tantzen, Theodor, in: Friedl, Hans u. a. (Hrsg.), Biographisches Handbuch (wie Anm. 14), 730–735. Passim vgl. jetzt auch Neumann, Martina, Theodor Tantzen, ein widerspenstiger Liberaler gegen den Nationalsozialismus (Veröffentlichungen der Historischen Kommission für Niedersachsen und Bremen, XXXIX, Bd. 8), Hannover 1998.

[63] Vgl. Rundschreiben d. Oldenburgischen Staatsministeriums betr. Betreuung der Flüchtlinge durch die Gemeinden v. 31.8.1945, in: Pfarrarchiv St. Marien Delmenhorst: Rundschreiben des Landes-Caritasverbandes.

[64] Vgl. Kuropka, Joachim, Vom Neubeginn bis zur Gegenwart. Löningen seit 1945, in: Jansen, Margaretha (Bearb.), Löningen in Vergangenheit und Gegenwart. Zur Geschichte unserer Stadt. Fünf Viertel und eine Wiek, Löningen 1998, 211–250, hier 223 u. auch das folg. Zit.

katholischen wie auch der evangelisch-lutherischen Kirche zum einen staatlicherseits eine gewichtige Rolle in der Mitwirkung wie auch Mitarbeit bei der staatlichen Aufnahme und sozialen Betreuung der Ankömmlinge zugedacht wurde, die zum anderen aber auch viele Freiräume für eine eigene Betätigung der Kirchen auf dem sozialen Sektor beließ. Letztlich enthielt dieser Gedanke der Gestaltungsfreiheit zugleich eine indirekte Aufforderung an die kirchlich-karitativen Kräfte, Eigeninitiativen zu entfalten und mit staatlichem Plazet Maßnahmen zur Verbesserung der Lebenssituation der Ostvertriebenen zu ergreifen. Damit waren theoretisch die besten Voraussetzungen für eine Nutzung des sozialen Netzes zur Einbeziehung der Vertriebenen in das traditionale katholische Milieu gegeben.

### a) Der oldenburgische Ansatz

Das Seelsorgeamt des Vechtaer Offizialats war offenbar über den Zeitpunkt des Rundschreibens vorab informiert gewesen, da es unter gleichem Datum ergänzende theoretische Richtlinien für eine zeitgemäße Caritasarbeit erließ. Der Verfasser, Seelsorgeamtsleiter Wilhelm Gillmann[65], leitete sein Exposé mit der rhetorischen Frage ein, ob die Caritas dem Übermaß ihr gestellter Aufgaben überhaupt gewachsen sei[66]. Der Geistliche beantwortete diese Frage positiv unter Hinweis auf die vom Geist der Katholischen Aktion zu tragende freie christliche Liebestätigkeit. Caritas wurde also nicht als zentral von der Kirchenbehörde zu lenkende Form von Hilfsangeboten definiert, sondern – geradezu parallel zur staatlichen Delegierung der Flüchtlingsbetreuung auf die Ebene der Kommunen und ihrer Flüchtlingsausschüsse – als ureigene Aufgabe jeder Pfarrei verstanden.

Dennoch war es Gillmann augenscheinlich nicht darum zu tun, die Schwerpunktsetzung der weltlichen Behörden zu adaptieren, sondern das Konzept der in den 1930er Jahren von Papst Pius XI. propagierten „Katholischen Aktion" (KA) aufzugreifen. Der Hauptakzent dieser eng an die Hierarchie angelehnten Bewegung, deren Ziel die Förderung und Umsetzung des Laienapostolats war, lag auf der lokalen Ebene[67]. Vor diesem

---

[65] Wilhelm Gillmann, geboren 1897 in Münster, aufgewachsen in Damme, Priesterweihe 1929 in Münster, leitete seit 1941 das damals neu eingerichtete Seelsorgeamt des Offizialats, gestorben 1980 in Münster-Hiltrup. Zur Person vgl. Baumann, Willi, Artikel: Gillmann, Wilhelm, in: Friedl, Hans u.a. (Hrsg.), Biographisches Handbuch (wie Anm. 14), 237–238. Vgl. auch passim Sieve, Peter, „Ihrer Zeitschrift fehlt einfach die völkische Kraft". Vikar Wilhelm Gillmann und das Katholische Kirchenblatt für Oldenburg 1934 bis 1941, in: Baumann, Willi, Hirschfeld, Michael (Hrsg.), Christenkreuz oder Hakenkreuz. Zum Verhältnis von katholischer Kirche und Nationalsozialismus im Land Oldenburg (Quellen und Beiträge zur Kirchengeschichte des Oldenburger Landes, Bd. 4), Vechta 1999, 240–263.

[66] Vgl. (Gillmann, Wilhelm), Die Pfarr-Caritas in ihren Grundzügen, Exposé des Seelsorgeamtes des Bischöflichen Offizialats v. 31.8.1945, in: Pfarrarchiv St. Marien Delmenhorst: Rundschreiben des Landes-Caritasverbandes.

[67] Zur katholischen Aktion im Bereich der Fallstudie vgl. Lesch, Karl Josef, „Das Reich Christi, unseres Herrn zu fördern". Zur Umsetzung der Katholischen Aktion im Offizialatsbezirk Oldenburg, in: Baumann, Willi, Hirschfeld, Michael, Christenkreuz oder Hakenkreuz (wie Anm. 65), 149–164.

Hintergrund und auf der Basis eines schon 1938 im Geist der KA publizierten Kompendiums des Jesuiten Constantin Noppel mit dem Titel „Einführung in die Caritas"[68] wollte der Vechtaer Seelsorgeamtsleiter die Rückverlegung der kirchlichen Hilfsmaßnahmen von der Reichs- oder Diözesanebene auf den Boden der Pfarrei und eine Unterordnung des kirchlich-karitativen Tuns unter den Primat der Seelsorge erreichen. Daß Gillmann die Wegweisung Noppels zur Caritasarbeit gelesen und verarbeitet hatte, zeigt sich in dem von ihm übernommenen Vokabular. So spricht Noppel beispielsweise von den zu Caritasaposteln auszubildenden Pfarrangehörigen als dem „Corpus Christi mysticum"; eine bei Gillmann mehrfach wiederkehrende Wendung, die zugleich als Beleg für die Wertschätzung der Laien in der Caritasarbeit anzusehen ist[69]. Alle Pfarreien des Offizialatsbezirks wurden zur Bildung eines Caritas-Ausschusses verpflichtet.

Weitere Hilfsaktionen sollten auf der Basis der sogenannten Naturstände, also Frauen, Männer, männliche und weibliche Jugend, organisiert werden. Den Anfang hierzu machte ein von Gillmann initiierter Aufruf an die Jugend zu Gebet und Spenden für die Diaspora im November 1946. Alle Jugendgruppen in den Pfarreien Südoldenburgs wurden im Rahmen dieser Aktion gebeten, Weihnachtsgaben für ihre ostvertriebenen Altersgenossen bereitzustellen. Dabei ging es nicht um die Beschaffung ausgedienten Spielzeugs aus Familien des Oldenburger Münsterlandes, sondern es sollte eigene Kreativität gefördert werden. Auf Anleitung und Ermunterung des Seelsorgeamtes wurde den Jugendlichen nahegelegt, Spielzeug, aber auch religiöse Symbole zu basteln. „Was für eine Freude würde man den Kindern schon machen können mit einer Krippe, wenn sie auch nur aus Papier wäre!"[70], hieß es in einem Rundschreiben Gillmanns. Alle Jungen und Mädchen wurden darüber hinaus aufgefordert, Bilder aus Zeitungen und Zeitschriften zu sammeln, um daraus kleine Bilderbücher zu basteln oder einfach nur die Ausschnitte dem Seelsorgeamt zur Verfügung zu stellen. In Zeiten bitterer Not war eben jedes Mittel recht, um in Nordoldenburg sichtbare Symbole der Verbundenheit zwischen Katholiken aus Ost und West zu schaffen und die Vergemeinschaftung zu fördern, damit – so der Seelsorgeamtsleiter – „jedes Kind, jeder Jugendliche und damit jede Familie etwas spürt von seiner christlichen Verantwortung"[71].

Ausschlaggebend für die Aktion der Jugend war der Brief einer vertriebenen Schlesierin gewesen, die den Vorschlag geäußert hatte, die Jugend zu einer sozialen Tat im Hinblick auf die Nöte der Zeit zu bewegen[72]. Gillmann war von dem mitreißenden Brief offenbar so begeistert gewesen, daß er die Idee aufgriff und ihr eine größere Breitenwirkung gab. Der vorgenannte Brief aus der Diaspora hatte allerdings auch explizit zu Spielzeug-Spenden aufgerufen. Als Anregung hieß es dort, die Kinder sollten sich nicht

---

[68] Vgl. Noppel, Constantin, Einführung in die Caritas, Freiburg/Br. 1938.
[69] Gillmann bezog sich hierbei auf die Enzyklika „Mystici corporis" Pius' XII. vom 28.6.1943. Vgl. auch Rundbrief des Seelsorgeamtes v. 21.11.1946.
[70] Vgl. Rundschreiben des Seelsorgeamtes v. 21.11.1946, in: Pfarrarchiv St. Marien Delmenhorst: Korrespondenz mit dem Bischöflichen Offizialat 1945–1954.
[71] Ebd.
[72] Der Brief dieser ungenannt bleibenden Vertriebenen ist im Wortlaut abgedruckt, ebd.

von ihren Lieblingspuppen oder -büchern trennen, sondern von Besitz, den sie nicht unbedingt bräuchten.

Mit der Errichtung eines sogenannten Liebeswerkes katholischer Kinder für die Diaspora wollte das Offizialat ein Zeichen der Solidarität setzen und die vorgenannten Aktivitäten bündeln. Zur Verfestigung dieses Anliegens wurde auch ein Rundbrief herausgegeben und an den katholischen Schulen Südoldenburgs verteilt. Die Lehrer fungierten hierbei als Mittler, die sowohl die „Aufklärung" der Kinder vornahmen, als auch diese zum Basteln von Gaben wie zu Geldspenden anregten. Insbesondere in der Adventszeit wurde das Packen von Weihnachtspaketen für die Kinder der Patengemeinde ebenso zu einer festen Einrichtung wie in der Osterzeit das Beschenken der Vertriebenenkinder mit Ostereiern[73]. Organisatorisch wurde diese Aktion dem Patenschaftssystem untergliedert. Die in den Schulen gesammelten Gegenstände wurden also der jeweiligen Pfarr-Caritas übergeben, die wiederum für den Kontakt zur Patengemeinde verantwortlich zeichnete. „Viele von Euch, liebe Kinder, trennten sich gern und freudig von liebgewordenen Spielsachen, von Puppen, Büchern und Schaukelpferdchen.[...] Wir haben alles aufgeteilt [...] Zuerst wurden 57 Kleinkinder beschenkt"[74], hieß es in einem herzlich gehaltenen Dankschreiben des Caritassekretariats in Brake an die Kinder in der Patengemeinde Mühlen, in dem die Initiative als „echtes Christentum der Tat" gelobt wurde und das hier nur exemplarisch für den Erfolg der Solidaritätsaktion zitiert sei.

### b) Der münsterische Ansatz

Für den Diözesan-Caritasverband in Münster schaltete sich dessen Direktor Theodor Holling in Reaktion auf den Ansatz Gillmanns mit einem offiziellen Brief an die Pfarrämter und Dekanats-Caritassekretäre in die Strukturdebatte ein und betonte, daß die hier formulierten Grundsätze der Caritas-Arbeit einheitlich umgesetzt werden müßten[75]. Statt eines allgemeinen Caritasausschusses sah der Plan aus Münster insbesondere in den größeren Pfarreien die Bildung einer Elisabethkonferenz der Frauen und einer Vinzenzkonferenz der Männer vor, proklamierte also die traditionelle Einteilung der gemeindlichen Sozialfürsorge nach Geschlechtern. Darüber hinaus läßt sich in den Instruktionen aus der Bischofsstadt eine vergleichsweise stärkere Betonung der Dekanatsebene erkennen, ohne daß hier die Wichtigkeit der Pfarr-Caritas negiert worden wäre. In diesem Kontext hatte

---

[73] Hierüber berichtet z. B. P. Josef Hagel SAC, in: Chronik des Pfarrektorats Bad Zwischenahn, in: Pfarrarchiv Bad Zwischenahn. Das Pfarrektorat Rodenkirchen wurde jährlich von der Patengemeinde Mühlen mit 1.500 Ostereiern beschenkt. Vgl. Chronik des Pfarrektorats Rodenkirchen, in: Pfarrarchiv Brake. Entsprechendes gilt für die meisten Patengemeinden.

[74] Caritas-Sekretär Rudolf Kinzel, Brake, an die Kinder u. Gläubigen in Mühlen v. 14.1.1947, zit. in: 75 Jahre Kirche und Kloster der Franziskaner in Mühlen, o.O. o.J. (1985), 157–159, hier 158.

[75] Vgl. Caritasverband für die Diözese Münster an die Pfarrämter u. Dekanats-Caritassekretäre v. 19.10.1945, in: Pfarrarchiv St. Marien Delmenhorst: Rundschreiben des Landes-Caritasverbandes.

bereits im Vorfeld eine Anordnung Hollings zur sofortigen Bildung bzw. Neuorganisation der ebenfalls in der Vorkriegszeit schon bestehenden Männerfürsorgevereine auf Dekanatsebene gestanden[76]. Besondere Aufmerksamkeit sollten Klerus und Caritassekretäre der gemäß Verordnung der britischen Militärregierung erfolgenden Bildung von Jugendamtsausschüssen zuwenden, um durch Entsendung von Vertretern ihren Einfluß auf die kommunale Jugendarbeit und -fürsorge geltend zu machen[77]. Für den rheinisch-westfälischen Bistumsteil wurden angesichts der großen Zerstörungen in den industrialisierten Gebieten für sogenannte „Notstandsdekanate", wie Duisburg, Recklinghausen oder Bottrop, „Patendekanate" im agrarischen Münsterland benannt, wie Nottuln, Vreden oder Lüdinghausen. In diesem Punkt wurde eine Ausdehnung des Patenschaftssystems auf Oldenburg in Aussicht gestellt[78], wobei der Diözesan-Caritasverband gleichzeitig ein Stück weit Zurückhaltung übte, da man offenbar nicht wagte, den Offizialatsbezirk sofort in die Planungen mit einzubeziehen.

### c) Konflikte zwischen Oldenburg und Münster

Die Überschneidungen ergaben sich zum einen aus dem in Vechta gesehenen Handlungsbedarf, die Position der Caritas auf der Mesoebene des Offizialatsbezirks offenbar ohne Absprache mit dem eigentlich für karitative Belange im gesamten Bistumsgebiet verantwortlichen Diözesan-Caritasverband zu konturieren und festzulegen, zum anderen aus den abweichenden Organisationskonzepten, deren Akzent in Vechta auf einer Stärkung der Caritas in den Pfarreien, in Münster hingegen in einer Stärkung der Dekanatsebene, lag.

Interessant erscheint im Kontext dieser unterschiedlichen Auffassungen nicht allein das auf Kontaktschwierigkeiten hindeutende Nebeneinander sich zum Teil widersprechender Anordnungen, sondern auch der durchaus unterschiedliche Umgangston beider Institutionen mit dem Ortsklerus bzw. den Caritassekretären. Während Diözesan-Caritasdirektor Holling strikte Anweisungen erteilte, die von ihm getroffenen Maßnahmen sofort zu befolgen, dem münsterischen Diözesan-Caritasverband innerhalb einer gesetzten Frist einen Bescheid über die Durchführung zu geben und überhaupt alle Nachrichten aus den Pfarreien und Dekanaten unverzüglich nach Münster zu melden, waren Gillmanns Bestimmungen wesentlich weniger auf den erwarteten Gehorsam gegenüber der kirchlichen Institution bezogen als vielmehr ein Appell an die Adressaten, sich den Geist der christlichen Nächstenliebe zu eigen zu machen und in diesem Sinne zu handeln.

---

[76] Vgl. Caritasverband für die Diözese Münster an die Caritassekretäre v. 1.10.1945, ebd. Als Aufgabe dieser Gruppen wurde nicht primär die Flüchtlingsbetreuung, sondern der Einsatz für sozial gefährdete männliche Jugendliche sowie entlassene Straffällige genannt. Die Aufgaben sollten in enger Kooperation mit dem jeweiligen Dekanats-Frauenfürsorgeverein ausgeführt werden.
[77] Vgl. Rundschreiben des Caritasverbandes für die Diözese Münster v. 28.9.1945, ebd.
[78] Vgl. Caritasverband für die Diözese Münster v. 19.10.1945 an die Pfarrämter u. Caritas-Sekretäre, ebd. Hier auch die im folg. genannte Einteilung. Dort heißt es: „Die Oldenburger Dekanate stehen noch frei. Sie sollen noch zusätzlich eingesetzt werden."

Trotz dieser Probleme bei der Strukturierung des Milieusegments Caritas kam es zu keiner bewußten Auseinandersetzung zwischen dem Diözesan-Caritasverband und dem Vechtaer Seelsorgeamt. Vielmehr beugte sich Offizial Pohlschneider den Bestimmungen aus der Bischofsstadt, zumal in der Satzung des Landes-Caritasverbandes ausdrücklich die Unterstützung des Diözesanverbandes als Ziel erklärt worden war[79], und berief Ende Oktober 1945 für jedes der fünf Dekanate Oldenburgs einen geistlichen Dekanats-Caritasleiter. Diese erhielten den Auftrag, „alle diejenigen organisatorischen Maßnahmen zu veranlassen, die gemäß den vom Diözesan-Caritasverband herausgegebenen Richtlinien [...] als notwendig und nützlich erscheinen"[80].

Zu Kompetenzstreitigkeiten zwischen der Bistums- und der Offizialatsebene kam es erst, nachdem der Offizial am 25. März 1946 den einige Monate zuvor aus der Kriegsgefangenschaft heimgekehrten Journalisten Hans Watermann in den kirchlichen Dienst genommen und als Landes-Caritasleiter (später Landes-Caritasdirektor) an die Spitze des Landes-Caritasverbandes gestellt hatte[81]. Mit Watermann, einem gebürtigen Emsländer, war im übrigen erstmals ein Laie mit der Geschäftsführung der Caritas betraut worden, der mit einem hohen Maß an Energie seine Aufgabe antrat.

In seinem Programm, das der neue Landes-Caritasdirektor wenige Monate nach der Amtsübernahme in Vechta unter dem Titel „Die soziale Not in Deutschland. Aufgaben der Sozialpolitik und der Caritas"[82] vorlegte, wurde Watermanns Anliegen deutlich, die Bevölkerung schonungslos über das Ausmaß der sozialen Not aufzuklären. Entgegen manchen gerade unter den Vertriebenen bestehenden Hoffnungen, baldmöglichst in ihre Heimat zurückkehren zu können, ging die neue führende Persönlichkeit der oldenburgischen Caritas davon aus, „daß diese Entwurzelung, diese materielle Not, dieser Zusammenbruch einer ganzen bürgerlichen Welt keine vorübergehende Erscheinung, sondern das Leben ist, mit dem wir uns für lange Zeit, wenn nicht gar auf die Dauer abzufinden haben"[83]. Aus diesem Bewußtsein der Endgültigkeit des Status quo von 1946 zog Watermann zwei grundlegende Konsequenzen: Zum einen plädierte er in Anlehnung an die

---

[79] Vgl. Satzung des Landes-Caritasverbandes für Oldenburg, §4, in: OAV A-3-122.

[80] Offizialat an die Dekanats-Caritasleiter v. 25.10.1945, ebd. Dekanats-Caritasleiter wurden Pfarrer Wilhelm Niermann, Delmenhorst, für Oldenburg; Dechant Bernard Krümpelmann, Visbek, für Vechta; Dechant Gottfried Plump, Dinklage, für Damme; Dechant August Hackmann, Cloppenburg, für Cloppenburg u. Vikar Paul Saalfeld, Barßel, für Friesoythe.

[81] Vgl. Pohlschneider, Johannes, Der nationalsozialistische Kirchenkampf in Oldenburg (wie Anm. 55), 121. Zu Hans Watermann vgl. Klostermann, Hermann, Hans Watermann zum Gedenken. Als Caritasdirektor und als Politiker verdient um das Oldenburger Land, in: Jahrbuch für das Oldenburger Münsterland 1989, 349–357. Hans Watermann, geboren 1904 in Papenburg, Studium der Volkswirtschaft u. Journalistentätigkeit, zuletzt in Chemnitz, 1946–1972 Landes-Caritasdirektor, 1947 Gründer, Geschäftsführer, später Vorsitzender des Verbandes katholischer Kranken- und Pflegeanstalten in Oldenburg, gestorben 1988 in Vechta. Eine Biographie Watermanns insbesondere in der Nachkriegszeit stellt ein Desiderat dar. Ein umfangreicher Nachlaß befindet sich im OAV.

[82] Watermann, Hans, Die soziale Not in Deutschland. Aufgaben der Sozialpolitik und der Caritas, undatiertes Exposé v. ca. 1947, in: OAV A-3-122.

[83] Ebd., 1. Hier auch das folg. Zit., 17.

Vorstellungen von Wilhelm Gillmann dafür, daß die Caritas auf der Ebene der Pfarreien organisiert werden und möglichst alle Katholiken zu einer Gemeinschaft aktivieren müsse, da Caritas nicht nur Anspruch, sondern auch Verpflichtung sei. Zum anderen betonte er den Stellenwert des Landes-Caritasverbandes, dem viele Aufgaben eines Diözesan-Caritasverbandes zukämen und der deshalb einer breiten organisatorischen Grundlage bedürfe: „Wir müssen aus der Tatsache, daß die caritativen Anstalten für die heutigen Aufgaben nicht mehr ausreichen, die Konsequenzen zu ziehen suchen. Es gilt, Krankenhäuser auszubauen, vor allen Dingen Altersheime zu schaffen, dann die Betreuungsmöglichkeiten für Mütter und Kinder zu vermehren, Kindergärten einzurichten. Das alles sind dringende Aufgaben [...]." Allein die Tatsache, daß Hans Watermann nicht nur mit Akribie und Durchsetzungsvermögen an die Arbeit ging, sondern auch dezidierte Konzepte für den Ausbau der Caritas im Offizialatsbezirk Oldenburg vorlegte, mußte im Diözesan-Caritasverband Kritik hervorrufen, sah man dort doch den eigenen Einflußbereich durch die zunehmend stärkere Stellung des von den Offizialen Pohlschneider und Grafenhorst gestützten Landes-Caritasdirektors beschnitten.

Dabei zeigte sich Watermann zunächst auch um engeren Kontakt zur Münsteraner Caritas-Zentrale bemüht und nahm an den Konferenzen der Dekanats-Caritassekretäre des Bistums Münster unter der Leitung von Domkapitular Holling teil. In der Folge einer Tagung der Caritassekretäre im Juli 1946 äußerte sich Watermann zwar lobend über die Qualität der Referate und hob die Kollegialität bei der Aussprache hervor, beklagte jedoch die geringe Präsenz der oldenburgischen Dekanate bei den Versammlungen[84]. Mit Caritasdirektor Volkmann stimmte er in der grundlegenden Skepsis gegenüber einer baldigen Rückkehr der Vertriebenen in ihre Heimat überein. Man müsse das Problem so sehen, als wenn die Vertriebenen noch sehr lange im Westen bleiben. Es komme deshalb darauf an, diese Menschen in die hiesigen Pfarrgemeinden einzugliedern und die Gefahr einer Absonderung durch eigene Gottesdienste zu vermeiden. Karitative Hilfe bedeutete für die Verantwortlichen auf allen Ebenen demnach einen wichtigen milieustärkenden Faktor im Zuge einer baldmöglichen Integration der ostdeutschen Bevölkerung. Je mehr und je gründlicher materielle Hilfe geleistet wurde, die ein Einleben der Ostvertriebenen in der neuen Umgebung ermögliche, desto schneller ließ sich für ihn sein Ziel verwirklichen, „daß die Vertriebenen wieder in eine eigene Häuslichkeit hineinwachsen". Ausgangspunkt dieser pragmatischen Überlegungen war die Erfahrung der unmittelbaren Lebenssituation sowohl Volkmanns im katholischen Münsterland als auch Watermanns im katholischen Südoldenburg, wo eine rasche karitative Hilfe der einheimischen Bevölkerung für ihre heimatlosen Glaubensschwestern und -brüder zumindest in der Theorie leicht denkbar erschien.

Allerdings korrigierte der Landes-Caritasdirektor diese Sichtweise bald darauf mit Hinweis auf die besonderen konfessionellen Verhältnisse im oldenburgischen Teil der Diözese und spielte damit auf die Problematik einer großen Zahl katholischer Flüchtlin-

---

[84] Rundschreiben des LCV v. 28.7.1946. Hier auch das folg. Zit. Auf der Diözesankonferenz am 24.7.1946 z.B. war neben Watermann nur das Dekanat Cloppenburg vertreten, nicht aber die übrigen oldenburgischen Dekanate. Vgl. ebd.

ge im evangelischen Norden des Offizialatsbezirks an. Daß man in Münster diese Schwierigkeiten nach Meinung der Vechtaer Verantwortlichen nur unzureichend erkannt hatte, läßt eine vom Offizialat kurz nach der besagten Konferenz verfügte Ergänzung zu den Richtlinien des Diözesan-Caritasverbandes für die Pfarr-Caritas vom Oktober 1945 erkennen. Unter Verweis auf das Bibelwort, daß einer des anderen Last zu tragen habe (Gal 6,2), wurde den Pfarrgeistlichen als Adressaten zunächst in Wiederholung der Münsteraner Bestimmungen eingeschärft, die Gläubigen zu christlicher Liebestätigkeit zu erziehen, zur aktiven Mitarbeit in der Pfarr-Caritas zu bewegen und die Gründung eines Pfarr-Caritas-Ausschusses endgültig vorzunehmen. Die traditionellen Vinzenz- und Elisabethkonferenzen, deren Wiederaufbau Diözesan-Caritasdirektor Holling förderte[85], wurden hingegen lediglich als Unterausschüsse empfohlen. Endziel sei es – so die Ergänzung der Vechtaer kirchlichen Behörde – 20 % bis 30 % der Gläubigen zur Mitgliedschaft in der Pfarr-Caritas zu begeistern, wobei schlesische Flüchtlinge besonders willkommen sein sollten[86]. Mit der Mitgliedschaft war zugleich als finanzieller Grundstock der Arbeit ein Beitrag zu erheben, der im eigenen Ermessen des Mitglieds zu belassen war, jedoch möglichst monatlich mindestens 20 Pfennig betragen sollte[87].

Ein Schwerpunkt der Arbeit sollte auf Schulungskursen liegen, die Landes-Caritassekretär Watermann auf Anfrage anbot. Die Idee hierfür stammte aus dem westfälischen Bistumsteil, wo der bereits erwähnte einheimische Kaplan August Pricking mit entsprechenden Kursen „die Frage der Liebe und der Sachkenntnis"[88] zu verbinden versuchte und damit vor Volkmann zum eigentlichen aktiven Caritasapostel in der Vertriebenenbetreuung geworden war. Pricking hatte auch ein umfangreiches Exposé ausgearbeitet, das praktische Winke für die Priester des Bistums enthielt, wie die Vertriebenenfrage in der Sonntagspredigt am wirkungsvollsten aufgegriffen werden könnte[89]. Die Geistlichkeit sollte demzufolge insbesondere auf die Abschiedsreden Jesu in den Evangelien zurückgreifen, in denen der Aspekt der Nächstenliebe thematisiert wurde. Als ebenso anschaulich für eine Sensibilisierung der einheimischen Bevölkerung empfahl Pricking die Szene der Fußwaschung. So wie sich Christus hier zum Diener seiner Jünger mache, hätten auch die Gläubigen die Flüchtlinge zu umsorgen.

---

[85] Vgl. Geerlings, Dieter, Knievel, Wilfried, Caritas – bleibender Auftrag im sozialen Wandel (wie Anm. 46), 220. Der hier als „sehr schwierig" bezeichnete Wiederaufbau der Konferenzen war insbesondere im Raum Münster, Bocholt und Kleve erfolgreich.

[86] Ergänzung der Richtlinien des Diözesan-Caritasverbandes v. 25.7.1946, in: Pfarrarchiv St. Marien Delmenhorst: Rundschreiben des Bischöflich Münsterschen Offizialats.

[87] Zwei Drittel der eingehenden Zahlungen sollten für Hilfsmaßnahmen der Pfarr-Caritas eingesetzt, ein Drittel an den Landes-Caritasverband abgeführt werden. Um die Aktivitäten vor Ort zu steigern, stellte das Offizialat den Pfarrämtern anheim, ihre Mitgliederzahlen bis zum 1.10.1945 dem Landes-Caritasverband zu melden.

[88] Kuropka, Joachim, Heimat und Kirche zwischen Milieu und Mentalität, unveröffentlichtes Vortragsmanuskript v. 15.6.1999, 16.

[89] Vgl. Pricking, August, Einige Hinweise zur Verwendung in der Predigt, in: Kirchliches Amtsblatt für die Diözese Münster v. 4.5.1946, 70.

Die bereits angedeutete Mißstimmung zwischen den Caritas-Zentralen in Münster und Vechta machte sich somit mehr als an inhaltlichen und konzeptionellen Differenzen insbesondere an der Person des Landes-Caritasdirektors fest. Diözesan-Caritasdirektor Holling stellte sich zwar nicht offen gegen Watermanns zunehmende Kompetenzen, intrigierte aber offensichtlich gegen seinen Vechtaer Kollegen, indem er sich gegenüber oldenburgischen Geistlichen darüber beklagte, daß in Vechta ein Laie an der Spitze der Caritas stehe. Insbesondere versuchte Holling, durch Gründung einer direkt der Caritas-Zentrale in Münster unterstehenden Caritasstelle für das Diasporadekanat Oldenburg den Einfluß auf die Vertriebenenfürsorge zu verstärken.

In diesem Kontext steht ein Beschluß der Seelsorgekonferenz der Wesermarsch vom Juli 1948, der ohne Rücksprache mit dem Offizialat oder dem Landes-Caritasverband eine Reform des Kreis-Caritasverbandes Wesermarsch im Sinne Hollings vorsah. Mit der Begründung, daß die Caritas zwei Jahre nach der Hauptvertreibungswelle nicht länger eine bloße Verteilungsstelle für Güter sein dürfe und statt dessen zu einer seelsorglichen Instanz ausgebaut werden müsse, beließen die Geistlichen den bisherigen Kreis-Caritasleiter in Brake, Rudolf Kinzel, lediglich als Caritassekretär im Amt und bestellten den Braker Pfarrektor Hermann Böhmer zu seinem Nachfolger in der Leitungsfunktion. Damit wurde die Kompetenz Kinzels erheblich eingeschränkt, wenn es in einem dem Offizialat übersandten Protokoll der Seelsorgekonferenz hieß: „Alle Post von Vechta, die den ganzen Kreis betrifft, geht zu Händen des geistlichen Vorsitzenden des Kreiscaritasverbandes! Der Verkehr mit dem Sekretär allein wird abgestellt. Der geistliche Vorsitzende gibt dem Sekretär seine Anweisungen zur Bearbeitung der Eingänge."[90] An dieser Stelle wird deutlich, daß dem bisherigen Caritasleiter nur noch Schreibarbeiten verbleiben sollten, weil er Laie war. Daß dieser Beschluß der Intention Theodor Hollings entsprach, wenn er nicht sogar von ihm initiiert worden war, belegt die in dem Protokoll enthaltene Spitze gegen die Organisation der Caritas auf Offizialatsebene. „Wir wünschen ausdrücklich," – ließen die Priester der Wesermarsch den Offizial wissen – „daß auch beim Landes-Caritasverband ein geistlicher Direktor für den Offizialatsbereich ernannt wird, dem der bisherige Laiendirektor als Landessekretär zur Verfügung steht. [...] Wir wollen durch diese grundsätzliche organisatorische Umstellung öffentlich dokumentiert sehen, daß Caritas ein Ausfluß der Hirtensorge der Kirche ist, [...]."

Der „Laiendirektor" empfand das Verhalten Hollings wie auch den hier geschilderten, ganz offenbar als Präzedenzfall geplanten Vorstoß als persönliche Kränkung und reichte im Dezember 1948 bei Offizial Grafenhorst seine Demission ein, die dieser jedoch nicht akzeptierte. Ebenso ausschlaggebend für diesen Schritt war allerdings ein – nach Watermanns Auffassung – absichtlich erfolgter Eingriff des Diözesan-Caritasverbandes in die Kompetenzen der Vechtaer Landeseinrichtung gewesen. Ohne den Landes-Caritasverband zu benachrichtigen, hatte die Münsteraner Zentrale den für Nordoldenburg eingesetzten Dekanats-Caritasleiter Niermann von einer in Münster abzuholenden Spende von

---

[90] Protokoll der Seelsorgekonferenz Wesermarsch v. 1.7.1948, in: OAV A-3-122. Hier auch das folg. Zit.

Säuglingsbedarf informiert, worin der Landes-Caritasdirektor einen Eingriff in die von ihm in Vechta organisierten Hilfsmaßnahmen sah[91]. Nach diesem Eklat scheint es jedoch zu einer Normalisierung der Beziehungen zwischen Münster und Vechta gekommen zu sein, wozu nicht unwesentlich beigetragen haben dürfte, daß Watermann sich der Loyalität von Generalvikar und Offizial sicher sein konnte, die wohl dafür sorgten, daß seitens des Diözesan-Caritasverbandes keine Eingriffe in die karitative Autonomie des Offizialatsbezirks mehr erfolgten. Dies brachte aber zugleich mit sich, daß die oldenburgische Caritas fortan kaum mehr auf Beteiligung an Hilfslieferungen aus Münster rechnen konnte[92].

Parallel zu den Initiativen von Landes-Caritasdirektor Watermann setzte anfangs auch Seelsorgeamtsleiter Gillmann seine Bemühungen um eine Linderung der Nöte der Vertriebenen fort. Seine Strategie war es jetzt, primär den Klerus im Oldenburger Münsterland für die Problematik zu sensibilisieren und diesen als Multiplikator zu gewinnen, damit „den Katholiken Südoldenburgs Herz und Auge geöffnet werde für die große religiöse, seelische und leibliche Not in unserer Diaspora"[93]. Zugleich programmatisch und dringend klang dieser Appell, den Gillmann wohl nicht ganz unbewußt kurz vor Beginn der Adventszeit 1946 verfaßt hatte. Über die Dringlichkeit in seiner Rhetorik hinaus, die sich an den Sprachduktus zahlreicher anderer flehentlicher Bitten um finanzielle Unterstützung und Nahrungsmittel in jenen Jahren anlehnte, ist aber vielmehr eine zukunftsweisende inhaltliche Komponente des Bettelbriefes hervorzuheben. Gillmann stellte nämlich sich und seinen Adressaten die – wenngleich rhetorische – Theodizee-Frage, ob nämlich unter den ostvertriebenen Katholiken angesichts des erfahrenen Leides überhaupt noch das Bewußtsein eines gerechten Gottes herrsche. Können die vertriebenen Katholiken in der Diaspora „ihre Mission erfüllen [...], wenn bei ihnen die Not so groß ist, daß sie selber schwach zu werden drohen"? Er hatte damit also das Phänomen des Glaubensabfalls als Konsequenz persönlicher bzw. familiärer Not angesprochen, um zu dem Schluß zu kommen, daß der Bindungsgrad dieser Menschen an die Kirche gerade von der Intensität der finanziellen und ideellen Hilfe der einheimischen Katholiken abhängig sei. Mit dieser Argumentation sprach der Seelsorgeamtsleiter im übrigen eine tiefgreifende Frage der Zeit an, nämlich inwieweit die materielle Dimension christlicher Caritas in bezug zur religiösen Praxis stand.

---

[91] Vgl. Watermann an Generalvikar Pohlschneider, Münster, v. 18.12.1948, ebd.

[92] Versprochene und nicht eingehaltene Hilfslieferungen aus Münster wurden mehrfach von einzelnen Vertriebenenseelsorgern beklagt, so etwa am 19.9.1948 v. Pfarrer Otto Jaritz, Rastede, gegenüber Caritasdirektor Volkmann. Vgl. OAV Nachlaß Otto Jaritz (1909–1987).

[93] Seelsorgeamt des Offizialats an Priester in Südoldenburg v. 21.11.1946, in: Pfarrarchiv St. Marien Delmenhorst: Korrespondenz mit dem Bischöflichen Offizialat 1945–1954. Hier auch das folg. Zit.

## 3. Ausbau des sozialen Netzes

### a) Flüchtlingskrankenhäuser und Altenheime

Eine zentrale Rolle bei der Ausweitung des katholischen Milieus auf die Lebenswelt der Vertriebenen nahmen die sozialen Einrichtungen im Bereich der Krankenpflege und Kinderbetreuung ein. Auf diesem Sektor herrschte im Offizialatsbezirk Oldenburg schon vor 1945 kein Mangel. Ein kurzer Blick in die Vorkriegssituation mag dies belegen: Allein in Nordoldenburg bestanden sechs katholische Krankenhäuser sowie drei Kinderheime, in Südoldenburg dagegen sogar 12 Krankenhäuser, zwei Kinderheime und ein Tbc-Krankenhaus. Insgesamt spricht der Jahresbericht 1930 des Diözesan-Caritasverbandes daher von 18 Krankenanstalten im Offizialatsbezirk Oldenburg[94]. Acht weibliche Kongregationen Päpstlichen Rechts sowie ein Säkularinstitut mit insgesamt 45 Niederlassungen standen im Dienst am Nächsten[95].

Dennoch stellte in den ersten Nachkriegsjahren die große Zahl entwurzelter älterer Menschen, die zum Teil die Vertreibungsfolgen nur schwer verkrafteten, die kirchlichen Wohlfahrtseinrichtungen vor ungeahnte Probleme. Vornehmlich auf dem Sektor der Altenpflege waren daher neue Initiativen gefragt, wenn die katholische Kirche zum einen das soziale Netz in der Region erweitern helfen, zum anderen durch Präsenz in diesem lebensgestaltenden und -prägenden Bereich auch gesellschaftlich einen Beitrag zur Bildung einer katholischen Atmosphäre leisten wollte[96]. Während im westfälischen Bistumsteil bereits vor dem Zweiten Weltkrieg 26 eigenständige Altenheime in katholischer Träger-

---

[94] Kath. Krankenhäuser bestanden in Delmenhorst, Oldenburg, Wildeshausen, Brake, Varel u. Wilhelmshaven, Kinderheime auf der Insel Wangerooge (2) u. in Nordenham. Vgl. Geerlings, Dieter, Knievel, Wilfried, Caritas – bleibender Auftrag im sozialen Wandel (wie Anm. 46), 210.

[95] Dabei handelte es sich um Mauritzer Franziskanerinnen, Schwestern Unserer Lieben Frau, Franziskanerinnen von Salzkotten, Waldbreitbacher Franziskanerinnen, Karmelitinnen vom Göttlichen Herzen Jesu sowie die schlesischen Grauen Schwestern von der hl. Elisabeth, Clemensschwestern, Ilanzer Dominikanerinnen u. schließlich Schönstätter Marienschwestern. Vgl. Katholische Orden, Kongregationen und Säkularinstitute im Verwaltungsbezirk Oldenburg, in: Hellbernd, Franz, Möller, Heinz (Bearb.), Oldenburg – ein heimatkundliches Nachschlagewerk, Vechta 1965, 313–319. Von den acht genannten Kongregationen sind sechs Päpstlichen Rechts und die beiden letztgenannten Bischöflichen Rechts. Die 14 Stationen der Schwestern ULF im Offizialatsbezirk Oldenburg waren in der Kriegszeit zumeist aufgelöst. Vgl. Morthorst, M. Birgitta SND, „Der nationalsozialistische Staat liebt keine Privatschulen". Das Wirken der Schwestern Unserer Lieben Frau im Offizialatsbezirk Oldenburg 1933 bis 1945, in: Baumann, Willi, Hirschfeld, Michael (Hrsg.), Christenkreuz oder Hakenkreuz (wie Anm. 65), 313–351.

[96] Einen guten Überblick zu den neuen Akzentsetzungen der Caritas nach 1945 bietet: Aschoff, Hans-Georg, Überlebenshilfe: Flüchtlinge, Vertriebene, Suchdienste, Kriegsgefangene und Internierte, in: Gatz, Erwin (Hrsg.), Geschichte des kirchlichen Lebens in den deutschsprachigen Ländern seit dem Ende des 18. Jahrhunderts, Bd. V: Caritas und soziale Dienste (wie Anm. 53), 255–308, sowie ders., Die Auswirkungen des Zweiten Weltkrieges auf das caritative Handeln, in: Otte, Hans, Scharf-Wrede, Thomas (Hrsg.), Caritas und Diakonie in der NS-Zeit. Beispiele aus Niedersachsen (Veröffentlichungen des Landschaftsverbandes Hildesheim, Bd. 12), Hildesheim u. a. 2001, 309–320.

schaft bestanden[97], wies der Offizialatsbezirk Oldenburg hingegen keine Einrichtung dieser Art auf[98].

Innerhalb eines weitgehend intakten katholischen Milieus, wie es das Oldenburger Münsterland mit seinem engmaschigen Netz an familiären Beziehungen vor 1945 verkörperte, war die Großfamilie die vorherrschende Lebensform gewesen, in der auch Platz für die Pflege alter Menschen gegeben war. Wenn Senioren ständige Pflege benötigten, die nicht mehr von der Familie zu leisten war, wurde eine Ordensschwester eingeschaltet, die in der Regel aus dem nächstgelegenen Krankenhaus zur ambulanten Pflege kam und auch bei ständiger Betreuung eines Patienten einsprang[99]. Für besonders schwere Pflegefälle hatten die örtlichen Krankenhäuser zudem einige Betten bereitstehen. Von einer Altenpflege im größeren Sinne konnte dabei allerdings nicht die Rede sein. Unter den Neuankömmlingen aus den deutschen Ostgebieten befand sich dagegen eine größere Anzahl älterer Menschen, die durch die Vertreibungsstrapazen sowie den Heimatverlust körperlich wie seelisch gebrochen waren und deshalb einer stationären Pflege bedurften. Die Zugtransporte in den Westen, aber auch schon die Grausamkeiten nach der russischen Besetzung 1945 hatten zahlreiche Familien zerstört oder auseinandergerissen. Alte und Kranke fanden sich nach der Ankunft im Westen häufig alleingelassen, konnten aber auch in den überfüllten Krankenhäusern keine Aufnahme finden.

Obwohl Diözesan-Vertriebenenseelsorger Volkmann die Errichtung gesonderter Flüchtlings-Krankenhäuser ablehnte, um die Vertriebenen nicht zu isolieren[100], sah Kapitularvikar Vorwerk die Notwendigkeit einer Förderung von Neu- und Ausbauten[101]. Auch Offizial Pohlschneider stellte sich den Realitäten, wobei er tatkräftige Unterstützung von Landes-Caritasdirektor Hans Watermann erfuhr. „Den Großteil der Flüchtlinge bilden Greise, Frauen und Kinder. [...] So fallen sehr viele der öffentlichen Fürsorge zur Last"[102], konstatierte letzterer nüchtern in einem Exposé zur Situation der oldenburgischen Diaspora. Er legte damit seinen Impetus offen, der ihn zwischen 1946 und 1948 acht Einrichtungen speziell für alte Flüchtlinge und Vertriebene gründen ließ[103], die sowohl für kürzere

---

[97] Vgl. Altershilfe, in: Caritasblätter für das Bistum Münster 1955, 33–43, hier 34.

[98] Vgl. Hirschfeld, Michael, Erst durch die Vertriebenen entstanden Altenheime. Ein Beitrag zur Caritasgeschichte im Kreis Vechta in der frühen Nachkriegszeit, in: Heimatblätter (Heimatkundliche Beilage zur Oldenburgischen Volkszeitung) Nr. 6 v. 12.12.1998, 55–58. Das Fehlen von Altenheimen erwies sich jedoch nicht als Besonderheit Oldenburgs, sondern betraf ebenso die übrigen ländlichen Regionen Nordwestdeutschlands.

[99] Vgl. Geerlings, Dieter, Knievel, Wilfried, Caritas – bleibender Auftrag im sozialen Wandel (wie Anm. 46), 218.

[100] So Volkmann auf der Diözesan-Caritaskonferenz in Münster am 24.7.1946. Vgl. Rundschreiben des LCV v. 28.7.1946, in: Pfarrarchiv St. Marien Delmenhorst: Rundschreiben des Landes-Caritasverbandes.

[101] Vgl. Bericht über die Diözesan–Caritaskonferenz v. 24.7.1946, ebd.

[102] Exposé Watermanns v. März 1948, in: OAV A-3-122.

[103] Eine kurze Aufzählung aller Neugründungen findet sich bei Aschoff, Hans-Georg, „Die Fremden beherbergen" (wie Anm. 14), 175.

stationäre Aufenthalte über eine Krankenabteilung verfügten als auch für dauerhafte Pflege Plätze bereithielten.

Seine zentrale Rolle in der Altenfürsorge insbesondere im Oldenburger Münsterland erhielt der Landes-Caritasverband allerdings nicht aus eigenem Antrieb, zumal er sich beim Eintreffen der Vertriebenen noch in seiner Konsolidierungsphase befand. Vielmehr sprang er bedingt durch Engpässe der staatlichen Behörden als Lückenfüller in die Bresche, wobei dem in allen gesellschaftlichen Bereichen prägend wirkenden katholischen Milieu in der Subregion Südoldenburg eine stützende Funktion zukam. Es erschien als selbstverständlich, daß die katholische Kirche als lebensgestaltende Macht auch Trägerin aller Sozialeinrichtungen sein müsse und sie deshalb auch traditionell die größte Kompetenz bei der Lösung der im Kontext der Vertriebenenaufnahme entstandenen Probleme besitze. Daher übernahm der Landes-Caritasverband zwischen 1946 und 1948 die Einrichtung von zwei Flüchtlingskrankenhäusern in Vechta und Schwichteler sowie von vier Altenheimen für Vertriebene in Vechta, Damme, Cloppenburg und Gut Lethe bei Ahlhorn, wobei auf Initiative von Landes-Caritasdirektor Watermann für alle Einrichtungen milde Stiftungen gegründet wurden, deren Vorsitz er im Sinne einer zentralen Kontrolle selbst übernahm.

In der Stadt Vechta hatte zunächst die Kommunalverwaltung ein Flüchtlingskrankenhaus eingerichtet, das in den bisher als Lazarett genutzten Räumen des Gymnasiums Antonianum untergebracht worden war. Standen hier zur Beherbergung nur „Strohlager oder durchgelegene Matratzen, dazu bescheidene Kasernenspinde"[104] zur Verfügung, so erscheint die Notdürftigkeit dieser Ausstattung umso augenfälliger, als die Zahl der aufzunehmenden kranken und alten Vertriebenen im Verlauf des Jahres 1946 von 280 auf 320 anstieg. Der Grund hierfür lag in der Tatsache, daß auf dem nahegelegenen Sammelbahnhof Ahlhorn die alten und kranken Insassen der einlaufenden Vertriebenentransporte nicht weiter verteilt, sondern den umliegenden Kreisen bzw. Kommunen zur stationären Unterbringung zugewiesen wurden. Angesichts einer dadurch hervorgerufenen Ballung von ostvertriebenen Senioren in der unmittelbaren Umgebung von Ahlhorn ist es verständlich, daß die regulären Krankenhäuser diesem Ansturm nicht gewachsen und bald überfüllt waren. Die Vechtaer Einrichtung sollte hier Abhilfe schaffen, bot allerdings – abgesehen von der mangelhaften Ausstattung – kaum günstige Voraussetzungen für einen wirtschaftlichen Erfolg, da genesene Patienten oftmals mangels Wohnraum einfach im Heim belassen wurden. In dieser prekären Lage erklärte sich das Offizialat auf Anfrage der Stadtverwaltung bereit, die Trägerschaft des Hauses zu übernehmen, in dem bereits zuvor Angehörige der schlesischen Kongregation der Grauen Schwestern von der heiligen Elisabeth für die Pflegeleitung und Versorgung verantwortlich gezeichnet und damit einen „katholischen Akzent" gesetzt hatten. Ein Heimatgefühl in religiö-

---

[104] Watermann, Hans, Stätten der Caritas in und um Vechta. Altersheime – Studentenheime – Behindertenhilfe, in: Hanisch, Wilhelm, Hellbernd, Franz, Kuropka, Joachim (Red.), Beiträge zur Geschichte der Stadt Vechta, 4. Lieferung, Vechta 1983, 439–466, hier 441.

ser Hinsicht vermittelte Bewohnern bzw. Patienten auch ein schlesischer Hausgeistlicher[105].

Zur besseren Versorgung der Heimbewohner wies das Offizialat dem St.-Georgs-Stift, wie das Haus seit Errichtung einer gleichnamigen Stiftung im Februar 1947[106] genannt wurde, bald darauf im Zuge der Patenschaftsaktionen zwischen eingesessenen Pfarreien und Vertriebenengemeinden mit der benachbarten Pfarrei Oythe eine eigene Patengemeinde in unmittelbarer Nähe zu, deren Spenden die Existenzprobleme des Hauses ein wenig lindern konnten. Zudem trug der Landkreis Vechta den größten Teil der Kosten, die durch den Umzug des Flüchtlingskrankenhauses und einen hierfür notwendigen Umbau entstanden[107]. Dennoch machte sich die unzulängliche Ausstattung des Gebäudes in den folgenden Jahren immer spürbarer bemerkbar. Wenn auch die Grundversorgung mit Lebensmitteln und Kleidung durch Spenden der Patengemeinde gesichert war, gab es keine Möglichkeit, etwa bei Bedarf ein Einzelzimmer zur Verfügung zu stellen, und das niedersächsische Gesundheitsministerium hatte das medizinisch-technische Gerät des Flüchtlingskrankenhauses als unzureichend bezeichnet[108]. Dadurch konnte die Einrichtung verständlicherweise mit dem etablierten und gut ausgestatteten St.-Marien-Hospital nicht mithalten, von dessen Leitung zudem heftiger Widerstand gegen die Existenz des Flüchtlingskrankenhauses zu spüren war. Neben dem Vorwurf mangelnder Hygiene hatte sich das St.-Georgs-Stift auch der Kritik zu stellen, die Altenpflegeabteilung diene der Sanierung des defizitären Krankenhausbetriebs[109]. Durch diesen Vorfall bereits in die öffentliche Diskussion geraten, führte offiziell das Wissen um den baldigen Ablauf des auf fünf Jahre befristeten Pachtvertrages für die Aufbauschule zum 31. März 1952 zur vorzeitigen Auflösung[110].

Die in der Altenabteilung des St.-Georgs-Stiftes untergebrachten Flüchtlinge hingegen wurden in das im Juli 1946 ebenfalls von der Stadt Vechta unter Führung von Grauen Schwestern von der hl. Elisabeth eingerichtete Altenheim Maria Rast in Damme verlegt,

---

[105] Diese Aufgabe nahm 1946 bis 1952 Georg Ziebolz wahr, der anschließend in das Hedwig-Stift wechselte. Vgl. Artikel: Ziebolz, Georg, in: Hirschfeld, Michael, Trautmann, Markus, Vor 1945 geweihte Priester ostdeutscher Herkunft (wie Anm. 50), 370f.

[106] Vgl. Urkunde über die Errichtung der St.-Georgs-Stiftung v. 17.2.1947, in: OAV B 54c-25.

[107] Vgl. Watermann, Hans, Stätten der Caritas (wie Anm. 104), 441. Der Umzug in die Aufbauschule erfolgte zum 1.7.1947, weil das Gymnasium Antonianum seine Klassenräume wieder beziehen sollte. Das Patrozinium der Stiftung wurde in Anlehnung an die Vechtaer Pfarrkirche gewählt.

[108] Vgl. Ministerium für Gesundheit an Verwaltungspräsidium Oldenburg v. 30.10.1947, in: StAOl Best. 136-113A-56-3-1.

[109] Der Vorwurf überhöhter Pflegesätze für die Altenabteilung wurde infolge einer Besichtigung durch den Fürsorgeausschuß der Stadt Vechta im Juni 1951 erhoben. Vgl. zu diesen Vorgängen ausführlicher: Hirschfeld, Michael, Erst durch die Vertriebenen entstanden Altenheime (wie Anm. 98), 56.

[110] Vgl. Protokoll der Kuratoriumssitzung v. 9.1.1952, in: OAV B-54c-25. Die St.-Georgs-Stiftung dagegen blieb bestehen u. übernahm in den 1960er und 1970er Jahren neue Aufgaben durch den Bau von zwei Studentenwohnheimen in Vechta.

das mittels eines staatlichen Zuschusses ausgebaut werden konnte. Auch diese in einem ehemaligen Eisenbahner-Erholungsheim untergebrachte Pflegeeinrichtung war zu Jahresbeginn 1947 vom Landes-Caritasverband übernommen worden[111]. Hier hatten die Bewohner anfänglich „wortwörtlich auf Holzpritschen"[112] liegen müssen, bis eine vom Offizialat angeregte Sachspendensammlung in der Pfarrei Damme Abhilfe schuf[113]. 88 Menschen waren zu Beginn in Maria Rast untergebracht, nach der Erweiterung des Jahres 1952 standen 123 Betten zur Verfügung. Diese waren nicht nur mit Vertriebenen aus den deutschen Ostgebieten, sondern zugleich auch mit Baltendeutschen und Südtirolern belegt, die für Deutschland optiert hatten[114]. Das mehrfach wechselnde Amt des Hausgeistlichen bekleideten auch hier zumeist Breslauer Diözesanpriester[115], wenngleich die Einrichtung durch die zusätzliche Funktion als Müttererholungsheim allmählich ein Stück ihrer Bestimmung für Flüchtlinge verlor.

Im Gegensatz zum St.-Georgs-Stift und dem Haus Maria Rast stand ein drittes Heim für ältere Vertriebene im Bereich des Landkreises Vechta von Beginn an unter der Obhut der katholischen Kirche. Offenbar um einer wahren Flut an Altenpflegefällen Herr zu werden, richtete der Landes-Caritasverband zum Jahresbeginn 1948 in einer Baracke in der Bauerschaft Vardel bei Vechta ein zusätzliches provisorisches Altenheim ein[116]. Die Ernährungslage muß hier trotz der Lebensmittelkarten zu Beginn besonders katastrophal gewesen sein. Jedenfalls bettelten die Schwestern bei den umliegenden Bauern um Lebensmittel und zogen mit den rüstigen Bewohnern auf die benachbarten Felder, um Ähren zu lesen[117]. Die 76 Bewohner und die mit der Betreuung beauftragten fünf schlesischen Marienschwestern[118] wurden darüber hinaus schon nach kurzer Zeit Opfer der primitiven Unterbringungsverhältnisse, als – offenbar infolge eines Heizungsdefekts – im März 1949 das Barackendomizil durch eine Feuersbrunst vernichtet wurde, die auch drei Heimbewohnerinnen das Leben kostete[119].

---

[111] Vgl. zu den Anfängen von Maria Rast in Damme auch: Oldenburgische Volkszeitung v. 21.7.1956. Die Stiftungsurkunde, in: OAV B-17c-10.

[112] Ebd., 442.

[113] Vgl. Pohlschneider an Pfarrer Heinrich Menslage, Damme, v. 2.4.1947, in: OAV B-17c-10.

[114] Diese Auslandsdeutschen waren seit 1940 auf einer eigenen Station im Waisenhaus St.-Antonius-Stift in Damme untergebracht gewesen. Vgl. Diözesan-Caritasverband Münster (Hrsg.), Die caritativen Anstalten im Bistum Münster (wie Anm. 46), Bd. II, 76.

[115] Dabei handelte es sich um Stephan Goerlich (1946–1948) u. Otto Hoppe (1950–1952). Vgl. Artikel: Goerlich, Stephan u. Hoppe, Otto, in: Hirschfeld, Michael, Trautmann, Markus, Vor 1945 geweihte Priester ostdeutscher Herkunft (wie Anm. 50), 290f u. 305.

[116] Vgl. OAV B-54c-26. Es handelte sich um eine Baracke des Reichs-Arbeitsdienstes. Die ersten Bewohner waren als Displaced Persons in Deutschland verbliebene Letten.

[117] Immerhin brachte dem Heim diese Aktion im Jahre 1948 zusätzlich sieben Zentner Roggen und drei Zentner Weizen ein. Vgl. die aus der Hauschronik übernommenen Passagen in dem Beitrag zur Niederlassung Vechta der in Arbeit befindlichen neuen Kongregationsgeschichte, 85–87, hier 85.

[118] Vgl. ebd.

[119] Vgl. Watermann, Hans, Stätten der Caritas (wie Anm. 104), 446f, u. Hirschfeld, Michael, Erst durch die Vertriebenen entstanden Altenheime (wie Anm. 98).

Auf tragische Weise hatten die hier lebenden Menschen nach dem Verlust der Heimat nun auch noch ihre Übergangsunterkunft verloren. Der Schock über das Ereignis ergriff aber auch große Teile der südoldenburgischen Bevölkerung, die sofort zahlreich für die Brandopfer spendete, also durchaus Mitgefühl mit den heimatvertriebenen Betroffenen zeigte. Darüber hinaus wandten sich Landes-Caritasdirektor Watermann und Offizial Grafenhorst umgehend mit Hilfegesuchen an den oldenburgischen Verwaltungspräsidenten Wegmann und an Ministerpräsident Kopf. Durch Vermittlung der Caritas konnten Heimbewohner und Schwestern übergangsweise in Gebäuden des auf dem Fliegerhorst Adelheide bei Delmenhorst errichteten St.-Ansgar-Jugenddorfes untergebracht werden, bis ein von der Arbeiterwohlfahrt begonnener Neubau im Süden der Stadt Vechta, dessen Fertigstellung an Geldmangel scheiterte, von der Caritas erworben und weitergebaut wurde. Als hier im Herbst 1950 der Betrieb mit 105 Bewohnern begann, hatten zwar alle ein festes Dach über dem Kopf, und es wurde in der kirchlichen Presse hervorgehoben, daß trotz erzwungener Sparsamkeit und schlichter Ausstattung ein der Aufgabe gerechtes Haus geschaffen worden sei[120]. Letztlich mußten die ostvertriebenen Senioren aber in äußerst beengten Verhältnissen in Drei- bis Vierbettzimmern leben, die erst nach einem Anbau zwei Jahre später aufgehoben wurden.

Um vor allem das St.-Georgs-Stift in Vechta aufgrund seiner beschränkten Aufnahmekapazitäten zu entlasten, wurde 1947 vom Landes-Caritasverband ein weiteres Flüchtlingskrankenhaus in Form einer Massivbaracke auf dem Gelände des Dominikanerklosters Schwichteler für den Bereich des Landkreises Cloppenburg eingerichtet und Ende Januar 1948 seiner Bestimmung übergeben. Anstelle der hier bislang tätigen Dominikanerinnen von Ilanz/Schweiz konnten auch für dieses Provisorium, das den Namen St.-Pius-Hospital trug, schlesische Ordensfrauen aus der Gemeinschaft der Elisabethinerinnen verpflichtet werden[121]. An Fachausstattung stand im St.-Pius-Hospital neben einem Operationssaal und einem Verbandszimmer ein Röntgengerät, ein Kurzwellenapparat sowie eine Höhensonne bereit[122]. Nicht allein hinsichtlich der medizinischen Geräte, sondern vor allem aufgrund der brandgefährdeten Leichtbauweise des Gebäudes wurde das Krankenhaus auf Anraten der Gesundheitsbehörde im Frühjahr 1957 geschlossen[123]. Bereits in den Vorjahren war an der zunehmenden Umwandlung von Krankenbetten in Altenheimplätze seit 1950 erkennbar geworden, daß die soziale Einrichtung ihren Zweck, in der ersten Phase der Vertriebenenintegration ein Asyl für kranke Menschen aus Ostdeutschland zu bieten, ähnlich wie das St.-Georgs-Stift in Vechta erfüllt hatte. Ein Neubau wurde auch deshalb nicht geschaffen, weil Schwichteler sich als allzu abgelegener Standort erwiesen hatte und außerdem zwei Jahre zuvor in Emstek ein Krankenhaus eröffnet worden war.

---

[120] Vgl. Bericht über die Einweihung, in: Kirche und Leben Oldenburg v. 29.1.1950.

[121] Vgl. OAV A-3-136. Die Elisabethinerinnen wirkten vom 1.9.1949 bis zum Frühjahr 1954 in Schwichteler.

[122] Vgl. hierzu u. zum folgenden: Diözesan-Caritasverband Münster (Hrsg.), Die caritativen Anstalten im Bistum Münster (wie Anm. 46), Bd. II, 47.

[123] Vgl. Staatliches Gesundheitsamt Cloppenburg an Oberin der Dominikanerinnen in Schwichteler v. 31.1.1957, in: OAV B-15c-11.

Ein Ausbau des St.-Pius-Hospitals als Altenheim stieß hingegen auf den Widerstand von Landes-Caritasdirektor Hans Watermann, der zu diesem Zeitpunkt gerade einen Neubau des zentralen Flüchtlings-Altenheims in der Stadt Cloppenburg projektierte[124].

In der Kreisstadt hatte der Landes-Caritasverband zum 1. Juli 1947 von der Stadtverwaltung das ehemalige Hitler-Jugend-Heim gemietet, um hier gleichfalls ein Alterskrankenhaus unter dem Namen Pius-Stift zu errichten[125]. Die Kommunalbehörde war der Kirche dahingehend entgegengekommen, daß sie das Gebäude mietfrei zur Verfügung gestellt hatte. Angesichts fehlender medizinischer Ausstattung und der unmittelbaren Nähe des Krankenhauses St.-Josefs-Hospital wurde jedoch die geplante Krankenabteilung in dem ausschließlich heimatvertriebene Senioren beherbergenden Pius-Stift nicht eröffnet[126]. Das Cloppenburger Vertriebenen-Altenheim unterschied sich von den übrigen Neugründungen dadurch, daß es die einzige Altenheim-Neugründung des Landes-Caritasverbandes war, für deren pflegerische wie hauswirtschaftliche Leitung keine Ordensfrauen gewonnen werden konnten. Das Gebäude selbst entsprach den primitiven Verhältnissen, die bereits für Vechta und Schwichteler genannt wurden. Neben eindringender Feuchtigkeit machte das Fehlen einer Zentralheizung Personal wie Bewohnern im Laufe der Jahre immer mehr zu schaffen. Mitte der 1950er Jahre beklagte Landes-Caritasdirektor Watermann gegenüber der Stadtverwaltung die Unzulänglichkeiten mit der folgenden Situationsbeschreibung: „In den meisten Zimmern stehen noch die alten Barackenöfen, die nicht nur für die alten Leute unangenehm sind wegen des zeitweiligen Rauchens, sondern die auch eine akute Brandgefahr bedeuten, die durch die oft unvermeidbare Bedienung seitens der alten Leute selbst noch vergrößert werden muß."[127] Auf Watermanns Betreiben erfolgte in den Jahren 1957 bis 1959 der in den bereits erwähnten Zusammenhang mit der Schließung des Flüchtlingskrankenhauses in Schwichteler fallende Um- und Erweiterungsbau des Pius-Stiftes[128].

Diese Verdichtung des sozialen Netzes unter dem Einfluß der ostvertriebenen Katholiken gelang jedoch nicht in der Diaspora des Fallbeispiels, obwohl dort die Engpässe im sozialen Bereich nicht geringer waren. Lediglich das Bemühen von Offizial Pohlschneider, das Gutshaus Lethe bei Ahlhorn, das bereits in der NS-Zeit ein Entbindungsheim beherbergt hatte, dem Landes-Caritasverband zwecks Einrichtung eines Wöchnerinnen- und Säuglingsheims zu überlassen, zeigte Erfolg[129]. In diesem Zusammenhang appellierte Landes-Caritasdirektor Hans Watermann an den Klerus, durch Mithilfe bei der Beschaf-

---

[124] Vgl. Watermann an Dechant Josef Meyer, Cloppenburg, v. 28.1.1957, ebd. Diesem Brief zufolge stand das Heim in Schwichteler dem Neubau in Cloppenburg im Wege.

[125] Vgl. den Mietvertrag v. 1.7.1947, in: OAV B-15c-11.

[126] Vgl. Diözesan-Caritasverband Münster (Hrsg.), Die caritativen Anstalten im Bistum Münster (wie Anm. 46), Bd. II, 10.

[127] Watermann an Stadtdirektor Dr. Brandis, Cloppenburg, v. 10.8.1955, in: OAV B-15c-11.

[128] Vgl. Bericht über die Einweihung am 17.2.1959, in: Münsterländische Tageszeitung v. 19.2.1959.

[129] Vgl. Pohlschneider an Militärregierung für den Landkreis Oldenburg v. 5.8.1946, in: OAV B-75-3. Der Pachtvertrag über Gut Lethe wurde am 11.12.1946 abgeschlossen. Vgl. OAV B-75-3.

fung von Betten und Hausrat die Einrichtung zu ermöglichen, die eine wesentliche Grundbedingung dafür darstellte, daß die Caritas den Zuschlag auf das Projekt erhielt[130]. Die Anlage befand sich nämlich in einem beklagenswerten Zustand: „Der umliegende Park mit seinen alten Bäumen und seinen Teichen war herrlich, die Gebäude aber waren im Unstand, außerdem total ausgeplündert. An Einrichtung war absolut nichts vorhanden."[131] In Lethe sollte nach weiteren Überlegungen schließlich ein Altenheim entstehen, während das Wöchnerinnen- und Säuglingsheim auf Gut Aumühle bei Wildeshausen geplant wurde, doch scheiterte dieser Ausweitungsversuch[132]. Unter Beteiligung von aus Schlesien vertriebenen Grauen Schwestern von der heiligen Elisabeth, die nach mehreren vergeblichen Anfragen Watermanns bei anderen Kongregationen in Lethe die Krankenpflege und Wirtschaftsleitung übernahmen, wurden im März 1947 die ersten 17 Betten in großer Enge aufgestellt und mit alten Flüchtlingen belegt[133]. US-amerikanische Lebensmittelpakete und nicht zuletzt der soziale Elan eines Bäckermeisters aus der Umgebung von Lethe, der das Heim in der ersten Zeit kostenlos belieferte, sicherten das Überleben[134]. Wie notwendig die Anstrengungen offenbar waren, zeigen die rasant ansteigenden Belegzahlen des Hauses, das zur Jahreswende 1947/48 bereits 60 Bewohner beherbergte, die von einem älteren Pater aus der in Ahlhorn ansässigen Kongregation der Herz-Jesu-Priester geistlich betreut wurden.

Die Freude über den eigenen Hausgeistlichen wurde allerdings bald dadurch getrübt, daß dieser wenig Einfühlungsvermögen für die schlesischen Traditionen aufbrachte, die sowohl der Schwesternkonvent als auch die Heimbewohner pflegen wollten. Dies geht jedenfalls aus einer im März 1948 an das Offizialat geäußerten Bitte der Oberin der Lether Grauen Schwestern hervor, den Hausgeistlichen anzuweisen, in der sonntäglichen Frühmesse schlesische Lieder zu singen[135].

Die fehlende Unterstützung des Landkreises Oldenburg bei der Einrichtung und materiellen Versorgung des St.-Elisabeth-Stiftes und dessen letztlich ablehnende Haltung bei der Realisierung des Projektes in Aumühle zeigt das geringe Vertrauen in die katholische Kirche als Träger sozialer Einrichtungen im protestantisch geprägten Nordoldenburg. Deutlich monierte Oberkreisdirektor Dr. Carl Ballin auch in einem Schreiben vom 6. Dezember 1946 an Landes-Caritasdirektor Watermann, daß bei den Verhandlungen

---

[130] Vgl. Rundbrief des LCV v. 13.9.1946, in: Pfarrarchiv St. Marien Delmenhorst.

[131] So die Erinnerung von Hans Watermann, in: Ders., Stätten der Caritas (wie Anm. 104), 440. Ähnlich auch die Zustandsbeschreibung bei Engelbert, Kurt, Geschichte der Kongregation der Grauen Schwestern von der heiligen Elisabeth, Bd. 3, Hildesheim 1969, 221.

[132] Vgl. das im Rundschreiben d. LCV, ebd., v. 12.12.1946 geäußerte Vorhaben.

[133] Vgl. den ersten Jahresbericht 1947 des St.-Elisabeth-Stifts v. 7.9.1948, in: OAV B-75-3. Der finanzielle Aufwand des Landes-Caritasverbands zur Renovierung des Gebäudes betrug 1947 RM 61.000,–. Als Hauskapelle diente eine frühere Garage. Analog zu den vom Landes-Caritasverband getragenen Heimen in Vechta und Damme wurde auch in Lethe eine eigene Stiftung St.-Elisabeth-Stift errichtet. Vgl. Stiftungsurkunde v. 6.5.1947, ebd.

[134] Vgl. den Erinnerungsbericht zum 10jährigen Bestehen des Heims, in: Oldenburgische Volkszeitung v. 16.3.1957.

[135] Vgl. Oberin Schw. M. Vitalis Seidel an Offizialat v. 23.3.1948, in: OAV B-75-3.

stets von einem reinen Altenheim die Rede gewesen sei, und beklagte eine Kompetenzüberschreitung der Caritas, die dort zugleich ein Krankenhaus einrichten wolle[136]. Zwar sind entsprechende Pläne, nach denen in Lethe ähnlich wie in Vechta und Schwichteler die Seniorenbetreuung mit einem Krankenhaus verbunden werden sollte, nicht bekannt, aber selbst wenn der Landes-Caritasverband in Lethe zeitweilig weitergehende Absichten verfolgte, hätte dies angesichts der prekären medizinischen Versorgungslage eigentlich von den Kreisbehörden begrüßt werden müssen. Offensichtlich wurde aber nur nach einem Grund gesucht, um den Einfluß des katholischen Milieus auf dem sozialen Sektor im traditionell protestantischen Einflußbereich einzuschränken. Zumindest blieb die evangelische Landeskirche nicht untätig, indem sie nur wenige Kilometer von Lethe entfernt, in ihrem als Jugendheim eingerichteten Blockhaus Ahlhorn, eine Abteilung für alte Menschen eröffnete[137]. Möglicherweise spielte für die distanzierte Haltung der Kreisverwaltung aber auch der Versuch des Landes-Caritasverbandes eine Rolle, Einfluß auf die Prägung der in Huntlosen neu einzurichtenden Lungenheilstätte der Landesversicherungsanstalt für Oldenburg und Bremen zu gewinnen, wozu hier die Einrichtung eines Konventes der schlesischen Grauen Schwestern in Vorschlag gebracht worden war[138].

Ob Landes-Caritasdirektor Watermann aufgrund dieser Gegenwehr seine Versuche zur Ausbreitung des kirchlichen Altenpflegenetzes außerhalb des Oldenburger Münsterlandes nicht weiter verfolgte, muß dahingestellt bleiben. Fest steht jedenfalls, daß die Gründung weiterer Flüchtlingsaltenheime in anderen Teilen des Offizialatsbezirks „vorzugsweise aus örtlicher Initiative"[139] versucht wurde, die nicht immer erfolgreich war, wie sich am Beispiel eines Sanatoriums in Bad Zwischenahn belegen läßt, dessen Umwandlung in ein katholisches Alters- oder Kinderheim ebensowenig über das Stadium der Diskussion hinaus kam wie die Einrichtung eines Mütterheimes in Ramsloh[140].

Erfolgreich nahmen hingegen in Bollingen, Pfarrei Strücklingen, wo das bisherige Armen- und Altenasyl von der politischen Gemeinde als kirchliches Altenheim zur Verfügung gestellt worden war, im September 1950 schlesische Hedwigschwestern die Betreuung der Hausbewohner auf und engagierten sich darüber hinaus in der ambulanten Krankenpflege der Pfarrgemeinde[141]. Die vorhergehenden Kontakte zum Provinzialat waren auf Veranlassung des Bürgermeisters von Strücklingen vom Landes-Caritasver-

---

[136] Vgl. Ballin an Watermann v. 6.12.1946, in: StAOl Best. 136-120-6.

[137] Vgl. ebd.

[138] Vgl. Pohlschneider an Provinzialoberin der Grauen Schwestern v. 9.9.1946, in: OAV B-43c-12. Das Vorhaben zerschlug sich jedoch wieder.

[139] Watermann, Hans, Stätten der Caritas (wie Anm. 104), 440.

[140] Hier war mit der Villa Thedering ein geeignetes Gebäude in Aussicht gestellt. Vgl. die entsprechenden Briefwechsel in OAV B-43c-11.

[141] Vgl. OAV B 52c-10. Das Provinzialat kam dem Wunsch nach, weil in Wendenerhütte, Kreis Olpe, ein Konvent aufgelöst werden mußte und die dortigen Schwestern für eine neue Aufgabe bereitstanden. Vgl. Genehmigung der Niederlassung durch das Offizialat v. 23.9.1950 ebd. Vgl. auch: Diözesan-Caritasverband Münster (Hrsg.), Die caritativen Anstalten im Bistum Münster (wie Anm. 46), Bd. II, 6f.

band geknüpft worden, dem das mit einer Stiftung und einem Kuratorium rechtlich abgesicherte Haus angegliedert wurde[142].

Die Delmenhorster Pfarreien errichteten schließlich zehn Jahre nach Kriegsende, im September 1955, ebenfalls in Trägerschaft des Landes-Caritasverbandes auf Initiative von Pfarrer Niermann auf dem Gelände einer Sämerei in Hespenriede, Kreis Grafschaft Hoya, ein weiteres Altenheim, das den Namen Hildegardstift erhielt und dessen Leitung drei Jahre später von den Grauen Schwestern von der heiligen Elisabeth übernommen wurde.

### b) Waisenhäuser

Im Oktober 1945 wurde das Bischöfliche Offizialat durch den Diözesan-Caritasverband darüber in Kenntnis gesetzt, daß 60.000 ostvertriebene Waisenkinder im Bereich der britischen Zone aufzunehmen seien. Ungeachtet der zahlreichen Hilferufe und Schreckensmeldungen, die bei der Vechtaer Kirchenbehörde in den ersten Nachkriegsmonaten eingingen, sah sich Offizial Pohlschneider in diesem Fall zur Soforthilfe genötigt, zumal die deutschen Bischöfe im August 1945 in einem gesonderten Hirtenwort die Sorge um die Kriegswaisen in den Mittelpunkt gestellt hatten[143], und richtete ein mit Eil-Vermerk versehenes Kanzelschreiben an die Pfarrgeistlichkeit[144]. Die Waisenkinder bedeuteten eine enorme Herausforderung für die christliche Nächstenliebe in der Region, da rund 20.000 von ihnen, also ein Drittel, im Land Oldenburg untergebracht werden sollten, wovon die Hälfte katholischer Konfession sei[145]. „Haben wir da nicht die Pflicht, dafür zu sorgen, daß alle katholischen Kinder in katholischen Familien untergebracht werden? Hier muß sich zeigen, daß die Kirche wirklich Mutter ihrer Kinder ist und daß diese Mutterliebe und Muttersorge in der Hilfsbereitschaft jeder Gemeinde diesen ärmsten Kindern entgegentritt", appellierte der Offizial an seine geistlichen Mitbrüder und bat um Aufklärung der Gläubigen sowie um Anmeldung der gewünschten Kinderzahl. Aus den eindringlichen Passagen Pohlschneiders spricht nicht allein das Mitleid mit den aufzunehmenden Kindern, sondern zugleich der Wunsch, Priester wie auch Laien in den Pfarreien für die Not der Zeit zu sensibilisieren. Dabei stellten Ankunft und Aufnahme der Flüchtlingswaisen erst die Vorhut des Vertriebenenzustroms von 1946 dar, in dem auch Oldenburg besonders zahlreich Mütter mit Kindern aufnehmen mußte, deren Ehemänner bzw. Väter gefallen, vermißt oder in Kriegsgefangenschaft geraten waren. Vor große Herausforde-

---

[142] Vgl. ebd. Kuratoriumsvorsitzender war der Pfarrer von Strücklingen.

[143] Vgl. Hirtenwort der deutschen Bischöfe v. 23.8.1945, Entwurf abgedruckt, in: Volk, Ludwig (Bearb.), Akten deutscher Bischöfe, Bd. VI (wie Anm. 6), 705–706.

[144] Kanzelschreiben des Offizials an die Pfarrgeistlichen im Offizialatsbezirk v. 18.10.1945, in: Pfarrarchiv St. Marien Delmenhorst: Korrespondenz mit dem Bischöflichen Offizialat 1945–1954.

[145] August Brecher wirft hingegen in seiner gut lesbaren Biographie über Johannes Pohlschneider, die dessen oldenburgische Tätigkeit leider nur anhand der Sekundärliteratur aufzeigt, die Zahlen durcheinander und spricht von 60.000 im Offizialatsbezirk Oldenburg aufgenommenen Kindern. Vgl. Brecher, August, Bischof einer Wendezeit der Kirche. Dr. Dr. Johannes Pohlschneider 1899–1981, Aachen 1997, 35.

rungen stellte die Aufnahme von ostvertriebenen Waisenkindern zudem die drei bestehenden katholischen Waisenhäuser im Offizialatsbezirk[146]. Ein Waisenhaus der Schlesischen Borromäerinnen aus Bilchengrund (O/S) konnte komplett auf dem Gelände des ehemaligen Militärflugplatzes in Adelheide bei Delmenhorst ansässig werden[147].

Unter maßgeblicher Beteiligung des einheimischen Pfarrers von Cloppenburg[148] wurde 1946 auf dem Gut Vehr in der Pfarrei Essen/O. als Stiftung des Landes-Caritasverbandes das Waisenhaus St. Elisabeth eingerichtet, für das die Schwestern Unserer Lieben Frau die Verantwortung übernahmen[149]. Acht Ordensfrauen zeichneten an dieser vom Landes-Caritasverband als Stiftung eingerichteten Institution sehr bald für 54 Kinder verantwortlich, die in überwiegender Zahl noch im Kleinkind- oder Säuglingsalter waren[150]. Insbesondere in den ersten Monaten nach der Gründung fehlte es hier für die Vertriebenenkinder an allen nur erdenklichen Einrichtungsgegenständen, insbesondere an Betten[151]. Erst im Verlauf des ersten Jahres konnte die Möblierung des Gutshauses mit dem Notwendigsten erfolgen, während die Küchenleitung auf Lebensmittelspenden britischer Offiziere und amerikanischer Quäker angewiesen blieb[152].

Ein weiteres Element im Kontext des Ausbaus der karitativen Struktur lag für den Nachkriegskatholizismus in Westdeutschland in der Sorge um junge Mädchen und alleinstehende Frauen, die durch den Verlust ihrer Heimat obdachlos geworden bzw. aus

---

[146] Dabei handelte es sich um das St.-Josefs-Heim in Vechta, das St.-Antonius-Stift in Damme sowie das St.-Vinzenz-Heim in Nordenham. Vgl. Baumann, Willi, Sieve, Peter (Hrsg.), Die katholische Kirche im Oldenburger Land. Ein Handbuch, Vechta 1995, 221f.

[147] Die bisher provisorisch in Himmelsthür bei Hildesheim, Duderstadt und in Weihe bei Buchholz (Diözese Hildesheim) beheimateten Kinder wurden im Dezember 1948 in Adelheide untergebracht. 1959 verließ das Heim den Offizialatsbezirk u. bezog ein neues Gebäude in Hildesheim. In Adelheide war zugleich auch ein von Vinzentinerinnen geleitetes, ausgebombtes Hildesheimer Kinderheim ausgelagert. Vgl. 25 Jahre Katholisches Jugendwerk St. Ansgar 1948–1973, Bd. I: 1948–1959, 4.

[148] Vgl. Annalen Haus Vehr – Kinderheim bei Quakenbrück, in: Archiv des Provinzhauses der Schwestern ULF, Vechta. Hier wird Dechant August Hackmann, Cloppenburg, mehrfach als großer Wohltäter des Kinderheims hervorgehoben.

[149] Besitzer des Gutes war der Generaldirektor der Rheinischen Schiffahrt, Dr. Welker, der mit der Überlassung des Gebäudes für karitative Zwecke einer Beschlagnahmung durch die britische Militärregierung zuvorkam. Die Erlaubnis des Offizialats für die Kongregation datiert v. 7.11.1946, in: OAV B-22c-12. Das Gutshaus diente als vorübergehender Ersatz für ein bereits vor dem Krieg in Stapelfeld bei Cloppenburg geplantes Kinderheim. Vgl. den Bericht über die Einrichtung des Kinderheims auf Gut Vehr, in: Monatsglöckchen der Schwestern ULF 1946, 84–86, hier 84. Den Hinweis auf diesen Bericht verdankt der Verf. Schw. M. Birgitta Morthorst SND, Grefrath-Mülhausen.

[150] Vgl. Statistik für 1947, wonach 3 schulpflichtigen Waisenkindern in Vehr, 51 Kinder im Vorschulalter gegenüberstanden. Vgl. Annalen Haus Vehr (wie Anm. 148). Die Stiftung wurde 1947 errichtet. Vgl. OAV B-22c-12.

[151] Vgl. Annalen Haus Vehr (wie Anm. 148).

[152] Ebd. Da das Gut nur auf fünf Jahre angemietet war, erfolgte 1953 die Verlegung in einen Neubau in Stapelfeld.

ihrem sozialen Beziehungsgefüge herausgerissen worden waren. Die Pfarrgemeinde St. Peter in Oldenburg und der lokale Katholische Fürsorgeverein für Mädchen, Frauen und Kinder e.V. versuchten mit der Schaffung einer Heimstatt für diese Menschen eine Lücke im Sozialangebot der ersten Nachkriegszeit zu schließen und gleichzeitig eine kirchliche Sozialisation zu ermöglichen. Das Mädchen- und Mütterheim Marienhort[153] war zunächst in den Räumen des Katholischen Pfarrheims untergebracht und erhielt im November 1952 ein eigenes Domizil im Stadtteil Kreyenbrück. Zählte die Einrichtung 1948 18 Betten und verfügte über 17 Mitarbeiter[154], so waren es im Neubau 30 Plätze für Mädchen bzw. Mütter und 25 Plätze für Kinder. Finanzielle Unterstützung kam hier wie auch im Fall der Kinderheime in Nordenham und Gut Vehr vom Päpstlichen Werk der heiligen Kindheit in Aachen[155].

Infolge der kriegsbedingten sozialen Verhältnisse grassierte insbesondere unter Kindern aus Flüchtlingsfamilien vermehrt die Tuberkulose und erforderte Handlungsbedarf. In Delmenhorst mietete daher der Ortspfarrer die leerstehende Villa einer Kaufmannsfamilie an und richtete hier ein von Grauen Schwestern geleitetes Spezialkrankenhaus mit 40 Betten für Tbc-kranke Kinder ein[156].

c) Erfassung elternloser und verwahrloster Jugendlicher

Die kirchlichen Betreuungsmaßnahmen für Vertriebene erforderten in der Folge von Flucht und Vertreibung aus den deutschen Ostgebieten neben der Aufnahme von Waisenkindern, die von Kindheit an mit diesem Schicksal aufgewachsen waren, die Betreuung von Jugendlichen, die am Kriegsende außer ihrer Heimat auch ihre Eltern und engsten Angehörigen verloren hatten. Auf der vergeblichen Suche nach Arbeit und einem Zuhause vagabundierten viele von ihnen ohne Schulabschluß bzw. Lehre im Strudel der Bevölkerungswanderungen von West nach Ost auf den Straßen der Besatzungszonen herum und führten ein trostloses Dasein. War diese Form des durch die Kriegsfolgen in Ostdeutschland hervorgerufenen menschlichen Elends zunächst im Oldenburger Land nur verdeckt oder kaum erkennbar, so nahm die Zahl wohnsitzloser, umherstreunender Jugendlicher im Zuge einer verstärkten Flucht aus der sowjetischen Besatzungszone (SBZ) in die Westzonen in den Jahren 1947 und 1948 spürbar zu. Eine Aufnahme der Jugendlichen in die Waisenhäuser kam im Offizialatsbezirk Oldenburg allein schon der dortigen Überfüllung wegen nicht in Frage. Außerdem bemühten sich die vom Landes-Caritasverband bzw. einzelnen Ordensgemeinschaften getragenen kirchlichen Häuser

---

[153] Vgl. zur Entwicklung des Marienhorts: Diözesan-Caritasverband Münster (Hrsg.), Die caritativen Anstalten im Bistum Münster (wie Anm. 46), Bd. II, 104–105.

[154] Vgl. Aufstellung des Offizialats v. Januar 1948, in: OAV A-3-122, u. Pfarrchronik St. Peter Oldenburg, in: Pfarrarchiv St. Peter Oldenburg, 42.

[155] Vgl. Päpstliches Werk der hl. Kindheit an Pohlschneider v. 7. u. 23.1.1948, in: OAV A-3-122.

[156] Vgl. OAV B-18-23 u. Engelbert, Kurt, Geschichte der Kongregation der Grauen Schwestern (wie Anm. 131), 199f.

primär um Kleinkinder oder noch schulpflichtige Jugendliche. Für Schulabgänger oder solche, die infolge der Kriegswirren keinen Schulabschluß aufweisen konnten, bestanden hingegen keine kirchlichen Einrichtungen.

Der dringende Handlungsbedarf, die beiden großen Kirchen in den Prozeß der Resozialisierung umherwandernder junger Menschen einzubinden, ging von der Religionsabteilung der britischen Militärregierung aus. Auf deren Anfrage hin bot die britische Rheinarmee im Frühjahr 1948 den von ihr verwalteten ehemaligen Fliegerhorst Adelheide bei Delmenhorst dem Landes-Caritasverband für Oldenburg und der Inneren Mission der Ev.-luth. Landeskirche Hannover für eine entsprechende, zweckbestimmte Nutzung an[157]. Die in der NS-Zeit geschaffenen Bauten hatten nach Kriegsende bisher sowohl als Sammelplatz für zum Rücktransport in ihre Heimatländer bestimmte Displaced Persons als auch für die Unterbringung von Vertriebenen gedient. Zuletzt waren hier von den Briten internierte ehemalige NS-Funktionäre untergebracht gewesen. Bedingt durch die wechselnde Nutzung befanden sich alle Gebäude in einem heruntergekommenen Zustand. Trotz dieser ungünstigen Ausgangsbedingungen entschlossen sich Vertreter beider Kirchen auf Drängen der Besatzungsmacht, zum 1. September 1948 in Form eines für damalige Verhältnisse außergewöhnlichen ökumenischen Projektes[158] mit der Realisierung einer Jugendhilfeeinrichtung zu beginnen. Diese sollte den Namen „Christliches Jugenddorf Adelheide" erhalten und in zwei organisatorisch konfessionell getrennten Einrichtungen jeweils bis zu 1.500 Jungen aufnehmen können[159]. Während auf evangelischer Seite die Trägerschaft auf die Innere Mission der Hannoverschen Landeskirche beschränkt blieb, die Oldenburgische Landeskirche also nicht beteiligt war, schlossen sich auf katholischer Ebene die Diözesan-Caritasverbände der sechs in der britischen Zone gelegenen Bistümer Aachen, Hildesheim, Köln, Münster, Osnabrück und Paderborn zusammen und riefen das „Katholische Jugendwerk St. Ansgar" ins Leben[160]. Damit kam dem katholischen Teil eine überregionale Bedeutung für die Jugenderziehung zu. Daß eine soziale Einrichtung der katholischen Kirche mit entsprechend breitem Aktionsradius gerade im Offizialatsbezirk Oldenburg und dazu noch in dessen Diaspora, also fern der karitativen Zentralen der Diözesen, angesiedelt wurde, mußte das Milieuprofil des dortigen Katholizismus stärken.

Der Grund für diese Verbesserung der „katholischen Infrastruktur" liegt allerdings nicht in einem hier im Unterschied zu anderen Regionen Nordwestdeutschlands besonders hohen Anteil hilfesuchender junger Menschen begründet, sondern neben dem sich

---

[157] Vgl. Hirschfeld, Michael, Der heimatlosen, wandernden Jugend Hilfe geben. Das katholische St.-Ansgar-Jugendwerk im Christlichen Jugenddorf Adelheide 1948–1959, in: Oldenburger Jahrbuch, Bd. 98 (1998), 143–155.

[158] Vgl. ebd., 144.

[159] Zur Aufnahmezahl vgl. Neues Tageblatt, Osnabrück, v. 28.1.1949.

[160] Die Gründung des eingetragenen Vereins erfolgte am 25.10.1948. Anwesend waren: Offizial Dr. Pohlschneider, Pfarrer Niermann, Delmenhorst, Prälat Dr. Franz Müller, Köln, sowie die Diözesan-Caritasdirektoren Theodor Holling, Münster, Dr. Peter Firmenich, Aachen, Adalbert Sendker, Hildesheim, Rudolf Diedrich, Paderborn, u. als Vertreter für Osnabrück Dechant Heinrich Ohrmann, Bremen. Vgl. Protokoll der Gründungsversammlung, in: OAV B-18-24.

anbietenden Gelände mit seiner Vielzahl an nutzbaren Gebäuden in der Durchsetzungsfähigkeit des Delmenhorster Pfarrers Wilhelm Niermann. Er gilt als die treibende Kraft bei der Realisierung des Vorschlags der Besatzungsmacht und wurde wohl auch deshalb von der Gründungsversammlung zum Ersten Vorsitzenden gewählt[161]. Entgegen den Plänen der Delmenhorster Stadtverwaltung, die ehemalige Kaserne erneut zur Unterbringung von Vertriebenen zu reklamieren, hatte er es verstanden, rasch ein „fait accompli" für die Kirche zu schaffen und sowohl die notwendigsten Einrichtungsgegenstände zu organisieren als auch einen Grundstock an qualifiziertem Personal anzuwerben, das unter der Leitung des Kölner Diözesanpriesters Alfons Löbbert[162] die Herausforderungen in Adelheide beherzt anpackte, nachdem die ersten 20 Jugendlichen vom Durchgangslager Uelzen aus zugewiesen worden waren. Neben der Gründung einer eigenen Heimschule stand in der Folge der Aufbau von Lehrwerkstätten für die gängigen Handwerksberufe im Mittelpunkt der Arbeit, in denen die aufgenommenen Jugendlichen eine qualifizierte Ausbildung erhalten sollten, die ihnen später eine sichere Existenzmöglichkeit innerhalb der Gesellschaft garantieren konnte. Ergänzung fand das St.-Ansgar-Jugendwerk zeitweise durch die Beherbergung einer vom Deutschen Caritasverband getragenen Schulungsstätte für Fürsorgerinnen und Fürsorger[163] sowie durch die Aufnahme von zwei bereits erwähnten Kinderheimen, wobei die Präsenz der Ordensfrauen die geistliche Dimension der Einrichtung verstärkte[164].

Eine jähe Unterbrechung der Aufbauphase brachte die Unterbringung von rund 450 sogenannten Luftbrückenkindern aus Berlin zu Weihnachten 1948 mit sich. Im Gefolge der Zusage des St.-Ansgar-Jugendwerkes, trotz der noch unzureichenden Ausstattung einen Teil der von den Westalliierten ausgeflogenen Kinder aufzunehmen, geriet die neue Einrichtung nämlich erstmals negativ in die Schlagzeilen der Presse. Den Mißstand der notdürftigen Unterbringung hatten die sowjetnahe Presseagentur ADN und das (Ost-)Berliner SED-Organ „Neues Deutschland" dazu genutzt, öffentlich eine angeblich skandalöse Behandlung der evakuierten Kinder in Adelheide zu beklagen. Die katholische Jugendeinrichtung war damit kurzzeitig zur Zielscheibe von durch den Kalten Krieg hervorgerufenen ideologischen Konfrontationen geworden, die auf dem Rücken der karitativen Bemühungen ausgetragen wurden. Auch wenn die Pressemeldungen zu einem

---

[161] Vgl. Protokoll der Gründungsversammlung, ebd.

[162] Alfons Löbbert, geboren 1912 in Essen/Ruhr, Priesterweihe 1938 in Köln, hatte bereits einschlägige Erfahrungen in Jugendeinrichtungen seiner Heimatdiözese gesammelt, Direktor des St.-Ansgar-Jugendwerkes in Delmenhorst bzw. Hennef-Happerschoß 1948–1979, gestorben 1989. Vgl. Nachruf, in: Delmenhorster Kreisblatt v. 6.6.1989.

[163] Die Caritas-Schulungsstätte St. Michael befand sich 1948–49 kurzzeitig auf dem Gelände. Vgl. Hirschfeld, Michael, Der heimatlosen, wandernden Jugend (wie Anm. 157), 147.

[164] Für die Wirtschaftsführung konnten zusätzlich Schwestern Unserer Lieben Frau (ULF) gewonnen werden. Im St.-Ansgar-Jugendwerk Adelheide waren von 1948 bis 1959 stets sieben Schwestern ULF eingesetzt. Vgl. Archiv Provinzhaus der Schwestern ULF, Coesfeld: Annalen der Niederlassung St.-Ansgar-Jugendwerk Adelheide. Für den Hinweis auf diese Quelle u. die leihweise Überlassung einer Ablichtung hat der Verf. Schw. M. Birgitta Morthorst SND, Grefrath-Mülhausen, zu danken.

Gutteil als antiwestliche Propaganda entlarvt werden konnten, hatte die auch bei überregionalen westdeutschen Medien auf erhebliches Interesse treffende Berliner Berichterstattung Irritationen in der Bevölkerung nicht nur der engeren Umgebung Adelheides ausgelöst, die durch die Flucht einiger Luftbrückenkinder aus ihrer Unterkunft neue Nahrung erhielten. Mit Sicherheit bedeuteten die Vorwürfe gegen das St.-Ansgar-Jugendwerk einen ersten Rückschlag für die Bindewirkung des Nachkriegskatholizismus, zumal es der Heimleitung kaum gelang, tendenziöse Meldungen wirkungsvoll zu korrigieren. Gleichzeitig wurde in diesem Zusammenhang aber auch die Presse auf das Resozialisationsprojekt aufmerksam. Deren Berichte machten „Adelheide plötzlich in Westdeutschland bekannt"[165].

Zu dem schlechten Ruf der katholischen Einrichtung innerhalb der Bevölkerung, trat der aus einer mangelnden finanziellen Bezuschussung der Trägerdiözesen resultierende schlechte materielle Standard der Anlage. Mehrfach gab es daher Anlaß zu Beschwerden von Mitarbeitern über die mangelhaften hygienischen Verhältnisse im Christlichen Jugenddorf und die menschenunwürdige Unterbringung der Jugendlichen, die „in stinkigen Räumen auf notdürftig zusammengenagelten Brettergestellen unter schmutzigen Decken" nächtigen müßten, wie eine der Klagen formulierte[166]. Vor diesem Hintergrund sind womöglich auch die zum Teil massiven Erziehungsschwierigkeiten der zumeist milieugeschädigten Jugendlichen zu sehen, die ebenso der Öffentlichkeit nicht verborgen bleiben konnten und sich in Fluchtversuchen und Kriminalität äußerten. Eine zusätzliche Bedrohung erhielten beide Jugendwerke durch die Rückkehr britischer Truppeneinheiten Anfang der 1950er Jahre und die zunehmende Gewißheit, das Gelände im Zuge einer Wiederaufrüstung der Bundesrepublik räumen zu müssen. Mit der endgültigen Übernahme des ehemaligen Fliegerhorstes Adelheide durch die Bundeswehr zum 30. Juni 1959 verließ das St.-Ansgar-Jugendwerk den Offizialatsbezirk Oldenburg, um ein neues Domizil in der Erzdiözese Köln zu beziehen[167]. Eine anderweitige Unterbringung in Delmenhorst oder dem Oldenburger Land, wie sie dem evangelischen Pendant des St.-Ansgar-Jugendwerkes in Elmeloh bei Delmenhorst gelang, ließ sich trotz intensiver Bemühungen nicht ermöglichen[168]. Zudem war mit Wilhelm Niermann 1955 der entscheidende oldenburgische Protektor des katholischen Sozialwerkes gestorben. Die zunehmende Suche nach alternativen Betätigungsfeldern seit Mitte der 1950er Jahre, wie sie die Einrichtung von Abi-

---

[165] 25 Jahre Katholisches Jugendwerk St. Ansgar 1948–1973, Bd. 1: 1948–1959, Maschinenschrift, o.O. o.J. (1973), 31. Hier auch die Pressemeldungen über den angeblichen Skandal der Luftbrückenkinder.

[166] Undatierte Beschwerde unter dem Titel „Sozialer Versuch im ‚goldenen Westen', in: Pfarrarchiv St. Marien Delmenhorst: Adelheide St.-Ansgar-Jugendwerk. Finanzielle Unterstützung ließ 1950 der Kölner Erzbischof Josef Kardinal Frings dem St.-Ansgar-Jugendwerk aus einem US-amerikanischen Legat für Waisenkinder zukommen. Vgl. ebd.

[167] Seither befindet sich das St.-Ansgar-Jugenddorf in Hennef-Happerschoß im Rhein-Sieg-Kreis. Die Turbulenzen um die Räumung des Geländes in Adelheide begannen bereits 1951. Vgl. hierzu ausführlich Hirschfeld, Michael, Der heimatlosen, wandernden Jugend (wie Anm. 157), 152–155.

[168] Propst Niermann hatte diesbezüglich bereits 1951 zwei Optionen innerhalb von Delmenhorst getroffen. Vgl. ebd., 152f.

turergänzungslehrgängen für SBZ-Flüchtlinge dokumentiert, deutete außerdem darauf hin, daß sich der eigentliche Zweck der Einrichtung, verwaisten ostvertriebenen Jugendlichen eine Zukunftschance zu vermitteln, durch das Fortschreiten der Zeit erfüllt hatte.

### d) Kindergärten

Als Ausweg aus der schwierigen sozialen Lage vieler Flüchtlingsfamilien wurde von katholischer Seite sehr bald die Schaffung von Kindergärten als Form der kirchlichen Vergemeinschaftung in frühestem Lebensalter betrachtet. Entsprechende Betreuungseinrichtungen für noch nicht schulpflichtige Kinder, wie sie vor 1945 erst in sechs der 70 oldenburgischen Kirchengemeinden bestanden[169], wurden allein deshalb dringend notwendig, weil zahlreiche ostdeutsche Mütter, deren Ehemänner im Krieg gefallen, vermißt oder in Kriegsgefangenschaft geraten waren, darauf angewiesen waren, einem Broterwerb nachzugehen. Dies betraf zwar ebenso eine größere Zahl einheimischer Kriegswitwen, aber ähnlich wie bei der Versorgung pflegebedürftiger Senioren fing hier zumeist die Einrichtung der Großfamilie die Sorge um die Kinder auf. Die meisten Vertriebenen waren hingegen nur in Kleinfamilien in ihren Bestimmungsort gelangt.

Zu den ersten maßgeblichen Persönlichkeiten, die sich dieses Problems annahmen, gehörte der oldenburgische Innen- und zugleich Kultusminister August Wegmann. Er setzte sich im Herbst 1946 in einer Unterredung beim Oberst der Militärregierung dafür ein, durch Einrichtung neuer Kindergärten „den Kleinkindern [...] ein wenig vom Kinderparadies zu retten und die Mütter zu entlasten"[170]. Der bei dieser Besprechung ebenfalls anwesende Landes-Caritasdirektor Watermann sah hier gleich die Kirche auf den Plan gerufen und rief in der Folge den Klerus auf, in dieser Richtung bald initiativ zu werden, um nicht zuerst die sogenannten freien Träger zum Zuge kommen zu lassen[171]. Eine einsame Vorreiterrolle nahmen hierbei die schlesischen Borromäerinnen im Vertriebenenlager Roffhausen ein, die bereits 1946 in einer Baracke einen Kindergarten eröffneten, gefolgt von der Heilig-Geist-Gemeinde in Oldenburg-Osternburg. Darüber hinaus fehlte es an entsprechenden Initiativen, obgleich Landes-Caritasdirektor Watermann im April 1947 den Ortspfarrern Kenntnis von einer Verfügung des Vechtaer Oberkreisdirektors gab, derzufolge die politischen Gemeinden verpflichtet seien, auf Anfrage der Kirchengemeinden bzw. des Caritasverbandes bei der Raumbeschaffung behilflich zu sein[172].

---

[169] Vgl. Tabelle Katholische Kindergärten, in: Baumann, Willi, Sieve, Peter (Hrsg.), Die katholische Kirche im Oldenburger Land (wie Anm. 146), 223–225. In der Vorkriegszeit bestanden mit Ausnahme von Lastrup (gegründet 1928) lediglich in Städten Kindergärten, und zwar in Cloppenburg (1932), Delmenhorst (1908), Oldenburg (1920), Vechta (1923) u. Wildeshausen (1915).

[170] Zit., in: Rundbrief des LCV v. 12.12.1946, in: Pfarrarchiv St. Marien Delmenhorst: Rundschreiben des Landes-Caritasverbandes.

[171] Pohlschneider, Johannes, Der nationalsozialistische Kirchenkampf (wie Anm. 55), 123f. betont, daß die Kindergarten-Gründungen nicht zentral gesteuert, sondern der lokalen Initiative überlassen wurden.

[172] Vgl. Rundschreiben des LCV v. 26.4.1947, in: Pfarrarchiv St. Marien Delmenhorst: Rundschreiben des Landes-Caritasverbandes.

Trotz dieser Zusicherung kamen weder hier noch in der Diaspora des Offizialatsbezirkes die Seelsorgegeistlichen der Aufforderung nach, selbst dieses Problem zu lösen, wofür in erster Linie die prekäre finanzielle Situation insbesondere der in Betracht genommenen alleinerziehenden ostdeutschen Mütter verantwortlich gemacht werden muß. Nur vereinzelt konnte die kirchliche Fürsorge einen Durchbruch erzielen, wie etwa in dem vorwiegend von Vertriebenen besiedelten Delmenhorster Stadtteil Düsternort, wo zusammen mit einem Kirchenneubau 1952 eine moderne Kindertagesstätte unter der Leitung schlesischer Grauer Schwestern von der heiligen Elisabeth gebaut wurde. Allerdings konnte auch hier der geringe Monatssatz von DM 10,– pro Kind, der bei Aufnahme mehrerer Kinder einer Familie noch gesenkt wurde, nur gehalten werden, weil der Landes-Caritasverband und die Stadt Delmenhorst erhebliche Zuschüsse leisteten[173] und das Personal anfänglich neben einer weltlichen Helferin lediglich aus drei Ordensschwestern bestand, die für „Gottes Lohn" arbeiteten.

Tabelle 2: Neugründungen von Kindergärten in Vertriebenengemeinden bzw. Gemeinden mit hohem Vertriebenenanteil 1946–1965

| Jahr | Ort | Name |
|---|---|---|
| 1946 | Roffhausen | St. Josef |
| 1946/54 | Oldenburg-Osternburg | Heilig Geist |
| 1949 | Wilhelmshaven-Altengroden | privater Kindergarten, aufgelöst 1952 |
| 1953 | Delmenhorst-Düsternort | St. Christophorus |
| 1953 | Wilhelmshaven-Fedderwardergroden | Christ König |
| 1954 | Oldenburg-Kreyenbrück | St. Michael |
| 1956 | Delmenhorst | St. Polykarp |
| 1957 | Oldenburg-Eversten | St. Willehad |
| 1961 | Brake | St. Marien |
| 1962 | Bockhorn | St. Maria im Hilgenholt |
| 1964 | Elsfleth | St. Maria Magdalena |
| 1963 | Oldenburg | St. Peter |
| 1965 | Oldenburg | St. Marien |

Quellen: Tabelle: Katholische Kindergärten, in: Baumann, Willi, Sieve, Peter (Hrsg.), Die katholische Kirche im Oldenburger Land. Ein Handbuch, Vechta 1995, 223–225; OAV B-71-12a.

Während eine ermländische Katharinenschwester seit 1948 die Leitung des bereits in der Vorkriegszeit eingerichteten Kindergartens von St. Peter in Oldenburg übernahm[174], ver-

---

[173] Vgl. Stiller, Schw. M. Hedwigis, Skizzen zu einer Chronik der Kindertagesstätte, in: Aumann, Paul Josef (Red.), 25 Jahre Katholische Kirchengemeinde St. Christophorus Delmenhorst 1952–1977, Delmenhorst o. J. (1977), 23–25, hier 23.
[174] Vgl. Pfarrchronik St. Peter Oldenburg, in: Pfarrarchiv St. Peter Oldenburg, 43.

verdankt der Kindergarten im Wilhelmshavener Stadtteil Altengroden seine zeitweilige Existenz einem Kuriosum. Weil eine Gruppe Vertriebener dort aus eigener Initiative eine Gottesdienststätte schaffen wollte, die benötigten Räumlichkeiten allerdings von der Stadtverwaltung nur mit der Auflage erhielt, einen sozialen Zweck zu verfolgen, gründete sie im Dezember 1949 einen Kindergarten. Da sich die organisierte Caritas für dieses Projekt nicht engagierte und somit auch keine Ordensfrauen als günstige Kräfte für die Erziehungsarbeit gewonnen werden konnten, mußte der Altengroder Kindergarten bereits nach dreijährigem Bestehen aus Kostengründen seinen Betrieb wieder aufgeben, zumal auch „der größte Teil der dort betreuten Kinder nicht katholisch war"[175].

Erst bedingt durch die zunehmende wirtschaftliche Prosperität in der Region konnten zwischen der zweiten Hälfte der 1950er Jahre und der Mitte der 1960er Jahre verstärkt Kindergärten in Nordoldenburg eingerichtet werden.

### e) Personelle Ausstattung als Kennzeichen ostdeutscher Prägung

Die Einrichtung von Flüchtlingskrankenhäusern und -altenheimen, von Kinderheimen und Kindergärten ist – wie bereits deutlich geworden ist – untrennbar verbunden mit der Einbindung neuer personeller Kräfte, die durch ihre ebenfalls ostdeutsche Herkunft als Bindeglieder zwischen der Institution Kirche und den Menschen fungieren und somit die Milieuwirkung positiv beeinflussen konnten. Hier ist insbesondere dem Tätigkeitsbeginn zahlreicher Ordensfrauen aus den Gebieten östlich von Oder und Neiße im Offizialatsbezirk Oldenburg Aufmerksamkeit zu widmen. Sie gehörten zu den rund 15.000 Ordensfrauen[176] in Ostdeutschland und den deutschen Siedlungsgebieten des übrigen Ostmitteleuropa, die ebenfalls mit dem Flüchtlings- und Vertriebenenstrom ihre Heimat verlassen mußten. Bedingt durch die damit verbundene Freisetzung von Kongregationsmitgliedern konnten insgesamt 13 neue Niederlassungen in der Untersuchungsregion eingerichtet werden[177]. Fünf verschiedene Gemeinschaften faßten zwischen 1946 und 1949 in Oldenburg Fuß, von denen vier ihre Wurzeln in Schlesien besaßen und eine in Ostpreußen (Ermland) beheimatet war. Mit Ausnahme von drei Katharinenschwestern, die aus Königsberg vertrieben worden waren[178], setzte sich also analog zum ostvertriebenen Klerus auch die Gruppe der ostdeutschen weiblichen Religiosen im Offizialatsbezirk Oldenburg

---

[175] Exposé des Caritasvereins Altengroden v. 3.1.1952, in: OAV B-71-12a.

[176] Zu den Zahlen vgl. Gatz, Erwin, Krise und Wandel der sozial-caritativ tätigen Orden, in: Ders. (Hrsg.), Geschichte des kirchlichen Lebens in den deutschsprachigen Ländern seit dem Ende des 18. Jahrhunderts, Bd. V: Caritas und soziale Dienste (wie Anm. 53), 431–437, hier 431. Demnach verloren die weiblichen Orden und Kongregationen in Deutschland durch die Kriegseinwirkungen 1.392 Mitglieder. Zu den in Schlesien beheimateten Kongregationen vgl. Mengel, Thomas, Das Schicksal der schlesischen Frauenklöster während des Dritten Reiches und 1945/46 (Forschungen und Quellen zur Kirchen- und Kulturgeschichte Ostdeutschlands, Bd. 22), Köln u. a. 1986.

[177] Vgl. hierzu Hirschfeld, Michael, Orden und Kongregationen aus den deutschen Ostgebieten im Dienste der Heimatvertriebenen, in: Ders., Trautmann, Markus (Hrsg.), Gelebter Glaube – Hoffen auf Heimat (wie Anm. 14), 391–412. Vgl. Tabelle 3.

[178] Vgl. Pfarrchronik St. Peter Oldenburg, in: Pfarrarchiv St. Peter Oldenburg, 42.

ausschließlich aus Schlesierinnen folgender Ordensgemeinschaften zusammen: Graue Schwestern von der heiligen Elisabeth, Elisabethinerinnen, Barmherzige Schwestern vom heiligen Karl Borromäus (Schlesische Borromäerinnen), Marienschwestern von der Unbefleckten Empfängnis sowie Schwestern von der heiligen Hedwig. Auffällig ist dabei, daß es sich hierbei ausschließlich um sozial-karitative Ordensgemeinschaften, sogenannte Kongregationen, handelte, wie sie vornehmlich um die Mitte des 19. Jahrhunderts mit dem speziellen Auftrag zur Krankenpflege ins Leben gerufen worden waren[179].

Eine gewisse Verwurzelung im Oldenburger Land konnten dabei die bereits am Ende des 19. Jahrhunderts zur Betreuung zumeist aus Schlesien stammender katholischer Industriearbeiter nach Delmenhorst gelangten Grauen Schwestern von der heiligen Elisabeth[180] aufweisen. Ihre Niederlassung im dortigen Krankenhaus St.-Josef-Stift wurde nicht nur Zufluchtsort für zahlreiche ostvertriebene Mitschwestern, sondern bot auch den Ausgangspunkt für die Errichtung von sieben neuen Niederlassungen in der Region, von denen sich fünf in der nordoldenburgischen Diaspora befanden. Sie gehörten zu den insgesamt 34 neuen Stationen, die im Bereich der Norddeutschen Provinz der Kongregation zwischen dem Kriegsende und 1953 errichtet wurden[181]. Auf Vermittlung des Delmenhorster Pfarrers begannen im Frühjahr 1946 nach Delmenhorst vertriebene Kongregationsangehörige ihren Dienst im Vechtaer Flüchtlingskrankenhaus St.-Georgs-Stift und

---

[179] Die Grauen Schwestern entstanden 1842 in Neisse (O/S). Vgl. Schweter, Josef, Engelbert, Kurt, Geschichte der Kongregation der Grauen Schwestern von der heiligen Elisabeth, 3 Bde., Bd. 1 u. 2: Breslau 1937; Bd. 3: Hildesheim 1969 (wie Anm. 131), sowie Mertens, Johannes, Geschichte der Kongregation der Schwestern von der hl. Elisabeth 1842–1992, 2 Bde., Reinbek 1998. Die Marienschwestern wurden 1854 in Breslau gegründet. Vgl. Schweter, Josef, Geschichte der Kongregation der Marienschwestern, Nachdruck der 2. Aufl. v. 1945, Berlin 1981. Die Hedwigschwestern haben ihren Ursprung 1859 ebenfalls in Breslau. Vgl. In Gott geborgen. Zur Liebe befreit. 125 Jahre Hedwigschwestern 1859–1984, Berlin o. J. (1984).
Lediglich die Borromäerinnen und die Elisabethinerinnen können auf frühere Ursprünge verweisen, wobei erstere auch erst 1848 ihre Tätigkeit in Schlesien aufnahmen und später eine eigene schlesische Kongregation begründeten. Vgl. Engelbert, Kurt, 300 Jahre im Dienste der Nächstenliebe. Zum 300jährigen Jubiläum der Borromäerinnen, Hildesheim 1952. Die Elisabethinerinnen hingegen reichen in das Jahr 1626 zurück und waren bereits seit 1736 in Breslau vertreten. Vgl. Mengel, Thomas, Das Schicksal der schlesischen Frauenklöster (wie Anm. 176), 145–152. Die ermländischen Katharinenschwestern wurden bereits 1571 gegründet. Vgl. Wie Gott will. 400 Jahre Katharinenschwestern, Lünen o. J. (1983).
[180] Vgl. zur Niederlassung in Delmenhorst: Schweter, Josef, Geschichte der Kongregation der Grauen Schwestern von der hl. Elisabeth (wie Anm. 179); Bd. 2, 422, Engelbert, Kurt, Geschichte der Kongregation der Grauen Schwestern (wie Anm. 131), 196–197, u. Mertens, Johannes, Geschichte der Kongregation der Schwestern von der heiligen Elisabeth (wie Anm. 179), Bd. II, 526f.
[181] 12 dieser Niederlassungen wurden bis 1952 wieder aufgehoben. Vgl. Mertens, Johannes, Geschichte der Kongregation der Schwestern von der hl. Elisabeth (wie Anm. 179), Bd. II, 535–540.

bald darauf auch in dessen Dependance Maria Rast in Damme[182]. Zum wesentlichen Einsatzfeld wurden bei ihnen wie auch in den übrigen ostdeutschen Ordensgemeinschaften die neu eingerichteten Flüchtlingskrankenhäuser bzw. -altenheime (vgl. Tabelle 3). Hier fanden sie bei der Pflege von Landsleuten eine ihrem Berufsfeld in der Heimat entsprechende Betätigung. Mit der Tatsache, daß die Schwestern ihre Tätigkeit im Auftrag des Landes-Caritasverbandes für Oldenburg ausübten, dieser aber primär in Südoldenburg seinen Einfluß zur Errichtung von Pflegehäusern für Vertriebene geltend machen konnte, ist auch die räumliche Einengung des Einsatzbereiches auf Südoldenburg eng verbunden.

Aber auch die Personalpolitik der meisten Kongregationen zielte erkennbar darauf ab, nicht die vornehmliche Diasporasituation der vertriebenen Landsleute zu adaptieren, was bedeutet hätte, in den einzelnen Vertriebenengemeinden jeweils kleine Stationen zu eröffnen und sich dort karitativen Zwecken und ambulanter Pflege zu widmen. Vielmehr ging es um eine Bündelung der Kräfte. Eine Ausnahme bildeten hierbei die Grauen Schwestern von der heiligen Elisabeth, die ihre Arbeit im wesentlichen rund um den alteingesessenen Konvent am Delmenhorster Krankenhaus mit der Gründung von zwei kleineren Niederlassungen in der Pfarrseelsorge[183] vernetzten und der Pfarrei Delmenhorst ab 1948 eine als Seelsorgehelferin ausgebildete Angehörige der Kongregation für die Erteilung von Religions- und Konvertitenunterricht sowie Arbeiten im Pfarrbüro zur Verfügung stellten[184]. Dieses räumlich gedrängte Engagement ist vielleicht damit zu erklären, daß die Schwestern gerade in Delmenhorst aufgrund ihrer örtlichen Tradition als Garant der „Offenheit für ein Nebeneinander ostdeutscher und einheimischer Formen"[185] gelten konnten.

Drei gemeinsam mit einem Großteil der Pfarrangehörigen von Bielau und Oppersdorf, Kreis Neisse (O/S), nach Burhave vertriebene Mitglieder der Kongregation[186] hingegen sollten nach einer Phase der Rekreation von ihrem Ankunftsort abberufen werden. Erst eine Intervention des gleichfalls nach Burhave gelangten und dort mit der Vertriebenenseelsorge beauftragten Bielauer Pfarrers beim Provinzialat ermöglichte die Gründung der dortigen Diasporastation. So ließ die Provinzoberin den Bittsteller zunächst wissen,

---

[182] Vgl. Niermann an Generaloberin der Grauen Schwestern v. 12.1.1946, in: Archiv Provinzhaus der Schwestern von der hl. Elisabeth, Reinbek, u. Engelbert, Kurt, Geschichte der Kongregation der Grauen Schwestern (wie Anm. 131), Bd. 3, 195.

[183] 1950 in Stenum und 1953 in Delmenhorst-Düsternort. Vgl. ebd., 197 u. 225. Die Station in Stenum war zugleich als Wohnort für gesundheitlich geschwächte Schwestern u. als Erholungsheim gedacht.

[184] Dabei handelte es sich um Schw. M. Hedwigis Bartetzko, die später nur noch die Aufgaben der Pfarrsekretärin und Sakristanin wahrnahm u. bis 1980 in Delmenhorst wirkte. Zur Umschreibung ihres Tätigkeitsfeldes vgl. Angaben der Oberin im St.-Josef-Stift Delmenhorst auf die Rundfrage des Offizialats v. 4.2.1948, in: OAV A-3-77.

[185] Kuropka, Joachim, Die katholische Kirche im 20. Jahrhundert., in: Schäfer, Rolf u. a. (Hrsg.), Oldenburgische Kirchengeschichte, Oldenburg 1999, 523–641, hier 615.

[186] Vgl. Engelbert, Kurt, Geschichte der Kongregation der Grauen Schwestern (wie Anm. 131), 194.

Tabelle 3: Neugründungen von Niederlassungen ostvertriebener weiblicher Kongregationen im karitativen und seelsorglichen Bereich im Offizialatsbezirk Oldenburg nach 1945

| Kongregation | Ort | Jahr der Gründung (Schließung) | Tätigkeitsbereich |
|---|---|---|---|
| Katharinenschwestern | Oldenburg | 1948 (1959) | Kath. Schüler- u. Lehrlingsheim, Kindergarten, ambulante Krankenpflege, Pfarrseelsorge |
| Borromäerinnen | Roffhausen | 1946 (1965) | Pfarrseelsorge, Kindergarten |
|  | Delmenhorst-Adelheide | 1948 (1959) | Waisenhaus im St.-Ansgar-Jugenddorf |
| Schwestern v. d. hl. Elisabeth (Graue Schwestern) | Vechta | 1946 (1952) | Flüchtlingskrankenhaus St.-Georgs-Stift, ab 1950 auch Altenheim |
|  | Damme | 1946 (1995) | (Flüchtlings-)altenheim Maria Rast, ab 1951 auch Müttererholungsheim |
|  | Burhave | 1946 (1985) | Pfarrseelsorge, ambulante Krankenpflege |
|  | Lethe | 1946 (1977) | (Flüchtlings-)altenheim St.-Elisabeth-Stift, ambulante Krankenpflege |
|  | Delmenhorst | 1947/58 (1978) | Tbc-Kinderklinik St.-Elisabeth-Stift/Altenheim Hildegardstift Hespenriede |
|  | Stenum | 1950 (1976) | St.-Michael-Stift: Pfarrseelsorge, ambulante Krankenpflege, Schwesternaltenheim |
|  | Delmenhorst-Düsternort | 1953 | Pfarrseelsorge, ambulante Krankenpflege, Kindergarten u. -hort |
| Elisabethinerinnen | Schwichteler | 1949 (1954) | Flüchtlingskrankenhaus u. Altenheim St.-Pius-Hospital |
| Marienschwestern v. d. unbefleckten Empfängnis | Vechta | 1948 (1986) | (Flüchtlings-)altenheim St.-Hedwig-Stift |
| Hedwigschwestern | Bollingen | 1950 (1995) | Altenheim St.-Michael-Stift |

*Quellen: Tabelle: Niederlassungen der Orden und Kongregationen im Offizialatsbezirk Oldenburg, in: Baumann, Willi, Sieve, Peter (Hrsg.), Die katholische Kirche im Oldenburger Land. Ein Handbuch, Vechta 1995, 374–375; Hirschfeld, Michael, Orden und Kongregationen aus den deutschen Ostgebieten im Dienste der Heimatvertriebenen, in: Ders., Trautmann, Markus (Hrsg.), Gelebter Glaube – Hoffen auf Heimat. Katholische Vertriebene im Bistum Münster, Münster 1999, 391–412; Mertens, Johannes, Geschichte der Kongregation der Schwestern von der heiligen Elisabeth 1842-1992, Bd. II, Reinbek 1998, 535–540.*

daß die Burhaver Schwestern eigentlich für andere Häuser bestimmt seien, ein Verbleib jedoch möglich wäre, wenn „die Schwestern dort in Burhave eine geeignete Tätigkeit finden und den Regeln entsprechend leben können"[187]. Letztlich konnten die Schwestern das geforderte Arbeitsfeld in der Pfarrseelsorge und ambulanten Krankenpflege vor Ort nachweisen und durften bleiben, zwischen den Zeilen des Briefes der Provinzoberin aus Reinbek wurde aber erkennbar, wie ungewöhnlich es dieser zunächst erschien, in einer abgeschiedenen, urprotestantischen Gemeinde wie Burhave eine Niederlassung zu begründen.

Zum einen blieb die Station in Burhave daher ebenso wie die Niederlassungen der Borromäerinnen in Roffhausen und der Katharinenschwestern in Oldenburg eine Art „geistliche Insel" innerhalb der nordoldenburgischen Vertriebenengemeinden[188]. Zum anderen fielen die Ordensfrauen in diesen Gemeinden durch ein besonders breites Tätigkeitsfeld auf, das sie auch über das katholische Vertriebenenmilieu hinaus auf lokaler Ebene präsent werden ließ. Die Borromäerinnen in Roffhausen jedenfalls gaben 1948 in einem vom Offizialat versandten Fragebogen als Arbeitsgebiete den Kindergarten, eine Handarbeitsschule, die seelische Betreuung aller Lagerinsassen, zwei Mütterstunden, Mädchengruppen, Beicht- und Kommunionunterricht an[189]. 1952 erhielten sie mit dem neu erbauten St.-Hedwig-Haus ein eigenes Heim für Kindergarten und Klausur[190].

Rein pastorale Bemühungen von Ordensschwestern in den eigentlichen „Vororten" der Vertriebenenseelsorge waren somit im Bereich der Fallstudie rar, wenngleich der Kölner Diözesan-Vertriebenenseelsorger Oskar Golombek[191] auf dem Bochumer Katholikentag 1949 dezidiert vorgeschlagen hatte, „kleine Ordensstationen im katholischen Land aufzulösen, um wirksame Stationen in der Diaspora zu schaffen"[192]. Ebenso ungehört verhallte bei den Mutterhäusern und Provinzialaten der ostdeutschen Kongregationen auch die auf diesem Katholikentag von dem früheren Kattowitzer Generalvikar Franz

---

[187] Provinzoberin an den Seelsorger in Burhave, Geistl. Rat Augustin Schinke, v. 2.8.1946, in: Archiv Provinzialat der Schwestern von der hl. Elisabeth, Reinbek.

[188] Gut sichtbar wird diese Tatsache auf der bei Hirschfeld, Michael, Orden und Kongregationen (wie Anm. 177), 407, enthaltenen Karte.

[189] Vgl. Umfragebogen des Offizialats an die weiblichen Ordensniederlassungen im Offizialatsbezirk Oldenburg v. 4.2.1948, ausgefüllt in Roffhausen am 5.2.1948, in: OAV A-3-77.

[190] Vgl. Bericht über die Einweihung des vom Landes-Caritasverband unterstützten St.-Hedwig-Hauses, in: Kirche und Leben Oldenburg v. 23.11.1952.

[191] Oskar Golombek, geboren 1898 in Wieschowa (O/S), Priesterweihe 1923 in Breslau, 1934 Pfarrer in Hindenburg (O/S), St. Andreas, 1946 Diözesan-Vertriebenenseelsorger in Köln, 1952 zugl. Leiter der Kath. Arbeitsstelle (Nord) für Heimatvertriebene ebd., 1964 auch Sprecher der Schlesischen Priester in der Bundesrepublik, gestorben 1972 in Köln. Zur Person vgl. Grosch, Waldemar, Oskar Golombek (1898–1972), in: Gröger, Johannes u. a. (Hrsg.), Schlesische Kirche in Lebensbildern, Sigmaringen 1992, 176–180.

[192] So das Zit. eines Redebeitrags von Oskar Golombek, in: Generalsekretariat des Zentralkomitees der Deutschen Katholikentage (Hrsg.), Gerechtigkeit schafft Frieden (wie Anm. 1), 157.

Wosnitza geäußerte Bitte an die Kongregationen, zumindest einen Teil der jungen Schwestern für die Arbeit in den Vertriebenengemeinden zur Verfügung zu stellen[193].

Mit der fehlenden Resonanz auf diese Anregung blieb einerseits eine Chance für ostdeutsche wie auch einheimische Ordensgemeinschaften – denn diese hatte Wosnitza ausdrücklich in seinen Hilferuf mit einbezogen – ungenutzt, ihren Beitrag zur katholischen Sozialisation der Ostvertriebenen beispielsweise in Landgemeinden wie Ganderkesee, Rastede und Bockhorn – um nur einmal drei typische Vertriebenengemeinden im Oldenburger Land zu nennen – zu leisten. Andererseits gehorchten die Ordensgemeinschaften mit ihrer Fixierung auf die Alten- und Krankenpflege einem dringenden Gebot der Stunde und brachten dadurch für den oldenburgischen Katholizismus einen gewaltigen Aufschwung in sozial-karitativer Hinsicht mit sich. So standen der Zahl von 24 Niederlassungen einheimischer Orden und Kongregationen in Krankenhäusern und Kinderheimen 1950 neun Stationen ostdeutscher Ordensfrauen in neuen Sozialeinrichtungen gegenüber. Im Einzelfall traten die ostdeutschen Schwestern sogar zeitweilig an die Stelle einer westlichen Kongregation. In Schwichteler nämlich lösten schlesische Elisabethinerinnen auf diese Weise die seit 1934 dort wirkenden Dominikanerinnen von Ilanz für einen Zeitraum von fünf Jahren ab und übernahmen die Betreuung der Patienten des auf dem Klostergelände eingerichteten Flüchtlingskrankenhauses St.-Pius-Hospital[194]. Mit der im Oldenburger Land stark verwurzelten Gemeinschaft der Schwestern Unserer Lieben Frau (ULF) stellte sich zudem eine einheimische Kongregation den durch Kriegsende und Vertreibung hervorgerufenen Aufgaben, indem sie die Leitung eines auf Gut Vehr in der Gemeinde Essen/O. eingerichteten Waisenhauses für ostvertriebene Kinder übernahm[195].

Zwei weitere Bitten des Offizialats um Gründung neuer Schwesternkonvente mußten die Schwestern ULF abschlagen. Auf die Anfrage nach Schwestern, die in einem vom Landes-Caritasverband kurzzeitig geplanten Mütter- und Entbindungsheim in Ramsloh die Betreuung übernehmen könnten, hieß es seitens der Provinzialoberin unter anderem: „Wie gerne würden auch wir uns den Zeitbedürfnissen entsprechend noch stärker für die Caritasarbeit einstellen, wenn wir nur Kräfte zur Verfügung hätten. [...] An die nähere Zukunft wagen wir noch nicht zu denken [...]."[196] Mit ähnlichen Argumenten wurde auch die Gründung einer Niederlassung in der Pfarrei St. Peter in Oldenburg abgelehnt[197].

Trotz der Schlüsselfunktion, die den heimatvertriebenen Ordensfrauen, aber auch einzelnen einheimischen Gemeinschaften, an vielen Stellen innerhalb der Region für eine kirchliche Prägung und die Präsenz der katholischen Kirche zukam, begeisterte ihr Beispiel für den Dienst am Nächsten immer weniger junge Frauen für den Eintritt in eine

---

[193] Vgl. Wosnitza, Franz, Die Kirche und die Heimatlosen im katholischen Raum, ebd., 150–156, hier 151.

[194] Vgl. Hirschfeld, Michael, Orden und Kongregationen (wie Anm. 177), 401, u. OAV A-3-136.

[195] Vgl. OAV B-22c-12 u. Annalen Haus Vehr (wie Anm. 148).

[196] Provinzialoberin der Schwestern ULF an Offizialat v. 16.3.1946, in: OAV A-3-122.

[197] Die Schwestern sollten hier die Leitung des in einer Kaserne eingerichteten Pfarrheims übernehmen. Vgl. Provinzialoberin der Schwestern ULF an Pohlschneider v. 11.9.1947, in: OAV B-43c-18.

Kongregation. Mit ihren Nachwuchsproblemen liegen die im Untersuchungsgebiet vertretenen ostdeutschen Kongregationen aber im allgemeinen Trend in Deutschland, der „nach 1935 drastisch zurückgegangenen Novizenzahlen, die auch nach 1945 nie mehr die frühere Höhe erreichten"[198]. Wenn die Zahl der Schwestern bedingt durch starke Eintrittszahlen in den 1920er und der ersten Hälfte der 1930er Jahre absolut gesehen daher auch weiterhin anstieg und sich die Zahlen der Novizinnen von 1.025 (1945) zunächst auf 3.600 (1950) erhöhten, um dann einen Rückgang auf 3.000 (1956) zu verzeichnen[199], läßt sich darin nur ein kurzzeitiger Attraktivitätsgewinn der weiblichen Kongregationen entdecken. Obgleich keine genauen Zahlen für den Ordensschwesternnachwuchs aus Vertriebenenfamilien im Offizialatsbezirk vorliegen[200], ist es ein Faktum, daß die Eintrittszahlen keineswegs mehr den Zahlen der Vorkriegsjahre in der alten Heimat entsprachen. Damit ist bei den weiblichen Religiosen eine parallele Tendenz zur Entwicklung der Priesterzahlen zu verzeichnen. Gleichwohl läßt sich feststellen, daß Ordenseintritte aus Vertriebenenfamilien zumeist bei ostdeutschen Gemeinschaften erfolgten. Dagegen suchten ostdeutsche Frauen nur in wenigen Fällen Anschluß an die in Oldenburg etablierten Kongregationen wie die Mauritzer Franziskanerinnen, Clemensschwestern oder die vornehmlich im Erziehungswesen tätigen Schwestern Unserer Lieben Frau.

Der stringente Rückgang ist auch als Folge eines allgemeinen gesellschaftlichen Prestigeverlustes der Ordenstätigkeit im Zuge des wirtschaftlichen Aufschwungs und des damit einsetzenden Säkularisierungsschubs anzusehen[201]. Der Prozeß der Modernisierung erfaßte innerhalb des katholischen Milieus insbesondere die sozial tätigen Kongregationen, deren primär dienende Funktion zunehmend in Frage gestellt wurde.

Als weitere – wenngleich geringer wiegende – Ursache für den Schwesternrückgang ist das am 19. November 1940 aufgrund des Krieges erlassene Verbot zum Ordenseintritt zu nennen, das einen ersten Abbruch der Eintrittszahlen für die Kriegsjahre zur Folge hatte[202]. Eine Umgehung dieser Bestimmung war allerdings durch die Aufnahme der Kandidatinnen als Krankenpflegeschülerinnen möglich, wodurch ihnen die spätere Bindung an die Gemeinschaft offenstand. Die großen Eintrittswellen der 1930er Jahre fanden damit aber ein Ende, und der Anteil junger Ordensfrauen, die erst unmittelbar im Vorfeld von Flucht und Vertreibung in die Kongregationen gegangen waren, erwies sich folglich als gering.

---

[198] Vgl. Bühler, Hans Harro, Altersaufbau, Nachwuchs und Tätigkeitsfelder der katholischen caritativen Schwesterngemeinschaften, in: caritas '95. Jahrbuch des Deutschen Caritasverbandes 1995, 435–443.

[199] Vgl. zu den Zahlen Gatz, Erwin, Krise und Wandel der sozial-caritativ tätigen Orden (wie Anm. 176), 431.

[200] Die Eintrittsbücher der Kongregationen verzeichnen in der Regel nur den Geburtsort der Schwestern, nicht aber den Ort (im Westen), von dem aus der Ordenseintritt erfolgte. So ist z. B. die Zahl der aus dem Offizialatsbezirk Oldenburg erfolgten Eintritte bei den Schwestern von der hl. Elisabeth nicht zu eruieren. Freundl. Mitteilung des Archivs des Provinzialats der Schwestern von der hl. Elisabeth in Reinbek an den Verf. v. 3.9.1998.

[201] Bühler, Hans Harro, Altersaufbau (wie Anm. 198), macht zusätzlich die Entwicklung zur Kleinfamilie u. die zunehmende Emanzipation der Frau für den Nachwuchsmangel verantwortlich.

[202] Vgl. ebd. (wie Anm. 198), 441.

Wirft man einen Blick auf die Zahlenentwicklung der aktiven Schwestern in den oldenburgischen Niederlassungen, so ist grundsätzlich festzustellen, daß die neu im Westen angesiedelten Gemeinschaften ihren Personalbestand in den ersten zwei Jahrzehnten nach der Vertreibung wenn auch nicht auszubauen, so aber zu halten vermochten. Eine Analyse der Schwesternzahlen der im Offizialatsbezirk mit Abstand am stärksten vertretenen ostdeutschen Kongregation, der Grauen Schwestern von der heiligen Elisabeth, belegt dies. Die Auflösung ihrer Niederlassung in Vechta 1952 war durch die vom zuständigen Kuratorium beschlossene Aufgabe des dortigen St.-Georgs-Stiftes bedingt. Die hier frei gewordenen Kräfte setzte die Provinzleitung durch Aufstockung des Personalbestandes in den bisherigen Niederlassungen sowie durch eine Neugründung in Delmenhorst-Düsternort ein.

Tabelle 4: Personalbestand der Grauen Schwestern von der heiligen Elisabeth im Offizialatsbezirk Oldenburg

| Niederlassung | Anzahl der Schwestern | | | |
|---|---|---|---|---|
| | 1947 | 1952 | 1957 | 1965 |
| Burhave Herz Mariä | 3 | 3 | 4 | 3 |
| Damme Maria Rast | 11 | 11 | 13 | 12 |
| Delmenhorst St.-Josef-Stift | 37 | 32 | 38 | 40 |
| Delmenhorst St.-Elisabeth-Stift, ab 1958: Hespenriede Hildegardstift | 5 | 6 | 4 | 8 |
| Delmenhorst-Düsternort St. Christophorus | – | – | 5 | 5 |
| Lethe St.-Elisabeth-Stift | 9 | 8 | 10 | 8 |
| Stenum St.-Michael-Stift | – | 8 | 8 | 5 |
| Vechta St.-Georgs-Stift | 13 | 9 | – | – |
| **insgesamt** | **78** | **77** | **82** | **81** |

*Quelle: Angaben aus dem Archiv des Provinzialats der Schwestern v. d. hl. Elisabeth, Reinbek*

Diese Kontinuität ist sicherlich nicht zuletzt dadurch bedingt, daß die Grauen Schwestern durch ihre starke und zudem schon traditionelle Präsenz in Delmenhorst ein vergleichsweise gut bestelltes Rekrutierungsfeld aufweisen konnten. Zwischen 1946 und 1960 traten allein sechs junge Frauen aus der Stadt Delmenhorst, darunter fünf Vertriebene, in diese Gemeinschaft ein[203]. Allerdings dürfen diese Zahlen wie auch der Personalstand in der Tabelle nicht darüber hinwegtäuschen, daß der Altersdurchschnitt der aktiven Schwestern bei steigender Lebenserwartung zwischen 1945 und 1965 erheblich zunahm. Wenn sich dazu die Schwesternzahl einzelner Niederlassungen noch geringfügig erhöhte, wie zwischen 1952 und 1957 in Damme erkennbar, so lag dies in der Aufnahme kranker bzw. älterer Schwestern begründet, die sich nach Kräften noch in der Altenpflege betätigten[204].

Die erst durch die Vertreibung im Offizialatsbezirk ansässig gewordenen übrigen ostdeutschen Kongregationen konnten freilich keinen entsprechenden Nachwuchs aus oldenburgischen Vertriebenenfamilien aufweisen, wobei die Ursache hierfür ganz offensichtlich in einem für neue Berufungen ungünstigen Umland zu suchen ist. Wenn beispielsweise die Schwestern Unserer Lieben Frau einen wesentlichen Anteil ihrer Neueintritte zum einen im kleinstädtisch-katholischen Umfeld ihrer oldenburgischen Wirkungsstätten im Schul- und Erziehungsbereich erzielten und die Mauritzer Franziskanerinnen eher im agrarisch-katholischen Milieu verwurzelt waren, so fiel es den im Oldenburger Münsterland tätigen ostdeutschen Kongregationen schwer, angesichts ohnehin zurückgehender Interessentenzahlen einheimische Mädchen für ihre als neuartig erscheinenden Gemeinschaften zu gewinnen.

Während die Rekrutierungsmöglichkeiten im traditionell katholischen Bereich also kaum gegeben waren, stand in der Diaspora die geringe gesellschaftliche Akzeptanz der Lebensform einer breiten Eintrittswelle im Wege. In Erkenntnis dieser Problemlage begannen viele Vertriebenenseelsorger damit, junge Mädchen aus ihrer Gemeinde nach der Schulentlassung in größere Niederlassungen von Kongregationen, in der Regel im Ruhrgebiet oder Rheinland, zu vermitteln. Dieser Transfer der jungen Generation verfolgte einen dreifachen Zweck. Einmal sollte den Jugendlichen mit kirchlicher Unterstützung der Weg zum Erlernen eines Berufes geebnet werden. Ein Ziel, das sich in der Wesermarsch oder in Friesland oft nur schwerlich verwirklichen ließ, da die Zahl der Arbeitsplätze gering war. Außerdem kamen die Geistlichen auf diese Weise der auf einer Bitte Papst Pius' XII. gegenüber Bischof Keller[205] basierenden Absicht nach, den Nachwuchs aus den Vertriebenenfamilien, die vielfach aus geschlossen katholischen Regionen Ostdeutschlands stammten, wieder in ein katholisches Milieu zurückzuführen[206]. Hierbei leisteten die Mutterhäuser und Provinzialate der ostdeutschen Kongregationen tatkräftig Unterstützung, um möglicherweise aus diesem Potential an jungen Mädchen Nachwuchs

---

[203] Vgl. Pfarrarchiv St. Marien Delmenhorst, wo die Namen der aus Delmenhorst stammenden Ordensfrauen gesammelt sind.

[204] Vgl. Engelbert, Kurt, Geschichte der Kongregation der Grauen Schwestern (wie Anm. 131), Bd. 3, 195.

[205] Vgl. Pius XII. an Bischof Michael Keller v. 20.12.1948, in: BAM A 55.

[206] Vgl. für Ganderkesee: Richter, Helmut, Erinnerungen aus meinem priesterlichen Leben in Ganderkesee von 1946 bis zu meiner Pensionierung 1980, Maschinenschrift, Ganderkesee 1980, 25f.

zu erhalten. Erwies sich also die dritte Intention, den Mädchen aus der Diaspora durch ihre Tätigkeit in Hauswirtschaft oder Kranken- und Altenpflege der vermittelten Häuser und Heime das Ergreifen eines geistlichen Berufes als erstrebenswertes Ziel vor Augen zu führen und einen Ordenseintritt nahezulegen, als nicht realisierbar, so blieb die Hoffnung, daß die Kinder der Vertriebenen nach Abschluß ihrer Ausbildung in der neuen, dritten Heimat Fuß faßten und dort einen katholischen Ehepartner fanden.

Die hier geschilderte Nachwuchskrise ließ sich ab Ende der 1950er Jahre auch optisch nicht mehr verbergen. War bereits der Abzug der Elisabethinerinnen aus Schwichteler 1954 offensichtlich aus Personalmangel erfolgt, so ist die Schließung des Konventes der ermländischen Katharinenschwestern in der Stadt Oldenburg 1959 eindeutig auf fehlenden Nachwuchs zurückzuführen. Äußeren Anlaß hatte zwar zunächst die Auflösung des von den Ordensfrauen betreuten Katholischen Schüler- und Lehrlingsheims geboten, dessen Räumlichkeiten in der Kaserne am Pferdemarkt den Katholiken aufgekündigt worden waren. Als sich jedoch der Pfarrer von St. Peter und selbst Offizial Grafenhorst einschalteten, um der Provinzoberin zu versichern, daß die Schwestern aus der dortigen Pfarrgemeinde St. Peter nicht wegzudenken seien, und ihnen in unmittelbarer Nähe zur Kirche ein neues Domizil anboten[207], ließ letztgenannte unverblümt wissen, „daß wir keine Schwestern haben. [...] Darum können wir nicht umhin, unser Arbeitsfeld zu verkleinern und Filialen (nicht nur Oldenburg) aufzuheben, um die kranken und alten Schwestern abzulösen. Nur wenn wir hier im Westen etwas mehr Nachwuchs hätten, würden wir unsere Reich-Gottes-Arbeit schaffen."[208]

## 4. Organisierte Caritas im Kontext politischer Maßnahmen

Eine Umsetzung der von Offizialat und Landes-Caritasverband ausgehenden Initiativen zur Betreuung der einströmenden ostdeutschen Katholiken ließ sich nur durch intensive Kontakte mit den verantwortlichen staatlichen Stellen und der britischen Militärregierung realisieren.

Letztlich handelte es sich hier um eine Förderung, weil die kirchliche Caritas dem Staat angesichts der Vertriebenenströme Aufgaben abnahm und sich das soziale Netz des Staates in Teilen des Offizialatsbezirks ohnehin wenig ausgeprägt erwies.

Es wäre jedoch verfehlt, von einem stets freundschaftlichen und spannungsfreien Verhältnis zwischen Kirche und staatlicher Ordnungsmacht vor dem Hintergrund der sozialen Anliegen der Vertriebenen auszugehen. Rein organisatorische Gründe waren es demnach, die Offizial Pohlschneider zuallererst veranlaßten, die als ungerecht empfundene Verteilung der Vertriebenen, die anscheinend gerade diametral entgegengesetzt zu

---

[207] Vgl. Dechant Leonhard Buken, Oldenburg, u. Grafenhorst an Provinzoberin der Katharinenschwestern in Münster v. 11.2. bzw. 11.3.1959, in: Pfarrarchiv St. Peter Oldenburg: Niederlassung der Katharinenschwestern.

[208] Provinzoberin der Katharinenschwestern in Münster an Buken v. 23.3.1959, ebd. In diesem Kontext steht auch die Auflösung der Station der Borromäerinnen in Roffhausen 1965.

den jeweiligen konfessionellen Mehrheiten erfolgte, gegenüber den britischen Besatzern zur Sprache zu bringen[209].

Vornehmlich unter karitativen Gesichtspunkten erschien es ihm sinnvoll, einen Bevölkerungstransfer evangelischer Vertriebenen nach Nord- und umgekehrt katholischer Vertriebener nach Südoldenburg vorzunehmen, um dadurch die Möglichkeiten karitativer Hilfeleistungen wesentlich zu erleichtern. Mit dem Wunsch, die katholischen Vertriebenen möglichst ausschließlich im katholischen Oldenburger Münsterland zu sehen, griff Pohlschneider ein Anliegen auf, das die deutschen Bischöfe bereits auf ihrer Fuldaer Konferenz im August 1945 geäußert hatten und dessen Umsetzung sie der von ihnen eingerichteten „Kirchlichen Hilfsstelle" in Frankfurt/Main aufgetragen hatten[210]. Als wichtigster Gefolgsmann und Unterhändler des Offizials fungierte dabei der neue Landes-Caritasdirektor Hans Watermann, der gemeinsam mit Pohlschneider die Belange der katholischen Kirche in dem von der Militärregierung einberufenen Landeswohlfahrtsausschuß vertrat. Nur angemerkt sei, daß ihm gegenüber ein britischer Oberst, der selber katholisch war, verlauten ließ, er sehe eine Vermischung der beiden Konfessionen sehr positiv[211]. Mag diese womöglich beiläufige Aussage auch als privates Bekenntnis gewertet werden, so ist sie doch schlechthin ein Indiz für die wenig aufgeschlossene Haltung der britischen Militärregierung in diesem Punkt, der hinsichtlich konfessioneller Eigenheiten „jegliches Verständnis"[212] fehlte.

Dabei hatten die Bemühungen der katholischen Kirchenleitung um eine Zuführung von mehrheitlich aus katholischen Christen bestehenden Vertriebenentransporten oder Zugabschnitten in die Kreise Vechta und Cloppenburg nicht erst nach dem Ende des größten Zustroms der Vertriebenen im Herbst 1946 eingesetzt, sondern schon Monate zuvor. Bereits unter dem Datum vom 8. August 1946 nämlich hatte Hans Watermann dem Oldenburgischen Staatsministerium, das in dieser Frage allerdings machtlos war[213],

---

[209] Vgl. Pohlschneider, Johannes, Der nationalsozialistische Kirchenkampf (wie Anm. 55), 121.

[210] Vgl. Bestätigung und Aufgaben der Kirchlichen Hilfsstelle, Dokument der Fuldaer Bischofskonferenz v. 23.8.1945, in: Volk, Ludwig, Akten deutscher Bischöfe, Bd. VI (wie Anm. 6), 706f. Hier, 707, wird als Aufgabe definiert: „Entsprechende Vorsorge, daß die Flüchtlinge möglichst in konfessions- und berufsgleiche Gebiete kommen."

[211] Vgl. Pohlschneider, Johannes, Der nationalsozialistische Kirchenkampf (wie Anm. 55), 121.

[212] Kuropka, Joachim, Die katholische Kirche im 20. Jahrhundert (wie Anm. 185), 615.

[213] Bereits angesichts des unkontrollierten Flüchtlingsstroms im Jahre 1945 war es nicht gelungen, diesen nach konfessionellen Gesichtspunkten zu steuern. Eine entsprechende Anweisung des hannoverschen Oberpräsidenten Hinrich Wilhelm Kopf an die Regierungspräsidenten der Oldenburg benachbarten Provinz Hannover v. 25.10.1945 hatte keine Wirkung gezeigt. Kopf hatte damit auf eine Bitte des Hildesheimer Bischofs Joseph Godehard Machens v. 26.9.1945 reagiert. Vgl. Verfügung Kopfs v. 25.10.1945, in: StAOl Best. 136-125-66, B 1b. Das Schreiben von Machens an Kopf findet sich bei Volk, Ludwig, Akten deutscher Bischöfe, Bd. VI (wie Anm. 6), 796–798.

das Anliegen des Offizialates vorgetragen und sich über den ausbleibenden Erfolg resigniert geäußert[214].

Einen Lichtschimmer am Horizont sah der Landes-Caritasdirektor schließlich im Anschluß an eine Sitzung des Landeswohlfahrtsausschusses am 7. September 1946, bei der es in Gegenwart des Kommandeurs der Militärregierung, Oberst Elwes, von Ministerpräsident Tantzen und Innenminister Wegmann zu einer erneuten Intervention gekommen war, der Elwes sich nicht verschlossen hatte[215]. Dem oldenburgischen Klerus teilte Watermann anschließend mit, daß die Angelegenheit noch nicht vom Tisch sei: „Allzuviel Gegenliebe war bei manchen Vertretern aus Nordoldenburg nicht festzustellen. Einem vom Ministerium zu bildenden Unterausschuß wurde die weitere Behandlung der Frage übertragen."[216] Damit war die Einsetzung einer Kommission des Landeswohlfahrtsausschusses angesprochen, der von katholischer Seite neben dem Vechtaer Oberkreisdirektor ebenfalls Hans Watermann angehörte. Obwohl gerade letzterer vehement die Pläne des Offizials unterstützte, kam das kirchliche Vorhaben einer Regulierung der Flüchtlingsverteilung entsprechend dem konfessionellen Status quo von vor 1945 jedoch über die Phase der Diskussion in diesem Gremium nicht hinaus. Offensichtlich zog sich die besagte Kommission letztlich eben doch die Abneigung der Militärregierung zu, die eine erneute Vertreibung der heimatlosen Menschen aus ihren Ankunftsorten im Westen kaum ohne Schwierigkeiten für durchführbar ansah, und verhielt sich abwartend bis ablehnend[217]. Dennoch hielt Watermann auch weiterhin an der Durchsetzung dieser Absicht fest, wenn er im Dezember 1946 – sehr zum Unwillen der auf Ruhe und Ordnung sowie eine schnellstmögliche Integration bedachten Besatzer – in einem Rundbrief an die Pfarrer und Caritassekretäre des Offizialatsbezirks betonte: „Die Forderung nach einem Flüchtlingsaustausch zwischen Nord- und Südoldenburg nach konfessionellen Gesichtspunkten wird von uns unvermindert aufrecht erhalten und konsequent immer wieder vertreten." [218]

---

[214] Vgl. Watermann an Staatsministerium v. 8.8.1946, in: StAOl Best. 136-125-66, B 1b.

[215] Vgl. ebd. Best. 136-125-66, B 2b. Besprechung v. 7.9.1946. Seggern, Andreas von, „Großstadt wider Willen". Zur Geschichte der Aufnahme und Integration von Flüchtlingen und Vertriebenen in der Stadt Oldenburg nach 1944 (Fremde Nähe – Beiträge zur interkulturellen Diskussion, Bd. 8), Münster 1997, 192f. Von Seggern verallgemeinert allein anhand der hier signalisierten Zustimmung zu einer Umsiedlung nach konfessionellen Gesichtspunkten, daß der Plan Pohlschneiders „auch von der Militärregierung grundsätzlich begrüßt wurde". Dieses Urteil widerlegt eine genaue Aufschlüsselung des Kontextes. Möglicherweise handelte es sich bei der Aussage von Oberst Elwes um ein rein taktisches Vorgehen, zumal die Militärregierung sich der wichtigen Funktion der katholischen Kirche u. insbesondere von Landes-Caritasdirektor Watermann, der ja an diesem Gespräch maßgeblich beteiligt war, durchaus bewußt war.

[216] Rundbrief des LCV v. 13.9.1946, in: Pfarrarchiv St. Marien Delmenhorst: Rundschreiben des Landes-Caritasverbandes.

[217] Die letzte Sitzung des Ausschusses fand am 18.2.1947 statt. Ein Protokoll hierüber liegt nicht vor.

[218] Rundbrief des LCV v. 12.12.1946, in: Pfarrarchiv St. Marien Delmenhorst: Rundschreiben des Landes-Caritasverbandes.

Während eine endgültige Entscheidung noch auf sich warten ließ, bestand Einvernehmen zwischen der Vechtaer Kirchenbehörde und dem zuständigen Ministerium des Innern in Oldenburg, wozu sicherlich beitrug, daß hier mit August Wegmann ein praktizierender Katholik aus dem Oldenburger Münsterland an der Spitze stand[219]. Die Zugehörigkeit des Ministers zum katholischen Milieu schlug sich jedenfalls wesentlich in einer Verordnung Wegmanns an die Oberbürgermeister und Landräte betreffs kirchlicher Betreuung der Flüchtlinge vom 2. Oktober 1946 nieder, deren wohlwollender Unterton nicht zu überhören ist[220]. Angesichts der katastrophalen Versorgungslage der Vertriebenen, die auch das Ministerium nicht verbessern könnte – so hieß es in der Verordnung –, sei von den Kreisbehörden den Kirchengemeinden und ihren Seelsorgern sowie den Wohlfahrtsverbänden jegliche Hilfestellung insbesondere bei der Bereitstellung von Verkehrsmitteln sowie Wohn- und Arbeitsraum bevorzugt zu gewähren, um deren karitative Bemühungen nicht zu gefährden. Gleichzeitig ließ dieser „Blankoscheck" für kirchliche Seelsorgsmaßnahmen damit aber schon zwischen den Zeilen erkennen, daß auch die Staatsregierung keine Veränderung der von den Alliierten geschaffenen Flüchtlingsverteilung anstrebte. Schließlich war man auch auf deutscher Seite „froh, die Vertriebenen erst einmal überhaupt untergebracht zu haben, was ja auf der Ortsebene mit fast unüberwindlich scheinenden Schwierigkeiten und Konflikten verbunden gewesen war"[221]. Im April 1947 wurde den noch verbliebenen geringen Hoffnungen Pohlschneiders und Watermanns, die weitgehende konfessionelle Homogenität im Offizialatsbezirk wiederherstellen zu können, ein endgültiges Ende bereitet. August Wegmann, nunmehr erster Präsident des in der Nachfolge des Freistaats Oldenburg eingerichteten niedersächsischen Verwaltungsbezirks Oldenburg, teilte den Mitgliedern des Ausschusses mit, er habe die Umsiedlungsfrage den Oberstadt- und Oberkreisdirektoren vorgelegt. Diese hätten sich jedoch gegen Ordnungsmaßnahmen nach konfessionellen Gesichtspunkten entschieden[222]. Als Gründe seien die zu befürchtende Unruhe unter den Betroffenen und die Tatsache genannt worden, daß der katholische Vertriebenenanteil in Nordoldenburg bei weitem die Aufnahmekapazität der Kreise Vechta und Cloppenburg überschreite.

Wegmann unterließ es nicht, sein Bedauern über diese Entscheidung von deutscher administrativer Seite auszudrücken und im Gegenzug vor den Landräten zu betonen, daß den Anliegen von Offizialat und Oberkirchenrat „darum auf anderem Wege Rechnung

---

[219] August Wegmann, geboren 1888 in Dinklage, gestorben 1976 in Oldenburg, Jurist, 1945–1946 oldenburgischer Innenminister, 1947–1953 Präsident des niedersächsischen Verwaltungsbezirks Oldenburg, 1955–1959 Innen- bzw. Finanzminister in Niedersachsen, 1954–1965 CDU-Landesvorsitzender. Zur Person vgl. Friedl, Hans, Artikel: Wegmann, August, in: Ders u. a. (Hrsg.), Biographisches Handbuch (wie Anm. 14), 784–786, u. Kramer, Franz, August Wegmann (1888–1976), in: Jahrbuch für das Oldenburger Münsterland 1977, 272–274.

[220] Minister des Innern an Oberbürgermeister und Landräte v. 2.10.1946, Abschrift, in: Pfarrarchiv St. Marien Delmenhorst: Ostvertriebene Katholiken. Vgl. hier auch den im folgenden wiedergegebenen Inhalt.

[221] Kuropka, Joachim, Die katholische Kirche im 20. Jahrhundert (wie Anm. 185), 615.

[222] Vgl. Wegmann an Ausschuß des Landeswohlfahrtsverbands v. 14.4.1947, in: Pfarrarchiv Bockhorn. Das Gespräch fand am 24.3.1947 statt.

getragen werden"[223] muß. Der Verwaltungspräsident sicherte Hilfen bei der Einrichtung katholischer Schulen zu. Konkret wies er die Landräte an, eine geschlossene Ansiedlung der jeweiligen konfessionellen Minderheit in den Landkreisen zu fördern, womit der Boden für den von der katholischen Kirche geleisteten und noch ausführlich zu thematisierenden Beitrag zur Siedlungstätigkeit bereitet war.

Offizialat und Landes-Caritasverband konnten in der Folge nur noch versuchen, ihren Einfluß bei den staatlichen Stellen zur Verbesserung der Lebenssituation ostdeutscher Katholiken geltend zu machen. In diesem Punkt sah Landes-Caritasdirektor Watermann im August 1949 akuten Handlungsbedarf der kirchlichen Zentrale, weil eine Aufstellung des Niedersächsischen Arbeitsministeriums über die zu diesem Zeitpunkt noch bestehenden Flüchtlingslager im Verwaltungsbezirk Oldenburg ein Ungleichgewicht zwischen Nord- und Südoldenburg aufwies. „Bei der Gesamtliste fällt uns auf, daß nur in Nordoldenburg Flüchtlingsläger vorhanden sind, nicht dagegen in den Kreisen Vechta und Cloppenburg, wo trotz der viel ungünstigeren Wohnverhältnisse die Flüchtlinge ausnahmslos in Wohnungen untergebracht wurden"[224], teilte er dem Pfarrer von St. Willehad in Wilhelmshaven mit. Unter Bezugnahme auf 1.661 Ostvertriebene, die gemäß der Statistik des Ministeriums allein in den drei Wilhelmshavener Lagern Rosenhügel, Rheinstraße und Jachmann lebten und damit den Hauptanteil der Lagerbewohner im Oldenburger Land stellten, forderte der Landes-Caritasdirektor: „Wir dürfen an diesen Dingen nicht vorübergehen und den menschenunwürdigen Zustand der Lagerunterbringung nicht als unabänderlich hinnehmen. [...] Wir werden also sehr ernstlich die Frage zu prüfen haben, ob nicht die örtliche Caritas allein oder in Gemeinschaft mit den anderen örtlichen Wohlfahrtsverbänden eine Eingabe an die Gemeindeverwaltung machen sollte, die Lager endlich aufzulösen und die Bewohner in menschenwürdige Wohnungen einzuweisen." Watermann regte des weiteren an, seitens des Landes-Caritasverbandes eine Demarche bei der Bezirksregierung in Oldenburg zu unternehmen bzw. eine Sonderaktion der Patengemeinden für die Lagerbewohner anzustrengen. Der Wilhelmshavener Geistliche begrüßte diese Vorschläge, sah in der Behebung der Probleme jedoch vornehmlich das Land Niedersachsen am Zuge, zumal der von ihm als unerträglich geschilderte soziale und moralische Zustand in den von Watermann genannten Lagern im wesentlichen durch die immense Arbeitslosigkeit bedingt sei, die in Wilhelmshaven herrsche. Nur durch die Anschaffung von Hausgerät für einen eigenen Hausstand, die wiederum von der Schaffung von Verdienstmöglichkeiten für die Flüchtlingsfamilien abhänge, sei es möglich, den Vertriebenen ein Leben außerhalb des Lagers zu ermöglichen[225].

---

[223] Vgl. Verfügung Wegmanns an die oldenburgischen Landräte v. 14.4.1947, ebd.
[224] Watermann an Pfarrer Joseph Zumbrägel, Wilhelmshaven, v. 18.8.1949, in: Pfarrarchiv St. Willehad Wilhelmshaven: Caritas. Hier auch das folg. Zit.
[225] Vgl. Zumbrägel an Watermann v. 31.8.1949, ebd.

Anscheinend sind aber aus der Diskussion dieses Mißstandes keine konkreten Schritte von Vechta hergeleitet worden[226]. Anläßlich der Übergabe einer weihnachtlichen Lebensmittel- und Kleiderspende der niederländischen Wohlfahrtsverbände für die Bewohner des Lagers Roffhausen[227] brachte der vorgenannte Geistliche aus Wilhelmshaven seine Klage mehr als ein Jahr später, im Dezember 1950, erneut beim Landes-Caritasverband vor[228]. Ihn stimme nachdenklich, daß Roffhausen ohnehin ein Musterlager sei und zudem aus einer eigenen Patengemeinde Rückhalt bekomme, während die in der Stadt befindlichen Lager sämtlich von der Patengemeinde seiner Pfarrei St. Willehad versorgt werden müßten. Damit hatte der einheimische Priester noch einmal deutlich auf die isolierte kirchliche Situation der ostdeutschen Katholiken innerhalb des Stadtgebietes von Wilhelmshaven hingewiesen.

Doch war die Hilfsaktion für Roffhausen ja nicht vom Landes-Caritasverband, sondern aus dem Ausland organisiert worden, so daß eine günstigere Lenkung von dort aus kaum möglich gewesen wäre. Offenbar setzte sich hier bzw. im Offizialat auch immer mehr die Erkenntnis durch, daß die kirchlichen Stellen auf die Wohnraumsituation der Vertriebenen kaum spürbaren Einfluß nehmen könnten. Der Information diente hier allerdings noch 1951 eine Rundfrage der kirchlichen Behörde aus Vechta bei allen leitenden Seelsorgern im Dekanat Oldenburg, die sechs Fragen zur gegenwärtigen Wohnraumsituation der ostvertriebenen Katholiken enthielt[229]. Innerhalb von 14 Tagen hatten die Pfarrseelsorger unter anderem darüber Auskunft zu geben, wieviele Familien in ihrem Seelsorgebezirk nur über einen einzigen Wohnraum verfügten, in welchen Fällen mehr als drei Personen in einem Raum nächtigen mußten, und wie hoch die Zahl der Familien ohne eigene Küche war. Nur exemplarisch seien hier im folgenden die Angaben für die Rektoratsgemeinde Burhave wiedergegeben. Dort lebten nach Information des Pfarrektors 59 Familien in jeweils nur einem Raum, in 13 Fällen schliefen mehr als drei Personen in einem Zimmer, und immerhin 27 Haushalte besaßen keine eigene Küche.

## 5. Organisierte Caritas im Kontext anderer Wohlfahrtsverbände

Mit der Eingliederung in das neue Land Niedersachsen stellte sich zum Jahreswechsel 1946/47 in Oldenburg die Frage nach einer engeren Kooperation der Wohlfahrtsverbän-

---

[226] Da die Aktenlage zu karitativen Maßnahmen dieser Art sehr dürftig ist, kann der Aspekt kirchlicher Hilfe für Flüchtlinge in Lagern und Notunterkünften hier nur rudimentär aufgegriffen werden.

[227] Die Übergabe fand unter großer Presseresonanz durch Offizial Grafenhorst statt. Vgl. hierzu einen unter der Überschrift „Holländer brachten Freude in Kinderherzen" stehenden umfangreichen Bericht in der Nordwest-Zeitung v. 12.12.1950.

[228] Vgl. Zumbrägel an Watermann v. 15.12.1950, in: Pfarrarchiv St. Willehad Wilhelmshaven: Caritas.

[229] Vgl. Rundschreiben des Offizialats an die Pfarrer u. Pfarrektoren im Dekanat Oldenburg v. 4.12.1951, in: OAV A-9-74. Hier die Antwort v. Erzpriester Schinke an das Offizialat v. 7.12.1951, ebd.

de, wie sie in der bisherigen Provinz Hannover durch den Zusammenschluß zu einem „Hilfswerk der freien Wohlfahrtsverbände" zu diesem Zeitpunkt bereits erfolgt war[230]. Die Adaptierung dieses Vorbilds für das Oldenburger Land hätte die Möglichkeit eröffnet, zum einen gegebenenfalls größere Hilfslieferungen erhalten und verteilen zu können, zum anderen aber auch im Hinblick auf die ostvertriebenen Katholiken in Friesland oder der Wesermarsch den Vorteil gehabt, ortsnäher und somit unkomplizierter helfen zu können. Insgesamt implizierte das Kooperationsmodell einerseits eine gerechtere Verteilung aller einlaufenden Spenden bei gleichzeitiger größerer Wirtschaftlichkeit. Andererseits zeigte das Vorpreschen in Hannover, daß dadurch die eigenständige Handlungsfähigkeit der Einzelverbände stark eingeschränkt war. Aus diesem Grund entschieden sich Offizialat und Landes-Caritasverband dafür, den staatlich geförderten Zentralisierungsbestrebungen auf dem Gebiet der Wohlfahrtsverbände „aus grundsätzlichen und Zweckmäßigkeitsgründen"[231] eine Absage zu erteilen, gleichzeitig aber den Wunsch einer losen Zusammenarbeit mit anderen Wohlfahrtsträgern zu bekräftigen. Eine zu diesem Zweck am 7. Juli 1947 gegründete „Arbeitsgemeinschaft der freien Wohlfahrtsverbände", die auf Empfehlung der Vechtaer Caritas-Zentrale auch auf Kreis- und Kommunalebene ausgebaut werden sollte, machte gemeinsame Aktionen von der ausdrücklichen Zustimmung jedes einzelnen Mitgliedsverbandes abhängig[232].

Damit hatten es die kirchlichen Verantwortlichen in Vechta verstanden, auf der einen Seite Gesprächsbereitschaft zu signalisieren, um angesichts der schwierigen Versorgungslage gerade unter den katholischen Vertriebenen in Nordoldenburg möglicherweise gemeinsame Aktionen durchzuführen, auf der anderen Seite aber vor allem den direkten Kontakt zu ihrer katholischen Klientel grundsätzlich zu behalten. Bei dieser Entscheidung mag nicht zuletzt der Gedanke mitgespielt haben, daß die Präsenz der Caritas als katholischer Organisation insbesondere bei den in die Diaspora gelangten Flüchtlingsfamilien ein Faktor zur Stärkung ihrer in protestantischem Umfeld als gefährdet angesehenen kirchlichen Bindung bedeuten konnte, letztlich spielte aber auch die unangenehme Erinnerung an die Vereinnahmung der Caritas durch die NSV in der NS-Zeit eine Rolle bei der Ablehnung „eines neutralen Schmelztiegels"[233]. In diesem Sinne ist auch

---

[230] Vgl. Rundschreiben des LCV v. 20.8.1947, in Pfarrarchiv St. Marien Delmenhorst, wo die Haltung des LCV erläutert u. die Bildung der „Arbeitsgemeinschaft der freien Wohlfahrtsverbände" bekanntgegeben wurde. Die Kritik Watermanns entzündete sich an den zum 1.11.1946 im übrigen Niedersachsen in Kraft getretenen „Grundsätzen der Arbeitsgemeinschaft der freien Wohlfahrtsverbände".

[231] Ebd. Insbesondere wollte sich die Caritas die Durchführung eigener Sammlungen vorbehalten, die in einer festen Zweckgemeinschaft mit anderen Wohlfahrtsverbänden erheblich eingeschränkt worden wäre.

[232] Vgl. Vereinbarung zur Gründung einer Arbeitsgemeinschaft der freien Wohlfahrtsverbände des Bezirks Oldenburg v. 7.7.1947, hektographiert, in: Pfarrarchiv St. Marien Delmenhorst: Rundschreiben des Landes-Caritasverbandes. Der Arbeitsgemeinschaft gehörten folgende Verbände an: Landes-Caritasverband, Innere Mission u. Hilfswerk der Ev.-luth. Kirche in Oldenburg, Deutsches Rotes Kreuz, Arbeiterwohlfahrt u. Jüdische Wohlfahrt.

[233] Ebd.

eine Direktive von Landes-Caritasdirektor Watermann im Vorfeld des Weihnachtsfestes 1947 zu bewerten, welche die Weihnachtsfeiern für die bedürftigen Flüchtlinge unter den Auspizien der „Arbeitsgemeinschaft der freien Wohlfahrtsverbände" zwar nicht untersagte, jedoch deren christliche Gestaltung einforderte[234].

Einer der Vorreiter dieses Zusammenschlusses der Wohlfahrtsverbände war der Landkreis Wesermarsch gewesen, wo bereits im März 1947 eine konstituierende Sitzung der neuen Arbeitsgemeinschaft stattgefunden hatte. Demnach sollten dort künftig kleinere Lieferungen, die direkt für die entsprechenden Verbände bestimmt waren, selbständig von Caritas, Arbeiterwohlfahrt usw. verteilt werden, während größere Spenden im Sinne einer Berücksichtigung aller Vertriebenen von der Arbeitsgemeinschaft weitergegeben werden mußten[235]. Da jedoch die Kategorien „kleiner" und „größer" nicht näher bestimmt worden waren, blieb ein Interpretationsspielraum.

Angesichts der gemeinsamen christlichen Zielsetzung bestand eine über die Milieugrenzen hinausreichende inhaltliche Nähe des Caritasverbandes insbesondere zu den Hilfsorganisationen der evangelischen Landeskirche. Auch hier hatte man „den Ruf unseres Gottes durch die unübersehbare Not unseres Volkes"[236] gespürt, wie ein evangelischer Pfarrer schrieb, und nach neuen Wegen gesucht, um dem Vertriebenenproblem sowie den sich insbesondere in der evangelischen Diaspora Südoldenburgs manifestierenden Schwierigkeiten wirkungsvoll zu begegnen. In der Stadt Vechta etwa hatten der Bürgermeister, der katholische Klerus und der evangelische Pastor am 7. November 1945 eine gemeinsame Proklamation veröffentlicht, in der in eindringlichen Worten an das christliche Verantwortungsbewußtsein der gesamten Bevölkerung gegenüber den Flüchtlingen appelliert wurde. „Öffnet den Flüchtlingen [...] Türen und Herzen. Teilt eure Kartoffel mit den Hungernden. Fastet auf dem Lande, damit die Seelen der Verhungerten euch nicht anklagen vor Gott"[237], hieß es dort als Botschaft an alle Bürger. Die allgemeine Not hatte die bisher streng beachteten konfessionellen Schranken für einen Augenblick durchbrochen, wobei die konkrete Organisation der Hilfsmaßnahmen dann jedoch wieder getrennt erfolgte.

So war neben dem Landesverein für Innere Mission im November 1945 ein oldenburgischer Landesausschuß des kurz zuvor neu gegründeten „Hilfswerkes der Evangelischen Kirchen in Deutschland" ins Leben gerufen worden, der den Flüchtlingsbelangen dieser Konfession eine spezifische Interessenvertretung garantierte und durch Spendenaufrufe, Verteilung von Lebensmitteln und Kleidung an Flüchtlinge, Schulspeisungen für

---

[234] Vgl. Rundschreiben des LCV v. 26.11.1947, in: Pfarrarchiv St. Marien Delmenhorst.

[235] Vgl. Caritas-Sekretariat Brake an Offizialat v. 13.3.1947, in: OAV A-3-79.

[236] Zit. bei: Höpken, Heinrich, Diakonie in Oldenburg, in: Ev.-luth. Oberkirchenrat (Hrsg.), Auf dem Wege. Beiträge zur Geschichte und Aufgabe der Evangelisch-Lutherischen Kirche in Oldenburg, Oldenburg o.J. (1961), 213–227, hier 215. Die grundsätzliche Bereitschaft von ev.-luth. u. kath. Kirche zur Kooperation in karitativen Belangen bestätigt auch eine Untersuchung über die Flüchtlings- und Vertriebenenintegration in der Stadt Oldenburg: Seggern, Andreas von, „Großstadt wider Willen" (wie Anm. 215), 122.

[237] Aufruf an die Bürger der Stadtgemeinde Vechta v. 7.11.1945, zit. bei Lesch, Karl Josef, „Gebt ihnen nicht kahle Räume ...". Beschwörender Appell an die Bevölkerung, in: Heimatblätter Nr. 4 v. 12.8.1995, 43.

Flüchtlingskinder sowie besondere Fürsorge für die zahlreichen evangelischen Flüchtlingspfarrer und ihre Familien in vielerlei Hinsicht entsprechend der Caritas an den evangelischen Vertriebenen wirkte[238]. Neben der vielerorts losen Zusammenarbeit in der „Arbeitsgemeinschaft freier Wohlfahrtsverbände" ergab sich auf dieser Ebene eine effektivere Kooperation zwischen Caritas und Hilfswerk der Evangelischen Kirche, so zum Beispiel in der südlichen Wesermarsch, wo beide Konfessionen sich zur „Stedinger Volkshilfe" zusammengeschlossen hatten[239], oder in Lohne, wo das lokale „Werk christlicher Nächstenliebe" sich zur Aufgabe gestellt hatte, die Not der Vertriebenen beider Konfessionen gleichermaßen zu lindern[240].

Eine strenge konfessionelle Abgrenzung bei der Ausgabe materieller Güter gab es schließlich überall im Oldenburger Land dann nicht, wenn die Wohlfahrtsverbände nur als Verteilerinstanz fungierten. So übernahm der Landes-Caritasverband beispielsweise in sämtlichen Flüchtlingslagern der Kreise Vechta und Cloppenburg den Transport und die Verteilung von Lebensmitteln, die vom Landesernährungsamt in Oldenburg für die dort untergebrachten Kinder zur Verfügung gestellt worden waren. Dies geschah im übrigen unter der Anweisung von Landes-Caritasdirektor Watermann, es sei „streng darauf zu achten, daß die Verteilung ohne Unterschied der Konfession"[241] erfolge.

## 6. Organisierte Caritas im Kontext ausländischer Hilfsmaßnahmen

Die Aufbauhilfe für die gut 60.000 katholischen Vertriebenen in Nordoldenburg konnte nur zu einem Teil von den rund 100.000 Katholiken im südlichen Teil des Offizialatsbezirks bestritten werden. Der Landes-Caritasverband war daher darauf angewiesen, einen beträchtlichen Teil an Sachspenden aus dem Ausland zu erhalten. Nachdem aus Papstspenden bereits zahlreiche Mittel nach Oldenburg geflossen waren, appellierte Landes-Caritasdirektor Watermann im Mai 1948 im Vorfeld eines Rombesuches des Offizials an diesen, „doch im Anschluß an Ihren Besuch bei der Zentralstelle des Päpstlichen Hilfswerks in Rom dorthin vorstellig zu werden, ob nicht durch eine oder mehrere Sonderzuweisungen an uns Ihre Romreise auch in dieser Hinsicht zu einem unmittelbaren Erfolge

---

[238] Der Landesausschuß des ev. Hilfswerkes begann sein Wirken mit einem Spendenappell zum Erntedankfest 1945. In den Folgejahren wurde die Erntedankkollekte für die Flüchtlingsnot zu einer ständigen Einrichtung. 1955 wurden Hilfswerk und Innere Mission zum Diakonischen Werk zusammengefaßt. Vgl. Höpken, Heinrich, Diakonie in Oldenburg (wie Anm. 236).
[239] Vgl. 25 Jahre kath. Pfarrgemeinde „Heilig-Geist" Lemwerder (Oldb) 1945–1970, Lemwerder o. J. (1970), 6.
[240] Vgl. Stechbart, Karl, Becker, Clemens, Folgen des verlorenen Krieges und der Vertreibung für Lohne, in: Lohne (Oldenburg). Berichte aus der Zeit seiner Entwicklung, Vechta 1980, 448–455, hier 452.
[241] In diesem Fall ging es um die Verteilung in den Flüchtlingslagern Harkebrügge und Löningen-Durlagsberg. Schreiben des LCV v. 13.4.1950, in: Pfarrarchiv Löningen. Abgedruckt bei: Kuropka, Joachim, Vom Neubeginn bis zur Gegenwart (wie Anm. 64), 222.

führen könnte"[242]. Insgesamt wurden im Zeitraum von 1946 bis 1962 über 600.000 Tonnen Sachgüter in einem Wert von 1,2 Milliarden DM von über 200 zumeist kirchlichen Hilfswerken aus 30 Nationen nach Deutschland geliefert. Rund ein Viertel davon wurde von den kirchlichen Hilfswerken, darunter der Caritas, weitergeleitet. 125.000 Tonnen davon wurden allein in den Jahren bis 1958 von der Caritas-Auslandshilfe verteilt[243]. Dabei handelte es sich vor allem in der unmittelbaren Nachkriegszeit vornehmlich um individuelle Hilfsaktionen von kirchlich-karitativen Institutionen oder von Einzelpersonen, die unter anderem in Schweden, der Schweiz, Brasilien, Irland, Argentinien, Chile oder den USA beheimatet waren[244].

Einen besonderen Stellenwert für die Stärkung des katholischen Milieus in der Diaspora nahm seit ihrer Gründung im Februar 1948 auch die „Ostpriesterhilfe" (Oostpriesterhulp) des belgischen Prämonstratenserpaters Werenfried van Straaten ein[245]. Als Empfänger fungierte hier in der Regel der Diözesan-Caritasverband in Münster, wie beispielsweise bei der ersten Hilfssendung brasilianischer Katholiken für Deutschland vom Sommer 1946[246]. Die aus dieser Auslandsspende nach Münster und Xanten gelangten je 13 Tonnen umfassenden Ladungen – vor allem mit Bohnen, Haferflocken, Maizena, Schmalz und Fleischkonserven – wurden im westfälischen und niederrheinischen Bistumsteil weitervermittelt. Der Offizialatsbezirk Oldenburg erhielt gemäß einem in Münster festgelegten Schlüssel zum einen nur geringe Anteile aus den Auslandsspenden, die zunächst 6 %, ab 1948 9 % der jeweiligen Sendung umfaßten. Zum anderen erfolgte die Zuteilung verzögert. Diese Benachteiligung machte sich an der Basis verständlicherweise schnell bemerkbar, wie ein Vertriebenenseelsorger im September 1948 dem Diözesan-Caritasverband mitteilte. Er argumentierte, daß nicht nur seine Gemeindemitglieder, sondern alle Flüchtlinge in Oldenburg sich trotz der prozentualen Erhöhung des Zuteilungssatzes benachteiligt fühlten, weil der Anteil der oldenburgischen Katholiken an der Bistumsbevölkerung mit 11 % immer noch um 2 % höher sei als der nunmehr zugestandene Anteil an Auslandsspenden. Außerdem habe man bei der Berechnung unberücksichtigt gelassen, daß der Prozentsatz der Heimatvertriebenen unter den Katholiken Oldenburgs

---

[242] Watermann an Pohlschneider v. 22.5.1948, in: OAV A-3-122.

[243] Vgl. Püschel, Erich, Die Hilfe der Caritas (wie Anm. 6), 266.

[244] Vgl. Wollasch, Hans-Josef, Humanitäre Auslandshilfe für Deutschland nach dem Zweiten Weltkrieg. Darstellung und Dokumentation kirchlicher und nichtkirchlicher Hilfen, Freiburg 1976. Als Überblick vgl. Aschoff, Hans-Georg, Überlebenshilfe: Flüchtlinge, Vertriebene, Suchdienste, Kriegsgefangene und Internierte, in: Gatz, Erwin (Hrsg.), Geschichte des kirchlichen Lebens in den deutschsprachigen Ländern seit dem Ende des 18. Jahrhunderts, Bd. V: Caritas und soziale Dienste (wie Anm. 53), 255–279, u. Ders., „Die Fremden beherbergen" (wie Anm. 14), insbes. 167f.

[245] Zur Ostpriesterhilfe vgl. Kindermann, Adolf, Artikel: Ostpriesterhilfe, in: LThK, 2. Aufl., Bd. 7 (1962), Sp. 1292, u. Straaten, Werenfried van, Sieben Jahre Ostpriesterhilfe, Tongerlo o. J. (1955).

[246] Vgl. Wollasch, Hans-Josef, Humanitäre Auslandshilfe (wie Anm. 244), 121–124.

weit über dem im westfälischen bzw. rheinischen Bistumsteil liege[247]. Diese Klage verdeutlicht exemplarisch, daß die Berücksichtigung der oldenburgischen Diaspora an den über die Münsteraner Caritaszentrale verteilten Auslandsspenden äußerst gering war und in der Folge aufgrund der starken Autonomie des Landes-Caritasverbandes und der sich daraus ergebenden Streitigkeiten zwischen Münster und Vechta zunehmend verzögert wurde.

## 7. Das System der Pfarr-Caritas

In ihrer hierarchischen Strukturierung erwies sich die wiederaufgebaute organisierte Caritas als Abbild der Kirche selbst. Dem Deutschen Caritasverband in Freiburg/Breisgau unterstanden die Diözesan-Caritasverbände, über die Dekanats-Caritasverbände hin zur Pfarr-Caritas in den einzelnen Gemeinden. Bedingt durch die oldenburgische Besonderheit eines Landes-Caritasverbandes als zusätzlicher Instanz zwischen Bistum und Dekanat und angesichts der in Oldenburg hervorgehobenen Stellung der Pfarr-Caritas war die Dekanatsebene anfänglich nicht ausgebaut worden. Erst auf dringenden Wunsch der übergeordneten Instanzen in Freiburg bzw. Münster hin hatte Offizial Pohlschneider im Juli 1946 um Errichtung hauptamtlich besetzter Caritas-Sekretariate in allen Dekanaten bzw. größeren Städten nachgesucht[248].

In Nordoldenburg entstanden auf diese Weise neben dem bereits am 1. Juni 1945 eröffneten Caritas-Büro in Delmenhorst[249] 1946 in den Städten Oldenburg, Brake und Nordenham sowie 1949 schließlich ebenfalls in Wilhelmshaven, wo bereits zuvor ein hauptamtlicher Caritas-Fürsorger eingesetzt gewesen war, eigenständige Sekretariate[250]. Deren Leitung wurde in Brake und Oldenburg vertriebenen Schlesiern übertragen, die sich persönlich gut in die Not ihrer Landsleute hineinversetzen konnten[251]. Im Oldenburger

---

[247] Vgl. Pfarrer Otto Jaritz, Rastede, an Volkmann v. 19.9.1948, in: OAV Nachlaß Otto Jaritz (1909–1987). Der Vertriebenenanteil betrug nach der Volkszählung 1950 im Offizialatsbezirk Oldenburg 28,7 %, im westfälischen Bistumsteil 8,3 % und am Niederrhein sogar nur 7,0 %. Vgl. Trautmann, Markus (Bearb.), Die Vertriebenen im Spiegel statistischer Erhebungen, in: Hirschfeld, Michael, Trautmann, Markus (Hrsg.), Gelebter Glaube – Hoffen auf Heimat (wie Anm. 14), 433–454, hier 442f.

[248] Vgl. Rundschreiben des LCV v. 25.7.1946, 2, in: Pfarrarchiv St. Marien Delmenhorst: Rundschreiben des Landes-Caritasverbandes.

[249] Vgl. Las Casas, Joachim, Caritas in der Pfarrgemeinde, in: 1879–1979. 100 Jahre Katholische Kirchengemeinde Delmenhorst, Delmenhorst 1979, 120–122, hier 120.

[250] Vgl. Pohlschneider, Johannes, Unsere Oldenburgische Diaspora. Tatsachen und Eindrücke, in: Paulus und Liudger. Ein Jahrbuch aus dem Bistum Münster, Bd. 2 (1948), Münster 1948, 42–49, hier 49. Zu Wilhelmshaven vgl. 100 Jahre Katholische Kirche in Wilhelmshaven, Erolzheim 1960, 111, u. Chronik der Pfarrgemeinde St. Willehad Wilhelmshaven. Hier war ein Vetter von Landes-Caritasdirektor Watermann Caritas-Sekretär.

[251] In Brake u. Oldenburg wurde jeweils ein vertriebener Schlesier als Caritas-Sekretär eingestellt.

Münsterland wurden entsprechende Stellen in fünf zentralen Orten eingerichtet[252]. Wie sehr damals die akute Hilfe im Vordergrund stand und eine Institutionalisierung der lokalen Caritasarbeit dabei zurückgestellt wurde, zeigt die Tatsache, daß die örtlichen Caritas-Verbände anfänglich nur in loser Rechtsform als Untergliederung des Landes-Caritasverbandes bestanden und häufig erst nach Jahrzehnten als eingetragene Vereine errichtet wurden[253].

Von besonderer Wichtigkeit für die Formierung der Pfarr-Caritas erwies sich auch die vom Ministerium am 31. August 1945 verfügte Bildung von Flüchtlingsausschüssen auf der Ebene der Städte und Gemeinden, denen neben den Geistlichen ebenso Vertreter der kirchlichen Wohlfahrtsverbände (Innere Mission, Caritas) angehören sollten. Damit hatte die örtliche Caritas die Möglichkeit erhalten, über den rein pfarrlichen Rahmen hinaus auf die kommunalen Maßnahmen zur Vertriebenenaufnahme Einfluß zu nehmen. Landes-Caritasdirektor Watermann ermahnte in diesem Zusammenhang nachdrücklich die Pfarrgeistlichen, bei den Gemeindeverwaltungen geeignete Laien als Vertreter der Caritas zu benennen[254]. Gleiches galt auch im Hinblick auf die Bildung kommunaler Gliederungen der „Arbeitsgemeinschaft der freien Wohlfahrtsverbände", für die als Repräsentanten der katholischen Kirche die Pfarr-Caritas-Mitglieder in Frage kamen[255]. Hinzu trat die Entsendung eines Mitglieds in die kommunalen Wohlfahrts- und Fürsorge-Ausschüsse.

Ein Element der Liebestätigkeit auf Pfarreiebene war der in den ersten Nachkriegsjahren besonders geförderte, in der katholischen Kirche traditionelle Opfergedanke, der sich nicht allein auf Spenden der Gemeindemitglieder bezog, sondern auf das gesamte Gemeindeleben ausgedehnt wurde. War die Bezeichnung „Opfersonntag" ab 1941 – und ab dem Folgejahr auch die Alternative „Opfertag" – verboten worden, da die Nationalsozialisten diesen Begriff für die Haussammlungen des Winterhilfswerkes (WHW) adaptiert hatten[256], so kehrte der Topos „Opfer" nach 1945 um so demonstrativer in vielen Facetten des kirchlichen Lebens wieder. Die Bereitung von Brot und Wein zur Wandlung

---

[252] In Visbek, Vechta, Damme, Dinklage, Cloppenburg und Friesoythe. Vgl. Rundbrief des LCV v. 13.9.1946, in: Pfarrarchiv St. Marien Delmenhorst: Rundschreiben des Landes-Caritasverbandes.

[253] Gemäß der Satzung des Landes-Caritasverbandes fungierten die Ortsvereine neben dem Vorstand, dem Landesausschuß u. der Mitgliederversammlung als dessen Organ, ebd., § 7. Vgl. Geerlings, Dieter, Knievel, Wilfried, Caritas – bleibender Auftrag im sozialen Wandel (wie Anm. 46), 215. So wurde z.B. in Delmenhorst erst 1970 der Caritas-Verband als e.V. mit eigener Satzung konstituiert. Vgl. Kirche und Leben Oldenburg v. 20.3.1970.

[254] Vgl. Rundschreiben des LCV v. 12.12.1946, in: Pfarrarchiv St. Marien Delmenhorst: Rundschreiben des Landes-Caritasverbandes. Außerdem wurde hier darum gebeten, darauf zu achten, daß Caritas-Vertreter in die Kreiswohlfahrtsausschüsse berufen würden.

[255] Im Rundschreiben des LCV v. 20.8.1947, ebd., wurde eine „ständige Beteiligung der Pfarrcaritas sämtlicher Kirchengemeinden an der gemeindlichen Arbeitsgemeinschaft" gefordert.

[256] Vgl. Kirchliches Amtsblatt für die Diözese Münster v. 27.11.1941 u. 12.3.1942. Hier die an den Vorsitzenden der Fuldaer Bischofskonferenz, Kardinal Bertram, gerichteten Verbote des Reichsministers für die kirchlichen Angelegenheiten.

am Beginn der Eucharistiefeier wurde als „Opferung" der Gemeinde an Christus verstanden und erhielt Vorbildcharakter für die weltliche „Opferung" zugunsten Notleidender in der Gemeinde. In der Konsequenz hielten Begriffe, wie zum Beispiel „Opfergemeinschaft" für die um den „Opferaltar" versammelte Gemeinde, Einzug in das kirchlich-liturgische Vokabular und versuchten damit die Sinnbildlichkeit des Opfertodes Christi für die in der aktuellen Situation gebotene Hilfe zu verstärken.

### a) Pfarr-Caritas in Nordoldenburg

Die Akzentuierung der Pfarr-Caritas brachte innerhalb des katholischen Milieus eine zunehmende Freisetzung von Laieninitiativen mit sich. Wurden die Gläubigen in der Regel von den zuständigen Pfarrseelsorgern zur Mitarbeit aktiviert, so gründeten die katholischen Bewohner der Wilhelmshavener Siedlung Altengroden im April 1948 aus eigener Initiative einen Caritasverein, dessen Satzung neben der Betreuung Notleidender vor allem die Einrichtung eines katholischen Kindergartens vorsah[257]. Da es sich hierbei um einen einzigartigen Fall handelte, nämlich zum einen um die einzige örtliche Caritasgruppe im Offizialatsbezirk, die sich sofort als eingetragener Verein konstituierte, und zum anderen um eine Initiative, deren Tätigkeitsbereich außerdem nicht mit kirchlichen Gemeindegrenzen kongruent war, bedarf der Caritasverein Altengroden hier einer genaueren Betrachtung. In Wirklichkeit nahm nämlich der karitative Impetus bei den Laiengründern einen sekundären Platz ein, und es ging ihnen primär um die Schaffung eines Gottesdienstraumes in der Siedlung[258]. Da in Wilhelmshaven die Übernahme eines Hauses nur bei Nachweis eines sozialen Zwecks behördlich genehmigt wurde, legten sich die Altengroder Katholiken gleichsam den Deckmantel des Sozialen um. Im Grunde genommen handelte es sich bei dem Caritasverein jedoch um einen Kirchbauverein, dessen eigentliches Vorhaben darin bestand, das im Dezember 1949 in einem gemieteten Haus eröffnete sogenannte Caritasheim Altengroden mit Kindergarten zum Ausgangspunkt einer separaten Kirchengemeinde zu machen, wobei das Projekt nach wenigen Jahren an der fehlenden Unterstützung des Klerus scheiterte[259].

Im Laufe der Jahre 1946/47 wurden flächendeckend in allen vor Kriegsende bestehenden Pfarreien örtliche Caritasstellen eingerichtet[260]. Bei dieser Form der Fürsorge ging es darum, dem Grundgedanken einer intensiven Einbindung der Laien in die soziale Arbeit in Ergänzung zu den hauptamtlich besetzten Caritassekretariaten einen festen

---

[257] Vgl. Satzung des Caritasvereins Altengroden v. 5.4.1948, in: OAV B-71-12a.

[258] Vgl. ein sieben Seiten umfassendes Exposé des Caritasvereins Altengroden v. 3.1.1952, das die Entstehungsgeschichte reflektiert, ebd.

[259] Das Caritasheim mit Kindergarten wurde zum 31.3.1952 aufgegeben. Vgl. ebd.

[260] Zur Entstehung der einzelnen Orts-Caritasverbände vgl. die Berichte in den Festschriften der einzelnen Gemeinden: 1878–1978. 100 Jahre St. Marien Brake, Brake o.J. (1978), 70ff., Las Casas, Joachim, Caritas in der Pfarrgemeinde (wie Anm. 249), 120–122, 100 Jahre Katholische Kirche in Wilhelmshaven (wie Anm. 250), 111. In Wilhelmshaven bestand eine Caritas-Arbeitsgemeinschaft für die fünf Gemeinden St. Marien, St. Willehad, Christ König, Stella Maris u. Roffhausen. Vgl. Offizialat an Caritassekretariat Wilhelmshaven v. 4.3.1948, in: OAV A-3-122.

organisatorischen Rahmen zu geben. Gerade weil man sich bewußt war, daß die soziale Komponente kirchlicher Erfahrung für den einzelnen Heimatvertriebenen insbesondere auf der lokalen Ebene seines Ankunftsortes sichtbar werden würde, schien den Verantwortlichen im Oldenburger Land dies zwingend notwendig[261]. Zwei Grundsätze sollten hier für die Verpflichtung sozial engagierter Laien als Caritas-Helfer gelten und die Voraussetzung dafür bilden, daß die Pfarr-Caritas künftig „neben Altar und Tabernakel ein Brennpunkt der lebendigen Pfarrgemeinde"[262] werden konnte: zum einen der persönliche Einsatz und die Integrität des Caritas-Helfers und zum anderen das Bewußtsein, als einzelner für die Verwirklichung der Gemeinschaft in Christus einzutreten[263]. Konkret hatten die Caritas-Helfer die Aufgabe, in dem ihnen zugewiesenen Bezirk monatlich die eingetragenen Caritas-Mitglieder zu besuchen und deren Beitrag einzukassieren. Außerdem sollten sie unter den übrigen Katholiken ihres Bezirkes für eine Mitgliedschaft werben bzw. dort, wo sie soziale Not erkannten, dem zuständigen Caritas-Büro hierüber Mitteilung machen. Gesonderte Schulungskurse vermittelten dieses geistige Rüstzeug des Caritas-Apostolates. Ziel und Zweck war es also, eine soziale Vernetzung innerhalb der Pfarreien zu erreichen.

Wie sich Aufbau und Vertriebenenbetreuung dieser in Anlehnung an die wegweisenden Gedanken von Constantin Noppel neu entdeckten Säule des Gemeindelebens, die gemäß den Worten Gillmanns „Maßstab für das religiöse Leben der Pfarrgemeinde"[264] sein sollte, im einzelnen vor Ort vollzog, wird im folgenden am Beispiel der Pfarr-Caritas St. Marien in Delmenhorst aufgezeigt werden, wo ein schon im Vorfeld der Ankunft von Transporten aus Ostdeutschland eröffnetes Caritassekretariat mit zuerst einem, später drei hauptamtlichen Kräften[265] für ein 540 qkm umfassendes Gebiet verantwortlich zeichnete. Angesichts des Anwachsens der Katholikenzahlen im Pfarrgebiet von 9.000 (1938) auf 16.000 (1947)[266] stellte die Vertriebenenbetreuung hier die zentrale Aufgabe dar. Von 410 Betreuungsfällen des Jahres 1945 waren 372 Familien, Einzelpersonen und Soldaten aus den deutschen Ostgebieten, die bei der Caritas um Rat suchten, und nur 38 einheimische Bedürftige[267]. Allein zu Weihnachten 1945 wurden an 190 Familien und Einzelpersonen in der Pfarrei Sachspenden ausgegeben. Dabei handelte es sich im wesentlichen um Bekleidung und um Kochutensilien. Eine Aufstellung spricht von 64 Eßtellern, sechs Tassen, Untertassen und Schüsseln, je 33 Gabeln und Löffeln

---

[261] Die Priorität lag auch in anderen Diözesen auf der Pfarr-Caritas, wobei die Bedeutung von selbständigen Einzelgruppen unter deren Dach (Vinzenzvereine etc.) bestätigt wurde. So im Erzbistum Paderborn nach der Diözesansynode 1948 in Werl. Vgl. Brandt, Hans Jürgen, Chronik des Paderborner Diözesan-Caritasverbandes (wie Anm. 46), 88.
[262] Die Pfarr-Caritas (wie Anm. 66).
[263] Vgl. ein Merkblatt zu den „Aufgaben der Caritas-Helfer", hektographiert, in: Pfarrarchiv St. Marien Delmenhorst: Rundschreiben des Landes-Caritasverbandes.
[264] Die Pfarr-Caritas (wie Anm. 66).
[265] Als Caritas-Sekretär fungierte seit dem 1.6.1945 ein Einheimischer. Als Mitarbeiter kamen 1946 zwei Heimatvertriebene hinzu.
[266] Vgl. Personal-Schematismus des Bistums Münster 1938, 239f, u. 1947, 98.
[267] Vgl. Jahres-Zusammenstellung der Pfarr-Caritas St. Marien Delmenhorst Juni–Dezember 1945, in: Pfarrarchiv St. Marien Delmenhorst: Rundschreiben des Landes-Caritasverbandes.

sowie 20 Kochtöpfen, die von der örtlichen Caritas vermittelt wurden. Die religiöse Dimension dieser Starthilfe wurde daran sichtbar, daß die Pfarr-Caritas-Helfer zugleich 180 Krippchen, 25 religiöse Kleinschriften und 20 religiöse Bilder in die Flüchtlingsquartiere trugen.

Den Hauptansturm und das größte Elend erlebte die Delmenhorster Pfarr-Caritas im Verlauf des Jahres 1946. Zur Koordination wurden 12 Bezirke gebildet und mit Vertrauensfrauen besetzt, die wiederum pro Bezirk mehr als zehn Caritas-Helfer zu instruieren hatten, so daß allein im Delmenhorster Stadtgebiet rund 150 ehrenamtliche Mitarbeiter aus den Reihen der einheimischen Katholiken zur Verfügung standen[268]. In der Fastenzeit 1946 gab das Pfarramt sogar einen eigenen Rundbrief als Willkommensgruß für die Vertriebenen heraus, der die Kontaktschwelle der Ankommenden senken sollte und durch seinen freundlichen Ton zur Beteiligung am Gemeindeleben mit seinen Gottesdiensten und Jugendgruppen sowie zur Vorsprache im Caritas-Büro aufrief. Hier hieß es:

„Liebe katholische Flüchtlinge! Schweres Los hat Sie getroffen. Heimat und Vaterhaus, Hab und Gut ist Ihnen genommen. Sie stehen vor dem Nichts. Vielleicht wird Delmenhorst in Zukunft Ihre Heimat sein. Möge der eine Gedanke Ihnen Trost sein, daß die katholische Pfarrgemeinde St. Marien Sie in herzlicher Liebe aufnimmt. Zwar sind wir selber arm, wir sind eine Arbeitergemeinde, und der Krieg hat auch unser Gotteshaus zerstört. In christlicher Verbundenheit, eingedenk der Worte unseres Herrn: ‚Was ihr dem Geringsten meiner Brüder getan habt, das habt ihr mir getan', wollen wir Ihnen helfen, soweit es in unseren schwachen Kräften steht. Christus, der selber durch Armut und Verlassenheit und die Bitterkeit einsamen Sterbens gegangen ist, möge Ihnen in Ihrem furchtbaren Schicksal Trost und Helfer sein."[269]

Als dann beispielsweise der Monat August mit der Ankunft von drei Vertriebenentransporten aus Strehlen und Wansen, dem oberschlesischen Kreis Hindenburg und dem Kreis Waldenburg beinahe auf einen Schlag 5.000 heimat- und besitzlose Menschen in die Stadt brachte, war der Moment gekommen, die Hilfe aus dem einheimischen katholischen Milieu zu intensivieren. Innerhalb der ersten 14 Tage wurden über 50 Familien mit zum Teil vier bis sechs Kindern vom Caritas-Sekretariat mit dem Nötigsten versorgt[270]. Holzsandalen standen dabei neben Besteck und Pfannen sowie Ober- und Unterbekleidung ganz hoch im Kurs. Ein Stimmungsbild von der Situation vor Ort – wie sie auch anderswo im Offizialatsbezirk Oldenburg oder darüber hinaus ausgesehen haben mag – vermittelt der drastische Bericht eines Caritas-Helfers vom Tag nach der Ankunft eines Transportes aus Liebau in Niederschlesien:

„Gestern sind wieder 2.000 Ausgewiesene aus dem schlesischen Raum im Lager eingetroffen. Ein leerer Raum, kein Bild an der Wand, kein Bett, kein Tisch, keine Bank, kein Stuhl, kein Ofen. Strohsäcke bis in die Mitte des Raumes, an den Wänden aufge-

---

[268] Zu den Zahlenangaben der Caritas-Helfer vgl. 1879–1979. 100 Jahre Katholische Kirchengemeinde Delmenhorst (wie Anm. 249), 121.
[269] Kath. Pfarramt Delmenhorst an die kath. Flüchtlinge v. 17.3.1946, in: Pfarrarchiv St. Marien Delmenhorst: Ostvertriebene Katholiken.
[270] Vgl. Sach- und Geldspenden-Statistik für Flüchtlinge August 1946, ebd.

schichtet, in Säcken verstaut, die wenigen geretteten Habseligkeiten der Vertriebenen. Auf den Strohsäcken hocken oder liegen Männer, Frauen und Kinder dicht beieinander, Familienangehörige, Fremde, 23 an der Zahl, darunter der katholische Geistliche. Wir bringen in diese Armseligkeit den ersten Gruß der katholischen Pfarrgemeinde und gleichzeitig die Ankündigung und die Ausstattung für die Opferfeier des morgigen Sonntags."[271]

Eine Momentaufnahme gewährt der Jahresbericht für 1948, demzufolge allein 24.960 Menschen im Caritasbüro persönlich vorsprachen, so daß auch mehrere Jahre nach der Hauptvertreibungswelle noch durchschnittlich 80 Personen pro Tag die Hilfe der Delmenhorster Pfarr-Caritas in Anspruch nahmen und dort mit der benötigten Kleidung, mit Hausrat oder Naturalien versorgt wurden. Die insgesamt 72 Caritas-Helfer machten 643 Hausbesuche, bemühten sich 1948 insbesondere um die sieben im Stadtgebiet bestehenden Flüchtlingslager und meldeten allein im ersten Halbjahr 693 Krankheitsfälle an das Sekretariat, das hierüber eine ambulant tätige Schwester informierte. An Lebensmitteln, die zumeist aus den Patengemeinden Löningen, Evenkamp und Essen/O. stammten, verteilten sie in den ersten sechs Monaten des Jahres 1.007 Dosen Konserven, 95 kg Fett und Wurstwaren, 2.748 kg Nährmittel, 60 kg Bohnenkaffee und 2.000 Eier[272]. Außerdem packten die Helfer 3.000 Weihnachtspakete, die je nach Personenzahl und Bedürftigkeit materielle Hilfen für die katholischen Vertriebenenfamilien in der Pfarrei enthielten. Eine mit drei Nähmaschinen ausgestattete Caritas-Nähstube gab Vertriebenenfrauen die Gelegenheit, Kleidungsstücke umzunähen. In der Verantwortung der Pfarr-Caritas stand zudem die religiöse Unterweisung der katholischen Schüler in den evangelischen Volksschulen, für die wöchentlich insgesamt 22 Religionsstunden erteilt wurden. Da der Pfarrer von Delmenhorst vom Offizialat gleichzeitig als Dekanats-Caritasleiter für das die gesamte Diaspora umfassende Dekanat Oldenburg eingesetzt worden war[273], wurde das dortige Sekretariat zudem zu einer Art Zentralinstanz für die gesamte Hilfe aus dem Oldenburger Münsterland. Die bloße Aneinanderreihung dieser Zahlen und der Vergleich zu den 1945 erbrachten Leistungen verdeutlicht, wie rasant sich ein vielfältiges Aufgabengebiet für die Caritas vor Ort entfaltet hat und wie wenig kurzfristig sich die Lage der von der Vertreibung Betroffenen durch die Spendenverteilung beheben ließ.

### b) Pfarr-Caritas in Südoldenburg

Darüber hinaus erlebte die Pfarr-Caritas ebenso in den traditionell katholischen Gemeinden im Süden des Offizialatsbezirks einen Aufschwung und machte sich auch hier die

---

[271] Bericht v. N.N., ebd.
[272] Vgl. Arbeitsbericht der Pfarr–Caritas St. Marien Delmenhorst, 1. Halbjahr 1948, ebd. Zum Vergleich: In der ca. 1.000 Seelen zählenden Vertriebenengemeinde Rastede wurden 1947 an Lebensmitteln ausgegeben: 5 Zentner hochwertige Lebensmittel, 67 Zentner Kartoffeln, 10 Argentinienpakete, 600 Eier. Vgl. Chronik des Pfarrektorats Rastede, in: Pfarrarchiv Rastede.
[273] Vgl. Ernennungsschreiben des Offizialats v. 25.10.1945, in: Pfarrarchiv St. Marien Delmenhorst: Rundschreiben des Landes-Caritasverbandes.

Unterstützung der Vertriebenen innerhalb der eigenen Gemeinde zur Aufgabe. Die Chronik von St. Petrus Canisius in Sedelsberg etwa vermerkt unter dem Datum des 1. April 1948: „Der hiesige Caritas-Ortsverein konnte heute an jeden Flüchtling in unserer Gemeinde 4 Pfund Kartoffeln und einige Mohrrüben abgeben [...] Die Flüchtlinge haben sich über diese Beihilfe sehr gefreut. Im Laufe dieser Monate konnte ferner an sämtliche katholischen Flüchtlinge und an einige hilfsbedürftige hiesige Familien etwas Fett, das uns aus einer Spende des päpstlichen Hilfswerkes zugewiesen war, ausgegeben werden."[274]

Andererseits fielen gerade im Oldenburger Münsterland auf der Mikroebene viele ostdeutsche Katholiken durch die Maschen der organisierten Caritas. In diesem Zusammenhang sei auf die vom Ortspfarrer offenbar kaum wahrgenommene Lebenssituation eines aus Ostpreußen vertriebenen Gutsbesitzers hingewiesen, der sieben Jahre lang mit seiner Frau in einem Hühnerstall in Amerbusch, Pfarrei Lutten, hausen mußte, bis das Offizialat in dieses tragische Schicksal eingriff[275]. Stärkeres Aufsehen erregte auch ein von Radio Bremen verbreiteter Fall aus Hausstette, Pfarrei Vestrup, wo im Winter 1949/50 in den Räumlichkeiten einer Vertriebenenfamilie „angeblich ein Baby in Windeln festgefroren war"[276]. Grund war hier offenbar ebenfalls die Unterbringung in einem feuchten Schweine- oder Hühnerstall. Hierbei handelte es sich keineswegs um einen Einzelfall, doch scheint es in der Retrospektive schwierig, den Grad seelsorglicher „Blindheit" gegenüber harten Vertriebenenschicksalen innerhalb des katholischen Milieus quantitativ auch nur einigermaßen exakt zu bestimmen, da sich in den Quellen vielfach nur die Extremfälle niederschlagen, karitatives Handeln aber im Verborgenen bleibt. So mag für die Bevölkerung in den südoldenburgischen Pfarreien ein Stück weit jener Spiegel gelten, den die Schriftleitung der Bistumszeitung „Kirche und Leben" ihr im Oktober 1949 in einer Art Selbstreflexion als Verteidigung, aber auch zugleich als Kritik vor Augen hielt: „Es sind so manche Bilder von dem Bauerntum Südoldenburgs gezeichnet mit nur dunklen Strichen, schwarz in schwarz. Diese Bilder sind nicht richtig, sie geben nur einseitig und ungerecht die Wirklichkeit wieder. Gewiß gibt es vieles auf dem Lande, was mit dem Christentum nicht in Einklang zu bringen ist, sehr vieles, wir wollen da wahrhaftig nicht schön färben. Aber es ist doch so: Das Schlechte springt immer in die Augen und wird

---

[274] Pfarrchronik Kaplanei Sedelsberg, zit. nach Klöver, Hanne, Spurensuche im Saterland. Ein Lesebuch zur Geschichte einer Gemeinde friesischen Ursprungs im Oldenburger Land, Saterland 1998, 482. Der Caritas-Ortsverein Sedelsberg erwies sich auch als besonders rührig, indem er am 10.6.1948 in der Schule des Ortes eine Nähstube für Flüchtlinge eröffnete.

[275] Die Intervention durch das Offizialat erfolgte auf Betreiben des in Münster lehrenden ostvertriebenen Professors Bernhard Poschmann, der mit besagtem Gutsbesitzer verwandt war. Vgl. OAV A-9-74. Hier noch weitere ähnlich gelagerte Fälle.

[276] Kuropka, Joachim, Vom Selbstbestimmungsrecht zum neuen Nationalismus – Zu Aussiedlung und Vertreibung nach 1918, in: Kürschner, Wilfried, von Laer, Hermann (Hrsg.), Zwischen Heimat und Fremde. Aussiedler – Ausländer – Asylanten (Vechtaer Universitätsschriften, Bd. 11), Cloppenburg 1993, 75–98, hier 94.

in aller Öffentlichkeit breitgetreten, aber das Gute bleibt verborgen und geschieht im Stillen. Darüber redet kein Mensch."[277]

c) Kindererholung als spezifische Aufgabe

Erstmals im Sommer 1947 griff der Landes-Caritasverband die in der Kriegszeit praktizierte Einrichtung der Kinder-Landverschickung auf, die in Oldenburg ihre Wurzeln in der Zeit nach dem Ersten Weltkrieg besitzt[278] und seither bereits zahlreichen erholungsbedürftigen Kindern aus von Hunger und Krieg bedrohten bzw. zerstörten Städten – wie Wilhelmshaven – die Möglichkeit einer Erholung im Oldenburger Münsterland gegeben hatte. Dieses Projekt erfuhr nunmehr einen Gestaltwandel, da vornehmlich die Kinder aus Vertriebenenfamilien in den Blick genommen waren, das Einzugsgebiet also auf ganz Nordoldenburg ausgedehnt wurde und damit nicht mehr auf die Städte beschränkt blieb.

Anfragen aus Hamburg und dem Ruhrgebiet, auch von dort Ferienkinder im katholischen ländlichen Milieu der Kreise Vechta und Cloppenburg aufzunehmen[279], erteilten Offizialat und Caritasverband teilweise eine Absage und setzten damit eindeutig Prioritäten auf die Stärkung der Beziehung zur nordoldenburgischen Diaspora. Entsprechend dem Prinzip der Patenschaften beherbergten die einzelnen südoldenburgischen Pfarreien jeweils Vertriebenenkinder aus Nordoldenburg. Da eine Unterbringung in Privatquartieren kaum möglich erschien, weil alle Nebengebäude, Scheunen und Ställe der Bauern zumeist selbst mit Vertriebenen belegt waren, wurden Strohlager in den Schulräumen hergerichtet, während die Beköstigung auf den Höfen erfolgte. An dieser ersten Aktion, die auf breite Resonanz stieß, konnten über 1.000 Kinder teilnehmen, wobei der Transport durch die Gewährung einer Fahrpreisermäßigung von 75 % auf die Bahnfahrten erst ermöglicht worden war[280]. Dabei hatten keineswegs alle unterernährten katholischen Flüchtlingskinder Berücksichtigung finden können, und die Ferienaktion wurde deshalb in den Herbstferien 1947 mit Unterstützung der Schulabteilung des Oldenburger Verwaltungspräsidiums erneut durchgeführt[281]. Das Vorhaben des Landes-Caritasverbandes, die Kinderverschickung in der Folge zu einer Aufgabe der Patengemeinden zu deklarieren

---

[277] Leistungen einer Pfarrei für die Patengemeinde! Anmerkung der Schriftleitung, in: Kirche und Leben Oldenburg v. 30.10.1949.

[278] Vgl. Landaufenthalt für Stadt- und Diasporakinder, in: Caritasblätter für das Bistum Münster, 4/1955, 111–112.

[279] Vgl. Rundschreiben des LCV v. 4.6.1947, in: Pfarrarchiv St. Marien Delmenhorst: Rundschreiben des Landes-Caritasverbandes. Es ging um eine Aufnahme von Kindern aus Duisburg, die Landes-Caritasdirektor Watermann erneut am 28.6.1948 gegenüber Offizial Pohlschneider ablehnte. Vgl. Watermann an Pohlschneider v. 28.6.1948, in: OAV A-3-122.

[280] Vgl. Rundschreiben des LCV v. 20.8.1947 u. v. 31.5.1950, in: Pfarrarchiv St. Marien Delmenhorst: Rundschreiben des Landes-Caritasverbandes.

[281] Vgl. hierzu die Einträge in den Pfarrchroniken der einzelnen nordoldenburgischen Gemeinden, z. B. Pfarrchronik St. Michael Oldenburg-Kreyenbrück, in: Pfarrarchiv St. Michael Oldenburg-Kreyenbrück.

und nicht mehr zentral zu steuern[282], sollte sich in dieser Konsequenz nicht realisieren lassen. Jedoch blieb das Patenschaftssystem die Ordnungsgröße für die Verteilung der Kinder, wobei die Patenpfarrer als Vermittler von sogenannten Freistellen auf den Höfen ihrer Gemeinde nachhaltig zum Erfolg der Aktion beitrugen, obgleich auch kirchliche Häuser – wie das Kinderheim St. Elisabeth auf Gut Vehr – regelmäßig Ferienkinder beherbergten[283]. Zu ihrer Unterstützung sandten einzelne Diasporagemeinden zudem Helfer und Helferinnen vorab in die Aufnahmegemeinden, die bei den Bauern um Stellen warben[284].

Als die Pfarr-Caritas in Delmenhorst im Sommer 1948 538 Kinder aus ihrem Einzugsgebiet in die Patengemeinden Löningen, Evenkamp und Essen/O. schickte, waren hierzu „besonders viele schwierige und langwierige Verhandlungen mit den beteiligten Stellen"[285] notwendig. Allerdings konnte letztlich der Transport in kostengünstigerer Alternative zur Schiene durch LKWs der britischen Besatzungsmacht erfolgen. Wesentlich problemloser erfolgte die Aufnahme von 50 Vertriebenenkindern aus den Dörfern der Diasporagemeinde Brake in der Patengemeinde Mühlen, die zwei Klassenzimmer der Schule als Schlafquartiere hergerichtet und zahlreiche Bauernfamilien für eine Beköstigung der kleinen Gäste gewonnen hatte[286]. In einer Dankadresse des Braker Caritas-Sekretärs Rudolf Kinzel an den Mühler Ortsgeistlichen wurde die Dankbarkeit und Verbundenheit dann auch besonders deutlich: „Von allen Seiten wird uns berichtet," – hieß es hier – „wie gut unsere Ferienkinder in Mühlen aufgenommen wurden. Zum Teil haben Mühler selbst an unsere Mütter geschrieben; und immer wieder ersehen wir daraus, daß die Pateneltern sich mit großer Liebe der Kinder annehmen und alles tun, um ihnen die Ferien zu einem schönen Erlebnis zu machen."[287]

Geradezu euphorisch mutet der Aufruf von Landes-Caritasdirektor Watermann zur „Kinderlandaktion" – so nunmehr der Name für die Landverschickung – des Jahres 1950 an, der zudem die Einzigartigkeit dieses oldenburgischen Projektes herausstellte: „Wir wollen jetzt wieder rüsten zur Kinderlandaktion der Caritas. Zum viertenmal führen wir dies Werk durch, das in dieser Art einmalig in Niedersachsen, wenn nicht gar im ganzen Bundesgebiet ist. In der Kinderlandaktion ist noch das Feuer der Begeisterung lebendig, hier werden wie nirgendwo sonst Brücken von Mensch zu Mensch geschlagen, und die weitaus meisten der Helfenden sprechen dabei nicht von einer Last, sondern von einer

---

[282] Dies wurde formuliert, in: Rundschreiben des LCV v. 26.11.1947, in: Pfarrarchiv St. Marien Delmenhorst: Rundschreiben des Landes-Caritasverbandes.
[283] Vgl. Annalen Haus Vehr (wie Anm. 148). Seit 1948 wurden hier Kinder u. a. aus Brake und Wilhelmshaven zur Erholung aufgenommen. Zu den Patenschaften vgl. Kap. III Karitativpastorale Konzepte.
[284] Vgl. Rundschreiben des LCV v. 31.5.1950, in: Pfarrarchiv St. Marien Delmenhorst: Rundschreiben des Landes-Caritasverbandes.
[285] Bericht der Pfarr-Caritas St. Marien Delmenhorst für 1948 v. April 1949, in: Pfarrarchiv St. Marien Delmenhorst: Rundschreiben des Landes-Caritasverbandes. Vgl hier auch die im folgenden geschilderten Informationen.
[286] Vgl. 75 Jahre Kirche und Kloster der Franziskaner in Mühlen (wie Anm. 74), 160f.
[287] Kinzel an P. Edilbert Tournay OFM, Mühlen, v. 30.7.1947, zit. ebd., 161.

Freude. Kindern, die menschliche Erbarmungslosigkeit der Heimat entrissen und in die Zerstreuung der Diaspora getrieben hat, wird wieder das Tor zum Christsein, zur wahren Katholizität geöffnet."[288]

Damit war eine grundlegende innerkirchliche Intention der Ferienaktionen explizit angesprochen, wie sie Hans Watermann bereits im Juni 1948 benannt hatte. Es komme „nicht darauf an, daß die ausgehungerten Kinder der Diaspora jetzt für ein paar Wochen wieder satt zu essen bekommen, sondern noch wichtiger ist es, sie wieder katholische Luft atmen zu lassen"[289]. Dieses Vertrautmachen mit der traditionellen katholischen Lebenswelt war auch das Anliegen der Sakramentenkatechese, die Erstkommunionkindern in der Diaspora einen mehrwöchigen Aufenthalt zumeist in katholischer Umgebung ermöglichte[290]. Im Rahmen dieser jährlich von der Katholischen Diasporakinderhilfe des Bonifatiusvereins[291] organisierten Aktion wurden sie außerdem von den Gastfamilien für den Weißen Sonntag mit Erstkommunionkleidern bzw. -anzügen versehen[292]. Natürlich konnten nicht alle Gemeinden jedes Jahr hieran teilhaben. In Ganderkesee etwa wurden den Erstkommunikanten deshalb die bereits getragenen Kleider und Anzüge aus der Patengemeinde Bunnen überlassen, die von den neuen Besitzern zunächst gewaschen und gebügelt werden mußten[293].

In vielen Briefen, aber auch in den Einträgen der Pfarrchroniken tritt anstelle dieser hintergründigen Intention der Bewußtmachung einer katholischen Lebenswelt insbesondere die Dankbarkeit für die materielle und seelische Komponente der Ferienlager zutage. Sattgegessen und mit neuer Kleidung versehen, seien die Kinder immer zurückge-

---

[288] Rundschreiben des LCV v. 31.5.1950, in: Pfarrarchiv St. Marien Delmenhorst: Rundschreiben des Landes-Caritasverbandes.

[289] Watermann an Pohlschneider v. 28.6.1948, in: OAV A-3-122.

[290] Vgl. die bei Bilstein, Josef, „Durch Sammeln von Kleinem wird Großes erreicht". Diaspora-Kinderhilfe, in: Riße, Günter, Kathke, Clemens A. (Hrsg.), Diaspora: Zeugnis von Christen für Christen. 150 Jahre Bonifatiuswerk der deutschen Katholiken, Paderborn 1999, 85–105, hier 93, zitierte Rangfolge: „1. Kinder aus den Außenbezirken sollen zuerst in katholischen Familien am Pfarrort oder in Kommunikantenanstalten im Dekanat untergebracht werden, 2. in Kommunikantenanstalten der eigenen Diözese, 3. dann im katholischen Hinterland".

[291] Die Diasporakinderhilfe entstand 1885 ursprünglich als Spendenaktion für Waisenhäuser u. wurde seit dem Ersten Weltkrieg auf die Errichtung u. Förderung v. Kommunikantenanstalten in der Diaspora ausgedehnt. Nach 1945 stand die Hilfe für Vertriebenenkinder im Mittelpunkt. Vgl. ebd.

[292] Vgl. die Berichte von Pfarrer Gerhard Schuster, Bockhorn, über die Erstkommunion-Aktion des Jahres 1953, die in die Nordeifel führte und an der sich die meisten oldenburgischen Diasporagemeinden beteiligten, in: Kirche und Leben Oldenburg v. 24.5. u. 31.5.1953, sowie Kirchenzeitung für das Bistum Aachen v. 24.5.1953. Über die Angebote der Diasporakinderhilfe hinaus richtete das Offizialat sechswöchige Kurse für Erstkommunionkinder aus Vertriebenenfamilien im Kinderheim Haus Meeresstern der Schwestern Unserer Lieben Frau auf Wangerooge ein, zu denen das Päpstliche Werk der Glaubensverbreitung in Aachen finanzielle Beihilfen leistete. Vgl. Korrespondenz Pohlschneider m. d. Päpstlichen Werk der Glaubensverbreitung v. November 1947 bis Februar 1948, in: OAV A-3-122.

[293] Vgl. Gespräch des Verf. m. Pastoralreferentin i. R. Alice Kopyciok, Ganderkesee, v. 29.11.1997.

kehrt, heißt es etwa in den Aufzeichnungen des Braker Pfarrers Hermann Böhmer über einen Ferienaufenthalt von Pfarrangehörigen[294]. Wie die Aktionen organisatorisch abliefen, verdeutlicht exemplarisch ein Blick in die Chronik des Pfarrektorats Rastede, wo für das Jahr 1950 von 30 Jungen die Rede ist, die mehrere Ferienwochen in der Patengemeinde Rechterfeld verbrachten. Die Mädchen konnten im Gegenzug für eine Woche nach Schillig fahren, während die Kommunionkinder für vier Monate zu Bauern am Niederrhein eingeladen waren[295]. Aus Westerstede weilten jährlich zwischen 100 und 120 Kinder auf den Bauernhöfen der Patengemeinde Cappeln[296], die Pfarrei Visbek brachte hingegen sogar 157 Kinder aus dem weitläufigen Bezirk ihrer Patengemeinde Osternburg (einschließlich Kreyenbrück, Sandkrug und Wardenburg) unter[297]. Die Ferienverschickungen verliefen nicht immer reibungslos, wie ein Konflikt zwischen der Seelsorgestelle Lemwerder und ihrer Patengemeinde Benstrup belegt. Der Seelsorger von Benstrup hatte im Vorfeld der Kinderverschickung 1950 dem Bischöflichen Offizialat mitgeteilt, daß seine Gemeinde sich nicht in der Lage sähe, erneut Kinder aus Lemwerder aufzunehmen, weil diese im Vorjahr erhebliche Disziplinschwierigkeiten verursacht hätten. Auf die Bitte des Offizialats um Stellungnahme reagierte der Pfarrektor von Lemwerder empört über diesen Vorwurf, der seiner Ansicht nach lediglich für einige wenige Kinder galt. Grundsätzlich machte er die Unterbringung in Scheunen ohne Begleitpersonal für die angeprangerten Mißstände verantwortlich und argumentierte: „Wären die Kinder, wie in allen anderen Gemeinden vergangenes Jahr auch in der Schule unter Aufsicht einer geeigneten erwachsenen Person untergebracht worden, so wäre sicher niemals Anlaß zur Klage gewesen."[298] Entrüstet zeigte sich der Diasporaseelsorger insbesondere über das Vorgehen seines Benstruper Confraters, der ihn selbst bezüglich einer erneuten Kinderaufnahme hingehalten und ihm erst kurz vor Beginn der Sommerferien eine Ablehnung hatte zukommen lassen. Insgesamt sah er in dem Vorfall ein „nachträglich an den Haaren herbeigezogenes Entschuldigungsmittel, das über den mangelnden Willen und das beklagenswerte Nichtverstehenwollen unserer Not hinwegtäuschen soll".

Daß die Kinderverschickung in Südoldenburg außerdem nicht als ein Dauerzustand gesehen wurde, belegt die Erfahrung des Pfarrektors von Herz Mariä in Oldenburg, der bei der Vorbereitung der Aktion für 1952 auf einmal keine verbindliche Zusage aus den Patengemeinden Strücklingen und Harkebrügge mehr erhielt und enttäuscht kommentierte: „Die Landgemeinden glauben nicht mehr an die Notwendigkeit solcher Erholung."[299] So lief die Ferienaktion ganz allmählich aus.

---

[294] Vgl. Chronik der Pfarrei Brake, in: Pfarrarchiv Brake: Eintrag v. 1952.

[295] Vgl. Chronik des Pfarrektorats St. Marien Rastede, in: Pfarrarchiv Rastede.

[296] Vgl. 25 Jahre Katholische Kirchengemeinde im Ammerland 1946–1971. Westerstede (Oldenburg), Westerstede 1971, 5.

[297] Vgl. Diasporahilfe im Bistum Münster, in: Caritasblätter für das Bistum Münster 1951, 133–137, hier 133.

[298] Gruhn an Grafenhorst v. 17.7.1950, in: OAV B-18-26. Hier auch das folg. Zit. Hieraus geht der Inhalt des Schreibens von Kaplan Büscherhoff an das Offizialat hervor.

[299] Eintrag v. 21.6.1952, in: Chronik Herz Mariä Oldenburg, in: Pfarrarchiv St. Marien Oldenburg.

## 8. Individuelle Hilfsleistungen außerhalb der organisierten Caritas

Über die Projekte der organisierten Caritas hinaus knüpften die Vertriebenengemeinden individuell Kontakte zu speziellen Patengemeinden für die Erstkommunionkinder, wodurch beispielsweise die Rasteder Erstkommunionkinder anfänglich nach Bottrop-Boy und ab 1952 Jahr für Jahr nach Bazenheid im Schweizer Kanton St. Gallen reisten[300]. Hier hatte die engagierte Lehrerin Mathilde Frei[301] aus eigener Initiative erstmals im Sommer 1950 für 100 ausgewählte Vertriebenenkinder aus elf Gemeinden Nordoldenburgs ein Kinder-Erholungsprogramm organisiert[302], das in gleicher Weise auch den Erstkommunionkindern zahlreicher anderer nordoldenburgischer Diasporagemeinden zugute kam. Den sozialen Impetus und die Beharrlichkeit der unverheirateten Pädagogin charakterisiert beispielhaft ein Bericht des Rasteder Pfarrers Jaritz über die erste Kinder-Verschickung aus seiner Gemeinde nach Bazenheid im Jahre 1952: „Mit 17 Kindern kam ich damals in Konstanz an. Sie (Mathilde Frei. Anm. d. Verf.) erwartete uns am Bahnhof. Es gab Schwierigkeiten mit den Grenzbeamten; sie verlangten von allen Kindern ein Röntgenbild der Lunge. So zog Fräulein Frei mit uns zum Spezialarzt in Kreuzlingen. Zurück zum Bahnhof. Der Zug war weg. Nun geschah folgendes: ‚Können die Kinder nicht einen Sonderzug bekommen, denn sie werden doch erwartet.' Das Personal lächelte: ‚Die Unkosten müssen doch im Verhältnis zu den Einnahmen stehen.' Sie spricht mit dem Betriebsinspektor per Telefon. Wieder eine Absage, was durchaus verständlich war. Fräulein Frei: ‚Aber Sie können doch einmal ein gutes Werk ohne Geldverdienen tun. Wir beten auch alle für Sie ein ‚Vater unser'. Das Unglaubliche geschah. Es kam der Befehl, daß der Sonderzug für die Kinder fahren soll."[303]

Ähnlich couragiert und selbstlos handelte Mathilde Frei bei der Vermittlung von Freistellen für erholungsbedürftige Geistliche. So hatte sie durch Kontakte zu Nanda Herbermann, der Sekretärin des bekannten Jesuitenpaters Friedrich Muckermann, schon 1946 acht Freiplätze für lungenkranke, kriegsversehrte oder KZ-geschädigte Priester aus dem Bistum Münster in Schweizer Kurhotels vermittelt[304]. Nachdem Offizial Pohlschneider als Generalvikar nach Münster gewechselt war und dort von der Aktion Kenntnis erhielt, stellte er Kontakte zum Offizialat in Vechta her, um eine Einbeziehung der nordoldenburgischen Vertriebenenseelsorger zu erreichen, die seit Verlassen der

---

[300] Vgl. Chronik des Pfarrektorats Rastede, in: Pfarrarchiv Rastede.

[301] Mathilde Frei, geboren 1892 in Einsiedeln, gestorben 1970 ebd., war 43 Jahre Lehrerin in Bazenheid. Ihre großen Verdienste für die oldenburgischen Katholiken in der Nachkriegszeit würdigte Offizial Grafenhorst durch persönliche Teilnahme an ihrer Beisetzung in der Schweiz, bei der er auch das Seelenamt zelebrierte. Vgl. Jaritz, Otto, Eine vorbildliche Frau. Zum Gedenken an die Schweizer Lehrerin Mathilde Frei aus Einsiedeln, in: Kirche und Leben Oldenburg v. 15.2.1970. Ein gesonderter Aufsatz über das soziale Wirken von M. Frei stellt ein Desiderat dar.

[302] Vgl. Bericht des begleitenden Pfarrers Gerhard Schuster, Bockhorn, in: Die Ostschweiz v. 26.9.1950.

[303] Vgl. Jaritz, Otto, Eine vorbildliche Frau (wie Anm. 301).

[304] Vgl. ebd.

Heimat keine Möglichkeit zu einem Erholungsurlaub mehr gehabt hatten[305]. Anfang April 1949 erhielt Offizial Grafenhorst eine positive und zugleich wohlwollende Nachricht von Mathilde Frei, daß sie versuchen würde, Vorbereitungen für die Aufnahme von acht ostvertriebenen Priestern zu treffen. „Zwei der Priester konnte ich schon plazieren. Der eine wird bei unserem H. H. Kaplan Gastfreundschaft genießen. [...] Meine Schüler im Alter von 7–9 Jahren freuen sich, bis der Flüchtlingspriester kommt. Sie machen eben eine Altstoffsammlung, um dem Herrn auch etwas schenken zu können. Der zweite Hochwürdige Herr wird von der Familie Helbling in Bütschwil eingeladen. [...] Die Familie wäre froh, wenn der Priester bald käme. In beiden Fällen kämen 2–3 Monate in Betracht."[306] Grafenhorst stand darauf vor der Aufgabe, unter 34 in Frage kommenden ostvertriebenen Priestern im Offizialatsbezirk eine Auswahl zu treffen. Unter Ausschluß der mit Kirchbauvorbereitungen beschäftigten Pfarrektoren von Elsfleth, Bad Zwischenahn und Ganderkesee, die nicht zur Disposition standen, wies er die acht angekündigten Erholungsplätze nach dem Kriterium der Erholungsbedürftigkeit zu[307]. Offenbar hatte er aber angesichts der in Aussicht gestellten freien Kost und Logis nicht an die mit einer Reise in die Schweiz verbundenen zusätzlichen Schwierigkeiten für die einzelnen Diasporaseelsorger gedacht. Als er sich für das Reiseangebot bedankte, bemerkte der zu den Auserkorenen gehörende Burhaver Geistliche: „Leider vermisse ich darin eine Andeutung auf finanzielle Hilfe bei der Vorbereitung und Durchführung der Reise. Diese Unkosten werden sich mindestens auf ein Monatsgehalt belaufen."[308] Außerdem sei es angesichts der dünnen Personaldecke in der Wesermarsch schwierig, für einen Zeitraum von mehreren Wochen eine Vertretung zu erhalten. Erst als der Offizial zusicherte, daß die Fahrtkosten selbstverständlich von der Kirchenbehörde übernommen würden und auch ein Aushilfsgeistlicher bereitstehe, trat der Geistliche die Reise an, die ihm und seinen Confratres nicht nur neue Kraft für die Seelsorgsaufgaben, sondern auch manche Hilfe für die Gemeinde einbringen sollte. „Mehr als 3 Wochen genieße ich schon den Frieden und die gesunde Erholungsatmosphäre der Schweiz. Mir tut diese Ruhezeit sehr gut, denn ich merke, daß sie bei mir notwendig war"[309], teilte einer der ersten Kurgäste unter den ostvertriebenen Priestern dem Offizial dankbar mit. Über den Faktor der persönlichen Rekreation hinaus wirkten sich die Schweiz-Aufenthalte vorteilhaft für die Diasporagemeinden aus, da Vertriebenenpriester dort mit Meßgewändern und sakralen Geräten beschenkt und außerdem mit Kleidungsstücken zum Verschenken an ihre Gläubigen ausgestattet wurden[310]. Durch Spenden von Bazenheider Kindern konnte sich beispielsweise

---

[305] Vgl. Pohlschneider an Grafenhorst v. 4.12.1948. Hier wird auch ein Schreiben von Nanda Herbermann an Pohlschneider zitiert. Vgl. OAV A-2-60.
[306] Frei an Grafenhorst v. 8.4.1949, ebd.
[307] Vgl. die entsprechende Liste, ebd. Hier auch die positiven Antwortschreiben der angefragten Geistlichen Christian (Sandkrug), Knauer (Roffhausen), Leister (Hude), Schinke (Burhave), Schuster (Bockhorn), O. Scholz (Stollhamm), Springer (Schillig) u. Tenschert (Oldenburg).
[308] Erzpriester Augustin Schinke, Burhave, an Grafenhorst v. 25.4.1949, ebd.
[309] Tenschert an Grafenhorst v. 19.7.1949, ebd.
[310] Jaritz, Otto, Eine vorbildliche Frau (wie Anm. 301).

die St.-Michael-Gemeinde (damals St. Marien) in Oldenburg-Kreyenbrück 1950 eine eigene Monstranz anschaffen[311]. Um keinen Geistlichen zu übervorteilen, setzte Mathilde Frei in Zusammenarbeit mit dem Offizialat ihr Priester-Erholungsprogramm in den Folgejahren fort, denn sie wollte – wie sie Offizial Grafenhorst wissen ließ – „nicht ruhen, bis alle Flüchtlingspriester Ihrer Diaspora einen Schweizeraufenthalt genossen haben, besonders auch die Kirchenbauer, die dessen nun wohl besonders bedürftig sein werden"[312].

Auch ohne die Gründung einer gesonderten Pfarr-Caritas und die Einwirkung des Landes-Caritasverbandes wurden in verschiedenen Pfarrgemeinden des Offizialatsbezirks karitative Maßnahmen für die Flüchtlinge und Vertriebenen in häufig unbürokratischer Weise ergriffen. Das Maß an Initiative hing dabei in der Regel von der Aufgeschlossenheit des jeweiligen Pfarrers gegenüber diesem sozialen Bereich ab. Da gerade die Mithilfe bei einer würdigen Einquartierung von Vertriebenen und die Ausgabe von Lebensmitteln und Kleidung auf dieser Ebene im Stillen und Verborgenen geschah, ist sie nicht im einzelnen aufzurechnen. Beispiele, wie der Einsatz des Ramsloher Pfarrers, der zwei alte Damen aus Breslau bei sich aufnahm[313], oder des Pfarrers von Delmenhorst, in dessen Pfarrhaus sich Platz für eine siebenköpfige Landwirtsfamilie aus der Grafschaft Glatz fand, stehen daher nur symbolisch für andere barmherzige Handlungen des Klerus und zahlreiche aus christlicher Überzeugung handelnde Laien. In ein öffentliches Licht rückten entsprechende Aktionen zum Beispiel durch die Durchführung von Weihnachtsfeiern für die Vertriebenen in kirchlicher Regie, wie für 1946 erstmals aus Sedelsberg überliefert ist[314].

## 9. Zwischenbilanz

Im Kontext der vielfältigen sozialen Initiativen, die von der kirchlichen Hierarchie in Münster und Vechta für den Untersuchungsraum entwickelt wurden, läßt sich zusammenfassend konstatieren, daß die Situation der heimatlosen Katholiken aus dem Osten für die Bischöfe und Offiziale einen hohen Stellenwert besaß. Grundsätzlich wurden die materiellen Sorgen und Nöte dieser Menschen wahrgenommen und ihnen aus christlichem Impetus heraus zu begegnen versucht. Diese Anleitung zur Hilfsbereitschaft war aber zugleich mit einer deutlich hervortretenden Angst vor den Folgen des Vertriebenenzustroms für die bisherige Geschlossenheit des katholischen Milieus verbunden.

---

[311] Vgl. Chronik des Pfarrektorats Oldenburg–Kreyenbrück, in: Pfarrarchiv St. Michael Oldenburg-Kreyenbrück.

[312] Frei an Grafenhorst v. 20.7.1949, in: OAV A-2-60. Zusätzlich wurden auch vom Krieg gesundheitlich geschwächte einheimische Geistliche, wie die beiden aus russischer Kriegsgefangenschaft heimgekehrten Kapläne Clemens Haskamp (1911–1972) und August Witte (1912–1968), in die Aktion einbezogen.

[313] Vgl. Klöver, Hanne, Spurensuche im Saterland (wie Anm. 274), 481.

[314] Vgl. ebd.

Nicht zuletzt hieraus resultierten die intensiven Bemühungen des Landes-Caritasverbandes als Schaltstelle sozialer Initiativen, die Expansion karitativer Einrichtungen zu fördern, um einer Schwächung des Katholizismus durch einen quantitativen Zugewinn entgegenzuwirken. Angesichts einer entsprechenden Profilierung kam das Angebot einer engeren Kooperation mit anderen Wohlfahrtsverbänden ungelegen. Wenn im Offizialatsbezirk Oldenburg Mitte der 1950er Jahre 13 katholische Altenheime bestanden[315], wovon sieben erst im Zuge von Flucht und Vertreibung neu entstanden waren, spricht dies für die Effektivität der organisierten Caritas. Allerdings beschränkte sich die Neugründung sozialer Einrichtungen weitgehend auf die katholische Subregion Südoldenburg, wo fünf der neugeschaffenen Heime lagen. Damit wird deutlich, daß die mit dem Ausbau des sozialen Netzes implizierte Stärkung des katholischen Milieus – und damit eine wichtige Komponente der Identifikation ostvertriebener Katholiken mit ihrer Kirche – gerade in deren vornehmlicher Diaspora-Lebenswelt nur in vergleichsweise geringem Maße realisiert werden konnte.

Nachdem das vom Landes-Caritasverband maßgeblich betriebene Vorhaben einer Konzentration der ostdeutschen Katholiken auf Südoldenburg an der Haltung von Militärregierung und deutscher Kommunalverwaltung gescheitert war, gelang es diesem nicht, ein dichteres Netz von Sozialeinrichtungen in Nordoldenburg zu etablieren und somit auch nicht, ostdeutsche Schwesternkongregationen in größerem Maße für ein Wirken in der Diaspora zu gewinnen. Darüber hinaus fehlte aber auch den weiblichen Kongregationen weitgehend der Impetus zu einem Neuanfang in der Diaspora. Gerade dort begegneten die Vertriebenen folglich sowohl in Krankenhäusern, Altenheimen und Kindergärten als auch in der Seelsorgshilfe kaum Ordensschwestern aus ihrer Heimat. Das sozial-karitative Personal erwies sich in Nordoldenburg somit in vergleichsweise geringerem Maß als in Südoldenburg als Bindefaktor zu einer traditionalen Kirchlichkeit.

Auf der Mikroebene erfaßte aber gleichzeitig das Konzept der Pfarr-Caritas große Teile der Vertriebenen. Zwar blieb dieses System zwischen den miteinander konkurrierenden kirchlichen Zentralen in Vechta und Münster nicht unumstritten, jedoch kam ihm vor allem deshalb große Wirkungskraft zu, weil hier Laien als Caritas-Helfer eingebunden wurden und als Transmissionsriemen zwischen dem einheimischen Katholizismus und den Vertriebenen fungierten. Die Ernennung eines Laien zum Landes-Caritasdirektor verdeutlicht insbesondere die auf der Leitungsebene herrschenden Kontroversen bei der Beschreibung neuer Wege auf dem karitativen Sektor.

War die hierarchisch organisierte Caritas grundsätzlich bemüht, an der Basis präsent zu werden, um auf diese Weise einer Desintegration der Vertriebenen entgegenzuwirken, und ergänzten individuelle Aktivitäten einzelner Laien diese Konzeption, wie etwa die Ferienverschickung von Vertriebenenkindern und -priestern, so lag die Priorität dabei stets auf einer Angleichung der Vertriebenen an den Standard der Einheimischen und damit auf der Schaffung eines einheitlichen katholischen Milieus. Für eine Identitätsbewahrung der Vertriebenen hingegen blieb im wesentlichen nur in denjenigen sozialen

---

[315] Vgl. Aufstellung, in: Caritasblätter für das Bistum Münster, 2/1955, 41f.

Einrichtungen Raum, in die schlesische oder ermländische Schwesternkongregationen einen ostdeutschen Kolorit hineinbrachten. Dieser verblaßte mit dem Rückgang des ostdeutschen Personals ebenso wie angesichts der Normalisierung des Lebensalltags, womit gleichzeitig ein Schwund an kirchlichen Identifikationsmöglichkeiten mit ostdeutschen heimatlichen Bezügen verbunden war.

## III. KARITATIV-PASTORALE KONZEPTE UND DEREN REZEPTION AUF DER MIKROEBENE

### 1. Das System der Patengemeinden

Über die normierte Arbeit des Landes-Caritasverbandes auf der Mesoebene und der Pfarr-Caritas auf der Mikroebene hinaus entwickelte das Bischöfliche Offizialat in Vechta in den Jahren 1946 und 1947 ein Patenschaftssystem zwischen „reichen" Pfarreien in der katholischen Subregion Südoldenburg und „armen" Diaspora- bzw. Vertriebenengemeinden in der evangelischen Subregion Nordoldenburg. Ausschlaggebend für diese Idee der Nachbarschaftshilfe und Kooperation innerhalb der Region waren dramatische Szenen, die Situationsbeschreibungen aus nahezu allen Vertriebenengemeinden in diesen Jahren heraufbeschworen.

Bald nach seinem Dienstbeginn bat beispielsweise einer der neuen ostdeutschen Diasporaseelsorger das Offizialat, dafür Sorge zu tragen, daß man „im Münsterland (gemeint ist Südoldenburg. Anm. d. Verf.) etwas Zuckerrüben in diesem Jahre zu Sirup verarbeitet für die Kinder hier, die trockenes Brot essen"[1]. Ebenso waren Kinder wie Erwachsene großteils ohne ausreichende Kleider und Wäsche, insbesondere für den ersten Winter in der Fremde.

Die Zerstreuung der katholischen Vertriebenen über die nordoldenburgische Diaspora stellte sich in diesem Kontext als besondere Erschwernis für kirchliche Hilfeleistungen dar. Folglich erkannten die Verantwortlichen im Offizialat, daß weder mit einer zentralen Steuerung von Hilfslieferungen über Vechta in die einzelnen sozialen Brennpunkte, noch mit einer Ausweitung des Laien-Apostolats an der Basis die Versorgungsunterschiede zwischen der Mehrzahl der Bedürftigen im Norden und der mit Lebensmitteln gut eingedeckten agrarischen Bevölkerung im Süden der Region überwunden werden konnten.

Erste Ansätze eines Patenschaftssystems im Vorfeld des Eintreffens der Vertriebenenströme wurden durch Anordnungen der britischen Militärregierung und der deutschen Behörden verhindert. Die britische Militärregierung erließ im November 1945 eine Verordnung, derzufolge Lebensmittelsammlungen durch Kirchengemeinden verboten wurden[2]. Die staatlichen Ernährungsämter erklärten insbesondere Obst und Gemüse zu bewirtschafteten Lebensmitteln, die nur gegen Bezugs- bzw. Bedarfsscheine ausgegeben und auch nicht transferiert werden durften. Damit standen möglichen Hilfslieferungen

---

[1] So W. Gillmann in einem Schreiben des Seelsorgeamtes v. 21.11.1946, in: Pfarrarchiv St. Marien Delmenhorst: Korrespondenz mit dem Bischöflichen Offizialat 1946–1954.

[2] Vgl. Bekanntmachung der Militärregierung v. 27.11.1945, in: Westdeutsche Nachrichten v. 7.12.1945.

auf kirchlicher Ebene erhebliche Schwierigkeiten entgegen, wie der Offizial dem Diözesan-Caritasdirektor Ende 1945 mitteilte[3].

Wie rigide die Behörden in dieser Hinsicht vorgingen, mußten die Wilhelmshavener Diasporakatholiken spürbar erfahren, als im November 1945 eine Kartoffellieferung aus Südoldenburg unmittelbar nach dem Eintreffen in der Jadestadt vom Ernährungsamt beschlagnahmt wurde[4]. Eine Beschwerde des Pfarrers von St. Marien in Wilhelmshaven gegen die Einziehung der für karitative Zwecke bestimmten Lebensmittel blieb über Monate hinweg ohne Resonanz, was angesichts des akuten Nahrungsmittelmangels kurios erscheint. Erst als der Geistliche das Wilhelmshavener Ernährungsamt darauf aufmerksam machte, daß sich in der Kartoffellieferung auch Steckrüben und Wurzeln befanden, die zu verfaulen drohten, sah sich die Stadt trotz des noch schwebenden Verfahrens zu einem zwar eigenmächtigen Verkauf genötigt, überwies aber immerhin den erzielten Erlös von RM 1.239,– auf das Konto der St.-Marien-Gemeinde[5]. Im März 1947 entschied das Landesernährungsamt Weser-Ems, dem der Vorfall zur Klärung übertragen worden war, schließlich zuungunsten der Katholiken. Die Abgabe von Kartoffeln sei „inzwischen überhaupt verboten worden"[6], weshalb auch kein Rückgaberecht oder Ersatzanspruch in Naturalien bestehe.

Angesichts der durch die Vertriebenentransporte des Frühjahrs und Sommers 1946 verursachten sozialen Not ließ sich diese rigide Praxis allerdings nicht mehr aufrecht erhalten. Jedenfalls vermochte der Landes-Caritasverband am 17. September 1946 das Patenschaftssystem auf der Ebene einzelner Pfarreien aufzugreifen[7]. Ihm ging es darum, mit Hilfe des Musters vom Niederrhein eine „planmäßige Diasporahilfe"[8] einzurichten. Keine unmittelbare Verbindungslinie ist hingegen zu der im Hirtenwort der deutschen Bischöfe vom August 1947 genannten Anregung einer Gründung von Patenschaften[9] auszumachen, da letztere sich ausdrücklich auf Hilfsmaßnahmen innerhalb einer Pfarrei bezog.

Denn bereits in den im Juli 1946 in Vechta erlassenen Ergänzungsbestimmungen zu den diözesanen Richtlinien der Pfarr-Caritas hatte es geheißen, daß die Einrichtung von

---

[3] Pohlschneider an Holling v. 10.12.1945, in: OAV A-3-122.

[4] Vgl. hierzu einen Vorgang vom Winter 1945/46, in: Pfarrarchiv St. Marien Wilhelmshaven: Caritas.

[5] Vgl. Staatsministerium, Abt. Soziale Fürsorge, an Landesernährungsamt Weser-Ems v. 9.3.1947, ebd.

[6] Landesernährungsamt Weser-Ems an Staatsministerium, Abt. Soziale Fürsorge, v. 25.3.1947, ebd.

[7] Vgl. Anweisungen des Offizialats an die Pfarrgeistlichen (Rundschreiben) v. 17.9.1946, in: Pfarrarchiv St. Marien Delmenhorst: Rundschreiben des Bischöflichen Offizialats.

[8] Sieve, Peter, Geschichte, in: Baumann, Willi, Sieve, Peter (Hrsg.), Die katholische Kirche im Oldenburger Land. Ein Handbuch, Vechta 1995, 3–64, hier 51.

[9] Vgl. Hirtenwort der deutschen Bischöfe v. 21.8.1947, in: Löhr, Wolfgang (Bearb.), Dokumente deutscher Bischöfe, Bd. 1: Hirtenbriefe und Ansprachen zu Gesellschaft und Politik 1945–1949, Würzburg 1985, 210–215, hier 211.

Patenschaften für die nordoldenburgische Diaspora geplant sei[10]. Realisiert wurde sie dann im Hinblick auf eine vom oldenburgischen Ministerium der Finanzen unter Caritasflagge genehmigte „Winter-, Sach- und Geldsammlung"[11]. Als Procedere sah der Plan des Offizialats vor, daß bei der für Sonntag, den 29. September 1946 anberaumten Kirchenkollekte und der in der darauffolgenden Woche durchgeführten Sachsammlung zwischen einem Drittel und 50 % der Bekleidungs- und Lebensmittelspenden aus den Pfarreien des Oldenburger Münsterlandes an die jeweilige Patengemeinde in der nordoldenburgischen Diaspora abgeführt werden sollten. Die Diasporagemeinden wurden angewiesen, „sich unverzüglich mit den Dekanats-Caritas-Leitern und den Pfarrern ihrer Patengemeinden in Verbindung [zu setzen], um den Abtransport der gesammelten Sachen zu regeln"[12] sowie geeignete Räume anzumieten, um die Hilfslieferungen lagern zu können. Die Zuteilungen von Geldspenden behielt sich die Kirchenbehörde hingegen selbst vor.

Aus den Bestimmungen des Offizialats läßt sich eine vorläufige Festsetzung von Patengemeinden ersehen[13], die auf den ersten Blick willkürlich erfolgte und wobei den großen Diasporapfarreien, wie Delmenhorst und Oldenburg, in denen mittlerweile eine Reihe von Seelsorgestellen mit je eigenem Geistlichen im Entstehen begriffen war, gleich mehrere benachbarte südoldenburgische Pfarreien zur Hilfeleistung zugeteilt wurden. Bei genauerem Hinsehen erwies sich die räumliche Nähe zwischen zwei künftigen Partnern als ausschlaggebend für die Zuweisung. In diesem Sinne jedenfalls wurde der an der Grenze zum katholischen Teil des Offizialatsbezirks gelegenen Pfarrei St. Peter in Wildeshausen die St.-Gorgonius-Gemeinde in Goldenstedt zugeteilt. Die Großpfarrei Oldenburg hingegen erhielt das ihrem Pfarrterritorium angrenzende Dekanat Friesoythe übertragen. Außerdem spielten persönliche Beziehungen, wie die Herkunft der Pfarrgeistlichen, eine Rolle[14].

Darüber hinaus erhielten die alteingesessenen Diasporaseelsorger durch die Patenschaften einen erheblich ausgeweiteten Aktionsradius in karitativen Belangen, da die Verteilung der Hilfslieferungen auf die einzelnen neu errichteten Seelsorgestellen ihrer eigenen Regie überlassen wurde[15]. Daß diese Kompetenzfülle Auseinandersetzungen zwischen den mit der Spendenverteilung beauftragten oldenburgischen Priestern und den um das Wohl „ihrer" Flüchtlinge bedachten Vertriebenenpriestern hervorrief, liegt auf der Hand.

Zu einem solchen Eklat kam es beispielsweise zwischen dem einheimischen Pfarrer Wilhelm Niermann in Delmenhorst und dem Vertriebenenseelsorger Helmut Richter aus

---

[10] Vgl. Landes-Caritasverband an Pfarrgeistliche v. 25.7.1946, in: Pfarrarchiv St. Marien Delmenhorst: Rundschreiben des Landes-Caritasverbandes.
[11] Vgl. Anweisungen des Offizialats an die Pfarrgeistlichen (Rundschreiben) v. 17.9.1946, Expl. ebd.
[12] Ebd.
[13] Vgl. ebd.
[14] Der Pfarrer von Oldenburg, Heinrich Krone, sowie Kaplan Leo Bitter stammten beide aus dem zum Dekanat Friesoythe gehörenden Saterland. Auch für Delmenhorst läßt sich die Herkunft der Ortsgeistlichen aus den Patengemeinden Löningen u. Essen/O. belegen.
[15] Vgl. Anweisungen des Offizialats an die Pfarrgeistlichen (wie Anm. 11).

der Erzdiözese Breslau in Ganderkesee, nachdem letzterer kurz vor Weihnachten 1946 auf eine Information des Offizialats hin eine ehrenamtliche Caritas-Mitarbeiterin in das Delmenhorster Caritas-Sekretariat geschickt hatte, um den für Ganderkesee bestimmten Teil der Weihnachtsspende aus den Patengemeinden abzuholen. Als diese lediglich mit einigen Spielsachen für Kinder und einem umfangreichen Lebensmittelpaket für Pfarrer Richter nach Ganderkesee zurückkehrte, brachte der Adressat mit leicht ironischem Unterton gegenüber dem Caritas-Sekretariat schriftlich seine Verwunderung zum Ausdruck. Er sei wohl einer Fehlinformation aus Vechta aufgesessen, da er größere Mengen an Lebensmitteln für die Vertriebenen seines Seelsorgebezirkes erwartet habe. Unter den gegebenen Umständen sehe er sich jedoch dazu genötigt, die ihm persönlich zugedachten Lebensmittel an die Bedürftigen in Ganderkesee zu verteilen[16]. Damit zog er den Zorn des Caritas-Sekretärs auf sich, der Richter unverblümt wissen ließ, „daß wir von christlicher und priesterlicher Gesinnung bei den norddeutschen Menschen anderes gewohnt sind, als wir von den Schlesiern anscheinend erwarten dürfen"[17].

Die Ursache der Auseinandersetzung lag sicherlich einerseits in den hier verallgemeinerten Vorurteilen der Oldenburger gegenüber den Schlesiern und ihrer Mentalität. Andererseits wurde dieses Kriterium verstärkt durch unterschiedliche Persönlichkeitsprofile. Beide Faktoren führten dazu – und das belegt dieser in der Retrospektive möglicherweise sogar unfreiwillig komisch anmutende Einzelfall exemplarisch –, daß die dringend gebotene materielle Hilfe ihre Adressaten verspätet oder reduziert erreichte und die Abgrenzungen zwischen Vertriebenen und Einheimischen innerhalb des katholischen Milieus verstärkt wurden.

Gerade für die allermeisten Vertriebenen in der Diaspora lag in den Patenschaften zumindest anfänglich der einzige Kontakt zu einer „heilen katholischen Welt". Auf weitreichendere Beziehungen konnten von Beginn an nur wenige Diasporaseelsorgebezirke zurückgreifen. So zum Beispiel Bad Zwischenahn, dessen Seelsorger, ein Pallottinerpater, zwar vor 1945 in Schlesien gewirkt hatte, jedoch gebürtig aus Baden stammte und in seiner Heimat noch über zahlreiche Kontakte verfügte, die er in den Aufbaujahren für die Versorgung der Gläubigen vor Ort mit dem Notwendigsten einzusetzen wußte. „Alle meine Bekannten in Süddeutschland rief ich zur Mithilfe auf, und es wurde mir viel geholfen. Von allen Seiten bekam ich Geld und Kleidungsstücke, auch Nahrungsmittel. Ich konnte viel Not lindern, den werdenden Müttern Wäsche zur Verfügung stellen, den Erstkommunikanten Kleider geben [...]."[18]

Die Hoffnungen, die sich seitens der Vertriebenen an die Patenschaften knüpften, brachte der Brief einer Heimatvertriebenen an die zuständige Seelsorgehelferin ihrer Gemeinde im Herbst 1946 zum Ausdruck, in dem es unter anderem hieß: „Es brauchte ja nur das hergegeben zu werden, was schon lange nicht im Gebrauch war und ziemlich

---

[16] Vgl. Richter an Caritas-Sekretariat Delmenhorst v. 21.12.1946, in: OAV Nachlaß Otto Jaritz (1909–1987).
[17] Caritas-Sekretariat Delmenhorst an Richter v. 18.12.1946, ebd.
[18] P. Josef Hagel, in: Chronik des Pfarrektorats Bad Zwischenahn, in: Pfarrarchiv Bad Zwischenahn, 7.

sicher nicht bald gebraucht werden wird. Bei gutem Willen und von unserem gemeinsamen Christentum bestimmter Gebefreudigkeit ohne Berechnung und Bitterkeit, dürfte wohl jedes Dorf so viel zusammenbringen, daß Post und Bahn staunen [...]."[19]

Im Sinne des hier beschworenen „gemeinsamen Christentums" war Landes-Caritasdirektor Watermann deshalb bemüht, ein positives Bild von der Hilfsbereitschaft der einheimischen Katholiken Südoldenburgs in der Öffentlichkeit zu vermitteln. In einem Rundschreiben an den Klerus und die Caritas-Sekretäre vom 12. Dezember 1946 setzte er sich gegen Stimmen zur Wehr, die von einer geringen Hilfsbereitschaft gegenüber Flüchtlingen gerade im katholischen Teil Oldenburgs sprachen. Selbst Vertreter der evangelischen Kirche hätten lobend erwähnt, daß die katholische Bevölkerung Oldenburgs in ihrer Gesamtheit die Hilfsleistungen der Protestanten übertreffe, stellte Watermann heraus, räumte aber gleichzeitig ein, daß bei einigen Katholiken auch ein „bemerkenswerter Mangel an christlicher Liebesgesinnung"[20] zu beobachten sei. Auf diese „Quertreiber" richtete Watermann mehrfach die Aufmerksamkeit der zuständigen Pfarrer. Er verfolgte also die Strategie einer Regulierung der Probleme durch soziale Kontrolle.

Obwohl der Landes-Caritasverband im April 1947 eine Modifizierung des Patenschaftskonzepts vornahm[21], indem er nunmehr auch den neuen Seelsorgebezirken in Nordoldenburg eine eigene Patengemeinde zuteilte, hatten die Pfarrer der katholischen Stammgemeinden, die inzwischen vom Offizial schriftlich angehört worden waren, dafür gesorgt, daß ihnen im Rahmen dieser Neueinteilung die Pfarrei verblieb, zu der die besten Beziehungen und damit die beste Aussicht auf wirksame Unterstützung bestand. Allein sie waren in dieser Hinsicht vor der endgültigen Festlegung auch vom Landes-Caritasdirektor befragt worden, während die ostvertriebenen Geistlichen vor vollendete Tatsachen gestellt wurden[22].

Ehemalige Diasporaseelsorger aus dem oldenburgischen Klerus, die nunmehr im Oldenburger Münsterland tätig waren, erwiesen sich zumindest in drei Fällen ausschlaggebend für die Zuteilung, die „nunmehr für dauernd verankert"[23] wurde. So sollten die Vareler Katholiken künftig Unterstützung aus Bakum erhalten, wo der frühere Vareler Pfarrer die Pfarrstelle bekleidete[24]. Mit Langförden wußten sich die Diasporakatholiken in Jever durch ihren jetzt dort amtierenden ehemaligen Pfarrer verbunden, während Au-

---

[19] Zit. in: Rundschreiben des Seelsorgeamtes v. 21.11.1946, in: Pfarrarchiv St. Marien Delmenhorst: Korrespondenz mit dem Bischöflichen Offizialat 1946–1954.
[20] Rundschreiben des LCV v. 12.12.1946, in: Pfarrarchiv St. Marien Delmenhorst: Rundschreiben des Landes-Caritasverbandes.
[21] Vgl. Rundschreiben des LCV v. 26.4.1947, ebd.
[22] Vgl. Rundschreiben des LCV an die Pfarrer (!) des Dekanates Oldenburg v. 28.3.1947, ebd., dem vorab eine Liste mit den geplanten Zuweisungen beigelegt war, wobei allerdings darum gebeten wurde, „uns Abänderungsvorschläge nur bei Vorliegen besonders gewichtiger Gründe [...] einzureichen".
[23] Rundschreiben des LCV v. 26.4.1947, ebd.
[24] Josef Bohmann, 1926–1939 Pfarrer in Varel u. seither Pfarrer in Bakum, gestorben 1964. Vgl. Heitmann, Clemens, Priesterbuch des Offizialatsbezirks Oldenburg , Bd. 2, Friesoythe 1985, 58.

gustfehn erst ganz frisch 1946 seinen Seelsorger in die spätere Patengemeinde Nikolausdorf abgegeben hatte[25]. Der Faktor der personellen Bindungen zwischen den katholischen Submilieus Nord- und Südoldenburgs bildete somit einen wichtigen Indikator für die Etablierung des Patenschaftssystems.

Sicherlich nicht zuletzt aufgrund dieser für das Überleben fundamental wichtigen Funktion des Netzwerkes wurde das Patenschaftssystem von Vertriebenenklerus und ostdeutschen Katholiken im allgemeinen begrüßt. Seit der Einführung der Patengemeinden habe man sich wenigstens sattessen können, womit die Grundlage für ein pastorales Wirken in Ruhe und Ausgeglichenheit geschaffen worden sei, hob ein schlesischer Priester in diesem Zusammenhang hervor[26].

Trotz seiner grundsätzlichen Zufriedenheit mit der Patenschaftsaktion beklagte Landes-Caritasdirektor Watermann noch gewisse Anlaufschwierigkeiten, die er mit fehlenden Direktiven seitens kirchlicher Behörde bzw. Caritas, aber auch mit dem mangelnden Kooperationsgeist mancher Gemeinden erklärte[27]. Watermann hatte bereits zu Beginn der Hilfsaktionen vorausgesagt, es werde sehr stark von der Haltung des örtlichen Klerus abhängen, inwieweit die Patenschaften erfolgreich würden[28]. Einige exemplarische Einblicke in das Miteinander von Diasporaseelsorgestelle und Patenpfarrei sollen dies verdeutlichen.

Das Verhältnis des Rasteder Vertriebenenseelsorgers Otto Jaritz zur Patengemeinde Rechterfeld gestaltete sich wohl allein deshalb so herzlich, weil der dortige Pfarrer Johannes Hölscher ein Nachbar seiner Mutter in deren Jugend in Bakum gewesen war[29]. Das engmaschige Beziehungsnetz der oldenburgischen Katholiken und ihres Klerus machte sich allerdings nur in diesem Einzelfall vorteilhaft bemerkbar.

Mit Ausnahme von Otto Jaritz, dessen Vorfahren im Oldenburger Land zu Hause gewesen waren, besaß der Vertriebenenklerus über die Faktoren Familie oder Studium keinerlei Bindungen zur Oldenburger Geistlichkeit. Dennoch ergab sich in manchen Fällen eine erfolgreiche Zusammenarbeit. Dies zeigt ein Bericht des Bad Zwischenahner Pallottinerpaters, der nach erfolgter Zuteilung der Patengemeinde Molbergen zunächst deren Pfarrer aufsuchte, „der mich sehr freundlich empfing und seine Hilfe in Aussicht stellte"[30]. So konnte der Pater im Vorfeld der Erstkommunion von 25 Kindern aus Flüchtlingsfamilien in Ofen im Mai 1947 eine erste Lebensmittelspende, die aus Mehl, Eiern und

---

[25] Josef Overmeyer, 1934–1938 Pfarrer in Jever, 1938–1960 Pfarrer in Langförden, gestorben 1964. Vgl. ebd., 100. Theodor Sommer, 1940–1946 Kaplan in Augustfehn, 1946–1952 desgl. in Nikolausdorf, 1952–1984 Pfarrer in Lüsche, gestorben 1989 ebd., vgl. Priesterbuch des Bistums Münster 1984, Münster 1984, 37.

[26] Vgl. Pfarrer Hugo Springer, in: Chronologie der kath. Seelsorgestelle Schillig, in: Pfarrarchiv Schillig. Eintrag von 1947.

[27] Vgl. Rundschreiben des LCV v. 4.6.1947, in: Pfarrarchiv St. Marien Delmenhorst: Rundschreiben des Landes-Caritasverbandes.

[28] Vgl. ebd. v. 26.4.1947.

[29] Vgl. Jaritz, Otto, 25 Jahre Katholische Kirchengemeinde Rastede-Wiefelstede. 25 Jahre als Seelsorger in Rastede-Wiefelstede, Rastede o. J. (1971), 16.

[30] Chronik des Pfarrektorats Bad Zwischenahn, in: Pfarrarchiv Bad Zwischenahn, 13.

Fleischkonserven bestand, persönlich in Molbergen abholen und an die Erstkommunikanten verteilen.

In spürbar herzlicher Atmosphäre verlief von Beginn an auch die Kommunikation zwischen dem Braker Caritas-Sekretär Rudolf Kinzel und dem Pfarrektor der Patengemeinde Mühlen. „Hochw. P. Rektor! Helfen Sie uns weiter: Getreide, Brot, Erbsen, Bohnen, alles, was Sie auftreiben können. Für Kranke brauchen wir dringend etwas an Nährmitteln. Es fehlt alles. Wir kommen gern, es abzuholen"[31], hieß es im ersten Dankbrief des Caritas-Sekretariats aus der Wesermarsch vom November 1946, nachdem die Mühler Katholiken ihre Hilfsaktion mit einer Lieferung von Kartoffeln, Möhren und Rüben begonnen hatten. Kartoffeln waren zu diesem Zeitpunkt im übrigen ein äußerst begehrtes Gut, eine Art Gradmesser für Beziehungen, die das Überleben sicherten.

Tabelle 5: Patenschaften zwischen Kirchengemeinden in Nord- und Südoldenburg. Erste Einteilung des Bischöflichen Offizialats vom 17.9.1946

| Diasporagemeinde | Patengemeinden in Südoldenburg |
|---|---|
| Ahlhorn/Huntlosen | Emstek, Sevelten, Halen-Höltinghausen |
| Augustfehn | Nikolausdorf, Beverbruch |
| Brake | Lohne, Dinklage, Steinfeld, Mühlen, Kroge |
| Delmenhorst | Löningen, Evenkamp, Benstrup, Bunnen, Essen, Elsten, Bevern |
| Jever | Langförden, Lutten, Rechterfeld, Oythe |
| Nordenham | Damme, Holdorf, Neuenkirchen, Osterfeine, Rüschendorf |
| Oldenburg St. Peter | Dekanat Friesoythe (ohne Nikolausdorf u. Beverbruch), Molbergen, Kneheim, Varrelbusch |
| Osternburg | Vechta, Visbek |
| Varel | Bakum, Vestrup, Carum, Lüsche, Bühren |
| Wildeshausen | Goldenstedt, Ellenstedt |
| Wilhelmshaven St. Marien u. St. Willehad | Cloppenburg, Bethen, Lastrup, Lindern, Hemmelte, Kellerhöhe, Cappeln, Schwichteler |

*Quelle: Anweisungen an die Hochwürdigen Herren Pfarrer, Kapellen- und Missionsgeistlichen für die angekündigte Caritas-Wintersammlung v. 17.9.1946, in: Pfarrarchiv St. Marien Delmenhorst: Rundschreiben des Bischöflichen Offizialats 1945 ff.*

---

[31] Kinzel an P. Edilbert Tournay OFM, Mühlen, v. 9.11.1946, zit. in: 75 Jahre Kirche und Kloster der Franziskaner in Mühlen, o. O. o. J. (1985), 154f., hier 155.

Tabelle 6: Patenschaften zwischen Kirchengemeinden in Nord- und Südoldenburg. Differenzierte Einteilung des Landes-Caritasverbandes vom 26.4.1947

| Diasporagemeinde | Patengemeinden |
|---|---|
| Oldenburg | Dekanat Friesoythe (ohne Nikolausdorf und Beverbruch), außerdem Dinklage |
| Osternburg, Sandkrug | Visbek |
| Augustfehn | Nikolausdorf, Beverbruch |
| Rastede | Rechterfeld |
| Westerstede | Cappeln |
| Bad Zwischenahn | Molbergen |
| Brake | Lohne, Steinfeld, Mühlen |
| Elsfleth-Berne | Kroge-Ehrendorf |
| Huntlosen | Bevern |
| Delmenhorst | Essen, Löningen, Evenkamp |
| Ganderkesee | Bunnen |
| Hude | Ellenstedt |
| Lemwerder | Benstrup |
| Wilhelmshaven St. Marien | Lindern, Lastrup, Kneheim |
| St. Willehad | Emstek, Cloppenburg, Hemmelte |
| Fedderwardergroden | Sevelten, Schwichteler |
| Voslapp | Elsten |
| Roffhausen | Bethen, Varrelbusch |
| Varel | Bakum, Carum |
| Jade | Bühren |
| Bockhorn | Vestrup |
| Zetel | Lüsche |
| Jever | Langförden |
| Schillig | Lutten |
| Nordenham* | Damme, Osterfeine |
| Einswarden | Holdorf |
| Burhave | Neuenkirchen |
| Wildeshausen | Goldenstedt |
| Ahlhorn u. Lethe | Halen-Höltinghausen |
| Vechta, St.-Georgs-Stift** | Oythe |
| Wangerooge | Kellerhöhe |

\* Nach Einrichtung der Seelsorgestelle Stollhamm im Frühjahr 1947 wurde dieser die Pfarrei Osterfeine zugeteilt, die auch für den Nordenhamer Filialbezirk Abbehausen zuständig war.
\*\* Obwohl im katholischen Vechta gelegen, bedurfte das St.-Georgs-Stift als Flüchtlingskrankenhaus der Hilfe von außen.

*Quelle: Rundschreiben des Landes-Caritasverbandes für Oldenburg v. 26.4.1947, in: Pfarrarchiv St. Marien Delmenhorst: Rundschreiben des Landes-Caritasverbandes.*

Daß es auch Mißverständnisse zwischen den verantwortlichen Seelsorgern gab, sei nicht in Abrede gestellt, aber je positiver sich das grundsätzliche Einvernehmen gestaltete, desto effektiver funktionierte das Patenschaftssystem. Die Priester in Südoldenburg mit ihrer wichtigen und allseits anerkannten sozialen Führungsrolle in der Dorfgemeinschaft trugen schließlich nicht unwesentlich dazu bei, die Bauern immer wieder zu Spenden zu mobilisieren, die sich im überschaubaren katholischen Milieu einer kleinen agrarisch strukturierten Patengemeinde oftmals leichter erzielen ließen als in der vielschichtigeren Lebenswelt einer Großpfarrei. Ein Beispiel vermittelt ein Bericht der „Kirchenzeitung für Oldenburg" vom Herbst 1949 über die aktuellen Hilfsleistungen einer ungenannt bleibenden Dorfgemeinde des Oldenburger Münsterlandes mit rund 800 einheimischen Katholiken. Trotz ihrer geringen Zahl an Gläubigen hatte sie immerhin 50 Kinder aus Nordoldenburg während der Sommerferien und 24 in den Herbstferien beherbergt, aus der Herbstsammlung 132 Zentner Kartoffeln, vier Zentner Äpfel, zwei Zentner Gemüse und 60 Pfund Hülsenfrüchte sowie 45 Kinderkleidungsstücke geliefert und des weiteren Kollektengelder in Höhe von DM 729,50 für die Diaspora an das Offizialat überwiesen[32].

Zur Erhöhung der Spendenfreudigkeit hatte sicherlich nicht zuletzt die Tatsache beigetragen, daß die Landwirte jetzt genau wußten, für welche Gemeinde im Norden des Offizialatsbezirks sie Naturalien stifteten und daß sie aus eben dieser Gemeinde auch Ferienkinder aufnehmen würden, somit also auch ein konkretes Erfolgserlebnis aufweisen konnten.

Die vergleichsweise gute wirtschaftliche Lage der Landbevölkerung in den Kreisen Vechta und Cloppenburg war überregional bekannt und führte dazu, daß auch kirchliche Institutionen aus anderen Teilen Deutschlands hierhin verstärkt Bettelbriefe sandten und das ländliche katholische Milieu des Oldenburger Münsterlandes zunehmend zum Anlaufpunkt zahlreicher Bettelreisen wurde. Das Bischöfliche Offizialat beobachtete dabei zunehmend kritisch den Einsatz von Werbern aus Westfalen, dem Rheinland und anderen Regionen, die in Oldenburg mit Erfolg Lebensmittel und Geld für ihre Pfarreien, Kinderheime oder Krankenhäuser sammelten. In diesem finanziellen und materiellen Absorbierungsprozeß durch Nicht-Oldenburger vermutete die kirchliche Behörde Nachteile und Einschränkungen für die Aufbauhilfe in der eigenen Diaspora. Dies war auch der Grund, warum Offizial Grafenhorst im Oktober 1949 in einer Kanzelerklärung bekanntgab, daß in Zukunft nur noch Sammlungen für Gemeinden oder karitative Anstalten in Nordoldenburg gestattet seien[33]. Offiziell begründete er diese Priorität allerdings damit, daß die Diasporagemeinden außerhalb Oldenburgs keine Sammelmöglichkeiten besäßen, die rheinischen und westfälischen Wohlfahrtseinrichtungen hingegen in ihrer unmittelbaren katholisch geprägten Umgebung sammeln könnten. Vorausgegangen war ein ungewöhnlich dringender Aufruf zu einer außergewöhnlichen Diasporakollekte in allen südolden-

---

[32] Vgl. Leistungen einer Pfarrei für die Patengemeinde, in: Kirche und Leben Oldenburg v. 30.10.1949.
[33] Vgl. Rundschreiben Grafenhorsts v. 11.10.1949, in: Pfarrarchiv St. Marien Delmenhorst: Rundschreiben des Bischöflichen Offizialats 1945 ff.

burgischen Pfarreien am 31. Juli 1949[34]. In einem Begleitschreiben an den Klerus hatte Grafenhorst nicht nur seinem Wunsch Ausdruck verliehen, daß in den größeren Gemeinden mehr als DM 1.000,- aufgebracht würden, sondern er hatte seine Adressaten zugleich gebeten, persönlich die Kollekte abzuhalten, um dadurch deren Dringlichkeit bei den Gottesdienstbesuchern zu unterstreichen.

Damit vermittelt die Einrichtung der Patenschaften in erster Linie den Eindruck eines Gebens auf der südoldenburgischen und des Nehmens auf der nordoldenburgischen Seite. Das System verstand sich aber nicht als einseitig aktiver Beitrag zur Milieuformierung in der Diaspora, der lediglich passiv rezipiert wurde. Vielmehr waren von Seiten der Diasporagemeinden als Empfänger der Spenden zahlreiche Anstrengungen notwendig, um die Verbindung intensiv zu halten und nicht zu einer Art Pflichtübung werden zu lassen. Wie zeitintensiv diese Kontaktpflege sich gestaltete, zeigt sich am Beispiel der Pfarrei Delmenhorst. Obwohl die dortigen Katholiken durch das Patenschaftssystem sowohl mit der Heimatpfarrei als auch mit der früheren Wirkungsstätte ihres Pfarrers verbunden waren, hieß es in einem Bericht über das Jahr 1948: „Eine Anzahl von Werbefahrten mußte durchgeführt und an 35 Stellen Referate über unsere Diaspora-Not gehalten werden."[35]

Nicht nur vorübergehend, sondern für nahezu ein Jahrzehnt erwiesen sich die Patenschaften als integraler Bestandteil des Gemeindelebens in den Vertriebenengemeinden Nordoldenburgs mit ihren jeweiligen Höhepunkten in der Eierlieferung zu Ostern, der Kartoffellieferung im Herbst, der Kindererholung im Sommer, teilweise auch im Herbst, und der Überlassung von Weihnachtsgaben. Sie wurden damit zum Prototyp einer besonderen Freigebigkeit, wie sie in anderen westdeutschen Jurisdiktionsbezirken mit höherem Vertriebenenanteil nicht realisiert werden konnte und deshalb als Desiderat empfunden wurde[36].

Ein genaues Datum der Einstellung der Unterstützung ist nicht zu eruieren und war von Pfarrei zu Pfarrei verschieden. Dabei spielte insbesondere der jeweilige Grad der wirtschaftlichen Integration der Ostvertriebenen eine wichtige Rolle. Aus der Gemeinde Brake in der aufgrund geringer Infrastruktur stark von Arbeitslosigkeit betroffenen Wesermarsch hieß es noch 1954: „Auch in diesem Herbst spendeten unsere Patengemeinden Lohne, Steinfeld und Mühlen aus Südoldenburg wieder mehrere hundert Ctr. (Zentner. Anm. d. Verf.) Kartoffeln für unsere Gemeinde, welche hier an bedürftige Familien

---

[34] Anordnung einer außergewöhnlichen Diasporakollekte v. 19.7.1949 u. Brief an den Klerus v. 19.7.1949, in: Pfarrarchiv St. Marien Delmenhorst: Rundschreiben des Bischöflichen Offizialats 1945 ff.

[35] Jahresbericht der Pfarr-Caritas St. Marien Delmenhorst für 1948 v. April 1949, in: ebd.: Rundschreiben des Landes-Caritasverbandes.

[36] Vgl. Penkert, Alfred, Auf den letzten Platz gestellt? Die Eingliederung der geflüchteten und vertriebenen Priester des Bistums Ermland in die Diözesen der vier Besatzungszonen Deutschlands in den Jahren 1945–1947 (Veröffentlichungen der Bischof-Maximilian-Kaller-Stiftung), Münster 1999, 152. Penkert bezieht sich dabei auf eine entsprechende Stellungnahme des ermländischen Pfarrers Hans Westpfahl, Stade, v. 11.2.1947.

verteilt werden konnten. Auch größere Mengen Gemüse und Obst waren dabei. Es konnte damit vielen geholfen werden."[37]

## 2. Patenschaften für Kirchenbauten als Element der Milieufestigung

Diente das oben skizzierte oldenburgische Patenschaftssystem von 1946/47 primär der materiellen Versorgung der Vertriebenen, so stellte die Tatsache einer fehlenden geistlichen Heimat der ostdeutschen Katholiken die Verantwortlichen vor neue Herausforderungen und setzte Überlegungen in Gang, inwieweit mit Hilfe des Beziehungsnetzes auf der horizontalen Ebene zugleich pastoralen Notständen abgeholfen werden könnte. Rein karitative Bemühungen wurden damit um seelsorgliche Notwendigkeiten ergänzt.

Damit stand die Vertriebenenseelsorge nun am Beginn eines neuen, zweiten Abschnittes, der sich in der Planung von Kirchen- und Kapellenbauten manifestierte. Nach der von Adolf Kindermann retrospektiv erfolgten Einteilung des Prozesses der Vertriebenenintegration in drei Phasen kann er als Eingliederungsphase bezeichnet werden[38], wobei jedoch nicht – wie nach diesem theoretischen Konstrukt anzunehmen ist – die karitative Phase jäh abbrach, sondern parallel weiterlief.

Angesichts der Bilanz der Kriegszerstörungen – drei Kirchen im Bereich der Fallstudie waren vollständig zerstört, drei weitere erheblich beschädigt worden – stand die Kirchenbehörde zunächst vor der Aufgabe, hier Wiederaufbaumaßnahmen einzuleiten bzw. für eine Übergangslösung zu sorgen[39]. Dennoch nahm sich Offizial Pohlschneider äußerst rasch dem Problem einer mehr oder weniger dauerhaften kirchlichen Beheimatung der nordoldenburgischen Vertriebenen in eigenen Gotteshäusern an.

Das Augenmerk richtete sich hier in erster Linie auf ehemalige Wehrmachtsbaracken, die für kirchliche Zwecke benutzt werden könnten. Vorbildfunktion besaß dabei das Vorgehen des Vertriebenenseelsorgers von Hude, der bereits vier Wochen nach seiner Ankunft in diesem Ort im Alleingang bei der Militärregierung die Freigabe einer leerstehenden Wehrmachtsbaracke für die Gottesdienste der Katholiken erreicht hatte. Jedoch wurde das

---

[37] Pfarrchronik Brake, in: Pfarrarchiv Brake, Eintrag von 1954.

[38] Vgl. Kindermann, Adolf, Das Phänomen des Flüchtlings und Heimatvertriebenen in unserem Jahrhundert, in: 6. Verzeichnis der deutschen vertriebenen Priester aus dem Osten, Stand 1.7.1969, Königstein o.J. (1969), 9–14, hier 12f. Aufgegriffen bei Pieschl, Gerhard, Entwicklung der Vertriebenenseelsorge in der Katholischen Kirche der Bundesrepublik Deutschland, in: Kirche und Heimat. Die katholische Vertriebenen- und Aussiedlerseelsorge in Deutschland (Arbeitshilfen der Deutschen Bischofskonferenz, Nr. 146), Bonn 1999, 11–26, hier 11.

[39] Vollständig zerstört waren die St.-Marien-Kirchen in Friesoythe, in Wilhelmshaven sowie in Delmenhorst, teilweise zerstört St. Willehad in Wilhelmshaven und die Kirchen in Barßel und Neuscharrel. Friesoythe und Delmenhorst wurden bis 1949, St. Willehad in Wilhelmshaven bereits 1948 wiederhergestellt. In Wilhelmshaven St. Marien wurde 1948 eine Notkirche errichtet. Der Neubau von St. Marien erfolgte hier erst 1954–1956, also nach der ersten Bauwelle für Vertriebenenkirchen. Vgl. u. a. 100 Jahre Katholische Kirche in Wilhelmshaven, Erolzheim 1960.

**VISITATOR APOSTOLICUS IN GERMANIA**

A. J. MUENCH
D.P. BRANCH G-5
USFET-APO 757
c/o P.M.-NewYork

Kronberg, den 30. Jan. 1947

Hochwürdigster Herr Prälat!

Die große Notlage der Kirche wegen des Zustromes von Millionen von Flüchtlingen ist mir nicht unbekannt geblieben. Ich weiß nur zuwohl, wie furchtbar das Problem in Deutschland geworden ist, ganz besonders aber in den nördlichen Teilen Deutschlands.

Die Einfuhr von Baraken aus den Vereinigten Staaten ist meiner Ansicht nach nicht praktisch. Der Grund ist, daß in den **Vereinigten Staaten** augenblicklich eine große Wohnungsnot herrscht, hervorgerufen durch **Mangel an Baumaterial**. Deswegen sind die Kosten von Baumaterial in den Vereinigten Staaten sehr hoch gestiegen. Dazu kommen dann noch die **Kosten** des Transportes über den Ozean.

Dürfte ich daher bitten, daß Sie mir eine Aufstellung machen:

1.- aus welchen Ländern Europas man womöglich Baraken beziehen könnte
2.- was die Kosten solcher Baraken sein würden.

Natürlich kann ich keine bestimmte Versprechung machen, da ich nur zuwohl weiß, wie die Katholiken drüben sich Monat für Monat abmühen um Geld und andere Sachen zu sammeln um die große Not, nicht nur in Deutschland, sondern auch in anderen Ländern zu lindern, obzgleich, wie Sie wissen, Kahtoliken drüben ihre eigenen Schulen, Kirchen, caritativen Anstalten u.s.w., nicht nur bauen müssen, sondern auch selbst unterhalten müssen.

Sobald ich eine entscheidende Nachricht von Ihnen erhalten habe, werde ich unverzüglich Ihr Bittgesuch nach den Vereinigten Staaten weiterleiten.

Indem ich Ihnen meinen Bischöflichen Segen sende, genehmige Sie den Ausdruck meiner Verehrung und besten Grüßen

Ihr

Bischof von Fargo
Apostolischer Visitator

Korrespondenz des Apostolischen Visitators Muench mit Offizial Pohlschneider, 30.1.1947

Gebäude von der Kommunalverwaltung daraufhin kurzerhand für eigene Zwecke requiriert[40]. Dagegen scheiterte ein Versuch des Offizialats, eine vom oldenburgischen Ministerium zur Verfügung gestellte Wehrmachtsbaracke nach Rastede umzusetzen und zur Kirche umzugestalten, am fehlenden Plazet der Militärregierung[41], weshalb Offizial Pohlschneider nun entschied, Baracken aus dem Ausland zu besorgen.

Zur Jahreswende 1946/47 informierte er den in Kronberg im Taunus residierenden Päpstlichen Visitator für Deutschland, den amerikanischen Bischof Aloisius Joseph Muench[42], von der in Nordoldenburg herrschenden Notlage und fragte nach Möglichkeiten, Kirchenbaracken aus den USA nach Deutschland zu vermitteln. Bischof Muench antwortete jedoch am 18. Januar 1947, daß er eine Einfuhr von Baracken aus seinem Heimatland nicht für praktisch halte, da dort derzeit eine große Wohnungsnot herrsche, wodurch die Kosten sehr gestiegen seien. Zudem kämen die Transportgebühren hinzu. Der Visitator zeigte aber Verständnis für das Anliegen aus Vechta und sagte grundsätzlich Hilfe zu, wenn ihm die vom Offizialat aufzubringenden Kosten für Baracken genau benannt würden[43].

Außerdem regte er an, die Baracken aus dem europäischen Ausland zu kaufen, da sie dort kostengünstiger seien. Mit Blick auf die von der evangelischen Landeskirche aus Schweden bezogenen sogenannten Schwedenbaracken richtete sich das Interesse des Offizialats in der Folge auf das skandinavische Land, in dem auf katholischer Seite die vom Apostolischen Vikar in Stockholm, dem deutschen Bischof Johann Erik Müller, gegründete „Caritas Sueciae" zu „einer wichtigen Vermittlungsstätte für Hilfsgüter aus Südamerika, Spanien und dem Vatikan"[44] geworden war. Deren evangelische Schwesterorganisation hatte der evangelischen Kirchengemeinde in Cloppenburg bereits den Aufbau einer Baracke ermöglicht. Dieses sogenannte Schwedenheim diente als Freizeit-

---

[40] Vgl. Hirschfeld, Michael, „Das kostet mich meine Schuhsohlen und mein Herz!" Ein Beitrag zur Geschichte der Diasporagemeinde Hude, in: Ders. (Hrsg.), 1948–1998. 50 Jahre Katholische Kirchengemeinde St. Marien Hude. Aus Geschichte und Gegenwart einer Diasporagemeinde, Hude 1998, 14–58, hier 23–25. Letztlich konnte in Hude mit Hilfe der Militärregierung die erwähnte Schützenhalle im März 1947 zur Kirche umgestaltet werden.

[41] Die Umsetzung war zum einen von langwierigen Verhandlungen begleitet, zum anderen wurde sie schließlich im Oktober 1946 nur für einen Teil der Baracke genehmigt. Vgl. Beschwerde des Offizialats an den Minister des Innern u. an das Military Government v. 26.10.1946, in: StAOl Best. 136-125-66, B 1b.

[42] Aloisius Joseph Muench, geboren 1889 in Milwaukee/USA, 1935 Bischof v. Fargo/USA, 1946 Apost. Visitator f. Deutschland, 1951 Apost. Nuntius ebd., 1959 Kurienkardinal in Rom, gestorben 1962 ebd. Vgl. passim Herbrich, E[lisabeth] (Bearb.), Alois Kardinal Muench. Ein Lebensbild (Schriftenreihe des Sudetendeutschen Priesterwerkes, Bd. XII), Königstein 1969. Muench stand als Visitator in den Jahren, in denen Deutschland keine staatliche Souveränität besaß, an der Stelle eines Apostolischen Nuntius.

[43] Muench an Pohlschneider v. 30.1.1947, in: OAV A-3-122.

[44] Aschoff, Hans-Georg, Überlebenshilfe: Flüchtlinge, Vertriebene, Suchdienste, Kriegsgefangene und Internierte, in: Gatz, Erwin (Hrsg.), Geschichte des kirchlichen Lebens in den deutschsprachigen Ländern seit dem Ende des 18. Jahrhunderts, Bd. V: Caritas und soziale Dienste, Freiburg u. a. 1996, 255–279, hier 264.

haus, Kindergarten und -hort sowie Erholungsheim für die Flüchtlinge und Vertriebenen[45]. Eine entsprechende finanzielle Hilfsleistung der kleinen katholischen Diasporagemeinden Schwedens war auf katholischer Seite allerdings nicht denkbar. Die entstehenden Kosten sollten daher durch Spenden amerikanischer Katholiken gedeckt werden. Hierbei war an die Nachfahren südoldenburgischer Auswanderer gedacht, die über die deutsche katholische Presse in den USA mit der Nachkriegssituation in ihrer alten Heimat konfrontiert wurden[46]. Zu diesem Zeitpunkt wurde im Offizialat die Errichtung von Barackenkirchen mit integrierter Wohnung des Seelsorgers für folgende 17 Diasporaorte geplant: Elsfleth, Bockhorn, Burhave, Ganderkesee, Huntlosen, Moordeich, Rastede, Sandkrug, Westerstede, Zetel, Bad Zwischenahn, Jade, Stollhamm, Ahlhorn, Wardenburg, Altengroden sowie Wangerooge[47]. In Hude hingegen hatten die Katholiken bereits im März 1947 die ehemalige Schützenhalle als provisorische Kirche bezogen und damit nach intensivem Druck auf die britische Militärregierung als erste reine Vertriebenengemeinde ein wenn auch provisorisches, so doch eigenes Gotteshaus bezogen[48].

In einem zweiten, parallelen Schritt schaltete Landes-Caritasdirektor Watermann einen deutschen Jesuitenpater ein, der die Außenstelle Deutschlandhilfe der schwedischen Caritas in Lübeck leitete[49]. Obwohl die Lübecker Hilfsstelle das Anliegen weiterreichte, wartete man im Offizialat vergeblich auf eine Resonanz aus Stockholm.

Erst als sich Pohlschneider im Juli 1947 über Bischof Müller direkt an den Diözesan-Caritasverband in Stockholm[50] wandte, erhielt er darüber Gewißheit, daß die schwedische Caritas Holzbaracken in größerer Stückzahl zu günstigen Konditionen zu importieren bereit war, die dann durch geringfügige Umbauten den kirchlichen Gegebenheiten

---

[45] Zu dem 1947/48 erbauten Schwedenheim vgl. Ev.-luth. Kirchengemeinde Cloppenburg (Hrsg.), „... wir sind Gehilfen eurer Freude". 50 Jahre Schwedenheim in Cloppenburg. Festschrift, o. O. o. J. (1998); Ewald, Joachim, Aus der Geschichte der ev.-luth. Gemeinde zu Cloppenburg, in: Stadt Cloppenburg (Hrsg.), Beiträge zur Geschichte der Stadt Cloppenburg, Bd. 2, Cloppenburg 1988, 349–356. Das „Schwedenheim" wurde noch bis 1965 von der schwedischen „Innereuropäischen Mission" betrieben u. erst zu diesem Zeitpunkt an das Diakonische Werk der Oldenburgischen Landeskirche übertragen. Heute dient es als Pfarrheim der ev.-luth. Gemeinde Cloppenburg.

[46] Im „Ohio-Waisenfreund" erschien im Frühjahr 1947 ein Spendenaufruf Pohlschneiders, der an die Solidarität der Deutschamerikaner appellierte: „Wir brauchen dringend Notkirchen [...]. Uns fehlen die Mittel [...]. Darum seid Ihr, unsere Glaubensbrüder in den Vereinigten Staaten, unsere letzte Hoffnung." Vgl. OAV A-8-76. Der „Ohio Waisenfreund" war im 19. Jahrhundert von dem aus dem Bistum Münster ausgewanderten Priester Josef Jessing gegründet worden. Vgl. Börsting, Heinrich (Bearb.), Handbuch des Bistums Münster, Bd. II, 2. Aufl. Münster 1946, 876.

[47] Vgl. Liste der geplanten Kirchenneubauten von ca. 1947, in: OAV A-8-76. Davon sollte nur die Kirche in Altengroden nie realisiert werden.

[48] Zu den Querelen um einen Gottesdienstraum der Katholiken in Hude, deren Situation sich von den meisten anderen nordoldenburgischen Neugründungen dahingehend unterschied, daß hier nicht die ev. Kirche ein Domizil für kath. Gottesdienste bot, vgl. ausführlich: Hirschfeld, Michael, „Das kostet mich meine Schuhsohlen und mein Herz!" (wie Anm. 40), 21–28.

[49] Hierbei handelte es sich um P. Franz-Josef Diederich SJ. Vgl. Watermann an P. Diederich v. 18.2.1947, in: OAV A-3-122.

[50] Pohlschneider an Bischof J. E. Müller v. 26.7.1947, ebd.

angepaßt und zugleich mit einer Wohnung für den Pfarrer ausgestattet werden könnten. Doch zerschlug sich dieser Plan trotz eines aus Stockholm schließlich übersandten Angebotes, da die schwedische Hilfsstelle eine Bezahlung in Dollar verlangte. Auch ein erneuter Versuch mißlang, über den Apostolischen Visitator in Kronberg an offizielle Bauhilfen seitens der US-amerikanischen Katholischen Kirche zu gelangen, wie sie die Evangelisch-lutherische Landeskirche Oldenburgs von der „Evangelical and Reformed Church" und der „Presbyterian Church" in den USA erhielt[51].

Pohlschneider hatte am Jahresende 1947 erneut ein Hilfegesuch an Erzbischof Muench gerichtet und diesem mitgeteilt, daß für jede der 17 in Nordoldenburg vorgesehenen Kirchenbaracken ca. 7.000,- US-Dollar veranschlagt werden müßten[52]. Der Visitator hatte jedoch seine Hilfe mit dem Hinweis versagen müssen, daß die amerikanische Caritas bereits genügend andere Projekte zu betreuen habe[53].

Nachdem aber Bischof Michael Keller im Rahmen seiner ersten Firmreise durch die Gemeinden des Dekanats Oldenburg im Juni 1948 vielerorts auf ein rasches Handeln gedrängt hatte, um den entwurzelten Menschen eine geistliche Heimat zu geben[54], entschloß sich Offizial Pohlschneider zum Handeln ohne ausländische Hilfe. Von der Aufstellung von Barackenkirchen war nunmehr auch keine Rede mehr. Offenbar hatte hier die aufgrund des einsetzenden Kalten Krieges zunehmende Ungewißheit einer baldigen Rückkehr der Flüchtlinge in ihre Heimat einen Paradigmenwechsel in der Planung des Offizialates eingeleitet.

Angesichts der Vielzahl an Negativerfahrungen bei der Beschaffung von Behelfsgottesdiensträumen beauftragte Offizial Pohlschneider den Vechtaer Architekten Carolus Antonius Kugelmann, der als Bausachverständiger der kirchlichen Behörde sein Vertrauen genoß, einen Bauplan für eine feste Diasporakirche auszuarbeiten. Um Architekten- und Bauplankosten zu sparen, sollte das von Kugelmann Ende 1948 vorgelegte Modell einer geräumigen und preiswerten Kleinkirche an verschiedenen Orten Nordoldenburgs umgesetzt werden. Damit war die Idee von der genormten Kirche geboren, die sich allerorten zum Verwechseln ähnlich gesehen hätte. Nicht die Schönheit und Individualität, sondern die Zweckmäßigkeit des einzelnen Kirchbaus stand im Mittelpunkt der Überlegungen. In Offizialat und Gemeinden läßt sich somit in dieser ersten Planungsphase ein starker Pragmatismus konstatieren. Der Aufbau neuer lokaler katholischer

---

[51] Vgl. Wegmann, Andreas, Otto Bartning. Notkirchen im Oldenburger Münsterland, in: Jahrbuch für das Oldenburger Münsterland 1993, 169–181, hier 170.

[52] Vgl. Pohlschneider an Muench v. 27.12.1947, in: OAV A-8-76.

[53] Vgl. Muench an Pohlschneider v. 18.1.1948, ebd.

[54] Aus Bad Zwischenahn ist überliefert, daß Keller dem Pfarrektor empfahl: „Sie müssen hier bald eine Kirche bauen. Ihre Gläubigen brauchen eine Heimat." Zit., in: Chronik des Pfarrektorats Bad Zwischenahn, in: Pfarrarchiv Bad Zwischenahn, 21. Nahezu gleichlautend gibt Pfarrer Helmut Richter die Worte Kellers wieder, in: Ders., Erinnerungen aus meinem priesterlichen Leben in Ganderkesee von 1946 bis zu meiner Pensionierung 1980, Maschinenschrift, Ganderkesee 1980, 59. Die Bedeutung des Kirchbaugedankens für den Episkopat Kellers reflektiert auch Schmolke, Michael, Bischof Michael als Bauherr, in: Kroos, Franz (Hrsg.), Dr. Michael Keller. Bischof von Münster, Recklinghausen 1962, 105–106.

Milieus bedurfte möglichst rasch geistlicher Mittelpunkte, mochte deren Äußeres auch wenig ansprechend sein.

Als zu Beginn der Amtszeit von Offizial Grafenhorst 1949 noch einmal die Überlegung aufkam, durch Vermittlung des Schweizer Caritasverbandes Notkirchen zu importieren, ließ das Diaspora-Kommissariat in Paderborn den Offizial wissen, daß es nach Absprache mit dem neuen Generalvikar und vormaligen Vechtaer Offizial Pohlschneider nur die Aufstellung massiver Kirchenbauten finanziell unterstützen würde[55]. Möglichen Auflösungstendenzen der neuentstandenen katholischen Gemeinden durch Abwanderung der Mitglieder in wirtschaftlich expandierende Orte sollte durch die Manifestierung des katholischen Glaubensbekenntnisses in steinerner Gestalt dauerhafter Ausdruck verliehen werden.

Neben dieser im Vergleich zu der Baracken-Variante wesentlich zukunftsträchtigeren Investition spielte aber auch die Gewährleistung finanzieller Beihilfen eine erhebliche Rolle für den Abschied von der Idee der Behelfskirchen. Für eine feste Kirche mit 300 Sitzplätzen hatte Pohlschneider einen Durchschnittspreis von DM 18.000,- ermittelt, der Bau eines Pfarrhauses sollte rund DM 7.000,- kosten. Der neue Einheitstypus sollte in drei Orten (Bad Zwischenahn, Oldenburg-Nadorst und Elsfleth) realisiert werden. Aus Elsfleth, wo durch Tausch eines dem katholischen Pius-Hospital in Oldenburg gehörigen Grundstücks vergleichsweise problemlos ein Baugrund erworben werden konnte[56], erhielt das Offizialat Rückendeckung durch den zuständigen Seelsorger. Dieser suchte darum nach, „jede Art von Turm wegzulassen und lediglich einen Dachreiter für ein später zu beschaffendes Glöcklein vorzusehen. Es genügt, wenn diese Kirche 200 Sitzplätze und ca. 50 bequeme Stehplätze hat, im ganzen also 250 Personen faßt. Wert lege ich auf eine geräumige Sakristei, in der ich bald unterrichten und meine Jugendgruppe halten kann. Sie müßte Raum für Zusammenkünfte von bis zu 40 Personen bieten."[57] Mit letzterer Bitte versuchte der Geistliche, die Maßgabe des Offizialats auszuhebeln, daß zunächst nur die Kirchen gebaut werden dürften und die Errichtung von Pfarrhäusern und Pfarrheimen zurückzustellen sei[58].

---

[55] Vgl. Diaspora-Kommissariat Paderborn an Grafenhorst, o. Datum, zit., in: Korrespondenz Grafenhorst – Pohlschneider v. 11.2.1950, in: BAM NA 101-178.

[56] Das Pius-Hospital stellte ein ihm gehörendes Grundstück unentgeltlich der kath. Gemeinde zur Verfügung, die es mit der Stadt Elsfleth gegen einen günstiger gelegenen Bauplatz tauschte. Vgl. Mitteilung des Kuratoriums an Erzpriester Scholz, Elsfleth, v. 18.2.1949, in: Pfarrarchiv Elsfleth: Bauakten, u. Katholische Pfarrgemeinde St. Maria Magdalena Elsfleth. Festschrift aus Anlaß des 50jährigen Pfarrjubiläums, o. O. o. J. (1999), 12.

[57] Erzpriester Alfons Scholz, Elsfleth, an Offizial Grafenhorst v. 29.12.1948, in: Pfarrarchiv Elsfleth: Bauakten.

[58] So erläuterte Offizial Pohlschneider in einem Schreiben an Erzpriester Scholz v. 3.11.1948, ebd. Wie Offizial Pohlschneider Anfang November 1948 verlauten ließ, plante die kirchliche Behörde nämlich, „an den in Frage kommenden Orten in der Diaspora überall zunächst die Kirche zu bauen (nötigenfalls zuerst ohne die Priesterwohnung) und dann später, sobald es möglich ist, getrennt ein eigenes kleines Pfarrhaus".

Im Februar 1949 gab das Offizialat Zeichnungen der in den drei ausgewählten Orten erstmals zu realisierenden Kugelmann-Kleinstkirche als symbolische Bausteine aus, deren Verkauf den Projekten zugute kommen sollte[59]. Jedoch kam es während der Bauphase in Elsfleth wie in Bad Zwischenahn zu erheblichen Auseinandersetzungen zwischen dem Architekten Kugelmann[60] und den zuständigen Seelsorgern, die ersterem ein überteuertes Konzept und bautechnische Mängel vorwarfen. In Elsfleth erhöhten sich die Baukosten dadurch letztlich um mehr als 50 %, von den im Kostenvoranschlag angegebenen DM 50.000,– auf DM 80.000,–[61], so daß in Oldenburg-Nadorst erneut ein Wettbewerb ausgeschrieben und schließlich der Entwurf eines anderen Architekten umgesetzt wurde[62].

Durch eigene Mittel der Baugemeinden konnten diese Summen nicht im entferntesten aufgebracht werden, wenn man bedenkt, daß die Sonntagskollekte in einer ländlichen Vertriebenengemeinde wie Lemwerder, die immerhin noch einen Kern an vor der Vertreibung zugezogenen Katholiken aufzuweisen hatte, aufgrund der großen Arbeitslosigkeit durchschnittlich DM 10,– bis DM 12,– erbrachte[63].

Der Prozeß der Milieuformierung der Vertriebenen durch rasche geistliche Beheimatung in eigenen Kirchen blieb nicht allein ein Anliegen der kirchlichen Behörde, der betroffenen Gemeinden bzw. der ihnen zugewiesenen Patengemeinden. Vielmehr unterstützte der einheimische Klerus den Kirchbau als Bemühen um Festigung des katholischen Glaubenslebens finanziell. So verpflichtete sich die „Confraternitas Sacerdotum Bonae Voluntatis" in Münster, die Patenschaft für die erforderlichen Neubauten zu übernehmen und damit die Mittel für deren Realisierung zu beschaffen. Bei der „Confraternitas" handelte es sich um die älteste Klerikerbruderschaft Deutschlands, eine in die Zeit des Westfälischen Friedens zurückreichende Gebets- und Solidaritätsgemeinschaft von Priestern des Bistums Münster mit Geistlichen der Grafschaft Lingen, in der damals das katholische Gemeindeleben von der reformierten Herrschaft unterdrückt worden war. In dieser Tradition gehörten dem Zusammenschluß Priester der Bistümer Münster und Osnabrück an[64]. Auf ihrer Jahrestagung im Juli 1948 im münsterländischen Wallfahrtsort Telgte hatten die Mitglieder der Bruderschaft darüber beraten, ihre ursprüngliche Be-

---

[59] Zum Datum der Bausteinausgabe vgl. Chronik des Pfarrektorats Bad Zwischenahn, in: Pfarrarchiv Bad Zwischenahn, 31.

[60] Vgl. ebd., 48.

[61] Vgl. Schleich, Thomas, Kampf an allen Fronten. Erzpriester Alfons Scholz und seine Anfangsjahre in Elsfleth (1948–1953), in: Katholische Pfarrgemeinde St. Maria Magdalena Elsfleth, Festschrift (wie Anm. 56), 17–25, hier 23.

[62] Vgl. Kurzer Abriß der Baugeschichte der kath. Kirche St. Marien Oldenburg, in: Pfarrarchiv St. Marien Oldenburg. Kurioserweise wurden weiterhin die bereits gedruckten Bausteine für die dortige Herz-Mariä-Kirche im Wert von DM 1,–, DM 5,–, DM 10,– und DM 20,– mit dem Kugelmann-Entwurf ausgegeben.

[63] So geht aus einem Schreiben v. Pfarrektor Georg Gruhn, Lemwerder, an Grafenhorst v. 3.3.1950 hervor. Vgl. OAV A-3-130.

[64] Zur Geschichte der „Confraternitas" vgl. den historischen Abriß v. 20.8.1948 im Bericht über die Generalkongregation (Jahrestagung) am 13.7.1948, in: OAV A-3-130.

stimmung wieder aufzugreifen, das bedeutete konkret, eine Solidaritätsinitiative für Mitbrüder ins Leben zu rufen, die unter schwierigen Bedingungen arbeiten mußten. In diesem Kontext bot die nordoldenburgische Diaspora den entscheidenden Anknüpfungspunkt, und das Generalkapitel der „Confraternitas" beschloß, die Patenschaft für die Kirchbauprojekte der dortigen katholischen Vertriebenen zu übernehmen.

Ziel und Zweck der Aktion war es außerdem, die geistliche Beheimatung der vertriebenen Katholiken Nordoldenburgs zu einem Anliegen der gesamten Diözese und nicht allein des Vechtaer Offizialats zu machen. Auf dessen Dringlichkeitsliste standen zu diesem Zeitpunkt immerhin noch 13 Kirchenbauten[65].

Der Architekt dieses Solidaritätspaktes mit dem Ziel der Milieustärkung war Diözesan-Caritasdirektor Theodor Holling, der zugleich die Aufgabe eines Generalpräses der Klerus-Vereinigung wahrnahm. In Absprache mit Offizial Pohlschneider teilte er jeweils zwei Bauprojekten mehrere Patendekanate zu, wobei zunächst für die erstgenannte, nach deren erfolgter Finanzierung dann für die zweitgenannte Kirche gesammelt werden sollte[66]. Das Prinzip der Initiative bestand darin, daß in allen Pfarreien der Patendekanate solange jeweils an einem Sonntag im Monat nach allen Gottesdiensten am Ausgang der Kirche Bausteine für die Diasporakirche verkauft bzw. eine Türkollekte gehalten werden sollte, bis die erforderlichen Summen für beide „Aufbaugemeinden"[67] – so der Fachterminus des Generalvikariats in Münster – zusammengebracht waren. Fakultativ und nach dem Ermessen des Pfarrers konnte alle drei Monate eine Gesamtkollekte für diesen Zweck zur Verfügung gestellt werden. Was in der theoretischen Überlegung als wirksame Hilfe gedacht war, erwies sich in der praktischen Durchführung vielerorts als Mißerfolg. Offensichtlich wiesen die westfälischen Seelsorgegeistlichen, die im Vergleich zu ihren südoldenburgischen Mitbrüdern kaum über Kontakte in das Diasporagebiet verfügten, einerseits nur mit geringer Leidenschaft auf die Sammlungen hin, die zudem als Sonderaktionen in Konkurrenz zur obligatorischen Kollekte während des Gottesdienstes standen. Andererseits lagen die Patengemeinden auch in den Augen der münsterländischen Katholiken weit außerhalb des eigenen Gesichtsfeldes. Angesichts der trotz einer dringenden Empfehlung von Bischof Michael Keller[68] mäßigen Ergebnisse zu Beginn der Aktion

---

[65] Dabei handelte es sich neben Bad Zwischenahn und Elsfleth um Rastede, Ganderkesee, Ahlhorn, Hude, Huntlosen, Stollhamm, Bockhorn, Zetel, Burhave, Wangerooge und Westerstede. Ahlhorn, wo noch 1949 durch Umbau einer Baracke ein bescheidenes Provisorium entstehen konnte, fiel bald darauf praktisch aus der konkreten Planung heraus, während Hude und Wardenburg hinzu traten (Vgl. Tabelle 7).

[66] Vgl. Bericht über die „Confraternitas"-Versammlung 1948, in: OAV A-3-130, sowie Korrespondenz Holling m. Pohlschneider v. 20. u. 24.7.1948, in: OAV A-8-75, sowie das Rundschreiben v. Generalvikar Pohlschneider an den Klerus im rheinisch-westfälischen Bistumsteil v. 7.4.1949, in: OAV A-3-130, hier auch das folg. Zit. Die Bauprojekte lagen fast ausschließlich im oldenburgischen Bistumsteil. Aus dem Münsterland fanden lediglich die Orte Lienen und Ladbergen Aufnahme in die Planungen der „Confraternitas". Ihnen wurden die Dekanate Ibbenbüren, Rheine und Ahaus zugeteilt.

[67] Vgl. Anweisung des Generalvikariats Münster v. 4.1.1950, in: OAV A-3-130.

[68] Vgl. Empfehlung der „Confraternitas"-Kollekten durch Keller v. 20.8.1948, ebd.

bat Offizial Grafenhorst gegenüber Diözesan-Caritasdirektor Holling im Januar 1950, „nachdrücklichst auf die Patendekanate einzuwirken, damit diese Kollekten doch noch einigen Erfolg zeigen"[69], und fragte letzteren kurz darauf noch einmal gezielt, ob er die Dechanten in den Patendekanaten bereits angemahnt habe[70].

Mit diesen Hinweisen begegnete Grafenhorst im April 1950 einer Kritik von Caritasdirektor Wilhelm Volkmann an seiner Behörde. Volkmann hatte in seiner Eigenschaft als Diözesan-Vertriebenenseelsorger erstmals an einer Zusammenkunft der oldenburgischen Vertriebenenpriester teilgenommen und auf deren bittere Klagen über das geringe Verständnis des westfälischen Klerus für die Patenschaftsaktion dem Bischöflichen Offizialat die Schuld daran zugewiesen, weil die Behörde seiner Ansicht nach nicht genügend Propaganda für die Kollekten gemacht habe[71]. Volkmann bezog sich dabei auf eine unterbliebene Empfehlung des Offizialats für die in den westfälischen Patendekanaten predigenden Diasporageistlichen. Aufgrund dieses Vorwurfs entspann sich ein mehrwöchiger Disput zwischen Offizialat und dem Diözesan-Vertriebenenseelsorger, obwohl sich beide Seiten in der gemeinsamen Intention, die besondere Lethargie des westfälischen Klerus gegenüber den Diasporaanliegen aufzubrechen, prinzipiell einig waren. Vielmehr wurde das Patenschaftsprojekt der „Confraternitas" auf Ebene der kirchlichen Behörden in die schwelenden Auseinandersetzungen zwischen Bistum und Offizialat bezüglich des jeweiligen Einflußbereiches hineingezogen und drohte darüber zum Mißerfolg zu werden.

Die Unzufriedenheit der Diasporaseelsorger mit den Kirchbaukollekten in den westfälischen Patendekanaten war im übrigen nicht erst im späteren Verlauf der Patenschaftsaktion aufgekommen, so daß sich von einer Art Abnutzungserscheinung bei den Kollekten hätte sprechen lassen können, sondern bestimmte vielfach von Beginn an die Realität der Patenschaft. Im Februar 1949 teilte der Vertriebenenseelsorger von Ganderkesee Bischof Keller ganz freimütig seine negativen Erfahrungen mit. Er habe aus einem der ihm zugeteilten Dekanate gehört, daß die eigentlich ihm zustehende Türkollekte „bereits zur Hilfe für die zerstörten Kirchen des Dekanates Goch bestimmt sei. Die beiden anderen Herren Dechanten gaben gar keine Antwort."[72] Der Diasporageistliche regte deshalb an, die Bau-Patenschaften entsprechend den Patenschaften mit südoldenburgischen Pfarreien genauer festzulegen, um dadurch engere persönliche Beziehungen zwischen dem Klerus der Spender- und der Empfängergemeinden zu ermöglichen. Daß der Erfolg oder Mißerfolg aber ganz wesentlich von der persönlichen Sympathie zwischen dem einzelnen Vertriebenenseelsorger und den Pfarrern in den Patendekanaten abhängig war, zeigen die ge-

---

[69] Zit., in: Rundschreiben des Offizialats v. 24.1.1950, in: Pfarrarchiv St. Marien Delmenhorst: Rundschreiben des Bischöflichen Offizialats 1945 ff.
[70] Grafenhorst an Holling v. 27.1.1950, in: OAV A-3-130.
[71] Dieses Treffen fand am 12.4.1950 in Oldenburg statt. Grafenhorst war über die Kritik an seiner Behörde v. Pfarrer Jaritz, Rastede, informiert worden u. hatte Volkmann daraufhin in Schreiben v. 21. u. 27.4.1950 um Stellungnahme zu seinen Äußerungen gebeten. Vgl. Volkmann an Grafenhorst v. 29.4.1950, in: OAV A-3-130.
[72] Richter an Keller v. 24.2.1949, in: BAM NA 101-178.

genteiligen Erfahrungen eines Pallottinerpaters aus Bad Zwischenahn. Schon bei der Kontaktaufnahme mit den Dechanten der seinem Projekt zugewiesenen Dekanate Burgsteinfurt, Datteln und Warendorf waren diese ihm mit großem Wohlwollen begegnet, und im Rahmen seiner ersten Bettelpredigt in der St.-Amandus-Gemeinde in Datteln konnte der Ordensmann in fünf Gottesdiensten insgesamt RM 900,- einnehmen, obwohl die Dattelner Kirche selber kriegszerstört war und die Meßfeiern in einer Großgarage stattfanden[73].

Unabhängig vom Entgegenkommen der einzelnen Pfarrer fällt vielerorts die Differenz zwischen den Kollektenergebnissen in den Baupatendekanaten Westfalens und den südoldenburgischen Patengemeinden auf. In Dinklage wies die Kollektenpredigt eines Oblatenpaters für die Herz-Mariä-Kirche in Oldenburg einen Erlös von DM 2.300,- auf, während derselbe Oblate im münsterländischen Ramsdorf nur DM 600,- einnahm[74]. Dieselbe Erfahrung mußte der Pfarrektor von Elsfleth machen, der in Cloppenburg und Essen jeweils zwischen DM 850,- und DM 900,- aus dem Kollektenkorb mitnehmen konnte, in der zu seinem Patendekanat Telgte gehörenden Pfarrei Angelmodde aber lediglich DM 550,- erhielt[75].

An diesen exemplarisch aufgezeigten Fällen ist ablesbar, daß trotz der Aktion der Priestergemeinschaft „Confraternitas Sacerdotum Bonae Voluntatis" dennoch die 1946/47 eingeteilten Patenschaften des Offizialats bzw. Landes-Caritasverbands einen wesentlich stärkeren Anteil an der Realisierung der Kirchbauprojekte und damit an der baulichen Verankerung des katholischen Milieus besaßen als die Patendekanate. Gradmesser für die Intensität der Hilfe waren dabei nicht zuletzt die aus einer größeren räumlichen Nähe resultierenden persönlichen Beziehungen innerhalb des Klerus auf der Mesoebene des Oldenburger Landes. So nahm der Pfarrer der Patengemeinde in Südoldenburg in der Regel an den wichtigsten Ereignissen teil, die das Leben der sich neu konstituierenden Vertriebenengemeinden in Nordoldenburg bestimmten, wie erster Spatenstich, Grundsteinlegung, Richtfest und schließlich Benediktion bzw. Konsekration einer eigenen Kirche.

Ein besonders freundschaftliches Verhältnis hatte sich über Jahre hinweg zum Beispiel zwischen Vestrup und Bockhorn entwickelt. Zur Grundsteinlegung der Diasporakirche in Bockhorn waren die Vestruper Katholiken nicht nur mit einer Delegation unter Führung ihres Pfarrers präsent und brachten Kirchenchor und Bläserkreis mit, um den Gemeindegesang zu unterstützen, sondern errichteten zugleich als symbolisches Zeichen der Verbundenheit an der Stelle des späteren Altares ein mächtiges Eichenkreuz, das von sieben Vestruper Männern zum Bauplatz getragen werden mußte[76]. In Burhave

---

[73] Diese Bettelreise fand am 22. u. 23.1.1949 statt. Vgl. Chronik des Pfarrektorats Bad Zwischenahn, in: Pfarrarchiv Bad Zwischenahn, 30.

[74] Vgl. Chronik Herz Mariä Oldenburg, in: Pfarrarchiv St. Marien Oldenburg.

[75] Erzpriester Scholz, Elsfleth, bedankte sich mit der ihm eigenen Ironie beim Offizialat für die Vermittlung „dieser 'großmütigen Hilfe'" im westfälischen Bistumsteil und fragte gleichzeitig ironisch nach, ob der Bischof bereits „diesen bescheidenen Effekt seiner Empfehlung erfahren" habe. Scholz an Offizialat v. 6.2.1950, in: Pfarrarchiv Elsfleth: Briefverkehr 1949–1955.

[76] Vgl. den Bericht in der Oldenburgischen Volkszeitung v. 10.7.1953.

schließlich spendete die Patengemeinde Neuenkirchen/O. im Rahmen des 1955 erfolgten Kirchbaus den Tabernakel[77].

Tabelle 7: Patenschaften für Kirchenneubauten in Nordoldenburg. Einteilung der Priestergemeinschaft „Confraternitas Sacerdotum Bonae Voluntatis" (Stand: Januar 1950)

| **Bauprojekt** | **Patendekanate** |
| --- | --- |
| Ahlhorn Elsfleth | Cloppenburg, Telgte, Recklinghausen |
| Rastede Stollhamm | Vechta, Freckenhorst, Borken |
| Burhave Ganderkesee | Damme, Ahlen, Bottrop |
| Wangerooge* Jade* | Friesoythe, Lüdinghausen, Dorsten |
| Bad Zwischenahn Zetel | Warendorf, Datteln, Burgsteinfurt |
| Westerstede Huntlosen | Beckum, Buer, Werne |
| Bockhorn Hude | Nottuln, Gladbeck, Coesfeld |
| Oldenburg (Herz Mariä) Wardenburg | Vreden, Bocholt, Herten, Dülmen |

* Nachdem die Projekte in Wangerooge und Jade zurückgestellt wurden, ist 1950 die Pfarrei Delmenhorst an deren Stelle gerückt, um zum einen den Wiederaufbau von St. Marien, zum anderen den Neubau von St. Christophorus zu finanzieren.

*Quelle: Rundschreiben des Bischöflichen Offizialats v. 24.1.1950, in: Pfarrarchiv St. Marien Delmenhorst: Rundschreiben des Bischöflichen Offizialats 1945 ff.*

Als die Pfarrei Delmenhorst im Januar 1950 beim Offizialat darum nachsuchte, in das Patenschaftssystem aufgenommen zu werden, da hier die Hälfte der Gemeindemitglieder Vertriebene seien, für die eine zweite Kirche gebaut werden müsse[78], bat Offizial Grafenhorst den Diözesan-Caritasverband, hierfür die Dekanate Friesoythe, Lüdinghausen und Dorsten vorzusehen, da deren Patenkirchen auf Wangerooge und in Jade in absehbarer Zeit nicht realisiert würden[79]. Wiederaufbauprojekte südoldenburgischer Gottes-

---

[77] Vgl. Bericht über die Kirchweihe in Burhave, in: Kirche und Leben Oldenburg v. 31.7.1955.
[78] Vgl. Pfarramt Delmenhorst an Offizialat v. 26.1.1950, in: OAV A-3-130.
[79] Vgl. Grafenhorst an Holling v. 27.1.1950, ebd.

häuser allerdings wurden nicht in das Aufbaukollekten-Programm einbezogen, wie eine vom Offizialat negativ beschiedene Anfrage des Pfarrers von Barßel zeigt, dessen Pfarrkirche bei den Kriegshandlungen 1945 schwere Schäden davongetragen hatte[80].

In Schillig stellten die Kollektenerträge aus der Patengemeinde Lutten den Löwenanteil der Ausbaukosten für einen Lokschuppen zum Sakralraum. Da die kleine Diasporagemeinde nicht auf der Dringlichkeitsliste des Offizialats stand, erwies sich hier die Patengemeinde als einzige unterstützende Institution. Ganz symbolisch nahm daher auch der Lutter Pfarrer Heinrich Völkerding die Einweihung vor[81].

In Oldenburg-Bümmerstede, wo 1950 durch die Gründung einer katholischen Vertriebenensiedlung weit außerhalb der Stadt, die Schaffung eines religiösen Mittelpunkt dringend notwendig wurde, ohne daß der Standort in die Planungen der „Confraternitas" Eingang gefunden hatte, war die Selbsthilfe der Siedler gefragt. In Eigenarbeit wurde eine in Wilhelmshaven erworbene ehemalige Reichsarbeitsdienstbaracke in der Siedlung aufgestellt.

Tabelle 8: Kostenverteilung für einen Kirchbau in der nordoldenburgischen Diaspora. Beispiel: Heilig Kreuz Jaderberg, erbaut 1958

| Institution | Summe in DM | Summe in % |
| --- | --- | --- |
| Bischöfliches Offizialat Vechta | 22.500,– | 23,8 |
| Bonifatiuswerk Paderborn | 20.000,– | 21,2 |
| Bonifatiuswerk Diözesanverband Münster | 10.000,– | 10,6 |
| Kollekten in Jaderberg | 7.000,– | 7,4 |
| Bettelpredigten von Pfarrektor Jendrzejczyk in Südoldenburg u. im westfälischen Bistumsteil | 23.000,– | 24,3 |
| Spenden von Geistlichen, Kartellbrüdern des Pfarrektors aus dem CV, ehemaligen Pfarrangehörigen des Pfarrektors aus Oberschlesien | 12.048,– | 12,7 |
|  | **94.548,–** | **100,0** |

*Quelle: Jendrzejczyk, Hugo, Aus 40 Priesterjahren 1936-1976, Vechta 1976, 32f.*

---

[80] Vgl. Pfarrer Florenz Beckmann, Barßel, an Offizialat v. 16.1.1950 u. die Antwort Grafenhorsts v. 7.2.1950, in: OAV A-3-130.

[81] Vgl. Festschrift 50 Jahre Katholische Kirchengemeinde Wangerland, o. O. o. J. (1996), 17, u. Kirche und Leben Oldenburg v. 29.7.1951. Die Finanzierung des Umbaus kostete DM 8.000,–, wobei das Bischöfliche Offizialat einen Zuschuß gab.

Auf anderem Wege als über die Patendekanate bzw. Patengemeinden nennenswerte Summen für den Kirchbau zu erhalten, erwies sich als schwierig. Pfarrer Otto Jaritz von Rastede suchte nach entsprechenden Erfahrungen sogar bei Bischof Michael Keller persönlich um eine Bezuschussung seines Kirchbaus mit DM 20.000,- aus Diözesanmitteln nach[82]. Die Ablehnung des Bischofs erfolgte zwar offiziell im Hinblick auf die begrenzten Eigenmittel des Bistums, in Wirklichkeit mußte es aber darum gehen, die Schaffung eines Präzedenzfalles zu verhindern. Wäre es Jaritz nämlich gelungen, Sondermittel der Diözese speziell für sein Bauprojekt zu erhalten, hätte der Bischof entsprechende Anträge aus anderen Vertriebenengemeinden der Diaspora ebenfalls unterstützen müssen.

Dagegen erfuhren die meisten neuen Diasporakirchen Zuwendungen aus der päpstlichen Kasse für die Diaspora, die direkt auf eine Initiative Papst Pius' XII. zurückgingen. Für die Errichtung der Barackenkirche in Bümmerstede 1951 stellte der diesen Fonds verwaltende Bonifatiusverein in Paderborn beispielsweise einen Zuschuß von DM 5.000,- zur Verfügung, von dem DM 4.000,- sofort, der Rest der Summe aber erst nach der Übersendung einer Fotodokumentation des Neubaus einschließlich eines an den Heiligen Vater persönlich adressierten Handschreibens des zuständigen Pfarrseelsorgers überwiesen werden sollte. Letztgenannte Note an den Papst sollte darauf hinweisen, daß die bezuschußte Diasporagemeinde sich nunmehr mit dem Ehrentitel „Seelsorgestation Pius XII." schmücken könne, zu welchem Zweck ihr wiederum eine vatikanische Urkunde als Bestätigung überreicht wurde.

### 3. Bettelbriefe und -predigten – Der Beitrag der Vertriebenengemeinden zu einer festen Beheimatung

Im gleichen Zuge nahmen die Bemühungen der Vertriebenengemeinden, selbst einen Beitrag zu ihrer inneren Festigung zu leisten, erheblich zu. Eine Möglichkeit der Selbsthilfe lag in der Versendung hektographierter oder gedruckter Bettelbriefe, die aus nordoldenburgischen Vertriebenengemeinden innerhalb ganz Deutschlands an Pfarreien, Firmen und Privatpersonen versandt wurden.

Eine Geldquelle für die Finanzierung der Kirchenbauten stellten ehemalige Gemeindemitglieder der Seelsorger aus Schlesien dar, mit denen die Geistlichen durch die Versendung von Rundbriefen bzw. regelmäßige Treffen ihrer alten Pfarreien weiterhin verbunden waren[83].

Aus Hude schickte Pfarrer Konrad Leister etwa einen gesonderten Spendenaufruf an die Mitglieder seiner ehemaligen Pfarrei Voigtsdorf, obwohl diese selbst als Vertriebene finanziell kaum große Opfer bringen konnten. „Voigtsdorf b. H. (= bei Habelschwerdt)

---

[82] Vgl. Jaritz an Bischof Keller v. 21.7.1950, in: BAM A 101-178. Hier auch das Antwortschreiben Kellers v. 9.8.1950.

[83] Zu diesen „heimatlichen" Kontakten der ostdeutschen Priester vgl. Kap. VII Der Klerus als soziale Führungsschicht.

lies heute: Voigtsdorf bei Hude [...]. Aber eine Kirche hats` dort nicht."[84] Mit diesen Zeilen stellte der Diasporaseelsorger erfindungsreich einen Zusammenhang zwischen Vergangenheit und Gegenwart her. Da anläßlich des Kirchbaus in Voigtsdorf 125 Jahre zuvor alle Dorfbewohner Hilfe geleistet hätten, resultiere daraus die Verpflichtung, auch in dieser schwierigen Situation zumindest finanziell aus der Ferne zu helfen, argumentierte Leister in seinem Bettelbrief und wies darauf hin, daß die Huder Katholiken in ihrer überwiegenden Mehrheit Voigtsdorfer bzw. Grafschaft Glatzer seien, wodurch einmal mehr die Kontinuität zwischen Heimat und Neuanfang in der Fremde als identitätsbewahrendes Moment herausgestellt wurde.

Aber nicht nur die ehemaligen Pfarrangehörigen der Vertriebenenpriester wurden mit Spendenaufrufen bedacht. Hierzu seien zwei Beispiele aus der Untersuchungsregion angeführt: Der Pfarrektor von Bockhorn, ließ in der in Recklinghausen erscheinenden Heimatzeitung „Der Schlesier" eine an die Angehörigen seiner Heimatgemeinde und seiner früheren schlesischen Wirkungsstationen gerichtete Anzeige mit folgendem Text abdrucken: „Wer baut mit? Nicht den Breslauer Dom, Nicht St. Maria am Sand, Ein kleines Kirchlein am Nordseestrand! In heimatlicher Verbundenheit grüße ich alle meine Landsleute aus Strehlitz und Namslau, aus Weißstein, Salzbrunn und Waldenburg, aus Brockau und Breslau (Sandpfarrei), aus Hünern, Brieg und Ohlau, die auf dem Schlesiertreffen mich erwarteten. Arbeit und Bausorgen halten mich hier in Nord-Oldenburger Diaspora fest. Wer helfen und Sorgen mittragen will, sende seine Adresse und die anderer, die helfen können und wollen, an Pfarrer Gerhard Schuster (23) Bockhorn i. Oldbg., Bahnhofstraße 4."[85]

Die Bad Zwischenahner Rektoratsgemeinde schrieb auch die Flüchtlingspfarrer in der gesamten norddeutschen Diaspora an, die im Grunde genommen selber auf Almosen anderer angewiesen waren. Erstaunlicherweise konnte sie aber von dieser Klientel eine Reihe kleinerer Spenden erhalten, weil „die Armen ja bekanntlich den Armen helfen"[86]. Aus einer ähnlichen Motivation heraus stiftete in Jaderberg ein früherer Pfarrangehöriger aus der schlesischen Pfarrgemeinde des dortigen Vertriebenenseelsorges eine Glocke für den Kirchturm des neuen Gotteshauses[87].

Dort, wo Ordenspriester den Gemeindeaufbau übernommen hatten, erwies sich der Zusammenhalt innerhalb der Ordensgemeinschaft als sehr hilfreich für die Geldbeschaffung. Mit Unterstützung ihrer Provinzialate sowie ihrer in katholischen Regionen tätigen Mitbrüder konnten diese Seelsorger beträchtliche Summen zusammenbringen[88].

---

[84] Vgl. den im Advent 1951 versandten Bettelbrief Leisters, Expl., in: Pfarrarchiv Hude: Chronik.
[85] So der Text, den Pfarrer Schuster am 10.7.1953 an den Verlag „Der Schlesier" in Recklinghausen sandte. Durchschrift, in: Pfarrarchiv Bockhorn: Korrespondenz 1946–1953.
[86] Chronik des Pfarrektorats Bad Zwischenahn, in: Pfarrarchiv Bad Zwischenahn, 35.
[87] Vgl. Jendrzejczyk, Hugo, 1936–1976. Aus 40 Priesterjahren, Vechta 1976, 33.
[88] Vgl. ebd. u. Chronik Herz Mariä Oldenburg, in: Pfarrarchiv St. Marien Oldenburg. Die Oblatenpatres ließen sich z. B. Kollekten aus den Klöstern bzw. Gemeinden ihrer Kongregation aus katholischen Regionen (Burlo bei Borken u. Hünfeld) übergeben bzw. hielten dort Kollektenpredigten.

Dagegen hatten es die ostvertriebenen Weltpriester wesentlich schwerer. Entsprechend einprägsam war der Stil der Bettelbriefe gehalten. Aus Ganderkesee hieß es: „Die vielfach unchristliche Umgebung stellt uns vor teilweise schwerste Glaubensbelastung. Wie wird selbst den Kindern das Glaubensleben in jeder Weise erschwert! Die Kinder kennen bald kein katholisches Gotteshaus mehr [...] Wir steuern selbst bei, was immer wir nur können. Doch – nicht ein einziger Katholik gehört zur Gemeinde, der ein etwas größeres Vermögen oder Einkommen hat. Buchstäblich eine Gemeinde der Armen! [...] Mit unsäglicher Mühe haben wir uns aus einer Baracke ein kleines Pfarrhaus mit Versammlungsraum auf einem neugekauften Baugrundstück hergestellt. Alles mit Hilfe unserer Männer. In rührender Selbstlosigkeit führten um Gotteslohn unsere Leute, jung und alt, alle Erdarbeiten aus, errichteten die Fundamente und Sockel der Kirche und wollen weiterhin mitschaffen, um Geld zu sparen. Jetzt sollen die Mauern hochgezogen werden: aber wir sind am Ende unserer geldlichen Kraft."[89]

Der dringende Finanzbedarf ließ manche Diasporageistliche zu außergewöhnlichen Maßnahmen greifen. Der Rasteder Pfarrektor Jaritz versandte seinen Spendenaufruf zum Kirchbau[90] nicht nur in einer Auflage von 110.000 Exemplaren in ganz Deutschland, sondern schaffte es außerdem, in den Kirchenzeitungen der Diözesen Aachen, Köln und Freiburg Artikel über seine Geldschwierigkeiten beim Bau zu plazieren. Gleichzeitig benutzte er die Bettelbrief-Initiative dazu, seine Unzufriedenheit über die Hilfsaktion innerhalb des eigenen Bistums zu unterstreichen, die er nicht als erfolgreich ansah[91].

In Westerstede erwies sich der Ortsgeistliche besonders einfallsreich im Auftun neuer Geldquellen, indem er unter deutschen Auswanderern in den USA um Spenden für den Kirchbau warb. Den Kontakt hatte ein in Westerstede weilender Amerikaner deutscher Herkunft hergestellt, dessen Familie in Omaha im US-Bundesstaat Nebraska eine deutsche katholische Zeitung herausgab. „SOS-Ruf eines Diaspora-Seelsorgers in Deutschland" überschrieb das „Katholische Wochenblatt und Der Landmann" auf der Titelseite seiner Ausgabe vom 30. November 1950 einen erschütternden Bericht von Pfarrektor P. Bernhard Schwenzfeier MSC, dem zur Untermauerung des Anliegens ein Foto des Geistlichen auf seinem der „Fahrt zu seinen Missionen"[92] dienenden Leichtmotorrad beigefügt war. Die Aktion brachte einige hundert Dollar, umgerechnet DM 1.000,–, für den Kirchbau ein[93].

---

[89] Bettelbrief Pfr. Richter v. 1950, Expl., in: OAV B-18-21.
[90] Vgl. Jaritz, Otto, 25 Jahre Katholische Kirchengemeinde Rastede-Wiefelstede (wie Anm. 29), 13.
[91] Vgl. Jaritz an Bischof Keller v. 21.7.1950, in: BAM A 101-178.
[92] Katholisches Wochenblatt und Der Landmann v. 30.11.1950, Expl., in: Pfarrarchiv Westerstede.
[93] Vgl. 25 Jahre Katholische Kirchengemeinde im Ammerland 1946–1971. Westerstede (Oldenburg), Westerstede 1971, 6. Dem Amerikaner hatte Pfarrektor P. Schwenzfeier MSC zudem berichten können, daß er am Kriegsende als Seelsorger in einem deutschen Kriegsgefangenenlager im Elsaß gewirkt hatte, das den Namen der Stadt Omaha trug.

Als wohl größtes Talent bei der Abfassung wirkungsvoller Bettelbriefe galt im Oldenburger Land mit dem Delmenhorster Pfarrer Wilhelm Niermann ein einheimischer Priester. Da er die Gabe besaß, die Not der Heimatvertriebenen für unterschiedlichste Adressaten äußerst drastisch und zugleich zu Herzen gehend zu schildern, wurde Niermann von den Oblatenpatres der Herz-Mariä-Gemeinde in Oldenburg sogar eigens aufgesucht, um Ratschläge für einen entsprechenden Werbefeldzug zu geben[94]. Die Delmenhorster Bettelbriefe fielen zunächst einmal durch die fett gedruckte Aufschrift „Einen Augenblick bitte!" auf. Zudem waren die Anschreiben von Pfarrer Niermann gezielt auf Berufsgruppen, die als finanziell besonders potent galten, ausgerichtet. Die Variante für Ärzte lautete zum Beispiel: „Sehr geehrter, lieber Herr Doktor! ‚Die Gesetze der Kirche sind hart, aber schön ist es, im Kreise ihrer Diener zu sitzen!' So pflegte unser Chefarzt [...], der leider sein Leben im Krieg lassen mußte, zu sagen. Dieses freundliche Wort und gleichzeitig das Bewußtsein, daß Sie von Berufs wegen zum sogenannten ‚Verein der Menschenfreunde' gehören, gibt mir Mut, mich vertrauensvoll an Sie zu wenden. Gleichzeitig möchte ich Ihnen, da Sie wegen Arbeitsüberlastung klagen, manchmal an religiösen Übungen nicht teilnehmen zu können, eine Gelegenheit bieten, Ihren ‚geistlichen Kontenstand' beachtlich zu erhöhen."[95]

Indem Niermann den Medizinern eine gewisse Lauheit in der religiösen Praxis unterstellte, appellierte er geschickt an das moralisch-ethische Gewissen des Berufsstandes, das eine Nähe zu den seelsorglichen Anliegen der Kirche bedinge. Diese Verknüpfung von Menschenliebe, eigenem Seelenheil und Spenden für Diasporakirchen führte jedoch zu harscher Kritik einzelner praktizierender Katholiken in der von Niermanns Verteiler erfaßten Ärzteschaft, die sich an der hier in pauschaler Form implizierten angeblichen mangelnden Kirchentreue ihrer Berufssparte stießen.

Aber erst ein speziell für die Kinder in Südoldenburg verfaßter Spendenaufruf des Pfarrers von Delmenhorst, in dem in reißerischen Worten der Eindruck erweckt wurde, die Delmenhorster Katholiken lebten in einer kaum vorstellbaren Umwelt allgemeiner Kirchenferne und antireligiöser Ausrichtung, in der allein sie christliche Werte vertreten und praktizieren würden, führte zu einer Beschwerde des evangelischen Landesbischofs Wilhelm Stählin bei Offizial Grafenhorst und in der Folge zu einer Ermahnung durch die Vechtaer Kirchenbehörde, die Verbreitung von Bettelbriefen mit entsprechender Tendenz umgehend einzustellen[96].

Jedenfalls erwies sich letztlich wohl die vorsichtigere Strategie der Oblatenpatres, den Sprachduktus Niermanns nicht zu adaptieren, vorteilhafter für eine Steigerung der Spendenbereitschaft. Sie ersuchten die Spender in ihrem eigenen Aufruf höflich, „aus

---

[94] Vgl. Eintrag v. 24.3.1952, in: Chronik Herz Mariä Oldenburg, in: Pfarrarchiv St. Marien Oldenburg.

[95] Bettelbrief Niermanns v. ca. 1949, Expl. in: Pfarrarchiv St. Marien Delmenhorst: Ostvertriebene Katholiken.

[96] Vgl. Bettelbrief Niermanns an die Kinder in Südoldenburg, Expl. ebd. Zur hieraus resultierenden Kontroverse mit den Protestanten vgl. Kap. V Interkonfessionelle Kontakte und ökumenische Annäherungen.

warmem, opferwilligem Herzen zur Linderung unserer Not durch eine Spende beizutragen und damit diese edle Sache zu fördern"[97].

---

**KATHOLISCHES PFARRAMT**
**DELMENHORST (Oldb)**
**- Kirchenbau -**
Postscheckkonto: Hannover 711 41

*Einen Augenblick bitte!*

● **Sehr geehrter, lieber Herr Doktor!**

„Die Gesetze der Kirche sind hart, aber schön ist es, im Kreise ihrer Diener zu sitzen!" So pflegte unser Chefarzt des St. Josef-Stiftes, der leider sein Leben im Kriege lassen mußte, zu sagen. Dieses freundliche Wort und gleichzeitig das Bewustsein, daß Sie von Berufswegen zum sogenannten „Verein der Menschenfreunde" gehören, gibt mir Mut, mich vertrauungsvoll an Sie zu wenden. Gleichzeitig möchte ich Ihnen, da Sie wegen Arbeitsüberlastung klagen, manchmal an religiösen Übungen nicht teilnehmen zu können, eine Gelegenheit bieten, Ihren „geistlichen Kontenstand" beachtlich zu erhöhen.
Unsere Diasporagemeinde St. Marien Delmenhorst in Oldenburg zählt **25 000 Seelen, darunter Tausende von Flüchtlingen, auf einer Fläche von 450 Quadratkilometern!**
**Vor 70 Jahren – 1 Katholik!**
Unsere total kriegszerstörte St. Marienkirche wurde unter ungeheuren Opfern der Pfarrkinder wieder aufgebaut. – Eine Notkirche errichtet.
Wir benötigen dringend eine Kirche in Düsternort.
5000 Katholiken - 300 katholische Schulkinder - Grundstück vorhanden.
1 Notkirche in Rethorn - 1200 Katholiken - 100 katholische Schulkinder. Grundstück vorhanden.
**Wollen Sie uns um Christi willen nicht helfen?**
Geben Sie schnell Ihrer Assistentin die Zahlkarte zum Ausfüllen!

*Herzlichen Dank für Ihre Gabe!*

**W. Niermann**
Propst

Spendenaufruf des Katholischen Pfarramts Delmenhorst an katholische Ärzte in der Bundesrepublik Deutschland, wohl 1949

Eine ebenfalls von allen Seelsorgern der Vertriebenengemeinden praktizierte Form der Geldbeschaffung bestand in regelmäßigen Bettelpredigten in der Patengemeinde bzw. im Patendekanat, aber auch weit darüber hinaus. Über diese sehr zeitintensive und zudem eine häufige Abwesenheit der Geistlichen von ihrer Gemeinde bedeutende Sammeltätigkeit gibt exemplarisch ein Erinnerungsbericht des Rasteder Pfarrektors Otto Jaritz Auskunft, in dem es heißt: „Für unsere Kirche habe ich in 86 Gemeinden gepredigt. In fast allen Gemeinden Südoldenburgs, in Gemeinden der Diözesen Münster, Freiburg, Paderborn, Regensburg, Bamberg, ja sogar in St. Gallen in der Schweiz. Alle diese Predigtstellen außerhalb der Diözese Münster haben mir frühere Gemeindemitglieder vermittelt (Dabei handelte es sich um Angehörige von Jaritz' schlesischer Pfarrei St. Dominikus in Neisse, die in katholische Regionen der Bundesrepublik gelangt waren. Anm. d. Verf.), die ihren Pfarrern von der seelsorgerlichen Not in Rastede erzählten. An jedem

---

[97] Bettelbrief v. P. Wilhelm Michel OMI v. Juli 1952, in: Pfarrarchiv St. Marien Oldenburg.

Predigtort mußte der Pfarrer um die Erlaubnis zum Kollektieren gebeten werden, für Rastede mußte ein Vertreter besorgt werden, denn hier durfte kein Gottesdienst ausfallen [...], dann mußte um eine Spende in der Predigt gebeten werden."[98]

Da die Kollektenpredigten immer in den Sonntagsmessen erfolgten, richtete sich ihre Häufigkeit normalerweise nach der pastoralen Situation der jeweiligen Vertriebenengemeinde, in der während der Abwesenheit des Ortsgeistlichen ja weiterhin Gottesdienste zu feiern waren. Otto Jaritz verstand es aber, regelmäßig für eine Vertretung zu sorgen, die zumeist Franziskaner aus dem Kloster Mühlen, Jesuiten aus Oldenburg oder Dominikaner aus dem Kloster Vechta-Füchtel übernahmen[99]. Dennoch erkannte er selbstkritisch, daß sich die ständige Abwesenheit des Pfarrseelsorgers in der Aufbauphase auf den Zusammenhalt der Gemeinde einerseits nachteilig auswirkte, während andererseits die schnelle Umsetzung der Kirchbaupläne notwendig war, um die Identifikation der Gläubigen mit der Kirche vor Ort zu stärken[100].

Die hier akzentuierten Probleme des Seelsorgers von Rastede trafen in ähnlicher Weise auf die meisten seiner Mitbrüder in der Diaspora zu. Eine Ausnahme bildeten die Oblatenpatres in Oldenburg Herz Mariä, aber auch die Pallottiner in Bad Zwischenahn, da sie durch ihre aus mehreren Priestern bestehenden Kommunitäten eine stärkere Gestaltungsfreiheit besaßen. Aus der Gemeinde im Oldenburger Stadtnorden, die zwei Jahre nach der 1950 erfolgten Kircheneinweihung noch eine Schuldenlast von DM 65.000,– drückte, ist daher auch überliefert, daß über viele Jahre an mindestens einem Sonntag im Monat ein Pater auswärts weilte, um Spenden für die Finanzierung des neuen Gotteshauses einzusammeln[101].

Vom Offizialat verordnete Bettelpredigten fanden ergänzend alljährlich anläßlich der Bonifatiustage zugunsten der nordoldenburgischen Diaspora statt, wobei jede Diasporagemeinde wechselnd eine Gemeinde im westfälischen Bistumsteil zugewiesen erhielt, für die sie an einem Sonntag einen Prediger stellen konnte[102].

Wurde in der Regel innerhalb der eigenen Diözese für die Diasporakirchen gesammelt, so erwirkte Pfarrer Konrad Leister für sein Bauprojekt in Hude zudem die Genehmigung des Osnabrücker Bischofs Wilhelm Berning, mit dem Einverständnis der zuständigen Pfarrer seine Kollektenpredigten auf vier zum Osnabrücker Jurisdiktionsbereich gehörende Pfarreien auszudehnen[103].

Eine neue Variante der Baufinanzierung ermöglichten schließlich die in den 1950er Jahren zunehmend abgeschlossenen Patenschaften kirchlicher Verbände. Während der KAB-Diözesanverband 1954/55 den Bau der St.-Willehad-Kirche im Oldenburger Stadtteil Eversten massiv unterstützte, wurde die Errichtung der Heilig-Geist-Kirche in Lem-

---

[98] Jaritz, Otto, 25 Jahre Katholische Kirchengemeinde Rastede-Wiefelstede (wie Anm. 29), 13.
[99] Zu den Aushilfen während der Bettelpredigten der Diasporageistlichen vgl. OAV A-3-85.
[100] Vgl. Jaritz an Bischof Keller v. 21.7.1950, in: BAM A 101–178.
[101] Vgl. Chronik Herz Mariä Oldenburg, in: Pfarrarchiv St. Marien Oldenburg. Zur Schuldenlast vgl. Bettelbrief v. P. Wilhelm Michel OMI v. Juli 1952, ebd.
[102] Vgl. die jährlich vom Offizialat versandten Rundschreiben mit jeweils individuell eingefügter Angabe der zugeteilten Kollektengemeinde, in: Pfarrarchiven Bockhorn, Elsfleth usw.
[103] Dabei handelte es sich um die bevölkerungsreichen Pfarreien Aschendorf, Haren, Lathen und Lingen im Emsland. Vgl. Berning an Leister v. 29.12.1951, in: Pfarrarchiv Hude: Chronik.

werder durch die Diözesanjugend finanziell und ideell begleitet, die bei der Grundsteinlegung dieser sogenannten Jugend-Opfer-Kirche am 5. August 1956 mit der stattlichen Anzahl von 136 Bannern ihre Präsenz zeigte[104].

Darüber hinaus beteiligten sich die jeweiligen Gemeindeangehörigen trotz ihrer eigenen finanziellen Sorgen sehr stark an den Kirchenbaukosten, wenngleich die Größenordnung dieser Leistung im nachhinein nicht aufzurechnen ist. Die bauliche Neubeheimatung im Westen stieß allerdings nicht bei allen ostvertriebenen Katholiken auf ungeteilte Zustimmung.

Womöglich ist der mehr oder weniger starke innere Widerstand gegen eine endgültige Seßhaftmachung in kirchlicher Hinsicht auch dafür verantwortlich, daß die Kirchenbauinitiativen im wesentlichen vom Offizialat eingeleitet wurden und kaum Ursprünge an der Basis aufweisen konnten. Zwar wurde in der Zeit der Notgottesdienststellen in evangelischen Kirchen, Klassenräumen oder Gasthaussälen immer wieder von Gläubigen wie Geistlichen das Fehlen des Tabernakels beklagt[105], doch verhielten sich sehr viele Vertriebenenseelsorger zunächst zögerlich hinsichtlich einer Unterstützung der Kirchenbaupläne, da eine baldige Rückkehr der Ostvertriebenen in ihre Heimat anfänglich nicht ausgeschlossen zu sein schien[106].

Diese Spannung zwischen Kirchenbau als symbolischem Zeichen der endgültigen Einwurzelung im Vertreibungsort und unbedingtem Wunsch nach Fortsetzung der tradierten Religiosität in der Lebenswelt der nunmehr polnisch besetzten Gebiete östlich von Oder und Neiße gab Anlaß für Kontroversen innerhalb der Vertriebenengemeinden und stellte den Klerus vor die Herausforderung, den Kirchenbau als pastorale Notwendigkeit zu rechtfertigen. Zu diesem Zweck wurde ganz pragmatisch argumentiert, daß eine Rücksiedlung keine Frage des Wollens, sondern der politischen Voraussetzungen sei und somit außerhalb der kirchlichen Einflußmöglichkeiten liege.

Empirisch deutlich wird dieses Problem der pastoralen Legitimation in Bad Zwischenahn, wo der Seelsorger festhielt: „Bei einzelnen wenigen löste der Gedanke an den Kirchbau wehmütige Erinnerungen aus. Sie meinten, wenn nun eine Kirche gebaut wird, werden wir nie mehr in die Heimat zurückkommen. Sie konnten die Heimat einfach nicht vergessen. Ich suchte zu beruhigen, mit dem Hinweis, daß die Kirche niemals ein Hindernis sei für die Heimkehr. In Zwischenahn sei die Kirche immer am Platze, da doch eine schöne Anzahl einheimischer Katholiken am Orte wohnte und auch in den vergangenen Jahren immer mal Gottesdienst gehalten wurde. Zudem sei die Lage noch so verworren, daß vorläufig an eine Rückkehr gar nicht zu denken sei."[107]

---

[104] Vgl. Kirche und Leben Oldenburg v. 19.8.1956.
[105] Vgl., um nur einige Beispiele zu geben, Chronik des Pfarrektorats Bad Zwischenahn, in: Pfarrarchiv Bad Zwischenahn, 77, oder die Argumentation v. Otto Jaritz in seinem Aufruf zum Kirchbau in Rastede, in: Kirche und Leben Oldenburg v. 22.1.1950.
[106] Vgl. zur Heimattreue des ostdeutschen Klerus im Offizialatsbezirk Oldenburg das Kap. VII Der Klerus als soziale Führungsschicht.
[107] P. Josef Hagel SAC, in: Chronik des Pfarrektorats Bad Zwischenahn, in: Pfarrarchiv Bad Zwischenahn, 24–25.

**Katholisches Pfarr-Rektorat**  Ganderkesee, den _im Advent_ 1950
Krs. Oldenburg

G r ü ß  S i e  G o t t !

Dieser Brief klopft bescheiden und recht höflich nochmals bei Ihnen um Hilfe an. Um so bescheidener, da der Schreiber weiß, wie viele Not sich an Sie wendet. Nur wegen der unaufschiebbaren Vorpostenarbeit im Reiche Gottes glaubt der Bittende, den Brief senden zu dürfen.

Buchstäblich aus dem Nichts mußten wir in Nordoldenburgs schwerer Diaspora seit 1946 die neuen Seelsorgsbezirke aufbauen, deren Glieder durchweg aus Schlesien, Ost- und Westpreußen stammen, die aus ihrer Heimat verjagt wurden. Und ostdeutsche Priester arbeiten im weiträumigen Gebiet und unter primitiven Verhältnissen.

Zu unserem neuen Pfarr-Rektorat Ganderkesee gehören rund 1100 Katholiken. Gottesdienst halten wir in der evangelischen Pfarrkirche, zwei evangelischen Schulen und dem Eßraum eines Altersheimes. Weit verstreut wohnen die Katholiken, die als Vertriebene unter drückenden Bedingungen ihr Leben fristen. Die vielfach unchristliche Umgebung stellt uns vor teilweise schwerste Glaubensbelastung. Wie wird selbst den Kindern das Glaubensleben in jeder Weise erschwert! Es gehört schon großer Mut dazu, Christus hier die Treue zu halten.

Die Kinder kennen bald kein katholisches Gotteshaus mehr. Die Erwachsenen der ganzen Umgebung brauchen einen Ort, wo sie mit dem eucharistischen Christus ihre Sorgen besprechen und in Seiner Nähe weilen können. Der hochwürdigste Bischof von Münster hat Ganderkesee (mitten zwischen Bremen und Oldenburg liegend) in den Kreis der Orte einbezogen, für die eine neue Notkirche gebieterische Notwendigkeit ist.

Wir steuern selbst bei, was immer wir nur können. Doch — nicht ein einziger Katholik gehört zur Gemeinde, der ein etwas größeres Vermögen oder Einkommen hat. Buchstäblich eine Gemeinde der Armen! Bischof Keller hat dies auf seiner ersten Firmungsreise durch Nordoldenburg festgestellt, aber auch gesehen, wieviel katholische Substanz vorhanden ist, die es zu retten gilt.

Mit unsäglicher Mühe haben wir uns aus einer Baracke ein kleines Pfarrhaus mit Versammlungsraum auf einem neugekauften Bauplatz hergestellt. Alles mit Hilfe unserer Männer. In rührender Selbstlosigkeit führten um Gotteslohn unsere Leute, jung und alt, alle Erdarbeiten aus, errichteten die Fundamente und Sockel der Kirche und wollen weiterhin mitschaffen, um Geld zu sparen. Jetzt sollen die Mauern hochgezogen werden: aber wir sind am Ende unserer geldlichen Kraft.

> So bitte ich Sie um der Not des nach Ägypten fliehenden Christuskindes willen, auch um des Leides willen, das von vielen Glaubensbrüdern und -schwestern hier still getragen wird,
>
>> Sie mögen durch ein Opfer des guten Herzens helfen, die Notkirche zu vollenden zu Ehren der großen Dulderin St. Hedwig, damit wir ungehemmt die Gottesdienste halten, einen Mittelpunkt und „Heimat" den Heimatlosen schaffen und Zufluchtsort allen Bedrängten.
>
> Wir gedenken täglich auch Ihrer Anliegen in dankbarem Gebet vor dem Throne dessen, der die Caritas selbst ist. Und im besonderen heiligen Opfer am letzten Montag eines jeden Monats.
>
> Seien Sie in der Gemeinschaft Christi dankbar gegrüßt von der Kirchengemeinde Ganderkesee und
>
> Pfarrer Helmut Richter.
>
> *[handschriftlich: Wir bitten sehr herzlich!]*
>
> **Unsere Zahlkarten-Anschrift lautet:**
>> Landessparkasse Delmenhorst, Postscheckkonto Hannover 6400. Mit dem Vermerk: Für Sparkonto 3249, Katholische Kirchengemeinde Ganderkesee.

Bettelbrief des Katholischen Pfarr-Rektorats Ganderkesee, Advent 1950

Die Herstellung besonderer Bezüge zwischen den Neubauten und den Kirchen der verlorenen Heimat diente als Mittel dazu, dem Entwurzelungsschmerz entgegenzuwirken. So erhielt der Elsflether Pfarrektor die Genehmigung des Offizialats, seine Diasporakirche unter das Patronat der heiligen Maria Magdalena zu stellen, der seine Pfarrkirche in Maifritzdorf, Kreis Frankenstein, geweiht war[108]. In Ganderkesee dagegen wurde in noch stärkerer Symbolkraft für alle jetzt dort ansässigen Schlesier die heilige Herzogin Hedwig, die „Patrona Silesiae", zur Titelheiligen der neuen Kirche erkoren. Insgesamt

---

[108] Diese Adaption nutzte Scholz bis ins letzte Detail aus und wählte als Nebenpatrone für Elsfleth die Titelheiligen der beiden Maifritzdorfer Filialkirchen: St. Jakobus in Follmersdorf und St. Nikolaus in Dörndorf. Vgl. Scholz an Offizialat v. 18.12.1949, in: Pfarrarchiv Elsfleth: Briefverkehr 1949–1955.

blieb bei der Wahl der Patrozinien Maria Vorreiterin, wobei hierfür zum einen lokalhistorische Gründe, so eine vor der Reformation vor Ort bestehende Marienkirche, wie etwa in Hude oder Wardenburg, ausschlaggebend waren. Da vor dem Zweiten Weltkrieg in der Hälfte der Wallfahrtsorte Schlesiens, der Heimat der allermeisten neuen Diasporakatholiken, ein Marienbild oder eine Marienstatue verehrt wurde, die Muttergottes in dieser Region also einen besonderen Stellenwert besaß, lag es zum anderen nahe, ihr auch in der Notzeit der Vertreibung eine besondere Verehrung durch das Patrozinium der Vertriebenenkirchen zu schenken. Welche bedeutende Rolle die schlesische Marienfrömmigkeit bei der Auswahl der Pfarrpatrone gespielt hat, zeigt sich am deutlichsten daran, daß in Oldenburg sowohl die 1950 im Stadtnorden erbaute Kirche der Oblaten als auch die drei Jahre später benedizierte Notkirche in Kreyenbrück der heiligen Maria geweiht wurde. Erst ein 1960 in letzterem Stadtteil errichteter Neubau hob dieses Kuriosum von zwei Marienpatrozinien innerhalb einer Stadt auf und ersetzte Maria durch den als Schutzpatron der Deutschen geltenden heiligen Erzengel Michael, dem im Vorfeld bereits in Stenum und Wilhelmshaven-Neuengroden neue Kirchen geweiht worden waren.

Analog zum Patrozinium boten Glocken aus ostdeutschen Kirchen eine faßbare und vor allem hörbare Identifikationsmöglichkeit der Vertriebenen mit dem religiös-kulturellen Erbe ihrer verlorenen Heimat und trugen zur kirchlichen Sozialisation im Westen bei. Allein 1.025 Glocken aus schlesischen Kirchen, die während des Zweiten Weltkrieges zum Einschmelzen zu Rüstungszwecken nach Hamburg gebracht worden waren und dort den Krieg überdauert hatten, läuteten Ende der 1950er Jahre in Kirchtürmen der Bundesrepublik. Bei der Verteilung, für die eigens ein kirchlicher Glockenbeauftragter ernannt worden war, wurde besonders darauf geachtet, die neu gegründeten Vertriebenengemeinden zu berücksichtigen. Sieben Kirchen in der oldenburgischen Diaspora erhielten auf diesem Wege ein schlesisches Geläut mit insgesamt 12 Glocken, wobei ostdeutsche Geistliche und Gemeindemitglieder sich bemühten, den Symbolwert dadurch zu steigern, daß sie eine Glocke aus dem Ort zu erhalten versuchten, in dem der jeweils größte Anteil der Vertriebenen beheimatet war. In Nordenham, wohin eine große Zahl Pfarrangehöriger aus Eiersdorf in der Grafschaft Glatz verschlagen worden war, gelang es beispielsweise, eine Glocke aus Eiersdorf und eine weitere aus dem benachbarten Rengersdorf für die St.-Willehad-Kirche zu bekommen, und die fast komplett aus Voigtsdorf bei Habelschwerdt vertriebenen Huder Katholiken erhielten den Zuschlag für die Glocke aus einer Kapelle am Stadtrand von Habelschwerdt[109].

---

[109] Alle in Hamburg aufgefundenen ostdeutschen Glocken wurden sorgsam katalogisiert u. mit viel Mühe einer Patengemeinde zugewiesen. Auf katholischer Seite war der Hildesheimer Diözesan-Vertriebenenseelsorger Josef Engelbert als Glockenbeauftragter für die Weitergabe verantwortlich. Vgl. zur volkskundlichen Bedeutung der ostdeutschen Glocken: Sauermann, Dietmar, „Aus allen Bindungen der Heimat herausgerissen". Vertriebenenseelsorge und Sonderbewußtsein der Vertriebenen, in: Hirschfeld, Michael, Trautmann, Markus (Hrsg.), Gelebter Glaube – Hoffen auf Heimat. Katholische Vertriebene im Bistum Münster, Münster 1999, 187–216, hier 210f.

## 4. Zwischenbilanz

Neben die Aktivitäten der hierarchisch verfaßten Caritas innerhalb der Region bzw. im lokalen Bereich auf der vertikalen Ebene trat schon bald auf der horizontalen Ebene eine gleichgeordnete Kooperation von alten katholischen Milieus im Süden mit den im Aufbau befindlichen Vertriebenenmilieus im Norden des Untersuchungsraumes. Auf Anregung der Vechtaer kirchlichen Behörde gingen sie zunächst eine Patenschaft mit rein karitativer Zielsetzung ein. Die Auswahl der Patengemeinden erfolgte dabei bewußt unter Berücksichtigung des Beziehungsnetzes des einheimischen Klerus. Südoldenburgische Pfarrer, die über Diasporaerfahrungen verfügten, fungierten als Identifikationsfiguren, um die Effektivität der Patenschaft zu garantieren.

Darüber hinaus wurden die Hilfsgemeinschaften später zu Katalysatoren der Transferierung von Geld- und Materialspenden für Kirchenneubauten in den Vertriebenengemeinden. Gemeinsam mit einer münsterischen Priesterbruderschaft, die ergänzend Baupatenschaften westfälischer Dekanate vermittelte, leisteten die südoldenburgischen Pfarreien somit einen wichtigen Beitrag zum äußeren Milieuaufbau bei den katholischen Vertriebenen.

Die Seelsorger der Vertriebenengemeinden griffen diese Initiativen durch Abhalten von Bettelpredigten und die Versendung von Bettelbriefen engagiert auf. Ihre damit verbundene häufige Abwesenheit aus den Gemeinden führte hingegen zu Schwierigkeiten in der Interaktion mit den ostvertriebenen Gemeindemitgliedern. Dieses Unzufriedenheitspotential im Bereich der individuellen Seelsorge wurde kaum wahrgenommen, weil die Gewinnung materieller Hilfen zur Schaffung einer kirchlichen Infrastruktur Priorität besaß.

Zwar blieb eine ostdeutsche landsmannschaftliche Bindung der neu gegründeten Diasporagemeinden und ihrer Seelsorger in oftmals nicht auf Anhieb erkennbaren Elementen der Identitätsbewahrung, wie der Auswahl von Kirchenpatrozinien aus der alten Heimat oder in der Übernahme von ostdeutschen Glocken, präsent, die persönliche Solidarität zwischen den Einheimischen und den Zwangsmigranten stand hinter diesen symbolischen Zeichen allerdings häufig zurück.

In den tradierten westdeutschen katholischen Milieus wurde das Gebot der Hilfsleistung dagegen weitgehend auf die in räumlicher Distanz gelegene Diaspora beschränkt, und den Vertriebenen in der eigenen Pfarrei häufig mit Intoleranz begegnet. Insgesamt litt das Beziehungsnetz von alten und neuen Milieus nach der Linderung der größten Not sowie nach erfolgter Finanzierung der Kirchenbauten unter einem spürbaren Vitalitätsverlust. Als Auffangbecken zur religiösen Verortung der ostdeutschen Katholiken leisteten die Patenschaften somit nur kurzfristig einen nennenswerten Beitrag, und der Stellenwert von neuen Kirchen als symbolische Zeichen für eine Festigung des neuen Milieufeldes der Vertriebenen wurde überschätzt.

# IV. AUSSERORDENTLICHE INNOVATIVE SEELSORGEMETHODEN ZUR STÄRKUNG DER MILIEUKOHÄRENZ

Je ungünstiger sich die Lebensverhältnisse in den Aufnahmegemeinden der Vertriebenen gestalteten und je schwieriger es vor allem war, einen Arbeitsplatz in erreichbarer Nähe zu finden, desto schneller begann eine Abwanderung insbesondere der jüngeren Familien bzw. der in das Erwerbsleben drängenden jungen Generation der Vertriebenenfamilien. Zunehmend bessere Verkehrsverhältnisse und Kommunikationsmöglichkeiten schufen die Verbindung zu wirtschaftlich prosperierenden Regionen Westdeutschlands, in denen ein ertragreicheres Auskommen möglich schien.

Ein Situationsbericht aus der Pfarrei Brake in der Wesermarsch vermittelt einen Eindruck von der geringen Lebensqualität, welche die ländlich-kleinstädtische Atmosphäre in weiten Teilen Nordoldenburgs den Vertriebenen vermittelte: „Die Arbeitslosigkeit ist groß. Besonders diejenigen, die auf dem Lande wohnen, haben sehr darunter zu leiden. Die Vertriebenen, die früher Haus und Hof hatten, arbeiten größtenteils jetzt als Knecht bei einem hiesigen Bauern. Sie bekommen dafür vielfach nur das Essen und wohnen mietefrei. Andere leben von der Arbeitslosen- und Fürsorgeunterstützung, die so knapp ist, daß die Leute nur die notwendigsten Lebensmittel kaufen können, wo bleibt dann eine Neuanschaffung? Nur wenige Familien auf dem Lande haben eine Wohnung, die groß genug ist, damit an Leib und Seele gesunde Kinder heranwachsen können."[1]

Brake steht hier nur exemplarisch für den Alltag in einem Großteil der nordoldenburgischen Vertriebenengemeinden, und angesichts entsprechender Verhältnisse und fehlender Verbesserungsmöglichkeiten ist es verständlich, daß der Hang zur Abwanderung bei vielen hoch war. Auf den ersten Blick betrachtet, standen bei dieser Fluktuation der berufliche Neueinstieg und damit die Schaffung einer gesicherten Existenzgrundlage im Vordergrund und ließen offenbar den Faktor der kirchlichen Sozialisation als Ursache für die Migrationsbereitschaft zurücktreten.

Dennoch ist ein nicht unerheblicher Faktor für die Mobilität der katholischen Vertriebenen aber auch in deren konfessioneller Minderheitensituation, also in der fehlenden Milieubindung, zu sehen. Nicht nur das tägliche Leben in einem protestantischen Umfeld, sondern auch die Unterschiede in der kirchlichen Praxis lassen sich als konstitutiv für das Loslassen von der vorübergehenden Heimat zugunsten eines möglichst katholisch geprägten Lebensumfeldes betrachten. So meldete sich im Rahmen einer vom Niedersächsischen

---

[1] So ein Eintrag von Pfarrer Hermann Böhmer, in: Pfarrchronik Brake, 1951, in: Pfarrarchiv Brake.

Flüchtlingsministerium planmäßig organisierten Umverteilung der Flüchtlinge in die ehemalige französische Besatzungszone[2] eine größere Zahl katholischer Schlesier aus der Grafschaft Glatz, die in Nordoldenburg besonders schmerzlich eine gebirgige Landschaft und darin eingebettet die Vielfalt der schlesischen religiösen Bräuche vermißten, für eine Umsiedlung nach Süddeutschland. In dieser Bereitschaft zur Mobilität ist ein wichtiges Symptom für den raschen Wandel des katholischen Milieus erkennbar, da mühsam aufgebaute kirchliche Bindungen der Vertriebenen wieder zerstört und das im Aufbau befindliche katholische Milieu in der Diaspora geschwächt wurde.

## 1. Geistliche Begleitung der Wanderungsbewegungen

Eine Reaktion der kirchlichen Hierarchie auf die kurz nach Gründung der Bundesrepublik beginnende Fluktuation der Vertriebenen war der Versuch einer geistlichen Begleitung der Abwanderungswilligen. Auf Geheiß des Hildesheimer Diözesan-Caritasdirektors Adalbert Sendker, der die Belange der Caritas im Landesflüchtlingsrat für Niedersachsen vertrat, wurde innerhalb des Caritas-Verbandes Hannover eine Arbeitsstelle „Kirchliche Umsiedlung" ins Leben gerufen, um Personalangaben der Umsiedler an die Pfarreien in deren Aufnahmegemeinden weiterzuvermitteln[3]. Es ging also vordringlich darum, die Bindung der Vertriebenen an das katholische Milieu mit dem Umzug nicht abreißen zu lassen. Deshalb zeigte sich die Arbeitsstelle auch bemüht, Einfluß auf eine Lenkung der Umsiedlung in traditionell katholische Regionen Süddeutschlands zu gewinnen und bedrängte gleichzeitig die Generalvikariate, den Pfarreien Anweisung zu geben, alle Abwanderer zu registrieren.

In einem Rundschreiben der Arbeitsstelle vom August 1951 hieß es jedoch resigniert, daß „alle Bemühungen, unsererseits auf die Umsiedlung Heimatvertriebener den Einfluß zu gewinnen, daß umsiedlungswillige Katholiken vorzugsweise in katholische Gegenden kommen, [...] bisher nur in Einzelfällen von Erfolg begleitet" gewesen seien. Allerdings hätte sich das Land Baden (Südbaden. Anm. d. Verf.) durch Einschaltung des Hildesheimer Generalvikars Offenstein und des Glatzer Großdechanten Monse bereit erklärt, primär Umsiedler aus der katholischen Grafschaft Glatz aufzunehmen. Zwar gab die kirchliche Behörde in Vechta den Aufruf gemäß der Aufforderung an die Pfarreien weiter[4], jedoch liegen keine Hinweise darüber vor, inwieweit und wieviele Umsiedlungswillige in

---

[2] Vgl. Verordnung über die Umsiedlung von Heimatvertriebenen aus den Ländern Bayern, Niedersachsen und Schleswig-Holstein v. 29.11.1949, abgedruckt bei: Das deutsche Flüchtlingsproblem. Sonderheft der Zeitschrift für Raumforschung, Bielefeld 1950. Der erste Aufruf einer Meldung von Umsiedlungswilligen ist der Nordwest-Zeitung v. 7.12.1949 zu entnehmen.

[3] Vgl. Caritas-Verband Hannover an Offizialat v. 27.8.1951, in: OAV A-9-46. Hier auch das folg. Zit.

[4] Vgl. Rundschreiben des Offizialats v. 4.9.1951, ebd.

den einzelnen Pfarreien des Fallbeispiels per Kanzelaufruf erfaßt wurden[5]. Nach Aushändigung des vorgedruckten Formulars und dessen Rückgabe sollten die Pfarrgeistlichen für jeden Fall eine vertrauliche Stellungnahme über die religiöse Haltung des Antragstellers beifügen und die Unterlagen der Arbeitsstelle in Hannover übersenden. Angesichts des resignativen Untertons, der bereits dem Anschreiben innewohnte, ist jedenfalls anzunehmen, daß den Bemühungen kein allzu großer Erfolg beschieden war.

Da keine speziellen Daten über die Aufnahmeländer bzw. Kommunen der den Offizialatsbezirk Oldenburg verlassenden Katholiken vorliegen, kann die Größenordnung dieser Abwanderung nur anhand einiger Einblicke in den Schrumpfungsprozeß der neu konstituierten Vertriebenengemeinden dargelegt werden. In Jade, im Kreis Wesermarsch, wird dies ablesbar an dem spürbaren Rückgang der Katholikenzahl von 1.600 hier 1946 aus einem Transport Ausgeladenen auf 800 im Jahre 1954 und schließlich auf nur noch 350 im Jahre 1965[6]. Durchschnittlich kam es damit in jeder der ersten beiden Nachkriegsdekaden zu einer Halbierung der Gläubigenzahlen, die sich verständlicherweise auf die Spendung der Sakramente auswirkte. Traten bei der ersten Firmung im Juni 1948 noch 282 Firmlinge vor den Bischof, so waren es 1954 nur noch 32[7]. Damit stellt Jade ein Extrembeispiel für die Bevölkerungsfluktuation in der ländlichen Diaspora dar.

Aber selbst in einer durch ihren Bahnanschluß verkehrstechnisch günstig gelegenen und den großen Städten Bremen und Delmenhorst benachbarten Gemeinde wie Ganderkesee ließ sich die Abwanderung der Katholiken nicht übersehen, wenngleich die Verluste hier bei weitem nicht so eklatant waren wie in Jade. So sank die Katholikenzahl von 1.372 (1947) bis Mitte der 1950er Jahre lediglich um gut ein Drittel auf 900 (1954), und im Spiegel der vollzogenen Amtshandlungen belegt ein sprunghafter Rückgang der Zahl der Taufen von 14 (1949) auf acht (1952) diese Tendenz[8]. Diesen hier nur an zwei Beispielen aufgezeigten Gestaltwandel der Gemeinden förderten deren Seelsorger zum Teil selber, wenn sie schulentlassene Jugendliche, die in Friesland oder der Wesermarsch keinen Ausbildungsplatz oder keine Arbeitsstelle fanden, in wirtschaftlich prosperierendere Regionen Westdeutschlands vermittelten, wo diese zumeist dauerhaft Fuß faßten[9].

---

[5] Ebenso liegen keine exakten Zahlenangaben über die Umsiedlung aus dem Oldenburger Land vor. Für ganz Niedersachsen betrug diese Zahl zwischen 1949 und 1960 rund 325.000 Personen. Vgl. Seggern, Andreas von, „Großstadt wider Willen". Zur Geschichte der Aufnahme und Integration von Flüchtlingen und Vertriebenen in der Stadt Oldenburg nach 1944 (Fremde Nähe – Beiträge zur interkulturellen Diskussion, Bd. 8), Münster 1997, 269ff.

[6] Vgl. Personal-Schematismus des Bistums Münster 1947, 100, 1954, 304, u. 1965, 168.

[7] Vgl. Jendrzejczyk, Hugo, 1936–1976. Aus 40 Priesterjahren, Vechta 1976, 30f.

[8] Vgl. Zweitschriften der Kirchenbücher des Pfarrektorats Ganderkesee, in: OAV.

[9] Ein wesentlicher Aspekt dieser Stellenvermittlung lag darin, die Jugendlichen der Diaspora zu entziehen und ihnen eine lebenslange katholische Sozialisation zu ermöglichen. Vgl. Kap. I Kirchliches Vereinswesen und religiöse Brauchtumspflege.

## 2. Alternative Erfassungsmodelle

Eine andere Form der Entgegnung auf die den Prozeß der Milieuformierung behindernde Fluktuation lag in Bemühungen um eine Stärkung des Diasporakatholizismus, die über die strukturellen Maßnahmen, wie Gründung von Seelsorgebezirken und Errichtung von Kirchen und Pfarrhäusern, hinausreichten. Hierzu galt es für die Kirche, neue Energien freizusetzen und Ideen zu entwickeln, um die Gläubigen persönlich zu erreichen, wobei Anstöße und Unterstützungen aus dem westlichen Ausland einen breiten Raum einnehmen. Nach der Linderung der individuellen Not besaß nicht länger die soziale Komponente einer Versorgung durch die organisierte Caritas bzw. die von ihr initiierten Patenschaften Priorität, sondern in das Zentrum der Bemühungen rückte zunehmend eine seelsorgliche Substanzsicherung. Anhand des Fallbeispiels Oldenburg lassen sich drei pastorale Konzepte, deren Intention eine Stärkung der Milieukohärenz der Vertriebenen in der Diaspora war, mit ihren Erfolgen und Mißerfolgen aufzeigen.

### a) Kapellenwagenmissionen

Die ostvertriebenen Katholiken im Oldenburger Land erfuhren nicht allein von ihren katholischen Mitbürgern in Offizialatsbezirk und Bistum Hilfen beim Neuanfang, sondern ebenso aus dem Ausland. Der wichtigste Motor der Auslandshilfe war der belgische Gründer der Ostpriesterhilfe, Werenfried van Straaten[10], der erkannte, daß karitative und seelsorgliche Maßnahmen dicht beieinander lagen. Daher gelangte er zu der Einschätzung, daß ein großer Teil der in der norddeutschen Diaspora lebenden katholischen Schlesier, Ermländer und Sudetendeutschen vom neugeschaffenen Netz der Pfarrseelsorge noch nicht oder nicht ausreichend erfaßt worden sei[11]. „Die Not der Kirche bestimmt das Tempo unseres Handelns, und in der Liebe zu der Kirche in Not sucht und findet die Ostpriesterhilfe immer neue Möglichkeiten"[12], erklärte van Straaten in einer zeitgenössischen Broschüre die Aufgaben seines Hilfswerkes, um über das karitative Element hinaus die geistige Not zu erkennen, die er wie folgt kennzeichnete: „Das Beängstigende in unserer Lage und die größte Not der Kirche dürfte somit der Verfall des christlichen Geistes bei uns allen darstellen, die wir dadurch fast nicht mehr fähig sind, das Christentum für die künftigen Geschlechter begehrenswert und anziehend zu machen. Wir müssen deshalb zurück zu Christus!"[13]

---

[10] P. Werenfried van Straaten, geboren 1913 in Mijdrecht/Belgien, Prämonstratenser der Abtei Tongerlo. Sein Engagement für die Ostvertriebenen begann er 1948 mit einer Specksammlung u. erhielt daher den Beinamen „Speckpater". Vgl. ders., Sie nennen mich Speckpater, Recklinghausen 1961.

[11] Vgl. zu den Grundanliegen der Kapellenwagenmission: Kindermann, Adolf, Artikel: Kapellenwagen, in: LThK, 2. Aufl., Bd. 5 (1960), Sp. 1317, u. Bericht über die Kapellenwagenmission im Sommer 1951, in: BAM 101-241, sowie das allen Seelsorgestellen vorab zugesandte Informationsblatt „Der Kapellenwagen der Ostpriesterhilfe", hier aus: Pfarrarchiv Bockhorn: Korrespondenzen.

[12] Straaten, Werenfried van, Sieben Jahre Ostpriesterhilfe, Tongerlo o. J. (1955), 6.

[13] Ebd., 13.

Im Kontext der hier proklamierten Rückbesinnung auf Christus entstand in Anlehnung an die „Rucksackmissionen" der Oblatenpatres[14] die Idee, das moderne Fortbewegungsmittel des Fahrzeugs für kirchliche Zwecke einzusetzen und die Kirche auf Räder zu stellen, wozu van Straaten von der US-amerikanischen Militärregierung und der niederländischen Eisenbahngesellschaft große Sattelschlepper kaufte und zu sogenannten Kapellenwagen umgestalten ließ.

Die 14 Meter langen und zwei Meter breiten Kapellenwagen besaßen einen eingebauten Zweiflügel-Altar, der herausgeklappt werden konnte und so die Möglichkeit für Gottesdienste im Freien bot. Bei schlechter Witterung konnte ein Zelt vor dem Altar aufgebaut werden, das die gesamte Seitenlänge des Kapellenwagens umspannte und unter seinem Dach etwa 100 Menschen Platz gab. Des weiteren wies der Kapellenwagen im hinteren Teil einen Wohnraum mit Schlafkojen für die beiden begleitenden Patres sowie den Fahrer und einen Lagerraum für drei bis fünf Tonnen Spendengut auf. Nachdem ein erster Einsatzversuch im Sommer 1950 mit zwei Kapellenwagen-Modellen erfolgreich gestartet worden war, standen für 1951 elf Kapellenwagen bereit, von denen einer auch für den Offizialatsbezirk Oldenburg vorgesehen war und gleichermaßen in Kontinuität zu den bisher durchgeführten „Rucksackmissionen" der Oblatenpatres eingesetzt wurde[15].

In der Erinnerung eines damals jugendlichen Zeitzeugen wird die prägende Wirkung der Kapellenwagen gerade in den kleinen Vertriebenengemeinden Nordoldenburgs erkennbar. „Eines Tages im April 1951 kam Bewegung in den Ort. Ein Sattelschlepper besonderer Art von über 20 m Länge hatte in Sandkrug Halt gemacht. Es war ein Kapellenwagen der ‚Ostpriesterhilfe'. [...] Mit dem Kapellenwagen waren zwei Patres gekommen. [...] Die Missionare waren Pater Laurentius, ein belgischer Dominikaner, und Pater Krüss, ein deutscher Redemptorist. Mit den Glocken berühmter Dome, unter anderem der Peterskirche in Rom, luden die Patres per Lautsprecher [...] zum Gottesdienst und zu Missionspredigten [...] ein. Wenn es am Kapellenwagen selbst zeitweilig zu größeren Ansammlungen von Menschen kam, hatte das einen anderen handfesten Grund: dann verteilten die Patres Spendengüter: Kleidung, Nahrungsmittel und nicht zuletzt, was für uns Kinder ganz besonders interessant war, Päckchen mit Süßigkeiten, nicht selten gepackt von belgischen oder holländischen Kindern und mit deren Namen versehen."[16]

Dieser Bericht aus lokaler Perspektive dokumentiert natürlich nur einen Momenteindruck von einer der ersten Stationen, die der Kapellenwagen St. Emmaus während seiner von April bis Oktober 1951 dauernden Reise durch 45 Außenstationen in 15 nordolden-

---

[14] Vgl. ausführlich zu diesen außerordentlichen Seelsorgeversuchen den Abschnitt über das Wirken der Orden und Kongregationen in der Vertriebenenseelsorge der Untersuchungsregion, in: Kap. VII Der Klerus als soziale Führungsschicht.

[15] Vgl. die Angaben bei Braunstein, Karl, Die Vertreibung im Lichte des Kirchenrechtes, in: Königsteiner Blätter 3–4/1960, 65–132, hier 93. Von einer durch die Kapellenwagen abgelösten „Rucksackmission" spricht P. Engelbert Machinia OMI, Gespräch m. d. Verf. am 17.3.1998.

[16] Bei dem Zeitzeugen handelt es sich um den heutigen Ständigen Vertreter des Bischöfl. Offizials in Vechta, Offizialatsrat Prälat Leonhard Elsner. Vgl. Elsner, Leonhard, Aus den Anfängen der katholischen Gemeinde in Sandkrug, in: 25 Jahre St. Ansgar [Sandkrug], Sandkrug 1991, 4–11.

burgischen Kirchengemeinden angefahren hatte[17]. Je nach Zahl der Gläubigen weilten die Patres zwei bis drei Tage an einem Ort, wobei die begleitenden Geistlichen in einem Abstand von vier Wochen ausgewechselt wurden[18]. Grundbedingung war lediglich, daß stets ein deutscher Ordensmann und ein Ausländer als Vertreter der Weltkirche an Bord waren. Hierbei handelte es sich primär um Niederländer, Belgier und Franzosen, die für die Verteilung der Liebesgaben verantwortlich zeichneten. Von deutscher Seite hatten neun verschiedene Orden, darunter Redemptoristen, Oblaten und Franziskaner, von ausländischer Seite 10 verschiedene Gemeinschaften ihre Mitwirkung zugesichert[19]. Ansonsten wäre die beeindruckende Zahl von 486 im Rahmen der Kapellenwagenmission 1951 im Oldenburger Land gehaltenen Predigten wohl kaum zu erklären gewesen. Diese Vielzahl an Ansprachen ergab sich aus dem Missionskonzept der Patres, demgemäß die Predigten nicht jeweils für alle Katholiken eines Ortes, sondern getrennt nach den sogenannten Naturständen, also Frauen, Männer, Jungmänner und Jungfrauen, gehalten wurden. Die untenstehende Statistik (Tabelle 9) ermöglicht zwar keinen Einblick in die Teilnehmerzahlen an den einzelnen Veranstaltungen, erlaubt jedoch differenziertere Aussagen über die Bereitschaft zum Empfang des Bußsakramentes als eines Faktors für die Kirchlichkeit der Katholiken. Auffällig erscheint in diesem Zusammenhang, daß der Prozentsatz der Beichtwilligen im Vergleich zur Gesamtzahl der Beichtpflichtigen durchaus erhebliche Schwankungen aufwies. An vier der fünf ersten Haltepunkte des St.-Emmaus-Wagens, darunter auch Sandkrug, gingen die als beichtpflichtig erfaßten Katholiken nahezu vollständig zur Beichte. Ob hier der Neuheitseffekt dieser Methode der kirchlichen Sozialisation noch griff, in der Folge sich aber abnutzte, mag dahingestellt sein. Jedenfalls sank die Zahl der Beichtwilligen unter den Katholiken im Laufe des Sommers zum Teil beträchtlich. Als Gründe für einen geringen Beichtzuspruch gaben die durchführenden Patres Lagerverhältnisse, wie in Fuhrenkamp, Rosenhügel und Altengroden, sowie weite Entfernungen, wie in Hohenkirchen, an. Dennoch sind manche Beteiligungszahlen nicht erklärbar. Während innerhalb der Pfarrei Varel in der Bauerschaft Borgstede nahezu 60 % der erfaßten Katholiken das Bußsakrament empfingen und in Dangast sogar über 80 %, betrug die Teilnahme in den zur selben Pfarrei gehörenden Orten Altjührden und Obenstrohe lediglich um die 40 %, und die Statistik merkt dazu lapidar, aber wohl doch richtig an, daß hier „schon viele die innere Verbindung zur Kirche verloren"[20] hät-

---

[17] Vgl. die in Tabelle 9 wiedergegebene Statistik: Einsatz des Emmauswagens 1951, in: BAM A 101-241.

[18] Vgl. den Bericht von P. Alfons Schmitz OMI, der im Sommer 1951 vier Wochen lang den St.-Emmaus-Wagen durch Nordoldenburg begleitete. Schmitz, Alfons, NL 98495 auf Fahrt im Nord-Oldenburger Land, in: Oblaten-Missionsblätter v. November 1951, 258–261. Den Hinweis auf diesen Artikel verdankt der Verf. P. Norbert Böhr OMI, Mainz.

[19] Auf deutscher Seite waren im einzelnen Redemptoristen, Augustiner, Jesuiten, Oblaten, Benediktiner, Franziskaner, Kapuziner, Pallottiner und Lazaristen beteiligt, auf ausländischer Seite Prämonstratenser, Augustiner, Dominikaner, Franziskaner, Assumptionisten, Benediktiner, Herz-Jesu-Priester, Missionare von der hl. Familie, Redemptoristen u. Kapuziner. Vgl. Bericht über die Kapellenwagenmission im Sommer 1951, in: BAM A 101-241.

[20] Ebd.

ten. Trotz der offensichtlichen Missionsenergie der Kapellenwagengeistlichen kam es im Lager Altengroden zu einer Auseinandersetzung mit dem für die Wilhelmshavener Flüchtlingslager seelsorglich zuständigen Pallottinerpater, dem diese eine schlechte Vorbereitung ihres Einsatzes vorwarfen und in der Konsequenz eine Fortsetzung ihrer Arbeit im benachbarten Neuengroden ablehnten[21].

In vielerlei Hinsicht vermochten die begleitenden Missionare das alltägliche Gemeindeleben zu ergänzen, indem sie zum Beispiel gezielt die am weitesten von der Kirche bzw. dem Gemeindemittelpunkt entfernt liegenden Bauerschaften und speziell die noch bestehenden Vertriebenenlager aufsuchten, um die kirchlichen Anliegen direkt zu den zerstreut lebenden Katholiken zu tragen. Darüber hinaus ließen sie sich von den Pfarrämtern die Namen und Adressen sogenannter säumiger Katholiken, also kirchenferner Menschen, geben und besuchten diese gesondert.

Als eine Konsequenz der Kapellenwagenmissionen konnte vielerorts vermerkt werden, daß eine Reihe von Ehen mit nur einem katholischen Partner, die nicht vor einem katholischen Priester geschlossen worden waren, infolge intensiver seelsorglicher Gespräche „saniert" wurde, wie es in der kirchlichen Fachsprache etwas bürokratisch hieß[22]. Aus den drei Stationen des Kapellenwagens innerhalb der Herz-Mariä-Gemeinde in Oldenburg wurden beispielsweise drei „Rettungen" von Ehen sowie eine Aufnahme in die Kirche vermeldet[23].

In den Anlaufstellen der Kapellenwagen innerhalb des Pfarrektorats Rodenkirchen wurden im Folgejahr sogar vier „sanierte" Ehen sowie vier Wiederaufnahmen in die katholische Kirche verzeichnet[24]. Von kirchenrechtlicher Warte her ersetzte die Kapellenwagenmission zudem die in zehnjährigem Rhythmus für alle Gemeinden vorgeschriebene Volksmission[25].

Vorbehalte gegen diese neue Form der Seelsorge, wie sie einige Geistliche etwa auf der Seelsorgerkonferenz des Dekanates Oldenburg vorab im Hinblick auf die unkonventionellen Verkündigungsmethoden der Kapellenwagenmissionare geäußert hatten[26], wurden im nachhinein weitgehend entkräftet. „Jetzt aber sind alle befriedigt. P. Werenfried van Straaten, der Begründer der Ostpriesterhilfe, tat gut, seine karitativen Bemühungen

---

[21] Vgl. Kapellenwagenmissionar P. Winkel OP an Offizialat v. 23.9.1951 u. Stellungnahme v. Pastor Primarius Joseph Zumbrägel, Wilhelmshaven, v. 29.9.1951, in: Pfarrarchiv St. Willehad Wilhelmshaven: Caritas. Altengroden war demgemäß ein sozialer Brennpunkt, in dem die Arbeit zudem durch das Fehlen eines kirchlichen Mittelpunkts erschwert wurde.

[22] Unter der Sanierung einer Ehe verstand der CIC v. 1917, Freiburg u. a. 1920, cc. 1133–1141, die kirchliche Anerkennung rückwirkend vom Zeitpunkt ihrer Schließung an.

[23] Vgl. Bericht über die Kapellenwagenmission in Ofenerdiek an das Offizialat v. 26.10.1951, in: Pfarrarchiv St. Marien Oldenburg.

[24] Vgl. Chronik des Pfarrektorats Rodenkirchen, in: Pfarrarchiv Brake, 21.

[25] Vgl. CIC v. 1917, Freiburg u. a. 1920, can. 1349. Vgl. auch Braunstein, Karl, Die Vertreibung im Lichte des Kirchenrechtes (wie Anm. 15), 94.

[26] Vgl. Eintrag v. 16.6.1951, in: Chronik Herz Mariä Oldenburg, in: Pfarrarchiv St. Marien Oldenburg. Hier auch das folg. Zit.

Tabelle 9: Stationen und Ergebnisse der Kapellenwagenmission 1951 in Nordoldenburg

| Ort | Pfarrei/Rektorat | Beicht-pflichtige | Sakramenten-empfang (in %) | Predigten |
|---|---|---|---|---|
| Huntlosen | Wildeshausen | 240 | 228 (95,0) | 13 |
| Großenkneten | „ | 250 | 235 (94,0) | 15 |
| Kirchhatten | „ | 250 | 233 (93,2) | 11 |
| Wardenburg | Osternburg | 500 | 260 (52,0) | 12 |
| Sandkrug | „ | 200 | 188 (94,0) | 12 |
| Eversten | Oldenburg St. Peter | 1.500 | ? | 11 |
| Bümmerstede | Osternburg | 500 | 246 (49,2) | 14 |
| Lager Helle | Bad Zwischenahn | 90 | 65 (72,2) | 10 |
| Edewecht | „ | 400 | 65 (16,3) | 14 |
| Elmendorf | „ | 88 | 74 (84,1) | 11 |
| Ocholt | Westerstede | 78 | 52 (66,7) | 11 |
| Eggeloge | „ | 75 | 68 (90,7) | 11 |
| Ofenerdiek | Oldenburg Herz Mariä | 131 | 100 (76,3) | 14 |
| Koopmannsiedlung | „ | 209 | 86 (41,1) | 13 |
| Ohmstede | „ | 190 | 130 (68,4) | 14 |
| Altenhuntorf | „ | 105 | 81 (77,1) | 11 |
| Borbeck | Rastede | 160 | 98 (61,3) | 11 |
| Loy | „ | 175 | 51 (29,1) | 14 |
| Neuenburg | Bockhorn | 300 | 162 (54,0) | 15 |
| Steinhausen | „ | 150 | 69 (46,0) | 9 |
| Grabstede | „ | 100 | 64 (64,0) | 10 |
| Fuhrenkamp | Zetel | 250 | 170 (68,0) | 10 |
| Bockhorn | Bockhorn | 350 | 220 (62,9) | 14 |
| Osterforde | „ | 56 | 51 (91,1) | 3 |
| Zetel | Zetel | 356 | 210 (59,0) | 14 |
| Tettens | Jever | 84 | 66 (78,6) | 9 |
| Heidmühle | „ | 84 | 66 (78,6) | 9 |
| Waddewarden | „ | 69 | 49 (71,0) | 8 |
| Schortens | „ | 167 | 121 (72,5) | 9 |
| Sillenstede | Roffhausen | 194 | 156 (80,4) | 13 |
| Rosenhügel | Wilhelmshaven St. Willehad | 269 | 193 (71,7) | 13 |
| Sengwarden | „ | 127 | 96 (75,6) | 11 |
| Altengroden | „ | 291 | 107 (36,8) | 13 |
| Hooksiel | „ | 81 | 61 (75,3) | 9 |
| Hohenkirchen | Schillig | 250 | 82 (32,8) | 9 |
| Sande-Neufeld | Cäciliengroden | 170 | 81 (47,6) | 8 |
| Borgstede | Varel | 195 | 113 (58,0) | 10 |
| Altjührden | „ | 93 | 39 (41,9) | 7 |
| Obenstrohe | „ | 245 | 94 (38,4) | 10 |
| Neuenwege | „ | 185 | 46 (24,9) | 9 |
| Dangast | „ | 56 | 46 (82,1) | 9 |
| Dangastermoor | „ | 102 | 67 (65,7) | 8 |
| Jade | Jade | 262 | 235 (89,7) | 10 |
| Jaderberg | „ | 210 | 155 (73,8) | 7 |
| Schweiburg | „ | 233 | 161 (69,1) | 8 |

*Quelle: Statistik: Einsatz des Emmaus-Wagens in Nordoldenburg 1951, in: BAM A 101–241*

mit missionarischer Erfassung zu verbinden", vermerkte zum Beispiel der Pfarrektor von Herz Mariä in Oldenburg. Wenn im Pfarrektorat Jade 90 % der Gemeindemitglieder an der Kapellenwagenmission teilnahmen, kommunizierten und das Bußsakrament empfingen[27] und es im Bericht aus Rodenkirchen im Folgejahr nur lapidar hieß, daß nur wenige nicht mitmachten[28], sind dies lediglich Einzelbelege für den allerorten jedenfalls aus der Perspektive des Augenblicks heraus gleichmäßig durchschlagenden Erfolg der Aktion, deren Bedeutung von der Ostpriesterhilfe mit dem Hinweis unterstrichen wurde, daß ein Leben in der Diaspora apostolisch eingestellter und im Glauben gefestigter Menschen bedürfe. Eine Argumentation, die mit den zeitgenössischen Zielvorstellungen der regulären Pfarrseelsorge konform ging.

Allerdings wurde im Zusammenhang mit den Kapellenwagenmissionen sowohl 1951 als auch in den folgenden Jahren von den Ortsgeistlichen immer wieder die Vermischung religiöser mit materiellen Gesichtspunkten beklagt. So bat der Pfarrektor von Herz Mariä Oldenburg das Offizialat, dafür zu sorgen, daß nicht bereits während der Missionstage mit dem Austeilen der Liebesgaben begonnen würde[29], und sein Bad Zwischenahner Confrater beklagte, es habe „sich inzwischen herumgesprochen, daß die Missionare reichlich Lebensmittel, Kleider und Wäsche verteilten. Daher nahmen auch die Katholiken im Lager so ziemlich vollzählig teil."[30] Ein solcher Zusammenhang zwischen den als Lockmittel eingesetzten Essenswaren und Sachspenden einerseits sowie der hohen Beteiligung andererseits läßt sich nicht von der Hand weisen, mag aber angesichts des zu verbuchenden Erfolges, die Menschen mit der Kirche in Berührung gebracht zu haben, nicht allzu negativ bewertet werden. Zudem ist anzunehmen, daß mancher Gemeindeseelsorger in der neuen Art der Verkündigung auch eine Konkurrenz zu seinen eigenen mühseligen Versuchen erkannte, Gemeindebildung in der Diaspora zu vollziehen. Als schwerwiegender darf daher die Kritik des Ganderkeseer Pfarrers Helmut Richter angesehen werden, der sich an manchen Drohgebärden der Missionare störte und in der Königsteiner Zentrale mit der Bitte vorstellig wurde, die Kapellenwagenmissionare mögen sich doch „künftig durch Ermutigung und frohmachendes Aufweisen alles Positiven hervortun, nicht durch Betonung von Sünde, Hölle und sonstiger Strafen Gottes"[31].

Diese kritischen Einwände konnten die allgemeine Zustimmung des Klerus zu der neuen Evangelisationsform, die Pater Werenfried van Straaten selbstbewußt als „Sieg der Katholizität über den geistigen Provinzialismus"[32] bezeichnete, jedoch nicht beeinträchtigen. In ihrem Bericht über den 1951 erfolgten Gesamteinsatz in Diasporagebieten westdeut-

---

[27] Vgl. Jendrzejczyk, Hugo, 1936-1976. Aus 40 Priesterjahren (wie Anm. 7), 31.

[28] Chronik des Pfarrektorats Rodenkirchen, in: Pfarrarchiv Brake, 22.

[29] Vgl. Bericht über die Kapellenmission in Ofenerdiek v. 26.10.1951, in: Pfarrarchiv St. Marien Oldenburg.

[30] P. Josef Hagel SAC, in: Chronik des Pfarrektorats Bad Zwischenahn, in: Pfarrarchiv Bad Zwischenahn, 64.

[31] Richter an Ostpriesterhilfe Königstein, o. Datum, zit., in: Chronik des Pfarrektorats Ganderkesee, in: Pfarrarchiv Ganderkesee, 94.

[32] Straaten, Werenfried van, Sie nennen mich Speckpater (wie Anm. 10), 43.

scher Diözesen, den auch Bischof Michael Keller erhielt, resümierte die Zentrale der Ostpriesterhilfe in Königstein, daß im Gesamtdurchschnitt aller Missionsorte 70 % der besuchten Katholiken die Sakramente empfangen hätten und führte als Beweis für die Schlagkraft des Unternehmens zudem die durchweg positiven Rückmeldungen der Pfarrseelsorger über die nachhaltige Wirkung der Missionen an[33]. Mit einer Gesamtbeteiligung von nur 62 % an der Beichte lag die nordoldenburgische Diaspora allerdings ein wenig unter diesem Durchschnitt.

Keller ließ den deutschen Exponenten der Ostpriesterhilfe, den Königsteiner Seminarregens Adolf Kindermann, dennoch zum Jahresende 1951 wissen, daß „wir sehr froh sein [würden], wenn auch im nächsten Jahr wieder eine solche Mission in Nordoldenburg stattfinden könnte."[34] Zuvor hatte schon Offizial Grafenhorst durch seine Teilnahme am Abschluß der ersten Jahresphase der Mission in der evangelischen St.-Ansgarii-Kirche in Kirchhatten sein Plazet zu der Aktion öffentlich untermauert[35].

So zog auch 1952 wiederum einer der inzwischen deutschlandweit 14 Kapellenwagen, nunmehr unter anderem „um einen kleinen Tabernakel, einen richtigen Beichtstuhl"[36] erweitert, durch das Oldenburger Land und machte zwischen Ende April und Mitte Oktober an 34 kleineren und abgelegenen Orten im Bereich der Pfarrei Delmenhorst und der ihr zugehörigen Pfarrektorate Ganderkesee, Hude und Lemwerder Station. Von den 5.389 Katholiken der besuchten Orte nahmen diesmal nur 55,7 % durch Beichte und Eucharistie an der Sakramentenspendung teil. Diese geringere Beteiligung am Sakramentenempfang wurde deshalb im Bericht als Wermutstropfen verzeichnet.

Den Höhepunkt und die offizielle oberhirtliche Anerkennung der „fahrenden Kirche"[37] – wie die Einrichtung im Volksmund genannt wurde – brachte die Anwesenheit von Bischof Keller bei einer Kundgebung vor einem Kapellenwagen in Delmenhorst im Sommer 1952. Vor 2.000 Ostvertriebenen aus allen Gemeinden Nordoldenburgs sprach Keller der Ostpriesterhilfe den Dank der Diasporakatholiken seines Bistums aus[38]. Er würdigte Initiatoren wie Mitarbeiter der Kapellenwagenmission, die ein Beispiel für „die weltweite katholische Liebe"[39] zeigten und mit ihrem Einsatz einem Verblassen der Leuchtkraft des Glaubens und einem zurückgehenden religiösen Interesse entgegenträ-

---

[33] Vgl. Bericht der Ostpriesterhilfe über die Kapellenwagenmission 1951 v. 10.11.1951, in: BAM A 101-241.

[34] Keller an Kindermann v. 21.12.1951, ebd.

[35] Vgl. Kirche und Leben Oldenburg v. 7.11.1951.

[36] Bericht der Ostpriesterhilfe über die Kapellenwagenmission im Offizialatsbezirk Oldenburg 1952, in: BAM A-101-241. Vgl. auch die dort enthaltene Statistik. 1953 waren dagegen 15 Kapellenwagen in 12 westdeutschen Bistümern unterwegs. Vgl. Braunstein, Karl, Die Vertreibung im Lichte des Kirchenrechtes (wie Anm. 15), 93f.

[37] So z. B. in einem Pressebericht über die „Fahrende Kirche" in Wiefelstede. Vgl. Nordwest-Zeitung v. (Datum fehlt) 1952.

[38] Vgl. Bericht im Delmenhorster Kreisblatt v. 26.7.1952.

[39] Predigt Kellers v. 25.7.1952 in Delmenhorst, Manuskript, in: BAM NA A-21, auch abgedruckt bei: Hirschfeld, Michael, Trautmann, Markus (Hrsg.), Gelebter Glaube – Hoffen auf Heimat. Katholische Vertriebene im Bistum Münster, Münster 1999, 35–36.

ten, indem sie dem christlichen Element neue Kraft und Stärke verliehen. Vor dem Hintergrund der hier wiederholt deutlich akzentuierten Sorge des Bischofs um die Weitergabe des Glaubens in einer weitgehend nicht katholisch und häufig auch nicht christlich geprägten Umgebung muß auch sein in der Retrospektive etwas pathetisch anmutender Auftrag an die Kapellenwagenmissionare gesehen werden, den „Sieg der Liebe Christi" zu verkündigen. Alles in allem setzte Keller mit seiner Delmenhorster Ansprache ein deutliches Signal dafür, daß er die Kapellenwagenmission als höchst willkommenes Zeichen der geistlichen Erneuerung schätzte und die internationale Zusammensetzung des Begleitpersonals als Symbol für die weltweite Dimension des Katholizismus als Beitrag zur Herausführung der Diasporakatholiken aus ihrer Isolation betrachtete. Damit hatte der Diözesanbischof auch der Kritik einiger Vertriebenenseelsorger eine Absage erteilt, man möge ausschließlich ostvertriebene Ordenspriester für die Kapellenwagenmission einsetzen.

Obwohl die Ostpriesterhilfe durch diesen Zuspruch gestärkt in den Folgejahren regelmäßig ein Einsatzfahrzeug nach Oldenburg schickte, so daß innerhalb weniger Jahre alle Außenstationen der Vertriebenengemeinden besucht wurden – 1953 beispielsweise die mittlere Wesermarsch sowie der Raum Wildeshausen/Ahlhorn[40] –, nahm sowohl die Zahl der von der Mission erfaßten Gläubigen wie auch deren Prozentsatz an Sakramentenempfängern bis 1959 beständig ab[41]. In diesem Jahr wurde letztmals mit dem St.-Thaddäus-Wagen, der in der nördlichen Wesermarsch und im Dekanat Wilhelmshaven eingesetzt war[42], eine Kapellenwagenmission durchgeführt.

Nachdem Papst Pius XII. diese Seelsorgemethode noch im Oktober 1954 gegenüber dem deutschen Episkopat als Hilfe- und Trostspenderin für die verstreuten Katholiken in entfernten Gegenden ausdrücklich begrüßt hatte[43], waren in einem 1956 versandten Bericht des Erzbischofs von Paderborn, Lorenz Jaeger, über die gegenwärtige Lage der deutschen Diaspora bereits kritische Töne zu hören. Es sei den bisherigen seelsorglichen Bemühungen zu sehr um die Bewahrung der Einzelseele gegangen, statt die Katholiken als Gruppe zu sehen und für sie zukunftsfähige Strukturen zu schaffen, hieß es hier[44]. In dieser Argumentation ist unschwer ein Seitenhieb auf die Zielrichtung der Kapellenwageneinsätze zu erkennen, die Jaeger nicht mehr zeitgemäß erschienen, zumal „die Sorge um die deutsche Diaspora in ein neues Stadium ihrer inneren Entwicklung und äußeren Entfaltung getreten sei", wie der als Protektor des Bonifatiuswerkes der deutschen Katholiken fungierende Oberhirte ergänzte. Als wesentliche Ursache der konstatierten Gestaltveränderung, die neue Seelsorgemethoden notwendig werden ließe, gab Jaeger die

---

[40] Vgl. Kirche und Leben Oldenburg v. 5.7.1953.
[41] Vgl. Statistik Kapellenwagenmissionsergebnisse im Bistum Münster (Oldenburg) 1951–1959, in: BAM A-101-241. Demnach gingen 1958 nur noch 37 % der erfaßten Katholiken zur Beichte.
[42] Vgl. Bericht über die Kapellenwagenmission 1959 im Offizialatsbezirk Oldenburg v. 13.11.1959, ebd.
[43] Vgl. Pius XII. an den deutschen Episkopat v. 11.10.1954, zit. bei: Braunstein, Karl, Die Vertreibung im Lichte des Kirchenrechtes (wie Anm. 15), 94 f.
[44] Vgl. Bericht Erzbischof Jaegers, o. Datum, 1956, in: BAM A-101-241. Hier auch das folg. Zit.

stark beschleunigte Umsiedlung der katholischen Heimatvertriebenen aus der ländlichen Diaspora in die Mittelpunktorte oder aber in die großen westdeutschen Industrie- und Handelszentren an. In dieser Fluktuation lag auch in Nordoldenburg der Hauptfaktor für die sinkenden Erfolge der „Fahrenden Kirche", wie sich zusammenfassend an der parallel hierzu ständig abnehmenden Zahl der Notgottesdienststationen ablesen läßt, die sich von rund 100 (1951) auf 20 (1959) verringerte[45].

### b) Motorisierung der Geistlichen

Ein großes Hindernis bei den Bemühungen um den Aufbau eines katholischen Milieus in der Diaspora bildeten die weiten Entfernungen innerhalb der einzelnen Seelsorgebezirke. Erschwert wurde eine intensive pastorale Betreuung der verstreut lebenden Gläubigen zudem durch die geringe Mobilität der Seelsorger, die viel Zeit und Kraft darauf verwenden mußten, die räumlichen Distanzen in ihren Gemeinden zu überbrücken. Unter erheblichem Einsatz war es dem Offizialat trotz der allgemeinen Mangellage gelungen, den Vertriebenenpriestern für die erste Zeit ein Fahrrad als Fortbewegungsmittel zu beschaffen[46]. In der fehlenden Motorisierung sah der Organisator der Ostpriesterhilfe, Pater Werenfried van Straaten, einen wichtigen Ansatzpunkt, um eine weitere Initiative zur Unterstützung des Vertriebenen- bzw. Diasporakatholizismus in der Bundesrepublik einzuleiten. Die Ostpriesterhilfe begann daraufhin in Belgien und den Niederlanden eine Spendenaktion für die Beschaffung von PKW zu starten, die unter dem Motto „Ein Fahrzeug für Gott" stand. Von dem Erlös konnten 100 Automobile vom Volkswagenwerk in Wolfsburg angekauft werden, welche den Diözesen mit Diasporaanteilen zur Weitergabe an ostvertriebene Priester übereignet wurden, die in extrem weitläufigen Seelsorgebezirken Dienst taten[47]. Vier dieser Fahrzeuge wurden für den Offizialatsbezirk Oldenburg bestimmt und von der Kirchenbehörde in Vechta den schlesischen Vertriebenenseelsorgern in Rastede, Elsfleth, Stollhamm und Jade zugeteilt. Obgleich die Ostpriesterhilfe zahlreiche Menschen in Belgien und den Niederlanden zu Spenden mobilisieren konnte und damit zugleich einen über nationale Grenzen hinweg reichenden Effekt der Solidarisierung ausländischer Katholiken mit den deutschen Vertriebenen erzielte, bedeutete die Aktion auf der lokalen Ebene zunächst nicht mehr als einen innovativen Impuls. Denn während die vier innerhalb des Untersuchungsraumes berücksichtigten Vertriebenenseelsorger im März 1952 an der in Hildesheim von Pater Werenfried vor einer

---

[45] Vgl. hierzu Liste der Notgottesdienststationen, in: OAV A-8-76.
[46] Offizial Pohlschneider war betr. Fahrrädern beim Landeswirtschaftsamt u. der Militärregierung in Oldenburg vorstellig geworden. Vgl. Schreiben v. 5.7.1946 an Landeswirtschaftsamt u. v. 10.8.1946 an Military Government, Det. 821 v. 10.8.1946, in: OAV A-8-68. Schwierig erwies sich die Beschaffung von Ersatzteilen.
[47] Vgl. hierzu den Bericht v. Pfarrer Jaritz, in: Nordwest-Zeitung v. 27.2.1952.

großen Öffentlichkeit vollzogenen Übergabe des Geschenks teilnehmen konnten[48], galt es für eine ganze Reihe ihrer Mitbrüder im Offizialatsbezirk zu warten.

Immerhin ermöglichte eine das Motto dieser Aktion van Straatens aufgreifende Spendeninitiative von Priesteramtskandidaten des Bistums Münster aus dem Collegium Borromaeum bald darauf die Anschaffung eines weiteren Volkswagens, der auf Anregung und im Beisein von Offizial Grafenhorst „an den völlig ahnungslosen und ganz überraschten Flüchtlingspfarrer"[49] in Ganderkesee übergeben werden konnte. Dieser hatte sich inzwischen mit einem aus drei Motorrädern zusammengebastelten Motorrad abgefunden und das Fahrrad seiner Seelsorgehelferin überlassen. Darüber hinaus hatte er eigentlich beabsichtigt, aus Solidarität zur überwiegenden Mehrheit seiner Gemeindemitglieder, die ebenfalls nicht über ein Fahrzeug verfügte, auf einen PKW zu verzichten, da ihm diese Art der Motorisierung „zu sehr nach Kapitalismus aus[sah]"[50].

Erst allmählich kamen als Folge der anhaltenden Spendenbereitschaft aus den benachbarten westlichen Staaten auch die meisten anderen oldenburgischen Diasporageistlichen zum Zuge. Der Pfarrektor von Rodenkirchen zum Beispiel, der in der Wesermarsch einen weitläufigen Bezirk betreute, konnte 1954 einen Volkswagen als Spende einer einzelnen belgischen Katholikin in Empfang nehmen[51].

Die Ostpriesterhilfe erwies sich zudem nicht als einzige Hilfsorganisation, die technische Unterstützung für die Milieuformierung in der Diaspora leistete. Ähnlich strahlten auch die Aktivitäten der 1949 ins Leben gerufenen Diaspora-MIVA[52] auf die Meso- und Mikroebene aus. Im Bereich der Fallstudie verhalf diese aus einer früheren Missionshilfe des „fliegenden Paters" Paul Schulte OMI[53] hervorgegangene Initiative des Bonifatiuswerkes zur Motorisierung des Diasporaklerus bereits seit 1949 einer Reihe weiterer Flüchtlingsseelsorger zunächst zu einem Motorrad, später auch zu einem PKW[54]. Da Schulte Oblatenpater war, ist es verständlich, daß von dieser Seite aus auch den Ob-

---

[48] So der Bericht von Pfarrektor Hugo Jendrzejczyk, Jaderberg, in: Ders., 1936–1976. Aus 40 Priesterjahren (wie Anm. 7), 31. Die beschenkten Geistlichen waren Hugo Jendrzejczyk, Alfons Scholz, Otto Scholz u. Otto Jaritz.

[49] Vgl. den Bericht über die Fahrzeugübergabe in Ganderkesee, in: Kirche und Leben Oldenburg v. 26.12.1952.

[50] Richter, Helmut, Erinnerungen aus meinem priesterlichen Leben in Ganderkesee von 1946 bis zu meiner Pensionierung 1980, Maschinenschrift, Ganderkesee 1980, 129.

[51] Vgl. Chronik des Pfarrektorats Rodenkirchen, in: Pfarrarchiv Brake, 38f.

[52] Die Abkürzung MIVA stand ursprünglich für Missions-Verkehrs-Arbeitsgemeinschaft, im Kontext der Diasporahilfe dann für Motorisierende innerdeutsche Verkehrs-Arbeitsgemeinschaft. Vgl. Fiedler, Norbert, Eine Abkürzung wird zum eigenständigen Begriff. 50 Jahre Diaspora-MIVA, in: Riße, Günter, Kathke, Clemens A. (Hrsg.), Diaspora: Zeugnis von Christen für Christen. 150 Jahre Bonifatiuswerk der deutschen Katholiken, Paderborn 1999, 107–133.

[53] P. Paul Schulte OMI, geboren 1895 in Magdeburg, Priesterweihe 1922, Gründer der MIVA, 1949–1970 Präsident der Diaspora-MIVA, gestorben 1974 in Swakopmund/Südafrika. Vgl. ebd.

[54] So z. B. Pfarrektor Georg Gruhn in Lemwerder 1951. Vgl. 25 Jahre katholische Pfarrgemeinde „Heilig-Geist" Lemwerder (Oldb.), Delmenhorst 1970, 6.

latenpatres im Stadtnorden von Oldenburg Hilfe zukam[55]. In anrührenden Briefen verstand er es, seine Adressaten für das Anliegen dadurch zu sensibilisieren, daß er menschliche Grenzerfahrungen ansprach, wenn es in einem MIVA-Rundbrief vom Januar 1952 bezüglich der Vorteile der Motorisierung für die schnelle Erreichbarkeit Sterbender und damit für eine größere Milieudichte hieß: „Der motorisierte Diasporaseelsorger erreicht schneller die Sterbenden, um die heiligen Sakramente zu spenden. [...] Es gibt heute noch Pfarrer, die fünfzig und hundert Ortschaften zu versehen haben. Die heilige Kommunion ist der größte Trost der Sterbenden. Wie schrecklich würde es für Dich sein, wenn Dein Seelsorger bei Deinem eigenen Tode zu spät käme! Wie dankbar wird jeder Sterbende sein, wenn Du der Diaspora-MIVA treu bleibst und weiter vielen Sterbenden die heilige Wegzehrung bringen hilfst."[56]

### c) Katholische Siedlungsinitiativen für Vertriebene

Der Exodus der katholischen Heimatvertriebenen aus den nordoldenburgischen Bauerschaften führte aber nicht ausschließlich in die Großstädte und Industriegebiete an Rhein und Ruhr. Nachdem der Präsident des Verwaltungsbezirks Oldenburg der im Raum stehenden Frage eines Flüchtlingsaustauschs innerhalb Oldenburgs nach konfessionellen Gesichtspunkten endgültig eine Absage erteilt hatte[57], wies Offizial Pohlschneider mit Schreiben vom 28. April 1947 die Diasporageistlichkeit an, „durch eine örtliche Konzentration der kath[olischen] Flüchtlinge die seelsorglichen und schulischen Schwierigkeiten zu vermeiden"[58]. Diese lapidar klingende Anordnung zur Verstärkung der Dichte des katholischen Milieus gab den Anstoß für die planmäßige Förderung einer Umsiedlung von Gläubigen aus entfernten Dörfern ihres Seelsorgebezirkes in den jeweiligen Pfarrort bzw. in die Nähe der Mittelpunktkirche durch die Pfarrgeistlichkeit. Für den Paderborner Erzbischof – um an dessen oben zitiertes Exposé anzuknüpfen – lag in diesem Vorgehen eine langfristige Chance im Sinne der von ihm akzentuierten Zukunftsstrukturen des Diasporakatholizismus. „Umsichtige Seelsorger machten am Pfarrort zunächst Arbeitsstellen ausfindig, wodurch die Umsiedlung einzelner Familien bedeutend erleichtert wird. Diese zweifellos zweckmäßigste Missionsmethode wird schon in verschiedenen Kuratien der nordoldenburgischen Diaspora erfolgreich durchgeführt. So hat der Pfarrer der seit einigen Jahren bestehenden Kuratie Rastede durch planmäßige Förderung von Siedlungsvorhaben der heillosen Zersplitterung im Gebiet seiner Kirchengemeinde abgeholfen [...]"[59].

Eine wesentliche Aufgabe außerordentlicher karitativer Bemühungen um die Vertriebenen läßt sich somit in der kirchlichen Siedlungsarbeit ausmachen, als deren Vorbild der Paderborner Ordinarius wohl nicht ganz zu Unrecht einen oldenburgischen Vertriebenen-

---

[55] Vgl. Chronik Herz Mariä Oldenburg, in: Pfarrarchiv St. Marien Oldenburg.
[56] Zit. nach ebd., 121f.
[57] Vgl. Rundschreiben des Verwaltungspräsidenten an die Landräte v. 14.4.1947, Expl. in: Pfarrarchiv Bockhorn: Korrespondenzen.
[58] Vgl. Pohlschneider an die Pfarrer und Kapellengeistlichen v. 28.4.1947, Expl. ebd.
[59] Bericht v. Erzbischof Jaeger, o. Datum 1956, in: BAM A 101-241.

geistlichen herausstellte, zumal der Offizialatsbezirk sich bereits seit Ende der 1940er Jahre als ein Zentrum für eine Vielzahl kirchlicher Siedlungsinitiativen entwickelt hatte[60].

In Rastede bildete ein vom Pfarrer mit Bürgschaft des Offizialates aufgenommenes und eigentlich für den Kirchbau bestimmtes Darlehen den Grundstock für das Siedlungswerk der Kirchengemeinde[61], welches durch Veräußerung zuvor angekaufter Baugrundstücke in unmittelbarer Nähe der neuen St.-Marien-Kirche an ostvertriebene Katholiken dazu beitrug, ein räumlich verdichtetes katholisches Umfeld herzustellen. 36.578 qm Bauland wurden auf diese Weise gekauft und 69 Familien der Hausbau ermöglicht. Da in den Siedlungshäusern zugleich Einliegerwohnungen geschaffen wurden, konnte am Ende der Bauvorhaben insgesamt 110 Familien eine neue Heimat geboten werden[62].

Die geistige Grundlage für das kirchliche Engagement in Siedlungsfragen bildete eine Anregung Papst Pius' XII. – „jeder Familie ein wahres Heim zu schaffen, in dem ein körperlich und sittlich gesundes Familienleben seine Werte wirklich entfalten kann" –, wie er in seiner Weihnachtsbotschaft 1942 betont hatte. Angesichts dieser Vorgabe mußte sich allerdings jede kirchliche Initiative auch auf den Bau von Ein- oder Zweifamilienhäusern beschränken und nicht den sozialen Wohnungsbau anstreben, der parallel hierzu vielfach von den Kommunen durchgeführt wurde, um den heimatlosen Familien möglichst rasch und kostengünstig zu einer eigenen Wohnung zu verhelfen. Ein staatlich gelenkter sozialer Wohnungsbau wurde von den Vordenkern katholischer Siedlungspolitik in Deutschland, zu denen maßgeblich der erste „Vertriebenenbischof" Maximilian Kaller gehörte, als „Tendenz zum Kollektivismus"[63] und damit als Vorzeichen einer kapitalistischen oder sozialistischen Gesellschaftsordnung gebrandmarkt. „Wir müssen uns unser Eigenleben bewahren. Wir müssen uns Zellen bauen, die gegen die Kollektivierung ankämpfen. Diese Zellen sind Eigenheim und Siedlung", lautete das von Kaller formulierte Credo der katholischen Siedlungsarbeit. Aus der unmittelbaren Erfahrung der gesellschaftlichen Umbrüche von 1945/46 wurde auf dessen Anregung hin am 7. Februar 1947 der Katholische Siedlungsdienst e. V. (KSD) wiederbegründet[64].

---

[60] Einen zusammenfassenden Überblick zum kirchlichen Siedlungswesen im Gesamtbistum bietet Aschoff, Hans-Georg, „Die Fremden beherbergen". Leistungen der Caritas für Vertriebene und Flüchtlinge im Bistum Münster, in: Hirschfeld, Michael, Trautmann, Markus (Hrsg.), Gelebter Glaube – Hoffen auf Heimat (wie Anm. 39), 153–186, hier 176f.

[61] Vgl. Jaritz, Otto, 25 Jahre Katholische Kirchengemeinde Rastede-Wiefelstede. 25 Jahre als Seelsorger in Rastede-Wiefelstede, Rastede o.J. (1971), 13.

[62] Vgl. ebd., 14f.

[63] Maximilian Kaller, zit. in: Monse, Georg (Hrsg.), Heim und Familie. 10 Jahre katholische Siedlungsarbeit, Köln 1956, 45.

[64] Vgl. Wosnitza, Franz, Katholischer Siedlungsdienst, in: Groner, Franz (Hrsg.), Kirchliches Handbuch für das katholische Deutschland, Bd. XXIII (1944–1951), Köln 1951, 201–202, u. Aschoff, Hans-Georg, Überlebenshilfe: Flüchtlinge, Vertriebene, Suchdienste, Kriegsgefangene und Internierte, in: Gatz, Erwin (Hrsg.), Geschichte des kirchlichen Lebens in den deutschsprachigen Ländern seit dem Ende des 18. Jahrhunderts, Bd. V: Caritas und soziale Dienste, Freiburg u. a. 1996, 255–279, hier 273. Der KSD war in der NS-Zeit verboten worden. Seine Geschäftsstelle be-

Einen weiteren Meilenstein auf dem Weg zur geistigen Verankerung des Siedlungsgedankens unter den Ostvertriebenen bildete der erste deutsche Nachkriegskatholikentag in Mainz 1948, auf dem zu einem „Kreuzzug für Wohnungsbauhilfe"[65] aufgerufen worden war, sowie nicht zuletzt der Bochumer Katholikentag 1949, bei dem der Diözesanpräses der Katholischen Arbeitnehmer-Bewegung (KAB) im Bistum Münster, Wilhelm Wöste, ein gebürtiger Südoldenburger[66], die Entproletarisierung der Vertriebenen durch die Schaffung geeigneter Voraussetzungen für eine individuelle Entfaltung jedes Menschen in Wohn- und Arbeitswelt und den Beitrag des Staates hierzu einforderte. Gemäß seinen markanten Worten sollte der Katholikentag ein Anstoß für den christlichen Wohnungsbau sein[67].

Obgleich die von Wöste fortgeführte Programmatik Maximilian Kallers insbesondere die Erfahrung der Ostvertriebenen mit einem sich in Ostmitteleuropa ausbreitenden Kommunismus aufgriff, stellte sie den katholischen Beitrag zur Verbesserung der Wohn- und Lebensverhältnisse vor Schwierigkeiten. So standen die kirchlichen Siedlungsinitiativen vor dem grundsätzlichen Problem der Finanzierung. Den Ausweg bot die Gründung von Siedlergenossenschaften, deren Mitglieder auf einem von der Genossenschaft erworbenen Stück Land kostengünstig bauen konnten, wenn sie sich vertraglich verpflichteten, nicht nur einen Mindestanteil von Arbeitsstunden für den Bau ihres eigenen Hauses aufzubringen, sondern auch am Bau anderer Siedlungshäuser mitzuwirken[68]. Drei bis fünf, spätestens aber sieben Jahre nach der Fertigstellung sollten die Häuser dann den Siedlern als Eigentum übertragen werden[69]. Gerade in persönlichen Krisensituationen, wie sie zahl-

---

fand sich seit 1950 in Köln und stand unter der Leitung des aus der Diözese Kattowitz vertriebenen Geistlichen Franz Wosnitza.

[65] Löwenstein, Felix zu, Kirche und Wohnraumnot, in: Stimmen der Zeit, Bd. 145 (1949/1950), 388–392, hier 390. Dieser Hinweis findet sich bei Lesch, Karl Josef, Umkehr und Erneuerung. Schwerpunkte der Seelsorge und Verkündigung nach 1945, in: Eckermann, Karl-Willigis, Kuropka, Joachim (Hrsg.), Neubeginn 1945 zwischen Kontinuität und Wandel (Vechtaer Universitätsschriften, Bd. 4), Cloppenburg 1993, 165–185, hier 171, ohne daß dort die Anstöße des nachfolgenden Bochumer Katholikentages reflektiert wären.

[66] Wilhelm Wöste, geboren 1911 in Löningen, Priesterweihe 1936 in Münster, 1950 Diözesanpräses der KAB, 1962 Verbandspräses der KAB, 1969 Leiter d. Kommissariats der deutschen Bischöfe in Bonn, 1977 Weihbischof in Münster, 1986 em., gestorben 1993 in Münster. Vgl. Thissen. Werner (Hrsg.), Das Bistum Münster, Bd. I: Die Bischöfe von Münster, Münster 1993, 368.

[67] Vgl. Wöste, Wilhelm, Arbeitsplatz und Heimstätte als Grundlage des sozialen Lebens, in: Generalsekretariat des Zentralkomitees der Deutschen Katholikentage (Hrsg.), Gerechtigkeit schafft Frieden. Der 73. Deutsche Katholikentag vom 31. August bis 4. September 1949 in Bochum, Paderborn 1949, 145–150, hier 148.

[68] Jede Siedlergruppe verpflichtete sich, ein zusätzliches Haus für eine Kriegerwitwe mit Kindern oder die Familie eines Kriegsbeschädigten zu errichten. Vgl. Linnewerth, Marianne, Das Kardinal Graf von Galen-Siedlungswerk, seine Idee und sein Wirken in den ersten zehn Jahren seines Bestehens (Examensarbeit an der PH Vechta), Vechta 1959, 18. Den Hinweis auf diese unveröffentlichte Arbeit im OAV verdankt der Verf. Offizialatsarchivar Willi Baumann, Vechta.

[69] Vgl. ebd.

reiche Vertriebenenfamilien, bedingt durch die seelischen Folgen des Heimatverlustes, aber auch lange Phasen der Arbeitslosigkeit oder die durch Kriegsfolgen bedingte Arbeitsunfähigkeit des Familienvaters, erlebten, konnte das Leben in einem Siedlungshaus, umgeben von einem der weitgehenden Selbstversorgung dienenden großen Garten, zur Festigung des sozialen Status beitragen, wie der als „Siedlervater" bezeichnete Vordenker des deutschen katholischen Siedlungswesens, Nikolaus Ehlen, in diesem Kontext hervorhob[70].

Bevor es zu lokalen Initiativen wie der aus Rastede geschilderten kam, waren die Diözesen gefragt, bistumsweite Siedlungswerke unter dem Dach des KSD zu begründen[71]. Als im November 1947 das Bischöfliche Generalvikariat Hildesheim seine Schwesterbehörden in Osnabrück und Vechta über die erfolgte Bildung eines Zentralausschusses für katholische Siedlungsfragen für das Land Niedersachsen informierte[72], der in diesem Anliegen Kontakt mit den Landesbehörden halten sollte, forderte der Osnabrücker Bischof Wilhelm Berning die Bildung von Diözesanausschüssen, die für die praktische Durchführung verantwortlich zeichneten[73]. Es sei „dringend notwendig, daß die Kirche mehr als bisher sich aktiv für die Siedlung einsetzt und beratend und fördernd dabei auftritt". Damit hatte Berning zwar die notwendigen Schritte einer diözesanen Steuerung der Siedlungsfrage postuliert und auch dem Bischöflichen Offizialat zur Kenntnis gegeben, letzteres jedoch verhielt sich abwartend. Als sich der in Hannover ansässige Zentralausschuß für katholische Siedlungen in Niedersachsen zum Jahresbeginn 1948 unter dem Namen „Ansgar-Werk – Niedersächsischer Arbeitskreis für Siedlungen in Stadt und Land" mit dem Anspruch formierte, eine Dachorganisation für alle auf untergeordneter Ebene in den niedersächsischen Bistümern entstehenden Siedlergenossenschaften zu bilden[74], reagierte das Offizialat erneut mit Zurückhaltung. Gemäß einem Tätigkeitsbericht des Ansgar-Werkes vom Juli 1949 war das Verhältnis des Offizialats zum Ansgar-Werk noch nicht restlos geklärt[75]. Die internen Bemühungen von Offizial Pohlschneider, einen vor 1933 in der Siedlungsarbeit hauptamtlich tätigen Vechtaer Bürger für den Aufbau einer eigenen Sektion zu gewinnen[76], blieben zudem in

---

[70] Vgl. Ehlen, Nikolaus, Das familiengerechte Heim, 3. Aufl. Recklinghausen 1954, 36.

[71] Vgl. Püschel, Erich, Die Hilfe der Caritas, in: Lemberg, Eugen, Edding, Friedrich (Hrsg.), Die Vertriebenen in Westdeutschland. Ihre Eingliederung und ihr Einfluß auf Gesellschaft, Wirtschaft, Politik und Geistesleben, Bd. I, 265–273, hier 270.

[72] Vgl. Bischöfl. Generalvikariat Hildesheim an Generalvikariat Osnabrück u. Offizialat Vechta v. 14.11.1947, in: OAV A-9-46.

[73] Vgl. Berning an Generalvikariat Hildesheim u. Offizialat Vechta v. 2.12.1947, ebd. Hier auch das folg. Zit.

[74] Vgl. Bericht über das Ansgar-Werk Hannover und seine bisherige Tätigkeit v. 10.7.1948, in: OAV A-9-46.

[75] Vgl. Tätigkeitsbericht des Ansgar-Werkes v. 22.7.1949, in: OAV A-9-46. Vgl. dort auch die endgültige Satzung der Organisation.

[76] Hierbei handelte es sich um Anton Themann, der aber wegen Arbeitsüberlastung abwinkte. Themann, geboren 1886 in Düpe/Steinfeld, Geschäftsführer des Verbandes landwirtschaftlicher Kleinbetriebe, dann der Bäuerlichen Krankenkasse, 1925–1933 MdL (Zentrum), 1947–1951 MdL

den Anfängen stecken. Gegenüber dem Ansgar-Werk gab das Offizialat keine Begründung für seine Zurückhaltung. Erst auf eine erneute Anfrage des Hildesheimer Generalvikars Prälat Dr. Wilhelm Offenstein hin erklärte Offizial Grafenhorst am 1. März 1950, daß es „wegen der Verhandlungen mit Münster uns nicht möglich [war], eine zusagende oder ablehnende Antwort [...] zu geben. Die Diözese Münster baut ein eigenes Siedlungswerk auf. Es ist jedoch jetzt noch nicht zu überschauen, wie weit wir in Oldenburg uns daran beteiligen können."[77] Das Dilemma lag also in der Sachlage, daß die Vechtaer kirchliche Behörde einerseits um die Vorteile einer Dachorganisationsstruktur auf Landesebene wußte, die etwa der Siedlungsbaugenossenschaft St. Peter in Oldenburg manche Vorteile verschaffte und das Ansgar-Werk auch finanziell unterstützte, um von dieser Seite profitieren zu können, andererseits aber ein einheitliches Handeln der Diözese nicht gefährden wollte. Aus dieser unklaren Situation heraus bot sich vorab nur der Ausweg, auf Kreis- und Ortsebene aktiv zu werden und damit eine Aufsplitterung der Siedlungsarbeit in Kauf zu nehmen. Hierzu wurde im August 1948 im Kreis Vechta der erste Schritt getan. Allerdings mußte sich das mit Unterstützung von Offizial Pohlschneider ins Leben gerufene Kardinal Graf von Galen-Siedlungswerk gegenüber dem Siedlungsamt der Diözese Münster verpflichten, seine Aktivitäten nur auf den Kreis Vechta zu begrenzen, wo die Diözesanorganisation im Gegenzug nicht tätig werden wollte[78].

Kardinal Graf von Galen-Siedlungswerk im Kreis Vechta

Die geistigen Wurzeln dieses ersten kirchlichen Siedlungswerkes zur Linderung der Wohnungsnot der Ostvertriebenen im Oldenburger Land lagen allerdings bei Vertretern des öffentlichen und politischen Lebens im Landkreis Vechta, die „aus dem Geiste der CDU"[79] die Wohnungsnot lindern wollten, 1946 ein „Werk Christlicher Nächstenliebe" ins Leben riefen und die Selbsthilfe beim Hausbau propagierten. Die enge Verbindung dieser Kräfte um den ersten Nachkriegs-Landrat des Kreises Vechta, Dr. J. Hermann Siemer[80], mit dem Katholizismus führte zu der Überlegung, die Initiative nach dem kurze

---

(CDU), gestorben 1965 in Bensberg. Vgl. Simon, Barbara (Bearb.), Abgeordnete in Niedersachsen. Biographisches Handbuch, Hannover 1996, 380. Kuropka, Joachim, „Um den Karren wieder aus dem Dreck zu holen ..." 50 Jahre Christlich Demokratische Union im Landkreis Vechta, Vechta 1995, 103, Anm. 65. Vgl. Pohlschneider an Themann v. 21.11. u. Themann an Pohlschneider v. 24.11.1947, in: OAV A-9-46.

[77] Grafenhorst an Offenstein v. 1.3.1950, ebd. Hier auch die folg. Angaben.

[78] Vgl. Siedlungsamt der Diözese Münster an Rechtsanwalt Kröger, Vechta, v. 25.8.1948, in: OAV A-9-86.

[79] Voet, Wilhelm, Ein soziales Hilfswerk aus dem Geiste der CDU, in: Schomaker, Alwin (Bearb.) u. Christlich-Demokratische Union Kreisverband Vechta (Hrsg.), Unser Weg zur Christlichen Volkspartei, Vechta 1970, 86–87.

[80] J. Hermann Siemer, geboren 1902 in Bergfeine bei Damme, Jura- u. BWL-Studium in Berlin, 1938 Kaufmann in Spreda/Langförden, 1945–1946 Landrat, 1947–1951 MdL, 1953–1972 MdB. Vgl. Kuropka, Joachim, „Um den Karren wieder aus dem Dreck zu holen ..." (wie Anm. 76), 80ff. u. 200, Anm. 36.

Zeit zuvor verstorbenen Bischof Clemens August Graf von Galen zu benennen[81]. Auch Offizial Pohlschneider signalisierte zunächst seine grundsätzliche Hilfsbereitschaft, fügte aber nach Vorlage der Satzungsentwürfe hinzu, „daß die Unterstützung der Kirche auf die Dauer nur dann sichergestellt sei, wenn eine politische Färbung beim Siedlungswerk vermieden würde"[82]. Erst durch dieses Veto des Offizials zogen sich die primär im politischen Bereich tätigen Initiatoren in die zweite Reihe der Initiative zurück und machten einem rein kirchlichen Verein Platz[83]. In der am 28. August 1948 verabschiedeten vorläufigen Satzung des „Kardinal Graf von Galen-Siedlungswerk e.V." hieß es dann auch explizit, der Verein verfolge „keine parteipolitischen Ziele", sondern wolle statt dessen „ein Werk praktischen Christentums werden"[84]. Als Exponent bewußt katholisch-karitativer Siedlungsarbeit war der Gutsbesitzer Max Graf von Merveldt[85], Füchtel, gewonnen worden, der als Garant dafür galt, „ein derartiges Hilfswerk nicht auf kommunaler Grundlage, sondern auf der Basis der Selbsthilfe ins Leben zu rufen"[86], und bald darauf den Vorsitz übernahm. Im Gegensatz zu der Siedlungsinitiative im nordoldenburgischen Rastede mußte es innerhalb der katholischen Lebenswelt Südoldenburgs allerdings nicht darum gehen, die Siedler möglichst im Umfeld einer Kirche anzusiedeln, um die katholische Identität zu bewahren.

Die praktische Durchführung des wie gesagt auf den Landkreis Vechta begrenzten Siedlungswerkes wurde Ortsvereinen übertragen, die sich in sehr rascher Folge noch bis zum Jahresende 1948 auf kommunaler Ebene in Vechta, Dinklage, Damme, Lohne,

---

[81] Vgl. Voet, Wilhelm, Ein soziales Hilfswerk (wie Anm. 79), 86. Voet gehörte zum Kreis der Gründer und suchte bei Christoph Bernhard von Galen, dem Neffen des Kardinals, um die Erlaubnis zur geplanten Namensgebung nach, die vorbehaltlos erteilt wurde.

[82] Ebd., 87.

[83] Vgl. zum Gründungsprocedere auch ein fünfseitiges Exposé v. 8.8.1948, in: OAV A-9-86.

[84] Vorläufige Satzung des Kardinal Graf von Galen-Siedlungswerkes v. 28.8.1948, ebd. Das Gründungsprotokoll unterzeichneten Gutsbesitzer Max Graf von Merveldt, Füchtel, Offizial Dr. Johannes Pohlschneider, Landes-Caritasdirektor Hans Watermann, der ev.-luth. Pastor Friedrich Grebe, Landwirt Georg Kühling, Rechtsanwalt Siegfried Kröger, Dr. J. Hermann Siemer, Dr. Otto Krapp, Werner Feldmann, Clemens Dammann, Ludwig Südbeck, Franz Overmeyer u. Johannes Debring.

[85] Max Graf von Merveldt, geboren 1902 in Münster, gestorben 1978 in Vechta. Vgl. Schlömer, Hans, Max Graf von Merveldt, in: Jahrbuch für das Oldenburger Münsterland 1979, 309–311.

[86] Linnewerth, Marianne, Das Kardinal Graf von Galen-Siedlungswerk (wie Anm. 68), 3. Hier ist die Gründung des Werkes fälschlich als rein kirchliche Initiative dargestellt, als die sie in Gründungsprotokoll und Satzung sowie in der Presse und damit in den für Linnewerth zugänglichen Quellen auch geschildert wurde. Laut Linnewerth lag der Anfang des Werkes bei dem Vechtaer Rechtsanwalt Siegfried Kröger und bei Johannes Debring, die 20 Persönlichkeiten des öffentlichen Lebens im Kreis Vechta im August 1948 für die Gründung gewannen. Die endgültige Satzung wurde am 8.3.1949 auf einer Mitgliederversammlung beschlossen.

Steinfeld und Visbek bildeten[87]. In Vechta, wo die Bewerber zunächst 200, später nur noch 150 freiwillige Arbeitsstunden ableisten mußten, wurden innerhalb von zehn Jahren 70 Erwerbshäuser mit 105 Wohnungseinheiten und 21 Betreuungsbauten geschaffen[88]. Ähnliche Erfolge hatten auch die übrigen Ortsvereine zu verzeichnen, zu denen noch Gruppen in Holdorf und Neuenkirchen/O. hinzutraten[89].

Neben den politischen Gemeinden und den Kirchengemeinden, die Grundstücke in Pacht oder Erbbauverträgen ausgaben[90], erklärten sich zahlreiche Bauern nicht allein zu Geldspenden für die Siedler bereit, sondern stifteten zudem großzügig Landbesitz für die Genossenschaften. In Rechterfeld wurde von allen Bauern Land zur Verfügung gestellt[91]. Dieses Beispiel zeigt, daß gerade in kleinen Orten kein Grundbesitzer vor dem anderen zurückstehen wollte und sich die Existenz eines wirkmächtigen und geschlossenen einheimischen Katholizismus durchaus auch positiv auf die Beheimatung der Vertriebenen auswirken konnte.

Darüber hinaus war es im Sinne eines katholisch-universalen Milieuverständnisses bereits in der Anfangsphase gelungen, alle Bevölkerungsgruppen, nämlich Einheimische und Vertriebene, in die Vorstandsarbeit einzubinden. Der eifrig als Werber des Siedlungswerkes auftretende Oldenburger Max Graf von Merveldt wurde sogar mit dem Beinamen des südoldenburgischen „Siedlungsvaters" bedacht[92]. Bei der Anlage einer größeren Siedlung, wie sie der Ortsverein Damme unter dem Namen Clemens-August-Dorf errichtete, vermied man durch Mitberücksichtigung einheimischer Siedlungsinteressenten bewußt eine Ghettoisierung der Vertriebenen[93].

Trotz der katholischen Trägerschaft des Siedlungswerkes und des Engagements namhafter einheimischer Katholiken für dessen Ziele, handelte es sich hier nicht um eine

---

[87] Vgl. ebd., 11f. Die Gründungen der Ortsvereine erfolgten zwischen August und Dezember 1948. Einen ersten zusammenfassenden Überblick zur Arbeit des Werkes gibt auch ein Bericht v. J. Haskamp, in: Kirche und Leben Oldenburg v. 17.2.1952. Zum Siedlungswerk in Lohne vgl. Stechbart, Karl, Becker, Clemens, Folgen des verlorenen Krieges und der Vertreibung für Lohne, in: Lohne (Oldenburg). Berichte aus der Zeit seiner Entwicklung, Vechta 1980, 448–455, hier 453–455.

[88] So der Stand am 31.12.1958. Vgl. Linnewerth, Marianne, Das Kardinal Graf von Galen-Siedlungswerk (wie Anm. 68), 30.

[89] In Goldenstedt und Holdorf wurde das Siedlungswerk 1953 begründet, in Neuenkirchen/O. scheiterten entsprechende Bemühungen um 1950, doch wurden hier Siedlungsbauten unter der Obhut der Vechtaer Zentrale errichtet. Vgl. ebd., 54–55, 57ff.

[90] Vgl. Richtlinien des Offizialats betr. Freigabe kirchlichen Grundbesitzes für Wohnbauzwecke v. 4.4.1949, in: OAV A-9-46. Hier wird herausgestellt, daß die Kirche nicht „Trägerin der Baulandbeschaffung" sei, aber durch Pachtverträge wie auch durch Erbbaurecht Grundstücke aus ihrem Besitz für die Ansiedlung von Vertriebenen bereitstellen könne. Verfügungsberechtigt seien hier die Inhaber der kirchlichen Benefizien (Pfarrer, Vikare, Küster, etc.) und der kirchlichen Anstalten.

[91] Vgl. Linnewerth, Marianne, Das Kardinal Graf von Galen-Siedlungswerk (wie Anm. 68), 52.

[92] Ebd., 66.

[93] Vgl. ebd., 38. Von 92 Familien, die sich in der Kommune Damme an der Siedlungsinitiative beteiligten, waren 50 Vertriebenenfamilien.

milieuimmanent ausgerichtete Initiative. Symbolisch wird dies daran deutlich, daß neben der katholischen Ortsgeistlichkeit auch grundsätzlich die jeweiligen evangelischen Flüchtlingspfarrer den Ortsvereinen in verantwortlicher Position angehörten. Mit Billigung des Offizialats trug das Kardinal Graf von Galen-Siedlungswerk zudem der Tatsache Rechnung, daß rund 60 % der Vertriebenen im Kreis Vechta Protestanten waren und entsprechende Berücksichtigung bei der Vergabe der Bauplätze fanden[94]. Anstelle der konfessionellen Identität stand die Vermeidung sozialen Sprengstoffs innerhalb der Bevölkerung im Zentrum des Interesses. Dies wurde auch auf einer Großkundgebung des Siedlungswerkes im September 1948 in Vechta deutlich, auf der ein als „Heimatpastor des Oldenburger Münsterlandes" bei der Bevölkerung besonders angesehener Priester[95] unter anderem ausführte: „Der Mensch kann schwerste Belastungen zwar eine gewisse Zeit ertragen, wenn aber keine Hoffnung auf Besserung besteht, dann zerbricht auch der beste. Aus dem unerfüllten Hoffen werden die Umstürzler geboren. Wir sind jetzt auf der Grenze angekommen und haben die Möglichkeit, vorzubeugen."[96]

Eine Häuser- und Straßensammlung, wie sie im Januar 1953 auf Maßgabe der kommunalen Behörden hin unter Aufnahme des kirchlichen Mottos „Häuserbau ist Dombau"[97] im Landkreis durchgeführt wurde, manifestiert, in welchem Maße der Neubeheimatungsgedanke in eine breite Öffentlichkeit auch über den rein kirchlichen Rahmen hineingetragen wurde.

Daß die Siedlungsarbeit dabei zugleich weiterhin auf Unterstützung der offiziellen kirchlichen Stellen setzen konnte, zeigen die für die ganze Diözese Münster regelmäßig angeordneten Kollekten zur Förderung der Siedlungsbautätigkeit. Das Offizialat verstand sich in diesem Rahmen als Mittler zwischen den Spenden aus der Bevölkerung und den Anliegen der Siedler, denn die Erträge sollten für die Beschaffung von Materialien zum Hausbau verwandt werden, wie Offizial Grafenhorst in einem Aufruf zur Siedlungsbau-Kollekte des Jahres 1951 vermerkte[98].

Daß gleichwohl die Anregungen zur Errichtung einer Vertriebenensiedlung nicht grundsätzlich auf das Interesse der Kirchenleitung trafen, zeigen die 1948 begonnenen

---

[94] So der Stand nach der Volkszählung 1950. Vgl. Trautmann, Markus (Bearb.), Die Vertriebenen im Spiegel statistischer Erhebungen, in: Hirschfeld, Michael, Trautmann, Markus (Hrsg.), Gelebter Glaube – Hoffen auf Heimat (wie Anm. 39), 433–454, hier 442. Demnach waren 60,2 % der Vertriebenen im Kreis Vechta nicht katholischer Konfession.

[95] Franz Morthorst, geboren 1894 in Goldenstedt, Priesterweihe 1920 in Münster, 1956 Päpstlicher Geheimkämmerer, gestorben 1970 in Cloppenburg. Vgl. Heitmann, Clemens, Priesterbuch des Offizialatsbezirks Oldenburg, Bd. 2, Friesoythe 1985, 38, u. Hellbernd, Franz, Artikel: Morthorst, Franz, in: Friedl, Hans u. a. (Hrsg.), Biographisches Handbuch zur Geschichte des Landes Oldenburg, Oldenburg 1992, 479.

[96] Morthorst am 19.9.1948 in Vechta, zit. bei Linnewerth, Marianne, Das Kardinal Graf von Galen-Siedlungswerk (wie Anm. 68), 16f.

[97] Vgl. ebd., 30 u. 46. In der Stadt Vechta brachte diese Sammlung einen Erlös von DM 2.630,–.

[98] Vgl. Aufruf Grafenhorsts zur Siedlungsbau-Kollekte am 9.9.1951 (= Beilage zum Rundschreiben des Offizialats v. 23.8.1951), in: Pfarrarchiv St. Marien Delmenhorst: Rundschreiben des Bischöflichen Offizialats 1945 ff..

Bemühungen des Flüchtlingsamtsleiters der Gemeinde Molbergen, bei Offizial Pohlschneider eine Ausdehnung des Siedlungswerkes auf den Kreis Cloppenburg zu erreichen[99]. Ersterer argumentierte mit den dort im Vergleich zum Kreis Vechta wesentlich schlechteren Wohnverhältnissen der Flüchtlinge und der Tatsache, daß „hier bisher so gut wie nichts für eine Besserung getan worden" sei, erzielte aber keinerlei Resonanz. Vier Jahre darauf unternahm der Flüchtlingsamtsleiter – nunmehr bei Offizial Grafenhorst – einen erneuten Vorstoß bezüglich der Bereitstellung von Kirchengrund für eine Flüchtlingssiedlung speziell in Molbergen[100]. Der Adressat erwähnte in seiner Antwort zwar, daß es Überlegungen gäbe, das Kardinal von Galen-Siedlungswerk auch auf den Landkreis Cloppenburg auszudehnen, verwies den Bittsteller jedoch gleichzeitig recht förmlich an den Ortspfarrer, denn „Anträge auf Erwerb von Kirchenland für den sozialen Wohnungsbau müssen an den jeweiligen Inhaber der Pfründe gerichtet werden. Es ist anzugeben, ob das ausersehene Grundstück durch einen Tausch-, Pacht- oder Erbvertrag erworben werden soll. Ein Verkauf kirchlicher Benefizien ist rechtlich nicht möglich."[101] Als der selber der katholischen Konfession angehörende Flüchtlingsamtsleiter daraufhin den aus Vechta vorgegebenen Weg einschlug, mußte er vom Ortspfarrer hören, daß für die Landabgabe zu Siedlungszwecken die bischöfliche Genehmigung erforderlich sei[102]. Die vermeintlichen Kompetenzschwierigkeiten deuten hier bereits darauf hin, daß Offizialat wie auch Pfarrgemeinde kein Interesse hegten, sich in Molbergen in der Siedlungsfrage zu engagieren.

Eine diplomatisch gehaltene, aber bei genauem Hinsehen entsprechend eindeutige Ablehnung erhielt der Initiator letztlich auf ein Schreiben an Bischof Michael Keller. Der Bischof selbst schien die Sache nicht so wichtig zu nehmen, was bereits daran erkennbar ist, daß er seinen Kaplan mit der Beantwortung beauftragte. Dieser hob zwar hervor, daß die katholische Kirche bemüht sei, insbesondere den Heimatvertriebenen helfend zur Seite zu stehen, daß aber angesichts der Vielzahl zu lösender Probleme für die Diözese nicht jeder Vorschlag realisierbar erscheine[103].

Die 1948 mit dem Siedlungsamt der Diözese Münster getroffene Absprache einer Beschränkung der Bautätigkeit des Kardinal von Galen-Siedlungswerkes auf das Territorium des Kreises Vechta hatte zu diesem Zeitpunkt bereits ihre Wirkungskraft verloren. Wenngleich eine offizielle Entscheidung des Bischofs oder Generalvikars in dieser Hinsicht noch immer nicht getroffen worden war, konnte sie nicht mehr als Argument verwendet werden, seit der für die diözesane Siedlungsbewegung zuständige Domkapitular und frühere Oldenburger Offizial Franz Vorwerk zu Jahresbeginn 1949 signalisiert hatte, daß die münsterischen Initiativen das Offizialatsgebiet ganz aussparen lassen

---

[99] Vgl. Flüchtlingsamtsleiter Otto Barein, Molbergen, an Pohlschneider v. 6.9.1948, in: OAV A-9-86. Hier auch das folg. Zit. Ein Antwortschreiben des Offizials liegt zumindest dieser Akte nicht bei.
[100] Vgl. Barein an Grafenhorst v. 5.2.1952, in: OAV A-9-74.
[101] Grafenhorst an Barein v. 8.2.1952, ebd.
[102] So Barein an Bischof Keller v. 10.4.1953, in: OAV A-9-74.
[103] Vgl. Wesemann an Barein v. 23.5.1953, ebd.

würden, um hier der Förderung des Siedlungsgedankens durch eigenständige kirchliche Vereine auf Kreis- oder Kommunalebene den Vorrang zu geben[104].

Inzwischen war gemäß der Ankündigung Grafenhorsts im März 1952 die Satzung des Kardinal Graf von Galen-Siedlungswerkes geändert und dessen Geschäftsbereich auf den gesamten Verwaltungsbezirk Oldenburg ausgedehnt worden[105], da der Pfarrer von St. Willehad in Wilhelmshaven das katholische Siedlungswerk auch in seiner Diasporastadt etablieren wollte. Zwar hatte der Vorstand des Kreisvereins Vechta unter Verweis auf die Entfernung Wilhelmshavens zu dieser Expansion nur unter großen Bedenken seine Zustimmung gegeben, jedoch zeichneten lokale Auseinandersetzungen zwischen Ortsverein und Siedlern in der Jadestadt dafür verantwortlich, daß dieses Projekt nach wenigen Jahren eingestellt wurde[106]. Im wesentlich näher gelegenen Molbergen aber – wie auch im gesamten Landkreis Cloppenburg – konnte die katholische Siedlungsbewegung interessanterweise nicht Fuß fassen.

Die sozial-karitative Hilfe für die Vertriebenen in Südoldenburg erhielt zweifelsohne eine der wichtigsten Säulen in der Siedlungsidee, die auch andere Kreise und Kommunen als exemplarisch betrachteten und die nicht zuletzt in den 1950er Jahren ihre bundesweite Anerkennung durch Besuche der Bundesminister Franz-Josef Wuermeling und Paul Lücke fand[107]. Das Wirken des Kardinal Graf von Galen-Siedlungswerkes läßt das aus den bisher hier herangezogenen Quellen resultierende Bild eines südoldenburgischen Katholizismus, dessen karitativer Impetus sich auf Hilfsleistungen für die Patengemeinden im Norden des Offizialatsbezirkes beschränkte, zumindest für den Bereich des Landkreises Vechta ein Stück weit revidieren. Die Mitbeteiligung protestantischer Vertriebener wurde von einem evangelischen Pastor so kommentiert: „Auf der Brücke der Diakonie und der Caritas sind sich in Südoldenburg katholische und evangelische Christen begegnet und haben miteinander an dem Werk der Nächstenliebe gearbeitet."[108] Was hier von protestantischer Seite als Signal christlicher Gemeinschaft hervorgehoben wurde, hatte im Vorfeld der Gründung des Siedlungswerkes aus katholischer Warte noch Kritik geerntet. Damals hatte Landes-Caritasdirektor Hans Watermann gegenüber dem Offizial die katholische Grundlage des Unternehmens „eindeutig als zweckbestimmt erkennbar" bezeichnet, „um die Mithilfe der Kirche durch die Hergabe von Kirchenland und durch ihren Einfluß im Spendenwesen zu sichern"[109]. Wenn auch Watermann letztlich seine Zustimmung für die Siedlungsinitiative über den von ihm vermißten konfessionellen Gedanken stellte, darf wohl seine Eingabe mit dafür ausschlaggebend gewesen sein, daß

---

[104] Vgl. Vorwerk an Max Graf von Merveldt v. 7.1.1949, in: OAV A-9-86.
[105] Vgl. Linnewerth, Marianne, Das Kardinal Graf von Galen-Siedlungswerk (wie Anm. 68), 13.
[106] Vgl. ebd., 55–56. Insgesamt wurden in Wilhelmshaven 16 Häuser unter der Obhut des Kardinal Graf von Galen-Siedlungswerkes erbaut.
[107] Vgl. ebd., 64f. Anfragen erhielt das Siedlungswerk aus Uelzen, Meppen, Buxtehude und Ulm. Das Kardinal Graf von Galen-Siedlungswerk bestand offiziell bis zum Jahresende 1973.
[108] Pastor Friedrich Grebe, Bakum, auf einer Großkundgebung des Siedlungswerkes im Oktober 1950 in Vechta. Zit. aus dem Bericht der Oldenburgischen Volkszeitung v. 13.10.1950, ebd., 63.
[109] Watermann an Pohlschneider v. 12.8.1948, in: OAV A-9-86. Hier auch das folg. Zit.

Offizial Pohlschneider sich um eine Gewinnung einflußreicher lokaler katholischer Persönlichkeiten für das Siedlungswerk bemühte und dies auch den Gemeindepfarrern in den Dekanaten Vechta und Damme empfahl. Damit liegt die Vermutung nahe, daß sich die zahlreich in den Ortsvereins-Vorständen nachweisbaren einheimischen Katholiken nicht nur aus sozialem Interesse heraus, sondern auch aufgrund des von Watermann konstatierten „vorherrschenden Einflusses evangelischer Flüchtlinge" im Kreis Vechta im Kardinal Graf von Galen-Werk engagierten. Aus welcher Intention heraus sich Südoldenburger Katholiken auch immer für den Siedlungsbau der Heimatvertriebenen einsetzten, trug dieses exemplarisch von Max Graf von Merveldt vorgelebte Engagement letztlich dazu bei, das universale Verständnis des katholischen Milieus zu verfestigen.

St.-Peter-Siedlung in der Stadt Oldenburg

In Nordoldenburg hatte derweil das St.-Peter-Siedlungswerk in der Stadt Oldenburg eine ähnliche Dimension wie das Kardinal Graf von Galen-Siedlungswerk erreicht. Zeitlich parallel zum Gründungsvorgang in Vechta diskutierte in der Oldenburger Stadtgemeinde St. Peter, die einen Vertriebenenanteil von 80,4 % aufwies[110], ein Gesprächskreis karitativ engagierter Männer aus dem katholischen Verbandswesen, den Pfarrer Heinrich Grafenhorst einberufen hatte, die Siedlungsproblematik. Noch vor seiner Ernennung zum Bischöflichen Offizial in Vechta stellte Grafenhorst unter Verweis auf die Maßgaben Papst Pius' XII. und der deutschen Bischöfe den Gläubigen die Gründung einer Siedlergemeinschaft „als Hauptanliegen Nummer 1 der Pfarrgemeinde vor Augen"[111]. Mit Hilfe des Verwaltungspräsidiums gelang es hier 1949, zunächst ein 15,75 Hektar großes Grundstück auf dem ehemaligen Truppenübungsplatz in Bümmerstede in Erbpacht zu erwerben[112]. Da ein allein von der Kirchengemeinde getragenes Siedlungsprojekt als finanziell riskant erschien, wurde im Mai 1949 die „Wohnungsbaugenossenschaft St. Peter GmbH" als gemeinnütziger Verein gegründet[113]. Letztere nahm Hypotheken auf und verschaffte sich Zugang zu Landesmitteln, die zur Anfangsfinanzierung des Projektes benötigt wurden. Als der erste Bauabschnitt der St.-Peter-Siedlung, wie das katholische

---

[110] Vgl. Personal-Schematismus des Bistums Münster 1947, 99.

[111] Bericht über den Bau der Notkirche in der katholischen Siedlung St. Peter, Oldenburg-Bümmerstede, 2, in: Pfarrarchiv St. Josef Oldenburg-Bümmerstede. Vgl. ebenso Rundbrief der Pfarrei St. Peter Oldenburg betr. Wohnungsbaugenossenschaft v. Juni 1949, in: OAV A-9-46.

[112] Vgl. Pfarrchronik St. Peter Oldenburg, in: Pfarrarchiv St. Peter Oldenburg, 50. Einen Überblick zur Geschichte der Siedlung bietet auch die Festschrift: 40 Jahre St.-Peter-Siedlung Oldenburg-Bümmerstede, o. O. o. J. (1989).

[113] Vgl. ebd u. den Beitrag von Edmund Welzel, in: Festschrift 25 Jahre St. Josef Oldenburg-Bümmerstede, Oldenburg 1976, 3–10. Die Vereinsgründung war am 10.5.1949. Bei Seggern, Andreas von, „Großstadt wider Willen" (wie Anm. 5), 297, wird der 9.5.1949 als Gründungstag angegeben. Vorsitzender des Aufsichtsrates wurde der jeweilige Pfarrer von St. Peter. Als Vorstandsmitglieder wurden 1949 berufen: Regierungsrat Dr. Hubert Henze, Städt. Baurat Clemens Freytag und Caritas-Sekretär Edmund Welzel. Die Grundsteinlegung erfolgte am 23.10.1949. Vgl. zum ersten Bauabschnitt die Berichte in Kirche und Leben Oldenburg v. 18.9.1949 u. 6.11.1949.

Bauprojekt genannt wurde, im Oktober 1950 fertiggestellt war, hatten die ersten Siedler nicht nur einen sogenannten Genossenschaftsanteil von DM 300,– erwerben, sondern zugleich 1.800 Arbeitsstunden in den eigenen Hausbau investieren müssen. Im Frühjahr 1952 hatten dann in Bümmerstede in 34 Häusern mit 68 Wohnungen 64 Familien eine neue Heimat gefunden.

Die öffentliche Zeremonie der feierlichen Haus- und Wohnungseinweihung in den einzelnen Siedlungsabschnitten durch den Ortsgeistlichen entsprach schließlich dem heimatlichen Brauch in Schlesien und vermittelte somit ein Stück Heimatatmosphäre[114].

Ähnlich wie in der schon erwähnten Wilhelmshavener Siedlung des Kardinal Graf von Galen-Siedlungswerkes waren auch hier ausschließlich katholische Heimatvertriebene berücksichtigt worden und hatten mit der Einweihung einer Baracke als Kirche den von der Kirchenleitung angestrebten geistlichen Mittelpunkt erhalten. Die vom Offizialat beschworene Trias von Kirche, Schule und Elternhaus fand darüber hinaus in der St.-Peter-Siedlung eine geeignete Form der Realisierung, weil eine katholische Volksschule ebenfalls in der Kirchenbaracke eröffnet werden konnte[115]. Innerhalb der oldenburgischen Diaspora fand die katholische Selbsthilfegemeinschaft Nachahmung in Hude, wo sich eine Siedlerinitiative aus der Vertriebenengemeinde der Genossenschaft anschloß. Nach zahlreichen Verhandlungen hatte dort 1950 ein Gelände für 20 Einfamilienhäuser in Erbpacht genommen werden können, für das aber erst über ein Jahr später die endgültige Finanzierung und 1952 der Bezug der ersten Häuser erfolgen konnte[116].

Des weiteren wurde der 1953 vom „Speckpater" Werenfried van Straaten begründete „Internationale Bauorden" (Bouw-Orde) auf das Projekt aufmerksam[117]. Damit ist eine Sonderaktion der Ostpriesterhilfe gemeint, die junge Menschen, zumeist Studenten, aus verschiedenen westeuropäischen Ländern gemeinsam mit einem für das religiöse Gemeinschaftsleben verantwortlichen „Baukaplan" für die Semesterferien als „Baugesellen" für den Wohnungs- und Kirchenbau der Vertriebenen einsetzte. Nachdem das Siedlungswerk einem Angebot des Bauordens zur Mithilfe zugestimmt hatte, wurden zu Ostern 1954 erstmals für einen Zeitraum von 14 Tagen 30 „Baugesellen", ein „Bauka-

---

[114] P. Josef Hagel SAC hebt die Haus- und Wohnungssegnung als schlesische Besonderheit hervor, die ihm aus seiner badischen Heimat offenbar nicht geläufig war. Vgl. Pfarrchronik Bad Zwischenahn, in: Pfarrarchiv St. Marien Bad Zwischenahn, 62.

[115] Dies hob Offizial Grafenhorst bei der Kirchweihe am 7.10.1951 besonders hervor. Vgl. Kirche und Leben Oldenburg v. 21.10.1951.

[116] Die Grundsteinlegung der Huder St.-Peter-Siedlung nahm Offizial Grafenhorst vor. Vgl. Kirche und Leben Oldenburg v. 24.2.1952. Zur Siedlung selbst vgl. Pfarrarchiv Hude: St.-Peter-Siedlungswerk.

[117] Der Internationale Bauorden wurde 1953 gegründet. Vgl. Braunstein, Karl, Die Vertreibung im Lichte des Kirchenrechtes (wie Anm. 15), 96. Er konnte in seinem ersten Arbeitsjahr bereits durch den Einsatz von ca. 10.000 Baugesellen aus 16 Nationen Neubauten im Wert von über 1 ½ Millionen DM errichten. Vgl. Gröger, Johannes, „An die Seelen dieser Menschen herankommen". Formen und Entwicklungen katholischer Vertriebenenseelsorge, in: Hirschfeld, Michael, Trautmann, Markus (Hrsg.), Gelebter Glaube - Hoffen auf Heimat (wie Anm. 39), 19-70, hier 33f. Die Regeln des Bauordens finden sich bei Straaten, Werenfried van, Sie nennen mich Speckpater (wie Anm. 10).

plan" sowie zwei Sozialassistentinnen, die für das leibliche Wohl zuständig waren, in Bümmerstede aktiv[118].

Wie der Oldenburger Caritas-Geschäftsführer Edmund Welzel, der zugleich als Geschäftsführer des St.-Peter-Siedlungswerkes fungierte, sich später erinnerte, zeigte sich der Baueinsatz für Vertriebene für die aus Belgien und den Niederlanden stammenden „Baugesellen" von Nutzen: „Die Baugesellen lernten die besonderen Nöte der Vertriebenen kennen und verstehen, die Siedler staunten über die Aufgeschlossenheit und Hilfsbereitschaft der jungen Menschen. Und daß sich diese Übereinstimmung im Glauben vollzog, machte beide Seiten zufrieden und direkt glücklich. Viele persönliche Kontakte bestanden durch Briefwechsel und Besuche hüben wie drüben noch jahrelang."[119] Damit hatte die praktische Arbeitshilfe, die von den Baugesellen für einen symbolischen Lohn von DM 1,- pro Arbeitsstunde vollzogen wurde, eine zusätzliche Dimension erhalten. Entgegen den Befürchtungen, daß sich das durch die deutsche Besetzung Belgiens und der Niederlande und die damit verbundenen Repressalien belastete Verhältnis zu den Deutschen negativ auswirken würde, konnte seitens der weitgehend unvoreingenommenen jungen Generation unter kirchlicher Ägide ein Beitrag zur Völkerverständigung geleistet werden. Pater Werenfried bezeichnete die Intention des Bauordens als „internationale[n] Versuch, im geistigen Entscheidungsgebiet Europas die christliche Substanz zu erhalten und zu verstärken"[120]. Es ist wohl ein Faktum, daß die Bümmersteder Baugesellen wie auch ihre Kollegen, die gleichzeitig an anderen Einsatzorten in der Bundesrepublik arbeiteten, eine stärkere Sensibilität für die karitative Dimension des Vertriebenenproblems entwickelten als manche einheimischen Katholiken. Pater Werenfried hob immer wieder den moralischen und psychologischen Wert seiner Aktion hervor: „Die Präsenz der Baugesellen in vielen ausländischen Städten und Dörfern schlug Brücken über die Grenzen. Ihr Beispiel erregte Bewunderung und Nachahmung. Wertvolle Verbindungen wurden hergestellt, Vorurteile beseitigt, Freundschaften geschlossen"[121], bekräftigte er die pädagogischen Erfolge.

Wohl um auch in Südoldenburg eine stärkere Vertrautheit mit der Diaspora sowie den Nöten der Siedler zu schaffen, schlossen sich in den Herbstferien 1956 erstmals 15 Schüler der Jugendburg St. Michael in Bethen bzw. des Cloppenburger Clemens-August-Gymnasiums dem Projekt an. Daneben mußte der internationale Gemeinschaftsaspekt im Mittelpunkt stehen. „Die Frage war, wie werden Holländer und Deutsche [...] miteinander auskommen? Am ersten Abend geschah das Gespräch noch etwas zögernd, am ande-

---

[118] Vgl. 25 Jahre St. Josef Oldenburg-Bümmerstede (wie Anm. 113), 8. Den ersten Arbeitseinsatz für Vertriebenensiedlungen hatte der Internationale Bauorden 1953 im Bistum Münster, und zwar in Nienberge, mit dem Bau der Droste-Siedlung gestartet. Vgl. Bauorden der Ostpriesterhilfe - Sein erster Einsatz in Münster, in: Caritas-Blätter für das Bistum Münster 6/1953, 170–172, u. Waltermann, Reinhold (Hrsg.), 500 Jahre St.-Sebastian-Kirche Nienberge, Münster 1999, 191–207.
[119] Welzel, Edmund, in: 25 Jahre St. Josef Oldenburg-Bümmerstede (wie Anm. 113), 8f.
[120] P. Werenfried van Straaten, zit., in: Bauorden der Ostpriesterhilfe (wie Anm. 118), 170.
[121] Straaten, Werenfried van, Sie nennen mich Speckpater (wie Anm. 10), 84.

ren Tag aber bei der Arbeit war der Kontakt da"[122], beschrieb ein südoldenburgischer Beteiligter die Situation.

Insgesamt sind für die Teilnahme am Bauordenseinsatz im Jahre 1956 328 Baugesellen, davon 239 Belgier, 47 Niederländer, 35 Deutsche, zwei Briten, zwei Schweizer, zwei Spanier und ein Franzose belegt[123]. Aufgrund der großen Resonanz konnten die Helfer auch beim Bau der Kirchen St. Willehad in Oldenburg-Eversten (1954/55) und St. Maria zu den Heiligen Drei Königen in Wardenburg (1956) sowie des Caritas-Altenheims St. Josef in Bümmerstede (1961) eingesetzt werden[124]. Bümmerstede war mittlerweile „das stärkste und am längsten währende Baulager des Bauordens"[125] geworden, hatte also für die ausländische Aufbauhilfe einen herausgehobenen Stellenwert erlangt. Immerhin bis 1966, als die Barackenkirche durch einen Neubau ersetzt wurde, beteiligte sich der Internationale Bauorden jährlich in den Sommermonaten an der Schaffung weiterer Siedlungshäuser und konnte schließlich auf insgesamt ungefähr 300.000 Arbeitsstunden mit 2.000 Baugesellen und 200 Baukaplänen zurückblicken[126]. Über 100 Siedlungshäuser waren bis zu diesem Zeitpunkt erstellt worden. Zu diesem quantitativen Resultat der Bauhilfe mit integrativer Funktion trat die qualitative Aufwertung für den Katholizismus im Untersuchungsraum. Den oldenburgischen Katholiken wurde deutlich, daß ihr Milieu nicht an den Grenzen der Region endete, sondern eine wesentlich größere Weite besitzt. Insofern mußte die Anwesenheit niederländischer und belgischer Studenten auf den Baustellen des Bauordens bei den Einheimischen zu einer stärkeren Akzeptanz der ostdeutschen Katholiken beitragen.

KAB-Siedlungswerk in Delmenhorst

Vergleichsweise spät erst konnte als dritte größere katholische Siedlungsinitiative für Heimatvertriebene im Offizialatsbezirk Mitte der 1950er Jahre in der Stadt Delmenhorst eine Siedlergenossenschaft gegründet werden[127]. Als Initiator fungierte hierbei in Absprache mit der Pfarrgemeinde St. Marien die in dieser Industriestadt besonders starke Katholische Arbeitnehmer-Bewegung (KAB), die ihr Handeln aus der christlichen Soziallehre des Sozialbischofs Wilhelm Emmanuel von Ketteler vom Eigentum, das auch in

---

[122] Bericht über den Bauordenseinsatz, in: Kirche und Leben Oldenburg v. 11.11.1956.
[123] Vgl. Pfarrchronik St. Josef Oldenburg-Bümmerstede, in: Pfarrarchiv St. Josef Oldenburg-Bümmerstede.
[124] Vgl. Welzel, Edmund, in: 25 Jahre St. Josef Oldenburg-Bümmerstede (wie Anm. 113), 10.
[125] Ebd. Aus Dankbarkeit für diesen Einsatz wurde die Straße, an der die Bümmersteder St.-Josef-Kirche liegt, in Bauordenstraße umbenannt.
[126] Zu den Zahlen vgl. den Rückblick v. Edmund Welzel, in: 25 Jahre St. Josef Oldenburg-Bümmerstede (wie Anm. 113), 9.
[127] Vgl. 25 Jahre Siedlungswerk der Kath. Arbeitnehmer-Bewegung (KAB) in Delmenhorst, o. O. o. J. (1980), u. Zimolong, Hans, Das Siedlungswerk der Kath. Arbeitnehmer-Bewegung in Delmenhorst, in: 25 Jahre Katholische Kirchengemeinde St. Christophorus Delmenhorst 1952–1977, Delmenhorst 1977, 55–56.

Arbeitnehmerhand gehöre, ableitete[128]. Getreu diesem Vorbild aus dem 19. Jahrhundert waren die Anfänge dieser Initiative bereits parallel zu den Siedlungsgenossenschaften in Vechta und Oldenburg Ende der 1940er Jahre erfolgt und unter dem Namen „Wohnungsbau Ketteler Delmenhorst" projektiert gewesen[129], jedoch letztlich an der Finanzierung gescheitert. Noch im Februar 1955 hatte es in einem Lagebericht des KAB-Vorsitzenden von St. Marien, Hans Zimolong[130], selbst aus Breslau vertrieben, an den Offizial geheißen, daß man „mit [...] den Vorarbeiten für die KAB-Siedlung wohl weiter gekommen [sei], es haben sich aber auch neue Schwierigkeiten ergeben"[131]. Letzteres bezog sich wohl auf eine Anfrage Zimolongs beim Diözesan-Siedlungsamt, die ohne Resonanz geblieben war[132].

Wie unsicher daher selbst nach der offiziellen Gründung die Pläne den Stadtvätern noch erschienen, läßt sich daran ablesen, daß der damalige Oberbürgermeister, obwohl selbst praktizierender Katholik und KAB-Mitglied, die Reservierung eines von der KAB St. Marien vorgesehenen Baugrundes im südlichen Stadtteil Düsternort zurückgenommen hatte, weil er nicht vom Erfolg des Vorhabens überzeugt war[133]. Letztlich gelang es, offenbar nicht zuletzt bedingt durch eine vorübergehende CDU-Mehrheit im Stadtrat, innerhalb eines Jahres auf dem vorgesehenen Baugrund einen ersten Bauabschnitt fertigzustellen, der 16 Vertriebenenfamilien in acht Zweifamilienhäusern eine neue Heimat schenkte[134]. In der Folge weiterer Bauabschnitte[135] bot die innerhalb der St.-Christophorus-Gemeinde gelegene Siedlung schließlich bis Mitte der 1960er Jahre über 70 Familien ein eigenes Zuhause.

Gemeinsame Intention der Siedlungsarbeit

Sowohl in den traditionell katholischen Gemeinden des Kreises Vechta als auch in der Diaspora stand die Überlegung im Vordergrund, daß diejenigen Siedler, die „solidarisch an der Errichtung ihrer Heime gearbeitet [haben], [...] wirklich echte Gemeinschaft [werden], die auch später miteinander lebt und füreinander einsteht, wenn es notwendig

---

[128] Zit. ebd., 55.

[129] Vgl. hierzu ein Schreiben v. Propst Niermann, Delmenhorst, an das Offizialat v. 19.9.1950, in dem Niermann darum bat, die für das Diözesan-Siedlungswerk vorgesehene Kollekte für die Delmenhorster Bauanliegen zu belassen, in: Pfarrarchiv St. Martin Delmenhorst: Korrespondenz mit dem Bischöflichen Offizialat 1946–1954.

[130] Hans Zimolong, geboren 1918 in Breslau, Fernmeldebeamter, seit 1946 in Delmenhorst, 1953 Vorsitzender der KAB St. Marien, Ratsherr (CDU), gestorben 1981 ebd.

[131] Zimolong an Grafenhorst v. 17.2.1955, in: OAV A-9-46.

[132] Vgl. Zimolong an Diözesan-Siedlungsamt v. 1.12.1954, in: BAM NA 101-241.

[133] Vgl. 25 Jahre Siedlungswerk (wie Anm. 127), 3. Anton Eickmeier, geboren 1912 in Münster, gestorben 1955 in Delmenhorst, war von April bis Oktober 1955 Oberbürgermeister ebd.

[134] Die Einweihung des 1. Bauabschnitts erfolgte am 8.7.1956 durch KAB-Diözesanpräses Wilhelm Wöste. Vgl. ebd., 4.

[135] Der 2.–4. Bauabschnitt wurde in Zweijahresabständen 1958-62 eingeweiht, der 5. Bauabschnitt folgte 1967. Vgl. ebd., 5f.

ist"[136]. Unter dem Leitgedanken „Siedlungsgemeinschaft ist Lebensgemeinschaft" stellte der Vertriebenenseelsorger in Oldenburg-Kreyenbrück, Kaplan Josef Tenschert, im Februar 1953 in einem Referat anläßlich einer Tagung des Ansgar-Werkes in Hannover die rhetorische Frage, ob nicht gerade die von kirchlichen Genossenschaften errichteten Siedlungen „ganz hervorragende Gelegenheiten [seien], das Familienleben und das Gemeinschaftsleben zu erneuern?"[137] Er griff damit die kirchliche Grundüberlegung auf und akzentuierte neben dem materiellen Aspekt der Siedlungsbewegung deren gleichwertige seelische Komponente, die allerdings der besonderen Förderung bedürfe. Als Beispiel führte der Referent das in der St.-Peter-Siedlung in Oldenburg-Bümmerstede gegründete Männerwerk an, das im Anschluß an die Phase des eigenen Hausbaus den Kontakt zu den übrigen Siedlern aufrechterhalten und zugleich die religiöse Weiterbildung durch Veranstaltung thematisch strukturierter Monatsversammlungen fördern sollte[138]. Mit der Liturgie als „Herzstück" des Siedlungslebens müsse eine religiös geprägte Gesamtatmosphäre geschaffen werden, postulierte Tenschert in seinen Ausführungen. Diese Überlegungen betrafen primär die Genossenschaften in Nordoldenburg, die vor dem Hintergrund der dort herrschenden Diasporaverhältnisse und einer zunehmend säkularisierten Umwelt auf katholische Christen beschränkt blieben, damit einen Beitrag zur katholischen Milieubildung leisten sollten und nicht die im Oldenburger Münsterland von Beginn an praktizierte interkonfessionelle Öffnung erfuhren.

Speziell für die Diaspora des Offizialatsbezirks also hatte Tenschert Lösungsansätze in den Raum gestellt, in welcher Weise gerade in einer zunehmend säkularisierten Umgebung die christliche Gemeinschaftserfahrung des Hausbaus über die Fertigstellung der Häuser hinaus und zumal in der zweiten Generation der Siedler überhaupt fortleben konnte. Als exemplarische Reaktion auf den gesellschaftlichen Wandel der 1950er und 1960er Jahre, der auch vor dem Versuch, mit Hilfe der Siedlungsbewegung ein katholisches (Vertriebenen)milieu zu rekonstruieren, nicht Halt machte, muß die vom Rasteder Pfarrektor Jaritz in diesem Kontext gestellte Frage gesehen werden, „ob nun der Seelsorger auf die Treue derer hoffen kann, denen so selbstlos geholfen wurde"?[139] In einer nicht milieuinhärenten Perspektive präsentierten sich beispielsweise die katholischen Siedler in Bümmerstede schließlich als Bevölkerungsgruppe, die „am äußersten Stadtrand Oldenburgs ein vergleichsweise beschauliches, weitgehend isoliertes Dasein fristete"[140].

Allein der hier spürbare zweifelnde Unterton gibt Auskunft darüber, daß die Solidarität der Bauphase im Laufe der Jahre zunehmender wirtschaftlicher Prosperität in der

---

[136] Linnewerth, Marianne, Das Kardinal Graf von Galen-Siedlungswerk (wie Anm. 68), 8.

[137] Tenschert, Josef, Siedlungsgemeinschaft ist Lebensgemeinschaft, Referat vor der Jahrestagung des Ansgar-Werkes in Hannover am 3.2.1953, Durchschrift, in: OAV A-9-46.

[138] Vgl. ebd., 2. Tenschert war nach Einweihung der Bümmersteder Kirchenbaracke 1951 für ein Jahr zugleich als Seelsorger für diese neue Gemeinde verantwortlich und legte in dieser Zeit den Grundstein zum hier skizzierten Männerwerk.

[139] So Pfr. Otto Jaritz, in: Ders., 25 Jahre Katholische Kirchengemeinde Rastede-Wiefelstede (wie Anm. 61), 15.

[140] So die leicht pejorative Einschätzung bei Seggern, Andreas von, „Großstadt wider Willen" (wie Anm. 5), 298.

Bundesrepublik einem Individualismus Platz machte, der wenig Verständnis für den katholischen Versuch einer Milieuformierung durch Siedlungsbau aufbrachte. Vielfach wurde also die Hoffnung des Klerus aus der ersten Nachkriegszeit enttäuscht, mit kirchlicher Unterstützung bei der Schaffung eines Eigenheims die Kirchlichkeit der Siedler dauerhaft gefestigt zu haben, wenngleich insbesondere die geschlossenen Siedlungen des St.-Peter-Siedlungswerkes Oldenburg und des KAB-Siedlungswerkes Delmenhorst nachhaltig dazu beigetragen haben, einen engen religiösen Zusammenhalt unter den Siedlern zu schaffen. Neben einer Art sozialer Kontrolle der Siedlergemeinschaft über die Kirchlichkeit der Mitglieder spielte hier die Gemeinschaftserfahrung offenbar doch vielfach eine zentrale Rolle und wirkte entsprechend nach. Äußerlich ablesen läßt sich dies beispielsweise daran, daß in den Gemeinden St. Josef in Oldenburg-Bümmerstede und St. Christophorus in Delmenhorst-Düsternort der Kirchenbesuch im Vergleich zu den benachbarten Diasporagemeinden ohne katholische „Insel" überdurchschnittlich hoch blieb und die Zahl konfessionsverschiedener Ehen hier wiederum unter dem Durchschnitt lag, da sich zahlreiche junge Paare auf den kirchlich organisierten Feiern der Siedlergemeinschaften kennenlernten[141].

## 3. Zwischenbilanz

Vornehmlich in der ersten Hälfte der 1950er Jahre wurde auch außerhalb der kirchenbehördlich organisierten Caritasverbände eine Reihe von innovativen Methoden entwickelt, die sowohl von internationaler als auch von nationaler bzw. lokaler Ebene ausgingen. Den Anstoß bildete die zunehmende Abwanderung der Vertriebenen aus agrarisch geprägten Räumen, für die zwar primär wirtschaftliche Gründe, jedoch subkutan auch eine konfessionell bedingte mangelnde gesellschaftliche Akzeptanz ausschlaggebend war. Zeitlich parallel mit der materiellen Hilfe der Kirchenleitung für Kirchenneubauten und andere dem äußeren Aufbau des katholischen Milieus dienende Projekte starteten verschiedene Experimente zur Schaffung einer Sozialisationsgrundlage für die katholischen Vertriebenen.

Von der in Belgien beheimateten Ostpriesterhilfe ging die Idee einer Neuevangelisierung der Vertriebenen in der deutschen Diaspora aus. Als Grundmovens diente der Topos Ivo Zeigers von Deutschland als Missionsland, weshalb die Kirche mit Hilfe von Kapellenwagen zu den Menschen gebracht werden sollte. Obgleich diese Seelsorgsmethode vor Ort durchaus Erfolge aufwies, konnte mit ihrer Hilfe der Prozeß der Freisetzung aus religiösen Bindungen nur kurzzeitig aufgehalten werden. Wenn die Statistiken der Predigten und Sakramentenspendungen der Kapellenwagenmissionare im Ver-

---

[141] In Bümmerstede u. Düsternort lag der Anteil rein katholischer Ehen im Jahrzehnt von 1956 und 1965 bei 57,8 % bzw. 48,5 % u. damit zumindest in der rein katholischen Siedlung Bümmerstede über dem im Kap. V ermittelten Durchschnitt in sechs oldenburgischen Vertriebenengemeinden (48,4 %). Vgl. Zweitschriften der Trauungsmatrikel St. Josef Oldenburg-Bümmerstede u. St. Christophorus Delmenhorst-Düsternort, in OAV.

lauf der 1950er Jahre einen abnehmenden Erfassungsgrad der Katholiken aufzeigen, so ist dies ein Beleg dafür, daß mit diesem pastoralen Ansatz auf längere Sicht keine kontinuierliche Einbindung in das Milieu erfolgen konnte. Ein wesentlicher Grund für die zurückgehenden Erfolgsquoten dieser modernen Form der Volksmission lag sicherlich in der extremen Diaspora-Situation der besuchten Katholiken, die durch einen nur wenige Tage während Besuch der Missionare zumeist nicht zu einem bewußten Glaubensleben hingeführt werden konnten. Darüber hinaus bleibt der Aspekt nicht zu unterschätzen, daß die Chance der Pflege traditionaler schlesischer oder ermländischer Frömmigkeitsformen im Rahmen der Kapellenwagenbesuche nicht wahrgenommen wurde. Sowohl die deutschen als auch die ausländischen Kapellenwagenmissionare waren zumeist ohne Kenntnisse volksreligiöser Riten und Bräuche aus Ostdeutschland, die somit auch nicht als pastorale Mittel mit religiöser Bindekraft eingesetzt werden konnten. Es ist anzunehmen, daß diese Ausklammerung identitätsbewahrender Aspekte bewußt erfolgte, um der Gefahr einer Verselbständigung der katholischen Vertriebenen innerhalb des Milieus entgegenzuwirken.

Rein pragmatischer Natur blieb der Einsatz der Ostpriesterhilfe für die Motorisierung des Klerus. Indem die räumliche Distanz zwischen Priestern und Gemeindemitgliedern durch Bereitstellung von PKW oder Motorrädern für das Seelsorgepersonal erheblich verringert wurde, sollte die Durchdringung der Vertriebenen mit der kirchlichen Lebenswelt erleichtert werden. Hier wie auch bei den parallelen Bemühungen der Diaspora-MIVA ging es primär um einen flächendeckenden Einsatz technischer Hilfsmittel, während weiterreichende seelsorgliche Konzepte fehlten.

Auf der Mikroebene kam im Rahmen der Vorbeugung gegen die Milieuerosion der Beschaffung von kostengünstigem Wohnraum ein hoher Stellenwert zu. Alle Siedlungsbemühungen katholischer Provenienz im Offizialatsbezirk Oldenburg verstanden sich als „Gesamtkonzept der ‚Heimat in der Religion'"[142] und damit als Beitrag zur Milieuverdichtung. Außerdem waren sie zum einen von ihrer Idee her dem Gedankengut der von Rom aus international propagierten katholischen Siedlungsbewegung verpflichtet; zum anderen erfuhren sie partiell starke Impulse aus dem Ausland, sehr konkret in Form des Internationalen Bauordens.

Der Grad der konfessionellen Geschlossenheit eines solchen Mikrokosmos war abhängig vom jeweiligen Lebensumfeld. In der traditionell katholischen Lebenswelt Südoldenburgs wurden daher auch evangelische Vertriebene bei der Vergabe von Siedlerstellen mitberücksichtigt, während die katholische Minoritätssituation in Nordoldenburg eine scharfe Abgrenzung gegenüber der Außenwelt erforderte, um ein Solidaritätsgefühl zu erzeugen. Hier galt die Maxime, daß je topographisch dichter die Katholiken zusammenlebten, desto größer die Chance einer Milieubindung und desto höher die Wahrscheinlichkeit einer erfolgreichen Tradierung in die nachfolgende Generation war, wie

---

[142] So die Definition von Barbara Stambolis. Vgl. Stambolis, Barbara, Glaube und Heimat. Die Flüchtlingsarbeit der Katholischen Osthilfe im Erzbistum Paderborn nach 1945 (Zeitgeschichte im Erzbistum Paderborn, Bd. 5), Paderborn 1998, 59.

das aktive Gemeindeleben in den katholischen Siedlungen in Delmenhorst und Oldenburg zeigt.

Trotz ihrer unbestreitbaren Verdienste für eine Absorbierung der Vertriebenen konnte die Siedlungsbewegung allerdings im Untersuchungsraum dem pastoralen Anliegen einer katholischen Sozialisation nur fragmentarisch gerecht werden, da sich die Siedlungen primär auf den ohnehin katholischen Kreis Vechta konzentrierten und in der Diaspora nur in wenigen Orten realisiert wurden.

# V. INTERKONFESSIONELLE KONTAKTE UND ÖKUMENISCHE ANNÄHERUNGEN ZWISCHEN MILIEUAUFWEICHUNG UND MILIEUSTABILISIERUNG

## 1. Evakuierte und Vertriebene als Auslöser milieuübergreifender Kontakte

### a) Die Ausgangslage

Mit dem Einströmen der Flüchtlinge und Vertriebenen stand die katholische Kirche innerhalb kürzester Zeit im nördlichen Teil der Untersuchungsregion vor dem schwerwiegenden Problem, eine ausreichende seelsorgerische Erfassung und Betreuung ihrer Gläubigen zu gewährleisten. Das bestehende katholische Milieu in den Städten dieser Subregion war an seine Grenzen gestoßen, und in den agrarisch strukturierten Kommunen fehlte in der Regel jegliche Voraussetzung für eine katholische Milieubindung.

Damit bildete Nordoldenburg in der von der alliierten Verteilung der Vertriebenentransporte eingeleiteten konfessionellen Durchmischung der westlichen Besatzungszonen einerseits keine Ausnahme. Andererseits läßt sich eine spezifisch oldenburgische Besonderheit darin erkennen, daß hier die Katholiken nicht flächendeckend eine Minorität waren – wie etwa in den benachbarten Regionen Ostfriesland, Schleswig-Holstein oder dem östlichen Niedersachsen –, sondern in Südoldenburg über eine nahezu geschlossene katholische Lebenswelt verfügten. Ebenso wie die neuankommenden Katholiken aus Schlesien, Ostpreußen usw. in der nordoldenburgischen Diaspora nach Milieubindefaktoren suchten, standen die einheimischen katholischen Christen im Süden des Landes vor der Frage, wie sich den Folgen eines unausweichlichen Aufbrechens ihres Milieus bedingt durch den Zustrom von evangelischen Vertriebenen begegnen ließe. Die Konfessionsproblematik erweist sich also für das katholische Milieu des Fallbeispiels auf allen Ebenen als essentieller Aspekt.

Die ersten Schritte der Annäherung zu einem distanzierten Nebeneinander mit protestantischen Christen über die Milieugrenzen hinweg waren im oldenburgischen Katholizismus von der Tatsache bestimmt, pragmatisch zu handeln und möglichen Desintegrationserscheinungen der vertriebenen Katholiken an der Wurzel zu begegnen. So legte das Bischöfliche Offizialat in Vechta großen Wert auf die Bereitstellung einer würdigen Gottesdienststätte für die Gläubigen in der Diaspora. Darunter verstand die kirchliche Behörde in erster Linie die Versammlung der Gemeindemitglieder in einem Kirchengebäude. In der allgemeinen Notsituation erschien das intensive Bemühen darum wichtig, den Menschen bei der Feier der Eucharistie und der Spendung der Sakramente auf diese Weise ein Stück Geborgenheit und seelischen Trost zu vermitteln. Der ließ sich eben besser in der sakralen Atmosphäre einer Kirche spenden, auch wenn sie „den anderen" gehörte, als in einer Schulklasse, in der das Lehrerpult als Altar diente, oder gar in einem Kino oder Gasthaussaal. Aus diesem Primat der Seelsorge heraus billigte die katholische Kirche also Angebote der evangelischen Kirchengemeinden, in ihren Gotteshäusern Meßfeiern abzuhalten. Die Sicherheit und Geborgenheit des katholischen Milieus zu erhalten, erschien somit in der momentanen Situation der Ankunft der Vertriebenen von sekundärer Bedeutung.

Diese Grundmaxime stellt sich nicht als singuläres Phänomen des Fallbeispiels Oldenburg dar, sondern als pastorale Leitlinie aller Diözesen westlich von Oder und Neiße, wobei das Ausmaß der Diasporasituation einen wichtigen Faktor für die Intensität der milieuübergreifenden Kontakte bildete.

Das Bistum Hildesheim beispielsweise nutzte um 1950 ca. 1.000 Kirchen der Evangelisch-lutherischen Landeskirche Hannover für katholische Gottesdienste mit, Mitte der 1950er Jahre waren es immerhin noch 800[1]. Der Grund lag in der Flächendiaspora Ostniedersachsens, wo die Zahl der katholischen Christen geradezu explosionsartig von 263.800 (1939) auf 669.332 (1950) angestiegen war und sich die Zahl der Gemeinden von 194 (1946) auf 324 (1950) erhöht hatte.

Im Erzbistum Bamberg dagegen, dem Sprengel mit der größten katholischen Diaspora in Bayern, wurden zwar in 57 evangelischen Kirchen und 10 evangelischen Friedhofskapellen katholische Eucharistiefeiern abgehalten[2]. Allerdings handelte es sich dabei nur um etwa 40 % der Notgottesdienststationen, die in der fränkischen Diözese im Vergleich zu Hildesheim meistenteils in Gasthäusern, Schulen oder katholischen Behelfskapellen eingerichtet worden waren.

Die Nutzung evangelischer Kirchen für die katholische Liturgie bedeutete zunächst einmal ein Novum in der Geschichte des Katholizismus. Zum einen sah das Kirchenrecht definitiv vor, daß die Meßfeier auf einem konsekrierten Altar zu vollziehen sei[3]. Auch war eine aktive Teilnahme an nichtkatholischen Gottesdiensten grundsätzlich nicht gestattet und eine passive Teilnahme nur bei Vorliegen wichtiger Gründe erlaubt. Zum anderen wäre es in einer Zeit der festzementierten sozialmoralischen Milieus vor Beginn des Nationalsozialismus gesellschaftlich gar nicht denkbar gewesen, die Eucharistie in der Kirche einer anderen Konfession zu feiern. Schließlich hatten selbst in der Diaspora die wenigsten Katholiken jemals eine protestantische Kirche betreten bzw. dort jemals Gottesdienste oder Amtshandlungen verfolgt.

Umso stärker mußte die Dynamik des Abbaus dieser sozialen Schwelle zumindest in der katholischen Diaspora auf die Milieuprägung wirken, wenn auch hiermit von amtli-

---

[1] Vgl. Aschoff, Hans-Georg, Die katholische Kirche in Niedersachsen nach 1945, in: Jahrbuch der Gesellschaft für Niedersächsische Kirchengeschichte, Bd. 91 (1993), 211–238, hier 225ff.

[2] Vgl. Hürten, Heinz, Aufbau, Reform und Krise 1945–1967, in: Brandmüller, Walter (Hrsg.), Handbuch der Bayerischen Kirchengeschichte, Bd. III: 1802–1965, St. Ottilien 1991, 393–425, hier 297. Hier auch die folg. Angaben zu den insgesamt 162 Notgottesdienststationen in der Erzdiözese Bamberg.

[3] Vgl. Codex Juris Canonici (CIC) v. 1917, Freiburg u. a. 1920, cc. 1255–1264.

cher kirchlicher Seite rein technische Hilfestellungen für die heimatlosen Flüchtlinge und Vertriebenen intendiert waren und es nicht darum gehen konnte, aus einer antizipierten ökumenischen Haltung heraus „nach Gemeinsamkeiten und Arealen der Verständigung [zu] fragen"[4].

Allerdings setzte der Paradigmenwechsel nicht ohne Vorgeschichte mit dem Heranrollen der ersten Flüchtlingstrecks in der sogenannten Stunde Null 1945 ein, sondern bereits im Kontext der Evakuierung großer Bevölkerungsteile aus den zerbombten Industriezentren im Rheinland und Ruhrgebiet, die im Verlauf des Zweiten Weltkriegs insbesondere zahlreiche Katholiken aus Großstädten wie Aachen und Köln, Krefeld und Essen usw. auch in das von Kriegseinflüssen bisher unberührte ländliche Nordoldenburg verschlug. Da jene zumeist der katholischen Konfession angehörenden Menschen durch das weite Netz der territorialen Seelsorge in der Diasporaregion gleichsam durchfielen, bemühten sich die mitgekommenen Seelsorger um eine Betreuung, die sich an das bereits in den 1930er Jahren unter anderem für die katholische Diaspora Ostpreußens entwickelte Konzept der „Wandernden Kirche"[5] anlehnte und der Entfremdung der Menschen in einer andersgläubigen oder konfessionsverschiedenen Umwelt entgegenzuwirken versuchte[6]. Auch der Bischöfliche Offizial Johannes Pohlschneider hatte bereits 1941 in einem Kanzelschreiben die Katholiken mit der Bedeutung der „Wandernden Kirche" vertraut gemacht[7] und gegenüber Bischof Clemens August Graf von Galen darauf hingewiesen, daß „auch im Lande Oldenburg, namentlich in der Diaspora im Norden des Landes, viele seelsorgliche, mit der ‚wandernden Kirche' im Zusammenhang stehende Aufgaben zu lösen sind"[8].

---

[4] So die retrospektive Annahme bei Fischer, Alfons, Pastoral in Deutschland nach 1945, Bd. II: Zielgruppen und Zielfelder der Seelsorge 1945–1962, Würzburg 1986, 276.

[5] Als grundlegend zur Problematik der „Wandernden Kirche" vgl. Winkler, Konrad, Art.: Wandernde Kirche, in: LThK, 2. Aufl., Bd. 10 (1965), Sp. 953–954, Aschoff, Hans-Georg, Die Diaspora zur Zeit der Weimarer Republik und der nationalsozialistischen Herrschaft, in: Gatz, Erwin (Hrsg.), Geschichte des kirchlichen Lebens in den deutschsprachigen Ländern seit dem Ende des 18. Jahrhunderts, Bd. III: Katholiken in der Minderheit, Freiburg u. a. 1994, 93–107, u. neuerdings Scharf-Wrede, Thomas, Caritas und „Wandernde Kirche" – Seelsorge vor Ort, in: Otte, Hans, Scharf-Wrede, Thomas (Hrsg.), Caritas und Diakonie in der NS-Zeit. Beispiele aus Niedersachsen (Veröffentlichungen des Landschaftsverbandes Hildesheim, Bd. 12), Hildesheim u. a. 2001, 291–307.

[6] Große Wirkung erzielte insbesondere ein von Bischof Kaller 1940 vor der Fuldaer Bischofskonferenz gehaltenes Referat über die Seelsorgsmethoden der „Wandernden Kirche", abgedruckt, in: Volk, Ludwig (Bearb.), Akten deutscher Bischöfe über die Lage der Kirche 1933–1945, Bd. V: 1940–1942 (Veröffentlichungen der Kommission für Zeitgeschichte, Reihe A, Bd. 34), Mainz 1983, 141f.

[7] Kanzelschreiben des Offizialats betr. „Wandernde Kirche" v. 13.6.1941, in: OAV A-3-104.

[8] Pohlschneider an v. Galen v. 9.5.1941, ebd.

## b) Voraussetzungen der Mitbenutzung evangelischer Kirchen im Raum der Fallstudie

Doch erst ein halbes Jahr vor der deutschen Kapitulation wurde der erste Antrag auf katholischen Gottesdienst in einem Kirchengebäude der Evangelisch-lutherischen Landeskirche Oldenburgs in Seefeld, Kreis Wesermarsch, gestellt und von der zuständigen protestantischen Behörde, dem Oberkirchenrat in Oldenburg, genehmigt[9]. Noch zwei Jahre zuvor, im Mai 1942, hatte der in der Zwischenzeit verstorbene lutherische Landesbischof Johannes Volkers[10] dem Evangelisch-lutherischen Gemeindekirchenrat von Rastede auf Anfrage mitgeteilt, daß der Oberkirchenrat keinen Grund dafür sehe, die evangelische Kirche des Ortes für eine katholische Trauung zur Verfügung zu stellen[11]. Und auf eine vertrauliche Rundfrage der Berliner Kirchenkanzlei unter den evangelischen Kirchenleitungen im Deutschen Reich hinsichtlich der gewährten Nutzung evangelischer Kirchen durch Katholiken, die im Zusammenhang mit der zunehmenden Zahl katholischer Evakuierter in rein protestantischen Regionen stand, hatte der Oberkirchenrat im Sommer 1942 geantwortet, daß er es nicht für nötig halte, einen entsprechenden Vertrag mit dem Offizialat in Vechta abzuschließen[12]. Obwohl die Resonanz der Mehrzahl der befragten Landeskirchen zu diesem Zeitpunkt mangels dringender Notwendigkeit ähnlich ausgefallen war, empfahl die Kirchenkanzlei in der Reichshauptstadt den landeskirchlichen Behörden im Februar 1943 nachdrücklich, unter Verweis auf Widerrufsrecht, Verbot von Änderungen im Kircheninneren und Verpflichtung zur Kostenerstattung, etwaigen Gesuchen von katholischer Seite grundsätzlich zuzustimmen[13].

Trotz der Autonomie der Landeskirchen läßt sich hier von einem Paradigmenwechsel sprechen, der von „oben" eingeleitet wurde und in der Führung der Evangelisch-lutherischen Landeskirche Oldenburgs offensichtlich auf fruchtbaren Boden stieß. Jedenfalls wurden in der Folge – vor allem nach dem erheblichen Ansteigen der Anzahl katholischer Evakuierter aus dem Rheinland im Jahre 1944 – in zahlreichen evangelischen Kirchen Nordoldenburgs katholische Gottesdienste zelebriert[14]. Dies betraf insbe-

---

[9] Vgl. Gemeindekirchenrat Seefeld an Oberkirchenrat v. 18.11.1944 u. Zustimmung des Oberkirchenrats. Entsprechend wurde 1944 für Jade u. im Januar 1945 für Berne eine Zustimmung erteilt. Archiv OKR A-L-12.

[10] Johannes Volkers, geboren 1878 in Oldenbrok, Ordination 1904, 1934 erster Landesbischof der Ev.-luth. Kirche in Oldenburg, gestorben 1944 in Oldenburg. Vgl. Rittner, Reinhard, Artikel: Volkers, Johannes, in: Friedl, Hans u. a. (Hrsg.), Biographisches Handbuch zur Geschichte des Landes Oldenburg, Oldenburg 1992, 770–771.

[11] Vgl. Volkers an Gemeindekirchenrat Rastede v. 21.5.1942, in: Archiv OKR A-L-12.

[12] Vgl. Oberkirchenrat an Kirchenkanzlei Berlin v. 19.8.1942, ebd.

[13] Diesem Phänomen ist in der Literatur bisher erstaunlicherweise noch keine Aufmerksamkeit geschenkt worden. So wird bei Gatz, Erwin (Hrsg.), Geschichte des kirchlichen Lebens in den deutschsprachigen Ländern seit dem Ende des 18. Jahrhunderts, Bd. III: Katholiken in der Minderheit (wie Anm. 5), die Tatsache einer Nutzung ev. Kirchen für kath. Gottesdienste in der Schlußphase des Zweiten Weltkriegs nicht erwähnt.

[14] Vgl. Pfarrchronik Brake, in: Pfarrarchiv Brake. Dort ist von ca. 1.000 Kölner Katholiken mit eigenem Geistlichen in den Wesermarsch-Dörfern um Brake die Rede.

sondere den Kreis Wesermarsch, wo ca. 1.000 Kölner Katholiken untergebracht waren, für die das Offizialat im November 1944 beim Erzbischöflichen Generalvikariat Köln umgehend um Entsendung von einem oder zwei Geistlichen bat, für deren Unterhalt und Verpflegung gesorgt sei. Zur Begründung hieß es: „Zwar unterhalten wir dort ein paar Missionsstationen (sic!) mit eigenen katholischen Kirchen; aber den drei in jenem weiten Bezirk tätigen Priestern ist es ganz unmöglich, nebenher noch die Seelsorge an den tausenden, sehr zerstreut wohnenden Evakuierten in ausreichender Weise mitzuübernehmen."[15] Da das Kölner Generalvikariat wenige Wochen später der Vechtaer Eingabe entsprach und einen Kaplan aus Köln-Bickendorf für die Evakuiertenseelsorge in der Wesermarsch freistellte[16] sowie bald darauf einen weiteren Priester in dieses ländliche Gebiet entsandte, ist zumindest für diesen Teilbereich Nordoldenburgs eine flächendeckende aktive Präsenz katholischer Christen wie Geistlicher schon vor dem Vertriebeneneinstrom zu datieren.

## 2. Kirchenmitbenutzung zwischen Milieuformierung und -gefährdung

### a) auf der Mesoebene

Die im August 1945 durch die britische Militärregierung erfolgte Bestätigung des bereits kommissarisch mit Leitungsfunktionen in der Evangelisch-lutherischen Landeskirche in Oldenburg beauftragten Münsteraner Lehrstuhlinhabers für Praktische Theologie, Wilhelm Stählin[17], als neuer Landesbischof erwies sich in dieser Situation als Glücksgriff für die katholischen Anliegen. Denn im Denken Stählins, der Mitbegründer der liturgisch ausgerichteten evangelischen Michaelsbruderschaft war, verbanden sich ganz

---

[15] Offizialat an Generalvikariat Köln, z. Zt. in Bad Honnef, v. 8.11.1944, in: OAV A-3-104.

[16] Vgl. Generalvikariat Köln, z. Zt. in Bad Honnef, an Offizialat v. 4.12.1944 (Freistellung des Kaplans Ewald Fröhlich) u. v. 9.1.1945, ebd.

[17] Wilhelm Stählin, geboren 1883 in Gunzenhausen/Mittelfranken, Ordination 1910, u. a. Pfarrer in Nürnberg St. Lorenz, 1926 Prof. f. Praktische Theologie in Münster, 1944 Verwalter einer Pfarrstelle in Osternburg u. Führungsaufgaben in der Landeskirche Oldenburg, 1945 Landesbischof, 1952 i. R. in Rimsting bzw. Prien/Chiemsee, gestorben 1975 in Rimsting. Zur Person vgl. ders., Via vitae, Kassel 1968; Schulze, Udo, Wilhelm Stählin – Lehrer und Bischof der Kirche, in: Jahrbuch der Gesellschaft für Niedersächsische Kirchengeschichte, Bd. 81 (1983), 189–198, ders., Wilhelm Stählin und der Neuanfang in der Ev.-luth. Kirche Oldenburgs 1945/1946, ebd., Bd. 93 (1995), 259–282, u. ders., Artikel: Stählin, Wilhelm, in: Friedl, Hans u. a. (Hrsg.), Biographisches Handbuch zur Geschichte des Landes Oldenburg (wie Anm. 10), 682–685. Zur Situation der Oldenburgischen Landeskirche 1945 vgl. auch Zocher, Peter, Die Neuordnung der ev.-luth. Landeskirche in Oldenburg (Oldenburger Studien, Bd. 37), Oldenburg 1995; Konukiewitz, Enno, Die Neuordnung der oldenburgischen Kirche nach 1945 und die Kirchenordnung von 1950, in: Schäfer, Rolf (in Verbindung mit Günther Raschen) (Hrsg.), 150 Jahre Oldenburgische Kirchenverfassung, Oldenburg 1999, 37–47.

gemäß dem katholischen Verständnis die drei Elemente Martyria, Liturgia und Diakonia gleichberechtigt zu einer Synthese[18].

Diese hier nur sehr verkürzt gekennzeichnete theologische Haltung des evangelischen Landesbischofs trug wohl entscheidend dazu bei, daß die im Oktober 1945 von der Landessynode der Oldenburgischen Kirche bestätigte neue führende Gestalt des Protestantismus in der Region die mit dem Vertriebenenzustrom verbundene Konfessionsproblematik am 18. April 1946 in einem Schreiben an die Gemeindekirchenräte einfühlsam wie folgt darlegte: „Es gehört sehr wesentlich zu der Gastfreundschaft, die wir als Christen diesen aus ihrer Heimat vertriebenen oder losgerissenen Menschen schulden, daß wir ihnen auch [...] helfen, zu einem regelmäßigen gottesdienstlichen Leben ihrer Konfession zu kommen, und daß wir alle dazu notwendigen Maßnahmen nach bestem Vermögen unterstützen."[19] In seiner Diktion griff der Wortlaut des Textes über ein entsprechendes Schreiben hinaus, das die benachbarte Evangelisch-lutherische Landeskirche Hannover bereits am 17. Februar 1945 an ihre Superintendenten gerichtet hatte, wenn es hier am Ende hieß: „Wir sehen in dieser Gastfreundschaft, die unsere Gemeinden gern üben sollten, ein Bekenntnis der christlichen Gemeinschaft über die Grenzen der Konfessionen hinweg." Zwar sollte auch in Oldenburg nur dort, wo kein anderer Gottesdienstraum zur Verfügung stand oder hergerichtet werden konnte, die Mitbenutzung evangelischer Gotteshäuser gewährt werden, und entsprechende Anfragen waren zunächst dem Oberkirchenrat zur Genehmigung vorzulegen, jedoch wurde in Stählins Schreiben kein Verständnis für Gewissenskonflikte mancher Gemeindekirchenräte bezüglich dieser Regelung aufgebracht, wie sie die Hannoversche Landeskirche freilich legitimiert hatte[20]. Gleichzeitig implizierte diese überkonfessionelle Offenheit als erwartete Gegenleistung die Erlaubnis zur Nutzung katholischer Kirchen durch die Protestanten in ähnlich gelagerten Fällen. Diese Art „Blankoscheck" Wilhelm Stählins läßt sich somit als evangelischer Anstoß auf dem Weg zu einer einvernehmlichen Lösung beider Konfessionen hinsichtlich der bestmöglichen geistlichen Beheimatung ihrer Gläubigen verstehen.

Wenn die von ökumenischem Geist durchdrungenen Ausführungen des neuen evangelischen Landesbischofs schon in traditionell katholischen Ohren von damals ein wenig nach Zukunftsmusik klangen, so mußten sie innerhalb des als nüchtern und rational geltenden Oldenburger Protestantismus erst recht auf geringes Verständnis stoßen. Erwähnt sei daher, daß Stählin in den eigenen Reihen weithin als „eigenwilliger, schwieriger, neue Wege weisender Lehrer und Bischof" angesehen wurde[21]. Zunächst einmal war allerdings

---

[18] Die dem kath. Kirchenverständnis entlehnte Formel geht bei Stählin auf einen württembergischen Pfarrer aus der Michaelsbruderschaft zurück, der sie in den 1930er Jahren prägte. Vgl. Konukiewitz, Enno, Die Neuordnung (wie Anm. 17), 46, Anm. 8. Vgl. auch Schulze, Udo, Wilhelm Stählin – Lehrer und Bischof der Kirche (wie Anm. 17), 191ff.

[19] Stählin an Gemeindekirchenräte v. 18.4.1946, in: Archiv OKR A-XXXVIII-31. Hier auch das folg. Zit.

[20] Vgl. Landeskirchenamt Hannover an Superintendenten v. 17.2.1945, Abschrift ebd. Hier wurde Verständnis für „gewisse innere Schwierigkeiten" bei der Überlassung ev. Kirchen an Katholiken signalisiert.

[21] Schulze, Udo, Wilhelm Stählin – Lehrer und Bischof der Kirche (wie Anm. 17), 198.

die von der Synode mit ausdrücklichem Plazet der Militärregierung getroffene Entscheidung für den liturgisch ausgerichteten Theologieprofessor sicherlich recht einmütig als Gebot der Stunde angesehen worden, wie aus einer Rückmeldung des Kreispfarrers aus Neuenburg hervorgeht, der im November 1946 für seinen Kirchenkreis berichtete: „Nach meiner Erkundigung wird in allen Kirchengemeinden gegen die Katholiken größte Bereitwilligkeit gezeigt, um ihnen die Abhaltung von Gottesdiensten zu ermöglichen."[22] Es blieb aber mittelfristig nicht aus, daß Stählin von den protestantischen Pastoren und Gemeindemitgliedern katholisierender Tendenzen bezichtigt wurde, die sich vornehmlich auf sein bischöfliches Amtsverständnis und seine bahnbrechende Funktion bei regelmäßigen Evangelisch-Katholischen Gesprächen bezogen, welche während des Zweiten Weltkriegs auf überregionaler Ebene gemeinsam mit dem Paderborner Erzbischof Lorenz Jaeger und dem dortigen Dompropst Paul Simon als katholischen Diskussionspartnern etabliert worden waren (Jaeger-Stählin-Kreis)[23].

Die materielle Hilfe für neu entstehende Diasporagemeinden der eigenen Konfession wie auch die erstmalige Unterstützung der jeweils anderen Glaubensgemeinschaft durch Gewährung von Gastrecht wird nicht nur in der wissenschaftlichen Rezeption gewürdigt und zumindest für die katholische Kirche als „pastoral [...] größte Herausforderung seit dem Entkirchlichungsschub im Gefolge der Industrialisierung"[24]hervorgehoben. Vielmehr waren sich die verantwortlichen Kräfte in katholischer wie evangelischer Kirche dieser grundlegendsten Veränderungen in der konfessionellen Landschaft Deutschlands seit dem Ende der Gegenreformation von Anfang an wohl bewußt. Während das Bischöfliche Offizialat daher die insbesondere durch die Person Wilhelm Stählins durchgesetzte Öffnung evangelischer Kirchen für katholische Gottesdienste in den agrarischen Gebieten Nordoldenburgs durch den Oberkirchenrat grundsätzlich dankbar begrüßte, stellte die Frage der umgekehrten Gastfreundschaft für Protestanten in katholischen Gotteshäusern des Südens Offizial Pohlschneider vor eine schwierige Entscheidung, zumal das ka-

---

[22] Kreispfarrer Hugo Harms, Neuenburg, an den Oberkirchenrat v. 29.11.1946, in: Archiv OKR A-L-12 II.

[23] Vgl. Stählin, Wilhelm, Via Vitae (wie Anm. 17), 430f., wo ders. seine Vorstellungen von einer bischöflichen Sukzession darlegt, u. die Antrittspredigt Stählins in Oldenburg über „Das Amt des Geheimnisses", in: Gesetz- und Verordnungsblatt der Ev.-luth. Kirche in Oldenburg v. 1.7.1946. Die Ev.-Kath. Gespräche fanden seit 1944 in Werl statt. Hier liegt auch die Basis für die spätere Gründung des Johann-Adam-Möhler-Instituts für Ökumenik in Paderborn. Vgl. Höfer, Josef, Erinnerungen an Dompropst Professor Dr. Paul Simon, in: Scheele, Paul-Werner (Hrsg.), Paderbornensis Ecclesia. Beiträge zur Geschichte des Erzbistums Paderborn. Festschrift für Lorenz Kardinal Jaeger, Paderborn u. a. 1972, 631–688, insbes. 672f, u. Riesenberger, Dieter, Der Paderborner Dompropst Paul Simon (1882–1946). Ein Beitrag zur Geschichte des Nationalsozialismus, der Ökumene und der Nachkriegsjahre in Paderborn (Zeitgeschichte im Erzbistum Paderborn, Bd. 1), Paderborn 1992.

[24] Blessing, Werner, „Deutschland in Not, wir im Glauben ..." Kirche und Kirchenvolk in einer katholischen Region 1933–1949, in: Broszat, Martin u. a. (Hrsg.), Von Stalingrad zur Währungsreform. Zur Sozialgeschichte des Umbruchs in Deutschland (Quellen und Darstellungen zur Zeitgeschichte, Bd. 26), München 1988, 3–111, hier 83.

tholische Kirchenrecht ein Altarnutzungsverbot für andere Konfessionen festlegte[25]. Der Codex Iuris Canonici (CIC) von 1917 bestimmte ausdrücklich, daß kirchlich geweihte (konsekrierte) feste Altäre wie auch Tragaltäre „als geweihte Sachen nur zum Gottesdienst und besonders zur Darbringung des Meßopfers in Gebrauch genommen werden [dürfen]. Profaner Gebrauch ist ausgeschlossen und begründet das Delikt des sacrilegium reale. Gebrauch zu Zwecken einer anderen Religionsgemeinschaft ist ausgeschlossen"[26], bekräftigte das gültige kirchliche Rechtsbuch. Angesichts des allein aus diesen Bestimmungen für die katholische Seite resultierenden Dilemmas wies Pohlschneider die Pfarrer und Pfarrektoren im Oldenburger Münsterland intern an, bei entsprechenden Anträgen der evangelischen Seite zunächst auf eine Nutzung profaner Räume zu verweisen. Aufgrund der für die Evangelisch-lutherische Landeskirche im Süden Oldenburgs analog zur katholischen Diasporasituation im Norden ähnlich lückenhaften Gemeindestruktur, mußte sich dieses Procedere zunächst vor dem Hintergrund der bereits 1945 erheblich zunehmenden Zahl evangelischer Vertriebener aus Ost- und Westpreußen sowie aus Niederschlesien in den Kreisen Cloppenburg und Vechta bald als problematisch erweisen. In Südoldenburg hatte die Landeskirche bis zum Kriegsende lediglich über sechs Kirchengemeinden und sieben Filialkapellen verfügt[27].

b) Das Fallbeispiel Emstek

An der Kontroverse um die Mitbenutzung der St.-Margareta-Kirche in Emstek, Kreis Cloppenburg[28], werden exemplarisch die Schwierigkeiten der katholischen Seite erkennbar, den Wünschen gerade der ostdeutschen Protestanten entgegenzukommen.

Während vor dem Zweiten Weltkrieg im Bereich der politischen Gemeinden Emstek und Cappeln nur ca. 20 evangelische Familien gelebt hatten, stieg die Zahl der Protestanten in diesem Raum nach Kriegsende innerhalb von kurzer Zeit auf 3.200 Personen an. Hier wie überall im Oldenburger Land zeichneten sich die evangelischen Vertriebenen durch eine starke Religiosität aus und beschämten „vielfach [...] die einheimische (evangelische. Anm. d. Verf.) Bevölkerung durch [...] ihre guten kirchlichen Traditio-

---

[25] Vgl. CIC (wie Anm. 3), cc. 1197–1202.

[26] Zit. nach einer Übersetzung bei Eichmann, Eduard, Lehrbuch des Kirchenrechts auf Grund des Codex Iuris Canonici für Studierende, 2., verbess. Aufl. Paderborn 1926, 416.

[27] Kirchengemeinden waren: Elisabethfehn, Friesoythe, Cloppenburg, Goldenstedt, Vechta, Neuenkirchen. Kapellen bestanden in Wulfenau, Fladderlohausen, Damme, Essen, Löningen, Lohne u. Idafehn. Vgl. Höpken, Heinrich, Die Ev.-luth. Kirche im oldenburgischen Münsterland einst und jetzt, in: Ev.-luth. Oberkirchenrat (Hrsg.), Die Hand am Pfluge. Berichte und Besinnungen über Arbeit und Leben in der ev.-luth. Kirche in Oldenburg zum 100jährigen Jubiläum des Oberkirchenrates, o. O. (Oldenburg) 1949, 47–54, u. Schäfer, Gisela u. Rolf (Hrsg.), Gustav-Adolf-Werk Oldenburg 1844–1994. 150 Jahre Hilfe für evangelische Minderheiten, Oldenburg 1994, hier 22–67.

[28] Bezeichnenderweise werden die im folgenden aus den Quellen erarbeiteten Vorkommnisse in der Festschrift 30 Jahre Evangelisch-lutherische Kirchengemeinde Emstek-Cappeln, Cloppenburg 1975, nicht thematisiert.

nen"²⁹. Nachdem der einheimische Cloppenburger Pastor Gerhard Wintermann³⁰ im Sommer 1945 den ersten evangelischen Gottesdienst in einem Emsteker Schulraum gehalten hatte und anschließend Pastor Gerhard Lea³¹, der aus dem bombenzerstörten Berlin in Essen/O. Zuflucht gesucht hatte, die seelsorgliche Betreuung übertragen worden war, erwies sich die Notgottesdienststätte bald als überfüllt. 150 Menschen drängten sich regelmäßig um 60 vorhandene Plätze, so daß Lea, der im übrigen ebenso wie Landesbischof Stählin zur liturgieorientierten Michaelsbruderschaft gehörte, Pfarrer Theodor Hörstmann³² von St. Margareta um Überlassung seines Gotteshauses für einen Abendmahlsgottesdienst bat. Dabei spielte auch der Wunsch eine Rolle, den Gläubigen in ihrer Notsituation im Falle der Sakramentenspendung Beheimatung in einem „würdigen Gottesdienstraum"³³ zu ermöglichen. Obwohl Lea seinem katholischen Amtsbruder „beweglich uns[e]re Raumnot geschildert und ihn auch darauf hingewiesen [hatte], daß es überall in Deutschland üblich sei, sich gegenseitig zu helfen", blieb Hörstmann stur und führte zur Begründung an, daß die evangelischen Christen ja über einen Raum verfügten und im übrigen das Offizialat eine Mitbenutzung in diesem Fall nicht gutheiße. Daß Hörstmann den Protestanten dennoch zu einem würdigeren eigenen Gottesdienstraum verhelfen wollte, belegen seine Bemühungen, den Aufbau einer nicht mehr genutzten Baracke vom Flugplatz Ahlhorn oder die Übernahme eines von polnischen Displaced Persons für ihren Gottesdienst genutzten Tanzsaales für diese Zwecke einzuleiten. Nachdem entsprechende Pläne keinen Rückhalt von evangelischer Seite erhielten, kam der katholische Geistliche allerdings zu der Auffassung, daß „die protestantischen Herren [...] sich weiter gar keine Mühe geben, die Gottesdienstfrage auf andere Art zu lösen, man will nur die Pfarrkirche in Emstek"³⁴.

Angesichts dieser Zuspitzung der Situation hatte Pastor Wintermann, der offiziell weiterhin für Emstek zuständig war, schon am 13. Dezember 1945 den Oberkirchenrat von den Vorfällen unterrichtet und um Amtshilfe gebeten. Weil zunächst jegliche Reaktion aus Oldenburg ausblieb, setzten die Pastoren Lea und Wintermann im Februar 1946 in getrennten Schreiben diesmal Landesbischof Stählin persönlich von den Streitigkeiten

---

[29] Bielfeld, Walter, Oldenburgische Kirchengeschichte seit 1945, in: Ev.-luth. Oberkirchenrat (Hrsg.), Auf dem Wege. Beiträge zur Geschichte und Aufgabe der Evangelisch-Lutherischen Kirche in Oldenburg. Festschrift für Bischof Gerhard Jacobi zu seinem 70. Geburtstag, Oldenburg o. J. (1961), 11–19, hier 17.

[30] Gerhard Wintermann, geboren 1911 in Oldenburg, Ordination 1937, 1942 Pfarrer in Cloppenburg, 1947 Pfarrer in Großenkneten, Kirchenrat. Vgl. Warntjen, Hans (Hrsg.), Die Prediger des Herzogtums Oldenburg von der Reformation bis zur Gegenwart, Bd. II: 1940–1979, Oldenburg 1980, 23.

[31] Gerhard Lea, stammte aus Ludwigsfelde/Brandenburg, 1945–1946 nach Emstek evakuiert, dann zurückgekehrt Vgl. ebd., 37, 40.

[32] Theodor Hörstmann, geboren 1897 in Dinklage, Priesterweihe 1925 in Münster, 1943 Pfarrer in Emstek, gestorben 1967 ebd. Vgl. Heitmann, Clemens, Priesterbuch des Offizialatsbezirks Oldenburg. 2. Bd., Friesoythe 1985, 78.

[33] Lea an Oberkirchenrat v. 13.12.1945, in: Archiv OKR A-L-12. Hier auch das folg. Zit.

[34] Hörstmann an Offizialat v. 24.4.1946, in: OAV A-3-128.

in Kenntnis mit dem Hinweis, daß in der bevorstehenden Passionszeit ein besonderer Bedarf nach Gottesdiensten in einem kirchlichen Ambiente bestehe.

Während der Landesbischof der Aufforderung nach Intervention bei Offizial Pohlschneider unter Verweis auf die Dankbarkeit der Bevölkerung für entsprechende großzügige Gesten nachkam[35], war sein Adressat auch nicht untätig geblieben. Dies geht aus einem Schreiben Pohlschneiders an den im Zuge der Kriegswirren in seine Heimatgemeinde Emstek zurückgekehrten Priester und Anwalt der Römischen Rota Dr. Franz gr. Wietfeld hervor. Letzterer hatte sich zuvor in den Streit eingeschaltet und versucht, dem Offizial die Dringlichkeit der gelegentlichen Erlaubnis einer protestantischen Mitbenutzung der Emsteker Pfarrkirche zu verdeutlichen. Eine recht erstaunliche Stellungnahme, wenn man bedenkt, daß gr. Wietfeld als Mitglied des höchsten Gerichtshofes der katholischen Kirche mit dieser Demarche streng genommen gegen geltendes Kirchenrecht anging. Der Offizial hingegen beharrte gegenüber seinem in Fragen des kanonischen Rechts kompetenten Korrespondenzpartner auf einer defensiven Haltung hinsichtlich der protestantischen Gesuche um Gewährung eines Obdachs. Wie er Dr. gr. Wietfeld vertraulich mitteilte, gelte es „unsererseits etwas zurückhaltend sein [zu] müssen, zumal hier im katholischen Münsterland", was bisher „glücklicherweise auch immer noch gelungen" sei[36].

## 3. Normative Handlungsmaximen und deren Rezeption

### a) auf der Mesoebene

Der Präzedenzfall in Emstek blieb allerdings im Offizialat längerfristig nicht ohne Reaktion, zumal Offizial Pohlschneider erkannt hatte, daß Handlungsbedarf bestand, um vor allem dem um Mitbenutzung seiner Gotteshäuser angefragten südoldenburgischen Klerus eine einheitliche Verhaltensmaßregel in die Hand zu geben. Gleichzeitig galt es aber auch, die großzügige Geste des evangelischen Oberkirchenrates nicht durch eine vorschnelle, ablehnende Reaktion zu torpedieren. Im Hinblick auf diese Ambivalenz erließ Pohlschneider am 20. März 1946 eine Anordnung an den Klerus, die folgenden Wortlaut hatte und offenbar bereits von einer Verschärfung der katholischen Seelsorgesituation durch das inzwischen massive Einströmen katholischer Vertriebener zumeist aus Schlesien bis in die kleinsten Bauerschaften der Wesermarsch, Frieslands und des Ammerlandes hinein beeinflußt war:

„Von evangelischer Seite wurde in letzter Zeit wiederholt die Bitte ausgesprochen, daß katholische Kirchen für evangelischen Gottesdienst zur Verfügung gestellt werden möchten. Manche Kirchen kommen dadurch, wie das Offizialat weiß, in eine schwierige

---

[35] Vgl. Stählin an Pohlschneider v. 11.3.1946, ebd.
[36] Pohlschneider an gr. Wietfeld v. 29.12.1945, ebd. Franz gr. Wietfeld, geboren 1893, stammte aus Emstek, Priesterweihe 1921 in Münster, Dr. theol. et iur. utr., 1934 Anwalt der Römischen Rota, gestorben 1958. Vgl. Heitmann, Clemens, Priesterbuch des Offizialatsbezirks Oldenburg (wie Anm. 32), 123.

Lage. Andererseits können wir uns jedoch der Tatsache nicht verschließen, daß wir angesichts der jüngsten Entwicklung der Dinge [...] einer ganz neuartigen Situation gegenüberstehen. Auch haben wir in der Diaspora seit längerer Zeit infolge unüberwindlicher Schwierigkeiten mancherorts nicht umhin gekonnt, für unsern Gottesdienst evangelische, uns zur Verfügung gestellte Kirchen in Anspruch zu nehmen. Unter diesen Umständen wollen wir es nicht grundsätzlich ablehnen, evangelischen Pfarrern in besonders gelagerten Fällen, in denen andere Räume einfach nicht vorhanden sind, katholische Kirchen vorübergehend zu überlassen. Es ist jedoch in jedem Einzelfalle zunächst an das Offizialat zu berichten und um Genehmigung nachzusuchen. Der Bericht muß unter anderem darüber Aufschluß geben, ob alle Möglichkeiten zur Beschaffung anderer geeigneter Räume erschöpft sind. Wenn dann von uns die Genehmigung erteilt wird, kann es sich nur um eine vorübergehende Erlaubnis handeln, so daß also weiterhin nach anderen Möglichkeiten gesucht werden muß. Die Benutzung des Altares für den evangelischen Gottesdienst wird mit Rücksicht auf seine Konsekration nicht gestattet. Eventuell kann der evangelische Geistliche einen Tisch aufstellen. Während der Abhaltung evangelischer Gottesdienste ist das Sanctissimum an geeigneter Stelle in der Sakristei aufzubewahren."[37]

Damit hatte Pohlschneider hinsichtlich des Begriffs „andere Räume" einen nicht unbeträchtlichen Interpretationsspielraum offen gelassen und sich ausdrücklich die Genehmigung der Mitbenutzung nach Berichterstattung des zuständigen Ortspfarrers selber vorbehalten. Bei der Anordnung an den katholischen Klerus Oldenburgs handelte es sich somit um nichts anderes als um eine konsequente öffentliche Verifizierung der bisherigen Linie des Offizials, wie er sie schon in der Korrespondenz mit dem Kirchenrechtler Franz gr. Wietfeld zum Ausdruck gebracht hatte.

Dennoch hatte die Bischöfliche Behörde in Vechta mit ihrem Dekret einem neuerlichen Vorstoß des evangelischen Oberkirchenrates den Weg bereitet, der in einem Schreiben an die Gemeindekirchenräte vom 18. April 1946 im großen und ganzen die Bestimmungen des Offizialates für die Landeskirche verwirklichte[38]. Jedoch stellte sich die Angelegenheit in den Worten der Anweisung aus Oldenburg wesentlich dringender dar als bei Pohlschneider, weil der Oberkirchenrat ausdrücklich betonte, daß die katholischen Flüchtlinge in Nordoldenburg darauf angewiesen seien, in den evangelischen Kirchen als Gäste Aufnahme zu finden, und entsprechendes unbedingt auch für die Südoldenburger Protestanten gelte. Das Dekret trug somit neben administrativen Zügen auch einen stark pastoralen Charakter, wenn es etwa die Gastfreundschaft für die vertriebenen Katholiken als zutiefst christlichem Handeln entsprechenden Grundsatz herausstellte. Vor allem aber wurde hier die Frage nach einem alternativen Ort für die Meßfeier im Gegensatz zum Schreiben des Offizials auf das Vorhandensein „anderer gottesdienstlicher Räume" präzisiert. Mit der nur vermeintlich als Nuance zu betrachtenden Ersetzung des vom Offizialat gebrauchten Begriffs „geeignete Räume" durch „gottesdienstliche Räume" war ex autori-

---

[37] Anordnung des Offizialats an die Hochw. Herren Pfarrer, Kapellen- u. Missionsgeistlichen des Offizialatsbezirks v. 20.3.1946, in: OAV A-3-128.
[38] Vgl. Ev.-luth. Oberkirchenrat Oldenburg an die Gemeindekirchenräte v. 18.4.1946, in: Archiv OKR A-L-12. Hier auch das folg. Zit.

tate das protestantische Plazet für katholische Meßfeiern in lutherischen Kirchen Nordoldenburgs erteilt, erfüllten doch die Klassenräume der Schulen oder die Säle der Gasthäuser ganz eindeutig keinen gottesdienstlichen Zweck.

Die liberaler erscheinende Position des Oberkirchenrates verfolgte damit erkennbar die Absicht, Pohlschneider im Gegenzug zu einer baldigen generellen Erlaubnis für die katholische Kirchennutzung durch die Protestanten zu bewegen, wie es Landesbischof Wilhelm Stählin bei Übersendung seiner Anordnung nach Vechta in einem Beischreiben erkennbar werden ließ[39]. Dieser unterließ es nämlich gleichzeitig auch nicht, seinen Adressaten davor zu warnen, „ungute Verhältnisse herbeizuführen, die notwendig dann auch zu schmerzlicher Enttäuschung bei den Flüchtlingen führen müssen".

In der Zentrale des Oberkirchenrats war in den Vormonaten nicht verborgen geblieben, daß die Diskrepanz zur katholischen Haltung betreffs Öffnung ihrer Kirchen gerade in diesem Punkt begründet lag. Sah man in Oldenburg also die Gastfreundschaft als kontinuierliche, auf einen längeren Zeitraum bezogene Einrichtung an, so war sie in Vechta lediglich als einmaliger Zustand, etwa für hohe evangelische Feiertage, gedacht.

In Hemmelte beispielsweise hatte der katholische Ortsgeistliche vorbehaltlich der Genehmigung durch den Offizial den ostvertriebenen Protestanten des Ortes für eine Stunde am Karfreitag die Kapelle unter ausdrücklichem Verbot der Nutzung von Altar, Kerzen, Orgel und Heiligem Grab (sic!) zur Verfügung gestellt[40]. Dr. Pohlschneider entsprach diesem Wunsch sicherlich nicht zuletzt wegen des im Brief des Kaplans an das Offizialat klar als Einzelfall formulierten Anliegens. Einen nicht unwesentlichen Einfluß wird des weiteren auch die Bemerkung des Hemmelter Ortsgeistlichen gehabt haben, daß der evangelische Hilfsprediger „uns bisher in seiner Tätigkeit keinerlei Schwierigkeiten machte und auch die Betreuung der evang[elischen] Flüchtlinge mit guter Rücksicht auf die Interessen des kath[olischen] Volkes durchführt"[41]. Daß diese Form der Diplomatie in zahlreichen anderen Gemeinden, und dies vor allem im Wirkungsbereich des bereits im Fall Emstek als vehementer Verfechter einer Kirchenmitbenutzung auftretenden evangelischen Cloppenburger Pastors Gerhard Wintermann, nicht herrschte, belegt zudem ein Hinweis auf die Situation in Lindern.

Hier war nach dem Bericht Wintermanns der Karfreitagsgottesdienst nicht in der katholischen Pfarrkirche abgehalten worden, sondern „in der vollständig überfüllten Schulklasse durch immer neue Ohnmachtsanfälle selbst junger Männer, Erbrechen usw. in der empfindlichsten Weise gestört worden"[42]. Bedingt durch die von Wintermann eingeleitete Intervention von Landesbischof Stählin in dieser Angelegenheit kam es in Lindern auch angesichts einer glaubhaften Belegung der Tatsache, daß dort keine „anderen Räume" als die ständig überfüllte Schulklasse zur Verfügung standen, zu einer über den Einzel-

---

[39] Vgl. Stählin an Pohlschneider v. 25.4.1946, in: Archiv OKR A-XXXVIII-31. Hier auch das folg. Zit.

[40] Vgl. Kaplan Dr. Johannes Göken, Hemmelte, an Offizialat v. 24.3.1946 u. Antwort des Offizialats v. 27.3.1946, in: OAV A-3-128.

[41] Pohlschneider an Göken v. 27.3.1946, ebd.

[42] So zit. in einem Schreiben Stählins an Pohlschneider v. 25.4.1946, ebd.

fall hinausreichenden Öffnung der katholischen Pfarrkirche für evangelische Gottesdienste[43].

Im übrigen hatte Offizial Pohlschneider zu Beginn der interkonfessionellen Kontakte auch immer wieder betont, daß die Katholiken nur „im äußersten Notfall"[44] Gebrauch von dem großzügigen Angebot machen wollten, und in seinem Rundschreiben vom 20. März 1946 noch beinahe entschuldigend vermerkt, man habe in manchen Orten das Mitbenutzungsangebot der evangelischen Kirche einfach nicht ausschlagen können[45]. So läßt sich für den Jahreswechsel 1945/46 auch erst eine Mitbenutzung von sechs der 93 evangelischen Kirchen und Kapellen im Norden der Region belegen, die zum Teil noch aus der Zeit der Evakuierung von 1944 resultierte, was 6,5 % der Gotteshäuser entsprach[46].

Angesichts der geringen Zahl von nur 14 katholischen Kirchen bzw. Kapellen in Nordoldenburg, die sich auf acht Pfarreien verteilten, und der gestiegenen seelsorglichen Anforderungen infolge der im Frühjahr 1946 sprunghaft zunehmenden Katholikenzahl in der Diaspora, die eine Gründung von 20 neuen Seelsorgestellen und Einrichtung von bis zu 107 Notgottesdienststationen erforderte, bot das bereits erwähnte Dekret des Oberkirchenrates vom April 1946 eine willkommene Gelegenheit für die Katholiken, auf eine größere Zahl evangelischer Kirchen zurückzugreifen[47]. Einige Daten können die Dichte der Mitbenutzungsstruktur in verschiedenen Stichjahren verdeutlichen. Bis zum Beginn des Jahres 1947 schnellte die Zahl der für katholische Meßfeiern benutzten lutherischen Kirchen auf 41 hoch[48]. Zwar ist beim Jonglieren mit entsprechenden Zahlen nicht außer acht zu lassen, daß die Gesamtzahl evangelischer Kirchen und Kapellen im Norden der Region um etwa ein Viertel höher lag als die Zahl der katholischen Kirchen im Oldenburger Münsterland[49]. Wenn bis Mitte 1948 dann sogar insgesamt 52 evangelische Kirchen im Zuge dieser aus der Not der Zeit heraus resultierenden Expansion katholischer Seelsorgebemühungen einbezogen wurden, bedeutete dies prozentual gesehen jedoch, daß in fast 56 % der in Nordoldenburg gelegenen Kirchen und Kapellen der Landeskirche regelmäßig, das heißt sonntäglich, 14tägig usw., Eucharistiefeiern abgehalten wurden.

---

[43] Vgl. Anweisung Pohlschneiders an Pfarrer Anton Meyer, Lindern, v. 21.5.1946, ebd.

[44] Pohlschneider an gr. Wietfeld v. 29.12.1945, ebd.

[45] Vgl. Anordnung des Offizials v. 20.3.1946, ebd.

[46] Vgl. Aufstellung in: Archiv OKR A-L-12.

[47] Vgl. den Personal-Schematismus des Bistums Münster 1949, Münster 1949, der alle Notgottesdienststationen in der Diözese eigens benennt.

[48] Vgl. Oldenburger Sonntagsblatt v. 2.2.1947.

[49] Während in Nordoldenburg 93 ev.-luth. Kirchen und Kapellen bestanden, unterhielt die katholische Kirche in den Kreisen Vechta und Cloppenburg nur 70 Kirchen.

Tabelle 10: Benutzung evangelisch-lutherischer Kirchen in Nordoldenburg für katholische Gottesdienste nach 1945 (in absoluten Zahlen und in %)*

| ev. Kirchen | 52 (55,9 %) |
|---|---|
| ev. Konfirmandensäle | nur ergänzend, für Werktagsmessen |
| Schulen, Gasthäuser u. a. (in ev. Kirchorten) | 8   ( 8,6 %) |
| kath. Kirche vorhanden | 13   (14,0 %) |
| ohne kath. Kirche und ohne Sonntagsgottesdienst | 20   (21,5 %) |
| **insgesamt** | **93 (100,0 %)** |

* Erfaßt sind alle mehrfach genutzten Kirchen, unabhängig von Dauer und Zeitpunkt der Nutzung.

*Quellen: Archiv OKR A-L-12: Umfragen des Oberkirchenrats v. 12.11.1946 u. 11.6.1948, OAV A-3-128: Umfragen November 1949 u. Juli 1953, Personal-Schematismus des Bistums Münster 1949, Münster 1949 (mit Angabe aller Gottesdienststationen)*


Tabelle 11: Benutzung katholischer Kirchen in Südoldenburg für evangelische Gottesdienste nach 1945 (in absoluten Zahlen und in %) *

| **kath. Kirche regelmäßig (bis zu 1x monatlich)** | **8** |
|---|---|
| „ gelegentlich | 5 |
| „ einmalig | 2 |
| „ insgesamt | 15 (22,8 %) |
| kath. Pfarrheim oder Gesellenhaus oder kath. Filialkapelle | 7 (10,0 %) |
| Schule oder Gasthaus (nur auf kath. Kirchorte bezogen) ständig | 13 |
| „ zeitweise | 2 |
| „ insgesamt | 15 (21,4 %) |
| ev. Kirche im Kirchort vorhanden | 8 (11,4 %) |
| Simultankirche | 1   (1,4 %) |
| keine Mitbenutzung und kein Gottesdienst registriert | 23 (32,8 %) |
| **insgesamt** | **69 (100,0 %)** |

* Erfaßt sind alle mehrfach genutzten Kirchen Südoldenburgs, unabhängig von der Dauer und dem Zeitpunkt ihrer Nutzung! Ergänzt sei, daß auch zwei kath. Gotteshäuser in Nordoldenburg (Einswarden u. Südmoslesfehn) eine Nutzung durch die ev. Christen erfuhren.

*Quellen: Archiv OKR A-L-12: Umfragen des Oberkirchenrats v. 12.11.1946 u. 11.6.1948, OAV A-3-128: Umfragen November 1949 u. Juli 1953, Personal-Schematismus des Bistums Münster 1949, Münster 1949 (mit Angabe aller Gottesdienststationen)*

Der Anweisung des Landesbischofs folgend, erteilte der Oberkirchenrat auf Anfrage der Gemeindekirchenräte vorbehaltlos die entsprechenden Genehmigungen. Zieht man die Orte, in denen bereits eine katholische Kirche bestand, in unmittelbarer Nähe lag oder aber wo eine Notkapelle eingerichtet war – wie etwa in Hude und Lemwerder (insgesamt 14 %) – von der Restsumme einmal ab, so bleibt nur noch weniger als ein Drittel der evangelischen Gotteshäuser übrig, das nicht von einer Mitbenutzung betroffen war. In mehr als zwei Drittel dieser Fälle äußerte die zuständige katholische Gemeinde ohnehin nie das Bedürfnis nach einer eigenen Gottesdienststation an diesem Ort, da die Zahl der Katholiken eine solche nicht rechtfertigte oder aber sich bereits eine katholische Kirche in unmittelbarer Nähe befand. Lediglich in knapp 9 % der evangelischen Kirchorte mit katholischem Meßangebot wichen die Katholiken in Schulräume oder in ein Wirtshaus aus. Wohlgemerkt beziehen sich diese Angaben lediglich auf die Dörfer, die über eine eigene evangelische Kirche verfügten, und nicht auf die ihnen zugehörigen Bauerschaften, in denen häufig zusätzlich evangelische Schulen und Gasthaussäle für katholische Gottesdienste genutzt wurden.

b) auf der Makroebene der katholischen Universalkirche

Versucht man die Ursachen für die im umgekehrten Fall wesentlich bedecktere Haltung der Vechtaer kirchlichen Behörde zu ergründen, so spielt in diesem Zusammenhang zum einen das in der katholischen Überlieferung geringere Verständnis für den als nüchtern und auf das Wort zentriert empfundenen evangelischen Gottesdienst sowie das dahinter stehende unterschiedliche Amts- und Sakramentenverständnis eine Rolle. Wurde aus der Sicht der katholischen Bevölkerung dem evangelischen Gottesdienst eben keine sakrale Handlung zugesprochen, so entsprach dies der gültigen katholischen Lehre vom Priesteramt und der in der Eucharistiefeier vollzogenen Transsubstantiation. Da der evangelische Pastor somit keine priesterlichen Funktionen wahrnehmen kann und die in der Reformation abgespaltenen Kirchen ohnehin die Transsubstantiationslehre ablehnten, erschienen folglich auch Schulen oder Gasthäuser als würdige und angemessene Orte für evangelische Gottesdienste.

Zum anderen ging es bei der Distanzwahrung auch ganz grundsätzlich um die Sicherung der eigenen katholischen Identität, für die Abgrenzungsmechanismen wichtig waren. In diesem Kontext kam der in interkonfessionellen Fragen sehr vorsichtigen Haltung der deutschen Bischöfe und des Heiligen Stuhles eine entscheidende Bedeutung zu. Als hierarchisch strukturierte Weltkirche machte die katholische Kirche noch Ende der 1940er Jahre die Mitwirkung von Katholiken an ökumenischen Treffen von einer vorherigen ausdrücklichen Genehmigung der zuständigen römischen Kongregation abhängig[50]. Papst Pius XII. suchte die ökumenische Annäherung dahingehend zu steuern, daß

---

[50] Vgl. Lesch, Karl-Josef, Die Begegnung mit dem Fremden als Chance ökumenischen Lernens für die christlichen Gemeinden, in: Kürschner, Wilfried, Laer, Hermann von (Hrsg.), Zwischen Heimat und Fremde, Aussiedler – Ausländer – Asylanten (Vechtaer Universitätsschriften, Bd. 11), Cloppenburg 1993, 99–121, hier 100.

die protestantischen Kirchen als einstige Abspaltung wieder in den Schoß der katholischen Mutterkirche, die unter seinem Pontifikat als „acies bene ordinata", als wohlgeordnete Schlachtreihe, verstanden wurde, zurückzukehren hätten. In diesem Sinne hatte er 1943 in seiner Enzyklika „Mystici Corporis" zwar das Verhältnis der katholischen Christen zu den Andersgläubigen angesprochen und die „unglückselige Spaltung im Glauben"[51] beklagt, eine Annäherung der christlichen Konfessionen jedoch mit dem Argument abgelehnt, daß „die, welche im Glauben oder in der Leitung voneinander getrennt sind, nicht in diesem einen Leib und aus seinem einen göttlichen Geiste leben" könnten. Pius XII. hatte damit eine Einheit von der mystischen Vorstellung des Leibes Christi als unteilbarem „Corpus" und der katholischen Kirche als dessen gegenwärtiger Verkörperung proklamiert. Aus diesem von der Vorstellung der einzig wahren Nachfolge Christi bestimmten Traditionsstrang heraus kam jegliche Annäherung für ihn in Anlehnung an seinen Vorgänger Pius XI.[52] nur unter den Auspizien des Heiligen Stuhles in Betracht. Vor dem Hintergrund eines entsprechenden Kirchenbildes ist es verständlich, daß die römische Weltkirche gegenüber protestantischen Bestrebungen, die ökumenische Bewegung voranzutreiben, „bis zum Ausgang des Pontifikats Pius' XII. (also bis 1958. Anm. d. Verf.) deutliche Reserven"[53] zeigte und damit einen Beitrag zur Milieustabilisierung zu leisten versuchte.

Aber auch in weiten Teilen der Kirche auf nationaler Ebene zog das katholische Milieu einen guten Teil seiner Stärke und Legitimation aus seiner Abgrenzung von anderen gesellschaftlichen und vor allem konfessionellen Gruppen. Belegt sei dies exemplarisch anhand einer Stellungnahme der niederländischen Bischöfe, die 1948 anläßlich der ersten Vollversammlung des Ökumenischen Rates, dem die katholische Kirche nicht angehörte, freundlich aber bestimmt feststellten, die römisch-katholische Kirche sei „die eine, heilige, katholische und apostolische Kirche, die von Jesus Christus gegründet wurde, damit sein Werk der Erlösung durch sie weitergeführt werde bis ans Ende der Zeiten. [...] Darum können die Spaltungen unter den Christen nur auf eine Weise beendet werden: durch Rückkehr zu ihr; durch eine Rückkehr in die Einheit, die immer in ihr bewahrt worden ist."[54]

---

[51] „Mystici Corporis" v. 29.6.1943, auszugsweise abgedruckt bei: Althaus, Hans-Ludwig (Hrsg.), Ökumenische Dokumente. Quellenstücke über die Einheit der Kirche. Göttingen 1962, 174–181, hier 180, u. das folg. Zit., ebd., 176f.

[52] Die Rückkehr der Protestanten zum Katholizismus hatte Pius XI. in seiner Enzyklika „Mortalium Animos" vom 6.1.1928 als einzigen Weg einer Wiedervereinigung im Glauben gekennzeichnet. Die Enzyklika ist abgedruckt bei: Althaus, Hans-Ludwig (Hrsg.), Ökumenische Dokumente (wie Anm. 51), 163–174.

[53] Raem, Heinz-Albert, Die ökumenische Bewegung, in: Gatz, Erwin (Hrsg.), Geschichte des kirchlichen Lebens in den deutschsprachigen Ländern seit dem Ende des 18. Jahrhunderts, Bd. III: Katholiken in der Minderheit (wie Anm. 5), 143–212, hier 145. Hier auch ein knapper Überblick über den Dialog zwischen den Kirchen vor dem Zweiten Vatikanum.

[54] Hirtenbrief der niederländischen Bischöfe zur Tagung des Ökumenischen Rates in Amsterdam 1948, zit. nach: Fischer, Alfons, Pastoral in Deutschland nach 1945, Bd. II (wie Anm. 4), 280.

## 4. Irritationen an der Basis – Folgen heterogener Konfessionszonen für das Milieuverständnis

Die somit nicht auf der Mesoebene in Vechta oder Münster hausgemachte, sondern weltkirchlich als Direktive vorgegebene Distanz zu anderen christlichen Konfessionen mußte also zwangsläufig die Haltung der katholischen Kirchenbehörde bestimmen. Wie streng die Mitbenutzungserlaubnis für katholische Gotteshäuser hier ausgelegt wurde und das Agieren des Offizialats dadurch eingeschränkt war, wenn es bei deren Anwendung nicht um die Behebung einer gravierenden Notsituation evangelischer Flüchtlinge ging, machte im April 1946 eine Anfrage der Leitung des katholischen Pius-Hospitals in Oldenburg nach Abhaltung evangelischer Gottesdienste für Patienten dieser Konfession in dessen Kapelle deutlich. Von der Oberin, einer Angehörigen der Kongregation der Barmherzigen Schwestern (Clemensschwestern), zunächst gestattet, mußte das Plazet für eine evangelische Mitbenutzung dieses Sakralraumes nach Eingreifen des Bischöflichen Offizialats jedoch zurückgenommen werden. Offizial Pohlschneider sah in diesem Fall eben keine zwingende Notwendigkeit geboten, zumal in der Landeshauptstadt zugleich ein separates evangelisches Krankenhaus bestand. Daß diese Argumentation aus protestantischer Warte als ein Messen mit zweierlei Maß verstanden wurde, zeigt die Reaktion einer in der katholischen Krankenpflegeeinrichtung beschäftigten evangelischen Kinderärztin, die sich den Katholiken verbunden fühlte und es sich zur Aufgabe gesetzt hatte, „an meinem Teile mitzuwirken an der Aufgabe, Brücken zu bauen zwischen den Christen, die Gott auf verschiedenen Wegen suchen"[55]. Unter Hinweis auf die für katholische Meßfeiern genutzte evangelische Kirche in Wiefelstede habe sie – wie sie gegenüber dem Offizial versicherte – ein geschwisterliches Miteinander für selbstverständlich gehalten und drückte ihre Enttäuschung in der Frage aus, ob „Gott uns nicht vielleicht deshalb die [...] Not geschickt [hat], daß wir lernen sollen, unter einem Dach zu beten?".

Weil also die katholische Seite über strengere und weitgehendere Vorschriften verfügte als die evangelische und außerdem vor dem Hintergrund kaum mehr überschaubarer Katholikenzahlen in ihrer Diaspora das Plazet der Protestanten ebenso dankbar annahm, wie sie ihren Leitlinien getreu zu bleiben hatte, mußte sie sich zwangsläufig in Teilen der Bevölkerung auf der einen Seite dem protestantischen Vorwurf der Intoleranz ausgesetzt sehen. Auf der anderen Seite hingegen bargen gelegentliche großzügige Gesten der Gastfreundschaft nicht unerheblichen Zündstoff für die eigenen Gläubigen, woraus sich ebenso unweigerlich Belastungen des interkonfessionellen Verhältnisses ergeben mußten.

Hohe Wellen schlug der „Bischofsempfang" für Wilhelm Stählin in Lindern am Fest Christi Himmelfahrt 1946, der nicht nur die vom neuen Landesbischof verkörperte gewandelte Dimension eines evangelischen Bischofsamtes exemplarisch vor Augen führte, sondern die durch den Flüchtlingszustrom zunehmende Stärke des Protestantismus im katholischen Südoldenburg manifestierte. Ein Bericht über das Ereignis mit harscher

---

[55] Dr. Herta Böning an Offizialat v. 24.4.1946, in: OAV A-3-128. Hier auch das folg. Zit.

Kritik am Auftreten Stählins in Lindern erreichte sowohl das Offizialat als auch den Oberkirchenrat seitens des in den 1930er Jahren von der Landeskirche zum Katholizismus konvertierten Lehrers (und späteren Schulrates) Otto Janssen[56]. Dieser sah in der Veranstaltung einen demonstrativen Akt der Protestanten, ihren neu gewonnenen Einfluß in dem vor 1945 fast rein katholischen Dorf dadurch massiv unter Beweis zu stellen, daß der Landesbischof an der Ortsgrenze öffentlich empfangen und feierlich zur erstmals den Protestanten zur Verfügung gestellten katholischen Kirche geleitet wurde. Des weiteren habe man eine Prozession um das Gotteshaus abgehalten, bei der das lutherische Trutzlied „Ein feste Burg ist unser Gott" gesungen worden sei. Janssens eigentlicher Angriffspunkt lag dabei nicht in der Existenz einer evangelischen Flüchtlingsgemeinde in Lindern, sondern „in den landeskirchlich katholisierenden Glaubens- und Bekenntnisformen", wie sie unter Stählin in die Oldenburgische Landeskirche Einzug gehalten hatten. Sicherlich schrieb Janssen mit jenem Hauch einer dem Renegaten innewohnenden Polemik, wenn er etwa von der kleinen evangelischen Flüchtlingsschar im Ort berichtete, welche „zusammengehalten wird durch die äußere Not und Heimatlosigkeit, die nun besonders unter dem Druck der fremden Umgebung des Katholizismus im rein seelischen Bezirk ihrer evangelischen Kirche Halt und Trost" sucht. Dennoch charakterisierte er nicht ohne psychologisches Gespür die Tendenz Stählins zur Adaption katholischer Riten, die der Landeskirche nach außen hin auf einmal den Deckmantel des Hochkirchlichen verleihe, ohne im Inneren das lutherische Bekenntnis aufzugeben.

Janssens Vorwurf, Stählin habe das äußere Zeremoniell lediglich eingefügt, damit der im Oldenburger Münsterland vorherrschende Katholizismus gleichsam mit seinen eigenen Mitteln geschlagen werde, erscheint zwar im Wissen um das lebenslange Ringen des Landesbischofs um ein liturgisch ausgerichtetes Luthertum kaum nachvollziehbar. Jedoch liegt gerade in diesem Punkt der Kern des Problems: Der Verzicht Stählins auf eindeutige Unterscheidungsmerkmale gegenüber der katholischen Kirche in Liturgie und Amtsverständnis bedeutet ein Indiz für die Aufweichung des katholischen Milieus.

Daher nahm Offizial Pohlschneider das Memorandum des Lehrers sehr ernst und teilte Stählin mit, dieses Beispiel markiere die Tragweite der Probleme, die durch das aus der Not resultierende Miteinander der Konfessionen hervorgerufen werde[57]. Wenngleich der leitende katholische Geistliche Oldenburgs den Landesbischof gegen den Vorwurf in Schutz nahm, er habe die Katholiken in Lindern durch seinen Besuch provozieren wollen, bat er ihn im Vertrauen darum, gleich ihm künftig „alles das (besonders außerordentliche Feierlichkeiten) zu vermeiden, was den Anschein erwecken könnte, daß es uns nicht darum zu tun sei, nur einer augenblicklichen Notlage zu begegnen". Stählin wies in seiner Antwort gegenüber dem Offizial gezielt auf die Ursache des Problems hin, die

---

[56] Janssen an Offizialat u. Oberkirchenrat, o. Datum, in: ebd., u. Archiv OKR A-XXXVIII-31. Hier auch die folg. Zit. Otto Janssen, geboren 1901, besuchte das Lehrerseminar in Oldenburg u. war zunächst an ev. Volksschulen tätig. 1935 konvertierte er zum Katholizismus u. wurde Lehrer in Augustendorf, 1954 Rektor in Cloppenburg (Wallschule), 1957 Schulrat in Vechta.

[57] Vgl. Pohlschneider an Stählin v. 24.6.1946, in: Archiv OKR A-XXXVIII-31 u. OAV A-3-128.

seiner Ansicht weniger in einer inhaltlichen Annäherung der Landeskirche an den Katholizismus als vielmehr darin zu suchen sei, „daß die Konfessionen heute in einer nie dagewesenen Weise einander begegnen und auf wechselseitige Achtung und Hilfe angewiesen sind". Diese durch die politischen Gegebenheiten bedingte Überwindung seit Generationen bestehender Schranken zwischen den Konfessionen könne allerdings von Teilen der Bevölkerung noch nicht nachvollzogen werden. Ohne die Vorwürfe des Linderner Beobachters weiter zu kommentieren, zeigte sich Stählin sichtlich bemüht, seinem Adressaten zu versichern, daß die Protestanten durch ihre Linderner Feierlichkeit nicht auf Konfrontationskurs zu den Katholiken gegangen seien, sondern weiterhin die Gastfreundschaft gegenüber den Katholiken pflegen wollten. So bekräftigte Stählin seinem Korrespondenzpartner Pohlschneider, daß „unsere evangelischen Gemeinden bereit sind zu jeder Hilfe [...], die katholische Flüchtlingsgemeinden von ihnen erbitten, und daß ich gerne diese unsere Haltung auch weiterhin unabhängig halten möchte von allen Gesichtspunkten einer konfessionellen Prestige-Politik"[58].

Aus dem Antwortbrief des Landesbischofs sprach aber auch so etwas wie eine persönliche Betroffenheit darüber, daß man gerade ihn, einen zutiefst ökumenisch gesinnten Lutheraner, der Schürung konfessioneller Zwistigkeiten bezichtigte. Wenngleich dem protestantischen Bischof ein hohes Maß an Glaubwürdigkeit und Einfühlungsvermögen im interkonfessionellen Dialog bescheinigt werden muß, liegt ein Teil der in diesem Kontext heraufziehenden Konflikte paradoxerweise gerade in seiner für Protestanten wie Katholiken gleichermaßen katholisch anmutenden Aura begründet, die er bedingt durch seine jahrzehntelange Beschäftigung mit dem Katholizismus und seiner Liturgie entwickelt hatte.

Unabhängig davon stand auf rein lokaler Ebene der Fall Emstek auch nach Veröffentlichung der Erlasse seitens der beiden Kirchenbehörden bald wieder auf der Tagesordnung. Hier sah sich inzwischen der Nachfolger von Pastor Lea, der ostpreußische Missionsdirektor Hermann Tiedtke[59], vor derselben Schwierigkeit wie sein Vorgänger, als er im Oktober 1946 einen Erntedankgottesdienst in der katholischen Kirche des Ortes feiern wollte. Wiederum entschuldigte Pfarrer Hörstmann seine Ablehnung nämlich mit der mündlich eingeholten Stellungnahme der Vechtaer Kirchenbehörde, die grundsätzlich nur bei Fehlen eines anderen Raumes ihre Gotteshäuser zur Verfügung stelle, und interpretierte das Dekret des Offizialats vom 20. März 1946 damit sehr wörtlich[60]. Erst als der Cloppenburger Pastor Wintermann ein erneutes Protestschreiben an seine Kirchenleitung sandte, in dem er zum einen um Überprüfung der angeblichen Einstellung des Offizialats zur Kirchenmitbenutzung bat und zum anderen darauf verwies, daß in Nordoldenburg die katholischen Gottesdienste in aller Regel in evangelischen Kirchen stattfänden, und 14 Tage später im Nachgang darüber berichtete, daß „im Reformationsfest-Gottesdienst in Emstek sich wiederum die Würde eines Gottesdienstes völlig zerstörende Vorkomm-

---

[58] Stählin an Pohlschneider v. 26.6.1946, ebd.
[59] Hermann Tiedtke, geboren in Königsberg/Ostpr., 1946 Seelsorger in Emstek, 1954 Pastor in Sedelsberg. Vgl. Warntjen, Hans (Hrsg.), Die Prediger (wie Anm. 30), 37, 40, 47.
[60] Vgl. Hörstmann an Tiedtke v. 5.10.1946, in: Archiv OKR A-XXXVIII-31.

nisse in der viel zu kleinen Schulklasse abgespielt haben"[61], sah sich die Spitze der Landeskirche genötigt, in der Angelegenheit aktiv zu werden. So wies Oberkirchenrat Heinz Kloppenburg[62] den Offizial in sehr freundlichem Ton auf die negativen Folgen hin, die eine weitere Verweigerung der Gastfreundschaft seitens der Südoldenburger Katholiken für die Bereitschaft der Protestanten haben könnte, im Norden des Landes in ihren Gotteshäusern wie bisher den Katholiken ein Mitbenutzungsrecht einzuräumen[63].

In seiner daraufhin vom Offizialat eingeforderten Stellungnahme erwähnte Pfarrer Hörstmann dann einerseits die ablehnende Haltung des Kirchenvorstandes, über die er sich nicht hinwegsetzen könne. Andererseits bezog er sich auf das gespannte interkonfessionelle Verhältnis, das vordringlich aus einer über das rein religiöse Leben hinausgehenden Wirksamkeit des evangelischen Missionsdirektors resultiere, den er hier bezeichnenderweise – ob wissentlich oder nicht – nur den „Missionar" Tiedtke nannte[64].

Daher ergriff Offizial Pohlschneider in der Rückantwort an Oberkirchenrat Kloppenburg ausdrücklich Partei für seinen Confrater Hörstmann, indem er nicht ohne Genugtuung vermerkte, „daß der Fall doch wesentlich anders liegt als man aus dem Bericht des evangelischen Pfarramtes hätte annehmen müssen"[65]. Gleichzeitig nahm er diesen Präzedenzfall zum Anlaß, seine Verfügung bezüglich Überlassung katholischer Kirchen für Andersgläubige dahingehend zu präzisieren, daß es dem Miteinander der beiden großen Kirchen nicht dauerhaft zuträglich sei, wenn jede Gemeinschaft unter Hinweis auf die Würde der Liturgie allein nach einer Mitbenutzung des anderskonfessionellen Gotteshauses strebe. Statt dessen müsse es auch für die Katholiken als selbstverständlich gelten, zuallererst nach anderen Gottesdiensträumen zu suchen, bevor sie bei den Protestanten anfragten. Ziel und Zweck dieser auch in anderen Diözesen angewandten Praxis sei es, letztlich ein konfessionelles Eigenleben zu entwickeln, das die geistigen Wurzeln für den Bau einer eigenen Kirche schaffe. Bei kritischer Betrachtung läßt sich aus diesen Zeilen eine gewisse Ängstlichkeit Pohlschneiders davor erkennen, über die grundsätzliche Bereitschaft zur Hilfe hinaus eine Vorreiterrolle hinsichtlich einer stärkeren räumlichen Einheit vor Ort einzunehmen.

Während der Oberkirchenrat diese Antwort unkommentiert nach Cloppenburg weiterleitete, sah sich Pastor Wintermann zu Beginn des Jahres 1947 zu einem weiteren Vor-

---

[61] Wintermann an den Oberkirchenrat v. 22.10. u. 7.11.1946, ebd.

[62] Heinz Kloppenburg, geboren 1903 in Elsfleth, Ordination 1932, 1932 Pfarrer in Heppens, führend in der Bekennenden Kirche, 1937 deshalb im einstweiligen Ruhestand, 1945 Oberkirchenrat in Oldenburg, 1947 Beurlaubung zum Ökumenischen Rat der Kirchen in Genf, 1950 erneut Oberkirchenrat in Oldenburg, 1953 Berufsschulpfarrer in Dortmund, Dr. theol. h. c., gestorben 1986 in Bremen. Vgl. Höpken, Heinrich, Rittner, Reinhard, Artikel: Kloppenburg, Heinz, in: Friedl, Hans u. a. (Hrsg.), Biographisches Handbuch zur Geschichte des Landes Oldenburg (wie Anm. 10), 376–377.

[63] Kloppenburg an Pohlschneider v. 18.11.1946, ebd.

[64] Vgl. Hörstmann an Offizialat v. 30.11.1946, Durchschrift in Archiv OKR A-L-12 II.

[65] Pohlschneider an Kloppenburg v. 4.12.1946, ebd. Vgl. hierin auch die im folg. dargelegten Argumente.

stoß genötigt, wobei er insbesondere auf die bereits genannte Doppelzüngigkeit der katholischen Kirche abhob, die im Norden Oldenburgs gerne nach evangelischen Kirchen greife, im Süden ihre eigenen Gotteshäuser aber verschlossen halte[66]. Wie sehr es ihm mißfiel, daß dieses Vorgehen eben nicht vor Ort hervorgerufen, sondern durch die „intransigente Haltung" der Kirchenbehörde, namentlich des Offizials Pohlschneider, beeinflußt werde, versuchte Pastor Wintermann am Beispiel des Bührener Pfarrers vor Augen zu führen. Dieser habe sich von Beginn an tatkräftig für die evangelischen Flüchtlinge eingesetzt, bis ihm vom Offizialat untersagt worden sei, seine Kirche für evangelische Gottesdienste zur Verfügung zu stellen, obwohl es hier keinen anderen geeigneten Raum gebe, in dem – wie der ebenfalls eingeschaltete Landesbischof Stählin betonte – „eine Sakramentsfeier in würdiger Weise gehalten werden könnte"[67].

Letztlich hatten sich also auch hier wieder die Geister an der Definition eines der Würde der Liturgie entsprechenden Gottesdienstraumes geschieden, denn Offizial Pohlschneider hatte den alternativ avisierten Gasthaussaal in Schneiderkrug als dem evangelischen Gottesdienst angemessen deklariert und deshalb dem Pfarrer von Bühren von einer Überlassung der Pfarrkirche abgeraten[68].

Der unglückliche Zwischenfall in Bühren, der den Dissens zwischen grundsätzlicher Offenheit einzelner Priester für die Anliegen der Protestanten und allein an Vorschriften orientierten Reaktionen des Offizials deutlich machte, vor allem aber die langwierige Kontroverse in Emstek, die durch die gleichermaßen unnachgiebige Haltung des evangelischen Pastors Wintermann und des katholischen Pfarrers Hörstmann nicht unwesentlich verstärkt wurde, sowie das demonstrative Auftreten der Protestanten in Lindern spiegeln Einblicke in die Alltagsrealität der Milieuprofilierung auf der Mikroebene wider.

Entsprechende Konflikte sprachen sich in der evangelischen Pastorenschaft Nordoldenburgs schnell herum, zumal es in der dortigen agrarisch-protestantischen Umgebung an Erfahrungswerten mit dem Katholizismus mangelte und dabei insbesondere an Sensibilität für das katholische Sakramentenverständnis fehlte. Daher mußte die für Außenstehende vor dem Hintergrund protestantischer Liberalität als rigide erscheinende Haltung des Offizialates in der evangelischen Pfarrerschaft Aufsehen erregen und den Vorwurf katholischer Unglaubwürdigkeit erhärten. So bat beispielsweise der Zeteler Pastor am 4. Juni 1946 den Oberkirchenrat „unverzüglich um Antwort, ob der Bischöfliche Offizial in Vechta unserem Bischof D. Stählin den Altar in einer Kirche Südoldenburgs verboten hat. Sollte dies so sein, sehen wir uns veranlaßt, dasselbe dem katholischen Pfarrer (in Zetel. Anm. d. Verf.) gegenüber zu tun."[69] Zweifelsohne hatte hier der „Bischofsempfang" in Lindern

---

[66] Vgl. Wintermann an den Oberkirchenrat v. 11.1.1947, ebd. Hier auch die im folg. zit. Passagen.

[67] Stählin an Pohlschneider v. 11.3.1946, in: OAV A-3-128.

[68] Vgl. Pohlschneider an Pfarrer Caspar Schmitz, Bühren, v. 8.10.1946, ebd. Im benachbarten Visbek fand der ev. Gottesdienst ab Herbst 1945 im kath. Pfarrheim statt. Vgl. Chronik der Evangelisch-Lutherischen Kirchengemeinde Visbek-Langförden, Vechta 1997, 20.

[69] Pastor Wulf Ebsen, Zetel, an den Oberkirchenrat v. 4.6.1946, in: Archiv OKR A-L-12 II.

höhere Wellen geschlagen als der Zwist in Emstek. Nachdem Oberkirchenrat Kloppenburg zugegeben hatte, daß die „Verweigerung des Amtierens am Altar nicht der Praxis, die in anderen Teilen Deutschlands geübt wird"[70], entspreche, hierüber jedoch Verhandlungen mit dem Offizialat aufgenommen werden sollten, suchte der Zeteler evangelische Seelsorger noch einmal ausdrücklich um die Durchsetzung gleicher Rechte für beide Konfessionen nach[71].

Solche und ähnliche Erkundigungen häuften sich, basierten aber auch nicht selten auf Gerüchten. So zum Beispiel in Bockhorn, wo der evangelische Pastor die Richtigkeit seiner Gastfreundlichkeit gegenüber den katholischen Vertriebenen in Zweifel stellte, weil der katholische Pfarrer im südoldenburgischen Scharrel sich geweigert habe, seine Kirche für evangelische Flüchtlinge zu öffnen[72]. Auf Nachfrage des Oberkirchenrates beim zuständigen evangelischen Pastor von Friesoythe räumte dieser jedoch ein, der Vorwurf sei schlichtweg falsch. „Da wir mit der Schulklasse der ev[angelischen] Schule für alle gottesdienstlichen Belange auskommen, haben wir nie einen Antrag auf Benutzung der katholischen Kirche gestellt. Der katholische Pfarrer in Scharrel ist uns gegenüber immer sehr entgegenkommend gewesen. [...] Mir persönlich hat der Pfarrer sogar schon manchen guten Rat gegeben."[73]

Angesichts des zunehmenden Unmutes unter den lutherischen Pastoren sah sich der Oberkirchenrat im November 1946 hinsichtlich der Kirchennutzung zu einer Umfrage in den nordoldenburgischen Kirchengemeinden genötigt[74]. Man wollte in der Behörde genaue Zahlen über die von Katholiken mitbenutzten Kirchen präsent haben, mit denen man gegenüber dem Offizialat für eine Öffnung katholischer Gotteshäuser im Süden argumentieren konnte. Die Rückmeldungen ergaben, daß die Mehrzahl der Gemeinden ganz gemäß dem Anliegen des neuen Landesbischofs ihre Kirchen freiwillig und gerne zur Verfügung gestellt hatte und diese simultane Nutzung zum Teil bereits in praxi gewesen war, bevor eine Genehmigung beim Oberkirchenrat eingeholt wurde. Auffällig ist, daß sich laut Grundtenor der Antworten lediglich in Sengwarden der Gemeindekirchenrat entschieden gegen die Benutzung durch die Katholiken ausgesprochen hatte[75].

---

[70] Kloppenburg an Gemeindekirchenrat Zetel v. 8.6.1946, ebd.

[71] Vgl. Ebsen an den Oberkirchenrat v. 13.6.1946, ebd.

[72] Vgl. Pastor Werner Gleinig, Bockhorn, an den Oberkirchenrat v. 30.5.1946, in: Archiv OKR A-L-12 II.

[73] Pastor Rudolf Meyer, Friesoythe, an den Oberkirchenrat v. 27.6.1946, ebd. Pfarrer von Scharrel war Carl Tepe (1898–1977).

[74] Vgl. Rundschreiben des Oberkirchenrats an die Gemeindekirchenräte v. 12.11.1946, in: Archiv OKR A-XXXVIII-31. Der Brief entsprach einem Beschluß des Oberkirchenrates v. 24.10.1946.

[75] Vgl. Gemeindekirchenrat Sengwarden an den Oberkirchenrat v. 25.11.1946, in: Archiv OKR A-L-12 II.

Zusammenhängend erfaßt wurde die Situation insbesondere im Oldenburger Münsterland dagegen erst mit einer zweiten, „vertraulichen Anfrage" von Dr. Hermann Ehlers[76], juristisches Mitglied des Oberkirchenrates und nachmaliger Bundestagspräsident, an die Gemeindekirchenräte vom Juni 1948, wobei ganz offensichtlich Klagen von dortigen Diasporapfarrern über ein rigides katholisches Vorgehen gegen Mischehen und eine Unterbelegung katholischer Pfarrhäuser mit Flüchtlingen ausschlaggebend für diesen Rundbrief gewesen waren. Jedenfalls wurde in diesem Schreiben dringend um Beantwortung folgender Fragen gebeten:

„1. In welchen Gemeinden werden evangelische/katholische Gotteshäuser zur Verfügung gestellt?
2. Wie ist die katholische Mischehenpraxis? Wird der Versuch gemacht, bei Mischehen grundsätzlich katholische Trauung und Kindererziehung zu erzwingen?
3. Sind katholische Pfarrhäuser in gleicher Weise belegt wie in anderen Orten evangelische Pfarrhäuser?"[77]

Die letztere Frage von Ehlers, der zugleich als Bevollmächtigter des für die sozialen Belange der Protestanten gegründeten „Evangelischen Hilfswerks" fungierte[78], schien daher angebracht, weil insbesondere die kinderreichen Familien der zahlreichen ostvertriebenen Pastoren unter dem Wohnraummangel litten bzw. die vorhandenen Pfarrhäuser im Norden Oldenburgs zumeist entsprechend normalen Wohnhäusern Einquartierungen erhalten hatten. Dagegen schien den Protestanten offenbar die weitgehend bestehende stillschweigende Sonderregelung einer nur geringen Belegung der katholischen Pfarrhäuser wenig verständlich zu sein.

Die vordergründig größte Aufmerksamkeit kam in dem Rundbrief aber der Kirchenmitbenutzung zu, die ein im Vergleich zur Situation in Nordoldenburg niederschmetterndes Ergebnis für den Oberkirchenrat mit sich brachte. Unter dem Vorbehalt, daß nicht aus allen Gemeinden Rückantworten erfolgten und die genaue Zahl in simultanen Gebrauch genommener katholischer Kirchen in den Kreisen Vechta und Cloppenburg nicht mehr exakt zu eruieren ist, läßt sich errechnen, daß zu diesem Zeitpunkt lediglich in 23 % der katholischen Gotteshäuser regelmäßig evangelischer Gottesdienst stattfand[79], während im Norden des Verwaltungsbezirks mehr als die Hälfte der lutherischen Kirchen auch

---

[76] Hermann Ehlers, geboren 1904 in Berlin-Schöneberg, Jurist, 1945 juristischer Oberkirchenrat in Oldenburg, 1950 zugleich Bundestagspräsident, gestorben 1954 in Oldenburg. Vgl. Meyer, Robert, Artikel: Ehlers, Hermann, in: Friedl, Hans u. a. (Hrsg.), Biographisches Handbuch zur Geschichte des Landes Oldenburg (wie Anm. 10), 169–171, u. passim Meier, Andreas, Hermann Ehlers. Leben in Kirche und Politik, Bonn 1991.
[77] Oberkirchenrat an die Gemeindekirchenräte v. 11.6.1948, in: Archiv OKR A XXXVIII-31.
[78] Vgl. Meier, Andreas, Hermann Ehlers (wie Anm. 76), 168f.
[79] Vgl. die Ergebnisse der Rundfrage v. 11.6.1948, ebd., u. eigene Recherchen d. Verf. anhand der vorliegenden Ortschroniken u. Festschriften ev. Gemeinden Südoldenburgs.

für die Katholiken in Nutzung war, so daß die evangelischen Christen in weitaus stärkerem Maße auf Schulklassen und Gasthaussäle angewiesen waren als die Katholiken.

Das Wissen um dieses Ungleichgewicht zog sehr bald Kreise über das Oldenburger Land hinaus und ließ entgegen dem in seinem Wortlaut nur dem Klerus bekannten Dekret des Offizialates vom März 1946 Gerüchte über eine konsequent ablehnende Haltung der katholischen Kirchenleitung hinsichtlich protestantischer Gottesdienste in katholischen Kirchen in Norddeutschland kursieren.

Mit einer entsprechenden Begründung wurde im September 1946 beispielsweise dem katholischen Vertriebenenseelsorger Erich Heimann[80] in Lehre bei Braunschweig (Diözese Hildesheim) die Nutzung der dortigen evangelischen Kirche versagt, so daß dieser das Bischöfliche Offizialat um Auskunft über die Direktiven des Offizialats bat, und – offensichtlich um die Dringlichkeit des Bescheides zu unterstreichen – ein frankiertes Antwortkuvert gleich anbei legte[81]. Als Offizial Pohlschneider seinem Mitbruder den entsprechenden Passus seines Rundschreibens vom 20. März 1946 mit dem Schlüsselwort der „geeigneten Räume" ohne weiteren Kommentar zur Kenntnis brachte, gab dieser sich nicht etwa zufrieden, sondern sandte in der Erkenntnis des hier belassenen willkürlichen Spielraumes den Bescheid „urschriftlich zurück, mit der Bitte, ob nach dortiger Auffassung ein Gasthaus (Tanzsaal) von genügender Größe als ‚geeigneter Raum' für den evangelischen Gottesdienst angesehen wird"[82]. Als der Offizial nicht reagierte, blieb der Priester aus der Nachbardiözese hartnäckig und schrieb ein drittes Mal nach Vechta, ging es ihm doch darum, in Lehre nachweisen zu können, daß die oldenburgische Praxis sich liberaler gestaltete als der Volksmund behauptete, und somit das Argument zu entkräften, mit dem ihm die zuständige evangelische Kirche für Meßfeiern verwehrt wurde. Pohlschneider versteckte sich letztlich hinter der Bemerkung, daß einzelne katholische Kirchen in regelmäßiger Benutzung der anderen Konfession seien, daß ihm jedoch nicht bekannt sei, ob die Protestanten in Tanzsälen Gottesdienst hielten. Gleichzeitig machte er seinem ostvertriebenen Adressaten aber auch klar, daß es für ihn Priorität habe, „keine Simultankirche zu erstreben, sondern zunächst alle anderen Möglichkeiten zu erschöpfen [zu] suchen, um unnötige Vermischung von Konfessionen zu vermeiden"[83]. Spürbar indigniert über den Gegenwind aus eigenen Reihen, wenn er auch von einem Breslauer Diözesanpriester stammte[84], legte der Offizial seinem Adressaten abschließend nahe, sich an die in seiner Diözese geltenden Richtlinien zu halten.[85]

---

[80] Erich Heimann, geboren 1901 in Oels, Priesterweihe 1926 in Breslau, 1946 Seelsorger in Lehre-Wendhausen, 1959 Pfarrer in Schöppenstedt, gestorben 1985 in Salzgitter. Vgl. Archiv des Apostolischen Visitators Breslau: Personalakten.

[81] Vgl. Heimann an Offizialat v. 17.9.1946, in: OAV A-3-128.

[82] Pohlschneider an Heimann v. 26.9.1946 u. Antwort Heimanns an Pohlschneider v. 1.10.1946, ebd.

[83] Pohlschneider an Heimann v. 4.12.1946, ebd. Hier auch das folg. Zit.

[84] Damit wäre ein zusätzlicher Beleg für die im Kap. VII Der Klerus als soziale Führungsschicht vertretene These gewonnen, daß der Breslauer Klerus in ökumenischen Belangen offener war als der nordwestdeutsche Klerus.

[85] Pohlschneider an Heimann (wie Anm. 83).

Gerade das für Lehre zuständige Bischöfliche Generalvikariat in Hildesheim aber stand angesichts der von hier aus kirchlich verwalteten großräumigen Diaspora zwischen Elbe und Harz, Weser und Zonengrenze in dem Ruf, auf eine weniger strenge Haltung in der entscheidenden Kirchenöffnungsfrage bedacht zu sein. Insofern orientierte sich der evangelische Oldenburger Oberkirchenrat Ehlers für sein Vorhaben nicht ohne Grund nach Hildesheim, als er im Juni 1947 gerade beim dortigen Generalvikar Dr. Wilhelm Offenstein um Schützenhilfe für eine Umstimmung des Offizials zugunsten einer liberaleren Öffnungsregelung für die katholischen Kirchen des Oldenburger Münsterlandes nachsuchte[86]. Tatsächlich zeigte der Adressat sich sichtlich bemüht, seinem Vechtaer Amtskollegen unter Hinweis auf die großzügige Haltung der Hannoverschen Landeskirche die Vorzüge eines gleichberechtigten Nebeneinanders beider Konfessionen nahezubringen, und bat Pohlschneider um Überprüfung und wenn möglich Beseitigung der Vorwürfe[87]. Der Offizial entgegnete kurz, aber entschieden, daß auch in Oldenburg die katholischen Kirchen den evangelischen Gemeinden überall dort zur Verfügung gestellt würden, wo Mangel an geeigneten Räumen herrsche[88]. Der Oldenburger Oberkirchenrat Heinz Kloppenburg, der die Korrespondenz ebenfalls einsah, notierte an den Rand dieses Schreibens, was er zwischen den Zeilen las: Man könne dem Offizial keine Vorwürfe machen, denn schließlich gehe es um die Definition des Begriffs „geeignete Räume", die in der Regel vom Geschick des Ortspfarrers abhängig sei. Wenn dieser nämlich der Kirchenbehörde das Fehlen solcher Örtlichkeiten glaubhaft zu versichern verstehe, ließe sich Pohlschneider durchaus zu einem Plazet bewegen.

So war es im Februar 1947 in Oldenburg geschehen, wo der Pfarrer von St. Peter auf Anfrage hin eine Nutzungszusage für die evangelische Friedhofskapelle im Stadtteil Eversten, in dem viele katholische Vertriebene lebten, erhielt. Wohlgemerkt erfolgte die Genehmigung des Oberkirchenrates unter der Auflage einer Öffnung der katholischen St.-Marien-Kapelle in der benachbarten, ebenfalls zum Pfarrgebiet von St. Peter gehörenden Fehnkolonie Südmoslesfehn. Um den Offizial geneigt zu stimmen, beschwor der Pfarrer die Einmütigkeit aller katholischen Geistlichen der Stadt, „daß wir im Hinblick auf das große Entgegenkommen, das man evangelischerseits in ganz Nordoldenburg uns Katholiken zeigt, diese Bitte erfüllen müssen"[89]. Aus Vechta wurde daraufhin die vorübergehende Überlassung der Südmoslesfehner Kapelle für den evangelischen Gottesdienst gestattet, ohne daß eine zeitliche Begrenzung erhoben wurde und obwohl der Bittsteller angemerkt hatte, daß die katholischen Priester der Stadt „nicht jedes einzelne Mal vor Abhaltung des evangel[ischen] Gottesdienstes nach Moslesfehn fahren [könnten], um das hlst. Sakrament aus dem Tabernakel zu entfernen". Gegen Ende der Vechtaer Amtszeit von Johannes Pohlschneider finden sich allerdings vermehrt solche Reaktionen des

---

[86] Vgl. Ehlers an Generalvikariat Hildesheim v. 10.6.1947, in: Archiv OKR A-XXXVIII-31. Ehlers hatte die Eingabe über einen befreundeten evangelischen Theologen und den katholischen Pfarrer von Barsinghausen nach Hildesheim weitergeleitet.
[87] Vgl. Offenstein an Pohlschneider v. 2.7.1947, Durchschrift ebd.
[88] Vgl. Pohlschneider an Generalvikariat Hildesheim u. Oberkirchenrat v. 8.7.1947, ebd.
[89] Pfarrer Heinrich Krone, Oldenburg, an Pohlschneider v. 4.2.1947, in: OAV A-3-128.

TAFEL 1

Abb. 1: Pfarrhaus-Baracke im Vertriebenenlager Roffhausen bei Wilhelmshaven

Abb. 2: Eine der ersten Notkirchen in Nordoldenburg: Von 1947 bis 1952 diente die ehemalige Schützenhalle in Hude als katholisches Gotteshaus für Vertriebene

Tafel 16

Abb. 27: Bethen, Wallfahrt der Heimatvertriebenen mit Weihbischof Josef Ferche, 1961

Nachgebens bei positiver Haltung des Ortspfarrers, um „eine Regelung zu treffen, die die evang[elischen] Christen nicht verletzt"[90]. Offenbar hatte sich der Offizial bei den benachbarten Generalvikariaten verstärkt nach deren Stellungnahme zu dieser Frage umgehört und erkannt, daß die Mitbenutzung anderskonfessioneller Gotteshäuser „nun in den katholischen wie in den evangelischen Gebieten eine weitverbreitete Erscheinung"[91] geworden war.

Dieser Großzügigkeit der Katholiken hielt umgekehrt Oberkirchenrat Kloppenburg, der als gleich Stählin ökumenisch gesinnter Lutheraner der defensiven Haltung des katholischen Jurisdiktionsträgers bisher grundsätzlich mit Verständnis begegnet war, im Frühjahr 1947 einen abschlägigen Bescheid entgegen. Den Hintergrund hatte die Bitte der Katholiken der zum Pfarrektorat Brake gehörenden Wesermarschgemeinde Rodenkirchen gebildet, anstelle der bislang genutzten Schulaula werktags und am Sonntag nachmittag Gottesdienst in der evangelischen Kirche zu halten[92]. Da auch andernorts, wo Schulen verfügbar waren, den Katholiken zuvor ein Mitnutzungsrecht eingeräumt worden war, kann in der in diesem Einzelfall erfolgten Ablehnung lediglich ein singuläres Phänomen gesehen werden, mit dem Kloppenburg offenbar ein deutliches Zeichen gegen die ihm willkürlich erscheinenden Entscheide aus Vechta setzen wollte.

Als zum Beispiel fünf Jahre später der Gemeindekirchenrat im benachbarten Golzwarden einen Antrag der Katholiken auf Mitnutzung des evangelischen Gotteshauses mit der Begründung ablehnte, die nächste katholische Kirche in Brake befinde sich in angemessener Entfernung[93], und den Oberkirchenrat bat, von einer Genehmigung abzusehen, schaltete sich Heinz Kloppenburg in gewohnt konziliater Weise in die Angelegenheit mit der dringenden Bitte ein, den Beschluß noch einmal zu überprüfen[94]. Nachdem sich der Golzwarder Gemeindekirchenrat weiterhin stur gezeigt hatte, sprach sich der Oberkirchenrat in einem offiziellen Sitzungsbeschluß gegen den Willen des Gemeindekirchenrates für eine Öffnung der Golzwarder Kirche zugunsten der Katholiken aus, die jedoch im Hinblick auf die Kontroverse letztlich auf das Nutzungsrecht verzichteten. Der Oberkirchenrat besaß eben nicht die notwendige Autorität, um etwa die Golzwarder Kirchenältesten zur Rücknahme ihrer Weigerung zwingen zu können, eine innerkirchliche Schwäche, der als strukturelles Problem protestantischer Kirchenorganisation in diesem Kontext keine weitere Aufmerksamkeit geschenkt werden kann.

---

[90] So Pohlschneider am 14.9.1948 an Pfarrer August Dammann, Vestrup, betr. Nutzung der kath. Pfarrkirche in Vestrup für ev. Gottesdienst, ebd.

[91] So das Fazit von Adolf Kindermann, in: Kindermann, Adolf, Religiöse Wandlungen und Probleme im katholischen Bereich, in: Lemberg, Eugen, Edding, Friedrich (Hrsg.), Die Vertriebenen in Westdeutschland, Bd. III, Kiel 1959, 92–158, hier 155. Kindermann verweist auf die interkonfessionelle Nutzung der Katharinenkirche in Lübeck.

[92] Vgl. Anfrage v. Pastor Bock, Rodenkirchen, an den Oberkirchenrat v. 18.4.1947 u. Antwort Kloppenburgs v. 22.4.1947, in: Archiv OKR A-L-12 II.

[93] Vgl. Gemeindekirchenrat Golzwarden an den Oberkirchenrat v. 16.12.1952, in: Archiv OKR A-XXXVIII-31.

[94] Vgl. Kloppenburg an Gemeindekirchenrat Golzwarden v. 10.1.1953, ebd.

Recht offensichtlich wurde dagegen in den 1950er Jahren in Vorträgen von katholischen Diasporageistlichen und in der Festschriftenliteratur der Diasporagemeinden die historische Dimension der Nutzung der zumeist aus vorreformatorischer Zeit stammenden evangelischen Kirchen Nordoldenburgs hervorgehoben[95]. Dabei wurde bewußt versucht, nahtlos an katholische Traditionsstränge des Mittelalters anzuknüpfen, um den Eucharistiefeiern in anderskonfessionellem Umfeld eine Legitimationsbasis zu verleihen. Unter weitgehender Ausklammerung bzw. Verkürzung der Zeitepochen von der Reformation bis zum Zweiten Weltkrieg wurde versucht, den Diasporakatholiken bewußt zu machen, daß ihre geistliche Übergangsheimat zwar nicht konfessionsspezifisch ausgestattet, jedoch „urkatholisch in ihrem Wesen"[96] sei. In ihrem Bemühen um möglichst flächendeckende Gewährung von Gastrechten in den katholischen Kirchen Südoldenburgs konnte die evangelische Landeskirche dagegen nicht auf eine entsprechende Argumentation zurückgreifen. Die 70jährige Phase der Reformation im Oldenburger Münsterland zwischen 1543 und 1613 mochte hier im Gegenzug wohl niemand bemühen[97].

Die defensive Haltung der evangelischen Kirchenleitung blieb daher nicht ohne Auswirkungen auf das Selbstverständnis des oldenburgischen Katholizismus. Als Ökumeniker versuchte Landesbischof Wilhelm Stählin dem Mißtrauen der Südoldenburger Katholiken gegenüber den evangelischen Vertriebenen und ihrer Kirchlichkeit mit Verständnis und nicht etwa mit einer Offensivstrategie zu begegnen. Am katholischen Milieu bewunderte er eine aus der eigenen Konfession unbekannte Festigkeit und Geschlossenheit, in der er eine Folge des durch einen erfolgreichen Kampf gegen das NS-Regime gestiegenen Selbstbewußtseins des Katholizismus vermutete. Die Katholiken hingegen hätten aus ihrer Sicht heraus dagegen „nicht ohne Grund [ge]laubt, daß sie zum großen Teil sehr viel positiver zur Partei (gemeint ist die NSDAP. Anm. d. Verf.) gestanden hatten"[98].

In welche Richtung die Bewunderung Stählins für den Katholizismus und die gleichzeitigen Schuldgefühle in der eigenen Konfession zielten, läßt eine Passage aus den Lebenserinnerungen des Landesbischofs erkennen, in der es recht euphemistisch hieß: „Das Verhältnis zur katholischen Bevölkerung wurde bald sehr erfreulich. Bei Beerdigungen hörten viele Katholiken zum ersten Male die Predigt eines evangelischen Pfarrers und

---

[95] Vgl. zum Beispiel Vornhusen, August, Der Rote Dom, Delmenhorst o.J. (1958), wo die Traditionen der Zisterzienserabtei Hude und des Kollegiatstifts Delmenhorst auf die in der Industrialisierungszeit entstandene Diasporagemeinde Delmenhorst übertragen werden. Vgl. Vortrag zur Geschichte des Klosters Hude v. Pfarrer Konrad Leister, Hude, Maschinenschrift, in: Pfarrarchiv St. Marien Delmenhorst. Ostvertriebene Katholiken.

[96] Wie Anm. 60. Vgl. dazu auch Beischreiben Janssens an Pohlschneider v. 17.6.1946, in: OAV A-3-128.

[97] Über das evangelische Zeitalter Südoldenburgs vgl. – passim – die Göttinger Diss. Unger, Tim, Das Niederstift Münster im Zeitalter der Reformation. Der Reformationsversuch von 1543 und seine Folgen bis 1620 (Quellen und Beiträge zur Kirchengeschichte des Oldenburger Landes, Bd. 2), Vechta 1997, u. Freitag, Werner, Pfarrer, Kirche und ländliche Gemeinschaft. Das Dekanat Vechta 1400–1803 (Studien zur Regionalgeschichte, Bd. 11), Bielefeld 1998.

[98] Stählin, Wilhelm, Via Vitae (wie Anm. 17), 473.

nahmen mit wachsendem Erstaunen davon Kenntnis, welch christlichen Ernst und welche Liebe zur Kirche sie bei diesen ‚Andersgläubigen' fanden."[99]

Jener Beginn einer milieuübergreifenden Zusammenarbeit über technische Hilfeleistungen hinaus, der Stählin bei der Niederschrift dieser Sätze vor Augen gestanden haben muß, fand sich natürlich partiell auch in den Landkreisen Vechta und Cloppenburg, so zum Beispiel in Essen/O., Bunnen, Lastrup, Elsten und später gleichfalls in Vestrup[100]. Aus letzterer Gottesdienststation der Protestanten ist sogar überliefert, daß der zuständige Bakumer evangelische Pastor 1953 aus Dankbarkeit eine Spende für den katholischen Kirchenbau in Bockhorn, der Vestruper Patengemeinde in Nordoldenburg, gab und dem Vestruper Pfarrer zur Begründung schrieb: „Wir sind [...] seit Jahren in Ihrer Kirche zu Gast. Sie haben uns, wo immer sie konnten, geholfen und beigestanden. Ich darf [...] danken, daß wir in Ihrer Kirche eine geistliche Heimat gefunden haben und Sie uns nun schon so lange Gastrecht gewähren."[101]

Auch die Dominikaner in Schwichteler öffneten ihre Kirchentüren bereitwillig[102], was wohl nicht zuletzt aus persönlicher Dankbarkeit des Pfarrektors[103] geschah, der während des Krieges gastliche Aufnahme in evangelischen Pfarrhäusern gefunden hatte. Diese Aufgeschlossenheit ließ ihn bei der Grundsteinlegung der evangelischen St.-Martins-Kirche in Cappeln 1952 gegenüber dem evangelischen Pastor den Wunsch äußern, „daß in unserer und in seiner (gemeint ist die neue ev. Kirche. Anm. d. Verf.) Kirche nur Christus gepredigt werde". So verstand jedenfalls Landesbischof Stählin das Verhalten des Dominikaners als positives Zeichen christlicher Verbundenheit[104].

Die Ambivalenz zwischen dem Streben nach einer katholischen Sondergesellschaft als Gegenpol des Assimilierungsdrucks und engeren sozialen Kontakten mit den Protestanten läßt sich in der Diaspora des Fallbeispiels treffend beobachten. Exemplarisch sollen mit den Orten Ganderkesee und Rastede auf der einen und Hude auf der anderen Seite nur drei lokale Beispiele herausgegriffen werden. Die in den erstgenannten Vertriebenengemeinden vom Bischöflichen Offizialat eingesetzten Seelsorger Helmut Richter und Otto Jaritz, beide aus der Erzdiözese Breslau, zeichneten sich zunächst einmal durch eine große Aufgeschlossenheit gegenüber dem hier traditionell verankerten Protestantismus aus, die in ihrer Herkunft aus dem konfessionell von jeher gemischten Niederschlesien bzw. der Mark Brandenburg und ihrer Prägung durch die katholische

---

[99] Ebd., 473.
[100] Vgl. Wintermann, Gerhard, Aus schwerer Zeit, in: Ev.-luth. Kirchengemeinde Cloppenburg (Hrsg.), Festschrift zum 125jährigen Kirchjubiläum am 13. August 1982, Cloppenburg o. J. (1982), 11–17. Wintermann hebt hier neben Lastrup u. Schwichteler zugleich die Gastfreundschaft des katholischen Pfarrers in Molbergen hervor.
[101] Pastor Friedrich Grebe, Bakum, an Pfarrer August Dammann, Vestrup, v. 26.2.1953. Abschrift, in: Pfarrarchiv Bockhorn: Kirchenbau 1953.
[102] Vgl. Wintermann, Gerhard, Vor 30 Jahren, in: 30 Jahre Evangelisch-lutherische Kirchengemeinde Emstek-Cappeln (wie Anm. 28), 11–14, hier 14.
[103] Dabei handelte es sich um P. Sigisbald Janßen OP (1905–1961), der von 1950 bis zu seinem Tod als Pfarrektor in Schwichteler amtierte.
[104] Stählin, Wilhelm, Via Vitae (wie Anm. 17), 473.

Jugendbewegung der Zwischenkriegszeit (Quickborn) grundgelegt war[105]. Zum anderen trafen sie jeweils auf evangelische Amtsbrüder, die dem Katholizismus ein gebührendes Interesse entgegenbrachten. „Mit großer Liebenswürdigkeit" habe ihm der evangelische Pastor die St.-Cyprianus- und Cornelius-Kirche in Ganderkesee für Sonntagsmessen und deren Sakristei für Werktagsgottesdienste überlassen, notierte Pfarrer Richter in der Pfarrchronik, um daraus schon damals zu schließen, „daß wir in Ganderkesee [...] relativ ideale Zustände haben"[106]. Ein Grund für Logemanns Zuvorkommenheit mag in der Tatsache gelegen haben, daß er selbst in der evangelischen Diaspora der südoldenburgischen Gemeinde Löningen aufgewachsen war. Ähnlich positiv schilderte Pfarrer Jaritz seinen ersten Eindruck von den Pastoren der in seinem Zuständigkeitsbereich liegenden lutherischen Kirchengemeinden Rastede und Wiefelstede. „Sind wir als Christen nicht alle Brüder"[107], habe er sich bei seiner Ankunft in Rastede gefragt und sogleich die evangelischen Seelsorger aufgesucht. „Nie werde ich die Herzlichkeit vergessen, mit welcher ich bei beiden Herren empfangen wurde. [...] Dieses Wohlwollen hat sich auch auf die Nachfolger übertragen und blieb ein Vierteljahrhundert bis heute ungetrübt erhalten", schrieb Jaritz anläßlich der 25-Jahrfeier der Vertriebenengemeinde Rastede 1971[108]. Und gegen Ende seines Lebens dachte er mit „ein wenig Wehmut [...] an die letzten Gottesdienste [...] in der St.-Ulrichs-Kirche und in der St.-Johannes-Kirche in Wiefelstede zurück. Beide Gotteshäuser waren uns zur Heimat geworden, wo wir uns geborgen fühlten"[109].

Ganz anders entwickelte sich das Zusammenleben in Hude, wo die fast geschlossene Ansiedlung von Angehörigen der Pfarrei Voigtsdorf/Grafschaft Glatz der sich neu konstituierenden Gemeinde – zumindest im Verhältnis zu den Protestanten – von vornherein ein stärkeres Selbstbewußtsein und damit eine größere Tendenz zur Milieuabgrenzung verlieh, zumal deren heimatlicher Seelsorger, Pfarrer Konrad Leister[110], auch hier mit der

---

[105] Helmut Richter war in der mehrheitlich protestantischen schlesischen Metropole Breslau aufgewachsen, Otto Jaritz in Lübben/Spreewald geboren und in Cottbus, in der nahezu rein evangelischen Niederlausitz, groß geworden. Vgl. Artikel: Richter, Helmut u. Jaritz, Otto, in: Hirschfeld, Michael, Trautmann, Markus, Vor 1945 geweihte Priester ostdeutscher Herkunft, in: Dies. (Hrsg.), Gelebter Glaube – Hoffen auf Heimat. Katholische Vertriebene im Bistum Münster, Münster 1999, 265–371, hier 344f u. 311.

[106] Chronik des Pfarrektorats Ganderkesee, in: Pfarrarchiv Ganderkesee, 5.

[107] Jaritz, Otto, Die katholische Kirchengemeinde Rastede-Wiefelstede und ihre Beziehung zu den evangelischen Ortskirchen, in: Ev.-luth. Gemeindekirchenrat (Hrsg.), Unvollendete Wege. 925 Jahre St.-Ulrichs-Kirche. Eine Rasteder Festschrift, Rastede 1984, 75–77, hier 75. Von einer solch brüderlichen Atmosphäre berichtet auch Pfarrer Hugo Jendrzejczyk für Jade und Schweiburg in seinen Erinnerungen. Vgl. Jendrzejczyk, Hugo, 1936–1976. Aus 40 Priesterjahren, Vechta 1976, 29.

[108] Jaritz, Otto, 25 Jahre Katholische Kirchengemeinde Rastede-Wiefelstede. 25 Jahre als Seelsorger in Rastede-Wiefelstede, Rastede o. J. (1971), 8ff.

[109] Jaritz, Otto, Die katholische Kirchengemeinde Rastede-Wiefelstede (wie Anm. 107).

[110] Konrad Leister kam aus der ausschließlich katholischen Grafschaft Glatz, geboren 1908 in Brand/Grafschaft Glatz, Priesterweihe 1931 in Breslau, 1940 Pfarrer in Voigtsdorf, 1946 Seelsorger, 1948 Pfarrektor in Hude, gestorben 1981 ebd. Vgl. Artikel: Leister, Konrad, in: Hirschfeld, Michael, Trautmann, Markus, Vor 1945 geweihte Priester (wie Anm. 105), 324f.

Gemeindeleitung beauftragt wurde. Von interkonfessionellen Kontakten konnte zwar im Gemeindeteil Holle die Rede sein, nicht jedoch in Hude selbst, wo Leister offenbar keinen Wert darauf legte, Berührungspunkte mit den Protestanten zu suchen[111]. Als die Gemeindeverwaltung ihm riet, anstelle des in einem Privathaus eingerichteten, inzwischen überfüllten Gottesdienstraums in die evangelische Kirche auszuweichen, die gemäß Dekret des Oberkirchenrats doch grundsätzlich zur Verfügung stehe, vermutete der skeptische katholische Geistliche in dem Vorschlag einen Schachzug, um „die Katholiken in die Unselbständigkeit abzudrängen"[112]. Und in der Konsequenz verstärkte er sein Bemühen, mit Hilfe der Militärregierung den Weg zu einem eigenen katholischen Gotteshaus als festem Mittelpunkt des nahezu geschlossen in den Westen transferierten Huder katholischen Milieus zu bereiten[113].

Der evangelische Pastor von Hude teilte daher im Rahmen der ersten Rundfrage des Oberkirchenrates nach Oldenburg mit, die katholische Gemeinde hätte „hier anfangs nie das Verlangen geäußert, die evangelische Kirche benutzen zu dürfen. Sie arbeitete in all diesen Monaten vielmehr über die Militärregierung zielbewußt darauf hin, im Bereich der Gemeinde einen eigenen kirchlichen Raum zu erhalten."[114] Die gegenseitige Abwehrhaltung der Konfessionen selbst in der Notlage wurde in diesem Fall sicherlich durch die im Vergleich besonders negativen Erfahrungen der Neubürger mit den Einheimischen hervorgerufen. So hatte der evangelische Gemeindedirektor von Hude öffentlich verlauten lassen, daß man für eine dauerhafte Ansiedlung katholischer Mitbürger im Ort kein Verständnis aufbringen könne[115].

Angesichts solcher und ähnlicher Berichte aus der Diaspora, in denen alle verantwortlichen Nichtkatholiken allerdings zumeist recht pauschal dem bekennenden evangelischen Lager zugeordnet wurden, ist es verständlich, daß das Offizialat sich gegenüber zu großen Annäherungen zwischen den Konfessionen bedeckt hielt. So durfte Pfarrer Jaritz dem wohl recht einzigartigen Angebot von Pastor Folkers, einen Tabernakel in der evangelischen Kirche zu Rastede aufzustellen, auf Geheiß von Offizial Pohlschneider nicht Folge leisten[116]. In Vechta mochte es undenkbar sein, daß in jenem sozialen und gesellschaftlichen Chaos, wie es in der ersten Nachkriegszeit herrschte, entsprechende Annäherungen, noch dazu unter Beteiligung eines ostvertriebenen Priesters, der das in ihn gesetzte Vertrauen erst unter Beweis stellen mußte, Realisierung erfuhren. Das Allerheiligste war also konsequenterweise in der Wohnung des Diasporaseelsorgers aufzubewahren. In einem Einzelfall (Bad Zwischenahn) fragte Offizial Pohlschneider im Juni

---

[111] Vgl. hierzu Hirschfeld, Michael, „Das kostet mich meine Schuhsohlen und mein Herz!" Ein Beitrag zur Geschichte der Diasporagemeinde Hude, in: Ders. (Hrsg.), 1948–1998. 50 Jahre St. Marien Hude. Aus Geschichte und Gegenwart einer Diasporagemeinde, Hude 1998, 14–58.

[112] So Pfarrer Konrad Leister in einer Aufzeichnung, in: Pfarrarchiv St. Marien Hude: Chronik.

[113] Vgl. Leister an Military Government Oldenburg v. 15.5.1946, in: ebd.: Schützenhalle.

[114] Gemeindekirchenrat Hude an den Oberkirchenrat v. 7.12.1946, in: Archiv OKR A-L-12 II.

[115] Vgl. Hirschfeld, Michael, „Das kostet mich meine Schuhsohlen und mein Herz!" (wie Anm. 111), 14ff.

[116] Vgl. Jaritz, Otto, 25 Jahre Katholische Kirchengemeinde Rastede-Wiefelstede (wie Anm. 108), 10.

1947 eigens bei der römischen Sakramentenkongregation an und erwirkte dort die Ausnahmegenehmigung, in der Sakristei der für katholische Gottesdienste genutzten evangelischen Friedhofskapelle einen Tabernakel aufstellen zu dürfen[117].

Als Offizial Grafenhorst 1953 über den geplanten Verlauf der Einweihung der Diasporakirche in Bockhorn in Kenntnis gesetzt wurde, zeigte er sich gegenüber dem katholischen Ortsgeistlichen etwas konsterniert. Es sei ihm „nicht sehr sympathisch, daß der evangelische Pastor an der Feier teilnimmt und dabei eine Rede hält. Wenn Sie aber glauben, daß es ein erforderlicher Höflichkeitsakt ist, ihn einzuladen, so mag es geschehen."[118] An diesem Beispiel wird einmal mehr deutlich, daß Grafenhorst analog zu seinem Vorgänger einer höflichen Distanz im interkonfessionellen Umgang noch immer Vorrang einräumte und der Dialog der lokalen Ebene vorbehalten war. Dort basierte die milieuübergreifende Zusammenarbeit zumeist auf einem persönlichen Sympathieverhältnis des katholischen und evangelischen Ortsgeistlichen. Es wird zudem deutlich, daß diese individuellen Kontakte im wesentlichen auf die Ebene des Klerus, also der Führungsschicht innerhalb des Milieus, beschränkt blieben. Die Gläubigen hingegen wurden in ihrer Kirchlichkeit von dieser Gesprächsbasis kaum berührt und zu rollenimmanentem Verhalten angeleitet.

## 5. Zwischen materiellen Konflikten als Motivation zur Milieuabgrenzung und wachsender Kooperation

Trotz der hier geschilderten Zeichen persönlicher Wertschätzung war die Kirchenmitbenutzung im Grunde für beide Konfessionen lediglich ein Notbehelf, den man als vorübergehende Lösung ansah, bis die jeweiligen Vertriebenengemeinden sich eigene Kirchen bauen konnten. Im Hinblick auf die Tatsache, daß die finanziellen Mittel fehlten, um die als Provisorien verstandenen Notlösungen innerhalb weniger Jahre durch dauerhafte Einrichtungen zu ersetzen, traf Offizial Pohlschneider im Oktober 1948 mit Oberkirchenrat Ehlers eine Vereinbarung über die Frage einer finanziellen Vergütung für Kirchenmitbenutzungen. Beide Verhandlungspartner waren sich dahingehend einig, daß zwar im Hinblick auf die äußerst geringe finanzielle Leistungsfähigkeit der ostvertriebenen Gläubigen grundsätzlich keine Miete erhoben werden sollte, daß jedoch „im Einzelfall Vereinbarungen über eine Entschädigung für die zusätzlich entstehenden Heizungs-, Beleuchtungs- und evtl. auch Reinigungskosten getroffen werden sollen"[119]. In Streitfällen waren die beiden vorgesetzten Kirchenbehörden anzurufen. Im Vorfeld hatte der Vechtaer Offizial mit Rücksicht auf die größere Anzahl von durch eine interkonfessionelle

---

[117] Vgl. Pohlschneider an Sacra Congregatio Sancti Officii v. 30.6.1947 u. Antwort v. 20.12.1947, in: OAV B-43c-11.

[118] Grafenhorst an Pfarrer Gerhard Schuster, Bockhorn, v. 23.6.1953, in: OAV B-53-13a.

[119] Pohlschneider nahm in einem Schreiben an die Katholiken in Ovelgönne, Krs. Wesermarsch v. 29.9.1948 darauf Bezug. Vgl. Pfarrarchiv Brake. Die Vereinbarung von Offizialat u. Oberkirchenrat datiert v. 18.10.1948.

Nutzung betroffenen evangelischen Kirchen lediglich für diese die Zahlung einer Pauschale durch die Katholiken angeregt und den katholischen Pfarreien Südoldenburgs empfohlen, auf eine Vergütung zu verzichten. Angestoßen worden war die Diskussion durch Nachfragen aus einzelnen evangelischen Kirchengemeinden im Norden der Untersuchungsregion, in denen diese um Richtlinien nachgesucht hatten. Im Grunde genommen zielte die Einigung der kirchlichen Behörden aber an den Anliegen vor Ort vorbei, da sie mit der Verlagerung der Vergütungsverhandlungen auf die Pfarrebene eine individuelle Preisgestaltung je nach dem Gutdünken der gastgebenden Kirchengemeinde ermöglicht hatte.

Wie unterschiedlich und willkürlich in der Praxis die Gebührenerhebung selbst in einander benachbarten evangelischen Kirchengemeinden gehandhabt wurde, belegt ein Bericht des in Burhave wirkenden schlesischen Erzpriesters Augustin Schinke von November 1947. Während er in Waddens pro Meßfeier RM 10,– entrichtete und in Langwarden RM 5,– bezahlte, verlangte die Burhaver evangelische Kirchengemeinde nur RM 30,– für einen ganzen Monat, was Schinke zu Recht als „sehr mäßig" bewertete[120]. So legitim die Entrichtung einer unterschiedlichen Pauschale an die Gastgemeinde je nach Größe der zu beheizenden bzw. zu reinigenden Kirche auch war, so negativ wurde die Handhabung vom Offizialat angesehen, das mit dem Ziel einer Bekämpfung dieser Auswüchse im November 1949 eine Rundfrage bei den Vertriebenengeistlichen in der nordoldenburgischen Diaspora startete[121].

Vorausgegangen war ein kritischer Beitrag zum Thema Kirchenmieten in der Oktober-Ausgabe der überregionalen katholischen Vertriebenenzeitschrift „Christ unterwegs", der für beide Konfessionen lediglich eine Vergütung der entstandenen Unkosten für gerechtfertigt erklärte und zudem den Vorschlag unterbreitete, daß Angehörige der mitnutzenden Konfession sich an der Kirchenreinigung beteiligen könnten, um die Kosten hierfür einzusparen[122].

In Wardenburg, wo der evangelische Küster auch das Läuten für die katholische Sonntagsmesse übernahm, den Altar herrichtete und das Gotteshaus reinigte, wofür ihm die Katholiken aus jeder Kollekte anfänglich RM 5,– zur Verfügung stellten[123], verlangte der Gemeindekirchenrat im Sommer 1951 eine Kirchenmiete, woraufhin sich der zuständige katholische Seelsorger aus Osternburg telefonisch beim Oberkirchenrat beschwerte. Dieser stellte sich sofort auf die Seite der Katholiken und wies den Kirchenrat auf die Vereinbarung vom Oktober 1948 hin, die nur eine Deklarierung der Miete als

---

[120] Vgl. Erzpriester Augustin Schinke, Burhave, an Offizialat v. 13.11.1947, in: OAV B-8a-10.
[121] Vgl. Umfrage des Offizialats betr. Benutzung kath. u. ev. Kirchen für Andersgläubige v. November 1949, in: OAV A-3-87. Für Südoldenburg sind hier gemäß dem Anliegen des Offizials keine Tarife notiert. Nur in Visbek erhielt der Küster für das Läuten der kath. Kirchenglocken bei ev. Beerdigungen die übliche Läutegebühr von der ev. Gemeinde.
[122] Vgl. Christ unterwegs 10/1949, 9. Als beispielhaft wurde hier das Vorgehen der Ev.-luth. Landeskirche Hannover einerseits und der Diözese Passau andererseits herausgestellt.
[123] Pastor Thorade, Wardenburg, an den Oberkirchenrat v. 22.6.1946, in: Archiv OKR A-L-12 II.

Reinigungsgebühren etc. zulasse. Als die Protestanten wenige Wochen später die Miete für einen in der Pastorei den Katholiken zur Verfügung gestellten Schrank von DM 10,– auf DM 20,– anhoben und die Zahlung der verdoppelten Pauschale unter Androhung einer Aufkündigung der Kirchennutzung zu erzwingen suchten, sahen sich letztere erneut zur Einschaltung des Oberkirchenrates genötigt, der wiederum für die katholische Vertriebenengemeinde Partei ergriff. Nach Aussage von Oberkirchenrat Kloppenburg hatte der Wardenburger evangelische Pastor durch seine überzogenen Forderungen „Unheil angerichtet"[124], was den Geistlichen zu einer empörten Reaktion bei seinem Vorgesetzten veranlaßte, während er sich mit seinem katholischen Amtsbruder gütlich auf eine Erhöhung der Reinigungsgebühren auf DM 10,– einigte. Kloppenburg hingegen rechtfertigte sein restriktives Einschreiten mit dem Hinweis, ihm liege an einer einvernehmlichen Lösung, die nicht zum Nachteil der evangelischen Flüchtlingsgemeinden in Südoldenburg sei.

Die Sorge um das Gelingen des Gemeindeaufbaus in der südoldenburgischen Diaspora läßt sich also als jegliches interkonfessionelles Handeln und Taktieren des Oberkirchenrates bestimmendes Element ausmachen, wobei sich die evangelische Kirchenbehörde als Korrektiv der Kirchengemeinden verstand und dabei eine weitaus katholikenfreundlichere Haltung bewies als manche Gemeindekirchenräte. Vor Ort wurde dagegen je nach Sympathien häufig mit zweierlei Maß gemessen und die Kirche, wenn sie schon von den Katholiken eingefordert wurde, dann eben häufig mit überhöhten Mietpreisen belegt. Erst mit der 1949/50 begonnenen Errichtung katholischer Kirchen verlor die Auseinandersetzung um die Höhe der Kirchenmieten allmählich ihr Gewicht[125].

Als dem Offizial im Herbst 1948 zu Gehör kam, daß die Protestanten Bauland für Kirchen in Südoldenburg suchten, sagte er dem Oberkirchenrat sofort seine tatkräftige Unterstützung zu, wies dabei aber auch auf einen gleichlautenden Wunsch der Katholiken im nordoldenburgischen Ganderkesee hin[126], da sich angesichts der zwei Jahre nach der Hauptvertreibungswelle nunmehr vielerorts beginnenden Bemühungen um den Bau einer eigenen Kirche auch für die Vechtaer Behörde die Grundstücksfrage in massiver Form stellte. Zum einen nämlich fehlte es dort an finanziellen Mitteln, um den zumeist mittellosen Pfarrektoraten einen Grundstückskauf zu ermöglichen, zum anderen aber standen viele katholische Vertriebenengemeinden überhaupt vor der Schwierigkeit, ein geeignetes Stück Land zu finden, das ihnen der evangelische Besitzer bereitwillig verkauft hätte. In dieser materiellen Frage, die Offizial Pohlschneider als eine entscheidende Voraussetzung für eine Profilbildung und Verwurzelung der Vertriebenen in ihrer neuen Heimat betrachtete, sah er den einzigen Ausweg in einer interkonfessionellen Koopera-

---

[124] Kloppenburg an Kaplan Georg Ludlage, Osternburg, v. 11.9.1951, in: Archiv OKR A-XXXVIII-31.

[125] Zum Bau kath. Kirchen vgl. Kap. III Karitativ-pastorale Konzepte. Die ersten ev. Diasporakirchen wurden mit Unterstützung des Lutherischen Weltbundes 1950 in Steinfeld, Garrel, Emstek und Bakum erbaut. Vgl. den eher architekturgeschichtlichen Aufsatz: Wegmann, Andreas, Otto Bartning. Notkirchen im Oldenburger Münsterland, in: Jahrbuch für das Oldenburger Münsterland 1993, 169–181.

[126] Pohlschneider an den Oberkirchenrat v. 30.10.1948, in: Archiv OKR A-L-23.

tion. So hieß es in seinem letzten Rundschreiben an den oldenburgischen Seelsorgeklerus vor dem Wechsel als Generalvikar in die Bischofsstadt Münster im November 1948: „Der Oberkirchenrat wird den in Frage kommenden evangelischen Gemeinden empfehlen, den diesbezüglichen Wünschen der Katholiken weitgehend entgegenzukommen, während wir unsererseits versprochen haben, daß das Offizialat auch auf die katholischen kirchlichen Stellen einwirken wird, damit diese dort, wo es notwendig und ratsam erscheint, ebenfalls den evangelischen Christen Baugelände zur Verfügung stellen."[127] Im Nachsatz bekräftigte Johannes Pohlschneider dann noch einmal seine Offenheit in dieser Frage, indem er den Kirchengemeinden empfahl, die entsprechenden Verhandlungen „möglichst weitherzig" zu führen. Damit war den katholischen Pfarreien Südoldenburgs die Möglichkeit gegeben worden, kirchlichen Grundbesitz an die Protestanten zu veräußern, so sie sich dabei an die Bestimmungen des Kirchenrechts (CIC) und die im Juni 1941 noch unter anderen Vorzeichen vom Offizialat erlassenen „Richtlinien bezüglich des Verkaufs von kirchlichen Grundstücken" hielten[128].

Entsprechende Zeichen stießen in der evangelischen Kirchenleitung auf offene Ohren, ohne daß sie in der Mehrzahl der Gemeinden Folgen gezeigt hätten, zumal sich per entsprechendem Dekret sowohl in den Kirchenvorständen als auch in den Gemeindekirchenräten Vorbehalte gegen Grundstücksverkäufe nicht einfach beseitigen ließen.

Während beispielsweise intensive Bemühungen der Ganderkeseer Katholiken und ihres Seelsorgers Helmut Richter scheiterten, den Gemeindekirchenrat zum Verkauf eines Grundstückes zu bewegen[129], überließen die katholischen Pfarreien Dinklage und Bakum den evangelischen Mitchristen zu Beginn der 1950er Jahre Grundstücke aus ihren Pfarrfonds für Kirchen- bzw. Schulbauten[130].

Hatte sich das vorsichtige Taktieren des Offizialats in der Frage der Kirchenöffnung unter negativen Vorzeichen schnell über die Grenzen des Offizialatsbezirks hinaus herumgesprochen, so wurde die Zusammenarbeit beim Landverkauf auswärts ebenfalls rasch publik und positiv bewertet. Wie beispielsweise der katholische Pfarrer von Gehrden bei Hannover das Offizialat im Februar 1952 wissen ließ, bestand in der Diözese Hildesheim nämlich keine entsprechende Vereinbarung mit der Hannoverschen Landeskirche, weshalb er für eigene Kaufpläne um Beweise für eine erfolgreiche Ausführung der Übereinkunft der beiden großen Kirchen in Oldenburg bat[131].

Unstimmigkeiten bestanden in finanzieller Hinsicht allein bezüglich der Friedhofsfrage, die sich durch den Vertriebenenzustrom als immer dringender erwies. Zum einen reich-

---

[127] Rundschreiben des Offizialats v. 23.11.1948, in: Pfarrarchiv St. Marien Delmenhorst: Rundschreiben des Bischöflichen Offizialats 1945 ff. Hier auch das folg. Zit.
[128] Vgl. CIC (wie Anm. 3), can. 1530, u. Richtlinien bezüglich des Verkaufs von kirchlichen Grundstücken v. 25.6.1941, in: OAV A-3-87.
[129] Vgl. Hirschfeld, Michael, „Gleich eine herzlichere Familiengemeinschaft". St. Hedwig in Ganderkesee als Beispiel für den Aufbau einer Vertriebenengemeinde im Bistum Münster, in: Ders., Trautmann, Markus (Hrsg.), Gelebter Glaube – Hoffen auf Heimat (wie Anm. 105), 127–182, hier 136.
[130] Vgl. OAV A-3-87.
[131] Vgl. Pfarrer Michael Frieß, Gehrden, an Offizialat v. 29.2.1952 u. Antwort v. 8.3.1952, ebd.

ten viele bestehende Friedhöfe angesichts der Bevölkerungszunahme nicht mehr aus. Dies betraf unter anderem zahlreiche Begräbnisstätten der Protestanten in Nordoldenburg, die nach der Vertreibung auch von Katholiken belegt wurden und an deren Erweiterungskosten sich die Katholiken nunmehr beteiligen sollten. Zum anderen waren aber Gräber von Katholiken auf evangelischen Friedhöfen Nordoldenburgs oftmals mit doppelten Gebühren versehen worden. Offizial Grafenhorst war daher erfolgreich bemüht, den Oberkirchenrat auf die Diskrepanz zwischen finanziellen Forderungen und überhöhten Gebühren hinzuweisen und unter Verweis auf das oldenburgische Friedhofsrecht sowohl die Verpflichtung der Katholiken zu entsprechend anteiliger Mitträgerschaft der Baukosten als auch zur Zahlung zusätzlicher Nutzungsgebühren in Abrede zu stellen[132].

Der konsequente, aber immer freundliche Unterton, der allein dieser Diskussion innewohnte, deutete bereits auf einen auch von katholischer Seite her zunehmend entspannteren Dialog zwischen beiden Kirchenleitungen hin. Daher konnte sich wohl auch Oberkirchenrat Kloppenburg 1951 trotz einer schweren Belastungsprobe im gegenseitigen Verhältnis, die durch die noch zu schildernde „Causa Jever" hervorgerufen wurde, gelassen geben, weil „wir in der glücklichen Lage sind, alle Schwierigkeiten, die aus der Flüchtlingsbetreuung sich ergeben, vertrauensvoll zwischen den beiden Kirchen besprechen zu können"[133].

## 6. Die Mischehenproblematik als typisches Milieukennzeichen

Die drastische Einschätzung des Jesuitenpaters Ivo Zeiger, daß Deutschland durch die Nachkriegskatastrophe von Flucht und Vertreibung in weiten Teilen zu einem Missionsland geworden sei[134], führte den radikalen Einschnitt vor Augen, den ein Leben in der Diaspora für die Vertriebenen bedeuten mußte. Zeiger sah die Gefahr antikirchlicher und antireligiöser Haltung ausdrücklich nicht nur im Leben von Katholiken innerhalb einer protestantischen Mehrheit, sondern ebenso auf die Abständigen – gleich welcher Konfession sie auf dem Taufschein angehörten – bezogen. Letztere kennzeichnete er als „Nicht-Mehr-Christen", die nach seiner Erfahrung „in der Gesamtbetrachtung leider nicht selten zu wenig in Rechnung gestellt"[135] würden. Auch Helmut Schelsky erkannte in den demographischen Verschiebungen Alarmzeichen für die Kirchlichkeit der näheren Zukunft und formulierte zu Beginn der 1950er Jahre aus wissenschaftlicher Distanz, aber entsprechend diplomatischer, „daß der Umfang der sozial bedingten und verwurzel-

---

[132] Vgl. Grafenhorst an den Oberkirchenrat v. 2.1.1951, in: OAV A-3-87.
[133] Kloppenburg an Grafenhorst v. 11.8.1951, in: Archiv OKR A-L-23.
[134] Vgl. Zeiger, Ivo, Um die Zukunft der katholischen Kirche in Deutschland, in: Stimmen der Zeit, Bd. 141 (1947/48), 241–252, hier 249.
[135] Ebd., 249.

ten Kirchlichkeit durch die Umwälzungen unserer Sozialstruktur abgenommen hat, kann kaum bezweifelt werden"[136].

Als eine Ursache der schwindenden Kirchlichkeit, wie sie bald insbesondere in den Diasporagemeinden erkennbar war, wurde das Ansteigen von Eheschließungen zwischen konfessionsverschiedenen Partnern als ein Kennzeichen der besonderen Milieubedrohung ausgemacht. War bisher innerhalb des Katholizismus die Lebensgemeinschaft mit einem gleichkonfessionellen Partner bestimmender Indikator für die Aufrechterhaltung der Kirchlichkeit und deren Weitergabe an die folgende Generation, so wurde nach Krieg und Vertreibung in Westdeutschland nicht nur erkennbar, daß die Anzahl der Mischehen beträchtlich anstieg. Darüber hinaus war „die Bereitschaft, einen konfessionsverschiedenen Partner zu heiraten, bei heimatvertriebenen Katholiken deutlich größer [...] als bei einheimischen"[137].

Adolf Kindermann begründete diese Tatsache damit, daß bei ihnen „die demographischen Voraussetzungen zur Entstehung konfessionell gemischter Ehen bedeutend größer [waren] als bei den Einheimischen, da von den Vertriebenen ein größerer Teil in konfessionell gemischten Bezirken ansässig wurde, als dies bei der einheimischen Bevölkerung der Fall war"[138]. Kurz gesagt, es war den Einheimischen durch ihr traditionell stärker milieuverhaftetes, unzerstörtes soziales Gefüge weitaus eher möglich, einen hier sozialisierten Partner zu gewinnen, als den aus dem überlieferten heimatlichen Verband weitgehend herausgelösten und als Kleingemeinschaften individualisierten Vertriebenen. War diese Entwicklung mit der zunehmenden konfessionellen Heterogenität auch im Oldenburger Land geradezu zwangsläufig und absehbar, so lag das Problem in der damit verbundenen Schwächung des Milieupotentials..

Das erhebliche Ansteigen konfessionsverschiedener Ehen hing wohl auch damit zusammen, daß in den konfessionell gemischten Teilen Schlesiens, insbesondere in Niederschlesien, vor 1945 Mischehen vergleichsweise häufig vorkamen, während sie in den konfessionell einheitlichen Gebieten Nordwestdeutschlands zuvor die Ausnahme darstellten. Durch die katholische Milieubildung in der Vorkriegszeit war es hier gelungen, einen Großteil der Gemeindemitglieder in ihren nordoldenburgischen Diasporagemeinden insbesondere durch die Faktoren Schule und Vereinswesen von der Geburt bis zum Tod kirchlich zu binden. War darin in aller Regel die Heirat mit einem katholischen Ehepartner eingeschlossen, wodurch die Zahl der Mischehen vergleichsweise niedrig gehalten werden konnte, so wirkte die starke Milieudichte der wenigen urbanen Sozialmilieus in hohem Maße bindend auf die Milieumitglieder. Die flächendeckende Verteilung katholi-

---

[136] Schelsky, Helmut, Wandlungen der deutschen Familie in der Gegenwart, Stuttgart 1952, 268f.
[137] Braun, Hans, Demographische Umschichtungen im deutschen Katholizismus nach 1945, in: Rauscher, Anton (Hrsg.), Kirche und Katholizismus 1945–1949 (Beiträge zur Katholizismusforschung, Reihe B), München u. a. 1977, 9–25, hier 16.
[138] Kindermann, Adolf, Religiöse Wandlungen und Probleme im katholischen Bereich (wie Anm. 91), 155. Eine regionalspezifische Untersuchung zur Mischehenproblematik im Oldenburger Land liegt nicht vor. Für das benachbarte Ostfriesland vgl. Scholz, Alfons, Ehen zwischen Ostfriesen und Ostvertriebenen, in: Ostfriesland 1953, H. 2, 30–32.

scher Vertriebener auf die Bauerschaften der Landgemeinden hingegen ließ diese Struktur nicht mehr greifen. In der „alten" Diasporagemeinde Delmenhorst mit ihrem ausgeprägten katholischen Arbeitermilieu wurden 1936 nur 19 von 50 Ehen zwischen Partnern unterschiedlicher Konfession geschlossen. 1939 waren es 14 von 51 Ehen. Demgegenüber waren in den Jahren 1948 und 1950 in dieser Gemeinde 53,2 % bzw. 51,9 % der Trauungen Mischehen[139], wobei der relativ hohe Prozentsatz von 23,6 % Katholiken an der Stadtbevölkerung[140] noch dazu beitrug, daß die Zunahme vergleichsweise niedrig ausfiel.

Tabelle 12: Ehen und Mischehen in ausgewählten katholischen Vertriebenengemeinden in Nordoldenburg*

| Zeitraum | Bockhorn | Burhave | Elsfleth | Ganderkesee | Hude | Jade | Schillig |
|---|---|---|---|---|---|---|---|
| 1946–1950 Ehen insgesamt | 45 | 15 | 22 | 20 | 51 | 57 | 18 |
| davon Mischehen | 23 | 5 | 11 | 7 | 23 | 19 | 8 |
| (in %) | (51,1) | (33,3) | (50,0) | (35,0) | (45,0) | (33,3) | (44,4) |
| 1951–1955 Ehen insgesamt | 46 | 18 | 41 | 29 | 38 | 30 | 10 |
| davon Mischehen | 28 | 8 | 19 | 14 | 16 | 18 | 6 |
| (in %) | (60,8) | (44,4) | (46,3) | (48,2) | (42,1) | (60,0) | (60,0) |
| 1956–1960 Ehen insgesamt | 38 | 15 | 38 | 31 | 37 | 9 | 13 |
| davon Mischehen | 20 | 6 | 23 | 21 | 20 | 2 | 10 |
| (in %) | (52,6) | (40,0) | (60,5) | (67,7) | (54,0) | (22,2) | (76,9) |
| 1961–1965 Ehen insgesamt | 43 | 6 | 24 | 33 | 35 | 10 | 12 |
| davon Mischehen | 25 | 2 | 18 | 15 | 11 | 5 | 7 |
| (in %) | (58,1) | (33,3) | (75,0) | (45,4) | (31,4) | (50,0) | (58,3) |

* Hier konnten nur die vor einem katholischen Geistlichen geschlossenen Mischehen Berücksichtigung finden. Angesichts zahlreicher nur standesamtlich oder vor einem evangelischen Geistlichen geschlossenen Mischehen liegt die Dunkelziffer sehr hoch.

*Quelle: OAV: Trauungsmatrikel (Zweitschriften) der Pfarrektorate Bockhorn, Burhave, Elsfleth, Ganderkesee, Hude, Jade und Schillig*

---

[139] Vgl. OAV: Zweitschriften der Trauungsmatrikel St. Marien Delmenhorst.
[140] Die hier und im folgenden genannten Katholikenanteile nach Trautmann, Markus, Die Vertriebenen im Spiegel statistischer Erhebungen, in: Hirschfeld, Michael, Trautmann, Markus (Hrsg.), Gelebter Glaube – Hoffen auf Heimat (wie Anm. 105), 433–454, hier 437.

Wesentlich extremer stellte sich die Situation in den neu entstandenen Vertriebenengemeinden mit ihrem wesentlich geringeren Anteil von Katholiken an der Gesamtbevölkerung dar, der in den nordoldenburgischen Landkreisen nur zwischen 7,9 % (Ammerland) und 13,4 % (Kreis Oldenburg) lag. Angesichts der insbesondere in den ersten Nachkriegsjahren erheblich eingeschränkten Mobilität war es hier für Jugendliche aus katholischen Vertriebenenfamilien häufig kaum möglich, die Ehe mit einem Partner der gleichen Konfession einzugehen. Wollte etwa ein katholisches Flüchtlingsmädchen einen evangelischen Bauernsohn heiraten, lastete auf dieser Beziehung zudem noch der psychische Druck der eingesessenen Familie. In aller Regel gab hier der schwächere, das heißt der besitzlose ostvertriebene Partner nach.

Ein Vergleich der Anzahl konfessionsverschiedener Ehen in sieben ausgewählten Vertriebenengemeinden in allen vier Landkreisen Nordoldenburgs bestätigt dieses Phänomen grundsätzlich, zeigt aber gleichzeitig ein sehr differenziertes Bild. Während in drei der in die Untersuchung einbezogenen Pfarrektorate, nämlich in Burhave, Ganderkesee und Jade, innerhalb der ersten fünf Jahre nach der Vertreibung nur ein Drittel der Ehen mit einem anderskonfessionellen Partner geschlossen wurde, waren es im selben Zeitraum in Bockhorn, Elsfleth, Hude und Schillig über bzw. nahezu die Hälfte der ehelichen Verbindungen. Ausschlaggebend hierfür könnte gewesen sein, daß beispielsweise Burhave und Ganderkesee, aber auch Jade bedingt durch ihre Nähe zu den alten katholischen Diasporamilieus in Nordenham, Delmenhorst und Varel räumlich gesehen bessere Chancen für einen Katholiken oder eine Katholikin boten, einen Ehepartner seiner bzw. ihrer Konfession zu heiraten. Grundsätzlich bestimmten aber auch die jeweils unterschiedlichen Erfolge in der kirchlichen Vergemeinschaftung der Vertriebenen die Trauungsstatistik. Ohne daß hierfür konkrete Anhaltspunkte aus den Statistiken zu entnehmen wären, läßt sich vermuten, daß dort, wo einzelne Bindungselemente griffen und beispielsweise eine vielfältige Jugendarbeit stattfand, die Zahl rein katholischer Eheschließungen entsprechend höher lag. Damit wäre auch ein Erklärungsmuster für die divergierenden Ergebnisse der vorliegenden Ermittlungen gegeben.

Bis zur Mitte der 1950er Jahre kam es dann allerdings gerade in der Gruppe von Gemeinden, die besonders viele rein katholische Paare aufzubieten hatten, zu einer Steigerung des Anteils gemischtkonfessioneller Paare auf etwa 50 %, während Bockhorn, Schillig, Elsfleth und Hude auf einem höheren Niveau von rund 60 % stagnierten. Eine offenbar von der Diasporasituation hervorgerufene Distanz zum katholischen Milieu führte also zu einer Zunahme der Mischehen, die sich in der zweiten Hälfte der 1950er Jahre in diesen Gemeinden fortsetzte. Der in letztgenanntem Zeitraum zu verzeichnende Einbruch im Fall von Jade ist sicherlich damit zu erklären, daß die Katholikenzahl hier durch Abwanderung überdurchschnittlich stark zurückging, die nominelle Zahl an Heiraten beträchtlich sank und so starke Schwankungen in den Prozentzahlen bereits durch ein „Abweichen" bei wenigen Paaren erreicht werden konnten. In diesem Sinne ist auch der stetige Rückgang der konfessionsverschiedenen Eheschließungen in Burhave zu sehen, der sich zwischen 1961 und 1965 fortsetzte, obwohl der Prozentsatz gemischtkonfessioneller Paare in letzterer halben Dekade vor Ende des Zweiten Vatikanums sich in Gemeinden wie Ganderkesee und Hude wieder auf das Anfangsniveau einpendelte.

Diese Zahlen stellen allerdings nur einen Ausschnitt aus der Realität dar, zumal der Prozentsatz über Konfessionsgrenzen hinweg heiratender Katholiken und damit die religiöse Mobilität in der gesamten Bundesrepublik in der Nachkriegszeit insgesamt durchschnittlich um 50 % anstieg[141].

Selbst wenn dieses gesellschaftliche Phänomen, für das die Untersuchungsregion Oldenburg nur ein Fallbeispiel darstellt, nur relativ selten zu einer Konversion führte, so zog es doch unweigerlich eine veränderte, zumeist reduzierte Identifikation mit der katholischen Kirche und ihren Normen nach sich[142]. Allein daher mußte die Mischehenproblematik für die Seelsorge vor Ort eine Katastrophe bedeuten, gerade wenn man eine Dunkelziffer von gemischtkonfessionellen Eheschließungen, die ohne Wissen und Dispens der katholischen Kirche vor einem evangelischen Geistlichen oder ohne kirchlichen Beistand abgeschlossen worden waren, folglich also in den Kirchenbüchern nicht erfaßt sind, mit einberechnet.

Aus der Stadt Brake wird zum Beispiel berichtet, daß von den 1953 1.518 Katholiken 186 in Mischehen lebten. Hiervon wurden in 110 Familien – also fast 60 % – die Kinder evangelisch erzogen[143]. Bereits 1951 hatte der Ortspfarrer nüchtern und ohne Häme analysiert: „So manche, die aus katholischem Land kommen und hier nun unter Anders- und Ungläubigen wohnen, die Kirche nicht am Ort haben, werden lau und gleichgültig. Die materielle Not und die andere Umgebung, auch der Spott der Andersgläubigen, zerstören in ihnen den Glauben. Sie kommen an Weihnachten und Ostern noch mal zur Kirche oder wenn in der Familie eine Taufe oder Trauung oder ein Sterbefall ist. Die meisten Ehen, die geschlossen werden, sind Mischehen. Oft ist die Braut dann noch schwanger, so daß sie also heiraten müssen. Im vorigen Jahr kam es vor, daß einen Tag nach der Trauung das Kind geboren wurde."[144]

Und ein aufmerksamer Beobachter der Situation im benachbarten Diasporabistum Hildesheim rief 1954 im Hinblick auf „zahlreiche Mischehen, die zu einem erheblichen Teil nicht einmal mehr vor einem katholischen Priester geschlossen werden"[145], zu ver-

---

[141] Vgl. Kindermann, Adolf, Religiöse Wandlungen und Probleme im katholischen Bereich (wie Anm. 91), 154, u. Menges, Walter, Wandel und Auflösung der Konfessionszonen, in: Lemberg, Eugen, Edding, Friedrich (Hrsg.), Die Vertriebenen in Westdeutschland (wie Anm. 91), 1–22.

[142] Vgl. diesbezüglich Menges, Walter, Zugehörigkeit zur Kirche und Identifikation mit der Kirche, in: Ders., Greinacher, Norbert (Hrsg.), Die Zugehörigkeit zur Kirche (Schriften zur Pastoralsoziologie, Bd. IV), Mainz 1964, 23–41. Menges greift – auf die Bundesrepublik bezogen – nicht nur den in gemischtkonfessionellen Ehen häufig nicht durchzuhaltenden sonntäglichen Kirchgang des katholischen Partners auf, sondern auch vom Religiösen beeinflußte gesellschaftliche Verhaltensweisen, wie die Zahl der Kinder, die in rein katholischen Ehen in den 1950er Jahren statistisch gesehen am höchsten, in gemischten niedriger und in rein evangelischen Ehen am geringsten war. Vgl. ebd., 35.

[143] Vgl. Pfarrchronik Brake, in: Pfarrarchiv Brake, Eintrag von Pfarrer Hermann Böhmer 1953.

[144] Vgl. ebd., Eintrag von 1951.

[145] So Josef Mosler, Flüchtlingsbetreuer u. Vorstandsmitglied des Kardinal-Bertram-Werkes der Diözese Hildesheim, in: Christ unterwegs 1/1954, 8. Hier auch das folg. Zit.

stärkten Bemühungen der Diasporaseelsorger auf. Seiner Ansicht nach konnte eine katholische Tradition nicht durch karitative Maßnahmen und losen Kontakt zum zuständigen Geistlichen gefestigt werden, sondern „da muß der ganze Mensch, der Mensch als Geschöpf Gottes, dahinter stehen; da muß lebendig werden, auch im praktischen Lebensraum, das Geheimnis vom mystischen Leibe Christi, da muß echter Kontakt von innen heraus zwischen Einheimischen und Vertriebenen, zwischen Priester und Volk bestehen".

In der vor Kriegsende nahezu rein katholischen Pfarrei St. Andreas in Cloppenburg wurden 1948 allein 20 % der Ehen zwischen einem Katholiken und einer Protestantin oder umgekehrt geschlossen, was im Vergleich zu den Jahren 1936 bis 1939, wo diese Marke bei 8 bis 10 % lag, eine Steigerung um mehr als das Doppelte bedeutete. 1950 hingegen war der Anteil gemischtkonfessioneller Paare dagegen bereits auf 14,5 % angestiegen, und 1958 waren es nur noch 10,6 %[146]. Daß dieser Trend für Südoldenburg durchaus repräsentativ ist, bestätigt ein Blick in die Register des Standesamtes Vechta, wo 1950 immerhin 20,9 % der Ehen weder rein katholisch noch rein evangelisch waren und diese Zahl 1965 nur noch 13,0 % betrug[147]. Im katholischen Oldenburger Münsterland machte sich die demographische Stärkung des protestantischen Elements somit auch bemerkbar, ohne sich jedoch langfristig behaupten zu können. Die in den Kreisen Vechta und Cloppenburg sehr starke Abwanderung evangelischer Vertriebener wirkte sich folglich auf die Eheschließungen aus.

Womöglich trug zu dieser „Regulierung" aber auch eine dementsprechend rigide Haltung des katholischen Klerus gegenüber konfessionsverschiedenen Paaren bei, wie sie beispielsweise gerade für die Stadt Cloppenburg der dortige ostvertriebene evangelische Pastor beklagte[148]. Dabei belegen in der Retrospektive aus makrosoziologischer Sicht erfolgte Untersuchungen, daß insgesamt die „Religionszugehörigkeit als relevantes Merkmal für die Partnerwahl weniger bedeutsam"[149] wurde und daß dieses Phänomen vielmehr nach 1945 viel eher die Katholiken als die Protestanten betraf. Dennoch wurde auch auf protestantischer Seite der wachsenden Zahl konfessionsverschiedener Ehen keineswegs mit Gleichgültigkeit oder gar übermäßiger Toleranz begegnet. „Die Mischehe ist und bleibt ein Unglück, vor dem nicht ernstlich genug gewarnt werden kann", heißt es etwa in einer vom Evangelischen Bund im hessischen Bensheim 1951 herausgegebenen Schrift[150], die ihren Weg auch in viele evangelische Pfarrhäuser fand.

---

[146] Vgl. zu allen hier genannten Zahlen: OAV: Zweitschriften der Trauungsmatrikel der Pfarrei St. Andreas Cloppenburg.

[147] So die Ermittlungen von A. Pellenwessel im Rahmen ihrer Examensarbeit an der Universität Vechta. Vgl. Pellenwessel, Anne, Das Heiratsverhalten der Bevölkerung im Kreis Vechta, in: Jahrbuch für das Oldenburger Münsterland 1985, 197–208, hier 207.

[148] Vgl. Pastor Dr. Armin Fligge, Cloppenburg, an den Oberkirchenrat v. 22.6.1948, ebd.

[149] Hendrickx, John, Schreuder, Osmund, Ultee, Wouter, Die konfessionelle Mischehe in Deutschland (1901–1986) und den Niederlanden (1914–1986), in: Kölner Zeitschrift für Soziologie und Sozialpsychologie, Bd. 46 (1994), 619–645, hier 619.

[150] Vgl. Waschipki, Karl, Mischehe. Was der evangelische Christ davon wissen muß, Bensheim 1951, 2, zit. nach: Lesch, Karl-Josef, Die Begegnung mit dem Fremden (wie Anm. 50), 111.

## 7. Elemente katholischer Milieuverfestigung und protestantische Provokationen

Greifen wir an dieser Stelle den vorgenannten Topos Ivo Zeigers von Deutschland als Missionsland noch einmal auf, der sicherlich für das Verhalten des Offizialats gegenüber der evangelischen Kirche eine wichtige Rolle spielte, so schließt sich hier die Frage nach einer Reaktion seitens der katholischen Kirche an, die über die Garantie einer ordentlichen Gemeindeseelsorge hinausging. Mit den vom Kirchenrecht in 10jährigem Turnus vorgeschriebenen Volksmissionen[151] schien ein probates Mittel gefunden zu sein, das sich zur geistigen Festigung der katholischen Flüchtlinge in evangelischer Umgebung einsetzen ließ. Pionierarbeit leisteten dabei im Offizialatsbezirk Oldenburg die Oblaten von der Unbefleckten Empfängnis Mariens (aufgrund ihres deutschen Stammklosters besser bekannt als Hünfelder Oblaten), die bereits 1946 von ihrem Kloster in Gelsenkirchen aus an Wochenenden per Motorrad in die nordoldenburgische Diaspora reisten, um dort sogenannte Rucksackmissionen abzuhalten[152]. Das heißt, die Patres zogen von Ort zu Ort, ließen sich vom zuständigen Pfarrer die Adressen der besonders weit von der nächsten Gottesdienststation entfernt untergebrachten Katholiken geben und riefen diese zu Predigten und Gottesdiensten zusammen. Als die Ordensgemeinschaft im Folgejahr ein Domizil in der Stadt Oldenburg erhielt, veranstaltete sie auch längere Missionen, deren Öffentlichkeitswirksamkeit zunehmend von evangelischen Beobachtern als gegenreformatorischer Akt angesehen wurde und in die Kritik geriet. Tatsächlich blieben antiprotestantische Ressentiments nicht außen vor, wenn etwa in dem Exposé eines Oblatenpaters über zeitgemäße katholische Methoden der Volksmission die „Abhängigkeit vom protestantischen Brotherrn"[153] kritisiert wurde, der vielen katholischen Vertriebenen den Besuch der Missionspredigten über einen längeren Zeitraum hinweg verbiete, weshalb ein Konzept der Mission auf Raten (auch Stottermission genannt) notwendig sei. Hinter diesem Seitenhieb läßt sich allerdings weniger eine kollektive Kritik am evangelischen Lebensumfeld als vielmehr die auf Erfahrungswerten basierende Sorge der Patres um die kirchliche Erfassung der zerstreuten Katholiken und deren Partizipation am religiösen Gemeinschaftsleben erkennen.

Dennoch erregte die eifrige Predigt- und Vortragstätigkeit der Oblaten in Nordoldenburg auch über die Volksmissionen hinaus immer wieder Unmut bei Teilen der evangelischen Mehrheit, so beispielsweise anläßlich eines Vortrages, den Pater Engelbert Machinia OMI im November 1951 vor Angehörigen der Katholischen Arbeitnehmerbewegung (KAB) und der katholischen Werkmannschaft in Delmenhorst hielt. Das Thema war bezeichnenderweise gerade die von Ivo Zeiger drei Jahre zuvor für eine breite Öffentlich-

---

[151] Vgl. CIC v. 1917 (wie Anm. 3), can. 1351.
[152] Vgl. Krasenbrink, Josef (Hrsg.), Und sie gingen in seinen Weinberg. 100 Jahre deutsche Ordensprovinz der Oblaten der Makellosen Jungfrau Maria (Hünfelder Oblaten), Mainz o. J. (1995), 195, sowie Gespräch d. Verf. m. P. Engelbert Machinia OMI, Gelsenkirchen, v. 17.3.1998.
[153] Hennecke, P. Alfred OMI, Ein Wort zur außerordentlichen Seelsorgsarbeit von heute, Manuskript v. ca. 1947, in: Archiv der Deutschen Provinz der Oblaten, Mainz.

keit geprägte Sentenz von „Deutschland als Missionsland", deren Wirkungskraft bis auf die Ebene der Pfarrei und der pfarrlichen Verbände hinunter damit zugleich deutlich wird. Der hauptamtlich als Kaplan in der von der Ordensgemeinschaft aufgebauten Gemeinde Herz Mariä im Stadtnorden von Oldenburg tätige Pater Machinia führte Zeigers These von einer Krise des Katholizismus im Nachkriegsdeutschland in seinem Referat auf „den dreifachen Sündenfall des deutschen Volkes durch Luther, Kant und Nietzsche"[154] zurück und stellte den von den Oblaten proklamierten neuen Seelsorgertyp des „Rucksackpriesters" als Modell für die Zukunft der katholischen Kirche dar. Das Referat des Ordensgeistlichen wurde vornehmlich deshalb im Oldenburger Oberkirchenrat als Beeinträchtigung des konfessionellen Friedens empfunden, weil hier Luther in die Reihe liberaler Vordenker der Geschichte hineingestellt und damit für den in der jungen bundesrepublikanischen Gesellschaft aufkommenden Materialismus verantwortlich gemacht wurde[155].

Mag Pater Machinias Äußerung auch wenig diplomatisch gewesen sein, so läßt sich an dieser Stelle die verkürzende und einseitig auf die Hervorhebung dieser Aussage zielende Berichterstattung in der Presse kritisieren. In seinem Vortrag nämlich hatte der Ordensgeistliche weniger das sensible Feld der interkonfessionellen Beziehungen berührt, als vielmehr in vorausschauender Weise Gedanken eines modernen Seelsorgekonzeptes entwickelt, das zum einen dem zu dieser Zeit viel diskutierten Vorbild der französischen „Arbeiterpriester" (prêtres ouvriers) nachfolgte, die von Gemeinde zu Gemeinde zogen, um das religiöse Leben neu zu aktivieren. Zum anderen hatte Machinia seinen Wunsch nach einer Erneuerung der Kirche aus dem Volk heraus, also durch eine Stärkung des Laienengagements, zum Ausdruck gebracht. „Orthodoxe" Rezeption außerhalb des katholischen Milieus und „progressiver" Inhalt für Milieuinsider standen sich in diesem Fall somit diametral gegenüber, wobei letzterer gleichsam eine Antizipation der Beschlüsse des Zweiten Vatikanums bedeutete. In der von der Presse gewählten Terminologie aber mußte der von dem Oblatenpater entwickelte Gedanke der inneren Missionierung, den man aus heutiger Perspektive wohl besser mit Neuevangelisierung bezeichnet hätte, alte Klischees der Zwangsbekehrung Andersgläubiger, sprich des evangelischen Bevölkerungsteils, durch beständige religiöse Infiltration wieder aufbrechen.

Als der Missionsgedanke in den beginnenden 1950er Jahren mit Hilfe der sogenannten Kapellenwagenmissionen der Ostpriesterhilfe weitergeführt wurde[156], belastete diese von dem belgischen „Speckpater" Werenfried van Straaten initiierte pastorale Strategie der Milieueinbindung einer möglichst großen Zahl von Katholiken das interkonfessionelle Verhältnis zusehends. Nach einem ausgeklügelten Plan machte sich ab 1951 Jahr für Jahr einer der mit einem aufklappbaren Altar und einem Schlafraum für die zwei beglei-

---

[154] P. Machinia OMI, zit., in: Delmenhorster Kreisblatt v. 29.11.1951.
[155] Vgl. Grafenhorst an Niermann v. 15.12.1951, in: OAV A-3-87.
[156] Zu den Routen der Kapellenwagen im Oldenburger Land vgl. BAM NA 101–241. Zu den Kapellenwagenmissionen vgl. im Überblick: Kindermann, Adolf, Artikel: Kapellenwagen, in: LThK, 2. Aufl., Bd. 5 (1960), Sp. 1317, sowie ders., Artikel: Ostpriesterhilfe, in: LThK, 2. Aufl., Bd. 7 (1962), Sp. 1292. Vgl. auch das Kap. IV in dieser Arbeit.

tenden Patres versehenen 14 Meter langen Busse auf den Weg in die nordoldenburgische Diaspora, wo er entsprechend den „Rucksackmissionaren" in Ortschaften ohne Kirche Halt machte. Einer der beiden evangelischen Pastoren in Blexen beschwerte sich im Frühjahr 1953 beim Oberkirchenrat darüber, daß in seiner Kirchengemeinde die von ihm als „Katholische Zeltmission" bezeichnete Initiative des Hilfswerks „Kirche in Not/Ostpriesterhilfe" in den beiden Ortschaften Blexen und Schweewarden allzu massiv aufgetreten sei. Erst nachdem die den Kapellenwagen begleitenden Geistlichen, ein deutscher und ein niederländischer Ordenspriester, bei ihm einen Höflichkeitsbesuch abgestattet hätten, sei er von Gemeindemitgliedern über den Inhalt der von ihnen abgehaltenen Predigten unterrichtet worden, so daß er die Missionare nicht selber habe zur Rede stellen können. Demnach hätten die Patres in übler Weise die alleinige Wahrheit und Existenzberechtigung der katholischen Kirche herausgestellt, damit „schmutzige konfessionelle Hetze" betrieben und die Menschen in der Gemeinde aufgewiegelt[157]. Er habe nur schweren Herzens davon absehen können, die Bevölkerung zu einer Gegenversammlung einzuladen. Besonderes Unverständnis brachte der evangelische Geistliche dem Umstand entgegen, daß die Kapellenwagenmissionare zwei evangelisch getaufte Kinder einer verwitweten Katholikin „umgetauft" hätten, mit der Begründung, daß die Rechtsgültigkeit der evangelischen Taufe nicht mehr zu belegen sei.

Bei aller positiven Resonanz, die die außerordentliche Seelsorgsmaßnahme der Kapellenwagenmission von offizieller kirchlicher Seite wie von den Diasporapfarrern erhielt, förderte der teilweise aufhetzende Predigtton der Patres ebenso wie die Verquickung der religiösen Sorge mit der Verteilung von Liebesgaben kritische Töne über die Seelsorgsmethoden der katholischen Kirche in ihrer Diaspora. In diesem Zusammenhang bleibt jedoch festzuhalten, daß die Kapellenwagenmissionare stets nur milieuimmanent agierten. Das heißt, es kam nirgendwo zu dezidierten Versuchen, evangelische Christen durch Predigten oder sakramentale Handlungen anzusprechen und zu einer Konversion zu bewegen.

Einen ähnlichen Anstoß zu Beschwerden evangelischer Pastoren und Gemeindemitglieder in Nordoldenburg stellte vielfach der Inhalt der von den Vertriebenengeistlichen zur Finanzierung ihrer Kirchenneubauten versandten Bettelbriefe dar. Der Bockhorner Pfarrer Gerhard Schuster, der auf der einen Seite ein gutes Verhältnis zu den Verantwortlichen der evangelischen Kirche am Ort unterhielt, scheute auf der anderen Seite nicht davor zurück, in seinen Bettelbriefen vom „Urwaldmissionsgebiet" Friesland zu sprechen und damit den Eindruck zu erwecken, die Christianisierung der Friesischen Wehde habe erst durch den Zustrom ostvertriebener Katholiken im Jahre 1946 begonnen und hänge entscheidend von einem katholischen Kirchenbau in diesem vermeintlich religiösen Niemandsland ab. Sicherlich stand für diese Bezeichnung der Bockhorn benachbarte, als „Neuenburger Urwald" bezeichnete Forst Pate. Angesichts der insbesondere in entfernt liegende katholische Regionen West- und Süddeutschlands gerichteten Bettelbriefe erscheint eine solche Verwendung der überregional wohl eher unbekannten Bezeichnung aber zumindest fraglich. Offensichtlich ist, daß mit der Einführung des

---

[157] Pastor Adolf Daum, Blexen, an den Oberkirchenrat v. 26.5.1953, in: Archiv OKR A-L-23.

Begriffs „Urwald" zumindest ein doppelter Sinnzusammenhang konnotiert werden sollte. Je geringer die Kenntnis der Briefempfänger über die geographischen Gegebenheiten im Nordsee-Raum war, desto stärker trat unweigerlich die metaphorische Bedeutung in den Vordergrund. Die Kompilierung des Landschaftsnamens mit der Charakterisierung als „Missionsgebiet" tat schließlich ein übriges, um in der Phantasie des Lesers Assoziationen mit unterentwickelten Regionen der Erde, wie etwa dem lateinamerikanischen Amazonas-Gebiet, aufkommen zu lassen[158].

Die zahlreichen Bettelbriefe der Diasporaseelsorger zur Finanzierung ihrer Kirchenneubauten wurden somit in vielen Fällen als ein Hort milieuprägender Äußerungen im ersten Nachkriegsjahrzehnt empfunden. Da sie primär auf die Spendenbereitschaft der Bevölkerung in geschlossenen katholischen Milieus abzielten, griffen sie tradierte katholische Missionsvorstellungen auf und zeigten häufig als Topos eine kleine Schar armer katholischer Flüchtlinge inmitten einer Vielzahl glaubensloser Protestanten. Dieses zur Erhöhung der Spendenbereitschaft stilisierte Bild mag angesichts der in einigen Landstrichen Nordoldenburgs (man denke nur an die Wesermarsch oder Friesland) kaum in Ansätzen vorhandenen Kirchlichkeit der Einheimischen sogar der Wahrheit nahegekommen sein, löste auf offizieller evangelischer Seite jedoch offene Empörung aus, wenn es allzu drastisch formuliert war.

So wurde 1950 in einem vom Delmenhorster Pfarrer Propst Wilhelm Niermann unterzeichneten Spendenaufruf, der zur Fastenzeit an die „lieben Kinder aus dem Südoldenburger- und Münsterland" gerichtet war, ein erschütterndes Bild von der Glaubenssituation der Katholiken in Delmenhorst gezeichnet. Der Ich-Erzähler des Briefes nahm hierin die Kinder symbolisch bei der Hand und führte sie durch seine räumlich weite Gemeinde: „Da leben weit draußen, viele Kilometer von der Pfarrkirche entfernt, 1.200 katholische Flüchtlinge mitten unter Ungläubigen [...]. Am Sonntag muß der Priester mit dem Fahrrad hinaus, frühzeitig, oder nachmittags, bei Wind und Wetter, und muß alles mitnehmen, was er zur Feier des Hl. Opfers braucht. Da muß nun die evangelische Schulklasse für eine Stunde ‚Gotteshaus' werden, der Lehrertisch wird ‚Altar', die Nebenklasse wird zum Beichtraum. Dann hocken die Kinder und Erwachsenen in den Schulbänken und drängen sich in den engen Gängen und draußen im Flur und müssen so in diesem kahlen Raum die hl. Geheimnisse feiern. Es ist erschütternd! Und so geht es Sonntag für Sonntag und nun schon Jahr für Jahr, ohne Taufstein, ohne Beichtstuhl, ohne Tabernakel, mitten in der Kälte des nordischen Heidentums. Ist es da zu verwundern, wenn bei vielen Kindern die Liebe zu ihrem katholischen Glauben mehr und mehr erkaltet und damit auch die Liebe zum Heiland? Muß Euch da nicht das Herz brennen?"[159] Wenn vielleicht auch den Lesern der anrührenden Zeilen „das Herz brannte", so ergriff – um die bildliche Sprache des Spendenbriefes aufzunehmen – diese „Flamme" in negativer Hinsicht auch Landesbischof Stählin, der den Rundbrief aus Delmenhorst vom dor-

---

[158] Vgl. zu dieser Ambivalenz: Pfarrer Gerhard Schuster an Gemeindekirchenrat Bockhorn v. 9.6.1953 u. Bettelbrief für den Kirchenbau, in: Pfarrarchiv Bockhorn: Kirchenbau 1953.
[159] Kath. Pfarramt Delmenhorst an die Kinder im Südoldenburger- u. Münsterland aus der Fastenzeit 1950, Expl., in: OAV A-2-13.

tigen evangelischen Gemeindekirchenrat erhielt und unter Verweis auf die zahlreichen gemeinsam genutzten Kirchen als Belastung für den konfessionellen Frieden ansehen mußte. Ohne jedoch einen Eklat in der Öffentlichkeit herbeizuführen, bat der evangelische Bischof den Offizial behutsam um eine Rücknahme[160]. Er zeigte sich betroffen über die pauschale Disqualifizierung der nicht-katholischen Bevölkerung als „Ungläubige", welche gemäß dem Schreiben aus Delmenhorst die „Kälte des nordischen Heidentums" produzierten, und ließ Prälat Grafenhorst unter anderem wissen: „Sie werden verstehen, daß solche Formulierungen in Delmenhorst, insbesondere in der evangelischen Gemeinde, peinliches Aufsehen erregt haben. Wir bedauern das um so mehr, als der evangelische und der katholische Teil unserer Bevölkerung mehr als je auf gegenseitige Rücksicht und Hilfe angewiesen sind, sowohl im Norden wie im Süden Kirchengebäude beider Konfessionen gegenseitig für Gottesdienste zur Verfügung gestellt werden und auf vielen Gebieten eine durchaus erfreuliche Zusammenarbeit zustande kommt. Sie wissen, [...] wie sehr mir persönlich ein gutes Verhältnis zwischen den getrennten christlichen Kirchen, die Überwindung einer unguten Polemik und ein Wachstum gegenseitiger Achtung und gemeinsamer Verantwortung am Herzen liegt, und ich glaube mich in all diesen Wünschen mit Ihnen einig zu wissen. Ich vermag darum nicht anzunehmen, daß Sie die Form jener Werbeschreiben billigen und die Gefahren unterschätzen, die daraus sich ergeben müssen."

Als „ungute Polemik" empfand wohl auch Offizial Grafenhorst den ihm erst von Landesbischof Stählin zur Kenntnis gebrachten Grund der Beschwerde, zumal er sehr schnell reagierte und Propst Niermann anwies, die noch vorrätigen Exemplare des Bettelbriefes umgehend aus dem Verkehr zu ziehen und zukünftig „kränkende Angriffe" auf die evangelischen Christen zu unterlassen[161]. Der Pfarrer von St. Marien in Delmenhorst folgte daraufhin der Bitte des Offizials und distanzierte sich vom Tonfall des Schreibens mit der Begründung, daß die Formulierungen auf einen als Caritashelfer angestellten heimatvertriebenen Lehrer zurückgingen. Zugleich rechtfertigte er den Inhalt des Spendenaufrufs aber „psychologisch [...] durch die Unzuträglichkeiten, die sich in der Abhaltung der Gottesdienste und Unterrichte ergeben haben" und zeigte sich betroffen über die heimliche Weitergabe des Briefes an den Oberkirchenrat, ohne daß die Delmenhorster evangelisch-lutherische Gemeinde als zuständige örtliche Instanz zunächst das Gespräch mit ihm gesucht habe[162]. Mit welcher Vehemenz ein Erfolg im Vorgehen gegen den vermeintlichen Urheber des antiprotestantischen Rundschreibens seitens des lutherischen Gemeindekirchenrates in Delmenhorst verfolgt wurde, zeigt eine erneute Anfrage dieses Gremiums beim Oberkirchenrat, woraufhin die evangelische Kirchenleitung das Entschuldigungs- bzw. Rechtfertigungsschreiben Niermanns in Abschrift mit der Bemerkung nach Delmenhorst sandte, die Sache doch ruhen zu lassen[163]. Daß die

---

[160] Vgl. Stählin an Grafenhorst v. 6.4.1950, ebd. Aus diesem Brief auch das folg. Zit.
[161] Grafenhorst an Propst Wilhelm Niermann, Delmenhorst, v. 7.4.1950, ebd.
[162] Niermann an Grafenhorst v. 9.4.1950, ebd.
[163] Vgl. Gemeindekirchenrat Delmenhorst an den Oberkirchenrat u. Oberkirchenrat an Gemeindekirchenrat Delmenhorst v. 3. bzw. 18.4.1950, ebd.

Vorgänge in Delmenhorst über das Oldenburger Land hinweg nicht unbeachtet blieben, belegt zudem eine Anfrage des Osnabrücker Generalvikariats, dem der Aufsehen erregende Bettelbrief ebenfalls in die Hände geraten war und das sich in Vechta nach dem Wahrheitsgehalt der drastischen Schilderungen erkundigt hatte[164].

Trotz dieses neuerlichen Vorfalls hielten auch in der Folgezeit die Bettelbriefe für nordoldenburgische Kirchenbauprojekte den evangelischen Christen mit Polemik den Spiegel vor, was angesichts der starken Kirchenferne vieler Protestanten im Bereich der Fallstudie zumindest partiell als gerechtfertigt erscheint. In der besonders entkirchlichten Hafenstadt Wilhelmshaven zum Beispiel sprach im Sommer 1952 eine Spendenbitte der St.-Michael-Gemeinde daher von einem „SOS-Ruf aus der glaubenskalten und gottlosen Stadt Wilhelmshaven"[165] und berichtete mit deutlichem Seitenhieb auf das evangelische Christentum ihren Adressaten über die hier zu errichtende Kirche. Diese solle dem Erzengel Michael geweiht werden, „daß er mit uns kämpfe gegen Irrglauben und Unglauben. Das hiesige Land war früher auch katholisch. Nun sind wir wieder auf dem Vormarsch." Wahrscheinlich erreichten diese – wenngleich hier aus dem Zusammenhang gerissenen, so doch gleichwohl pamphletartigen – Zeilen nicht den Oberkirchenrat. Sicherlich hätte es sonst einen neuerlichen Eklat gegeben.

Ganz offenbar machten sich in der Minderheitensituation des nordoldenburgischen Katholizismus die Versuche der Milieufestigung in Einzelfällen also auch negativ gegenüber der evangelischen Bevölkerungsmehrheit bemerkbar. Denn ähnlich wie in den vorgenannten Bettelbriefen der Katholizismus als einzige feststehende Säule in heidnischer Umgebung definiert wurde, liest sich der zufällig aufgezeichnete Kommentar einer in der Stadt Oldenburg lebenden Flüchtlingsfrau, der lautete: „Wir mußten unsere schlesische Heimat verlassen, um hier die dem katholischen Glauben Entfremdeten zurückzugewinnen. Wenn wir unsere Mission erfüllt haben, werden wir in die alte Heimat zurückkehren können."[166] Mag es sich dabei auch um eine einzelne Stimme handeln, die von einem besonderen religiös-konfessionellen Sendungsbewußtsein durchdrungen war, so ist hier ein weit verbreiteter Topos zu erkennen, der in der anfänglich mißlichen seelsorglichen Situation des Diasporakatholizismus einen Halt vermitteln und die Geborgenheit im „rechten" Glauben verstärken sollte. Die veränderte konfessionelle Lebenssituation der Flüchtlinge und Vertriebenen wurde hier nicht als Aufforderung zum Dialog, sondern als vorherbestimmte Missionsaufgabe betrachtet, die bei der Vertreibung beabsichtigt worden sei.

Angesichts des anscheinend tief verwurzelten Missionsgedankens der katholischen Diasporabevölkerung bleibt zu fragen, durch welche Erfahrungen solche Einstellungen überhaupt Verbreitung und einen Nährboden fanden, zumal in einer Reihe von Vertriebenengemeinden, wie Rastede und Ganderkesee, die katholischen Seelsorger durch den

---

[164] Bischöfliches Generalvikariat Osnabrück an Offizialat v. 24.5.1950, ebd.

[165] Bettelbrief der Kath. Seelsorgestelle St. Michael Wilhelmshaven v. Sommer 1952, Expl., in: Pfarrarchiv St. Willehad Wilhelmshaven: Caritas.

[166] N.N., zit. im Schreiben von Pastor Daum, Blexen, an den Oberkirchenrat v. 26.5.1953 (wie Anm. 157).

freundschaftlichen Dialog mit ihren evangelischen Amtsbrüdern ein positives Bild von der Mehrheitskonfession bei ihren Gläubigen zu vermitteln suchten. Neben alten Klischees auf katholischer Seite ist hier eine wesentliche Ursache für eine antiprotestantische Haltung unter den katholischen Vertriebenen in ebensolchen Klischees von Teilen der evangelischen Pastorenschaft zu sehen. Bei ihr brachen weniger durch den Zustrom der Vertriebenen als vielmehr durch die Konsolidierung des katholischen Gemeindelebens in den 1950er Jahren historisch begründete protestantische Ängste vor den Jesuiten als Vorreiter katholischer Missionierung verstärkt auf. Als Beleg für diese recht weit verbreitete „Konservierung alter Vorurteile"[167] sind mehrere Briefe evangelischer Pastoren an den Oberkirchenrat aus den ersten Nachkriegsjahren heranzuziehen, die neben dem eigentlichen Beschwerdegrund Ängste vor einem Vorrücken des Katholizismus im Oldenburger Land von Süden nach Norden verbreiteten. Sie stützten sich auf die Tatsache, daß angefangen vom Posten des Verwaltungspräsidenten über den Intendanten und Generalmusikdirektor am Oldenburgischen Staatstheater eine Reihe leitender Positionen in der ehemaligen Landeshauptstadt bald nach 1945 erstmals mit Katholiken besetzt worden war. Ob die früheren Inhaber der nun von Katholiken eingenommenen Ämter immer bekennende Protestanten gewesen waren und eine starke Affinität ihrer Kirche gegenüber gezeigt hatten, stand dabei ebensowenig zur Debatte wie die Gewinnung kirchlich aktiver Protestanten für diese Aufgaben. Statt dessen ging es um das Prinzip eines rein äußerlichen Öffentlichkeitsanspruchs der Mehrheitskonfession. Diesem protestantisch-bürgerlichen, das heißt für Oldenburg mehrheitlich unkirchlichen Ideal des untergegangenen Freistaats und ehemaligen Großherzogtums entsprach gerade ein praktizierender Katholik im Rang des Verwaltungspräsidenten, wie der aus Dinklage gebürtige Jurist August Wegmann, nicht[168].

Exemplarisch sind diese Bedenken, mit denen der Oberkirchenrat sich konfrontiert sah, bei einem evangelischen Pastor erkennbar, der seiner Kirchenleitung freimütig bekannte, er „glaube nicht an den Willen der katholischen Kirche zu einer echten Toleranz oder gar zu einem brüderlichen Seit-an-Seit-Arbeiten" und sehe den „Geist der Invisition" (sic! Gemeint ist die Inquisition. Anm. d. Verf.) von Südeuropa aus allmählich in den Norden vordringen[169].

Eine nicht unerhebliche Rolle bei der Verfestigung dieser Vorurteile mag die rein zahlenmäßig stärkere Beteiligung der Katholiken am kirchlichen Leben in Nordoldenburg gespielt haben. Wenn die Katholiken aufgrund des starken Zulaufs an Gottesdienstbesuchern vielerorts die evangelische Kirche innerhalb der Woche wie am Sonntag selbst

---

[167] Kindermann, Adolf, Religiöse Wandlungen und Probleme im katholischen Bereich (wie Anm. 91), 156.

[168] August Wegmann, geboren 1888 in Dinklage, Jurist, u. a. 1945–1946 letzter oldenburgischer Innenminister, 1947–1953 erster Präsident des Niedersächsischen Verwaltungsbezirks Oldenburg, 1954–1965 Vorsitzender des CDU-Landesverbandes Oldenburg, gestorben 1976 ebd. Vgl. Friedl, Hans, Artikel: Wegmann, August, in: Ders. u. a. (Hrsg.), Biographisches Handbuch zur Geschichte des Landes Oldenburg (wie Anm. 10), 784–786.

[169] Wie Anm. 157.

wesentlich häufiger und zeitlich länger nutzten als die eigentlichen Besitzer, mußte dies nicht selten mit Neid und Mißgunst beobachtet werden. In Berne beispielsweise, wo die evangelisch-lutherische St.-Ägidius-Kirche nicht allein Sonntags um 8 Uhr, sondern dazu an jedem Werktag um 7 Uhr Zentrum der katholischen Liturgie geworden war, bemerkte der evangelische Pastor süffisant, die Katholiken hätten von der freimütigen Genehmigung des Oberkirchenrates „ausgiebig Gebrauch gemacht" und bekämen die Kirche zudem – vor allem am Sonntag – immer voll[170]. Den evangelischen Geistlichen ärgerte daher offenbar viel mehr als die Länge der von Erzpriester Scholz zelebrierten Eucharistiefeiern eben der gute Kirchenbesuch der ostvertriebenen Katholiken. Insbesondere in Stedingen, dem Landstrich im Kerngebiet der Oldenburgischen Landeskirche, in dem der Kirchenbesuch am schwächsten ausgeprägt ist und wo bei den alteingesessenen Protestanten bis in die Gegenwart die Maxime gilt, daß derjenige, der am Sonntag den Gottesdienst besucht, es ganz besonders nötig haben müsse[171], fiel die von der Not- und Minderheitssituation verstärkte Gemeinschaftsbildung der katholischen Vertriebenen optisch unvergleichlich mehr ins Gewicht. Bedingt durch die abgeschiedene Verkehrslage in der Wesermarsch müssen zudem Arbeitslosigkeit und Armut intensivierend auf den Zusammenhalt der Berner Katholiken gewirkt haben. Zumindest wurden sie auch über das Element der Kirchlichkeit hinaus im örtlichen Leben so stark präsent, daß die kirchenfernen Einheimischen nicht nur verbal Anstoß hieran nahmen, sondern sogar vor Sabotageakten nicht zurückscheuten.

Nur mit dem Unverständnis über die Beobachtung, daß die Katholiken ihren Glauben viel stärker durch das Setzen sichtbarer Zeichen bezeugten, ist es jedenfalls zu erklären, daß in dem ansonsten verschlafenen Landstädtchen Berne während des katholischen Gottesdienstes Fahrräder der Kirchgänger gestohlen oder deren Reifen mutwillig zerstochen wurden. Aus Angst vor solchen Übergriffen begann der für die Seelsorge zuständige Elsflether Pfarrektor, Erzpriester Alfons Scholz, sein Motorrad in die Kirche hineinzuschieben und unter der Kanzel zu parken, während die Gläubigen ihre Fahrräder im hinteren Teil des Kirchenschiffes ebenfalls unter Aufsicht deponierten. Weniger die geringe Zahl kirchlich gesonnener Protestanten als vielmehr deren neuer Pastor mochte in diesem, wenngleich der Not gehorchenden, so jedoch für Gäste wenig pietätvollen Verhalten so etwas wie eine Entweihung der Kirche und besonders der als Ort der religiösen Verkündigung im Zentrum stehenden Kanzel erkannt haben. Der Pastor verstand es aber, seinem katholischen Confrater das ungehörige Benehmen in höflichem Ton zu verdeutlichen. Die offensichtlich affektiert wirkende, wiewohl von der Fähigkeit zur

---

[170] Pastor Gerhard Logemann, Berne, an den Oberkirchenrat v. 19.11.1946, in: Archiv OKR A-L-12 II.

[171] Vgl. die Erfahrung v. Pastor Rolf-Dieter Jacobs, Lemwerder, geschildert, in: Wenz, F.-Herbert (Bearb.), 1299–1999. 700 Jahre St.-Gallus-Kirche in Altenesch. Beiträge zur Heimatkunde, Lemwerder 1998, hier 130. Die Kirchenferne der Stedinger Einheimischen wird hier in den Rückblicken des ev. Pastors kritisch hinterfragt.

Selbstironie zeugende Reaktion des katholischen schlesischen Geistlichen, ließ den evangelischen Pastor schließlich Beschwerde beim Oberkirchenrat einreichen[172].

Sein stärkstes Ventil fand dieser dem Verhalten der Berner Protestanten und ihrer Pastoren innewohnende Gedanke einer Majorisierung durch die römisch-katholische Kirche während der Kreissynode des Kirchenkreises Jever im Juni 1951. Gemäß einem Bericht des „Jeverschen Anzeigers" hatte sich Kreispfarrer Günter Jacob[173], Pastor in Sengwarden, dabei vor den Synodalen zu abschätzigen Bemerkungen gegenüber den nach Friesland vertriebenen Katholiken hinreißen lassen. „Das Problem der katholischen Kirche im einst rein evangelischen Jeverland sei überhaupt [...] als ernst zu bezeichnen und man habe alle Ursache, gegenüber der ständig vordringenden katholischen Kirche wachsam zu sein, wenn man sehe, welche Aktivität sie überall entfalte und wie ein katholisches Gotteshaus nach dem anderen entstehe"[174], hieß es in der Lokalzeitung. Der Kreispfarrer spielte damit auf den zu diesem Zeitpunkt projektierten Kirchenbau in Roffhausen und die zahlenmäßige Stärke der Katholiken in dieser aus einem Barackenlager erwachsenden Siedlung vor den Toren Wilhelmshavens an. Nur am Rande ließ der Pressebericht erkennen, daß es dem Seelsorger offenbar mit seiner Provokation der Katholiken um neue Ansätze zu einer Aktivierung des weitgehend brachliegenden evangelischen Gemeindelebens und -bewußtseins im Jeverland zu tun war. Daß es Jacob dabei nicht um inhaltliche Neuerungen, sondern allein um ein äußeres Zeichen ging, zeigt der von ihm herbeigeführte Beschluß der Kreissynode, im Gegenzug zu der neuen katholischen Kirche in Roffhausen beim Oberkirchenrat den Antrag auf eine landesweite Kollekte am Reformationstag für einen evangelischen Kapellenbau in Roffhausen zu stellen, „um damit zu dokumentieren, daß sich der Kirchenkreis und die Landeskirche einmütig gegen das Vordringen des Katholizismus zur Wehr setzen".

Offizial Heinrich Grafenhorst zeigte sich sichtlich verärgert, als er fast ein halbes Jahr später, Anfang Dezember 1951, durch den Delmenhorster Propst Niermann Kenntnis von dem Vorfall erhielt[175], wobei diese Verzögerung in der Weitergabe sicherlich auch symbolisch für die Distanz zwischen den unterschiedlichen Lebenswelten des evangelischen Nord- und des katholischen Südoldenburg erscheint. Es sei ihm unerklärlich, wie der Kirchenkreis Jever in katholischen Kirchbauplänen ein Unrecht erkennen könne, gegen das Front gemacht werden müsse, schrieb Grafenhorst daraufhin an Landesbischof Wilhelm Stählin und bat diesen um eine Stellungnahme in der Angelegenheit. Ganz offensichtlich erschütterte es ihn vor allem, daß der Oberkirchenrat die Ausführungen des Kreispfarrers unkommentiert hingenommen und ihnen damit quasi stillschweigend ein

---

[172] Vgl. Trensky an den Oberkirchenrat v. 12.10.1951, in: Archiv OKR A-L-12 II, wo es hieß: „Die Hoffnung, daß durch eine Fühlungnahme die Dinge sich bessern würden, hat sich zerschlagen. Im Gegenteil, es wird von Sonntag zu Sonntag unerträglicher."

[173] Günter Jacob, geboren 1906 in Oldenburg, Ordination 1937, 1938 Pfarrer in Sengwarden, 1956 Kirchenrat, 1974 i. R. Vgl. Warntjen, Hans (Hrsg.), Die Prediger (wie Anm. 30), 98.

[174] Jeverscher Anzeiger v. 29.6.1951, hier auch das folg. Zit.

[175] Vgl. zu dieser Informationsquelle: Grafenhorst an Niermann v. 15.12.1951, in: OAV A-3-87, u. Pfarrarchiv St. Marien Delmenhorst: Korrespondenz mit dem Bischöflichen Offizialat 1946–1954.

Plazet erteilt hatte. „Sollte dies der Fall sein", drohte der Offizial, „so sähe ich mich gezwungen, einige Konsequenzen aus dem Artikel zu ziehen"[176]. Sein Adressat zeigte sich allerdings über den Vorgang kaum unterrichtet und mußte erst Nachforschungen anstellen, womit er zumindest seine Verzögerung bei der Beantwortung erklärte. Immerhin sah sich der Landesbischof zu einer vierseitigen Rechtfertigung herausgefordert, in der er den in Jever hervorgerufenen Eklat dadurch abzuschwächen versuchte, daß er ihn einer durch Verkürzung und Herausgreifen einzelner Zitate manipulatorischen Wirkung des Zeitungsberichts zuschrieb[177].

Die Frage, warum Stählin nicht bereits zu einem früheren Zeitpunkt einen entsprechenden Versuch zur Schadensbegrenzung unternommen hatte, muß wohl offen bleiben. Sie stellt sich aber allein deswegen, weil den Oberkirchenrat zumal von evangelischer Seite, also aus den eigenen Reihen, zuvor mehrere Eingaben erreicht hatten, die nicht nur das fehlende Taktgefühl und die mangelnde Bruderliebe der Kreissynode in Jever ins Kreuzfeuer nahmen, sondern darüber hinaus auch – wie im Fall des evangelischen Pastors von Bakum, Friedrich Grebe, – die Gefahr einer Unglaubwürdigkeit des Oberkirchenrates sahen[178]. Dabei sollte die Integrität des evangelischen Landesbischofs keineswegs bestritten werden, zumal dieser dem Offizial versicherte, er habe die Mitglieder des Gemeindekirchenrats von Schortens, der für Roffhausen zuständig war, erst anläßlich einer Visitation einige Monate zuvor dahingehend ermahnt, „daß sie aus dem Dasein und Anwachsen römisch-katholischer Gemeinden in Nord-Oldenburg keine andere Folgerung ziehen dürften als die einer lebendigen Verantwortung und Opferbereitschaft für das Leben ihrer eigenen Gemeinden, insbesondere auch für die geistliche Versorgung der Gemeinde in Roffhausen".

## 8. Zwischenbilanz

Die mit dem Einströmen der Vertriebenen einhergehende weitgehende Aufhebung homogener Konfessionszonen in Westdeutschland und die bereitwillige Öffnung zahlreicher evangelischer Kirchen in der Diaspora für katholische Gottesdienste bilden einen wichtigen Einschnitt für die Wandlung des katholischen Milieus. Was für den evangelischen Oberkirchenrat in Oldenburg ein unabdingbares Schicksal war und eine unvoreingenommene Dialogbereitschaft verlangte, forderte wiederum die katholische Kirchenbehörde in Vechta zu Abwehrmechanismen gegen eine befürchtete Auflösung der etablierten Milieustrukturen heraus. In Anlehnung an die Zeit der Industrialisierung, wo es in den damals neu gebildeten Diasporagemeinden oft erfolgreich gelungen war, „institutio-

---

[176] Grafenhorst an Stählin v. 6.12.1951, in: Archiv OKR A-L-23.
[177] Stählin an Grafenhorst v. 22.12.1951, ebd. u. in OAV A-3-128. Hier auch das folg. Zit.
[178] Vgl. Grebe an den Oberkirchenrat v. 12.11.1951, in: Archiv OKR A-L-23.

nelle und organisatorische Elemente nach und nach zu konstituieren"[179], sollten nunmehr auch in die Vertriebenengemeinden entsprechende Milieustrukturen durch Vereins- und Schulgründungen hineinkopiert werden. Die zumeist aus geschlossen katholischen Regionen kommenden und angesichts einer protestantischen Umgebung doppelt heimatlosen Christen sollten eine Stütze erhalten, um „diasporareif" zu werden.

Vor diesem Hintergrund machte sich die katholische Kirchenbehörde nicht bewußt, daß die vom evangelischen Oberkirchenrat ausgehende Offenheit eine pastorale Chance und Notwendigkeit bedeutete, die vertriebenen Katholiken in einem zwar kirchlichen, jedoch nicht milieuimmanenten Raum zu sammeln. Statt dessen wurde primär die Gefahr gesehen, daß die vertriebenen Katholiken aus Bequemlichkeit die religiös zumeist indifferente Haltung des oldenburgischen Protestantismus adaptieren könnten. Diese Ambivalenz zwischen – das bisherige Milieu aufbrechenden – seelsorglichen Zukunftsperspektiven und resistentem Verhalten gegen pastorale Neuanfänge markiert das essentielle Problem des Nachkriegskatholizismus.

Anstelle der im augenblicklichen Chaos der Nachkriegssituation beide Konfessionen zusammenschweißenden Sorge um die geistliche Not der Vertriebenen wurde in der Realität des Alltags die Furcht vor einer drohenden Gefahr des Interkonfessionalismus auf katholischer Seite immer stärker. Wie in einem Fokus findet sich die Problemdiskussion in einem Fastenhirtenbrief von Bischof Michael Keller aus dem Jahre 1954 gebündelt[180]. Seine Warnung vor einer Vermischung katholischer und evangelischer Glaubensinhalte betraf nicht pragmatische Fragen gegenseitiger technischer Hilfe, sondern die aus einem allgemeinen Glaubensschwund resultierende Verflachung der katholischen Lehre, die Infragestellung von Sakramenten und kirchlichen Normen.

Die Schwierigkeiten resultierten also nicht allein aus dem Zusammenleben von Angehörigen zweier Konfessionen an einem Ort, sondern vielmehr aus den unterschiedlichen Traditionen. So stand der starken Kirchenbindung vieler schlesischer Katholiken in Nordoldenburg die sprichwörtliche Kirchenferne eingesessener Protestanten gegenüber. Als Gradmesser eines milieuübergreifenden Zusammenhaltes erwies sich letztlich das jeweilige Kräfteverhältnis. Wo bereits vor 1945 ein katholisches Milieu existierte und die entsprechenden kirchlichen Einrichtungen vorhanden waren, ließ sich auch eine geringere Bereitschaft zum Blick über den eigenen Kirchturm hinaus konstatieren. Je geschlossener das Vertriebenenmilieu in sich selbst war, umso weniger wurden Berührungspunkte mit den Protestanten gesucht. Dort jedoch, wo die katholischen Christen aus verschiedenen Regionen Schlesiens bzw. Ostdeutschlands bunt zusammengewürfelt waren, ergriffen die katholischen Vertriebenenseelsorger oftmals wesentlich selbstver-

---

[179] So lautete ein Fazit über den Aufbau der Diasporagemeinde in Delmenhorst ab 1879, bei: Kuropka, Joachim, Die römisch-katholische Kirche in Delmenhorst, in: Schäfer, Rolf, Rittner, Reinhard (Hrsg.), Delmenhorster Kirchengeschichte. Beiträge zur Stadt-, Schul- und Sozialgeschichte (Delmenhorster Schriften, Bd. 15), Delmenhorst 1991, 143–177, hier 171.

[180] Vgl. Keller, Michael, Die Gefahr des Interkonfessionalismus und seine Überwindung. Fastenhirtenbrief 1954, in: Böggering, Laurenz (Hrsg.), Iter para tutum. Apostolat in der modernen Welt. Hirtenworte des Bischofs von Münster Dr. Michael Keller, Münster 1961, 434–448.

ständlicher die ausgestreckte Hand der evangelischen Nachbarn. In diesem Zusammenhang spielte natürlich die bereits unter dem Schlagwort „schlesische Toleranz" beschriebene offenere Haltung des Vertriebenenklerus gegenüber der protestantischen Pastorenschaft eine nicht unerhebliche Rolle[181].

Dagegen wurde jeder offensive Versuch einer Intensivierung der katholischen Milieugebundenheit durch pastorale Methoden (Kapellenwagenmissionen u. a.), aber auch schon die bloße Sicherung spezifisch katholischer Glaubens- und Sozialformen von der protestantischen Basis als Affront verstanden. Trotz deren – im Fallbeispiel – geringer Kirchlichkeit fürchtete sie einen Identitätsverlust[182]. Umgekehrt bedeutete jede graduelle Distanzierung vom durch das Kirchenrecht fixierten Proprium katholischer Identität einen Verlust an Substanz und damit an Identifikationspunkten für die stark an Elementen traditionaler Frömmigkeit orientierten ostdeutschen Katholiken.

Gleichzeitig wurde auch der universale Anspruch des einheimischen katholischen Milieus durch die Forderung nach Öffnung katholischer Kirchen für evangelische Gottesdienste erschüttert, wie das Beispiel Emstek gezeigt hat, wo neben der kirchlichen Behörde der Kirchenvorstand die Mitbenutzung torpedierte und dem evangelischen Pastor missionarische Aktivitäten unterstellt wurden.

Angesichts hieraus resultierender Verweigerungen von Kirchenmitbenutzungen in Nordoldenburg erlitt der Diasporakatholizismus zwar auf den ersten Blick Niederlagen bei der Durchsetzung seiner Interessen. Auf der anderen Seite mußte eine von protestantischer Seite ausgehende konfessionelle Distanzierung auch milieustärkend wirken, da sie die Abgrenzungsbestrebungen des katholischen Milieus unterstützte. Wenn diese Folgewirkung auch subkutan blieb, so zog sie implizit eine systematische Kirchenbauplanung katholischerseits nach sich, um die Identität der eigenen Konfession bewußt zu stärken.

Mit Hilfe milieuimmanenter Stützpunkte jedoch ließ sich dem typischen Milieukennzeichen der Mischehenproblematik nicht dezidiert begegnen. Obwohl der Klerus zwingend auf katholische Trauung und Kindererziehung bei gemischtkonfessionellen Paaren hinzuwirken versuchte, blieb der Erfassungsgrad von der Vitalität und Dichte des jeweiligen Diasporamilieus abhängig.

Der Dialog vor Ort und die gegenseitigen Gefälligkeiten auf der Mesoebene der Verwaltungen vermitteln nur partiell den Eindruck eines sich nach anfänglichen Unsicherheiten im gegenseitigen Umgang uneingeschränkt zum Positiven entwickelnden Prozesses katholischer Akzeptanz der protestantischen Lebensumwelt. In vielfacher Hinsicht war die Harmonie nur oberflächlich ausgeprägt.

Ein nicht zu unterschätzender Stellenwert kam in diesem Zusammenhang auch dem Aspekt fehlender Erfahrungen im interkonfessionellen Umgang zu. Immerhin hatten

---

[181] Vgl. betr. schlesische Toleranz insbes. Kap. VII.

[182] Für das stark kirchlich geprägte protestantische Württemberg hingegen wird die Angst vor einem Traditionsverlust durch die Gründung katholischer Diasporagemeinden bestritten. Vgl. Meder, Dietmar, Integration oder Assimilation? Eine Feldstudie über den Beitrag der Kirche zur Integration der Heimatvertriebenen vor Ort in der Diözese Rottenburg (Arbeiten zur schlesischen Kirchengeschichte, Bd. 11), Stuttgart 2000, hier 69.

rund 80 % der in der Bundesrepublik lebenden Flüchtlinge und Vertriebenen bis 1945 weitgehend ohne Interaktionsmöglichkeiten über die Milieugrenzen hinweg in konfessionell homogenen Gebieten gelebt[183].

Daß sich dennoch auf der Mikroebene zumindest unterschwellig ein Wandel in der Wahrnehmung der evangelischen Mitchristen vollzog, ja im Hinblick auf das Zweite Vatikanum sogar antizipiert wurde, belegen die Worte des katholischen Pfarrers einer nordoldenburgischen Diasporagemeinde bei der Amtseinführung eines evangelischen Amtsbruders im November 1960: „Die Zeit der autoritären Kirche, der Würde und der brokatenen Repräsentation ist auch für uns vorbei. In diesem Punkt sind wir schon fast evangelisch geworden, und wenn die Evangelische Kirche in anderen Punkten zu Konzessionen bereit ist, so besteht die Hoffnung auf ein Zusammenstehen aller Christen."[184]

---

[183] Vgl. Menges, Walter, Wandel und Auflösung der Konfessionszonen (wie Anm. 141), 10. Die 80 %-Marke ist nur bei Einbeziehung der Sudetendeutschen haltbar. Im Hinblick auf die reichsdeutschen Vertriebenen belief sich der Anteil in katholischen Regionen lebender ostdeutscher Katholiken auf 62,5 %.

[184] Pfarrer Heinrich Huslage, Nordenham bei einer ev. Pfarreinführung in Nordenham 1960, zit. nach Kreiszeitung Wesermarsch v. 29.11.1960.

# VI. DIE KONFESSIONSSCHULE ALS MILIEUGARANTIN

## 1. Wiederherstellung des Konfessionsschulwesens als Voraussetzung

Einen wichtigen Stützpfeiler des katholischen Milieus bildete traditionell die Existenz eines dichten Netzes katholischer Schulen, mit deren Hilfe eine verstärkte Erfassung und katholische Sozialisierung der Gläubigen möglich war. Im Untersuchungsraum dieser Fallstudie wurden bereits wenige Wochen nach Kriegsende von der britischen Militärregierung sowie vom oldenburgischen Ministerpräsidenten Theodor Tantzen die Weichen für eine Wiederherstellung der 1938 vom NS-Regime zugunsten der „Deutschen Einheitsschule" aufgelösten Konfessionsschulen im Sinne der Stärkung des katholischen Milieuprofils gestellt. Während die Briten den deutschen Behörden volle Gestaltungsfreiheit beim Neuaufbau des Schulwesens zugesichert hatten[1], bekannte sich der in der Weimarer Republik als liberaler Kulturpolitiker hervorgetretene Ministerpräsident im Zeichen einer persönlichen „Umkehr und Erneuerung"[2] uneingeschränkt zur Durchsetzung christlicher Traditionen und Werte im Bildungssektor und bezeichnete sie als Fundamente jeder künftigen Erziehung, mit deren Hilfe das bisherige nationalsozialistische Gedankengut aus den Schulen verbannt werden sollte[3].

---

[1] So erwähnt im Hirtenwort v. Galens zur Abstimmung für die katholische Bekenntnisschule v. 2.2.1946, in: Löffler, Peter (Bearb.), Bischof Clemens August Graf von Galen. Akten, Briefe und Predigten 1933–1946, Bd. II (Veröffentlichungen der Kommission für Zeitgeschichte, Reihe A, Bd. 42), 2. Aufl. Paderborn u. a. 1996, 1291–1296.

[2] Diese für die Nachkriegssituation bestimmenden Schlagworte greift auf: Lesch, Karl Josef, Umkehr und Erneuerung. Schwerpunkte der Seelsorge und Verkündigung nach 1945, in: Eckermann, Karl Willigis, Kuropka, Joachim (Hrsg.), Neubeginn 1945 zwischen Kontinuität und Wandel (Vechtaer Universitätsschriften, Bd. 4), Cloppenburg 1988, 165–185, hier 176.

[3] Vgl. Bericht über eine Besprechung Tantzens mit Vertretern der beiden großen Kirchen am 25.5.1945, in: OAV A-8-66. Die rechtliche Grundlage für die Wiederherstellung des Konfessionsschulwesens in Oldenburg bildeten das Schulgesetz des Großherzogtums Oldenburg vom 4.2.1910 und das Schulgesetz vom 11.7. bzw. 1.8.1936. Bei mehr als 25 Schülern einer Minderheitskonfession war eine eigene Volksschule zu errichten, wenn die Mehrheit der Erziehungsberechtigten diese beantragte. Einen knappen Überblick über die oldenburgischen Rechtsverhältnisse bietet Wegmann, August, Konfessionalität des Schulwesens und der Lehrerbildung im Niedersächsischen Verwaltungsbezirk Oldenburg, Land Niedersachsen, o. O. o. J. (1962). Aus juristischer Perspektive, geht Josef Zürlik auf die Schulgesetzgebung ein, wirft das sich nach 1945 zunehmend stellende Problem der Bekenntnisschulen in der Diaspora allerdings nicht auf. Vgl. Zürlik, Josef, Staat und Kirchen im Lande Oldenburg von 1848 bis zur Gegenwart, Teil II, in: Oldenburger Jahrbuch, Bd. 83 (1983), 107–166, hier insbes. 127f. u. 155ff. Vgl. ebenso Hesse, Johannes, Staat und ka-

Damit waren die Postulate der westdeutschen Bischöfe nach einer Restitution von katholischer Schule und katholischer Lehrerausbildung, wie sie auf deren Zusammenkunft am 5. Juni 1945 in Werl formuliert wurden[4] und der Haltung des gesamten deutschen Episkopats zur Schulfrage[5] entsprachen, im Oldenburger Land bereits antizipiert. Ebensowenig bedurfte das von Bischof Clemens August Graf von Galen vorgeschlagene Modell eines freien katholischen Schulwesens, das allein in kirchlicher Regie stehen sollte, angesichts dieser Weichenstellungen einer weiteren Konkretisierung[6]. Galen hatte mit der Aufstellung eines kirchlichen Erziehungsmonopols eine flächendeckende Einführung katholischer Schulen in seiner Diözese „als staatlich gleichberechtigte und geförderte Unterrichtsanstalten bei Anerkennung eines staatlichen Aufsichtsrechts"[7] vorgeschwebt.

Die Aufrechterhaltung der aus der NS-Zeit stammenden Einteilung der Schulaufsichtsbezirke nach Kreisen hatte allerdings zur Folge, daß die katholischen Diasporaschulen in Nordoldenburg von einem evangelischen Schulrat beaufsichtigt wurden, wodurch die Einbindung des konfessionellen Volksschulwesen in das katholische Milieu behindert wurde. In diesem Zusammenhang empfand die Kirchenbehörde ebenfalls die von der Regierung wie im übrigen auch von der Mehrheit der katholischen Lehrerschaft abgelehnte Wiedererrichtung des Katholischen Oberschulkollegiums[8] als Defizit für die Ausweitung

---

tholische Kirche in Braunschweig, Oldenburg, Schaumburg-Lippe und Waldeck-Pyrmont vom Ende des 18. Jahrhunderts bis zur Gründung des Landes Niedersachsen, Osnabrück 1982. Einen knappen Überblick bietet Willenborg, Rudolf, Das Land Oldenburg, das Bischöflich-Münstersche Offizialat und die Organisationsstruktur des konfessionellen Schulwesens in Oldenburg, in: Baumann, Willi, Hirschfeld, Michael (Hrsg.), Christenkreuz oder Hakenkreuz. Zum Verhältnis von katholischer Kirche und Nationalsozialismus im Land Oldenburg (Quellen und Beiträge zur Kirchengeschichte des Oldenburger Landes, Bd. 4), Vechta 1999, 357–365. Zum Schulwesen nach 1945 vgl. im Überblick: Günther-Arndt, Hilke, Oldenburgische Schulen und Hochschulen in den Nachkriegsjahren, in: Eckhardt, Albrecht (Hrsg.), Oldenburg um 1950. Eine nordwestdeutsche Region im ersten Nachkriegsjahrzehnt, Oldenburg 2000, 179–196.

[4] Vgl. Hirtenbrief der westdeutschen Bischöfe v. 4./5.6.1945, in: Löffler, Peter (Bearb.), Bischof Clemens August Graf von Galen. Akten (wie Anm. 1), 1157.

[5] Alle Äußerungen deutscher Bischöfe zur Schulfrage setzten sich in diesen Jahren nachdrücklich für eine Wiederherstellung der Konfessionsschule ein. Vgl. Lesch, Karl Josef, Umkehr und Erneuerung (wie Anm. 2), 176.

[6] Vgl. zu diesen Plänen: Galen an Pohlschneider v. 2.5.1945 u. Pohlschneider an Galen v. 21.5.1945, in: Löffler, Peter (Bearb.), Clemens August Graf von Galen. Akten (wie Anm. 1), 1121 u. 1142. Pohlschneider erschien ein freies kath. Schulwesen nicht durchsetzbar.

[7] Leschinski, Susanne, Clemens August Kardinal von Galen in der Nachkriegszeit 1945/46, in: Kuropka, Joachim (Hrsg.), Clemens August Graf von Galen. Neue Forschungen zum Leben und Wirken des Bischofs von Münster, 2. Aufl. Münster 1993, 245–271, hier 258.

[8] Bei den Oberschulkollegien handelte es sich um zwei nach Konfessionen getrennte obere Schulbehörden, deren Mitglieder der jeweiligen Konfession angehören mußten und bei deren Berufung dem Offizial ein Mitspracherecht zukam. Die beiden Oberschulkollegien, das in der Stadt Oldenburg bestehende Evangelische und das in Vechta seit 1855 beheimatete Katholische, waren 1932 von der Oldenburger NS-Regierung aufgelöst worden. Vgl. Zürlik, Josef, Staat und Kirchen im Lande Oldenburg (wie Anm. 3), 127f.

kirchlichen Einflusses auf den Schulsektor. Dagegen wurde als milieustabilisierender Faktor verbucht, daß die nach Bekenntnissen getrennte Lehrerbildung auf einer evangelischen Hochschule in Oldenburg und einer katholischen Hochschule in Vechta wiederhergestellt wurde, um die kirchliche Prägung der Pädagogen zu sichern[9].

In der Praxis sorgte das Ministerium der Kirchen und Schulen zwar für eine schnelle und reibungslose Umwandlung der vor 1938 bestehenden katholischen Volksschulen in Konfessionsschulen[10]. In der Diaspora jedoch, wo der katholischen Schule traditionell eine besondere Funktion für die Bewahrung der katholischen Identität zukam, entstanden erhebliche Schwierigkeiten, die nicht erst mit der Ankunft der Vertriebenen, sondern vielmehr schon unmittelbar 1945 einsetzten.

So wurde beispielsweise in dem als nationalsozialistische Mustersiedlung errichteten Wilhelmshavener Stadtteil Fedderwardergroden im Herbst 1945 gemäß Elternbeschluß eine katholische Schule gegründet, die aber unter völlig unzureichenden Bedingungen ihre Arbeit aufnahm[11]. Anläßlich des Umzugs in eine geräumigere Baracke kam es zu einer Kontroverse zwischen dem verantwortlichen Seelsorger von Fedderwardergroden und dem zuständigen evangelischen Kreisschulrat über den Charakter der Einweihungsfeier[12]. Den Stein des Anstoßes bildete dabei die vom Ortsgeistlichen vorgesehene kirchliche Einsegnung der neuen Klassenzimmer, die der Schulrat unter Verweis auf die aus Gegnern der Konfessionsschule bestehende Landtagsmehrheit als nicht mehr zeitgemäß ablehnte. Nachdem der Geistliche an einer kirchlichen Zeremonie festgehalten und den Schulrat darauf hingewiesen hatte, daß er objektiv die Interessen beider Konfessionen, also auch der Katholiken, zu vertreten habe, fügte letzterer sich und verwies bei der Feierstunde scheinbar überzeugt „gebührend auf die mannhafte Haltung [...], die kath[olische] Menschen im Kampf gegen den Nationalsozialismus bewiesen hatten". Mit dieser Eloge steigerte er jedoch den Zorn des Priesters, der sich im Wissen um den vorausgegangenen Dissens

---

[9] Vgl. ausführlicher hierzu: Kuropka, Joachim, Lehrerbildung in der Nachkriegszeit. Pädagogische Akademie und Pädagogische Hochschule Vechta 1945–1969, in: Hanschmidt, Alwin, Kuropka, Joachim (Hrsg.), Von der Normalschule zur Universität. 150 Jahre Lehrerausbildung in Vechta 1830–1980 (Geschichte der oldenburgischen Lehrerbildung, Bd. 4), Bad Heilbrunn/Obb. 1980, 259–306, hier insbes. 261–263.

[10] Hierbei handelte es sich in Nordoldenburg um 16 kath. Volksschulen in Augustfehn, Jever, Nordenham, Blexersande, Brake, Varel, Kleinenkneten, Südmoslesfehn, Ahlhorn, Wildeshausen, Delmenhorst: Stadtschule u. Ostschule, Oldenburg, Osternburg, Wilhelmshaven u. Lemwerder, die im Juni bzw. August 1938 aufgehoben und deren Schüler der als Gemeinschaftsschule deklarierten ev. Volksschule am Ort zugewiesen worden waren. Vgl. die Zusammenstellung bei Teping, Franz, Der Kampf um die konfessionelle Schule in Oldenburg während der Herrschaft der NS-Regierung, Münster 1949, 55–57.

[11] 185 Kinder wurden von einer einzigen Lehrerin unterrichtet, und die beiden von der Stadt zur Verfügung gestellten Räume „entsprachen weder der Größe noch der Form nach einem Klassenraum. Lehrmittel und Lernmittel fehlten gänzlich". So berichtet die Chronik der kath. Volksschule Posener Straße Fedderwardergroden, zit. nach 1946–1996 50 Jahre Gemeinde Christus König o. O. o. J. (1996), unpag. Seiten.

[12] Vgl. den Bericht von Pfarrektor Heinrich Enneking, Fedderwardergroden, zu diesem Vorfall, o. Datum, in: Pfarrarchiv Bockhorn. Die Einweihung der Schule fand am 2.5.1947 statt.

zu einer scharfen Replik provoziert fühlte und vor den anwesenden Eltern und Vertretern des öffentlichen Lebens den Schulrat als nur scheinbaren Verfechter des Konfessionsschulprinzips bloßstellte, der in Wirklichkeit das bestehende Bekenntnisschulsystem auszuhöhlen versuche.

Der Vorfall in Fedderwardergroden ist als bezeichnend für den Widerstand der unteren Verwaltungsebene gegen die konfessionelle Schule zu betrachten. Abgesehen vom gestörten Klima zwischen dem Kleriker und dem Vertreter der Schulbehörde erschien es für letzteren wohl bereits als Provokation, daß ein kirchlicher Vertreter bei der Einweihung einer staatlich getragenen Bildungseinrichtung überhaupt eine Rede hielt.

Eine unterstützende Wirkung für die katholischen Anliegen ging von einer Verfügung der britischen Militärregierung vom Januar 1946 aus, die Elternabstimmungen zur Konfessionsschule anordnete. Obwohl diese Plebiszite im Oldenburger Land nicht stattfanden, blieb das Dekret nicht ohne Signalwirkung für die katholische Minderheit in Nordoldenburg[13]. Ergänzend hatte Bischof von Galen in einem Hirtenbrief allen Katholiken des Bistums nahegebracht, dieses Procedere in ihrem Schulbezirk eigenständig einzuleiten und die notwendige Zahl an Unterschriften vorzulegen[14]. Dieser Appell des Bischofs diente dazu, die Bedeutung der Schule als essentieller Milieubindefaktor in ein allgemeines Bewußtsein zu rücken.

Der Zustrom ostvertriebener Katholiken in die nordoldenburgische Diaspora bildete den entscheidenden Faktor für das Erreichen der gesetzlich geforderten Mindestzahl von 25 schulpflichtigen Kindern katholischer Konfession. In den meisten politischen Gemeinden der Landkreise Friesland, Ammerland, Wesermarsch und Oldenburg war dieses Minimum nunmehr großteils weit überschritten, so daß die Frage einer Schulgründung auf der Mikroebene zu einem zentralen Anliegen der Kirche im Rahmen der Konstituierung neuer lokaler katholischer Milieus wurde[15].

---

[13] Vgl. Erziehungsanordnung Nr. 1 des Military Government (Education instruction to German Authorities EIGA Nr. 1) v. 18.1.1946, zit. bei Simon, Christian, Das religiöse Fundament der niedersächsischen Schulgesetze im Parteienstreit der 50er Jahre, in: Niedersächsisches Jahrbuch für Landesgeschichte, Bd. 66 (1994), 261–289, hier 262. Zur Gültigkeit des Reichskonkordats bezüglich der Schulfrage wollte die Militärregierung allerdings keine Stellung beziehen.

[14] Vgl. Hirtenbrief v. Galens zur Abstimmung für die katholische Bekenntnisschule v. 2.2.1946 (wie Anm. 1).

[15] Damit wird ein bisher in der Forschung unberücksichtigter Aspekt angesprochen. Weder in Oldenburg noch in den benachbarten Regionen Niedersachsens ist die von den Vertriebenen ausgehende Zunahme katholischer Diasporaschulen bisher untersucht worden. Angedeutet ist sie bei: Kuropka, Joachim, Eine Minderheit in Niedersachsen: Die Katholiken, in: Ders., Laer, Hermann von (Hrsg.), Woher kommt und was haben wir an Niedersachsen (Vechtaer Universitätsschriften, Bd. 16), Cloppenburg 1996, 187–218; Simon, Christian, Das religiöse Fundament (wie Anm. 13), Lange-Stuke, Agnes, Die Schulpolitik im Dritten Reich. Die katholische Bekenntnisschule im Bistum Hildesheim von 1933 bis 1948 (Beiträge zur Historischen Bildungsforschung, Bd. 9), Hildesheim 1989, u. auf überregionaler Ebene bei Kuropka, Joachim, Das katholische Schulwesen im Wiederaufbau 1945–1960, in: Kronabel, Christoph (Bearb.), Zur Geschichte des Katholischen Schulwesens (Handbuch Katholische Schule, Bd. 3), Köln 1992, 258–303. Vgl. neuerdings Kuropka, Joachim, „Kulturkampf" in der Nachkriegsära? Zum Konflikt um die Konfessionsschule in

Tabelle 13: Neuerrichtung katholischer Konfessionsschulen im Offizialatsbezirk Oldenburg nach 1945

| Ort | Gründungsdatum | Auflösung | Klassenzahl bei der Gründung |
|---|---|---|---|
| Wilhelmshaven-Fedderwardergroden | 1945 | – | 2 |
| Wilhelmshaven-Voslapp | 1945 | 1961 | 3 |
| Delmenhorst-Düsternort Overbergschule | 1946 | 01.08.1974, Neugründung 01.08.1991 | 2 |
| Rastede | 1946 | 01.08.1976 | 2 |
| Roffhausen | 1946 | 1969 | 2 |
| Bad Zwischenahn | 14.10.1946 | – | 2 |
| Elmendorf-Helle | 27.01.1947 | 01.04.1956 | 1 |
| Wüsting | 01.04.1947 | 1957 | 1 |
| Ahlhorn | 1948 | 01.08.1976 | 1 |
| Eckfleth | ca. 1948 | 1953 | 1 |
| Abbehausen | ? | ? | 1 |
| Jaderberg | 1948 | 1966 | 1 |
| Schweiburg | 1948 | 1954 | 1 |
| Lemwerder | 01.04.1948 | 01.08.1969 | 2 |
| Hude | 13.10.1948 | – | 2 |
| Oldenburg-Nadorst/Bürgerfelde | 01.08.1948 | – | 8 |
| Delmenhorst-Bungerhof | 1950 | – | 2 |
| Oldenburg-Bümmerstede | 01.02.1952 | 01.08.1979 | 2 |
| Oldenburg-Kreyenbrück | 01.09.1948 | – | 2 |
| Bockhorn | 01.08.1953 | 01.08.1967 | 2 |
| Ganderkesee | 01.08.1954 | 01.08.1969 | 2 |

*Quelle: Eigene Ermittlungen des Verf. aus Pfarr- u. Ortschroniken, freundliche Mithilfe v. Rektor a.D. Erhard Steiner, Bad Zwischenahn*

---

Nordrhein-Westfalen und Niedersachsen 1945 bis 1954, in: Hey, Bernd (Hrsg.), Kirche, Staat und Gesellschaft nach 1945. Konfessionelle Prägungen und sozialer Wandel (Beiträge zur Westfälischen Kirchengeschichte, Bd. 21), Bielefeld 2001, 175–197.

## 2. Einrichtung katholischer Bekenntnisschulen als Elemente lokaler Milieubildung in der Diaspora

### a) Allgemeine Vorgaben

Zu den Kommunen im Bereich des Fallbeispiels, in denen der Elternwille gemäß dem Oldenburgischen Schulgesetz und der britischen Erziehungsanordnung zügig zum Tragen kam, gehörte Bad Zwischenahn. Dort genehmigte der Gemeinderat bereits zum 1. Oktober 1946 die Eröffnung einer katholischen Schulklasse und ermöglichte nur wenige Monate später die Errichtung einer zweiten Bekenntnisschule für die fast ausnahmslos heimatvertriebenen katholischen Kinder in der zum Gemeindeverband gehörenden Bauerschaft Elmendorf-Helle[16]. Entsprechende Bemühungen erwiesen sich im benachbarten Rastede, das ebenfalls zum Landkreis Ammerland gehörte, als genauso erfolgreich, und auch dort konnte schon 1946 eine zweiklassige katholische Schule eingerichtet werden.

Das Offizialat ermunterte den Diasporaklerus immer wieder, sich für eine Konfessionsschule an seinem Wirkungsort stark zu machen und eine Lobby vor Ort zu bilden. Obwohl sich die Ortsgeistlichen daher stets als treibende Kräfte bei der Schuleinrichtung erwiesen, lief die Gründungswelle in den meisten Gemeinden nicht so reibungslos an wie in den gesetzlichen Bestimmungen vorgesehen. Angesichts dieser Startschwierigkeiten sahen die Seelsorger mancherorts eine Alternative in der Einstellung sogenannter Wanderlehrer, die an bis zu zehn evangelischen Schulen eines Seelsorgebezirks katholischen Religionsunterricht erteilten. Da diese Pädagogen aber nicht fest an einer Schule angestellt waren, betrachtete das Offizialat dies hingegen lediglich als vorübergehende Lösung[17]. Dahinter stand womöglich auch die Befürchtung, daß der Einsatz von Wanderlehrern letztlich deren Einstellung an einer evangelischen Schule nach sich ziehen und folglich den angestrebten Beitrag des Bildungswesens zum Organisationsprozeß des Katholizismus torpedieren könnte. Offizial Pohlschneider lehnte daher eine Beschäftigung katholischer Lehrer an evangelischen Bekenntnisschulen grundsätzlich ab und war nur in ganz besonderen Fällen bereit, eine Ausnahmegenehmigung zu erteilen[18]. So durfte zum Beispiel in Burhave ein katholischer Lehrer im Kollegium der evangelischen Schule tätig sein, weil dort angesichts zu geringer Schülerzahlen keinerlei Aussicht auf Einrichtung einer katholischen Schule bestand und der Ortsgeistliche aufgrund der um-

---

[16] Die Schule Elmendorf-Helle nahm am 27.1.1947 den Unterrichtsbetrieb auf. Vgl. Chronik des Pfarrektorats Bad Zwischenahn, in: Pfarrarchiv Bad Zwischenahn, 6, u. Steiner, Erhard, Katholische Kirchengemeinde St. Marien Bad Zwischenahn, in: Chronik der Gemeinde Bad Zwischenahn. Menschen – Geschichte – Landschaft, Bad Zwischenahn 1994, 569–580, hier 571.

[17] Vgl. Pohlschneider an Pfarrer Helmut Richter, Ganderkesee, in: OAV A-3-112.

[18] Pohlschneider äußerte sich gegenüber dem kath. Schulrat Hachmöller am 6.11.1947 ablehnend bezüglich einer Anstellung kath. Lehrer an ev. Schulen. Vgl. Notiz Pohlschneiders über das Gespräch, ebd.

fangreichen Aufgaben in der großflächigen Diasporagemeinde von der Erteilung des Religionsunterrichts entlastet werden sollte[19].

Grundsätzlich galt das Augenmerk in Nordoldenburg aber mittelfristig der Genehmigung einer eigenen Schule. Damit gab die Behörde in Vechta eine wesentlich strengere Leitlinie vor als Bischof Wilhelm Berning in der Nachbardiözese Osnabrück. Im Hinblick auf die besonders hohe Zahl von Flüchtlingskindern, die evangelische Dorfschulen besuchten und dort keinerlei Möglichkeit besaßen, Religionsunterricht ihrer Konfession zu erhalten, sah er in der Existenz von Wanderlehrern gerade einen guten Ausweg, um möglichst vielen Schulpflichtigen den gesetzlich garantierten Religionsunterricht zu ermöglichen, und forderte daher beim Niedersächsischen Kultusminister deren vermehrte Einstellung[20].

Zwar konnten in Oldenburg im Verlauf der Jahre 1947 und 1948 insgesamt 10 katholische Schulen in der Diaspora, die fast ausnahmslos für die schulpflichtigen Kinder katholischer Ostvertriebener beantragt worden waren, mit dem Unterricht beginnen[21], jedoch wurden in mindestens vier weiteren Fällen vorliegende Anträge von den zuständigen Gemeindebehörden zurückgestellt[22]. Aber auch die bestehenden Schulen standen vor immensen organisatorischen Schwierigkeiten, da zumeist kein eigenes Gebäude zur Verfügung stand und der Unterricht häufig in mehreren Schichten erfolgen mußte.

Wie unterschiedliche Erfolge den Bemühungen der Vertriebenenseelsorger um eine Stärkung der Kirchengebundenheit der nahezu ausschließlich heimatvertriebenen katholischen Schüler von Kommune zu Kommune beschieden waren, soll im folgenden anhand von vier Fallbeispielen aufgezeigt werden.

### b) Fallbeispiele auf der Mikroebene

In Rastede, wo sehr rasch die Weichen für die Konfessionsschule gestellt worden waren, teilte der Gemeindedirektor dem katholischen Pfarrer Jaritz zu Beginn des Jahres 1948 mit, daß die behelfsmäßige Unterbringung nicht länger in einem Raum der Landwirtschaftlichen Berufsschule erfolgen könne und man sich nach neuen Räumlichkeiten umsehen müsse[23]. Dabei hatte der Verwaltungschef auch gleich einen Lösungsvorschlag

---

[19] Vgl. Pohlschneider an Erzpriester Schinke, Burhave, v. 22.4.1947, ebd. Hier läßt sich ein ganz anderer Grundtenor als in dem vorhergehenden Schreiben an den Ganderkeseer Geistlichen feststellen.

[20] Berning an den Niedersächsischen Kultusminister v. 31.7.1948, Durchschrift ebd.

[21] Im einzelnen vgl. hierzu Tabelle 13. Parallel wurden zwischen 1945 u. 1948 in Südoldenburg 18 evangelische Volksschulen neu eingerichtet. Vgl. Dwertmann, Franz, Das große Sterben der kleinen Schulen. 1968–1978. 150 aufgelöste Schulen im Oldenburger Münsterland in Kurzchroniken dargestellt, Vechta 1984.

[22] Bei den Zurückstellungen handelte es sich um Burhave, Cäciliengroden, Ganderkesee u. Westerstede.

[23] Vgl. OAV B-43c-13 u. Jaritz, Otto, 25 Jahre Katholische Kirchengemeinde Rastede-Wiefelstede. 25 Jahre als Seelsorger in Rastede-Wiefelstede, o. O. o. J. (1971), 10.

parat[24]. Er wies auf eine zuvor von der katholischen Gemeinde zwecks Umbau zu einem eigenen Kirchenraum erworbene Baracke hin, deren erforderliche Renovierung bislang nicht erfolgen konnte, da es an Dachpappe und anderen hierfür notwendigen Materialien fehlte. Wenn die Katholiken also weiterhin ihre Gottesdienste in der evangelischen Kirche abhielten, so könnte die Baracke statt zum Gotteshaus zur Schule umgestaltet werden, wofür die politische Gemeinde sicherlich die notwendigen Baustoffe erhalten würde, argumentierte der Gemeindedirektor. Dieser Vorschlag wurde wenige Wochen später von Offizial Pohlschneider unter dem Vorbehalt gebilligt, daß in der besagten Baracke neben zwei Klassenräumen zugleich auch eine kleine Kapelle mit Sakristei eingerichtet würde. Zudem sollte die politische Gemeinde die Herrichtung durchführen, während die Kirche hingegen die entstehenden Kosten übernehmen würde, wenn sie das Eigentumsrecht der Baracke übertragen erhielte. Die Schulräume würde die Eigentümerin dann der Kommune zu einem günstigen Mietpreis überlassen[25].

Dieses Angebot macht deutlich, welchen hohen Stellenwert der Gemeindeseelsorger wie auch die kirchliche Behörde der Einrichtung und Sicherung von katholischen Diasporaschulen als Beitrag zum Milieuaufbau zumaßen und welche Zugeständnisse man zu machen gewillt war. Außerdem hatte man in Vechta erkannt, daß angesichts der Materialknappheit kirchliche Anliegen nur durch Kooperation und Kompromißfähigkeit durchzusetzen waren. „Bei dieser Gelegenheit", so hieß es in Pohlschneiders Brief, „dürfen wir wohl bitten, auch von Seiten der politischen Gemeinde den religiösen Belangen der ostvertriebenen katholischen Flüchtlinge mit möglichst großem Verständnis Rechnung zu tragen"[26].

Tatsächlich erklärte sich die Gemeinde Rastede mit den vom Offizialat gestellten Bedingungen einverstanden, was insbesondere der sehr katholikenfreundlichen Einstellung des Gemeindedirektors zuzuschreiben ist, appellierte aber an die Kirchenbehörde, bei der Holz- und Materialbeschaffung mitzuhelfen[27]. Obgleich in der im Frühjahr 1949 ihrer Bestimmung übergebenen Schulbaracke statt einer Kapelle lediglich ein Versammlungsraum für die katholische Gemeinde eingerichtet wurde, so war doch das primäre Anliegen der Kirchengemeinde erfüllt. Als wichtiges Milieusegment stand für die Kinder der katholischen Vertriebenenfamilien ein zwar behelfsmäßiges, jedoch eigenes Gebäude zur Verfügung, dessen Existenz einen reibungslosen Unterrichtsablauf und eine Sozialisation im Sinne der kirchlichen Vergemeinschaftung garantierte.

Daß diese günstigen Voraussetzungen nicht überall gegeben waren, belegt ein Blick auf die Situation im Norden der Stadt Oldenburg, wo der Schul- und Kulturausschuß im März 1947 auf Antrag der Eltern die Eröffnung von zwei katholischen Schulen in den Stadtteilen Ofenerdiek und Donnerschwee grundsätzlich genehmigt hatte. Obwohl sich die Ofenerdieker Antragsteller bereits im voraus damit einverstanden erklärt hatten, daß

---

[24] Vgl. Gemeindedirektor Ernst Klische, Rastede, an Jaritz v. 6.2.1948, in: OAV A-3-112. Klische war als Protestant um gute Kontakte zu den Katholiken bemüht.
[25] Vgl. Pohlschneider an Klische v. 28.2.1948, in: OAV A-3-112.
[26] Ebd.
[27] Klische an Pohlschneider v. 11.3.1948, ebd.

die katholischen Kinder aufgrund der Raumnot nur an Nachmittagen unterrichtet werden könnten, kam selbst unter diesen Einschränkungen die Errichtung der Schule ebensowenig zustande wie im benachbarten Stadtteil Donnerschwee. Die Ursache lag darin, daß die bestehenden evangelischen Schulen einen so immensen Schülerberg aufzunehmen hatten, daß sich allein hier 14 Klassen mit nur sechs Räumen bzw. 17 Klassen mit 13 Klassenzimmern behelfen mußten[28]. Selbst bei gutem Willen waren die Kommunalbehörden in diesem Fall machtlos, und die den katholischen Anliegen durchaus wohlgesinnten Beamten im Verwaltungspräsidium konnten auf Beschwerde des Oldenburger Dechanten Grafenhorst nur pragmatischem Handeln den Vorrang vor dem Elternrecht einräumen, wenn es in der Antwort hieß: „Da durch Einrichtung einer katholischen Schule eine Entlastung der evangelischen Schule nicht eintritt, würde die Raumnot noch wesentlich vergrößert und die Unterrichtszeit noch mehr verkürzt. Das kann nicht verantwortet werden."[29] Durch massiven Druck der Kirche in Form weiterer Eingaben wurde dann zu Ostern 1949 durch Errichtung einer einklassigen katholischen Schule im evangelischen Schulgebäude in Nadorst dem Elternwillen im Oldenburger Stadtnorden zumindest partiell stattgegeben.

In einer Reihe von nordoldenburgischen Kommunen scheiterte die Einrichtung einer katholischen Schule aber bereits an einem fehlenden Beschluß des Gemeinderats. Stellvertretend für die von der Kirche bei der Durchsetzung ihres Rechtsanspruches zu überwindenden Widerstände seien die Beispiele Hude und Ganderkesee genannt.

In Hude hatte der Vertriebenenseelsorger Konrad Leister bereits kurz nach seiner Ankunft bei Offizial Pohlschneider um dessen Unterstützung für die Einrichtung einer eigenen katholischen Volksschule nachgesucht. Er begründete dies damit, daß etwa 50 katholische Kinder im schulpflichtigen Alter in seinem Seelsorgebezirk lebten und als personelle Voraussetzung für die Gründung ebenfalls zwei katholische Lehrer nach Hude gelangt seien[30]. Eine daraufhin ergangene Anfrage des Offizials an das Oldenburger Ministerium[31] wurde an den Huder Gemeinderat weitergegeben. Dieser lehnte das Ansinnen jedoch mit Verweis auf die Raumnot der evangelischen Volksschule zunächst ab[32], obwohl sich die Zahl der Schüler katholischer Konfession im Bereich der Kommune mittlerweile auf ca. 200 erhöht hatte. Pfarrer Leister gelang es unter Hinweis auf das Oldenburgische Schulgesetz jedoch mit Hilfe der Schulabteilung des Oldenburger Verwaltungspräsidiums zunächst nur, für den Gemeindeteil Wüsting zu Ostern 1947 die Einrichtung einer gesonderten katholischen Schulklasse im Gebäude der evangelischen Schule durchzusetzen.

---

[28] Vgl. Schulamt der Stadt Oldenburg an Verwaltungspräsidium, Abt. Kirchen und Schulen, aufgrund einer Beschwerde des Pfarramts St. Peter bei der Abt. Kirchen und Schulen v. 16.10.1948, ebd.
[29] Verwaltungspräsidium, Abt. Kirchen und Schulen, an Dechant Grafenhorst v. 28.10.1948, ebd.
[30] Leister an Pohlschneider v. 13.5.1946, in: OAV B-18-20.
[31] Pohlschneider an Oldenburg. Ministerium v. 22.5.1946, Abschrift, in: Pfarrarchiv Hude: Schulwesen 1948ff.
[32] Vgl. ebd., Notiz v. Pfarrer Leister. Ein genaues Datum der Ablehnung ließ sich nicht mehr eruieren.

Den Ort Hude selbst betreffend, blieb die politische Verwaltung dem Geistlichen allerdings mehr als zwei Monate lang eine Antwort schuldig. Erst Ende April informierte der Gemeindedirektor den Seelsorger darüber, daß man die Aufstellung einer ehemaligen Wehrmachtsbaracke beschlossen habe, in der „sofort nach Fertigstellung ein Klassenraum für die katholische Schule zur Verfügung gestellt wird. Der Aufbau der Baracke ist in Angriff genommen, das Fundament ist bereits hergestellt."[33] Erst der vehemente Einsatz Leisters hatte diese Entscheidung möglich gemacht und dazu geführt, daß nach den Herbstferien des Jahres 1948 der Schulbetrieb in besagter Baracke mit zunächst einer, bald darauf zwei Schulklassen aufgenommen werden konnte[34].

Während in Hude die Konfessionsschule als Substruktur des katholischen Milieus innerhalb von zwei Jahren verankert werden konnte, verweigerten sich die Kommunalpolitiker im benachbarten Ganderkesee wesentlich länger gegen die Einrichtung einer katholischen Bekenntnisschule[35]. Sie beriefen sich nicht nur auf den Mangel an Schulräumen, sondern auch auf die Tatsache, daß das vorhandene Schulgebäude im Zuge des alliierten Einmarsches 1945 vollkommen zerstört worden war und bereits die einheimischen Schüler in verschiedenen Notunterkünften untergebracht werden mußten. Die im Jahre 1947 vom örtlichen Vertriebenenseelsorger Pfarrer Helmut Richter in seinem Seelsorgebezirk registrierten 232 schulpflichtigen Kinder und Jugendlichen waren dagegen auf 11 verschiedene Schulen verteilt. Nur 40 von ihnen wurden in den Behelfsunterkünften der evangelischen Schule Ganderkesee selbst unterrichtet, die übrigen waren auf die einzelnen Bauerschaftsschulen verstreut. Obwohl infolge des vermehrten Zusammenzugs der katholischen Vertriebenen im Gemeindemittelpunkt Ganderkesee die Zahl der dortigen katholischen Schüler auf mehr als 60 angestiegen war, wurde im Februar 1949 ein erneuter Antrag der Eltern vom Gemeinderat „nach stürmischer Debatte"[36] einstweilig zurückgestellt. Als Grund wurde die immer noch nicht durch einen Schulneubau beseitigte Übergangssituation der evangelischen Volksschule angegeben. Es mag einerseits verständlich sein, daß die angespannte Finanzsituation der Kommune, ihren Tribut forderte. Andererseits zeigte die offensichtliche Verzögerungstaktik des Gemeinderats, daß eine nicht unbeträchtliche Ursache für die Verweigerung viel tiefer lag und in einem grund-

---

[33] Gemeindedirektor Behrends, Hude, an Leister v. 25.4.1947, ebd.

[34] Einweihungstag der katholischen Schule war der 13.10.1948. Vgl. auch Hirschfeld, Michael, „Das kostet mich meine Schuhsohlen und mein Herz!" Ein Beitrag zur Geschichte der Diasporagemeinde Hude, in: Ders. (Hrsg.), 1948–1998. 50 Jahre Katholische Kirchengemeinde St. Marien Hude. Aus Geschichte und Gegenwart einer Diasporagemeinde, Hude 1998, 14–58, hier insbes. 30f.

[35] Vgl hierzu Hirschfeld, Michael, „Gleich eine herzlichere Familiengemeinschaft". St. Hedwig in Ganderkesee als Beispiel für den Aufbau einer Vertriebenengemeinde im Bistum Münster, in: Ders., Trautmann, Markus (Hrsg.), Gelebter Glaube – Hoffen auf Heimat. Katholische Vertriebene im Bistum Münster, Münster 1999, 127–152, hier 144f.

[36] So die Formulierung des bei der Sitzung anwesenden Pfarrers Richter, in: Richter, Helmut, Erinnerungen aus meinem priesterlichen Leben in Ganderkesee von 1946 bis zu meiner Pensionierung 1980, Maschinenschrift, Ganderkesee 1980, 22.

sätzlichen Unverständnis der eingesessenen Protestanten im Gemeindeparlament für die fundamentale Bedeutung einer konfessionellen Schulerziehung zu suchen ist. Dem Argument der Bindewirkung einer Schule für das im Aufbau befindliche lokale katholische Milieu wurde mit dem Argument begegnet, daß eine separate Erziehung der katholischen Schüler die Kluft zwischen Einheimischen und Vertriebenen nur noch weiter vergrößern würde. Daher warnte ein Gemeinderatsmitglied auch ganz ausdrücklich vor dem „konfessionelle[n] Gift, das schon den Kleinen eingeimpft wird"[37].

Den Religionsunterricht im Ort selbst sowie in den umliegenden Dorfschulen hatte Pfarrer Richter also weiterhin in Arbeitsteilung mit seiner Seelsorgehelferin durchzuführen, wobei die Stunden oft am Nachmittag lagen. Katholischer Religionsunterricht mußte hier folglich zum einen bei häufig mangelnder Konzentration der bereits vom Vormittagspensum erschöpften Schüler erfolgen, und zum anderen führte die Randlage der Stunden dazu, daß manche Eltern ihre Kinder erst gar nicht mehr in diesen Unterricht schickten. Abgesehen von der fehlenden Einbindung des Gesamtkonzeptes der evangelischen Schulen in die religiös-kirchlich orientierte Wertordnung des katholischen Milieus erwiesen sich die praktischen Bedingungen für den Religionsunterricht in evangelischen Schulen nahezu überall im Bereich der Fallstudie als ähnlich ungünstig.

Erst zum Jahresanfang 1950 wurde von der Schulabteilung des Verwaltungspräsidiums die mißliche Lage in Ganderkesee beendet und ein katholischer heimatvertriebener Lehrer an die dortige evangelische Schule versetzt. Nachdem dieser jedoch im Religionsunterricht zentrale katholische Glaubensinhalte verleugnete und es nicht allein zu Elternbeschwerden beim Offizialat kam, sondern eine Versammlung der katholischen Erziehungsberechtigten darüber hinaus den Boykott des Religionsunterrichts beschloß, spitzte sich der Konflikt weiter zu. Der umstrittene, weil nicht zur erhofften Milieufestigung geeignete Religionslehrer wurde zwar umgehend durch einen kirchengebundenen Pädagogen ersetzt, aber die Forderung nach einer separaten Konfessionsschule für die Katholiken stand weiterhin im Raum und wurde 1953 durch einen dritten Antrag der Elternschaft an die politische Gemeinde untermauert. Erst als ein Jahr später der Neubau der evangelischen Volksschule fertiggestellt war und die Gemeindevertreter ihr offizielles Argument gegen die katholische Schule verloren hatten, gaben sie einem vierten Antrag der katholischen Elternschaft trotz der weiterhin aufrechterhaltenen Bedenken statt[38]. Zuvor hatte die Oldenburger Regierungsschulbehörde erheblichen Druck auf die Kommunalverwaltung ausgeübt und mit einer Zwangsvollstreckung des Elternwillens gedroht. Letztlich steht die Eröffnung einer zweiklassigen katholischen Volksschule in Gander-

---

[37] Diese Aussage zit. Richter, Helmut, Erinnerungen aus meinem priesterlichen Leben (wie Anm. 36), ebd.

[38] Entsprechend umstritten blieb die Einrichtung einer katholischen Schule zum selben Zeitpunkt in Bockhorn, wo ähnlich wie in Ganderkesee bereits im Juli 1953 auf Druck der Oldenburger Behörden einem Antrag der Katholiken entsprochen wurde u. am 6.8.1953 eine zweiklassige kath. Schule eröffnet werden konnte. Vgl. Wilhelmshavener Rundschau v. 15.7.1953.

kesee im August 1954³⁹ in unmittelbarem zeitlichem Zusammenhang mit dem niedersächsischen Schulstreit um die Zukunft der konfessionellen Schulbildung. Das massive Eingreifen der Oldenburger Schulabteilung in die Ganderkeseer Auseinandersetzungen zugunsten der Katholiken ist wohl nicht zuletzt auch als Reaktion auf diese Ereignisse auf der Mesoebene zu betrachten. Es liegt jedenfalls nahe, daß mit diesem Schritt wenigstens die hochgekochte Stimmungslage im lokalen Kontext beruhigt werden konnte.

## 3. Der niedersächsische Schulkampf und seine Folgen für die Milieufestigung

### a) Das Vorgehen der Regierung

Wenige Tage nach der Schuleinweihung in Ganderkesee fand in Lingen die mit über 70.000 Teilnehmern größte Protestkundgebung gegen die Schulpolitik der niedersächsischen Landesregierung und gegen ein kurz vor der dritten Lesung und Verabschiedung stehendes neues Schulgesetz statt. Hierin sollte die christliche Gemeinschaftsschule zur Regelschule erklärt werden und die weitere Existenz einer Bekenntnisschule in einem Ort vom gleichzeitigen Bestehen einer Gemeinschaftsschule abhängig gemacht werden⁴⁰.

Das kirchliche Bestreben der Vergemeinschaftung der Katholiken mit Hilfe des Bildungssektors zu gewährleisten, schien damit ernsthaft gefährdet. Jedenfalls war die staatliche Partizipation an einem konsequent konfessionell gegliederten Schulwesen, wie sie in Oldenburg 1945 grundgelegt worden war, durch die Bildung des Bundeslandes Niedersachsen am 1. November 1946 ernsthaft in Frage gestellt worden, da in dem neuen Staatsgebilde hinsichtlich der Schulgesetzgebung drei Rechtsgebiete, nämlich Oldenburg, Hannover und Braunschweig einschließlich Schaumburg-Lippe, nebeneinander lagen⁴¹. Zwar hatte die Verordnung Nr. 55 der Militärregierung die Rechtsgültigkeit der bisherigen Gesetze und Erlasse der alten Länder bekräftigt⁴², jedoch wurde bald darauf vor dem Hintergrund der einsetzenden Diskussion um eine einheitliche Landesverfassung Kritik gegenüber dem Konfessionsschulprinzip geäußert. Ausschlaggebend war dafür die Tatsache, daß im größten Teilgebiet Niedersachsens, der ehemaligen preußischen Provinz Hannover, die Volksschulen 1945 nur teilweise nach Elternabstimmungen auf konfessio-

---

³⁹ Vgl. zur Entwicklung der Schule bis 1961: Steiner, Erhard, Chronik der katholischen Volksschule Ganderkesee 1954–1961, Maschinenschrift. Für die Überlassung dieser Chronik, die sich jetzt als Depositum im Offizialatsarchiv Vechta befindet, ist der Verf. Rektor a.D. Erhard Steiner, Bad Zwischenahn, dankbar.

⁴⁰ Vgl. Kuropka, Joachim, Das katholische Schulwesen im Wiederaufbau (wie Anm. 15), 283f.

⁴¹ Vgl. Schneider, Ullrich, Niedersachsen 1945/46. Kontinuität und Wandel unter britischer Besatzung, Hannover 1984, hier 111–129.

⁴² Vgl. Verordnung Nr. 55 des Military Government v. 1.11.1946, in: BAM A-0-152. Hier hieß es: „Die Rechtsgültigkeit von Gesetzen, Verordnungen, Erlassen und sonstigen Vorschriften, die jetzt in Kraft sind, wird durch den Verlust der Selbständigkeit nicht berührt."

neller Grundlage wiedererrichtet worden waren, denn im dortigen Oberpräsidium „galt die Gemeinschaftsschule mit Religionsunterricht als Basis der Einheit des Volkes"[43].

In Anbetracht des Nebeneinanders von Konfessions- und Gemeinschaftsschulen strebte vor allem die SPD, die als stärkste Fraktion im Niedersächsischen Landtag mit dem bisherigen Oberpräsidenten der preußischen Provinz Hannover, Hinrich Wilhelm Kopf[44], den Ministerpräsidenten des neuen Kunstgebildes stellte, bereits zwei Tage nach der Konstituierung des Landtags in einer der ersten Debatten die Vereinheitlichung des vielgestaltigen Schulwesens in Form einer flächendeckenden Einführung der Gemeinschaftsschule an[45]. Die erwähnte Rechtsgültigkeit der bisherigen Gesetzgebungen verhinderte ebenso wie die Tatsache, daß der SPD, KPD und FDP als grundsätzlichen Befürwortern der Gemeinschaftsschule ein Block von Gegnern dieses Schulkonzepts gegenüberstand, dem neben CDU und Zentrum als den beiden katholischen „Milieuparteien" die Niedersächsische Landespartei (NLP) bzw. ihre Nachfolgerin, die Deutsche Partei (DP), zuzurechnen waren, den Eingang dieser Bestrebungen in die 1947 verabschiedete „Notverfassung"[46]. Insbesondere die sich als betont antiklerikal verstehende FDP versuchte im Landesparlament vergeblich, die Abstimmungsregelung der Militärregierung auf Eis zu legen[47]. Neben der Durchsetzung ideologischer Ziele ging es SPD und FDP bei ihren Reformansätzen zugunsten der Gemeinschaftsschule in besonderer Weise auch um eine Lösung des schon vorab auf der kommunalen Ebene immer wieder erwähnten und durchaus gravierenden Problems der finanziellen Unterhaltung eines durch konfessionelle Unterteilung erheblich teureren Schulsystems[48].

Der langjährige Ministerialrat in der Schulabteilung des oldenburgischen Ministeriums, Franz Teping, konnte 1949 noch mit Blick auf die Verordnung der Militärregierung artikulieren, daß derzeit keine Gefahr einer Abschaffung des Konfessionsschul-

---

[43] Lange-Stuke, Agnes, Die Schulpolitik im Dritten Reich (wie Anm. 15), 245.

[44] Hinrich Wilhelm Kopf, geboren 1893 in Neuenkirchen/Stade, Jurist, 1945 Regierungspräsident in Hannover, 1946–1955 u. ab 1959 Niedersächsischer Ministerpräsident, 1957–1959 Innenminister, gestorben 1961 in Göttingen. Vgl. Grebing, Helga, Flüchtlinge und Parteien in Niedersachsen. Eine Untersuchung der politischen Meinungs- und Willensbildungsprozesse während der ersten Nachkriegszeit 1945–1952/53, Hannover 1990, 187f.

[45] In einer Landtagsdebatte am 11.12.1946 stellte die SPD-Fraktion den Antrag auf ein entsprechendes Schulgesetz. Vgl. Simon, Christian, Das religiöse Fundament (wie Anm. 13), 261–289, hier 262. Für den 1. Landtag galt folgende Mandatsverteilung: SPD: 38; CDU: 20; NLP: 17; FDP: 6; KPD: 4; Zentrum: 1. Vgl. Schnath, Georg u. a., Geschichte des Landes Niedersachsen, 4., erg. Aufl. Würzburg 1983, 116.

[46] Mit der Notverfassung ist das „Gesetz zur Vorläufigen Ordnung der Niedersächsischen Landesgewalt" v. 26.2.1947 gemeint, das die Grundlage für parlamentarisches Arbeiten in dem neuen Bundesland bildete. Vgl. Schnath, Georg u. a., Geschichte des Landes Niedersachsen (wie Anm. 45), 117.

[47] So stellte die FDP-Fraktion den Antrag, bis zur Verabschiedung eines Schulgesetzes keine Veränderungen in der niedersächsischen Schullandschaft vorzunehmen. Vgl. Simon, Christian, Das religiöse Fundament (wie Anm. 13), 262.

[48] Vgl. zu diesem Aspekt auch ebd., 263.

prinzips drohe[49], doch warnte er gleichzeitig vor einer unterschwelligen Kritik am Erhalt des Status quo. Damit bezog sich Teping vornehmlich auf die Regierungserklärung des Ministerpräsidenten Kopf vom 9. Juni 1948, in der letzterer versichert hatte, daß „die Lösung des Problems der Gemeinschaftsschule und der konfessionellen Schule [...] zunächst nicht in Angriff genommen werde"[50]. Bezeichnend erschien ihm aber, daß Kopf die damals geltende Regelung angesichts der auch in Niedersachsen groß geschriebenen föderalistischen Traditionen überhaupt als Problem ansah, zumal die unterschiedlichen Rechtslagen sich weitgehend mit den Bistumsgrenzen deckten[51].

Die Haltung der katholischen Kirche zur schulpolitischen Diskussion mußte zunächst von einer Defensivstrategie bestimmt sein, da nicht deutlich erkennbar war, inwieweit die Zukunft der Konfessionsschule als Milieubindefaktor überhaupt von einem zunächst allein vorgesehenen Schulverwaltungsgesetz[52] betroffen sein würde. Sicher war lediglich, daß der katholische oldenburgische Verwaltungspräsident August Wegmann eine gegen die Konfessionsschule gerichtete Gesetzgebung ablehnte[53].

Als Motor der Strukturveränderungen in der niedersächsischen Bildungslandschaft fungierte neben der SPD der Verein Oldenburgischer Lehrer und Lehrerinnen (VOLL) in der Gewerkschaft Erziehung und Wissenschaft (GEW). Dessen Vorstand sprach sich im Juli 1949 in einer Eingabe an den Kultusminister und den Verwaltungspräsidenten nachdrücklich für die Abschaffung „konfessioneller Zwergschulen" aus[54]. Neben der Existenz von sechs einklassigen evangelischen Volksschulen in Südoldenburg kritisierte die GEW darin massiv das Bestehen der sechs einklassigen katholischen Schulen in Cäciliengroden, Bad Zwischenahn (gemeint ist die Schule in Elmendorf-Helle. Anm. d. Verf.), Abbehausen, Ofenerdiek, Jaderberg und Eckfleth. Diese „Zwergschulen" enthielten den Schülern Entfaltungsmöglichkeiten vor, die vielklassige Schulen bieten würden.

---

[49] Vgl. Teping, Franz, Der Kampf um die konfessionelle Schule (wie Anm. 10), 68. Teping, geboren 1880 in Norddöllen/Visbek, 1923 Ministerialrat im Ministerium der Kirchen u. Schulen in Oldenburg, 1934 strafversetzt als Schuldirektor nach Vechta, 1946–48 erneut im Ministerium, gestorben 1956 in Vechta. Vgl. Hellbernd, Franz, Artikel: Teping, Franz, in: Friedl, Hans u. a. (Hrsg.), Biographisches Handbuch zur Geschichte des Landes Oldenburg, Oldenburg 1992, 741–742.

[50] Regierungserklärung Kopf v. 9.6.1948.

[51] Vgl. Kuropka, Joachim, Eine Minderheit in Niedersachsen (wie Anm. 15), 201.

[52] Einen Schulverwaltungs-Gesetzentwurf legte das Kultusministerium erstmals im Februar 1947 vor, worüber das Generalvikariat Hildesheim das Offizialat in Vechta u. dieses wiederum den Bischof von Münster informierte. Vgl. Pohlschneider an Keller v. 1.4.1947, in: BAM A-0-152. Einen erneuten Entwurf legte das Kultusministerium am 23.11.1948 den Verwaltungspräsidenten zur Diskussion vor. Darüber hinaus wurden in Kultusministerium u. Regierung zahlreiche Entwürfe immer wieder überarbeitet. Vgl. Simon, Christian, Das religiöse Fundament (wie Anm. 13), 262–264.

[53] Vgl. Briefwechsel Offizialat mit Wegmann v. März/April 1949, Durchschriften, in: BAM A-0-152.

[54] Vgl. VOLL an Kultusminister bzw. Verwaltungspräsidenten v. 25.7.1949, in: OAV A-3-112. Hier auch das Folgende.

Des weiteren argumentierte der VOLL mit der von einem konfessionellen Schulwesen ausgehenden finanziellen Belastung sowie der Gefahr einer Vertiefung konfessioneller Gegensätze. Während das Argument leerer Haushaltskassen angesichts der umfangreichen Wiederaufbauleistungen und staatlichen Hilfen bei der sozialen und wirtschaftlichen Eingliederung der Flüchtlinge und Vertriebenen nicht von der Hand zu weisen war, sah sich die Abteilung Kirchen und Schulen im Oldenburger Verwaltungspräsidium hinsichtlich des Vorwurfs der Konfessionalität zu einer korrigierenden Stellungnahme herausgefordert, die ein katholischer Schulrat verfaßte[55]. Hierin wurde dem nichtkonfessionellen Lehrerverband im Gegenzug vorgeworfen, er habe kein Verständnis für die soziale Bedeutung, die eine konfessionelle Schulerziehung für Katholiken besitze. Die Ursache für die gegnerische Haltung des VOLL liege bekanntlich darin, daß „in der Nazizeit über 60 % der evangelischen Lehrer aus der Kirche ausgetreten waren und auch jetzt noch viele konfessionell überhaupt nicht gebunden sind".

Infolge ähnlich lautender Eingaben des Bischöflichen Offizialats, das vom Verfasser der Stellungnahme in Kenntnis gesetzt worden war, zog der Vorstoß des VOLL gegen das Konfessionsschulwesen keine Konsequenzen nach sich[56]. Dafür mag auch die unmittelbar bevorstehende erste Bundestagswahl gesorgt haben, die der Katholische Oldenburgische Lehrerverein (KOLV) als Konkurrenzorganisation des VOLL zu einem Wahlaufruf nutzte. Die Interessenvertretung der katholischen Lehrer ermahnte die Eltern, nur dezidiert christlichen Parteien, die das Elternrecht befürworteten, ihre Stimme zu geben[57]. Damit war implizit die Weisung an alle katholischen Erziehungsberechtigten verbunden, die kirchennahen und somit milieustützenden Parteien CDU oder Zentrum zu wählen. Gleichzeitig begann eine weitgehend auf ideologischer Basis geführte politische Auseinandersetzung auf dem Rücken insbesondere der Elternschaft der in die Kritik geratenen kleinen Konfessionsschulen einzusetzen. Da es sich bei der hiervon betroffenen Klientel aber fast ausschließlich um Vertriebene handelte, geriet diese Teilgruppe katholischer Christen zunehmend in den Mittelpunkt der Auseinandersetzungen.

b) Die Rolle des BHE für die vertriebenen Katholiken

Von einer akuten Gefährdung der Konfessionsschule konnte aber zunächst einmal keine Rede sein, zumal die Gesetzesinitiativen der Niedersächsischen Regierung über Jahre hinweg „in der Schwebe"[58] blieben und sich die am 3. April 1951 verabschiedete Vorläufige Verfassung des Bundeslandes in der Schulfrage nur auf das Recht der Vorgän-

---

[55] Stellungnahme v. Schulrat Josef Hachmöller zu der Eingabe des VOLL v. 28.7.1949, ebd.
[56] Der am 28.7.1949 v. Hachmöller informierte Offizial Grafenhorst, schaltete die CDU- und Zentrumsfraktion im Niedersächsischen Landtag diesbezüglich ein u. verschaffte sich politische Rückendeckung.
[57] KOLV-Vorsitzender Aloys Niemeyer, Bethen, an Grafenhorst v. 2.8.1949, in: OAV A-3-112.
[58] Simon, Christian, Das religiöse Fundament (wie Anm. 13), 264.

gerländer berief[59]. Dadurch war zwar der Erhalt der oldenburgischen Schulgesetzgebung zunächst einmal gesichert, doch galt diese Garantie nur so lange, wie nicht eine Zweidrittelmehrheit im Landtag ihre Aufhebung beschloß[60].

Die verhärteten, aber klaren Fronten zwischen den Parteien, die dem katholischen Milieu nahestanden, als Verfechter eines konfessionsschulfreundlichen Kurses und ihren Gegnern im sozialdemokratischen und liberalen Lager wurden jedoch im Rahmen der Landtagswahlen vom 6. Mai 1951 aufgebrochen. Mit dem Block Heimatvertriebener und Entrechteter (BHE)[61], der auf Anhieb 14,9 % der Wählerstimmen und 21 Abgeordnetensitze erringen konnte, während CDU und DP zusammen nur 23,8 % erreichten, war eine Interessenvertretung der Flüchtlinge, Vertriebenen und Kriegsgeschädigten mit erheblicher Wirksamkeit auf das politische Parkett getreten. Rund 55 % der von den Vertriebenen abgegebenen Stimmen hatte die auf die Unzufriedenheit eines Großteils ihrer Klientel mit der gegenwärtigen Lebenssituation setzende neue politische Kraft auf sich vereinigen können[62]. Darunter waren auch zahlreiche katholische Vertriebene, die nicht milieuimmanent gewählt, das heißt der CDU bzw. dem Zentrum ihr Votum gegeben hatten[63].

---

[59] Vgl. die Artikel 55 u. 56 der Vorläufigen Niedersächsischen Verfassung v. 3.4.1951, in denen es im einzelnen heißt: Art. 55: „1. Das im Zeitpunkt des Zusammenschlusses des Landes Niedersachsen im Bereich der ehemaligen Länder [...] in Kraft gewesene Recht gilt mit den inzwischen vorgenommenen Änderungen fort, soweit es dieser Verfassung nicht widerspricht. 2. Soweit es sich dabei um Recht handelt, das in den Verfassungen der ehemaligen Länder geregelt war und für deren Bereich als Landesrecht weitergilt, bedarf es zur Beschlußfassung über Änderungen oder Aufhebungen solcher Vorschriften der in Artikel 38 vorgeschriebenen Mehrheit (verfassungsändernde Mehrheit)". Art. 56: „Die kulturellen und historischen Belange der ehemaligen Länder Hannover, Oldenburg, Braunschweig und Schaumburg-Lippe sind durch Gesetzgebung und Verwaltung zu wahren und zu fördern."

[60] Vgl. ebd. Art. 38: „Ein verfassungsänderndes Gesetz wird vom Landtag mit zwei Dritteln der anwesenden Abgeordneten, mindestens jedoch von der Mehrheit der Abgeordneten beschlossen."

[61] Zur Gründung und Entwicklung des BHE vgl. detailliert: Neumann, Franz, Der Block der Heimatvertriebenen und Entrechteten 1950–1960. Ein Beitrag zur Geschichte und Struktur einer politischen Interessenpartei (Marburger Abhandlungen zur politischen Wissenschaft, Bd. 5), Marburg 1968.

[62] Vgl. Grebing, Helga, Flüchtlinge und Parteien in Niedersachsen (wie Anm. 44), 140ff. Hier werden die Hintergründe der Etablierung des BHE in Niedersachsen in extenso geschildert.

[63] Sein einziges Direktmandat hatte der BHE dabei nicht in den ostniedersächsischen Wahlkreisen erzielen können, in denen der Vertriebenenanteil an der Wohnbevölkerung und demnach auch die Stimmenanteile landesweit am höchsten lagen, sondern im Bereich der Fallstudie. Für Oldenburg-Land, wo der BHE 23,9 % erreicht hatte, zog Herbert Glaeser, Wüsting, in den Landtag ein. Vgl. Neumann, Franz, Der Block der Heimatvertriebenen und Entrechteten (wie Anm. 61), 68. Der 1899 in Waldenburg/Schlesien geborene Glaeser war nach der Vertreibung als Arbeiter auf dem Flugplatz in Oldenburg beschäftigt, MdL ab 1951, gestorben 1958 in Wüsting. Vgl. Simon, Barbara (Bearb.), Abgeordnete in Niedersachsen 1946–1994. Biographisches Handbuch, Hannover 1994, 119f. Die höchste Stimmenanzahl erreichte der BHE im ostniedersächsischen

Zwar läßt sich das exakte Wahlverhalten der ostdeutschen Katholiken in der Untersuchungsregion nicht rekonstruieren, jedoch gibt es zumindest den Beleg eines Vertriebenenseelsorgers, daß der BHE „von dem großen Teil unserer Gemeindemitglieder gewählt worden ist"[64]. Diese starke Tendenz unter den katholischen Vertriebenen läßt sich insbesondere in den nordoldenburgischen Kommunen und Kreisen konstatieren, in denen die CDU als Interessenwahrerin der einheimischen protestantischen Landbevölkerung und damit gerade nicht als Garantin der Rechte der katholischen Vertriebenen galt[65]. Durch die Einbeziehung in eine Koalition von SPD und Zentrum übernahm der politische Newcomer BHE sofort Regierungsverantwortung, weshalb ihm ein besonderes Gewicht bei der Entscheidung des künftigen schulpolitischen Kurses der Landesregierung zukommen mußte.

Im Rahmen der ersten schulpolitischen Debatte des verändert zusammengesetzten Landesparlaments, am 14. Juni 1951, sprach sich der stellvertretende BHE-Fraktionsvorsitzende Kurt Fischer[66] im Namen seiner Partei dafür aus, „daß für unser Land und hoffentlich recht bald für das gesamte Bundesgebiet und später für das gesamte Deutsche Reich die Gemeinschaftsschule eingeführt wird, jene Gemeinschaftsschule, in der der Religionsunterricht von Lehrern erteilt wird, die die Zustimmung der beiden Konfessionen haben"[67]. Dieses eindeutige Bekenntnis gegen die milieusichernde Funktion der Bekenntnisschule wurde von den anwesenden Abgeordneten der Oppositionsparteien DP und CDU wohl nicht zuletzt deshalb mit Ausrufen des Erstaunens zur Kenntnis genommen, weil der Kern des Problems ja gerade bei den kleinen Diaspora-Konfessionsschulen lag, die zur Milieufestigung der Vertriebenen eingerichtet worden waren. Das Dilemma vieler katholischer Heimatvertriebener war also nunmehr, daß sie aus ihrer persönlichen Lebenssituation heraus für eine nicht dem katholischen Milieu verbundene Partei optiert hatten, ohne zu bedenken, daß deren Politik gegen dessen Grundsätze und Interessen gerichtet sein könnte.

---

Wahlkreis Gifhorn mit 30,9 %. Vgl. Grebing, Helga, Flüchtlinge und Parteien in Niedersachsen (wie Anm. 44), 157.

[64] So Pfarrer Otto Jaritz, Rastede, in: Rundbrief des Oldenburger Ostpriesterkonveniats (im weiteren zit. als ROK) v. 26.11.1952, in: OAV Nachlaß Otto Jaritz (1909–1987).

[65] Vgl. Neumann, Franz, Der Block der Heimatvertriebenen und Entrechteten (wie Anm. 61), 311, wo dieser Trend grundsätzlich für die Bundesrepublik bestätigt wird. In überwiegend protestantischen Gemeinden hatte der BHE demnach bei den Bundestagswahlen 1953 und 1957 einen mehr als doppelt so hohen Stimmenanteil erzielen können als in überwiegend katholischen Gemeinden. Eine genaue Analyse der konfessionellen Zusammensetzung des Wählerpotentials des BHE stellt ebenso wie eine neue wissenschaftliche Aufarbeitung von dessen Geschichte ein Desiderat dar.

[66] Kurt Fischer, geboren 1902 in Landberg/Warthe, war in der NSDAP aktiv, 1951–1954 MdL, zunächst stellvertretender, ab 1953 Fraktionsvorsitzender des BHE. Vgl. Simon, Barbara (Bearb.), Abgeordnete in Niedersachsen (wie Anm. 63), 99.

[67] Niedersächsischer Landtag, 2. Wahlperiode, 3. Sitzung v. 14.6.1951, Sp. 80, zit. nach Kuropka, Joachim, Eine Minderheit in Niedersachsen (wie Anm. 15), 205.

## c) Proteste gegen die Schulpolitik aus dem Vertriebenenspektrum

Der Ausgangspunkt des Protestes gegen die Bildungspolitik der Landesregierung lag bei den niedersächsischen Bischöfen, die sich durch Hirtenbriefe und Verlautbarungen bemüht zeigten, die milieustabilisierende Wirkung des Konfessionsschulsystems in das Bewußtsein der Katholiken zu rücken und eine breite Lobby für ihre Anliegen zu gewinnen. Elternrecht, katholische Schule für katholische Kinder und konfessionelle Lehrerbildung lauteten dabei schlagwortartig die zunehmend lauter gestellten katholischen Forderungen[68]. Analog zu einem Wort des verstorbenen Münsteraner Kardinals Clemens August Graf von Galen, Religion ohne Konfession sei Konfusion[69], sahen die kirchlichen Amtsträger die Bestrebungen aus Hannover vor allem im Widerspruch zu Artikel 23 des weiterhin geltenden Reichskonkordats von 1933 stehen, in dem die Beibehaltung und Neueinrichtung katholischer Schulen verankert war[70].

Wie bereits der Hinweis auf die Großdemonstration in Lingen gezeigt hat, gelang es dem Episkopat, breite katholische Bevölkerungsteile im Land zu mobilisieren, so daß die katholisch orientierte Presse bald von einem zweiten „Kulturkampf" sprach, der Niedersachsen überzogen habe. Dies betraf natürlich im wesentlichen nur die vergleichsweise weit vom Machtzentrum Hannover entfernten traditionellen katholischen Gebiete im Westen des neuen Bundeslandes (Südoldenburg, Emsland, Osnabrücker Land) sowie das Untereichsfeld im Süden, wo die katholische Minderheit, die nur 18,8 % der Landesbevölkerung ausmachte, vornehmlich zu Hause war. Aus der Perspektive der SPD-geführten Landesregierung hingegen wurde diese Form der Gegenwehr als überzogen angesehen und wird ebenso von manchen Wissenschaftlern in der Rückschau als unproduktiv gekennzeichnet, weil sie keine innovativen Ideen zu einer als notwendig betrachteten Schulreform beinhaltete, sondern statt dessen überkommenes Recht zu zementieren versuchte[71]. Neben den Protest, wie er sich hier zwischen 1951 und 1955 insbesondere auch

---

[68] Vgl. Simon, Christian, Das religiöse Fundament (wie Anm. 13), 282. Vgl. auch Pohlschneider, Johannes, Jahre des Aufbaus im Bistum Münster 1948–1954. Erinnerungen von Bischof Dr. Johannes Pohlschneider, Donauwörth 1977, 17. Hier wird das Elternrecht als wichtigste Frage herausgestellt.

[69] Vgl. v. Galen an das Oberpräsidium für Westfalen betr. Konfessionsschule v. 29.6.1945, zit. bei Bierbaum, Max, Nicht Lob, nicht Furcht. Das Leben des Kardinals von Galen nach unveröffentlichten Briefen und Dokumenten, 8. Aufl. Münster 1978, 269.

[70] Art. 23 d. Reichskonkordats v. 20.7.1933, zit. nach Volk, Ludwig, Kirchliche Akten über die Reichskonkordatsverhandlungen 1933 (Veröffentlichungen der Kommission für Zeitgeschichte, Reihe A, Bd. 11), Mainz 1969, 283–294, hier 289.

[71] Vgl. in deutlicher Skepsis zum katholischen Schulkampf z.B. Simon, Christian, Schule und Schulpolitik unter den Kultusministern Adolf Grimme und Richard Voigt, in: Obenaus, Herbert, Schmid, Hans-Dieter (Hrsg.), Nachkriegszeit in Niedersachsen. Beiträge zu den Anfängen eines Bundeslandes (Hannoversche Schriften zur Regional- und Lokalgeschichte, Bd. 12), Bielefeld 1999, 87–106. Die Adaption an den Kulturkampf leistete die Münsterländische Tageszeitung (Cloppenburg) v. 18.4.1952.

durch die einheimischen katholischen Gläubigen zum Teil lautstark äußerte[72], trat eine in der breiten Öffentlichkeit weniger beachtete Einmischung vertriebener Katholiken aus der weiträumigen Diaspora Niedersachsens.

Das entscheidende Zentrum für eine schulpolitische Mobilisierung der vertriebenen Katholiken im Fallbeispiel bildete der seit 1946 vierteljährlich in der Stadt Oldenburg tagende Konveniat heimatvertriebener Priester aus dem Offizialatsbezirk Oldenburg. Dessen Initiator und Organisator, der Rasteder Pfarrektor Otto Jaritz, hatte im Vorfeld der Landtagswahl seine Confratres einerseits vor den Sozialdemokraten, andererseits aber auch vor dem BHE gewarnt. Falls die SPD stärkste Fraktion werde, sei auch die Adenauer-Regierung in Bonn gefährdet, was weitreichende Folgen für die Vertriebenen habe[73], teilte er in seinem Rundbrief vom März 1951 mit. Gleichzeitig lud er den als Mitglied des DP-Landesvorstandes aktiven schlesischen Pfarrer Georg Wengler[74] aus der Nachbardiözese Hildesheim ein, noch kurz vor der Wahl dem Konveniat die Vertriebenenpolitik des von CDU und DP gebildeten Wahlbündnisses „Niederdeutsche Union" darzulegen[75].

Gleichsam in letzter Minute schien Jaritz die drohende Gefahr einer Absorbierung der katholischen Vertriebenen durch den BHE erkannt und eine Gegensteuerung versucht zu haben. Ausschlaggebend hierfür war offensichtlich ein Vortrag Wenglers vor den niedersächsischen Diözesan-Vertriebenenseelsorgern, dem Jaritz stellvertretend für den Offizialatsbezirk Oldenburg beigewohnt hatte. „Der BHE sehe zwar in der SPD einen Feind und sei auch in der obersten Führung christlich eingestellt, die Elemente der Partei seien aber so verschiedenartig, daß man nie wissen kann, nach welcher Seite das Pendel ausschlagen wird. Eine rein wirtschaftliche Forderung ohne besondere ideelle Verbindung sei für eine Partei kein Bindemittel"[76], berichtete Jaritz dem Offizial in Vechta und dem Generalvikar in Münster über den Inhalt von Wenglers Vortrag.

Ganz im Sinne von dessen Ausführungen galt es für Jaritz zu diesem Zeitpunkt noch ganz offiziell, seine geistlichen Mitbrüder für die dem katholischen Milieu verbundene CDU und gegen die Ziele des im Vorjahr bereits bei den Landtagswahlen in Schleswig-Holstein sehr erfolgreichen, jedoch in kirchlichen Belangen bisher nicht eindeutig festgelegten BHE einzunehmen. Jaritz' dringliche Bitte, „daß zu dem politischen Vortrag von Pfarrer Wengler alle Confratres, auch aus dem Süden (gemeint ist Südoldenburg.

---

[72] Vgl. Kuropka, Joachim, Eine Minderheit in Niedersachsen (wie Anm. 15), 206ff., wo auf die Kundgebungen in Cloppenburg, Lingen u. Hannover näher eingegangen wird.

[73] Vgl. ROK v. 17.3.1951.

[74] Georg Wengler, geboren 1905 in Walditz/Grafschaft Glatz, Priesterweihe 1930 in Breslau, 1940 Pfarrer in Eckersdorf/Grafschaft Glatz, 1946 Seelsorger in Mandelsloh bei Neustadt/Rübenberge, gestorben 1971 ebd. Vgl. Christoph, Leo (Hrsg.), Sie gehören zu uns. Von Glatzer Heimatpriestern, Bd. II, Reinbek o. J. (1973), 20–22.

[75] Vgl. ROK v. 17.3.1951, in: Nachlaß Otto Jaritz (1909–1987). Der besagte Konveniat fand Ende April, die Wahl am 6.5.1951 statt. Unmittelbar vorausgegangen war eine Besprechung der niedersächsischen Diözesan-Vertriebenenseelsorger mit dem Vorsitzenden der Katholikenausschüsse in Hannover, bei der Pfarrer Wengler zur Schulproblematik referiert hatte.

[76] Bericht v. Jaritz an Grafenhorst bzw. Bischof Keller über das Referat v. Pfarrer Wengler am 15.3.1951 in Hannover, in: BAM NA 101-183.

Anm. d. Verf.) kommen und keiner fehlen möge"[77], verdeutlicht vielleicht auch, daß es ihm am Herzen lag, die Geistlichen als Multiplikatoren für die ihm als bevorzugter Interessengarant einer Stabilität des katholischen Milieus erscheinende politische Option zu gewinnen.

Inwieweit die Mitglieder des Konveniats Wenglers Anregungen noch unmittelbar vor der Landtagswahl in Predigten oder in Seelsorgsgesprächen mit ihren Pfarrangehörigen aufgriffen, läßt sich verständlicherweise nicht ermessen. Es ist jedoch anzunehmen, daß ein Großteil der katholischen Vertriebenen am 6. Mai 1951 dem BHE seine Stimme gegeben hat und mit diesem Wahlverhalten – von der Konkurrenz zwischen CDU und Zentrum einmal abgesehen – erstmals eine Abweichung von der seit dem Kulturkampf gesellschaftlich fest verankerten politischen Homogenität des katholischen Milieus zu verzeichnen ist.

Die Tragweite dieser Entscheidung wurde allerdings erst im nachhinein deutlich, wie die enttäuschten Reaktionen belegen, die nach dem Bekenntnis der BHE-Fraktion zur Gemeinschaftsschule verschiedentlich aus dem katholischen Vertriebenenmilieu Nordoldenburgs zu hören waren. Aus dem Pfarrektorat Stella Maris in Wilhelmshaven-Voslapp beispielsweise richtete eine größere Zahl ostvertriebener Gemeindemitglieder ein Protestschreiben an alle Landtagsabgeordneten der Flüchtlingspartei[78]. Die oldenburgische Dechanten-Konferenz nahm die Frage der daraus resultierenden künftigen Wählbarkeit des BHE sogar so ernst, daß sie beschloß, alle Diasporaseelsorger anzuregen, die Vertriebenen in örtlichen Versammlungen auf dieses Problem eigens hinzuweisen, wie Offizial Grafenhorst dem Generalvikar in Münster berichtete[79]. Die auf diese Weise unter Beschuß geratenen BHE-Parlamentarier hüllten sich jedoch zunächst in Schweigen, was ihre definitive Stellung zur Schulpolitik der Regierung betraf. Insbesondere gab es keinen Kommentar der Parteiführung zu diesem Thema.

Inmitten dieser milieuinternen Diskussion über die Folgen des heterogenen Wahlverhaltens sorgte Kultusminister Richard Voigt (SPD)[80] für weitere Verwirrung, als dieser am 2. April 1952 die überraschte Öffentlichkeit von einem im Entwurf vorliegenden neuen Schulgesetz in Kenntnis setzte. „Unsere niedersächsischen Schulen sollen alle Kinder

---

[77] Ebd. Ein Bericht über das Referat von Pfarrer Wengler findet sich nicht im nächstfolgenden ROK. Hier vermerkte Jaritz nur lapidar: „Über die Folgen, die das Referat hatte, werde ich dann mündlich berichten." ROK v. 27.11.1951, in: OAV Nachlaß Otto Jaritz (1909–1987).

[78] Vgl. Bericht v. Pfarrektor Bernhard Hanneken, Voslapp, an Offizialat v. 29.7.1951, in: OAV B-71-8.

[79] Dies kündigte Grafenhorst bei Generalvikar Pohlschneider am 23.7.1951 an, in: BAM NA-101-183. Inwieweit die geplanten Versammlungen stattfanden, ist unbekannt. Schriftliche Zeugnisse hierüber liegen nicht vor.

[80] Richard Voigt, geboren 1895 in Braunschweig, Lehrer, 1948–1955 u. 1959–1963 Kultusminister, gestorben 1970 in Hannover. Vgl. Simon, Barbara (Bearb.), Abgeordnete in Niedersachsen (wie Anm. 63), 390. Zu seiner Schulpolitik vgl. recht unkritisch Simon, Christian, Schule und Schulpolitik (wie Anm. 71).

ohne konfessionelle Unterschiede vereinigen"[81], lautete der zentrale Satz des Ministers. Da die Regierung also anscheinend dabei war, in die Zielgerade zur Realisierung ihrer Schulpläne einzubiegen, schien es für die Kirchenführung in Vechta nur noch eine Chance zur Rettung der Konfessionsschule zu geben. Es galt, die katholischen Vertriebenen als potentielle Wähler des BHE zu mobilisieren, damit diese eine Zustimmung des offenbar in der letztendlichen Zustimmung zur Gemeinschaftsschule uneinigen BHE zu verhindern suchten. „Wenn es mit unseren Flüchtlingsgemeinden im Norden (gemeint ist Nordoldenburg. Anm. d. Verf.) klappt, kommt die Kabinettskrise schon näher. Und diese müssen wir erreichen. Es ist erfreulich, daß unsere Gläubigen so spontan reagieren"[82], gab sich Offizial Heinrich Grafenhorst in einem vertraulichen Brief an Bischof Michael Keller kampfbereit.

Ende April 1952 wandte sich Pfarrer Otto Jaritz auf Bitten des Offizials[83] daher an den oldenburgischen Vertriebenenklerus mit dem Anliegen, „in einer ganz wichtigen und außerordentlich dringenden Sache als vertriebene Geistliche eine Entschließung [zu] fassen [...], um der großen Gefahr des Verlustes unserer Bekenntnisschulen zu begegnen. [Es wäre] schwerstes Unrecht an den Heimatvertriebenen, wenn ihre gewählten Vertreter zu dem Unrecht der Vertreibung nun noch selbst das weitere hinzufügen, daß das letzte gerettete Gut, der Glauben, auch noch gefährdet und geraubt wird. Wenn wir dazu schweigen, würden wir mitschuldig werden."[84] Der Sprecher der ostvertriebenen Geistlichen in der Region wies des weiteren darauf hin, daß die ostdeutschen Katholiken in besonderer Weise zum Eingreifen genötigt seien, da der Landtag die Einführung der Gemeinschaftsschule nur mit den Stimmen des BHE beschließen könne.

Nur wenige Tage später wandte sich Jaritz in dieser Angelegenheit außerdem an den Oldenburger Dechanten Leonhard Buken und regte ihn dazu an, für alle damals noch im Dekanat Oldenburg zusammengefaßten Diasporagemeinden der Region[85] eine zentrale Protestveranstaltung gegen die niedersächsische Schulpolitik zu organisieren, wie sie ähnlich für Südoldenburg vor der Münsterlandhalle in Cloppenburg geplant war[86]. Während sich hier am 4. Mai 1952 rund 30.000 Katholiken aus dem südlichen Teil Oldenburgs in Anwesenheit von Verwaltungspräsident Wegmann zu einer großen Kundgebung versammelten, bei der seitens der Ostvertriebenen auch der evangelische Pfarrer von Cloppenburg, Lic. Dr. Armin Fligge, das Wort ergriff, unterblieb in der Diaspora Oldenburgs jeglicher Versuch einer geschlossenen Formierung des katholischen Milieus zu einer Massenveranstaltung mit entsprechender öffentlicher Resonanz. Oldenburg war eben

---

[81] Vortrag in der Kant-Hochschule in Braunschweig v. 2.4.1952, zit. nach: Oldenburgische Volkszeitung v. 4.4.1952.
[82] Grafenhorst an Keller v. 1.5.1952, in: BAM A-0-152.
[83] Dies geht aus einem Brief von Jaritz an den Oldenburger Dechanten Leonhard Buken v. 25.4.1952 hervor, in: OAV Nachlaß Otto Jaritz (1909–1987). Über die vorausgegangenen Gespräche zwischen Jaritz u. Grafenhorst liegen keine schriftlichen Aufzeichnungen vor.
[84] ROK v. 22.4.1952, in: OAV Nachlaß Otto Jaritz (1909–1987).
[85] Erst zum 1.1.1954 wurde die Dekanatsstruktur in Nordoldenburg durch Aufteilung des Dekanates Oldenburg in die drei Dekanate Oldenburg, Wilhelmshaven u. Delmenhorst verändert.
[86] Vgl. Jaritz an Buken v. 25.4.1952 (wie Anm. 83).

auch nicht Cloppenburg, wo die für die katholischen Belange eintretende Lokalpresse eine entsprechende Manifestation mit weitreichendem Rückhalt in der einheimischen Bevölkerung als historischen Tag bezeichnen und mit dem erfolgreichen Protest gegen den Kreuzerlaß des NS-Ministers Julius Pauly, der die christliche Tradition dieses Ortes nachhaltig bestimmte, vergleichen konnte[87].

### d) Versuche der Umformung des BHE von der Interessen- zur Milieupartei

Daher mußte es für die katholischen Vertriebenen in Nordoldenburg primär darum gehen, auch ohne Massenmobilisierungen zum Ziel zu gelangen. Die Taktik von Otto Jaritz läßt sich im folgenden durch zwei Handlungswege charakterisieren. Er versuchte einerseits mit Hilfe von Eingaben seitens des Ostpriesterkonveniats und andererseits durch geschickte Gesprächsführung mit verantwortlichen Politikern des BHE den Weg für eine Ablehnung der BHE-Landtagsfraktion zum Schulgesetzentwurf der SPD zu bereiten. Erstere Absicht offenbarte er im Mai 1952 gelegentlich eines Treffens der ostvertriebenen Priester des Offizialatsbezirks in Oldenburg und unterbreitete ihnen den Vorschlag, telegraphisch Beschwerde bei Ministerpräsident Kopf, Kultusminister Voigt und bei der Landtagsfraktion des BHE einzulegen. In den von der Priesterkonferenz verabschiedeten, jeweils fast gleichlautenden, eindringlichen Schreiben, von denen hier die Eingabe an den BHE wiedergegeben ist, hieß es:

„Die heimatvertriebenen katholischen Geistlichen des Bezirks Oldenburg protestieren einmütig gegen den Versuch, durch Aufzwingung bekenntnisloser Schulen die christliche Erziehung der Jugend zu untergraben. In der Not war die Kirche im Osten fast die einzige Instanz, die sich schützend vor die Bedrohten stellte und bei den Gemeinden ausharrte. [...] Der christliche Glaube war damals die Kraft, die sich am stärksten bewahrte. Dieser Glaube ist für uns das wertvollste Gut, das wir aus der alten Heimat gerettet haben. Soll dieses letzte Gut nun auch noch gefährdet werden durch Aufzwingung einer Schulform, welche die überwiegende Zahl der Eltern ablehnt? Mit unseren Gemeinden sind wir uns einig und werden alles zur Abwehr dieser Gefahr in einem Kulturkampf tun. [...] Im Interesse unseres gemeinsamen Anliegens hoffen wir, daß der BHE sich schnell von dem undemokratischen Versuch der Erzwingung bekenntnisloser Schulen distanziert."[88]

Verbal geschickt waren in diesem übrigens vom Initiator Otto Jaritz nicht mit unterzeichneten Telegramm-Text der Einsatz gegen den Verlust der Heimat als das oberste Ziel des BHE und der Einsatz für die Konfessionsschule miteinander in Bezug gestellt worden, so daß zumindest die Vertriebenenpartei als hauptsächlicher Adressat aufhor-

---

[87] Vgl. die Berichte in der Oldenburgischen Volkszeitung u. der Münsterländischen Tageszeitung v. 5.5.1952.

[88] Telegramm der oldenburgischen Vertriebenenpriester an die BHE-Landtagsfraktion v. 12.5.1952. Abschrift, in: OAV Nachlaß Otto Jaritz (1909–1987), auch abgedruckt, in: Kirche und Leben Oldenburg v. 18.5.1952. Das Telegramm unterschied sich von den beiden übrigen nur im letzten Satz. Unterzeichner waren die Geistlichen Josef Kober, Jever; Konrad Leister, Hude, u. Josef Tenschert, Oldenburg.

chen mußte. Tatsächlich kam umgehend folgende telegraphische Resonanz: „Landtagsfraktion und Minister des BHE Niedersachsens haben sich stets gegen Aufhebung der Bekenntnisschulen ausgesprochen und sehen keinen Anlaß, ihren Standpunkt zu ändern. Sie erwarten jedoch, daß mancherorts erhobene unsachliche Angriffe unterbleiben."[89] In dem von den führenden Landespolitikern der Interessenpartei der Flüchtlinge, Friedrich von Kessel[90], Horst Haasler[91] und Kurt Fischer, unterzeichneten Antwortschreiben ist erkennbar, daß es dem BHE um Schadensbegrenzung bei seinen Wählern zu tun war. Die Antwortnote ging deshalb nicht auf die öffentliche Stellungnahme des Mitunterzeichners Fischer gegen die Bekenntnisschule ein, sondern reklamierte statt dessen eine offiziell nirgends festgeschriebene Parteilinie, die eine Absicherung der Konfessionsschulen vorsehe. Wenn also schon die Unterschrift des Fraktionsvorsitzenden Fischer bei den Empfängern unglaubwürdig wirken mußte, so ist anzunehmen, daß andererseits die indirekte Kennzeichnung der oldenburgischen Eingabe als „unsachlicher Angriff" sicherlich nicht unbedingt die Integrität des BHE bei den katholischen Vertriebenen wiederherstellen konnte.

Dennoch darf nicht vergessen werden, daß die Priestergruppe um Otto Jaritz es geschafft hatte, eine definitive Aussage seitens der Flüchtlingspartei zu erzielen, die ihr schwarz auf weiß vorlag. Weil außerdem die Schulgesetzgebung in Hannover ins Stokken geraten zu sein schien, äußerte sich auch Offizial Grafenhorst sehr zufrieden über die Wirkung des schriftlichen Protests, worin er einen innerparteilichen Sieg des Einflusses der katholischen BHE-Landtagsabgeordneten sah, die er gegenüber Jaritz als „gute Katholiken und auch befähigte Abgeordnete" lobte[92]. Gleichzeitig regte er den Rasteder Seelsorger dazu an, die entstandenen Kontakte zwischen Kirche und Politik auf diesem Gebiet weiter auszubauen, um auf diese Weise die Position der katholischen Vertriebenen in der Schulfrage bei den BHE-Politikern nachhaltig zu festigen.

Mit einer Mischung aus Freude über den Erfolg des Telegramms und Appell zum Durchhaltevermögen ließ Jaritz seine ostdeutschen Confratres wissen, daß es nunmehr zu „überlegen [gelte], wie wir über den BHE [...] weiter wirken können."[93] Er sah also gleich dem Offizial in der Zusicherung der Parteiführung einerseits nur einen Etappensieg. Um einer Gefährdung der sozialen Einheit der Katholiken vorzubeugen, erschien es ihm andererseits notwendig, weiterhin den Kontakt zu einer milieudistanzierten

---

[89] Telegramm der BHE-Landtagsfraktion an Kober v. 19.5.1952, in: OAV Nachlaß Otto Jaritz (1909–1987).

[90] Friedrich von Kessel, geboren 1896 in Oberglauche, Krs. Trebnitz, Gutsbesitzer ebd., seit 1945 in Goslar, 1950 Mitbegründer des BHE in Niedersachsen u. Landesvorsitzender (bis 1956), 1951–1957 Minister für Ernährung, Landwirtschaft u. Forsten, 1955–1958 BHE-Bundesvorsitzender, 1960 Austritt aus dem BHE, gestorben 1975 in Göttingen. Vgl. Simon, Barbara (Bearb.), Abgeordnete in Niedersachsen (wie Anm. 63), 193f.

[91] Horst Haasler, geboren 1905 in Gut Burental/Ostpreußen, Rechtsanwalt in Ragnit u. seit 1945 in Delligsen, 1951–1955 MdL, 1953–1957 MdB, 1951–1953 Vorsitzender der BHE-Landtagsfraktion, gestorben 1969 in Westum. Vgl. ebd., 135.

[92] Grafenhorst an Jaritz v. 16.5.1952, in: OAV Nachlaß Otto Jaritz (1909–1987).

[93] ROK v. 26.11.1952, in: ebd.

politischen Partei wie dem BHE aufrechtzuerhalten. Als geeigneter Exponent für einen solchen Schulterschluß erwies sich der einzige BHE-Mandatsträger im oldenburgischen Vertriebenenklerus, Pfarrer Hugo Springer[94] aus Schillig, der schon seit 1948 einen Sitz im Rat der Gemeinde Minsen, Landkreis Friesland, bekleidete und bei den Kommunalwahlen 1952 für den BHE angetreten war.

Das Wahlverhalten der katholischen Vertriebenen war zu diesem Zeitpunkt sicherlich nicht zuletzt auch durch das massive Eintreten des Episkopats für die Konfessionsschule und die für ihre Garantie definitiv einstehenden Parteien beeinflußt worden. So ergriff Bischof Michael Keller sowohl bei einer Predigt in der Vechtaer Propsteikirche St. Georg im September 1951 als auch im Rahmen eines Großtreffens der nordoldenburgischen Vertriebenen anläßlich der Kapellenwagenmission in Delmenhorst im Juli 1952 dezidiert für die katholische Schule Partei. Dabei stellte er das Argument einer geringeren Leistungsfähigkeit der zumeist kleinen Konfessionsschulen hintenan, da es primär gelte, dafür zu sorgen, daß „eure Kinder im heiligen katholischen Glauben erzogen werden"[95].

Es kann davon ausgegangen werden, daß die Milieumitglieder sich weitestgehend rollenimmanent verhalten und die Zementierung der Bekenntnisschule als zentraler Milieustütze bejaht haben. Lediglich in Roffhausen, wo die evangelische und die katholische Schule zu dieser Zeit einen gemeinsamen Neubau erhalten sollten, forderte eine Elternversammlung dezidiert die Einführung einer christlichen Gemeinschaftsschule[96]. Hier liegen die Ursachen dieser milieuübergreifenden Perspektive allerdings in der Besonderheit eines gemischtkonfessionellen Vertriebenenlagers, in dem nicht die Konfession, sondern die ostdeutsche Herkunft ein Abgrenzungsmerkmal nach außen hin bedeutete.

Bezüglich der allgemeinen parteipolitischen Option der Diasporakatholiken läßt sich wohl nicht ohne Grund behaupten, daß „der BHE mit den Kommunalwahlen von 1952 [...] seinen Rubikon überschritten hatte"[97] und ein Großteil der kirchlich engagierten ostvertriebenen Laien sich mittlerweile zur CDU hingezogen fühlte, obwohl eine Reihe schlesischer Katholiken für die Vertriebenenpartei in die Gemeinderäte einzog.

Als der niedersächsische Schulstreit im Februar 1953 in eine neue Phase eintrat, deren Auslöser nunmehr die angekündigte Entziehung der staatlichen Unterstützung für

---

[94] Hugo Springer, geboren 1902 in Puschine (O/S), Priesterweihe 1934 in Breslau, 1944 Pfarrer in Kleuschnitz (O/S), 1946 Seelsorger, 1948 Pfarrektor in Schillig, Geistl. Rat, gestorben 1979. Vgl. Hirschfeld, Michael, Trautmann, Markus, Vor 1945 geweihte Priester ostdeutscher Herkunft, in: Dies. (Hrsg.), Gelebter Glaube – Hoffen auf Heimat (wie Anm. 35), 265–371, hier 354f.

[95] Predigt Bischof Kellers v. 25.7.1952 in Delmenhorst, in: BAM NA A-21, abgedruckt, in: Hirschfeld, Michael, Trautmann, Markus (Hrsg.), Gelebter Glaube – Hoffen auf Heimat (wie Anm. 35), 35f., hier 35.

[96] Vgl. Bericht über die Elternversammlung in Roffhausen 1953, in: OAV B-30-13. In Roffhausen herrschten allerdings besondere Verhältnisse, da sich dort durch das jahrelange gemeinsame Lagerleben katholischer u. evangelischer Vertriebener ein starker Gemeinschaftssinn etabliert hatte. Letztlich wurden beide Schulen im übrigen getrennt errichtet.

[97] Grebing, Helga, Flüchtlinge und Parteien in Niedersachsen (wie Anm. 44), 168.

die finanziell gefährdete katholische Pädagogische Hochschule in Vechta war[98], schaltete sich Pfarrer Otto Jaritz stellvertretend für die nordoldenburgischen Katholiken auch in diese Kontroverse ein, indem er zunächst seine schlesischen Mitbrüder darauf hinwies, daß die Existenz der Vechtaer Hochschule auch für den Weiterbestand der kleinen katholischen Schulen der oldenburgischen Diaspora von zentraler Bedeutung sei[99]. Durch eine erneute Eingabe, die mit den Interessen der in Vechta studierenden Kinder von Vertriebenen begründet wurde, sollte der BHE eine Chance erhalten, sich im Sinne seiner Versicherung vom Vorjahr als Interessengarant seiner katholischen Wähler zu erweisen.

Anders als im Vorjahr suchte Jaritz dieses Ziel durch eine breit angelegte Unterschriftenaktion auf der kommunalen Ebene zu erreichen. Hierbei sollten die Vertriebenengeistlichen als Vermittler fungieren, um möglichst viele Gemeinde- und Kreistagsabgeordnete sowie die Kreis- und Kommunalvorstände des BHE in ihren Seelsorgebezirken zur Unterstützung zu bewegen. Eine besondere Wirkungskraft erhoffte er sich dabei auch von den Unterschriften evangelischer BHE-Funktionäre, zu deren Einbeziehung in die Aktion Jaritz seine Mitbrüder ausdrücklich ermunterte[100].

Immerhin ließen sich offenbar nahezu alle ostdeutschen Priester im Offizialatsbezirk Oldenburg im Sinne ihres Sprechers mobilisieren, so daß innerhalb weniger Wochen aus 14 Kommunen insgesamt rund 100 Unterschriften von BHE-Mandatsträgern beider Konfessionen zusammenkamen und an die BHE-Landeszentrale in Hannover gesandt wurden[101]. Die Parteileitung aber hüllte sich im Gegensatz zu dem Beschwichtigungsversuch des Vorjahres diesmal in Schweigen, und auch in der Landtagsfraktion schien das Unterschriftenaufgebot aus dem Oldenburgischen keine Resonanz gefunden zu haben, da die BHE-Abgeordneten in der wenige Tage später stattfindenden entscheidenden Landtagssitzung wie vorgesehen gegen den von der CDU-Opposition eingebrachten Antrag zur Förderung der Pädagogischen Hochschule in Vechta stimmten.

Selbstverständlich blieb der auf eine Korrektur der Bildungspolitik ihrer eigenen politischen Interessenvertretung ausgerichtete Protest der Vertriebenen gegen die Etablierung der Gemeinschaftsschule in Niedersachsen nicht auf die Untersuchungsregion Oldenburg beschränkt, sondern erfuhr auch Rückhalt in den Diözesen Hildesheim und Osnabrück. Dieser setzte jedoch erst mit der oldenburgischen Unterschriftenkampagne des Frühjahrs 1953 ein, während das Telegramm des Ostpriesterkonveniats zur Erhaltung der Konfessionsschule im Vorjahr „in Osnabrück und Hildesheim überhaupt kein unterstützendes

---

[98] Statt dessen subventionierte die Regierung Kopf den Umzug der 1946 in Celle gegründeten Pädagogischen Hochschule nach Osnabrück. Vgl. Kuropka, Joachim, Lehrerbildung in der Nachkriegszeit (wie Anm. 9), 284. Gemäß der Oldenburgischen Verfassung v. 17.6.1919 hatte die Lehrerbildung getrennt nach Konfessionen zu erfolgen, solange sie nicht an Universitäten stattfand.

[99] Vgl. ROK v. 25.2.1953, in: OAV Nachlaß Otto Jaritz (1909–1987), wo Jaritz diese Problematik thematisierte u. die im folgenden dargelegte Taktik entwickelte.

[100] Ebd., wo Jaritz schrieb: „Ich habe hier auch schon die Zusage von Nichtkatholiken, die im Gemeinderat sind, und hoffe, diese Unterschriften auch weiterhin ausdehnen zu können."

[101] Die Einsendung erfolgte am 25.3.1953.

Echo gefunden hat[te]"[102]. Insofern ging von Oldenburg gewissermaßen eine Vorreiterrolle aus, was die konsequente Verteidigung der katholischen Schule seitens der Vertriebenen betraf.

Dabei war der Hildesheimer Diözesan-Vertriebenenseelsorger Josef Engelbert[103] wohl offenbar analog zu Otto Jaritz von seinem Bischof Joseph Godehard Machens gebeten worden, unter den Vertriebenen ein Protestpotential gegen die sich zuspitzende Schuldebatte auszubilden[104]. Jedenfalls organisierte er im Mai 1953 unter den ostdeutschen Priestern und Laien des Bistums eine eigene Unterschriftenaktion gegen die schulpolitischen Positionen des BHE. Dieses Procedere im Nachbarbistum wurde von Otto Jaritz zwar wohlwollend begrüßt, jedoch nicht für den Offizialatsbezirk adaptiert, da es ihm als zu wenig gezielt erschien. Trotz zunehmender Kooperation der verantwortlichen Vertriebenenseelsorger in den drei niedersächsischen Jurisdiktionsbezirken konnte letztlich keine Einigung über das Vorhaben des Oldenburger Vertriebenenseelsorgers erzielt werden, in schulischen Anliegen künftig mit einer Stimme zu sprechen und durch einheitliche landesweite Protestaktionen den Druck auf die Politik zu verstärken[105].

Neben das öffentliche Engagement trat bei Otto Jaritz zunehmend die private Kontaktsuche zu maßgeblichen Persönlichkeiten des BHE. Zu seinem Ansprechpartner wurde sehr bald BHE-Landtagsvizepräsident Richard Meyer, der nicht nur dem Kulturausschuß des Landtags angehörte, sondern überdies auch in der Stadt Oldenburg wohnte, wo er die Kommunalpolitik als Ratsherr und stellvertretender Oberbürgermeister mitgestaltete[106]. Im Vorfeld dieses Kontaktes hatte sich Meyer, obwohl selber Protestant, an einem Dialog mit dem zentralen Exponenten der oldenburgischen katholischen Vertriebenen interessiert erwiesen[107].

Mittlerweile wurde dem Offizial zunehmend deutlich, daß mit einem Umschwenken der Regierungskoalition zugunsten der Konfessionsschule nicht zu rechnen sei[108]. Die einzige Chance für die Kirche, sich noch Gehör zu verschaffen und eine Ausgrenzung der Schule aus dem katholischen Milieu zu verhindern, sah Grafenhorst jetzt nur noch

---

[102] Jaritz an Engelbert v. 19.5.1953, Abschrift, in: OAV Nachlaß Otto Jaritz (1909–1987).

[103] Josef Engelbert, geboren 1891 in Wansen, Priesterweihe 1916 in Breslau, Pfarrer in Breslau St. Michael, 1946–1960 Diözesan-Vertriebenenseelsorger von Hildesheim in Hannover, gestorben 1969 ebd. Vgl. Nachruf, in: Der Schlesische Katholik 3/1969, 7.

[104] Vgl. Engelbert an Jaritz v. 4.5.1953, in: OAV Nachlaß Otto Jaritz (1909–1987). Vorausgegangen waren lediglich Anfragen Engelberts bei der BHE-Fraktion, die er in seiner Eigenschaft als Diözesan-Vertriebenenseelsorger angestrengt hatte.

[105] Vgl. Jaritz an Engelbert v. 19.5.1953, ebd., wo Jaritz eine stärkere Kooperation anmahnte.

[106] Richard Meyer, geboren 1885 in Ragnit/Ostpreußen, 1920 Schulrat im Memelgebiet, Abgeordneter des Memelländischen Landtags, 1939 Bezirksschulrat in Berlin bzw. Oberregierungs- u. Schulrat in Danzig, nach 1945 in Oldenburg ansässig u. dort ab 1950 Bezirksvorsitzender des BHE, 1951–1955 u. 1959–1963 MdL, gestorben 1970 in Bonn. Vgl. Simon, Barbara, Abgeordnete in Niedersachsen (wie Anm. 63), 254.

[107] Vgl. Meyer an Jaritz v. 2.5.1953 u. Jaritz an Meyer v. 22.5.1953, in: OAV Nachlaß Otto Jaritz (1909–1987).

[108] Vgl. Grafenhorst an Jaritz v. 19.5.1953, ebd.

allein darin, eine möglichst große Zahl von Beschwerden aus der Bevölkerung nach Hannover zu leiten. In diesem Kontext behielten die intensiven Vermittlungsbemühungen von Otto Jaritz für ihn elementare Bedeutung. Letzterer initiierte jetzt gezielte Nachfragen von Exponenten der Flüchtlingspartei bei deren niedersächsischer Zentrale in Hannover, deren Tenor die Sorge um deren immer stärker zu beobachtende Annäherung an den Kurs der SPD war[109].

Die BHE-Landtagsfraktion hingegen betonte weiterhin, daß in Niedersachsen nur ein reines Schulverwaltungsgesetz entstehen solle, das die Konfessionsfrage nicht tangiere, und bekräftigte nachdrücklich: „Zweifellos ist Ihnen bekannt, daß unser Parteiprogramm die Frage des Elternrechts eindeutig bejaht. Wir denken also nicht daran, organisch gewachsene Konfessionsschulen zu beseitigen und werden alles tun, dahingehende Bestrebungen zu unterbinden."[110]

Nachdem im September 1953 Pressemeldungen über die unmittelbar bevorstehende Annahme eines neuen Schulverwaltungsgesetz-Entwurfs bekanntgeworden waren, der gegen die Beteuerung des BHE eine Abschaffung des Elternrechts vorsah, nutzte Jaritz im Auftrag des Offizials[111] erneut die Ebene seiner informellen Kontakte zu Richard Meyer[112]. Die in dem Briefwechsel erkennbare Affinität von Jaritz zum BHE scheint offensichtlich stark taktisch bestimmt gewesen, um durch die Betonung weitgehender Übereinstimmungen zwischen vertriebenen Katholiken und BHE im letzten Augenblick doch noch eine bindende Garantie der Bekenntnisschule von der Partei zu erzwingen.

Welche Folgen diese aus politischem Kalkül heraus resultierende Gratwanderung von Jaritz für das Verhältnis zur „Milieupartei" CDU hatte, zeigt die nachfolgende Kontroverse um eine Ansprache des Geistlichen anläßlich der Einweihung eines Neubaus für die katholische Volksschule in Rastede im Oktober 1953. Dabei hatte Jaritz es als Verdienst des BHE bezeichnet, dafür gesorgt zu haben, daß bisher in Niedersachsen die Bekenntnisschule bestehe[113]. Obwohl er mit diesen Worten offenbar lediglich der Tatsache Rechnung tragen wollte, daß durch den politischen Schlingerkurs der Flüchtlingspartei die Durchsetzung der SPD-Vorstellungen noch verhindert worden sei, mußte die Ansprache in der Öffentlichkeit als Indiz für eine inhaltliche Nähe des Rasteder Pfarrektors zum BHE gewertet werden.

---

[109] Vgl. die Eingaben des BHE-Ratsherren Konrad Halfter, Burhave, u. von Pfarrer Hugo Springer, Schillig, v. 23.5.1953 u. 12.6.1953, Durchschriften ebd.

[110] Soweit die BHE-Landtagsfraktion an Halfter v. 1.6.1953, Abschrift, in: BAM A-0-152. Ein Antwortschreiben an Springer lag nicht vor.

[111] Grafenhorst an Jaritz v. 19.9.1953, wo der Offizial sich gegenüber seinem Adressaten dankbar zeigte, „wenn Du so wie früher [...] zugleich auch andere Heimatvertriebene veranlassen würdest, mit einem entsprechenden Schreiben beim BHE und wohl auch beim Kultusministerium vorstellig zu werden". In: OAV Nachlaß Otto Jaritz (1909–1987).

[112] Jaritz an Meyer v. 24.9.1953, ebd. Der Absender führte es auf Meyers Verdienst zurück, „wenn uns widerstrebende kulturpolitische Pläne bisher verhindert worden sind [...] und die Seelsorger diese Tatsache auch ihren Gläubigen gegenüber zum Ausdruck gebracht haben".

[113] Vgl. Jaritz, Otto, Praktischer Beitrag zur Frage des Elternrechts. Einweihung der neuen katholischen Schule in Rastede, in: Kirche und Leben Oldenburg v. 26.10.1953.

**HANS WATERMANN**
Caritasdirektor
Mitglied des Niedersächsischen Landtags

Vechta (Oldb), 26. Oktober 1953
Bahnhofstraße
Wohnung: Windallee 30
Tel. 480 (privat 923)

W.

Hochw.
Herrn Pfarrer Jaritz
<u>R a s t e d e</u> i.Old.
Kath. Pfarrektorat

Hochwürdiger, sehr geehrter Herr Pfarrer,

auf der Delegiertentagung der CDU Niedersachsens am letzten Sonntag in Osnabrück wurde ich von verschiedenen Seiten wegen des mit Ihrem Namen gezeichneten Berichtes in "Kirche und Leben" vom 25. Oktober 1953 (auf der Seite des Offizialatsbezirks) über die Einweihung der kath. Schule in Rastede angesprochen. Nach diesem Bericht wurden von Ihnen bei der Feier Ausführungen politischer Art gemacht, die lebhaften Widerspruch auslösten und Gefahr laufen, Gegenstand öffentlicher Behandlung und öffentlicher Proteste zu werden. Ich habe dringend gebeten, von solchen Schritten zunächst Abstand zu nehmen, und mich bereit erklärt, die Dinge von mir aus zu bereinigen.

Sie zitieren in dem Bericht Ihre eigenen Ausführungen im Zusammenhang mit dem Schulkampf in Niedersachsen wie folgt:

> "Hoffnungsfroh stimme aber die Tatsache, daß der BHE, der ja in der Regierung vertreten sei, sich bisher entschieden für die Rechte der Bekenntnisschule eingesetzt habe."

Weiter werden ein Telegramm und ein Schreiben der BHE-Fraktion des Landtags erwähnt, der BHE habe sich stets gegen die Aufhebung der Bekenntnisschulen ausgesprochen und das Schulverwaltungsgesetz dürfe keine Handhabe dafür bieten, organisch gewachsene Konfessionsschulen zu beseitigen. Diese Mitteilungen, so heißt es in dem Bericht, wurden mit großer Befriedigung aufgenommen. Wörtlich sagen Sie dann weiter:

> "Wie der Seelsorger hervorhob, sei es das Verdienst des BHE, daß bisher in Niedersachsen die Bekenntnisschule bestehe."

Das Bild wird abgerundet durch das freudige Vermerken eines Briefes des Landtags-Vizepräsidenten Meyer über die Dotierung der privaten Schulen und die Erhaltung der Pädagogischen Akademie Vechta. "Aus Gründen der Gerechtigkeit mußten diese Dinge auch einmal gesagt werden."

Demgegenüber bitte ich darauf hinweisen zu dürfen, daß der BHE neben seiner Interessentenpolitik für die kulturpolitischen Fragen gerade noch das Interesse hat, wie es sich aus der politischen Vergangenheit seiner Funktionäre ergibt. Schon das schulpolitische Verhalten des BHE in Baden-Württemberg sagt genug. Aber wir erleben auch in Niedersachsen in der Praxis fast das gleiche.

Es ist mir bekannt, daß u.a. die BHE-Minister im niedersächsischen Kabinett eine Verzögerung des Schulverwaltungsgesetzes

-2-

Korrespondenz des Landes-Caritasdirektors Watermann, MdL, mit Pfarrer Jaritz, Rastede, 26.10.1953

bewirkt haben, und ich weiß dankbar auch zu würdigen, welche erfolgreiche Rolle Sie dabei gespielt haben, um durch Einflußnahme von verschiedenen Seiten her die Herren vom BHE zu dieser Haltung zu bewegen. Aber es hat sich leider doch nur um eine Verzögerung gehandelt. Die BHE-Minister haben das Gesetz nicht verhindern können und wohl auch nicht verhindern wollen. Im Gegenteil, der BHE hat sich im Landtag durch den Mund des Abg. Meyer-Oldenburg ausdrücklich zu dem Entwurf bekannt. Herr Meyer redete dabei auch einiges vom Elternrecht, dessen Begriff ihm anscheinend nur lückenhaft eingegangen ist. Als Sprecher der DP/CDU bin ich ihm im Plenum nachdrücklich entgegengetreten, und es kam dabei zu stürmischen Szenen und zu einem vom Abg. Meyer provozierten Zwischenfall. Herr Meyer hat sich unmißverständlich zur Simultanschule bekannt, und er wie der Großteil des BHE klatschten dem FDP-Abg. Föge bei seiner Forderung nach der "Deutschen Einheitsschule" und nach einem umfassenden Schulgesetz (der größten Gefahr, die sich jetzt für uns auftut) lebhaften Beifall.

Ich stelle fest: Der BHE stellt sich im Landtag auf die Seite des Voigtschen Entwurfs und bekundet außerdem unmißverständlich seine Zuneigung zur Simultanschule. Unsere Bischöfe lehnen eben diesen Entwurf schärfstens ab.

In Wirklichkeit steht allein die CDU — verbündet mit der DP — auf seiten der Forderungen unserer Bischöfe. Sie kämpft seit ihrem Bestehen für das Elternrecht und die christliche Kulturpolitik. Sie erfährt dafür nicht die Ehre einer Anerkennung durch "Kirche und Leben", weil ein Kirchenblatt sich außerhalb der Parteipolitik halten soll. Daß aber nun ausgerechnet für eine kulturpolitisch so äußerst fragwürdige Partei wie den BHE und besonders auch für einen Mann wie den Abg. Meyer im Kirchenblatt Propaganda gemacht wird, hat mich und viele meiner Freunde doch sehr eigenartig berührt, zumal die Tatsachen eine andere Sprache sprechen.

Ich bin überzeugt, daß Sie, sehr geehrter Herr Pfarrer, eine solche Propaganda nicht beabsichtigt haben, sondern daß es Ihnen darum ging, den BHE öffentlich auf die Gesten, die er Ihnen und Herrn Pfarrer Springer gegenüber gemacht hat, festzulegen. Aber ich befürchte, daß durch diesen Bericht katholische Wähler des BHE sich für ihre politische Haltung im Gewissen beruhigt fühlen, während in Wirklichkeit der BHE doch kulturpolitisch zumindest als höchst unzuverlässig anzusehen ist. Man kann außerdem damit rechnen, daß im nächsten Wahlkampf je nach dem Publikum der Bericht vom BHE, dieser immer mehr zusammenschmelzenden Partei, zu Propagandazwecken benutzt wird, eine Wirkung, die zweifellos außerhalb Ihrer Absichten lag.

Der Bericht ist nach der großen kulturpolitischen Debatte des Landtags erschienen und wird angesichts der Vorgänge im Landtag ohne Zweifel als eine Frontstellung gegen mich gewertet, was Ihnen erst recht fern gelegen haben wird.

Für mich persönlich besteht kein Zweifel daran, daß Ihre Absichten ganz andere waren, als sie hier zu sein scheinen. Aber ich kann es nicht hindern, daß der Bericht weitere Wellen schlagen wird, weshalb ich Ihnen dankbar wäre, wenn Sie die Frage, was jetzt zu tun ist, prüfen würden.

Mit ergebensten Grüßen
Ihr

Nachdem die Bistumszeitung „Kirche und Leben" die Rede vollständig abgedruckt hatte, meldete sich der CDU-Landtagsabgeordnete und Landes-Caritasdirektor Hans Watermann[114] aus Vechta zu Wort, der sich vehement für die Anliegen des katholischen Milieus in der Kulturpolitik der 1950er Jahre einsetzte und den die „Oldenburgische Volkszeitung" deshalb anläßlich seines 50. Geburtstages euphorisch als „Kämpfer für die Rechte und Freiheiten des christlichen Volkes"[115] charakterisiert hatte. Watermann wies Jaritz darauf hin, daß das Einwirken des ostdeutschen Klerus und der ostvertriebenen Laien auf den BHE lediglich eine Verzögerung der Entscheidung nach sich gezogen habe. Die Replik gipfelte in der Behauptung, daß „der BHE neben seiner Interessenpolitik für die kulturpolitischen Fragen gerade noch das Interesse hat, wie es sich aus der Vergangenheit seiner Funktionäre ergibt"[116]. Die scharfe Polemik des südoldenburgischen CDU-Parlamentariers und entschiedenen Verfechters einer Beibehaltung der Bekenntnisschule stand in Zusammenhang mit einer heftigen Landtagsdebatte zum neuen Entwurf des Schulverwaltungsgesetzes, bei der Watermann am 7. Oktober 1953 für die CDU-Fraktion die fehlende Verankerung des Elternrechts beklagt hatte, während der BHE den Gesetzentwurf verteidigte[117].

Dabei war es gerade der von Jaritz als Vertreter des „Konfessionsschul-Flügels" der Vertriebenenpartei geschätzte Landtagsvizepräsident Meyer, der als kulturpolitischer Sprecher der Partei die Einwände der CDU gegen den Inhalt des Schulverwaltungsgesetzes abgewehrt[118] und damit erneut die ambivalente Haltung der Vertriebenenpartei gegenüber den kirchlichen Interessen vor Augen gestellt hatte. Ein Kenner der politischen Szenerie in Hannover jedenfalls ließ Bischof Keller im Vertrauen wissen, daß der BHE durch ein großzügiges Entgegenkommen der SPD bei der Vergabe wichtiger Posten bestochen worden sei[119].

---

[114] Hans Watermann, geboren 1904 in Papenburg, Journalist, 1946–1972 Landes-Caritasdirektor in Vechta, 1953–1967 MdL, gestorben 1988 in Vechta. Vgl. Klostermann, Hermann, Hans Watermann zum Gedenken. Als Caritasdirektor und als Politiker verdient um das Oldenburger Land, in: Jahrbuch für das Oldenburger Münsterland 1989, 349–357.

[115] Oldenburgische Volkszeitung v. 24.3.1954. Die Würdigung enthält zugleich eine politische Abrechnung mit den „Linken", denen hier die Diffamierung Watermanns im Landtag vorgeworfen wurde.

[116] Watermann an Jaritz v. 26.10.1953, in: OAV Nachlaß Otto Jaritz (1909–1987). Er spielte damit auf die frühere Aktivität zahlreicher führender BHE-Politiker in der NSDAP an. Allerdings war Watermann selbst Mitglied der NSDAP gewesen.

[117] Vgl. Simon, Christian, Das religiöse Fundament (wie Anm. 13), 275.

[118] Vgl. ebd., Anm. 63. Jaritz hatte Meyer noch im Vorfeld darum gebeten, die Einwände der katholischen Vertriebenen ernst zu nehmen. Vgl. Jaritz an Meyer v. 3.10.1953, in: OAV Nachlaß Otto Jaritz (1909–1987).

[119] So geht aus einem Brief des geistl. Studienrats Dr. Carl Morotini, Hannover, an Bischof Keller v. 12.11.1953 hervor, in: BAM NA-101-183.

### e) Politischer Zickzackkurs des Vertriebenenklerus

Unterdessen hatte die niedersächsische CDU alle Kräfte aufgeboten, um aus der zunehmend auf die Simultanschul-Befürwortung hindeutenden BHE-Position politisches Kapital zu schlagen und die katholischen Vertriebenen als Wählerpotential für sich (zurück)gewinnen zu können. Massive Unterstützung erfuhr sie dabei im Vorfeld der Bundestagswahlen 1953 von Seiten des Osnabrücker St.-Hedwigs-Werkes, das seine Mitglieder mit Hilfe des Monatsblattes „Heimat und Glaube", vor allem aber durch Herausgabe einer entsprechenden Werbebroschüre auf den milieukongruent erscheinenden CDU-Kurs einzuschwören bemüht war. Unter dem Titel „Der ostdeutsche Katholik in der Verantwortung"[120] legten in letztgenannter Schrift kirchliche Würdenträger und katholische Laien aus den Reihen der Heimatvertriebenen ein mehr oder weniger explizites Bekenntnis zu den Christdemokraten ab. Über die Interessenpartei der Vertriebenen dagegen hieß es hier abschätzig: „Als politischer Standort kann und darf für uns [...] der [...] BHE nicht in Frage kommen, der alle Unzufriedenen, ganz besonders die sogenannten Entrechteten, die unzufrieden sind, weil sie Ämter und Würden des Dritten Reiches verloren haben, sammelt."[121]

Einen solch eindeutigen Kurs schlug die Führung des oldenburgischen Vertriebenenkatholizismus hingegen nicht ein. Stellvertretend für seine ostdeutschen Mitbrüder sprach Otto Jaritz statt dessen von einer Enttäuschung über den BHE, da „alle Sympathien, die wir hatten, geschwunden"[122] seien. Endgültige Gewißheit sollte aber eine letzte große Aktion bringen, für die der Geistliche im Dezember 1953 seine Confratres und die maßgeblichen oldenburgischen BHE-Kommunalpolitiker noch einmal mobilisieren konnte, eine Protestnote zur Unterschrift an BHE-Repräsentanten in den einzelnen Kommunen weiterzuleiten.

In Anlehnung an die Eingabe von 1951 insistierte das von Jaritz verfaßte, aber von dem Schilliger Pfarrektor und BHE-Ratsherrn Hugo Springer unterzeichnete Schreiben auf der Parallele zwischen Heimatverlust und befürchtetem Verlust eines integralen Bestandteils der katholischen Identität, wenn es dort wörtlich hieß, daß „die Heimatvertriebenen [...] sich nicht kampflos nehmen oder gefährden lassen, was ihnen nicht einmal bei der Vertreibung geraubt werden konnte"[123].

Während in Nordoldenburg auf der kommunalen Ebene erneut die Unterschriften eines Großteils der BHE-Mandatsträger beider Konfessionen gewonnen werden konnten,

---

[120] Smaczny, Johannes (Bearb.), Der ostdeutsche Katholik in der Verantwortung. Ein Volksbuch, Lippstadt 1953.

[121] Kabus, Jakob, Heimatvertriebene und BHE, in: ebd., 51–52. In diesem Kontext stand auch eine Solidaritätsadresse des aus Oberschlesien stammenden CDU-Landtagsabgeordneten Hanns Gorski die maßgebliche Persönlichkeiten des oldenburgischen Diasporakatholizismus erreichte. Vgl. Rundschreiben Gorski v. 1953, Expl., in: OAV Nachlaß Otto Jaritz (1909–1987).

[122] ROK v. 6.11.1953, ebd.

[123] Oldenburger Ostpriesterkonveniat an den BHE in Hannover, abgesandt am 16.12.1953, Abschrift, in: OAV Nachlaß Otto Jaritz (1909–1987).

war die Resonanz unter den katholischen Vertriebenen im Oldenburger Münsterland nicht so positiv, was auf die Tatsache zurückzuführen ist, daß die hier vornehmlich als Interessenwahrerin der Einheimischen auftretende CDU stärker als in der Diaspora eben keine uneingeschränkte Identifikationskraft für die ostdeutschen Katholiken sein konnte. Waren die führenden CDU-Kommunalpolitiker in Nordoldenburg nahezu ausschließlich evangelisch und grenzten sich damit in konfessioneller Hinsicht von den katholischen Vertriebenen ab, so bildeten in den Kreisen Vechta und Cloppenburg die eigenen Konfessionsangehörigen die Mandatsträger in der „Milieupartei", wodurch sich das Spannungspotential erheblich erhöhte. Das hieraus resultierende ambivalente Verhältnis der Vertriebenen zur CDU macht eine Reaktion aus Steinfeld explizit deutlich, wo ein aus Hessen stammender Lehrer[124] den BHE-Vorsitz innehatte und anmerkte: „Obwohl wir heimatvertriebenen (sic!) Katholiken von unseren einheimischen Glaubensbrüdern oft nicht als ‚vollwertige Katholiken' geachtet werden und wir als Menschen keinen Grund hätten, die z. T. sehr verfahrene und an der derzeitigen Entwicklung nicht schuldlose Politik der Oppositionsparteien in Niedersachsen (gemeint sind vor allem CDU und DP. Anm. d. Verf.) zum Guten zu wenden [...], sind wir Katholiken von Haus aus doch so erzogen, daß wir auf das Wort unserer Bischöfe einiges Gewicht legen."[125]

Während die nach Öffentlichkeit strebende Führungselite des oldenburgischen Vertriebenenklerus immer noch vergleichsweise stark um Ausgleich mit dem BHE bemüht war und hierin den entscheidenden Punkt für eine Rettung der Bekenntnisschule sah, ermittelte der Hildesheimer Diözesan-Vertriebenenseelsorger Engelbert, daß die Vertriebenenpartei rein rechnerisch keine Schlüsselstellung im Landtag zur Verhinderung eines Schulgesetzes besitze[126] und deshalb die Einflußnahme der ostdeutschen Katholiken in Niedersachsen in besonderer Weise auf den Ministerpräsidenten sowie das Kultusministerium zu richten sei. Im Nachgang zu einer im „Auftrag von 200 heimatvertriebenen Priestern und hunderttausenden heimatvertriebenen katholischen Laien des Bistums Hildesheim"[127] an Landwirtschaftsminister Friedrich von Kessel (BHE) gerichteten Eingabe, die auf besonderen Wunsch von Bischof Machens erfolgt war[128], appellierte eine auf Engelberts Initiative im Dezember 1953 vom Kardinal-Bertram-Werk, dem Hildesheimer Pendant zum St.-Hedwigs-Werk, verabschiedete Resolution nunmehr nur noch an das Kultusministerium und an die FDP-Fraktion[129].

Mit dieser veränderten Taktik stieß Josef Engelbert jedoch auf taube Ohren bei seinem Oldenburger Mitbruder Jaritz, der immer noch Hoffnungen auf einen Richtungswechsel des BHE setzte. Als Indikator für diese Annahme diente ihm zum einen eine

---

[124] Hierbei handelte es sich um den Lehrer Georg Ruhnke.
[125] Ruhnke an Jaritz v. 2.12.1953, in: OAV Nachlaß Otto Jaritz (1909–1987).
[126] Der Block der Befürworter der Gemeinschaftsschule umfaßte selbst bei einem abweichenden Verhalten der BHE-Fraktion zugunsten der Konfessionsschule nur 71 und damit weniger als die Hälfte der 152 Mandatsträger im Landtag. Vgl. Engelbert an Jaritz v. 30.12.1953, ebd.
[127] So der Wortlaut in einer von Engelbert am 4.12.1953 an von Kessel übergebenen Bittschrift, Abschrift ebd.
[128] Vgl. Machens an Engelbert v. 16.11.1953, Abschrift ebd.
[129] Resolution des Kardinal-Bertram-Werkes v. 30.12.1953, Abschrift ebd.

Stellungnahme von Landtagspräsident Meyer, der zur Wiederherstellung seiner beschädigten Integrität bemüht war, die Angriffe gegen seine Stellungnahme bei der Landtagsdebatte am 7. Oktober 1953 über die Inhalte des Schulverwaltungsgesetzes als „infame Lüge" und „typisch für die Kampfmethoden, die in dem von Herrn Watermann heraufbeschworenen Kulturkampf angewandt werden", darzustellen[130]. Zum anderen ließen sich um die Jahreswende 1953/54 im BHE des Oldenburger Landes partiell Anzeichen für eine zunehmend klarere Positionierung erkennen, wenn beispielsweise der Vorstand des BHE-Kreisverbandes Vechta ein Votum für die Konfessionsschule abgab und der Kreisvorsitzende Herbert Kunigk vor der Presse betonte, man wolle diese Stellungnahme auch in die Landesverbandstagung der Partei einbringen und dort durchzusetzen versuchen[131]. Jedoch darf diese Position nicht für die übrigen Kreisverbände des Fallbeispiels absolut gesetzt werden, da hier sicherlich das vom katholischen Milieu bestimmte Umfeld der Subregion Südoldenburg ausschlaggebend war.

Dieses Aufbegehren eines Kreisverbandes an der Basis blieb somit in Hannover ohne Folgen hinsichtlich des parallel zum Schulverwaltungsgesetz beratenen Schulgesetzes[132], denn bei einer Abstimmung im Kulturausschuß am 21. Januar 1954 hatte dessen BHE-Mitglied Richard Meyer für den SPD-Kurs votiert, und in einer Landtagsdebatte anläßlich der ersten Lesung des Schulgesetzes am 11. Februar 1954 war es wiederum er, der stellvertretend für die Fraktion deren Haltung zum Ausdruck brachte: „Wir sind [...] für die Gemeinschaftsschule; wir sind auch für die Bekenntnisschule, da, wo sie hinpaßt und wo sie meinetwegen historisch entstanden und gewachsen ist. [...] unsere Schulen sind nicht nur eine Domäne des Staates oder nur eine Domäne der Gemeinden usw., sie sind eine gemeinsame Domäne aller Schulpartner."[133]

In unmittelbarer Reaktion auf diese Aussage rief Pfarrer Jaritz in einem Rundschreiben nochmals zu einer schriftlichen Protestaktion gegen den BHE auf, damit „wir in letzter Stunde versuchen, Einfluß auf ihn zu gewinnen"[134], obwohl seit dem Ausscheiden des katholischen Zentrums aus der Regierungskoalition im Dezember 1953 definitiv klar war, daß die Konfessionsschulgegner keine Zweidrittelmehrheit im Landtag besaßen, die Gefahr einer Geltung des neuen Schulgesetzes für Oldenburg damit also gebannt war[135]. Die oldenburgischen Vertriebenen blieben durch diese Vorgabe zunächst bei einer Blickfixierung auf die Flüchtlingspartei, und ihr Vordenker Otto Jaritz ließ den Hildesheimer

---

[130] Meyer an Jaritz v. 4.2.1954, ebd.

[131] Vgl. den entsprechenden Bericht der Oldenburgischen Volkszeitung v. 20.2.1954.

[132] Zur Entstehungsgenese des Schulgesetzes vgl. Simon, Christian, Das religiöse Fundament (wie Anm. 13), 278ff.

[133] Meyer (BHE) in Landtagsdebatte v. 11.2.1954, in: Niedersächsischer Landtag, Stenographische Berichte, 63. Sitzung v. 11.2.1954.

[134] Rundschreiben v. Jaritz an Vertriebenenklerus u. BHE-Mandatsträger im Oldenburger Land v. 15.2.1954, in: OAV Nachlaß Otto Jaritz (1909–1987).

[135] Der vom Zentrum gestellte Justizminister Dr. Otto Krapp trat zurück. Vgl. Bericht in der „Chronologie des Schulkampfs", in: BAM A-0-152. Vor allem der Vechtaer MdL Hans Watermann sorgte dafür, daß die Sperrminorität nicht durchbrochen werden konnte und das neue Schulgesetz keine Anwendung auf Oldenburg fand.

**GESAMTDEUTSCHER BLOCK/BHE**
Bundesgeschäftsstelle
Leitung
Pressedezernat: Gräfin Finckenstein MdB
BONN · Königstraße 59 · Fernruf Bonn 52255 · Postfach 372

Herrn
Pfarrer Hugo Springer,

S c h i l l i g
Post Horumersiel.

Betr.:
Bezug:

Bonn, den 10. März 1954
Fi/En.

Sehr geehrter Herr Pfarrer Springer!

Ich möchte Ihnen im Namen des Bundesvorsitzenden des Gesamtdeutschen Blocks/BHE auf Ihre Einwirkung in bezug auf das niedersächsische Schulgesetz einen Zwischenbescheid erteilen, nachdem sich eine sachliche Beantwortung Ihres Telegramms durch verschiedene Auskünfte verzögert. Der Bundesvorsitzende, Herr Minister Kraft hat Ihr Telegramm zum Anlaß einer eingehenden Rücksprache mit den Abgeordneten des Niedersächsischen Landtags genommen.

Auch im Bundesvorstand vom 26./27.2.54 ist ausführlich über den Stand des Schulgesetzes debattiert worden. Dabei hat die von dem niedersächsischen Fraktionsvorsitzenden Fischer vorgetragene Meinung, nach welcher sich der Gesamtdeutsche Block/BHE um eine Vermittlung zwischen den beiden in der Schulfrage entstandenen Fronten bemühen sollte, bei vielen Mitgliedern des Bundesvorstandes Anklang gefunden.

Ich darf Ihnen Mitteilung von der endgültigen Stellungnahme des Bundesvorstandes des Gesamtdeutschen Blocks/BHE Kenntnis geben, sobald sie erfolgt sein wird.

Mit verbindlichen Empfehlungen

Gräfin Finckenstein

Korrespondenz des Gesamtdeutschen Blocks / BHE mit Pfarrer Springer, Schillig, 10.3.1954

Diözesan-Vertriebenenseelsorger Josef Engelbert einige Wochen später beinahe triumphierend wissen, daß sich nunmehr auch das Osnabrücker St.-Hedwigs-Werk unter der Führung von Pfarrer Johannes Smaczny – „wenn auch nur recht widerlich (sic!)"[136] – seiner Protestinitiative angeschlossen hätte.

Darüber hinaus nahm Jaritz aber auch die von Engelbert angebotene Gelegenheit wahr, vier oldenburgische BHE-Vertreter, darunter Pfarrer Springer, als oldenburgische Delegierte an einer Vorsprache katholischer Vertriebenenvertreter im Landtag teilnehmen zu lassen[137], wobei die Vertreter aus allen niedersächsischen Jurisdiktionsbezirken eine Denkschrift übergaben, in der dem BHE Wählertäuschung vorgeworfen wurde. Diesen Vorwurf hatte bereits ein erst Monate später bekannt gewordenes Telegramm von Hugo Springer an die BHE-Landesleitung vom 9. Februar 1954 enthalten, in dem dieser deren Schulpolitik als „Schritt zur Selbstvernichtung der Partei und schweren Bruch aller Zusagen"[138] kritisiert hatte, ohne jedoch selbst die Konsequenzen zu ziehen und sein BHE-Ratsmandat niederzulegen. Offenbar sprachen bei ihm wie bei den mehr als ein Dutzend katholischen BHE-Ratsherren in Nordoldenburg triftige Gründe auf lokaler Ebene gegen einen Wechsel zur CDU, wenngleich deren Kulturpolitik im Verlauf des Schulstreites immer mehr den Interessen der ostdeutschen Katholiken entsprach.

Schließlich gab der BHE bei der entscheidenden dritten Lesung und Verabschiedung des Schulgesetzes am 1. September 1954 endgültig den Grundsatz des Elternrechtes auf und votierte gemeinsam mit den SPD- und FDP-Parlamentariern für ein Modell, das Bekenntnisschulen zwar nicht grundsätzlich abschaffte, ihre Existenz jedoch nur noch dort legitimierte, wo innerhalb einer Kommune bereits eine voll ausgebaute „christliche Gemeinschaftsschule" bestand[139].

---

[136] Jaritz an Engelbert v. 3.3.1954, in: OAV Nachlaß Otto Jaritz (1909–1987).

[137] Teilnehmer der Unterredung waren aus Oldenburg: Pfarrer Hugo Springer, Schillig, Dr. Ritter, Westerstede, Konrad Halfter, Burhave, u. Josef Teßmar, Rastede. Vgl. den Bericht über die Unterredung v. Jaritz an Grafenhorst, ebd.

[138] Das Telegramm wurde erst am 9.6.1954 bekannt. Vgl. „Chronologie des Schulkampfs", in: BAM A-0-152. Ein Auseinanderfallen des BHE befürchtete auch der in Visbek lebende Breslauer Domkapitular Ernst Lange in einer Eingabe an Landtagsfraktion u. Minister des BHE v. 21.8.1954, Abschrift, in: OAV Nachlaß Otto Jaritz (1909–1987).

[139] Der Gesetzestext verwendete den Begriff Gemeinschaftsschule nur mit dem Zusatz „christlich", um dem neuen System äußerlich eine gewisse kirchliche Prägung zu verleihen. Auf diesen „Trick" weist Kuropka, Joachim, Das katholische Schulwesen im Wiederaufbau (wie Anm. 15), 283, hin. Wörtlich hieß es in Artikel 6 des neuen Schulgesetzes: „(1) Öffentliche Volksschulen für Schüler des gleichen Bekenntnisses werden errichtet, wenn der Bestand einer ausreichenden Anzahl von Volksschulen für Schüler aller Bekenntnisse im Bereich des Schulträgers nicht in Frage gestellt ist. Diese Voraussetzung ist nicht erfüllt, solange im Bereich des Schulträgers nicht mindestens ein seiner Größe im Ausbau angemessenes Volksschulsystem für Schüler aller Bekenntnisse vorhanden ist. (2) Die zu errichtende Schule darf in ihrem Ausbau nicht wesentlich hinter einem der Größe des Schulträgers angemessenen Volksschulsystem zurücktreten." Zit. nach Simon, Christian, Das religiöse Fundament (wie Anm. 13). Das Gesetz trat am 1.4.1955 mit Ausnahme des Verwaltungsbezirks Oldenburg in ganz Niedersachsen in Kraft.

## 4. Zwischenbilanz

Oldenburg gehörte zu den Ländern, in denen auf dem Schulsektor der Status quo ante nahezu vollständig restituiert wurde und ein starkes Interesse des Ministerpräsidenten und der Staatsregierung an einer einvernehmlichen Lösung mit den Kirchen in der Erziehungsfrage zu verzeichnen war. Die Kirchen erkannte man als bedeutende Ordnungsmächte in der Zeit des sozialen Chaos an, denen man gerne größtmöglichen Einfluß auf das Erziehungswesen einräumte. Damit war der Boden für eine flächendeckende Errichtung katholischer Volksschulen in der Diaspora bereitet.

Mit der Etablierung des neuen Bundeslandes Niedersachsen kam es zu einem Paradigmenwechsel in den kulturpolitischen Leitlinien, der im katholischen Milieu auf erheblichen Widerstand stoßen mußte und ihm noch in der Retrospektive den Ruf von einer weitgehenden Kompromißunfähigkeit einbrachte[140].

An dem 1950 beginnenden jahrelangen und massiven Protest gegen das Zustandekommen eines Niedersächsischen Schulgesetzes, das die Gemeinschaftsschule zur Regelschule erklärte, beteiligten sich nicht nur die einheimischen Katholiken mit ihren Bischöfen und den kirchlichen Vereinen und vermittelten der Öffentlichkeit ein geschlossenes Bild einer kollektiven Ablehnung der Regierungspläne. Ebenso versuchte die hier in den Blick genommene gesellschaftliche Gruppe der katholischen Vertriebenen durch das Agieren ihrer führenden Geistlichen und einiger Laien ihre Milieugebundenheit unter Beweis zu stellen.

Neben den wortgewaltigen Aufrufen und Hirtenschreiben des Episkopats zum Kampf um den Erhalt der Bekenntnisschule[141] nahm sich das Eingreifen der Vertriebenen in die öffentliche Diskussion allerdings eher verhalten aus. Öffentlichkeitswirksame Großaktionen vermochten sie nicht auf die Beine zu stellen, aber die intensiven Kontakte zwischen Offizialat und dem Sprecher des Vertriebenenklerus zeigen die Bedeutung, die von Seiten der kirchlichen Behörde dieser Gruppe der katholischen Christen Oldenburgs beigemessen wurde.

Das Hauptproblem lag dabei in der durch den Aufstieg des BHE als nicht milieugebunder Partei begründeten politischen Spaltung der katholischen Vertriebenen. Während der Großteil von Vertriebenenklerus und katholischen Laien im Sinne der Milieugeschlossenheit zumeist die CDU unterstützte, sahen andere katholische Ostvertriebene im Bereich der Fallstudie ihre Interessen eher vom BHE vertreten und übernahmen Mandate für die Flüchtlingspartei auf kommunaler Ebene.

Als der BHE die Schulpolitik der SPD, seines Koalitionspartners, immer massiver zu unterstützen begann, mobilisierte kirchlich gesinnte Vertriebene insbesondere die Angst, nach dem Verlust ihrer Heimat nun auch noch den Verlust eines zentralen Bestandteils ihrer religiös-kulturellen Identität ertragen zu müssen. Infolgedessen trugen nicht zuletzt

---

[140] Vgl. Simon, Christian, Schule und Schulpolitik (wie Anm. 71), 98.
[141] Vgl. Hirtenbrief über die Bedeutung der kath. Schule v. Bischof Joseph Godehard Machens, Hildesheim, v. 1. Advent 1953 u. Gemeinsames Hirtenwort der Oberhirten Niedersachsens zum Kampf um die kath. Schule v. 5.2.1954, in: BAM A-0-152.

sie dazu bei, daß es nach dem Anfangserfolg einen kontinuierlichen Einbruch an Wählerstimmen beim BHE gab[142]. Obgleich dieser zu einer Entfremdung der Wählerschaft vom katholischen Milieu beitrug[143], wirkte der kulturpolitische Zickzackkurs des BHE für den Katholizismus in der Untersuchungsregion schließlich partiell impulsgebend. Dies belegen die Protestnoten und Unterschriftenaktionen der katholischen Vertriebenen aus dem Oldenburger Land ebenso wie die Tatsache, daß deren Mobilisierungskampagnen für die Konfessionsschule zugleich über die eigenen Milieugrenzen hinaus Wirkung zeigten, wie die Unterstützung durch evangelische Mitglieder des BHE belegt. In der Tatsache, daß die Vertriebenenpartei auf der Makro- und Mesoebene eine milieuaufweichende Funktion einnahm, auf der Mikroebene jedoch milieustärkend wirkte, läßt sich deren ambivalente Haltung in konfessionellen Fragen erkennen. Allein die Annäherungsversuche ostvertriebener Geistlicher an den BHE leisteten vor Ort unbeabsichtigt einen Beitrag dazu, daß die Milieudichte aufgebrochen wurde.

Schon im Vorfeld des Schulkampfes hatte sich gezeigt, daß dort, wo katholischer Religionsunterricht in evangelischen Schulen erteilt werden mußte, weil eine katholische Bekenntnisschule erst mit beträchtlicher Verzögerung oder gar nicht errichtet werden konnte, die Erziehung verstärkt zur Absorbierung katholischer Jugendlicher durch die evangelische, das heißt im weitesten Sinne religiös indifferente Mehrheit führte. Die politische Zerreißprobe der ostdeutschen Katholiken schwächte somit sichtlich die Neubildung geschlossener katholischer Milieus und verstärkte den Desidentifikationsprozeß mit der Kirche.

Insgesamt gesehen bildet die Auseinandersetzung auf dem Bildungssektor einen Beleg für die das Verhältnis von Kirche und Staat in der ersten Hälfte der 1950er Jahre und darüber hinaus maßgeblich bestimmende enge Verflochtenheit von religiös-pastoralen mit politisch-gesellschaftlichen Elementen innerhalb des katholischen Milieus.

---

[142] Vgl. Neumann, Franz, Der Block der Heimatvertriebenen und Entrechteten (wie Anm. 61), 313: hier wird der Rückgang der BHE-Stimmen im Vergleich der Bundestagswahlen 1953 u. 1957 dargestellt, der in den niedersächsischen Landkreisen mehr als ein Drittel betrug (1953: 11,5 %, 1957: 7,2 %).

[143] Vgl. zu dieser Schlußfolgerung Naßmacher, Karl-Heinz, Kontinuität und Wandel eines regionalen Parteiensystems. Zur politischen Entwicklung Oldenburgs im 20. Jahrhundert, in: Günther, Wolfgang (Hrsg.), Sozialer und politischer Wandel in Oldenburg. Studien zur Regionalgeschichte vom 17. bis zum 20. Jahrhundert (Schriftenreihe der Universität Oldenburg), Oldenburg 1981, 221–251.

## VII. DER KLERUS ALS SOZIALE FÜHRUNGSSCHICHT

Eine zentrale Rolle im Prozeß des Wandels des katholischen Milieus infolge der Vertriebenenströme nahm der Klerus ein. Insbesondere die mit den Flüchtlings- und Vertriebenentransporten ebenfalls in den Westen gelangten Priester ostdeutscher Diözesen repräsentierten aufgrund ihres gesellschaftlichen Status „sowohl ein Stück alter Heimat, als auch einen wegweisenden Bestandteil einer noch ungewissen Zukunft"[1]. Ihnen kam die Rolle von Stabilitätsfaktoren für ihre vor dem Nichts stehenden Landsleute zu, die in dieser Situation verständlicherweise weitaus eher als die in Besitz und Stand unbeeinträchtigten Einheimischen einer geistlichen Stütze bedurften. Auch insofern läßt sich annehmen, daß die Herausforderung der Vertriebenengeistlichen vergleichsweise hoch war, da es ihnen oblag, nicht nur individuelles Krisenmanagement zu betreiben, sondern gleichzeitig auch ein neues Gemeinschaftsgefüge zu schaffen. Dort wo sie – wie in weiten Teilen der Diaspora des Fallbeispiels – mit dem Aufbau neuer Gemeinden betraut wurden, mag diese Aufgabe vergleichsweise leicht umzusetzen gewesen sein. In einer traditionellen katholischen Lebenswelt, vor allem aber innerhalb der bereits etablierten katholischen Diasporagemeinden, mußten die ostdeutschen Priester häufig vor einem Spagat stehen. Einerseits galt es, die Anziehungskraft für ihre schlesischen und ermländischen Mitchristen zu behalten, also Identitätsfaktoren zu bleiben, und andererseits erschien es notwendig, sich den Integrationsbestrebungen des ortsansässigen Katholizismus nicht zu verschließen, also der Inkulturation Vorschub zu leisten. Umgekehrt waren die alteingesessenen Geistlichen auf den Plan gerufen, sich den pastoralen Sorgen und Nöten der Neuankömmlinge zu stellen und Initiativen zu deren Milieueinbindung zu entwickeln, wobei sie zwangsläufig auf ein Spannungsfeld zwischen der seit Generationen überlieferten Frömmigkeitspraxis ihrer Gemeinde und den religiös-kulturellen Eigeninteressen der Vertriebenen treffen mußten.

Wie eminent wichtig sich das Verhalten des Klerus nicht nur für die Seelsorge an den Vertriebenen, sondern auch für das Zusammenleben von Vertriebenen und Einheimischen erwies, verdeutlicht die Einschätzung, daß Gegensätze zwischen einheimischen und ostvertriebenen Priestern dann überwunden werden könnten, „wenn beide Klerusgruppen auf das Kirchenvolk einwirken, jede Gelegenheit auszunutzen, den Spalt [...] zu

---

[1] Baha, Norbert, Kirche und Gesellschaft in der Nachkriegszeit. Soziale und konfessionelle Auswirkungen des durch den Vertriebenenzustrom ausgelösten Strukturwandels am Beispiel der nordwestdeutschen Industriestadt Delmenhorst, in: Niedersächsisches Jahrbuch für Landesgeschichte, Bd. 57 (1985), 237–255, hier 243.

schließen"². Abstrahiert man diese Aussage, dann läßt sie sich auf die Formel vereinfachen, daß nur ein untereinander einiger, sich solidarisch verhaltender Klerus für ein geschlossenes katholisches Milieu garantieren könnte. Räumt diese Forderung damit der Stellung der Geistlichen insgesamt für die Milieubindung der Vertriebenen Priorität ein, so impliziert sie zugleich die seit Kriegsende in allen westlichen Besatzungszonen aufgetretenen Schwierigkeiten im Miteinander von ost- und westdeutschen Priestern. Diesen beiden Komponenten der hauptamtlichen Betreuungskräfte des katholischen Milieus ist im folgenden nachzugehen, wobei historische Bedingtheiten, theologische Prägungen und soziologische Befindlichkeiten eine fundamentale Bedeutung für die Erfolge und Mißerfolge vertriebener wie einheimischer Geistlicher bei der Milieuformation besitzen³.

## 1. Die spezifische Prägung des Vertriebenenklerus

### a) Bedeutende Theologen an der Breslauer Universität als Vorbilder

Werden das Verhalten und die spezifische Eigenart von einheimischem und ostvertriebenem Klerus beschrieben und miteinander in Bezug gesetzt, so ist landläufig meist von erheblichen Mentalitätsunterschieden die Rede. Am regionalen Fallbeispiel soll im folgenden zunächst nachgeprüft werden, worin diese sozialen Differenzen bestanden und wodurch sie bedingt waren.

Da die ostdeutsche Geistlichkeit im Untersuchungsraum ausschließlich aus Schlesien stammte, ist ihre heimatliche religiöse Verortung auf diese Region Ostdeutschlands einzuschränken. Bei der Suche nach einer kollektiven Prägung des schlesischen Klerus spielt in erster Linie der Besuch der im ganzen deutschen Sprachraum bedeutenden, als sehr offen geltenden Breslauer Katholisch-Theologischen Fakultät eine wichtige Rolle, weil diese in den ersten Jahrzehnten des 20. Jahrhunderts über herausragende Professoren verfügte, welche hervorragende Fachleute in ihren Disziplinen waren und dadurch die Theologiestudenten in ihrem Denken und geistlichen Leben entsprechend beeinflußten⁴. Neben dem 1925 wegen seiner kritischen Haltung indizierten Kirchenhistoriker Jo-

---

² So der Leiter des Königsteiner Ostpriesterreferats, Adolf Kindermann, in einem Exposé v. 11.8.1949, in: BAM NA 101–414.

³ Vgl. als zeitgenössische pastoralsoziologische Grundlage: Dellepoort, Jan, Greinacher, Norbert, Menges, Walter, Die deutsche Priesterfrage. Eine soziologische Untersuchung über Klerus und Priesternachwuchs in Deutschland (Schriften zur Pastoralsoziologie, Bd. I), Mainz 1961. Für den Klerus des Bistums Münster bis 1940 vgl. jetzt Schulte-Umberg, Thomas, Profession und Charisma. Herkunft und Ausbildung des Klerus im Bistum Münster 1776–1940 (Veröffentlichungen der Kommission für Zeitgeschichte, Reihe B, Bd. 85), Paderborn u. a. 1999. Hier auch zahlreiche Tabellen und Statistiken.

⁴ Vgl. als Gesamtdarstellung Kleineidam, Erich, Die Katholisch-Theologische Fakultät der Universität Breslau 1811–1945, Köln 1961, hier 99ff. Außerdem Gatz, Erwin (Hrsg.), Priesterausbildungsstätten der deutschsprachigen Länder zwischen Aufklärung und Zweitem Vatikanischem Konzil (Römische Quartalschrift, Supplementheft 49), Freiburg/Br. u. a. 1994, 42–51.

seph Wittig[5] seien hier der Alttestamentler Alfons Schulz, der Neutestamentler Friedrich Wilhelm Maier[6], der Kirchenhistoriker Franz Xaver Seppelt, der Dogmatiker Bernhard Poschmann und nicht zuletzt der Pastoraltheologe Josef Koch sowie der Moraltheologe Johannes Stelzenberger genannt, die sich durch ihre wissenschaftlichen Veröffentlichungen einer überregionalen Bedeutung erfreuten[7]. Sie und andere verkörperten die hohe Schule wissenschaftlich-kritischen Arbeitens, die Breslau seit Ende des 19. Jahrhunderts zur führenden katholischen Ausbildungsstätte für den Priesternachwuchs im Deutschen Reich gemacht und gleichzeitig den Ruf seiner liberalen Strömung begünstigt hatte. Zwei jüngere Vertreter des Lehrkörpers der Breslauer Theologischen Fakultät, Herbert Doms und Josef Gewieß, trugen diese Aura nach 1945 an die Westfälische Wilhelms-Universität in Münster und wurden dort zu Aushängeschildern der Katholisch-Theologischen Fakultät[8].

Jedoch stand die nachwachsende Theologengeneration der 1920er und 1930er Jahre dieser Linie schon wieder großteils ambivalent gegenüber. Während sie einerseits die Substanz und Exaktheit ihrer akademischen Lehrer zu schätzen wußte, trat bei ihr andererseits das Bedürfnis nach frömmigkeitsbezogenen religiösen Momenten im Studium, die sie

---

[5] Zu Joseph Wittig (1879–1949) vgl. kurz und knapp: Köhler, Joachim (Hrsg.), Joseph Wittig. Historiker – Theologe – Dichter (Silesia, Folge 27), 2. Aufl. München 1986. Zu biographischen Angaben der übrigen Professoren vgl. Kleineidam, Erich, Die Katholisch-Theologische Fakultät (wie Anm. 4) u. Gröger, Johannes, Schlesische Priester auf deutschen Universitätslehrstühlen seit 1945 (Arbeiten zur schlesischen Kirchengeschichte, Bd. 3), Sigmaringen 1989.

[6] Maier geriet wegen seiner Zwei-Quellen-Theorie in die vatikanische Kritik, und seine Lektüre wurde in den Priesterseminaren zeitweise verboten. Vgl. Klauck, Hans-Josef, Die katholische neutestamentliche Exegese zwischen Vatikanum I und Vatikanum II, in: Wolf, Hubert (Hrsg.), Die katholisch-theologischen Disziplinen in Deutschland 1870–1962. Ihre Geschichte, ihr Zeitbezug, Paderborn u. a. 1999, 39–70, hier 60.

[7] Zur Breslauer theologischen Schule vgl. Bendel, Rainer, Zur Einführung. Historisches Arbeiten in der Breslauer Katholisch-Theologischen Fakultät an der Wende vom 19. zum 20. Jahrhundert, in: Archiv für schlesische Kirchengeschichte, Bd. 55 (1997), 9–10, sowie die hier sowie in Bd. 56 (1998) u. Bd. 57 (1999) abgedruckten Einzeluntersuchungen zum wissenschaftlichen Werk von Max Sdralek, Clemens Baeumker, Berthold Altaner, Hubert Jedin (alle 1997), Joseph Wittig, Franz Xaver Seppelt u. Friedrich Wilhelm Maier (alle 1998), Alfons Schulz, Aloys Schaefer, Felix Haase u. Bernhard Jansen (alle 1999). Kurzbiogramme der nach 1945 noch im Westen tätigen Breslauer Theologieprofessoren finden sich bei Gröger, Johannes, Schlesische Priester auf deutschen Universitätslehrstühlen (wie Anm. 5). In der allgemeinen Rezeption der jüngeren deutschen Theologiegeschichte wird die besondere Bedeutung der Breslauer Kath.-Theol. Fakultät hingegen nicht berücksichtigt. Vgl. Wolf, Hubert (Hrsg.), Die katholisch-theologischen Disziplinen in Deutschland 1870–1962 (wie Anm. 6).

[8] Auf diesen Zusammenhang verwies auch Pfarrer Edmund Plehn, Friesoythe-Kampe, in seinem Gespräch m. d. Verf. v. 9.9.1997. Herbert Doms, geboren 1890 in Ratibor, Priesterweihe 1924 in Breslau, 1946/48–1956 Prof. für Moraltheologie in Münster, gestorben 1977 ebd.; Josef Gewieß, geboren 1904 in Nittritz, Priesterweihe 1931 in Breslau, 1948/50 Prof. für neutestamentliche Exegese in Münster, gestorben 1962 ebd. Vgl. Hirschfeld, Michael, Trautmann, Markus, Vor 1945 geweihte Priester ostdeutscher Herkunft (im weiteren zit. als Hirschfeld/Trautmann), in: Dies. (Hrsg.), Gelebter Glaube – Hoffen auf Heimat. Katholische Vertriebene im Bistum Münster, Münster 1999, 265–371, hier 281f. u. 289.

nicht von der Wissenschaft abgetrennt sehen wollte, verstärkt hervor[9]. Die hohe Qualität der theologischen Ausbildung an der Breslauer Alma Mater stellte somit trotz ihres auswärts ausgezeichneten Rufes für die vom Vertreibungsschicksal betroffene Generation des schlesischen Klerus nur noch einen sekundären Sozialisationsfaktor dar.

b) Die Quickborn-Ideale als primäre Lebensgrundlage

Zur zentralen Ausdrucksform des Strebens nach einer natürlichen, lebensnahen Religiosität wurde für die schlesischen Theologen der Zwischenkriegszeit der aus der allgemeinen Jugendbewegung der Jahrhundertwende hervorgegangene katholische Jugendbund „Quickborn"[10], dessen Name sich aus einer 1913 gegründeten gleichnamigen Jugendzeitschrift ableitete und übersetzt etwa „Lebendiger Brunnen" lautet. Da seine Wurzeln in Schlesien liegen und er hier insbesondere nach dem Ersten Weltkrieg stark expandierte[11], erscheint der Quickborn für diese Studie von besonderem Interesse. Zunächst als abstinenter Schülerzirkel im Umkreis des Neisser Gymnasiums bzw. Gymnasialkonvikts unter Führung der dort tätigen Geistlichen Bernhard Strehler und Klemens Neumann entstanden, breitete sich die Nüchternheitsgruppe rasch über ganz Schlesien aus und verwurzelte sich vor allem an den katholischen Gymnasien. Weiterer Vorreiter dieser Bewegung mit suggestiver Wirkung auf breite katholische Bevölkerungsteile war der als „Abstinenzapostel" bekannte Franziskanerpater und Volksmissionar Elpidius Weiergans.

Wollten die Initiatoren und Vordenker anfänglich ausschließlich auf ein geselliges Beisammensein ohne Alkoholgenuß hinarbeiten[12], so versuchten sie nach dem verlorenen Ersten Weltkrieg verstärkt, einer Desintegration der Jugend in einer von Chaos und

---

[9] Vgl. Kleineidam, Erich, Die Katholisch-Theologische Fakultät der Universität Breslau (wie Anm. 4), 112f.

[10] Über den Quickborn liegt neuerdings eine Oppelner Dissertation vor: Worbs, Marcin, Quickborn und Heimgarten als ein kulturell-religiöses Ereignis in Oberschlesien (1909–1939) (Wydzial Teologiczny Uniwersytetu Opolskiego, Seria: Z dziejów kultury chrześcijańskiej na Śląsku, nr 16), Opole 1999. Kurzfassung: Ders., Die Bedeutung der katholischen Jugendbewegung Quickborn für die Erneuerung des kulturellen und religiösen Lebens in Schlesien (1909–1939), in: Engel, Walter, Honsza, Norbert (Hrsg.), Kulturraum Schlesien. Ein europäisches Phänomen, Wrocław 2001, 77–84. Zur Jugendbewegung u. zum Quickborn allgemein sei verwiesen auf die ältere, aber grundlegende Arbeit: Henrich, Franz, Die Bünde katholischer Jugendbewegung. Ihre Bedeutung für die liturgische und eucharistische Erneuerung, München 1968, hier insbes. 56–138. Vgl. außerdem von eigenem Erleben geprägte Erinnerungen: Binkowski, Johannes, Jugend als Wegbereiter. Der Quickborn von 1909 bis 1945, Stuttgart 1981, sowie Jokiel, Rudolf, Aus der Geschichte des Quickborn, in: Schlesisches Priesterjahrbuch, Bd. VII–IX (1969), 18–28, Kosler, Alois M., Einige Ziele und Wege der Jugendbewegung in Schlesien nach dem Ersten Weltkrieg, ebd., 39–53. Vgl. im Überblick auch Köhler, Joachim, Die katholische Kirche, in: Menzel, Josef Joachim (Hrsg.), Geschichte Schlesiens, Bd. 3: Preußisch Schlesien 1740–1945, Österreichisch Schlesien 1740–1918/1945, Stuttgart 1999, 165–251, hier 236–239, u. Hürten, Heinz, Deutsche Katholiken 1918–1945, Paderborn 1992, hier 131–137.

[11] Vgl. Marschall, Werner, Geschichte des Bistums Breslau, Stuttgart 1980, 161.

[12] Henrich, Franz, Die Bünde katholischer Jugendbewegung (wie Anm. 10), 30.

Individualismus geprägten Lebenswelt entgegenzuwirken. Indem sie gemeinsam mit dem Breslauer Studienrat Hermann Hoffmann, der Wandergruppen um sich geschart hatte[13], ein Gegenprogramm entwarfen, waren sie ebenso bestrebt, den als überholt empfundenen traditionalen Formen der Kirchlichkeit und dem von der Hierarchie vorgegebenen kirchlich-gesellschaftlichen Verhaltenskodex etwas völlig Neues entgegenzustellen. Die Quickborner zogen nach dem Vorbild des um die Jahrhundertwende in Berlin gegründeten „Wandervogel" an Wochenenden mit Kochtopf und Klampfe in froher Stimmung ins Grüne. Dabei spielte der Drang nach Freiheit eine entscheidende Rolle, doch sollte darüber die Liebe zu Christus und der Kirche nicht zurückgedrängt werden[14]. Kirche sollte nicht allein als Institution und Ort des Gottesdienstes erfahren werden, sondern darüber hinaus auch außerhalb des katholischen Milieus, also in der freien Natur, wirken[15].

Daher läßt sich beim Quickborn zu Recht von einer „Synthese von Katholizismus und Jugendbewegung"[16] sprechen. In dem erst 1924 schriftlich fixierten Programm des Jugendbundes hieß es wörtlich unter anderem: „Der Quickborn ist wesensgemäß katholische Jugendbewegung. Er steht als Bund auf dem Boden der wirklichen Kirche, bejaht ihre Autorität und lebt aus ihrer Wahrheit, Gemeinschaft und Kraft."[17] Selbstbewußt stand dort weiter: „Wir vertrauen, daß aus der katholischen Jugendbewegung verantwortungsbewußte, schaffensfähige gläubige Persönlichkeiten herauswachsen werden. Das ist aber nur dadurch möglich, daß wir uns lebendig in die Kirche eingliedern." Die Realisierung dieser Vorhaben kommentierte ein Zeitzeuge in der Retrospektive wie folgt: „Der Quickborn erlebte einen geistigen Frühling, sein Pfingsten. Er wandelte sich jetzt zur katholischen Jugendbewegung, wurde ergriffen von dem Geist einer neuen Zeit, die vor allem eine Erneuerung des Lebens, das heißt der Gesinnung und der Formen des Zusammenlebens, anstrebte. Jetzt drängte [...] die katholische Jugend zur unmittelbaren, ‚eigenständigen' Äußerung ihres Seins."[18] Im Zentrum dieses Vorwärtsdrängens stand dabei der Begriff der Wahrhaftigkeit als höchstes Gebot[19]. Der Terminus „Jugendbewe-

---

[13] Aus der Sicht Hoffmanns findet sich ein etwas geschönter Rückblick auf den Quickborn in dessen Autobiographie: Hoffmann, Hermann, Im Dienste des Friedens. Lebenserinnerungen eines katholischen Europäers, Stuttgart u. a. 1970, 160–186. Kritischer, aber durchaus wohlwollend beurteilt der bekannte Kirchenhistoriker Hubert Jedin den Jugendbund. Vgl. ders., Lebensbericht. Mit einem Dokumentenanhang, hrsg. v. Konrad Repgen (Veröffentlichungen der Kommission für Zeitgeschichte, Reihe A, Bd. 35), Mainz 1984, 17ff.

[14] Vgl. das Lebensprogramm des Quickborn, bei: Strehler, Bernhard, Aus dem Werden und Leben Quickborns, Würzburg 1927, 11.

[15] Diesem Anliegen kam die Wesensart des Schlesiers zugute, der religiöse Momente auch außerhalb der Kirche suchte, wie der Volkskundler Peuckert aufzeigt. Vgl. Peuckert, Will-Erich, Schlesische Volkskunde, Heidelberg 1928 (Neudruck Frankfurt/M. 1978), 171.

[16] Worbs, Marcin, Quickborn und Heimgarten (wie Anm. 10), 184.

[17] Zit. bei Henrich, Franz, Die Bünde katholischer Jugendbewegung (wie Anm. 10), 130. Vgl. auch Quickborn H. 1/Mai 1924, 1–4.

[18] Kosler, Alois M., Einige Ziele und Wege der Jugendbewegung in Schlesien (wie Anm. 10), 43.

[19] Vgl. Strehler, Bernhard, Aus dem Werden und Leben Quickborns (wie Anm. 14), 13f.

gung" signalisiert im übrigen auch das wesentliche Unterscheidungsmerkmal zu den übrigen Jugendgruppen und -vereinen. Während beispielsweise die Deutsche Jugendkraft (DJK) oder die gegen Ende der Weimarer Republik bedeutenden Sturmschar-Gruppen innerhalb des Katholischen Jungmännerverbandes (KJMV) ihre geistliche Leitung vom Bischof bestimmt erhielten, war es das wesentliche Charakteristikum der Jugendbewegung, daß sie sich ihre geistliche Führung selbst wählte und somit zuerst und zuletzt basisorientierte Laienbewegung war, in der die Jugend selbst zum Erzieher wurde[20].

Mit dem Erwerb und Ausbau der Burg Rothenfels bei Lohr am Main als Quickborn-Zentrum und durch die dort regelmäßig veranstalteten, überregional ausstrahlenden Quickborntage mit jeweils mehr als 1.000 Teilnehmenden verbreitete sich die religiöse Aufbruchbewegung auch nach West- und Süddeutschland hinein. Sie behielt aber in Schlesien ihren mit Abstand größten Rückhalt, hier gestützt auf die Volksbildungsstätte „Heimgarten" in Neisse als Mittelpunkt. Vielleicht mag dies an einer dem schlesischen Menschen nachgesagten intensiven Frömmigkeit gelegen haben, die eine treffliche Basis sowohl für eine kollektive Rezeption als auch für die Weiterverbreitung der jugendbewegten religiösen Erneuerung darstellte. Lapidar, aber treffend konstatierte ein schlesischer Volkskundler hierzu 1928: „Der Schlesier ist ein frommer Mensch, Kirche und Pastor achtet er hoch, im Evangelischen wie im Katholischen."[21]

Durch die 1920 einsetzende Beteiligung des von der Quickborn-Idee tief beeindruckten Mainzer Theologen und Religionsphilosophen Romano Guardini[22] an seiner Weiterentwicklung erhielt der Jugendbund schließlich seine zusätzlichen Impulse für eine Erneuerung der Kirche innerhalb der Welt, die von den Faktoren des personalen Denkens und des Strebens nach religiöser und vor allem liturgischer Weiterbildung jedes einzelnen Mitglieds ausgingen. Guardinis Beitrag lag dabei vor allem in der Schaffung eines ausgewogeneren Verhältnisses zwischen Autoritätsverpflichtung und Selbstbestimmung des einzelnen Christen. Seine Lösungsansätze trugen in den 1920er Jahren entscheidend dazu bei, daß der Quickborn auch die Anerkennung der ihm gegenüber kritisch eingestellten deutschen Bischöfe gewinnen konnte[23]. Im Zeichen einer immer deutlicheren Legitimierung durch den Episkopat, konnte diese katholische Jugend- und Kulturbewegung daher zugleich entscheidende Voraussetzungen für einen Wandel des Priesterbil-

---

[20] Vgl. Henrich, Franz, Die Bünde katholischer Jugendbewegung (wie Anm. 10), 15. Dagegen erhielt der parallel zum Quickborn entstandene Bund Neudeutschland seine Präsides durch die Hierarchie ernannt. Zu der im folg. genannten Volksbildungsstätte „Heimgarten" vgl. Fuhrich, Hermann, Der Heimgarten. Studien und Quellen zur katholischen Volksbildungsarbeit (Veröffentlichungen des Arbeitskreises für Schlesisches Lied und Schlesische Musik, Nr. 4), Dülmen o.J. (1971).

[21] Peuckert, Will-Erich, Schlesische Volkskunde (wie Anm. 15), 168.

[22] Romano Guardini, geboren 1885 in Verona, aufgewachsen in Mainz, Priesterweihe 1910 ebd., 1923 Prof. f. Religionsphilosophie in Berlin, 1945 in Tübingen, 1948 in München, gestorben 1968 ebd. Vgl. zur Biographie Gerl, Hanna-Barbara, Romano Guardini 1885–1968. Leben und Werk, 2., erg. Aufl. Mainz 1985, insbes. 153–249.

[23] Vgl. auch Köhler, Joachim, Christlich leben im schlesischen Raum. Bistum Breslau, Bd. 3, Neuzeit 1740–1945, Kehl 1997, 36f.

des schaffen, zumal ihre Ideale insbesondere in das Breslauer Theologenkonvikt übertragen wurden, das sich zu „einem Zentrum der Quickborn-Jungen aus Schlesien, Berlin und dem übrigen Reich" entwickelte[24].

In den Weihejahrgängen der 1920er und 1930er Jahre mit ihrem parallel zum Wachstum der Jugendbewegung überdurchschnittlichen Anstieg an Weihezahlen[25] verzeichnete die Quickborn-Zugehörigkeit gewissermaßen Hochkonjunktur und verwies eben gerade dadurch die Prägekraft der hochkarätig besetzten Theologischen Fakultät Breslau auf den zweiten Platz. Während der eigentliche Quickborn auf Gymnasiasten beschränkt blieb, entstand neben dem für die Werktätigen gedachten „Jungborn" eine Reihe von Hochland-Verbindungen der studierenden Quickborner, deren älteste 1912 an der Breslauer Universität gegründet wurde. Die Gemeinschaftsidee und das Streben nach innerer Wahrhaftigkeit blieben für die angehenden Geistlichen dadurch formend auf ihrem Weg zum Priestertum. Der aus Westfalen stammende katholische Publizist Walter Dirks[26], selbst in seiner Jugend begeisterter Quickborner, kleidete diesen Aufbruch der Zwischenkriegszeit retrospektiv in folgende Worte: „Wohl war und blieb der Priester auch in der Quickborn-Gemeinschaft der Geweihte, der das eucharistische Opfer feierte, die Sakramente spendete und das Wort Gottes verkündete. Außerhalb seines Auftrages aber war er einer unter vielen, der mit den anderen sang und spielte und den Nimbus des 'Hochwürden' abgelegt hatte. Er war Mensch, zu dem man menschlichen Zugang fand und der darum als brüderlicher Diener der Gläubigen auch zur Bildung eines neuen Glaubensbewußtseins beitrug."[27]

Erster Ausdruck des liturgischen Reformstrebens, mit dem sich der Quickborn in die bereits sehr zeitig in Schlesien Fuß fassende Liturgiebewegung[28] hineinstellte, war die Feier der Gemeinschaftsmesse, auch „Missa recitata" genannt[29], bei der alle Anwesen-

---

[24] Binkowski, Johannes, Jugend als Wegbereiter (wie Anm. 10), 149.

[25] Die Zahl der Priesterweihen im Erzbistum Breslau stieg – trotz Abtrennung des Bistums Berlin 1930 – von 39 (1925) auf 59 (1935) und schließlich auf 67 (1939) an. Vgl. Handbuch des Bistums Breslau (Personal-Schematismus) 1925, 1935, 1939.

[26] Walter Dirks, geboren 1901 in Dortmund-Hörde, erst Theologiestudium in Paderborn, dann Publizist in Frankfurt/M., verstand sich insbes. nach 1945 als kritischer Katholik u. christlicher Sozialist. Vgl. Kleinmann, Hans-Otto, Walter Dirks (1901–1991), in: Aretz, Jürgen u. a. (Hrsg.), Zeitgeschichte in Lebensbildern. Aus dem deutschen Katholizismus des 19. und 20. Jahrhunderts, Bd. 8, Mainz 1997, 265–281.

[27] Dirks, Walter, Anfänge und Folgen katholischer Jugendbewegung, in: Korn, Elisabeth u. a. (Hrsg.), Die Jugendbewegung. Welt und Wirkung. Zur 50. Wiederkehr des freideutschen Jugendtages auf dem Hohen Meißner, Düsseldorf u. a. 1963, zit. bei Binkowski, Johannes, Jugend als Wegbereiter (wie Anm. 10), 190.

[28] Zur Liturgiebewegung allgemein vgl. die Überblicksdarstellung: Schilson, Arno, Die Liturgische Bewegung. Anstöße – Geschichte – Hintergründe, in: Richter, Klemens, Schilson, Arno (Hrsg.), Den Glauben feiern. Wege liturgischer Erneuerung, Mainz 1989, 11–48.

[29] Laut Henrich, Franz, Die Bünde katholischer Jugendbewegung (wie Anm. 10), 94, hat der Quickborn als erste Gruppe die Feier der „Missa recitata" praktiziert. C. Kösters hingegen sieht den Ursprung dieser Meßform beim Bund Neudeutschland. Vgl. Kösters, Christoph, Katholische Verbände und moderne Gesellschaft. Organisationsgeschichte und Vereinskultur im Bistum Mün-

den die ganze Messe in lateinischer Sprache laut mitbeteten[30]. Gleiches traf für die hier propagierte Feier der Betsingmesse und der deutschen Komplet zu[31], deren Gestaltung mit deutschen und damit für alle Mitfeiernden verständlichen Liedern und Gebeten sich an einem Diktum Papst Pius' X. orientierte, es solle nicht in der Messe gebetet, sondern d i e Messe gebetet werden[32].

In dieser Intention wurde die sogenannte Quickbornmesse auch mit dem Gesicht des Priesters zum Volk, also versus populum, gefeiert[33]. Hatte der Zelebrant bisher still seine Gebete am Altar gesprochen, so wurde durch die Verbreitung einer von Romano Guardini stammenden Meßandacht erstmalig das aktive Mitbeten des einzelnen Gottesdienstteilnehmers möglich gemacht[34]. Das frühere Nebeneinander von Priester und Gemeinde erhielt also entscheidende Anstöße, um zum Miteinander zu werden; das passive wandelte sich zum aktiven Geschehen, und als Höhepunkt wurde das verbindende Erlebnis der Gemeinschaftskommunion hervorgehoben[35]. Erfolgte die Kommunionspendung bisher in den Pfarreien häufig vor oder nach der eigentlichen Messe und wurde nur in Ausnahmefällen (Osterkommunion) von allen Gläubigen in Anspruch genommen, so erhoben die Quickborner den Kommunionempfang zum integralen Bestandteil und Höhepunkt der Eucharistie. Die Tendenz ging dabei zu möglichst häufigem Empfang des Altarsakramentes[36].

Es mag kaum verwunderlich erscheinen, wenn die hier praktizierten Formen der Liturgie, das freundschaftliche Zusammenspiel von Priestern und als lebendige Glieder der Kirche empfundenen Laien sowie die Überzeugung, daß Mädchen und Frauen in der Kirche „kein abgekapseltes Sonderdasein"[37] zukommen sollte, sondern diese als Gläubi-

---

ster 1918 bis 1945 (Veröffentlichungen der Kommission für Zeitgeschichte, Reihe B, Bd. 68), Paderborn u. a. 1995, 161.

[30] So die Definition in der bischöflichen Instruktion „Die gemeinschaftliche Feier der hl. Messe im Bistum Münster" v. Clemens August Graf von Galen, in: Kirchliches Amtsblatt für die Diözese Münster v. 14.3.1944, Art. 57. Bei Worbs, Marcin, Quickborn und Heimgarten (wie Anm. 10), 197, heißt es, daß die Gottesdienstteilnehmer die ihnen zukommenden Gebete und einige Priestergebete mitsprachen.

[31] Klemens Richter unterscheidet hier zwischen einer elitären, von den monastischen Zentren ausgehenden und einer von der Jugendbewegung bestimmten volksliturgischen Strömung. Vgl. Richter, Klemens, Liturgie und Seelsorge in der katholischen Kirche seit Beginn des 20. Jahrhunderts, in: Elm, Kaspar, Loock, Hans-Dietrich (Hrsg.), Seelsorge und Diakonie in Berlin. Beiträge zum Verhältnis von Kirche und Großstadt im 19. und beginnenden 20. Jahrhundert (Veröffentlichungen der Historischen Kommission zu Berlin, Bd. 74), Berlin u. a. 1990, 585–608, hier 590. Worbs dagegen spricht von einer „starken gefühlsmäßigen Verbundenheit" zwischen Jugend- und Liturgiebewegung. Vgl. Worbs, Marcin, Quickborn und Heimgarten (wie Anm. 10), 198.

[32] Zit. bei Hoffmann, Hermann, Jugendarbeit in Schlesien nach dem Ersten Weltkrieg, in: Schlesisches Priesterjahrbuch, Bd. VII–IX (1969), 15–17.

[33] Vgl. auch Jokiel, Rudolf, Aus der Geschichte des Quickborn (wie Anm. 10), 18–28, hier 26.

[34] Vgl. Henrich, Franz, Die Bünde katholischer Jugendbewegung (wie Anm. 10), 40.

[35] Vgl. ebd., 319.

[36] Vgl. Worbs, Marcin, Quickborn und Heimgarten (wie Anm. 10), 193f.

[37] Binkowski, Johannes, Jugend als Wegbereiter (wie Anm. 10), 185.

ge genauso ernst zu nehmen seien wie die Männer, in den 1920er und 1930er Jahren außerhalb Schlesiens auf harsche Ablehnung stießen und ebenso innerhalb der Region Kritiker fanden. Diese Konfrontationslinien zwischen Quickborn-Priestern und -Skeptikern, die sich zunächst vornehmlich in der älteren Priestergeneration fanden[38], setzten sich angesichts des ungewollten Ortswechsels nach 1945 zwischen ostvertriebenen und westdeutschen Priestern, an denen die liturgischen Entwicklungen in dieser weitreichenden Form zumeist vorüber gegangen waren, fort. Romano Guardini resümierte über die Jugendbewegung: „Wer zu ihr gehörte, war charakterisiert; für die einen in besonderer Weise nahestehend und vertrauenswürdig, für die anderen Gegenstand der Ablehnung."[39]

Breslauer Diözesanpriester der Quickborn-Generation, die es 1946 in den Bereich der Fallstudie verschlug, sollten aus ihrer kirchlichen Prägung heraus diametral entgegengesetzt zu jeglicher Ghettomentalität und einer daraus resultierenden geistigen Enge des Katholizismus handeln. Ihr zentrales Anliegen war es sowohl in Schlesien als auch in Oldenburg, eine menschenzugewandte, dialogisch orientierte Seelsorge ohne die bisher übliche Distanz zwischen Klerus und Volk aufzubauen. Sie hatten, um mit Guardini als Vorbild zu sprechen, „den Typus des brüderlichen Priesters gefunden, der nicht vom Amt ausgeht, sondern es als Kraft in sich trägt; nicht als Träger der Autorität den Gläubigen gegenübersteht, sondern neben sie tritt. Er scheut sich, feste Ergebnisse und Weisungen an sie heranzutragen, sondern stellt sich mit ihnen zusammen in das Suchen und Fragen hinein, um mit ihnen gemeinsam hinauszufinden."[40]

Der seit 1946 in Ganderkesee tätige Pfarrer Helmut Richter zum Beispiel sah demgemäß im Quickborn, dem er mit leidenschaftlicher Begeisterung angehörte, Ideale, die er sonst nirgends verwirklicht fand, Ideale einer menschlichen Gotteserfahrung, die sich neben zahlreichen persönlichen Kontakten nach den Gottesdiensten und bei Hausbesuchen vornehmlich auf dem Sektor der Liturgie widerspiegelten[41]. Helmut Richter und seine ostdeutschen Mitbrüder fanden in ihrem neuen Wirkungsfeld der Diaspora- und Vertriebenenseelsorge viel Freiraum, eine vom Gemeinschaftsgedanken getragene und durch das Mithandeln ihrer Glieder bestimmte Kirchengemeinde aufzubauen. Gerade der jüngeren und geistig führenden Generation im Vertriebenenklerus mußte daher Leben und Wirken der einheimischen Pfarrer als altmodisch erscheinen. Sehr bildlich sprach dies ein Breslauer Priester in einem Brief an einen gleichfalls vertriebenen Con-

---

[38] Vgl. Hirschfeld, Michael, Prälat Franz Monse (1882–1962) Großdechant von Glatz (Arbeiten zur schlesischen Kirchengeschichte, Bd. 7), Sigmaringen 1997, 42, Anm. 8, wo Monses kritische Haltung gegenüber Hermann Hoffmann und dem Quickborn zum Ausdruck kommt.

[39] Guardini, Romano, Berichte über mein Leben. Autobiographische Aufzeichnungen (Schriften der Katholischen Akademie in Bayern, Bd. 116), 2. Aufl. Düsseldorf 1985, 34.

[40] Ebd., 99.

[41] Vgl. Chronik des Pfarrektorats Ganderkesee, in: Pfarrarchiv Ganderkesee, 36, sowie Hirschfeld, Michael, Zwischen Tradition und Moderne. Entwicklungen aus 50 Jahren Geschichte von St. Hedwig Ganderkesee, in: 50 Jahre Kirche St. Hedwig Ganderkesee, Ganderkesee 2000, 17–36.

frater an, in dem er darüber klagte, bezüglich der Finanzierung seines Kirchenneubaus „all diese versteinten Pfarrherrn meines Patendekanats [...]" besuchen zu müssen[42].

Was in den nordoldenburgischen Vertriebenengemeinden im Kleinen geschehen sollte, hatten deren Seelsorger offensichtlich so stark internalisiert, daß sie ihre Vorstellungen auch in die nach Görlitz verlegte Breslauer Bistumsverwaltung hineintrugen. So heißt es 1950 beispielsweise in einem Brief des Bockhorner Pfarrektors Gerhard Schuster an den dort amtierenden Kapitelsvikar der Erzdiözese Breslau, Ferdinand Piontek: „Wir stellen uns das Amt nicht mehr als große bürokratische Maschinerie vor, sondern als eine ideale, feine Gemeinschaft, wo nicht Rat und Prälat gilt, sondern wo alle Brüder sind."[43]

Die Geschichte schien diese Zukunftsvision zu bestätigen. So verglich der in extremster Diaspora in Schillig an der Nordseeküste tätige Pfarrer Hugo Springer in der Rückschau seinen Neubeginn im Westen mit dem Wirken eines Missionars, doch käme es ihm vor, als ob „dem Herrgott die Missionsmethoden der Menschen nicht mehr genügten. [...] Nicht nur die Missionare, sondern jeder Christ muß ein Missionar sein. [...] Das Durcheinanderwürfeln der Menschen und Völker hat den Zweck, auf der einen Seite Missionar zu sein, und auf der anderen, sich missionieren zu lassen. So müssen wir das Weltgeschehen sehen, dann verstehen wir das Walten Gottes, und wir werden unsere Pflicht tun."[44]

Missionarisches Wirken resultierte jedoch nicht allein aus dem Gedankengut der Quickborn-Generation, sondern basierte zu einem Gutteil auch auf einer anderen Tradition, die als besondere Klammer zwischen Priestern und Laien in Schlesien herausgestellt werden muß, zumal sie im Westen unbekannt war. Die Rede ist vom Kolendegang, einem alten ostdeutschen Brauch, der auch in den benachbarten slawischen Siedlungsgebieten verbreitet ist[45]. Die Kolende, der Umgang des Pfarrers durch alle Haushalte der Pfarrei, fand überall in den 14 Tagen zwischen Weihnachten und dem Dreikönigsfest statt. Begleitet von Ministranten und dem Küster bzw. Organisten kamen die Geistlichen zu allen Familien der Gemeinde, verrichteten an einem eigens für diesen Zweck bereitgestellten Hausaltar die Gebete, segneten die Häuser, und – was wohl aus seelsorglicher Perspektive wesentlich wichtiger war als dieses Ritual – sie stärkten gleichzeitig durch Gespräche die soziale Bindung der einzelnen Pfarrangehörigen mit dem Klerus bzw. der Kirchengemeinde. Es ist anzunehmen, daß in der Kindheitserinnerung der oldenburgischen Vertriebenenpriester an den Kolendegang ihre pastoralen Initiativen ein Stück weit ihren Ursprung besitzen.

---

[42] Erzpriester Alfons Scholz, Elsfleth, an Jaritz v. 20.4.1949, in: OAV Nachlaß Otto Jaritz (1909–1987).

[43] Schuster an Kapitelsvikar Piontek, Görlitz, v. 2.3.1950, in: Pfarrarchiv Bockhorn: Korrespondenzen von Pfarrer Gerhard Schuster.

[44] Chronologie der Seelsorgestelle Schillig, unpag. Seite.

[45] Zur Geschichte und Tradition des Kolendegangs vgl. Fuhrich, Hermann, Die Kolende. Untersuchungen über ihre Geschichte und ihre Verbreitung im deutschen und westslawischen Raum, in: Schlesisches Priesterjahrbuch, Bd. V/VI (1964/65), 45–91.

Vorstellbar wird diese Prägung in einer zeitgenössischen Erzählung aus Oberschlesien, deren literarischer Charakter in diesem Kontext fremd wirken mag, die aber dennoch szenenhaft hier eingeblendet sei, weil sie die Bindungsfunktion dieser Hausbesuche am Beispiel einer kinderreichen Familie verdeutlicht, die den „Herrn Kaplan" zur Kolende empfangen hat: „Jetzt wird er nach uns fragen, denkt der Franz richtig. Ja, es kommt! [...] ‚Und wie geht's mit denen da?' will der Herr Kaplan [...] wissen, während er auf die Reihe der Kinder zeigt. Eifrig jetzt die Mutter: ‚Na, es geht schon [...] Wie halt die Kinder so sind. Und lernt der Franz auch im Beichtunterricht?' Und weil es der Kaplan mit einem Lob bejahen kann, gleich weiter die Mutter [...] ‚Der Anton wird sich ja bei uns in der Pfarrjugend auch wieder mal sehen lassen, gelt', sagt jetzt der Herr Kaplan über den Verlegenen hinweg und lächelt dazu. Ja, so eine Kolende ist auch ein kleines Gericht über die Säumigen. Dann aber greift der Geistliche tief in seine Manteltasche und holt einen Stoß Bildchen heraus für die Kinder. [...]"[46] Korrespondiert die volksnahe Art des hier dargestellte Kaplan auch nicht unbedingt mit dem Ideal des oben beschriebenen Quickborn-Priesters, so ergänzt sie doch das Bild von der spezifischen Mentalität des schlesischen Klerus um eine weitere Facette und verdeutlicht die volkskirchliche Prägung des dortigen katholischen Milieus.

### c) Quickborn als Grundlage für die Förderung einer Vielfalt pastoraler Berufe

Wenn für die vorkonziliare Epoche in der katholischen Kirche von der Zeit des pastoralen Integralismus gesprochen wird, so ist durch diesen Begriff der allgemein vorherrschenden Kleruszentriertheit Rechnung getragen, die erst allmählich im Zuge einer stärkeren Professionalisierung im kirchlichen Spektrum zugunsten einer beruflichen Ausdifferenzierung mehr und mehr in den Hintergrund trat. War der Priester in den etablierten (süd)oldenburgischen Pfarreien noch bis über die Mitte der 1960er Jahre hinaus nicht nur geistliches Oberhaupt, sondern zugleich Bauunternehmer, Finanzexperte, Fürsorger und Religionslehrer in einer Person, so hatte sich in vielen Vertriebenengemeinden zu diesem Zeitpunkt bereits eine hierzulande unbekannte Form der Arbeitsteilung durchgesetzt.

Angesichts der großen räumlichen Distanzen in der Diaspora war das Bischöfliche Offizialat in Vechta schon 1947 dazu übergegangen, in mehreren nordoldenburgischen Seelsorgebezirken Frauen als hauptamtliche Seelsorgehelferinnen einzusetzen[47]. Deren Etablierung korrespondiert eng mit dem Typus des ostdeutschen Quickborn-Priesters. Für die Erteilung des Religionsunterrichtes in den oftmals zahlreichen Bauernschaftsschulen innerhalb seines Seelsorgebezirkes sowie die Verteilung von Hilfsgütern, die Fürsorge für sittlich Gefährdete oder die Krankenpflege – um nur einige Betätigungsfelder zu nennen – benötigte er zwar dringend Arbeitsentlastung. Für den Schritt zur Einbindung des weiblichen Geschlechts in die hauptamtliche kirchliche Arbeit, die zuvor außerhalb der Or-

---

[46] Hampf, Eduard, „Kolende, Kolende ist heut!", in: Heimatbrief der Katholiken des Erzbistums Breslau 5/1976, 5–6.
[47] Vgl. hierzu ausführlich den Abschnitt „Frauen als Bindekräfte in der Pastoral" am Ende dieses Kap.

den und Kongregationen undenkbar erschien, läßt sich jedoch die Zugehörigkeit zur kirchlichen Jugendbewegung verantwortlich machen. Die gleichberechtigte Rekrutierung der männlichen und weiblichen Jugend für die Quickborn-Gruppen in Schlesien, die im Gegensatz zu der streng nach den sogenannten Naturständen getrennten Tätigkeit der Pfarrjugend und der katholischen Standesvereine stand, war vielen jüngeren Priestern zum Vorbild geworden, um die weiblichen Gemeindemitglieder aktiv in die Gemeindearbeit einzubinden, und hatte darüber hinaus bei zahlreichen jungen Mädchen den Wunsch nach der Ausübung eines pastoralen Berufs verstärkt. Eine solche Zugangsmöglichkeit hatte im Erzbistum Breslau die Ausbildung zur Caritas-Fürsorgerin geboten[48].

Wenngleich die Seelsorgehelferinnen als direkte Vorläufer der heutigen Pastoralreferentinnen und -referenten zu betrachten sind[49], war es weder ihr Ziel noch die Intention der für diese Berufsgruppe eintretenden ostvertriebenen Priester, Vorkämpfer einer Frauenemanzipation in der katholischen Kirche zu werden. Entsprechende Tendenzen der nachkonziliaren Entwicklung lagen ihnen fern. Statt dessen standen die Zeichen der Zeit auf enger Kooperation mit dem verantwortlichen Seelsorger, die vielerorts durch ein gegenseitiges Vertrauensverhältnis ermöglicht wurde, anderenfalls aber ggfs. dazu führte, eine rasche Versetzung der mißliebigen Seelsorgehelferinnen zu betreiben. Überhaupt ging es den Amtsinhaberinnen eher um die anzupackenden Aufgaben statt um die Durchsetzung von Gleichstellungsprinzipien. Erst allmählich begannen Frauen, auch in alteingesessenen Gemeinden in diesem Beruf tätig zu werden, wofür der Ausgangspunkt bei den Vertriebenengemeinden lag. Auch wenn hinter diesem Prozeß „offenkundig kein pastorales Gesamtkonzept"[50] stand, ist die Pionierrolle des schlesischen Klerus für die Etablierung eines neuen kirchlichen Berufsfeldes unverkennbar, das der Spezifizierung seelsorglicher Arbeit vor Ort diente.

### d) Quickborn und liturgisches Apostolat der Grüssauer Benediktiner als Anstoß für die „singende Gemeinde"

Hilfsmittel zur geistigen Formung der Gläubigen als Gemeinschaft von Brüdern und Schwestern waren in dieser Hinsicht Liedtexte und -kompositionen, die der musikalisch begabte Quickborn-Mitbegründer Klemens Neumann in seiner Liedersammlung „Der

---

[48] Zahlreiche junge Mädchen ergriffen in den 1930er Jahren in Schlesien diesen Beruf. Genaue Zahlen liegen allerdings nicht vor. Diese Behauptung stützt sich auf mündliche Aussagen, zumal die Handbücher (Personal-Schematismen) des Erzbistums Breslau die Seelsorgehelferinnen nicht verzeichneten.

[49] Diese Beziehung wurde auch dadurch deutlich, daß fast alle noch aktiven Seelsorgehelferinnen der „ersten Stunde" im Bistum Münster 1975 den Titel Pastoralreferentin verliehen erhielten.

[50] Bucher, Rainer, Kirchenbildung in der Moderne. Eine Untersuchung der Konstitutionsprinzipien der deutschen katholischen Kirche im 20. Jahrhundert (Praktische Theologie heute, Bd. 37), Stuttgart u. a. 1998, 239. Bucher stellt den Beruf der Pastoralreferentin/des Pastoralreferenten als wesentliches Element der Professionalisierung und Entklerikalisierung der Kirche im Zuge des II. Vatikanums heraus, geht aber nicht auf den Zusammenhang zwischen Flucht und Vertreibung und der Etablierung der Seelsorgehelferinnen in der Diaspora ein. Vgl. ebd., 234–240.

Spielmann" 1914 erstmals veröffentlicht hatte[51]. Als Ausdruck der „volksmusikalischen Bildung von Quickborn und Heimgarten"[52] fand dieses Liederbuch weite Verbreitung, was sich etwa an den neun Auflagen, die es bis Ende der 1920er Jahre erhielt, ebenso ablesen läßt wie an den Einflüssen auf das Liedgut der Diözesangesangbücher[53].

Nachahmung fand Neumanns Vorbild in den religiösen Melodien und Texten, die beispielsweise der in Ganderkesee wirkende Pfarrer Helmut Richter sowohl in den 1930er Jahren als auch wiederum in der Nachkriegszeit schuf[54]. Mit seiner über die Vertreibung hinweg geretteten Laute gestaltete er nicht nur die Gruppenstunden seiner Ganderkeseer Pfarrjugend mit, sondern übte zugleich während der Sonntagsmessen neue Lieder mit den Gläubigen ein[55], womit er seiner Gemeinde ein ganz eigenes Flair gab. Durch die großteils von ihm selbst geschriebenen Liedertexte schuf Richter der Gemeinde einen Liedschatz, der die Vertreibungssituation immer wieder inhaltlich streifte und den Neubeginn in der Fremde als gemeinsam anzunehmende Herausforderung akzentuierte. „Schaffe eine neue Erde aus der Leiden tiefen Flut, hebe sie ans Licht der Gnade [...]", lautete zum Beispiel der Beginn einer Strophe der aus dem Jahre 1959 stammenden „Eucharistischen Hymne"[56]. Bereits 1948 war das Sakramentslied „Brüder, sehet Gottes Güte" entstanden, dessen zweite Strophe unmittelbar das Schicksal der ostdeutschen Katholiken widerspiegelt und ihnen Jesus Christus als einzige Rettergestalt in der Verzweiflung nahebringt, wenn es dort heißt: „Heimatlos wir Menschen ziehen, finden keinen Ort der Ruh, bis wir gläubig vor Dir knien, liebster Herr und Meister, Du!"[57] Dieser musikalische Impetus der Ganderkeseer Vertriebenen gewann Ausstrahlung über die Grenzen der Gemeinde hinweg, und Bischof Michael Keller behielt bei seiner ersten Firmreise durch Nordoldenburg im Juni 1948 die Ganderkeseer Katholiken als „singende Gemeinde" in dauerhafter Erinnerung[58].

Bei Helmut Richter spiegelt sich der Seelsorgertypus wider, der in seinem Denken und Handeln von den Ideen Klemens Neumanns und Bernhard Strehlers, aber auch Romano Guardinis bestimmt war und dem es nicht darum ging, „Systeme und Macht zu stabilisieren"[59]. Statt dessen wollte er den Menschen in der je eigenen Weise nahe sein.

---

[51] Neumann, Klemens, Der Spielmann, 3. Aufl. Rothenfels 1920. Die zahlreichen Auflagen des Büchleins sind sicherlich als Kennzeichen für seine große Popularität zu werten.

[52] Marschall, Werner, Geschichte des Bistums Breslau (wie Anm. 11), 162.

[53] Vgl. Henrich, Franz, Die Bünde katholischer Jugendbewegung (wie Anm. 10), 125.

[54] Vgl. die von Richter herausgegebenen Liederbücher: Kamerad, komm mit, Breslau 1934, u. Weggefährten, Ganderkesee 1962, sowie Geistliche Lieder, o. O. 1963.

[55] Vgl. Chronik des Pfarrektorats Ganderkesee, in: Pfarrarchiv Ganderkesee, 11.

[56] Richter, Helmut, Geistliche Lieder (wie Anm. 54), 41.

[57] Ebd., 40.

[58] Vgl. auch Hirschfeld, Michael, „Gleich eine herzlichere Familiengemeinschaft". St. Hedwig in Ganderkesee als Beispiel für den Aufbau einer Vertriebenengemeinde im Bistum Münster, in: Ders., Trautmann, Markus (Hrsg.), Gelebter Glaube – Hoffen auf Heimat (wie Anm. 8), 127–152.

[59] So der indirekte Vorwurf gegen den Vertriebenenklerus und seine Elite bei Köhler, Joachim, Bendel, Rainer, Bewährte Rezepte oder unkonventionelle Experimente? Zur Seelsorge an Flüchtlingen und Heimatvertriebenen. Anfragen an die und Impulse für die Katholizismusfor-

Richter stellte diese Programmatik bei seinem Eintritt in den Ruhestand 1980 in der Retrospektive noch einmal wie folgt heraus: „Es ist ein einzigartiges Verhältnis zwischen priesterlichem Amt und der Gemeinde der Getauften. Immer geht es um Menschen, Christen. Priester und Gemeinde [...] lernen ständig voneinander. Es gibt nicht hier die Amtskirche, dort das Volk der Getauften als Gegängelte. Es war für mich stets herrlich, daß sich Priester und Gemeinde wirklich als Schwestern und Brüder erleben."[60]

Als Repräsentant einer solchen Mentalität ist an dieser Stelle ebenfalls Richters Kurskollege aus dem Breslauer Alumnat, Oskar Franosch[61], zu erwähnen, der die Musikalität als wesentliches Element der Quickborn-Mentalität zeitlebens hervorhob. Sein „froher Gesang zur Gitarre und [...] Liederreichtum half [...] sowohl in der Schule als auch in den Gruppen zu einem guten Kontakt. [...] An schönen Abenden zogen wir singend durch die bergige Gegend und bereiteten vielen Bewohnern der ärmlichen Weberhäuser an den Berghängen viel Freude", vermochte dieser Breslauer Priester über die Milieubindekraft seiner Musikalität im Blick auf die ersten Kaplansjahre im schlesischen Riesengebirge zu berichten[62].

Ergänzend zum Quickborn darf eine weitere Trägerin der liturgischen Erneuerung im Schlesien der Zwischenkriegszeit nicht ungenannt bleiben, deren Prägung auf die Vertriebenenpriester unverkennbar ist[63]. Durch die Veranstaltung von Einkehrtagen, Exerzitienkursen und Rekollektionen kam der 1919 gegründeten Benediktinerabtei Grüssau im niederschlesischen Kreis Landeshut eine Multiplikator-Funktion für die liturgische Erziehung und Weiterbildung des Klerus der Erzdiözese Breslau zu. Intensiviert durch einen eigenen Verlag für Liturgik, der zahlreiche deutsche Choralgesänge für die Gläubigen publizierte und verstärkt durch die Präsenz der Grüssauer Benediktiner in den einzelnen Pfarreien, wo sie Triduen und Religiöse Wochen abhielten, wurde bei manchem späteren Breslauer Priester gerade „Grüssau Anstoß für unsere Entscheidung für das Leben als Priester; hier erfuhren wir die Bedeutung des geformten Gotteslobes in Liturgie

---

schung, in: Köhler, Joachim, Melis, Damian van (Hrsg.), Siegerin in Trümmern. Die Rolle der katholischen Kirche in der deutschen Nachkriegsgesellschaft (Konfession und Gesellschaft, Bd. 15), Stuttgart u.a. 1998, 199–228. Das Zitat vgl. ebd., 225.

[60] Richter bei seiner Verabschiedung in Ganderkesee, 13.4.1980, zit. in: Richter, Helmut, Erinnerungen aus meinem priesterlichen Leben in Ganderkesee von 1946 bis zu meiner Pensionierung 1980, Maschinenschrift, Ganderkesee 1980, 142.

[61] Vgl. Trautmann, Markus, „Arm ist nur, der keine Liebe hat!" Leben und Wirken des Seelsorgers Oskar Franosch in den Bistümern Breslau und Münster, in: Hirschfeld, Michael, Trautmann, Markus (Hrsg.), Gelebter Glaube – Hoffen auf Heimat (wie Anm. 8), 71–126.

[62] Oskar Franosch, in: Warthaer Rundbrief 1/1989, 7, zit. bei Trautmann, Markus, „Arm ist nur, der keine Liebe hat!" (wie Anm. 61), 80.

[63] Vgl. Buchali, Franz Xaver, Der schlesische Klerus und die Benediktiner von Grüssau, in: Rose, Ambrosius (Hrsg.), Grüssauer Gedenkbuch (Die Dominsel, Bd. III), Stuttgart 1949, 141–150, u. ders., Die Benediktinerabtei Grüssau als liturgisches Zentrum in Deutschland (1919–1945), in: Archiv für schlesische Kirchengeschichte, Bd. 31 (1973), 212–222.

und Choral, und wir lernten im Zusammenleben mit dem Konvent ein Stück jener Brüderlichkeit kennen, von der man heute so viel spricht"[64].

Neben die Erneuerung der Liturgie aus dem Liedgut heraus und den vermehrten Gebrauch der deutschen Sprache im Gottesdienst traten bei dieser schlesischen Priestergeneration auch visuelle Merkmale einer Gestaltveränderung der Eucharistie in Form einer Zuwendung des Zelebranten zum Volk. Der Neuanfang im Westen gab dabei den entsprechenden Raum für deren Realisierung, wie sich am Beispiel des bereits genannten Pfarrers Helmut Richter zeigt. Während er in den als Notgottesdienststationen fungierenden Schulräumen der Bauernschaften seines Seelsorgebezirks Ganderkesee grundsätzlich mit dem Gesicht zu den Gläubigen zelebrierte, störte er sich in der evangelischen Kirche des Hauptortes an der Distanz zwischen Hochaltar und Gemeinde. Folglich lieh er sich einen Holztisch, der von einigen Gemeindemitgliedern jeweils vor Gottesdienstbeginn an den Stufen zum Altarraum aufgebaut und nachher wieder abgebaut wurde[65], und schuf so ein Provisorium gemäß seinen Vorstellungen. Als einige Jahre später eine eigene katholische Kirche im Ort gebaut wurde, sorgte Richter dafür, daß der Altar so weit von der Wand abgerückt war, daß man auch versus populum die Messe feiern konnte. Versus populum, also mit dem Gesicht zu den Gläubigen zu zelebrieren, war in der Diözese Münster hingegen ausdrücklich untersagt, wie noch Bischof von Galen 1944 in einer Instruktion über die Meßfeier ausdrücklich betont hatte[66]. Helmut Richter wurde auch von einem einheimischen Mitbruder beim Offizialat wegen Mißachtung dieser kirchlichen Bestimmung denunziert[67]. Nicht ohne eine Spur von Resignation konstatierte er daher noch Mitte der 1950er Jahre, daß diese Form der Meßfeier „in der Diözese Münster immer noch nicht erlaubt" sei, und gab zugleich seiner Hoffnung Ausdruck, daß „vielleicht [...] eine andere Zeit darüber anders denken"[68] würde.

Wenn in einem Referat auf der ersten Tagung der Diözesan-Vertriebenenseelsorger im März 1947 von der Herausforderung an den ostdeutschen Klerus die Rede war, einen neuen Priestertyp herauszubilden, der mit missionarischen Vorstellungen an die Arbeit gehe[69], so brachten Persönlichkeiten wie Helmut Richter und Oskar Franosch das Talent hierzu gleichsam als Naturgabe aus dem Osten mit. Insgesamt läßt sich also feststellen, daß die spezifische, das Gemüt betonende Art, die den Schlesiern nachgesagt wird, eine besonders innige Religiosität beinhaltete. Sicherlich lag gerade in diesem spirituellen, ja mystischen Zug eine Grundlage für das Aufblühen des Quickborn und der liturgischen Vorbildrolle der Benediktiner. Treffend heißt es dazu in einer volkskundlichen Abhand-

---

[64] Hubert Thienel im Vorwort zu Rose, Ambrosius (Hrsg.), Grüssauer Gedenkbuch (wie Anm. 63), 3.

[65] Vgl. Chronik des Pfarrektorats Ganderkesee, in: Pfarrarchiv Ganderkesee, 86.

[66] Vgl. Kirchliches Amtsblatt für die Diözese Münster v. 14.3.1944, 45.

[67] Vgl. Richter, Helmut, Erinnerungen aus meinem priesterlichen Leben (wie Anm. 60). Richter spielte hier auf seine Kontroverse mit dem zuständigen Delmenhorster Pfarrer Niermann an, die sich auch auf liturgischem Gebiet auswirkte.

[68] Chronik des Pfarrektorats Ganderkesee, in: Pfarrarchiv Ganderkesee, 86.

[69] Vgl. Protokoll der Tagung v. 25./26.3.1947 in Königstein, in: BAM NA 101-40.

lung, vielen Schlesiern genüge das bloße Frommsein nicht, der Gottesdienst und der Geistliche seien ihnen zu nüchtern und zu alltäglich[70]. Das Zusammentreffen dieser Mentalität mit dem westdeutschen Katholizismus mußte demnach eine einheitliche Ausprägung des katholischen Milieus in Frage stellen.

### e) „Schlesische Toleranz"

Ein zusätzliches Erfahrungsmoment, das die ostvertriebenen Priester von ihren oldenburgischen Mitbrüdern unterschied, ist sicherlich – über den Quickborn hinaus – die sprichwörtliche „schlesische Toleranz"[71]. Ein jahrhundertelanges Nebeneinander von Katholiken und Protestanten hatte in ihrer Heimat eine viel stärkere Offenheit mit sich gebracht als etwa in den konfessionell homogenen Subregionen des Fallbeispiels Oldenburg. Dabei war es in Schlesien nie um eine Anbiederung, sondern um gedanklichen Austausch unter den Geistlichen gegangen. „Wir haben bei uns keine ‚dicke Tunke'[72] gehabt. Aber unsere Einstellung zum Protestantismus war eben von klein auf freier, toleranter und großzügiger"[73], weiß sich ein Breslauer Priester zu erinnern, der 1946 im westfälischen Bistumsteil unter ganz anderen Voraussetzungen als Seelsorger neu beginnen mußte. Und von einem protestantischen Beobachter der schlesischen Religiosität erfährt man, daß die Evangelischen landläufig eine höhere Meinung vom katholischen Klerus hätten als von ihren eigenen Geistlichen[74].

Wohl gerade aufgrund der schlesischen Toleranz sind die ostdeutschen Priester in der oldenburgischen Diaspora zu Exponenten eines zuvor unbekannten gutnachbarschaftlichen Miteinanders zwischen Klerus und evangelischer Pastorenschaft geworden. So sehr nämlich die oftmals mühsame Diasporatätigkeit der vertriebenen Priester auf einsamen Posten häufig als Schicksal und Opfer[75] begriffen wurde, so sehr brachte sie zugleich ungeahnte Entfaltungsmöglichkeiten zugunsten „fortschrittlicher" Ideen für jeden einzelnen von ihnen mit sich. Nach einer Phase der eigenen Eingewöhnung in die fremde Umgebung und der Sammlung der zerstreuten Katholiken hatte der Klerus in der Diaspora – gerade durch die Tatsache der neu gegründeten Gemeinden – die Chance, unbelastet von eventuellen Traditionen Annäherungen über die Konfessions- und Milieugrenzen hinaus zu unternehmen, die in einem katholischen Klima nicht möglich gewesen wären. Angesichts dieser Ausgangsposition fanden die weitaus meisten der Vertriebenenpriester freundlichen, zum Teil auch freundschaftlichen Zugang zu den evangeli-

---

[70] Vgl. Peuckert, Will-Erich, Schlesische Volkskunde (wie Anm. 15), 2.
[71] Vgl. passim die geistesgeschichtliche Darstellung dieses Phänomens bei Konrad, Joachim, Die schlesische Toleranz. Geschichte, Erbe und politische Idee, Düsseldorf 1953.
[72] Mit diesem schlesischen Mundart-Ausdruck ist so viel gemeint wie: herzliches Einvernehmen. Anm. d. Verf.
[73] Gespräch d. Verf. m. Prälat Rudolf Kurnoth, Moers, am 7.7.1997.
[74] Vgl. Peuckert, Will-Erich, Schlesische Volkskunde (wie Anm. 15), 169.
[75] Moschner, Gerhard, Breslauer Diözesanpriester in den westdeutschen Diözesen, in: Schlesisches Priesterjahrbuch, Bd. I (1960), 120–124, hier 120.

schen Pfarrhäusern ihrer Einsatzorte[76]. Die Suche nach dieser Nähe ist jedoch nicht allein als Folge der eigenen Not zu sehen, sondern in starkem Maße auch als Ergebnis der für das konfessionell heterogene Schlesien typischen Erziehung zum Miteinander von Katholiken und Protestanten.

So gehörte zur Herstellung eines über Jahrzehnte währenden beispielhaften ökumenischen Klimas im Oldenburger Stadtteil Kreyenbrück nicht ausschließlich die Tatsache, daß Katholiken wie Protestanten nahezu gleichermaßen Vertriebene waren und sonntags nacheinander in einem als Notkirche eingerichteten Raum der als Aufnahmelager dienenden Kaserne Gottesdienst feierten. Hinzu kam die in der Erziehung grundgelegte Fähigkeit der Amtsträger, das Gespräch bewußt zu suchen. Der katholische Kaplan Josef Tenschert, ein Angehöriger der Quickborngeneration, vermochte in den 1950er Jahren durch gute Kontakte zu seinem evangelischen Amtsbruder einen über die Nothilfe anderenorts üblicher Kirchenmitbenutzungen hinausweisenden Weg einzuschlagen, der ihn zu einem gesuchten Gesprächspartner in ökumenischen Fragen werden ließ. „Ich war damals auf der Suche nach einer völlig neuen Lösung der sozialen Frage"[77], begründete Tenschert in der Rückschau seine zum damaligen Zeitpunkt für einen katholischen Priester ungewohnte Handlungsweise.

Einen eifrigen Mitstreiter in Sachen Erneuerung fand Tenschert in der Stadt Oldenburg dann bezeichnenderweise auch nicht in einem einheimischen, sondern in einem ebenfalls ostvertriebenen Confrater. Der seit 1948 als Seelsorger im Stadtnorden tätige Pater Engelbert Machinia OMI, ein aus Ostoberschlesien gebürtiger Oblatenpater, war ebenso von der Quickborn-Mitgliedschaft geprägt und verstand es, den Gesprächsanliegen über die Konfessionsgrenzen hinaus nachzukommen. Bezeichnend ist sicherlich, daß es in den 1960er Jahren nur diese beiden einzigen schlesischen Priester in den mittlerweile acht Pfarreien der Stadt waren, die regelmäßig zu konzilsbegleitenden und -vertiefenden Seminaren in die Bischofsstadt Münster reisten, gelegentlich von dem einen oder anderen Kaplan begleitet[78]. Der Ökumenegedanke war aber nur eine Frucht der spezifischen Prägung und Mentalität dieser Geistlichen. Mit einer lebendigen Jugendarbeit verstanden sie es, über die Ebene ihrer Gemeinden hinaus für Aufmerksamkeit zu sorgen[79]. „Er war eigentlich der Zeit immer voraus", wurde Pater Machinia in der Rückschau bezüglich seiner Gemeindearbeit bescheinigt. Auch ihm erschien die Liturgiereform des Zweiten Vatikanums als Bestätigung der zuvor bereits eingeleiteten liturgischen Erneuerung.

Dabei handelte es sich um einen ebenfalls von Pfarrer Tenschert seit der Ankunft im Westen kontinuierlich vorangetriebenen Prozeß im Zuge der Milieuformierung auf der

---

[76] Hier sei nur auf H. Richter in Ganderkesee, O. Jaritz in Rastede, G. Schuster in Bockhorn verwiesen. Vgl. auch Kap. V Interkonfessionelle Kontakte und ökumenische Annäherungen.

[77] Interview mit Josef Tenschert, in: Nordwest-Zeitung v. 18.11.1981.

[78] Vgl. Gespräch des Verf. m. P. Engelbert Machinia OMI, Gelsenkirchen, am 17.3.1998.

[79] Die Jugendpredigten Machinias in St. Peter erfreuten sich reger Teilnahme. Vgl. Kirche und Leben Oldenburg v. 2.9.1984. Hier auch das folg. Zit. Eine Predigt wurde in der Jugendzeitschrift „Die Wacht" abgedruckt. Tenschert hingegen war viele Jahre zugleich Dekanatsjugendseelsorger im Dekanat Oldenburg.

Mikroebene seiner Gemeinde. Tenschert machte auf seine Gläubigen im übrigen zunächst nicht den Eindruck großer Konzilianz, sondern erschien eher als Prototyp des autoritären Priesters. „Er wirkte streng, blitzte uns durch seine randlose Brille an und verteilte gleich die Ämter, die für eine Pfarrgemeinde notwendig sind. Keiner wagte zu widersprechen"[80], erinnerte sich später ein damals als Jugendlicher in der Kreyenbrücker Kaserne untergebrachter Vertriebener. Schon bald mußte der Beobachter sein Urteil jedoch revidieren und lernte die Intensität der Predigten und die geschwisterliche Umgangsform des Seelsorgers schätzen[81], der regelmäßig nach der Messe vor der Ausgangstür des Notgottesdienstraumes stand, um auch alle Anwesenden persönlich begrüßen zu können. Unter der Leitung von Tenschert wurde in Kreyenbrück die „Liturgie [...] alles andere als eine kultisch kokette Selbstpflege, eher ein Zentrum kritischer Bewußtmachung und bohrender Unruhe, die nach außen drängte", wie ein theologisch versierter Zeitzeuge während der Konzilsjahre ausmachte[82]. Dabei hatte der ostvertriebene Priester die Nähe des einzelnen Gottesdienstbesuchers zum liturgischen Geschehen schon vor dem Einsetzen des weltkirchlichen Aufbruchsdenkens unter Papst Johannes XXIII. zum Prinzip erklärt und eine Theologie der Gemeinde entwickelt[83].

Äußere Dokumentation fand dieses Programm in der von Josef Tenschert verantworteten Innenraumausstattung der 1960 in Benutzung genommenen neuen St.-Michael-Kirche in Kreyenbrück. Die Gestaltung war hier von vornherein so erfolgt, daß der Priester die Gemeinde in drei Teilbereichen in einem Halbrund um den Altar versammeln konnte. Aber auch über die Eucharistiefeier hinaus versuchte der schlesische Priester, ein Modell der am einzelnen Menschen orientierten Seelsorgearbeit zu praktizieren, wie er es 1971 in einem Aufsatz nachdrücklich unterstrichen hat[84]. Die dort, sechs Jahre nach dem Konzilsende, bekräftigte zentrale Rolle der Hausbesuche darf wohl auch für die Jahre vor 1965 als Maxime von Tenscherts Wirkens angenommen werden, dessen vorderstes Ziel in der Mitbeteiligung der Laien an der Gestaltung der Liturgie und des Gemeindelebens und damit in der Schaffung von Bezugsorten für das Heimischwerden in Kirche und Glauben lag.

Der oberschlesische Priester mag in der Konsequenz seines Vorpreschens in der Ökumene und liturgischen Erneuerung ein Einzelfall sein, doch resultierte seine Suche nach neuen Modellen christlichen Miteinanders doch ganz eindeutig aus dem Vertreibungsschicksal. Weil er kirchliches Leben im Oldenburger Stadtteil Kreyenbrück ganz neu aufbauen mußte und keine Rücksicht auf tradierte Sitten und Bräuche zu nehmen hatte, blieb ihm der entsprechende Raum, um zeitgemäße Ideen zu verwirklichen. In die-

---

[80] Skudlik, Heinz, Erinnerungen an die Jahre 1946–1948, in: Pfarrgemeinde St. Michael Oldenburg-Kreyenbrück 1946–1971, Oldenburg 1971, 6–8, hier 6.
[81] Vgl. ebd., 7.
[82] Silberberg, Hermann-Josef, Als Diakon in St. Michael 1964, ebd., 16.
[83] Vgl. die Eintragungen in die Chronik des Pfarrektorats Kreyenbrück, insbesondere auch zum 25jährigen Priesterjubiläum Tenscherts 1962, in: Pfarrarchiv St. Michael Oldenburg-Kreyenbrück.
[84] Vgl. Tenschert, Josef, Modelle künftiger Arbeit, in: Pfarrgemeinde St. Michael Oldenburg-Kreyenbrück 1946–1971 (wie Anm. 80), 31–32.

sem Sinne antizipierte Tenschert das „Aggiornamento" Johannes' XXIII. und die Konzilsergebnisse mit weitsichtigem Blick und vertrat in der Öffentlichkeit die Überzeugung, daß christliches Lebenszeugnis nur im Miteinander glaubwürdig sei[85].

Nicht singulär war aber die Tatsache, daß schlesische Priester grundsätzlich den Geist des Konzils partiell antizipierten oder dessen Reformen bereitwillig und sogleich umsetzten. In der kleinen Diasporagemeinde Burhave zum Beispiel bereitete der 1957 verstorbene Erzpriester Augustin Schinke den Boden für eine die Gläubigen verstärkt einbeziehende Liturgie, obwohl er zu seinem Dienstbeginn in der Wesermarsch bereits das Pensionsalter erreicht hatte. So erscheint es auch nicht ganz zufällig, daß Offizial Grafenhorst dort 1965 seine erste Eucharistiefeier nach dem neuen, vom Zweiten Vatikanum festgelegten Ritus zelebrieren konnte und in einem anschließenden Bericht an Bischof Joseph Höffner der „Flüchtlingsgemeinde" Burhave für die hier schon lange Zeit grundgelegte Erziehung zu liturgischer Aufgeschlossenheit und das geschlossene Mitbeten und Mitsingen der Gläubigen sein Kompliment aussprach[86].

Ein weiteres Moment der hier geschilderten schlesischen Toleranz ist die im Theologenkonvikt eingeübte Verbindung zum polnischen Kulturkreis. Aufgrund der vielen polnischen Saisonarbeiter, die sich im Sommer auf niederschlesischen Gütern aufhielten, hatten alle Priesteramtskandidaten polnische Sprachkurse zu absolvieren gehabt. Dies war gleichermaßen auch eine Reverenz an die sogenannten Utraquisten, die zweisprachigen oberschlesischen Kommilitonen. Wie sich der bekannte Kirchenhistoriker und Breslauer Diözesanpriester Hubert Jedin später erinnerte, bestand unter den Breslauer Theologiestudenten auch in der Zwischenkriegszeit, die aufgrund der Teilung Oberschlesiens von erheblichen gegenseitigen Ressentiments zwischen beiden Völkern bestimmt war, kein gegenseitiger Haß. „Während meiner ganzen Studienzeit ist mir niemals aufgefallen, daß Spannungen zwischen den polnisch sprechenden Studenten aus Oberschlesien und den Deutschen bestanden hätten", schrieb Jedin in seinen Memoiren[87].

## 2. Die spezifische Prägung des oldenburgischen Klerus

Die hier geschilderten Dimensionen priesterlichen Amtsverständnisses und Handelns, wie sie für die bestimmende Gruppe des jüngeren Vertriebenenklerus aus Schlesien idealtypisch waren, lassen sich als dem Selbstverständnis des oldenburgischen bzw. münsterischen Klerus diametral entgegengesetzt bezeichnen. Zwar hatte in der Zeit vor 1945 auch in manchen Pfarreien des Offizialatsbezirks Oldenburg die auf einen häufigeren Kommunionempfang der Gläubigen abzielende „Eucharistische Bewegung" Einzug gehalten, jedoch konnten die liturgischen Reformbestrebungen hierzulande keine breite

---

[85] Vgl. Kirche und Leben Oldenburg v. 29.11.1981. 1968 hatte er daher im Rahmen des ersten ökumenischen Gottesdienstes in der Stadt Oldenburg die Predigt halten können. Vgl. ebd., 17.
[86] Grafenhorst an Höffner v. 23.3.1965, in: BAM A-0-136.
[87] Jedin, Hubert, Lebensbericht (wie Anm. 13), 27.

Basis in den Pfarreien gewinnen oder einen größeren Einfluß auf den Klerus erzielen[88]. Entsprechende Ideale wurden zwar in Akademikerkreisen diskutiert, blieben aber weitaus stärker im „Elfenbeinturm" als etwa in Schlesien. Schließlich waren es „nur kleine Zirkel, in denen sich das neue Denken verbreitete"[89].

Zu ihnen zählte neben einigen Gruppen des Bundes Neudeutschland (ND), die in Oldenburg allerdings im Vergleich zum rheinisch-westfälischen Bistumsteil keine bedeutende Rolle spielten[90], eine um 1918 am Vechtaer Gymnasium Antonianum gebildete Quickborn-Gruppe[91], aus der 1933 die örtliche Jungschar und Sturmschar hervorgingen, die auf regionaler Ebene jedoch keine weiterreichende Ausstrahlung besaß. Dafür spricht auch das gescheiterte Bemühen des Kreisvorsitzenden Rhein-Weser des katholischen Sportverbandes DJK (Deutsche Jugendkraft), Augustin Roter, die Prinzipien des Quickborn in diesem Verband einzuführen und ihn „zu einer jugendlichen Elitetruppe umzuformen"[92]. In einer Auflistung katholischer Jugendbünde in der Diözese Münster wurde der Quickborn dann auch gar nicht eigens erwähnt[93].

Dennoch führten die 1920er und 1930er Jahre auch in Oldenburg durchaus zu einer Intensivierung des Gemeindebewußtseins in den Pfarreien, und die Liturgie wurde auch hier von der Jugend als „Grundlage der Spiritualität" erkannt. Vieles blieb jedoch Theorie, und nicht zuletzt deshalb klingen die Postulate der Münsteraner Diözesansynode von 1924 realitätsfern. Denn hier wurde den liturgischen Erneuerungskräften durchaus Sympathie entgegengebracht und eine erfolgreiche Wirksamkeit prognostiziert, wenn es ihnen gelänge, „die Gläubigen aufs engste mit der Meßhandlung zu verbinden"[94]. Es müsse – wie es in den Synodenbeschlüssen weiter heißt – „das freilich nie völlig erreichbare Ideal verfolgt werden, die Besucher der Messe dahin zu bringen, daß sie mit dem Priester nicht nur opfern, sondern auch kommunizieren". Ablesen läßt sich die Wirkung die-

---

[88] Vgl. hierzu u. zum Folgenden: Schulte-Umberg, Thomas, Profession und Charisma (wie Anm. 3), 446–478, u. ders., „Was Kirche ist und sein soll ...". Das Kirchenbild Münsteraner Theologen zwischen Romantik und Zweitem Vatikanischen Konzil, in: Frese, Werner (Hrsg.), Von Sankt Mauritius und seiner Gesellschaft. Festschrift zur 150jährigen Neubegründung der Pfarre St. Mauritz in Münster, Münster 1995, 135–168, hier 155ff.

[89] Damberg, Wilhelm, Gesellschaftlicher Wandel und pastorale Planung. Das Bistum Münster und die Synoden von 1897, 1924, 1936 und 1958, in: Thissen, Werner (Hrsg.), Das Bistum Münster, Bd. II: Pastorale Entwicklung im 20. Jahrhundert, Münster 1993, 13–57, hier 23. Hier auch das folg. Zit.

[90] Vgl. Kösters, Christoph, Katholische Verbände und moderne Gesellschaft (wie Anm. 29), 208–210.

[91] Vgl. Baumann, Willi, „Hitler ist nicht grad sein Mann ...". Hans Schlömer zum 75. Geburtstag, in: Heimatblätter Nr. 6 v. 11.12.1993, 54–55. Hier wird von der Quickborn-Mitgliedschaft Schlömers berichtet. Geistlicher Leiter des Vechtaer Quickborn war der Oberlehrer Prof. Josef Kösters. Weitere Hinweise auf Quickborn-Aktivitäten im Offizialatsbezirk Oldenburg konnten vom Verf. nicht ermittelt werden.

[92] Kösters, Christoph, Katholische Verbände und moderne Gesellschaft (wie Anm. 29), 203.

[93] Vgl. ebd., 210.

[94] Diözesansynode des Bistums Münster 1924, Münster 1924, 69. Hier auch das folg. Zit. Vgl. auch Damberg, Wilhelm, Gesellschaftlicher Wandel (wie Anm. 89), 24.

ser Zukunftsbestrebungen allerdings in der Diözese Münster nicht an einer Verbreitung der Jugendbewegung, sondern vielmehr am Erstarken der streng hierarchisch organisierten Jugendverbände, die durchaus beachtliche Aktivitäten aufwiesen, wie etwa die zum Zeitpunkt von Hitlers „Machtergreifung" prosperierende Sturmschar im Katholischen Jungmännerverein (KJMV), deren Mitglieder mit großer Breitenwirkung sogenannte Sturmtage veranstalteten und den NS-Jugendorganisationen Paroli zu bieten bereit waren[95]. „Sie verstanden sich als ‚Auslese', als Elite im ursprünglichen Wortsinn."[96]

Jugendbewegtes kirchliches Leben erfaßte in der Endphase der Weimarer Republik also auch den Offizialatsbezirk Oldenburg, blieb jedoch durch die von der kirchlichen Behörde ernannten Präsides immer in unmittelbarer Beziehung zur Hierarchie angesiedelt, wobei hier in abgeschwächter Form die religiöse Erneuerung aus den alten Verbandsstrukturen heraus erfolgte[97]. Immerhin ist gerade im Kontext dieses Aufbruchsdenkens, das damals manchen Jungen zum Theologiestudium inspirierte, der erhebliche Anstieg der Priesterweihezahlen in der Diözese Münster am Ende der 1920er und in der ersten Hälfte der 1930er Jahre zu sehen[98]. Geistiger Kern dieser Berufungen war „die Ausbildung einer verinnerlichten religiösen Identität, und zwar vermittelt durch die Liturgie"[99].

Als symptomatisch erscheint in diesem Zusammenhang das Engagement des oldenburgischen Priesters Anton Fortmann[100], der in den ersten Jahren der Weimarer Repu-

---

[95] Vgl. Imbusch, Barbara, „Eine außerordentlich rege Tätigkeit, die sich nicht auf rein religiöse Dinge beschränkt". Katholische Jugend und Nationalsozialismus in Südoldenburg, in: Baumann, Willi, Hirschfeld, Michael (Hrsg.), Christenkreuz oder Hakenkreuz. Beiträge zum Verhältnis von katholischer Kirche und Nationalsozialismus im Land Oldenburg (Quellen und Beiträge zur Kirchengeschichte des Oldenburger Landes, Bd. 4), Vechta 1999, 165–188.

[96] Kösters, Christoph, Katholische Verbände und moderne Gesellschaft (wie Anm. 29), 178.

[97] Vgl. Damberg, Wilhelm, Liturgie und Welt. Der soziale und gesellschaftliche Rahmen des liturgischen Lebens im späten 19. und frühen 20. Jahrhundert, in: Kranemann, Benedikt, Richter, Klemens (Hrsg.), Zwischen römischer Einheitsliturgie und diözesaner Eigenverantwortung. Gottesdienst im Bistum Münster (Münsteraner Theologische Abhandlungen, Bd. 48), Altenberge 1997, 167–188, hier 180.

[98] Exemplarisch sei hier auf die Gemeinde Essen/O. verwiesen, aus deren KJMV zwischen 1932 und 1939 sechs Mitglieder die Priesterweihe erhielten: Josef Kettmann 1932, P. Bernhard Holtemöller SCJ 1937, Albert Kröger u. Heinrich Huslage 1938, Josef Brand u. Bernhard Brengelmann 1939. Dieses Beispiel bestätigt entsprechende Vermutungen bei Damberg, Wilhelm, Gesellschaftlicher Wandel (wie Anm. 89), 26, die auf Ergebnissen einer unveröffentlichten Diplomarbeit von Thomas Schulte-Umberg beruhen. Vgl. jetzt auch ders., Profession und Charisma (wie Anm. 3).

[99] Damberg, Wilhelm, Liturgie und Welt (wie Anm. 97), 179.

[100] Anton Fortmann, geboren 1889 in Cloppenburg, Priesterweihe 1913 in Münster, 1921–1926 Präses im Antoniushaus (Konvikt) in Vechta, 1934 Pfarrer in Wilhelmshaven St. Marien, 1942 Pfarrer in Wildeshausen, 1965 em. in Lohne, gestorben 1970 ebd. Vgl. Heitmann, Clemens, Priesterbuch des Offizialatsbezirks Oldenburg. 2. Bd., Friesoythe 1985, 69. Eine wesentlich erweiterte Neuaufl. v. Heitmanns Priesterbuch befindet sich derzeit unter Mitarbeit des Verf. im Entstehen.

blik Präses im Schülerkonvikt des Gymnasiums Antonianum in Vechta gewesen war und auch später als Gemeindepfarrer besonderes Gewicht auf eine liturgische Erziehung der Gemeindemitglieder legte[101]. Dies bezog sich auf die Fähigkeit Fortmanns, in seiner Pfarrei St. Marien in Wilhelmshaven (damals: Rüstringen) im Zuge der zunehmenden Repressalien des NS-Regimes gegen die tradierten kirchlichen Jugendverbände ab 1936 Jugendliche in einem sehr aktiven Liturgiekreis zu bündeln[102]. Von der Ausbildung eines spezifischen Priestertypus, der in Schlesien eine weitgehende Verortung des neuen Gedankengutes bewirkt hatte, konnte jedoch im Bereich der Fallstudie vor 1945 keine Rede sein. Daß die katholische Bevölkerung im Offizialatsbezirk gegenüber neueren Ideen in dieser Zeit vergleichsweise resistent blieb und sich das alltägliche Gemeindeleben weitgehend in den gewohnten Bahnen von Teilnahme an der Sonntagseucharistie und Aktivität im Vereinsleben bewegte, also stark traditionsbestimmt blieb, belegen allein die verspätet einsetzenden und nur von geringen Erfolgen begleiteten Bemühungen um Realisierung der von Papst Pius XI. propagierten, als Gegenbewegung zum etablierten Vereinskatholizismus gedachten „Katholischen Aktion" (KA)[103].

Diese neue Vergemeinschaftungsidee hatte sich angesichts einer zunehmenden Unkirchlichkeit in der deutschen Gesellschaft eine Vergrößerung des Laienengagements auf Pfarrebene zum Ziel gesetzt und versuchte, die Gläubigen durch gründliche Schulung zu überzeugend und missionarisch auftretenden Christen zu machen. Die „Katholische Aktion" traf nicht zuletzt trotz des Versuches der Bistumsleitung, ihr zum Durchbruch zu verhelfen[104], deshalb auf eine nur geringe Resonanz, weil es an entsprechenden Impulsen seitens des einheimischen Klerus mangelte.

Überlegungen zur Neudefinition des Priestertums als missionarisches Amt nach dem Vorbild des Apostels Paulus, wie sie der im benachbarten Osnabrück als Subregens des Priesterseminars wirkende spätere Bischof von Münster, Michael Keller, anstellte[105],

---

[101] Vgl. Kirche und Leben Oldenburg v. 23.5.1965. Bericht über die Verabschiedung Fortmanns in Wildeshausen.

[102] Vgl. Festschrift 50 Jahre Liturgiekreis St. Marien Wilhelmshaven, Maschinenschrift, o. O. o. J. (1987).

[103] Vgl. Lesch, Karl Josef, „Das Reich Christi, unseres Herrn, zu fördern". Zur Umsetzung der Katholischen Aktion im Offizialatsbezirk Oldenburg in der NS-Zeit, in: Baumann, Willi, Hirschfeld, Michael (Hrsg.), Christenkreuz oder Hakenkreuz (wie Anm. 95), 149–164. Die KA war gemäß den 1929 erlassenen Richtlinien der Fuldaer Bischofskonferenz nicht als Verein, sondern als Ergänzung zum üblichen Vereinswesen gedacht. Zu den Richtlinien vgl. Kirchliches Amtsblatt für die Diözese Münster, Jg. 1929, 93–97. Der Begriff KA wurde erstmals in der Enzyklika „Ubi arcano Dei" Pius' XI. v. 23.12.1922 verwendet. Vgl. zur KA allgemein: Müller, Dirk H., Katholische Aktion versus Vereinskatholizismus. Zur kirchlichen Integration und Emanzipation der katholischen Laien, in: Elm, Kaspar, Loock, Hans-Dietrich (Hrsg.), Seelsorge und Diakonie in Berlin (wie Anm. 31), 475–497.

[104] Vgl. Galen, Clemens August von, Richtlinien für die Arbeit der Katholischen Aktion in der Diözese Münster, in: Kirchliches Amtsblatt für die Diözese Münster, Jg. 1934, 55–58.

[105] Vgl. Damberg, Wilhelm, „Radikal Katholische Laien an die Front!" Beobachtungen zur Idee und Wirkungsgeschichte der Katholischen Aktion, in: Köhler, Joachim, Melis, Damian van (Hrsg.), Siegerin in Trümmern (wie Anm. 59), 142–160.

fanden nachweislich kaum Eingang in das feste Gefüge des traditionellen südoldenburgischen Katholizismus. Weder Kellers Vorträge noch dessen mehrfach aufgelegte Schrift „Katholische Aktion. Eine systematische Darstellung ihrer Idee"[106] erlebten hier zunächst die entsprechende Rezeption. Erst in der Folge der Diözesansynode von 1936, auf der die Durchsetzung der KA in allen Pfarreien beschlossen wurde[107], kam es zu einer verstärkten Manifestation von deren Gedankengut bei den Gläubigen. Lassen sich Katholische Aktion und liturgische Bewegung als in der Region wirksame kirchliche Bewegungen der Zwischenkriegszeit auch nicht unbedingt gleichsetzen, so stehen doch beide als Akzente einer kirchlichen Reform parallel zueinander. Allein deshalb kann die Schwierigkeit bei der Durchsetzung der Katholischen Aktion treffend die Ignoranz des überwiegenden Teils des oldenburgischen Klerus hinsichtlich der stärkeren Öffnung gegenüber einer Mitverantwortung der Laien im seelsorglichen Bereich verdeutlichen.

Allerdings fehlte es den Priestern auch an entsprechender Anleitung während ihrer theologischen Ausbildung in Münster, die nicht von einer ähnlichen Weltoffenheit bestimmt wurde wie das Studium an der Breslauer Universität. Nur ganz allmählich fanden sich auch in der westfälischen Bischofsstadt einige Theologieprofessoren, die die Frage nach dem Kirchenbild der Gegenwart stellten und sich vom neuscholastischen Denken abwandten[108]. Als Exponent einer den Bezug zur Gegenwart suchenden Theologie läßt sich vordringlich der Dogmatiker Michael Schmaus nennen, der die unmittelbare Anteilnahme eines jeden Christen an Christus betonte, den er als „die Einheit der Offenbarung begründende und tragende Mitte" bezeichnete[109]. Inwieweit solche vereinzelten Vorstöße auf theoretischer Ebene, die zudem auch erst unmittelbar vor bzw. während des Zweiten Weltkriegs erfolgten[110], eine konkrete praktische Umsetzung erfuhren, muß hingegen in Frage gestellt werden.

Unter den Priesteramtskandidaten der Diözese Münster ist zwar durchaus eine Rezeption der Jugend- und Liturgiebewegung für gegeben anzusehen, und mit Blick auf die 1930er Jahre kann von „einer breiteren Akzeptanz"[111] dieser Strömungen gesprochen werden, jedoch bleibt unbestimmt, was deren Quantität angeht. Letztlich läßt sich die Hauptursache für die fehlende Aufgeschlossenheit der Münsteraner Theologen für ein stärkeres Miteinander von Priestern und Laien und das gleichzeitige Festhalten an einem vom neuscholastischen Kirchenbild geforderten strengkirchlichen Priesterideal[112] wohl im wesentlichen an der regionalen Mentalität festmachen, die sowohl in Oldenburg als

---

[106] Vgl. Keller, Michael, Katholische Aktion. Eine systematische Darstellung ihrer Idee, 3. Aufl. Paderborn 1936.
[107] Vgl. Damberg, Wilhelm, Gesellschaftlicher Wandel (wie Anm. 89), 34.
[108] Vgl. Hegel, Eduard, Geschichte der Katholisch-Theologischen Fakultät Münster 1773–1964, Erster Teil (Münsterische Beiträge zur Theologie, H. 30,1), Münster 1966, hier 467–469.
[109] Vgl. Schulte-Umberg, Thomas, „Was Kirche ist und sein soll ..." (wie Anm. 88), hier 157–159. Michael Schmaus (1897–1993), lehrte 1932 bis 1946 in Münster. Zit. nach ebd., 475.
[110] Die „modernen" Positionen von Schmaus finden sich im wesentlichen in: Ders., Katholische Dogmatik, 3 Bde. in 4 Teilbänden, München 1937–1941.
[111] Schulte-Umberg, Thomas, Profession und Charisma (wie Anm. 3), 477.
[112] Zu Begriff u. Definition des strengkirchlichen Priesterideals vgl. ebd., 446 ff.

auch im Gesamtbistum hemmend wirkte und ein Aufeinanderzugehen erschwerte. Es fehlte bei Oldenburgern wie Westfalen offensichtlich an jenem Charakterzug, den der Bonner Romanist Hermann Platz für die Prosperität des Quickborn in Schlesien als bestimmend erkannte, an einer Form „mystisch-heroischer Religiosität"[113]. Daneben gab es auch in der Münsteraner Bistumsleitung oder im dortigen akademischen Bereich keine aus anderen Regionen Deutschlands stammenden charismatischen und dynamischen Führergestalten, wie sie Romano Guardini auf der einen und die schlesische Priestertrias Hermann Hoffmann, Klemens Neumann und Bernhard Strehler auf der anderen Seite bezüglich des Quickborn in Schlesien repräsentierten. Hinzu trat schließlich die Tatsache, daß der Jugendbewegung durch die hohe Zahl an Kriegsopfern unter den jungen Kaplänen und Theologiestudenten des Bistums ein Stück weit der Impetus genommen wurde[114].

## 3. Aktivierung des ostvertriebenen Klerus zur Milieuformierung

### a) durch das Bischöfliche Offizialat als zuständige kirchliche Behörde

Das Aufeinandertreffen der hier idealtypisch geschilderten Mentalitäten von schlesischem und oldenburgischem Klerus verlief parallel mit der Ankunft und Einweisung von Flüchtlingstrecks und vor allem der großen Vertriebenentransporte des Jahres 1946[115]. Aber bereits zuvor war die landsmannschaftlich homogene Zusammensetzung des Klerus in der Untersuchungsregion – wenngleich nur zeitweise – verändert worden, als mit dem Einströmen von Evakuierten bzw. Ausgebombten aus dem Rheinland und Ruhrgebiet 1944 auch Geistliche nach Oldenburg kamen. Für den Jahreswechsel 1944/45 etwa sind hier sechs evakuierte Priester nachzuweisen, darunter auch der ausgebombte Domchor-

---

[113] Platz, Hermann, zit. bei Henrich, Franz, Die Bünde katholischer Jugendbewegung (wie Anm. 10), 56, Anm. 5.
[114] Vgl. Schulte-Umberg, Thomas, Profession und Charisma (wie Anm. 3), 457.
[115] Für das Phänomen der Aufnahme des Vertriebenenklerus liegen im Oldenburger Land zwei autobiographische Erinnerungen von Vertriebenenpriestern vor: Richter, Helmut, Erinnerungen aus meinem priesterlichen Leben (wie Anm. 60), Jendrzejczyk, Hugo, 1936–1976. Aus 40 Priesterjahren, Vechta 1976. Einen Überblick mit zahlreichen Einzelheiten gibt neuerdings für das gesamte Bistum Münster: Hirschfeld/Trautmann (wie Anm. 8), 265–371. In benachbarten Diözesen ist die Literatur zu Vertriebenengeistlichen dagegen äußerst spärlich. Vgl. z.B. für die Diözesen Hamburg und Mainz: Beckmann, Leo H., Joseph Sauermann. Aus dem Leben und Wirken eines Flüchtlingspriesters, in: Verein für Katholische Kirchengeschichte in Hamburg und Schleswig-Holstein (Hrsg.), Beiträge und Mitteilungen, Bd. 4, Husum 1993, 139–147; Rawitzer, Anton, Vertriebenenpriester als Lokalkapläne. Ihr Anteil an der Diasporaseelsorge für die Heimatvertriebenen im Bistum Mainz 1947–1987, in: Neues Jahrbuch für das Bistum Mainz 1993–1995 (1997), 127–159.

direktor des St.-Paulus-Doms in Münster[116]. Diese vom Offizialat unabhängig von ihrer Zugehörigkeit zum Klerus der Diözese Münster auf Antrag mit einer Vollmacht für die Wahrnehmung seelsorgerischer Aufgaben (Cura animarum) versehenen westdeutschen „Flüchtlinge" aus dem westfälischen Bistumsteil sowie den Diözesen Aachen und Köln bildeten somit eine Art Vorhut für den späteren Einstrom ostvertriebener Geistlicher.

Wie notwendig ihr Einsatz nicht allein für die Evakuiertenseelsorge, sondern auch als Aushilfe für eingezogene oder gefallene einheimische Kapläne war, zeigt die Tatsache, daß zwei Aachener Priester mit seelsorglichen Aufgaben im katholischen Kernland des Offizialatsbezirks, in Lohne und Bösel, beauftragt wurden[117]. Obgleich sie bald nach Kriegsende und der Normalisierung der Verhältnisse wieder in ihre Heimatdiözesen zurückkehrten, sorgten sie doch für ein wenn auch nur vorübergehendes Aufbrechen der traditionellen Struktur des oldenburgischen Seelsorgsklerus, der sich noch 1944 eben zu 90 % aus gebürtigen Südoldenburgern zusammensetzte. Eine Ausnahme hinsichtlich der landsmannschaftlichen Zugehörigkeit bildete lediglich eine Reihe von Ordenspriestern, die in den Kriegsjahren als Kapläne eingesetzt worden waren.

Die große Zahl der zunächst in den Offizialatsbezirk einströmenden Flüchtlinge aus Pommern, Ost- und Westpreußen war zumeist evangelisch, und die Erteilung der Cura animarum stellte für die kirchliche Behörde analog zu den von Rhein und Ruhr evakuierten Geistlichen für die aus den ostdeutschen Provinzen geflüchteten Priester ganz offensichtlich ebenfalls nur ein vorübergehendes Phänomen dar. So beispielsweise im Fall des schlesischen Erzpriesters (Dechanten. Anm. d. Verf.) Georg Scheffler[118], der am 24. Februar 1945, nach seiner Ankunft im Marienwallfahrtsort Bethen und der Aufnahme beim dortigen Wallfahrtsseelsorger, als erster ostdeutscher Geistlicher die Seelsorgeerlaubnis erhielt[119]. Noch bei ihrer Anfang Juni für den neuen Aufenthaltsort Schefflers erfolgten Verlängerung trug die Vollmacht der Kirchenbehörde den Vermerk „bis zur endgültigen Rückkehr in Ihre Heimatdiözese", ergänzte aber zugleich, um offenbar die Fähigkeit des 56jährigen Priesters für einen eigenständigen Seelsorgeeinsatz zu dokumentieren, daß Scheffler gesund sei und auch radfahren könne[120].

---

[116] Vgl. OAV A-2-56, wo sich die Anstellungsdekrete der aus dem Westen evakuierten Priester befinden. Domchordirektor Hubert Leiwering sollte für kirchenmusikalische Aufgaben in der Pfarrei Delmenhorst herangezogen werden, mußte diesen Dienst aus Gesundheitsgründen jedoch absagen.

[117] Vgl. OAV A-2-56. Dabei handelte es sich um Pfarrer Dr. Bruno Selung u. Kaplan Heinrich Prinz, beide aus der Pfarrei Schlich-D`horn, Krs. Düren (Bistum Aachen).

[118] Georg Scheffler, geboren 1889 in Berlin, Priesterweihe 1912 in Breslau, 1926 Pfarrer u. Erzpriester in Crossen/Oder, 1945 Flüchtling in Bethen, 1946 Hausgeistlicher in Neuenkirchen/O., 1948 Pfarrektor auf Wangerooge, 1960 em. in Lastrup, gestorben 1972 ebd. Vgl. Hirschfeld/Trautmann (wie Anm. 8), 348. Die meisten hier genannten Geistlichen sind in Kurzform auch aufgeführt bei Schieckel, Harald, Schlesier in Oldenburg – Oldenburger in Schlesien (Oldenburgische Familienkunde, H. 1/1999), 1–19.

[119] Vgl. OAV A-2-56. Zur Reihenfolge der Ankunft ostdeutscher Geistlicher im Oldenburger Land vgl. die Tabelle 25 im Anhang.

[120] Offizialat an Scheffler v. 5.6.1945, in: OAV A-8-75.

Einem in der Oyther Vikarie untergekommenen Breslauer Priester[121] wurde Ende April 1945, also ebenfalls noch vor dem Zusammenbruch des NS-Regimes und dem Kriegsende, die Cura-Vollmacht verliehen, übrigens bald gefolgt von der Ausstellung entsprechender Dokumente für zwei als Kriegsgefangene auf Südoldenburger Höfen lebende polnische Geistliche, die Anfang Mai nun die offizielle Erlaubnis erhielten, sich um ihre in die Region zwangsdeportierten Landsleute zu sorgen[122]. Ebenso wurde darauf mit zwei litauischen Geistlichen verfahren[123], wohingegen ein größerer Zustrom von ostdeutschen Geistlichen für das Jahr des Kriegsendes noch ausblieb.

Erst im Zuge der in Schlesien begonnenen Vertriebenentransporte des Jahres 1946 gelangten auch zahlreiche Priester in die Untersuchungsregion Oldenburg und erbaten beim Bischöflichen Offizialat in Vechta eine Erlaubnis zur Seelsorge. Am 6. März 1946 war Pfarrer Pius Güttler mit großen Teilen seiner Pfarrgemeinde Eisersdorf in der Grafschaft Glatz nach Nordenham gekommen und hatte, wie er dem Offizialat berichtete, gastliche Aufnahme im Pfarrhaus von St. Willehad bei Pfarrer Johannes Hillen gefunden[124]. Hillen beantragte wenige Tage später beim Offizialat eine Zelebrationsvollmacht für einen schlesischen Franziskaner in Burhave, fügte aber gleich hinzu, daß der Geistliche alsbald nach Bayern gehen wolle, um dort seine Ordensbrüder wiederzufinden[125]. Diese Einschränkung macht deutlich, daß die Aufnahme schlesischer Confratres im oldenburgischen Klerus nicht nur von Seiten des Offizialats als Akt vorübergehender Gastfreundschaft angesehen wurde, sondern daß die ankommenden Priester oft auf der Suche nach ihren Gemeinden oder Angehörigen waren und sich nach deren Auffinden im Laufe einiger Wochen und Monate aus eigenem Entschluß bereits wieder in einen anderen Jurisdiktionsbezirk begaben. Dies gilt beispielsweise für den vorgenannten Franziskaner, der sich verständlicherweise sobald wie möglich mit seinen Ordensoberen in Verbindung setzte, um in einen Konvent zurückzukehren, wenngleich er sich in die schwierigen Seelsorgebedingungen in der Wesermarsch gut einfügte[126].

---

[121] Aloys Porwit, geboren 1911 in Laurahütte (O/S), Priesterweihe 1939 in Breslau, Soldat, 1945 nach Oythe gelangt, Oktober 1945 Kaplan in Oldenburg, 1947 desgl. in Kroge-Ehrendorf, 1950 Hausgeistlicher in Bad Harzburg/Diözese Hildesheim, 1959 Übertritt zur ev. Kirche. Vgl. Hirschfeld/Trautmann (wie Anm. 8), 341.

[122] Vgl. OAV A-2-37VI.

[123] Vgl. Offizialat an Vincentius Valevicius u. Johannes Bocevicius v. 11.9. bzw. 1.12.1945, ebd. Beide wirkten im Litauerlager Wehnen bei Oldenburg.

[124] Güttler an Offizialat v. 6.3.1946, ebd. Pius Güttler, geboren 1885 in Plomnitz, Priesterweihe 1911 in Breslau, 1929 Pfarrer in Eisersdorf, Konsistorialrat, 1946 Seelsorger in Nordenham, 1948 Hausgeistlicher in Damme, gestorben 1958 ebd. Vgl. Hirschfeld/Trautmann (wie Anm. 8), 295.

[125] Vgl. Hillen an Offizialat v. 15.3.1946, ebd. Johannes Hillen, geboren 1907 in Goldenstedt, Priesterweihe 1931 in Münster, 1940 Pfarrer in Nordenham, 1953 Pfarrer in Lindern, gestorben 1962. Vgl. Heitmann, Clemens, Priesterbuch des Offizialatsbezirks Oldenburg (wie Anm. 100), 76.

[126] Letztlich verließ P. Schiprowski Burhave aufgrund eines persönlichen Vorfalls, der ihn in der Vertriebenengemeinde nicht mehr tragbar machte. Mündl. Auskunft von Ltd. Reg-Schuldir. a. D. Hans Veit, Warendorf, v. 24.4.1999. Veit gehörte als Kind einer Vertriebenenfamilie der Burhaver Gemeinde an.

Doch unmittelbar nach dessen Abreise konnte der Nordenhamer Pfarrer melden, daß erneut ein Priester mit einem Vertriebenentransport nach Burhave gekommen sei[127]. Der Betreffende sei zwar schon 67 Jahre alt, gedenke jedoch vor Ort zu bleiben und einen längerfristigen Seelsorgeauftrag zu übernehmen, da ein Teil seiner schlesischen Pfarrei dort gelandet sei.

Auch das Klima spielte für die fast ausschließlich schlesischen Vertriebenenpriester eine gravierende Rolle. Ein nach Brake gelangter junger Pfarrer aus der Grafschaft Glatz verabschiedete sich bereits zum Jahresende 1946 wieder aus der Wesermarsch, obwohl es hierher zahlreiche seiner Landsleute verschlagen hatte, weil er die Seeluft gesundheitlich nicht vertrug und über Herzbeschwerden klagte[128]. Er konnte aber einen anderen Geistlichen aus seiner Heimat dazu veranlassen, die Aufgaben in der Flüchtlingsseelsorge weiterzuführen. Insgesamt verließen acht Flüchtlingspriester, die sich zunächst dem Bischöflichen Offizialat in Vechta zur Verfügung gestellt hatten, innerhalb der ersten sechs Monate nach ihrer Ankunft aus diesem oder ähnlichen Gründen den Bereich der Fallstudie wieder[129].

Angesichts dieser Fluktuation der Geistlichen wurde im Juni 1946 durch Kapitularvikar Franz Vorwerk eine Meldepflicht für heimatvertriebene Geistliche verfügt. Binnen zwei Wochen nach Ankunft eines Priesters aus einer fremden Diözese hatte der Ortspfarrer nunmehr hierüber beim Generalvikariat in Münster bzw. Offizialat in Vechta Bericht zu erstatten[130]. Auf diese Weise sollte der einer erforderlichen kontinuierlichen Formung bzw. Neuformung des katholischen Milieus abträgliche Stellenwechsel zumindest kontrolliert werden.

Trotz dieser Reglementierungsversuche war es für die kirchliche Verwaltung schwer, einen genauen Überblick über die Zahl und den Einsatz der Vertriebenenpriester zu gewinnen. Der erste, angesichts der Migrationswelle unvollständige Schematismus schlesischer Priester westlich von Oder und Neiße, den der Suchdienst des Caritas-Sekretariats der Erzdiözese Paderborn im Sommer 1946 herausbrachte, enthielt die Namen und Anschriften von 12 ins Oldenburgische vertriebenen Seelsorgern. 29 Namen von Ostprie-

---

[127] Vgl. Hillen an Pohlschneider v. 25.6.1946, in: OAV B-8a-10n. Es handelte sich um Augustin Schinke, geboren 1879 in Weitzenberg, Priesterweihe 1903 in Breslau, 1920 Pfarrer in Bielau, Erzpriester, Geistl. Rat, 1946 Seelsorger bzw. Pfarrektor in Burhave, gestorben 1957 ebd. Vgl. Hirschfeld/Trautmann (wie Anm. 8), 349f. Die Odyssee seiner Vertreibung ist als Selbstzeugnis erhalten u. dokumentiert: Schinke, Augustin, Bericht über meine Erlebnisse im Kriegsjahre 1945 und 1946, in: Schreckenberg, Julius (Hrsg.), NS-Zeit-Zeugnisse aus der Wesermarsch, Bd. 5, Brake 1999, 159–175.

[128] Es handelte sich um Josef Strauch, geboren 1911 in Habelschwerdt, Priesterweihe 1935 in Breslau, 1941 Pfarrer in Reichenau, 1946 zeitweise in Brake, dann im Bistum Speyer, gestorben 1954 in Kaiserslautern. Vgl. Hirschfeld/Trautmann (wie Anm. 8), 357. Für Strauch begann Kaplan Karl Hentschel die Arbeit in Brake.

[129] Vgl. die Zelebrationsvollmachten, in: OAV A-2-37 VI.

[130] Vgl. Art. 159: Meldung fremder Geistlicher v. 14.6.1946, in: Kirchliches Amtsblatt für die Diözese Münster v. 26.6.1946.

stern zählt ein erstes, im August 1946 von Offizial Pohlschneider erstelltes Verzeichnis der zugewanderten Priester auf[131].

In Vechta verzeichnete man von März bis Anfang Dezember 1946 die Erteilung von Celebreten für 46 ostdeutsche Geistliche, darunter neben dem vorgenannten Franziskaner und je einem Pallottiner, Steyler Missionar und Benediktiner 34 Breslauer, sechs Glatzer sowie zwei Olmütz-Branitzer Diözesanpriester. 36 von ihnen waren zuerst in das Diasporadekanat Oldenburg gekommen, neun lebten vorläufig im Oldenburger Münsterland. 1947 erhielt dann auf eigenen Wunsch noch ein bisher im Nachbarbistum Osnabrück eingesetzter Breslauer Priester die Genehmigung, in den Offizialatsbezirk überzuwechseln, weil seine Gemeindeangehörigen hier in größerer Zahl Zuflucht gefunden hatten und er bereit war, die Vertriebenenseelsorge in der Wesermarsch zu verstärken[132].

Auffällig erscheint im Hinblick auf die Herkunft des Vertriebenenklerus, daß lediglich Geistliche aus den Jurisdiktionsbezirken der preußischen Provinz Schlesien in den Offizialatsbezirk Oldenburg gekommen waren. Angesichts dieser Konstellation läßt sich im Vergleich zu benachbarten Bistümern wie Osnabrück und Hildesheim, wo ebenso zahlreiche Geistliche aus den Bistümern Ermland, Danzig und der Freien Prälatur Schneidemühl Aufnahme gefunden hatten, von einer starken landsmannschaftlichen Homogenität des ostvertriebenen Klerus sprechen[133].

Der Aufnahmeakt seitens der kirchlichen Behörde beschränkte sich nach Prüfung eines vorzulegenden Weihezeugnisses gewöhnlich im wesentlichen auf die umgehende Erteilung der Cura-Vollmacht und die Delegierung als „Hilfsgeistlicher" mit seelsorglichen Vollmachten für einen bestimmten Bezirk. Die formlose Ernennungsurkunde enthielt keinerlei Begleitschreiben, aus dem sich eine persönliche Anteilnahme des Bischöflichen Offizials am Schicksal des jeweiligen Priesters schließen ließe. Unter Austauschbarkeit von Namen und Ort hieß es in der Urkunde lediglich ganz knapp:

„Euer Hochwürden werden hierdurch mit Wirkung vom [...] 1946 an zum Hilfsgeistlichen der Pfarrei [...] ernannt und mit der Betreuung der Katholiken in [...] und Umgebung, besonders der Flüchtlinge, beauftragt. Gern vertraut das Offizialat, daß Sie dieses Amt mit Treue und priesterlichem Eifer zum Wohle der Ihnen anvertrauten Seelen und zur Zufriedenheit des Pfarrers ausüben werden."[134]

Dem zuständigen Pfarrer ging eine Abschrift der Ernennung zu. Weitere Anweisungen an die Pfarrämter, zum Beispiel hinsichtlich des persönlichen Verhaltens des einhei-

---

[131] Vgl. Verzeichnis der aus Schlesien vertriebenen Priester im Offizialatsbezirk Oldenburg v. 14.8.1946, in: OAV Nachlaß Otto Jaritz (1909–1987).

[132] Dieser Geistliche war Otto Scholz, geboren 1908 in Neisse, Priesterweihe 1935 in Breslau, 1943 Pfarrer in Markt Bohrau, Krs. Strehlen, 1946 in Wagenfeld, Krs. Diepholz, tätig, meldete sich freiwillig für die Wesermarsch u. wurde als Leiter des Seelsorgebezirks Stollhamm eingesetzt. Vgl. OAV B-8a-10a. Scholz wurde 1956 Pfarrektor in Nordenham-Einswarden u. 1976 Pfarrer i. R. in Paderborn, gestorben 1977. Vgl. Hirschfeld/Trautmann (wie Anm. 8), 351.

[133] Im Bistum Osnabrück waren von den (1948) 176 ostdeutschen Geistlichen nur 87 aus den schlesischen Jurisdiktionsbezirken. Vgl. Register der Priester aus fremden Diözesen, in: Berlage, Paul (Hrsg.), Handbuch des Bistums Osnabrück, 1. Aufl. Osnabrück 1968, 706–712.

[134] Vgl. Durchschriften der Ernennungen, in: OAV A-2-37VI.

2. Mai 1946

R-18-20
1

Hochwürden Herrn Pfarrer Konrad Leister
p.A. Bäcker Lohmann
z.Zt. Holle bei Hude

Euer Hochwürden

werden hierdurch mit sofortiger Wirkung zum Kaplan der Pfarrgemeinde Delmenhorst ernannt, und zwar erteilen wir Ihnen den Auftrag, die Katholiken von Hude und Umgegend zu betreuen.

Gern vertraut das Offizialat, daß Sie dieses Amt mit Treue und priesterlichem Eifer zum Wohle der Ihnen anvertrauten Seelen und zur Zufriedenheit des Pfarrers ausüben werden.

Bischöflicher Offizial.

Abschrift gelangt an Hochwürden Herrn Pfarrer Niemann
Delmenhorst

Das Offizialat hält es für angemessen, daß Herrn Pfarrer Leister bis auf weiteres eine monatliche Vergütung von RM 180.- gezahlt wird. Zweckmäßigerweise wird dieses Gehalt zunächst aus der Kirchenkasse von Delmenhorst verausgabt. Das Offizialat wird dann gegen vierteljährlicher Einreichung einer Rechnung die ausgelegten Beträge vorläufig zurückvergüten, wenn nicht der Bonifatiusverein mit finanziellen Mitteln helfend eingreifen sollte. Steuerlich gesehen empfiehlt es sich, daß die Kirchengemeinde, soweit das möglich ist, freie Station gewährt und dann die übrig bleibende Summe als Gehalt zahlt. In diesem Falle kann die freie Station steuerlich mit RM 63.- monatlich eingesetzt werden.

Bischöflich Münstersches Offizialat, Ernennung des Vertriebenenpriesters Konrad Leister zum Kaplan der Pfarrgemeinde Delmenhorst, 2.5.1946

mischen Klerus gegenüber den vertriebenen Mitbrüdern, wurden nicht erteilt. Über die Zuweisung der Priester an die Gemeinden entschied allein das Offizialat, allerdings sorgte Offizial Pohlschneider dafür, daß die ankommenden Geistlichen nach Möglichkeit zuerst in ihrem Ankunftsort eingesetzt wurden. Und dies vor allem, wenn sie dorthin bereits mit einem Teil ihrer schlesischen Pfarrei gelangt waren, wie es in 10 Orten im Bereich der Fallstudie festzustellen ist[135].

Mag diese administrative Entscheidung auch primär aus pragmatischen Gründen erfolgt sein, also von den seelsorglichen Notwendigkeiten bestimmt gewesen sein, so spielte die Überlegung eine entscheidende Rolle, den von den Migrationsströmen ausgehenden Gefahren eines Bindungsverlustes der Katholiken an ihr schlesisch geprägtes katholisches Milieu durch die Zuweisung schlesischer Heimatseelsorger entgegenzuwirken. Damit trug das Offizialat dezidiert dazu bei, daß der direkte Kontakt zwischen Seelsorger und Teilen der Heimatgemeinde wenigstens nicht abriß. Daher muß man den kirchlichen Verantwortlichen im Fallbeispiel ein hohes Maß an Sensibilität in der „Stunde Null" der Vertriebenenseelsorge bescheinigen, wenngleich der Status quo von 1946 schon bald darauf bedingt durch seelsorgliche Erfordernisse Veränderungen erfuhr[136].

Gleichzeitig wurde von den ankommenden Priestern aber auch eine rasche Anpassungsfähigkeit an die veränderten Lebensverhältnisse verlangt, verbunden mit der Bereitschaft, als „Rucksackpriester" angesichts fehlender Fortbewegungsmittel zu Fuß eine Vielzahl an Ortschaften in einem weitläufigen Diasporabezirk zu betreuen. Formen der Mitbeteiligung der ostvertriebenen Geistlichkeit an der Einweisung der Vertriebenenseelsorger, wie sie aus anderen westdeutschen Diözesen (wie zum Beispiel Rottenburg) belegt sind[137], waren im Offizialatsbezirk Oldenburg unbekannt. Doch betraf dies nicht allein die ostvertriebenen Priester, sondern entsprach der grundsätzlichen Versetzungspraxis der kirchlichen Behörde.

### b) durch staatliche Maßnahmen

War die kirchliche Behörde in Vechta auch der erste und wichtigste Anlaufpunkt und Organisator in Fragen der Klerusaufnahme, so erfuhr sie dabei nachhaltige Unterstützung seitens der staatlichen Behörden. Die Not der Ankommenden und das pastorale Chaos ließen einen Prozeß des Zusammenwirkens von Kirche und Staat in Gang kommen. Diese Hilfe

---

[135] In ihren Ankunftsorten unmittelbar eingesetzt wurden Geistliche in Burhave, Berne, Delmenhorst, Hude, Sandkrug, Lohne, Kreyenbrück, Bockhorn, Zetel und Schillig.

[136] Beispielsweise wurden zu Jahresbeginn 1948 die Breslauer Priester Alfons Scholz, Barßel, und Adolf Langer, Lohne, aus ihren Ankunftsorten in Diasporagemeinden versetzt, da sich für sie in Südoldenburg mit Ausnahme der speziellen Vertriebenenbetreuung keine Verwendung gefunden hatte.

[137] Der dortige Beauftragte Alfons M. Härtel hatte den Auftrag, „die ankommenden Priester mit einem provisorischen Dekret in die Gemeinden einzuweisen, in denen sie gebraucht wurden". Vgl. Köhler, Joachim, Alfons Maria Härtel und die Anfänge der Flüchtlings- und Vertriebenenseelsorge im Bistum Rottenburg, in: Rottenburger Jahrbuch für Kirchengeschichte, Bd. 7 (1988), 111–125, hier 118.

bei der Milieuformierung geschah zumeist im Hintergrund und bedarf allein deshalb hier einer Erwähnung. So wies der oldenburgische Innenminister August Wegmann im Oktober 1946 die Oberbürgermeister und Landräte an, „den betreffenden Geistlichen auch bei der Bereitstellung von Wohn- und Arbeitsräumen jede mögliche Hilfe zu leisten"[138]. Es ginge nicht an, daß Flüchtlingsgeistliche, die eine schwere seelsorgliche Aufgabe zu erfüllen hätten, nicht bei der Wohnungszuweisung und der Vergabe von Bezugsscheinen für Lebensmittel bevorzugt würden. Wegmanns klare Worte fanden jedoch in der Realität häufig kaum Resonanz, so daß die betroffenen Geistlichen in nicht seltenen Fällen das Offizialat oder den Landes-Caritasverband für Oldenburg in Vechta einschalten mußten.

Ein Beispiel mag hier für viele stehen: Noch Anfang 1948 versuchte ein nach Elsfleth, Kreis Wesermarsch, versetzter Geistlicher wochenlang vergeblich, eine Wohnung in der Hafenstadt zu bekommen. Erst eine Intervention von Landes-Caritasdirektor Hans Watermann beim Verwaltungspräsidium in Oldenburg führte zum gewünschten Erfolg, nachdem ersterer seiner Enttäuschung darüber Ausdruck verliehen hatte, daß sich „die örtlichen Dienststellen von einer einigermaßen konzilianten Seite [zeigten], aber das, worauf es ankommt, den guten Willen in die Tat umzusetzen, ist bisher ausgeblieben. Es ist notwendig, daß hier sehr bald etwas geschieht, da mehrere tausend katholische Flüchtlinge sonst ohne seelsorgliche Betreuung sind."[139]

Des weiteren konnte das Offizialat nur durch staatliches Einwirken den Flüchtlingsgeistlichen bereits wenige Wochen nach ihrer Ankunft Bezugsscheine für Fahrräder zur Verfügung stellen. Unter Hinweis auf die großflächigen Bezirke, die diese zu versorgen hätten, und die Dringlichkeit der Angelegenheit sandte Offizial Pohlschneider dem Landwirtschaftsamt im Oldenburgischen Staatsministerium Anfang Juli 1946 eine Liste mit den Namen von 15 Ostpriestern zu, welche die staatliche Dienststelle zu versorgen versprochen hatte[140].

## 4. Empirische Beispiele des Interaktionsverhaltens von vertriebenen und einheimischen Klerikern

Der Transformationsprozeß der Aufnahme schlesischer Priester im Bereich der Fallstudie war viel eher als durch normative Vorgaben der Kirchenleitung vom alltäglichen Zusammenleben mit dem einheimischen Klerus und der Bevölkerung bestimmt. Das Interaktionsverhalten zwischen beiden Mentalitäten erscheint in der kollektiven Beurteilung schwer meßbar, da neben einem stets subkutan erkennbaren Konkurrenzdenken auch immer der individuelle Grad persönlicher Sympathien eine Rolle spielte, wie einige empirische Beispiele belegen.

---

[138] Ministerium des Inneren an Oberbürgermeister u. Landräte v. 2.10.1946, in: StAOl Best. 136-125-66, B 1b.
[139] Watermann an Oberregierungsrat Wirmer, Oldenburg, v. 27.2.1948, in: Pfarrarchiv Elsfleth: Briefverkehr.
[140] Vgl. Pohlschneider an Landwirtschaftsamt Oldenburg v. 5.7.1946, in: OAV A-8-68.

Der ranghöchste der geistlichen Neubürger Oldenburgs, der Breslauer Domkapitular und Diözesan-Caritasdirektor Prälat Ernst Lange, beispielsweise, der allein mit einem Rucksack, der seine ganze Habe enthielt, auf dem Bahnhof Schneiderkrug ausgeladen wurde, erhielt fürsorgliche Aufnahme bei den Franziskanerinnen von Salzkotten im Krankenhaus von Visbek[141]. Der aus der schlesischen Metropole und Bischofsstadt in die agrarische Subregion Südoldenburg verschlagene Prälat sah diesen radikalen Wechsel seines Lebensumfeldes aus einem starken Gottvertrauen heraus, als er gegenüber dem Bischof von Münster gelegentlich bekundete: „Exzellenz sehen, daß ich von der Vorsehung in dieses einsame Dorf (gemeint ist Visbek. Anm. d. Verf.) geführt worden bin, fort von meiner Tätigkeit, von meiner mir durch Eminenz Bertram übertragenen Machtbefugnis [...]"[142]. Die Mentalitätsunterschiede zwischen Einheimischen und Vertriebenen lagen nach Langes ebenso offener wie persönlicher Einschätzung in der „härtere[n] Wesensart" der Einheimischen, „so daß diese Menschen trotz aller sehr guten Anlagen die Neigung zum Gutestun nicht in sich haben [...]"[143]. Dennoch wurde Lange – wohl auch aufgrund seiner Ämter und Würden – in der südoldenburgischen Gemeinde recht dankbar aufgenommen und zu seelsorglichen Aushilfen in den Nachbargemeinden herangezogen.

Sein Mitbruder Josef Wahlich[144], zuvor Erzpriester in der niederschlesischen Kreisstadt Ohlau, hatte zwar das Glück, die zur Großpfarrei Cloppenburg gehörigen Bauerschaften Stapelfeld und Vahren selbständig betreuen zu dürfen, fühlte sich dagegen ohne einen schlesischen Confrater in der direkten Nachbarschaft recht alleingelassen und kommentierte nicht ohne Ironie, daß er als Hilfspriester überhaupt froh sein könne, seelsorgliche Aufgaben wahrnehmen zu dürfen[145].

Die wohl extremsten Bedingungen bei der Ankunft im Untersuchungsraum widerfuhren dem oberschlesischen Pfarrer Hugo Springer aus Kleuschnitz[146], der auf seinem von Neisse ausgehenden Transport das Pech hatte, in den letzten drei Wagen des Zuges zu sitzen. Nachdem die vorderen Abteile bereits zwischen Oldenburg und Wilhelmshaven auf einzelnen Bahnhöfen ausgeladen worden waren, wurden die letzten Vertriebenen erst an der Endstation in Schillig an der Nordsee zum Aussteigen veranlaßt. „Weiter ging es ja nicht mehr, denn da ist der Deich und gleich dahinter das Meer", notierte

---

[141] Ernst Lange, geboren 1876 in Wallisfurth, Priesterweihe 1904 in Breslau, 1920 Diözesan-Caritasdirektor u. Domkapitular in Breslau, 1946 Seelsorger in Visbek, gestorben 1973 ebd. Vgl. Hirschfeld/Trautmann (wie Anm. 8), 321f., u. Scholz, Franz, Ernst Lange (1876–1973), in: Gröger, Johannes u. a. (Hrsg.), Schlesische Kirche in Lebensbildern, Sigmaringen 1992, 25–32.

[142] Lange an Keller, o. Datum, zit. in: Lange, Ernst, Rundbrief an die Jüngerinnen und Jünger der Caritas v. 8.12.1954, in: OAV Nachlaß Otto Jaritz (1909–1987).

[143] Lange an Jaritz v. 26.2.1947, ebd.

[144] Josef Wahlich, geboren 1889 in Breslau, Priesterweihe 1913 ebd., 1927 Pfarrer in Ohlau, Erzpriester, 1946 Seelsorger in Stapelfeld, 1952–1958 Religionslehrer in Cloppenburg, Päpstlicher Geheimkämmerer, gestorben 1964 ebd. Vgl. Hirschfeld/Trautmann (wie Anm. 8), 363f.

[145] Vgl. Wahlich an Jaritz v. 22.11.1947, in: OAV Nachlaß Otto Jaritz (1909–1987).

[146] Hugo Springer, geboren 1902 in Puschine (O/S), Priesterweihe 1934 in Breslau, 1944 Pfarrer in Kleuschnitz, 1946 Seelsorger bzw. Pfarrektor in Schillig, gestorben 1979 ebd. Vgl. Hirschfeld/Trautmann (wie Anm. 8), 354f.

Springer später noch immer mit einem Hauch von Resignation in seiner Pfarrchronik[147]. Hatte er wenigstens in dem örtlichen Kinderheim des Deutschen Roten Kreuzes eine Bleibe in festen Mauern gefunden, so wurde der mit ca. 50 Mitgliedern seiner Pfarrei Hermannsdorf, Kreis Jauer in Niederschlesien, nach Sandkrug bei Oldenburg gekommene Pfarrer Josef Christian[148] dort zuerst in einer Baracke untergebracht, wobei das „von außen gut sichtbare Rohr eines Kanonenofens [...] das markante Zeichen für ‚Fremde' [war], die nach der Wohnung des kath[olischen] Pfarrers fragten"[149].

Neben der in vielerlei Äußerungen anklingenden psychischen Belastung der Vertreibung für die Geistlichen, die kollektive Probleme der Pastoral ein wenig zurücktreten ließ, ist auch immer wieder eine geradezu stoische Gelassenheit angesichts der Ungerechtigkeiten im direkten Lebensumfeld erkennbar. Ohne jegliche Anklage informierte etwa der Vertriebenengeistliche Gerhard Schuster[150] aus Bockhorn im Herbst 1946 nüchtern den oldenburgischen Innenminister August Wegmann über seine aktuelle Lebenslage. Er sei seit dem 15. Juli als ausgewiesener Priester der Erzdiözese Breslau mit der Vertriebenenseelsorge in Bockhorn beauftragt, habe ein Privatzimmer als Pfarrbüro anmieten können und sei im August durch Vermittlung des Offizialats in den Besitz eines Fahrrades gelangt, mit dem er die Wege zu Hausbesuchen, zum Religionsunterricht in den Bauernschaftsschulen und zur Messe in den umliegenden Notgottesdienststationen zurücklege[151].

Wie erwähnt gehörten Fahrräder zu den ersten technischen Hilfsmitteln, die das Offizialat flächendeckend für die ostdeutschen Geistlichen im Sommer bzw. Herbst 1946 mit Hilfe der britischen Militärregierung organisieren konnte[152]. Aber wer als Vertriebenenpriester schließlich über einen Bezugsschein verfügte, vermochte sich über diesen Gewinn auch nicht unbedingt zu freuen, wie im Falle des in Burhave tätigen Vertriebenengeistlichen, dem es zunächst unmöglich war, für das nach großen Anstrengungen erhaltene Fahrrad eine Fahrradlampe mit Dynamo aufzutreiben[153]. Über Nahrungsmittel für Tauschgeschäfte verfügten die Flüchtlinge ebensowenig wie über persönliche Beziehungen vor Ort, und somit fiel es ihnen nicht nur bei diesen lebensnotwendigen Kleinigkeiten schwer, Abhilfe zu leisten.

---

[147] Chronologie der katholischen Seelsorgestelle Schilling/Jeverland i. O. Manuskript, in: Pfarrarchiv Schilling, unpag. Seiten.

[148] Josef Christian, geboren 1885 in Herzogswalde, Priesterweihe 1911 in Breslau, 1929 Pfarrer in Hermannsdorf, 1946 Seelsorger bzw. Pfarrektor in Sandkrug, gestorben 1952 ebd. Vgl. Hirschfeld/Trautmann (wie Anm. 8), 277.

[149] Chronik des Pfarrektorats St. Ansgar Sandkrug, in: Pfarrarchiv Sandkrug, 13.

[150] Gerhard Schuster, geboren 1909 in Butschkau, Priesterweihe 1935 in Breslau, 1943 Pfarrer in Hünern, 1946 Seelsorger, Pfarrektor u. 1967 Pfarrverwalter in Bockhorn, 1985 em. Vgl. Hirschfeld/Trautmann (wie Anm. 8), 352.

[151] Schuster an Ministerium des Inneren v. 16.10.1946, in: StAOl Best. 136-125-66.

[152] Offizial Pohlschneider erbat am 5.7.1946 beim Landeswirtschaftsamt in Oldenburg u. nach Mißerfolg am 10.8.1946 schließlich beim Military Government Det. 821 die Bereitstellung von 19 Fahrrädern für Vertriebenenseelsorger. Vgl. OAV A-8-68.

[153] Vgl. Schinke an Offizialat v. 13.1.1947, in: OAV B-8a-10n. Den Fahrradbezugsschein hatte er bereits im August 1946 erhalten.

Diese Erfahrung mußte auch der aus der Erzdiözese Breslau mit seinen Eltern nach Oldenburg gelangte und von dort aus in dem Dorf Huntlosen, einschließlich benachbarter Bauernschaften, eingesetzte Kaplan Georg Gruhn[154] machen, der sein Leid dem Offizial klagte:

„In der ganzen vorigen Woche bin ich bemüht gewesen, in Huntlosen eine Wohnung zu erhalten, jedoch waren meine Bemühungen bisher ergebnislos. Ich habe nun versucht, das Wohnungsamt der Gemeinde Großenkneten einzuschalten, aber dies teilte mir mit, daß ich erst dann die Zuzugsgenehmigung erhalten würde, wenn ich eine Wohnung in Huntlosen nachweisen könnte. Fast wäre meine Suchaktion geglückt, und hätte ich im ev[angelischen] Pastorat gut unterkommen können, doch wird die für mich vorgesehene Wohnung erst dann frei, wenn der alte Pastor, der infolge der Entnazifizierung seiner Stelle enthoben wurde, eine neue Stelle erhält und das Haus verläßt. Nach Mitteilung der Militärbehörde besteht für ihn begründete Aussicht, daß er voraussichtlich in diesem Jahr noch eine andere Stelle erhält. Das ist jedoch für mich zu unsicher, und ich habe mich wegen einer Wohnung jetzt an das Kreiswohnungsamt gewendet, das mir den ordentlichen Dienstweg mitgeteilt hat, den ich sofort beschreiten will.

Vorläufig wohne ich noch in Oldenburg, wo ich jetzt eine eigene Wohnung zugewiesen erhielt, [...]. Telefonisch bin ich jedoch in der Zeit von 13–15 Uhr und abends von 19–20 Uhr im Liebfrauenhaus zu erreichen, da ich hier noch esse. In Huntlosen selbst ist es mir jetzt auch sehr schwer, am Abend von Samstag zu Sonntag und Sonntag zu Montag unterzukommen [...]. Die einzige katholische Familie, die in H[untlosen] ansässig ist, kann mich nur sehr schwer aufnehmen, da aller verfügbarer Platz dort auch belegt ist. Die Gasthäuser erklären, daß sie keinen freien Raum zur Verfügung hätten, alle Gästezimmer wären besetzt. Bei erneuten Nachfragen vertrösten sie dauernd auf später. [...] Wenn am nächsten Sonntag Familie S. in H[untlosen] mich nicht aufnimmt, ist es beinahe nicht möglich, nach dort zum Gottesdienst zu gelangen, da ich am Sonntag früh nicht nach H[untlosen] kommen kann, weil kein Zug geht. Ich habe mich nun in Verbindung mit einem Autoverleiher gesetzt, der mich auch am Sonntag fahren könnte. Schon vor 1 Woche hatte ich mit Schwester Hildegarda von Ihrer Verwaltung gesprochen, die mir sagte, daß sie mit Euer Gnaden wegen Benzin und Ölscheinen sprechen würde. Ich hoffe, daß Euer Gnaden mir solche einstweilen zur Verfügung stellen können. Mein Fahrweg beträgt Oldenburg – Huntlosen ca. 20 km und Huntlosen – Kirchhatten 7 km, Kirchhatten – Oldenburg wieder 20 km, also pro Fahrt 47 km."[155]

---

[154] Georg Gruhn, geboren 1919 in Hermannsdorf, Priesterweihe 1944 in Breslau, 1946 Seelsorger in Huntlosen, 1948 Pfarrektor in Lemwerder, 1953 desgl. in Augustfehn, 1965 desgl. in Beverbruch, 1975 i. R. u. Subsidiar in Varel, gestorben 1981 ebd. Vgl. Hirschfeld/Trautmann (wie Anm. 8), 294f. Zur Situation der Katholiken in Huntlosen vgl. Faß, Dirk, Die Geschichte der Huntloser Katholiken, in: Ders., Eine Zeitreise durch Huntlosen. Ein heimatliches Lesebuch, Oldenburg 1998, 50–53, hier 53.

[155] Gruhn an Pohlschneider v. 25.9.1946, in: OAV B-58c-9.

Aus der oberschlesischen Kreisstadt Rosenberg kam der junge Pfarrvikar Hugo Jendrzejczyk nach Cloppenburg und berichtete über seine ersten Eindrücke in der unbekannten Umgebung:

„Cloppenburg war mir aus der Nazizeit ein ‚Begriff'! Hier hatte doch der Kreuzkampf stattgefunden, den die Oldenburger Katholiken siegreich bestanden hatten. In Cloppenburg wurde unser Zug geteilt, und wir landeten am Ziel unserer Irrfahrt in Bösel, wo wir Ausgewiesenen endlich eine Bleibe finden sollten. Meine Angehörigen fanden zunächst Aufnahme in der Schule, bis sie dann eine Stube in einem Bauernhaus bekamen. Ich fand sehr liebe und gastliche Aufnahme im Böseler Pfarrhaus bei Pfarrer Sommer und seiner Schwester, denen ich immer in Dankbarkeit verbunden bleibe [...]. Leicht war es für mich nicht. Etwa 900 km war ich von meiner Heimat entfernt; der Menschenschlag war so ganz anders als daheim. Und als Habenichts war man den possidentes gegenüber immer im Nachteil; zumal wir aus dem ‚fernen Osten' kamen, von dem man nicht viel wußte; so ungefähr, als wenn sich dort die Füchse ‚Gute Nacht' sagten."[156]

Über das alltägliche Zusammenleben von Vertriebenen und Einheimischen im katholischen Südoldenburg gab der in die Pfarrei St. Franziskus Elsten eingewiesene und dort mit der seelsorglichen Mitarbeit beauftragte Erzpriester Heinrich Bahr aus Oppersdorf im oberschlesischen Kreis Neisse im März 1947 in humorvollem Stil folgenden hier auszugsweise zitierten Situationsbericht:

„Auch hier in ganz katholischer Luft hat man zu kämpfen, um sein Ansehen gegenüber den Dorfpaschas zu behaupten, was mir übrigens [zu] 90 % gelungen ist. [...] Hier werde ich im Gegensatz zu den Gläubigen, die meinen ‚Erzpriester' in ‚Herr Dechant' umgeprägt haben, von dem Herrn Ortspastor von Kanzel und Beichtstuhl aus nur als ‚Der Hilfspriester' bezeichnet, womit allerdings die Notwendigkeit meiner Mitwirkung treffend beglaubigt wird."[157]

Unter den Bedingungen eines für alles Fremde aufgeschlosseneren Diasporakatholizismus etablierte sich in Nordoldenburg dagegen eine größere Offenheit im gegenseitigen Umgang als im geschlossen katholischen Milieu Südoldenburgs. Der an der Oldenburger Hauptkirche St. Peter wirkende Dechant Heinrich Krone[158] zeigte sich zum Beispiel seinen ostdeutschen Mitbrüdern gegenüber offensichtlich recht entgegenkommend, wenn er im Juni 1947 anläßlich seines Eintritts in den Ruhestand in der Pfarrchronik no-

---

[156] Jendrzejczyk, Hugo, 1936–1976. Aus 40 Priesterjahren (wie Anm. 115), 28. Hugo Jendrzejczyk, geboren 1912 in Radzionkau, aufgewachsen in Kreuzburg, Priesterweihe 1936 in Breslau, 1943 Pfarrvikar in Rosenberg, 1946 Vikar in Jever, 1947 Seelsorger bzw. Pfarrektor in Jaderberg, 1975 Geistl. Rat, gestorben 1979 ebd. Vgl. Hirschfeld/Trautmann (wie Anm. 8), 312f.

[157] Bahr an Jaritz v. 11.3.1947, in: OAV Nachlaß Otto Jaritz (1909–1987). Heinrich Bahr, geboren 1881 in Oppeln, Priesterweihe 1907 in Breslau, 1939 Pfarrer in Oppersdorf, Erzpriester, 1946 Seelsorger in Elsten-Warnstedt, 1949 Bistum Passau bzw. München-Freising, gestorben 1956 in Garmisch-Partenkirchen. Vgl. Hirschfeld/Trautmann (wie Anm. 8), 271f.

[158] Heinrich Krone, geboren 1878 in Strücklingen, Priesterweihe 1904 in Münster, 1919 Pfarrer in Oldenburg, 1927 zugleich Dechant, 1947 em. in Dinklage, Päpstlicher Geheimkämmerer, gestorben 1952 ebd. Vgl. Heitmann, Clemens, Priesterbuch des Offizialatsbezirks Oldenburg (wie Anm. 100), 36.

tierte, er habe „mit viel Mühe und Sorge die neuen Seelsorgestellen eingerichtet [...] und mit priesterlicher Liebe die immer größer werdende Gemeinde umsorgt"[159]. Dieses Selbstzeugnis findet sich allerdings aus anderer Warte, wenngleich cum grano salis, bestätigt. Der für die Vertriebenen in Bad Zwischenahn eingesetzte Pallottinerpater bekräftigte gegenüber seinem Ordensoberen die kooperative Haltung Krones. Der Oldenburger Dechant sei ihm zugetan und lasse ihn selbständig arbeiten[160].

In dieser Tradition sah sich auch Krones Nachfolger als Pfarrer und Dechant an St. Peter, Heinrich Grafenhorst. Als er zu Jahresbeginn 1948 gebeten wurde, anläßlich des 25jährigen Priesterjubiläums eines in Elsfleth tätigen heimatvertriebenen Erzpriesters als zuständiger Pfarrer eine größere Feier der jetzigen Gemeindemitglieder und der ehemaligen schlesischen Pfarrgemeinde des Jubilars in seiner Kirche zu erlauben, ließ Grafenhorst die Festlichkeit so feierlich wie möglich gestalten[161].

Als der schlesische Erzpriester Augustin Schinke aus Bielau, Kreis Neisse, im Juni 1953 in dem Nordseeort Burhave sein Goldenes Priesterjubiläum beging, nahm auch Heinrich Grafenhorst, nunmehr als Offizial, an dieser Feier teil und würdigte in seiner Ansprache die schwierigen äußeren Bedingungen, unter denen Schinke arbeitete[162]. Über den vorangegangenen Festzug durch die Straßen zur evangelischen Kirche, wo der Gottesdienst stattfand, hatte der Chronist hinsichtlich der Akzeptanz dieses ersten Priesterjubiläums seit der Reformation in dem protestantischen Wesermarsch-Dorf notiert: „Hinter dem Hochw[ürdigen] Herrn Rat mit seiner Festassistenz das treue Volk der katholischen Ostvertriebenen und auch so mancher Einheimische. Ringsum sah man bei Straßenpassanten, aus Türen und Fenstern Gesichter, in denen sich freundliche Teilnahme spiegelte."

Eine besonders erfreuliche Aufnahme im Westen war für den Pfarrer von St. Dominikus in Neisse, Otto Jaritz[163], vorprogrammiert. Der im Mai 1946 nach Delmenhorst gelangte Vertriebenenpriester konnte schließlich neben der Licentia celebrandi sogar eine aktuelle Bescheinigung des Breslauer Kapitelsvikars Ferdinand Piontek vorzeigen, wonach er seine Pfarrei aus politischen Gründen verlassen mußte und aufgrund fehlender Wirkungsmöglichkeiten innerhalb des Erzbistums Breslau für die Übernahme seelsorgli-

---

[159] Krone, in: Pfarrchronik St. Peter Oldenburg, in: Pfarrarchiv St. Peter Oldenburg, 39.

[160] Vgl. P. Hagel an Provinzial v. 16.9.1946, in: Archiv der Norddeutschen Provinz der Pallottiner, Limburg.

[161] Vgl. Pfarrektor Gruhn, Lemwerder, an die ostdeutschen Priester Oldenburgs v. 8.3.1948, in: OAV Nachlaß Otto Jaritz (1909–1987). Gruhn war vor 1946 Kaplan in der schlesischen Pfarrei des Silberjubilars gewesen.

[162] Vgl. Bericht über das Goldene Priesterjubiläum in Burhave, in: Pfarrarchiv Brake: Protokolle der Priesterkonferenz Wesermarsch. Hier auch das folg. Zit.

[163] Otto Jaritz, geboren 1909 in Lübben, Priesterweihe 1933 in Breslau, 1944 Pfarrer in Neisse St. Dominikus, 1946 Seelsorger bzw. Pfarrektor in Rastede, 1967–1971 desgl. u. Leiter der Abteilung Schule u. Erziehung im Offizialat Vechta, 1971 Propst h. c., 1984 em., gestorben 1987 in Cloppenburg. Vgl. Hirschfeld/Trautmann (wie Anm. 8), 311, u. Schieckel, Harald, Die Beziehungen der Familie Jaritz zum Oldenburger Münsterland. Dem Andenken an Propst Otto Jaritz gewidmet, in: Jahrbuch für das Oldenburger Münsterland 1993, 182–188.

cher Tätigkeiten in einer anderen Diözese freigegeben wurde. Gleichzeitig hatte Piontek ihm ein moralisches Zeugnis ausgestellt, in dem der ostdeutsche Priester der kirchlichen Behörde der Aufnahmediözese aufgrund seines Lebenswandels und seiner pastoralen Erfahrungen empfohlen wurde[164]. Jaritz war im übrigen besonders daran gelegen, eine Aufgabe im Oldenburgischen übertragen zu bekommen, da hier die Heimat seiner väterlichen Familie lag. Er habe nach seiner Vertreibung Ende Dezember 1945 schon Vertretungen in den Erzdiözesen Köln und Paderborn gemacht, teilte er Offizial Pohlschneider mit, würde aber gern in Oldenburg bleiben, obwohl ihm in den genannten Erzdiözesen bereits eine Anstellung angeboten worden sei. Zur weiteren Legitimation führte Jaritz seine gutbürgerliche oldenburgische Verwandtschaft an. Ein Onkel sei Justizinspektor in Delmenhorst gewesen, ein anderer Stadtrat und Postinspektor in Oldenburg[165]. Offenbar hatte das Leumundszeugnis Pionteks Pfarrer Jaritz vielerorts Tor und Tür geöffnet und ihn vor die schwierige Frage gestellt, welchem Arbeitsangebot er nun nachkommen sollte. Daß es sich dabei um eine eher seltene Ausnahme handelte, zeigen zahlreiche gegenläufige Beispiele von heimatlosen ostdeutschen Priestern, die in mehreren Diözesen von den Generalvikariaten abgewiesen wurden[166]. Hinsichtlich des Verbleibs und der freundlichen Aufnahme von Jaritz im Offizialatsbezirk spielten sicherlich die Verbindungen seines Vetters, des damaligen Wilhelmshavener Pfarrers Heinrich Grafenhorst, eine Rolle. Keinem anderen Vertriebenenpriester zeigte sich schließlich Offizial Pohlschneider zudem bereits 1946 so gewogen wie Jaritz, indem er diesem die Inkardination anbot, um offenbar seine Aufstiegschancen im oldenburgischen Seelsorgedienst zu erhöhen[167].

Ein abweisendes Verhalten gegenüber ostvertriebenen Priestern ist zwar seitens des Bischöflichen Offizialats in Vechta nicht belegt. Dennoch hatten die Vertriebenenpriester durchaus nicht nur in Einzelfällen zu Beginn einen schweren Stand im einheimischen Klerus. Dies galt vor allem dann, wenn die ohne größere Habe Ankommenden sich nicht einmal als Geistliche legitimieren konnten, also kein gültiges Celebret[168] vorzuweisen vermochten. Wie vorsichtig der einheimische Klerus reagierte, zeigt das Verhalten des Pfarrers von Delmenhorst auf die Nachricht, in dem zu seiner Pfarrei gehörenden Ort Hude sei mit einem Vertriebenentransport zugleich auch ein katholischer Geistlicher

---

[164] Vgl. Bescheinigung o. Datum, in: OAV B-43c-13.

[165] aritz an Offizialat v. 18.5.1946, ebd.

[166] Vgl. diesbezüglich die Korrespondenzen ostvertriebener Priester mit ihren Heimatordinarien. Für Ermland belegt Penkert, Alfred, Auf den letzten Platz gestellt? Die Eingliederung der geflüchteten und vertriebenen Priester des Bistums Ermland in die Diözesen der vier Besatzungszonen Deutschlands in den Jahren 1945–1947 (Veröffentlichungen der Bischof Maximilian Kaller-Stiftung), Münster 1999, 178ff., diese prekäre Situation mit einigen Beispielen. Positiv fällt dabei die Freundlichkeit ins Gewicht, mit der Bischof von Galen einen stellungslosen ermländischen Kaplan im Bistum Münster aufnahm und ihm im Ostmünsterland zu einer Tätigkeit verhalf.

[167] So berichtet Jaritz in einem Brief an Grafenhorst v. 29.1.1962, in: Archiv des Apostolischen Visitators Breslau, Münster: Offizialatsbezirk Oldenburg.

[168] Gemeint ist ein Empfehlungsschreiben des heimatlichen Oberhirten, das die Rechtmäßigkeit des priesterlichen Wirkens legitimierte. Vgl. Arnold, Franz, Artikel: Celebret, in: LThK, 2. Aufl., Bd. 2 (1958), Sp. 987f.

eingetroffen. Da die kirchliche Behörde erst kurze Zeit zuvor vor einem Schwindler gewarnt hatte, der sich als Flüchtlingsgeistlicher ausgab, reiste der Pfarrer umgehend nach Hude, um den Neuankömmling persönlich in Augenschein zu nehmen, und ließ sich dabei von einem in Delmenhorst weilenden ehemaligen Wehrmachtspfarrer in Uniform begleiten[169], der dem potentiellen Hochstapler offensichtlich Angst einjagen sollte. Jedenfalls konnte der besagte Flüchtlingspriester ein gültiges Weihezeugnis vorlegen, das ihn als Priester der Erzdiözese Prag/Glatz legitimierte und erinnerte sich im nachhinein daran, daß der Delmenhorster Pfarrer seine Papiere eingehend geprüft und selbst danach noch mit einem leichten Zweifeln zu seinem Begleiter gesagt habe: „Da wird er wohl echt sein."[170]

Weniger Glück hatte der in einer weiteren neuen Seelsorgestelle der Pfarrei Delmenhorst eingesetzte schlesische Geistliche Helmut Richter, der bereits als Exponent des „progressiven" schlesischen Priestertypus Erwähnung gefunden hat[171]. Zwar begegnete er in der ihm übertragenen Seelsorgestelle zwei aufgeschlossenen evangelischen Amtsbrüdern, die ihm in seinen Sorgen und Nöten Ansprechpartner waren, stieß aber in der kirchlich eher distanzierten protestantischen Bevölkerung auf wenig Verständnis und erhielt erst nach langem Warten von der örtlichen Gemeindeverwaltung ein Quartier vor Ort zugewiesen. Darüber hinaus aber erwies sich für ihn die Zusammenarbeit mit dem vorgesetzten Delmenhorster Pfarrer als äußerst problematisch[172]. Für den Pfarrer der Muttergemeinde stand fest, daß es einem allzu selbständigen pastoralen Wirken des Ganderkeseer „Hilfsgeistlichen" entgegenzuwirken galt. Nachdem dieser für einen in seinem Seelsorgebezirk unterrichtenden Lehrer beim Ministerium die Weisungsbefugnis zur Erteilung des Religionsunterrichts erbeten hatte, hieß es aus Delmenhorst anklagend: „Wo kämen wir wohl hin, wenn noch andere Kapläne bzw. Laien einer Pfarrgemeinde

---

[169] Es handelte sich um den Würzburger Priester Dr. Ernst Roeder, der in der ersten Nachkriegszeit in einem Reservelazarett wirkte, das im Delmenhorster St.-Josef-Stift eingerichtet war.

[170] Leister, Konrad, Pfarrektorat St. Marien Hude, in: 1879–1979. 100 Jahre Katholische Kirchengemeinde Delmenhorst, Delmenhorst 1979, 46–47, hier 46. Der Vertriebenenpriester war Konrad Leister, geboren 1908 in Brand, Priesterweihe 1931 in Breslau, 1940 Pfarrer in Voigtsdorf, 1946 Seelsorger bzw. Pfarrektor in Hude, Päpstlicher Ehrenkaplan u. Ehrenprälat, gestorben 1981 ebd. Zur Person vgl. Hirschfeld/Trautmann (wie Anm. 8), 324f., u. Elsner, Leonhard, Konrad Leister (1908–1981), in: Gröger, Johannes u. a. (Hrsg.), Schlesische Kirche in Lebensbildern (wie Anm. 141), 304–306. Vgl. auch Hirschfeld, Michael, „Das kostet mich meine Schuhsohlen und mein Herz!", in: Ders. (Hrsg.), 50 Jahre St. Marien Hude 1948–1998, Hude 1998, 20, wo diese Episode aufgegriffen ist.

[171] Helmut Richter, geboren 1902 in Saarbrücken, aufgewachsen in Breslau, Priesterweihe 1926 ebd., 1937 Pfarrer in Lossen, 1946 Seelsorger in Ganderkesee, Magistralkaplan des Souveränen Malteser-Ritterordens, Geistl. Rat, 1980 em. ebd., gestorben 1985 ebd. Vgl. Hirschfeld/ Trautmann (wie Anm. 8), 344. Vgl. zum folgenden auch Hirschfeld, Michael, „Gleich eine herzlichere Familiengemeinschaft". St. Hedwig in Ganderkesee als Beispiel für den Aufbau einer Vertriebenengemeinde im Bistum Münster, in: Ders., Trautmann, Markus (Hrsg.), Gelebter Glaube – Hoffen auf Heimat (wie Anm. 8), 127–151.

[172] Zu den Schwierigkeiten Richters mit Pfarrer Niermann, Delmenhorst, vgl. Richter, Helmut, Erinnerungen aus meinem priesterlichen Leben in Ganderkesee (wie Anm. 60), 6ff.

sich ähnliche Rechte anmaßen würden? [...] Hier muß doch H[err] Pf[arrer] R., der doch eben Kaplan in einer Pfarrgemeinde ist, in seine Schranken verwiesen werden, damit ihm endlich klar wird, daß er seiner zuständigen Pfarrei verantwortlich zu sein hat!"[173] Aus dieser Reaktion heraus sind Ängste ablesbar, daß die schlesischen Priester auch über die eigentliche Seelsorge hinaus Verantwortung auf sich ziehen könnten. Es läßt sich der Eindruck nicht verhehlen, daß gerade das große Vertrauen, welches seitens der vertriebenen Gläubigen ihren priesterlichen Landsleuten entgegengebracht wurde, negative Kreise hinsichtlich des mitbrüderlichen Verhaltens im Klerus zog.

Als bestimmendes Moment der ersten Begegnung zwischen Einheimischen und Vertriebenen, im vorliegenden Fallbeispiel konkret zwischen oldenburgischen und schlesischen Priestern, ist grundsätzlich ein Unterschied zwischen Theorie und Praxis feststellbar. Daß es vorbeugende Maßnahmen seitens der kirchlichen Hierarchie gab, um die Ortsgeistlichen auf den Flüchtlingsstrom aufmerksam zu machen und sie für die Anliegen dieser Menschen zu sensibilisieren, ist unbestritten. Dies belegt eine Richtlinie, die im „Kirchlichen Amtsblatt für die Diözese Münster" mit dem Ziel abgedruckt wurde, „eine frohe Bereitschaft zur willigen und gütigen Aufnahme zu wecken"[174]. Eine Handreichung, die von dem im neu eingerichteten Flüchtlings-Referat des Diözesan-Caritasverbandes in Münster tätigen westfälischen Kaplan August Pricking stammte und alle Priester des Bistums Münster zu engagiertem Einsatz für die Flüchtlingsbelange unter anderem durch vorbereitende Predigten für die einheimische Bevölkerung aufrief.

Konkret hieß es hier, bei Ankunft einer größeren Vertriebenengruppe „kann der Pfarrer sie tunlichst durch einige herzliche Worte begrüßen, die das gegenseitige Vertrauen wecken und gleich ein Stück Heimatatmosphäre bewirken". Mit Hilfe von Besuchen in den Lagern und Unterkünften der ostdeutschen Katholiken konnte – so die Richtlinie – der Kontakt zwischen einheimischem Seelsorger und ostdeutschen Gemeindemitgliedern intensiviert werden. Darüber hinaus sollten die Seelsorger sich offen zeigen, wenn die Vertriebenen „in der ersten Zeit auch einmal sich zusammenfinden wollen, etwa im Pfarrsaal oder bei einer gelegentlichen Andacht [...]". Gleichzeitig wurde ihnen aber auch empfohlen, dafür zu sorgen, daß die Neuankömmlinge baldmöglichst das Münsteraner Diözesangebet- und -gesangbuch erhielten und damit das in der Aufnahmediözese tradierte Liedgut so rasch wie möglich erlernten.

Die Intention der Ortsgeistlichen sollte also darin liegen, aus dem Stand ein Gefühl der Geborgenheit zu vermitteln, um vom ersten Moment an eine Verortung der Vertriebenen im lokalen kirchlichen Leben und damit die Kohäsion des katholischen Milieus zu gewährleisten. Vor diesem Hintergrund blieb selbst in der theoretischen Handreichung nur gelegentlich Raum für eine Berücksichtigung spezifischer Traditionen des schlesischen oder ermländischen Katholizismus. Statt dessen lautete die Vorgabe, die Integration

---

[173] So ein Vermerk eines Delmenhorster Caritasmitarbeiters, in: Pfarrarchiv St. Marien Delmenhorst: Ostvertriebene Katholiken.

[174] Kirchliches Amtsblatt für die Diözese Münster v. 4.5.1946, 69. Hier auch das folg. Zit. Das Original befindet sich in BAM NA-101-40.

der neuankommenden Gemeindemitgliedern in ein Münster-spezifisches katholisches Milieu zu fördern.

Inwieweit aber diese Richtlinien auf der Mikroebene erfolgreich Anwendung fanden, verdeutlichen einige Beispiele:

In Delmenhorst war der einheimische Pfarrer den „lieben katholischen Flüchtlingen"[175] zunächst mit viel Einsatzbereitschaft begegnet. In der Fastenzeit 1946 wurden diese von ihm trotz der herrschenden Papierknappheit sogar mit einem eigens angefertigten Handzettel begrüßt, gesondert zum Gottesdienstbesuch eingeladen und auf ein zu ihrer Betreuung neu eingerichtetes Caritas-Sekretariat hingewiesen. Erst der persönliche Umgang mit dieser Bevölkerungsgruppe machte ihn offensichtlich zu einer gegenüber den Neuankömmlingen zurückhaltenden Priesterpersönlichkeit. So schrieb er einem führenden Laien des katholischen Verbandswesens der Diözese bezüglich einer Einbindung der Vertriebenen in die Standesvereine mit erkennbarer Distanz, die Echtheit der religiösen Haltung der Vertriebenen ließe sich nicht durchschauen, da man nicht wisse, wie sich dieser Menschenschlag auf die Dauer entwickelte[176]. Öffentlich rief er die ostdeutschen Katholiken in seiner Pfarrei zur Assimilation und Integration auf: Sie sollten Oldenburger werden und ihre alte Kultur vergessen, forderte der einheimische Priester von den Vertriebenen[177]. Eine Ansicht, die er – vielleicht nicht in dieser Offensivität, aber doch im Grundsatz – mit der Mehrheit des oldenburgischen Klerus teilte. Die eigene Diasporasituation der erst zwei Generationen zuvor ins Leben gerufenen Pfarrei Delmenhorst verstärkte dabei sicherlich ein Stück weit die Angst davor, daß innerhalb der alten Gemeinde eine zweite, schlesische Gemeinde dominieren könnte, die allein auf „ihre" Vertriebenenpriester hören könnte, wie ein dort als Kaplan und geistlicher Betreuer der Flüchtlinge eingesetzter Breslauer Diözesanpriester sich an die Skepsis seines Pfarrers vor allem gegenüber dem schlesischen Klerus erinnerte.

Entsprechende pastorale Leitlinien finden sich ebenso in der Pfarrei St. Marien in Lünen, im westfälischen Teil der Diözese Münster, realisiert. Als hier lebende Flüchtlinge sich beim Bischöflichen Generalvikariat über eine zum Teil menschenunwürdige Unterbringung beschwerten, während der Klerus in gut eingerichteten Pfarrhäusern lebe[178], verwahrte sich der um Stellungnahme gebetene Ortspfarrer dagegen mit dem Hinweis, er habe noch am Ankunftstag der Vertriebenentransporte alle Lager aufgesucht und die ordnungsgemäße Unterbringung verfolgt. Zur Bekräftigung seiner Sympathie für die Heimatvertriebenen fügte er an: „Wir halten jeden Monat einen Gottesdienst der Ostver-

---

[175] Vgl. Kath. Pfarramt Delmenhorst an die kath. Flüchtlinge v. 17.3.1946, ebd.

[176] Vgl. Niermann an KAB-Diözesansekretär Bernhard Winkelheide, Recklinghausen, v. 19.2.1948, ebd.: KAB 1945–1953.

[177] So ein Schreiben v. Pfarrer Edmund Plehn, Friesoythe-Kampe, an den Verf. v. 30.11.1995 u. Gespräch d. Verf. m. Pfarrer Edmund Plehn v. 9.9.1997. Edmund Plehn, geboren 1911 in Allenstein, aufgewachsen in Danzig u. Spremberg, Priesterweihe 1937 in Breslau, 1943 Pfarrvikar in Liebau, 1946 Kaplan in Delmenhorst, 1956 Pfarrektor in Stollhamm, 1962 desgl. in Kampe, 1986 em. u. Geistl. Rat ebd. Vgl. Hirschfeld/Trautmann (wie Anm. 8), 339f.

[178] Vgl. Flüchtlinge aus Lünen an Generalvikariat v. 27.6.1948, in: BAM NA-101-414.

triebenen, in dem sie ihre schlesischen Lieder singen, wo ich ihnen Worte der Ermunterung zuspreche."[179]

Ein positiveres Schlaglicht auf die Haltung des einheimischen Klerus gegenüber den ostdeutschen Katholiken wirft aus der Perspektive eines Vertriebenenkindes die in Nordenham aufgewachsene Lyrikerin und Schriftstellerin Monika Taubitz[180], die dort bereits als 12jährige durch erste Gedichte auffiel. In ihrem autobiographischen Roman „Treibgut" setzte sie dem Nordenhamer Pfarrer Johannes Hillen, einem einheimischen Priester, ein literarisches Denkmal. Die St.-Willehad-Kirche in der Hafenstadt sei von den ostdeutschen Katholiken beim ersten Betreten als armselig und schlicht empfunden worden. „Doch das änderte sich, als der Pfarrer zum ersten Male aus der Sakristei kam und an den Altar trat; ernst und fromm sprach er das Gebet. Hier spürten sich alle angenommen, auch von ihm. Er versuchte, wenigstens hier, an diesem Ort, die Fremdheit mit Vertrautem zu durchsetzen."[181]

Als Belege für dieses ernsthafte Bemühen um eine Milieuformierung, die ostdeutschen Traditionen Raum beließ, führt Monika Taubitz gesellige Abende im Pfarrsaal an, bei denen Pfarrer Hillen auf seiner Querflöte musizierte. Der gebürtige Südoldenburger gehörte zu jenen Diasporaseelsorgern, die in den Ostvertriebenen ein entscheidendes belebendes Moment für den bisher eher randständigen und kleinräumigen Katholizismus an der Nordseeküste sahen und gleichzeitig jene Aufgeschlossenheit besaßen, die sie auch fremdes religiöses Kulturgut übernehmen ließ. Taubitz bringt hierzu folgendes Beispiel: „Unser ostdeutsches Liedgut gefiel ihm, und er ließ es sammeln und aufschreiben, solange wir es noch lebendig in Erinnerung hatten. Weihnachten überraschte er jeden von uns mit einem auf Nachkriegspapier gedruckten Heftchen, in dem die schönsten Weihnachtslieder vereint waren. Irgendwie war es ihm gelungen, Papier und Druckerlaubnis zu besorgen. Beides war damals außerordentlich schwierig zu erhalten, und niemand wußte, wie er es zuwege gebracht hatte."

Hillens Begeisterung über den Zuwachs an Katholiken in der Stadt an der Wesermündung und sein ernsthaftes Bestreben, ihnen auch als einheimischer Priester entgegenzukommen und eine geistliche Heimat zu bieten, äußerte sich ebenso in seinen Berichten an das Bischöfliche Offizialat über die anstrengende, aber für ihn offensichtlich zugleich auch anregende Seelsorgearbeit. Er sei jeden Sonntagnachmittag unterwegs, zelebriere um 15 Uhr in Stollhamm und um 17 Uhr in Tossens, wozu er einen Vertrag mit einem

---

[179] Pfarrer Josef Hennewig, Lünen, an Generalvikariat v. 13.7.1948, ebd.

[180] Monika Taubitz, geboren 1937 in Breslau, aus Eisersdorf/Grafschaft Glatz 1946 nach Nordenham vertrieben, 1951 Umsiedlung ins Allgäu, später Lehrerin u. Schriftstellerin in Meersburg/Bodensee. Vgl. Trautmann, Markus, Christliche Kunstschaffende aus dem deutschen Osten, in: Hirschfeld, Michael, Trautmann, Markus (Hrsg.), Gelebter Glaube – Hoffen auf Heimat (wie Anm. 8), 413–431, hier 429ff.

[181] Vgl. Taubitz, Monika, Treibgut, Stuttgart u. a. 1983, 152ff. Hier auch das folg. Zit. Die besondere Gabe von Pfarrer Hillen, den Vertriebenen menschliche Wärme zu schenken u. den Unterschied zwischen Vertriebenen u. Einheimischen in seiner Gemeinde schnell zu überwinden, stellte auch Prälat Bernhard Beering, Steinfeld, am 13.12.1999 gegenüber dem Verf. heraus. Beering war von 1951–1952 Kaplan an der Seite von Johannes Hillen in Nordenham.

Taxiunternehmen abgeschlossen habe, das ihn zu den Außenstationen bringe und dort wieder abhole[182].

Aus den hier zitierten Quellen wird zunächst erkennbar, daß die Haltung des einheimischen Klerus betreffs Aufnahme der Flüchtlinge und Vertriebenen durchaus differenziert betrachtet werden muß. Ein Pauschalurteil über distanzierte bis ablehnende Stellungnahmen oldenburgischer Seelsorger gegenüber ihren heimatlos gewordenen Mitbrüdern läßt sich damit ebensowenig fällen, wie eine einseitig positive Beurteilung des Vorgehens aller ostvertriebenen Geistlichen bei der Neuetablierung nicht der Realität entspricht. Dennoch waren letztere aber als von der Vertreibung großteils persönlich Traumatisierte das schwächere Glied in diesem Beziehungsgeflecht, und nicht zu Unrecht ist in vielerlei Hinsicht, so auch hier, von der allgemeinen „Selbstsicherheit des münsterschen Klerus"[183] die Rede. Andererseits mußten auch die oldenburgischen Priester verunsichert sein über den Bevölkerungszustrom und die Mentalitätsveränderung, die dadurch bedingt in ihren Gemeinden oft über Nacht Einzug hielt. Daß dabei weniger die Befürchtung einer seelsorglichen Überlastung oder einer wirtschaftlichen Katastrophe im Vordergrund stand als vielmehr die Angst vor einer kulturellen Überfremdung, drückt exemplarisch ein Brief des Offizials Pohlschneider vom Herbst 1946 aus, in dem er den Vertriebenenzustrom als „Einbruch in wertvolle Traditionen und Gebräuche unseres Volkes"[184] bezeichnete und zudem prophezeite, daß von diesen demographischen Veränderungen „große sittliche Gefahren" ausgehen würden.

Das sich in einer Überfülle von Aktivitäten ausdrückende Engagement des Nordenhamer Pfarrers Hillen auf der Mikroebene steht in diesem Kontext nicht nur gegenüber der Haltung des Offizialats beispiellos da. In Vechta wie auch in den meisten Pfarreien fehlte es – verstärkt durch die vorgenannten Ängste – vornehmlich an der notwendigen Beweglichkeit des oldenburgischen Klerus, um die durch den Bevölkerungszuwachs gegebenen Chancen zu ergreifen. Während sich ein Großteil der einheimischen Geistlichkeit von jeder hektischen Betriebsamkeit im Hinblick auf Seelsorgemaßnahmen für die Vertriebenen zurückhielt, ließ er im Sommer 1946 seine kirchliche Behörde wissen: „Eine ordentliche Seelsorge ist nicht möglich, weil man den ganzen Betrieb nicht mehr überschauen kann. Die überviele Arbeit läßt mich nicht mehr zur nötigen Ruhe kommen [...]. Die Strapazen [...] ruinieren uns alle körperlich vollständig [...]. Ich sehe mich nicht in der Lage, diesen Betrieb weiterzuführen."[185]

---

[182] Vgl. Hillen an Pohlschneider v. 25.6.1946, in: OAV B-8a-10n.
[183] Damberg, Wilhelm, Abschied vom Milieu? Katholizismus im Bistum Münster und in den Niederlanden 1945–1980 (Veröffentlichungen der Kommission für Zeitgeschichte, Reihe B, Bd. 79), Paderborn u. a. 1997, 125.
[184] Pohlschneider an Kapitularvikar Vorwerk v. 5.10.1946, in: OAV A-3-97. Hier auch das folg. Zit.
[185] Hillen an Pohlschneider v. 3.9.1946, zit. in: 1909–1959. 50 Jahre St. Willehadgemeinde Nordenham, Erolzheim 1959, 10.

## 5. Desintegrationserscheinungen im Spannungsfeld zwischen „östlicher" und „westlicher" Identität

### a) Kirchenrechtliche Vorgaben

Mit der Schilderung der theologischen und frömmigkeitsgeschichtlichen Prägung des ostdeutschen Klerus ist bereits das Fundament für den spezifischen geistigen und geistlichen Horizont dieser sozialen Gruppe beschrieben worden. Daneben stellte sich ein besonderes Problem für den ostvertriebenen Klerus beim Neuanfang im Westen durch seine kirchenrechtlichen Bindungen. In diesem Kontext bedarf die Frage nach der Inkardination, dem durch einen kirchlichen Rechtsakt eingegangenen Abhängigkeitsverhältnis jedes Geistlichen von einem Bischof und dem ihm unterstehenden Territorium bzw. der dadurch besiegelten Verantwortlichkeit des Bischofs für den jeweiligen Priester einer näheren Betrachtung[186].

Die Inkardinationsfrage stellt somit einen essentiellen Basis-Indikator für das Verhalten des Vertriebenenklerus zwischen Identitätsbewahrung und Integration dar. In Form eines Exkurses sei daher der Blick auf den Codex Iuris Canonici (CIC) von 1917 gelenkt, der allerdings die Situation des heimatvertriebenen Klerus im Nachkriegsdeutschland nicht antizipieren konnte, somit also auch keine Vorkehrungen für die Rechtslage des ostdeutschen Klerus nach 1945 beinhaltete[187]. Dennoch waren sich die Verantwortlichen in der kirchlichen Hierarchie rasch bewußt, daß mit dem Vertreibungsgeschehen ein Präzedenzfall hinsichtlich der rechtlichen Bindung des ostdeutschen Klerus vorlag. Da keiner der im CIC verankerten Exkardinationsparagraphen der durch die Vertreibung entstandenen Situation gerecht wurde[188], erhielten die Ordinariate der Aufnahmediözesen

---

[186] Die Inkardination bezeichnet die für alle Kleriker verpflichtende Eingliederung in den Verband eines Bistums. Sie erfolgt in der Regel durch die Erste Tonsur u. ist seit dem Konzil von Trient verpflichtend. Vgl. Ülhof, Wilhelm, Artikel: Inkardination, in: LThK, 2. Aufl., Bd. 5 (1960), Sp. 677. Zum Abhängigkeitsverhältnis der Priester von ihrem Ortsbischof vgl. Gatz, Erwin (Hrsg.), Priesterausbildungsstätten (wie Anm. 4), 19–21. Konkret handelte es sich hier um ca. 3.000 Welt- und ca. 700 Ordenspriester. Zu den Zahlen vgl. Braunstein, Karl, Die Vertreibung im Lichte des Kirchenrechtes, in: Königsteiner Blätter 3–4/1960, 65–132. Vgl. zu dieser Problematik neuerdings einen auf bisher unausgewerteten Akten des Historischen Archivs des Erzbistums Köln basierenden Aufsatz: Trippen, Norbert, Die Integration der heimatvertriebenen Priester in Westdeutschland nach 1945, in: Haas, Reimund u.a. (Hrsg.), Im Gedächtnis der Kirche neu erwachen. Studien zur Geschichte des Christentums in Mittel- und Osteuropa. Festgabe für Gabriel Adriányi (Bonner Beiträge zur Kirchengeschichte, Bd. 22), Köln u. a. 2000, 265–281.

[187] Vgl. Eichmann, Eduard, Lehrbuch des Kirchenrechts auf Grund des Codex Iuris Canonici für Studierende (Wissenschaftliche Handbibliothek, Theologische Lehrbücher, Bd. XXXIV), 2., verbess. Aufl. Paderborn 1926, 92ff.

[188] Zur Gesamtproblematik vgl. folgende grundlegende Aufsätze: Sehr detailliert und fachspezifisch: Braunstein, Karl, Die Vertreibung im Lichte des Kirchenrechtes (wie Anm. 186), 65–132. Weniger fachspezifisch u. allgemeinverständlicher: Braun, Gustav, Zur kirchenrechtlichen Lage des heimatvertriebenen Klerus in Deutschland, in: Archiv für katholisches Kirchenrecht, Bd. 125 (1951), 257–267; Braun, Gustav, Der ostvertriebene deutsche Klerus in kirchenrechtlicher

den Status quo der Inkardination im Heimatbistum folgerichtig aufrecht, indem sie den vertriebenen Geistlichen – wie oben beschrieben – die Cura-Vollmachten für einen Einsatz in der Seelsorge erteilten.

Mit der Problematik der rechtlichen Zugehörigkeit der ostdeutschen Priester und der Weisungsbefugnis für sie beschäftigte sich erstmals die Fuldaer Bischofskonferenz im Rahmen ihrer ersten Nachkriegstagung im August 1945, wenngleich dies nur am Rande geschah. So vermerkt das Protokoll bezüglich der kirchenrechtlichen Stellung des Klerus auch nur lapidar, daß für die ostdeutschen Priester die Möglichkeit bestehe, von ihren Ordinarien in die neuen Siedlungsgebiete ihrer Landsleute berufen werden zu können, wenn „die Umsiedlungen zur Ruhe gekommen sind"[189]. Allein der Gebrauch des Terminus „Umsiedlungen" weist hier auf eine Verharmlosung der wirklichen Schwierigkeiten hin, vor denen die west- und mitteldeutschen Ordinarien standen, deren Ausmaße sie aber offensichtlich zu diesem Zeitpunkt, kurz nach dem Bekanntwerden des „Potsdamer Abkommens", noch nicht recht erkannt hatten. Jedenfalls belegt dies das Erstaunen über die vermehrt bei ihnen kursierenden Lageberichte heimatvertriebener Priester, die den bischöflichen Behörden einen oftmals grausamen Einblick in die Realität verschafften. Daß diese Berichte bei ihren Adressaten offenbar durchaus auf Resonanz stießen, bezeugt die dringliche Mahnung eines vertriebenen Priesters der Erzdiözese Breslau, der den Paderborner Erzbischof Lorenz Jaeger um Hilfe für den Klerus der deutschen Ostgebiete nachgesucht hatte[190]. Jaeger leitete umgehend eine Durchschrift der Eingabe, der eine umfangreiche Dokumentation von Greueltaten an ostvertriebenen Priestern und Laien beigefügt war, an das Generalvikariat der Nachbardiözese Münster weiter. Sicherlich hat diese hier erläuterte Form der Aufklärung nicht unwesentlich dazu beigetragen, daß die Rechtsstellung der Flüchtlings- und Vertriebenenpriester auf der Fuldaer Bischofskonferenz des Folgejahres nun endgültig konkreter thematisiert wurde[191].

In deren Vorfeld hatte sich zudem der im Juni 1946 neu ernannte Päpstliche Sonderbeauftragte für die Flüchtlinge, Bischof Maximilian Kaller gegenüber dem Konferenzvorsitzenden, dem Kölner Kardinal Frings, besorgt geäußert, „das Problem der Ostflüchtlinge könnte bei den bevorstehenden Beratungen nicht die ihm zukommende Beachtung fin-

---

Sicht, in: Stasiewski, Bernhard (Hrsg.), Beiträge zur schlesischen Kirchengeschichte. Gedenkschrift für Kurt Engelbert (Forschungen und Quellen zur Kirchen- und Kulturgeschichte Ostdeutschlands, Bd. 6), Köln u. a. 1969, 571–584. Einen äußerst allgemeinen Überblick vermittelt: Kaps, Johannes, Die katholische Kirchenbuchverwaltung in Ostdeutschland vor und nach 1945, in: Jahrbuch der Schlesischen Friedrich-Wilhelms-Universität zu Breslau, Bd. II (1957), 7–39.

[189] Protokoll der Konferenz, in: Archiv des Apostolischen Visitators Ermland, Münster: Protokolle der Fuldaer Bischofskonferenz.

[190] Vgl. Pfarrer Dr. Otfried Müller, z. Zt. Olsberg, an Erzbischof Jaeger v. 20.9.1945, Durchschrift in: BAM A-0-11.

[191] Vgl. ebd. 55 Briefe von Flüchtlingen, darunter einer ganzen Reihe von Priestern, die 1945/46 beim Bischof bzw. Generalvikariat in Münster eingingen. Eine genaue Untersuchung wäre wünschenswert. Als Vorbild könnte die detaillierte Analyse von Penkert, Alfred, Auf den letzten Platz gestellt? (wie Anm. 166), dienen.

den"[192]. Die deutschen Bischöfe legten sich daraufhin in Fulda dahingehend fest, daß dem Ordinarius des Belegenheitsbistums eines vertriebenen Geistlichen die volle Jurisdiktion und Disziplinargewalt über diesen zustehe. Lediglich bei einer Versetzung über Bistumsgrenzen hinweg, sollte Kaller als Päpstlicher Sonderbeauftragter das Jurisdiktionsrecht besitzen. Letzterer wollte jedoch ganz offensichtlich diese Beschränkung bzw. Aufhebung der Rechtsgewalt der ostdeutschen Ordinarien nicht stillschweigend hinnehmen und erkundigte sich bei Pater Robert Leiber SJ, dem Sekretär Papst Pius' XII., hinsichtlich der Rechtmäßigkeit dieses Beschlusses. Leiber relativierte in seinem Antwortschreiben die Maßgaben der deutschen Bischöfe dahingehend, daß alle in den Vertreibungsbistümern inkardinierten Geistlichen neben dem Bischof der Belegenheitsdiözese auch ihren heimatlichen Ordinarien unterständen, daß allerdings bei Versetzungen eine kumulative Jurisdiktion zwischen Heimat- und Ortsbischof gelten müsse[193]. Grundsätzlich wurde mit dieser Aussage bereits ein Versetzungsrecht des Flüchtlingsbeauftragten Kaller legitimiert[194]. Wenn mit dieser Auskunft von Pater Leiber zwar eine eindeutig positive Haltung des Papstes zur Jurisdiktionsgewalt der ostvertriebenen Ordinarien und zur Erhaltung des Status quo der dort inkardinierten Geistlichen impliziert war, besaß die Mitteilung jedoch lediglich informellen Charakter und läßt sich nicht mit einer päpstlichen Verlautbarung gleichsetzen.

Immerhin ist der Brief Leibers als wichtiges Indiz für eine anstehende Regelung dieser offenen Fragen anzusehen, die durch ein Reskript des Päpstlichen Staatssekretariates vom 21. Februar 1948[195] schließlich erfolgte. In dieser Kardinal Frings in seiner Funktion als Päpstlicher Protektor für das gesamte Flüchtlingswesen in Deutschland zugegangenen Verordnung, die nach ihrer Überschrift auch kurz „Iura antistitum" genannt wird, wurde zum einen das in can. 144 des CIC von 1917 definierte Rückrufrecht für die in ostdeutschen Bistümern inkardinierten Priester festgelegt. Namentlich die Ordinarien der

---

[192] Kaller an Frings v. 4.8.1946, zit. nach: Schmeier, André, Die Entwicklung der Diözese Ermland zur Apostolischen Visitatur in der Bundesrepublik Deutschland unter kirchenrechtlichem Aspekt. Unveröff. Diplomarbeit, Münster WS 1995/96. Vgl. zu Kallers Haltung nach 1945: Kalinowski, Dariusz, Bischof Maximilian Kaller und die Fragen des deutschen Ostens 1945–1947, in: Zeitschrift für die Geschichte und Altertumskunde Ermlands, Bd. 49 (1999), 175–212. Maximilian Kaller, geboren 1880 in Beuthen (O/S), Priesterweihe 1903 in Breslau, 1930 Bischof von Ermland, 1946 vom Heiligen Stuhl mit der Vertriebenenseelsorge beauftragt, gestorben 1947 in Frankfurt/M. Vgl. die Kurzbiographien: Fittkau, Gerhard, Artikel: Kaller, Maximilian (1880–1947), in: Gatz, Erwin (Hrsg.), Die Bischöfe der deutschsprachigen Länder 1785/1803 bis 1945. Ein biographisches Lexikon, Berlin 1983, 357–361, u. Poschmann, Brigitte, Maximilian Kaller (1880–1947), in: Aretz, Jürgen (Hrsg.), Zeitgeschichte in Lebensbildern. Aus dem deutschen Katholizismus des 19. und 20. Jahrhunderts, Bd. 7, Mainz 1994, 49–62.
[193] Vgl. Kaller an Leiber v. 7.11.1946 u. Antwort Leibers v. 13.11.1946, zit. bei Schmeier, André, Die Entwicklung der Diözese Ermland (wie Anm. 192), 38.
[194] Vgl. Penkert, Alfred, Auf den letzten Platz gestellt? (wie Anm. 166), 62f.
[195] Der Wortlaut des Reskripts in deutscher Übersetzung findet sich bei Braun, Gustav, Der ostvertriebene deutsche Klerus (wie Anm. 188), 574f. Das lateinische Original ist abgedruckt bei Braun, Gustav, Zur kirchenrechtlichen Lage (wie Anm. 188), 276.

Erzdiözese Breslau, der Diözese Ermland und der Freien Prälatur Schneidemühl, aber auch der übrigen Vertreibungsdiözesen, erhielten für den Fall einer möglichen Rückkehr in die Heimat die Rückführung ihres Klerus garantiert. Zum anderen wurde den genannten Heimatordinarien Vollmacht erteilt, ihre Geistlichen zum Einsatz in einer westdeutschen Diözese zu verpflichten. Die Versetzung innerhalb der Aufnahmediözesen wurde allerdings nunmehr ausdrücklich als Privileg des dortigen Bischofs anerkannt[196].

Durch ein Dekret der Sacra Congregatio Concilii wurde noch 1951 zudem die bereits durch Reskript vom 25. März 1946 bestätigte, allerdings auf fünf bis sechs Messen im Jahr reduzierte Applikationspflicht für ostvertriebene Pfarrer auf fünf Jahre erweitert, womit der Status quo erneut zementiert wurde[197]. Das heißt konkret, daß diejenigen Vertriebenenpriester, die in ihrer Heimat Inhaber eines Pfarrbenefiziums gewesen waren, weiterhin Messen in der Intention ihrer ostdeutschen Pfarrgemeinde zu zelebrieren hatten. Doch handelt es sich bei diesen „Privilegien" des Vertriebenenklerus selbstverständlich nur um die rein rechtliche Stellung[198], während gewöhnlich zwischen dem de jure Gegebenen und dem de facto Vorhandenen unterschieden werden muß. Die Realität aber machte den einzelnen ostdeutschen Priester trotz der weiterhin bestehenden Verpflichtungen gegenüber seinem rechtlich noch ausgeübten Pfarramt, das in der Realität aber verloren war, im wesentlichen abhängig von seinem gastgebenden Bischof im Westen.

Der sudetendeutsche Kirchenrechtler Karl Braunstein kommentierte die Rechtslage in den 1950er Jahren, nicht ohne seine Parteilichkeit dabei durchscheinen zu lassen: „Im Festhalten an der Inkardination kann auch ein stiller Protest gegen das Unrecht der Austreibung liegen, während das Anstreben der Inkardination in der Aufnahmediözese eine stillschweigende Anerkennung des Unrechts der Vertreibung wäre."[199]

Und der langjährige Leiter des Sekretariats des „Vertriebenenbischofs", Prälat Gustav Braun, hielt noch Ende der 1960er Jahre ein unbedingtes Festhalten am Status quo für opportun: „Es ist zu bedauern, daß durch politische, internationale Vorgänge als Folge des Zweiten Weltkrieges für die Kirche in Deutschland [...] abnorme Verhältnisse [...] entstanden sind und nun schon über zwei Jahrzehnte andauern. Die Häufung von Unrechtstatbeständen, vor allem seitens des hitlerischen Nationalsozialismus und des militanten Sowjetkommunismus, hat die Situation in den verschiedensten öffentlichen Bereichen so kompliziert, daß eine Normalisierung auf der Grundlage von Recht und Gerech-

---

[196] Dem Generalvikar von Glatz hingegen kam nur ein Aufsichtsrecht über die seinem Jurisdiktionsbezirk innerhalb der Erzdiözese Prag inkardinierten Priester zu, wenngleich der bisherige Amtsinhaber Franz Monse seine im September 1948 erfolgte Amtsbestätigung durch den tschechischen Erzbischof von Prag als Garantie für sein Jurisdiktionsrecht auffaßte. Vgl. Hirschfeld, Michael, Prälat Franz Monse (wie Anm. 38), 195.

[197] Vgl. Braun, Gustav, Der ostvertriebene deutsche Klerus (wie Anm. 188), 577.

[198] Zeitgenössische Darstellungen sowohl kirchenrechtlicher als auch pastoraler oder historischer Art rekurrieren zumeist auf diese Situation, ohne ein Problembewußtsein zu entwickeln. Vgl. z. B. Moschner, Gerhard, Breslauer Diözesanpriester in den westdeutschen Diözesen (wie Anm. 75). Hier wird die de facto schwierige Situation des Breslauer Klerus euphemistisch als „ein leuchtendes Beispiel der Heimat- und Diözesantreue" verklärt (ebd., 120).

[199] Braunstein, Karl, Die Vertreibung im Lichte des Kirchenrechtes (wie Anm. 186), 103f.

tigkeit wahrscheinlich noch längere Zeit wird auf sich warten lassen. Einstweilen heißt es, auch in kirchlicher Beziehung mit den erwähnten Provisorien leben und ihre Härten praktisch nach Möglichkeit mildern."[200]

Die Verantwortlichen an der Spitze der Vertriebenenhierarchie bzw. ihre Berater – dies wird an den vorgenannten Stellungnahmen erkennbar – verfochten eine Taktik des Protests, der sich in einem unbedingten Plädoyer für die vor 1945 bestehende Kirchenorganisation manifestierte. Diese Haltung mußte auf Seiten der Bistumsleitung in Münster offensichtlich als ein Akt der fehlenden Kraft zur Loslösung von Vergangenem empfunden werden, während das Gros der ostdeutschen Priester das Beharren ihrer Hierarchie auf der heimatlichen Inkardination als letzter Klammer innerlich bewußt bejaht hat[201]. Für diesen ideellen Wert schienen sie die Verleihung unbedeutender Seelsorgestellen an der Peripherie oder Aufgaben in der kategorialen Seelsorge zu erdulden.

Damit ist der Schritt von der Benennung der rechtlichen Stellung ostvertriebener Priester hin zur Rezeption der Rechtsverordnungen im Offizialatsbezirk Oldenburg bzw. im Bistum Münster bereits eingeleitet. Im folgenden soll es darum gehen, den Basis-Indikator Inkardination auf die Ebene des regionalen Beispiels zu projizieren.

### b) Berufliche Stellung im Aufnahmebistum

Die Bistumsleitungen sowohl in Vechta als auch in Münster waren grundsätzlich zu Konzessionen bereit, was eine berufliche Aufwertung der jüngeren ostdeutschen Priester und die Übernahme selbständiger Pfarreien betraf. So wurden zwei Kapläne und ein Pfarrektor, die im Osten noch keine Pfarrstellen bekleidet hatten und das Pfarrexamen noch nicht abgelegt hatten, zu Beginn des Jahres 1949 vom Offizialat aufgefordert, sich der sogenannten Pfarrkonkursprüfung zu unterziehen, die zur Übernahme einer selbständigen Seelsorgestelle erforderlich war[202]. Nach Bestehen dieses Examens erhielten sie die Jurisdictio ad revocationem übertragen[203]. In dieser Frage erwies sich die münsterische Bistumsleitung großzügiger als die Generalvikariate anderer westdeutscher Diözesen. Als nämlich der damalige Jurisdiktionsträger des ostdeutschen Klerus, Prälat Hartz, 1951 in einem Rundschreiben gegenüber den Bischöfen anmahnte, mit den einheimischen auch zugleich die heimatvertriebenen Priester zum Pfarrexamen zuzulassen, reagierte das Generalvikariat in Münster nicht ohne eine gewisse Genugtuung mit dem Hinweis: „Soweit wir feststellen konnten, haben in unserer Diözese die heimatvertriebenen Priester an dieser Prüfung immer teilgenommen. An der diesjährigen Generalpfarrkonkursprüfung können alle jene heimatvertriebenen Priester [...] teilnehmen, die im Jahre

---

[200] Braun, Gustav, Der ostvertriebene deutsche Klerus (wie Anm. 188), 584.
[201] So wird es jedenfalls aus den vom Verf. eingesehenen Briefwechseln vieler oldenburgischer Ostpriester deutlich.
[202] Vgl. Offizialat an Pfarrektor Jendrzejczyk, Jaderberg, Kaplan Josef Tenschert, Osternburg, Kaplan Karl Hentschel, Brake v. 14.1.1949, in: OAV A-2-37VI.
[203] Vgl. Offizialat an Tenschert v. 6.10.1950, ebd.

1939 und vorher die hl. Priesterweihe empfangen haben."[204] Allerdings galt hier die Frist von zwölf Dienstjahren, so daß die Vechtaer Behörde die Anmeldung eines erst 1944 in Breslau geweihten Pfarrektors zurückstellte[205]. Allein durch einen Antrag auf Inkardinierung erreichten es 1960 bzw. 1962 zwei jüngere Breslauer Priester im rheinisch-westfälischen Bistumsteil, die in Münster die Pfarrkonkursprüfung abgelegt hatten, eine reguläre Pfarrstelle zu erlangen[206]. Der Glatzer Generalvikar Franz Monse hingegen hatte den auf die Erzdiözese Prag/Grafschaft Glatz geweihten Geistlichen mehrfach ausdrücklich jede Exkardinationsabsicht untersagt[207]. Demgegenüber hatte Bischof Kaller einem Priester seiner Diözese Ermland 1946 die beantragte Exkardination gewährt. Diese Fälle zeigen durchaus unterschiedliche Vorgehensweisen innerhalb der ostdeutschen Hierarchie auf. Bei den Entscheidungen der Ostordinarien spielte es auch eine Rolle, ob der Antragsteller in der Heimat bereits als Pfarrer investiert gewesen war oder nicht. „Wenn ich hier in der Diözese Münster [...] eine richtige Pfarre übernehmen wollte, so müßte ich zuerst auf die Pfarrei Wartha rechtlich verzichten. Das habe ich nicht getan und habe es auch nicht vor", erläuterte beispielsweise der spätere Münsteraner Diözesan-Vertriebenenseelsorger Oskar Franosch das Problem[208] und ließ gleichzeitig erkennen, daß gerade ein solcher Schritt einer Anerkennung des geschehenen Unrechts Vorschub leiste. Die Standhaftigkeit, mit der fast alle ostdeutschen Priester ihre Inkardination aufrecht erhielten, ist somit weniger als Affront gegenüber den Aufnahmediözesen als vielmehr als politische Demonstration im Kontext des Kalten Krieges, also eben als Signal gegen den Kommunismus, zu verstehen.

Doch für Oldenburg galten bedingt durch seinen großen, nunmehr von katholischen Vertriebenen stark frequentierten Diasporabereich andere Vorzeichen als für das Münsterland bzw. den Niederrhein. Schon im Sommer 1947 waren 24 von 41 – und damit mehr als die Hälfte – der hier lebenden und in ostdeutschen Bistümern inkardinierten Priester in Nordoldenburg eingesetzt. Wenngleich zu diesem Zeitpunkt nur 20 der ostdeutschen Geistlichen einen eigenen Seelsorgebezirk zugewiesen bekommen hatten, war von den übrigen ein Großteil aus Alters- und Gesundheitsgründen als Hausgeistliche beschäftigt. Hinzu kommt, daß einige der Priester das entsprechende Dienstalter für eine selbständige Aufgabe noch nicht erreicht hatten und daher regulär mit einer Kaplansstelle betraut worden waren. Deshalb ist davon auszugehen, daß ein wesentlicher Teil der betreffenden Seelsorger zwar in Absprache mit dem zuständigen Pfarrer, letztlich aber

---

[204] Kirchliches Amtsblatt für die Diözese Münster v. 19.2.1951, Art. 37. Damit wurde Bezug genommen auf: Kirchliches Amtsblatt für die Diözese Münster v. 15.1.1951, das in Art. 3 zum Generalpfarrkonkurs 1951 aufrief, allerdings ohne die vertriebenen Priester ausdrücklich einzuschließen.
[205] Hierbei handelte es sich um Georg Gruhn (wie Anm. 154).
[206] Rudolf Kurnoth: 1960 Moers-Asberg; Gottfried Hawellek: 1962 Recklinghausen-Röllinghausen. Vgl. Priesterbuch des Bistums Münster 1968, Münster 1968, 67 u. 79. Ebenso ließ sich 1965 Caritasdirektor Gerhard Jonczyk, Recklinghausen, in das Bistum inkardinieren, ohne eine Pfarrstelle zu übernehmen.
[207] Vgl. Laufcurrende des Generalvikariats Glatz v. 9.5.1947 u. v. 28.2.1949.
[208] Franosch in Warthaer Rundbrief 1/1963, 1.

doch recht eigenständig für ihre vom selben Schicksal betroffenen Landsleute ein Gemeindeleben unter ihren Prämissen entfalten konnte. Gleichwohl fehlte ihnen jegliche Möglichkeit einer Berufung auf Pfarrstellen, wie sie in anderen westdeutschen Bistümern allmählich zumindest theoretisch geschaffen wurde.

Überregional erregte beispielsweise im März 1949 eine Nachricht aus dem Würzburger Ordinariat Aufsehen, Vertriebenenpriester könnten „sich gleich den Einheimischen um selbständige Seelsorgestellen bei der bischöflichen Behörde bewerben, ohne daß die Fragen der Exkardination oder Inkardination berührt werden"[209]. Um nicht auf die Rechte in der Heimatdiözese verzichten zu müssen, könnten sie zwar nur zu Pfarrverwesern ernannt werden, würden finanziell jedoch den Pfarrern gleichgestellt. Zudem öffnete das Bistum Würzburg seinen ostdeutschen Klerikern den Weg zum Dechantenamt.

Auf der Jahreskonferenz der Vertriebenenpriester im Bistum Hildesheim im November 1950 wurde in Anwesenheit von Bischof Joseph Godehard Machens bekanntgegeben, daß die bisher als Pfarrvikare eingesetzten ostdeutschen Kleriker nunmehr den Titel Pastor erhalten sollten[210].

Sowohl das immer weniger absehbare Ende der zunächst von vielen offensichtlich als Übergangszustand analog zu den Evakuierungen aus den Großstädten an Rhein und Ruhr gesehenen Anstellung als Hilfsgeistliche als auch der Amtsbeginn des neuen Bischofs Michael Keller sind als Signale für eine weitergehende Verankerung der bisher nur provisorisch eingeteilten nordoldenburgischen Seelsorgebezirke und damit letztlich auch ihrer Geistlichen anzusehen. Der erste Anstoß zu diesem Schritt kam dabei durch einen Erlaß des Osnabrücker Bischofs Wilhelm Berning vom Dezember 1946, in dem dieser die Rechte und Pflichten der für die Vertriebenen in seiner Diözese neu errichteten Seelsorgestellen definierte[211]. Einer endgültigen Festlegung der Grenzen der Seelsorgebezirke entzog sich der Nachbarbischof jedoch mit dem Hinweis, daß diese „einer späteren Bestimmung vorbehalten" bleibe.

Eine weitere Initiative zur Aufwertung der oldenburgischen Vertriebenengemeinden als wichtige Einheiten für die Neuformierung des katholischen Milieus in der Diaspora hatte ihre Wurzeln im Vertriebenenklerus und wurde im März 1947 vom Ganderkeseer Pfarrer Richter ergriffen, als dieser gegenüber der Freiburger Hauptstelle des Deutschen Caritasverbandes anregte, für eine eigene Struktur der Vertriebenengemeinden zu sorgen[212]. Eine daraufhin erfolgte entsprechende Eingabe des Päpstlichen Vertriebenenbeauftragten, Bischof Maximilian Kaller, bei Münsters Kapitularvikar Franz Vorwerk traf dabei ganz offensichtlich auf den falschen Adressaten. Zumindest berichtete Bischof Kaller anschließend nach Ganderkesee, daß „der Kapitularvikar zögernder an solche Neuord-

---

[209] Christ unterwegs 3/1949, 30.
[210] Vgl. Christ unterwegs 1/1951, 20.
[211] Vgl. Erlaß Bernings v. 30.12.1946, in: Kirchliches Amtsblatt für die Diözese Osnabrück v. 31.12.1946, 175. Hier wurden Beichtvollmacht, Trauungsbefugnis, Vermögensfragen u. a. angesprochen. Hier auch das folg. Zit.
[212] Vgl. Richter an Deutscher Caritasverband, Freiburg, v. 7.3.1947, zit. in: Chronik des Pfarrektorats Ganderkesee, in: Pfarrarchiv Ganderkesee.

nungen gehen werde, erst recht bei seiner konservativen Einstellung und seiner Skepsis gegenüber uns Ostpriestern"[213].

Daher ist ein direkter Zusammenhang zwischen der Bischofsweihe Michael Kellers am 28. Oktober 1947 und dem „eilige[n] Rundschreiben"[214], das Offizial Pohlschneider am 4. November 1947 versandte und in dem die Pfarrer und Pfarrektoren des Dekanates Oldenburg um eine rasche Stellungnahme in der Frage der Umgrenzung der Vertriebenengemeinden gebeten wurden, anzunehmen. Während damit die alteingesessenen Seelsorger mit Hilfe von drei Leitfragen Angaben darüber machen konnten, welche Seelsorgebezirke innerhalb ihrer Pfarrei ihrer Ansicht nach zu Pfarrektoraten erhoben werden müßten und wie deren Grenzen verlaufen sollten, blieben die Geistlichen der eigentlich betroffenen Gemeindeteile in diesem Prozeß desintegriert. Ihnen war kein Mitbestimmungsrecht eingeräumt worden, und daher erfuhren sie oft erst verspätet von den Plänen des Offizialats.

Allerdings ist aus den Rückläufen der Umfrageaktion zu sehen, daß zumindest ersteres Problem nicht durch ein entsprechendes Procedere gelöst werden konnte und daß im übrigen einige Ortspfarrer – so etwa in Wildeshausen und Nordenham – ihre Wünsche durchaus in Absprache mit den Geistlichen auf den Außenstationen trafen und um einen größtmöglichen Konsens bemüht waren. Der Antwort des Pfarrers von Jever ist darüber hinaus zu entnehmen, daß die dort enthaltenen Vorschläge auf „einer Zusammenkunft der Geistlichen von Wilhelmshaven und Jever [...] vereinbart wurden". Welche konkreten Mitspracherechte hier und in anderen Fällen jedoch den Vertriebenenpriestern zugestanden wurden, bleibt fraglich. Und dies, zumal eine vom Offizialat daraufhin Mitte Dezember 1947, also innerhalb recht kurzer Frist, gemeinsam mit einer Verordnung über die „Rechte und Pflichten der leitenden Seelsorger in den neuen Seelsorgebezirken der oldenburgischen Diaspora" allen Seelsorgestellen zugesandte vorläufige Umschreibung auf teilweise erheblichen Widerspruch seitens der ostdeutschen Priester stieß. Zumeist ging es hierbei um die Belassung einzelner Bauernschaften, die der betreffende „Hilfsgeistliche" inzwischen in seinen Wirkungsbereich aufgenommen hatte, bei den Muttergemeinden oder aber um Proteste gegen die als unzureichend empfundene Zuweisung von Bauernschaften[215]. Wenn mehrfach vergeblich seitens der Bittsteller um eine Kongruenz von kirchlichen und politischen Grenzen nachgesucht wurde, so wird hier ein offensichtlich vielfältig auch de facto nicht gegebenes Mitspracherecht des ostdeutschen Klerus bei der Neugestaltung der Seelsorgelandschaft erkennbar. Dies sei an einem Beispiel aus dem Einzugsbereich des Pfarrers von Delmenhorst aufgezeigt, der den nördlichen

---

[213] Kaller an Richter v. 24.3.1947, ebd. Der Text der Eingabe fand sich hingegen nicht in den Beständen des BAM.
[214] Offizialat an Pfarrer und Pfarrektoren im Dekanat Oldenburg v. 4.11.1947, in: OAV A-8-75.
[215] Vgl. die Eingaben der ostvertriebenen Pfarrer Josef Christian, Sandkrug (26.12.1947), Helmut Richter, Ganderkesee (15.12.1947), Otto Jaritz, Rastede (23.12.1947), Emil Linder, Berne (19.12.1947), Josef Kober, Roffhausen (23.12.1947 u. 5.1.1948), Otto Scholz, Stollhamm, Augustin Schinke, Burhave (21.12.1947), P. Josef Hagel SAC, Bad Zwischenahn (22.12.1947), in: OAV A-8-75.

**Bischöflich-Münstersches Offizialat**

Fernsprecher Nr. 537
Postscheckkonto: Hannover 549 36

OAV

(23) Vechta (Old), den 24. Dezember 1947.

Hochwürden Herrn Pfarrer Konrad Leister
Hude i.O.

Nachdem Euer Hochwürden bereits seit längerer Zeit mit der seelsorglichen Betreuung des Bezirkes

**Hude**

beauftragt worden sind, übertragen wir Ihnen nunmehr mit Wirkung vom 1. Januar 1948 an die cura primaria für diesen Bezirk und gleichzeitig alle diejenigen Vollmachten, Rechte und Pflichten, die gemäß unserer anliegenden Verordnung vom 15. Dezember 1947 für die leitenden Geistlichen in den neuen Seelsorgebezirken der oldenburgischen Diaspora umschrieben sind.

Ihrem Seelsorgebezirk Hude werden hiermit folgende Gebiete zugewiesen: (gem. Ortschaftsverz. Oldenburg 1942)

Die Bauerschaften:
- Hude I
- Hude II
- Hude III
- Hudermoor
- Nordenholz und Nordenholzermoor
- Vielstedt I
- Vielstedt II
- Lintel I
- Lintel II
- Hurrel
- Altmoorhausen
- Maibusch
- Holle
- Oberhausen
- Wüsting-Wraggenort
- Wüsting-Grummersort
- Hemmelsberg
- Bäke
- Neuenhuntorfermoor
- Hekelermoor
- Hiddigwarder-Ollenermoor
- Ocholt
- Pfahlhausen
- Neuenkoop
- Köterende-Nuttel.

Mögen Sie in Ihrem Bezirk mit Gottes Hilfe in priesterlicher Treue erfolgreich zum Heile der unsterblichen Seelen wirken.

Bischöflicher Offizial

Bischöflich Münstersches Offizialat, Umschreibung des Seelsorgebezirks Hude als Pfarrektorat für Pfarrer Konrad Leister, 24.12.1947

**Bischöflich-Münstersches Offizialat**

*Fernsprecher Nr. 537*
*Postscheckkonto: Hannover 549 36*

Vechta (Oldbg.), den 27. September 1948

Hochwürden
Herrn Pfarrektor Georg Gruhn
H u n t l o s e n

Euer Hochwürden

werden hierdurch mit Wirkung vom 1. Oktober 1948 an zum Pfarrektor des Seelsorgebezirks L e m w e r d e r ernannt.
Wir übertragen Ihnen für diesen Bezirk die cura primaria und alle die Rechte und Pflichten, die gemäß unserer Verordnung vom 15. Dezember 1947 für die leitenden Geistlichen in den neuen Seelsorgebezirken der Oldenburgischen Diaspora umschrieben sind.
In Lemwerder steht Ihnen eine Wohnung zur Verfügung, in der Sie auch einen Haushalt einrichten können.
Für alle Fälle bitten wir Sie, spätestens am Sonntag, dem 10. Oktober d.J., in Lemwerder den Gottesdienst zu übernehmen. Am Sonntag, dem 3. Oktober, wird der Oblatenpater Machina in Lemwerder tätig sein.

gez. Dr. Pohlschneider
Bischöflicher Offizial

Abschrift gelangt an
Hochwürden Herrn Pfarrer Niemann
Delmenhorst

Bischöflich Münstersches Offizialat, Ernennung Georg Gruhns zum Pfarrektor des Seelsorgebezirks Lemwerder, 27.9.1948

Teil der politischen Gemeinde Ganderkesee bei seiner Pfarrei zu belassen gedachte, obwohl im Hauptort der Gemeinde ein Pfarrektorat eingerichtet werden sollte und die Mutterpfarrei ohnehin unüberschaubar geworden war. Der Ganderkeseer Vertriebenenseelsorger plädierte daher nach der verspäteten Kenntnisnahme von den Plänen des Offizialats für eine Erweiterung seines Bezirkes um das besagte Gebiet, da dieses „weitab vom nächsten Priester in Delmenhorst gelegen"[216] sei. Offizial Pohlschneider aber folgte in seiner Entscheidung allein den Vorgaben des Delmenhorster Pfarrers.

Darüber hinaus verfehlten die vom ostdeutschen Klerus eingeforderten Nachbesserungen der Neuumschreibung der Seelsorgebezirke auch deshalb ihr Ziel, weil sie meist erst in den Tagen vor Weihnachten 1947, und damit zu spät, eingereicht wurden, wie Pohlschneider in seinen höflich gehaltenen Antwortbriefen an die Petitenten argumentierte. Wie sehr bezüglich des Zeitfaktors aber mit zweierlei Maß gemessen wurde, zeigt ein Schreiben des Offizials an den einheimischen Pfarrer von St. Willehad in Wilhelmshaven, in dem letzterer zwei Tage vor Heiligabend – trotz abgelaufener Frist – noch einmal nachdrücklich darum gebeten wurde, „Deine Stellungnahme für den Raum Wilhelmshaven und Umgebung sogleich einzusenden"[217]. Angesichts dieser Diktion entsteht der Eindruck, daß die „Hilfsgeistlichen" von jenseits der Oder und Neiße bewußt als Priester zweiter Klasse betrachtet wurden.

Der Offizial jedenfalls konnte am 27. Dezember 1947, ohne auf die vorgenannten Petitionen Rücksicht zu nehmen, dem Bischof in Münster die prompte Erfüllung der ihm gestellten Aufgabe vermelden. Er habe „entsprechend unserer mündlichen Vereinbarung" die bisherigen Seelsorgebezirke in Form von 20 Pfarrektoraten „fest abgegrenzt"[218]. 20 der bisherigen Seelsorger wurden mit Wirkung vom 1. Januar 1948 daraufhin zu Pfarrektoren bestellt und ihnen die Cura primaria verliehen. Damit waren die weitreichendsten Veränderungen in der katholischen Gemeindestruktur Nordoldenburgs seit der Reformationszeit vorgenommen worden. Lediglich für die bisher von einem Vertriebenengeistlichen betreuten Lager im Norden der Stadt Wilhelmshaven und den von Oblatenpatres geleiteten Seelsorgebezirk im Norden der Stadt Oldenburg wurde diese Gemeindeform noch nicht gewählt. Auf die Eile, mit der die Voraussetzungen für die Neuumschreibungen geschaffen worden waren, deutet das Datum der Ernennungsurkunden für die neuen Pfarrektoren hin. Sie erhielten mit Datum vom 24. Dezember (sic!) 1947 folgendes formloses Schreiben:

„Nachdem Euer Hochwürden bereits seit längerer Zeit mit der seelsorglichen Betreuung des Bezirkes [...] beauftragt worden sind, übertragen wir Ihnen nunmehr mit Wirkung vom 1. Januar 1948 an die cura primaria für diesen Bezirk und gleichzeitig alle diejenigen Vollmachten, Rechte und Pflichten, die gemäß unserer anliegenden Verordnung

---

[216] Pfarrer Helmut Richter, Ganderkesee, an Offizialat v. 15.12.1947, ebd.
[217] Pohlschneider an Pfarrer Josef Zumbrägel, Wilhelmshaven, v. 22.12.1947, in: OAV B-71-11.
[218] Pohlschneider an Keller v. 27.12.1947, in: ebd. Vgl. auch Sieve, Peter, Geschichte, in: Baumann, Willi, Sieve, Peter (Hrsg.), Die katholische Kirche im Oldenburger Land. Ein Handbuch, Vechta 1995, 3–64, hier 51.

vom 15. Dezember 1947 für die leitenden Geistlichen in den neuen Seelsorgebezirken der oldenburgischen Diaspora umschrieben sind.

Ihrem Seelsorgebezirk [Name] werden hiermit folgende Gebiete zugewiesen [Namen der Ortschaften].

Mögen Sie in Ihrem Bezirk mit Gottes Hilfe in priesterlicher Treue erfolgreich zum Heile der unsterblichen Seelen wirken.

Pohlschneider Bischöflicher Offizial"[219].

Die hier als rechtliche Grundlage für das weitere Wirken der Pfarrektoren genannte Verordnung des Offizialats vom 15. Dezember 1947[220] enthielt unter anderem den im Vertriebenenklerus auf besondere Zustimmung stoßenden Passus, daß diejenigen Priester, die in der Heimat bereits einen höheren Titel erlangt hätten, diesen weiterhin führen dürften. Die Benutzung der Pfarrer- und Erzpriester-Titel wurde damit auch offiziell legitimiert. Des weiteren wies dieses Dokument den Pfarrektoren die volle Verantwortung für die seelsorgliche Betreuung der ihnen anvertrauten Gläubigen zu, verlieh ihnen die Trauungs- und Zelebrationsvollmachten der Pfarrer in der Diaspora und schloß mit anerkennenden Worten von Offizial Pohlschneider im Wissen darum, daß „das Leben unserer Priester in der Diaspora überaus schwer und opferreich ist".

Für die meisten Gemeindemitglieder blieb der vermögensrechtliche Unterschied zwischen einer Pfarrei und einem Pfarrektorat sekundär, wenn sie einen Geistlichen besaßen, der sich den vielfältigen pastoralen Aufgaben mit Engagement stellte. Ihn redeten sie dann auch als „Herr Pfarrer" an, ohne auf die genaue Titelbezeichnung zu achten, zumal sie angesichts des von der Instruktion des Offizialats bestätigten kirchenrechtlichen Status der in Ostdeutschland investierten Pfarrer durchaus recht hatten.

Dies bezog sich auch auf drei im Zuge späterer Aussiedlungsmaßnahmen aus Polen in das Oldenburger Land gekommene Geistliche. Zwei von ihnen stammten aus südoldenburgischen Familien, die zu Beginn des 20. Jahrhunderts in die Provinzen Posen bzw. Westpreußen ausgewandert waren[221]. Auffällig erscheint hierbei, daß der eine dieser Geistlichen ebenso wie ein dritter Priester, der keine Verwandten in der Aufnahmeregion besaß, lediglich eine Stelle als Pfarrektor in kleineren Gemeinden erhielt[222]. Der zweite Geistliche oldenburgischer Herkunft hingegen bekam einige Jahre nach seiner Inkardi-

---

[219] Ernennungsschreiben für die neu ernannten Pfarrektoren v. 24.12.1947, in: OAV A-8-75.

[220] Verordnung über die Rechte und Pflichten der leitenden Geistlichen der Pfarrektorate v. 15.12.1947, ebd. Hier auch das folg. Zit.

[221] Dabei handelte es sich um Otto Krimpenfort, geboren 1910 in Ratenau/Posen, Priesterweihe 1936 in Breslau, bis 1950 Pfarrer in Immenheim/Mrotschen u. Heinrich Nieberding, geboren 1916 in Zwangsbruch/Westpreußen, Priesterweihe 1940 in Kulm für Pelplin, bis 1957 Pfarrer in Plochocin u. Warlubien.

[222] Otto Krimpenfort kam 1958 als Pfarrektor nach Nikolausdorf, 1972 desgl. in Sevelten, 1976 em., Geistl. Rat, gestorben 1988 in Damme; Herbert Przygoda, geboren 1930 in Hindenburg, Priesterweihe 1955 in Neisse, kam 1957 als Pfarrektor nach Burhave, 1960 Vikar, 1966 Pfarrektor in Elisabethfehn, nach seiner Inkardination 1980 hier Pfarrer. Vgl. Hirschfeld/Trautmann (wie Anm. 8), 318f. u. 385.

nierung in das Bistum Münster eine selbständige Pfarrstelle[223]. Einerseits war also eine Eingliederung in den Klerus der Aufnahmediözese notwendig, um von der kirchlichen Behörde bei der Besetzung von Pfarrstellen berücksichtigt zu werden. Andererseits bestand selbst innerhalb des einheimischen Klerus eine starke Konkurrenz um „gute" Stellen. So war es im Bistum Münster zum damaligen Zeitpunkt durchaus üblich, daß einheimische Priester mangels Stellen erst nach ihrem 25jährigen Priesterjubiläum eine eigene Pfarrei erhielten[224], was etwa in der Erzdiözese Breslau undenkbar gewesen war. Während hier (1940) auf einen Priester 1.450 Katholiken entfielen, wies das Bistum Münster zum selben Zeitpunkt mit 1.125 Gemeindemitgliedern pro Geistlichen eine größere Priesterdichte auf[225]. Zu dieser vergleichsweise günstigen pastoralen Situation trat die verhältnismäßig hohe Zahl bevölkerungsreicher Pfarreien vor allem in Südoldenburg und im Münsterland hinzu, die stets mehrere Kapläne erforderten. Für 1949 weist der Personal-Schematismus des Bistums Münster zum Beispiel für den Offizialatsbezirk Oldenburg 11 Pfarreien mit 5.000 oder mehr Katholiken auf, von denen drei Pfarreien sogar über drei oder mehr Kapläne bzw. Vikare verfügten[226]. Aufgrund fehlenden Bedarfs gab es somit eine Reihe inkardinierter Priester, die über mehrere Jahrzehnte nach der Weihe Kapläne sein mußten.

Dennoch blieb unter den oftmals verdienten ostdeutschen Seelsorgern häufig das Gefühl, in der Aufnahmeregion als Priester zweiter Klasse behandelt zu werden. Dies belegt eine Eingabe des Beverbrucher Pfarrektors Adolf Langer an seinen Heimatordinarius Generalvikar Monse vom August 1960, die aus der Erkenntnis resultierte, daß „die meisten Ordinarien eine ungerechte Haltung gegenüber den vertriebenen Priestern einnehmen"[227]. Diejenigen seiner Mitbrüder, die schon seit mehr als 25 Jahren im Priesteramt ständen, aber noch immer als Kapläne fungieren müßten, wären mehr und mehr verbittert, daß sie heute noch Kapläne seien. Dieser Zustand würde zudem Gerüchte

---

[223] Nieberding ließ sich 1959 inkardinieren u. wurde 1967 Pfarrer in Emstek. Vgl. ebd., 334. Allerdings war sein Bruder Bernhard bereits in Münster geweiht worden u. wirkte als Propst u. Ständ. Vertreter d. Bischöfl. Offizials in Vechta.

[224] Vgl. z. B. Franz Lammerding, geboren 1899, Priesterweihe 1925, 1952 Pfarrer in Scharrel; Franz Quatmann, geboren 1909, Priesterweihe 1935, 1963 Pfarrer in Lindern; Franz-Josef Göttke, geboren 1910, Priesterweihe 1935, 1961 Pfarrer in Molbergen. Angaben aus: Priesterbuch des Bistums Münster 1968 (wie Anm. 206), 35, 67 u. 68.

[225] Die Priester-Gläubigen-Relation in Breslau u. Münster, zit. nach Gatz, Erwin (Hrsg.), Geschichte des kirchlichen Lebens in den deutschsprachigen Ländern seit dem Ende des 18. Jahrhunderts, Bd. I: Der Die Bistümer und ihre Pfarreien, Freiburg u. a. 1991, 229 u. 494.

[226] Vgl. Personal-Schematismus des Bistums Münster 1949, Münster 1949. Die 11 Gemeinden waren: Cloppenburg, Dinklage, Löningen, Lohne und Vechta sowie Brake, Delmenhorst, Oldenburg, Osternburg, Varel und Wilhelmshaven. Mehr als zwei Kapläne hatten Cloppenburg, Lohne, Delmenhorst und Oldenburg.

[227] Langer an Monse v. 30.8.1960, in: Archiv des Kanonischen Visitators Glatz, Münster: Personalakte Adolf Langer. Hier auch das folg. Zit. Adolf Langer, geboren 1902 in Schnellau, Priesterweihe 1929 in Breslau, 1940 Stadtpfarrer in Habelschwerdt, 1946 Seelsorger in Lohne, 1948 Pfarrektor in Beverbruch. Vgl. Hirschfeld/Trautmann (wie Anm. 8), 323.

aufkommen lassen, daß diese Priester eine persönliche Schuld an diesem Versäumnis trügen, argumentierte der aus der Grafschaft Glatz stammende Geistliche.

Für den Offizialatsbezirk Oldenburg erscheint dieser Vorwurf zwar nur teilweise berechtigt, da hier – im Gegensatz zu anderen westdeutschen Jurisdiktionsbezirken – fast alle ostdeutschen Priester, die gesundheitlich dazu imstande waren, nahezu von Beginn an Aufbauaufgaben in der Diaspora übertragen erhalten hatten und als Pfarrektoren selbständig eingesetzt waren. Jedoch besaßen die Betroffenen auch innerhalb der Untersuchungsregion keinerlei Chancen, eine altansässige Pfarrei übertragen zu bekommen. Selbst wenn sie nicht zu kanonischen Pfarrern ernannt werden konnten, wäre doch eine Bestellung zu Pfarrverwaltern mit dem Titel Pfarrer möglich gewesen, nachdem die Fuldaer Bischofskonferenz hierfür auf ihrer Versammlung 1950 die Grundlagen geschaffen hatte[228]. Soweit allerdings ging Langers Bestreben gar nicht, wollte er mit seiner Eingabe doch nur eine persönliche Aufwertung der Betroffenen erreichen, nämlich daß „alten Kaplänen der Pfarrertitel verliehen wird. Sie würden es auch als eine Anerkennung ihrer jahrelangen aufreibenden Arbeit in schwierigsten Diasporaverhältnissen ansehen." Inwieweit Prälat Monse dem Anliegen Folge leistete und bei den Ortsbischöfen ein zuvorkommenderes Verhalten gegenüber dem ostdeutschen Klerus anmahnte, ließ sich nicht eruieren. Ein konkreter Paradigmenwechsel für den Offizialatsbezirk ist jedenfalls nicht ablesbar.

Erneute Schwierigkeiten ergaben sich, als der Bischof von Münster sich erstmals entschloß, ein mit einem ostdeutschen Geistlichen besetztes Pfarrektorat zur Pfarrei zu erheben, was in den 1960er Jahren immerhin im Offizialatsbezirk Oldenburg dreimal, nämlich 1963 in Oldenburg-Kreyenbrück, 1964 in Lemwerder und 1967 in Bockhorn, der Fall war. In diesen Situationen konnte der Amtsinhaber nicht automatisch zum Pfarrer ernannt werden, sondern erhielt den Titel Pfarrverwalter. Es ist verständlich, daß sich sowohl für die Betroffenen selbst, die sich gegenüber ordentlich als Pfarrer installierten Mitbrüdern zurückgesetzt fühlen mußten, als auch für die Öffentlichkeit, die eine Minderstellung registrierte, hieraus Diskussionsstoff ableiten mußte. Dieses Problem soll hinsichtlich des Vorgangs in Kreyenbrück von 1963 aufgezeigt werden, bei dem es sich insofern um einen Präzedenzfall handelte, weil hier erstmals ein ostdeutscher Geistlicher die Leitung einer Pfarrei übernehmen sollte, dabei aber aufgrund seiner fehlenden Inkardination nicht als Pfarrer investiert werden konnte. Im Wissen, deshalb nur Pfarrverwalter werden zu können, hatte sich der Kreyenbrücker Pfarrektor Josef Tenschert, ein Priester der Erzdiözese Olmütz, kurz nach der zum 1. Januar 1963 erfolgten Pfarrerhebung seiner Gemeinde St. Michael an das Bischöfliche Offizialat gewandt. Er bat darum, künftig als Pfarrer agieren zu können, weil ihm diese Bezeichnung in der Öffentlichkeit mehr Ansehen verschaffe als der Titel Pfarrverwalter. Auf Empfehlung von Offizial Grafenhorst gestattete ihm Bischof Joseph Höffner daraufhin die Führung des Titels Pfarrer[229]. Doch

---

[228] Vgl. Protokoll der Konferenz 1950, in: Archiv des Apostolischen Visitators Ermland, Münster: Protokolle der Fuldaer Bischofskonferenz.

[229] Vgl. Grafenhorst an Höffner v. 21.1.1963 u. Höffner an Grafenhorst v. 23.1.1963, in: BAM A-0-134.

Tenschert gab sich mit diesem Kompromiß nicht zufrieden und bat – nunmehr direkt bei Bischof Höffner – nachdrücklich um Inkardination in den münsterischen Klerus. Obwohl der für ihn zuständige, von der Deutschen Bischofskonferenz eingesetzte Kanonische Visitator für die Branitzer Priester, Prälat Eduard Beigel, diesem Entschluß zustimmte, lehnte der Diözesanbischof diese Demarche mit der Begründung ab, daß er keine Vollmacht zur Aufnahme in den Diözesanklerus besitze und der zuständige Olmützer Erzbischof in der Tschechoslowakei nicht erreichbar sei. Höffner wies dabei nachdrücklich auf einen anderen Fall hin, in dem der Heilige Stuhl um Rat gefragt worden sei und die Inkardination im Westen abgelehnt habe, solange die Rechtslage der ostdeutschen Diözesen nicht geklärt sei. Jedoch sei Order erteilt worden, die Betroffenen de facto als Diözesanpriester anzusehen, weshalb er Tenschert auch das Führen des Pfarrertitels gewähren könnte, ohne daß dieser de jure verankert sei.

c) Finanzielle Stellung im Aufnahmebistum

Darüber hinaus spielten Klagen über eine finanzielle Benachteiligung der vertriebenen Geistlichen eine wichtige Rolle für deren Desintegration im Westen[230]. Dieses Hemmnis auf dem Weg der Aufnahme und beruflichen Integration der ostdeutschen Priester machte sich in der Untersuchungsregion besonders bemerkbar, da hier die nach Dienstjahren gestaffelten Gehälter für die einheimischen Priester ohnehin niedriger lagen als im rheinisch-westfälischen Teil des Bistums Münster bzw. im Erzbistum Breslau[231]. Dort galt nämlich eine einheitliche, zuletzt 1928 revidierte Besoldungsordnung für den Klerus in allen preußischen Diözesen.

Obwohl das Offizialat bereits 1947 eine neue Besoldungsordnung verabschiedet und damit als erster deutscher Jurisdiktionsbezirk eine Grundlage für die Eingliederung der neu hinzugekommenen Priester geschaffen hatte[232], war damit keine Gleichsetzung der Dienstbezüge erfolgt. Offizial Grafenhorst erkannte die Gefahr dieser Minderstellung der ostdeutschen Geistlichen gerade im Hinblick auf die von ihnen erwartete Aufbauleistung und Profilierung eines neuen katholischen Milieus in Nordoldenburg. Deshalb machte er sich mehrfach bei Bischof Keller zum Anwalt von deren Anliegen und schlug Gehaltserhöhungen vor[233]. Die Vergütungen bewegten sich jedoch weiterhin im unteren

---

[230] Vgl. z.B. eine Beschwerde von Pfarrer Adolf Langer, Beverbruch, über sein geringes Gehalt. Langer an Generalvikar Monse v. 30.8.1960, in: Archiv des Kanonischen Visitators Glatz, Münster: Personalakte Adolf Langer.

[231] Vgl. Besoldungsordnung der katholischen Diözesen in Preußen, in: Kirchliches Amtsblatt für die Diözese Münster v. 20.2.1929, 21f. Diese Ordnung war am 24.8.1928 stellvertretend von Kardinal Bertram, Breslau, unterzeichnet worden.

[232] Die Besoldungsordnung trat zum 1.3.1947 in Kraft. Vgl. Pohlschneider an Vorwerk v. 26.2.1947, in: BAM A-101-178. Bei Braunstein, Karl, Die Vertreibung im Lichte des Kirchenrechts (wie Anm. 186), 116, heißt es hingegen, die Diözese Osnabrück habe die erste Besoldungsordnung für Flüchtlingsseelsorger durchgesetzt. Letztere trat allerdings erst zum 1.4.1947 in Kraft.

[233] Vgl. Grafenhorst an Keller v. 15.7.1950 u. v. 19.1.1952, in: BAM NA 101-178 u. 179. Als sich wiederum in Münster keine Resonanz abzeichnete, fühlte sich der Offizial selber zum Han-

Bereich des für einheimische Hilfsgeistliche (Kapläne, Vikare usw.) veranschlagten Salärs[234]. Nicht allein angesichts der erlittenen Schmach der Vertreibung mußte diese finanzielle Zurücksetzung als Geringschätzung der in der Diaspora zu leistenden Arbeit erscheinen, zumal auch die oldenburgischen Diasporapfarrer nicht unerheblich besser verdienten als die um Hab und Gut gebrachten Flüchtlingspriester. Insbesondere gegenüber den Nachbardiözesen schnitt das Fallbeispiel vergleichsweise schlecht ab. Während in Oldenburg die Einsatztätigkeit als Kaplan, selbständiger Hilfsgeistlicher usw. über die Höhe des Gehaltes entschied, hieß es in der ebenfalls 1947 wirksam gewordenen Besoldungsordnung für Flüchtlingsseelsorger in der Diözese Osnabrück konziliant: „Die Besoldung der Flüchtlingsseelsorger wird tunlichst einheitlich geregelt. Es darf keinen Unterschied ausmachen, ob der einzelne Geistliche den Titel Pfarrer, Kurat, Rektor, Pfarrvikar, Kaplan, Kooperator, Lokalist usw. führt. Maßgebend ist allein die Altersstufe. Auch gilt kein Unterschied nach Ortsklassen."[235]

Interessant erscheint diese entgegengesetzte Zielrichtung insbesondere deshalb, weil das Diasporabistum Osnabrück zu den besonders leistungsschwachen Diözesen gehörte.

War man in der Nachbardiözese also ganz offensichtlich darum bemüht, Neid und Mißgunst zwischen beiden Klerusgruppen durch eine ausreichende finanzielle Absicherung möglichst zu unterbinden und dabei das jeweilige Dienstalter als Maßstab gelten zu lassen, schuf die oldenburgische Verordnung innerhalb der ostdeutschen Geistlichkeit und nicht nur im Verhältnis zum einheimischen Klerus Ungleichheiten, die treffend mit dem Begriff vom „klerikalen Zweiklassensystem" (Penkert) beschrieben werden können[236].

### d) Bedrohung der heimatlichen Identität

Das Problem lag aber weniger in einer prekären finanziellen Lage als in der als verletzt betrachteten Gerechtigkeit, denn zu den psychischen Folgen der erlittenen Vertreibung

---

deln herausgefordert und zahlte aus der zugunsten der nordoldenburgischen Diaspora abgehaltenen Kollekte, die DM 35.000,- erbracht hatte, DM 15.000,- als Weihnachtsgeld an die Diasporapriester und -seelsorgehelferinnen.

[234] Während einheimischen Priestern im Offizialatsbezirk je nach Ortsklasse RM 230,- bis RM 260,- mit eigenem Haushalt und RM 120,- bis RM 135,- ohne Haushalt zukamen, während Pfarrer bis zu RM 290,- im Monat verdienen konnten, erhielten Vertriebenenpriester zwischen RM 120,- ohne Haushalt und RM 220,- bis 240,- mit Haushalt.

[235] Kirchliches Amtsblatt für die Diözese Osnabrück 1947, 175. Die dortige Besoldungsordnung, die am 1.4.1947 in Kraft trat, findet sich auch in: Archiv für katholisches Kirchenrecht, Bd. 123 (1948), 531–533.

[236] Osnabrück u. Hildesheim standen angesichts der Gehaltszahlungen für ostdeutsche Priester vor dem finanziellen Zusammenbruch. Vgl. Trippen, Norbert, Die Integration der heimatvertriebenen Priester (wie Anm. 186), 277f. In Österreich hingegen wurden Vertriebenenpriester konsequent in die reguläre Seelsorge übernommen und hinsichtlich der Besoldung dem einheimischen Klerus angeglichen. Vgl. Gatz, Erwin, Vom Zweiten Weltkrieg zum Zweiten Vatikanischen Konzil, in: Ders. (Hrsg.), Geschichte des kirchlichen Lebens in den deutschsprachigen Ländern seit dem Ende des 18. Jahrhunderts, Bd. IV: Der Diözesanklerus, Freiburg u. a. 1995, 187–207, hier 194.

gehörte zugleich eine erhöhte Sensibilität vieler Katholiken – Priester wie Laien – hinsichtlich ihrer gesellschaftlichen Stellung, die sich schon bei geringer Mißachtung auch noch viele Jahre nach der Vertreibung in Verbitterung ausdrückte. Als im Jahre 1959 der aktuelle Personal-Schematismus des Bistums Münster den Dienstgrad der Vertriebenenpriester lediglich mit Pfarrektor angab und den in der Heimat erhaltenen Pfarrertitel wegließ, während er in den Schematismen anderer Diözesen weiterhin genannt wurde, wandten sich mehrere betroffene ostvertriebene Priester entrüstet an ihren Sprecher Otto Jaritz. Immerhin handelte es sich bei diesem Periodikum um die jährlich aktualisierte offizielle Dokumentation des Personalbestandes der Diözese.

An dieser Stelle zeigte sich auch, daß die zunächst so positive Haltung gegenüber Bischof Michael Keller sich nach der anfänglichen Euphorie geradezu ins Gegenteil verkehrt hatte. Mehrere schlesische Priester in Nordoldenburg suchten in ihrer tiefen Verletzung die Schuld für die ungerechte Behandlung bei Keller persönlich[237]. Im übrigen fiel der Pfarrertitel auch in den folgenden Schematismen weg. Zum Eklat kam es hingegen erst nach Erscheinen des Personal-Schematismus 1961, zumal hier auch die Herkunftsdiözesen großteils nicht mehr angegeben waren. Die Bistumsleitung mußte sich dem Vorwurf stellen, daß „diese Änderung nicht versehentlich, sondern stillschweigend absichtlich vorgenommen worden" sei[238]. Als Interessenvertreter der ostvertriebenen Geistlichen rekurrierte Pfarrer Jaritz auf die Verordnung über die Errichtung der Pfarrektorate vom Dezember 1947, die ausdrücklich den Gebrauch der vor der Vertreibung verliehenen Titel festlegte, und forderte beim Offizial freundlich aber bestimmt die Wiederaufnahme der vom Breslauer Erzbischof verliehenen Titel in den Münsteraner Personalkatalog ein, da es „nicht um kleinliche Titelsucht [gehe] [...], sondern um die Anerkennung eines rechtmäßigen Verhältnisses, das im großen Zusammenhang nicht ganz unwesentlich ist"[239].

Er verwies dabei darauf, daß in den polnischen Schematismen der deutschen Ostgebiete diejenigen Inhaber von Pfarreien, deren Pfarrer als Vertriebene im Westen lebten, nur als Pfarradministratoren bezeichnet würden, wodurch die Vorläufigkeit dieses Zustandes anerkannt sei. Offizial Grafenhorst zeigte unter Anspielung auf die aktuelle Verhärtung des Ost-West-Konflikts im Zuge des Baus der Berliner Mauer Verständnis für das Anliegen der Vertriebenenpriester. Unmißverständlich äußerte er gegenüber Jaritz, auch er sei „der Meinung, daß man in dieser Zeit schon aus politischen Gründen die Bezeichnung ‚Pfarrer', die ja nicht nur Titel ist, nicht fortlassen sollte"[240]. Daher leitete er die Bitte und Anfrage auch umgehend an Kapitularvikar Böggering nach Münster

---

[237] Vgl. Pfarrer Hugo Springer an Jaritz v. 19.2.1959, in: OAV Nachlaß Otto Jaritz (1909–1987).

[238] Langer an Jaritz v. 24.1.1962, ebd.

[239] Jaritz an Grafenhorst v. 26.1.1962, ebd. Abschrift in: Archiv des Apostolischen Visitators Breslau, Münster: Offizialatsbezirk Oldenburg. Hier auch das folg. Zit.

[240] Grafenhorst an Jaritz v. 29.1.1962, in: OAV Nachlaß Otto Jaritz (1909–1987). Wie wichtig Grafenhorst die Angelegenheit nahm, zeigt auch seine Erkundigung bei Jaritz v. 14.3.1962, ob Böggering bereits geantwortet habe. Ebd.

weiter, der allerdings erst nach mehreren Monaten hierauf Bezug nahm und das Versehen ganz simpel mit einer Neuordnung bei der Gestaltung des Schematismus begründete, aber zugleich großes Verständnis für die Beschwerde zeigte[241]. Diese späte Reaktion glättete dennoch manche Woge und ließ die Vertriebenenpriester aufatmen, da sie eine insgeheim befürchtete Statusveränderung in Form einer Zwangsinkardinierung in die Diözese Münster ausschloß[242]. In der Folge wurden die Titel dann im Personal-Schematismus für 1963 zwar zunächst nur teilweise[243], nach weiteren Protesten dann aber auch wieder – wie zuvor – bei allen ostdeutschen Geistlichen verzeichnet, so daß sich dieser Moment der Unruhe im oldenburgischen Vertriebenenklerus allmählich legte[244].

Eine Ausnahmeerscheinung stellte in diesem Kontext die 1951 erfolgte Ernennung eines ostvertriebenen Pfarrers zum Landespräses der oldenburgischen Katholischen Arbeitnehmer-Bewegung (KAB) dar. Im Vorfeld hatten mit Otto Jaritz, Hugo Jendrzejczyk und Alois Knauer gleich drei Breslauer Diözesanpriester für diese Aufgabe auf der Vorschlagsliste des Offizialats gestanden[245], was angesichts der vor 1933 starken und vergleichsweise autonomen Stellung der Standesvereine im Offizialatsbezirk Oldenburg zunächst einmal erstaunlich anmutet. Bedenkt man aber, daß die KAB insbesondere in den Industriestädten der nordoldenburgischen Diaspora stark vertreten war, folglich der Landespräses auch dort ansässig sein sollte, so wirkt der Vorschlag bereits verständlicher. Daß die Wahl dabei keinen oldenburgischen Priester getroffen hatte, mag zudem daran gelegen haben, daß diese ausschließlich in den arbeitsintensiven Pfarreien Nordoldenburgs eingesetzt waren und keine zusätzliche Zeit für die nebenamtliche Aufgabe eines Landespräses erübrigen konnten. Dennoch führte die Kandidatenliste des Offizialats zu internen Kontroversen, was sich allein daran ablesen läßt, daß erst mit über dreijähriger Verzögerung eine Besetzung der Stelle vorgenommen wurde. Der Streit um den KAB-

---

[241] Böggering an Jaritz v. 13.4.1962, ebd.

[242] Entsprechende Befürchtungen hatte Jaritz gegenüber Grafenhorst geäußert und dementierte sie im Rundbrief des oldenburgischen Ostpriesterkonveniats v. 4.6.1962.

[243] Vgl. Personal-Schematismus des Bistums Münster 1963, Münster 1963. Hier findet sich der Zusatz der Heimatdiözese lediglich bei Otto Jaritz und bei Erzpriester Josef Wahlich.

[244] Im Personal-Schematismus des Bistums Münster 1965, Münster 1965, ist die Weihediözese interessanterweise nicht kontinuierlich bei den Vertriebenenpriestern angegeben. In der Ausgabe für 1968 sind hier hingegen die Weihetitel wieder durchgängig verzeichnet. Die Zugehörigkeit zu den ostdeutschen Jurisdiktionsbezirken wurde auch nach der Schaffung einer polnischen Hierarchie im ehemaligen Ostdeutschland durch Papst Paul VI. 1972 nicht angefochten. Erst mit der Neuregelung der Vertriebenen- und Aussiedlerseelsorge in der Bundesrepublik zum 1.1.1999 wurden die noch im Osten inkardinierten Priester aufgefordert, sich dem Bischof ihrer Wohndiözese bzw. einem Bischof innerhalb der Grenzen der Bundesrepublik zu unterstellen. Vgl. Langendörfer, Hans, Die Vertriebenen- und Aussiedlerseelsorge der Deutschen Bischofskonferenz. Grundlinien der Neuordnung, in: Kirche und Heimat. Die katholische Vertriebenen- und Aussiedlerseelsorge in Deutschland (Arbeitshilfen der Deutschen Bischofskonferenz, Nr. 146), Bonn 1999, 33–35, hier 35. Für Oldenburg betraf dies zu diesem Zeitpunkt noch zwei Priester der Erzdiözese Breslau und einen Priester der Erzdiözese Prag/Grafschaft Glatz.

[245] Vgl. Pohlschneider an Dechant Grafenhorst, Oldenburg, v. 22.12.1947, in: OAV A-9-27.

Landespräses hatte sich offensichtlich an der Person des Rasteder Pfarrektors Otto Jaritz entzündet, der anfänglich als der geeigneteste Kandidat erschienen war, wobei „gewisse soziale Spannungen [...] zwischen Pfarrer Jaritz und dem einheimischen Klerus bestehen, die aber absolut zu verstehen sind"[246], wie Offizial Pohlschneider sich nicht ganz unparteiisch in die Auseinandersetzung eingeschaltet hatte. Allein deshalb einigte man sich abschließend auf den als Pfarrektor im Vertriebenenlager Roffhausen wirkenden Alois Knauer[247], der bereits auf Erfahrungen als Diözesanpräses der Arbeitervereine in der Erzdiözese Breslau zurückblicken konnte und deshalb letztlich auch prädestiniert erschien. An der intern geführten Personaldebatte ist jedoch deutlich zu erkennen, daß die Übertragung zusätzlicher Aufgaben an öffentlich engagiert für ihre Landsleute eintretende Vertriebenenpriester, wie eben Otto Jaritz, für den oldenburgischen Klerus eine Zurücksetzung bedeutete. Knauer hingegen erschien allein deshalb eher genehm, weil ihm bescheinigt wurde, daß er immerhin sehr ruhig und sachlich arbeite.

Als persönlicher Ausgleich für die Zurücksetzungen kann die vergleichsweise hohe Zahl von Auszeichnungen für Vertriebenenpriester betrachtet werden, obgleich es Spekulation wäre, hierin allein eine Wiedergutmachung von Seiten der westdeutschen Hierarchie für die Zurücksetzung bei der Stellenvergabe zu sehen. Wenn 1953 der in Oldenburg lebende frühere Breslauer Domkapellmeister Dr. Paul Blaschke[248] und sieben Jahre später der Organisator der Bether Vertriebenenwallfahrt, Erzpriester Josef Wahlich, Cloppenburg, die Prälatenwürde erhielten, handelte es sich dabei um ausgewählte und verdiente Persönlichkeiten des Vertriebenenklerus im Bereich der Fallstudie. Erst in wesentlich größerer Distanz zum Vertreibungsgeschehen und zum Neuanfang im Westen standen einzelne Ehrungen älterer ostdeutscher Geistlicher durch Ernennung zu Prälaten und Geistlichen Räten ab Ende der 1960er Jahre[249].

---

[246] So Pohlschneider an KAB-Diözesansekretär Bernhard Winkelheide, Recklinghausen, v. 19.12.1947, ebd. Hier auch das folg. Zit.

[247] Alois Knauer, geboren 1895 in Naumburg/Queis, aufgewachsen in Hindenburg, Priesterweihe 1919 in Breslau, 1934 Pfarrer in Gläsendorf, Krs. Grottkau, 1946 Seelsorger in Goldenstedt, 1947 desgl. in Wilhelmshaven (Lagerseelsorge), 1948 Pfarrektor in Roffhausen, 1955 Seelsorger m. d. T. Rektor in Lohne, 1951–1964 zugleich Landespräses der KAB Oldenburg, Päpstlicher Geheimkämmerer, gestorben 1970 in Lohne. Vgl. Hirschfeld/Trautmann (wie Anm. 8), 316.

[248] Paul Blaschke, geboren 1885 in Hultschin, Priesterweihe 1909 in Breslau, 1925 Domkapellmeister ebd., 1946 Seelsorger u. Leiter des Kirchenchores in St. Peter Oldenburg, 1956 Hausgeistlicher auf Schloß Darfeld, 1968 desgl. in Anholt, gestorben 1969 ebd. Vgl. Hirschfeld/Trautmann (wie Anm. 8), 274, u. Trautmann, Markus, Christliche Kunstschaffende aus dem deutschen Osten (wie Anm. 180), 413f.

[249] In den Prälatenrang gelangten zu diesem späteren Zeitpunkt vier Geistliche: 1968 Georg Scheffler, Lastrup; 1969 Alois Knauer, Lohne; 1973 (Msgr.) u. 1981 (Ehrenprälat) Konrad Leister, Hude; 1987 Max Czerwensky, Damme. Zu Geistlichen Räten wurden sieben Priester ernannt: 1986 Karl Hentschel u. Otto Krimpenfort, 1987 Josef Tenschert, Edmund Plehn u. Max Czerwensky, 1989 Bernhard Breuer u. Josef Göbel. Vgl. Hirschfeld/Trautmann (wie Anm. 8), 348, 316, 324f, 279, 302, 318f, 358, 339f, 276 u. 290.

Angesichts der vielen Tiefpunkte, die nahezu alle Biographien von Vertriebenenpriestern im Offizialatsbezirk Oldenburg aufweisen und die auch durch eine päpstliche Ehrung kaum eine vollständige Wiedergutmachung erfahren konnten, ist es durchaus bemerkenswert, daß die Geistlichen ihren Dienst in Treue zu ihrem Weiheversprechen ausübten. Die Verbundenheit mit ihrem Einsatzort kann wohl nur als Folge eines starken Glaubens und Gottvertrauens angesehen werden, die sie ihr Schicksal so annehmen ließ, wie es die politischen Realitäten gefügt hatten. Sieht man von zwei Breslauer Priestern vorgerückten Alters ab, die an den psychischen Folgen der Vertreibung zerbrachen[250], läßt sich ein weiterer Geistlicher benennen, der – allerdings erst nach seinem Wechsel in ein anderes Bistum – Priesterstand und katholische Kirche verließ[251].

Insgesamt aber erwies sich die Personalpolitik von Bistum bzw. Offizialat als wenig flexibel, was die Situation des ostdeutschen Klerus anbetraf. Den vertriebenen Geistlichen blieb neben der Tätigkeit unter ihren Landsleuten in der Diaspora nur die Aufgabe eines Hilfs- oder Hausgeistlichen. Die fehlenden Alternativen und vor allem Aufstiegsmöglichkeiten führten dazu, daß sich bei ihnen zum einen schleichende Unzufriedenheit und Resignation bemerkbar machten, die sich auch auf die ostvertriebenen Gläubigen auswirken und deren Bindekraft an das katholische Milieu beeinträchtigen mußten. Zum anderen setzten die desintegrativen Maßnahmen der kirchlichen Hierarchie auch ungebundene Kräfte frei, die verstärkt in Maßnahmen zur Identitätsbewahrung investiert wurden. Die Bemühungen um Aufrechterhaltung bzw. Neuformierung des katholischen Milieus erhielten durch den Vertriebenenklerus somit Ergänzung durch die Beteiligung am Aufbau eines „alternativen" Milieus der Vertriebenen. Im Gegensatz zur territorial begrenzten Pfarrseelsorge manifestierte sich diese Initiative zur Personalseelsorge auf der Meso- und Makroebene.

## 6. Vertriebenenseelsorger als Milieubindekräfte

### a) Vergemeinschaftung des Klerus

1 auf der Makroebene

Obgleich die Ordinarien der Herkunftsbistümer eine lediglich auf dem Papier bestehende Jurisdiktionsgewalt über die ihnen nach wie vor unterstehenden Geistlichen besaßen, bestanden weiterhin enge Verbindungen zwischen Vertriebenenklerus und Vertriebenenepiskopat, wie zum einen Rundbriefe der ostdeutschen Bischöfe bzw. Kapitularvikare an ihren Klerus, zum anderen regelmäßige persönliche Briefwechsel zeigen. Bezüg-

---

[250] Es handelt sich hierbei um Stephan Goerlich, gestorben 1948, u. Otto Hoppe, gestorben 1956. Zur Person vgl. ebd., 290f u. 305.
[251] Alois Porwit, 1947–1950 Pfarrektor in Kroge-Ehrendorf, anschließend in Bad Harzburg/Bistum Hildesheim tätig, trat 1959 zur ev. Kirche über. Vgl. ebd., 341.

lich der Geistlichkeit der Diözese Ermland ist beispielsweise belegt, daß in den ersten drei Nachkriegsjahren 95 % der Priester Briefkontakte zu Bischof Maximilian Kaller unterhielten[252]. Für das Generalvikariat Glatz ist eine ähnliche Dichte in der Korrespondenz auszumachen, die durch die auch im Westen weiterhin regelmäßig von Generalvikar Monse versandten, als Laufcurrenden bezeichneten Amtsblätter einen zusätzlichen Motor erhielt und so wechselseitig verstärkt wurde[253]. Ganz offensichtlich kam den Heimatordinarien aus der Not der Zerstreuung heraus eine besondere Vertrauensstellung für die vertriebenen Priester zu, die über das bisher übliche Maß an sozialen Kontakten zwischen Episkopat und Klerus in der alten Heimat weit hinausreichte. Dazu trug sicherlich auch bei, daß der jeweilige Heimatbischof Dreh- und Angelpunkt bei der Wiederaufnahme mitbrüderlicher Beziehungen war.

So berichtete Generalvikar Franz Monse in seinem ersten Rundschreiben an den Grafschafter Klerus nach der Ankunft im Westen vom Ursulinenkloster in Werl aus, in welchen Diözesen der Grafschafter Klerus verstreut sei[254], teilte neue Anschriften von Confratres mit und informierte über Todesfälle. Ein halbes Jahr später erteilte er seinem Klerus Weisung, sich vor der Annahme einer neuen Aufgabe in den westlichen Bistümern zuvor mit ihm in Verbindung zu setzen, und berief kurz darauf eine Priesterkonferenz nach Rulle bei Osnabrück ein, an der 28 Glatzer Priester aus den nordwestdeutschen Diözesen teilnahmen[255]. Daß es dem Glatzer Ordinarius, der ab 1947 jährlich eine Kleruskonferenz unter großem Zuspruch in Telgte einführte[256], mit dieser Maßnahme nicht um eine Entfremdung seines Vertriebenenklerus von den neuen Wirkungsdiözesen, sondern um eine Stärkung für dessen neues Aufgabenfeld in der Diaspora Oldenburgs, Ostfrieslands und anderswo ging, zeigt schon die Wahl des Referenten für die Ruller Zusammenkunft. Es war kein geringerer als der Osnabrücker Regens, der kurz darauf zum Bischof von Münster ernannte Michael Keller. Dieser hielt den kaum im Westen eingewöhnten Geistlichen ein richtungweisendes Referat über die Bedeutung der priesterlichen Gemeinschaft und konnte dabei aus seiner eigenen Erfahrung als Diasporaseelsorger in Hamburg schöpfen[257].

---

[252] Vgl. die ausführliche Untersuchung dieser Briefwechsel von Alfred Penkert, Auf den letzten Platz gestellt? (wie Anm. 166) u. hier insbes. 102ff. Analoge Untersuchungen für die übrigen ostdeutschen Jurisdiktionsbezirke stellen ein Desiderat dar.

[253] Vgl. Archiv des Kanonischen Visitators Glatz, Münster: Wallfahrten, u. Hirschfeld, Michael, Prälat Franz Monse (wie Anm. 38), insbes. 133–142.

[254] Vgl. Laufcurrende des Generalvikariats Glatz v. 24.4.1946.

[255] Vgl. Laufcurrende des Generalvikariats Glatz v. 10.10.1946 u. v. 7.11.1946. Die Ruller Konferenz fand am 26.11.1946 statt.

[256] Vgl. Hirschfeld, Michael, Prälat Franz Monse (wie Anm. 38), 139–142, sowie ders., 50 Jahre Glatzer Wallfahrt nach Telgte. Eine Initiative von Großdechant Prälat Dr. Franz Monse, in: Münsterland. Jahrbuch des Kreises Warendorf 1996, 64–68.

[257] Vgl. Bericht in Laufcurrende des Generalvikariats Glatz v. 15.1.1947. Keller galt damals als Seelsorger mit modernen Konzepten, die er ab 1947 im Bistum Münster zur Anwendung brachte. Vgl. Damberg, Wilhelm, Abschied vom Milieu? (wie Anm. 183), 505ff.

Einen weniger regionalbezogenen Zusammenschluß schufen sich die Breslauer Priester, die sich erstmals 1946 zu gemeinsamen Exerzitien im westfälischen Marienwallfahrtsort Werl zusammenfanden und im Folgejahr eine „Gebetsgemeinschaft schlesischer Priester" begründeten[258]. Ein zur Erinnerung an die erste dieser Zusammenkünfte im September 1947 gedruckter Gebetszettel enthält die Namen von 88 Geistlichen, darunter acht, die im oldenburgischen Teil des Bistums Münster eine Wirkungsstätte gefunden hatten[259]. Der jährlich in Königstein/Taunus zusammentretende Gebetskreis formierte sich 1953 auch rechtlich als Schlesisches Priesterwerk[260], wobei hier eindeutig stärker das gleichberechtigte brüderliche Miteinander im Mittelpunkt stand, als die Zentrierung auf die Gestalt des Ordinarius, wie es beim ermländischen und Glatzer Klerus beobachtet werden konnte. Die Breslauer Priester stellten deshalb eine Ausnahme dar, weil sie bedingt durch den Sitz ihres Kapitelsvikars Piontek in Görlitz über keine Leitfigur in der Bundesrepublik verfügten und bezüglich der Verbindung zu ihrem Ordinarius sozusagen freischwebend waren[261]. Obwohl die führende Persönlichkeit des Breslauer Klerus in Oldenburg, der Rasteder Pfarrektor Otto Jaritz, über regelmäßige Briefkontakte zu Piontek und dem ebenfalls in Görlitz lebenden früheren Breslauer Personalreferenten Domkapitular Emanuel Tinschert verfügte, bedeuteten diese nicht mehr als eine Informationsquelle über das Leben hinter dem „Eisernen Vorhang"[262]. Direkte Einwirkungsmöglichkeiten auf den Klerus im Westen besaß Piontek nicht. Wenn die Breslauer Priester in dem nunmehr

---

[258] Vgl. Marschall, Werner, Geschichte des Bistums Breslau (wie Anm. 11), 196. Aufgabe der 1947 von Prälat Paul Ramatschi gegründeten Gebetsgemeinschaft war die finanzielle Unterstützung des schlesischen Theologennachwuchses. Vgl. Bericht über Entwicklung und Stand des Schlesischen Priesterwerkes für die Diözesan-Flüchtlingsseelsorgertagung v. 20.10.1953, in: Archiv des Apostolischen Visitators Breslau, Münster: Schlesisches Priesterwerk.

[259] Vgl. Gebetszettel zur Erinnerung an die hl. Exerzitien für schlesische Priester in Werl 1947, ebd.: Fotoarchiv.

[260] Vgl. Protokoll über die Gründungsversammlung am 20.2.1953, ebd. In den 1950er u. 1960er Jahren nahmen an den Jahrestagungen regelmäßig bis zu 130 Priester teil. Offiziell gehörten 1961 neun oldenburgische Ostpriester zum Schlesischen Priesterwerk. Vgl. die Akten zu den einzelnen Schlesischen Priestertagungen, ebd. Zusammenfassend vgl. Hirschfeld, Michael, 50 Jahre Schlesische Priestertagungen 1949–1999, in: Heimatbrief der Katholiken aus dem Erzbistum Breslau 5/1999, 76–77.

[261] Vgl. Marschall, Werner, Geschichte des Bistums Breslau (wie Anm. 11), 175–203, insbes. 194. In Görlitz als Mittelpunkt des deutschen Restteils der Erzdiözese Breslau hatten sich nach 1945 der Kapitelsvikar und die Reste der Bistumsverwaltung unter der Bezeichnung „Erzbischöfliches Amt" niedergelassen. Kontakte Pionteks in den Westen waren – zumindest ab 1949 – nur über Berlin möglich.

[262] Vgl. die Korrespondenz v. Piontek m. Jaritz, hierbei u. a. Piontek an Jaritz v. 30.11.1953, in: OAV Nachlaß Otto Jaritz (1909–1987) sowie Berichte von O. Jaritz über die Lage in Görlitz, in: Rundbriefe des Oldenburger Ostpriesterkonveniats v. 12.6.1953, 4.6.1962 u. a. (im weiteren zit. als Rundbriefe Ostpriesterkonveniat [ROK]), sowie Schuster, Bockhorn, an Jaritz v. 2.3.1950, in: Pfarrarchiv Bockhorn: Korrespondenzen.

in Köln wirkenden Breslauer Weihbischof Josef Ferche[263] eine Art von Ersatzvater fanden, so galt dies nur für Wallfahrten und andere Großtreffen, sah sich Ferche doch allein als Repräsentant des schlesischen Katholizismus in Westdeutschland, mischte sich dagegen aber nicht in jurisdiktionelle Fragen ein.

Aus dem Bistum Münster wurden beispielsweise bei der Schlesischen Priestertagung 1956 neun Teilnehmer verzeichnet, darunter vier aus dem Offizialatsbezirk[264]. Einerseits kamen mittels dieser doch eher im Verborgenen stattfindenden Tagungstätigkeit zahlreiche Angehörige des oldenburgischen Vertriebenenklerus der 1960 vom Geschäftsführer der Katholischen Arbeitsstelle (Nord) für Heimatvertriebene, Prälat Gerhard Moschner[265], definierten Aufgabe nach, „Zeugnis für die weiterbestehende Verbundenheit mit der Heimatdiözese und ihrem Oberhirten zu geben" und außerdem „für das Weiterbestehen der Heimatdiözese einzutreten"[266]. Elemente der Traditionsbestimmtheit gewannen somit immer deutlicher an Konturen und traten langsam, aber sicher zumindest de facto an die Stelle des sich lockernden Mechanismus der rechtlichen Verankerung. Andererseits wird an der recht geringen Zahl von nur neun offiziell als Mitglieder des Schlesischen Priesterwerkes geführten Vertriebenengeistlichen aus dem Offizialatsbezirk Oldenburg deutlich, daß die überregionale Gebets- und Tagungsgemeinschaft keine allzu starke Bindekraft für das Gros der primär auf den Aufbau ihrer Gemeinden sowie die Organisation und Finanzierung ihrer Kirchenbauten konzentrierten oldenburgischen Ostpriester besaß[267].

## 2 auf der Mesoebene im oldenburgischen Ostpriesterkonveniat

Vor dem Hintergrund der überregional geführten Diskussionen um das priesterliche Selbstverständnis und die Bindekraft des Klerus im neuen Lebensumfeld ist auch die Einrichtung eines Konveniats der ostvertriebenen Priester in Oldenburg zu sehen. Dieser lockere Zusammenschluß von Seelsorgern, der sich anfangs vierteljährlich, später in

---

[263] Josef Ferche, geboren 1888 in Pschow (O/S), Priesterweihe 1911 in Breslau, 1940 Weihbischof ebd., 1947 desgl. in Köln, gestorben 1965 ebd. Vgl. Stasiewski, Bernhard, Artikel: Ferche, Josef (1888–1965), in: Gatz, Erwin (Hrsg.), Die Bischöfe der deutschsprachigen Länder (wie Anm. 192), 184; Engelbert, Kurt, Weihbischof Josef Ferche (1888–1965), in: Gottschalk, Joseph (Hrsg.), Schlesische Priesterbilder, Bd. 5, Aalen/Württ. 1967, 29–36.

[264] Vgl. Teilnehmerlisten der Priestertagungen, in: Archiv des Apostolischen Visitators Breslau, Münster: Schlesische Priestertagungen.

[265] Gerhard Moschner, geboren 1907 in Breslau, Priesterweihe 1931 ebd., Diözesanjugendseelsorger, 1953 Geschäftsführer der Kath. Arbeitsstelle (Nord) für Heimatvertriebene in Köln, gestorben 1966 ebd. Vgl. Gottschalk, Joseph, Gerhard Moschner (1907–1966), in: Ders. (Hrsg.), Schlesische Priesterbilder (wie Anm. 263), 230–235, u. Lempart, Matthias, Der Breslauer Domvikar und Jugendseelsorger Gerhard Moschner als Organisator der vertriebenen katholischen Schlesier (Arbeiten zur schlesischen Kirchengeschichte, Bd. 12), Ostfildern 2001.

[266] Moschner, Gerhard, Breslauer Diözesanpriester in den westdeutschen Diözesen (wie Anm. 75), 9.

[267] Vgl. Mitgliederlisten des Schlesischen Priesterwerkes, in: Archiv des Apostolischen Visitators Breslau, Münster: Schlesisches Priesterwerk.

größeren Abständen in der Stadt Oldenburg zusammenfand, stellt zudem eine noch nahezu vollständig unbekannte Komponente für die Identitätsbewahrung des ostvertriebenen Klerus im Oldenburger Land dar. Mit seiner Einrichtung schufen sich die bis zu 40 ostvertriebenen Geistlichen in der Region eigenständig und ohne oberhirtliche Anweisung ein über die Dekanatskonveniats hinausreichendes Diskussionsforum auf der Makroebene, in dem einerseits Erinnerungen an und Berichte aus der verlorenen Heimat ausgetauscht wurden, andererseits Erfahrungen aus dem seelsorglichen Alltag, der vor allem in den Anfangsjahren von wirtschaftlicher und moralischer Not bestimmt wurde, ein Echo fanden.

Gerade aufgrund der neuen Herausforderungen der Seelsorge in anderskonfessionell bzw. auch atheistisch geprägtem Umfeld mußte der Wunsch nach regelmäßigen Aus- wie Absprachen einen erhöhten Stellenwert gewinnen. Hinzu trat die in dieser Lebenssituation gegebene Gefahr der Vereinsamung, einmal hinsichtlich der konfessionellen Minderheitsposition, daraus resultierend aber auch bezüglich der räumlichen Distanz zum nächsten Mitbruder.

In einem von Theologen vielbeachteten Aufsatz hat sich der im oldenburgischen Hude wirkende Glatzer Priester Konrad Leister aus dem eigenen Erleben heraus der Frage nach der priesterlichen Einsamkeit gestellt und die räumliche Vorstellung von Einsamkeit als Kennzeichen für viele katholische Geistliche bekräftigt, wobei er seine Überlegungen keineswegs auf den Vertriebenenklerus beschränkte[268]. Leister bezeichnete in diesem Kontext das seelsorgerische Wirken auf einsamem Posten zwar als größere Herausforderung für den einzelnen Priester, versuchte gerade in entsprechenden Situationen jedoch die Chance zu erkennen, den Dienst an Gott und den Menschen als „Seel-sorge" im eigentlichen Wortsinn zu vollziehen. Insofern kam diesem einfühlsam gehaltenen Beitrag – wie seine starke Rezeption beweist – eine große Integrationskraft für viele am Rand der Vereinsamung stehende Vertriebenenseelsorger zu. Ihnen wollte der Verfasser deutlich machen, daß es in der Seelsorge nicht um Zahlen ginge, die nur die pastorale Arbeit verflachten, sondern um den einzelnen Menschen und dessen überzeugte Mitarbeit in der Gemeinde[269]. Als Ausgleich für manche Enttäuschungen des geographisch isolierten wie auch persönlich einsamen Priesters empfahl Pfarrer Leister das regelmäßige mitbrüderliche Zusammensein. In der heute gewiß etwas altmodisch anmutenden Sprache von damals hieß das für ihn konkret: „Priesterlicher Zusammenhalt tut besonders not, nicht nur zum Zwecke gemeinsamen Handelns bei seelsorglichen Schwierigkeiten und zur Stärkung priesterlicher Frömmigkeit, sondern auch zur rein menschlich-natürlichen Entspannung und Stärkung. Ein Nachmittag im Kreise priesterlicher Freunde, bei dem nicht nur von Fachangelegenheiten geredet wird, sondern auch der Scherz zum Rechte kommt und der Geist sich übt im freundlich-witzigen Wortspiel, läßt den Priester erquickend fühlen, daß er doch nicht völlig vereinsamt unter den Menschen steht."[270]

---

[268] Vgl. Leister, Konrad, Priesterliche Einsamkeit, in: Kleineidam, Erich u. a. (Hrsg.), Amt und Sendung, Freiburg 1950, 63–81.
[269] Vgl. ebd., 71.
[270] Ebd., 78.

```
                                    B-432-13
            Abschrift               1

  Der Kapitelsvikar          Breslau, den
  der Erzdiözese Breslau     Ritterplatz 16


        Hierdurch wird kirchenamtlich bescheinigt, daß
  Herr . Pfarrer Otto Jaritz . . . . . . . . . . . . . . . . . . .
  bisher Stadtpfarrer in St. Dominikus in der Apostolischen Administratur Oppeln
  am 28.11.1909. geboren, am 29.1.1933 zum Priester geweiht ist
  und der Erzdiözese Breslau angehört.
        Wegen der politischen Lage muß er . . Neiße . . . . . . . .
  verlassen und hat z.Zt. keine Möglichkeit mehr, sich innerhalb
  der Erzdiözese Breslau zu betätigen und aufzuhalten. Es wird ihm
  daher erlaubt, sich bis auf weiteres in eine andere deutsche Diö-
  zese zu begeben und dort ein geistliches Amt zu übernehmen. Er
  führt einen priesterlichen Lebenswandel und hat in seinen bisheri-
  gen Stellungen eifrig und zur Zufriedenheit seiner kirchlichen Be-
  hörde gearbeitet. Er wird den Hochwürdigsten Bischöflichen Ordina-
  riaten Deutschlands aufs wärmste empfohlen. Er ist im Besitz der
  licentia celebrandi und der Jurisdiktion für die Erzdiözese Breslau

                                        Der Kapitelvikar
         Siegel:
         Capitulum Ecclesiae        gez. Dr. Piontek
         Metropolitanae
         Wratislaviensis


  - - - - - - - - - - - - - - - - - - - - - - - - - - - - - - - - -

           Für die Richtigkeit der Abschrift:
```

Bescheinigung des Kapitelsvikars der Erzdiözese Breslau, Dr. Piontek, für Pfarrer Otto Jaritz, o. Datum (wohl 1946)

Die geschilderten Vorschläge zur Selbsthilfe beschreiben zugleich die Voraussetzungen für das Entstehen eines Konveniats der vertriebenen Geistlichen. Die Initiative hierfür ging nicht von den Vertretern der mittleren oder älteren Generation im Klerus aus, sondern mit dem 36jährigen Otto Jaritz auffälligerweise von einem jüngeren Seelsorger, obwohl man annehmen müßte, daß gerade in dieser Generation die Chance einer Eingliederung in die bestehenden Verhältnisse am ehesten gegeben wäre. Aber Jaritz erschien als Organisator der Treffen durch vier Faktoren prädestiniert: Einmal besaß der frühere Pfarrer der St.-Dominikus-Gemeinde in Neisse, dem „schlesischen Rom", das notwendige Organisationstalent. Zudem befand sich seine Seelsorgestelle Rastede in unmittelbarer Nachbarschaft zur zentral gelegenen Landes- bzw. Bezirkshauptstadt Oldenburg, die für die zumeist in Nordoldenburg verstreuten ostdeutschen Priester Mittelpunktfunktion besaß. Schließlich war Otto Jaritz bedingt durch die oldenburgische Herkunft seiner väterlichen Familie mit den für eine eventuelle Breitenwirkung notwendigen Kenntnissen der lokalen Gegebenheiten vergleichsweise gut vertraut[271]. Vor allem aber mußte ihm von allen Vertriebenenpriestern allein daher das größte Vertrauen seitens der einheimischen Mitbrüder entgegengebracht werden, weil er ein Vetter des als Pfarrer an St. Marien in Wilhelmshaven amtierenden Heinrich Grafenhorst war, der im Diasporaklerus des Nordteils Oldenburgs eine besondere Stellung einnahm, wie sich an seiner Ernennung zum Pfarrer der Hauptgemeinde St. Peter in Oldenburg 1947 ablesen läßt[272]. Diese verwandtschaftlichen Beziehungen sollten sich insbesondere nach der Ernennung Grafenhorsts zum Bischöflichen Offizial 1948 zugunsten des Vertriebenenklerus auswirken, wodurch die Führungsrolle von Jaritz innerhalb des ostvertriebenen Klerus der Region für die folgenden Jahrzehnte noch gestärkt wurde.

Darüber hinaus ist natürlich zu beachten, daß die Kräfte eines jüngeren Geistlichen in der Regel weitaus größer sein mußten, um sich nicht nur dem eigenen Neuanfang zu stellen, sondern für seine Herkunftsgruppe zugleich identitätsstiftende Maßnahmen zu ergreifen. Als interessante Parallele erscheint es in diesem Zusammenhang, daß gleichzeitig auf überregionaler Ebene mit den Pfarrern Wilhelm Trennert aus der Erzdiözese Breslau und Paul Kewitsch aus der Diözese Ermland zwei Männer desselben Geburtsjahrgangs wie Jaritz nicht nur durch die Gründung der überregionalen Hilfsinstitution „Katholische Osthilfe" in Lippstadt initiativ wurden[273], sondern sich ebenfalls um ihre heimatlosen

---

[271] Die Familie Jaritz war in Jaderberg, Krs. Wesermarsch, beheimatet. Vgl. Schieckel, Harald, Die Beziehungen der Familie Jaritz zum Oldenburger Münsterland (wie Anm. 163).

[272] Heinrich Grafenhorst, geboren 1906 in Kneheim, aufgewachsen in Meppen u. Bunnen, Priesterweihe 1930 in Münster, 1942 Pfarrer in Wilhelmshaven St. Marien, 1947 Pfarrer in Oldenburg, 1948 Bischöflicher Offizial in Vechta, 1966 zugleich Apostolischer Protonotar, gestorben 1970 in Vechta. Vgl. Schlömer, Hans, Heinrich Grafenhorst, in: Jahrbuch für das Oldenburger Münsterland 1971, 219–222; Hinxlage, Helmut, Die Geschichte des Bischöflich Münsterschen Offizialates Vechta, Vechta 1991, 72–75. Vornehmlich in Problemsituationen des Vertriebenenklerus galt Grafenhorst als geeigneter Ansprechpartner.

[273] Vgl. hierzu: Stambolis, Barbara: Glaube und Heimat. Die Flüchtlingsarbeit der Katholischen Osthilfe im Erzbistum Paderborn nach 1945 (Zeitgeschichte im Erzbistum Paderborn, Bd. 5), Paderborn 1998.

Confratres sorgten. So legten Trennert und Kewitsch eine Kartei aller ostdeutschen Welt- und Ordenspriester in der britischen Zone an[274] und publizierten den ersten Nachkriegsschematismus der Breslauer, Glatzer und Branitzer Priester[275]. Jaritz steht daher als regionaler Exponent in der spätestens seit dem Kulturkampf im deutschen Katholizismus verbreiteten Tradition als Milieuorganisatoren aktiver Priester, die ihren geistlichen Mitbrüdern wie auch den Laien[276] zu einer Lobby zu verhelfen suchten.

Bereits im Sommer 1946, also zu einem Zeitpunkt, an dem ein Teil der ostvertriebenen Geistlichen den Offizialatsbezirk Oldenburg noch nicht oder erst gerade erreicht hatte, rief Jaritz seine Mitbrüder zu einem ersten Konveniat in einem Oldenburger Gastronomiebetrieb zusammen. Wenn auch nähere Einzelheiten über dieses Treffen nicht überliefert sind, so äußerte sich der Organisator doch in seinem Einladungsschreiben zu einem zweiten Konveniat am 18. November 1946 erfreut über „die Opfer, welche die einzelnen Teilnehmer gebracht haben, die aus dem äußersten Norden und Süden gekommen waren, und das Echo, welches die Einladung geweckt hat [...]"[277]. Ganz offensichtlich waren also trotz der schwierigen Verkehrsverhältnisse und der kurzen Zeitspanne seit der Ankunft in der neuen, fremden Umgebung die ostvertriebenen Priester an einem gegenseitigen Informationsaustausch sehr interessiert und nahmen die hierfür notwendigen Strapazen gerne auf sich.

Durch diese Resonanz fühlte sich Jaritz ermutigt, in der Folge kontinuierlich alle zwei bis drei Monate einen Rundbrief als Bindeglied zwischen den Priestern zu versenden und damit gleichzeitig die Einladung zur nächsten Zusammenkunft zu verbinden. Weder besaß er – wie erwähnt – einen entsprechenden Auftrag seitens der bischöflichen Behörden in Vechta bzw. Münster noch gab es Absprachen mit den Kirchenoberen, so daß der Konveniat einen privaten Charakter behielt. Unter welch notdürftigen Umständen diese Eigeninitiative weiterentwickelt wurde, belegt zum einen das äußere Erscheinungsbild der Rasteder Rundbriefe, die auf schlechtem Papier mit einer offensichtlich defekten Schreibmaschine geschrieben wurden und zudem in der Gewißheit versandt wurden, daß aufgrund technischer Schwierigkeiten im Postvertrieb nicht alle Einladungen rechtzeitig ihren Adressaten erreichten. Zum anderen legte der Verfasser aufgrund der herrschenden Papierknappheit zusätzliche Manuskripte nur einigen Briefen mit der Bitte um Weitergabe nach einem angefügten Plan bei.

---

[274] Vgl. die Aufforderung an alle ostdeutschen Religiosen im Bistum Münster, ihre Personalien an die Katholische Osthilfe weiterzuleiten, in: Kirchliches Amtsblatt für die Diözese Münster v. 5.3.1946, 43.

[275] Vgl. Anschriften-Verzeichnis nieder- und oberschlesischer Geistlicher. Stand: Ende Juli 1946, hrsg. von der Kath. Osthilfe Lippstadt.

[276] Vgl. zu Jaritz` Engagement für die heimatvertriebenen Laien das Kap. I Kirchliches Vereinswesen und religiöse Brauchtumspflege.

[277] ROK v. 18.11.1946, hier auch die weiteren Einladungen und Berichte des Konveniats. Das zweite Treffen fand am 27.11.1946 im „Haus Niedersachsen" in Oldenburg statt. Als günstigsten Wochentag für den Konveniat hatte man sich bei der ersten Zusammenkunft auf den Mittwoch geeinigt.

Die zweifelsohne wichtigste Funktion in einer Zeit der mangelhaften Nachrichtenübermittlung nahmen bald die praktischen Hinweise in den Rundbriefen ein, die ihnen die Funktion einer Nachrichtenbörse zukommen ließen. So hieß es beispielsweise in dem November-Schreiben 1946 unter der Rubrik „Einige Hinweise" unter anderem:

„Die kirchliche Hilfsstelle Frankfurt am Main-Süd, Stresemannallee 36, ist in der Lage, den vertriebenen Priestern durch Schrifttum und in materieller Beziehung (Kleidung usw.) wirkungsvoll auf Antrag zu helfen.

Der Generalvorstand des Bonifatiusvereins in Paderborn, Neuhäuserstr. 22, schrieb, daß er in der Lage ist, Intentionen (RM 5,–) zu vermitteln."[278]

Im Januar 1947 hatte Pfarrer Jaritz dann auf Wunsch seiner Mitbrüder Erkundigungen hinsichtlich der Beschaffung von Kleidung und theologischer Literatur eingeholt:

„Wer Kragen, Kollare, Biretts, persönliche Bedarfsartikel usw. braucht, möge sich wenden an die Akademische Vinzenzkonferenz in Münster, Theologenkonvikt.

Die Regensbergsche Verlagsbuchhandlung Münster hat sich bereit erklärt, ostvertriebene Priester mit Neuerscheinungen bevorzugt zu beliefern, wenn diese sich dort melden."[279]

Das oldenburgische Ostpriesterkonveniat besaß demnach also auch eine sozialkaritative Komponente, wobei die Versorgung der einzelnen Geistlichen mit dem Notwendigsten durchaus unterschiedlich war. Ein Beispiel hierfür stellt ein Vertriebenenseelsorger in Schillig dar, der bis zum Spätherbst 1946 mit zwei Pfund Kartoffeln und zweieinhalb Pfund Brot in der Woche auskommen mußte, erst dann erhielt er durch Initiative von Offizial Pohlschneider regelmäßige Nahrungsmittelpakete aus Südoldenburg. Zum Hunger trat die Vereinsamung im kalten Winter 1946/47 hinzu, so daß der Geistliche über das erste Weihnachtsfest fern seiner Heimat schrieb: „Wir feierten es so arm, wie das erste Weihnachten in Bethlehem."[280] Dagegen stellte sein Mitbruder in Bad Zwischenahn zum Schutz vor der Vereinsamung eine Seelsorgehelferin und eine Wirtschafterin ein und konnte sich sogar einige Möbel anschaffen[281].

Entsprechende Möglichkeiten, die materiellen Nöte der Geistlichen untereinander und unter Einschaltung der oben genannten Akademischen Vinzenzkonferenz abzuwenden, aber auch bei der Sorge um die Gläubigen und den Aufbau der Gemeinden wirkungsvoll Hilfe zu leisten, ergaben sich zudem auf den Versammlungen selbst. Pfarrer Jaritz zeigte sich bemüht, seine Mitbrüder zu Vorträgen über ihre jeweiligen Erfahrungen mit Flucht und Vertreibung sowie mit der Situation in der neuen Heimat anzuhalten. Vor

---

[278] ROK v. 18.11.1946.
[279] ROK v. 14.1.1947.
[280] Chronologie der kath. Seelsorgestelle Schillig, unpag. Seite.
[281] Vgl. P. Josef Hagel SAC an seinen Provinzial v. 25.11.1946, in: Archiv der Norddeutschen Provinz der Pallottiner, Limburg: Niederlassung in Bad Zwischenahn.

allem wurden Nachrichten über die alte Heimat mit großem Interesse aufgenommen[282]. Immerhin 20 Geistliche erschienen zu solchen Zusammenkünften und richteten nach Diskussionen über die politische Lage in Schlesien und in der derzeitigen Aufenthaltsregion eine Resolution um Rückgabe der deutschen Ostgebiete an das Priesterreferat in Königstein und an die Kirchliche Hilfsstelle in München.

Den sicherlich wichtigsten Stellenwert bei den Gesprächen nahm aber die zentrale Frage nach einer möglichen Rückkehr in die Heimat ein, der sich die Geistlichen in besonderer Weise seitens ihrer Gemeindemitglieder ausgesetzt sahen. Dabei stand der Klerus in einem starken Spannungsverhältnis, einerseits die vielfach von Heimweh geplagten Menschen schonend mit der Realität des Heimatverlustes zu konfrontieren, andererseits aber das Bekenntnis zur Heimat nicht aufzugeben, um die Gläubigen nicht einem noch stärkeren Pessimismus auszusetzen.

Recht pragmatisch griff Jaritz in einem Rundschreiben im Juni 1947 die Problematik auf, indem er seine Adressaten mit der Ansicht konfrontierte, daß die Vertriebenen im Westen eine neue Existenz schaffen müßten, da von einer Rückkehr in die Heimat mittelfristig nicht auszugehen sei[283]. In der Vorlage seines Briefes hatte es sogar geheißen, man müsse damit rechnen, gegebenenfalls „gar für immer" in der Fremde zu bleiben. Offenbar um mit dieser Sicht keinen Widerspruch heraufzubeschwören, hatte Jaritz die Passage wohl wieder gestrichen. Was nämlich aus der Retrospektive heraus zukunftsweisend anmutet, mußte knapp ein Jahr nach der Vertreibung als revolutionär empfunden werden. Der Einfluß der neben den Berichten aus Presse und Rundfunk immer wieder von Jaritz für die Erstellung seiner Rundbriefe herangezogenen Kommentare aus den von Walter Dirks und Eugen Kogon herausgegebenen „Frankfurter Heften" zeigte hier ganz offensichtlich seine Wirkung. Gleichwohl darf dieser in den oppositionellen Katholizismus der Nachkriegszeit einmündende „linkskatholische" Einfluß keineswegs als langfristig bestimmend für Jaritz und damit für die theologische und politische Ausrichtung des Ostpriester-Konveniats angesehen werden.

Schließlich hatte der ermländische Bischof Maximilian Kaller bereits im September 1945 im ersten Hirtenbrief eines ostdeutschen Ordinarius nach Kriegsende die Zeichen auf Zukunft gestellt und seine Diözesanen dazu aufgerufen, loslassen zu können, sich bei aller Trauer um die Heimat umgehend in der neuen Umgebung mit allen Kräften einzubringen und diese nicht als ein Provisorium zu betrachten[284]. Diese Erkenntnis der Aussichtslosigkeit kirchlichen Engagements für eine Grenzrevision läßt sich auch in den weiteren Stellungnahmen Kallers aus der allerersten Nachkriegszeit sowie in seiner privaten

---

[282] Zu Jahresbeginn 1947 vermeldete Jaritz: „Wir haben jetzt wieder neue Confratres unter uns, die erst jetzt aus Schlesien kamen. Es wäre recht dankenswert, wenn diese uns über den jetzigen Zustand der Heimat berichten würden." ROK v. 14.1.1947.

[283] Vgl. ROK v. 17.6.1947. Die im folgenden zit. Vorlage für diesen Rundbrief befindet sich in OAV Nachlaß Otto Jaritz (1909–1987).

[284] Vgl. Hirtenbrief Kaller v. September 1945, gedrucktes Expl., in: Archiv des Apostolischen Visitators Ermland, Münster: Hirtenbriefe Kaller.

Korrespondenz erkennen[285]. Auch der Glatzer Großdechant und Generalvikar Franz Monse hatte sich dieser Realität schon in seinen ersten Nachkriegshirtenbriefen nicht verschlossen, wenngleich er der Bewältigung des Heimatverlustes sensibler begegnete als Kaller und sowohl diese als auch die Rückkehrchancen dem Ausmaß christlichen Gottvertrauens der Heimatvertriebenen anheimstellte[286]. Wenn also im ostdeutschen Episkopat keine Illusionen hinsichtlich der Situation der Vertriebenen geschürt wurden, so blieb auch Pfarrer Jaritz, ohne dabei Verzichtsgedanken auf die Heimat zu äußern, schlichtweg Pragmatiker. Eine Intention, in der ihn Domkapitular Ernst Lange bestätigte, für den eine Rückkehr nach Schlesien nur bei vollständiger wirtschaftlicher und pastoraler Freiheit möglich und sinnvoll erschien[287].

Aber gerade das frühe Nachdenken über die Zukunft der eigenen Landsleute, während diese weitgehend noch in ihren Notunterkünften einer baldigen Rückkehr entgegensahen, ist kennzeichnend für die „progressive" Haltung des ostdeutschen Konveniats im Offizialatsbezirk Oldenburg. Eine mehr oder weniger differenzierte Stellung gegenüber den Rückkehreuphorien großer Bevölkerungsteile findet sich darüber hinaus aber auch vielfach in den Korrespondenzen des Klerus. Zurückhaltung spricht etwa aus einem Bericht des in Bad Zwischenahn eingesetzten Pallottinerpaters Hagel an seinen Provinzial über die Rezeption der Rede des amerikanischen Außenministers Byrnes. Die Schlesier in seiner Gemeinde glaubten jedenfalls – so der Pater über die Stimmungslage vor Ort – an eine baldmögliche Rückkehr in ihre Heimat[288], und der Geistliche ließ sich von diesen Hoffnungen einer für die Vertriebenen positiven Lösung der ostdeutschen Frage überzeugen. Letztere Haltung zeigte sich zwei Monate später, als er seinem Provinzoberen im Zusammenhang mit einem Bericht über die Schwierigkeiten, alle Heimatvertriebenen in seinem Seelsorgebezirk zu erreichen, berichtete, man solle auf den Erfolg von Friedensverhandlungen warten[289]. Demgegenüber drängte der Pallottiner-Provinzial darauf, in der Vertriebenenpastoral nicht auf eine politische Lösung zu warten. Man dürfe den Flüchtlingen zwar die Hoffnung auf Rückkehr nicht ausreden, teilte er im Advent 1946 nach Bad Zwischenahn mit, aber er sei „recht pessimistisch. Mag für Niederschlesien die Möglichkeit der Rückgliederung ans Reich auch etwas größer sein als für Ost- und

---

[285] Vgl. Kalinowski, Dariusz, Bischof Maximilian Kaller (wie Anm. 192), 207.

[286] Vgl. Hirschfeld, Michael, Prälat Franz Monse (wie Anm. 38), 110–122. Hier wird der Realitätssinn Monses in Verbindung mit der zur Trauerbewältigung notwendigen Sensibilität herausgestellt.

[287] Vgl. Ernst Lange, Visbek, an Jaritz v. 26.2.1947, in: OAV Nachlaß Otto Jaritz (1909–1987).

[288] Vgl. Hagel an Provinzial v. 16.9.1946, in: Archiv der Norddeutschen Provinz der Pallottiner, Limburg. Die Äußerung ist bezogen auf die Rede des US-Außenministers J. F. Byrnes am 6.9.1946 in Stuttgart, die als Zäsur für den Kurswechsel von der Besatzungspolitik zur wirtschaftlichen Aufbauhilfe der Amerikaner im Zeichen des Kalten Krieges angesehen wird. Vgl. Morsey, Rudolf, Die Bundesrepublik Deutschland. Entstehung und Entwicklung bis 1969 (Oldenbourg. Grundriß der Geschichte, Bd. 19), 2. Aufl. München 1990, 8.

[289] Vgl. Hagel an Provinzial v. 25.11.1946, in: Archiv der Norddeutschen Provinz der Pallottiner, Limburg: Niederlassung in Bad Zwischenahn.

Westpreußen, so sind die Aussichten nüchtern gesehen doch sehr gering. Mindestens wird sich das alles sehr lange hinziehen. Es ist darum unsere Pflicht, jetzt schon so zu arbeiten, als wenn die Verhältnisse ständig so bleiben sollten."[290] An dieser Stelle zeigt sich exemplarisch die Unsicherheit eines Seelsorgers darüber, ob es sich überhaupt lohnte, den Prozeß der Formierung eines neuen katholischen Milieus zu beginnen, da es sich möglicherweise nur um eine Übergangssituation handelte.

Allerdings reichte der Impetus des oldenburgischen Vertriebenenklerus nicht so weit wie bei den zahlreichen schlesischen Priestern im benachbarten Ostfriesland, die Ende 1946 eine Resolution verfaßten und allen Generalvikariaten in der britischen Besatzungszone zukommen ließen, in der sie „im Namen der Gerechtigkeit und Menschlichkeit die Rückgabe unserer seit 700 Jahren rein deutschen Heimat"[291] forderten. Doch traf diese mit dem Aufruf zu ähnlichen Aktionen in anderen Regionen verbundene Demarche zumindest bei dem münsterischen Kapitularvikar Vorwerk ins Leere. Das Ziel der Initiatoren, „daß die Rückgabe der Heimat durch die Kirchen herbeigeführt werden könnte", wurde dem Oldenburger Konveniat daher auch gar nicht erst zur Kenntnis gebracht.

Wie rigide Vorwerk nämlich in den eineinhalb Jahren seiner Interimsverwaltung des Bistums darauf bedacht war, Solidaritätsinitiativen im ostdeutschen Klerus zu unterbinden, belegt seine Reaktion auf ein ohne Absender versandtes Flugblatt, eines „Appeal of Silesian Priests for a just solution of the problem of the German east". „Ad acta. Die gleichlautenden Anlagen sind einzukassieren", notierte der Kapitularvikar nur lapidar an den Rand des Schreibens[292] und setzte damit ein deutliches Zeichen gegen politische Stellungnahmen aus dem Klerus. Bei aller defensiven Haltung, was öffentliche Bekenntnisse zur Heimat in diesen ersten Nachkriegsjahren anbetraf, besaß der Konveniat aufgrund seiner Privatinitiative doch eine gewisse Sogwirkung, die sich in der Tatsache widerspiegelt, daß eine Reihe von schlesischen Priestern aus den Grenzregionen der benachbarten Diözese Osnabrück sich den Treffen anschloß[293].

Ende 1947 brachte Otto Jaritz auf dem Konveniat mit dem in der Öffentlichkeit noch lange Zeit ausgeklammerten Thema der deutsch-polnischen Beziehungen im Kontext der Vertreibung ein „heißes Eisen" zur Sprache, das lebhafte Diskussionen nach sich zog[294]. Mit wachen Augen wurde sowohl die Entwicklung in der sowjetischen Besatzungszone, wohin mehrere Geistliche über dorthin vertriebene ehemalige Pfarrangehörige noch engere Kontakte besaßen, als auch die schwierige materielle wie auch seelische Situation der in Oberschlesien verbliebenen deutschen Minderheit beobachtet. Um ein Band der Solidarität zu schaffen, regte Pfarrer Jaritz im Februar 1948 an, die Vertriebenen zum

---

[290] Pallottiner-Provinzial Schulte, Limburg, an Hagel v. 21.12.1946, ebd.
[291] Resolution des ostvertriebenen Klerus Ostfrieslands v. 30.12.1946, in: BAM NA-101-40. Hier auch das folg. Zit.
[292] Vorwerk am 18.3.1947, ebd.
[293] Zum Beispiel die Pfarrer Arthur Gabiersch, Langeoog, Erich Czech, Bersenbrück, Alfred Schulz, Bruchhausen-Vilsen, Wilhelm Hattwig, Wiesmoor, um hier nur einige Vertriebenengeistliche aus grenznahen Gemeinden des Nachbarbistums Osnabrück zu nennen.
[294] Vgl. ROK v. 11.2.1948.

besonderen Gebetsgedenken für die Menschen in Schlesien zu bitten, die in einer Situation politischer Unsicherheit und besonderer materieller Not lebten[295]. Das kollektive Empfinden des Vertriebenenklerus drückt sicherlich zutreffend der biblische Gedanke einer „babylonischen Gefangenschaft" aus, den einer der unfreiwillig in der oldenburgischen Diaspora wirkenden Vertriebenenseelsorger gelegentlich prägte[296]. Konkret verbindet sich mit dieser Abstraktion des eigenen Schicksals die Gewißheit eines langen, aber nicht endgültigen Exils der deutschen Vertriebenen.

Die Regelmäßigkeit der oldenburgischen Treffen strahlte zudem auch auf die Bistumsebene aus, auf der Diözesan-Vertriebenenseelsorger Caritasdirektor Wilhelm Volkmann im März 1948 erstmals eine Tagung der Ostpriester organisierte, „bei der Oldenburg besonders zahlreich vertreten war"[297]. Hier bot sich für Pfarrer Jaritz zugleich die Gelegenheit, eine stärkere Vernetzung der Verantwortlichen innerhalb der Vertriebenenseelsorge anzuregen und Caritasdirektor Volkmann für das November-Konveniat in Oldenburg einzuladen. Doch der Eingeladene sagte ab.

Zu einem wichtigen Thema dieser Konferenz war angesichts der Lockerung des Koalitionsverbotes die schon zuvor diskutierte Mitarbeit der Geistlichen bzw. der Kirche in den auf lokaler Ebene gebildeten „Interessengemeinschaften der Ostvertriebenen" (IGO) geworden. Nach einer Aussprache sanktionierten die Versammelten eine Mitwirkung „in den sich bildenden weltlichen Vertriebenenorganisationen, damit radikale Strömungen innerhalb der ostdeutschen Bevölkerung an den Rand gedrängt und der christliche Geist in die weltlichen Zusammenschlüsse mit einfließen könne"[298]. Bei allem Für und Wider hatte der Ostpriesterkonveniat damit ein Zeichen gegen eine Ghettoisierung des katholischen Sektors auch innerhalb der Heimatvertriebenen gesetzt.

Darüber hinaus erregten die zahlreichen Auftritte des als Vorsitzender des Hauptausschusses der Ostvertriebenen in der britischen Zone von Lippstadt aus agierenden Grafschaft Glatzer Priesters Georg Goebel die Aufmerksamkeit von Otto Jaritz und seinen Mitbrüdern. Auch stellte sich im Vorfeld der ersten Bundestagswahlen 1949 dem Konveniat die Frage, ob zum einen ein parteipolitisches Engagement des Vertriebenenklerus notwendig und sinnvoll sei, und zum anderen, in welche politische Richtung dieser Einsatz gehen könne. Geistlicher Rat Goebel jedenfalls stand stellvertretend für einen politischen Klerus, der sich eindeutig und lautstark zum Fürsprecher des Rückkehrwillens der Vertriebenen machte. Nachdem Goebel schon im Mai 1948 auf verschiedenen Kundgebungen im Oldenburgischen für eine große Öffentlichkeit gesorgt hatte, kam es am Rande einer weiteren fulminanten Rede des Priesters im November 1948 in Delmenhorst zu einer Begegnung mit einem nunmehr im Oldenburger Land tätigen Weihekurskollegen. Dabei bekundete Goebel sein Interesse, gelegentlich vor den Oldenburger Vertrie-

---

[295] Vgl. ROK v. 11.2.1948.
[296] Erzpriester Alfons Scholz, Elsfleth, an Jaritz v. 20.4.1949, in: OAV Nachlaß Otto Jaritz (1909–1987).
[297] ROK v. 24.5.1948.
[298] So Jaritz, in: ROK v. 18.11.1948.

benenpriestern zu sprechen²⁹⁹, woraufhin er umgehend als Gast des nächsten Konveniats am 24. November nach Oldenburg eingeladen wurde. An dieser Eile wird erkennbar, daß die Auseinandersetzung um ein politisches Wirken des Klerus zugunsten der Heimat in den Augen von Jaritz offenbar äußerst dringlich war. Jedoch sagte Goebel den vorgeschlagenen Termin wegen seiner Kurzfristigkeit ab, nicht ohne seinen Adressaten für seine Ziele zu werben, indem er diesen darauf aufmerksam machte, daß die „Vertriebenenarbeit [...] zu einer Bewegung geworden [sei], in der wir unbedingt federführend sein müssen"³⁰⁰. Auch die Zusage, am ersten Treffen des Jahres 1949 teilzunehmen, realisierte Goebel nicht, so daß es zu keiner direkten Auseinandersetzung des oldenburgischen Vertriebenenklerus mit der zunehmend von nationalem Gedankengut geprägten gesellschaftlichen Position dieses politisch wirkenden Geistlichen kam³⁰¹, der in rein weltlicher Mission nochmals 1950 im Oldenburger Land agierte und zum „Kampf um unsere Heimat"³⁰² aufrief.

Statt dessen erlebte der Konveniat bei einer Zusammenkunft am 12. April 1950 die erstmalige Anwesenheit des bereits 1946 ernannten Diözesan-Vertriebenenseelsorgers Wilhelm Volkmann, der schon mehrfach an der Versammlung teilnehmen wollte, aber regelmäßig kurzfristig abgesagt hatte³⁰³. Womöglich wurde an diesem Tag eine programmatische Ansprache Volkmanns erwartet oder sogar die Vorstellung eines Konzepts für die diözesanweite Vernetzung der Vertriebenenseelsorge, denn es waren mehr als 25 Ostpriester erschienen. Doch der Diözesan-Vertriebenenseelsorger verteilte lediglich eine von der Kirchlichen Hilfsstelle in Frankfurt/Main erhaltene Fettspende³⁰⁴. Offensichtlich maß Volkmann dem Oldenburger Konveniat keine allzu große Bedeutung zu, obwohl die Ostpriester der Region durch die mehrfach ungehört verhallte Einladung zu ihren Treffen die Absicht hatten erkennen lassen, ihn als ihren Repräsentanten auf Bistumsebene zu akzeptieren. Mit einer gewissen Distanziertheit merkte Pfarrer Jaritz in der Einladung zur folgenden Priesterkonferenz nüchtern an, daß der Diözesan-Vertriebenenseelsorger erneut eingeladen worden, mit seinem Erscheinen jedoch nicht zu rechnen sei³⁰⁵. Dahinter stand wohl auch eine gewisse Enttäuschung über die offensichtlich mangelnde Fähigkeit Volkmanns zur Selbstkritik. Als nämlich die Mitglieder des Konveniats die Gelegenheit zur Aussprache dazu nutzten, um ihren Unmut über das nur geringe Verständnis der Münsteraner Diözesan-Caritas und des westfälischen Klerus für

---

²⁹⁹ Dabei handelte es sich um Pfarrer Helmut Richter, Ganderkesee. Vgl. Richter an Jaritz v. 15.11.1948, in: OAV Nachlaß Otto Jaritz (1909–1987).
³⁰⁰ Goebel an Jaritz v. 22.11.1948, ebd.
³⁰¹ Vgl. ROK v. 14.4.1949.
³⁰² Manuskript der Rede v. Georg Goebel v. 4.11.1950 in Vechta, Privatbesitz, zit. bei Kuropka, Joachim, Heimat und Kirche zwischen Milieu und Mentalität, unveröffentlichtes Vortragsmanuskript v. 15.6.1999, 12.
³⁰³ Vgl. Jaritz an Volkmann v. 2.5.1949. In diesem Schreiben legte Jaritz seinem Adressaten noch einmal deutlich nahe, sich durch persönliche Teilnahme am Ostpriesterkonveniat über die Situation der Vertriebenenpriester in Oldenburg zu informieren.
³⁰⁴ Vgl. ROK v. 9.6.1949.
³⁰⁵ ROK v. 18.10.1949.

die Diaspora kundzutun, machte der Caritasdirektor das Offizialat in Vechta für die mangelnde überregionale Aufklärung verantwortlich, was die Anwesenden als Ausrede empfanden[306]. Volkmann selbst berichtete später abfällig über den oldenburgischen Ostpriesterzirkel von „sehr kritisch eingestellten Herren", bei denen „jedes Wort auf die ‚Goldwaage' gelegt" werde[307].

Seit Beginn der 1950er Jahre läßt sich parallel zu der wachsenden Distanz zum Vertreibungsgeschehen eine zunehmende Zeitspanne zwischen den einzelnen Zusammenkünften feststellen. Die Anzahl der jährlichen Zusammenkünfte wurde erst angesichts der sich in Niedersachsen zuspitzenden Konfessionsschulfrage wieder erhöht. Otto Jaritz ging es dabei primär darum, die politische Interessenvertretung der Vertriebenen, den Block Heimatvertriebener und Entrechteter (BHE), zu einer positiven Haltung gegenüber dem katholischen Volksschulwesen zu bewegen. Der Ostpriesterkonveniat schien ihm in diesem Fall ein geeignetes Instrument zu sein und eine Plattform zu bieten, um öffentlich Druck auf die Vertriebenenpartei auszuüben, auch eine Option für den katholischen Teil der Ostdeutschen offenzulassen. Jedenfalls nahm das Thema Konfessionsschule ab 1952 einen wichtigen Platz bei den Zusammenkünften ein und führte zudem den Konveniat aus der Geborgenheit seiner privaten Sphäre erstmals an das Licht der Öffentlichkeit. Am 12. Mai 1952 legte er beim niedersächsischen Ministerpräsidenten, beim Kultusminister sowie bei der Landtagsfraktion des BHE Protest gegen die geplante Novellierung des Schulgesetzes unter Aufhebung der Bekenntnisschulen ein[308]. Angesichts der Diskussion über die Schulthematik kristallisierte sich eine Gruppe von besonders aktiven Mitstreitern des Rasteder Organisators der Proteste heraus, zu der die Pfarrer Josef Kober, Hugo Springer und Konrad Leister gehörten[309]. Außerdem stand der Kontakt mit überregionalen Repräsentanten der Vertriebenen, um den Pfarrer Jaritz stets bemüht war, demgegenüber nicht zurück. Der Leiter der Katholischen Arbeitsstelle (Nord) für Vertriebene der Fuldaer Bischofskonferenz, Prälat Oskar Golombek, referierte ebenso vor den Geistlichen wie der von Recklinghausen aus engagiert wirkende Caritasdirektor Gerhard Jonczyk[310] oder der in Görlitz lebende Breslauer Domkapitular Emanuel Tinschert.

Bei allen Besuchen auswärtiger Referenten bzw. Gäste war Jaritz sichtlich bemüht, die Geschlossenheit der oldenburgischen Ostpriester zu dokumentieren, wie an der Werbung für den Besuch Tinscherts erkennbar ist, in der es hieß, die meisten Mitbrüder hätten ihr Kommen bereits zugesagt, weil sie den langjährigen Direktor des Breslauer

---

[306] Vgl. zu der Kontroverse zwischen Volkmann und dem Ostpriesterkonveniat auch das Kap. II Sozial-karitative Organisationskonzepte der Hierarchie.

[307] Volkmann an Grafenhorst v. 29.4.1950, in: OAV A-3-130.

[308] Vgl. Telegramm v. 12.5.1952, in: OAV Nachlaß Otto Jaritz (1909–1987). Von Jaritz offenbar selbst formuliert, unterzeichneten die Vertriebenenpriester Kober, Leister und Tenschert die Protestnote. Weiteres vgl. ausführlich in Kap. VI Die Konfessionsschule als Milieugarantin.

[309] Jaritz selbst bekannte in diesem Zusammenhang, daß „die meisten Mitbrüder hier geholfen" (ROK v. 25.7.1953) hätten.

[310] Jonczyk warb für die Vermittlung von interessierten Jungen aus Vertriebenenfamilien für ein von ihm geleitetes Berglehrlingsheim. Vgl. auch Jonczyk an Jaritz u. Jendrzejczyk v. 4.4.1955, ebd.

Theologenkonvikts noch in guter Erinnerung hätten und an einem Zusammentreffen interessiert seien[311].

Auch entsprechend hochkarätige Gäste konnten aber nicht verhindern, daß der Abstand zwischen den Tagungen – zumal nach dem Ende der Schuldebatte – Mitte der 1950er Jahre zunehmend größer wurde und sich immer stärker auf die gemeinsame Teilnahme an Priesterjubiläen bzw. Beisetzungen von Konveniatmitgliedern reduzierte[312]. Auch dem Organisator fehlte es offenbar zunehmend an Energie, zumal er im Vorfeld des nach neunmonatiger Pause im November 1957 wieder veranstalteten Treffens darauf verwies, daß er „in letzter Zeit ein wenig vorwurfsvoll immer wieder darum gebeten wurde"[313], die Konferenzen fortzusetzen. Die folgende Zusammenkunft fand dann sogar erst nach dreijähriger Pause im Herbst 1960 statt. Die brüderliche Gemeinschaft blieb somit trotz der größeren Abstände bei den Treffen nachhaltig ausgeprägt, wie sich noch bis weit in die 1960er Jahre hinein und über das Zweite Vatikanische Konzil hinaus anläßlich von unregelmäßigen aber stetigen Treffen mit nunmehr stark abnehmender Teilnehmerzahl zeigte. Als eine der letzten größeren Veranstaltungen, die öffentliche Wirksamkeit erlangte, aber kann ein von Otto Jaritz in Rastede initiiertes Requiem für den im November 1963 verstorbenen Breslauer Kapitelsvikar Weihbischof Ferdinand Piontek bezeichnet werden. Für die Kirchenzeitung schrieb er in einem umfangreichen Artikel über dessen Verlauf: „Fast vollzählig hatten sich die schlesischen Priester des Offizialatsbezirks in Rastede eingefunden, um in feierlichem Requiem ihres Oberhirten zu gedenken und für ihn zu beten. Das Requiem zelebrierte Päpstlicher Geheimkämmerer Monsignore Wahlich, assistiert von den beiden schlesischen Neupriestern Axmann und Gnida. Die Gedächtnisrede hielt Pfarrer Richter, der ein Lebensbild des verstorbenen Oberhirten aufzeichnete und sein vielseitiges Wirken unter den schwierigsten Verhältnissen schilderte."[314]

Diese Sätze drücken aus, daß es Jaritz offensichtlich gelungen war, ein generationsübergreifendes Gemeinschaftsgefühl im schlesischen Klerus Oldenburgs hervorzurufen. Zu der von Wahlich und Richter repräsentierten schlesischen Erlebnisgeneration trat nämlich hier – zumindest nach außen hin – ausnahmsweise die „Konzilsgeneration", also jene jungen Priester, deren Denken viel eher vom Zukunftsgeist des Zweiten Vatikanums geprägt war, als von der Rückbesinnung auf die Wurzeln im Osten, die schon in ihren Kindheitsjahren abgebrochen waren[315]. Das Fehlen junger Priester bei den Konveniaten symbolisiert nicht zuletzt auch diese Divergenz. Gleichzeitig verfestigte sich das Bemü-

---

[311] Vgl. ROK v. 12.1.1954.

[312] An entsprechenden Feiern nahm der ostdeutsche Klerus Oldenburgs jeweils nahezu geschlossen teil.

[313] ROK v. 5.11.1957.

[314] Jaritz, Otto, Zum Gedenken an Bischof Ferdinand Piontek, in: Kirche und Leben Oldenburg v. 22.12.1963. In den Folgejahren wurden auch für andere bedeutende schlesische Persönlichkeiten Gedenkämter gehalten, die jedoch keinen entsprechenden Niederschlag in der Presse mehr fanden.

[315] Der o.g. Kaplan Werner Axmann gehörte nach dem Konzil zu den Vorreitern einer Erneuerung in der katholischen Kirche Oldenburgs.

hen der Konveniatmitglieder, der Aufweichung des katholischen Milieus im Zuge der Modernisierung durch bewußtes Festhalten an einer hierarchisch strukturierten und priesterzentrierten Kirche öffentlich zu begegnen. Exemplarisch wird dies anhand des Engagements des Sprechers der oldenburgischen Vertriebenenpriester, Otto Jaritz, im Redaktionskreis des 1968 als Diskussionsmedium des Münsteraner Bistumsklerus gegründeten Blattes „forum" deutlich, in dem er die Rolle eines dezidiert konservativen Vertreters seines Berufsstandes einnahm[316].

Zudem ließen sich bei den seit 1946 im Seelsorgedienst des Offizialats stehenden Vertriebenengeistlichen Kennzeichen einer zunehmenden Identifizierung mit der unfreiwilligen zweiten Heimat entdecken, wie sie sich in einem Engagement der Vertriebenenpriester für die Wiederherstellung der Selbständigkeit des Landes Oldenburg manifestierten. Dieses Handeln mutet angesichts der anfänglichen Zielrichtung des Zusammenschlusses, den Blick auf die verlorene Heimat zu lenken und sich aus diesem Gedenken heraus für den oldenburgischen Diasporadienst zu stärken, recht widersprüchlich an. Otto Jaritz jedoch sprach auch von der Bedeutung der neuen Heimat und sah in der Auflösung Oldenburgs einen dem Geschehen im Osten vergleichbaren Willkürakt. Mit dieser Argumentation versuchte der Rasteder Pfarrektor seine Mitbrüder für ein Votum zugunsten des Status quo von 1946 zu gewinnen. Im Grunde genommen sei nämlich die Unterstützung eines entsprechenden Volksbegehrens „auch ein Protest gegen die Vertreibung, gegen Machtdiktate, die über Landschaften und Menschen willkürlich verfügen"[317]. Aus diesen Sätzen wird einmal mehr die politische Dynamik spürbar, die dem Konveniat mittlerweile innewohnte und vom zunehmenden Ost-West-Konflikt beeinflußt wurde.

Im Gegensatz zu den meisten übrigen Jurisdiktionsbezirken der Bundesrepublik hatte der Offizialatsbezirk Oldenburg mit dem Konveniat schon sehr zeitig einen Zusammenschluß mit identitätsbewahrender wie auch zugleich identitätsstiftender Funktion. Als das Schlesische Priesterwerk 1961 anregte, in allen Diözesen einen regelmäßigen Konveniat zu gründen[318], zeigte sich jedenfalls, daß gerade in dieser Hinsicht im Bereich der Fallstudie kein Nachholbedarf bestand und der Ostpriesterkonveniat bereits 15 Jahre lang eine Pionierrolle in der Schaffung einer regionalen Priestergemeinschaft mit heimatlichem Anklang einnahm. Eine zusätzliche Zusammenkunft der schlesischen Priester erübrigte sich auch deshalb, weil alle oldenburgischen Ostpriester ohnehin Schlesier waren. Immerhin reiste der Bundessprecher der schlesischen Priester und Vorsitzende des Schlesi-

---

[316] Unter dem Titel „forum. Organ des Presbyteriums im Bistum Münster" erschien ab 1968 eine Reihe von Jahren eine als Angebot zur offenen Diskussion über den kirchlichen Wandel im Zuge des Konzils gedachte Zeitschrift als Beilage zum Kirchlichen Amtsblatt. Otto Jaritz fungierte hier als Mitherausgeber u. veröffentlichte in den Ausgaben eine Reihe eigener Beiträge. Darin nahm er vornehmlich Stellung gegen reformerische Kräfte im Bistumsklerus, wie sie sich u. a. im „Freckenhorster Kreis" zusammengefunden hatten.

[317] So Jaritz im ROK v. 11.4.1956 im Vorfeld des damals geplanten, jedoch erst 1975 durchgeführten Volksbegehrens zur Wiedererrichtung des Landes Oldenburg.

[318] Vgl. Anregungen für die Aufgaben des Sprechers des Schlesischen Priesterwerkes in den einzelnen Diözesen v. 10.2.1961, in: Archiv des Apostolischen Visitators Breslau, Münster: Schlesisches Priesterwerk, Diözesansprecher.

schen Priesterwerkes, Prälat Oskar Golombek, in der Folgezeit zweimal nach Oldenburg, um dem regionalen Kleruszusammenschluß durch seine Präsenz noch einmal punktuell Auftrieb zu geben[319].

### b) Einflußnahme ostdeutscher Ordinarien auf die Pastoral

Über die unterschiedlichen Erfahrungen des Zusammentreffens von ost- und westdeutschem Klerus auf der Mikroebene hinaus entwickelte sich auf der Makroebene ebenfalls ein Konkurrenzverhältnis zwischen einheimischer Bistumsleitung und dem Päpstlichen Beauftragten für die Vertriebenenseelsorge, das nicht ohne Auswirkungen auf die innere Kohärenz des katholischen Milieus im Raum der Fallstudie bleiben konnte. Während die westdeutschen Diözesen ihre kriegsbedingten Verluste an Seelsorgepersonal mit dem Einsatz von Flüchtlingsgeistlichen zu kompensieren begannen, war es erklärtes Ziel des Päpstlichen Sonderbeauftragten, Bischof Maximilian Kaller[320], einen Umverteilungsprozeß ostvertriebener Priester zugunsten der am stärksten von Flüchtlingen frequentierten Diasporadiözesen Nord- und Mitteldeutschlands einzuleiten. Durch seine zahlreichen Briefkontakte, die weit über den Klerus seines eigenen Bistums Ermland hinausreichten, hatte Kaller bereits sehr früh einen Überblick über die Verteilung des Vertriebenenklerus gewonnen, der sich zunehmend in den drei Westzonen zu konzentrieren begann. Nach dem Stand von Anfang 1947 lebten jedenfalls 1.800 der 2.300 ostdeutschen Priester, die ihre Heimat hatten verlassen müssen, in der amerikanischen, britischen oder – in geringem Maße – auch in der französischen Besatzungszone Deutschlands[321]. Eine wesentlich größere Zahl von Gläubigen aus dem Osten hatte es hingegen in die Länder der sowjetischen Besatzungszone verschlagen. In der Relation ergab sich daraus dahingehend ein „schiefes Bild"[322], daß im Westen statistisch gesehen 2.200 Vertriebene einen Seelsorger aus der Heimat auf sich vereinigen konnten, in Mitteldeutschland hingegen lediglich 4.500. Dies bedeutete, daß zwar rund ein Drittel der Katholiken aus den Vertreibungsgebieten, aber nur ein Viertel ihres Klerus Ende der 1940er Jahre in der SBZ bzw. DDR lebte.

---

[319] Golombek besuchte die Kleruskonferenz am 10.11.1965 zu einem Requiem für den kurz zuvor verstorbenen Weihbischof Josef Ferche sowie am 14.12.1966 zu einem Gedenkamt für den verstorbenen Prälaten Gerhard Moschner. Vgl. u. a. Nordwest-Zeitung v. 19.12.1966. Die letzten schriftlich dokumentierten Treffen fanden zu Priesterjubiläen bzw. anläßlich einer Pfarreinführung 1969 und 1970 statt.

[320] Vgl. Kalinowski, Dariusz, Bischof Maximilian Kaller und die Fragen des deutschen Ostens 1945–1947 (wie Anm. 192).

[321] In der amerikanischen Zone befanden sich zu diesem Zeitpunkt 1.091, in der britischen Zone 640, in der französischen Zone 56 sowie in der sowjetischen Zone 513 Priester. Vgl. Protokoll der Tagung der Diözesanflüchtlingsseelsorger in Königstein v. 25./26.3.1947, in: BAM NA-101-40.

[322] Penkert, Alfred, Auf den letzten Platz gestellt? (wie Anm. 166), 46.

Dieser Realität sollte das 1946 von Bischof Kaller quasi als „Seelsorgeamt des Vertriebenenbischofs"[323] gegründete Königsteiner „Priesterreferat" [324], dessen Aufgabe in der Erfassung des Vertriebenenklerus bestand, möglichst rechtzeitig durch eine gleichmäßige Verteilung der Geistlichen entgegenwirken. „Es gehört zu meinen undankbarsten Aufgaben, den Kampf um die Priester zu führen [...]. Doch ich muß dies im Interesse der Sache hinnehmen", schrieb Kaller im Wissen um den Gegenwind, der ihm hinsichtlich der Realisierung dieses idealistischen Planes entgegenwehen würde[325].

Parallel hierzu stand eine kurz nach Ankunft der ersten vertriebenen Priester in Oldenburg unter dem 15. Mai 1946 im „Kirchlichen Amtsblatt für die Diözese Münster" von Kapitularvikar Vorwerk bekanntgemachte Bitte der nach Görlitz transferierten Breslauer Bistumsleitung, derzufolge unter Hinweis auf die große Flüchtlingsnot zwischen Elbe und Oder „vollarbeitsfähige jüngere schlesische Priester dringend gebeten [wurden], sich für die Seelsorge im mitteldeutschen Raum zur Verfügung zu stellen"[326]. Auf der Fuldaer Bischofskonferenz im August 1946 schließlich wurde eine Resolution verabschiedet, nach der unbedingt versucht werden sollte, eine gerechte Verteilung der Flüchtlingspriester durchzuführen. „Besonders muß darauf geachtet werden, daß auch in der russischen Zone genügend Priester und Ordensleute vorhanden sind"[327], hieß es in dem Beschluß des Episkopates[328]. Die für die Neuformierung des katholischen Milieus auf der Mikroebene in der westdeutschen Diaspora erforderliche Kontinuität der pastoralen Betreuung wurde somit durch die Aufforderung der Bischöfe zur weiteren Migration des ostdeutschen Klerus nach Mitteldeutschland unterhöhlt. Allerdings hatten die Bischöfe mit ihrem Aufruf nur ein Zeichen gesetzt, und so fehlte es in der unmittelbaren Folge an konkreten Umsetzungsmöglichkeiten und vor allem an einer vom Episkopat mit entsprechender Intensität verfochtenen Strategie der Umverteilung des Personals.

Zu Jahresbeginn 1947 richtete Flüchtlingsbischof Kaller deshalb nochmals einen dringenden Aufruf an alle Generalvikariate der mehrheitlich katholischen Diözesen Süd- und Westdeutschlands – darunter auch Münster –, ihm „umgehend eine recht erhebliche

---

[323] Gröger, Johannes, „An die Seelen dieser Menschen herankommen", in: Hirschfeld, Michael, Trautmann, Markus (Hrsg.), Gelebter Glaube – Hoffen auf Heimat (wie Anm. 8), 19–70, hier 29.

[324] Das Priesterreferat stand unter Leitung des Prager Kirchenrechtlers Adolf Kindermann und dokumentierte seine Arbeit nach außen u. a. durch die Publikation von insgesamt acht Verzeichnissen ostdeutscher Priester, den sogenannten Königsteiner Schematismen, die zwischen 1947 und 1988 erschienen.

[325] Vgl. Kaller an den in Erfurt weilenden früheren Breslauer Generalvikar Josef Negwer v. 18.3.1947, in: Archiv des Apostolischen Visitators Ermland, Münster: Korrespondenz.

[326] Unter der Überschrift „Ostflüchtlinge", in: Kirchliches Amtsblatt für die Diözese Münster v. 24.5.1946, 78.

[327] Protokoll der Konferenz v. 20.–22.8.1946, in: Archiv des Apostolischen Visitators Ermland, Münster: Protokolle der Fuldaer Bischofskonferenz.

[328] Ein einleitender Vortrag Bischof Kallers, der sich dieser Problematik annahm, liegt im Entwurf vor, ist jedoch nicht gehalten worden. Vgl. Penkert, Alfred, Auf den letzten Platz gestellt? (wie Anm. 166), 44.

Zahl von Priestern zu nennen, die frei gemacht werden können, damit wir sie recht bald in die Diasporadiözesen (vor allem Osnabrück, Hildesheim, Fulda, Paderborn, Berlin, Meissen) entsenden können"[329]. Um diesem Anliegen Nachdruck zu verleihen, legte Kaller seinem Schreiben eine exakte Aufstellung der für einen Diasporaeinsatz in Frage kommenden unter 40jährigen Flüchtlingspriester aus dem jeweiligen Bistum bei, die für Münster immerhin 15 Namen enthielt. Der Gedanke an eine Freistellung seiner Vertriebenenpriester für einen DDR-Einsatz scheint aber keinem der Adressaten behagt zu haben, da allein der Kölner Kardinal Frings Bischof Kaller einen positiven Bescheid zukommen ließ, in dem er ankündigte, den in seinem Bistum lebenden Ostpriestern einen Blankobrief für den Wechsel nach Mitteldeutschland auszustellen[330]. Weil aber aus Münster – wie auch aus den übrigen Diözesen – keine Reaktion erfolgte, konnte das Vorhaben als gescheitert gelten. Der Interessengegensatz zwischen der Jurisdiktion des Flüchtlingsbischofs und des Ortsbischofs konnte sich bedingt durch diese kollektive Ignoranz des Planes nicht manifestieren.

Wie weit der Wunsch des Beauftragten für die Vertriebenenseelsorge nach einer Regulierung der Priesterfrage und die Lebensrealität der Betroffenen bzw. die pastoralen Notwendigkeiten in der westdeutschen Diaspora auseinander lagen, dokumentiert die Tatsache, daß den 33 bis zum Jahresende 1946 nach Oldenburg eingeströmten Breslauer Diözesanpriestern die Maßnahmen Kallers kaum zugänglich waren. Jedenfalls gelangte einerseits die Korrespondenz innerhalb des Episkopats nicht zur Kenntnis des Klerus, so daß die Dringlichkeit einer Bereitfindung für den Dienst in reinen Diasporadiözesen überhaupt nicht sonderlich populär gemacht wurde. Andererseits konnten die Vertriebenenpriester Informationen über dieses dringliche Angebot neben dem im „Kirchlichen Amtsblatt" abgedruckten Appell aus dem Aufruf des Glatzer Generalvikars Monse in seiner Kleruscurrende entnehmen, der sich deutlich dafür stark machte, sich in die „Steinbrucharbeit" in der Diaspora zu begeben bzw. ihr treu zu bleiben[331].

Angesichts der Herausforderungen durch die Verarbeitung des eigenen Vertreibungsschicksals, den Milieuaufbau in der nordoldenburgischen Diaspora und die Auseinandersetzung mit dem einheimischen Klerus reagierte der Vertriebenenklerus im Fallbeispiel allerdings erst gar nicht auf die massive Propaganda für die mitteldeutsche Diaspora. Auch ein Aufruf von Papst Pius XII., der am 1. Dezember 1947 gegenüber den deutschen Bischöfen seiner Sorge um die geringe Zahl der Priester Ausdruck verlieh, die sich in

---

[329] Kaller an westdeutsche Ordinariate v. 22.1.1947, in: BAM A-101-40.

[330] Vgl. die Ermittlungen von Penkert in: Archiv des Apostolischen Visitators Ermland, Münster, zit. bei Penkert, Alfred, Auf den letzten Platz gestellt? (wie Anm. 166), 62. Inwieweit auch hier Theorie und Praxis nicht übereinstimmen, ließ sich nicht belegen. Allerdings hatte Frings sich bereits im Dezember 1945 gegenüber Kaller für einen Einsatz des Vertriebenenklerus bei den Vertriebenen u. nicht in überwiegend katholischen Diözesen ausgesprochen. Vgl. Trippen, Norbert, Die Integration der heimatvertriebenen Priester (wie Anm. 186), 266.

[331] Vgl. Laufcurrende des Generalvikariats Glatz v. 9.5.1947, in: Archiv des Kanonischen Visitators Glatz, Münster: Laufcurrenden.

den Dienst der Heimatvertriebenen in der Diaspora gestellt hätten, vermochte keine Wirkung zu erzielen. Dort hieß es:

„So sehr auch der Eifer dieser Arbeiter im Dienste des Evangeliums der Größe dieser Aufgabe entspricht, so wenig entspricht ihr die Zahl dieser Arbeiter. Darum rufen Wir die, welche durch ihr Alter, ihre Fähigkeiten und ihre Rüstigkeit geeignet sind, nachdrücklich auf, in der Überzeugung, daß dort das passende Arbeitsfeld für die Diener Gottes ist, wo es die größeren Unbilden zu ertragen gibt, zu den Brüdern hinzueilen, die in der größeren Bedrängnis leben, und sich so leuchtende Verdienste zu erwerben, denen Gott den verdienten Lohn nicht versagen wird."[332]

„Größere Unbilden" als sie durch den abrupten Wechsel von ihrer schlesischen Heimat in das Oldenburger Land bereits hervorgerufen worden waren, wollten die 40 ostdeutschen Priester im Offizialatsbezirk eben nicht ertragen. Wechsel über die Grenzen des Bistums Münster hinaus vollzogen sich nur in andere westdeutsche Diözesen, und dies zumeist allein in den ersten Monaten nach der Ankunft im Offizialatsbezirk[333]. Lediglich drei Geistliche verzogen nach dem 1. Januar 1948 noch in ein anderes Bistum, wofür zumeist persönliche Gründe ausschlaggebend waren[334]. Ein in das oberbayerische Garmisch-Partenkirchen umgesiedelter schlesischer Erzpriester berichtete dann auch nach einigen Monaten seinen in Oldenburg zurückgebliebenen schlesischen Konfratres unverblümt über den Grund seines Umzugs in die oberbayerische Bergwelt, weil nämlich „die vielverlästerte Haltung der Bayern zu uns ‚Flüchtlingen' viel viel netter [ist] als die der sturen Oldenburger, die ich nach dieser Richtung zur Genüge kenne"[335].

Für die oldenburgische Situation läßt sich allerdings einschränkend entgegnen, daß die für einen Diasporaeinsatz geeigneten Priester bis spätestens 1948 auch hier mit dem Neuaufbau einer Seelsorgestelle beauftragt wurden, wohingegen im katholischen Süden der Region – mit wenigen Ausnahmen – lediglich ältere und kranke Geistliche verblieben. Ausschlaggebend für den Wunsch des Vertriebenenklerus, im Westen eingesetzt zu werden und zu bleiben, sind aber nicht zuletzt die insbesondere bei ihm stark ausgeprägten Ressentiments gegenüber den Russen und dem in Mitteldeutschland sich etablierenden SED-Regime. Der Rottenburger Diözesanbeauftragte für die Flüchtlinge und Heimatvertriebenen, Alfons Maria Härtel, zum Beispiel, der selbst „nicht zu bewegen [war], nach Mitteldeutschland zu gehen"[336], schrieb dem in Görlitz residierenden Breslauer Kapitelsvikar Piontek als Reaktion auf dessen massive Anwerbungsversuche: „Manche

---

[332] Pius XII. an die deutschen Bischöfe v. 1.12.1947, zit. nach: Golombek, Oskar (Hrsg.), Pius XII. zum Problem der Vertreibung (Schriftenreihe der Katholischen Arbeitsstelle (Nord) für Heimatvertriebene, H. 1), 3., vermehrte Aufl. Köln o. J. (1963), 68f, hier 69.

[333] Vgl. hierzu OAV: Personalakten Priester. Für die freundliche Gewährung einer Einsichtnahme in diese Akten gilt Offizialatsrat Prälat Leonhard Elsner, Vechta, der Dank d. Verf.

[334] Heinrich Bahr, Elsten-Warnstedt: 1949 in das Bistum Passau bzw. München-Freising; Georg Fitzner, Kneheim: 1949 in das Erzbistum Köln; Aloys Porwit, Kroge-Ehrendorf: 1950 in das Bistum Hildesheim. Vgl. Hirschfeld/Trautmann (wie Anm. 8), 271f, 285, 341.

[335] Erzpriester Heinrich Bahr an Jaritz v. 2.11.1949, in: OAV Nachlaß Otto Jaritz (1909–1987).

[336] Köhler, Joachim, Alfons Maria Härtel und die Anfänge der Vertriebenenseelsorge im Bistum Rottenburg (wie Anm. 137), 116.

schlesische Priester kommen zudem in große Konflikte; sie möchten einerseits dem Rufe nach Görlitz folgen und fürchten sich andererseits aus mancherlei Gründen, zum Beispiel wenn sie Feldgeistliche gewesen sind."[337] Wenn auch keiner von den Oldenburger Vertriebenengeistlichen nach der Vertreibung zunächst in Mitteldeutschland tätig gewesen und Repressalien in diesem Restteil Deutschlands selbst erfahren hatte, so trugen die Presse, aber auch mündlich verbreitete Schreckensnachrichten aus der SBZ im Zeichen des allmählich beginnenden Kalten Kriegs ein übriges dazu bei, die Diasporabereitschaft des Ostklerus weiter zu dämpfen[338].

Bei allem Dafürhalten, daß die oldenburgischen Vertriebenenpriester häufig auch einen Großteil ihrer früheren Pfarrgemeinde bzw. ihrer Verwandtschaft in der näheren Umgebung oder aber zumindest in der Bundesrepublik hatten, zudem um die ablehnende Haltung ihres Ortsbischofs hinsichtlich eines Wechsels wußten und bei einer eventuellen Entscheidung für einen Einsatz in der mitteldeutschen Diaspora auf diese Konstellationen Rücksicht zu nehmen hatten, erwies es sich letztlich als „Tatsache, daß häufiger aus persönlicher und ureigener Rücksichtnahme denn aus priesterlicher, ausschließlich dem Nächsten zugewandter Motivation entschieden wurde"[339]. Gerade die noch über Jahrzehnte bei vielen Seelsorgern in verschiedenen Situationen zu beobachtende Fremdheit im Umgang mit den Eigenheiten der Menschen in der landschaftlich wie landsmannschaftlich der schlesischen Heimat so wenig verwandten Aufnahmeregion legt dagegen die Vermutung nahe, daß manchen von ihnen die Entscheidung, ihren Wirkungsort nochmals zu wechseln, gar nicht so schwer gefallen wäre, zumal beispielsweise das priesterarme Sachsen sowohl räumlich als auch von seinen topographischen Gegebenheiten her stärkere Parallelen zu Schlesien aufwies als Nordoldenburg.

Sicherlich läßt sich in dieser nach so kurzer Seßhaftigkeit unwahrscheinlichen Bodenhaftung der ostdeutschen Priester im Bereich der Fallstudie auch ein Stück Bequemlichkeit erkennen, die Freiheit im Westen nicht zugunsten eines in vielerlei Hinsicht erschwerten Arbeits- und Lebensalltags aufgeben zu müssen. Letztlich war es hier aber insbesondere Bischof Michael Keller, der sich aufgrund des eklatanten Priestermangels vor die in seinem Bistum tätigen Vertriebenenpriester stellte. Dies geht aus einer Anfrage der Dienststelle des Flüchtlingsbeauftragten betreffs Bereitstellung ostdeutscher Geistlicher für die mitteldeutsche Diaspora vom Juni 1949 hervor, auf die Generalvikar Pohlschneider ausweichend antwortete, der Bischof unterstütze grundsätzlich das Vorhaben, könne allerdings erst in einigen Jahren helfen, wenn wieder starke Weihejahrgänge da seien. Die abschlägige Antwort wurde also schlichtweg mit dem eigenen Priestermangel

---

[337] Zit. ebd., 117.
[338] Vgl. Penkert, Alfred, Auf den letzten Platz gestellt? (wie Anm. 166), 55, der auch von der Flucht nicht weniger Vertriebenenpriester aus der SBZ in die Westzonen berichtet.
[339] Ebd., 58f. Dieser konstatiert drei Motive für den Verbleib im Westen, die hier bereits angesprochen sind, nämlich Familie, Pfarrangehörige und Verbundenheit gegenüber dem Gastbistum. Vgl. ebd., 112f.

begründet, nicht ohne den Hinweis anzubringen, daß die pastorale Versorgung in anderen Diözesen mit großen katholischen Gebietsanteilen weitaus besser sei als in Münster[340].

Tatsächlich lag Münster nach Köln, Limburg, München-Freising und Paderborn an fünfter Stelle bei der höchsten Pro-Kopf-Zahl für einen Priester[341]. Dabei wurde das Bistum zwar unmittelbar von der Nachbardiözese Paderborn gefolgt, die in Sachsen-Anhalt über einen besonders großen Diasporateil verfügte. Das als Inbegriff einer Diözese mit katholischer Minorität geltende Bistum Osnabrück hingegen stand in den Statistiken an 24. und damit letzter Stelle[342]. Auffälliger als die Argumentation des Bischofs ist aber die „Diskrepanz zwischen Solidaritätsbekundungen und solidarischen Taten"[343]. Michael Keller drückte nicht allein sein Mitgefühl aus, sondern erklärte auch konkret seine Bereitschaft zur Mithilfe beim Priesterausgleich aus eigenen Kräften der münsterischen Neupriester, der hingegen nie erfolgen sollte, obwohl die Zahl der Neugeweihten zu Beginn der 1950er Jahre in absoluten Zahlen gesehen kontinuierlich anstieg.

Die pastorale Linie Kellers korrespondierte somit rein theoretisch mit der Maxime des Königsteiner Priesterreferats, das für die Einführung eines obligatorischen Diasporadienstes für jeden Neupriester plädierte[344]. Diesem Vorhaben gemäß sollte möglichst jeder Neupriester einige Jahre für den Einsatz unter den Heimatvertriebenen bereitstehen, um später in den Dienst seines Herkunftsbistums zurückzukehren. Im Verhältnis zur wachsenden Katholikenzahl jedoch reichten die Neupriester in Münster zur dringenden Bedarfsdeckung der vornehmlich am Niederrhein und im westfälischen Industriegebiet ständig wachsenden Diözese keinesfalls aus, argumentierte Bischof Keller 1956 in einem Brief an die Priester seines Bistums[345]. Umgekehrt hielten sich Maximilian Kaller und seine Nachfolger als Sonderbeauftragte für die Seelsorge an den Vertriebenen strikt an ihre Kompetenzen und verpflichteten keinen Geistlichen aus eigenem Entschluß heraus für den Diasporadienst.

In Beantwortung einer Anfrage des Generalvikars der Grafschaft Glatz, Franz Monse, bezüglich der Lebenssituation seiner im Offizialatsbezirk Oldenburg untergekommenen Geistlichen, schrieb Offizial Pohlschneider im Oktober 1947: „Was die ostvertriebenen

---

[340] Vgl. Pohlschneider an Kapitularvikar Jakob Rauch, Limburg, v. 2.7.1949, auf dessen Rundschreiben v. 17.6.1949, in: BAM A-101-414. Damals erging wiederum nur seitens des Kölner Erzbischofs eine positive Rückmeldung.

[341] Vgl. Dellepoort, Jan u. a. (Hrsg.), Die deutsche Priesterfrage (wie Anm. 3), 24, 40, u. für Bayern: Hürten, Heinz, Aufbau, Reform und Krise: 1945–1967, in: Brandmüller, Walter (Hrsg.), Handbuch der Bayerischen Kirchengeschichte, Bd. III: 1802–1965, St. Ottilien 1991, 393–425, hier 393.

[342] Vgl. Statistiken von 1951, in: BAM A-0-172.

[343] Penkert, Alfred, Auf den letzten Platz gestellt? (wie Anm. 166), 61.

[344] Vgl. die Ausführungen des Leiters des „Priesterreferats": Kindermann, Adolf, Die Heimatvertriebenen religiös-seelsorglich gesehen, in: Groner, Franz (Hrsg.), Kirchliches Handbuch für das katholische Deutschland, Bd. XXIII (1944–1951), Köln 1951, 203–218, hier 214.

[345] Vgl. Schreiben v. Bischof Keller an den Bistumsklerus v. 1.1.1956, in: Böggering, Laurenz (Hrsg.), Iter para tutum. Apostolat in der modernen Welt. Hirtenworte des Bischofs von Münster Dr. Michael Keller, Münster 1961, 114–117.

Priester im Lande Oldenburg betrifft, so glaube ich, daß wir alles getan haben, was wir vermochten, um ihnen zu helfen und ihr schweres Los zu erleichtern. Unter anderem haben wir den inhabilen Flüchtlingspriestern durchweg die besten uns zur Verfügung stehenden Stellen in unseren Krankenhäusern und Heimen überlassen und auch den in der Seelsorge tätigen Priestern, denen wir naturgemäß die Arbeit an ihren Landsleuten in der Diaspora nicht ersparen konnten, haben wir doch weitgehend materielle und ideelle Hilfe zuteil werden lassen. Andererseits muß ich gestehen, daß die Flüchtlingspriester in ihrer überwiegenden Mehrheit sich auch ihrerseits bemüht haben, sich in die hiesigen Verhältnisse einzufügen und eifrig in der Seelsorge zu arbeiten."[346]

Monses Sorge hatte dem Lebensalltag der in der Erzdiözese Prag/Glatz inkardinierten oldenburgischen Vertriebenenpriester gegolten, für die er sich weiterhin verantwortlich fühlte und Jurisdiktion auszuüben versuchte. Ein entsprechendes Eingreifen wollte die große Gruppe Grafschaft Glatzer Katholiken in Lohne und Umgebung erreichen, als sie im März 1948 den Großdechanten von der „für uns so traurigen Kunde" in Kenntnis setzte, daß der bisher als dritter Kaplan an der Lohner Pfarrkirche wirkende vormalige Stadtpfarrer von Habelschwerdt/Grafschaft Glatz, Adolf Langer, versetzt werden sollte. Im Offizialat in Vechta habe man auf Vorsprache einer Delegation von Ostvertriebenen, die darum nachsuchte, die Versetzung rückgängig zu machen, nur mit „kalter Ablehnung" reagiert. Monse wurde daher dringend gebeten, „uns als unser Grafschafter Oberhirte nicht im Stiche zu lassen, sondern für uns in die Bresche zu springen"[347]. Allerdings ist es wohl zu keinem Kontakt zwischen dem Glatzer Generalvikar und der Vechtaer Kirchenbehörde gekommen, und der in Lohne so beliebte Geistliche wurde kurze Zeit später als selbständiger Seelsorger nach Beverbruch versetzt.

Wie ungern das Einlegen eines Vetos durch die Ostordinarien von der Kirchenbehörde in Vechta gesehen wurde, verdeutlicht auch das direkte Einschreiten des offiziellen Jurisdiktionsträgers der ostdeutschen Kleriker, Prälat Franz Hartz[348], im Fall des jüngsten oldenburgischen Vertriebenenpriesters Georg Gruhn, den er unter Befolgung des Päpstlichen Reskripts für einen DDR-Einsatz zu gewinnen suchte, wobei er in Konflikt mit dem Bischöflichen Offizialat in Vechta geriet. Mit Rücksicht auf Gruhns labilen Gesundheitszustand lenkte Hartz schließlich unter der Prämisse ein, daß dessen kurz zuvor erfolgte Ernennung zum Pfarrektor der Diasporagemeinde Lemwerder/Wesermarsch aufrechterhalten würde, um dem Dekret des Heiligen Stuhls „wenigstens in etwa genügezutun"[349].

---

[346] Pohlschneider an Monse v. 1.10.1947, in: Pfarrarchiv St. Marien Delmenhorst: Ostvertriebene Katholiken.

[347] Hubert Heinold, Lohne, an Monse v. 14.3.1948, in: Archiv des Kanonischen Visitators Glatz, Münster: Personalakte Adolf Langer. Hier auch das folg. Zit.

[348] Franz Hartz, geboren 1882 in Hüls/Krefeld, Priesterweihe 1908 in Münster, 1931 Prälat der Freien Prälatur Schneidemühl, 1945 in Fulda, 1948 Beauftragter für die Vertriebenenseelsorge, gestorben 1953 in Fulda. Vgl. Brandt, Hans Jürgen, Artikel: Hartz, Franz (1882–1953), in: Gatz, Erwin (Hrsg.), Die Bischöfe der deutschsprachigen Länder (wie Anm. 192), 289–290; Prälat Dr. Franz Hartz. Vater der Vertriebenen. Zum Gedenken am 50. Jahrestage seiner Hl. Priesterweihe, Hildesheim o. J. (1958).

[349] Hartz an Generalvikariat Münster v. 4.5.1949, in: BAM A 101-120a.

Womöglich in direktem Zusammenhang mit dieser Niederlage für Hartz steht offenbar dessen unnachgiebiges Handeln im Fall des 1949 aus Schlesien ausgereisten Pfarrers Walter Kroll[350]. Für diesen Spätaussiedlerpriester hatte Offizial Grafenhorst auf Bitten von dessen in Oldenburg lebender Schwester eine Zuzugsgenehmigung erwirkt und außerdem die Ernennung zum Kaplan in Lohne bereits ausgefertigt. Grafenhorst hatte es allerdings – ob absichtlich oder unabsichtlich, läßt sich nicht mehr rekonstruieren – versäumt, den Flüchtlingsbeauftragten von der bevorstehenden Ankunft und Anstellung dieses Aussiedlerpriesters zu informieren. Hartz, der aus anderer Quelle von dem Fall erfahren hatte, zeigte sich jedoch unerbittlich und wies Pfarrer Kroll gemäß seinen Sondervollmachten als Priester in die Erzdiözese Paderborn ein, wo dieser in weitaus größerer räumlicher Entfernung von seinen Oldenburger Verwandten als Vikar im Ruhrgebiet angestellt wurde[351].

Einziges erfolgreiches Betätigungsfeld des Flüchtlingsbeauftragten der Bischöfe blieb im Offizialatsbezirk Oldenburg die Einsetzung der Präfekten des in der Stadt Oldenburg eingerichteten Schülerheims für Ostvertriebene[352]. Jedoch herrschte in den Augen der einzelnen Vertriebenenpriester eine weitaus stärkere Verunsicherung hinsichtlich der wirklichen Autorität der ostdeutschen Hierarchie in der Bundesrepublik vor. Der Rasteder Pfarrektor Jaritz jedenfalls ließ gelegentlich gegenüber Offizial Grafenhorst verlauten, daß er als Breslauer Priester nur Gast im Bistum Münster sei, und fügte an, daß die Dauer seiner Tätigkeit in Rastede und seines Dienstverhältnisses zur Diözese Münster vollkommen ungewiß sei[353]. Konkrete Versetzungspläne über das Einsatzbistum hinaus bestanden jedoch nachweislich weder in diesem Fall noch bei den übrigen oldenburgischen Ostpriestern.

Letztlich bringen alle diese beispielhaft geschilderten Vorgänge zum Ausdruck, daß die Versetzungsvollmachten lediglich Symbolcharakter besaßen, weil sie sich zumeist nur theoretisch, nicht aber praktisch anwenden ließen. Darin lag sicherlich eine Tragik, die in der bisherigen Rezeption des Nachkriegskatholizismus keine Berücksichtigung fand. In einer entsprechenden Überblicksdarstellung heißt es allzu diplomatisch, die Inhaber der Jurisdiktionsvollmacht „machten von ihr aber nur geringen Gebrauch und verlagerten ihre Tätigkeit mehr auf das Abfassen allgemeiner Stellungnahmen zu Vertriebenenproblemen"[354].

---

[350] Walter Kroll, geboren 1905 in Loslau (O/S), Priesterweihe 1930 in Weidenau, 1938 Pfarrer in Langewiese (Österreichisch Schlesien), 1949 Vikar in Bochum-Harme, 1952 Pfarrvikar in Würgassen, Geistlicher Rat, gestorben 1984 ebd. Vgl. Archiv des Apostolischen Visitators Breslau, Münster: Personalakte.

[351] Vgl. Personalakte Walter Kroll, in: OAV: Personalakten (wie Anm. 333).

[352] Diese vollzog Hartz 1951 für Max Gade u. 1953 für Karl Thiersch, beide Priester der Erzdiözese Breslau. Vgl. OAV, Personalakten (wie Anm. 333).

[353] Vgl. Jaritz an Grafenhorst v. 27.12.1951, in: OAV B-43c-13.

[354] Aschoff, Hans-Georg, Entwicklungen nach dem Zweiten Weltkrieg, in: Gatz, Erwin (Hrsg.), Geschichte des kirchlichen Lebens in den deutschsprachigen Ländern seit dem Ende des 18. Jahrhunderts, Bd. III: Katholiken in der Minderheit, Freiburg u. a. 1994, 108–126, hier 112f.

Um so realistischer schätzte Prälat Hartz selbst die praktischen Auswirkungen seiner Jurisdiktionsvollmachten ein, als er 1952 in einem Rundschreiben an die westdeutschen kirchlichen Behörden auf die Tatsache hinwies, daß es derzeit kaum möglich sei, einen heimatvertriebenen Priester über seine Dienstdiözese hinaus zu versetzen, denn diese hätten sich „mehr und mehr eingelebt, zum Teil auskömmlichere Posten erlangt und würden es als unbillige Härte empfinden, wenn sie abermals den Wanderstab ergreifen müßten"[355]. Zwar äußerte er Verständnis für die Erhaltung des Status quo, machte aber zugleich auch sein Dilemma deutlich, qua Amt den Vertriebenen in der Diaspora Priester zur Verfügung stellen zu müssen. Als akzeptablen Lösungsvorschlag sah auch er einen womöglich befristeten Einsatz von Neupriestern aus „katholischen" Diözesen bei den Vertriebenen an. Lediglich in repräsentativen Funktionen blieben die ostdeutschen Jurisdiktionsträger gern gesehene Gäste im Offizialatsbezirk. Weihbischof Ferche nahm in regelmäßigen Abständen an der jährlichen Vertriebenenwallfahrt nach Bethen teil, und Prälat Hartz spendete auf Bitten von Bischof Keller sogar im Juli und August 1950 in den beiden großen Diasporapfarreien Delmenhorst und Oldenburg das Firmsakrament[356].

### c) Die „Personalpfarrei" als alternative Seelsorgeform

Neben die Seelsorge in den ihnen anvertrauten Gemeinden im Westen und die Suche nach Zusammenhalt im heimatlichen Klerus trat daher für nahezu alle Vertriebenenpriester als tragendes Moment die Sorge um die Angehörigen ihrer ostdeutschen Pfarrei, deren Adressen sie sammelten und zum Teil veröffentlichten[357]. Im Jahre 1949 verzeichneten mehr als 50 Pfarreien der Erzdiözese Breslau[358] die Herausgabe von Rundbriefen, deren Initiative beim jeweiligen Heimatpfarrer lag. Sie wollten dadurch den Kontakt zwischen Heimatpfarrer und ehemaligen Pfarrangehörigen aufrechterhalten[359]. Oftmals waren diese schriftlichen Kontakte die Vorstufe für die Organisation von Heimattreffen, wobei zunächst die Pfarrer ihre Besuche bei einzelnen Gruppen von Pfarrangehörigen ankündigten oder darüber berichteten. Solche Heimattreffen gingen im übrigen häufig von den kirchlichen Strukturen aus, da die Ortspfarrer in der Regel nicht nur aus ihrer Funktion als Seelsorger heraus die einzige wirkliche Autorität für die zerstreuten sozialen Kleingruppen darstellten, sondern aufgrund der Diskreditierung der bis 1945 amtierenden NS-Bürgermeister einen zusätzlichen Bonus auf sich verbuchen konnten.

---

[355] Rundschreiben v. Hartz an alle westdeutschen Ordinariate v. 1.8.1952, in: BAM A-101-120a.

[356] Zu den Besuchen von Weihbischof Ferche vgl. das Kap. I Kirchliches Vereinswesen und religiöse Brauchtumspflege, Abschnitt Wallfahrten. Zur Firmspendung durch Prälat Hartz vgl. Pfarrchronik St. Peter Oldenburg, in: Pfarrarchiv St. Peter Oldenburg.

[357] Vgl. z. B. das Adreßverzeichnis der Warthaer von 1947, in: Archiv des Apostolischen Visitators Breslau: Wartha-Sammlung.

[358] Vgl. Vom Apostolat des Pfarrundbriefs, in: Christ unterwegs 3/1949, 9f.

[359] Vgl. Marschall, Werner, Geschichte des Bistums Breslau (wie Anm. 11), 192.

Der Volkskundler Dietmar Sauermann spricht angesichts der Flut von Rundbriefen und Mitteilungsblättern, die ostvertriebene Priester an ihre Gläubigen versandten, nicht ohne Erstaunen von einer „neuen Kultur der Schriftlichkeit"[360] und bezeichnet die Absender zu Recht als „Informationszentrum".

Für den schlesischen Marienwallfahrtsort Wartha zum Beispiel hat dessen in den westfälischen Bistumsteil gelangter Pfarrer Oskar Franosch den Zusammenhalt als Personalgemeinde in ganz besonderer Weise ausgeprägt[361] und damit den Grundstein für eine über mehrere Generationen fortdauernde Verbundenheit auf Pfarrebene gelegt. Er rief in seinen Briefen, aus denen der bis in die Gegenwart hinein erscheinende „Wartha-Bote" hervorging, die Adressaten zu symbolischen Handlungen für die Einheit von Heimatpfarrer und Heimatgemeinde auf. So sollten die Warthaer Pfarrangehörigen etwa täglich ein „Ave Maria" für ihren Heimatpfarrer beten, um die Gemeinschaft auch ohne ständigen Kontakt zu bewahren. Die aus diesem engen Gemeinschaftsgefüge resultierende Pfarrwallfahrt im westfälischen Maria Veen bei Reken[362] darf allerdings als besondere und auf ihre Weise relativ einzigartige Form des Zusammenstehens von Priester und Gläubigen aus dem Osten in der neuen Umgebung charakterisiert werden.

Zu den Vertriebenengeistlichen im Offizialatsbezirk Oldenburg, die um große Nähe zu den Gläubigen ihrer schlesischen Pfarreien bemüht waren, gehörten neben Otto Jaritz Gerhard Schuster, Adolf Langer und Alfons Scholz, auf deren Initiativen nachfolgend eingegangen wird.

Letzterer verstand es, die Bettelpredigtreisen nach Südoldenburg für den Kirchenbau in seiner Diasporagemeinde Elsfleth zugleich mit persönlichen Kontakten zu den dort befindlichen Landsleuten zu verbinden. In Holdorf etwa predigte er zunächst im Sonntagshochamt, und nachmittags hielt er in einer örtlichen Gastwirtschaft einen Lichtbildervortrag über Schlesien, an dem besonders viele Vertriebene aus seinem früheren Wirkungsfeld, dem Kamenzer Stiftsland, teilnahmen[363].

Pfarrer Jaritz dagegen erbat im September 1947 eigens Urlaub beim Offizialat, um verschiedene Angehörige seiner früheren Pfarrei St. Dominikus Neisse auf einer Rundreise durch die Bundesrepublik persönlich aufzusuchen[364].

Der in Beverbruch als Pfarrektor eingesetzte Habelschwerdter Stadtpfarrer Adolf Langer dankte anläßlich seines 25jährigen Priesterjubiläums im Januar 1954 in einer eigens gedruckten Grußadresse an die „Liebe Habelschwerdter Pfarrgemeinde" für „liebe

---

[360] Sauermann, Dietmar, „Aus allen Bindungen der Heimat herausgerissen", in: Hirschfeld, Michael, Trautmann, Markus (Hrsg.), Gelebter Glaube – Hoffen auf Heimat (wie Anm. 8), 187–216, hier 196. Hier auch das folg. Zit.

[361] Vgl. ausführlich Trautmann, Markus, „Arm ist nur, der keine Liebe hat!" (wie Anm. 61), hier insbes. 95.

[362] Vgl. Hirschfeld, Michael, Auf der Suche nach einem Ort der besonderen Nähe Gottes. Zur Gründung und Entwicklung der Vertriebenenwallfahrten im Bistum Münster, in: Ders., Trautmann, Markus (Hrsg.), Gelebter Glaube – Hoffen auf Heimat (wie Anm. 8), 217–238, hier 227f.

[363] Vgl. den Bericht in der Oldenburgischen Volkszeitung o. Datum, 1949, in: Pfarrarchiv Elsfleth, Material zur Chronik.

[364] Vgl. Jaritz an Offizialat v. 3.9.1947, in: OAV B-43c-13.

Zeichen Eurer treuen und herzlichen Verbundenheit mit mir und Eurer Hochschätzung, die Ihr dem Priester entgegenbringt. [...] Vom katholischen Kirchenvorstand Habelschwerdt beehrten mich durch ihr Erscheinen Herr Heinold (Lohne) und Herr Urner (Friesoythe) [...].".[365] Für einen Außenstehenden mag hier der Eindruck entstehen, bei den Habelschwerdter Katholiken handele es sich um Mitglieder einer Langers Wirkungsort Beverbruch benachbarten Pfarrei, die um einen beliebten Kaplan trauern, der versetzt wurde.

Wie sehr die durch die Vertreibung zerrissenen menschlichen Bindungen zwischen Priester und Gemeinde sich in Gefühlsäußerungen nicht nur einzelner Gläubiger, sondern insbesondere des Klerus selbst äußerten, machen einige Passagen aus einem Rundschreiben des in Bockhorn eingesetzten Pfarrers von Hünern, Kreis Ohlau, Gerhard Schuster, vom Oktober 1951 deutlich. Indem er sich über die geringe Zahl an Zuschriften und Gelegenheiten persönlichen Austauschs mit seinen früheren Pfarrangehörigen beklagte, drückte er darin seine Sehnsucht nach dem Status quo von 1945 aus. „Wie gern möchte ich einmal zu Euch kommen, wie gern in unserem trauten Kirchlein mit Euch den Rosenkranz beten, wie gern vor Euch stehen, vor der Jugend, vor den Kindern, um allen die ewigen Wahrheiten zu künden. – Immer steht Ihr ja vor mir, bei der hl. Messe, im Gebet, oft genug denke ich ja an Euch, ja feiere die hl. Messe für Euch alle."[366] Und Schuster schloß mit der rhetorischen Frage: „Denkt auch Ihr noch daran, daß wir zusammengehören, daß unser Bischof uns gegenseitig verpflichtete, damit wir füreinander da wären." Der letzte Konjunktiv akzentuiert noch einmal, daß für den Geistlichen Wunsch und Realität nicht ganz zusammenpaßten und das Trauma des Geschehens noch gegenwärtig war. Das Verhalten des Geistlichen muß wohl als psychologische Folge der Erlebnisse von 1945 und 1946 gedeutet werden. Schuster ist nur ein Beispiel dafür, wie sich in die Sorge um die Menschen aus der Heimat irrationale Züge einschlichen. An ein gemeinsames Gebet aller Hünerner Katholiken war in der Zerstreuungssituation der einzelnen Familien natürlich nicht zu denken. Eine unterschwellig gewünschte geschlossene Rückkehr in die Heimat einschließlich eines Neuanfangs an dem Punkt, an dem die Menschen 1946 aufgehört hatten zu leben und zu arbeiten, schien fünf Jahre „danach" schließlich immer weniger denkbar. Zudem konnte die gegenseitige Bindung im vorliegenden Fall noch gar nicht so eng sein, wie die Zeilen vermuten lassen, da Pfarrer Schuster erst 1943, also drei Jahre vor dem Massenexodus aus Schlesien, die Gemeinde übernommen hatte.

Es mag aus der Distanz heraus leicht erscheinen, den Inhalt der Rundbriefe von Vertriebenengeistlichen als übertriebene Gefühlsduselei zu bezeichnen, doch auch unter Zeitgenossen traf diese Form der Vertriebenenseelsorge auf Kritik. Nicht nur seitens des eingesessenen Klerus, sondern auch eines kleinen Teils der Ostpriester wurde mit Mißfallen zur Kenntnis genommen, „was da von manchen Seelsorgern geschehe in lebhaftem Briefwechsel mit ihren früheren Pfarrkindern oder gar durch Versendung von Pfarr-

---

[365] Dankadresse von Pfarrer Adolf Langer an die Habelschwerdter Katholiken v. 27.1.1954, in: Archiv des Kanonischen Visitators Glatz, Münster: Personalakte Adolf Langer.
[366] Rundbrief an die Pfarrangehörigen von Hünern v. Oktober 1951, in: Pfarrarchiv Bockhorn, Korrespondenzen mit Heimatvertriebenen 1946–1953. Hier auch das folg. Zit.

Rundbriefen, das sei eine in gewissen Grenzen verzeihliche, aber im Grunde verwerfliche, ungeordnete Anhänglichkeit an vergangene Dinge, vielleicht auch eine Flucht vor der rauhen Wirklichkeit in eine romantisierte Vergangenheit"[367]. Aus dieser Sichtweise heraus stellte die „Rundbrief-Seelsorge" ein Gegenprogramm zu den Integrationsmaßnahmen der einheimischen Pfarrseelsorge dar und erhielt insbesondere dort Resonanz, wo ehemalige schlesische Pfarrangehörige heimatliche Frömmigkeitsformen vor Ort vermißten. Wohl weil die meisten Herausgeber von Rundbriefen ihrer alten Pfarreien im Offizialatsbezirk Oldenburg nun selbst Leiter einer Vertriebenengemeinde waren, deren Angehörige dieser Praxis mit Verständnis gegenüberstanden, wurde das zusätzliche Engagement für die Heimatgemeinde hier nicht als rivalisierend empfunden bzw. führte zu nennenswerten Auseinandersetzungen.

Die wirkliche Dimension dieser Kontaktwahrung läßt sich erst in Abstraktion von der hier aufgezeigten Beispielebene erfassen, wenn man dieses Phänomen als Gradmesser für jene pastorale Strategie kennzeichnet, die einer Sonderseelsorge für die Heimatvertriebenen als konstitutivem Element einer Einbindung in das katholische Milieu einen hohen Stellenwert beimaß.

Auch das Bischöfliche Offizialat in Vechta störte sich nicht an der Heimatseelsorge der ostvertriebenen Priester, solange letztere den Anliegen der ihnen neu anvertrauten Gemeinden Priorität einräumten. Wurden im Gemeindealltag allerdings Anklänge an die verlorene Heimat allzu deutlich, so konnte die Behörde schon einschreiten. Als zum Beispiel der Vertriebenenseelsorger von Elsfleth das Siegel seiner Gemeinde mit dem Psalmvers „Wenn ich Deiner vergäße, Jerusalem" versehen wollte, lehnte Offizial Grafenhorst diesen Vorschlag mit der Begründung ab, daß die neue Gemeinde auf diese Weise als Verbannungsort erscheine[368].

### d) Tradierung der Milieubindung durch Priesternachwuchs

#### 1 Schaffung von Strukturen auf der Makroebene

Erheblichen Auftrieb erhielt das Bestreben nach Schaffung von Voraussetzungen für einen Fortbestand der besonderen Heimatverankerung ostdeutscher Theologiestudenten durch die Initiative des Leiters der bisherigen Kirchlichen Hilfsstelle für die deutschen Auslandskatholiken in Frankfurt/Main, Prälat Albert Büttner[369]. Ihm gelang es nicht nur, seine zuvor dem Osnabrücker Generalvikariat angegliederte Hilfsstelle der Fuldaer Bi-

---

[367] Vom Apostolat des Pfarrundbriefs, in: Christ unterwegs 3/1949, 9f.

[368] Vgl. Grafenhorst an Alfons Scholz v. 10.9.1952, in: Pfarrarchiv Elsfleth, Briefverkehr 1949–1955.

[369] Albert Büttner, geboren 1900 in Frankfurt-Oberrad, Priesterweihe 1923 in Limburg, 1938 Leiter des Reichsverbandes für das katholische Deutschtum im Ausland, 1945 Leiter der Kirchlichen Hilfsstelle für die deutschen Flüchtlinge in Frankfurt/M., 1951 Leiter des Katholischen Auslandssekretariats, gestorben 1967. Vgl. passim Labonté, Maria, Albert Büttner. Ein Leben für Glauben und Kirche in der Fremde, Mainz 1978.

schofskonferenz zu unterstellen, also aufzuwerten, sondern er verstand es außerdem, erfolgreich auf Maßnahmen für die ostvertriebenen Schüler und speziell Priesteramtskandidaten zu drängen[370]. Nachdem eine Konferenz heimatvertriebener Seelsorger ein entsprechendes Votum unterstützt hatte, konnte bereits im Herbst 1946 mit einem Kurs für Gymnasiasten in einer ehemaligen Kaserne in Königstein/Taunus begonnen werden, der ab 1947 um einen Philosophisch-Theologischen Kurs ergänzt wurde, aus dem später eine eigenständige Philosophisch-Theologische Hochschule für den ostvertriebenen Priesternachwuchs hervorging[371].

Der Aktionsradius dieser Studieneinrichtung, deren Ziel es sein sollte, „die geistigen Kräfte der Heimatvertriebenen zu sammeln"[372], wirkte sich auch in das mehrere hundert Kilometer entfernte Oldenburger Land aus, zumal das Gymnasium und Konvikt im Taunus beispielsweise für Kinder von Vertriebenenfamilien in der Wesermarsch, im Ammerland oder in Friesland eine Reihe von Vorteilen bot. Einmal konnten sie ihre Söhne dort einer katholischen Erziehung anvertrauen, die sie in der Diaspora selbst vermißten. Abgesehen vom konfessionellen Aspekt fanden sich in der Nähe ihrer ländlichen Unterkünfte oft ohnehin kaum Weiterbildungsmöglichkeiten, da damals nur die größeren Städte über ein Gymnasium verfügten. Schließlich bot Königstein noch den Vorteil finanzieller Zuwendungen für die Schüler, so daß manche Familie nicht zuletzt aus materiellen Gründen ihren Sohn in das weit entfernte Internat schickte. Im Bistum Münster wurde die Bekanntmachung von „Vertriebenenbischof" Maximilian Kaller über die Neugründung des Studienhauses durch Anordnung von Kapitularvikar Vorwerk am letzten Septembersonntag 1946 von allen Kanzeln verlesen[373]. Wenn sich der Aufruf auch grundsätzlich an alle Gymnasiasten unter den vertriebenen Katholiken richtete, so ging es Kaller aber insbesondere darum, künftige Priesteramtskandidaten zu fördern.

Hinsichtlich der Geldmittel hatte der Bischof von Ermland Entgegenkommen signalisiert, wenn die Eltern sich nicht an den Kosten beteiligen könnten. Offensichtlich zeigte

---

[370] Vor Kriegsbeginn 1939 studierten in Breslau ca. 300, in Braunsberg 120, in den Seminaren Böhmens und Mährens ca. 450 Priesteramtskandidaten, von denen zwar viele im Krieg gefallen waren, eine ganze Reihe aber aus der Gefangenschaft zurückkehrte und die Ausbildung fortsetzen wollte. Zu den Zahlen vgl. Gröger, Johannes, „An die Seelen dieser Menschen herankommen" (wie Anm. 323), 30.

[371] Vgl. Braunstein, Karl, Die phil.-theol. Hochschule Königstein, in: Königsteiner Rufe 37 (1986), 99–104, u. Sonderausgabe 50 Jahre Königsteiner Rufe zum Mai 1997. Siehe auch Schatz, Klaus, Geschichte des Bistums Limburg (Quellen und Abhandlungen zur mittelrheinischen Kirchengeschichte, Bd. 48), Mainz 1983, 302–305. Gatz, Erwin, Priesterausbildungsstätten der deutschsprachigen Länder (wie Anm. 4), 128–130. Eine wissenschaftlich fundierte Monographie zur Geschichte von Hochschule u. Priesterseminar in Königstein liegt jedoch noch nicht vor.

[372] So der Bericht über die 1. Arbeitstagung der Diözesanflüchtlingsseelsorger in Königstein, 25./26.3.1947, in: BAM A-101-40.

[373] Die Aufgabe der Schule sollte sein, „den Flüchtlingsschülern der höheren Schulen, die bisher aus wirtschaftlichen Gründen zum Abitur nicht gelangen konnten oder deren Studium durch die Kriegsereignisse unterbrochen wurde, Gelegenheit [zu] biete[n], sich auf dieses vorzubereiten". Vgl. Kirchliches Amtsblatt für die Diözese Münster v. 21.9.1946, Art. 220.

die Kanzelverlautbarung die erhoffte Wirkung, und der Ansturm auf die neue Bildungseinrichtung war von allen Seiten weitaus größer als der zur Verfügung stehende Raum. Besonderer Mangel herrschte an Heizmaterial für den Winter[374], weshalb hunderte von Interessenten abgewiesen werden mußten, und Kapitularvikar Vorwerk im März 1947 noch einmal ergänzen ließ, die Anstalt sei nur für diejenigen Gymnasiasten gedacht, die Priester werden wollten[375].

## 2 Kirchenrechtliche Vorgaben

Ebenso wie die vertriebenen Priester waren die aus den deutschen Ostgebieten stammenden Priesteramtskandidaten von den Bestimmungen des Kirchenrechtes betroffen, das über ihre Diözesanzugehörigkeit entschied und damit den Grad der heimatlichen Identifikation nicht unbeträchtlich mitbestimmte[376]. Auch für diese Personengruppe erwies sich das Kirchenrecht als wichtiger Basis-Indikator für die Verortung im deutschen Nachkriegskatholizismus. Gemäß dem CIC wurde die Weihediözese durch den sogenannten qualifizierten Wohnsitz des Kandidaten, das heißt in der Regel seinen Geburtsort bzw. den Ort, an dem er aufgewachsen war, bestimmt. Eine Aufnahme in eine andere, fremde Diözese war als Alternative für den Fall möglich, daß der Betreffende sich durch Eid an den fremden Ordinarius band, also versprach, für immer in dessen Bistum seelsorglich wirken zu wollen. Das Problem der ostdeutschen Theologiestudenten war nun, daß für sie in manchen Fällen der Heimatordinarius nicht mehr existierte bzw. nicht erreichbar war, während sie sich der Aufnahmediözese nicht bedingungslos unterstellen wollten. Gleichzeitig stand der aufnehmende Bischof im Westen vor der Entscheidung, ob er einen Kandidaten zu den Weihen zulassen sollte, der womöglich eine baldige Rückkehrmöglichkeit in seine alte Heimatdiözese nutzen und der Weihediözese wieder den Rücken kehren würde. Die Problematik stellte sich zuerst vornehmlich für die bereits mit der Tonsur versehenen Theologen, die schon vor der Vertreibung als Kandidaten ihrer Heimatbistümer aufgenommen worden waren[377]. Weil der Fuldaer Bischofskonferenz die Klärung dieser Fragen wohl vordringlicher erschien, als eine Beschäftigung mit dem Status des Vertriebenenklerus, beriet sie bereits im August 1945 ausführlicher in dieser Hinsicht und ging angesichts der Feststellung, daß der CIC hier Spielräume offengelassen hatte, Papst Pius XII. um weitere Weisungen an. In Beantwortung dieser Anfrage nahm

---

[374] Vgl. Braunstein, Karl, Die phil.-theol. Hochschule (wie Anm. 371), 36.
[375] Vgl. Kirchliches Amtsblatt für die Diözese Münster v. 12.3.1947, Art. 39.
[376] Vgl. zur Stellung der Priesteramtskandidaten allgemein: N.N., Zur Weihe der Ost-Theologen, in: 5. Verzeichnis der deutschen vertriebenen Priester aus dem Osten (Königsteiner Schematismus) 1960, 25–27; Kindermann, Adolf, Die Weihe der aus den deutschen Ostgebieten vertriebenen Theologen (Ost-Theologen), in: Königsteiner Blätter 1/1956, 10–21, sowie Braunstein, Karl, Die Vertreibung im Lichte des Kirchenrechtes (wie Anm. 186).
[377] Die Tonsur bedeutet nicht nur die Schur der Haare des Haupthaares, sondern sie galt zugleich laut Codex Iuris Canonici (CIC) von 1917, can. 108, als der erste Schritt zur Inkardination. Vgl. Häussling, Anselm, Artikel: Tonsur, in: LThK, 2. Aufl., Bd. 10 (1965), Sp. 250f.

der Vatikan durch ein Dekret vom 14. April 1946 eine vorläufige Regelung vor[378], die zwischen zwei Gruppen von ostdeutschen Theologen unterschied, nämlich bereits tonsurierten und damit in ihren Heimatbistümern inkardinierten und noch nicht tonsurierten Priesteramtskandidaten.

Erstere sollten von den Aufnahmebischöfen unter der Bedingung, daß ihre Bistumszugehörigkeit „in suspenso", also in der Schwebe, bleibe, geweiht werden. Das bedeutete, daß sie de jure der ostdeutschen Heimatdiözese angehörten und dorthin bei sich bietender Gelegenheit auf Wunsch des Heimatordinarius zurückkehren konnten, de facto aber ihrer westdeutschen Dienstdiözese unterstellt waren.

Letztere hingegen standen entsprechend dem vatikanischen Dekret vor der Wahl, ob sie sich
a) ganz für ihre neue Heimatdiözese entscheiden sollten,
b) analog zu ihren bereits tonsurierten Kommilitonen für die alte Heimatdiözese aussprechen sollten, was voraussetzte, daß der Heimatordinarius erreichbar war und sie als Theologen annahm oder aber
c) die Weihe auf den Titel der westdeutschen Diözese erfolgen sollte, sie dabei aber ein Rückkehrversprechen ablegten. Dies kam vor allem dann in Frage, wenn der ostdeutsche Heimatordinarius nicht erreichbar war oder aber eine Aufnahme ablehnte.

Grundsätzlich standen damit nicht nur mehrere Varianten je nach persönlichem Verlangen des einzelnen Weihekandidaten bzw. dem Grad seiner heimatlichen Bindung offen, sondern der Vatikan hatte auch der Hoffnung auf eine Rückkehrmöglichkeit in die ostdeutschen Jurisdiktionsbezirke eine rechtliche Grundlage verliehen.

Gerade die im Bistum Münster von Beginn an nur in Ausnahmefällen akzeptierte – hier als b) bezeichnete – „Kompromißvariante" geriet im Laufe der folgenden Jahre zunehmend ins Kreuzfeuer der Kritik, zumal die meisten westdeutschen Bischöfe mit wachsendem Abstand zum Vertreibungsgeschehen eine zumindest auswärtige Inkardination der Flüchtlingstheologen für wenig sinnvoll erachteten und über dieses Thema erneut auf der Bischofskonferenz des Jahres 1954 debattierten.

Das auf Intervention von Kardinal Frings am 5. Februar 1955 vom Heiligen Stuhl erlassene modifizierte Dekret zur Diözesanzugehörigkeit des ostvertriebenen Priesternachwuchses[379] schuf daher unter Wegfall der Inkardination in ein ostdeutsches Bistum die Möglichkeit der sogenannten bedingten Inkardination, die den Betroffenen unter Beibehaltung des Rückrufrechtes des Heimatordinarius in die westdeutschen Diözesen eingliederte. Dies hatte zur Folge, daß die gleichsam auf Zeit inkardinierten Neupriester nunmehr rechtlich ihren einheimischen Mitbrüdern voll gleichgestellt waren.

---

[378] Vgl. Päpstliches Reskript v. 14.4.1946, zit. bei Kindermann, Adolf, Ost-Theologen (wie Anm. 376), 11–12, u. bei Braun, Gustav, Zur kirchenrechtlichen Lage des heimatvertriebenen Klerus in Deutschland (wie Anm. 188), hier 274–276.

[379] Päpstliches Reskript v. 5.2.1955 und Interpretation hierzu, in: Kindermann, Adolf, Ost-Theologen (wie Anm. 376), 19ff.

## 3 Auswirkungen auf den Untersuchungsraum

Ebenso wie die Bistumsleitung in Münster der Frage der bedingten Inkardination in den Heimatbistümern östlich von Oder und Neiße differenziert gegenüber stand, nahm sich deren Akzeptanz der „Königsteiner Anstalten" negativ aus. Statt dessen versuchte Bischof Michael Keller durch die Gründung von Schülerkonvikten in allen Teilen des Bistums nicht nur den möglichen Priesternachwuchs innerhalb der Diözesangrenzen zu behalten, sondern vor allem ein Zeichen zur Weckung von Priesterberufen zu setzen[380]. Er ging dabei von der Ansicht aus, daß aufgrund der damals geringen Zahl an Gymnasien in den ländlichen Regionen der Diözese zahlreiche potentiell Interessierte keine Zugangsmöglichkeit zum Theologiestudium hätten. Des weiteren schien ihm in einer verstärkt säkularisierten Umgebung der Boden für geistliche Berufe vornehmlich in der geschlossen katholischen Erziehung der Konvikte bereitet zu werden. In diesem Bewußtsein appellierte er an den Klerus, wirtschaftliche Schwierigkeiten in Familien nicht gelten zu lassen und von sich aus den Jungen und ihren Eltern die neuen Internate zu empfehlen[381]. Dieser Rat bezog die Vertriebenenfamilien ungenannt mit ein und rekurrierte auf den doppelten Riß in der Bildungsbiographie der meisten jungen Heimatvertriebenen, die nicht nur durch die Kriegsteilnahme, sondern eben auch durch den Heimatverlust häufig ohne Chance auf Abitur bzw. Studium geblieben waren.

Während im westfälischen Bistumsteil das Collegium Johanneum 1948 zunächst in Wadersloh und später auf Schloß Loburg bei Ostbevern entstand, und in Coesfeld das Pius-Kolleg neu gegründet wurde, machte sich im oldenburgischen Teil der Pfarrer der zu 50 % aus Vertriebenen bestehenden Diasporagemeinde Delmenhorst für ein eigenes Gymnasialkonvikt stark, das vor allem Söhnen aus Diasporafamilien Obdach gewähren sollte. 1951 konnte in Bethen bei Cloppenburg der erste Bauabschnitt der „Jugendburg St. Michael" seiner Bestimmung übergeben werden[382]. Obwohl anläßlich der Eröffnung in Bethen von einer Vielzahl von Flüchtlingskindern berichtet wird, die dort angemeldet worden waren[383], nutzten zunehmend südoldenburgische Familien die Einrichtung zur Unterbringung ihrer Söhne. Von den 24 ehemaligen Konviktsschülern, die zwischen 1961 und 1977 die Priesterweihe erhielten, stammten nur sechs aus ostdeutschen Familien. Hier wirkte sich möglicherweise die engere Bindung der meisten Vertriebenenpriester an die Königsteiner Einrichtungen aus, deren Förderung das von ihnen in den Gemeinden verteilte Monatsblatt „Königsteiner Rufe" ermöglichte und so den ersten Kon-

---

[380] Vgl. Damberg, Wilhelm, Abschied vom Milieu? (wie Anm. 183), 187f. Hier wird die Orientierung Kellers am niederländischen Modell hervorgehoben, während auf eine mögliche Vorbildhaftigkeit der Konvikte der Ostvertriebenen nicht rekurriert wird.
[381] Vgl. Fastenhirtenbrief Kellers v. 25.1.1952, in: Böggering, Laurenz (Hrsg.), Iter para tutum (wie Anm. 345), 101–110, hier 109f.
[382] Vgl. 20 Jahre Jugendburg St. Michael 1951–1971, Cloppenburg 1971.
[383] Vgl. von Hammel an Keller v. 7.3.1951, in: BAM A-101-178.

takt zu Gymnasialkonvikt und Hochschule der Ostvertriebenen in die Familien der oldenburgischen Diaspora brachte[384].

Dabei hatte im Hintergrund erkennbar der Gedanke gestanden, für ein Theologiestudium geeignete Jungen aus Vertriebenenfamilien nicht zugunsten der Königsteiner Internatsschule bzw. später einer ostdeutschen Diözese oder eines DDR-Einsatzes zu verlieren, sondern innerhalb der Region entsprechend zu fördern. Von diesem Interesse geleitet, rief Bischof Keller den Bistumsklerus 1952 in einem Rundschreiben anläßlich der bevorstehenden Neueröffnung des im Zweiten Weltkrieg zerstörten Münsteraner Theologenkonvikts Collegium Ludgerianum auf, für Priesternachwuchs Sorge zu tragen und auch auf die Internate des Bistums hinzuweisen[385].

Diese Intention verfolgte ebenfalls die Diözesansynode von 1958, indem sie den Konvikten eine „unersetzliche Bedeutung für die Weckung und Förderung von Priesterberufen" zuschrieb und ergänzte: „Man wird sagen müssen, daß sie unter den gegenwärtigen Verhältnissen im allgemeinen den wirksamsten Weg zum Schutz und zur Förderung des keimenden Priesterberufes darstellen."[386]

Wenngleich in der Retrospektive festgestellt werden muß, daß das Ergebnis von Kellers Bemühungen auf der Ebene der Konvikterziehung gering blieb[387], war zumindest für das Erste sowohl dem Königsteiner Projekt Konkurrenz gemacht worden als auch einer ganzen Reihe von Internaten für heimatvertriebene Schüler, die auf Initiative des aus Recklinghausen gebürtigen Breslauer Priesters Dr. Paulus Tillmann[388] seit Mai 1947 vom Bistum Münster ausgehend in mehreren Städten Westdeutschlands entstanden und Unterstützung durch eine eigens gegründete „Arbeitsgemeinschaft zur Studienförderung heimatvertriebener katholischer Schüler" erfuhren[389]. In dieser Tradition stand ebenfalls das

---

[384] Vgl. exemplarisch die entsprechenden Aufzeichnungen in der Chronik des Pfarrektorats Oldenburg-Kreyenbrück, in: Pfarrarchiv St. Michael Oldenburg-Kreyenbrück.

[385] Vgl. Schreiben Kellers v. 22.8.1952, in: Böggering, Laurenz (Hrsg.), Iter para tutum (wie Anm. 345), 111–113, hier 111. Zur Wiedereröffnung des Collegium Ludgerianum vgl. auch: Löffler, Peter, Collegium Ludgerianum in Münster 1849–1971. Geschichte einer bischöflichen Bildungsanstalt (Geschichte und Kultur, H. 6), Münster 1979, 63ff.

[386] Bischöfliches Generalvikariat Münster (Hrsg.), Diözesansynode 1958. Zweites bis Sechstes Kapitel, Münster 1958, 134.

[387] Vgl. Hürten, Heinz, Michael Keller (1947–1961) in: Thissen, Werner (Hrsg.), Das Bistum Münster, Bd. I: Die Bischöfe von Münster, Münster 1993, 311–319, hier 315.

[388] Paulus Tillmann, geboren 1906 in Recklinghausen, wurde nach Jurastudium in Breslau dort Priesteramtskandidat, Priesterweihe 1935 in Innsbruck, 1943 Pfarrer in Herrnstadt/S., 1947 Leiter des Studienwerkes für heimatvertriebene Schüler in Recklinghausen, 1960 desgl. u. Leiter des Kath. Kirchenbuchamtes in München, gestorben 1984. Vgl. Muche, Alfred, Paulus Tillmann (1906–1984), in: Gröger, Johannes u. a. (Hrsg.), Schlesische Kirche in Lebensbildern (wie Anm. 141), 279–283, u. ders., Sie nannten ihn „Don Bosco" von Recklinghausen. Zum Leben und Wirken von Dr. Paulus Tillmann (1906–1984), in: Archiv für schlesische Kirchengeschichte, Bd. 44 (1986), 251–273.

[389] Vgl. Festschrift 25 Jahre Studienwerk für heimatvertriebene katholische Schüler 1947–1972, o. O. o. J. (1972). Die am 19.4.1948 in Köln gegründete Arbeitsgemeinschaft trug im Bistum Häuser in Recklinghausen, Oer-Erkenschwick, Xanten und Oldenburg, darüber hinaus in Rüthen,

zu Ostern 1948 in den Kasernen am Pferdemarkt in Oldenburg eröffnete Schülerheim für Ostvertriebene[390]. Über Priesterberufungen aus dem Oldenburger Schülerheim, das bis 1959 bestand, ist nichts bekannt, zumal es auch vornehmlich der Nachschulung von Flüchtlingsschülern aus der SBZ auf dem Weg zum Besuch eines Gymnasiums diente[391].

Dennoch wurde die Bether Einrichtung vom oldenburgischen Klerus noch lange Zeit als Entgegnung auf die Werbung für das Königsteiner Internat angesehen, obwohl Offizial Pohlschneider offenbar die Einrichtung eines Vertriebeneninternats in seinem Jurisdiktionsbezirk zeitweilig ausdrücklich forcierte. Hierüber gibt ein Schreiben des Offizialats an den Studienwerk-Gründer Tillmann vom April 1948 Auskunft, in dem Pohlschneider auf zwei möglicherweise geeignete Objekte hinwies: das Sanatorium Dr. Niemöller in Bad Zwischenahn und die Kasernenanlagen auf dem Fliegerhorst Adelheide bei Delmenhorst[392].

Als das Schlesische Priesterwerk 1961 eine Initiative zur stärkeren Vernetzung der Breslauer Diözesanpriester in der Bundesrepublik startete[393] und in diesem Zusammenhang auch um eine Förderung der Königsteiner Anstalten bat, äußerte der für den Offizialatsbezirk zuständige Regionalsprecher Prälat Josef Wahlich, Cloppenburg, „schwere Bedenken [...], da man hier sehr eifersüchtig darauf bedacht ist, alles in die Jugendburg St. Michael zu Bethen hineinzubekommen!"[394]. Daß die Verantwortlichen in der Vertriebenenseelsorge zu diesem Zeitpunkt außerdem ein sinkendes Bekenntnis des ostdeutschen Priesternachwuchses zur Geburtsheimat konstatierten, belegt die ebenfalls 1961 in einem Exposé zur Situation der Glatzer Theologiestudenten gestellte kritische Frage, ob in einigen Jahren überhaupt noch Theologen zu finden seien, die sich an ihre Heimatdiözese binden wollten[395]. Aber trotz der erkennbaren Resignation hielt der Verfasser fest: „Als mahnendes Gewissen für die Welt wird ´Königstein` immer seine Aufgabe haben, solange die geraubte Heimat nicht freigegeben und solange ein großer Teil der Menschheit vom Terror des Bolschewismus tyrannisiert wird."

---

Bad Driburg, Warburg, Somborn, Bensheim und Beuron. Geschäftsführer war Dr. Tillmann. Vgl. BAM A-101-324 und die beiden Kurzberichte: Tillmann, Paulus, Erlebnisbericht; Rother, Alfred, 30 Jahre Bischof-Kaller-Heim, beide 1984, u. auf diesen basierend: Gröger, Johannes, „An die Seelen dieser Menschen herankommen" (wie Anm. 323), 42f.

[390] Das Heim stand unter Leitung ermländischer Katharinenschwestern und zählte zu Beginn 12 Schüler. Vgl. Pfarrchronik St. Peter Oldenburg, in: Pfarrarchiv St. Peter Oldenburg, 42.

[391] Vgl. Festschrift 25 Jahre Studienwerk für heimatvertriebene katholische Schüler (wie Anm. 389).

[392] Vgl. Pohlschneider an Tillmann v. 9.4.1948, in: OAV B-43c-11. Trotz eines von Tillmann bekräftigten Interesses zerschlugen sich diese Pläne bald wieder.

[393] Vgl. Schreiben des Vorsitzenden des Schlesischen Priesterwerkes, Oskar Golombek, an die Diözesansprecher v. 10.2.1961, Archiv des Apostolischen Visitators Breslau, Münster: Schlesisches Priesterwerk, Diözesansprecher.

[394] Wahlich an Golombek v. 26.2.1961, ebd.

[395] Vgl. Referat von Pfarrer Erich Friemel, Töging/Inn, über das Grafschaft Glatzer Theologenhilfswerk bei der Priesternachwuchskonferenz in Königstein, 18./19.1.1961, in: Archiv des Kanonischen Visitators Glatz, Münster: Grafschaft Glatzer Theologenfonds. Hier auch das folg. Zit.

In der Folge dieser „einheimischen" Förderungsinitiativen für geistliche Berufe blieb die Erfüllung der Variante a) von 1946 – um mit den eingangs eingeführten Buchstaben des päpstlichen Reskriptes zu sprechen – im Bistum Münster Auflage für alle Theologen des Collegium Borromaeum. Die Konviktserziehung in Bethen, aber auch in den neugegründeten bischöflichen Internaten im westfälischen Bistumsteil wirkte darauf hin.

Diejenigen Priesteramtskandidaten, die dennoch an dem in Weiterführung von Gymnasium und Schülerkonvikt in Königstein zu Ostern 1947 mit dem Lehrbetrieb beginnenden, 1949 zur Hochschule erhobenen Philosophisch-Theologischen Studium ihre Ausbildung absolvierten, traten daher zumeist anschließend nicht in den Dienst des Bistums Münster, sondern ließen sich in anderen Diözesen das Sakrament spenden, deren Bischöfe sie bereitwillig auf den Titel ihres Heimatbistums östlich von Oder und Neiße weihten[396]. Damit verbunden war in der Regel eine Bereitschaft zum Dienst in der priesterarmen Diaspora Mitteldeutschlands, wie sie Kardinal Frings anläßlich der Feierlichkeiten zur Proklamation als Hochschule betonte: „Königstein ist ein Diasporaseminar. Diejenigen, die aus ihm hervorgehen werden, müssen bereit sein, zu ihren ostdeutschen Landsleuten zu gehen. Die Diaspora ist die große Aufgabe des deutschen Katholizismus."[397]

Die Königsteiner Hochschule geriet bereits kurze Zeit nach ihrer Einrichtung aufgrund der unzulänglichen materiellen Sicherungen unter massiven innerkirchlichen Druck, zumal die westdeutschen Ordinariate hier auch ein Konkurrenzprojekt zu ihren althergebrachten Priester-Ausbildungsstätten im Aufbau sahen. So wurde im Herbst 1947 bekannt, daß die Ordinarien von Paderborn, Fulda, Hildesheim, Mainz und Osnabrück für eine baldige Schließung des Seminars plädiert hätten. Daraufhin regte sich starker Widerstand im Vertriebenenklerus. Eine Konferenz von 100 ostdeutschen Seelsorgern in Schwäbisch Gmünd/Diözese Rottenburg äußerte beispielsweise die Befürchtung, daß eine Ausbildung des ostdeutschen Priesternachwuchses in den westdeutschen Seminaren dessen Entfremdung von der Diasporaseelsorge mit sich bringen würde[398].

Aus dieser Argumentation erschließt sich in den Augen ihrer Exponenten ein zweifacher Sinn der separaten Theologenausbildung. Zum einen sollte sie den Absolventen jene ostdeutsche Mentalität vertraut machen, mit der sie in der Vertriebenenseelsorge, etwa in den Bistümern Hildesheim und Osnabrück, tagtäglich konfrontiert werden würden. Zum anderen war es Ziel und Zweck, die Seminaristen konkret für einen SBZ- bzw. DDR-

---

[396] Ausnahmen blieben zwei 1947 bzw. 1953 in Münster für die Freie Prälatur Schneidemühl geweihte Geistliche. Zwei weitere auf den Titel der Erzdiözese Breslau geweihte Kandidaten wechselten sofort in andere Bistümer.

[397] Zit. nach Kindermann, Adolf, Religiöse Wandlungen und Probleme im katholischen Bereich, in: Lemberg, Eugen, Edding, Friedrich, Die Vertriebenen in Westdeutschland. Ihre Eingliederung und ihr Einfluß auf Gesellschaft, Wirtschaft, Politik und Geistesleben, Bd. III, Kiel 1959, 92–158, hier 125. Frings gehörte zu den Förderern Königsteins, stand aber im Spannungsfeld der Erwartungen der Vertriebenenprälaten einerseits u. der westdeutschen Ordinarien, die in dem Projekt erhebliche Konkurrenz sahen, andererseits. Vgl. Trippen, Norbert, Die Integration der heimatvertriebenen Priester (wie Anm. 186), 267f.

[398] Vgl. einen bei Penkert, Alfred, Auf den letzten Platz gestellt? (wie Anm. 166), 63f, zit. Brief v. 27.10.1947.

Einsatz zu schulen. Das ebenfalls heimatvertriebene Professorenkollegium sowie eine Reihe bewährter Priesterausbilder aus Breslau und Prag[399] garantierten schließlich, daß sich Königstein in die Tradition des Breslauer Priesterseminars stellen konnte[400].

Auf der zweiten Konferenz der Diözesanflüchtlingsseelsorger war die Existenz der Hochschule daher unter Hinweis auf ein Schreiben Papst Pius' XII. legitimiert worden, in dem dieser die Existenz eines Priesterseminars ausdrücklich begrüßt hatte, „wo deutsche Flüchtlinge aus dem Osten und Südosten, nämlich die zahlreichen Theologiestudenten [...], in einer ihren Sonderbedürfnissen entsprechenden Umwelt gesammelt werden können, um nach den erduldeten Leiden sich zu erholen, ihre durch Kriegsereignisse unterbrochenen Studien wieder aufzunehmen und so in Studium und Gebet sich vorzubereiten auf das schwere Apostolat, das ihrer wartet"[401]. Die Vertreter der Vertriebenenseelsorge konnten folglich mittels der Autorität des Heiligen Vaters ihren Einsatz für eine gesonderte Studienstätte des ostvertriebenen Theologennachwuchses legitimieren. Pius XII. war es in seiner Option für das unter notdürftigen materiellen Voraussetzungen eröffnete Königsteiner Studium vor allem darum gegangen, einen Schwebezustand der zumeist erst allmählich aus der Kriegsgefangenschaft entlassenen ostdeutschen Priesteramtskandidaten zu vermeiden, der sie zu „clerici vagi" gemacht und möglicherweise ihrem Berufsziel entfremdet hätte.

Dieses dem momentanen gesellschaftlichen Chaos Rechnung tragende Argument muß wohl auch für die Zustimmung des Bischofs von Münster zum Weiterbestehen ausschlaggebend gewesen sein. Als Kardinal Frings Ende Februar 1948 alle westdeutschen Ordinarien um ein entsprechendes Votum bat, äußerte Bischof Keller jedenfalls, er sei vorerst bereit, die weitere Existenz des Seminars zu unterstützen[402], für die sich im Vorfeld der Königsteiner Regens Dr. Paul Ramatschi bereits persönlich bei ihm verwandt hatte[403]. Grundsätzlich stand die Bistumsspitze dem Projekt jedoch weniger wohlwollend gegenüber und wirkte auf ein Studium des Priesternachwuchses aus ostdeutschen Familien in Münster hin. Darüber hinaus fragte Bischof Keller im Dezember 1951 sogar persönlich bei Adolf Kindermann an, ob es nicht möglich wäre, „daß Sie von den in Königstein ausgebildeten Herren den einen oder anderen auch unserem Bistum für die oldenburgische Diaspora zur Verfügung stellen? Wie ich schon wiederholt feststellen mußte, ist landläufig die Meinung verbreitet, als ob das Bistum Münster mit Priestern reichlich versorgt wäre. Das entspricht leider in keiner Weise der Wirklichkeit."[404] Allerdings

---

[399] Hierzu zählten neben dem erwähnten Adolf Kindermann der bisherige Breslauer Regens Paul Ramatschi, der dortige Spiritual Erich Puzik und der im zweiten Breslauer Priesterseminar in Weidenau tätige Erich Kleineidam.

[400] Vgl. Marschall, Werner, Geschichte des Bistums Breslau (wie Anm. 11), 195f.

[401] Pius XII. an Msgr. Albert Büttner, Frankfurt/M., zit. in: Protokoll der II. Konferenz der Diözesanflüchtlingsseelsorger v. 24./25.2.1948, in: BAM A-101-279.

[402] Vgl. Keller an Frings v. 17.3.1948, auf dessen Umfrageschreiben v. 27.2.1948, in: BAM NA 101-414.

[403] Vgl. Ramatschi an Keller v. 28.1.1948, ebd.

[404] Keller an Kindermann v. 21.12.1951, in: BAM A-101-241. Ein Antwortschreiben Kindermanns liegt nicht vor.

verfehlten die deutlichen Worte des Münsteraner Oberhirten zugunsten der Seelsorge in Nordoldenburg in Königstein ihre Wirkung. Kein einziger dort ausgebildeter Priester wurde in die dortige Diaspora entsandt und die Absolventen vornehmlich in die DDR bzw. in die Bistümer Limburg, Paderborn und Hildesheim vermittelt.

e) Berufungskrise im Kontext des allgemeinen Rückgangs der Priesterzahlen

Die Problematik der Gewinnung einer ausreichenden Anzahl von jungen Priestern für die Diaspora und insbesondere für die Einbindung der dort verstreut lebenden Vertriebenen in das katholische Milieu läßt sich für das Fallbeispiel Oldenburg nur durch Einbettung in den Gesamtzusammenhang der Entwicklung der Priesterzahlen im Bistum Münster verdeutlichen. Als Basis-Indikator ist dabei die Relation der Priesterzahl zur Katholikenzahl im Kontext der Bevölkerungsveränderungen nach 1945 heranzuziehen.

Stand auf der Diözesanebene bedingt durch überaus starke Weihejahrgänge in den 1920er und 1930er Jahren 1938 bei 1,8 Millionen Katholiken durchschnittlich noch für 1.208 Katholiken ein Priester zur Verfügung[405], so mußten sich elf Jahre später bereits 1.513 Angehörige dieser Konfession einen Geistlichen teilen, was einem Zuwachs von 20,2 % entsprach[406]. Von den (1938) 1.475 Geistlichen[407] im gesamten Bistum waren 359 zum Kriegsdienst einberufen, wovon 60 als Kriegsopfer zu beklagen waren. Zudem waren 20 Priester bei Bombenangriffen in der Heimat getötet worden, wodurch der Diözesanklerus eine zusätzliche Dezimierung erfahren hatte.

Im einheimischen Klerus machte sich also bereits während des Zweiten Weltkrieges eine prekäre Personalsituation bemerkbar, wie sie in dem landläufig als „katholische Diözese" geltenden Münster nicht erwartet worden war. Es läßt sich bereits erkennen, daß die Diözese und damit auch deren oldenburgischer Anteil auf die Aufnahme und Stellenzuweisung der ostdeutschen Priester dringend angewiesen war. Parallel zur Aufnahme der Vertriebenen war hier nämlich eine prozentuale Abnahme der Priesterzahl festzustellen. Zu Recht wird daher auf die Diskrepanz zwischen dem Wiedererstarken

---

[405] Vgl. die Angaben des Personal-Schematismus für das Bistum Münster 1938, zugleich wiedergegeben bei Börsting, Heinrich (Bearb.), Handbuch des Bistums Münster, Bd. II, 2. Aufl. Münster 1946, 870. Nach Gatz, Erwin (Hrsg.), Geschichte des kirchlichen Lebens in den deutschsprachigen Ländern seit dem Ende des 18. Jahrhunderts, Bd. I: Die Bistümer und ihre Pfarreien, (wie Anm. 225), 494, kamen im Bistum Münster hingegen 1.125 Gläubige auf einen Geistlichen, wobei von der Gesamtzahl des Weltklerus ausgegangen wird. Schulte-Umberg nennt 1.124 Katholiken pro Priester, bei einer ebenfalls sämtliche Geistliche einschließenden Zahl von 1.602 Priestern. Vgl. Schulte-Umberg, Thomas, Profession und Charisma (wie Anm. 3), 509.

[406] Vgl. Priesterstatistik, in: BAM A-0-344, sowie: Michael Keller, Fastenhirtenbrief 1952, in: Böggering, Laurenz (Hrsg.), Iter para tutum (wie Anm. 345), 101–110, hier 103, wo der Bischof die Zahl von gut 1.500 Katholiken pro Priester benennt.

[407] Hiervon waren 1.424 Diözesanpriester, 27 Priester aus anderen Bistümern und 24 Ordenspriester im Bistumsdienst. Vgl. BAM A-0-172.

katholischen Gemeinschaftsgefühls und der Talfahrt der Priesterberufungen hingewiesen[408]. Ein Blick in einige zeitgenössische Stellungnahmen belegt dies:

Schon im Mai 1946 gab Kapitularvikar Franz Vorwerk[409] im Kirchlichen Amtsblatt unter der Überschrift „Priestermangel in unserer Diözese" einen ersten, knappen Überblick hinsichtlich des kriegsbedingten Gesamtausfalls an Geistlichen, der sich auf 66 gefallene und 145 vermißte bzw. zu diesem Zeitpunkt noch nicht zurückgekehrte Priester bezifferte[410]. Und im Sommer desselben Jahres, also zu einem Zeitpunkt, da die Vertreibungswelle noch anhielt, hatte das münsterische Generalvikariat eine Bitte aus dem mit Flüchtlingen überfüllten Wolfsburg um Entsendung eines Aushilfspriesters mit der Begründung abgelehnt, der Priestermangel sei auch hierzulande „so groß, daß wir keinen Geistlichen abgeben können"[411]. Schließlich antwortete der damalige Domvikar Heinrich Tenhumberg 1948 auf die Anfrage eines Journalisten zur pastoralen Versorgung im Bistum, daß vor allem das Fehlen junger Priester zu bemerken sei und eine Überalterung des Klerus drohe[412].

Einen besonders großen Aderlaß hatte die Diözese jedoch hinsichtlich des Priesternachwuchses zu verzeichnen, da 267 der 271 Priesteramtskandidaten eingezogen worden waren, von denen ca. 100, also mehr als ein Drittel, gefallen oder vermißt waren[413]. In den Jahren 1944 und 1945 wurde daher für das Bistum Münster keine Priesterweihe erteilt, und auch in den ersten vier Nachkriegsjahren 1946 bis 1949 konnte nur insgesamt 93 Kandidaten das Sakrament gespendet werden, während sich deren Zahl in den vier Jahren vor Kriegsausbruch 1936 bis 1939 – um hier einen vergleichbaren Zeitraum zu benennen – auf die stattliche Zahl von 238 Ordinanden belaufen hatte. Bei einem gleichzeitigen Zuwachs an Gläubigen um 13,6 % ist folglich in der ersten Nachkriegszeit ein Absinken der Priesterzahl des Bistums um 40 auf (1949) 1.435 festzustellen. Legt man daher die schon vor dem Ersten Weltkrieg geprägte und von den Verantwortlichen für die Pastoral immer wieder herausgestellte Idealrelation von 1.000 Katholiken pro Seelsorger als Maßstab an[414], so läßt sich ein Defizit von 240 Geistlichen konstatieren[415].

---

[408] Vgl. Damberg, Wilhelm, Gesellschaftlicher Wandel (wie Anm. 89), hier 37.

[409] Franz Vorwerk, geboren 1884 in Emstek, Priesterweihe 1910 in Münster, 1933–1940 Bischöflicher Offizial für Oldenburg, 1940 Domkapitular in Münster, nach Zwangsausweisung 1941–45 zurückgekehrt nach Münster, 1946–47 Kapitularvikar, gestorben 1963 in Münster. Vgl. Gatz, Erwin, Artikel: Vorwerk, Franz (1884–1963), in: Ders. (Hrsg.), Die Bischöfe der deutschsprachigen Länder 1785/1803 bis 1945 (wie Anm. 192), 781; Baumann, Willi, Artikel: Vorwerk, Franz, in: Friedl, Hans u. a. (Hrsg.), Biographisches Handbuch zur Geschichte des Landes Oldenburg, Oldenburg 1992, 771–773.

[410] Vgl. Kirchliches Amtsblatt für die Diözese Münster v. 24.5.1946, Art. 118.

[411] Vorwerk an Pfarrer Antonius Holling, Wolfsburg, v. 29.7.1946, in: BAM NA-101-40.

[412] Vgl. Tenhumberg an den katholischen Journalisten Otto B. Roegele v. 17.6.1948, in: BAM A-0-331.

[413] Vgl. hierzu die Angaben von Domvikar Heinrich Tenhumberg an Roegele v. 17.6.1948, ebd.

[414] Zu den Idealrelationen vgl. Swoboda, Heinrich, Großstadtseelsorge. Eine pastoraltheologische Studie, 2. Aufl. Regensburg 1911.

[415] Der im Bistumsdienst stehende Klerus setzte sich 1949 aus 1.255 Diözesanpriestern, 106 Priestern anderer Bistümer und 74 Ordensgeistlichen zusammen. Vgl. BAM A-0-172.

Dabei handelt es sich keineswegs um ein Münster-spezifisches Phänomen, sondern um ein alle deutschen Bistümer mehr oder weniger gravierend betreffendes Problem. Für die bayerischen Diözesen beispielsweise weist Heinz Hürten mit Blick auf die immense Zahl gefallener Theologiestudenten vor allem auf die Zukunftswirkungen der Kriegsverluste und den sich dadurch verschiebenden Altersaufbau des Klerus hin[416].

Tabelle 14: Neupriester des Bistums Münster bzw. des Offizialatsbezirks Oldenburg 1938–1948

| Jahr | Anzahl im Bistum | davon aus Oldenburg |
|---|---|---|
| 1938 | 60 | 9 |
| 1939 | 61 | 7 |
| 1940 | 37 | 4 |
| 1941 | 23 | 1 |
| 1942 | 4 | – |
| 1943 | 6 | 1 |
| 1944 | – | – |
| 1945 | – | – |
| 1946 | 22 | 2 |
| 1947 | 22 | 1 |
| 1948 | 32 | 4 |

*Quellen: Priesterbuch des Bistums Münster 1939 und 1957, Personal-Schematismen des Bistums Münster 1938–1948.*

Im Untersuchungsraum Oldenburg betreuten 1938 135 Priester, von denen 119 (73 Pfarrer, 46 Kapläne und Vikare) in der ordentlichen Seelsorge wirkten und 16 in der kategorialen Seelsorge tätig waren bzw. im Ruhestand lebten, 130.748 Katholiken, so daß 1.030 Gläubige auf einen Seelsorger kamen. Das Idealmaß zwischen Priestern und Gläubigen war hier also nahezu erfüllt, wobei eine weitere Ausdifferenzierung gemäß den beiden Subregionen Süd- und Nordoldenburg ergibt, daß in ersterer ein Geistlicher durchschnittlich auf 989 Menschen katholischer Konfession kam, während sich in der Diaspora 1.512 Katholiken einen Priester teilen mußten[417].

Die Geburtsorte und Wirkungsstätten der Priester vermittelten ein sehr geschlossenes Bild des Klerus, der in der Regel das Oldenburger Land nur zum Theologiestudium in Münster verließ und als Kaplan bzw. Pfarrer in aller Regel in die Heimat zurückkehr-

---

[416] Vgl. Hürten, Heinz, Aufbau, Reform und Krise (wie Anm. 341), 396.

[417] In den Dekanaten Vechta, Damme, Cloppenburg u. Friesoythe wurden zu Kriegsbeginn ca. 93.000 Katholiken von 94 Priestern betreut, 25 Geistliche versahen ihren Dienst unter gut 37.000 katholischen Christen in den 14 Pfarreien bzw. Rektoraten der nordoldenburgischen Diaspora. Vgl. Personal-Schematismus des Bistums Münster 1938, Münster 1938.

te[418]. Die Geistlichen bildeten also „im Ganzen eine homogene Gruppe, die, aus dem einfachen Volk hervorgegangen, volksverbunden war und ein ausgesprochen hohes Ansehen genoß, das sich nicht allein aus der geistlichen Amtsautorität herleitete"[419]. Ihre Sozialstruktur wurde – von einigen Lehrerkindern abgesehen – durch die Herkunft aus bäuerlichen Familien des Oldenburger Münsterlandes bestimmt, die aufgrund der kleinräumigen Struktur Südoldenburgs verstärkt verwandtschaftliche Beziehungen aufwiesen[420]. Die nordoldenburgischen Diasporagemeinden verzeichneten nur einen sehr geringen Anteil am Priesternachwuchs, der zwischen 1920 und 1929 6,0 % der Neupriester Oldenburgs ausmachte und zwischen 1930 und 1939 6,7 % betrug. Als Phänomen der unmittelbaren Vorkriegszeit ist zudem ein sprunghafter Anstieg an geistlichen Berufen in den 1930er Jahren zu vermerken. Gingen zwischen 1920 und 1929 50 (davon 3 aus Nordoldenburg) Neupriester aus den Pfarreien des Offizialatsbezirks hervor, so waren es im darauffolgenden Jahrzehnt 59 (davon 4 aus Nordoldenburg)[421].

Der Ansturm auf das geistliche Amt war Ende der 1920er und zu Beginn der 1930er Jahre sogar so groß, daß eine Reihe angehender Priesteramtskandidaten im Münsteraner Theologenkonvikt Collegium Borromaeum keine Aufnahme finden konnte und in anderen Diözesen bzw. in Ordensgemeinschaften unterkam. 1932 zum Beispiel mußte wegen Überbelegung des Collegium Borromaeum die Hälfte der 150 angemeldeten Abiturienten abgewiesen werden[422]. Den Überfluß an Seelsorgern dokumentiert zudem die Tatsache, daß junge oldenburgische Kapläne nicht länger – wie zuvor üblich – ausschließlich in ihrer Heimat eingesetzt, sondern nach Westfalen ausgeliehen wurden. Von den 1935 geweihten sieben Theologen erhielten zum Beispiel drei Neupriester ihre erste Stelle in Westfalen, 1936 waren es sogar sechs von acht Neugeweihten[423].

Mit einer leichten Abnahme und anschließender Stagnation der Neupriesterzahlen, die 1935 ihren „absoluten Höhepunkt"[424] erreicht hatten, ging auch der fast ausschließliche Einsatz der bis zum Kriegsausbruch folgenden Weihejahrgänge oldenburgischer Neupriester im Offizialatsbezirk Oldenburg einher.

Der Zweite Weltkrieg riß durch Kriegsdienst, Gefangenschaft und Tod nur geringe Lücken in die Reihen des jüngeren Klerus – von den 1933 bis 1939 neugeweihten 48 Ol-

---

[418] Vgl. die Angaben in: Die Priester der Diözese Münster. Weihealter und Anstellungen. Nach dem Stande vom 15. April 1939, Münster o. J. (1939).
[419] Kuropka, Joachim, Die katholische Kirche in Oldenburg im 19. Jahrhundert, in: Schäfer, Rolf u. a. (Hrsg.), Oldenburgische Kirchengeschichte, Oldenburg 1999, 473–522, hier 499.
[420] Zu den Verwandtschaftsbeziehungen im oldenburgischen Klerus vgl. Heitmann, Clemens, Priesterbuch des Offizialatsbezirks Oldenburg, 2. Bd. (wie Anm. 100).
[421] Vgl. Die Priester der Diözese Münster (wie Anm. 418).
[422] Vgl. 100 Jahre Bischöfliches Collegium Borromaeum zu Münster 1854–1954, Münster 1954, 86f.
[423] Vgl. Die Priester der Diözese Münster (wie Anm. 418), 248–262.
[424] So Damberg, Wilhelm, Abschied vom Milieu? (wie Anm. 183), 70, u. ders., Gesellschaftlicher Wandel (wie Anm. 89), 37.

denburgern beispielsweise ließen neun ihr Leben im Krieg[425]. Außerdem wurden fast sämtliche Priesteramtskandidaten aus der Region zum Wehrdienst eingezogen, so daß zwischen 1940 und 1945 nur fünf Oldenburger die Priesterweihe in Münster empfangen konnten. Dennoch verzeichnete der Offizialatsbezirk direkt bei Kriegsende 1945 einen ausreichenden Personalbestand, mit dem die bisherigen seelsorglichen Anforderungen gedeckt werden konnten. Dies lag allerdings vornehmlich daran, daß während der Kriegsjahre zunehmend Ordensgeistliche Seelsorgsaufgaben wahrnahmen und eingezogene Kapläne und Vikare ersetzten. So waren 1944 acht der 44 Kaplansstellen mit Regularklerikern besetzt. Der Tod an der Front und die Verwundung bzw. Gefangenschaft vieler Priesteramtskandidaten waren auch die Ursache für die kaum steigende Zahl von Weihen in den ersten vier Nachkriegsjahren. Lediglich acht Oldenburger konnten in der Zeit von 1946 bis 1949 dieses Sakrament in der Bischofsstadt Münster empfangen[426]. Trotz des Zuwachses an ostvertriebenen Priestern standen statt 1.030 nunmehr 1.390 Seelen einem aktiven Geistlichen gegenüber. 1949 war die Zahl der Gläubigen um 81,7 % auf 237.713 gestiegen. Die Seelsorgerzahl (ohne kategoriale Seelsorge) hatte dabei jedoch nur um 26,6 % auf 171 zugenommen.

Tabelle 15: Weltpriester und (Ordenspriester) in der Pfarrseelsorge in den Dekanaten des Offizialatsbezirks Oldenburg

| Dekanat | 1936 | 1948 | 1954 | 1958 | 1965 |
|---|---|---|---|---|---|
| Cloppenburg | 33 (1) | 36 (4) | 22 (2) | 23 (1) | 23 (2) |
| Damme | 22 (1) | 21 (2) | 19 (1) | 25 (1) | 24 (1) |
| Friesoythe | 20 (–) | 24 (2) | 23 (1) | 25 (–) | 26 (1) |
| Löningen | siehe Cloppenburg | | 14 (1) | 17 (–) | 14 (–) |
| Vechta | 24 (–) | 22 (2) | 21 (–) | 22 (–) | 23 (–) |
| Delmenhorst | siehe Oldenburg | | 13 (2) | 14 (2) | 13 (2) |
| Oldenburg | 21 (–) | 51 (11) | 23 (7) | 26 (7) | 25 (6) |
| Wilhelmshaven | siehe Oldenburg | | 19 (1) | 18 (3) | 18 (3) |
| **Offizialatsbezirk Oldenburg** | **120 (2)** | **154 (21)** | **154 (15)** | **170 (14)** | **166 (15)** |

Quelle: Personal-Schematismen des Bistums Münster 1936, 1948, 1954, 1958 u. 1965.

Damit hatte sich die Region Oldenburg von den vorgenannten pastoralen Idealvorstellungen deutlich entfernt, wobei sich dieser Trend bereits vor Kriegsausbruch angedeutet hatte, weshalb die Entwicklung nicht ausschließlich den personellen Kriegsverlusten und dem Einströmen der Vertriebenen zugeschrieben werden kann[427]. Dennoch wird hier schon

---

[425] Hier ist neben den gefallenen u. vermißten Priestern auch ein 1945 beim alliierten Einmarsch in Löningen getöteter Priester einberechnet.
[426] Vgl. Priesterbuch des Bistums Münster 1957, Münster 1957, 241ff.
[427] Vgl. Damberg, Wilhelm, Abschied vom Milieu? (wie Anm. 183), 70f.

offensichtlich, daß die gravierenden Veränderungen in der Relation von Priestern zu Gläubigen vornehmlich mit den demographischen Verschiebungen infolge der Flucht und Vertreibung aus Ostdeutschland zusammenhängen.

Tabelle 16: Verhältnis der Priester- zur Katholikenzahl im Offizialatsbezirk Oldenburg und im Bistum Münster 1938, 1949 und 1952 im Vergleich

a) 1938

| Dekanat | Katholikenzahl | aktive Priester | Katholiken auf 1 aktiven Priester |
|---|---|---|---|
| Cloppenburg | 36.329 | 38 | 956 |
| Damme | 26.328 | 25 | 1053 |
| Friesoythe | 21.875 | 19 | 1151 |
| Vechta | 22.957 | 27 | 850 |
| Oldenburg | 23.295 | 26 | 896 |
| **Offizialatsbezirk Oldenburg** | **130.784** | **135** | **1.030** |

b) 1949 (Zu-/Abnahme in %)

| Dekanat | Katholikenzahl | aktive Priester | Katholiken auf 1 aktiven Priester |
|---|---|---|---|
| Cloppenburg | 45.901 (+20,8) | 37 (-2,6) | 1.240 (+ 29,7) |
| Damme | 30.194 (+12,8) | 26 (+4) | 1.161 (+10,3) |
| Friesoythe | 27.073 (+19,2) | 23 (+21,1) | 1.177 (+2,2) |
| Vechta | 27.325 (+19,0) | 28 (+3,7) | 976 (+14,8) |
| Oldenburg | 107.220 (+360,2) | 57 (+119,2) | 1.881 (+109,9) |
| **Offizialatsbezirk Oldenburg** | **237.713 (+81,7)** | **171 (+26,6)** | **1.390 (+ 34,9)** |

c) 1952 (Zu-/Abnahme in %)

| Dekanat | Katholikenzahl | aktive Priester | Katholiken auf 1 aktiven Priester |
|---|---|---|---|
| Cloppenburg | 45.359 (−1,2) | 40 (+8,1) | 1.134 (−8,5) |
| Damme | 34.257 (+13,4) | 19 (−26,9) | 1.803 (+55,3) |
| Friesoythe | 28.131 (+ 3,9) | 25 (+8,7) | 1.125 (−4,4) |
| Vechta | 28.207 (+ 3,2) | 24 (−14,2) | 1.175 (+20,4) |
| Oldenburg | 98.221 (−8,4) | 58 (+1,8) | 1.693 (−10,0) |
| **Offizialatsbezirk Oldenburg** | **234.175 (−1,5)** | **166 (−2,9)** | **1.410 (+1,4)** |

d) Gesamtzahlen für das Bistum Münster (Zu- und Abnahme in %)

| Jahr | Katholiken | aktive Priester | Katholiken auf 1 aktiven Priester |
|---|---|---|---|
| 1938 | 1.804.050 | 1.397 | 1.291 |
| 1949 | 2.050.739 (+13,6) | 1.355 (–3,0) | 1.513 (+17,2) |
| 1952 | 2.116.550 (+3,2) | 1.366 (+0,8) | 1.549 (+2,3) |

*Quelle: Priesterstatistik, in: BAM, NA 0-344.*

Gleichzeitig hatte die Zahl der Pfarreien bzw. Pfarrektorate zwischen Kriegsende und 1948 ebenfalls um 26,6 % bzw. in absoluten Zahlen von 75 (52 Pfarreien, 23 Rektorate oder sonstige Seelsorgebezirke) auf 95 zugenommen, während die Zahl der Notgottesdienststationen eine geradezu gewaltige Expansion von 5 auf 107 erfahren hatte. Gerade letzterer Zuwachs aber betraf nahezu ausschließlich die nordoldenburgische Diaspora und damit das seit 1927 in dieser Form bestehende Dekanat Oldenburg. Hier hatte der katholische Bevölkerungsanteil nämlich im Vergleichszeitraum zwischen 1938 und 1949 um 360,2 % zugenommen. Statt 23.295 Katholiken lebten jetzt mehr als 100.000 in den Kreisen Ammerland, Friesland, Oldenburg und Wesermarsch sowie in den Städten Delmenhorst, Oldenburg und Wilhelmshaven, wohingegen sich die Seelsorgerzahl in diesem Raum nur auf etwas mehr als das Doppelte, von 25 auf 57 (um 119,2 %), erhöht hatte. Waren vor Kriegsbeginn in dieser Diasporaregion 896 Gläubige auf einen Priester entfallen, so hatte ein Geistlicher jetzt durchschnittlich 1.881 Katholiken zu betreuen. Bedingt durch die Abwanderung katholischer Vertriebener aus dem evangelischen Norden der Region verbesserte sich dort die Relation im Laufe der drei folgenden Jahre, wie die Angaben von 1952 zeigen. Auf den Offizialatsbezirk bezogen, ist in diesem Zeitraum jedoch eine Abnahme der aktiven Priester von 171 auf 166 zu konstatieren, weshalb sich auf dieser Ebene das Betreuungsverhältnis weiter verschlechterte und ein Priester nunmehr im Schnitt 1.410 Gläubige zu versorgen hatte.

Das Zahlenverhältnis zwischen Priestern und Gläubigen in der Untersuchungsregion verschlechterte sich also infolge des Vertriebenenzustroms wesentlich. Ein Faktum, das im übrigen in der bisher vorliegenden Überblicksliteratur auf oldenburgischer Ebene erstaunlicherweise noch keine Beachtung gefunden hat[428]. Wenn die Priesterfrage 1961 in einer soziologischen Untersuchung als eines der gravierendsten Zukunftsprobleme der katholischen Kirche in Deutschland bezeichnet wurde[429], so blieb der Offizialatsbezirk Oldenburg von dieser Krise nicht ausgenommen. Die besondere Zuspitzung der Perso-

---

[428] Vgl. die Gesamtdarstellungen von Hinxlage, Helmut, Die Geschichte des Bischöflich Münsterschen Offizialates in Vechta (wie Anm. 272), sowie Sieve, Peter, Geschichte (wie Anm. 218). Auch bei Kuropka, Joachim, Die katholische Kirche im 20. Jahrhundert, in: Schäfer, Rolf u. a. (Hrsg.), Oldenburgische Kirchengeschichte (wie Anm. 419), 523–641, wird auf dieses Phänomen nicht rekurriert.
[429] Vgl. Dellepoort, Jan u. a. (Hrsg.), Die deutsche Priesterfrage (wie Anm. 3), 47.

nallage in dem vor allem von der Zuwanderung katholischer Vertriebener betroffenen nördlichen Teil Oldenburgs belegt hier nochmals einen kausalen Zusammenhang.

Tabelle 17: Entwicklung der Priesterzahlen in Nordoldenburg

| Jahr | ordentliche Seelsorge (Pfarrer/ Kapläne) | kategoriale Seelsorge | Ruhe-stand | davon Vertriebene | davon Ordenspriester | ins-gesamt |
|---|---|---|---|---|---|---|
| 1938 | 23 (14/9) | 2 | – | – | | 25 |
| 1947 | 49 (30/19) | 3 | 1 | 24 | 7 | 53 |
| 1954 | 53 (38/15) | 9 | 4 | 24 | 11 | 66 |
| 1965 | 56 (40/16) | 8 | – | 18 | 14 | 64 |

Quelle: *Personal-Schematismus des Bistums Münster 1938, 1947, 1954 und 1965.*

Tabelle 18: Entwicklung der Priesterzahlen in Südoldenburg

| Jahr | ordentliche Seelsorge (Pfarrer/ Kapläne) | kategoriale Seelsorge | Ruhe-stand | davon Vertriebene | davon Ordenspriester | ins-gesamt |
|---|---|---|---|---|---|---|
| 1938 | 95 (59/36) | 11 | 8 | – | 5 | 114 |
| 1947 | 105 (60/45) | 16 | 8 | 18 | 15 | 129 |
| 1954 | 97 (64/33) | 16 | 8 | 10 | – | 121 |
| 1965 | 109 (73/36) | 18 | 9 | 15 | 9 | 136 |

Quelle: *Personal-Schematismus des Bistums Münster 1938, 1947, 1954 und 1965.*

Als Ursache für die auseinandergehende Schere im Zahlenverhältnis der Priester zu den Gläubigen ist zum einen die hohe Zahl der gerade im Osten im Zuge des Kriegsendes umgekommenen oder in dessen Folge gestorbenen Priester zu nennen[430]. Von den 332 inkardinierten Weltpriestern des Bistums Ermland waren 95 in den Wirren des Kriegsendes gestorben oder während des Krieges gefallen, so daß mit Recht festgestellt werden kann, daß „keine einzige deutsche Diözese derartig bestürzende Priester-Verluste zu vermelden [hatte] wie das östlichste deutsche Bistum"[431]. Die Kriegs- und Vertreibungs-

---

[430] Vgl. hierzu im Überblick: Gatz, Erwin, Vom Zweiten Weltkrieg zum Zweiten Vatikanischen Konzil (wie Anm. 236), 193f.
[431] Penkert, Alfred, Auf den letzten Platz gestellt? (wie Anm. 166), 9f. Gemäß der hier abgedruckten Statistik von Mai 1944 hielten sich im Bistum Ermland zu diesem Zeitpunkt 401 Priester auf.

verluste einschließlich als Soldaten an der Front gefallener Diözesanpriester betrugen hier demnach mehr als ein Viertel des Gesamtklerus (28,7 %)[432].

Etwas geringer erwiesen sich die Verluste im Klerus des Erzbistums Breslau, wo 1950 immerhin noch 58,5 % des Personalbestandes von 1940 in der Bundesrepublik bzw. in der DDR lebte. Die beim sowjetischen Einmarsch und den folgenden Gewalttätigkeiten und Racheakten gegenüber der deutschen Bevölkerung erlittenen Einbußen waren also deutlich spürbar, wie auch der Vergleich zum Offizialatsbezirk Oldenburg beweist, wo die kriegsbedingten Personalverluste in der Geistlichkeit mit 8,1 % weitaus niedriger lagen[433].

Einen weiteren Faktor für das Mißverhältnis in der Relation ostdeutscher Priester zu ostdeutschen Katholiken bieten die in der Heimat zurückgebliebenen oder aus dem Westen dorthin zurückgekehrten Seelsorger, die sich insbesondere in den katholischen Regionen der deutschen Ostgebiete, wie Oberschlesien und dem Ermland, als „Autochthone" erklärten und die polnische Staatsbürgerschaft erhielten. Während für das Erzbistum Breslau nur Schätzungen hinsichtlich der Zahl der in Schlesien zurückgebliebenen Bistumsangehörigen, nicht aber der Geistlichen, vorliegen[434], lassen sich für das Bistum Ermland 34 Priester belegen[435], die auch nach 1948 noch im polnisch besetzten Teil Ostpreußens lebten, was 14,3 % der 1946 hier inkardinierten Priester ausmachte.

Des weiteren dürfte auch die ohnehin traditionell geringere Zahl an Priesterberufungen in den ostdeutschen Diözesen als Gradmesser für diese Entwicklung anzusehen sein. Kamen im Bistum Münster 1940 1.125 Katholiken auf einen Diözesanpriester, so waren es zum selben Zeitpunkt in der Erzdiöze Breslau 1.450, im Bistum Ermland 1.200[436],

---

[432] Vgl. die Bilanz bei Ploetz, Lothar, Fato profugi. Vom Schicksal ermländischer Priester 1939–1945–1965, unveränd. Nachdruck der Ausgabe v. 1965, Münster o. J., 160. Penkert, Alfred, Auf den letzten Platz gestellt? (wie Anm. 166) hat eine Differenzierung dieser Verlustrate im ermländischen Klerus vorgenommen und kommt je nach Bezugsgröße auf 26 % bis 33 %. Vgl. ebd., 14f.

[433] Vgl. Heitmann, Clemens, Priesterbuch des Offizialatsbezirks Oldenburg (wie Anm. 100), 142.

[434] Ende der 1950er Jahre sollen noch 25–30 % der vormaligen deutschen Breslauer Diözesanen unter polnischer Verwaltung – zumeist in Oberschlesien – gelebt haben. Bei einer zugrunde gelegten Zahl von 2.324.058 Gläubigen vor Kriegsende hieß dies, daß ca. 650.000 Menschen noch in ihrer Heimat lebten. Vgl. Moschner, Gerhard, Breslauer Diözesanpriester in den westdeutschen Diözesen (wie Anm. 75).

[435] Vgl. Penkert, Alfred, Auf den letzten Platz gestellt? (wie Anm. 166), 28f. Für drei ermländische Priester waren pastorale bzw. persönliche Gründe ausschlaggebend für einen umgekehrten Weg vom Westen zurück in den Osten, obwohl sie dort Repressalien seitens des zugewanderten polnischen Klerus und der Ordinariate ausgesetzt waren.

[436] 1.600 in der Region Ermland, 800 im übrigen Ostpreußen, vgl. die Berechnungen von Penkert, ebd., 8f., sowie Gatz, Erwin (Hrsg.), Geschichte des kirchlichen Lebens in den deutschsprachigen Ländern seit dem Ende des 19. Jahrhunderts, Bd. I: Die Bistümer und ihre Pfarreien (wie Anm. 225), 229.

im Bistum Danzig 1.728, in der Freien Prälatur Schneidemühl 1.086 sowie in den Generalvikariaten Glatz und Branitz 1.330 bzw. 1.202[437].

Während die schlesischen Jurisdiktionsbezirke sich nicht genötigt gesehen hatten, den Priestermangel durch konkrete Aktionen zu bekämpfen, konnten Schneidemühl und Ermland angesichts ihrer ausgedehnten Diasporagebiete dieses Problem in den 1930er Jahren nur durch Übernahme von Geistlichen aus westdeutschen Diözesen, wie Köln und Münster, lindern. Auf diese Weise ging beispielsweise auch der dem münsterischen Diözesanklerus angehörende spätere Hildesheimer Bischof und „Vertriebenenbischof" Heinrich Maria Janssen aus Rindern bei Kleve in die Freie Prälatur Schneidemühl[438], und im Bistum Ermland waren 1939 mehr als 40 junge Geistliche aus der Erzdiözese Köln als Kapläne eingesetzt[439].

Als Erklärung für die abnehmende Zahl von Berufungen auf Diözesanebene wird zum einen auf die erheblichen Kriegsverluste, zum anderen auf die fallende Geburtenrate hingewiesen, darüber hinaus aber auch eine sinkende Attraktivität des Priesterberufes an sich vermutet, die mit einem Mentalitätswandel unter den deutschen Katholiken allgemein begründet wird[440]. Möglicherweise lag die Ursache bereits in der zunehmenden Verdrängung der Kirche aus ihrer Rolle einer lebensgestaltenden Macht während der NS-Zeit. Bei nicht wenigen am Priesterberuf interessierten jungen Menschen hatten NS-Ideologie und Kriegserlebnisse dazu geführt, daß sie ihre beruflichen Pläne änderten. Der Hauptgrund für den einsetzenden Priestermangel ist in einer größeren Krise des Priesterberufes zu sehen. Nur die Talsohle, welche die Weiheziffern durch die große Zahl gefallener Theologen in der unmittelbaren Nachkriegszeit durchschritt, erklärt das Ansteigen der Zahl der Weihen zu Beginn der 1950er Jahre.

Im Zusammenhang mit der Diskussion um die Ursachen für den Priestermangel ist zudem auf die zu Beginn der 1960er Jahre in einer pastoralsoziologischen Untersuchung geäußerte These einzugehen, daß der Katholizismus nach dem Zweiten Weltkrieg ebenso wie die Wirtschaft der Industrienationen der sogenannten Manpower-Frage gegenüberstand. Das bedeutet konkret die Annahme, daß der Mangel an Führungspersonal auf weltlicher Ebene sich auch innerhalb der Kirche bemerkbar mache und insbesondere

---

[437] Vgl. zu den zugrundegelegten Zahlen von 1940: Zentralstelle für kirchliche Statistik (Hrsg.), Kirchliches Handbuch für das katholische Deutschland, Bd. XXII (1943), Köln o. J. (1943), 390ff.

[438] Heinrich Maria Janssen, geboren 1907 in Rindern/Kleve, Priesterweihe 1934 in Münster, 1934–1945 Seelsorger in der Freien Prälatur Schneidemühl, ab 1946 im Bistum Münster, 1957 Bischof von Hildesheim u. Beauftragter der Deutschen Bischofskonferenz für die Vertriebenenseelsorge, 1983 em., gestorben 1988 in Hildesheim. Vgl. Lebenslauf, in: Albrecht, Detlef (Bearb.), Euer Bischof Heinrich Maria [Janssen]. Ein Heft zur Erinnerung an den verstorbenen Bischof von Hildesheim, Hildesheim 1988.

[439] Vgl. Ploetz, Lothar, Fato profugi (wie Anm. 432), 148f.

[440] Vgl. Damberg, Wilhelm, Abschied vom Milieu? (wie Anm. 183), 185, u. ders., Gesellschaftlicher Wandel (wie Anm. 89), 38.

Flucht und Vertreibung Faktoren seien, die zu einer Dezimierung des Seelsorgsklerus beitragen würden[441].

Während hinsichtlich der ostdeutschen Katholiken zwar belegt werden kann, daß für diese nur eine reduzierte Zahl vertriebener Seelsorger zur Verfügung stand, scheint jedoch der Zusammenhang mit der „Manpower-Frage" reichlich konstruiert zu sein. Die Ursache für den Priestermangel gerade auch in den Vertriebenenfamilien ist allein deshalb nicht als Folge einer verminderten geistigen Leistungsfähigkeit zu sehen, weil insbesondere die Vertriebenen in der Regel gerade in einer von materiellen Verlusten gekennzeichneten Lebenssituation besonderen Wert darauf legten, ihren Kindern höhere Bildungschancen zu ermöglichen. Die große Zahl von Schülern ostdeutscher Provenienz, die an oldenburgischen Gymnasien das Abitur ablegte[442], vermag dies eindrucksvoll zu bestätigen und läßt eine Anwendung des Manpower-Prinzips auf den Priesterrückgang ausschließen.

Dagegen dürfte die Dimension einer verstärkt säkularisierten Welt, der vornehmlich die Vertriebenen in den Diasporagebieten ausgesetzt waren, einen nicht zu vernachlässigenden Faktor für die geringe Zahl von Berufungen dargestellt haben. Diesem Ergebnis entspricht auch die These von Jan Dellepoort, daß „der Einfluß des Christentums auf das Leben eines Volkes das Thermometer dafür ist, wie viele Berufungen aus diesem Volk hervorgehen"[443]. Ein Vergleich der Anzahl der Priesterweihen aus den katholischen Dekanaten Südoldenburgs mit denen aus Nordoldenburg in einem Zeitraum von 15 Jahren vor der Ankunft der Vertriebenen sowie in einem ebenso langen Zeitraum nach der Aufnahme der ostdeutschen Katholiken zeigt erkennbar, daß das Klima für geistliche Berufe in der Diaspora auch nach der Bildung katholischer Vertriebenenmilieus auf der Mikroebene äußerst schwierig blieb.

Wie aus der nachstehenden Tabelle 19 im Hinblick auf die geographische Rekrutierung des Klerus hervorgeht, stellte der katholische Süden der Region sowohl in den eineinhalb Jahrzehnten vor 1945 als auch in einem gleichgroßen Zeitraum nach Kriegsende den weitaus überwiegenden Teil des Priesternachwuchses. Setzt man diese Zahlen in Relation zu den Katholikenzahlen, so ergibt sich folgendes, die Problematik verschärfendes Bild: Gemäß dem Vorkriegsstand lebten (1938) rund 82 % der Katholiken in den damaligen Dekanaten Vechta, Damme, Friesoythe und Cloppenburg und 18 % im Dekanat Oldenburg. Erstere brachten aber 93 % der Neupriester hervor. Dieses Mißverhältnis änderte sich nicht etwa durch den Vertriebenenzustrom, in dessen Folge bis zu 45 % (1949) der katholischen Christen des Oldenburger Landes in der Diaspora Nordoldenburgs lebten, sondern nahm wesentlich eklatantere Ausmaße an, da der Berufungsanteil dort lediglich

---

[441] Vgl. Dellepoort, Jan u. a. (Hrsg.), Die deutsche Priesterfrage (wie Anm. 3), 18f.

[442] Exemplarisch sei hier auf die ostdeutsche Provenienz der ersten Sexta des Gymnasiums an der Max-Planck-Straße in Delmenhorst im Jahre 1952 hingewiesen. Von 98 Schülern waren nur 36 gebürtige Delmenhorster, die übrigen stammten aus den deutschen Ostgebieten. Vgl. Festschrift 25 Jahre Gymnasium an der Max-Planck-Straße in Delmenhorst, Delmenhorst 1977, 7.

[443] Dellepoort, Jan, Zusammenfassung und Perspektiven, in: Ders., Jachym, Franz (Hrsg.), Die europäische Priesterfrage, Wien 1959, 324–335, hier 330.

auf 19 % stieg, während rund 81 % der Neupriester auch nach 1945 noch aus Südoldenburg stammten. Dabei sind die Ordensgeistlichen jeweils mit berücksichtigt, die einen nicht unerheblichen Teil des Priesternachwuchses in der Diaspora ausmachten.

Tabelle 19: Entwicklung des Priesternachwuchses (Welt- und Ordensgeistliche) im Offizialatsbezirk Oldenburg

| Zeitraum | durchschnittliche Katholikenzahl | Neupriester insgesamt | davon aus Vertriebenenfamilien | Neupriester auf 1.000 Katholiken |
|---|---|---|---|---|
| *1931–1945* *davon* | 144.996 | 112 | – | 0,8 |
| *Südoldenburg* | 111.265 | 105 | | 0,95 |
| *Nordoldenburg* | 33.731 | 7 | | 0,2 |
| *1946–1960* *davon* | 238.726 | 117 | 23 | 0,5 |
| *Südoldenburg* | 132.881 | 98 | 11 | 0,7 |
| *Nordoldenburg* | 105.845 | 19 | 12 | 0,16 |

Quellen: Personal-Schematismen des Bistums Münster 1931–1960; Priesterbuch des Bistums Münster 1939 und 1957 sowie eigene Ermittlungen des Verf.

Der Zusammenhang zwischen sich ausweitendem Priestermangel und ostdeutschen Katholiken wird zudem sichtbar, wenn man den durchschnittlichen Priesternachwuchs je 1.000 Katholiken berechnet. Lag dieser vor dem Zweiten Weltkrieg noch bei 0,8 so sank er in den ersten 15 Nachkriegsjahren auf 0,5. Gravierend wirkte sich – neben einem Rückgang in Südoldenburg – vor allem die Stagnation in der Diaspora aus, wo sich die Katholikenzahl mehr als verdreifachte, während sich die Neupriesterzahl aber nur gut verdoppelte.

Eine Ursache für die vergleichsweise wenigen geistlichen Berufe unter den Heimatvertriebenen ließe sich in der mit dem Heimatverlust gewandelten, zum Teil diffusen sozialen Stellung der Vertriebenenfamilien finden. Das noch weitgehend geschlossene und intakte agrarische Gefüge des Oldenburger Münsterlandes mit seinen überkommenen Traditionen mußte sich dagegen als weitaus günstigerer Boden für die Herausbildung von Priesterberufen erweisen als die anderskonfessionelle Diaspora, die den ostdeutschen Familien häufig nur die Abwanderung in städtische oder verstädterte Siedlungen ohne tradiertes religiöses Gefüge erlaubte. Wer in der Heimat noch in der Landwirtschaft tätig gewesen war, mußte sich parallel hierzu im Angestelltenverhältnis von Handwerk oder Dienstleistungssektor eine neue Berufsperspektive aufbauen. Der sozioökonomische Strukturwandel allerdings ging an den Familien und ihrem religiösen Leben oft nicht spurlos vorbei. Zwar sind Berufswechsel, wie sie die Kriegsfolgen vielfältig und nicht nur unter den Vertriebenen mit sich brachten, kein unbedingtes Indiz für eine kirchliche

Entfremdung, jedoch weisen statistische Erhebungen über agrarische Gebiete, die sich in einem Wandlungsprozeß zu städtischen Regionen befanden, den größten Verlust an praktizierenden Katholiken auf, wie am Beispiel der Niederlande untersucht worden ist[444]. Sie verschlechterten also offenbar tatsächlich das Klima, in dem geistliche Berufe wachsen konnten. Zumindest scheint dies ein einleuchtendes Erklärungsmuster dafür zu sein, daß „die Vertriebenen mit ihrem Anteil am Priesternachwuchs hinter ihrem Anteil an der katholischen Bevölkerung der Bundesrepublik zurückbleiben"[445].

Wenn Erwin Gatz die prekäre Versorgungslage der heimatvertriebenen Katholiken mit Priestern ganz nüchtern als Folge einer planlosen Flucht und Vertreibung des Klerus ansieht[446], ist dem grundsätzlich zuzustimmen, obgleich diese Feststellung dahingehend konkretisiert werden muß, daß das Gros der Priester im Zuge der demographischen Veränderungen möglichst nahe bei den eigenen Pfarrangehörigen zu bleiben versuchte. In der Praxis aber erwies sich dieses Anliegen zumeist als undurchführbar, da die meisten Pfarrgemeinden in mehrere Transporte aufgeteilt wurden, die an unterschiedliche Bestimmungsorte gelangten. Ob es allerdings die unbedingte Konsequenz dieser widrigen Umstände war, daß nur 34 % der heimatvertriebenen Priester in Diasporagebieten ihren Dienst wieder aufnahmen, dorthin aber 63 % aller vertriebenen Katholiken gelangt waren[447], scheint dennoch fraglich. Aufgrund dieser Tatsache jedenfalls fehlten in der Diaspora als Hauptaufnahmegebiet der Vertriebenen Priester als Bezugspersonen und „Anwerber" für eine katholische Neusozialisierung und Milieubildung in der Fremde.

Auch in der oldenburgischen Diaspora machten sich diese Versorgungslücken bemerkbar, wie aus einer vom münsterischen Generalvikar Heinrich Gleumes in Auftrag gegebenen Aufstellung vom 28. April 1948 hervorgeht, in der die Zahl der ostvertriebenen Priester in Nordoldenburg mit 18 angegeben wird und im Nachsatz von 35 für die Diaspora benötigten Geistlichen die Rede ist. Einen nur bedingten Ausgleich konnten hier jene 12 Ordenspriester aus verschiedenen Gemeinschaften leisten, die in der Diasporaseelsorge eingesetzt waren[448].

Obwohl der Ordensklerus zur Linderung des Priestermangels herangezogen wurde, ist zu konstatieren, daß die Priesterdichte ausgehend von den katholischen Regionen zur Diaspora hin ein starkes, abnehmendes Gefälle aufwies. Nimmt man die Versorgungslage des Jahres 1949 als Beispiel, so standen damals 104 Seelsorgern im katholischen Süden

---

[444] Vgl. Dellepoort, Jan u. a. (Hrsg.), Die deutsche Priesterfrage (wie Anm. 3), 27.

[445] Ebd., 113, 143f.

[446] Vgl. Gatz, Erwin, Vom Zweiten Weltkrieg zum Zweiten Vatikanischen Konzil (wie Anm. 236), 194.

[447] Vgl. zu diesen Angaben: Gabriel, Alex, Diaspora-Seelsorge und Diaspora-Fürsorge, in: Groner, Franz (Hrsg.), Kirchliches Handbuch für das katholische Deutschland, Bd. XXIV (1952–1956), Köln 1956, 189–205, hier 200. Gabriel nennt eine Zahl von 2.820 Ostpriestern, von denen nur 953 in der Diasporaseelsorge tätig waren.

[448] Aufstellung des Offizialats v. 28.4.1948, in: OAV A-8-75.

der Region 56 in Nordoldenburg gegenüber[449]. In letzterer Teilregion hatte demnach ein Geistlicher 1.881 Gläubige zu betreuen, während es im Süden des Offizialatsbezirks nur 1.138 waren. Die Geistlichen hatten im Bistum Münster die Erlaubnis, an Sonn- und Feiertagen zu binieren, das heißt zwei Messen zu zelebrieren. In der Diaspora jedoch war es nur mit der dort bereits vor Kriegsende gestatteten dreimaligen Darbringung des Meßopfers, dem sogenannten Trinieren[450], möglich, den Bedarf an Gottesdiensten abzudecken. In zahlreichen Außenstationen konnte dennoch nur 14tägig oder in größeren Abständen und oftmals erst am Sonntag nachmittag die Eucharistie gefeiert werden.

Von Interesse für die Klärung der Frage nach Gründen für die gesunkene Priesterzahl erscheint auch eine Untersuchung der Altersstruktur von west- und ostdeutschen Priestern (siehe Tabelle 20). Im Offizialatsbezirk Oldenburg hatten am 1. Januar 1948, der hier als Stichdatum gewählt wurde, ca. 20 % der ostvertriebenen Geistlichen die Altersgrenze von 65 Jahren überschritten, während es unter ihren einheimischen Confratres nur gut die Hälfte waren. Kennzeichen einer stärkeren Überalterung der schlesischen Priester lassen sich ebenso in den übrigen Altersgruppen erkennen. Diese Diskrepanz bestätigt auch eine Gegenüberstellung aus dem Jahre 1958, nach der das Durchschnittsalter der Ostpriester um rund sieben Jahre über dem der einheimischen Geistlichen lag (siehe Tabelle 21). Mit 48,3 Jahren lag das Durchschnittsalter der Geistlichen im Offizialatsbezirk zu diesem Zeitpunkt insgesamt aber noch leicht unter dem Durchschnitt von 49,5 Jahren im rheinisch-westfälischen Bistumsteil.

Tabelle 20: Alter der einheimischen und heimatvertriebenen Priester im Offizialatsbezirk Oldenburg (absolut/ in %). Stand: 1.1.1948

| Alter | Ostpriester | einheimische Priester |
|---|---|---|
| 35 | 4/ 9,3 | 14/ 9,8 |
| 36–50 | 16/37,2 | 70/49,5 |
| 51–65 | 14/32,5 | 39/27,2 |
| > 66 | 9/20,9 | 20/13,9 |

*Quelle: Eigene Berechnungen des Verf. anhand des Personal-Schematismus des Bistums Münster 1947.*

---

[449] Vgl. Personal-Schematismus für das Bistum Münster 1949, Münster 1949. Laut Personal-Schematismus 1947, Münster 1947, standen 115 Geistliche in Südoldenburg und 51 in Nordoldenburg zur Verfügung. Haus- und Ruhestandsgeistliche sind in der Regel nicht mitgezählt.

[450] Die Erlaubnis zum Trinieren gab dem Diasporaklerus eine vom Bischöflichen Offizialat Vechta durch Päpstliches Reskript vom 24.12.1939 gewährte Vollmacht. Einem weiteren Reskript des Hl. Stuhles vom 15.7.1942 zufolge durften die Diasporapriester bis zu einem Friedensschluß zusätzlich nachmittags und abends die Eucharistie feiern. Vielleicht aufgrund eines ausstehenden Friedensvertrages wurde diese Erlaubnis auch nach 1945 für gültig erachtet sowie auf die Vertriebenenseelsorge angewandt und ist in der Verordnung des Offizialats über die Rechte und Pflichten der leitenden Geistlichen der neuen Pfarrektorate v. 15.12.1947 enthalten.

Tabelle 21: Durchschnittsalter der Priester im Offizialatsbezirk Oldenburg 1958

|  | absolute Zahl | Durchschnittsalter |
|---|---|---|
| einheimische Priester | 146 | 47,6 |
| ostdeutsche Priester | 16 | 54,4 |
| **Priester insgesamt** | **162** | **48,3** |

*Quelle: Priesterstatistiken, in: BAM, NA 0-172.*

Was im Offizialatsbezirk Oldenburg langsam aber sicher Probleme in der Versorgung der Gemeinden mit einer ausreichenden Anzahl von Geistlichen mit sich brachte, wirkte sich auf der Gesamtebene der Diözese Münster noch gravierender aus und ließ den seit Oktober 1947 amtierenden Diözesanbischof Michael Keller die Priesterfrage zu seiner größten pastoralen Sorge erklären[451]. Einen Gradmesser für Kellers Problembewußtsein in dieser Hinsicht bilden seine dieser Thematik gewidmeten Hirtenbriefe und Klerus-Rundschreiben, deren Tonfall im Verlauf der 1950er Jahre immer dringlicher wurde[452].

Hatte er in seinem Fastenhirtenbrief 1952 noch euphorisch das Konzept der Konviktserziehung für die Gewinnung zusätzlicher Berufungen erläutert, schrieb er dem Bistumsklerus zum Neujahrstag 1956 unter anderem:

„Bislang haben wir leider auch in unserem Bistum keinerlei Grund, in dieser Hinsicht beruhigt zu sein. Die nächsten Weihejahrgänge zeigen bedauerlicherweise eine rückläufige Bewegung und reichen bei weitem nicht aus, um den dringendsten Bedarf zu decken. Für Sie alle bedeutet das eine schmerzliche Enttäuschung, für den Bischof und seine engsten Mitarbeiter eine geradezu zermürbende Sorge. Es ist doch kaum zu fassen, daß eine Diözese von 2,2 Millionen Seelen mit einer solchen katholischen Tradition wie Münster der Kirche jährlich nicht mehr als 40 bis höchstens 50 Seelsorger schenken soll [...]."[453]

Insgesamt sah Keller den Priestermangel wohl als von den Bevölkerungsveränderungen der Nachkriegszeit beeinflußt, weshalb er gerade der Diasporajugend durch Zusammenziehung in den bischöflichen Konvikten ein geeignetes Klima für die Überlegung zum Priestertum bereiten wollte. Bei aller Fähigkeit zum vorausschauenden Denken und dem Willen zu konsequentem Handeln gegen den Zeitgeist[454], war es dem Bischof aufgrund des direkten Miterlebens allerdings kaum möglich, die tieferen soziologischen Ursachen des sich stellvertretend in der Priesterfrage abzeichnenden gesellschaftlichen Wandels zu erkennen.

---

[451] Vgl. Fastenhirtenbrief Kellers v. 25.1.1952, in: Böggering, Laurenz (Hrsg.), Iter para tutum (wie Anm. 345), 101–110, hier 101.

[452] Vgl. deren Sammlung ebd., 59–125, sowie Damberg, Wilhelm, Abschied vom Milieu? (wie Anm. 183), 186–188.

[453] Keller an den Diözesanklerus v. 1.1.1956, in: Böggering, Laurenz (Hrsg.), Iter para tutum (wie Anm. 345), 114–117, hier 114.

[454] Vgl. Hürten, Heinz, Michael Keller (1947–1961) (wie Anm. 387).

Gleichzeitig war aus dem 1945 noch weitgehend homogenen oldenburgischen Klerus eine heterogene Priesterschaft geworden. Ein Blick auf die Geburtsorte der Seelsorgsgeistlichen läßt diese veränderte Zusammensetzung des Klerus deutlich erkennen. Von den 1938 in der Pfarrseelsorge stehenden 135 Priestern waren 132 innerhalb der Grenzen des Offizialatsbezirks Oldenburg zur Welt gekommen, 1948 waren es von 171 Priestern nur noch 124 und 1965 von nunmehr 178 Seelsorgsgeistlichen lediglich 138[455].

Erstmals wurden 1954 zwei im Offizialatsbezirk beheimatete vertriebene Theologen zu Priestern des Bistums Münster geweiht. Es folgten bis 1967 acht weitere Neupriester aus Vertriebenenfamilien[456]. Bedingt durch die Tatsache, daß sie von Beginn an in die Diözese Münster inkardiniert waren, hatten sie keinerlei Nachteile in ihrer priesterlichen Laufbahn zu befürchten und wurden in entsprechendem Dienstalter gleich ihren im Westen geborenen Kurskollegen in reguläre Pfarrstellen eingewiesen.

Obwohl diese zehn oldenburgischen Neupriester ostdeutscher Provenienz fast ausschließlich in Nordoldenburg aufgewachsen waren, wurden sie in der Regel nicht für den Dienst in Vertriebenengemeinden eingesetzt. Dagegen standen sechs auswärts Geweihte, die in Königstein studiert hatten, und somit mehr als ein Drittel (37,5 %) des ostdeutschen Weltpriesternachwuchses aus Oldenburg in diesem Zeitraum ausmachten[457]. Allerdings sahen sich die in Königstein ausgebildeten Osttheologen bis Anfang der 1950er Jahre – wie bereits erwähnt – in besonderem Maße vor die Frage gestellt, nach dem Studium ihre Bereitschaft für den Seelsorgedienst in der SBZ bzw. DDR zu erklären. Angesichts der prekären Lage mangels eigenen Priesternachwuchses und der großen Zahl ostdeutscher Katholiken in Sachsen, Brandenburg usw. vertraten die Verantwortlichen in Königstein die Ansicht, daß der künftige Einsatzort ihrer Theologen eben vordringlich dort liegen müsse. Entsprechende Werbung aber stand den Nachwuchsproblemen im Bistum Münster diametral entgegen. Bereits in einem Kollektenaufruf für die Priesterausbildung in der Adventszeit 1946 hatte Kapitularvikar Vorwerk – indem er die spätere Argumentation Michael Kellers gleichsam antizipierte – von einer Situation gesprochen, „da der Priestermangel, von dem wir früher in den katholischen Zeitungen und Zeitschriften aus anderen Ländern hörten, auch bei uns zu beklagen ist!"[458]. Eine kirchenrechtliche Sonderstellung der vor Ort geweihten Geistlichen ostdeutscher Provenienz wurde gerade deshalb zu unterbinden versucht, fürchtete die Bistumsleitung doch deren Abzug in die DDR.

Überhaupt ist zu berücksichtigen, daß die meisten Geistlichen, die aus oldenburgischen Vertriebenenfamilien hervorgingen, keine Weltpriester waren. Unter den in der

---

[455] Vgl. die Angaben der Geburtsorte in den Personal-Schematismen.
[456] Vgl. Priesterbuch des Bistums Münster 1968, Münster 1968.
[457] Zu letzterer Gruppe zählten Georg Gebauer aus Oldenburg-Kreyenbrück (1953 in Neuzelle für Breslau, tätig im Bistum Meißen), Johannes Wahlich aus Westerstede (1957 in Hildesheim), Wolfgang Nastainczyk aus Cloppenburg (1957 in St. Peter/Freiburg), Hermann Ritter aus Westerstede (1958 in Osnabrück), Winfried Kramny aus Vechta (1959 in Limburg) sowie Reinhold Goldmann aus Bad Zwischenahn (1962 in Bamberg).
[458] Kirchliches Amtsblatt für die Diözese Münster v. 9.12.1946, Art. 262.

ersten Nachkriegsdekade (bis 1955) für Münster geweihten 43 Neupriestern aus der Region beträgt der Anteil der Ostdeutschen nur 4,6 %, während die Zahl der Katholiken von östlich der Oder und Neiße, gemessen an der Gesamtzahl katholischer Christen im Offizialatsbezirk, 1950 28,7 % ausmachte[459]. Erst im Jahrzehnt von 1956 bis 1966 verdoppelte sich der Prozentsatz der gebürtigen Ostdeutschen unter den in Münster geweihten oldenburgischen Neupriestern auf 11,1 % (vgl. Tabelle 22). Als Ursache hierfür läßt sich zum einen die unter den ostdeutschen Katholiken infolge der Vertreibung nahezu vollständig fehlende Schicht selbständiger Landwirte vermuten, zumal sich gerade aus dieser sozialen Gruppe die Mehrheit der Priesterberufe rekrutierte. Zum anderen spielte wohl auch die Tatsache eine Rolle, daß der größere Teil der katholischen Vertriebenenfamilien in einer Minderheitensituation lebte, in welcher der Nachwuchsanteil an geistlichen Berufen ohnehin prozentual geringer ausfiel[460].

Im Vergleich brachte der Offizialatsbezirk Oldenburg damit auch einen wesentlich höheren Anteil an Priestern aus ostdeutschen Familien hervor als das Gesamtbistum Münster, wo dieser zwischen 2,9 % und 7,8 % schwankte (vgl. Tabelle 22). Die in der jährlichen Statistik des Theologen-Nachwuchses der Diözese enthaltene Spalte „Theologen aus Familien von Ostvertriebenen" weist im Berichtszeitraum vom Kriegsende bis 1965 jedoch steigende Prozentzahlen auf, die sich seit Ende der 1950er Jahre zwischen 9 % und 10 % beliefen[461]. Dabei ist allerdings die gleichzeitig rückläufige Anzahl ostdeutscher Priesteramtskandidaten zu bedenken, die für andere Bistümer studierten.

Tabelle 22: Priesterweihen für das Bistum Münster bzw. den Offizialatsbezirk Oldenburg 1946–1965

| Zeitraum | Bistum Münster | davon Ostdeutsche | Offizialatsbezirk | davon Ostdeutsche |
|---|---|---|---|---|
| 1946–1955 | 343 | 10 (2,9%) | 43 | 2 (4,6%) |
| 1956–1965 | 398 | 31 (7,8%) | 54 | 6 (11,1%) |
| 1946–1965 insgesamt | 741 | 41 (5,5%) | 97 | 8 8,2%) |

*Quelle: Priesterbuch des Bistums Münster 1957 und 1968.*

---

[459] Hiervon waren sieben aus der Erzdiözese Breslau, zwei aus dem Bistum Danzig und einer aus dem Generalvikariat Glatz.

[460] Vgl. Menges, Walter, Soziologische Befunde und Betrachtungen zur kirchlichen Situation der Vertriebenen, in: Schlesisches Priesterjahrbuch, Bd. V/VI (1964/1965), 22–44, hier 38f. Hier wird der Anteil der aus Vertriebenenfamilien stammenden Priesteramtskandidaten für die gesamte Bundesrepublik als kaum von der Gesamtzahl der katholischen Vertriebenen abweichend angegeben.

[461] Vgl. Der Theologen-Nachwuchs unserer Diözese im Spiegel der Statistik, Beilage zum Kirchlichen Amtsblatt für die Diözese Münster 1950ff.

Wirft man nunmehr hinsichtlich des Priesternachwuchses einen Blick über die Bistumsgrenzen in die Nachbardiözese Osnabrück, so bietet sich dort ein anderes Bild als in Münster bzw. Oldenburg. In Osnabrück war die Aufnahmesituation bedingt durch die langjährig erprobte Diasporamentalität und die großflächigen Diasporagebiete von Beginn an offener als in Münster oder Vechta, wo die Zentralen inmitten einer katholischen Umgebung lagen und nur eine als weit entfernt – so der häufig gemachte Vorwurf – empfundene Diaspora zu versorgen hatten. Das Bischöfliche Generalvikariat in Osnabrück nahm daher die bedingte Inkardination gern in Kauf, insofern die Neupriester sich zum Dienst in der Diözese verpflichteten, wobei diese pragmatische Haltung dadurch begünstigt wurde, daß die Heimatordinarien für die Ermländer und Glatzer unter ihnen ebenfalls in Osnabrück bzw. der direkten Umgebung der Bischofsstadt residierten[462] und Priesteramtskandidaten mit Glatzer bzw. ermländischen Wurzeln verstärkt nach Osnabrück zogen[463].

Die Tatsache, daß die seit Beginn der 1950er Jahre mit dem Theologiestudium beginnenden oldenburgischen Kandidaten ohnehin fast ausschließlich Münster den Vorzug vor Königstein gaben, ist wohl neben der geographischen Nähe der westfälischen Bischofsstadt nicht nur als Zeichen der zunehmenden Integration zu sehen, sondern hing auch mit der als fundierter empfundenen theologischen Ausbildung in Münster zusammen. An der traditionsreichen Katholisch-Theologischen Fakultät der westfälischen Bischofsstadt hatten die Priesteramtskandidaten die Gelegenheit, bei zwei prägenden Theologen des deutschen Nachkriegskatholizismus, bei dem Dogmatiker Hermann Volk und dem christlichen Sozialwissenschaftler Joseph Höffner, zwei späteren Kardinälen, Vorlesungen zu hören, während sich die Hochschule der Ostheologen erst einen wissenschaftlichen Ruf erwerben mußte.

Zwar hatte der Nestor und langjährige Leiter der Einrichtung in Königstein, der Prager Kirchenrechtler Adolf Kindermann, bei der Auswahl des Lehrkörpers zunächst eine Reihe von Koryphäen der ostdeutschen Fakultäten und Hochschulen in das Taunusstädtchen ziehen können, doch wechselten diese Professoren zum Teil an die 1952 in Erfurt

---

[462] Der Kapitularvikar von Ermland, Prälat Arthur Kather, und sein Nachfolger, Prälat Paul Hoppe, lebten von 1947 bis 1961 auf Gut Honeburg in Osnabrück-Haste, der Glatzer Generalvikar Prälat Franz Monse von 1946 bis 1950 in Listrup bei Lingen u. anschließend bis zu seinem Tod 1962 in Georgsmarienhütte.

[463] Von 1945 bis 1965 wurden im Bistum Osnabrück 310 Neupriester (ohne mecklenburgischen Anteil) geweiht, davon stammten 64 aus den deutschen Ostgebieten, was einem Anteil von 20,6 % entspricht. Von diesen gehörten 4 dem Grafschaft Glatzer, 4 dem Danziger, 16 dem ermländischen, aber nur 3 dem Breslauer Klerus an. Jedoch war eine Reihe der 64 Neupriester ostdeutscher Provenienz nicht innerhalb der Grenzen des Bistums Osnabrück neu beheimatet worden. Bedingt durch den Aufenthalt sowohl des Ermländer als auch des Glatzer Ordinarius innerhalb des Bistums Osnabrück, wurde eine Reihe von Priesteramtskandidaten aus deren Heimatregionen nach Osnabrück gezogen. Vgl. Berlage, Paul (Bearb.), Handbuch des Bistums Osnabrück, 1. Aufl. Osnabrück 1968, 670ff.

für die DDR ins Leben gerufene Philosophisch-Theologische Hochschule[464]. Für sie rückten Theologen nach, die zwar aus dem Osten – zumeist aus dem Sudetenland – stammten, aber kaum einen überregionalen Ruf aufweisen konnten. Wirkliche Kapazitäten unter den ostdeutschen Nachwuchswissenschaftlern nutzten Königstein dagegen lediglich als Sprungbrett für das Wirken an einer bedeutenderen wissenschaftlichen Hochschule oder Fakultät einer großen Universität[465]. Dieser Prozeß verstärkte sich nicht zuletzt bedingt durch die immer mehr zur Gewißheit werdende Erkenntnis, daß der „Eiserne Vorhang" noch längere Zeit nicht fallen würde und die deutschen Ostgebiete damit ohnehin unerreichbar seien. Adolf Kindermann hielt dagegen, daß es den gesellschaftlichen und politischen Realitäten zum Trotz auch weiterhin wichtig sei, den Theologennachwuchs aus Vertriebenenfamilien für die alte Heimat zu sensibilisieren. Mit dieser „Verantwortung für den Osten" verband er aber nicht allein den stillen Wunsch nach einer Rückkehr, sondern zunehmend ein Bekenntnis zur verfolgten Kirche im kommunistischen Ostblock allgemein. Wenn sich das Tor zum Osten einmal auftue, so der Leiter der Hochschule, müßten deutsche Priester bereitstehen, um die religiöse Erneuerung des kommunistischen Ostens einzuleiten[466]. Der Offizialatsbezirk Oldenburg wurde von diesem Appell jedoch kaum tangiert.

Einigendes Band für den Priesternachwuchs aus schlesischen Vertriebenenfamilien sollte die vom Schlesischen Priesterwerk unter den Prälaten Oskar Golombek und Gerhard Moschner jährlich in Ergänzung zu einer Schlesischen Priestertagung durchgeführte Schlesische Theologentagung sein[467]. Hierzu fanden nicht allein die in Königstein studierenden Priesteramtskandidaten Zugang, sondern auch Theologen aus dem Collegium Borromaeum bzw. Priesterseminar in Münster. Als Motor fungierte hierbei ein schlesischer Laie[468], der regelmäßig Kontakte zu den in Münster studierenden angehenden Priestern aufnahm, deren Namen und Adressen wiederum von Prälat Gerhard Moschner seitens der Katholischen Arbeitsstelle Nord (Köln) beim Direktor bzw. Regens erfragt wurden.

Pastoralsoziologische Untersuchungen stellen bezüglich der Relation Weltpriester zu Ordenspriestern bereits seit dem Ersten Weltkrieg „eine Verschiebung zugunsten der

---

[464] In diesem Zusammenhang seien nur die bekanntesten zeitweilig in Königstein lehrenden Theologen erwähnt: Der Philosoph Erich Kleineidam und der Dogmatiker Otfried Müller wechselten 1952 nach Erfurt. Vgl. zu den Biographien der schlesischen Priester im Hochschuldienst: Gröger, Johannes, Schlesische Priester auf deutschen Universitätslehrstühlen (wie Anm. 5).

[465] Der Moraltheologe Franz Scholz und der Dogmatiker Leo Scheffczyk verließen Königstein, um an einer anderen, bedeutenderen westdeutschen Hochschule (Fulda bzw. Augsburg; Tübingen bzw. München) tätig zu werden, vgl. ebd.

[466] Vgl. Kindermann, Adolf, Ost-Theologen (wie Anm. 376), 21.

[467] Akten und Protokolle der Tagungen mit Teilnehmerlisten finden sich in: Archiv des Apostolischen Visitators Breslau, Münster: Schlesische Theologentagungen.

[468] Hierbei handelt es sich um Oberstudienrat Herbert Gröger, Münster. Im April 1963 wurde die jährliche Theologentagung in Münster durchgeführt. Vgl. Archiv des Apostolischen Visitators Breslau, Münster: Bistum Münster.

Ordenspriester"[469] fest, aber die Zahlen für den Offizialatsbezirk Oldenburg belegen, daß der Anteil der Ordensgeistlichen unter dem Nachwuchs aus Vertriebenenfamilien etwa gleich hoch liegt wie bei einheimischen Familien[470]. Eine Aufschlüsselung nach Ordensgemeinschaften ergibt, daß die Steyler Missionare, Oblaten und Pallottiner hierbei die höchsten Anteile aufweisen. Hierfür kann sicherlich vordringlich die Präsenz dieser Ordensgemeinschaften in der ostdeutschen Heimat, insbesondere in Schlesien verantwortlich gemacht werden, wo die Missionsgymnasien der Steyler Patres in Neisse (O/S) und der Pallottiner in Frankenstein sowie die Oblaten-Niederlassung bei Ziegenhals offensichtlich nachhaltig gewirkt hatten, zumal sich eine ähnliche Beliebtheitsskala nicht allein für Oldenburg, sondern hier exemplarisch für alle westdeutschen Diözesen erstellen läßt[471].

So kann für den Erfassungszeitraum eine große Zahl von 15 Ordenspriestern gerade aus Vertriebenenfamilien in die Waagschale geworfen werden, die nicht nur die Zahl von sechs in Münster inkardinierten Weltpriestern ostdeutscher Provenienz aufwiegt, sondern letztere Gruppe ebenso unter Einschluß der auswärts Neugeweihten noch übertrifft. Da keine genauen Angaben über die Anzahl der in den Nachkriegsjahrzehnten aus oldenburgischen Pfarreien hervorgegangenen einheimischen Ordensgeistlichen vorliegen, kann die Größenordnung dieser Gruppe nicht in ihrer Relation zur Gesamtzahl der Ordenspriester aus oldenburgischen Familien, sondern nur als absoluter Wert bestimmt werden.

Trotz alledem ist es bezeichnend, daß verhältnismäßig viele ostdeutsche Theologiestudenten sich missionarisch wirkenden Gemeinschaften anschlossen, mit dem Ziel, in anderen Erdteilen zu wirken. Wenngleich entsprechende Belege fehlen, so mag hier die Annahme geäußert werden, daß der einmalige Heimatverlust in Jugendjahren diese Generation stärker als die Priesteramtskandidaten aus den in der Heimat verbliebenen Familien für eine seelsorgliche Tätigkeit in der Fremde aufgeschlossen machte.

f) Einsatz von Ordensgemeinschaften in der Pfarrseelsorge

Bereits während des Zweiten Weltkrieges waren in zahlreichen oldenburgischen Gemeinden Ordenspriester als Kapläne in der Pfarrseelsorge eingesetzt gewesen, da ihre Klöster bzw. Niederlassungen großteils aufgehoben und sie der Gefahr einer bevorzugten Einberufung zum Kriegsdienst ausgesetzt waren. Da gleichzeitig viele Kapläne und Vikare zur Wehrmacht eingezogen wurden, hatte das Offizialat die entstandenen Lücken durch die Einsetzung von Ordensangehörigen zu schließen versucht. Nach Kriegsende

---

[469] Dellepoort, Jan u. a. (Hrsg.), Die deutsche Priesterfrage (wie Anm. 3), 38.

[470] Die Angaben zu den Ordensklerikern beruhen auf eigenen Aufstellungen und Berechnungen des Verf. Alle nach 1945 geweihten Welt- und Ordenspriester finden demnächst auch ihren Platz, in dem zur Zeit noch in Erstellung befindlichen Handbuch des oldenburgischen Klerus.

[471] Dellepoort, Jan u. a. (Hrsg.), Die deutsche Priesterfrage (wie Anm. 3), 112, weist darauf hin, daß neben Pallottinern und Steyler Missionaren, die Oblaten, Redemptoristen und Jesuiten über besonders viele vertriebene Priester bzw. Theologen verfügten.

blieben zunächst einige Ordensleute auf ihren Posten in den Pfarreien, so daß im Personal-Schematismus des Bistums Münster für das Jahr 1947 noch acht von 44 Stellen als entsprechend besetzt verzeichnet waren[472]. Doch wurden die auf diesen Einzelposten tätigen Priester nach und nach von ihren Provinzleitungen abberufen. Statt dessen ist als Phänomen der Nachkriegsseelsorge zu erkennen, daß sich einige männliche Kongregationen bewußt in den Dienst der Pfarrarbeit stellten, weil sie angesichts der demographischen Umbrüche hier neue Aufgabenfelder entdeckten[473] bzw. durch den Wegfall ihrer Niederlassungen östlich von Oder und Neisse einen Personalüberschuß zu verzeichnen hatten, für den sie nach Einsatzmöglichkeiten suchten[474]. Außerdem läßt sich für die 1930er Jahre eine erhöhte Anzahl von Weihen im Ordensklerus konstatieren, die den Provinzleitungen die Entscheidung für die Übernahme zusätzlicher Aufgaben in der Pfarrseelsorge nahelegte.

Wurden vor Kriegsende nur die beiden Rektorate Schwichteler (Dominikaner) und Mühlen (Franziskaner) im katholischen Teilbereich des Untersuchungsraums von Ordensgeistlichen betreut, so lassen sich zehn Jahre später, 1955, bereits neun Gemeinden verzeichnen, die seelsorglich einer Ordensgemeinschaft anvertraut waren[475].

Das Bischöfliche Offizialat in Vechta nutzte den Personalüberschuß der Ordensgemeinschaften gern, zumal der Anteil vertriebener Priester an der Anzahl vertriebener Gläubiger den pastoralen Anforderungen nicht genügte. Nachdem die Kirchenbehörde für den Raum Bad Zwischenahn in Nordoldenburg keinen Geistlichen abzustellen vermochte, dorthin aber eine größere Zahl von Angehörigen einer zuvor von Pallottinerpatres (SAC) betreuten Kuratie in der niederschlesischen Kreisstadt Frankenstein[476] gelangt war, begrüßte der Offizial eine Versetzung von deren früherem Seelsorger, Pater Josef Hagel SAC, in den Ort am Zwischenahner Meer.

---

[472] Vgl. Personal-Schematismus des Bistums Münster 1947, Münster 1947, 92–103.

[473] Vgl. hierzu Hirschfeld, Michael, Orden und Kongregationen aus den deutschen Ostgebieten im Dienste der Heimatvertriebenen, in: Ders., Trautmann, Markus (Hrsg.), Gelebter Glaube – Hoffen auf Heimat (wie Anm. 8), 391–412, hier 410. Hier ist die Tätigkeit der Jesuiten, Pallottiner, Oblaten, Herz-Jesu-Priester und Hiltruper Missionare für die nordoldenburgische Diaspora in kurzen Überblicksdarstellungen skizziert.

[474] Vgl. Rose, Ambrosius, Vom Wirken schlesischer Ordenspriester in der Heimat und in der Zerstreuung, in: Schlesisches Priesterjahrbuch, Bd. I (1960), 125–131.

[475] Neben Schwichteler und Mühlen waren dies: Ahlhorn, Oldenburg-Bümmerstede, Roffhausen (Herz-Jesu-Priester), Oldenburg Herz Mariä (Oblaten), Bad Zwischenahn, Wilhelmshaven-Neuengroden (Pallottiner) sowie Westerstede (Herz-Jesu-Missionare).

[476] In Frankenstein unterhielten die Pallottiner seit 1920 ein Gymnasialkonvikt und hatten durch Volksmissionen, Einkehrtage u. Seelsorgsaushilfen einen starken Einfluß auf das kirchliche Leben in Stadt u. Umgebung ausgeübt. Vgl. Bulla, Siegmund, Das Schicksal der schlesischen Männerklöster während des Dritten Reiches und in den Jahren 1945/46 (Arbeiten zur schlesischen Kirchengeschichte, Bd. 5), Sigmaringen 1991, 116–123.

Tabelle 23: Niederlassungen ostvertriebener männlicher Orden und Kongregationen in Nordoldenburg nach 1945 bzw. Neugründungen im Rahmen der Vertriebenenseelsorge

| Orden/ Kongregation | Ort | Jahr der Gründung (Schließung) | Tätigkeitsbereich |
|---|---|---|---|
| **Jesuiten (SJ)** | Delmenhorst/ Oldenburg | 1948/1949 (1963) | außerordentliche Vertriebenen- und Standes- sowie Priesterseelsorge |
| **Oblaten der Makellosen Jungfrau Maria (OMI)** | Oldenburg | 1947 (1991) | außerordentliche Vertriebenenseelsorge (Volksmissionen), Pfarrseelsorge |
| **Gesellschaft vom Katholischen Apostolat (Pallottiner) SAC** | Bad Zwischenahn | 1946 | Pfarrseelsorge in Bad Zwischenahn u. Edewecht |
| „ | Wilhelmshaven-Neuengroden | 1948 (1978) | Exerzitien, Betreuung der Schönstatt-Familie, Vertriebenen- u. Pfarrseelsorge in Neuengroden, Religionsunterricht |
| **Herz-Jesu-Priester (SCJ)** | Ahlhorn | 1946 (1981) | Pfarrseelsorge, ab 1948 auch in Huntlosen |
| „ | Oldenburg-Bümmerstede | 1952 (1962) | Pfarrseelsorge |
| „ | Roffhausen | 1955 (1970/1973) | Pfarrseelsorge, 1957–1964 auch in Heidmühle, 1964–1973 auch in Zetel |
| **Herz-Jesu-Missionare (Hiltruper Missionare) (MSC)** | Westerstede | 1946 (1964) | Pfarrseelsorge |

*Quellen: Tabelle: Niederlassungen der Orden und Kongregationen im Offizialatsbezirk Oldenburg, in: Baumann, Willi, Sieve, Peter (Hrsg.), Die katholische Kirche im Oldenburger Land. Ein Handbuch, Vechta 1995, 374–375; Hirschfeld, Michael, Orden und Kongregationen aus den deutschen Ostgebieten im Dienste der Heimatvertriebenen, in: Ders., Trautmann, Markus (Hrsg.), Gelebter Glaube – Hoffen auf Heimat. Katholische Vertriebene im Bistum Münster, Münster 1999, 391–412.*

Wie nötig im weitläufigen Gebiet der Großpfarrei Oldenburg Geistliche gebraucht wurden, zeigt auch die ergänzende Bitte des zuständigen Dechanten, einen zweiten Ordenspriester für Rastede und Wiefelstede bereitzustellen, der möglichst jung sei und radfahren könne[477]. Gleichzeitig unterstützte auch der Kandidat für Bad Zwischenahn persönlich den Wunsch seiner ehemaligen Pfarrangehörigen. Er habe mittlerweile „verschiedene schlesische Flüchtlinge, besonders Frankensteiner, besucht. Es ist notwendig, daß sie besonders religiös betreut werden, um ihr schweres Los leichter zu tragen"[478], ließ er seinen Provinzial in Limburg wissen. Mitleid aus persönlicher Verbundenheit stand somit am Beginn der Tätigkeit der Pallottiner in der oldenburgischen Diaspora. Dennoch blieb Pater Hagel vorsichtig und machte sich bei seinem Besuch im Oldenburgischen vorab mit den Verhältnissen vertraut, bevor er im August 1946 dorthin übersiedelte[479]. Der Provinzial hingegen versicherte dem Offizialat angesichts der Tatsache, daß es sich bei den Bad Zwischenahner Katholiken vor allem um Mitglieder der Frankensteiner Kuratie der Ordensgemeinschaft handele, sei seine Kongregation damit einverstanden, die Seelsorgestelle zu übernehmen[480]. Offenbar hatten die Pallottiner damit einen für sie zwar bislang ungewöhnlichen und neuen, für die Frankensteiner Katholiken im Ammerland jedoch positiven Akzent gesetzt und eine Atmosphäre des Vertrauens geschaffen, wenngleich sie zur selben Zeit noch weitere Diasporastationen errichteten, so zum Beispiel im holsteinischen Plön. Nachdem Pater Hagel gegenüber dem Provinzial auf die zurückzulegenden großen Entfernungen in seinem Gemeindegebiet hingewiesen hatte, wurde ihm im Frühjahr 1947 ein aus Oberschlesien gebürtiger Mitbruder als Kaplan zugewiesen[481], womit Hagel gemäß den Satzungen der Kongregation wieder in einer Gemeinschaft leben konnte. Mit viel Elan war er zudem darum bemüht, die Pallottiner dauerhaft im Offizialatsbezirk zu verwurzeln, und strebte einen zusätzlichen Einsatz in der außerordentlichen Seelsorge sowie die Gründung eines Studienheimes an. Bad Zwischenahn sei zwar geeignet, teilte der Pater seinem Ordensoberen in einem seiner ersten Berichte mit, aber Oldenburg selbst sei „zentraler gelegen, ist Stadt und bietet andere Entwicklungsmöglichkeiten"[482]. Doch der Ordensprovinzial erteilte den hochfliegenden Plänen seines Mitbruders bezüglich einer Ausweitung der Arbeit eine klare Absage, indem er forderte, zunächst die Pfarrseelsorge in Bad Zwischenahn zu konsolidieren und sich der dortigen Flüchtlinge in besonderer Weise anzunehmen[483], dafür aber den Gedanken an ein Exerzitienhaus mit regionaler Ausstrahlung vorerst zurückzustellen, wenngleich die Idee eines Studienhau-

---

[477] Vgl. Dechant Krone, Oldenburg, an Provinzial der Pallottiner v. 27.5.1946, in: Archiv der Norddeutschen Provinz der Pallottiner, Limburg: Niederlassung in Bad Zwischenahn. Für die freundliche Bereitstellung der die Niederlassungen in Bad Zwischenahn und Wilhelmshaven betreffenden Akten hat der Verf. dem Provinzarchivar, P. Helmut Mertens SAC, zu danken.
[478] Hagel an Provinzial der Pallottiner v. 19.6.1946, ebd.
[479] Vgl. Hagel an Provinzial v. 3.7.1946, ebd.
[480] Provinzial an Pohlschneider v. 24.8.1946, ebd.
[481] P. Alois Urban SAC (1915–1995). Vgl. Hirschfeld/Trautmann (wie Anm. 8), 388.
[482] Hagel an Provinzial v. 16.9.1946, in: Archiv der Norddeutschen Provinz der Pallottiner, Limburg: Niederlassung in Bad Zwischenahn.
[483] Provinzial an Hagel v. 21.12.1946, ebd.

ses „für den Norden durchaus wünschenswert [wäre] und [...] in Bad Zwischenahn gar nicht so ungünstig [läge]".

Daß die Einrichtung der ersten beiden neuen katholischen Volksschulen in Nordoldenburg gerade in diesem Seelsorgebezirk möglich war, mag auch an den günstigen Konstellationen vor Ort gelegen haben, ist sicherlich nicht zuletzt aber auch als Folge des großen persönlichen Einsatzes des Pallottinerpaters Hagel zu sehen. Offizial Pohlschneider nutzte daher auch die alle Vertriebenengemeinden betreffende Erhebung zum Pfarrektorat zum 1. Januar 1948, um gegenüber dem Provinzial zu betonen, daß die Patres mit Erfolg ihre Aufgabe ausüben würden[484].

Die Verbundenheit mit den ostvertriebenen Katholiken gab auch den Ausschlag für die Übernahme eines zweiten Seelsorgebezirkes in Nordoldenburg durch Ordensleute. Die auch als „Hünfelder Oblaten" bekanntgewordenen Oblaten von der allerseligsten Jungfrau und Gottesmutter Maria (OMI)[485] fanden im Unterschied zu den Pallottinern allerdings ihren ersten Anknüpfungspunkt in der außerordentlichen Seelsorge. Als der Oblatenpater Alfred Hennecke, den die Ereignisse am Kriegsende in das Gelsenkirchener Kloster seiner Gemeinschaft zurückgeführt hatten, einen Teil seiner Pfarrangehörigen im Sommer 1946 in Nordoldenburg wiederfand und darauf aufmerksam wurde, daß diese aufgrund zu großer Distanz zur nächsten katholischen Kirche oft keine Möglichkeit zum regelmäßigen Gottesdienstbesuch besaßen, begann er, diese Diasporaregion an den Wochenenden mit einem Motorrad zu bereisen und in einzelnen Dörfern der Kreise Ammerland, Friesland und Wesermarsch die zerstreuten Flüchtlinge zu Predigten und Gottesdiensten zusammenzurufen[486]. Aus diesen Anfängen heraus entwickelte sich als Ergänzung zur Pfarrseelsorge das Konzept der sogenannten Rucksackmission. Ihren Namen erhielt sie daher, weil sie ohne festen Standort der Patres geschah und diese sich zudem ohne Kartei von Hof zu Hof und von Haus zu Haus zu den katholischen Vertriebenen durchfragten. Die Oblaten versuchten damit, an ihre frühere Hauptaufgabe anzuknüpfen, die Abhaltung der gemäß dem Kirchenrecht in einem Turnus von zehn Jahren vorgeschriebenen Volksmissionen[487]. Der Offizialatsbezirk Oldenburg erschien ihnen hierfür als geeignete Region. „Die Katholiken der Diaspora, die zum größten Teil weit

---

[484] Vgl. Pohlschneider an Provinzial v. 27.12.1947, ebd.

[485] Vgl. Krasenbrink, Josef (Hrsg.), Und sie gingen in seinen Weinberg. 100 Jahre deutsche Ordensprovinz der Oblaten der Makellosen Jungfrau Maria (Hünfelder Oblaten), Mainz o. J. (1995), 61–86, u. insbes. zur Tätigkeit in Schlesien: Bulla, Siegmund, Das Schicksal der schlesischen Männerklöster (wie Anm. 476), 108–115. Von ihrer oberschlesischen Niederlassung in Langendorf aus hatten die Oblaten während des Zweiten Weltkrieges in einer Reihe von Pfarreien des Erzbistums Breslau seelsorglich ausgeholfen. Weitere Stationen bestanden in Striegau in Niederschlesien (Juvenat) sowie in den ostoberschlesischen Städten Kattowitz und Lublinitz.

[486] Vgl. Hirschfeld, Michael, Orden und Kongregationen aus den deutschen Ostgebieten (wie Anm. 473), hier 409f., u. Gespräch d. Verf. m. P. Engelbert Machinia OMI, Gelsenkirchen, v. 17.3.1998, u. schriftl. Mitteilung desselben an den Verf. v. 29.1.1998. P. Alfred Hennecke OMI war seit 1939 Missionar in Langendorf (O/S) u. 1947–1950 Hausoberer in Oldenburg, vgl. Hirschfeld/Trautmann (wie Anm. 8), 301.

[487] Vgl. CIC v. 1917, Freiburg u. a. 1920, can. 113.

mehr geprüft [...] und gefährdet sind, brauchten dieses Seelsorgemittel besonders dringend. Nirgends sind aber auch die Schwierigkeiten für das Gelingen größer. Die Kleider- und Schuhfrage, die weiten Wege, die Abhängigkeit vom protestantischen Brotherrn machen es den meisten unmöglich, 8 Tage lang regelmäßig zu kommen."[488] Mit diesen Worten umschrieb Pater Hennecke die konkrete Herausforderung, der sich die Oblaten in Nordoldenburg stellten. Da die Not der Flüchtlinge die bisher übliche Form der Volksmission als acht oder 14tägiger Einheit mit insgesamt 20–25 Predigten in Frage gestellt hatte, schlug er die Abhaltung von „Stottermissionen" vor, was bedeutete, daß über einen längeren Zeitraum von 1 ½ Jahren an vier einzelnen Tagen ratenweise Missionspredigten durchgeführt werden sollten, von denen er einen nachhaltigeren Erfolg erhoffte als von dem bisherigen Missionskonzept.

Inhaltlich waren die bis Ende der 1940er Jahre verschiedentlich in Oldenburg erprobten Ideen ganz auf die Auseinandersetzung des einzelnen mit seinem Vertreibungsschicksal hin abgestimmt. Wenn der Konzeption Henneckes somit einerseits ein hohes Maß an Sensibilität für die ostdeutschen Katholiken zugesprochen werden muß, ist andererseits eine Instrumentalisierung des Heimatverlustes für eine weitgehende Rückführung abständiger Katholiken zur Kirche deutlich erkennbar. Speziell hinsichtlich des Themenabschnitts Tod und Hölle sollten den Gläubigen die Vertreibung und das Leben in der Fremde als Vorboten des in der Hölle zu erwartenden Leides erklärt werden. Bei allem Engagement für die Mission auf Raten war es den Patres gleichermaßen darum zu tun, dauerhafte Kontakte zu den Diasporakatholiken aufzubauen. Doch der amtierende Provinzial fürchtete sich vor einem Auseinanderstreben der Kräfte und einem daraus resultierenden Gemeinschaftsverlust, den er angesichts eines Einsatzes in der Flüchtlingsseelsorge erwartete[489].

Erst sein im Oktober 1946 gewählter Nachfolger machte dieses Vorhaben möglich, indem er nunmehr die Pastoral an den vertriebenen Schlesiern und Ermländern als eine ganz im Sinne des Ordensideals liegende Aufgabe deklarierte[490]. Mit dieser Entscheidung wird der eingangs verzeichnete Paradigmenwechsel innerhalb der Haltung vieler Kongregationen erkennbar, sich nicht länger allein auf ihre bisherigen Aufgabenfelder in der kategorialen Seelsorge zu konzentrieren, sondern den Zeichen der Zeit entsprechend an der Basis zu wirken, das heißt sich der Flüchtlingsnot anzunehmen.

„Der Wille und das heiße Verlangen, diesen Ärmsten unseres Volkes mit der ganzen und letzten Kraft zu helfen, ist unverändert. Furcht vor einem Rückschlag habe ich nicht, wenngleich einen eine gewisse Bangigkeit, ob man noch richtig an die Leute herankommt, denen man so lange fern war, nicht losläßt. Doch ich hoffe, daß man nach

---

[488] Zitat aus dem Missionskonzept von Hennecke, das sich unter dem Titel „Ein Wort zur außerordentlichen Seelsorgearbeit in der Diaspora von heute" im Archiv der Deutschen Provinz der Oblaten in Mainz befindet. Für die Bereitstellung gilt dem Archivar, P. Norbert Böhr OMI, der Dank des Verf. Ein Durchschlag dieses Exposés findet sich auch in: OAV B-43c-18.

[489] Vgl. Krasenbrink, Josef (Hrsg.), Und sie gingen in seinen Weinberg (wie Anm. 485), 195.

[490] Die Oblaten sahen darin einen Teil ihres Mottos „Pauperibus evangelizare" (Den Armen das Evangelium verkünden) verwirklicht. Vgl. ebd., 7.

der ersten Predigt dieses lähmende Gefühl abgeschüttelt haben wird. So erwarte ich bereit ihre Antwort und den Plan für die neue Arbeit"[491], teilte Pater Hennecke dem Offizial nach einem Erholungsaufenthalt voller Tatendrang mit. Vor diesem Hintergrund ist die Eröffnung einer Niederlassung in den Kasernen am Pferdemarkt in Oldenburg im Oktober 1947 zu sehen. Unter Schwierigkeiten erhielten zunächst zwei Patres eine befristete Aufenthaltsgenehmigung für die Stadt Oldenburg und hausten dort unter einfachsten Umständen. Einer von ihnen übernahm die außerordentliche Vertriebenenseelsorge im Dekanat Oldenburg und darüber hinaus im ganzen Offizialatsbezirk, dem anderen wurde die seelsorgliche Betreuung für die im Norden der Stadt lebenden Katholiken übertragen[492]. Das ursprüngliche Anliegen der „Rucksack- und Stottermissionen" trat in den folgenden Jahren allmählich hinter der Gemeindeseelsorge zurück, obwohl einer der Patres noch im November 1951 die nach dem Vorbild der französischen Arbeiterpriester wirkende „Rucksackmission" seiner Kongregation als zeitgemäße Antwort der Kirche auf die Probleme der Vertriebenen herausgestellt hatte[493], insbesondere seit die Königsteiner „Ostpriesterhilfe" mit ihren Kapellenwagenmissionen für eine Weiterentwicklung mit neuen, professionelleren Methoden sorgte[494].

Jeweils ein Standbein auf der Mesoebene und der Mikroebene zugleich besaß auch die zweite Niederlassung der Pallottiner im Untersuchungsbereich. Angeregt durch eine Station der Schönstätter Marienschwestern in Wilhelmshaven, wo fünf oldenburgische Weltpriester der Schönstattbewegung angehörten, stellten die mit Schönstatt verbundenen Patres sich im Februar 1948 der Herausforderung, hier durch Exerzitien und Kommunikantenkurse neue Impulse zu vermitteln, die insbesondere auch der religiösen Festigung der Heimatvertriebenen dienten[495], und nahmen sich der vier Vertriebenenlager im Wilhelmshavener Norden an[496]. Ein bisher dort eingesetzter Breslauer Diözesanpriester war in dieser Stellung nicht mehr tragbar, da er sich dem Vorwurf ausgesetzt hatte,

---

[491] P. Hennecke OMI an Pohlschneider v. 2.9.1947, in: OAV B-43c-18.

[492] Vgl. Pfarrchronik St. Peter Oldenburg, in: Pfarrarchiv St. Peter Oldenburg, 41f. Das Anstellungsdekret des Offizialats für P. Hennecke OMI datiert v. 6.9.1947, ebd.

[493] So P. Machinia vor der KAB Delmenhorst. Vgl. Delmenhorster Kreisblatt v. 29.11.1951.

[494] Vgl. Gespräch des Verf. m. P. Machinia, der das Ende der Oblaten-Missionen auf ca. 1952 datierte. Zu den Kapellenwagenmissionen vgl. Kap. IV Außerordentliche innovative Seelsorgemethoden.

[495] Die notwendigen Kontakte zur Errichtung der Niederlassung in Wilhelmshaven hatte der in Schönstatt tätige oldenburgische Priester Rudolf Kleine, Arkenau geknüpft. Die Exerzitien von P. Erwin Hartmann SAC wurden hier insbesondere von Ostvertriebenen besucht. Ebenfalls stammten die Erstkommunionkinder zumeist aus der nordoldenburgischen Diaspora. Vgl. Pfarrer Johannes Landwehr, Wilhelmshaven, an Offizialat v. 11.11.1948, in: OAV Akte Marienheim u. 100 Jahre Katholische Kirche in Wilhelmshaven, Erolzheim 1960, 36.

[496] Vgl. die freundl. Mitteilung v. Provinzarchivar P. Helmut Mertens SAC, Limburg, v. 9.9.1998. Seit 1940 bestand im Marienheim eine Station der Schönstätter Marienschwestern. Zur Lagerseelsorge vgl. auch OAV B-71-13. Die Vertriebenenlager waren Rosenhügel, Breddewarden, Fedderwarden und Sengwarden.

die Seelsorge an den Lagerbewohnern nur halbherzig wahrzunehmen[497]. Das Charisma einer Ordensgemeinschaft hingegen schien den Verantwortlichen in Vechta geeignet, um die Autorität der Kirche bei den Gläubigen wiederherzustellen. Schon im Vorfeld hatte Offizial Pohlschneider die Pallottiner um weitere personelle Unterstützung für die nordoldenburgische Diaspora gebeten. Deren Provinzial hatte grundsätzlich seine Hilfsbereitschaft unter der Voraussetzung zugesichert, daß ein Gemeinschaftsleben mehrerer Patres gewährleistet sei, „die eine oder andere Station zu übernehmen und so unsern Beitrag im Diaspora-Apostolat zu leisten"[498].

Diaspora-Apostolat war ein Stichwort, das für die Angehörigen der Gesellschaft vom Katholischen Apostolat, wie die im Volksmund nur nach ihrem Gründer Vinzenz Pallotti „Pallottiner" genannten Ordensleute eigentlich heißen, zur Maxime in der ersten Nachkriegszeit wurde. Seelsorge an Vertriebenen in der Zerstreuung ließ sich hier mit dem Apostolatsgedanken, also der Werbung für die eigenen Ausdrucksformen kirchlichen Lebens, wie etwa der damals noch nicht eigenständigen Schönstattbewegung, verbinden.

In diesem Kontext stand auch der Einstieg von Kongregationen ohne Wurzeln im Osten in die Seelsorge der neuentstehenden Diasporagemeinden, wie der Herz-Jesu-Priester und Herz-Jesu-Missionare. Ein Grund für die Tätigkeit der Herz-Jesu-Priester lag neben dem starken Anstieg der Mitgliederzahlen in der Herkunft mehrerer junger Patres der Gemeinschaft aus Südoldenburg[499]. Somit korrespondierte der Expansionswunsch mit dem gestiegenen Personalbedarf für die Pfarrseelsorge.

Bei den Pallottinern in Wilhelmshaven erwies sich die Gemeindebildung unter den Vertriebenen zuerst nur als Appendix der Exerzitienarbeit[500] und zudem als hartes Los, da es sich bei den Bewohnern der vier Flüchtlingslager um kirchlich nur in äußerst geringem Maße zugängliche Menschen handelte[501]. Wie der zuständige Pater seinem Provinzial mitteilte, hätte sein Vorgänger kapituliert, da der der SPD angehörende Lagerleiter eine antikirchliche Stimmung verbreitet und die Jugend fast ausnahmslos den „Falken" zugeführt habe[502]. Obgleich der Provinzial einen Oberschlesier nach Wilhelmshaven geschickt hatte, um einen besseren Zugang zur Lagerbevölkerung zu ermöglichen, war

---

[497] Gemeint ist Pfarrer Alois Knauer, der seit dem 1.2.1947 in der Lagerseelsorge als Hilfsgeistlicher von Fedderwardergroden eingesetzt war. Vgl. hierzu Zumbrägel an Offizialat v. 16.12.1947, in: OAV B-71-11.

[498] Provinzial an Pohlschneider v. 8.2.1947 in Anlehnung an ein Schreiben des Offizials v. 28.1.1947, ebd.

[499] P. Theodor Boning SCJ, erster Pfarrektor in Ahlhorn (1946–1954) stammte aus Ellenstedt, sechs weitere zwischen 1933 und 1946 geweihte Kongregationsmitglieder aus Visbek bzw. Rechterfeld.

[500] Vgl. Provinzial an Offizialat v. 16.4.1948, in: Archiv der Norddeutschen Provinz der Pallottiner, Limburg: Niederlassung in Wilhelmshaven.

[501] P. Hans Kaluza SAC, geboren 1914 in Wykiers (O/S), Priesterweihe 1941 in Limburg, 1948 Lagerseelsorger in Wilhelmshaven, 1949 abberufen, lebt im Provinzhaus in Limburg. Vgl. Hirschfeld/Trautmann (wie Anm. 8), 313f.

[502] P. Kaluza an Provinzial v. 15.6.1948, ebd. Das Ernennungsdekret datiert v. 29.5.1948, in: OAV B-71-13. Zu P. Hans Kaluza SAC vgl. Hirschfeld/Trautmann (wie Anm. 8), 313f.

dieser den Anstrengungen ebenfalls nicht gewachsen, zumal er zusätzlich die Studentenseelsorge und den Religionsunterricht in der Stadt übernehmen sollte. Er wurde bereits im Folgejahr abgelöst[503], jedoch schafften es die Pallottiner, die Lagergemeinde nach stockenden Anfängen langfristig zu konsolidieren. 1950 hieß es in einem Bericht über die Wilhelmshavener Seelsorgestation, Gottesdienstbesuch und Sakramentenempfang seien erfreulich, und der Berichterstatter schloß mit der durchaus die Ambivalenz der Situation kennzeichnenden Bemerkung, daß die Niederlassung „zwar ziemlich ‚am Ende oben', aber doch nicht vereinsamt" liege[504].

Auf außerordentliche Seelsorgemaßnahmen für die Vertriebenen beschränkten sich die Jesuiten, die bereits vielfach im Oldenburger Land bei Missionswochen, Triduen und Einkehrtagen präsent gewesen waren und während des Krieges in bis zu sechs oldenburgischen Pfarreien als Kapläne fungiert hatten. Weil der Hauptakzent ihrer Pastoral weiterhin auf der regionalen Exerzitien- und Priesterseelsorge lag[505], erwies sich das Abhalten von Einkehrtagen und Triduen in den Diaspora-Seelsorgebezirken von Beginn an nur als eines von mehreren Tätigkeitsfeldern. Nur um bei den staatlichen Behörden die Möglichkeit zu erwirken, von einem Übergangsdomizil in Delmenhorst in die zentraler gelegene Stadt Oldenburg umzuziehen, benannten die Jesuiten die „Standes- und Wanderseelsorge für Heimatvertriebene"[506] als ihr zentrales Wirkungsfeld. Die Einflußmöglichkeiten der Patres auf die religiöse Sozialisation der Vertriebenen im Oldenburger Land waren jedoch deshalb begrenzt, weil sie ausschließlich aus Westfalen, dem Rheinland oder anderen Regionen Westdeutschlands stammten und keine Affinität zur Mentalität der Vertriebenen aufwiesen. Deshalb engagierten sie für die Osterbeichtaushilfen in Nordoldenburg eigens Ordensangehörige der Ostdeutschen Jesuitenprovinz, die offensichtlich einen intensiveren Zugang zu den Gläubigen fanden[507].

Ohne die Einsatzbereitschaft der Orden und Kongregationen hätte der erhebliche Priestermangel im Kontext des Einströmens der Vertriebenen nicht aufgefangen werden können. Folglich bedeutete die Übertragung von Seelsorgestellen an Ordensgeistliche eine erhebliche Entlastung des vorhandenen Seelsorgepotentials. Sowohl in ihrer Verbundenheit mit den Ostvertriebenen als auch in dem Wunsch, sich auf deren spezifische Sorgen und Nöte einzulassen, brachten die in die Pfarrseelsorge eingebundenen Kongregationen

---

[503] P. Kaluza wurde am 1.10.1949 durch P. Rupert Omasmeier SAC abgelöst, der bis 1955 in Wilhelmshaven blieb.

[504] Bericht über die Seelsorgestation Wilhelmshaven v. 26.5.1951, in: Archiv der Norddeutschen Provinz der Pallottiner, Limburg.

[505] Die beiden ersten Patres waren zugleich als Hilfsgeistliche in der Pfarrei Delmenhorst angestellt, wo von 1948 bis 1949 eine Niederlassung bestand. Vgl. OAV B-43c-20.

[506] Vgl. Grafenhorst an Provinzialat der Jesuiten v. 20.12.1948, ebd. Der Umzug nach Oldenburg erfolgte im Februar 1949. Dem 1949–1959 in der Holtzingerstraße in Oldenburg bestehenden Peter-Faber-Haus gehörten 1949 7, 1954 5 Patres an, die z. T. aber auch extern arbeiteten. Vgl. Personal-Schematismus des Bistums Münster 1949 bzw. 1954. 1962 wurde die Residenz der Jesuiten nach Bremen verlegt.

[507] So ist es für 1949 belegt, ebd. Vgl. auch Hirschfeld, Michael, Orden und Kongregationen aus den deutschen Ostgebieten im Dienst der Heimatvertriebenen (wie Anm. 473), 406.

geeignete Voraussetzungen mit, um den an sie gestellten Anforderungen gerecht zu werden. Von ihnen ging also auf der Mikro- wie auf der Mesoebene eine milieustärkende Tendenz für die Vertriebenen aus.

Die Partizipation von Ordensgemeinschaften an der Pfarrseelsorge beinhaltete allerdings zugleich die Gefahr der milieuinternen Konkurrenz zum Weltklerus: Als die Pallottiner sich darum bemühten, ihre Stationen in Bad Zwischenahn und Wilhelmshaven zu kanonischen Niederlassungen gemäß dem Kirchenrecht zu erheben, äußerte Offizial Grafenhorst die Befürchtung, es könnte ein Zentrum geschaffen werden, „um von dort einmal aus dem Oldenburger Land recht viele Mittel herauszuholen, die Priesterberufe auf die Pallottiner festzulegen, [...]"[508]. Damit war eindeutig signalisiert, daß die Priorität der Vechtaer Kirchenbehörde auf einer Stärkung des Weltpriesternachwuchses lag und der Einfluß einzelner Ordensgemeinschaften, der durch das Wirken der Franziskaner und insbesondere der Dominikaner in Südoldenburg bereits beträchtlich war, begrenzt werden sollte. Trotz dieser Vorbehalte gegen ein von Ordenspriestern geprägtes Submilieu war sich das Offizialat bewußt, daß die Verfügbarkeit der Ordenspriester für die Pfarrseelsorge in der unmittelbaren Nachkriegszeit die Voraussetzung für ein tragfähiges Gerüst der Vertriebenenseelsorge darstellte. Gleichwohl sahen die Ordensleitungen in ihren oldenburgischen Niederlassungen berechtigterweise Chancen, um neue Priesterberufe zu gewinnen. Wenn zwischen 1946 und 1966 sieben Neupriester aus Vertriebenenfamilien für die im Offizialatsbezirk Oldenburg wirkenden Kongregationen geweiht werden konnten, was fast ein Viertel der Gesamtzahl der in diesem Zeitraum Neugeweihten aus Vertriebenenfamilien ausmacht, ist dies ein Beweis dafür, daß diese Erwartung zumindest teilweise in Erfüllung ging[509].

### g) Frauen als Bindekräfte in der Pastoral

Die Führungsrolle des Vertriebenenklerus bei der Milieubildung in der Diaspora erscheint angesichts des gerade hier spürbaren Priestermangels undenkbar ohne den Einsatz von hauptamtlichen Laien, die ihn bei seinem Bemühen um eine kirchliche Verortung der Vertriebenen tatkräftig unterstützten. Die Priester fungierten nicht mehr als alleiniges Seelsorgepersonal, sondern wurden vielerorts in der oldenburgischen Diaspora von Frauen im kirchlichen Dienst begleitet. Diese Seelsorgehelferinnen genannten Frauen erteilten Religionsunterricht in den evangelischen Schulen der zur Gemeinde gehörenden Dörfer, arbeiteten in Sakristei und Pfarrbüro, führten Hausbesuche durch, wirkten in gemeindlichen Gruppen und Verbänden bei der Jugend wie bei den Erwachsenen sowie nicht zuletzt in der ambulanten Krankenpflege mit. Sie waren also eine Art „Mädchen für alles".

Der Einsatz hauptamtlicher Laienkräfte in der Seelsorge reicht bis in die Zeit nach dem Ersten Weltkrieg zurück, als der dem Bonifatius-Verein in Paderborn angeschlossene Schutzengelverein für die Diaspora und der Deutsche Caritasverband in Freiburg

---

[508] Grafenhorst an Provinzial v. 10.2.1951, in: BAM NA 101-178.
[509] Insgesamt wurden 1946–1967 31 Neupriester aus Vertriebenenfamilien geweiht.

entsprechende Ausbildungsseminare einrichteten und ersterer für die Besoldung der Frauen aufkam[510]. An Gewicht gewann er vor allem durch die seelsorglichen Bemühungen um die zunehmende Zahl von Binnenmigranten im Rahmen der „Wandernden Kirche" in den 1930er Jahren in den weiten Diasporagebieten Nord- und Mitteldeutschlands[511]. Die erste Seelsorgehelferin in der nordoldenburgischen Diaspora wurde bereits 1933 nach Absolvierung eines zweijährigen Kursus am Seminar für Seelsorgehilfe in Freiburg in der Pfarrei St. Peter in Oldenburg eingestellt[512].

Aber erst 1939 erließ der Schutzengelverein Richtlinien, die festlegten, daß die Einstellung der Seelsorgehelferinnen durch die Pfarreien, die Beauftragung durch das zuständige Generalvikariat und die Bezahlung durch den Schutzengelverein erfolgen sollte, wobei die Pfarreien einen finanziellen Zuschuß zum Gehalt zu geben hatten[513].

Nachdem die höheren Mädchenschulen der Schwestern Unserer Lieben Frau im Offizialatsbezirk Oldenburg zwischen 1938 und 1940 von der NS-Regierung aufgelöst worden waren, stellte das zuständige Provinzialat einige bisher im Schuldienst tätige Schwestern als Mitarbeiterinnen für pastorale Aufgaben frei. Ihre Haupttätigkeit bestand in der Erteilung außerschulischen Religionsunterrichts, der im Zuge der Entkonfessionalisierung des Schulwesens notwendig geworden war. Der von den Nationalsozialisten erzwungene weitgehende Rückzug der Kirche in ein religiöses Ghetto erweiterte somit den Bedarf an hauptamtlichen Kräften, zumal zahlreiche Kapläne eingezogen waren[514]. Nicht in allen Fällen wurden die Schwestern Unserer Lieben Frau jedoch als reguläre Seelsor-

---

[510] Vgl. Aschoff, Hans-Georg, Diaspora, in: Gatz, Erwin (Hrsg.), Geschichte des kirchlichen Lebens in den deutschsprachigen Ländern seit dem Ende des 18. Jahrhunderts, Bd. III: Katholiken in der Minderheit (wie Anm. 354), 39–142, hier 86f; vgl. passim Birkenmaier, Rainer (Hrsg.), Werden und Wandel eines neuen kirchlichen Berufs. Sechzig Jahre Seelsorgehelferinnen/Gemeindereferent(inn)en, München u. a. 1989.

[511] Die „Wandernde Kirche" versuchte die durch Reichsarbeitsdienst, Siedlung auf aufgelassenen ostelbischen Gütern, Kinderlandverschickung u. a. in die Flächendiaspora Mecklenburgs, Ostpreußens, Schleswig-Holsteins etc. gelangten Katholiken zu erfassen, später auch durch Kriegsdienst oder Bombenschäden Evakuierte. Vgl. dazu auch das Kap. V Interkonfessionelle Kontakte und ökumenische Annäherungen. Begriff und Konzeption gehen auf den Bischof von Ermland, Maximilian Kaller, zurück. Vgl. auch Aschoff, Hans-Georg, Diaspora (wie Anm. 510), 105–107, sowie passim, Schmitt, Hermann-Josef, Binnenwanderung und katholische Kirche (Wandernde Kirche), in: Kirchliche Zentralstelle für Statistik (Hrsg.), Kirchliches Handbuch für das katholische Deutschland, Bd. XXII (1943), 220–238.

[512] Dabei handelte es sich um Elsa Huising, geboren 1900 in Weener, gestorben 1999 in Cloppenburg, die von 1933–1964 in St. Peter Oldenburg wirkte. Vgl. Nachruf, in: Kirche und Leben Oldenburg v. 5.12.1999.

[513] Vgl. Bilstein, Josef, „Durch Sammeln von Kleinem wird Großes erreicht". Diaspora-Kinderhilfe, in: Rieße, Günter, Kathke, Clemens A. (Hrsg.), Diaspora. Zeugnis von Christen für Christen. 150 Jahre Bonifatiuswerk der deutschen Katholiken, Paderborn 1999, 85–105, hier 102.

[514] Vgl. Morthorst, M. Birgitta, „Der nationalsozialistische Staat liebt keine Privatschulen". Das Wirken der Schwestern Unserer Lieben Frau im Offizialatsbezirk Oldenburg 1933 bis 1945, in: Baumann, Willi, Hirschfeld, Michael (Hrsg.), Christenkreuz oder Hakenkreuz (wie Anm. 95), 313–343.

**Schutzengelverein**
für die Diaspora

Postscheckkonto: Hannover 48062
Fernruf 2978 u. 2979

Paderborn, den **8. März** 19 **49**
Postfach 198

A-3-105
6

Kath. Pfarramt

Nordenham/Oldenburg

Sehr geehrter, hochwürdiger Herr Pfarrer!

Sie haben uns gebeten, aus den diesjährigen Absolventinnen des Seelsorgshelferinnenseminars Elkeringhausen Fräulein Antonie Niehaus aus Barssel/Oldenburg, Bahnhofshotel, vorzusehen. Nach der Überlegung mit der Schulleitung sind wir zu dem Entschluss gekommen, dieser Ihrer Bitte zu entsprechen. Voraussetzung für die Einstellung der Fräulein Niehaus in Ihrer Pfarrei ist die Zustimmung des Hochwürdigsten Bischöflich-Münsterschen Offizialates Vechta. Sie wollen daher umgehend in doppelter Ausfertigung einen diesbezüglichen Antrag an die Bischöfliche Behörde richten unter Darlegung des seelsorglichen Notstandes in Ihrer Gemeinde. Insbesondere wollen Sie angeben, wie viele Katholiken zu Ihrem Pfarrbezirk gehören, wie viele Ortschaften und welche Ausdehnung in Kilometern Ihr Pfarrbezirk umfasst, wie viele Unterrichtsstationen zu betreuen sind, und wie viele Kinder auf den einzelnen Stationen sich befinden. Desweiteren wollen Sie in Ihrem Antrag darlegen, welche Aufgaben der Seelsorgshelferin ausser der religiösen Kinderunterweisung noch zugewiesen werden sollen. Euer Hochwürden wollen in Ihrem Antrage eine Übersicht über Ihren Seelsorgsbezirk (einfache Kartenskizze genügt) beifügen.

Euer Hochwürden teilen wir mit, dass die Besoldung der berufsmässigen Seelsorgshelferin sich nach der Vergütungsgruppe VIII der TO.A. richtet. In Anlage überreichen wir Ihnen ergebenst die Gehaltsskala. Das Gehalt der Fräulein Niehaus würde in Ortsklasse B brutto DM ~~~~,-- und in Ortsklasse C brutto DM 191,-- betragen. Wir bitten um gefällige Mitteilung, zu welcher Ortsklasse Ihr Pfarrort gehört. Ferner bitten wir Sie, uns mitzuteilen, welcher Zuschuss von seiten der Kirchengemeinde zu dieser Besoldung monatlich geleistet werden kann. Durch die Kirchengemeinde sind zu regeln die pünktliche Abführung der Steuern sowie der Sozialbeiträge. Es entfallen:

199,-

|  | auf das Pfarramt: | auf die Helferin: |
|---|---|---|
| Krankenkasse | 1/3 | 2/3 |
| Angestelltenversicherung | 1/2 | 1/2 |
| Arbeitslosenversicherung | 1/2 | 1/2 |
| Steuern | --- | 1 |

Desweiteren weisen wir darauf hin, dass auf Grund § 37 des Preussischen Volksschulunterhaltungsgesetzes aus dem Jahre 1906 die politischen Gemeinden verpflichtet sind, auf öffentliche Kosten Religionsunterricht einzurichten, wenn zwölf und mehr katholische schulpflichtige Kinder am Ort vorhanden sind. Wenngleich das Land Oldenburg nicht zum Land Preussen gehört, so möchten wir hoffen, dass bei der dortigen Regierung eine ähnliche Regelung zu erreichen ist. Wir haben uns mit dem Hochwürdigsten Bischöflich-Münsterschen Offizialat Vechta in Verbindung gesetzt, dass von seit der Bischöflichen Behörde entsprechende Schritte bei der Landesregierung unternommen werden mögen.

Mit freundlichen Grüssen
Der Schutzengelverein für die Diaspora
++++

(Prälat A. Gabriel)

Korrespondenz des Schutzengelvereins für die Diaspora mit dem Katholischen Pfarramt Nordenham betr. Seelsorgehelferinnen, 8.3.1949

gehelferinnen eingestellt, wie es im September 1941 mit Zustimmung des Bischöflichen Offizialats in Osternburg Heilig Geist geschah. Wohlgemerkt gab das Offizialat nur seine Zustimmung zu der Ernennung und trug ein Viertel des auf RM 120,- festgelegten Monatsgehalts der Ordensfrau. 75 % der Vergütung mußten von der Gemeinde Osternburg bzw. der zuständigen Pfarrgemeinde St. Peter aus Kollektengeldern aufgebracht werden[515]. Der „Schutzengelverein" sprang hier also nicht ein.

Durch die Vertriebenen wurde somit das Berufsbild der Seelsorgehelferinnen zwar nicht erst eingeführt, erhielt jedoch im kirchlichen Leben der katholischen Gemeinden eine quantitative und qualitative Aufwertung, die bis in die Gegenwart nachwirkt, zumal die Seelsorgehelferinnen – wie bereits erwähnt – zu Recht als Vorläuferinnen der heute flächendeckend eingesetzten Pastoralreferentinnen und -referenten gelten können[516]. Entscheidenden Anteil an der Etablierung dieser sozial-karitativ tätigen, aber auch zugleich in der kirchlichen Verkündigung mitwirkenden Berufsgruppe hatte ein Großteil der ostvertriebenen Seelsorger, denen ein hauptberuflicher Einsatz von bzw. eine Kooperation mit Frauen in der Pfarrseelsorge aus der heimatlichen Gemeindearbeit vertraut war. Die Wurzeln dieser Akzeptanz von Frauen in der Pastoral hingegen lagen vielfach in der Quickborn-Jugendbewegung in Schlesien mit ihrer koedukativen Jugendarbeit.

Waren im Offizialatsbezirk Oldenburg 1941 nur aufgrund der Kriegsumstände in drei Großpfarreien Frauen als Seelsorgehelferinnen eingesetzt[517], so vervielfachte sich deren Zahl bedingt durch die Anforderungen der Vertriebenenseelsorge bis 1950 auf 20. Dabei erscheint auffällig, daß nur knapp die Hälfte von ihnen aus dem ehemaligen deutschen Osten stammte und selbst die Vertreibung erfahren hatte. Der überwiegende Anteil der Diaspora-Seelsorgehelferinnen stammte aus eingesessenen Familien des Oldenburger Landes oder benachbarter Regionen, womit eine Divergenz zum Klerus der Vertriebenengemeinden erkennbar ist, der (1950) sogar zu 75 % aus Vertriebenen bestand. Dieses umgekehrt proportionale Rekrutierungsverhältnis macht aber ebenso deutlich, daß der Beruf der Seelsorgehelferin gerade in der jungen Generation der eingesessenen Bevölkerung nach 1945 einen Popularitätsschub erlebte und damit kein Tätigkeitsfeld wurde, das speziell der Tradierung schlesischer Volksreligiosität Vorschub leistete.

---

[515] Vgl. Offizialat an Kirchenvorstand der Pfarrei Oldenburg v. 25.9.1941, in: OAV B-73-9.

[516] Bei den Pastoralreferentinnen und -referenten handelt es sich hingegen um Laientheologen, die zumeist ein vollständiges Theologiestudium absolviert haben, während die Seelsorgehelferinnen stärker karitativ geschult waren. 1975/76 erhielten fast alle noch im Amt befindlichen Seelsorgehelferinnen im Bistum Münster den Titel Pastoralreferentin, womit die Kontinuität zwischen beiden Berufen manifestiert wurde. Eine nominelle Unterscheidung zwischen Pastoralreferentinnen und -referenten sowie Gemeindereferentinnen und -referenten, wie sie in anderen Diözesen üblich ist, besteht im Bistum Münster nicht.

[517] Vgl. Börsting, Heinrich (Bearb.), Handbuch des Bistums Münster (wie Anm. 405), 829–869. Hier sind Stellen für Seelsorgehelferinnen in Wilhelmshaven St. Marien, Oldenburg St. Peter u. Cloppenburg verzeichnet. Der Einsatz von Seelsorgehelferinnen basierte im übrigen auf Verträgen der einzelnen Pfarreien, weshalb wohl im OAV keine zentrale Übersicht über Zahl u. Einsatzorte vorhanden ist.

Zu einem erhöhten Status innerhalb des kirchlichen Lebens vor Ort trug nicht zuletzt die Aufgabenfülle der Seelsorgehelferinnen in den neu entstehenden Diasporagemeinden bei. Der vorherrschende Einsatzort der neuen Berufsgruppe lag nämlich in den weiten ländlichen Seelsorgebezirken Nordoldenburgs, wo eine verhältnismäßig geringe Zahl an Gläubigen auf einem vergleichsweise großen Flächenareal lebte und kein Netz an katholischen Schulen und ambulanter Pflege durch Ordensschwestern zur Verfügung stand. Im traditional katholischen Milieu des Oldenburger Münsterlandes hingegen, wo die Infrastruktur weitgehend ausgebaut war, wurde der pastorale Einsatz von Frauen, die nicht an Ordensregeln gebunden waren, von der Kirchenbehörde offenbar vermieden. Jedenfalls genehmigte das Offizialat zunächst die Anstellung von zusätzlichen Seelsorgehelferinnen nahezu ausschließlich in der Diaspora, wie beispielsweise in Nordenham, wo am 1. September 1945 die Schwester des Ortspfarrers den Dienst aufnahm[518]. Während das Gehalt in Höhe von RM 150,- vom Offizialat getragen wurde, war der Abschluß eines Dienstvertrages – gemäß den Richtlinien des Schutzengelvereins von 1939 – Angelegenheit der Kirchengemeinde. Auch wenn letzterer der Genehmigung der kirchlichen Behörde unterlag, war die Tätigkeit einer Seelsorgehelferin in erster Linie an die Zustimmung des Kirchenvorstandes geknüpft, wobei es dem Pfarrer als Dienstherrn oblag, ihr Arbeitsfeld entsprechend den örtlichen Belangen aus eigenen Stücken abzugrenzen und die Arbeitszeit zu bestimmen[519].

Als der Ganderkeseer Vertriebenenseelsorger im März 1947 eine ihm aus der Quickborn-Jugendarbeit in Schlesien bekannte junge Frau, die über eine Fürsorgerinnenausbildung verfügte, gemäß diesen Gepflogenheiten als Seelsorgehelferin einstellte, sah sich das Offizialat zunächst monatelang nicht genötigt, sein Plazet zu geben und diesen Dienst zu vergüten[520]. Ähnlich verhielt es sich mit der bereits im Vertreibungsjahr 1946 in Bad Zwischenahn angestellten Seelsorgehelferin, über deren Auskommen der zuständige Seelsorger im Januar 1948 das Offizialat wissen ließ: „Die bisherige Bezahlung war sehr minimal und wurde teils aus der Kirchenkasse, teils aus persönlichen Mitteln bestritten."[521] Offensichtlich bedurfte es in Vechta erst einer genauen Prüfung der Anträge wie auch weiterer Überlegungen bezüglich der Finanzierung angesichts des einsetzenden „Booms" an Seelsorgehelferinnen. Mit erheblicher Verzögerung also erhielten die hauptamtlichen Laienseelsorgerinnen in Ganderkesee und Bad Zwischenahn von Offizial Pohlschneider den Bescheid, daß das Offizialat auch ihnen fortan eine monatliche Gratifikation von RM 150,- zukommen lasse, eine Bestätigung ihrer von Kardinal Bertram ausgestellten „Missio canonica" sowie die Nachricht, daß der Schutzengelverein für die Diaspora eine

---

[518] Es handelte sich um Maria Hillen, die Schwester des Ortspfarrers Johannes Hillen. Vgl. Hillen an Offizialat v. 6.4.1949, in: OAV A-3-105.

[519] Entwurf für einen Dienstvertrag zur Anstellung einer Seelsorgehelferin, Expl. in: OAV A-3-105.

[520] Hierbei handelt es sich um Alice Kopyciok, geboren 1918 in Beuthen (O/S), die an der Bergbau-Fürsorgeschule in ihrer Heimatstadt ausgebildet worden war, und bis zur Vertreibung als Fürsorgerin im Bergbau gearbeitet hatte. Vgl. Gespräch des Verf. m. Alice Kopyciok v. 29.11.1997.

[521] P. Hagel SAC, Bad Zwischenahn, an Offizialat v. 12.1.1948, in: OAV B-43c-11.

Bezuschussung für sie wie auch für sieben weitere Seelsorgehelferinnen in Nordoldenburg garantiert habe[522]. Dieser Zuschuß war von der Erteilung von Religionsunterricht abhängig und lag in der Regel bei 20 % des Gehalts, angesichts besonders extremer Diasporaverhältnisse aber auch höher.

Eine 1946 in Brake eingestellte Seelsorgehelferin etwa, die an sieben verschiedenen Schulen der Wesermarsch Religion unterrichtete, erhielt ihr Salär in Höhe von RM 150,– gänzlich aus Paderborn, wobei das Offizialat sich hier gar nicht an der Finanzierung beteiligte[523]. Die prekäre Finanzlage der Vechtaer Kirchenbehörde mag auch dafür ausschlaggebend gewesen sein, daß sich die Offiziale Pohlschneider und Grafenhorst hinsichtlich eines Stellenplans zur Beschäftigung von Seelsorgehelferinnen zurückhaltend verhielten und die Entscheidung hierfür dem örtlichen Klerus überließen.

So ging die Anstellung einer ostvertriebenen Frau als zweiter Seelsorgehelferin innerhalb der Kirchengemeinde Osternburg mit Zuständigkeit für die in der Kreyenbrücker Kaserne untergekommenen Vertriebenen auf die Initiative der Gemeinde zurück, die das Gehalt zunächst ganz allein aus eigenen Kollekten der alteingesessenen Osternburger Gemeinde zahlte. Einen herben Einschnitt stellte allerdings die Währungsreform im Juni 1948 dar, in deren Folge sich der Osternburger Seelsorger genötigt sah, das Offizialat zumindest um Zahlung einer Beihilfe für die Kreyenbrücker Seelsorgehelferin zu bitten[524]. Offizial Pohlschneider war jedoch nicht imstande, diesem Antrag zu entsprechen[525], so daß die Seelsorgehelferin für einige Monate ohne Gehalt blieb, bevor sich der Schutzengelverein einschaltete und einen Überbrückungszuschuß gewährleistete[526].

Noch im Jahre 1952 konnte Offizial Grafenhorst einem Antrag des Pfarrers von Brake nicht Folge leisten, der in seinem Pfarrbezirk arbeitenden Seelsorgehelferin wegen der trotz steigender Lebenshaltungskosten noch immer bei DM 150,– stagnierenden Grundvergütung eine Gehaltserhöhung zukommen zu lassen. Um keinen Präzedenzfall zu schaffen, der Forderungen nach einer allgemeinen Gehaltserhöhung nach sich gezogen hätte, wählte der Offizial eine individuelle Lösung und gestand der Braker Seelsorgehelferin eine einmalige Aufwandsentschädigung zu[527].

Der Schutzengelverein blieb in der Folge nicht nur in finanziellen Belangen die zentrale Anlaufstelle für diese Berufsgruppe, sondern nahm auch zentral die Verteilung der Absolventinnen des vom Bonifatiusverein eingerichteten Seelsorgehelferinnenseminars in Elkeringhausen bei Winterberg/Sauerland auf die westdeutschen Diözesen vor, die über Diasporaanteile verfügten[528]. Aufgrund dieser Tatsache und im Wissen darum, daß

---

[522] Vgl. BAM A 101-241.
[523] Vgl. Pfarrektor Böhmer, Brake, an Offizialat v. 14.3.1949, in: OAV A-3-105.
[524] Vgl. Kaplan Georg Ludlage, Osternburg, an Offizialat v. 5.7.1948, in: OAV B-73-9.
[525] Vgl. Grafenhorst an Ludlage v. 7.7.1948, ebd.
[526] Schutzengelverein an Offizialat v. 25.10.1948, ebd.
[527] Vgl. Böhmer an Grafenhorst v. 13.10.1952 u. Grafenhorst an Seelsorgehelferin J. Lechtenberg v. 16.10.1952, ebd.
[528] Vgl. Schutzengelverein an Pfarramt Nordenham u. Pfarramt Brake betr. Zuweisung der Seelsorgehelferinnen A. Niehaus u. M. Schmidt v. 8.3.1949, in: OAV A-3-105.

die Anstellung einer Seelsorgehelferin ohnehin zur Obliegenheit der Pfarreien erklärt worden war, wandten sich die Diasporaseelsorger bei Bedarf zunächst nach Paderborn[529]. Das Offizialat wurde jeweils lediglich um Erteilung bzw. Bestätigung der „Missio canonica" nachgesucht und konnte daher keinerlei Steuerungsfunktion bei der Verteilung des weiblichen Seelsorgepersonals aufbauen. Von der Einstellung der zweiten, für Kreyenbrück zuständigen Seelsorgehelferin innerhalb des Rektorates Osternburg erfuhr die Vechtaer Kirchenbehörde zum Beispiel erst zwei Jahre nach deren Dienstbeginn[530].

Als im Februar 1952 der Seelsorger der Vertriebenenlager in Wilhelmshaven beim Offizialat um die Einstellung einer Seelsorgehelferin nachsuchte, verwies ihn Offizial Grafenhorst dann auch direkt an den Paderborner Schutzengelverein[531]. Laienkompetenz wurde von der Vechtaer Behörde offenkundig bis weit in die 1950er Jahre hinein nicht besonders hoch eingeschätzt, vor allem aber nicht honoriert, und die Chance, mit einer Spezifizierung des seelsorglichen Aufgabenbereiches der schwierigen materiellen wie geistlichen Situation in der Diaspora womöglich besser Herr zu werden, wurde nicht deutlich wahrgenommen. Vielmehr erwies es sich als Aufgabe der Pfarrgeistlichen, den Seelsorgehelferinnen durch persönliche Unterstützung wie auch durch die Überlassung geeigneter Betätigungsfelder einen angemessenen Raum zur Berufsausübung zu bereiten.

„Ihre Kraft ist eine wertvolle Hilfe für die wachsende Aufgabe der Gemeinde"[532], vertraute ein oldenburgischer Vertriebenenseelsorger seine Wertschätzung über die vor Ort eingesetzte Seelsorgehelferin der Pfarrchronik an. Analoge Reaktionen lassen sich aus den meisten Einsatzgemeinden dieser Berufsgruppe vermelden, und dennoch wurde der Auftrag dieser Frauen, „die priesterliche Tätigkeit des Seelsorgers [zu] unterstützen und aus[zu]weiten"[533], gerade wegen der fehlenden Wertschätzung durch die Kirchenleitung von Gemeinde zu Gemeinde je nach seelsorglicher Situation unterschiedlich interpretiert.

Erschwerend kam hinzu, daß von einer einheitlichen Qualifikation vor 1945 nicht die Rede sein konnte. Eine begehrte Ausbildungsstätte war zum einen die 1928 vom Deutschen Caritasverband in Freiburg/Breisgau eingerichtete „Katholische Gemeindehelferinnenschule"[534], zum anderen die Wohlfahrtsschule des Katholischen Frauenbundes in Dortmund. Des weiteren handelte es sich bei den eingestellten Frauen um auf diözesaner Ebene ausgebildete Caritas-Fürsorgerinnen, wie sie bis 1945 in der Erzdiözese Breslau Verwendung gefunden hatten. Hiermit verbunden waren ebenfalls zugleich pädagogische Ausbildungsschritte, die auf den Erwerb der „Missio canonica" abzielten, der kirchlichen

---

[529] Vgl. Eingaben v. Pfr. J. Hillen, Nordenham, u. Pfr. H. Böhmer, Brake, an den Schutzengelverein v. 23.2. u. 26.2.1949, in: OAV A-3-105.

[530] Vgl. Grafenhorst an Ludlage v. 7.7.1948, wo sich der Offizial überrascht über die Tätigkeit von Bärbel Gebauer als Seelsorgehelferin in Kreyenbrück zeigte, in: OAV B-73-9.

[531] Diese Einrichtung sorgte noch bis in die 1970er Jahre hinein für die Besoldung und Fortbildung der Seelsorgehelferinnen in der Diaspora. Vgl. Bilstein, Josef, „Durch Sammeln von Kleinem wird Großes erreicht" (wie Anm. 513), 103.

[532] Vgl. Chronik des Pfarrektorats Bad Zwischenahn, in: Pfarrarchiv Bad Zwischenahn, 8.

[533] So die zeitgenössische Berufsdefinition von Karl Schwerdt, in: Ders., Artikel: Seelsorgehelferin, in: LThK, 2. Aufl., Bd. 9 (1964), Sp. 586–587.

[534] Vgl. Aschoff, Hans-Georg, Diaspora (wie Anm. 510), 87.

Lehrerlaubnis zur Erteilung des Religionsunterrichtes. Daneben hatte es sich eine nach Kriegsende auf Schloß Vinsebeck im Erzbistum Paderborn gegründete Bildungsstätte des Deutschen Caritasverbandes zur Aufgabe gemacht, über die Weiterbildung hinaus zugleich in Schnellkursen Flüchtlingsfürsorgerinnen und -fürsorger auszubilden, die aus der Not heraus oft auch hauptamtlich für die Pastoral eingestellt wurden. Diese Schulungsstätte verlegte ihren Sitz im Juli 1948 kurzzeitig in den Bereich der Fallstudie, auf das Gelände des Fliegerhorstes Adelheide bei Delmenhorst, bevor sie im November 1949 wegen Geldmangels der Freiburger Caritaszentrale aufgehoben wurde[535].

Entsprechend dieser disparaten Ausbildungssituation hatten es die Seelsorgehelferinnen zudem schwer, ein eigenständiges Berufsprofil auszubilden, zumal ihre Aufgaben mancherorts in der oldenburgischen Diaspora aus Mangel an ausgebildeten Kräften auch von Frauen übernommen wurden, die über keine anerkannte kirchliche Qualifikation verfügten und lediglich nachträglich die „Missio canonica" erwarben. Zwischen solchen Pfarramtshelferinnen, die neben dem Dienst im Pfarrbüro oder Pfarrhaushalt noch Unterrichts- oder Katechesestunden erteilten – häufig die Schwester bzw. Haushälterin des Pfarrers –, und den eigentlichen Seelsorgehelferinnen wurde sowohl im offiziellen Sprachgebrauch der ersten Nachkriegszeit als auch insbesondere in der Sicht der Gläubigen zumeist nicht differenziert[536]. Da der Pfarrklerus wiederum bemüht war, interessierte, aber unqualifizierte Seelsorgehelferinnen möglichst bald wieder in ihre erlernten Berufe zurückkehren zu lassen, und außerdem die Arbeitsbelastung allein angesichts der äußerst geringen Vergütung immens hoch war, ist des weiteren eine starke Fluktuation in diesem Berufsfeld auszumachen[537]. Erschwerend hinzu kam die Tatsache, daß die Seelsorgehelferinnen nach einer Eheschließung aus dem kirchlichen Dienst ausschieden. Für eine zentrale und grundlegende Ausbildung in einem zweijährigen Studium, sogenannten Kursen, sorgte erst seit 1947 das vorgenannte Seelsorgehelferinnenseminar in Elkeringhausen im Sauerland[538], das Interessentinnen in den drei Arbeitsfeldern Theologie, Berufstheorie und Berufspraxis eine Grundlage vermittelte, die von Kenntnissen in Kirchenrecht und Liturgie über psychologische Komponenten bis hin zum Harmoniumspiel beim Gottesdienst reichte[539].

---

[535] Vgl. Pfarrarchiv St. Marien Delmenhorst: St.-Ansgar-Jugendwerk u. Prälat Lettau zum Gedächtnis, in: Ermländischer Hauskalender 1961, 75–107. Der ermländische Priester Josef Lettau war seit 1945 Leiter der Caritas-Bildungsstätte.
[536] So z. B. zeitweise in Oldenburg Herz Mariä. Vgl. Chronik Herz Mariä Oldenburg, in: Pfarrarchiv St. Marien Oldenburg.
[537] Aufgrund der häufigen Versetzungen und des Fehlens von Personalakten der Seelsorgehelferinnen kann eine Auflistung bisher nur rudimentär erstellt werden.
[538] Vgl. Aschoff, Hans-Georg, Diaspora (wie Anm. 510), 123. Das Seminar in Elkeringhausen bestand bis 1963.
[539] Vgl. die Abgangszeugnisse des Seelsorgehelferinnen-Seminars in Elkeringhausen. OAV A-3-105.

## 7. Zwischenbilanz

Durch den Einstrom des ostdeutschen, das heißt für den Untersuchungsraum aus Schlesien stammenden Klerus, wurde die Kontinuität und Geschlossenheit des katholischen Milieus auf eine schwere Probe gestellt. Diesen Dissens im Interaktionsverhalten des Klerus rief weniger die in Breslau statt in Münster erfolgte wissenschaftliche Ausbildung der Vertriebenenpriester hervor, sondern hierfür zeichneten vielmehr neben den grundsätzlichen Mentalitätsunterschieden die theologische Formung durch die Jugendbewegung „Quickborn" und die liturgische Bewegung der Zwischenkriegszeit verantwortlich. Verstärkt durch den Basis-Indikator der kirchenrechtlichen Bindung an die Heimatdiözese wurden gerade die Vertriebenenpriester vom einheimischen Klerus als Movens für die Ausbildung eines Submilieus der Vertriebenen angesehen und deshalb als Störfaktor betrachtet. Hinzu trat eine Rollenverunsicherung im einheimischen Klerus, der als Milieuelite seine pastoralen Vorstellungen einer traditionalen und regionalspezifisch geprägten Kirchlichkeit sichern wollte. Den durch die neugeschaffenen heterogenen Strukturen befürchteten Verlust in der Milieugeschlossenheit kompensierte der oldenburgische Klerus durch den Versuch einer Aufoktroyierung der Münster-spezifischen religiös-kulturellen Prägung. Dieser integralistischen Tendenz sollte das dichte Beziehungs- und Verwandtschaftsnetz unter den einheimischen Geistlichen Vorschub leisten, mit dessen Hilfe der Führungsanspruch des oldenburgischen Klerus zusätzlich manifestiert wurde.

Lediglich einige wenige einheimische Geistliche in der Diaspora verstanden es, den Vertriebenen Freiräume zur Identitätsbewahrung zu belassen. Dagegen erhielt der Prozeß der bedingungslosen Integration Unterstützung durch die administrativen Maßnahmen des Offizialats, das den neuankommenden Geistlichen lediglich Posten als Hilfsgeistliche zuwies bzw. sie mit dem Neuaufbau von Diasporagemeinden beauftragte. Aber auch in diesen vermögensrechtlich unselbständigen Vertriebenengemeinden wurde ihnen später – bei der Erhebung zu Pfarrektoraten – jegliche Partizipation an der territorialen Strukturierung verwehrt.

Der Primat einer möglichst raschen Integration und Akkulturation des Vertriebenenklerus trug in Verbindung mit einer gesellschaftlichen und finanziellen Minderstellung eher die Züge einer „Kolonisierung". Das Resultat war jedoch nicht eine Anpassung oder Resignation, sondern die Ausprägung eines eigenen Profils durch die schlesischen Priester im Bereich der Fallstudie. Um den Preis einer Differenzierung und Aufspaltung des katholischen Gesamtmilieus gelang es ihnen, ein von der verlorenen Heimat geprägtes katholisches Teilmilieu aufzubauen.

Die schlesische Geistlichkeit wurde damit zum Träger der Identitätsbewahrung und vermied bewußt eine Amalgamierung an den oldenburgischen Klerus. Die aus einer Eigeninitiative resultierende Bildung eines Ostpriesterkonveniats als Solidaritätsgruppe auf der Mesoebene verlieh vielen Vertriebenengeistlichen Kraft, auf ihren einsamen Posten in der Wesermarsch, in Friesland usw. auszuharren und zu Kristallisationspunkten zu werden.

Ihr Hauptmovens war der Versuch, einer kirchlichen Desintegration durch das Aufgreifen ostdeutscher Riten und Bräuche entgegenzuwirken, um eine heimatliche Atmosphäre und Vertrautheit herzustellen und damit neue Vergemeinschaftung zu erzielen. Die bei vielen Geistlichen aus einer fast ähnlichen Situation des politisch-gesellschaftlichen Zerfalls nach dem Ersten Weltkrieg mit seinen gerade für Schlesien schwerwiegenden politischen Folgen resultierende Identifikation mit den Idealen der Jugendbewegung wirkte hier als Palliativ. Wo sich die einzelnen Gläubigen in der Diaspora angenommen und geborgen fühlten, weil ihr Seelsorger nicht nur das gleiche Schicksal wie sie erlitten hatte, sondern durch die Pflege ostdeutschen Liedguts, die Zelebration versus populum usw. volkskirchliche Elemente einzuführen und somit eine „progressive" Beweglichkeit zu etablieren verstand, war die Milieubindung grundsätzlich eher gewährleistet als in Pfarreien mit einheimischen Seelsorgern, die keine Rückzugsmöglichkeiten in traditionale Frömmigkeitsformen boten.

Darüber hinaus wirkte sich die von Vertriebenenseelsorgern ausgehende individuelle Sammlung ehemaliger schlesischer Pfarrangehöriger in Fortführung der Heimatgemeinden als Personalgemeinden mit regelmäßigen Treffen, Versand von Rundbriefen etc. positiv auf die Milieubindung aus. Diese Personalgemeinden mit ihrer von Fall zu Fall durchaus unterschiedlichen Bindungskraft antizipierten eine vom Zweiten Vatikanum aufgewertete pastorale Form. Beide Vorgänge der territorialen bzw. personalen Koalitionsbildung unter den Vertriebenen wirkten vor dem Hintergrund der Moderne der Milieuerosion entgegen und lassen von einem spezifischen Vertriebenenkatholizismus sprechen.

Trotz dieser Erfolge in der Milieuformierung sank im Verhältnis zu den Gläubigen die Zahl der Priester stetig. In absoluten Zahlen ließ sich zwar ein anfängliches Ansteigen der Theologenzahlen konstatieren, weil viele junge Männer aus Wehrdienst und Kriegsgefangenschaft in die Konvikte drängten. Insbesondere in der Diaspora und den Vertriebenenfamilien entsprach die Anzahl der Berufungen jedoch keineswegs dem pastoralen Bedarf. Der Erfolg des Neuaufbaus katholischer Milieus auf der Mikroebene war damit durch einen Mangel an Milieuorganisatoren gefährdet, der auch durch die Einsetzung von Frauen als hauptamtliche Seelsorgehelferinnen nicht beseitigt werden konnte, zumal diese eine starke Fluktuation aufwiesen und sich als Berufsgruppe erst ein Profil verschaffen mußten.

Ein eindeutiges Moment der Milieuverstärkung bedeutete allerdings der Einsatz mehrerer Ordensgemeinschaften in der Pfarrseelsorge, die nicht allein punktuell personelle Engpässe in der Diaspora behoben, sondern auch durch neue Konzepte eine Professionalisierung der Pastoral einleiteten. Auffällig erscheint hierbei besonders der starke Impetus der Ordensgemeinschaften gegenüber einer nichtkirchlichen Umgebung und eher randständigen Katholiken.

Mit zunehmender Distanz von der durch Flucht oder Vertreibung hervorgerufenen Zäsur und dem Verblassen der Erinnerung an die Vergangenheit wurden die heimatlichen Traditionselemente des Vertriebenenklerus immer stärker zu Abgrenzungsmechanismen von der sich wandelnden Gegenwart. Parallel zu dem vom oldenburgischen Klerus organisierten Milieu wurde auch das Submilieu der Vertriebenengemeinden zunehmend auf eine rein retrospektive Funktion festgelegt, die im Sinne der Bewahrung der Milieukohärenz einer Abwehr der sich vergrößernden Spannweite theologischer Ansichten diente. Gleichzeitig verlor der Ostpriesterkonveniat auf diese Weise aber auch ein

Gutteil seines Eigenkolorits und entwickelte sich zu einem Spiegelbild des zwischen Milieubewahrung und Milieuaufweichung zerrissenen Gesamtklerus.

Grundsätzlich läßt sich also für den Klerus als Elite der Vertriebenen festhalten, daß seine abnehmende Wirkungskraft auf eine Stabilität des katholischen Milieus aus „einem deutlichen Bruch [resultierte], der nicht im späteren Lebenslauf kompensiert werden konnte"[540].

---

[540] Lüttinger, Paul (unter Mitwirkung von Rita Rossmann), Integration der Vertriebenen. Eine empirische Analyse. Frankfurt/M. u. a. 1989, 238.

# RESÜMEE

In den ersten Nachkriegsjahren entwarf ein Kölner Seelsorger in der renommierten Zeitschrift „Stimmen der Zeit" ein detailliertes Profil der seelsorglichen Realität seiner Pfarrei am Rand der Großstadt[1]: Kriegszerstörungen in der unmittelbaren Umgebung sowie Flucht und Vertreibung aus Ostdeutschland hätten nicht nur die Zahl der Gläubigen um 15 % ansteigen, sondern zugleich die soziale Schichtung differenzierter werden lassen. Damit seien auch die Anforderungen an die Pastoral gestiegen, einer Vielzahl von Berufs- und Verdienstgruppen gerecht zu werden. Angesichts der alltäglichen Auseinandersetzung um Arbeit, Wohnung und Lohn stehe das katholische Milieu mit seinen lebens- und freizeitgestaltenden Angeboten als Außenseiter da. Es gelte daher, diesen Prozeß der Individualisierung, Differenzierung und Mechanisierung von Seiten der Kirche und ihres Personals durch eine intensive Beschäftigung mit den jeweils spezifischen Sorgen und Nöten der einzelnen Berufsgruppen aufzuhalten. Wenn es der Kirche gelänge, durch eine vielfältige Pastoral diese Lebensnähe herzustellen und der Modernisierung eine christliche Dimension zu verleihen, sei ein essentieller Beitrag zur Milieubildung geleistet.

Diese Erfahrungen eines westdeutschen Großstadtpfarrers spiegeln in einer Art Mikrokosmos die Problematik einer Auflösung homogener sozialer Lebensräume wider, die auf der Makroebene für den gesamten westdeutschen Nachkriegskatholizismus, speziell aber auch im Hinblick auf die Welle der Flüchtlinge und Vertriebenen kennzeichnend ist.

Will man die zwei Jahrzehnte zwischen Kriegsende und Abschluß des Zweiten Vatikanischen Konzils unter dem Blickwinkel der katholischen Vertriebenen beschreiben, so läßt sich bereits am Anfang konstatieren, daß zu den tradierten religiösen Strukturen des einheimischen Katholizismus ein Transfer andersartiger Frömmigkeitsriten und liturgischer Bräuche trat. Diese spezifischen Phänomene eines ostdeutschen Katholizismus suchten einen Platz im kirchlichen Leben der Bundesrepublik oder aber sie fielen – losgelöst von der Topographie Schlesiens, des Ermlandes oder des Sudetenlandes – häufig lautlos einer Transformation bzw. Selektion anheim. Damit hatten die katholischen Vertriebenen nicht nur ihre Heimat als geographisch faßbare Umgebung verloren, sondern außerdem ein Stück des spezifischen Ritenmonopols als wichtigen Stützpfeiler ihres Milieus eingebüßt.

Gleichzeitig wurde der Katholizismus insgesamt von einem neuen Schub veränderter Lebens- und Arbeitsbedingungen in der modernen Gesellschaft erfaßt, zumal sich das

---

[1] Vgl. Clemens, Jakob, Eine Großstadtpfarrei nach dem Kriege, in: Stimmen der Zeit, Bd. 143 (1948/49), 366–376.

katholische Milieu der Nachkriegszeit immer weniger von der allgemeinen Lebenswelt abgrenzen ließ. Eine Erosion tradierter Familien- und Kulturvorstellungen mußte aufgrund dieser zunehmenden Interdependenz folglich immer auch einen Einbruch im katholischen Milieu bewirken.

Als Hauptmerkmal der kirchlich-gesellschaftlichen Situation der katholischen Vertriebenen läßt sich ihre Randständigkeit im katholischen Milieu der Aufnahmeregion konstatieren. Eine Ursache dieser Fremdheit resultiert aus den Mentalitätsunterschieden zwischen den beiden religiösen Handlungseinheiten von ost- und westdeutschen Katholiken. Im Bereich der Fallstudie erwies sich für die einheimische Bevölkerung eine traditionale Kirchlichkeit prägend, die stärker von rationalem Denken und pragmatischem Handeln bestimmt war als die eher basisorientierte volkskirchliche Strömung, die speziell aus Schlesien hinzukam.

In Anlehnung an Max Weber ließe sich – etwas pauschal und vereinfachend formuliert – von einer „offiziellen Religiosität" im Westen und einer „Volksreligiosität" im Osten sprechen, die in eine die Geschlossenheit des katholischen Milieus gefährdende Ambivalenz zueinander gerieten[2]. Diese hier als Unterscheidungsmerkmal aufzugreifende Typologie markiert einen neuralgischen Punkt im deutschen Nachkriegskatholizismus, dessen Spannungsverhältnis sich in Anlehnung an politisch-ökonomische Systemvergleiche als interkultureller Transfer beschreiben ließe[3]. Ein solcher Paradigmenwechsel läßt sich anhand von wahrgenommenen und empirisch faßbaren Mentalitätsunterschieden verifizieren, die im Moment der Aufnahme der Zwangsmigranten subkutan blieben. Nur bedingt kann diese Situation eines kulturellen Austauschs allein auf das unabdingbar zur katholischen Deutungskultur gehörende sozial-karitative Engagement mit dem Ziel der Linderung von Hunger und Schmerz im Chaos von Flucht und Vertreibung reduziert werden. Vielmehr wurde die Dimension des Transfers zwischen dem traditionalen Katholizismus des Westens und dem Vertriebenenkatholizismus – wie beide Größen ebenfalls zwecks Differenzierung begrifflich zu unterscheiden sind – erst in der Kontinuität des Vertreibungszustandes sichtbar, die eine dauerhafte Veränderung des konfessionellen und gesellschaftlichen Lebensumfeldes des katholischen Milieus einleitete.

Wie der induktive Ansatz dieser Fallstudie belegt, trat diese soziale Komponente als konstitutives Merkmal alsbald zugunsten mentaler Paradigmen in den Hintergrund.

Ein primär landsmannschaftlich geprägter religiöser Kulturbegriff ließ statt dessen Phänomene einer abgrenzbaren Kulturhoheit entstehen, die sich als kontinuierliche Fortsetzung einer ostdeutschen Teiltradition verstanden. Dieses Reservat einer exklusiven Erfahrung der Vertriebenen mit Gott besaß eine suggestive Wirkung im Moment der Verunsicherung und diente somit als Garant des eigenen Selbstbewußtseins in der

---

[2] Vgl. Weber, Max, Wirtschaft und Gesellschaft, 5. Aufl. Tübingen 1980, 245f.
[3] Vgl. Paulmann, Johannes, Interkultureller Transfer zwischen Deutschland und Großbritannien. Einführung in ein Forschungskonzept, in: Muhs, Rudolf, Paulmann, Johannes, Steinmetz, Willibald (Hrsg.), Aneignung und Abwehr. Interkultureller Transfer zwischen Deutschland und Großbritannien im 19. Jahrhundert (Arbeitskreis Deutsche England-Forschung, Veröffentlichung 32), Bodenheim 1998, 21–43.

Fremde. Eine explizite Form gruppenimmanenter Traditionspflege fand sich in einigen Jurisdiktionsbezirken Nordwestdeutschlands mit dem St.-Hedwigs-Werk auf der Meso- und den Hedwigskreisen auf der Mikroebene. Im Kontext dieser Bemühungen um eine religiös-kulturelle Vereinsbildung stellt der Untersuchungsraum ein Fallbeispiel dar, in dem eine solche Vergemeinschaftungsform der Vertriebenen auf die Ablehnung der Hierarchie stieß, die das neue religiös-kulturelle Potential nicht wahrnahm und dessen unkontrollierbare Eigendynamik befürchtete. Jeglicher Versuch, überregionale Sammlungsmuster vor Ort zu kopieren und ein basisorientiertes Netzwerk zu schaffen, wurde als Element der Zersplitterung verstanden und daher als schädlich für die Erhaltung eines genuinen katholischen Milieus angesehen. Einem kulturellen Transformationsprozeß auf der Basis eigenständiger katholischer Vertriebenenvereine stand im Fallbeispiel nicht nur der vom zuständigen Bischof von Münster, Michael Keller, vertretene Primat der „Katholischen Aktion", die zum Leitgedanken des Gemeindelebens jeder Pfarrei werden sollte[4], entgegen, sondern auch die angesichts eines anfänglich herrschenden Koalitionsverbots der Vertriebenen befürchtete politische Instrumentalisierung ostdeutscher Frömmigkeitsformen.

Mit den Schlagworten „Integration statt Separation"[5] läßt sich die handlungsleitende Maxime der Kirchenoberen auf den Punkt bringen, ohne daß die kirchliche Hierarchie spezifische seelsorgliche Konzepte für die Vertriebenen entwickelte. Den für eine Milieueinbindung der Vertriebenen freigesetzten Energien fehlte daher Halt und Geborgenheit. Folglich mußten sie weitgehend verpuffen und konnten nur partiell auf der Mikroebene aufgegriffen werden. Darüber hinaus ließ die zunehmende Mobilität gerade die Vertriebenen als eigenständige Gruppe untereinander in ihren Konturen immer weniger wahrnehmbar erscheinen.

Eine hohe Affinität zwischen Kirchenleitung und Vertriebenen herrschte allein in kulturpolitischen Belangen bei der Durchsetzung gemeinsamer Interessen nach außen. Da die katholischen Vertriebenen einen wichtigen Faktor bei der Neuetablierung und flächendeckenden Ausweitung des Konfessionsschulwesens in der Diaspora als zentraler Sozialisationsinstanz bildeten, wurden sie im niedersächsischen Schulkampf der 1950er Jahre zu einem wichtigen Interaktionsfaktor zwischen Kirchenleitung und Regierung.

Die Amalgamierung der schulischen Interessen der katholischen Vertriebenen an die Eigeninteressen des althergebrachten katholischen Milieus trug dazu bei, den Zusammenhalt der Submilieus gegenüber der Gesellschaft zu stärken, resultierte aber primär

---

[4] Zur zentralen Bedeutung der „Katholischen Aktion" im Gesamtkonzept der kirchlichen Entwicklung des Bistums Münster nach 1945 vgl. Damberg, Wilhelm, Abschied vom Milieu? Katholizismus im Bistum Münster und in den Niederlanden 1945–1980 (Veröffentlichungen der Kommission für Zeitgeschichte, Reihe B, Bd. 79), Paderborn u. a. 1997, insbes. 128ff.

[5] So bringt W. Blessing den Umgang mit den Vertriebenen im Erzbistum Bamberg treffend auf den Punkt. Vgl. Blessing, Werner K., „Deutschland in Not, wir im Glauben ...". Kirche und Kirchenvolk in einer katholischen Region 1933–1949, in: Broszat, Martin u. a. (Hrsg.), Von Stalingrad zur Währungsreform. Zur Sozialgeschichte des Umbruchs in Deutschland (Quellen und Darstellungen zur Zeitgeschichte, Bd. 26), 2. Aufl. München 1989, 3–111, hier 85.

aus der Erkenntnis, daß die Konfessionsschule in der Diaspora einen essentiellen Milieubestandteil bildete. Außerdem war die Diskussion um die Zukunft der Konfessionsschule in Niedersachsen allgemein zum bestimmenden Konfliktpotential zwischen Kirche und Staat geworden, zumal sich „nur hier Grundsatzfragen des Verhältnisses"[6] berührten.

Obwohl im Bereich des Fallbeispiels der Status quo der Konfessionsschulen vorerst aufrecht erhalten werden konnte, führte der mangelnde Einfluß der ostdeutschen Katholiken und ihrer wirtschaftlichen Interessen in der CDU zu einer Individualisierung politischer Optionen, die zunächst allerdings nur auf den BHE als Vertriebenenpartei gerichtet waren. Die Milieuerosion wurde beschleunigt, weil auch von Seiten des ostdeutschen Klerus immer wieder hervorgehoben wurde, daß der BHE als Interessenpartei zugleich auch Weltanschauungspartei sein könnte[7]. Dieser Prozeß der Differenzierung, für den die politische Gruppierung der Vertriebenen nur zeitweise ein Auffangbecken darstellte, fand schließlich Ende der 1950er Jahre in der gesellschaftlichen Öffnung der SPD für ein breiteres katholisches Wählerpotential seine nahezu kontinuierliche Fortsetzung.

Als exklusive Erfahrung mit Gott und der kirchlichen Hierarchie blieben die Vertriebenenwallfahrten die einzige – wenngleich lockere – verbindende Form der Vergemeinschaftung mit Eigenkolorit. Die zu diesen zentralen religiösen Kundgebungen jährlich zusammenströmenden Massen verdeutlichen die suggestive Wirkungskraft des transzendenten Elementes in einer Zeit der fehlenden religiös-gesellschaftlichen Verortung.

In gewisser Weise lassen sich die Wallfahrtstreffen somit auch als Gegenprogramm zur Mobilität der Gesellschaft begreifen, als Transmissionsriemen, dem eine besondere Bindekraft für die ostdeutschen Katholiken zukam.

Wo im lokalen Bezugsraum eine Ritualisierung des kirchlichen Lebens gemäß ostdeutschen kirchlichen Traditionen erfolgen konnte, die einen Transfer von religiösen Kulturwerten von Ost nach West voraussetzte und somit Anziehungskraft auf die Vertriebenen ausübte, blieb diese zumeist auf einen lokalen Bezugsraum in der Diaspora beschränkt. In Abgrenzung zur einheimischen katholischen Lebenswelt, aber insbesondere auch zur protestantisch-säkularisierten Umwelt konnte hier im Rahmen eines religiös-kulturellen Transformationsprozesses ein neues katholisches Milieu im Kleinen ausgebildet werden, das ambivalente Züge trug. Parallel zur Traditionsfixiertheit auf typisch schlesische Sitten und Bräuche wurden – wie im Fallbeispiel aufgezeigt werden konnte – liturgische Neuerungen etabliert, welche die Reformen des Zweiten Vatikanischen Konzils um 20 Jahre antizipierten.

---

[6] Kuropka, Joachim, Eine Minderheit in Niedersachsen: Die Katholiken, in: Ders., Laer, Hermann von (Hrsg.), Woher kommt und was haben wir an Niedersachsen (Vechtaer Universitätsschriften, Bd. 16), Cloppenburg 1996, 187–218, hier 201.

[7] Vgl. Naßmacher, Karl-Heinz, Kontinuität und Wandel eines regionalen Parteiensystems. Zur politischen Entwicklung Oldenburgs im 20. Jahrhundert, in: Günther, Wolfgang (Hrsg.), Sozialer und politischer Wandel in Oldenburg. Studien zur Regionalgeschichte vom 17. bis zum 20. Jahrhundert (Schriftenreihe der Universität Oldenburg), Oldenburg 1981, 221–251, hier insbes. 235.

Auf der Meso- und Makroebene hingegen konnten sowohl die „konservativen" Elemente ostdeutschen Brauchtums, wie die Roratemessen im Advent, der Kolendegang nach Weihnachten etc., als auch die „progressiven" Züge speziell der schlesischen Mentalität, wie die aus einer großteils konfessionell heterogenen Lebenssituation resultierende größere Aufgeschlossenheit gegenüber den evangelischen Mitchristen und die in der regionalen Ausprägung der katholischen Jugendbewegung grundgelegte stärkere liturgische Experimentierfreudigkeit, kaum nachhaltigen Einfluß auf die Gesamtprägung des Katholizismus gewinnen.

Wenn auch die Konzepte einer einheitlichen „Katholischen Aktion" aufgrund des Wiederauflebens eines ausdifferenzierten Standesvereinswesens nicht verstärkt geltend gemacht werden konnten, lag die Strategie der Bistumsleitung in der Aufrechterhaltung des Milieumonopols und der Sicherstellung einer Vervollkommnung monolithischer Strukturen im Sinne der Verkirchlichung der Gläubigen. Landsmannschaftliche Kulturphänomene wurden lediglich auf die Schaffung eines Gerüsts struktureller Ordnungsprozesse reduziert. Identitätsbewahrung blieb letztlich sekundär und somit die nahezu komplette Assimilierung an die neue Umgebung das Postulat. Im Fallbeispiel traten jedenfalls die beiden kirchlichen Behörden in Münster und Vechta im Chaos des Vertriebenenzustroms primär als Ordnungsmächte hervor, deren Handeln sich weitgehend auf systematische normative Vorgaben auf der administrativen Ebene beschränkte. Hinzu kam eine finanzielle Subventionierung insbesondere der Diaspora mit dem erklärten Ziel, dort die Geschlossenheit des katholischen Milieus zu garantieren. Im Zentrum des Maßnahmenkatalogs der von hier aus koordinierten Aufbauhilfe standen das zur Selbsthilfe anregende Patenschaftssystem zwischen alten Pfarreien und Vertriebenengemeinden sowie das einer Erweiterung und Spezifizierung unterzogene soziale Netz. Darüber hinaus entwickelten auf der Makroebene tätige Sondereinrichtungen, wie das Bonifatiuswerk der deutschen Katholiken oder die Ostpriesterhilfe, innovative Seelsorgemethoden und effiziente Förderungsmodelle zur pastoralen Integration der Gläubigen vor Ort.

Exemplarisch lassen sich die Kapellenwagenmissionen benennen, die klassische Ideale und kollektive Normen des katholischen Milieus bei einer breiten Masse geographisch an den Rand gedrängter ostdeutscher Katholiken umzusetzen versuchten. Mit ihrer allgemeinen volksdidaktischen Ausrichtung in Katechetik und Predigt boten sie nur bedingt Ansätze für einen interkulturellen Austausch zwischen den so unterschiedlichen katholischen Milieus von „Ost" und „West".

Obwohl die Transferwege versperrt blieben, kam es im Nachkriegskatholizismus des Fallbeispiels auch zu Prozessen einer milieubindend wirkenden Verselbständigung mancher Entwicklungen an der Basis, und mit deren Routinisierung ging partiell eine stärkere Akzeptierung und Rezipierung durch die einheimische katholische Bevölkerung einher. Dieser sehr heterogene Transformationsprozeß beinhaltete jedoch in seiner Vielgestaltigkeit wiederum die Gefahr eines Verlustes der inneren Kohärenz des Diasporakatholizismus, dessen Krisensymptome im Kontext der zahlreichen Aktivitäten von der kirchlichen Hierarchie gar nicht mehr bewußt wahrgenommen wurden. Dadurch, daß die Vertriebenen die Handlungskonzepte zur Eingliederung zumeist ungefragt übergestülpt erhielten, womit neue Reibeflächen im innerkatholischen Raum entstanden, wurde vom Blick auf die gleichzeitigen Gefahren der Modernisierung abgelenkt.

Gerade die starke Homogenität des Milieus in der katholischen Subregion des Untersuchungsraumes und das hier über Generationen hinweg auf einen überschaubaren regional begrenzten Raum ausgerichtete gesellschaftliche Bewußtsein hatten dazu geführt, daß einer möglichen Milieuerosion keine Beachtung geschenkt wurde. Ohnehin war für das agrarische katholische Milieu die Zäsur 1945 nicht als Neubeginn und Zeit des Wandels wahrgenommen und allenfalls das mit diesem Datum verbundene Ende des die Kirche unterdrückenden NS-Regimes als Einschnitt gesehen worden[8].

Zunächst aber wurde die wechselseitige Beziehung von Katholizismus und Gesellschaft durch den dem kirchlichen Leben allgemein beigemessenen erhöhten Stellenwert wesentlich bestimmt. Als Hauptursache für diesen Tatbestand läßt sich vornehmlich die hervorgehobene Position der Kirchen zum Zeitpunkt des Zusammenbruchs des Dritten Reichs und im Zeitraum danach benennen. Die katholische Kirche hatte sich als einzige geschlossene Großorganisation nicht vom Wertnihilismus der NS-Ideologie erfassen lassen. Sie war im geistigen wie materiellen Trümmerhaufen des Deutschen Reiches – zumindest in den Augen der Zeitgenossen – eine „Siegerin in Trümmern"[9] geblieben und spiegelte die Kontinuität schlechthin in einem vorübergehend nicht mehr existenten Staatswesen wider. Diese Erfahrung traf in besonderer Weise auf den Raum der Fallstudie zu, in dessen katholischer Subregion Südoldenburg es den Nationalsozialisten weder gelungen war, bei den letzten freien Reichstagswahlen 1933 die absolute Mehrheit der katholischen Milieupartei Zentrum zu brechen, noch die notwendige Zahl von Führungskräften zu rekrutieren. Die staatlichen Repressalien gegen die Einheit von Kirche, Schule und Vereinsleben und deren gesellschaftlichen Primat als den milieubestimmenden Elementen erhielten 1936 im sogenannten Oldenburger Kreuzkampf gegen das vom Ministerium angeordnete Entfernen der Kreuze aus den katholischen Bekenntnisschulen ihren stärksten Protest[10].

Ein Blick in die Statistiken bestätigt dieses Triumphgefühl des Katholizismus mit dem Verweis auf eine Zunahme der Kirchenbesucher – in absoluten Zahlen –, Wiederaufnahmen in die Kirche und Konversionen. Das Bild des Aufschwungs, der Expansion greift selbst für die Diaspora als Hauptaufnahmegebiet der hier im Mittelpunkt des Interesses stehenden katholischen Vertriebenen.

---

[8] Vgl. Blessing, Werner K., „Deutschland in Not, wir im Glauben ..." (wie Anm. 5). Blessing weist am Beispiel des Erzbistums Bamberg nach, daß „die Kirche selbst bruchlos handlungsfähig blieb".

[9] So der Titel eines die Nachkriegsentwicklung des Katholizismus zumeist sehr kritisch aufgreifenden Sammelbandes. Köhler, Joachim, Melis, Damian von, Siegerin in Trümmern. Die Rolle der katholischen Kirche in der deutschen Nachkriegsgesellschaft (Konfession und Gesellschaft, Bd. 15), Stuttgart u. a. 1998.

[10] Vgl. Kuropka, Joachim (Hrsg.), Zur Sache – das Kreuz! Untersuchungen zur Geschichte des Konflikts um Kreuz und Lutherbild in den Schulen Oldenburgs, zur Wirkungsgeschichte eines Massenprotests und zum Problem nationalsozialistischer Herrschaft in einer agrarisch-katholischen Region, 2., durchgesehene Aufl. Vechta 1987.

Die Chance eines weitreichenden Erfolges bei der Ausweitung des katholischen Milieus auf die Neuankömmlinge aus Ostdeutschland ist also immer vor der Folie des Gegensatzes von „Volksreligiosität" und „offizieller Religiosität" zu betrachten und schien damit nicht zuletzt deshalb vorhanden zu sein, weil die katholische Kirche sich als einzige Institution darstellte, die den Anspruch vertrat, Menschen verschiedener sozialer Provenienz zu einer dauerhaften, über das irdische Leben hinausreichenden Gemeinschaft zu verbinden. Angesichts dieses Communio-Gedankens und der als integraler Bestandteil der Heilslehre verankerten Gewißheit des ewigen Lebens bei Gott vermochte die Kirche den Gläubigen auch nach dem Erleiden von Flucht und Vertreibung neuen Lebensmut zu verleihen, ohne Haß und Vergeltung zu schüren, und der Gedanke an die Sicherheit einer ewigen, nicht zu verlierenden Heimat bei Gott stellte den zentralen Topos bei der theologischen Auseinandersetzung mit der Überwindung des irdischen Heimatverlustes dar[11]. Dieses Erklärungsmuster bildete insbesondere in den nach 1945 neu entstandenen Vertriebenengemeinden der Diaspora die theoretische Grundlegung praktischen pastoralen Bemühens und damit die Basis für eine Orientierung an den aus der verlorenen Heimat mitgebrachten Sitten und Bräuchen, die in den homogenen lokalen Milieus – wie etwa in den agrarischen Räumen Nordoldenburgs belegt – einen großzügigen Freiraum und geeignete Entfaltungsmöglichkeiten fanden.

Zudem rief die konfessionelle Minoritätssituation Bindungsenergien hervor, die tendenziell Strategien defensiver Abgrenzung beschleunigten und darüber hinaus den Weg zu solidarischen Aktionen mit den evangelischen Mitchristen öffneten. Gleichzeitig brachen aber angesichts des heterogenen Konfessionsgeflechts zunehmend Ängste auf, die zu einer Abgrenzung und Verfestigung der konfessionellen Standpunkte führten. Das erstmals in der jüngeren deutschen Geschichte auf Ebene der Bundesrepublik herrschende konfessionelle Gleichgewicht mit dem daraus resultierenden gesteigerten Selbstbewußtsein der Katholiken färbte dabei auf deren Selbstverständnis in der Diaspora ab. Neben rein pragmatischen Beziehungen zu den Protestanten, die in der Regel durch die Mitbenutzung von Kirchen und anderen Räumlichkeiten grundgelegt waren, galt es für die Katholiken, gerade in diesem Lebensumfeld ihre Parität unter Beweis zu stellen und gegen Tendenzen zu einer Neutralisierung der Konfessionalität anzukämpfen, wie sie das rapide Anwachsen der Mischehen erwarten ließ.

Die Grundlagen für eine intensivierte Diasporaseelsorge waren im deutschen Katholizismus bereits in den 1930er Jahren durch die Etablierung des Begriffs der „Wandernden Kirche" und der damit verbundenen Seelsorgemaßnahmen an zerstreut lebenden Konfessionsangehörigen gelegt worden. Diesem Konzept kam eine nachhaltige Wirkung auch für die geistliche Betreuung im Rahmen der Zwangsmigration der deutschen Bevölkerung aus Ostmitteleuropa zu. Unzweifelhaft konnten die theoretischen und pastoralpraktischen Vorgaben allerdings die dramatischen und tiefgreifenden Bevölkerungsverschiebungen der Nachkriegszeit nicht antizipieren. Plötzlich und unvorbereitet wurde

---

[11] Vgl. hierzu exemplarisch die Intention der Predigten des Glatzer Generalvikars Franz Monse, in: Hirschfeld, Michael, Prälat Franz Monse (1882–1962). Großdechant von Glatz (Arbeiten zur schlesischen Kirchengeschichte, Bd. 7), Sigmaringen 1997, 110–117.

der westdeutsche Katholizismus innerhalb weniger Monate durch den Vertriebenenzustrom bunter und vielfältiger. Ganz besonders deutlich erschien dies – wie gesagt – in der nördlichen Subregion des Untersuchungsraumes Oldenburg, die zwar keinen überdurchschnittlich hohen Anteil an Vertriebenen katholischer Konfession aufzunehmen hatte, wo dessen Größenordnung jedoch aufgrund der geringen Zahl einheimischer Katholiken insbesondere in den Landgemeinden erheblich ins Gewicht fiel.

War hier einerseits der unmittelbarste Anknüpfungspunkt an die volkskirchliche Religiosität Schlesiens, Ermlands oder des Sudetenlandes gegeben, so setzte andererseits der Topos von der himmlischen Heimat ein starkes Vertrauen in die Führung Gottes und ein hohes Maß an Gläubigkeit voraus, stellte also Kategorien in den Mittelpunkt, die gerade in einem Zeitalter der Modernisierung und Individualisierung kontinuierlich an gesellschaftlichem Rückhalt verloren. Darüber hinaus wurde die Bindungsfähigkeit der in statu nascendi befindlichen katholischen Vertriebenenmilieus durch das Übergewicht der anderskonfessionellen und – wie im Fallbeispiel deutlich geworden – zunehmend agnostischen Umgebung behindert. Zumindest wurde der Milieubindefaktor der Organisationsdichte durch dieses Lebensumfeld erheblich eingeschränkt, wozu die fehlende Diasporareife der meist aus homogenen katholischen Regionen stammenden Vertriebenen kam. Die Folgen machten sich durch eine geringere Resistenz gegenüber der Wirkmächtigkeit der Moderne bemerkbar, die mit Blick auf die säkularisierte Lebensumwelt im innerkirchlichen Bereich zu einer Verringerung der Intensität religiöser Praxis führte sowie im außergottesdienstlichen und -sakramentalen Bereich anstelle der CDU oder dem Zentrum als Milieuparteien vermehrt milieuübergreifende Interessenparteien wie den BHE zum Transmissionsriemen politischer Optionen werden ließ.

Unter einem anderen Paradigma stand die Situation in den Diasporastädten der Fallstudie mit einem seit der Industrialisierung ausgeprägten katholischen Milieu. Durch scharfe Abgrenzung von der übrigen lokalen Gesellschaft hatte hier eine Führungsschicht aus Klerus und katholischen Volksschullehrern mit Wurzeln in Südoldenburg ein traditionelles Rollenverständnis bereits fest internalisiert[12]. Die katholische Minorität, die bisher nahezu ausschließlich dem Arbeiterstand angehört hatte und damit über die religiöse Minderheitensituation hinaus zugleich auch sozial am unteren Ende der gesellschaftlichen Rangskala positioniert gewesen war, erfuhr eine Auffrischung durch ostdeutsche Katholiken aus allen Schichten, von oberschlesischen Grubenarbeitern über selbständige Landwirte und städtische Kaufleute bis hin zu einer großen Zahl von Volksschullehrern[13].

---

[12] Vgl. für die Diasporagemeinde Delmenhorst: Kuropka, Joachim, Die römisch-katholische Kirche in Delmenhorst, in: Schäfer, Rolf, Rittner, Reinhard (Hrsg.), Delmenhorster Kirchengeschichte. Beiträge zur Stadt-, Schul- und Sozialgeschichte (Delmenhorster Schriften, Bd. 15), Delmenhorst 1991, 143–177, hier 170.

[13] So bestand nicht nur der Lehrkörper der kath. Schulen in der Diaspora des Fallbeispiels nach 1945 fast ausschließlich aus Ostvertriebenen. Auch in der katholischen Subregion waren an zahlreichen Dorfschulen zumeist schlesische Lehrkräfte tätig. Noch 1963 waren mehr als 50 % der in Nordoldenburg wirkenden katholischen Volksschullehrer Ostvertriebene. Vgl. Katholischer Ol-

Durch diesen interkulturellen Transfer konnte der Katholizismus jetzt zwar über das bereits existente Diaspora-Milieu hinaus äußerlich seine personelle Verstärkung demonstrieren, wie zum Beispiel in Varel, wo 1948 erstmals eine Fronleichnamsprozession stattfand, oder etwa in der Stadt Oldenburg, wo die Prozession zu diesem katholischen Hochfest im selben Jahr erstmals das Kirchengelände verließ und in Gegenwart von 6.000 Katholiken in einem öffentlichen Raum, nämlich im Stadtpark, durchgeführt wurde[14].

Gleichzeitig verschlechterte jedoch die sozio-ökonomische Disparität der vergrößerten Gemeinden die Chance auf eine reibungslose kirchliche Integration, eben bedingt durch den „dualen Gegensatz eines (unter den Vertriebenen. Anm. d. Verf.) dominierenden Mittelstandes und der großen Mehrheit einer (unter den Einheimischen dominierenden. Anm. d. Verf.) Industriearbeiterschaft"[15].

Die Schwierigkeit für die Vertriebenen bestand hier somit nicht in der fehlenden Gelegenheit zur Milieueinbindung, sondern in der Abgeschlossenheit und Konturierung des Milieus, die eine Erweiterung um die ostdeutschen Katholiken erschwerte. Daher ist es einerseits nicht erstaunlich, daß die Versuche zur Bewahrung der Eigenidentität der Vertriebenen mittels Vereinsbildung gerade in diesen „alten" Diasporamilieus angesiedelt waren. Andererseits zeigt die geringe Resonanz, auf die verschiedentliche Bemühungen trafen, in den altansässigen Gemeinden mit einem nennenswerten Anteil an Vertriebenen Interessengruppen zu bilden, einmal mehr die geringe Bindungsfähigkeit der aus der Topographie ihrer vertrauten Umgebung entrissenen in aller Regel schlesischen Katholiken.

Während in diesen Diasporaverhältnissen die Herausbildung eines Submilieus innerhalb der Pfarrei vom einheimischen Klerus als Polarisierung begriffen und daher zumeist bekämpft wurde, ließen sich im rein katholischen Milieu Südoldenburgs kaum Nischen für Elemente eines regionaltypischen religiösen Eigenlebens der Vertriebenen finden. Trotz der konfessionellen Übereinstimmung und einem ähnlichen Grad kirchlicher Sozialisation wurden sie hier weitgehend als Minorität gesellschaftlich gemieden und ausgegrenzt. Gerade in katholische Regionen seien ostdeutsche Katholiken mit besonderer Freude gekommen, resümierte ein ostdeutscher Redner auf dem Bochumer Katholikentag 1949, hätten aber insbesondere dort die Erfahrung machen müssen, im kirchli-

---

denburgischer Lehrerverein (Hrsg.), Handbuch der katholischen Lehrer und Lehrerinnen an den Volks-, Mittel- und Sonderschulen des Verwaltungsbezirks Oldenburg nach dem Stande vom 15.7.1963, Vechta o. J. (1963).

[14] Vgl. Steinkamp, Karl, Die 100jährige Entwicklung der katholischen Kirchengemeinde Varel, o. O. o. J. (Varel 1951), 2. Aufl. 1981. Vgl. Bockhorst, Heinrich, Die Pfarrei St. Peter [Oldenburg] und ihre Tochtergemeinden in der nordoldenburgischen Diaspora, Erolzheim 1959, 42. Auch in Delmenhorst wurde die Fronleichnamsprozession 1956 vom Kirchengelände in den Stadtpark verlegt.

[15] Baha, Norbert, Kirche und Gesellschaft in der Nachkriegszeit. Soziale und konfessionelle Auswirkungen des durch den Flüchtlings- und Vertriebenenzustrom ausgelösten Strukturwandels am Beispiel der nordwestdeutschen Industriestadt Delmenhorst, in: Niedersächsisches Jahrbuch für Landesgeschichte, Bd. 57 (1985), 237–255, hier 254.

chen Leben abgelehnt und an den Rand gedrängt worden zu sein[16]. So blieb ihre Existenz im Gemeindeleben vor der Folie eines gesellschaftlich prägenden katholischen Submilieus weitgehend ohne erkennbare Konturen, und ihr Beitrag zur Kirchlichkeit in dieser Subregion der Fallstudie erscheint deshalb allgemein schwer faßbar. Lediglich für den Ausbau des karitativ-sozialen Sektors erwies sich ein katholisches Lebensumfeld als unabdingbare Voraussetzung, weshalb eine Verdichtung des sozialen Netzes primär in Südoldenburg erfolgreich sein konnte, während in der Diaspora nur punktuell Kristallisationspunkte geschaffen werden konnten.

Das Bewußtsein von der spezifischen Religiosität beispielsweise der Schlesier in ihren Diasporagemeinden rangierte im katholisch-agrarischen Lebensumfeld zwar mit erhöhtem Stellenwert, blieb jedoch nahezu gleichrangig mit dem Wissen um das Anliegen der Afrikamission der Kirche. Als Landwirt einen Teil seiner Erträge als Naturalienhilfe für die „armen Flüchtlinge" zu geben, als Schulkind für die ostvertriebenen Schüler zu opfern, wurde in geschlossen katholischen Milieus wohl ebenso zu einem gesellschaftlichen Muß wie die Spende für die „Heidenmission" in Afrika. Die Vertriebenen wurden hier also Bestandteil einer durch die Sozialisation in einer zutiefst religiös geprägten Umgebung schon von klein auf vom Klerus anempfohlenen Solidarität mit den Notleidenden. Die Opferbereitschaft der westdeutschen Katholiken für ihre Glaubensschwestern und -brüder aus dem Osten ist zwar als „Beleg für die Integrationskraft der Kirche"[17] heranzuziehen, fand ihre Grenzen aber häufig dort, wo der Bereich des eigenen Besitztums berührt wurde, also zum Beispiel Vertriebene auf dem eigenen Hof oder im eigenen Dorf einquartiert waren, und das zudem, wenn diese der evangelischen Konfession angehörten, wie im Fallbeispiel empirisch belegt. In diesem Zusammenhang mag das Diktum von der „Ambivalenz des Fremden"[18] zutreffen, der faszinierend und abstoßend, Mitleid und Ängste erregend zugleich erscheint. Eine „Gleichstellung aller Kirchgänger [...], wobei der Status Einheimischer oder Flüchtling [...] ausgeklammert blieb"[19], war deshalb in den bereits ausgebildeten und etablierten katholischen Milieus des Fallbeispiels eher die Ausnahme als die Regel.

Eine eminente Bedeutung und Schlüsselstellung für die Entwicklung des katholischen Milieus kam zweifelsohne dem Klerus zu. Charisma und Kompetenz bezeichnen

---

[16] So der frühere Generalvikar von Kattowitz, Franz Wosnitza. Vgl. ders., Die Kirche und die Heimatlosen im katholischen Raum, in: Generalsekretariat des Zentralkomitees der Deutschen Katholikentage (Hrsg.), Gerechtigkeit schafft Frieden. Der 73. Deutsche Katholikentag vom 31. August bis 4. September 1949 in Bochum, Paderborn 1949, 150–156.

[17] Baha, Norbert, Kirche und Gesellschaft in der Nachkriegszeit (wie Anm. 15), 243.

[18] Thamer, Hans-Ulrich, Fremde im Land. Überlegungen zu einer Politik- und Sozialgeschichte von Fremden und Fremdheitserfahrungen, in: Johanek, Peter (Hrsg.), Westfalens Geschichte und die Fremden (Schriften der Historischen Kommission für Westfalen, Bd. 14), Münster 1994, 3–9, hier 5.

[19] Baha, Norbert, Kirche und Gesellschaft in der Nachkriegszeit (wie Anm. 15), 242.

die beiden zentralen Eigenschaften dieser hochmotivierten Berufsgruppe[20], die sich als Heilsvermittler an einer Schaltstelle zwischen immanenten und transzendenten Anliegen der Katholiken befand. Ihre seit dem Kulturkampf konstitutive Tradition als Führungselite des katholischen Milieus bot auch die Grundlage für das Selbstverständnis des Vertriebenenklerus in den Herausforderungen von Flucht und Vertreibung[21].

Neben diesem gesellschaftlich weithin akzeptierten Berufsbild trug die in der Jugend- und Liturgiebewegung grundgelegte pastorale Aufgeschlossenheit des schlesischen Klerus zusätzlich dazu bei, die religiöse Bindungskraft der Vertriebenen im Rahmen einer „modernen" Seelsorge zu erhöhen. Unter ihren Landsleuten rangierten ostvertriebene Welt- und ebenso Ordenspriester als „in-group" an vorderster Stelle impulsgebend bei der Koalitionsbildung durch Vergemeinschaftung. Die Schaffung eines festen Bezugsortes, also eines Kristallisationspunktes, legitimierte die besondere Funktion des Klerus im Prozeß der Neuetablierung und diente somit als Vorbild für die Etablierung kollektiver Verhaltensmuster der Vertriebenen.

Zentrale Indizien für diesen vom Vertriebenenklerus als Katalysator vorangetriebenen parallelen Prozeß der äußeren Segregierung und der inneren Homogenisierung und Formierung sind auf der einen Seite der Bau von Kirche, Pfarrhaus, später auch Pfarrheim, die Einrichtung einer katholischen Volksschule, möglicherweise auch eines Kindergartens, als äußerlich sichtbare Elemente und auf der anderen Seite die starke Mittelpunktfunktion des Vertriebenenklerus, die von ihm ausgehende Einbeziehung von Frauen als hauptamtliche Seelsorgehelferinnen in Aufgabenbereiche, die bisher vom Priester ausgefüllt wurden, die Einbindung der Laien in die Liturgie usw. als innerlich formende Momente einer alternativen Infrastruktur. Auf der Mikroebene entwickelten sich also lokale Vertriebenenkatholizismen als Teil- oder Sondergesellschaften, deren Kennzeichen Dynamik, Spontaneität und ein dezidiertes Bewußtsein für die Bedeutung religiöser Symbolgehalte waren, so daß der Transformationsprozeß des Neuaufbaus neben seiner identitätsbewahrenden Komponente Leitmotive einer nachhaltigen Stärkung der Identifikation mit der neu gegründeten Gemeinde im Westen und damit der Verwurzelung beinhaltete[22].

Flankiert von pastoralen Strategien, die der Mehrheit der Milieuangehörigen durch neue Rollenbilder eine gewisse Repräsentation und geeignete Kommunikationsmuster

---

[20] Vgl. zu diesem Aspekt Schulte-Umberg, Thomas, Profession und Charisma. Herkunft und Ausbildung des Klerus im Bistum Münster 1776–1940 (Veröffentlichungen der Kommission für Zeitgeschichte, Reihe B, Bd. 85), Paderborn u. a. 1999., 15ff. u. 479–485.

[21] Pejorativ werden die im Katholizismus organisatorisch führend tätigen Priester von einer betont „kritischen" Katholizismusforschung auch als Milieumanager bezeichnet. Die Adaptierung dieses Begriffs erscheint dem Verf. allerdings nicht angemessen, da er die geistliche Dimension der Gemeindeorganisation außer Betracht läßt. Vgl. Blaschke, Olaf, Die Kolonialisierung der Laienwelt. Priester als Milieumanager und die Kanäle klerikaler Kuratel, in: Ders., Kuhlemann, Frank-Michael (Hrsg.), Religion im Kaiserreich. Milieus – Mentalitäten – Krisen (Religiöse Kulturen der Moderne, Bd. 2), Gütersloh 1996, 93–135.

[22] Vgl. zu letztgenanntem Aspekt Baha, Norbert, Kirche und Gesellschaft in der Nachkriegszeit (wie Anm. 15), 245.

verschafften, bildete der Klerus einen besonderen Movens im Kampf gegen die durch die Modernisierung bedingte Milieuerosion und brachte damit Professionalität und Differenzierung in die Pfarrseelsorge hinein.

Darüber hinaus kam dieser sozialen Gruppe eine Mobilisierungstendenz beim Kampf um die Erhaltung der Bekenntnisschule in der Diaspora zu. Dieses Engagement markiert zum einen den geistlichen Führungsanspruch in den neuen Submilieus auf der Mikroebene und andererseits eine zunehmende Politisierung des Klerus in der Öffentlichkeit, die zugleich eine stärkere Identifikation mit der westdeutschen Aufnahmeregion mit sich brachte.

Einen Mitgestaltungsanspruch der Vertriebenen innerhalb des katholischen Milieus konnten die ostdeutschen Priester dennoch nur in den reinen Vertriebenengemeinden geltend machen, während gerade ihr fehlender Einfluß auf die Pastoral der bestehenden Pfarreien den Organisationsgrad und die katholische Identität der Vertriebenen dort gering bleiben ließen.

Obwohl der Vertriebenenklerus von Leitungsfunktionen im einheimischen katholischen Milieu ausgeschlossen blieb, entstanden vielfach Kontroversen im Interaktionsverhalten. Diese Spannungseinheit, wie sie in der Fallstudie zwischen oldenburgischem und schlesischem Klerus beobachtet werden kann, machte die Defizite im interkulturellen Austausch erst recht deutlich und stellte exemplarisch die Polarisierung zwischen beiden Mentalitäten vor Augen, die auch Interdependenzen zwischen einheimischen und vertriebenen Gläubigen schwierig werden ließ.

Dabei war es der Habitus eines anderen Priestertypus, der die Stagnation des Großteils der oldenburgischen Priester in Fragen theologisch-pastoraler Erneuerung und deren Starrheit in der Anwendung tradierter Seelsorgemuster bedingte. Die rigide Frontstellung gegen die Modernisierung und die religiöse Indifferenz einer zunehmend pluralistischen Gesellschaft hatte sich in der Resistenz des südoldenburgischen Klerus gegenüber der NS-Diktatur positiv ausgewirkt. Womöglich hatte gerade die direkte Konfrontation mit der totalitären Ideologie, deren Durchsetzung in Südoldenburg mittels landfremder Parteianhänger geschehen sollte, eine spezifische Disziplin und Frömmigkeitspraxis weiter ausgeprägt. Nunmehr aber erwiesen sich der konservative Idealtypus und das strengkirchliche Priesterbild des oldenburgischen Klerus als Hemmschwelle beim Zugehen auf die Vertriebenen. Zudem wirkte sich hier die in liturgischen und ökumenischen Fragen weniger fortschrittliche Prägung durch Familie, Umwelt und vor allem Universität auf die mangelnde Fähigkeit zur Entwicklung pastoraler Strategien aus, die Einheimische und Fremde gleichberechtigt berücksichtigten und ein Gegenprogramm zum Wandel der religiösen Deutungskultur modellierten. Hieraus resultierten zudem Erfahrungsmangel und Unsicherheit des einheimischen Klerus gegenüber einer zunehmend dechristianisierten Umwelt in der Diaspora, zumal der Rückgang des Meßbesuchs in dessen agrarisch überschaubarer Lebensumwelt noch nicht spürbar war, während Mobilität und wirtschaftliche Dynamik dagegen in den Hauptaufnahmegebieten der katholischen Vertriebenen auf der Tagesordnung standen.

Obgleich dem einheimischen Klerus die Intention von Vermittlerfiguren, wie sie für einen interkulturellen Transfer mit milieustabilisierender Tendenz notwendig gewesen wären[23], somit nahezu vollkommen fehlte, gingen von ihm ebenso wie aus dem kirchlichen Vertriebenenspektrum innovative Impulse zur Steigerung der Anzahl geistlicher Berufungen aus. Diese systematisierte Nachwuchsförderung – auf der einen Seite zentral in Königstein/Taunus, auf der anderen Seite in regional ausgerichteten Konvikten – sollte strukturelle Defizite beheben und vor allem personelle Ressourcen im Nachkriegskatholizismus freisetzen. Angesichts der fehlenden Traditionalität und religiösen Verortung der Vertriebenen, die sich in deren geringem Organisationsgrad widerspiegelte, erscheint ein vergleichsweise geringer Priesternachwuchs, der sich verstärkt einem missionarischen Auftrag in weltkirchlicher Perspektive verpflichtet fühlte, als Konsequenz dieses Bedeutungswandels.

## Periodisierung

Als Resultat der von der Zwangsmigration ausgelösten Kulturbegegnung von ost- und westdeutschen Katholiken läßt sich zusammenfassend eine modifizierte Periodisierung des Vertriebenenkatholizismus in den ersten beiden Nachkriegsjahrzehnten vornehmen. Die hier skizzierte Phaseneinteilung basiert zum einen auf entsprechenden Modellen, wie Rudolf Lange und Adolf Kindermann[24] sie vorgegeben haben, versucht aber zum anderen gleichzeitig, vor dem Hintergrund des regionalen Fallbeispiels neue Akzente zu setzen.

Unstrittig läßt sich für die ersten Jahre nach 1945 im Hinblick auf die Flüchtlings- und Vertriebenenaufnahme von einer karitativen Phase sprechen, die zugleich eine Zeit der Orientierung sowohl für die Vertriebenen selbst als auch für die einheimische Bevölkerung bedeutete. Die ostdeutschen Katholiken waren in diesem Zeitraum nicht nur auf die Liebesgaben ihrer katholischen Landsleute im Westen wie auch allgemein der Menschen im europäischen und außereuropäischen Ausland angewiesen, sondern sie mußten sich in der neuen, fremden Umgebung auch erst zurechtfinden. Ebenso galt es für das Bischöfliche Offizialat in Vechta und den wiederbegründeten Landes-Caritasverband für Oldenburg, neben der Erstellung eines Planes bezüglich geeigneter karitativer Hilfsmaßnahmen Überlegungen zum Ausbau der Gemeinden und zum personellen Einsatz der ostvertriebenen Priester und Ordensleute anzustellen. Gemeinsames Kennzeichen war dabei die fehlende Zeit für vorbereitende Maßnahmen und der daraus resultierende Charakter des Improvisierten, der diesen Zeitabschnitt bestimmte.

Als Einschnitt für den Beginn des zweiten Stadiums der Konsolidierung ließe sich die Neustrukturierung der ad hoc gebildeten Vertriebenengemeinden als seelsorglich selbständige Pfarrektorate zur Jahreswende 1947/48 wählen. Die organisatorisch-strukturellen

---

[23] Vgl. Muhs, Rudolf, Paulmann, Johannes, Steinmetz, Willibald (Hrsg.), Aneignung und Abwehr (wie Anm. 3), Einleitung, 8f.
[24] Vgl. Kindermann, Adolf, Das Phänomen der Flüchtlinge und Heimatvertriebenen in unserem Jahrhundert, in: 6. Verzeichnis der deutschen vertriebenen Priester aus dem Osten. Stand: 1.7.1969, Königstein o. J. (1969), 9–14, u. Lange, Rudolf, Theologie der Heimat. Ein Beitrag zur Theologie der irdischen Wirklichkeiten, Freilassing 1965.

Voraussetzungen für eine geregelte seelsorgliche Betreuung waren damit getroffen. Die zunehmend vom Kalten Krieg gekennzeichnete politische Lage ließ eine Rückkehr der Ostdeutschen in ihre alte Heimat in absehbarer Zeit zudem immer unwahrscheinlicher werden. Die Berliner Luftbrücke und die Gründung der beiden deutschen Staaten sind nur die zentralen, von den Vertriebenen registrierten Zeichen der Blockbildung in Mitteleuropa. Für die neu eingesetzten schlesischen Priester wie auch für die in die Diasporaseelsorge eingestiegenen Ordensgemeinschaften galt es jetzt, sich in ihrem Umfeld zu bewähren und angesichts einer starken Dynamisierung ihrer Landsleute die Fundamente für eine religiöse Sozialisation am Aufnahmeort zu legen. Personalveränderungen in Form von Versetzungen erfolgten im kommenden Jahrzehnt in den oldenburgischen Vertriebenengemeinden somit nur in Ausnahmefällen. Die Geistlichen waren primär kontinuierlich darum bemüht, die finanziellen Voraussetzungen für die Errichtung von Kirchen, Pfarrhäusern und Gemeinderäumen zu schaffen, sich für die Gründung einer katholischen Volksschule in ihrem Seelsorgebezirk stark zu machen und Gemeindemitglieder zur Unterstützung dieser Vorhaben zu bewegen. Während diese pastorale Strategie von einem Teil der Gläubigen angenommen wurde, führte sie bei einem anderen Teil der ostdeutschen Katholiken, der von den Integrationsbestrebungen überfordert war, zu einem radikalen Bruch mit der Kirche und zu einem resignierten Rückzug in die Privatsphäre der Familie als alleiniger Lebensgemeinschaft, die Identitätsbewahrung zu garantieren versprach.

Dieser Prozeß war noch nicht abgeschlossen, als er etwa ab 1951 bereits von der Phase der Bestandssicherung überlappt wurde, in welche die Auseinandersetzungen um den Weiterbestand der Konfessionsschulen und um die Existenz eigener religiöser Kulturvereine fielen. Gerade an dieser Stelle wird erkennbar, daß eine Suche nach Zäsuren aufgrund der fließenden Übergänge schwierig ist und immer nur schemenhaft bleiben kann. Eine Jahreszahl für den erfolgten Abschluß der Integration ist deshalb ebensowenig zu benennen. Während nach außen hin die kostenintensiven und deshalb langwierigen Kirchenbaumaßnahmen mancherorts noch bis 1960 andauerten, den Gemeinden also noch recht lange etwas Provisorisches anhaftete, war nach innen hin insbesondere in den homogenen Vertriebenengemeinden der Vergemeinschaftungsprozeß schon eher abgeschlossen. Als ein aussagekräftiges Indiz hierfür ist die seit Mitte der 1950er Jahre stark reduzierte Zahl der Treffen des Vertriebenenklerus anzusehen. Auch der seit 1959 in der katholischen Kirche allgemein eingeleitete Vorgang der Konzilsvorbereitung setzte neue inhaltliche Akzente, die den Blick stärker auf die Weltkirche richteten. Gleichzeitig blieb das Vertriebenenschicksal als Proprium der 1946 neu gebildeten Gemeinden wie auch als persönliches Schicksal derjenigen ostdeutschen Katholiken, die den alteingesessenen Pfarreien angehörten, in den zwei Jahrzehnten nach Kriegsende kontinuierlich spürbar.

## Verpaßte Möglichkeiten alternativer Entwicklung – Ein fiktives Szenarium

Am Ende soll versucht werden, ein fiktives Modell zu entwerfen, wie der Vertriebenenkatholizismus sich im Fallbeispiel ohne die rigide Integrationspraxis der kirchlichen Behörden in Münster und auch in Vechta entwickelt hätte, da durch die Gewährleistung eines stärkeren Eigenlebens möglicherweise der rapide Prozeß der kirchlichen Entfremdung gebremst worden wäre. Ein „Heimatwerk" der vertriebenen Katholiken als tragfähiges Fundament, das den kirchlichen Vereinen wie KAB, Kolping und KKV gleichgeordnet worden wäre, hätte die Vertriebenengemeinden in ihrer Minderheitensituation stärken können und insbesondere für die in ihren spezifischen religiösen Belangen in den Hintergrund gedrängten ostdeutschen Katholiken im bereits existenten katholischen Milieu Südoldenburgs sowie der Diasporastädte Nordoldenburgs einen überpfarrlichen Halt und Geborgenheit verschaffen können. Vielleicht wäre dann gerade dort, wo das religiöse Umfeld für Priester- und Ordensberufe noch weitgehend intakt war, ein stärkerer Nachwuchs für kirchliche Aufgaben aus dem Reservoir hervorgegangen, das der Vertriebenenkatholizismus bot. Auch hätten die Vertriebenen womöglich innovativer in den Gestaltungsprozeß des Nachkriegskatholizismus eingegriffen, etwa hinsichtlich ihres Eintretens für die Beibehaltung der Konfessionsschule, das sich im wesentlichen auf den Vertriebenenklerus und einige kommunalpolitische Exponenten reduzierte.

Dabei zeigt die Entwicklung in den Nachbardiözesen Osnabrück und Paderborn, wo die Vertriebenen mit Gründung der St.-Hedwigs-Werke einen diözesanweiten Zusammenschluß erhielten, daß dieses Eigenkolorit den Vorgang der religiösen Desintegration nicht zu stoppen, sondern höchstens aufzuhalten vermochte. Wenn auch aus diesen benachbarten Jurisdiktionsbezirken bisher keine empirischen Untersuchungen vorliegen, so dürfen doch die Befürchtungen einer Ghettoisierung der Neubürger sowie einer expliziten Auseinandersetzung mit den politischen Bestrebungen der Vertriebenenverbände nicht außer acht gelassen werden. Eine Institutionalisierung der kirchlichen Vertriebeneninteressen beseitigte eben nicht alle Schwierigkeiten beim interkulturellen Transfer. Insgesamt gesehen gilt also auch für die Diözesen mit „liberaleren" Strukturen bezüglich einer Organisation der Vertriebenen das Fehlen eines schlüssigen und ausgereiften Konzepts der Vertriebenenintegration. Die Versuche, diesem Desiderat der strukturellen Verankerung eines spezifischen Lebensortes gerecht zu werden, erwiesen sich als verspätet und blieben vermutlich nicht zuletzt deshalb in Ansätzen stecken.

Eine heimatliche Traditionen pflegende Gemeinschaft der ostdeutschen Katholiken mit Einzelgruppen auf Pfarrebene hätte im Untersuchungsraum beispielsweise ganz im Sinne der von Bischof Keller und der Bistumsleitung propagierten religiösen Vertiefung im Geiste der „Katholischen Aktion" auf die Vertriebenenfamilien einwirken und den Communio-Charakter der Kirchengemeinden stärken können. Insofern wäre von den damals Handelnden das Warnzeichen von Otto B. Roegele[25] ernst zu nehmen gewesen und die von ihm postulierte „allgemeine Gewissenserforschung" hätte als ein möglicher erster Schritt zur Vernetzung von Einheimischen- und Vertriebenenkatholizismus aufgegriffen werden können. Diese Chance muß als verpaßt und das Verhalten der kirchlichen Hierarchie als Fehlperzeption gewertet werden.

---

[25] Vgl. Roegele, Otto B., Der deutsche Katholizismus im sozialen Chaos. Eine nüchterne Bestandsaufnahme, in: Hochland, Bd. 41 (1948/49), 205–233.

Aber in der Retrospektive nimmt sich ein Wandlungsprozeß, wie er hier für das religiöse Bewußtsein der Katholiken beschrieben wird, stets anders aus als für die Zeitgenossen. Auch ist ein Bild davon, wie die Geschichte verlaufen wäre, wenn die Weichenstellungen anders gewesen wären, natürlich in seinen Vorzügen und Nachteilen immer mit Spekulationen verbunden.

Solche Fiktionen schienen in der bisherigen Aufarbeitung kirchlicher Zeitgeschichte ohnehin kaum notwendig, weil die materielle Komponente des Vertriebenenproblems auf kirchlicher Ebene mit Hilfe von Caritas und ausländischen Organisationen erfolgreich gelöst werden konnte und der wirtschaftliche Aufschwung neben der politischen Stabilisierung ein übriges dazu beitrug, die Annahme zu verbreiten, daß die Vertriebeneneingliederung auch kirchlich im wesentlichen erfolgreich abgeschlossen und dabei das religiöse Bewußtsein ungebrochen weiter tradiert worden sei. Schließlich sind die Krisenphänomene im deutschen Nachkriegskatholizismus bis 1965 auf den ersten Blick nicht so unübersehbar, wie die in der Folge des Zweiten Vatikanums ausgelösten Verwerfungen und Entsakralisierungserscheinungen. Wohl auch deshalb hat sich die Forschung dem Aspekt der religiösen Situation der Vertriebenen noch kaum zugewandt, die nicht zu Unrecht als „Kernproblem des kirchlichen Lebens unserer Zeit"[26] bezeichnet worden ist.

## Die Flüchtlinge und Vertriebenen und die Erosion des katholischen Milieus – Aussagen und Ergebnisse

Abschließend ist nach dem Resultat der Problemdiskussion zu fragen. Vor allem aber ist eine eindeutige Aussage zu den Ausgangsfragen der Wechselwirkung von Milieuwandel und Vertriebenenzustrom sowie der Terminierung des Erosionsbeginns zu treffen.

Anhand des empirischen Quellenmaterials hat sich zunächst gezeigt, daß der Modernisierungsprozeß, mit dem ja Anonymisierung, Individualisierung, Differenzierung, Rationalisierung, kurz alle den gesellschaftlichen und ökonomischen Wandel ausmachenden formalen Kategorien, zusammenfassend beschrieben sind, in besonderer Weise die Vertriebenen ergriffen hat, weil bei ihnen die das christliche Alltagsleben bestimmenden Bräuche und Traditionen eben noch nicht so fest verankert waren wie im etablierten katholischen Milieu. Dabei sind auch die essentiellen mentalen Kennzeichen ostvertriebener Katholiken angesprochen. „Die Vertriebenen waren wie Flugsand auf der Landstraße des Lebens. Bessere Arbeitsmöglichkeiten an anderen Orten, große Umsiedlungsaktionen, Familien-Zusammenführung ließen viele [...] in andere Gebiete ziehen, so daß manche Kirchengemeinde dezimiert worden ist"[27]. Auf diese charakteristische Formel wurden bereits 1960 die Umbrüche und Folgen der Binnenwanderung gebracht. Schon zu diesem Zeitpunkt verankerte sich allmählich die soziologische Erkenntnis, daß das

---

[26] Vgl. Arnold, Franz Xaver, Das Schicksal der Heimatvertriebenen und seine Bedeutung für die katholische Seelsorge, Stuttgart 1949, 5.
[27] Jaritz, Otto, Nordoldenburgische Diasporagemeinden zum Tode verurteilt?, in: Kirche und Leben Oldenburg v. 17.4.1960.

katholische Milieu ein Opfer der durch die Zwangsmigration hervorgerufenen konfessionellen Heterogenität sei, welche „die Auflösung der meisten ehemaligen kirchlichen Sozialstrukturen als soziale Gebilde"[28] zur Folge habe.

In bezug auf diesen Transformationsprozeß erweisen sich die in der untersuchten sozialen Gruppe beobachteten kirchlichen Verhaltensweisen als ambivalent. Erosion und verstärkte Bindekraft des Religiösen resultierten zum einen aus der Not heraus sowie zum anderen nach Überwindung der sozialen Misere aus Dankbarkeit gegenüber dem erkennbaren Aufwärtstrend und den verbesserten Lebenschancen. Entkirchlichung und Verkirchlichung entwickelten sich bei den katholischen Vertriebenen also parallel zueinander. Hier eine einigermaßen exakte quantitative Gewichtung vorzunehmen, erscheint kaum möglich. Jedoch verschob sich das Gewicht eindeutig in Richtung der ersten Komponente. Eines kann definitiv festgestellt werden, daß nämlich die kirchliche Desintegration der Vertriebenen parallel zu deren Integration im Bereich von Wirtschaft, Gesellschaft und Politik der Bundesrepublik erfolgte. Für die religiös-kirchliche Entwicklung der ostdeutschen Katholiken im Untersuchungszeitraum kann zum besseren Verständnis daher ein Modell von zwei konzentrischen Kreisen herangezogen werden.

Während Religion und Glaube für den inneren Kreis ihren Ausdruck in einer starken, auf Bewahrung der katholischen Identität ausgerichteten Kirchlichkeit fanden, die vom Grad der Einbindung in die bestehende bzw. neu gegründete lokale Gemeindestruktur abhängig war, ist für den äußeren Kreis eine Assimilation an die Umwelt und damit eine weitgehende Abkehr von Glaube und Kirche kennzeichnend, die insbesondere in der Diaspora zu beobachten war. Beide Kreise bewegten sich immer deutlicher auseinander. Die statistischen Daten belegen dabei, daß der innere Kreis im Oldenburger Münsterland wie auch in der Diaspora gerade unter den ostdeutschen Katholiken in Nordoldenburg zunehmend Verluste zugunsten des äußeren Kreises zu verzeichnen hat.

Diese schwindende Kirchlichkeit bestätigt die These von der fehlenden Diasporafestigkeit als Folge eines nicht verkrafteten tiefgreifenden Wandels zumindestens partiell. Nachhaltige Unterstützung erfuhr sie durch die starke Fluktuation der Vertriebenen im Rahmen der „Tendenz zur Verstädterung der Diaspora"[29]. So bildete sich im Bereich des inneren Kreises zugleich ein um die Vertriebenenpriester gescharter Kern von ortsansässig bleibenden vertriebenen Katholiken mit hoher Kirchenverbundenheit heraus, der im katholischen Milieu ein Refugium fand[30].

---

[28] Jolles, Hiddo M., Zur Soziologie der Heimatvertriebenen und Flüchtlinge, Köln 1965, 250.

[29] Aschoff, Hans-Georg, Diaspora in Deutschland. Von der Säkularisation bis zur Gründung der Bundesrepublik, in: Riße, Günter, Kathke, Clemens A. (Hrsg.), Diaspora: Zeugnis von Christen für Christen. 150 Jahre Bonifatiuswerk der deutschen Katholiken, Paderborn 1999, 253–273, hier 273.

[30] Diese Beobachtung korrespondiert mit der von C. Kösters für den Diasporakatholizismus in der DDR in den 1950er Jahren konstatierten zunehmenden Kirchlichkeit. Vgl. Kösters, Christoph, Katholiken in der Minderheit. Befunde, Thesen und Fragen zu einer sozial- und mentalitätsgeschichtlichen Erforschung des Diasporakatholizismus in Mitteldeutschland und der DDR (1830/40-1961), in: Wichmann-Jahrbuch des Diözesangeschichtsvereins Berlin, NF, Bd. 4 (1996/1997), 169–204, hier 200.

Wenn es sich bei dem Modell der konzentrischen Kreise auch nur um ein theoretisches Konstrukt handelt, um den Wandlungsprozeß der Kirchlichkeit vereinfacht zu erklären und die Vielschichtigkeit der Motivik zu relativieren, läßt das Gesamtergebnis doch die zunehmende Ambivalenz der Kreise erkennen: Bei einem nicht unbeträchtlichen Teil der ostdeutschen Katholiken verstärkte sich der Entkirchlichungsprozeß rapide, wurde allerdings nur langsam sichtbar, da das Fernbleiben vom Sonntagsgottesdienst, das Ausscheren aus der ohnehin noch losen Gemeinschaft der Gläubigen nicht ruckartig, sondern nach und nach geschah und nicht im Rahmen einer oder mehrerer Austrittswellen erfolgte, sondern durch ein allmähliches Abgleiten in die Passivität[31]. Der Kirche und dem Katholizismus insgesamt kam für diesen Teil der Vertriebenen somit keine integrative Funktion mehr zu. Umgekehrt wurde bei einer anderen Gruppe der neu angesiedelten Bevölkerung durch die Zäsur der Vertreibung bedingt die Milieuerosion verzögert oder sogar verhindert, wobei der zumeist schlesischen Herkunft als besonderer „Spielart der katholischen Subkultur"[32] eine zentrale Bedeutung zukam. Aus den Wurzeln dieses regionalen Katholizismus heraus erwies sich das Schlagwort Integration als ein Synonym für einen Aufschwung des religiösen Lebens, eine Ergänzung des Überkommenen, die in der Zeit des Zweiten Vatikanums dahingehend Früchte trug, daß die Sensibilisierung für die Mitarbeit der Laien, für die Erneuerung der Liturgie und anderes mehr in den Vertriebenengemeinden – auch als Element der Identitätsbewahrung – wesentlich stärker ausgeprägt war als in einem traditionalen Umfeld[33]. Der Heimatverlust wurde von dieser Gruppe gleichsam durch eine verstärkte Kirchlichkeit kompensiert.

Der „Anspruch, die lebensprägenden katholischen Deutungsmuster [...] unter den sich in rasantem Tempo wandelnden Lebensbedingungen lebbar zu halten"[34], ließ sich trotz der neuen lokalen Milieubildungen nicht mehr uneingeschränkt aufrecht erhalten. Daß das katholische Milieu durch die Bevölkerungsfluktuationen nach 1945 sowohl eine Ausdifferenzierung erfuhr als auch zunehmende Auflösungserscheinungen zu zeigen begann, ist verständlicherweise kein monokausal verifizierbares Geschehen. Vielmehr erwiesen sich die Vertriebenen als integraler Bestandteil des im Wandel befindlichen deutschen Katholizismus. Eine Analyse der Wandlungsfaktoren läßt sich jedoch wohl nirgends effektiver vornehmen als am Beispiel der partiell von ihm absorbierten, partiell aber eben auch aus ihm herausfallenden Vertriebenen, bei denen die im Westen noch

---

[31] Entsprechende Beobachtungen machte N. Baha am Beispiel der Stadt Delmenhorst mit Blick auf die Gottesdienstbesucherzahlen. Vgl. Baha, Norbert, Kirche und Gesellschaft in der Nachkriegszeit (wie Anm. 15), 252f.

[32] So der in anderem Zusammenhang geprägte Begriff. Vgl. Blaschke, Olaf, Schlesiens Katholizismus: Sonderfall oder Spielart der katholischen Subkultur?, in: Archiv für schlesische Kirchengeschichte, Bd. 57 (1999), 161–193.

[33] Vgl. Nittner, Ernst, Vertreibung – Eingliederung – Versöhnung. Schicksal und Leistung der katholischen Heimatvertriebenen, in: Zentralkomitee der deutschen Katholiken (Hrsg.), Kehrt um und glaubt – erneuert die Welt. 87. Deutscher Katholikentag vom 1.–5. September 1982 in Düsseldorf. Vortragsreihen, Paderborn 1982, 344–371, hier 357.

[34] Kösters, Christoph, Katholiken in der Minderheit (wie Anm. 30), 170.

weitgehend ungebrochene traditionale Religiosität als „Resistenzphänomen"[35] durch den Heimatverlust weggebrochen war. Die „zunehmenden Desintegrationserscheinungen der heutigen Gesellschaft"[36] lassen sich explizit am Phänomen des religiösen Identitätsverlustes der Vertriebenen beobachten. Die Milieukohäsion wurde gesprengt, die Kirchlichkeit durch den Primat der ökonomischen Realitäten abgelöst und ein angesichts ihrer spezifischen Situation neuartiges Bewußtsein von Freiheit ausgeprägt. Dieser Transformationsprozeß widerlegt auch eindeutig die These, daß zwischen Kriegsende und Zweitem Vatikanischem Konzil „‚über Nacht' ein tiefgreifender Reformwandel der Religion ein[setzte]"[37] und zeigt, daß die Desintegrationstendenzen statt dessen gleichsam schon unsichtbares Fluchtgepäck der ostdeutschen Katholiken waren und aus einem in der Zwangsmigration bedingten sozial-kulturellen Vakuum resultierten.

Für die Teilgruppe der trotz widriger Lebensumstände im katholischen Milieu verbleibenden und ein hohes Maß an Konsistenz zeigenden Vertriebenen hingegen erwies sich die notwendige Identifikation mit dem Glauben als Herausforderung und als Vorbereitung auf eine zunehmend säkularisierte Welt[38]. Doch fehlte es ihnen bei grundsätzlicher individueller Frömmigkeit eben an jenem fest verankerten Vereinskatholizismus, der über den Kirchgang hinaus die Bindung an Religion und Kirche getragen hätte. Einen Ersatz hierfür konnte allenfalls eine feste Eingliederung in die örtliche Kirchengemeinde und hierbei speziell in die der religiösen Sensibilität der Ostdeutschen am ehesten gerecht werdenden Vertriebenengemeinden bieten. In Anlehnung an Rudolf Morsey, der für den Nachkriegskatholizismus das Motto der „Umkehr durch Verchristlichung"[39] prägte, gilt als Maxime für die Herausbildung eines spezifischen Vertriebenenkatholizismus der 1950er Jahre daher eher das abgewandelte Leitwort einer „Umkehr durch Milieubildung".

Das Paradox lag in der Existenz von zwei gleichzeitig von den Vertriebenen ausgehenden konträren Transformationsprozessen: einer Verstärkung der kirchlichen Bindung bzw. einer Negation der religiösen Haltung mit Tendenz zur Unkirchlichkeit. Damit leisteten sie in doppelter Weise einen Beitrag zur „Selbstpluralisierung" (Rainer Bucher) des katholischen Milieus, bedeuteten also einen Movens für den Verlust der kollektiven Identität des deutschen Katholizismus. Ihre fehlende kirchlich-gesellschaftliche Verortung in den Aufnahmegebieten verstärkte die religiöse Labilität, weshalb es vor der Folie eines raschen Strukturwandels und der anfänglichen Unübersichtlichkeit der seelsorgli-

---

[35] Blaschke, Olaf, Kuhlemann, Frank-Michael, Religion in Geschichte und Gesellschaft. Sozialhistorische Perspektiven für die vergleichende Erforschung religiöser Mentalitäten und Milieus, in: Dies. (Hrsg.), Religion im Kaiserreich (wie Anm. 21), 7–56, hier 19.

[36] So die Beobachtung bei Freitag, Werner, Pfarrer, Kirche und ländliche Gemeinschaft. Das Dekanat Vechta 1400–1803 (Studien zur Regionalgeschichte, Bd. 11), Bielefeld 1998, 17.

[37] So Gabriel, Karl, Christentum zwischen Tradition und Postmoderne (Quaestiones disputatae, Bd. 141), 7. Aufl. Freiburg u. a. 2000, 46. Vgl. ebd., 67.

[38] Vgl. Aschoff, Hans-Georg, Diaspora in Deutschland (wie Anm. 29), 258.

[39] Morsey, Rudolf, Neubeginn in Trümmern. Der deutsche Katholizismus in der Besatzungszeit, in: Zentralkomitee der deutschen Katholiken (Hrsg.), Kehrt um und glaubt – erneuert die Welt (wie Anm. 33), 248–263, hier 255.

chen Situation innerhalb des Transformationsprozesses sowohl zum Abschmelzen als auch zum – partiellen – Neuaufbau des katholischen Milieus kam.

Letztlich bestätigt die Fallstudie, daß die dem Zweiten Vatikanischen Konzil und seinem Bekenntnis zum Dialog eines offenen Katholizismus mit der Welt zugeschriebene Gestaltveränderung des Katholizismus in Form einer Liberalisierung nicht nur eine unmittelbare Folge des „Aggiornamento" Papst Johannes' XXIII. von 1959 war, sondern eine viel längerfristigere und zugleich differenziertere Entwicklung darstellt, die bereits in der unmittelbaren Nachkriegszeit einsetzte. Damit wird deutlich, daß die Wurzeln einer Laisierung der christlichen Kultur und ihrer sozial-gesellschaftlichen Ausprägung im katholischen Milieu bereits tiefer liegen und insbesondere in der ersten Nachkriegszeit einen starken Impetus erlangt haben.

Traditionen und Kontinuitäten, die seit der Verfestigung der Milieus in der Mitte des 19. Jahrhunderts feststanden, erfuhren unter den Vertriebenen im Vorgang von Flucht und Vertreibung eine Zäsur, deren innerkirchliche Nachwirkungen sich ganz offen zunächst in den Diasporagebieten zeigten. Werner K. Blessing nähert sich dem Kern des Problems an, wenn er stellvertretend für das Erzbistum Bamberg konstatiert, was in dieser oder ähnlicher Form für alle westdeutschen Jurisdiktionsbezirke galt, daß nämlich die „Diasporasituation [...] in einem bisher unerhörten Ausmaß normal geworden"[40] war. Die hier in den Blick genommene Gruppe der Katholiken steht somit als „Belastungsprobe des westdeutschen Katholizismus"[41] gleichermaßen als Prüfstein für die Echtheit des Glaubens am Beginn eines Prozesses, der im Zuge der bundesdeutschen Entwicklung auch die Einheimischen traf. Ihre Erforschung stellt somit nur einen Baustein zu einer Geschichte der Milieuerosion im Rahmen der Modernisierung der deutschen Nachkriegsgesellschaft dar, deren Gesellschafts- und Mentalitätsgeschichte in ihrer Gesamtheit zudem bisher noch kaum ausreichend aufgearbeitet ist[42].

Um so wichtiger erscheinen die Schlußfolgerungen, die aus dieser Studie gezogen werden können.

Zu den Aussagen, die bisher der Forschung bereits bekannt waren und in dieser Arbeit Bestätigung finden, gehört die Interdependenz zwischen der zunehmenden Differenzierung, Spezialisierung und Individualisierung in der Gesellschaft einerseits und der Abkehr von einer religiös-kirchlichen Sinndeutung des Alltags andererseits. Des weiteren ist der Zusammenhang von Entkirchlichung und der Auflösung homogener Konfessionszonen infolge des Einstroms der Flüchtlinge und Vertriebenen bereits sehr früh insbe-

---

[40] Blessing, Werner K., „Deutschland in Not, wir im Glauben ..." (wie Anm. 5), 83.

[41] So der Titel einer sehr frühen Reflexion eines als Vertriebenenseelsorger im Bistum Hildesheim tätigen Breslauer Diözesanpriesters: Drutschmann, Martin, Die „Ostflüchtlinge" – eine Belastungsprobe des westdeutschen Katholizismus, in: Trierer Theologische Zeitschrift, Jg. 56 (1947), 115–118, hier 115 u. 117.

[42] So Sywottek, Arnold, Wege in die 50er Jahre, in: Schildt, Axel, Sywottek, Arnold (Hrsg.), Modernisierung im Wiederaufbau. Die westdeutsche Gesellschaft der 50er Jahre (Forschungsinstitut der Friedrich-Ebert-Stiftung, Reihe: Politik- und Gesellschaftsgeschichte, Bd. 33), Bonn 1993, 13–39, hier 13.

sondere von Soziologen (Helmut Schelsky u. a.) konstatiert worden. Die Aufhebung eng gesteckter Milieugrenzen führte – so war auch bisher schon bekannt – zu einer Vergesellschaftung des Katholizismus. Bereits mehrfach wurde von der Katholizismusforschung herausgestellt, daß es sich für katholische Christen als zunehmend unwichtiger erwies, sich im privaten wie öffentlichen Leben allein unter Glaubensgeschwistern zu bewegen. Parallel dazu stand der Versuch der Hierarchie, der beobachteten Desintegration der Katholiken entgegenzuwirken und die Einheit des katholischen Milieus durch einen Maßnahmenkatalog zu wahren. Diese Entwicklung, die unter dem Begriff der „Verkirchlichung" Eingang in die Forschung gefunden hat, läßt sich ebenfalls in dieser Fallstudie belegen.

Dagegen ist bisher noch nicht in das Blickfeld der Wissenschaft gekommen, daß der Vertriebeneneinstrom selbst die Wirksamkeit des katholischen Milieus entscheidend geschwächt hat. Bislang jedenfalls wurde die Milieuauflösung primär mit einem langfristigen, schleichenden Prozeß der Entfremdung vom traditionalen Proprium des Katholischseins gleichgesetzt.

Diese Arbeit bietet nun empirische Belege dafür, daß der Einsatz der kirchlichen Hierarchie und ihrer Organisationen für die heimatlosen Menschen aus Ostdeutschland sich weitestgehend nur auf den Sektor karitativer Hilfsleistungen beschränkte. Die Not der Zeit nach 1945 und das Chaos nach dem politisch-gesellschaftlichen Zusammenbruch sowohl des Deutschen Reiches als auch des Nationalsozialismus haben das eigentliche Problem einer hinreichenden spezifischen pastoralen Betreuung der Vertriebenen verdeckt. Es wurden zwar seitens der kirchlichen Hierarchie über das verfügbare Maß hinaus alle Chancen genutzt, den ostdeutschen Katholiken Nahrung und Obdach zu gewähren und sowohl die Kranken und Alten als auch die Schulkinder durch Schaffung einer Vielzahl von Einrichtungen in das katholische Milieu einzubeziehen.

Darüber hinaus wurden für die notwendigen Kirchenbauprojekte zahlreiche Formen und Modelle der Finanzierung mit großem Erfindungsreichtum entwickelt. Die Wahrnehmung der seelsorglichen Anliegen nicht nur einzelner Katholiken, sondern einer ganzen sozialen Gruppe – wie der Vertriebenen – stand demgegenüber jedoch weit zurück, wie sich am regionalen Fallbeispiel auf der Meso- und Mikroebene empirisch nachweisen ließ. Gerade in ihrer gesellschaftlichen wie auch konfessionellen Randstellung wurden die Vertriebenen also einerseits mit einem ausreichenden institutionellen Rahmen versehen, andererseits aber vom einheimischen Klerus nicht unter genügender Berücksichtigung ihrer heimatlichen Frömmigkeit und speziellen kirchlichen Identität pastoral hinreichend begleitet.

Dieses Scheitern des interkulturellen Transfers zwischen katholischen Einheimischen und katholischen Vertriebenen wirkte sich negativ auf die kirchliche Neusozialisation im Westen aus. Die Vertriebenen lassen sich also ganz dezidiert als Störfaktoren innerhalb des tradierten katholischen Milieus bezeichnen und mutierten in großen Teilen sehr zeitig zu einer Vorhut innerhalb der den Katholizismus in Form der Säkularisierung erfassenden Moderne.

Angesichts dieser negativen Bilanz darf als weiteres Ergebnis dieser Untersuchung nicht vergessen werden, daß gleichzeitig Teile der katholischen Vertriebenen zu einer

„Vorhut des Konzils"[43] wurden, die Freiräume – insbesondere die neugebildeten Vertriebenengemeinden in der Diaspora – erfolgreich nutzten, um gespeist aus der kirchlichen Jugend- und Liturgiebewegung der Zwischenkriegszeit eine intensive Vergemeinschaftung und somit ein katholisches Milieu auf der lokalen Ebene zu errichten. Dieser gruppenimmanente Prozeß kam aber nur dort in Gang, wo ein gleichfalls ostvertriebener Priester die Organisation übernahm und sich engagiert als „Milieumanager"[44] betätigte. Allerdings wirkte dieses Sammlungsbestreben zumeist stark auf eine innere Solidarität hin und schuf einen von der Wahrnehmung der westdeutschen katholischen Kirche abgenabelten Vertriebenenkatholizismus, der kaum ein Reservoir für den Gesamtkatholizismus bot.

Als Ergebnis der Fallstudie läßt sich im Hinblick auf den deutschen Katholizismus zwischen 1945 und 1965 bilanzieren, daß das Zusammentreffen von „Volksreligiosität" schlesischer, ermländischer oder sudetendeutscher Prägung mit der „offiziellen Religiosität" der westdeutschen Katholiken eine Aufweichung der inneren Stabilität des Nachkriegskatholizismus und eine zunehmende kirchliche Desintegration der Vertriebenen nach sich zog. Die Dynamik dieses Migrationsprozesses bewirkte somit eine Aufspaltung des bislang weitgehend monolithischen Blocks des deutschen Katholizismus. Deshalb sind der Beginn der Erosion des katholischen Milieus und die Aufnahme der Vertriebenen in die westdeutsche Gesellschaft unabdingbar miteinander verbunden. Die Tatsache, daß der sozial-kulturelle Wandel zugleich partiell eine Popularisierung von Religiosität und Kirchlichkeit dort mit sich brachte, wo sich auf der Mikroebene Rückzugsmöglichkeiten in den überschaubaren Submilieus der katholischen Vertriebenengemeinden boten, wiegt dagegen kaum. Für die Makroebene der Bundesrepublik bleibt das wichtigste Resultat dieser Untersuchung der Nachweis, daß die Auflösung des katholischen Milieus nicht „mit einem Paukenschlag Ende der sechziger Jahre in der Bundesrepublik begann"[45] und die Bevölkerungsfluktuationen nach Kriegsende nur dessen Vorboten waren. Dieser Mythos muß mit Blick auf die hier analysierten Quellen beseitigt werden. Statt dessen ist hervorzuheben, daß die Zäsur des Jahres 1945 einen revolutionären Charakter besaß und die für die 1960er Jahre konstatierte „Wandlungsdynamik"[46] bereits zu diesem Zeitpunkt einsetzte. Zu diesem Zeitpunkt erfolgte parallel zum Zusammenbruch der NS-Diktatur und zur Zwangsmigration von fast 13 Millionen Deutschen aus Ostmitteleuropa

---

[43] Vgl. den Titel der Biographie eines Vertreters der Jugendbewegung in Schlesien. Rozumek, Angela, In der Vorhut des Konzils. Franz Fritsch. Lebensbild eines schlesischen Priesters, Buxheim/Allgäu o. J.

[44] Zu diesem Begriff vgl. Blaschke, Olaf, Die Kolonialisierung der Laienwelt. Priester als Milieumanager und die Kanäle klerikaler Kuratel (wie Anm. 21).

[45] Gabriel, Karl, Christentum zwischen Tradition und Postmoderne (wie Anm. 37), 11.

[46] Gabriel, Karl, Zwischen Aufbruch und Absturz in die Moderne. Die katholische Kirche in den 60er Jahren, in: Schildt, Axel u. a. (Hrsg.), Dynamische Zeiten. Die 60er Jahre in den beiden deutschen Gesellschaften (Hamburger Beiträge zur Sozial- und Zeitgeschichte. Darstellungen, Bd. 37), Hamburg 2000, 528–543. Gabriel spricht hier von der „Einheit von Volksreligion und kirchlicher Religion, die sich bis in die 60er Jahre hinein erhalten hatte", ebd., 539.

ein irreversibler kirchlicher Traditionsbruch gravierenden Ausmaßes und von ungeheurer Dynamik. Der unter dem Begriff Modernisierung subsumierte Prozeß der Entkirchlichung infolge der wirtschaftlichen Prosperität der jungen Bundesrepublik mit seinen gesellschaftlichen Folgen in den 1950er und 1960er Jahren stellt demgegenüber hingegen nur eine konsequente Folge dar.

# ANHANG

Karten und Tabellen

534 Anhang

Karte 1: Katholische Kirchen im Oldenburger Land, Stand: 1937

Entwurf und Ausführung: Peter Sieve

Karte 2: Katholische Kirchen in Nordoldenburg, Stand: 1954

Entwurf und Ausführung: Peter Sieve

Tabelle 24: Kirchen- und Kapellenbauten für Vertriebenengemeinden in Nordoldenburg 1947–1958*

| Ort | Baujahr | Patrozinium | Status (zum Zeitpunkt des Baus) | Besondere Bemerkungen |
|---|---|---|---|---|
| Hude | 1947 | St. Maria Immaculata | Filialkirche zu Delmenhorst | ehem. Schützenhalle, Nutzung bis zum Kirchbau 1952 |
| Sandkrug | 1947 | – | Filialkirche zu Osternburg | simultane Nutzung der ev. Kirchenbaracke, 1967 eigene Kirche |
| Ahlhorn | 1949 | Herz Jesu | Rektoratskirche | Baracke, 1964/65 Neubau |
| Elsfleth | 1949 | St. Maria Magdalena | Rektoratskirche | |
| Bad Zwischenahn | 1949 | St. Maria Immaculata | Rektoratskirche | 1970 abgebrochen u. Neubau |
| Oldenburg-Nadorst | 1950 | Herz Mariä | Rektoratskirche | jetzt: St. Marien, 1956 Turm |
| Ganderkesee | 1950 | St. Hedwig | Rektoratskirche | |
| Rastede | 1950 | St. Maria Königin | Rektoratskirche | |
| Stenum | 1950 | St. Michael | Filialkirche zu Delmenhorst St. Marien | ehem. Lagerschuppen |
| Oldenburg-Bümmerstede | 1951 | St. Josef | Filialkirche zu Osternburg | Baracke, 1966 Neubau |
| Schillig | 1951 | St. Maria – Mutter der Barmherzigkeit | Rektoratskirche | ehem. Lokschuppen, 1967 Neubau |
| Rodenkirchen | 1952 | St. Josef | Rektoratskirche | |
| Hude | 1952 | St. Maria Immaculata | Rektoratskirche | |
| Delmenhorst-Düsternort | 1952 | St. Christophorus | Rektoratskirche | |
| Stollhamm | 1953 | Christ König | Rektoratskirche | ehem. Scheune/Garage |
| Bockhorn | 1953 | St. Maria im Hilgenholt | Rektoratskirche | 1954 Standort einer Kopie der Fatima-Madonna |
| Edewecht | 1953 | St. Maria | Filialkirche zu Bad Zwischenahn | 1975 abgebrochen, Neubau St. Vinzenz Pallotti |

| Ort | Baujahr | Patrozinium | Status (zum Zeitpunkt des Baus) | Besondere Bemerkungen |
|---|---|---|---|---|
| Oldenburg-Kreyenbrück | 1953 | St. Maria | Filialkirche zu Osternburg | Baracke, 1960 Neubau St. Michael |
| Roffhausen | 1953 | St. Josef | Rektoratskirche | |
| Westerstede | 1954 | Herz Jesu | Rektoratskirche | |
| Wilhelmshaven - Neuengroden | 1955 | St. Michael | Rektoratskirche | |
| Burhave | 1955 | Herz Mariä | Rektoratskirche | Anbau an ehem. ev. Schule |
| Oldenburg-Eversten | 1955 | St. Willehad | Rektoratskirche | |
| Berne | 1956 | St. Maria - Trösterin der Betrübten | Filialkirche zu Elsfleth | |
| Schwei | 1956 | Herz Jesu | Filialkirche zu Rodenkirchen | Umbau einer Klasse in ev. Schule (bis 1965) |
| Wardenburg | 1956 | St. Maria zu den hl. Drei Königen | Filialkirche zu Osternburg | |
| Schortens-Heidmühle | 1958 | Hl. Dreifaltigkeit | Rektoratskirche | |
| Zetel | 1958 | Herz Jesu | Rektoratskirche | |
| Jaderberg | 1958 | Hl. Kreuz | Rektoratskirche | |

\* Nicht aufgenommen sind das als Rektoratskirche dienende Gotteshaus des kath. St.-Ansgar-Jugendwerkes Adelheide (1948) und die nicht speziell für Vertriebene errichteten Kirchen Christus König Wilhelmshaven-Fedderwardergroden (1948, Baracke), Stella Maris Wilhelmshaven-Voslapp (1953), St. Cäcilia Cäciliengroden (1948, Baracke), Heilig Geist Lemwerder (1945 Baracke; 1956-58 Neubau) sowie der Erweiterungsbau von St. Marien in Brake (1954).

*Quelle: Baumann, Willi, Sieve, Peter (Hrsg.), Die katholische Kirche im Oldenburger Land. Ein Handbuch, Vechta 1995, 379–674.*

Tabelle 25: Erste Einsatzdaten und -orte ostvertriebener Priester im Offizialatsbezirk Oldenburg 1946–1948 (Reihenfolge nach dem ersten Anstellungsdekret)

| Name | Rang | (Erz)diözese | Datum des Anstellungsdekretes | Ort und Rang der Anstellung |
|---|---|---|---|---|
| Georg Scheffler | Erzpriester | Breslau | 24.2.1945 | Aushilfe Bethen |
| Aloys Porwit | Kaplan | Breslau | 27.4.1945 | Aushilfe Oythe |
| P. Norbert Nentwig | OSB | Abtei Grüssau | 10.1945 | Aushilfe Delmenhorst |
| Georg Fitzner | Pfarrer | Breslau | 20.2.1946 | Aushilfe Damme |
| Pius Güttler | Pfarrer | Prag/Glatz | 6.3.1946 | Aushilfe Nordenham |
| P. Dr. Erwin Schiprowski | OFM | Franziskaner | 20.3.1946 | Vertriebenenseelsorge Burhave/Pfarrei Nordenham |
| Stephan Goerlich | Pfarrer | Breslau | 22.3.1946 | Aushilfe Vechta |
| Theodor Salbert | Pfarrer | Breslau | 25.3.1946 | Vertriebenenseelsorge Brake |
| Georg Schulz | Pfarrer, Geistl. Rat | Breslau | 25.3.1946 | Vertriebenenseelsorge Brake |
| Alois Knauer | Pfarrer | Breslau | 26.3.1946 | Aushilfe Goldenstedt |
| Josef Strauch | Pfarrer | Prag/Glatz | 26.3.1946 | Vertriebenenseelsorge Strückhausen/ Rektorat Brake |
| Bruno Fischer | Pfarrer | Prag/Glatz | 27.3.1946 | Vertriebenenseelsorge Zetel/Pfarrei Varel |
| Ernst Lange | Domkapitular Prälat | Breslau | 23.4.1946 | Aushilfe Visbek |
| Konrad Leister | Pfarrer | Prag/Glatz | 2.5.1946 | Vertriebenenseelsorge Hude/Pfarrei Delmenhorst |
| Alfons Scholz | Erzpriester | Breslau | 10.5.1946 | Aushilfe Barßel |
| Georg Ziebolz | Pfarrer | Breslau | 10.5.1946 | Aushilfe Ramsloh |

| Name | Rang | (Erz)diözese | Datum des Anstellungs-dekretes | Ort und Rang der Anstellung |
|---|---|---|---|---|
| P. Bernhard Starischka | SVD | Steyler Missionar | 18.5.1946 | Aushilfe Cloppenburg |
| Otto Jaritz | Pfarrer | Breslau | 22.5.1946 | Aushilfe Vechta |
| Edmund Plehn | Pfarrvikar | Breslau | 24.5.1946 | Kaplan Delmenhorst |
| Franz-Josef Wohl | Pfarrer | Breslau | 27.5.1946 | Vertriebenen-seelsorge Brake |
| Josef Pollak | Kuratus | Breslau | 14.6.1946 | Aushilfe Varel |
| Karl Feicke | Erzpriester | Breslau | 15.6.1946 | Krankenhaus-seelsorge Varel |
| Josef Wahlich | Erzpriester | Breslau | 22.6.1946 | Aushilfe Stapelfeld/ Pfarrei Cloppenburg |
| Emil Linder | Pfarrer | Breslau | 26.6.1946 | Vertriebenen-seelsorge Berne u. Elsfleth/ Rektorat Brake |
| Augustin Schinke | Erzpriester, Geistl. Rat | Breslau | 28.6.1946 | Vertriebenen-seelsorge Burhave/Pfarrei Nordenham |
| Rudolf Pallus | Pfarrer | Breslau | 1.7.1946 | Vertriebenen-seelsorge Brake |
| Adolf Langer | Pfarrer | Prag/Glatz | 2.7.1946 | Kaplan Lohne m. besonderem Auftrag zur Vertriebenen-seelsorge ebd. |
| Johannes Tenzler | Kaplan | Breslau | 10.7.1946 | Aushilfe Vechta |
| Gerhard Schuster | Pfarrer | Breslau | 12.7.1946 | Vertriebenen-seelsorge Bockhorn/ Pfarrei Varel |
| Heinrich Bahr | Erzpriester | Breslau | 12.7.1946 | Aushilfe Hemmelte |

| Name | Rang | (Erz)diözese | Datum des Anstellungs- dekretes | Ort und Rang der Anstellung |
|---|---|---|---|---|
| Hugo Springer | Pfarrer | Breslau | 12.7.1946 | Vertriebenen- seelsorge Schillig/ Pfarrei Jever |
| Adalbert Neumann | Pfarrer | Breslau | 12.7.1946 | Vertriebenen- seelsorge Ostiem/Pfarrei Jever |
| Hugo Jendrzejczyk | Kuratus | Breslau | 8.8.1946 | Aushilfe Bösel |
| Josef Christian | Pfarrer | Breslau | 12.8.1946 | Vertriebenen- seelsorge Sandkrug |
| Friedrich von Woyski | Erzpriester | Breslau | 13.8.1946 | Aushilfe Oldenburg |
| Otto Hoppe | Pfarrer | Breslau | 13.8.1946 | Aushilfe Lastrup |
| Helmut Richter | Pfarrer | Breslau | 13.8.1946 | Aushilfe Oldenburg |
| P. Josef Hagel | SAC | Pallottiner | 16.8.1946 | Vertriebenen- seelsorge Bad Zwischenahn |
| Bernhard Thielsch | Erzpriester | Breslau | 22.8.1946 | Aushilfe Wildeshausen |
| Franz Mutke | Pfarrer | Breslau | 22.8.1946 | Aushilfe Oldenburg |
| Wilhelm Hoppe | Studienrat | Breslau | 26.8.1946 | Aushilfe Del- menhorst |
| Fabian Schenk | Militärpfarrer a. D. | Olmütz/Branitz | 29.8.1946 | Aushilfe Oldenburg |
| Georg Gruhn | Kaplan | Breslau | 2.9.1946 | Aushilfe Oldenburg |
| Josef Tenschert | Pfarrvikar | Olmütz/Branitz | 4.9.1946 | Vertriebenen- seelsorge Kreyenbrück/ Rektorat Osternburg |
| Dr. Paul Blaschke | Domkapell- meister Breslau | Breslau | 6.9.1946 | Aushilfe Vechta |

| Name | Rang | (Erz)diözese | Datum des Anstellungsdekretes | Ort und Rang der Anstellung |
|---|---|---|---|---|
| Paul Christoph | Pfarrer | Breslau | 12.9.1946 | Aushilfe Oldenburg |
| Josef Kober | Erzpriester | Breslau | 19.9.1946 | Aushilfe Löningen |
| Karl Hentschel | Kaplan | Prag/Glatz | 13.11.1946 | Kaplan Brake u. Vertriebenenseelsorge |
| Ernst Hadamczik | Erzpriester | Breslau | 9.12.1946 | Aushilfe Bunnen |
| Otto Scholz | Pfarrer | Breslau | 1.4.1947 | Vertriebenenseelsorge Stollhamm/ Pfarrei Nordenham |
| P. Anton Leschik | OMI | Oblatenpater | 1.4.1947 | Aushilfe Vechta |
| P. Engelbert Machinia | OMI | Oblatenpater | 1.4.1948 | Volksmissionar Oldenburg |

*Quelle: OAV A-2-37 VI: Erteilung der Cura animarum an Geistliche.*

Tabelle 26: Benutzung ev.-luth. Kirchen für katholische Gottesdienste 1944–1953

| Ort | Nutzung Beginn Häufigkeit | Schwierigkeiten | Alternativer Gottesdienstraum |
|---|---|---|---|
| **Abbehausen** | Ja, 1945 jeden Sonntag | – | 1952 eigene Kapelle |
| **Accum (ref.)** | – | – | – |
| **Altenesch** | Ja | – | – |
| **Altenhuntorf** | Ja | – | – |
| **Apen** | – | – | ev. Schule, kath. Kapelle in Augustfehn |
| **Bad Zwischenahn** | Ja, ab 1946, Friedhofskapelle | – | 1949 eigene Kirche |
| **Bardenfleth** | Ja, zeitweise | – | Gasthaussaal |
| **Bardewisch** | Ja, dreiwöchig am Sonntag, später gelegentlich | – | – |
| **Berne** | Ja, seit 1944 Sonn- und Werktags | Beschwerde des ev. Pastors wegen Reinigung u.a. | Schulklasse |
| **Blexen** | – | – | Saal des Kreis-Altenheims, kath. Kirche in Einswarden |
| **Bockhorn** | Ja, ab 1946 jeden Sonntag morgen | gutes Einvernehmen | 1953 eigene Kirche |
| **Brake** | – | – | kath. Kirche vorhanden |
| **Burhave** | Ja, seit 1946, 1–2x Sonn- und Werktags | gutes Einvernehmen | 1955 eigene Kirche |
| **Cleverns** | – | – | – |
| **Dedesdorf** | Ja, seit 1946 14tägig am Montag, später jeden Sonntag | – | – |
| **Delmenhorst** | – | – | kath. Kirche vorhanden |
| **Dötlingen** | – | – | ev. Schule |
| **Eckwarden** | Ja | – | – |
| **Edewecht** | Ja, ab 1946 | – | – |
| **Elsfleth** | Ja, seit 1946: jeden Sonntag | – | Werktagsmesse in Konfirmandensaal, 1949 eigene Kirche |

| Ort | Nutzung Beginn Häufigkeit | Schwierigkeiten | Alternativer Gottesdienstraum |
|---|---|---|---|
| Esenshamm | Ja | – | – |
| Eversten | Ja, seit Februar 1947 ev. Friedhofskapelle | Austausch m. kath. Kapelle Südmoslesfehn | |
| Fedderwarden | Ja | – | – |
| Ganderkesee | Ja, seit 1946: jeden Sonntag | gutes Einvernehmen | Werktags in Sakristei, 1950 eigene Kirche |
| Golzwarden | Nein | 1952 vom Gemeindekirchenrat abgelehnt | – |
| Großenkneten | Ja, seit 1946: Sonntag nachmittag | – | – |
| Großenmeer | Ja, seit 1946: 14tägig Sonntags | „ | „ |
| Hammelwarden | Ja, zeitweise | – | ev. Schule Oberhammelwarden |
| Hasbergen | Ja, seit 1946: Sonntag morgen | – | – |
| Hatten | 1946 Sonntag nachmittag | – | – |
| Hohenkirchen | Ja, jeden Sonntag | – | – |
| Holle | Ja, kurzzeitig 1946 jeden Sonntag, später 14tägig | gutes Einvernehmen | Gasthaussaal |
| Hude | – | – | Privathaus, Baracke (ab 1947), eigene Kirche 1952 |
| Huntlosen | Ja, seit 1946 | Ja, weil Messen zu lang | |
| Ihausen, Kapelle | – | – | ev. Schule (14tägig) |
| Jade | Ja, ab 1944 14tägig, ab 1946 wöchentlich | – | – |
| Jever | – | – | kath. Kirche vorhanden |
| Langwarden | Ja, seit 1946 | gutes Einvernehmen | |
| Lemwerder, Kapelle | – | – | kath. Notkapelle (ab 1945) |
| Middoge | – | – | – |

| Ort | Nutzung Beginn Häufigkeit | Schwierigkeiten | Alternativer Gottesdienstraum |
|---|---|---|---|
| **Minsen** | – | – | kath. Notkapelle in Schillig |
| **Neuenbrok** | Ja, seit 1946: Sonntag oder Werktag im Wechsel mit Oldenbrok | – | – |
| **Neuenburg** | Ja, seit 1946: Sonntag nachmittag | Läuten erlaubt | |
| **Neuenhuntorf** | – | – | – |
| **Nordenham** | – | – | kath. Kirche vorhanden |
| **Nordloh, Kapelle** | – | – | – |
| **Ofen** | – | – | Anstalt und Lager Wehnen |
| **Ohmstede** | Ja, seit 1946, 14tägig Sonntag | nicht bekannt | Kapelle Litauerlager |
| **Oldenbrok** | Ja, 14tägig Sonntag im Wechsel mit Neuenbrok, zeitweise jeden Sonntag | nicht bekannt | – |
| **Oldenburg, Lamberti** | – | – | kath. Kirche vorhanden |
| **Oldenburg, Garnison** | – | – | ,, |
| **Oldenburg, Auferstehung** | – | – | – |
| **Oldorf** | – | – | – |
| **Osternburg** | – | – | kath. Kirche vorhanden |
| **Ovelgönne** | Ja, 14tägig: Sonntag; zeitweise jeden Sonntag | nicht bekannt | – |
| **Pakens** | Ja, seit 1946, 14tägig Sonntag im Wechsel mit Waddewarden | – | – |
| **Rastede** | Ja, seit 1946 | gutes Einvernehmen | 1950 eigene Kirche |
| **Rodenkirchen** | Nein | Ja, als Reaktion auf den „Fall" Emstek 1947 untersagt | Schulaula, 1952 eigene Kirche |

| Ort | Nutzung Beginn Häufigkeit | Schwierigkeiten | Alternativer Gottesdienstraum |
|---|---|---|---|
| **Sande** | – | – | Landeskrankenhaus Sanderbusch |
| **Sandel** | Ja, zeitweilig 1946, 14tägig: Sonntag | – | – |
| **Sandkrug** | 1947, ev. Barackenkapelle | Ja, wegen simultaner Nutzung | – |
| **St. Joost** | – | – | – |
| **Schönemoor** | – | – | – |
| **Schortens** | Nein, später ja | – | Oratorium in Heidmühle |
| **Schwei** | Ja, seit 1946, 14-tägig: Sonntag nachmittag | – | – |
| **Schweiburg** | Ja, seit 1946, im Sommer: 14tägig Sonntag nachmittag, im Winter: Sonntag morgen | – | – |
| **Seefeld** | Ja, seit ? : Sonntag nachmittag | – | – |
| **Sengwarden** | Ja, 1x 1946 u. ab 1947 | Gemeindekirchenrat gegen Nutzung | |
| **Sillenstede** | Ja, ab 1944 | – | – |
| **Stollhamm** | Ja, seit 1945: Sonntag oder Dienstag nachmittag | – | 1953 eigene Kirche |
| **Strückhausen** | nur gelegentlich | – | ev. Schule |
| **Stuhr** | Nein | – | ev. Schule Moordeich |
| **Tettens** | Ja, seit 1945: 14tägig Sonntag | – | – |
| **Tossens** | Ja, seit 1946 zunächst 14tägig, dann wöchentlich Sonntag nachmittag | – | – |
| **Varel** | – | – | kath. Kirche vorhanden |
| **Vreschen-Bokel, Kapelle** | – | – | – |
| **Waddens** | Ja, seit 1947 | – | – |

| Ort | Nutzung Beginn Häufigkeit | Schwierigkeiten | Alternativer Gottesdienstraum |
|---|---|---|---|
| **Waddewarden** | Ja, 14tägig: Sonntag im Wechsel mit Pakens | – | – |
| **Wangerooge** | – | – | kath. Kirche zerstört, Kapelle in Haus Meeresstern |
| **Wardenburg** | Ja, seit 1946 monatl., später wöchentl. | Streit um Nutzungsgebühren | – |
| **Warfleth** | Ja, ab 1949 1x monatlich | – | – |
| **Westerstede** | Ja | – | Konfirmandensaal, Reservelazarett |
| **Westrum** | – | – | – |
| **Wiarden** | – | – | – |
| **Wiefels** | Ja, seit 1946 Sonntag nachmittag, später nur noch Konfirmandensaal | – | – |
| **Wiefelstede** | Ja, seit 1946, Sonntag nachmittag, später: 1x monatlich | – | – |
| **Wildeshausen** | – | Bestreben der Katholiken, Mischehen zu unterbinden | kath. Kirche vorhanden |
| **Wilhelmshaven, Christus/Garnison** | – | – | kath. Kirche vorhanden |
| **-Bant** | – | – | kath. Kirche vorhanden |
| **-Heppens** | – | – | – |
| **-Neuende** | – | – | – |
| **Wüppels** | – | – | – |
| **Zetel** | Ja, Sonntag | – | kath. Oratorium vorhanden |

– = Kirche wurde nicht zur Mitbenutzung gewünscht bzw. es liegen keine Unterlagen über eine Mitbenutzung vor.

*Quellen: Archiv OKR A-XXXVIII-31: Umfrage des Oberkirchenrats v. 12.11.1946 u. v. 11.6.1948*
*OAV: A-3-128 u. A-3-87 Umfragen v. November 1949 u. Juli 1953*
*Personal-Schematismus des Bistums Münster 1949 (mit Auflistung der Notgottesdienststationen)*

Tabelle 27: Benutzung katholischer Kirchen für evangelische Gottesdienste 1945–1953

| Ort | Nutzung Beginn Häufigkeit | Schwierigkeiten | Alternativer Gottesdienstraum |
|---|---|---|---|
| **Altenoythe** | –* | – | – |
| **Bakum** | – | – | Gasthaussaal, 1950 ev. Kirche vorhanden |
| **Barßel** | – | – | Gottesdienst im kath. Pfarrheim an 2 Werktagen der Woche |
| **Benstrup** | – | – | – |
| **Bethen** | – | – | – |
| **Beverbruch, Kapelle** | – | – | – |
| **Bevern** | – | – | Gottesdienst in Essen oder Wulfenau besucht |
| **Bösel** | – | – | Schule u. Gasthaussaal |
| **Bokelesch, Kapelle** | – | Anfrage von ev. Pastor aus Ostrhauderfehn negativ beschieden | – |
| **Bühren** | Nur: Karfreitag 1948, später gelegentlich | Genehmigung vom Offizialat verweigert | Gasthaussaal in Schneiderkrug |
| **Bunnen** | Ja, 1x monatlich ab Juni 1946 | Keine, volle Altarbenutzung | |
| **Cappeln** | Ja, ab 1949 | Keine, kath. Gemeinde stellt Bauland für die Kirche | vor 1949 Gasthaussaal, 1952 eigene Kirche |
| **Carum** | – | – | – |
| **Cloppenburg** | – | Druck von Katholiken bei Mischehen | ev. Kirche seit 1857 |
| **Damme** | – | Keine | Eigene Kapelle seit 1905, Gottesdienst im Saal des Kolpinghauses |

| Ort | Nutzung Beginn Häufigkeit | Schwierigkeiten | Alternativer Gottesdienstraum |
|---|---|---|---|
| **Dinklage** | – | Keine | Gottesdienst im Saal des Kolpinghauses, eigene Kirche in Wulfenau, 1952 eigene Kirche |
| **Elisabethfehn** | – | – | eigene Kirche seit 1900 |
| **Ellenstedt** | – | – | – |
| **Elsten** | Ja, Sonntag vormittag (14tägig) | Keine, Sprechzimmer zur Verfügung gestellt, volle Altarbenutzung | – |
| **Emstek** | – | kath. Kirche verweigert | Schulklasse, gelegentlich Gasthaussaal, 1950 eigene ev. Kirche |
| **Essen** | Ja, ab 1946 Sonntag nachmittag u. ev. Feiertage (ca. 10x jährlich) | Keine, kath. Küster beteiligt, ökum. Posaunenchor | ev. Kapelle im Ort zu klein |
| **Evenkamp, Kapelle** | Ja, 1x monatlich | – | – |
| **Friesoythe** | – | – | ev. Kirche ab 1912, Kapelle Schwaneburgermoor ab 1935 |
| **Garrel** | Ja, aber nur zur Konfirmation 1948 | Einzelne Katholiken versuchen zu „missionieren" | Gasthaussaal ab 1947, 1950 eigene Kirche |
| **Goldenstedt** | – | – | ev. Kirche vorhanden |
| **Halen, Kapelle** | – | – | – |
| **Harkebrügge** | – | – | – |
| **Hemmelte** | Ja, ab 1946 an besonderen Feiertagen | – | Raum in kath. Schule |
| **Höltinghausen, Kapelle** | – | – | – |
| **Hoheging-Kellerhöhe** | – | – | – |

| Ort | Nutzung Beginn Häufigkeit | Schwierigkeiten | Alternativer Gottesdienstraum |
|---|---|---|---|
| Holdorf | – | – | ev. Kapelle in Fladderlohausen vorhanden seit 1936 |
| Kneheim | Ja, gelegentlich bei Beerdigungen | – | – |
| Kroge-Ehrendorf | – | – | – |
| Langförden | – | – | Schulraum |
| Lastrup | Ja, seit 1945 | Keine, volle Altarbenutzung | – |
| Lindern | Mai 1946–1947 | Beschwerde nach ev. Bischofsbesuch 1946 u. Verwunderung bei Katholiken über das Zeremoniell | 1947 Baracke auf Grundstück des kath. Küsters (bis 1970) |
| Löningen | – | – | Eigene Kapelle seit 1897 |
| Lohne | – | – | ev. Kapelle seit 1896 |
| Lüsche | – | – | – |
| Lutten | – | – | Schulraum |
| Markhausen | – | – | – |
| Molbergen | – | – | Gottesdienst in alter Schule |
| Mühlen | – | – | Gottesdienst im Saal des kath. Pfarrheims 14tägig |
| Neuenkirchen | – | – | ev. Kirche vorhanden |
| Neuscharrel | – | – | – |
| Nikolausdorf, Kapelle | – | – | – |
| Osterfeine | – | – | – |
| Oythe | – | – | – |
| Peheim | – | – | – |
| Ramsloh | – | – | Gottesdienst freitags im kath. Pfarrheim |
| Rechterfeld | – | – | Gottesdienst in kath. Schule |
| Rüschendorf | – | – | – |

| Ort | Nutzung Beginn Häufigkeit | Schwierigkeiten | Alternativer Gottesdienstraum |
|---|---|---|---|
| **Scharrel** | – | – | Gottesdienst in ev. Schule |
| **Schwichteler** | Ja, ab 1946 | Freundliches Entgegenkommen durch die Dominikaner | – |
| **Sedelsberg** | Ja, gelegentlich | Gottesdienst zuerst in Schule | – |
| **Sevelten** | Ja, ab Okt. 1948 gelegentlich | „widerstrebt" kath. Geistlichen | – |
| **Steinfeld** | – | kath. Warnung vor Mischehen; Gottesdienst im Kino u. Gasthaussaal | 1950 ev. Kirche |
| **Strücklingen** | Ja, in kath. Kapelle in Bollingen | – | ev. Kirche in Idafehn |
| **Thüle, Kapelle** | – | – | – |
| **Varrelbusch** | – | – | – |
| **Vechta** | – | – | Gottesdienst wie bisher in Simultankirche |
| **Vestrup** | Ja, ab 1948 jeden Freitag, später jeden Sonntag | gutes Verhältnis, ev. Unterweisung in kath. Pfarrheim | vorher Gasthaussaal |
| **Visbek** | – | – | ab Herbst 1945 Gottesdienst im kath. Pfarrheim (alle 14 Tage), 1953 eigene Kirche |
| **in Nordoldenburg:** | | | |
| **Einswarden** | Ja, 14tägig Sonntag | – | – |
| **Südmoslesfehn, Kapelle** | Ja, ab Febuar 1947 | im Austausch m. ev. Friedhofskapelle in Oldenburg-Eversten | |

– * Kirche wurde nicht zur Mitbenutzung gewünscht bzw. es liegen keine Unterlagen über eine Mitbenutzung vor.

Quellen: Archiv OKR A-XXXVIII-31, Umfragen des Oberkirchenrats v. 12.11.1946 u. 11.6.1948
OAV A-3-128 u. A-3-87: hier auch: Rundfrage des Offizialats v. November 1949
Gemeindechroniken sowie Festschriften der ev.-luth. Gemeinden in Südoldenburg

# QUELLEN- UND LITERATURVERZEICHNIS

## Quellen

### a) Ungedruckte Quellen

**Bistumsarchiv Münster (BAM)**

A 0-134 Allgemeine Korrespondenz mit dem Bischöflichen Offizialat Vechta
A 0-136   „           „              „              „         „
A 0-145 Allgemeine Politische Angelegenheiten 1954–1966
A 0-152 Neufassung Schulgesetzgebung 1948–1957
A 0-172 Priesterstatistiken 1949–1968
A 0-344 Priesterstatistiken 1938–1952
A 0-788 Bischof Keller: Flüchtlingsseelsorge 1956ff.

Nachlässe:

Nachlaß Dr. Michael Keller A 20 u. 21: Predigten 1947–1960

Neues Archiv:

NA 101-39    Evakuierung der Bevölkerung und Seelsorge 1943–1946
NA 101-40    Evakuierung der Bevölkerung und Seelsorge, Bd. 2: 1945–1948
NA 101-120a  Päpstlicher Beauftragter für die Heimatvertriebenen 1948–1954
NA 101-178   Korrespondenz mit dem Bischöflichen Offizialat Vechta 1941–1951
NA 101-179   Korrespondenz mit dem Bischöflichen Offizialat Vechta 1952–1969
NA 101-183   Schulpolitik in Niedersachsen 1948–1954
NA 101-184        „            „            „
NA 101-185        „            „            „
NA 101-241   Diaspora 1946–1976: hier u. a. Kapellenwagenmission
NA 101-279   Ostpriesterhilfe, Seminar Königstein 1948–1971
NA 101-414   Ostvertriebene 1946–1950

Hauptabteilung Seelsorge:

NA 201-131   Heimatvertriebene/Flüchtlinge 1948–1968
NA 201-212   Politische Parteien (BHE) 1953–1955

**Niedersächsisches Staatsarchiv Oldenburg (StAOl)***

Bestand 134:
Gruppe 35 Generalia, Schulwesen
-90 Religionsunterricht in den Schulen: Allgemeines

Bestand 136:
Gruppe 111: Organisation der Flüchtlingsbetreuung
-8a Flüchtlingsvereine und -genossenschaften 1948–1954

Gruppe 113 A: Medizinalwesen
-56-3-1    Aufgelöste Hilfskrankenhäuser

Gruppe 125: Kriegsbedingte Fürsorge
-66, B    Flüchtlingsakten bis Ende 1946
-66, B 1b Betreuung, Verschiedenes 1945–1948, 1949

Gruppe 162-1: Stadtarchiv Oldenburg
-3-546    Gemeinnützige Wohnungsbaugenossenschaft „St. Peter" 1949–1970

* Hier wurden grundsätzlich die alten Signaturen verwendet!


**Offizialatsarchiv Vechta (OAV)**

Allgemeine Akten (A-Akten):

-A-2-13    Beschwerden gegen Geistliche
-A-2-37 VI Cura animarum für Geistliche 1924ff.
-A-2-56    Evakuierte, auswärtige, in den Offizialatsbezirk Oldenburg zugezogene Geistliche
-A-2-57    Mitternachtsmessen an Weihnachten
-A-2-60    Erholungsurlaub in der Schweiz für Geistliche
-A-3-67    Bonifatiuswerk 1895ff.
-A-3-77    Ordensniederlassungen im Großherzogtum Oldenburg
-A-3-85    Aushilfe und Vertretung in der Seelsorge
-A-3-87    Verhältnis der Religionsgesellschaften zueinander
-A-3-104   Wandernde Kirche
-A-3-105   Seelsorgshelferinnen
-A-3-112   Religionsunterricht an Schulkinder
-A-3-120   Schulen; Stellenbesetzung
-A-3-122   Caritas
-A-3-128   Ev. Kirche im Offizialatsbezirk Oldenburg

| | |
|---|---|
| -A-3-130 | Kollekten: Patendekanate – Wiederaufbaukollekte |
| -A-3-136 | Elisabethinerinnen Schwichteler |
| -A-8-68 | Gesuche an deutsche und englische Behördenstellen |
| -A-8-75 | Umgrenzung der Seelsorgebezirke in Nordoldenburg |
| -A-8-76 | Kirchenbaracken in der nordoldenburgischen Diaspora |
| -A-9-46 | Katholischer Siedlungsdienst 1934ff. |
| -A-9-74 | Flüchtlingsfragen |
| -A-9-75 | Zentralverband der vertriebenen Deutschen (ZvD) |
| -A-9-86 | Kardinal von Galen-Siedlungswerk |
| -A-9-89 | Dekanate des Offizialatsbezirks Oldenburg – Neueinteilung |

Akten der Kirchengemeinden und kirchlichen Einrichtungen (B-Akten):

| | |
|---|---|
| -B-8-14 | Seelsorgestation Elsfleth |
| -B-8-14a | Gottesdienstraum in Berne |
| -B-8-16 | Seelsorgestation Rodenkirchen |
| -B-8a-10n | Seelsorgestation Burhave |
| -B-8a-10o | Seelsorgestation Stollhamm |
| -B-8a-10q | Kirchenbau Abbehausen |
| -B-15c-11 | Pius-Stift Cloppenburg |
| -B-18-3 | Vereinigung heimatvertriebener Katholiken in Delmenhorst |
| -B-18-20 | Seelsorgestation Hude |
| -B-18-21 | Seelsorgestation Ganderkesee |
| -B-18-22 | Seelsorgestation Moordeich/Hasbergen |
| -B-18-23 | Villa Leffers |
| -B-18-24 | Lager Adelheide u. St.-Ansgar-Jugendwerk |
| -B-18-25 | Niederlassung der Grauen Schwestern Stenum |
| -B-18-26 | Seelsorgestation Lemwerder |
| -B-22c-12 | Kinderheim St. Elisabeth Gut Vehr bei Essen |
| -B-30-13 | Seelsorgestation Heidmühle/Roffhausen |
| -B-30-14 | Seelsorgestation Schillig |
| -B-43c-11 | Seelsorgestelle Bad Zwischenahn |
| -B-43c-11a | Bau einer Kirche in Zwischenahn und Edewecht |
| -B-43c-12 | Huntlosen: Krankenhaus und Seelsorgestelle |
| -B-43c-13 | Seelsorgestelle Rastede |
| -B-43c-14 | Seelsorgestelle Sandkrug |
| -B-43c-15 | Gottesdienst in Ofenerdiek |
| -B-43c-16 | Seelsorgestelle Westerstede |
| -B-43c-18 | Niederlassung der Oblatenpatres in Oldenburg |
| -B-43c-20 | Niederlassung der Jesuiten in Oldenburg |
| -B-43c-24 | Pfarrektorat Eversten |
| -B-53-1 | Pfarrgemeinde Varel |

-B-53-12    Gottesdienst in Jade
-B-53-13    Seelsorgestation Bockhorn
-B-53-14    Seelsorgestation Zetel
-B-53-16    DP-Lager Bockhorn
-B-58c-9    Seelsorgestelle Huntlosen
-B-71-8     Seelsorgestation Voslapp
-B-71-12a   Wilhelmshaven: Caritasverband
-B-71-13    Wilhelmshaven: Lagerseelsorge
-B-71-20    Seelsorgestelle St. Michael Wilhelmshaven
-B-72 a     Pfarrektorat Einswarden
-B-73-9     Osternburg: Pfarrhelferin in Osternburg 1941ff.
-B-73-11    Seelsorgestelle Wardenburg
-B-73-14    Seelsorgestelle Bümmerstede
-B-73-15    Seelsorgestelle Kreyenbrück
-B-75-1     Seelsorgestelle Ahlhorn
-B-75-2     Seelsorge in Ahlhorn
-B-75-3     Gutshaus Lethe
-B-75-4     Bau einer Kapelle und Ankauf eines Pfarrhauses in Ahlhorn
-B-82a      Pfarrektorat St. Marien Oldenburg
-B-84a-c    Seelsorgestation Lemwerder
-B-85 a-c   Seelsorgestelle Eversten
-B-87 a-c   Seelsorgestelle Kreyenbrück
-B-88 a-c   Seelsorgestelle Bad Zwischenahn


- Personalakten von Priestern im Bischöflich Münsterschen Offizialat
- Nachlaß Otto Jaritz (1909–1987) (Depositum): darin u. a.:
  Rundbriefe des oldenburgischen Ostpriester-Konveniats (ROK), 1946–1965
- Chronik der Kath. Volksschule Ganderkesee 1954–1961, zusammengestellt v. Erhard Steiner (Depositum)
- GILLMANN, WILHELM, Die Pfarr-Caritas in ihren Grundzügen, Exposé von 1945.
- Kirchenbuchzweitschriften: Trauungsmatrikel: Bockhorn, Burhave, Cloppenburg, St. Marien Delmenhorst, Elsfleth, Ganderkesee, Hude, Jade, Schillig
- Fragenkatalog für die nach 1946 entstandenen Gemeinden v. 3.6.1996


**Archiv des Ev.-luth. Oberkirchenrates Oldenburg (Archiv OKR)**

-A-XXXVIII-31   Kirchengebäude betr. die Benutzung der Kirchen durch katholische Gemeinden 1948
-A-L-12         Andere Confessionen betr. Überlassung der Kirchengebäude für Abhaltung von katholischen Messen und Bereitstellung der katholischen Kirchen für evangelische Gottesdienste 1921ff.

-A-L-12II	Andere Konfessionen: Überlassung der Kirchengebäude für katholische Messen
-A-L-23	Andere Konfessionen: Verhandlungen mit der katholischen Kirche 1948ff.

**Archiv St.-Hedwigs-Werk Osnabrück**

-Korrespondenz 1948–1951
-Korrespondenz 1952ff.

**Archiv des Apostolischen Visitators Breslau bzw. der Katholischen Arbeitsstelle (Nord) für Heimatvertriebene, Münster**

-Personalakten schlesischer Priester im Offizialatsbezirk Oldenburg
-Heimatwerk Schlesischer Katholiken: Gründung 1958 in Münster
-Heimatwerk Schlesischer Katholiken: Diözesanverband Münster
-Diözesan-Vertriebenenseelsorger Oskar Franosch und Winfried König
-Schlesisches Priesterwerk: Schlesische Priestertagungen
-Schlesisches Priesterwerk: Offizialatsbezirk Oldenburg
-Schlesisches Priesterwerk: Diözesansprecher Bistum Münster
-Eichendorffgilden
-Wartha-Sammlung (Depositum des Arbeitskreises Wartha)

**Archiv des Apostolischen Visitators Ermland, Münster**

-Protokolle der Fuldaer Bischofskonferenzen 1945, 1950
-Nachlaß Bischof Maximilian Kaller:   -Hirtenbriefe
                                       -Korrespondenz mit Bischöfen
                                       -Korrespondenz mit dem Bonifatiusverein
-Personalakten

**Archiv des Kanonischen Visitators Glatz, Münster**

-Personalakten Grafschaft Glatzer Priester im Offizialatsbezirk Oldenburg
-Laufcurrenden. Rundschreiben für den Klerus der Grafschaft Glatz 1946ff.
-Glatzer Wallfahrten nach Werl und Telgte

**Archiv der Norddeutschen Provinz der Pallottiner, Limburg**

-Personalien zu den im Offizialatsbezirk Oldenburg tätigen Patres
-Niederlassung in Bad Zwischenahn
-Niederlassung in Wilhelmshaven

**Archiv der Deutschen Provinz der Oblaten, Mainz**

-Personalien zu den im Offizialatsbezirk Oldenburg tätigen Patres
-Niederlassung in Oldenburg
-Exposé von P. Alfred Hennecke OMI, ca. 1947

**Archiv des Provinzialats der Schwestern von der hl. Elisabeth, Reinbek**

-Zahlenangaben zu den im Offizialatsbezirk Oldenburg stationierten Schwestern

**Archiv des Provinzhauses der Schwestern Unserer Lieben Frau, Coesfeld**

-Annalen der Niederlassung im St.-Ansgar-Jugendwerk Adelheide 1948–1959

**Archiv des Provinzhauses der Schwestern Unserer Lieben Frau, Vechta**

-Annalen Haus Vehr – Kinderheim bei Quakenbrück 1947–1953

**Pfarrarchive katholischer Kirchengemeinden im Offizialatsbezirk Oldenburg**

BAD ZWISCHENAHN ST. MARIEN
- Chronik des Pfarrektorats 1946–1965,
  geführt von P. Josef Hagel SAC, P. Josef Fischer SAC,
  P. Anton Meißner SAC u. P. Heinrich Menzel SAC

BOCKHORN ST. MARIA IM HILGENHOLT
- Erholung heimatvertriebener Kinder aus Nordoldenburg in der Schweiz 1950
- Korrespondenzen von Pfarrer Gerhard Schuster mit Heimatvertriebenen 1946–1953
- Katholische Schule und Katholischer Religionsunterricht in Bockhorn 1947–1952
- Kirchenbau 1953

BRAKE ST. MARIEN
- Chronik der Pfarrei Brake, Bd. 1946–1976, geführt von Kaplan Franz Lüken u. Pfarrer Hermann Böhmer
- Konferenzbezirk Wesermarsch: Protokolle 1953–1961
- Konfessionelle Schule 1952–1961
- Chronik des Pfarrektorats St. Josef Rodenkirchen 1952–1964, geführt von Pfarrektor Karl Hentschel

DELMENHORST ST. MARIEN
- Adelheide St.-Ansgar-Jugendwerk 1948–1959
- Kardinal-Bertram-Werk Hildesheim 1954
- Primizen
- Kapellenwagenmission
- Ostvertriebene Katholiken und St.-Hedwigs-Kreis
- Rundschreiben des Bischöflich Münsterschen Offizialats 1945ff.
- Rundschreiben des Landes-Caritasverbandes 1946ff.
- Korrespondenz mit dem Bischöflichen Offizialat Vechta 1946–1954
- KAB 1945–1953

ELSFLETH ST. MARIA MAGDALENA
- Religionsunterricht in den Schulen 1948–1965
- Material zur Chronik von Elsfleth: Aufzeichnungen und Korrespondenz von Erzpriester Alfons Scholz
- Bauakten Kleinstkirche Elsfleth 1948–1955
- Briefverkehr 1949–1955
- Pfarrseelsorge 1957–1960

GANDERKESEE ST. HEDWIG
- Chronik des Pfarrektorats, Bd. 1: 1946–1969, geführt von Pfarrer Helmut Richter

HUDE ST. MARIEN
- Schützenhalle Hude als Gottesdienststätte
- Chronik der Kirchengemeinde Hude: diverse Aufzeichnungen von Pfarrer Konrad Leister
- Schulwesen 1948ff.
- St.-Peter-Siedlungswerk in Hude 1949–1967

OLDENBURG ST. PETER
- Pfarrchronik, hier Einträge 1945–1965, geführt von Pfarrer Heinrich Krone, Pfarrer Heinrich Grafenhorst und Pfarrer Leonhard Buken
- Niederlassung der Katharinenschwestern
- Kath. Schüler- und Pfarrheim

OLDENBURG HERZ MARIÄ (ST. MARIEN)
- Chronik Herz Mariä 1947-1952, geführt von P. Wilhelm Michel OMI
- Kirchenbau 1949/50

OLDENBURG-BÜMMERSTEDE ST. JOSEF
- Pfarrchronik 1951ff.

- Bericht über den Bau der Notkirche in der kath. Siedlung St. Peter

OLDENBURG-KREYENBRÜCK ST. MICHAEL
- Chronik des Pfarrektorats

RASTEDE ST. MARIEN (Depositum im OAV)
- Chronik des Pfarrektorats, geführt von Pfarrer Otto Jaritz
- Rundbriefe an die oldenburgischen Ostpriester 1946–1953
- Rundbriefe an die oldenburgischen Ostpriester 1954–1955
- Rundbriefe an die oldenburgischen Ostpriester 1956–1960
- Rundbriefe an die oldenburgischen Ostpriester 1961–1970

SANDKRUG ST. ANSGAR
- Chronik des Pfarrektorats, geführt von Frau Hildegard Beerlage

SCHILLIG ST. MARIEN
- Chronologie der katholischen Seelsorgestelle, geführt von Pfarrer Hugo Springer

WESTERSTEDE HERZ JESU
- Ausgaben von: Katholisches Wochenblatt. Der Landmann, Chicago, Jahrgang 1950 u. 1951

WILHELMSHAVEN ST. MARIEN
- Caritas

WILHELMSHAVEN ST. WILLEHAD
- Pfarrchronik, Auszüge aus dem von Pastor Primarius Joseph Zumbrägel geführten Teil 1945ff.
- Caritas

**Privatbesitz Familie Niemeyer, Bethen**

ALOYS NIEMEYER, Chronik des Wallfahrtsortes Bethen. Handschriftliches Manuskript.

BENDEL, RAINER, Die katholische Kirche nach dem Zweiten Weltkrieg in ihrer Sorge für Flüchtlinge und Heimatvertriebene. Eine Projektskizze, unveröffentlichtes Exposé, Tübingen 1996.

b) Gedruckte Quellen

ALTHAUS, HANS-LUDWIG (Hrsg.), Ökumenische Dokumente. Quellenstücke über die Einheit der Kirche, Göttingen 1962.

BESOLDUNGSORDNUNG FÜR DIE FLÜCHTLINGSSEELSORGE. Erlaß des Bischöflichen Generalvikariats in Osnabrück, in: Archiv für katholisches Kirchenrecht, Bd. 123 (1948), 531–533.

BISCHÖFLICHES GENERALVIKARIAT MÜNSTER (Hrsg.), Diözesansynode 1958. Zweites bis Sechstes Kapitel, Münster 1958.

BÖGGERING, LAURENZ (Hrsg.), Iter para tutum. Apostolat in der modernen Welt. Hirtenworte des Bischofs von Münster Dr. Michael Keller, Münster 1961.

CODEX IURIS CANONICI (CIC) von 1917, Freiburg u. a. 1920.

DOKUMENTE DER MENSCHLICHKEIT aus der Zeit der Massenaustreibungen. Gesammelt u. hrsg. v. Göttinger Arbeitskreis, 2., vermehrte Aufl. Würzburg 1960.

GOLOMBEK, OSKAR (Hrsg.), Pius XII. Zum Problem der Vertreibung. Eine Sammlung von Worten und Weisungen Papst Pius' XII. (Katholische Arbeitsstelle Nord für Heimatvertriebene Köln, Schriftenreihe, H. 9), 3., vermehrte Aufl. Köln 1963.

GRENTRUP, THEODOR (Hrsg.), Die Apostolische Konstitution „Exsul Familia" zur Auswanderer- und Flüchtlingsfrage, München 1955/56.

JEDIN, HUBERT, Lebensbericht. Mit einem Dokumentenanhang, hrsg. v. KONRAD REPGEN (Veröffentlichungen der Kommission für Zeitgeschichte, Reihe A, Bd. 35), Mainz 1984.

JENDRZEJCZYK, HUGO, 1936–1976. Aus 40 Priesterjahren, Vechta 1976.

LÖFFLER, PETER (Bearb.), Bischof Clemens August Graf von Galen. Akten, Briefe und Predigten 1933–1946, Bd. 1: 1933-1939, Bd. 2: 1939–1946 (Veröffentlichungen der Kommission für Zeitgeschichte, Reihe A, Bd. 42), 2. Aufl. Paderborn u. a. 1996.

LÖHR, WOLFGANG (Bearb.), Dokumente deutscher Bischöfe, Bd. 1: Hirtenbriefe und Ansprachen zu Gesellschaft und Politik 1945–1949, Würzburg 1985.

LORENZ, FRANZ (Hrsg.), Schicksal Vertreibung. Aufbruch aus dem Glauben. Dokumente und Selbstzeugnisse vom religiösen, geistigen und kulturellen Ringen, Köln 1980.

RICHTER, HELMUT, Aus dem Tagebuch eines schlesischen Pfarrers 1945, in: STASIEWSKI, BERNHARD (Hrsg.), Beiträge zur schlesischen Kirchengeschichte. Gedenkschrift für Kurt Engelbert (Forschungen und Quellen zur Kirchen- und Kulturgeschichte Ostdeutschlands, Bd. 6), Köln u. a. 1969, 552–570.

RICHTER, HELMUT, Erinnerungen aus meinem priesterlichen Leben in Ganderkesee von 1946 bis zu meiner Pensionierung 1980, Maschinenschrift, Ganderkesee 1980.

SCHIEDER, THEODOR (Bearb.), Dokumentation der Vertreibung der Deutschen aus Ost-Mitteleuropa, 5 Bde., Ortsregister u. 3 Beihefte, hrsg. v. Bundesministerium für Vertriebene, Bonn 1954–1962.

SCHINKE, AUGUSTIN, Bericht über meine Erlebnisse im Kriegsjahre 1945 und 1946, in: SCHRECKENBERG, JULIUS (Hrsg.), NS-Zeit-Zeugnisse aus der Wesermarsch. Eine dokumentarische Sammlung von Zeitzeugen- und zeitgenössischen Erinnerungen und Beiträgen, Bd. 5, Brake 1999, 159–175.

VOLK, LUDWIG (Bearb.), Akten deutscher Bischöfe über die Lage der Kirche 1933–1945, Bd. V: 1940–1942 (Veröffentlichungen der Kommission für Zeitgeschichte, Reihe A, Bd. 34), Mainz 1983.

VOLK, LUDWIG (Bearb.), Akten deutscher Bischöfe über die Lage der Kirche 1933–1945, Bd. VI: 1943–1945 (Veröffentlichungen der Kommission für Zeitgeschichte, Reihe A, Bd. 38), Mainz 1985.

## c) Gespräche mit Zeitzeugen

| | |
|---|---|
| Apostolischer Visitator Apost. Protonotar Winfried König, Münster | 7.12.1997 |
| Pastoralreferentin i. R. Alice Kopyciok, Ganderkesee | 29.11.1997 |
| Prälat Rudolf Kurnoth, Moers + | 7.7.1997 |
| P. Engelbert Machinia OMI, Gelsenkirchen | 17.3.1998 |
| Geistlicher Rat Pfarrer em. Edmund Plehn, Friesoythe-Kampe | 9.9.1997 |

# Literatur

## a) Allgemeine Nachschlagewerke

ANNUARIO PONTIFICIO per l'anno 1958, Città del Vaticano 1958.

ARBEITSKREIS FÜR HEIMATKUNDE IM VERBAND BILDUNG UND ERZIEHUNG (Hrsg.), Oldenburg. Ein heimatkundliches Nachschlagewerk, Neubearbeitung der 1. Aufl. von 1965, Löningen 1999.

BAUMANN, WILLI, SIEVE, PETER (Hrsg.), Die katholische Kirche im Oldenburger Land. Ein Handbuch, Vechta 1995.

BERLAGE, PAUL (Bearb.), Handbuch des Bistums Osnabrück, 1. Aufl. Osnabrück 1968.

BÖRSTING, HEINRICH (Bearb.), Handbuch des Bistums Münster, 2 Bde., 2. Aufl. Münster 1946.

CHRISTOPH, LEO (Hrsg.), Sie gehören zu uns. Von Glatzer Heimatpriestern, Reinbek o. J. (1969).

CHRISTOPH, LEO (Hrsg.), Sie gehören zu uns. Von Glatzer Heimatpriestern. Teil II, Reinbek o. J. (1973).

DIÖZESAN-CARITAS-VERBAND MÜNSTER (Hrsg.), Die caritativen Anstalten im Bistum Münster, 2 Bde., Münster 1955.

DUDEN. Das große Wörterbuch der deutschen Sprache. 2., völlig neubearb. u. erw. Aufl. Mannheim u. a. 1993.

Der kleine DUDEN. Fremdwörterbuch, 2. Aufl. Mannheim u. a. 1983.

ECKHARDT, ALBRECHT, SCHMIDT, HEINRICH (Hrsg.), Geschichte des Landes Oldenburg, 4., verbess. Aufl. Oldenburg 1993.

EICHMANN, EDUARD, Lehrbuch des Kirchenrechts auf Grund des Codex Juris Canonici für Studierende (Wissenschaftliche Handbibliothek. Erste Reihe: Theologische Lehrbücher, Bd. XXXIV), Paderborn 1926.

FISCHER, ALFONS, Pastoral in Deutschland nach 1945.
- Bd. I: Die „Missionarische Bewegung" 1945–1962, Würzburg 1985.
- Bd. II: Zielgruppen und Zielfelder der Seelsorge 1945–1962, Würzburg 1986.

FRIEDL, HANS u. a. (Hrsg.), Biographisches Handbuch zur Geschichte des Landes Oldenburg, Oldenburg 1992.

GATZ, ERWIN (Hrsg.), Die Bischöfe der deutschsprachigen Länder 1785/1803 bis 1945, Berlin 1983.

GATZ, ERWIN (Hrsg.), Geschichte des kirchlichen Lebens in den deutschsprachigen Ländern seit dem Ende des 18. Jahrhunderts.
   Bd. I: Die Bistümer und ihre Pfarreien, Freiburg u. a. 1991.
   Bd. II: Kirche und Muttersprache, Freiburg u. a. 1992.
   Bd. III: Katholiken in der Minderheit, Freiburg u. a. 1994.
   Bd. IV: Der Diözesanklerus, Freiburg u. a. 1995.
   Bd. V: Caritas und soziale Dienste, Freiburg u. a. 1997.
HEITMANN, CLEMENS, Priesterbuch des Offizialatsbezirks Oldenburg.
   -Bd. 1: Das Dekanat Friesoythe, Friesoythe 1981.
   -Bd. 2: Die verstorbenen Priester, die gebürtig aus Oldenburg stammten (seit 1800), Friesoythe 1985.
HIRSCHFELD, MICHAEL, TRAUTMANN, MARKUS, Vor 1945 geweihte Priester ostdeutscher Herkunft, in: DIES. (Hrsg.), Gelebter Glaube – Hoffen auf Heimat. Katholische Vertriebene im Bistum Münster, Münster 1999, 265–371.
HIRSCHFELD, MICHAEL, Orden und Kongregationen aus den deutschen Ostgebieten im Dienste der Heimatvertriebenen, in: DERS., TRAUTMANN, MARKUS (Hrsg.), Gelebter Glaube – Hoffen auf Heimat. Katholische Vertriebene im Bistum Münster, Münster 1999, 391–412.
HÜRTEN, HEINZ, Aufbau, Reform und Krise: 1945–1967, in: BRANDMÜLLER, WALTER (Hrsg.), Handbuch der Bayerischen Kirchengeschichte, Bd. III, St. Ottilien 1991, 393–425.
JEDIN, HUBERT, REPGEN, KONRAD (Hrsg.), Handbuch der Kirchengeschichte, Bd. VII: Die Weltkirche im 20. Jahrhundert, Freiburg 1979/1985.
ZENTRALSTELLE FÜR KIRCHLICHE STATISTIK (Hrsg.), Kirchliches Handbuch für das katholische Deutschland, Bd. XXII (1943), Köln o. J. (1943).
GRONER, FRANZ (Hrsg.), Kirchliches Handbuch für das katholische Deutschland, Bd. XXIII (1944–1951), Köln 1951.
GRONER, FRANZ (Hrsg.), Kirchliches Handbuch für das katholische Deutschland, Bd. XXIV (1952–1956), Köln 1956.
JUNG, FRANZ (Hrsg.), Sie gehören zu uns. Totengedenkbuch III der Grafschaft Glatz, Münster 1989.
KATHOLISCHER OLDENBURGISCHER LEHRERVEREIN (Hrsg.), Handbuch der katholischen Lehrer und Lehrerinnen an den Volks-, Mittel- und Sonderschulen des Verwaltungsbezirks Oldenburg nach dem Stande vom 15.7.1963, Vechta o. J. (1963).
LEMBERG, EUGEN, EDDING, FRIEDRICH (Hrsg.), Die Vertriebenen in Westdeutschland. Ihre Eingliederung und ihr Einfluß auf Gesellschaft, Wirtschaft, Politik und Geistesleben, 3 Bde., Kiel 1959.
LEXIKON FÜR THEOLOGIE UND KIRCHE, hrsg. v. JOSEF HÖFER U. KARL RAHNER, 2. Aufl. Freiburg 1957–1965.
REICHLING, GERHARD, Die Heimatvertriebenen im Spiegel der Statistik (Schriften des Vereins für Sozialpolitik, NF, Bd. 6/III), Berlin 1958.
SCHÄFER, ROLF, KUROPKA, JOACHIM, RITTNER, REINHARD, SCHMIDT, HEINRICH, Oldenburgische Kirchengeschichte, Oldenburg 1999.

SCHIECKEL, HARALD, Schlesier in Oldenburg – Oldenburger in Schlesien, in: Oldenburgische Familienkunde, Jg. 41 (1/1999), 1–19.
SCHMAUS, MICHAEL, Katholische Dogmatik, 3 Bde., München 1937–1941.
SCHNATH, GEORG u. a., Geschichte des Landes Niedersachsen, 4., erg. Aufl. Würzburg 1983.
SIMON, BARBARA (Bearb.), Abgeordnete in Niedersachsen 1946–1994. Biographisches Handbuch, Hannover 1996.
STATISTISCHES HANDBUCH FÜR NIEDERSACHSEN 1950, Hannover 1950.
STATISTIK DES DEUTSCHEN REICHS, Bd. 552, Berlin 1942.
STATISTISCHES JAHRBUCH FÜR DIE BUNDESREPUBLIK DEUTSCHLAND, Stuttgart u. a. 1952.
STIEGLITZ, HERMANN (Bearb.), Handbuch des Bistums Osnabrück, 2., völlig neubearb. Aufl. Osnabrück 1991.
DER THEOLOGEN-NACHWUCHS UNSERER DIÖZESE IM SPIEGEL DER STATISTIK, Beilage zu: Kirchliches Amtsblatt für die Diözese Münster 1950ff.
THISSEN, WERNER (Hrsg.), Das Bistum Münster, 3 Bde., Münster 1993.
TRAUTMANN, MARKUS (Bearb.), Die Vertriebenen im Spiegel statistischer Erhebungen, in: HIRSCHFELD, MICHAEL, DERS.(Hrsg.), Gelebter Glaube – Hoffen auf Heimat. Katholische Vertriebene im Bistum Münster, Münster 1999, 433–454.
WARNTJEN, HANS (Hrsg.), Die Prediger des Herzogtums Oldenburg von der Reformation bis zur Gegenwart, Bd. II: 1940-1979, Oldenburg 1980.
WILLOH, KARL, Geschichte der katholischen Pfarreien im Herzogtum Oldenburg, 5 Bde., Köln 1897ff. (Neudruck Osnabrück 1975).
ZEITGESCHICHTE IN LEBENSBILDERN. Aus dem deutschen Katholizismus des 19. und 20. Jahrhunderts, Bde. 1–2, hrsg. v. RUDOLF MORSEY, Bde. 3–10, hrsg. v. JÜRGEN ARETZ u. a., Mainz (ab Bd. 9, Münster) 1973–2001.

### b) Bibliographien

ABMEIER, KARLIES, HUMMEL, KARL-JOSEPH (Hrsg.), Der Katholizismus in der Bundesrepublik Deutschland 1980–1993. Eine Bibliographie (Veröffentlichungen der Kommission für Zeitgeschichte, Reihe B, Bd. 80), Paderborn u. a. 1997.
AUERBACH, HELLMUTH, Literatur zum Thema. Ein kritischer Überblick, in: BENZ, WOLFGANG (Hrsg.), Die Vertreibung der Deutschen aus dem Osten. Ursachen, Ereignisse, Folgen, Aktualisierte Neuausgabe v. 1985, Frankfurt/M. 1995, 277–294.
FRANTZIOCH, MARION, Die Vertriebenen. Hemmnisse, Antriebskräfte und Wege ihrer Integration in der Bundesrepublik Deutschland. Mit einer kommentierten Bibliographie, Berlin 1987.
HEHL, ULRICH VON, HÜRTEN, HEINZ (Hrsg.), Der Katholizismus in der Bundesrepublik Deutschland 1945–1980. Eine Bibliographie (Veröffentlichungen der Kommission für Zeitgeschichte, Reihe B, Bd. 40), Mainz 1983.
KOOLMAN, EGBERT, SCHULZE, UDO, Bibliographie zur oldenburgischen Kirchengeschichte, in: RITTNER, REINHARD (Hrsg.), Beiträge zur oldenburgischen Kirchengeschichte, Oldenburg 1993, 235–281.

KRALLERT-SATTLER, GERTRUD, Religiöse und kirchliche Wandlungen. Die katholische Kirche, in: DIES., Kommentierte Bibliographie zum Flüchtlings- und Vertriebenenproblem in der Bundesrepublik Deutschland, in Österreich und in der Schweiz (Abhandlungen zu Flüchtlingsfragen, Bd. 20), München 1989, 554–573.

SCHLAU, WILFRIED, Die Ostdeutschen – Eine Bilanz 1945–1995, München 1996, 183–279.

STEINERT, JOHANNES-DIETER, Flüchtlinge, Vertriebene und Aussiedler in Niedersachsen. Eine annotierte Bibliographie, Osnabrück 1986.

c) Amtsblätter/Schematismen

Anschriftenverzeichnis nieder- und oberschlesischer Geistlicher. Stand: Ende Juli 1946, hrsg. v. d. Katholischen Osthilfe, o. O. o. J. (Lippstadt 1946).

Handbuch des (Erz-)Bistums Breslau (Personal-Schematismus), diverse Jgg. bis 1942

Kirchliches Amtsblatt für die Diözese Münster 1939ff.

Kirchliches Amtsblatt für die Diözese Osnabrück 1945ff.

Personal-Schematismus des Bistums Münster 1938ff.

PLOETZ, LOTHAR, Fato profugi. Vom Schicksal ermländischer Priester 1939-1945-1965, unveränd. Nachdruck der Ausgabe v. 1965, Münster o. J.

Die Priester der Diözese Münster/Priesterbuch des Bistums Münster: 1939, 1957, 1968, 1974, 1984, 1989, 1995, 2001.

Verzeichnis der deutschen vertriebenen Priester aus dem Osten (Königsteiner Schematismus): 1947, 1949, 1951, 1954, 1960, 1969, 1978, 1988.

d) Zeitungen und Zeitschriften

KIRCHE UND LEBEN. Bistumszeitung Münster, Münster 1946ff.
  - Ausgabe Kirchenzeitung für Oldenburg (Kirche und Leben Oldenburg)

CHRIST UNTERWEGS, München 1947–1966.

DIE NEUE ORDNUNG, Heidelberg

HEDWIGS-KALENDER für die katholischen Heimatvertriebenen, Lippstadt 1953–1966

HEIMAT UND GLAUBE. Monatsblatt der katholischen Heimatvertriebenen, Meppen 1949–1950, Lippstadt 1951ff.

HOCHLAND, München

DER SCHLESISCHE KATHOLIK. Mitteilungsblatt der Eichendorffgilde, München 1952–1973

HEIMATBRIEF DER KATHOLIKEN DES (AB 1992 AUS DEM) ERZBISTUM(S) BRESLAU, Köln 1974–1999.

KÖNIGSTEINER BLÄTTER, Königstein 1955ff.

KÖNIGSTEINER RUFE, Königstein

STIMMEN DER ZEIT, Freiburg i. Br.

WARTHAER RUNDBRIEF/WARTHA-BOTE

MONATSGLÖCKCHEN DER SCHWESTERN UNSERER LIEBEN FRAU 1946

DELMENHORSTER KREISBLATT, Delmenhorst
DELMENHORSTER ZEITUNG, Delmenhorst
JEVERSCHER ANZEIGER, Jever
KREISZEITUNG WESERMARSCH, Nordenham
MÜNSTERLÄNDISCHE TAGESZEITUNG, Cloppenburg
NORDWEST-ZEITUNG, Oldenburg
NEUES TAGEBLATT, Osnabrück
OLDENBURGER SONNTAGSBLATT, Oldenburg
OLDENBURGISCHE VOLKSZEITUNG, Vechta
WILHELMSHAVENER RUNDSCHAU, Wilhelmshaven
HEIMATBLÄTTER. Beilage zur Oldenburgischen Volkszeitung, Vechta
VOLKSTUM UND LANDSCHAFT. Beilage der Münsterländischen Tageszeitung, Cloppenburg
VON HUS UN HEIMAT. Heimatbeilage zum Delmenhorster Kreisblatt, Delmenhorst

e) Darstellungen

ABMEIER, HANS LUDWIG, Pfarrer Helmut Richter (1902–1985), in: Mitteilungen des Beuthener Geschichts- und Museumsvereins, Bd. 48 (1987), 154–155.
Chronik der Pfarrgemeinde Herz Jesu AHLHORN, Cloppenburg 1971.
ALBRECHT, DETLEF (Bearb.), Euer Bischof Heinrich Maria [Janssen]. Ein Heft zur Erinnerung an den verstorbenen Bischof von Hildesheim, Hildesheim 1988.
ALTERMATT, URS, Katholische Subgesellschaft. Thesen zum Konzept der „Katholischen Subgesellschaft" am Beispiel des Schweizer Katholizismus, in: GABRIEL, KARL, KAUFMANN, FRANZ XAVER (Hrsg.), Zur Soziologie des Katholizismus, Mainz 1980, 145–165.
ALTERMATT, URS, Katholizismus und Moderne. Studien zur Sozialgeschichte der Schweizer Katholiken im 19. und 20. Jahrhundert, Zürich 1989.
ALTERMATT, URS, Paradigmawechsel in der Katholizismus-Geschichte, in: DERS. (Hrsg.), Schweizer Katholizismus im Umbruch 1945–1990 (Religion – Politik – Gesellschaft in der Schweiz, Bd. 7), Freiburg/Schweiz 1993, 3–14.
ALTERMATT, URS, Katholizismus: Antimodernismus mit modernen Mitteln?, in: DERS. u. a. (Hrsg.), Moderne als Problem des Katholizismus (Eichstätter Beiträge, Bd. 28), Regensburg 1995, 33–50.
AMERY, CARL, Die Kapitulation oder Deutscher Katholizismus heute, Reinbek 1963.
25 Jahre KATHOLISCHES JUGENDWERK ST. ANSGAR [Delmenhorst-Adelheide] 1948–1973, Bd. I: 1948–1959, Maschinenschrift, o. O. o. J. (1973).
ARBEITSKREIS FÜR KIRCHLICHE ZEITGESCHICHTE MÜNSTER, Katholiken zwischen Tradition und Moderne. Das katholische Milieu als Forschungsaufgabe, in: Westfälische Forschungen, Bd. 43 (1993), 588–645.
ARBEITSKREIS FÜR KIRCHLICHE ZEITGESCHICHTE MÜNSTER, Konfession und Cleavages im 19. Jahrhundert. Ein Erklärungsmodell zur regionalen Entstehung des katholischen Milieus in Deutschland, in: Historisches Jahrbuch, Bd. 120 (2000), 358–395.

ARNOLD, FRANZ XAVER, Das Schicksal der Heimatvertriebenen und seine Bedeutung für die katholische Seelsorge, Stuttgart 1949.

ARNOLD, FRANZ XAVER, Le sort des personnes déplacées et l'apostolat catholique en Allemagne, in: Nouvelle Revue Théologique, 82. Jg., Nr. 9/November 1950, 959–975.

ARNOLD, F[RANZ XAVER], Die Heimatvertriebenen und die katholische Seelsorge, in: Anima, Bd. 6 (1951), 238–249.

ARNOLD, FRANZ XAVER, Rivalität oder Zusammenarbeit der Konfessionen?, in: Hochland, Bd. 45 (1952/1953), 1–14.

ARNOLD, FRANZ, Artikel: Celebret, in: LThK, 2. Aufl., Bd. 2 (1958), Sp. 987–988.

ASCHOFF, HANS-GEORG, Die katholische Kirche in Niedersachsen nach 1945, in: Jahrbuch der Gesellschaft für Niedersächsische Kirchengeschichte, Bd. 91 (1993), 211–238.

ASCHOFF, HANS-GEORG, Die Diaspora zur Zeit der Weimarer Republik und der nationalsozialistischen Herrschaft, in: GATZ, ERWIN (Hrsg.), Geschichte des kirchlichen Lebens in den deutschsprachigen Ländern seit dem Ende des 18. Jahrhunderts, Bd. III: Katholiken in der Minderheit, Freiburg u. a. 1994, 93–107.

ASCHOFF, HANS-GEORG, Entwicklungen nach dem Zweiten Weltkrieg, in: GATZ, ERWIN (Hrsg.), Geschichte des kirchlichen Lebens in den deutschsprachigen Ländern seit dem Ende des 18. Jahrhunderts, Bd. III: Katholiken in der Minderheit, Freiburg u. a. 1994, 108–126.

ASCHOFF, HANS-GEORG, Überlebenshilfe: Flüchtlinge, Vertriebene, Suchdienste, Kriegsgefangene und Internierte, in: GATZ, ERWIN (Hrsg.), Geschichte des kirchlichen Lebens in den deutschsprachigen Ländern seit dem Ende des 18. Jahrhunderts, Bd. V: Caritas und soziale Dienste, Freiburg u. a. 1996, 255–279.

ASCHOFF, HANS-GEORG, Diaspora in Deutschland von der Säkularisation bis zur Gründung der Bundesrepublik, in: RISSE, GÜNTER, KATHKE, CLEMENS A. (Hrsg.), Diaspora: Zeugnis von Christen für Christen. 150 Jahre Bonifatiuswerk der deutschen Katholiken, Paderborn 1999, 253–273.

ASCHOFF, HANS-GEORG, „Die Fremden beherbergen". Leistungen der Caritas für Vertriebene und Flüchtlinge im Bistum Münster, in: HIRSCHFELD, MICHAEL, TRAUTMANN, MARKUS (Hrsg.), Gelebter Glaube – Hoffen auf Heimat. Katholische Vertriebene im Bistum Münster, Münster 1999, 153–186.

ASCHOFF, HANS-GEORG, Flüchtlings- und Vertriebenenprobleme und -fürsorge aus der Sicht der katholischen Kirche, in: LEIDINGER, PAUL (Hrsg.), Deutsche Ostflüchtlinge und Ostvertriebene nach 1945 in Westfalen (Schriftenreihe der Historischen Kommission für Westfalen) (in Vorbereitung).

AUFDERBECK, HUGO, Diaspora – Ghetto oder Mission? Notizen zur Theologie der Diaspora, in: DERS. (Hrsg.), Sperare. Pastorale Aufsätze, Bd. VIII, Leipzig 1979, 39–55, u. in: KRESING, BRUNO (Hrsg.), Für die Vielen. Zur Theologie der Diaspora, Paderborn 1984, 23–41.

AUGSTEN, STEFAN, Der restaurative Charakter der kirchlichen Arbeit seit 1945, in: Lebendige Seelsorge, Bd. 2 (1951), 14–24.

Chronik der St.-Johannes-Kapelle in AUGUSTFEHN, o. O. 1979.

BADE, KLAUS J. (Hrsg.), Neue Heimat im Westen: Vertriebene, Flüchtlinge, Aussiedler, Münster 1990.

BADE, KLAUS J. (Hrsg.), Deutsche im Ausland – Fremde in Deutschland. Migration in Geschichte und Gegenwart, München 1992.

BADE, KLAUS J. (Hrsg.), Fremde im Land: Zuwanderung und Eingliederung im Raum Niedersachsen seit dem Zweiten Weltkrieg (IMIS-Schriften, Bd. 3), Osnabrück 1997.

BAHA, NORBERT, Wiederaufbau und Integration. Die Stadt Delmenhorst nach 1945. Eine Fallstudie zur Problematik von Stadtentwicklung und Vertriebeneneingliederung, Delmenhorst 1983.

BAHA, NORBERT, Kirche und Gesellschaft in der Nachkriegszeit. Soziale und konfessionelle Auswirkungen des durch den Flüchtlings- und Vertriebenenzustrom ausgelösten Strukturwandels am Beispiel der nordwestdeutschen Industriestadt Delmenhorst, in: Niedersächsisches Jahrbuch für Landesgeschichte, Bd. 57 (1985), 237–255.

BARTSCH, ALOIS (Hrsg.), Die Grafschaft Glatz. Deutschlands Erker, Gesundbrunnen und Herrgottswinkel, Bd. V: Der Herrgottswinkel Deutschlands, Lüdenscheid o. J. (1968).

BAUMANN, WILLI, Artikel: Gillmann, Wilhelm, in: FRIEDL, HANS u. a. (Hrsg.), Biographisches Handbuch zur Geschichte des Landes Oldenburg, Oldenburg 1992, 237–238.

BAUMANN, WILLI, Artikel: Vorwerk, Franz, in: FRIEDL, HANS u. a. (Hrsg.), Biographisches Handbuch zur Geschichte des Landes Oldenburg, Oldenburg 1992, 771–773.

BAUMANN, WILLI, „Hitler ist nicht grad sein Mann ...". Hans Schlömer zum 75. Geburtstag, in: Heimatblätter Nr. 6 v. 11.12.1993, 54–55.

BAUMANN, WILLI, Orden und Kongregationen, in: DERS., SIEVE, PETER (Hrsg.), Die Katholische Kirche im Oldenburger Land. Ein Handbuch, Vechta 1995, 359–377.

BAUMANN, WILLI, HIRSCHFELD, MICHAEL (Hrsg.), Christenkreuz oder Hakenkreuz. Zum Verhältnis von katholischer Kirche und Nationalsozialismus im Land Oldenburg (Quellen und Beiträge zur Kirchengeschichte des Oldenburger Landes, Bd. 4), Vechta 1999.

BAUSINGER, HERMANN, Heimat und Identität, in: KÖSTLIN, KONRAD, BAUSINGER, HERMANN (Hrsg.), Heimat und Identität. Probleme regionaler Kultur, Neumünster 1980.

BECKMANN, LEO H., Joseph Sauermann. Aus dem Leben und Wirken eines Flüchtlingspriesters, in: VEREIN FÜR KATHOLISCHE KIRCHENGESCHICHTE IN HAMBURG UND SCHLESWIG-HOLSTEIN (Hrsg.), Beiträge und Mitteilungen, Bd. 4, Husum 1993, 139–147.

BEERING, BERNHARD, Der Wallfahrtsort Bethen, in: STADT CLOPPENBURG (Hrsg.), Beiträge zur Geschichte der Stadt Cloppenburg, Bd. 2, Cloppenburg 1988, 317–325.

BEHNKE, JOACHIM, Nach 20 Jahren. Die Arbeit der katholischen Vertriebenenorganisationen. Rückblick und Schwerpunkte für die Zukunft, Hildesheim 1966.

BENDEL, RAINER, Zur Einführung. Historisches Arbeiten in der Breslauer Katholisch-Theologischen Fakultät an der Wende vom 19. zum 20. Jahrhundert, in: Archiv für schlesische Kirchengeschichte, Bd. 55 (1997), 9–10.

BENKEN, ALFRED, Priester der Gemeinde Löningen, Löningen 1979.

BENZ, WOLFGANG (Hrsg.), Die Vertreibung der Deutschen aus dem Osten. Ursachen, Ereignisse, Folgen, Aktualisierte Neuausgabe v. 1985, Frankfurt/M. 1995.

BIELFELD, WALTER, Oldenburgische Kirchengeschichte seit 1945. Ein Überblick, in: EV.-LUTH. OBERKIRCHENRAT (Hrsg.), Auf dem Wege. Beiträge zur Geschichte und Aufgabe der Evangelisch-Lutherischen Kirche in Oldenburg, o. O. o. J. (1961), 11–19.

BILSTEIN, JOSEF, „Durch Sammeln von Kleinem wird Großes erreicht". Diaspora-Kinderhilfe, in: RISSE, GÜNTER, KATHKE, CLEMENS A. (Hrsg.), Diaspora: Zeugnis von Christen für Christen. 150 Jahre Bonifatiuswerk der deutschen Katholiken, Paderborn 1999, 85–105.

BINKOWSKI, JOHANNES, Jugend als Wegbereiter. Der Quickborn von 1909 bis 1945, Stuttgart 1981.

BIRKENMAIER, RAINER, (Hrsg.), Werden und Wandel eines neuen kirchlichen Berufs. Sechzig Jahre Seelsorgehelferinnen/Gemeindereferent(inn)en, München u. a. 1989.

BLASCHKE, OLAF, KUHLEMANN, FRANK-MICHAEL, Religion in Geschichte und Gesellschaft. Sozialhistorische Perspektiven für die vergleichende Erforschung religiöser Mentalitäten und Milieus, in: DIES. (Hrsg.), Religion im Kaiserreich. Milieus – Mentalitäten – Krisen (Religiöse Kulturen der Moderne, Bd. 2), Gütersloh 1996, 7–56.

BLASCHKE, OLAF, Die Kolonialisierung der Laienwelt. Priester als Milieumanager und die Kanäle klerikaler Kuratel, in: DERS., KUHLEMANN, FRANK-MICHAEL (Hrsg.), Religion im Kaiserreich. Milieus – Mentalitäten – Krisen (Religiöse Kulturen der Moderne, Bd. 2), Gütersloh 1996, 93–135.

BLASCHKE, OLAF, Schlesiens Katholizismus: Sonderfall oder Spielart der katholischen Subkultur?, in: Archiv für schlesische Kirchengeschichte, Bd. 57 (1999), 161–193.

BLESSING, WERNER K., „Deutschland in Not, wir im Glauben ...". Kirche und Kirchenvolk in einer katholischen Region 1933–1949, in: BROSZAT, MARTIN u. a. (Hrsg.), Von Stalingrad zur Währungsreform. Zur Sozialgeschichte des Umbruchs in Deutschland (Quellen und Darstellungen zur Zeitgeschichte, Bd. 26), 2. Aufl. München 1989, 3–111.

BLESSING, WERNER K., Kirchengeschichte in historischer Sicht, in: DOERING-MANTEUFFEL, ANSELM, NOWAK, KURT (Hrsg.), Kirchliche Zeitgeschichte. Urteilsbildung und Methoden (Konfession und Gesellschaft, Bd. 8), Stuttgart u. a. 1996, 14–59.

BLUMENBERG, ADOLF, Heimstatt für katholische Mitbürger, in: DERS., Elsfleth. Stadt und Hafen an der Weser, Oldenburg 1989, 427–429.

25 Jahre sind vergangen. St. Maria im Hilgenholt BOCKHORN, o. O. o. J. (1971).

BOCKHORST, HEINRICH, Die Pfarrei St. Peter [Oldenburg] und ihre Tochtergemeinden in der nordoldenburgischen Diaspora, Erolzheim 1959.

BÖDDEKER, GÜNTER, Die Flüchtlinge. Die Vertreibung der Deutschen im Osten, München 1980.

BÖGGERING, LAURENZ, Erinnerungen und Erlebnisse 1954–1984. Dreißig Jahre Mitarbeit in der Diözesanleitung des Bistums Münster, Münster o. J. (1984).

BÖHMER, HERMANN, Die katholische Kirche, in: Der Landkreis Wesermarsch. Geschichte, Landschaft, Wirtschaft, Oldenburg 1969, 300–305.

BÖRSTING, HEINRICH, Geschichte des Bistums Münster, Bielefeld 1951.

BONK, ALOIS (Hrsg.), St. Marien Bad Zwischenahn, Wiesbaden 1968.

BRADATSCH, WALTER, LOEBEL, HANSGEORG, Neue Heimat in Niedersachsen. Zur Geschichte der Vertriebenen in unserem Lande, Alfeld/Leine 1979.

Unsere Pfarrkirche St. Marien [BRAKE], Erolzheim 1959.

1878–1978. 100 Jahre St. Marien BRAKE, Brake o. J. (1978).

1964–1989. 25 Jahre St.-Marien-Kirche BRAKE, o. O. 1989.

100 Jahre Katholische Schule BRAKE 1886-1986, o. O. o. J. (1986).

BRANDT, HANS JÜRGEN, Artikel: Hartz, Franz (1882–1953), in: GATZ, ERWIN (Hrsg.), Die Bischöfe der deutschsprachigen Länder von 1785/1803 bis 1945. Ein biographisches Lexikon, Berlin 1983, 289–290.

BRANDT, HANS JÜRGEN, Chronik des Paderborner Diözesan-Caritasverbandes mit Berücksichtigung des Bischöflichen Amtes Magdeburg, in: DERS. (Hrsg.), Der Caritasverband für das Erzbistum Paderborn in Geschichte und Gegenwart (Veröffentlichungen zur Geschichte der Mitteldeutschen Kirchenprovinz, Bd. 5), 2. Aufl. Paderborn u. a. 1994, 17–167.

BRANDT, HANS JÜRGEN, HENGST, KARL, Geschichte des Erzbistums Paderborn. Dritter Band: Das Erzbistum Paderborn im Industriezeitalter 1821–1930 (Veröffentlichungen zur Geschichte der Mitteldeutschen Kirchenprovinz, Bd. 14), Paderborn 1997.

BRAUN, GUSTAV, Zur kirchenrechtlichen Lage des heimatvertriebenen Klerus in Deutschland, in: Archiv für katholisches Kirchenrecht, Bd. 125 (1951), 267–277, u. in: LORENZ, FRANZ (Hrsg.), Schicksal Vertreibung. Aufbruch aus dem Glauben. Dokumente und Selbstzeugnisse vom religiösen, geistigen und kulturellen Ringen, Köln 1980, 254–260.

BRAUN, GUSTAV, Der katholische Beitrag, in: DERS., SCHWARZ, EBERHARD, Christliches Heimaterbe. Beiträge der Konfessionen zur Kultur- und Heimatpflege der deutschen Ostvertriebenen, Hannover u. a. 1964, 67–109.

BRAUN, GUSTAV, Der ostvertriebene deutsche Klerus in kirchenrechtlicher Sicht, in: STASIEWSKI, BERNHARD (Hrsg.), Beiträge zur schlesischen Kirchengeschichte. Gedenkschrift für Kurt Engelbert (Forschungen und Quellen zur Kirchen- und Kulturgeschichte Ostdeutschlands, Bd. 6), Köln u. a. 1969, 571–584.

BRAUN, HANS, Demographische Umschichtungen im deutschen Katholizismus nach 1945, in: RAUSCHER, ANTON (Hrsg.), Kirche und Katholizismus 1945–1949 (Beiträge zur Katholizismusforschung, Reihe B), München u. a. 1977, 9–25.

BRAUNSTEIN, KARL, Die Vertreibung im Lichte des Kirchenrechtes, in: Königsteiner Blätter 3–4/1960, 65–132.

BRAUNSTEIN, KARL, Die phil.-theol. Hochschule Königstein, in: Königsteiner Rufe, Jg. 37 (1986), 99–104.

BRECHER, AUGUST, Bischof einer Wendezeit der Kirche. Dr. Dr. Johannes Pohlschneider 1899–1981, Aachen 1997.

BRELIE-LEWIEN, DORIS VON DER, Dann kamen die Flüchtlinge. Der Wandel des Landkreises Fallingbostel vom Rüstungszentrum im „Dritten Reich" zur Flüchtlingshochburg nach dem Zweiten Weltkrieg, Hildesheim 1990.

BROSIUS, DIETER, Zur Lage der Flüchtlinge in Niedersachsen nach 1945, in: Niedersächsisches Jahrbuch für Landesgeschichte, Bd. 55 (1983), 99–113.

BROSIUS, DIETER, HOHENSTEIN, ANGELIKA, Flüchtlinge im nordöstlichen Niedersachsen 1945–1948, Hildesheim 1985.

BROSIUS, DIETER, Die Eingliederung der Flüchtlinge als Verwaltungsproblem, in: POESTGES, DIETER (Red.), Übergang und Neubeginn. Beiträge zur Verfassungs- und Verwaltungsgeschichte Niedersachsens in der Nachkriegszeit, Göttingen 1997, 81–96.

BROSZAT, MARTIN U. A. (Hrsg.), Von Stalingrad zur Währungsreform. Zur Sozialgeschichte des Umbruchs in Deutschland (Quellen und Darstellungen zur Zeitgeschichte, Bd. 26), 2. Aufl. München 1989.

BRZOSKA, EMIL, Das christliche Oberschlesien (Oberschlesische Schriftenreihe, H. 9), Bonn 1964.

BRZOSKA, EMIL, Das Flüchtlings- und Vertriebenenproblem als Herausforderung der deutschen Bischöfe in den Jahren 1945 bis 1949 (Schriftenreihe der Apostolischen Visitatur Breslau, Bd. 2), Münster o. J. (1989).

BRZOSKA, EMIL, MARSCHALL, WERNER, Die Apostolische Visitatur Breslau, in: UNVERRICHT, HUBERT, KEIL, GUNDOLF (Hrsg.), De Ecclesia Silesiae. Festschrift zur 25-Jahrfeier der Apostolischen Visitatur Breslau, Sigmaringen 1997, 17–26.

BUCHALI, FRANZ-XAVER, Der Schlesische Klerus und die Benediktiner von Grüssau, in: ROSE, AMBROSIUS (Hrsg.), Grüssauer Gedenkbuch (Die Dominsel, Bd. II), Stuttgart 1949, 141–150.

BUCHER, RAINER, Kirchenbildung in der Moderne. Eine Untersuchung der Konstitutionsprinzipien der deutschen katholischen Kirche im 20. Jahrhundert (Praktische Theologie heute, Bd. 37), Stuttgart u. a. 1998.

BUCHHAAS, DOROTHEA, KÜHR, HERBERT, Von der Volkskirche zur Volkspartei – Ein analytisches Stenogramm zum Wandel der CDU im rheinischen Ruhrgebiet, in: KÜHR, HERBERT (Hrsg.), Vom Milieu zur Volkspartei. Funktionen und Wandlungen der Parteien im kommunalen und regionalen Bereich, Königstein/Taunus 1979, 135–232.

BÜHLER, HANS HARRO, Altersaufbau, Nachwuchs und Tätigkeitsfelder der katholischen caritativen Schwesterngemeinschaften, in: Deutscher Caritasverband (Hrsg.), caritas '95. Jahrbuch des Deutschen Caritasverbandes 1995, 435–443.

BULLA, SIEGMUND, Das Schicksal der schlesischen Männerklöster während des Dritten Reiches und in den Jahren 1945/46 (Arbeiten zur schlesischen Kirchengeschichte, Bd. 5), Sigmaringen 1991.

CHRISTOPH, LEO (Hrsg.), Geistl. Rat G. Goebel und seine Grafschafter, Lüdenscheid o. J. (1966).

CLEMENS, JAKOB, Eine Großstadtpfarrei nach dem Kriege, in: Stimmen der Zeit, Bd. 143 (1948/1949), 366-376.

EV.-LUTH. KIRCHENGEMEINDE CLOPPENBURG (Hrsg.), Festschrift zum 125jährigen Kirchjubiläum am 13. August 1982, Cloppenburg o. J. (1982).

EV.-LUTH. KIRCHENGEMEINDE CLOPPENBURG (Hrsg.), „... wir sind Gehilfen eurer Freude". 50 Jahre Schwedenheim in Cloppenburg. Festschrift, o. O. o. J. (1998).

100 Jahre Bischöfliches COLLEGIUM BORROMAEUM zu Münster 1854–1954, Münster 1954.

CONZEMIUS, VICTOR, Kirchengeschichte als 'nichttheologische' Disziplin. Thesen zu einer wissenschaftlichen Standortbestimmung, in: Theologische Quartalschrift, Bd. 155 (1975), 187–197.

CONZEMIUS, VICTOR, GRESCHAT, MARTIN, KOCHER, HERMANN (Hrsg.), Die Zeit nach 1945 als Thema kirchlicher Zeitgeschichte, Göttingen 1988.

CRONE, HEINRICH (Hrsg.), St. Josef Oldenburg-Bümmerstede und die kath. Filialkirche St. Ansgar Sandkrug, Wiesbaden 1967.

CZERWENSKY, MAX, Schlesien in weiter Ferne. Erinnerungen eines vertriebenen Priesters an seine Heimat, 3., unveränd. Aufl. Dülmen 1987.

DÄHN, HORST (Hrsg.), Die Rolle der Kirchen in der DDR. Eine erste Bilanz, München 1993.

DAMBERG, WILHELM, Kirchliche Zeitgeschichte Westfalens, der Schweiz, Belgiens und der Niederlande. Das katholische Beispiel, in: Westfälische Forschungen, Bd. 42 (1992), 445–464.

DAMBERG, WILHELM, Katholizismus im Umbruch. Beobachtungen zur Geschichte des Bistums Münster in den 40er und 50er Jahren, in: HAAS, REIMUND (Hrsg.), Ecclesia Monasteriensis. Beiträge zur Kirchengeschichte und religiösen Volkskunde Westfalens. Festschrift für Alois Schröer zum 85. Geburtstag, Münster 1992, 385–403.

DAMBERG, WILHELM, Gesellschaftlicher Wandel und pastorale Planung. Das Bistum Münster und die Synoden von 1897, 1924, 1936 und 1958, in: THISSEN, WERNER (Hrsg.), Das Bistum Münster, Bd. II: Pastorale Entwicklung im 20. Jahrhundert, Münster 1993, 13–57.

DAMBERG, WILHELM, Liturgie und Welt. Der soziale und gesellschaftliche Rahmen des liturgischen Lebens im späten 19. und frühen 20. Jahrhundert, in: KRANEMANN, BENEDIKT, RICHTER, KLEMENS (Hrsg.), Zwischen römischer Einheitsliturgie und diözesaner Eigenverantwortung. Gottesdienst im Bistum Münster (Münsteraner Theologische Abhandlungen, Bd. 48), Altenberge 1997, 167–188.

DAMBERG, WILHELM, Abschied vom Milieu? Katholizismus im Bistum Münster und in den Niederlanden 1945–1980 (Veröffentlichungen der Kommission für Zeitgeschichte, Reihe B, Bd. 79), Paderborn u. a. 1997.

DAMBERG, WILHELM, Moderne und Milieu (1802–1998) (ANGENENDT, ARNOLD (Hrsg.), Geschichte des Bistums Münster, Bd. V), Münster 1998.

DELLEPOORT, JAN, JACHYM, FRANZ (Hrsg.), Die europäische Priesterfrage. Bericht der Internationalen Enquete in Wien, 10.–12.10.1958, 2. Aufl. Wien 1959.

DELLEPOORT, JAN, GREINACHER, NORBERT, MENGES, WALTER, Die deutsche Priesterfrage. Eine soziologische Untersuchung über Klerus und Priesternachwuchs in Deutschland (Schriften zur Pastoralsoziologie, Bd. I), Mainz 1961.

1879–1979. 100 Jahre Katholische Kirchengemeinde DELMENHORST, Delmenhorst 1979.

25 Jahre Katholische Kirchengemeinde ST. CHRISTOPHORUS DELMENHORST 1952–1977, bearb. v. PAUL J. AUMANN, Delmenhorst 1977.

25 Jahre GYMNASIUM AN DER MAX-PLANCK-STRASSE IN DELMENHORST, Delmenhorst 1977.
25 Jahre SIEDLUNGSWERK DER KATHOLISCHEN ARBEITNEHMER-BEWEGUNG (KAB) IN DELMENHORST, o. O. o. J. (1980).
DIRKS, WALTER, Anfänge und Folgen katholischer Jugendbewegung, in: KORN, ELISABETH u. a. (Hrsg.), Die Jugendbewegung. Welt und Wirkung. Zur 50. Wiederkehr des freideutschen Jugendtages auf dem Hohen Meißner, Düsseldorf u. a. 1963, 183–212.
DOERING-MANTEUFFEL, ANSELM, Deutsche Zeitgeschichte nach 1945. Entwicklung und Problemlagen der historischen Forschung zur Nachkriegszeit, in: Vierteljahrshefte für Zeitgeschichte, Bd. 41 (1/1993), 1–29.
DRÖGE, KURT, Hedwigskreise. Religiöse Vereinsformen der Nachkriegszeit in Nordwestdeutschland, in: Rheinisch-westfälische Zeitschrift für Volkskunde, Bd. 39 (1994), 67–86.
DRÖGE, KURT, Zwischen Familie und Kirche, Verein und Gesellschaft. Die Nischenkultur der Hedwigskreise in Hamburg, in: Jahrbuch für deutsche und osteuropäische Volkskunde, Bd. 33 (1995), 200–221.
DRÖGE, KURT, Zur Entwicklung des Hedwigsbildes in den Hedwigskreisen von 1947 bis 1993, in: GRUNEWALD, ECKHARD, GUSSONE, NIKOLAUS (Hrsg.), Das Bild der heiligen Hedwig in Mittelalter und Neuzeit (Schriften des Bundesinstituts für ostdeutsche Kultur und Geschichte, Bd. 7), München 1996, 225–240.
DRÖGE, KURT, Katholische Flüchtlingsvereinigungen – die Hedwigskreise im Raum Lingen, in: EIYNCK, ANDREAS (Hrsg.), „Alte Heimat – Neue Heimat". Flüchtlinge und Vertriebene im Raum Lingen, Lingen 1997, 113–124.
DRUTSCHMANN, MARTIN, Die „Ostflüchtlinge" – eine Belastungsprobe des westdeutschen Katholizismus, in: Trierer Theologische Zeitschrift, Jg. 56 (1947), 115–118.
DÜSELDER, HEIKE, Oldenburg nach 1945, Beständigkeit und Tradition – Wachstum und Dynamik, in: STADT OLDENBURG (Hrsg.) Geschichte der Stadt Oldenburg, Bd. 2: 1830–1995, Oldenburg 1996, 487–682.
DÜSELDER, HEIKE, „Heimat, das ist nicht nur Land und Landschaft". Flüchtlinge und Vertriebene im Land Oldenburg, in: ECKHARDT, ALBRECHT (Hrsg.), Oldenburg um 1950. Eine nordwestdeutsche Region im ersten Nachkriegsjahrzehnt, Oldenburg 2000, 57–80.
DWERTMANN, FRANZ, Das große Sterben der kleinen Schulen 1968–1978, Vechta 1984.

EBERL, IMMO (Bearb.), Flucht, Vertreibung, Eingliederung. Baden-Württemberg als neue Heimat, Sigmaringen 1993.
ECKHARDT, ALBRECHT, SCHMIDT, HEINRICH (Hrsg.), Geschichte des Landes Oldenburg, 4., verbess. Aufl. Oldenburg 1993.
ECKHARDT, ALBRECHT (Hrsg.), Oldenburg um 1950. Eine nordwestdeutsche Region im ersten Nachkriegsjahrzehnt, Oldenburg 2000.
ECKHARDT, ALBRECHT, Land und Verwaltungsbezirk Oldenburg vom Kriegsende bis in die fünfziger Jahre, in: DERS. (Hrsg.), Oldenburg um 1950. Eine nordwestdeutsche Region im ersten Nachkriegsjahrzehnt, Oldenburg 2000, 9–36.

EDER, MANFRED, Wiederaufbau und Neuorientierung, in: GATZ, ERWIN (Hrsg.), Geschichte des kirchlichen Lebens in den deutschsprachigen Ländern seit dem Ende des 18. Jahrhunderts, Bd. V: Caritas und soziale Dienste, Freiburg u. a. 1997, 280–294.

EHLEN, NIKOLAUS, Das familiengerechte Heim, 3. Aufl. Recklinghausen 1954.

25 Jahre Kath. Kirchengemeinde ELSFLETH „St. Maria Magdalena", o. O. o. J. (1973).

25 Jahre Kindergarten. 40 Jahre Katholische Gemeinde St. Maria Magdalena ELSFLETH, o. O. o. J. (1989).

Katholische Pfarrgemeinde ELSFLETH (Hrsg.), Festschrift aus Anlaß des 50jährigen Pfarrjubiläums, o. O. o. J. (1999).

ELSNER, LEONHARD, Aus den Anfängen der katholischen Gemeinde in Sandkrug, in: 25 Jahre St. Ansgar [Sandkrug], Sandkrug 1991, 4–11.

ELSNER, LEONHARD, Prälat Konrad Leister (1908–1981), in: GRÖGER, JOHANNES, KÖHLER, JOACHIM, MARSCHALL, WERNER (Hrsg.), Schlesische Kirche in Lebensbildern, Sigmaringen 1992, 304–306.

ELSNER, LEONHARD, Der seelsorgliche Auftrag der Kirche – Seelsorge im Wandel, in: BAUMANN, WILLI, SIEVE, PETER (Hrsg.), Die katholische Kirche im Oldenburger Land. Ein Handbuch, Vechta 1995, 132–139.

30 Jahre Evangelisch-lutherische Kirchengemeinde EMSTEK-CAPPELN, Cloppenburg 1975.

ENGELBERT, JOSEF, Die heutigen Aufgaben des Diözesan-Vertriebenen-Seelsorgers, in: Christ unterwegs 12/1953, 10–12.

ENGELBERT, KURT, Josef Ferche (1888-1965), in: GOTTSCHALK, JOSEPH (Hrsg.), Schlesische Priesterbilder, Bd. 5, Aalen/Württ. 1967, 29–36.

ENGELBERT, KURT, Geschichte der Kongregation der Grauen Schwestern von der heiligen Elisabeth, 3. Bd.: 1935–1966, Hildesheim 1969.

ENGELMANN, JOACHIM, Lebensstation Kreyenbrück. Aus der Geschichte der Oldenburger Hindenburg-Kaserne, Oldenburg 1995.

ESSEN, WERNER, Das Ja zum Volkstum, in: Christ unterwegs 1/1951, 1–6.

ESSER, HARTMUT u. a., Arbeitsmigration und Integration. Sozialwissenschaftliche Grundlage (Materialien zur Arbeitsmigration und Ausländerbeschäftigung, Bd. 4), Königstein 1979.

ESTER, HANS u. a.(Hrsg.), Dies ist nicht unser Haus. Die Rolle der katholischen Kirche in den politischen Entwicklungen in der DDR, Amsterdam u. a. 1992

FASS, DIRK, Die Geschichte der Huntloser Katholiken, in: DERS., Eine Zeitreise durch Huntlosen. Ein heimatliches Lesebuch, Oldenburg 1998, 50–53.

FASS, DIRK, Aufopferungsvolle Hilfe über viele Jahre. Die „Grauen Schwestern" von Gut Lethe. Das Altenpflegeheim auf Gut Lethe von 1946 bis 1977, in: Herdfeuer Nr. 1 v. Dezember 1999, 18–20.

FIEDLER, NORBERT, Eine Abkürzung wird zum eigenständigen Begriff. 50 Jahre Diaspora-MIVA, in: RISSE, GÜNTER, KATHKE, CLEMENS A. (Hrsg.), Diaspora: Zeugnis von Christen für Christen. 150 Jahre Bonifatiuswerk der deutschen Katholiken, Paderborn 1999, 107–133.

FITTKAU, GERHARD, Artikel: Kaller, Maximilian (1880–1947), in: GATZ, ERWIN (Hrsg.), Die Bischöfe der deutschsprachigen Länder von 1785/1803 bis 1945. Ein biographisches Lexikon, Berlin 1983, 357–361.

FREITAG, WERNER, Pfarrer, Kirche und ländliche Gemeinschaft. Das Dekanat Vechta 1400–1803 (Studien zur Regionalgeschichte, Bd. 11), Bielefeld 1998.

FRIEDL, HANS, Artikel: Wegmann, August, in: DERS. u. a. (Hrsg.), Biographisches Handbuch zur Geschichte des Landes Oldenburg, Oldenburg 1992, 784–786.

FUHRICH, HERMANN, Die Kolende. Untersuchungen über ihre Geschichte und ihre Verbreitung im deutschen und westslawischen Raum, in: Schlesisches Priesterjahrbuch, Bd. V/VI (1964/1965), 45–91.

FUHRICH, HERMANN, Der Heimgarten. Studien und Quellen zur katholischen Volksbildungsarbeit (Veröffentlichungen des Arbeitskreises für Schlesisches Lied und Schlesische Musik, Nr. 4), Dülmen o. J. (1971).

GABRIEL, ALEX, Diaspora-Seelsorge und Diaspora-Fürsorge, in: GRONER, FRANZ (Hrsg.), Kirchliches Handbuch für das katholische Deutschland, Bd. XXIV (1952–1956), Köln 1956, 189–205.

GABRIEL, KARL, KAUFMANN, FRANZ XAVER (Hrsg.), Zur Soziologie des Katholizismus, Mainz 1980.

GABRIEL, KARL, Christentum zwischen Tradition und Postmoderne (Quaestiones disputatae, Bd. 141), 7. Aufl. Freiburg u. a. 2000.

GABRIEL, KARL, Die Katholiken in den 50er Jahren: Restauration, Modernisierung und beginnende Auflösung eines konfessionellen Milieus, in: SCHILDT, AXEL, SYWOTTEK, ARNOLD (Hrsg.), Modernisierung im Wiederaufbau. Die westdeutsche Gesellschaft der 50er Jahre (Forschungsinstitut der Friedrich-Ebert-Stiftung, Reihe: Politik- und Gesellschaftsgeschichte, Bd. 33), Bonn 1993, 418–430.

GABRIEL, KARL, Zwischen Tradition und Modernisierung. Katholizismus und Katholisches Milieu in den 50er Jahren der Bundesrepublik, in: DOERING-MANTEUFFEL, ANSELM, NOWAK, KURT (Hrsg.), Kirchliche Zeitgeschichte. Urteilsbildung und Methoden (Konfession und Gesellschaft, Bd. 8), Stuttgart u. a. 1996, 248–262.

GABRIEL, KARL, Katholizismus und katholisches Milieu in den fünfziger Jahren der Bundesrepublik: Restauration, Modernisierung und beginnende Auflösung, in: KAUFMANN, FRANZ XAVER, ZINGERLE, ARNOLD (Hrsg.), Vatikanum II und Modernisierung. Historische, theologische und soziologische Perspektiven, Paderborn u. a. 1996, 67–83.

GABRIEL, KARL, Zwischen Aufbruch und Absturz in die Moderne. Die katholische Kirche in den 60er Jahren, in: SCHILDT, AXEL, SIEGFRIED, DETLEF, LAMMERS, KARL CHRISTIAN (Hrsg.), Dynamische Zeiten. Die 60er Jahre in den beiden deutschen Gesellschaften (Hamburger Beiträge zur Sozial- und Zeitgeschichte. Darstellungen, Bd. 37), Hamburg 2000, 528–543.

Streifzüge durch 25 Jahre katholische Kirchengemeinde St. Hedwig GANDERKESEE 1946–1971, Delmenhorst 1971.

40 Jahre St. Hedwigskirche zu GANDERKESEE 1950-1990, o. O. o. J. (1990).

GATZ, ERWIN, Artikel: Jaeger, Lorenz (1892–1975), in: DERS. (Hrsg.), Die Bischöfe der deutschsprachigen Länder von 1785/1803 bis 1945. Ein biographisches Lexikon, Berlin 1983, 344–346.

GATZ, ERWIN, Artikel: Pohlschneider, Johannes (1899–1981), in: DERS. (Hrsg.), Die Bischöfe der deutschsprachigen Länder von 1785/1803 bis 1945. Ein biographisches Lexikon, Berlin 1983, 567–568.

GATZ, ERWIN, Artikel: Vorwerk, Franz (1884–1963), in: DERS. (Hrsg.), Die Bischöfe der deutschsprachigen Länder von 1785/1803 bis 1945. Ein biographisches Lexikon, Berlin 1983, 781.

GATZ, ERWIN, Die Pfarrei unter dem Einfluß des Nationalsozialismus und des Zweiten Weltkrieges, in: DERS. (Hrsg.), Geschichte des kirchlichen Lebens in den deutschsprachigen Ländern seit dem Ende des 18. Jahrhunderts, Bd. I: Die Bistümer und ihre Pfarreien, Freiburg u. a. 1991, 123–138.

GATZ, ERWIN, Vom Zweiten Weltkrieg zum Zweiten Vatikanischen Konzil, in: DERS. (Hrsg.), Geschichte des kirchlichen Lebens in den deutschsprachigen Ländern seit dem Ende des 18. Jahrhunderts, Bd. IV: Der Diözesanklerus, Freiburg u. a. 1995, 187–207.

GATZ, ERWIN (Hrsg.), Priesterausbildungsstätten der deutschsprachigen Länder zwischen Aufklärung und Zweitem Vatikanischem Konzil (Römische Quartalschrift, Supplementheft 49), Freiburg/Br. u. a. 1994.

GATZ, ERWIN, Historische Aspekte zur Minderheitensituation von Katholiken in Deutschland, in: RISSE, GÜNTER, KATHKE, CLEMENS A. (Hrsg.), Diaspora: Zeugnis von Christen für Christen. 150 Jahre Bonifatiuswerk der deutschen Katholiken, Paderborn 1999, 245–252.

GAULY, THOMAS M., Kirche und Politik in der Bundesrepublik Deutschland 1945–1976, Bonn 1990.

GEERLINGS, DIETER, KNIEVEL, WILFRIED, Caritas – bleibender Auftrag im sozialen Wandel, in: THISSEN, WERNER (Hrsg.), Das Bistum Münster, Bd. II: Pastorale Entwicklung im 20. Jahrhundert, Münster 1993, 203–226.

GEPPERT, ALEXANDER C. T., Forschungstechnik oder historische Disziplin? Methodische Probleme der Oral History, in: Geschichte in Wissenschaft und Unterricht 5 (1994), 303–323.

GERL, HANNA-BARBARA, Romano Guardini 1885–1968. Leben und Werk, 2., erg. Aufl. Mainz 1985.

GOLOMBEK, OSKAR, Heimatliches Brauchtum auf fremdem Boden – Begegnungen und Spannungen (Schriftenreihe des Rheinischen Heimatbundes, H.17), Neuß 1965.

GOTTO, KLAUS, Die Katholische Kirche und die Entstehung des Grundgesetzes, in: RAUSCHER, ANTON (Hrsg.), Kirche und Katholizismus 1945–1949 (Beiträge zur Katholizismusforschung, Reihe B), München u. a. 1977, 88–108.

GOTTO, KLAUS, Wandlungen des politischen Katholizismus nach 1945, in: OBERNDÖRFER, DIETER u. a. (Hrsg.), Wirtschaftlicher Wandel, religiöser Wandel und Wertwandel. Folgen für das politische Verhalten in der Bundesrepublik Deutschland (Ordo Politicus, Bd. 25), Berlin 1985, 221–235.

GOTTSCHALK, JOSEPH, St. Hedwig – Herzogin von Schlesien (Forschungen und Quellen zur Kirchen- und Kulturgeschichte Ostdeutschlands, Bd. 2), Köln 1964.

GOTTSCHALK, JOSEPH, Beheimatung durch St. Hedwig, einst und jetzt, in: Schlesisches Priesterjahrbuch, Bd. II (1961), 123–129.

GOTTSCHALK, JOSEPH, Gerhard Moschner (1907–1966), in: DERS. (Hrsg.), Schlesische Priesterbilder, Bd. 5, Aalen/Württ. 1967, 230–235.

GRAW, JULIUS, Arnoldsdorf/Kreis Neisse. Untersuchungen zur Sozialstruktur und Mentalität einer oberschlesischen Dorfgemeinschaft 1920–1950 (Schriften des Instituts für Geschichte und Historische Landesforschung, Vechta, Bd. 6), Cloppenburg 1996.

GREBING, HELGA, Flüchtlinge und Parteien in Niedersachsen. Eine Untersuchung der politischen Meinungsbildungs- und Willensbildungsprozesse während der ersten Nachkriegszeit 1945–1952/53, Hannover 1990.

GRESCHAT, MARTIN, Kirche und Öffentlichkeit in der deutschen Nachkriegszeit (1945–1949), in: BOYENS, ARMIN u. a., Kirchen in der Nachkriegszeit. Vier zeitgeschichtliche Beiträge, Göttingen 1979, 100–124.

GRESCHAT, MARTIN, Bemerkungen zum Thema, in: HEHL, ULRICH VON, REPGEN, KONRAD (Hrsg.), Der deutsche Katholizismus in der zeitgeschichtlichen Forschung, Mainz 1988, 107–110.

GROCHOLL, WOLFGANG, Die Kanonische Visitatur Branitz. Ihr kulturgeschichtlicher Auftrag, in: UNVERRICHT, HUBERT, KEIL, GUNDOLF (Hrsg.), De Ecclesia Silesiae. Festschrift zur 25-Jahrfeier der Apostolischen Visitatur Breslau, Sigmaringen 1997, 71–82.

GRÖGER, JOHANNES, Schlesische Priester auf deutschen Universitätslehrstühlen seit 1945 (Arbeiten zur schlesischen Kirchengeschichte, Bd. 3), Sigmaringen 1989.

GRÖGER, JOHANNES, KÖHLER, JOACHIM, MARSCHALL, WERNER (Hrsg.), Schlesische Kirche in Lebensbildern, Sigmaringen 1992.

GRÖGER, JOHANNES, TRILLER, DOROTHEA, HIRSCHFELD, MICHAEL, Münster – ein Sitz katholischer Vertriebenenseelsorge, in: GESELLSCHAFT FÜR OSTDEUTSCHE KULTURARBEIT (Hrsg.), Neuanfang in Münster, 2., durchgesehene Aufl. Münster 1997, 357–380.

GRÖGER, JOHANNES, Als „Wanderbischof" durch die Zeit. Prälat König als Apostolischer Visitator für die Priester und Gläubigen aus dem Erzbistum Breslau, in: UNVERRICHT, HUBERT, KEIL, GUNDOLF (Hrsg.), De Ecclesia Silesiae. Festschrift zur 25-Jahrfeier der Apostolischen Visitatur Breslau, Sigmaringen 1997, 49–61.

GRÖGER, JOHANNES, „An die Seelen dieser Menschen herankommen". Formen und Entwicklungen katholischer Vertriebenenseelsorge, in: HIRSCHFELD, MICHAEL, TRAUTMANN, MARKUS (Hrsg.), Gelebter Glaube – Hoffen auf Heimat. Katholische Vertriebene im Bistum Münster, Münster 1999, 19–70.

GROSCH, WALDEMAR, Oskar Golombek (1898–1972), in: GRÖGER, JOHANNES, KÖHLER, JOACHIM, MARSCHALL, WERNER (Hrsg.), Schlesische Kirche in Lebensbildern, Sigmaringen 1992, 176–180.

GROSSBÖLTING, THOMAS, „Wie ist Christsein heute möglich?" – Suchbewegungen des nachkonziliaren Katholizismus im Spiegel des Freckenhorster Kreises (Münsteraner Theologische Abhandlungen, Bd. 47), Altenberge 1997.

GROSSPIETSCH, PETER, Goebel, Georg (1900–1965), in: GRÖGER, JOHANNES, KÖHLER, JOACHIM, MARSCHALL, WERNER (Hrsg.), Schlesische Kirche in Lebensbildern, Sigmaringen 1992, 207–210.

GRUNDMANN, HANS, Die Schulen der Gemeinde einst und jetzt, in: 860–1960. 1100 Jahre Gemeinde Ganderkesee, Delmenhorst 1960, 96-118.

GRYPA, DIETMAR, Die katholische Arbeiterbewegung in Bayern nach dem Zweiten Weltkrieg (1945–1963) (Veröffentlichungen der Kommission für Zeitgeschichte, Reihe B, Bd. 91), Paderborn u. a. 2001.

GUARDINI, ROMANO, Berichte über mein Leben. Autobiographische Aufzeichnungen (Schriften der Katholischen Akademie in Bayern, Bd. 116), 2. Aufl. Düsseldorf 1985.

GÜNTHER, WOLFGANG, Artikel: Tantzen, Theodor, in: FRIEDL, HANS u. a. (Hrsg.), Biographisches Handbuch zur Geschichte des Landes Oldenburg, Oldenburg 1992, 730–735.

GÜNTHER-ARNDT, HILKE, Oldenburgische Schulen und Hochschulen in den Nachkriegsjahren, in: ECKHARDT, ALBRECHT (Hrsg.), Oldenburg um 1950. Eine nordwestdeutsche Region im ersten Nachkriegsjahrzehnt, Oldenburg 2000, 179–196.

HACHMÖLLER, BERNARD, KLOSTERMANN, HERMANN, Artikel: Pohlschneider, Johannes, in: FRIEDL, HANS u. a. (Hrsg.), Biographisches Handbuch zur Geschichte des Landes Oldenburg, Oldenburg 1992, 564–565.

HACHMÖLLER, BERNARD, Artikel: Siemer, Joseph (P. Laurentius OP), in: FRIEDL, HANS u. a. (Hrsg.), Biographisches Handbuch zur Geschichte des Landes Oldenburg, Oldenburg 1992, 673–675.

HADROSSEK, PAUL, Stand und Kritik der rechtstheoretischen Diskussion zum natürlichen Recht auf Heimat, in: Schlesisches Priesterjahrbuch, Bd. III/IV (1964), 46–78.

HAMMERSCHMIDT, PETER, Die Wohlfahrtsverbände im NS-Staat. Die NSV und die konfessionellen Verbände Caritas und Innere Mission im Gefüge der Wohlfahrtspflege des Nationalsozialismus, Opladen 1999.

HAMPF, EDUARD, „Kolende, Kolende ist heut!", in: Heimatbrief der Katholiken des Erzbistums Breslau 5/1976, 5–6.

HANSCHMIDT, ALWIN, „Oldenburger Münsterland". Zur Geschichte eines Namens, in: Jahrbuch für das Oldenburger Münsterland 1989, 5–20.

HANSCHMIDT, ALWIN, Noch einmal: „Oldenburger Münsterland", in: Jahrbuch für das Oldenburger Münsterland 1990, 203–213.

HARMS, HELMUT, Vom „Heil" zum Unheil. Das Ammerland 1945/46. Chaos und Neuanfang, Westerstede 1995.

HARTONG, KURT, Katholische Kirche, in: Der Landkreis Oldenburg (Oldb.). Geschichte, Kultur, Landschaft, Wirtschaft, Oldenburg 1968.

HARTONG, KURT, Lebensbilder der Bischöflichen Offiziale in Vechta, Vechta o. J. (1980).

Prälat Dr. FRANZ HARTZ. Vater der Vertriebenen. Zum Gedenken am 50. Jahrestage seiner Hl. Priesterweihe, Hildesheim o. J. (1958).

HÄUSSLING, ANSELM, Artikel: Tonsur, in: LThK, 2. Aufl., Bd. 10 (1965), Sp. 250f.
In Gott geborgen – zur Liebe befreit. 125 Jahre HEDWIGSCHWESTERN 1859–1984, Berlin o. J. (1984).
HAUPTABTEILUNG SCHULE UND ERZIEHUNG (Hrsg.), Das Bistum Münster, 5 Bde., Strasbourg 1992-1998.
25 Jahre ST.-HEDWIGS-WERK der Diözese Osnabrück. Eine Dokumentation, Münsterschwarzach o. J. (1972).
ST.-HEDWIGS-WERK der Diözese Osnabrück 1947–2000. Eine Dokumentation, Osnabrück 2000.
HEGEL, EDUARD, Geschichte der Katholisch-Theologischen Fakultät Münster 1773–1964 (Münsterische Beiträge zur Theologie, H. 30,1 u. 30,2), 2 Bde., Münster 1966 u. 1971.
HEHL, ULRICH VON, Der deutsche Katholizismus nach 1945 in der zeitgeschichtlichen Forschung, in: KAISER, JOCHEN-CHRISTOPH, DOERING-MANTEUFFEL, ANSELM (Hrsg.), Christentum und politische Verantwortung. Kirchen im Nachkriegsdeutschland (Konfession und Gesellschaft, Bd. 2), Stuttgart u. a. 1990, 146–175.
HEHL, ULRICH VON, Umgang mit katholischer Zeitgeschichte. Ergebnisse, Erfahrungen, Aufgaben, in: BRACHER, KARL DIETRICH u. a. (Hrsg.), Staat und Parteien. Festschrift für Rudolf Morsey zum 65. Geburtstag, Berlin 1992, 379–395.
HEHL, ULRICH VON, HOCKERTS, HANS GÜNTER (Hrsg.), Der Katholizismus – gesamtdeutsche Klammer in den Jahrzehnten der Teilung? Erinnerungen und Berichte, Paderborn u. a. 1996.
HEIDEGGER, MARTIN, Bauen – Wohnen – Denken, in: BARTNING, OTTO (Hrsg.), Mensch und Raum, Darmstadt 1952, 53–67.
HELLBERND, FRANZ, Artikel: Morthorst, Franz, in: FRIEDL, HANS u. a. (Hrsg.), Biographisches Handbuch zur Geschichte des Landes Oldenburg, Oldenburg 1992, 479.
HELLBERND, FRANZ, Artikel: Teping, Franz, in: FRIEDL, HANS u. a. (Hrsg.), Biographisches Handbuch zur Geschichte des Landes Oldenburg, Oldenburg 1992, 741–742.
HENDRICKX, JOHN, SCHREUDER, OSMUND, ULTEE, WOUTER, Die konfessionelle Mischehe in Deutschland (1901–1986) und den Niederlanden (1914–1986), in: Kölner Zeitschrift für Soziologie und Sozialpsychologie, Bd. 46 (1994), 619–645.
HENGST, KARL u. a., Die Kirche von Paderborn, 6 Bde., Strasbourg 1995–1999.
HENRICH, DIETER, ‚Identität' – Begriffe, Probleme, Grenzen, in: MARQUARD, ODO, STIERLE, KARLHEINZ (Hrsg.), Identität (Poetik und Hermeneutik, Bd. VIII), München 1979, 133–186.
HENRICH, FRANZ, Die Bünde katholischer Jugendbewegung. Ihre Bedeutung für die liturgische und eucharistische Erneuerung, München 1968.
HERBRICH, ELISABETH (Bearb.), Alois Kardinal Muench. Ein Lebensbild (Schriftenreihe des Sudetendeutschen Priesterwerkes, Bd. XII), Königstein 1969.
HESSE, JOHANNES, Staat und katholische Kirche in Braunschweig, Oldenburg, Schaumburg-Lippe und Pyrmont vom Ende des 18. Jahrhunderts bis zur Gründung des Landes Niedersachsen, Osnabrück 1982.
HINXLAGE, HELMUT, Die Geschichte des Bischöflich Münsterschen Offizialates in Vechta, Vechta 1991.

HIRSCHFELD, MICHAEL, St. Marien Delmenhorst, Delmenhorst 1990.

HIRSCHFELD, MICHAEL, KRAMER, ERNST (Hrsg.), Propst Wilhelm Niermann. Eine Gedenkschrift zu seinem 40. Todestag, Delmenhorst 1995.

HIRSCHFELD, MICHAEL, In Zeiten materieller Not einen geistlichen Halt bieten. Pfarrer Helmut Richter gründete katholische Flüchtlingsgemeinde in Ganderkesee, in: Von Hus un Heimat 3/1996, 17–19.

HIRSCHFELD, MICHAEL, Weder Lob erwartet noch Furcht gekannt. Die Pionierarbeit von Pfarrer Konrad Leister als erster katholischer Priester in Hude 1946–1952, in: Von Hus un Heimat 11/1996, 81–83.

HIRSCHFELD, MICHAEL, 50 Jahre Glatzer Wallfahrt nach Telgte. Eine Initiative von Großdechant Prälat Dr. Franz Monse, in: Münsterland. Jahrbuch des Kreises Warendorf 1996: Heimatvertriebene und Flüchtlinge im Kreis Warendorf, 64–68.

HIRSCHFELD, MICHAEL, Von der Trauer zum Dank. Die Vertriebenenwallfahrt nach Bethen zwischen Neubeginn und Integration, in: Archiv für schlesische Kirchengeschichte, Bd. 55 (1997), 291–300.

HIRSCHFELD, MICHAEL, „Unterwegs nach einem Zuhause". – Die Wurzeln der Grafschaft Glatzer Katholiken in der Vertreibung liegen in Listrup, in: EIYNCK, ANDREAS (Hrsg.), „Alte Heimat – Neue Heimat". Flüchtlinge und Vertriebene im Raum Lingen, Lingen 1997, 103–112.

HIRSCHFELD, MICHAEL, Prälat Franz Monse 1882–1962. Großdechant von Glatz (Arbeiten zur schlesischen Kirchengeschichte, Bd. 7), Sigmaringen 1997.

HIRSCHFELD, MICHAEL, „Das kostet mich meine Schuhsohlen und mein Herz". Ein Beitrag zur Geschichte der Diasporagemeinde Hude, in: DERS. (Hrsg.), 1948–1998. 50 Jahre Katholische Kirchengemeinde St. Marien Hude, Hude 1998, 14–58.

HIRSCHFELD, MICHAEL, Der heimatlosen, wandernden Jugend Hilfe geben. Das katholische St.-Ansgar-Jugendwerk im Christlichen Jugenddorf Adelheide 1948–1959, in: Oldenburger Jahrbuch, Bd. 98 (1998), 143–155.

HIRSCHFELD, MICHAEL, Artikel: Günther, Hubertus, in: Emsländische Geschichte, Bd. 7 (1998), 136–142.

HIRSCHFELD, MICHAEL, Artikel: Monse, Franz Xaver, in: Emsländische Geschichte, Bd. 7 (1998), 206–212.

HIRSCHFELD, MICHAEL, Artikel: Smaczny, Johannes, in: Emsländische Geschichte, Bd. 7 (1998), 257–263.

HIRSCHFELD, MICHAEL, Erst durch die Vertriebenen entstanden Altenheime. Ein Beitrag zur Caritasgeschichte im Kreis Vechta in der frühen Nachkriegszeit, in: Heimatblätter Nr. 6 v. 12.12.1998, 55–58.

HIRSCHFELD, MICHAEL, TRAUTMANN, MARKUS (Hrsg.), Gelebter Glaube – Hoffen auf Heimat. Katholische Vertriebene im Bistum Münster, Münster 1999.

HIRSCHFELD, MICHAEL, „Gleich eine herzlichere Familiengemeinschaft". St. Hedwig in Ganderkesee als Beispiel für den Aufbau einer Vertriebenengemeinde im Bistum Münster, in: DERS., TRAUTMANN, MARKUS (Hrsg.), Gelebter Glaube – Hoffen auf Heimat. Katholische Vertriebene im Bistum Münster, Münster 1999, 127–152.

HIRSCHFELD, MICHAEL, Auf der Suche nach einem Ort der besonderen Nähe Gottes. Zur Gründung und Entwicklung der Vertriebenenwallfahrten im Bistum Münster, in: DERS., TRAUTMANN, MARKUS (Hrsg.), Gelebter Glaube – Hoffen auf Heimat. Katholische Vertriebene im Bistum Münster, Münster 1999, 217–238.

HIRSCHFELD, MICHAEL, 50 Jahre Schlesische Priestertagungen 1949–1999, in: Heimatbrief der Katholiken aus dem Erzbistum Breslau 5/1999, 76–77.

HIRSCHFELD, MICHAEL, Artikel: Vertriebene und Flüchtlinge im Oldenburger Land, in: ARBEITSKREIS FÜR HEIMATKUNDE IM VERBAND BILDUNG UND ERZIEHUNG (Hrsg.), Oldenburg – ein heimatkundliches Nachschlagewerk, Neubearbeitung der 1. Aufl. von 1965, Löningen 1999, 663–667.

HIRSCHFELD, MICHAEL, Soziale Gerechtigkeit als Lebensaufgabe. Willy Althaus. Ein Vorkämpfer der Katholischen Arbeitnehmer-Bewegung in Delmenhorst und im Oldenburger Land (Quellen und Beiträge zur Kirchengeschichte des Oldenburger Landes, Beiheft 1), Vechta 2000.

HIRSCHFELD, MICHAEL, Zwischen Tradition und Moderne. Entwicklungen aus 50 Jahren Geschichte von St. Hedwig Ganderkesee, in: KATH. KIRCHENGEMEINDE ST. HEDWIG GANDERKESEE (Hrsg.), 50 Jahre Kirche St. Hedwig Ganderkesee, Ganderkesee 2000, 17–36.

HIRSCHFELD, MICHAEL, Die schlesischen Katholiken nach 1945 in Westdeutschland, in: KÖNIG, WINFRIED (Hrsg.), Erbe und Auftrag der schlesischen Kirche. 1000 Jahre Bistum Breslau, Dülmen 2001, 256–299.

HIRSCHFELD, MICHAEL, Stabilisierung oder Erosion? Das katholische Milieu und die Flüchtlinge und Vertriebenen in Südoldenburg in der Nachkriegszeit, in: HEIMATBUND FÜR DAS OLDENBURGER MÜNSTERLAND (Hrsg.), Jahre des Neubeginns. Das Oldenburger Münsterland in der Nachkriegszeit (Beiträge zur Geschichte des Oldenburger Münsterlandes. Die „Blaue Reihe", Bd. 7), Cloppenburg 2001, 82–96.

HIRSCHFELD, MICHAEL, Vertriebenenwallfahrten in Westfalen und ihre Bedeutung für die Integration der Vertriebenen, in: LEIDINGER, PAUL (Hrsg.), Deutsche Ostflüchtlinge und Ostvertriebene nach 1945 in Westfalen (Schriften der Historischen Kommission für Westfalen) (in Vorbereitung).

HIRSCHMANN, HANS, Unser Weg – Kirche im Volk, in: GENERALSEKRETARIAT DES ZENTRALKOMITEES DER DEUTSCHEN KATHOLIKENTAGE (Hrsg.), Gerechtigkeit schafft Frieden. Der 73. Deutsche Katholikentag vom 31. August bis 4. September 1949 in Bochum, Paderborn 1949, 35–46.

HOCKERTS, HANS GÜNTER, Zeitgeschichte in Deutschland. Begriffe, Methoden, Themenfelder, in: Historisches Jahrbuch, Bd. 113 (1993), 98–127.

HÖFFNER, JOSEPH, Pastoral der Kirchenfernen. Eröffnungsreferat bei der Herbstvollversammlung der Deutschen Bischofskonferenz 1979 in Fulda (Der Vorsitzende der Deutschen Bischofskonferenz, Bd. 7), Bonn 1979.

HÖPKEN, HEINRICH, Die Ev.-luth. Kirche im oldenburgischen Münsterland einst und jetzt, in: EV.-LUTH. OBERKIRCHENRAT (Hrsg.), Die Hand am Pfluge. Berichte und Besinnungen über Arbeit und Leben in der ev.-luth. Kirche in Oldenburg zum 100jährigen Jubiläum des Oberkirchenrates, o. O. (Oldenburg) 1949, 47–54.

HÖPKEN, HEINRICH, Diakonie in Oldenburg, in: EV.-LUTH. OBERKIRCHENRAT (Hrsg.), Auf dem Wege. Beiträge zur Geschichte und Aufgabe der Evangelisch-Lutherischen Kirche in Oldenburg o. J. (1961), 213–227.

HÖPKEN, HEINRICH, Artikel: Kloppenburg, Heinrich, in: FRIEDL, HANS u. a. (Hrsg.), Biographisches Handbuch zur Geschichte des Landes Oldenburg, Oldenburg 1992, 376–377.

HOFFMANN, HERMANN, Jugendarbeit in Schlesien nach dem Ersten Weltkrieg, in: Schlesisches Priesterjahrbuch, Bd. VII–IX (1969), 15–17.

HOFFMANN, HERMANN, Im Dienste des Friedens. Lebenserinnerungen eines katholischen Europäers, Stuttgart u. a. 1970.

HOLTMANN, EVERHARD, Flüchtlinge in den 50er Jahren. Aspekte ihrer gesellschaftlichen und politischen Integration, in: SCHILDT, AXEL, SYWOTTEK, ARNOLD (Hrsg.), Modernisierung im Wiederaufbau. Die westdeutsche Gesellschaft der 50er Jahre (Forschungsinstitut der Friedrich-Ebert-Stiftung, Reihe: Politik- und Gesellschaftsgeschichte, Bd. 33), Bonn 1993, 349–361.

HOLZEM, ANDREAS, Gesslerhüte der Theorie? Zu Stand und Relevanz des Theoretischen in der Katholizismusforschung, in: DOERING-MANTEUFFEL, ANSELM, NOWAK, KURT (Hrsg.), Kirchliche Zeitgeschichte. Urteilsbildung und Methoden (Konfession und Gesellschaft, Bd. 8), Stuttgart u. a. 1996, 180–202.

HORSTMANN, JOHANNES, LIEDHEGENER, ANTONIUS (Hrsg.), Konfession, Milieu, Moderne. Konzeptionelle Positionen und Kontroversen zur Geschichte von Katholizismus und Kirche im 19. und 20. Jahrhundert (Veröffentlichungen der Katholischen Akademie Schwerte, Bd. 47), Schwerte 2001.

HUBER, KURT A. u. a., Die Diözesanorganisation von Böhmen-Mähren-Schlesien, in: Archiv für Kirchengeschichte von Böhmen-Mähren-Schlesien, Bd. I (1967), 9–40.

25 Jahre katholische Kirchgemeinde HUDE (Oldb), o. O. o. J. (1971).

25 Jahre Rektoratkirche St. Marien HUDE, o. O. o. J. (1977).

HÜRTEN, HEINZ, Kurze Geschichte des deutschen Katholizismus 1800–1960, Mainz 1986.

HÜRTEN, HEINZ, Zukunftsperspektiven kirchlicher Zeitgeschichte, in: HEHL, ULRICH VON, REPGEN, KONRAD (Hrsg.), Der deutsche Katholizismus in der zeitgeschichtlichen Forschung, Mainz 1988, 97–106.

HÜRTEN, HEINZ, Michael Keller (1947–1961), in: THISSEN, WERNER (Hrsg.), Das Bistum Münster, Bd. I: Die Bischöfe von Münster, Münster 1993, 311–319.

HÜRTEN, HEINZ, Deutscher Katholizismus unter Pius XII.: Stagnation oder Erneuerung, in: KAUFMANN, FRANZ XAVER, ZINGERLE, ARNOLD (Hrsg.), Vatikanum II und Modernisierung. Historische, theologische und soziologische Perspektiven, Paderborn u. a. 1996, 53–65.

IMBUSCH, BARBARA, „Eine außerordentlich rege Tätigkeit, die sich nicht auf rein religiöse Dinge beschränkt". Katholische Jugend und Nationalsozialismus in Südoldenburg. Ein Überblick, in: BAUMANN, WILLI, HIRSCHFELD, MICHAEL (Hrsg.), Christenkreuz oder Hakenkreuz. Zum Verhältnis von katholischer Kirche und Nationalsozialismus im Land Oldenburg (Quellen und Beiträge zur Kirchengeschichte des Oldenburger Landes, Bd. 4), Vechta 1999, 165–188.

INSTINSKY, MARKUS, „Bloß der Verdacht bleibt ...". Zur Amtsenthebung des ersten Vechtaer Offizials im August 1846, in: Heimatblätter Nr. 4 v. 10.8.1996, 38–39.

JAKSCH, JOSEF, Der Heilsdienst der Kirche an den Vertriebenen. Erwägungen zur Sonderseelsorge für Vertriebene, in: Kirche, Recht und Land. Festschrift für Weihbischof Adolf Kindermann, Königstein 1969, 49–53.

JARITZ, OTTO, Die Marienkirche in Rastede und die katholische Gemeinde, in: WICHMANN, HANS (Bearb.), 900 Jahre Rastede (1059–1959), Westerstede 1959, 68–70.

JARITZ, OTTO, Nordoldenburgische Diasporagemeinden zum Tode verurteilt?, in: Kirche und Leben Oldenburg v. 17.4.1960.

JARITZ, OTTO, 25 Jahre Katholische Kirchengemeinde Rastede-Wiefelstede, 25 Jahre als Seelsorger in Rastede-Wiefelstede, Rastede o. J. (1971).

JARITZ, OTTO, Vor 25 Jahren in Oberschlesien. Vertreibung der deutschen Priester und Ordensschwestern aus Neisse, in: Kirche und Leben Oldenburg v. 17.1.1971.

JARITZ, OTTO, Die katholische Kirchengemeinde Rastede-Wiefelstede und ihre Beziehungen zu den evangelischen Ortskirchen, in: EV.-LUTH. GEMEINDEKIRCHENRAT RASTEDE (Hrsg.), Unvollendete Wege. 925 Jahre St.-Ulrichs-Kirche. Eine Rasteder Festschrift, Rastede 1984, 75–77.

JEVERLÄNDISCHER ALTERTUMS- UND HEIMATVEREIN JEVER (Hrsg.), „Toloopen Volk". Wie sind die Vertriebenen und Flüchtlinge nach dem 2. Weltkrieg im Jeverland „angekommen"? Gesprächsprotokolle aus der Geschichtswerkstatt, Jever 2000.

JOKIEL, RUDOLF, Um Glaube und Heimat. Anregungen zur Pflege des Volks- und Brauchtums der Heimatvertriebenen (Arbeitsmaterialien der Eichendorffgilde, H. 4), München 1949.

JOKIEL, RUDOLF, Aus der Geschichte des Quickborn, in: Schlesisches Priesterjahrbuch, Bd. VII–IX (1969), 18–28.

JOLLES, HIDDO M., Zur Soziologie der Heimatvertriebenen und Flüchtlinge, Köln 1965.

20 Jahre JUGENDBURG ST. MICHAEL 1951–1971, Cloppenburg 1971.

KABUS, JAKOB, Heimatvertriebene und BHE, in: SMACZNY, JOHANNES (Bearb.), Der ostdeutsche Katholik in der Verantwortung. Ein Volksbuch, Lippstadt 1953, 51–52.

KALINOWSKI, DARIUSZ, Bischof Maximilian Kaller und die Fragen des deutschen Ostens 1945–1947, in: Zeitschrift für die Geschichte und Altertumskunde Ermlands, Bd. 49 (1999), 175–212.

KAPS, JOHANNES, Was ist uns die Heimat?, in: Schlesien als Erbe und Aufgabe. Was ist und will die Eichendorffgilde? Grundsätze und Werkmaterial, München o. J., 8–9.

KAPS, JOHANNES, Die katholische Kirchenbuchverwaltung in Ostdeutschland vor und nach 1945, in: Jahrbuch der Schlesischen Friedrich-Wilhelms-Universität zu Breslau, Bd. II (1957), 7–39.

KAPS, JOHANNES, Vom Sterben schlesischer Priester 1945/46. Ein Ausschnitt aus der schlesischen Passion, 3., verbess. Aufl. v. Emil Brzoska, Köln 1990.

KARASEK-LANGER, ALFRED, Und wieder grünt der alte Stamm. Das religiöse Brauchtum der Heimatvertriebenen, in: Christ unterwegs 3/1950, 5–7; 4/1950, 6–9; 5/1950, 8–12.

KATHER, ARTHUR, Der Priester im sozialen Neubau, in: GENERALSEKRETARIAT DES ZENTRALKOMITEES DER DEUTSCHEN KATHOLIKENTAGE (Hrsg.), Gerechtigkeit schafft Frieden. Der 73. Deutsche Katholikentag vom 31. August bis 4. September 1949 in Bochum, Paderborn 1949, 157–159.

KAUFMANN, DORIS, Katholisches Milieu in Münster 1928–1933. Politische Aktionsformen und geschlechtsspezifische Verhaltensräume (Düsseldorfer Schriften zur Neueren Landesgeschichte und zur Geschichte Nordrhein-Westfalens, Bd. 14), Düsseldorf 1984.

KAUFMANN, FRANZ XAVER, Zur Einführung: Erkenntnisinteressen einer Soziologie des Katholizismus, in: GABRIEL, KARL, KAUFMANN, FRANZ-XAVER (Hrsg.), Zur Soziologie des Katholizismus, Mainz 1980, 7–23.

KAUFMANN, FRANZ XAVER, Zur Einführung: Probleme und Wege einer historischen Einschätzung des II. Vatikanischen Konzils, in: DERS., ZINGERLE, ARNOLD (Hrsg.), Vatikanum II und Modernisierung. Historische, theologische und soziologische Perspektiven, Paderborn u. a. 1996, 9–34.

KELLER, MICHAEL, Katholische Aktion. Eine systematische Darstellung ihrer Idee, 3. Aufl. Paderborn 1936.

KEWITSCH, PAUL, Bewältigung der Vertriebenen- und Flüchtlingsnot aus dem Geist des Glaubens und der Liebe, in: LEHMANN, ERNST (Bearb.), Eingliederung der Vertriebenen und Flüchtlinge in Westdeutschland als Unterrichtsaufgabe, Hannover 1964, 104–112.

KINDERMANN, ADOLF (Bearb.), Die Heimatvertriebenen religiös-seelsorglich gesehen, in: GRONER, FRANZ (Hrsg.), Kirchliches Handbuch für das katholische Deutschland, Bd. XXIII (1944–1951), Köln 1951, 203–218.

KINDERMANN, ADOLF, Die Weihe der aus den deutschen Ostgebieten vertriebenen Theologen, in: Königsteiner Blätter 1/1956, 10–21.

KINDERMANN, ADOLF, Religiöse Wandlungen und Probleme im katholischen Bereich, in: LEMBERG, EUGEN, EDDING, FRIEDRICH (Hrsg.), Die Vertriebenen in Westdeutschland. Ihre Eingliederung und ihr Einfluß auf Gesellschaft, Wirtschaft, Politik und Geistesleben, Bd. III, Kiel 1959, 92–158.

KINDERMANN, ADOLF, Artikel: Kapellenwagen, in: LThK, 2. Aufl., Bd. 5 (1960), Sp. 1317.

KINDERMANN, ADOLF, Artikel: Ostpriesterhilfe, in: LThK, 2. Aufl., Bd. 7 (1962), Sp. 1292.

KINDERMANN, ADOLF, Das Phänomen des Flüchtlings und Heimatvertriebenen in unserem Jahrhundert, in: 6. Verzeichnis der deutschen vertriebenen Priester aus dem Osten, Stand 1.7.1969, Königstein o. J. (1969), 9–14.

Weihbischof Dr. ADOLF KINDERMANN. Leben, Werk und Wirken. Dargestellt von Mitbrüdern, Mitarbeitern und Freunden (Schriftenreihe des Sudetendeutschen Priesterwerkes, Bd. XXII), Königstein o. J.

KIRCHE UND HEIMAT. Die katholische Vertriebenen- und Aussiedlerseelsorge in Deutschland, 29. Januar 1999 (Arbeitshilfen der Deutschen Bischofskonferenz, Nr. 146), Bonn o. J. (1999).

KIRCHE UND HEIMATVERTRIEBENE. Das Schlüsselproblem, in: Christ unterwegs, 8/1951, 19–20.

KLAUCK, HANS-JOSEF, Die katholische neutestamentliche Exegese zwischen Vatikanum I und Vatikanum II, in: WOLF, HUBERT (Hrsg.), Die katholisch-theologischen Disziplinen in Deutschland 1870–1962. Ihre Geschichte, ihr Zeitbezug, Paderborn u. a. 1999, 39–70.

KLEINEIDAM, ERICH, Die Katholisch-Theologische Fakultät der Universität Breslau 1811–1945, Köln 1961.

KLEINMANN, HANS-OTTO, Walter Dirks (1901–1991), in: ARETZ, JÜRGEN, MORSEY, RUDOLF, RAUSCHER, ANTON (Hrsg.), Zeitgeschichte in Lebensbildern. Aus dem deutschen Katholizismus des 19. und 20. Jahrhunderts, Bd. 8, Mainz 1997, 265–281.

KLÖCKER, MICHAEL, Katholisch – von der Wiege bis zur Bahre. Eine Lebensmacht im Zerfall?, München 1991.

KLÖCKER, MICHAEL, Das katholische Milieu. Grundüberlegungen – in besonderer Hinsicht auf das Deutsche Kaiserreich von 1871, in: Zeitschrift für Religions- und Geistesgeschichte, Bd. 44 (1992), 241–262.

KLOSTERMANN, HERMANN, „Ein unordentliches Leben". Begegnungen und Gespräche mit Hans Schlömer, in: Heimatblätter Nr. 6 v. 31.12.1988, 2–3.

KLOSTERMANN, HERMANN, Hans Watermann zum Gedenken. Als Caritasdirektor und als Politiker verdient um das Oldenburger Land, in: Jahrbuch für das Oldenburger Münsterland 1989, 349–357.

KLUGE, GERHARD, Johannes Smaczny (1902–1968), in: GRÖGER, JOHANNES, KÖHLER, JOACHIM, MARSCHALL, WERNER (Hrsg.), Schlesische Kirche in Lebensbildern, Sigmaringen 1992, 220–222.

KLUGE, GERHARD, Wilhelm Trennert (1909–1972), in: GRÖGER, JOHANNES, KÖHLER, JOACHIM, MARSCHALL, WERNER (Hrsg.), Schlesische Kirche in Lebensbildern, Sigmaringen 1992, 317–319.

KLÖVER, HANNE, Spurensuche im Saterland. Ein Lesebuch zur Geschichte einer Gemeinde friesischen Ursprungs im Oldenburger Land, Saterland 1998.

KNIEVEL, WILFRIED, Die Gründung des Caritasverbandes für die Diözese Münster im Jahre 1916, in: DIÖZESAN-CARITASVERBAND MÜNSTER (Hrsg.), 75 Jahre Caritasverband für die Diözese Münster. Rückblicke 1916–1991, Münster o. J. (1991), 9–47.

KÖHLER, JOACHIM (Hrsg.), Joseph Wittig. Historiker – Theologe – Dichter (Silesia, Folge 27), 2. Aufl. München 1980.

KÖHLER, JOACHIM, Alfons Maria Härtel und die Anfänge der Flüchtlings- und Vertriebenenseelsorge im Bistum Rottenburg, in: Rottenburger Jahrbuch für Kirchengeschichte, Bd. 7 (1988), 111–125.

KÖHLER, JOACHIM, Die Schwierigkeiten des „Erzbischöflichen Amtes Görlitz" beim Aufbau der Flüchtlings- und Vertriebenenseelsorge in der sowjetisch-besetzten Zone

(1945–1949). Quellen aus dem Nachlaß Alfons Maria Härtel, in: Archiv für schlesische Kirchengeschichte, Bd. 49 (1991), 7–104.

KÖHLER, JOACHIM, Christlich leben im schlesischen Raum. Bistum Breslau, Bd. 3: Neuzeit 1740–1945, Kehl 1997.

KÖHLER, JOACHIM, BENDEL, RAINER, Bewährte Rezepte oder unkonventionelle Experimente? Zur Seelsorge an Flüchtlingen und Heimatvertriebenen. Anfragen an die und Impulse für die Katholizismusforschung, in: KÖHLER, JOACHIM, MELIS, DAMIAN VAN (Hrsg.), Siegerin in Trümmern. Die Rolle der katholischen Kirche in der deutschen Nachkriegsgesellschaft (Konfession und Gesellschaft, Bd. 15), Stuttgart u. a. 1998, 199–228.

KÖHLER, JOACHIM, Die katholische Kirche, in: MENZEL, JOSEF JOACHIM (Hrsg.), Geschichte Schlesiens, Bd. 3: Preußisch Schlesien 1740–1945, Österreichisch Schlesien 1740–1918/45, Stuttgart 1999, 165–251.

KÖSTER, MARKUS, „Betet um einen guten Ausgang der Wahl!" Kirche und Parteien im Bistum Münster zwischen Kapitulation und Konzil, in: KÖHLER, JOACHIM, MELIS, DAMIAN VAN (Hrsg.), Siegerin in Trümmern. Die Rolle der katholischen Kirche in der deutschen Nachkriegsgesellschaft (Konfession und Gesellschaft, Bd. 15), Stuttgart u. a. 1998, 103–124.

KÖSTERS, CHRISTOPH, Katholische Verbände und moderne Gesellschaft. Organisationsgeschichte und Vereinskultur im Bistum Münster 1918 bis 1945 (Veröffentlichungen der Kommission für Zeitgeschichte, Reihe B, Bd. 68), Paderborn u. a. 1995.

KÖSTERS, CHRISTOPH, Katholiken in der Minderheit. Befunde, Thesen und Fragen zu einer sozial- und mentalitätsgeschichtlichen Erforschung des Diasporakatholizismus in Mitteldeutschland und der DDR (1830/40–1961), in: Wichmann-Jahrbuch des Diözesangeschichtsvereins Berlin, NF, Bd. 4 (1996/1997), 169–204.

KÖSTERS, CHRISTOPH, LIEDHEGENER, ANTONIUS, Historische Milieus als Forschungsaufgabe. Zwischenbilanz und Perspektiven, in: Westfälische Forschungen, Bd. 48 (1998), 593–602.

KOLLAI, HELMUT RUDOLF, Die Eingliederung der Vertriebenen und Zuwanderer in Niedersachsen, Berlin 1959.

KONRAD, JOACHIM, Die schlesische Toleranz. Geschichte, Erbe und politische Idee, Düsseldorf 1953.

KONUKIEWITZ, ENNO, Die Neuordnung der oldenburgischen Kirche nach 1945 und die Kirchenordnung von 1950, in: SCHÄFER, ROLF (in Verbindung mit GÜNTHER RASCHEN) (Hrsg.), 150 Jahre Oldenburgische Kirchenverfassung, Oldenburg 1999, 37–47.

KOSELLECK, REINHART, Moderne Sozialgeschichte und historische Zeiten, in: ROSSI, PIETRO (Hrsg.), Theorie der modernen Geschichtsschreibung, Frankfurt/M. 1987, 173–190.

KOSLER, ALOIS M., Einige Ziele und Wege der Jugendbewegung in Schlesien nach dem Ersten Weltkrieg, in: Schlesisches Priesterjahrbuch, Bd. VII–IX (1969), 39–53.

KRAMER, FRANZ, August Wegmann (1888–1976), in: Jahrbuch für das Oldenburger Münsterland 1977, 272–274.

KRASENBRINK, JOSEF (Hrsg.), Und sie gingen in seinen Weinberg. 100 Jahre deutsche Ordensprovinz der Oblaten der Makellosen Jungfrau Maria (Hünfelder Oblaten), Mainz o. J. (1995).

KROOS, FRANZ (Hrsg.), Dr. Michael Keller. Bischof von Münster, Recklinghausen 1962.

KRUG, MARTINA, MUNDHENKE, KARIN, Flüchtlinge in der Stadt Hameln und in der Region Hannover 1945–1952, Hildesheim 1987.

KÜHR, HERBERT, Katholische und evangelische Milieus. Vermittlungsinstanzen und Wirkungsmuster, in: OBERNDÖRFER, DIETER u. a. (Hrsg.), Wirtschaftlicher Wandel, religiöser Wandel und Wertwandel. Folgen für das politische Verhalten in der Bundesrepublik Deutschland (Ordo Politicus, Bd. 25), Berlin 1985, 245–261.

KUHN, EKKEHARD, Nicht Rache, nicht Vergeltung. Die deutschen Vertriebenen, München u. a. 1987.

KUHNIGK, HILDEGARD (Hrsg.), 25 Jahre Ermlandsiedlung in Cloppenburg, Cloppenburg 1992.

KUROPKA, JOACHIM, Lehrerbildung in der Nachkriegszeit. Pädagogische Akademie und Pädagogische Hochschule in Vechta 1945–1969, in: HANSCHMIDT, ALWIN, KUROPKA, JOACHIM (Hrsg.), Von der Normalschule zur Universität. 150 Jahre Lehrerbildung in Vechta 1830–1980 (Geschichte der oldenburgischen Lehrerbildung, Bd. 4), Bad Heilbrunn/Obb. 1980, 259–306.

KUROPKA, JOACHIM, Zur historischen Identität des Oldenburger Münsterlandes, 2., durchgesehene Aufl. Münster 1987.

KUROPKA, JOACHIM (Hrsg.), Zur Sache – Das Kreuz! Untersuchungen zur Geschichte des Konflikts um Kreuz und Lutherbild in den Schulen Oldenburgs, zur Wirkungsgeschichte eines Massenprotests und zum Problem nationalsozialistischer Herrschaft in einer agrarisch-katholischen Region, 2., durchgesehene Aufl. Vechta 1987.

KUROPKA, JOACHIM, Die römisch-katholische Kirche in Delmenhorst, in: SCHÄFER, ROLF, RITTNER, REINHARD (Hrsg.), Delmenhorster Kirchengeschichte. Beiträge zur Stadt-, Schul- und Sozialgeschichte (Delmenhorster Schriften, Bd. 15), Delmenhorst 1991, 143–177.

KUROPKA, JOACHIM, Das katholische Schulwesen im Wiederaufbau 1945–1960, in: KRONABEL, CHRISTOPH (Bearb.), Zur Geschichte des katholischen Schulwesens (Handbuch Katholische Schule, Bd. 3), Köln 1992, 258–303.

KUROPKA, JOACHIM, Die Errichtung der ersten katholischen Pfarreien in Nordoldenburg. Zur kirchlichen Organisation eines Missionsgebiets 1831–1931, in: ECKERMANN, WILLIGIS, LESCH, KARL JOSEF (Hrsg.), Dem Evangelium verpflichtet. Perspektiven der Verkündigung in Vergangenheit und Gegenwart, Kevelaer 1992, 183–196.

KUROPKA, JOACHIM, Vom Selbstbestimmungsrecht zum neuen Nationalismus. – Zu Aussiedlung und Vertreibung nach 1918, in: KÜRSCHNER, WILFRIED, LAER, HERMANN VON (Hrsg.), Zwischen Heimat und Fremde. Aussiedler – Ausländer – Asylanten (Vechtaer Universitätsschriften, Bd. 11), Cloppenburg 1993, 75–98.

KUROPKA, JOACHIM, „Um den Karren wieder aus dem Dreck zu holen ...". 50 Jahre Christlich Demokratische Union im Landkreis Vechta, Vechta 1995.

KUROPKA, JOACHIM, Eine Minderheit in Niedersachsen: Die Katholiken, in: DERS., LAER, HERMANN VON (Hrsg.), Woher kommt und was haben wir an Niedersachsen, (Vechtaer Universitätsschriften, Bd. 16), Cloppenburg 1996, 187–218.

KUROPKA, JOACHIM, Neubeginn 1945. Bischof von Galen und die katholische Kirche in Westfalen, in: DERS. (Hrsg.), Clemens August Graf von Galen. Menschenrechte – Widerstand – Euthanasie – Neubeginn, Münster 1998, 269–284.

KUROPKA, JOACHIM, Vom Neubeginn zur Gegenwart. Löningen seit 1945, in: JANSEN, MARGARETHA (Bearb.), Löningen in Vergangenheit und Gegenwart. Zur Geschichte unserer Stadt. Fünf Viertel und eine Wiek, Löningen 1998, 211–250.

KUROPKA, JOACHIM, Die Katholische Kirche in Oldenburg im 19. Jahrhundert – Katholisches Leben in einem protestantischen Staat, in: SCHÄFER, ROLF, KUROPKA, JOACHIM, RITTNER, REINHARD, SCHMIDT, HEINRICH, Oldenburgische Kirchengeschichte, Oldenburg 1999, 473–522.

KUROPKA, JOACHIM, Die katholische Kirche im 20. Jahrhundert, in: SCHÄFER, ROLF, KUROPKA, JOACHIM, RITTNER, REINHARD, SCHMIDT, HEINRICH, Oldenburgische Kirchengeschichte, Oldenburg 1999, 523–641.

KUROPKA, JOACHIM, Heimat und Kirche zwischen Milieu und Mentalität, unveröffentlichtes Vortragsmanuskript, 1999.

KUROPKA, JOACHIM, Schicksal Heimat. Vertreibung, neue Beheimatung, Heimat Europa und historische Erinnerung, in: Jahrbuch für das Oldenburger Münsterland 2000, 379–390.

KUROPKA, JOACHIM, „Kulturkampf" in der Nachkriegsära? Zum Konflikt um die Konfessionsschule in Nordrhein-Westfalen und Niedersachsen 1945 bis 1954, in: HEY, BERND (Hrsg.), Kirche, Staat und Gesellschaft nach 1945. Konfessionelle Prägungen und sozialer Wandel (Beiträge zur Westfälischen Kirchengeschichte, Bd. 21), Bielefeld 2001, 175–197.

LABONTÉ, MARIA, Albert Büttner. Ein Leben für Glauben und Kirche in der Fremde, Mainz 1978.

LANGE, RUDOLF, Theologie der Heimat. Ein Beitrag zur Theologie der irdischen Wirklichkeiten, Freilassing 1965.

LANGE-STUKE, AGNES, Die Schulpolitik im Dritten Reich. Die katholische Bekenntnisschule im Bistum Hildesheim von 1933 bis 1948 (Beiträge zur Historischen Bildungsforschung, Bd. 9), Hildesheim 1989.

LANGENDÖRFER, HANS, Die Vertriebenen- und Aussiedlerseelsorge der Deutschen Bischofskonferenz. Grundlinien der Neuordnung, in: Kirche und Heimat. Die katholische Vertriebenen- und Aussiedlerseelsorge in Deutschland, 29. Januar 1999 (Arbeitshilfen der Deutschen Bischofskonferenz, Nr. 146), Bonn o. J. (1999), 33–35.

LANGNER, ALBRECHT (Hrsg.), Katholizismus im politischen System der Bundesrepublik 1949–1963 (Beiträge zur Katholizismusforschung, Reihe B), München 1978.

LANGNER, ALBRECHT (Hrsg.), Katholizismus, Wirtschaftsordnung und Sozialpolitik 1945–1963 (Beiträge zur Katholizismusforschung, Reihe B), München 1980.

LEHMANN, ALBRECHT, Im Fremden ungewollt zuhaus. Flüchtlinge und Vertriebene in Westdeutschland 1945–1990, 2. Aufl. München 1993.

LEHMANN, ALBRECHT, Erinnern und Vergleichen. Flüchtlingsforschung im Kontext heutiger Migrationsbewegungen, in: DRÖGE, KURT (Hrsg.), Alltagskulturen zwischen Erinnerung und Geschichte. Beiträge zur Volkskunde der Deutschen im und aus dem östlichen Europa (Schriften des Bundesinstituts für ostdeutsche Kultur und Geschichte, Bd. 6), München 1995, 15–30.

LEHMANN, KARL, Die Kirche inmitten von Vertreibungsschicksal und Flüchtlingselend, in: Kirche und Heimat. Die katholische Vertriebenen- und Aussiedlerseelsorge in Deutschland, 29. Januar 1999 (Arbeitshilfen der Deutschen Bischofskonferenz, Nr. 146), Bonn o. J. (1999), 7–10.

LEICHSENRING, JANA, Gabriele Gräfin Magnis – Sonderbeauftragte Kardinal Bertrams für die Betreuung der katholischen „Nichtarier" Oberschlesiens: Auftrag – Grenzüberschreitung – Widerstand? (Arbeiten zur schlesischen Kirchengeschichte, Bd. 9), Stuttgart 2000.

LEIDINGER, PAUL, Deutsche Ostflüchtlinge und Ostvertriebene nach 1945 in Westfalen (Schriften der Historischen Kommission für Westfalen) (in Vorbereitung).

LEIK, WALTER, Flucht, Vertreibung und neue Eingliederung der Flüchtlinge und Vertriebenen in Westerstede, Westerstede 1996.

LEISTER, KONRAD, Priesterliche Einsamkeit, in: KLEINEIDAM, ERICH u. a. (Hrsg.), Amt und Sendung, Freiburg 1950, 63–81.

LEISTER, KONRAD. Pfarrektorat St. Marien Hude, in: 1879–1979. 100 Jahre Katholische Kirchengemeinde Delmenhorst, Delmenhorst 1979, 46–47.

LEMBERG, EUGEN, Die Ausweisung als Schicksal und Aufgabe, Gräfelfing 1949.

25 Jahre katholische Pfarrgemeinde „Heilig Geist" LEMWERDER (Oldb.), Delmenhorst 1970.

LEMPART, MATTHIAS, Der Breslauer Domvikar und Jugendseelsorger Gerhard Moschner als Organisator der vertriebenen katholischen Schlesier (Arbeiten zur schlesischen Kirchengeschichte, Bd. 12), Ostfildern 2001.

LEPSIUS, M. RAINER, Parteiensystem und Sozialstruktur: zum Problem der Demokratisierung der deutschen Gesellschaft, in: ABEL, WILHELM u. a. (Hrsg.), Wirtschaft, Geschichte und Wirtschaftsgeschichte. Festschrift zum 65. Geburtstag von Friedrich Lütge, Hamburg 1966, 371–393.

LESCH, KARL JOSEF, Umkehr und Erneuerung. Schwerpunkte der Seelsorge und Verkündigung nach 1945, in: ECKERMANN, KARL-WILLIGIS, KUROPKA, JOACHIM (Hrsg.), Neubeginn 1945 zwischen Kontinuität und Wandel (Vechtaer Universitätsschriften, Bd. 4), Cloppenburg 1988, 165–185.

LESCH, KARL JOSEF, Die Begegnung mit dem Fremden als Chance ökumenischen Lernens für die christlichen Gemeinden, in: KÜRSCHNER, WILFRIED, LAER, HERMANN VON (Hrsg.), Zwischen Heimat und Fremde. Aussiedler – Ausländer – Asylanten (Vechtaer Universitätsschriften, Bd. 11), Cloppenburg 1993, 99–121.

LESCH, KARL JOSEF, „Gebt ihnen nicht kahle Räume ...". Beschwörender Appell an die Bevölkerung, in: Heimatblätter Nr. 4 v. 12.8.1995, 43.

LESCH, KARL JOSEF, „Das Reich Christi, unseres Herrn, zu fördern". Zur Umsetzung der Katholischen Aktion im Offizialatsbezirk Oldenburg in der NS-Zeit, in: BAUMANN, WILLI, HIRSCHFELD, MICHAEL (Hrsg.), Christenkreuz oder Hakenkreuz. Zum Verhältnis von katholischer Kirche und Nationalsozialismus im Land Oldenburg (Quellen und Beiträge zur Kirchengeschichte des Oldenburger Landes, Bd. 4), Vechta 1999, 149–164.

LESCHINSKI, SUSANNE, Clemens August Kardinal von Galen in der Nachkriegszeit 1945/46, in: KUROPKA, JOACHIM (Hrsg.), Clemens August Graf von Galen. Neue Forschungen zum Leben und Wirken des Bischofs von Münster, 2. Aufl. Münster 1993, 245–271.

LEUGERS-SCHERZBERG, AUGUST HERMANN, Die Modernisierung des Katholizismus im Kaiserreich. Überlegungen am Beispiel von Felix Porsch, in: LOTH, WILFRIED (Hrsg.), Deutscher Katholizismus im Umbruch zur Moderne (Konfession und Gesellschaft, Bd. 3), Stuttgart u. a. 1991, 219–235.

LEUGERS-SCHERZBERG, AUGUST H., Der deutsche Katholizismus und sein Ende, in: HORSTMANN, JOHANNES (Hrsg.), Ende des Katholizismus oder Gestaltwandel der Kirche? (Veröffentlichungen der Katholischen Akademie Schwerte, Bd. 41), Schwerte 1993, 9–35.

LILL, RUDOLF, Der deutsche Katholizismus in der neueren historischen Forschung, in: HEHL, ULRICH VON, REPGEN, KONRAD (Hrsg.), Der deutsche Katholizismus in der zeitgeschichtlichen Forschung, Mainz 1988, 41–64.

LINNEWERTH, MARIANNE, Das Kardinal Graf von Galen-Siedlungswerk, seine Idee und sein Wirken in den ersten zehn Jahren seines Bestehens (Examensarbeit PH Vechta), Vechta 1959.

LÖFFLER, PETER, Collegium Ludgerianum in Münster 1849–1971. Geschichte einer bischöflichen Bildungsanstalt (Geschichte und Kultur. Schriften aus dem Bistumsarchiv Münster, H. 6), Münster 1979.

LÖFFLER, PETER, Artikel: Galen, Clemens August Graf von, in: FRIEDL, HANS u. a. (Hrsg.), Biographisches Handbuch zur Geschichte des Landes Oldenburg, Oldenburg 1992, 218–222.

LÖWENSTEIN, FELIX ZU, Kirche und Wohnraumnot, in: Stimmen der Zeit, Bd. 145 (1949/1950), 388–392.

LORENZ, FRANZ, Die katholische Vertriebenenseelsorge, in: MERKATZ, HANS JOACHIM VON (Hrsg.), Aus Trümmern wurden Fundamente. Vertriebene, Flüchtlinge, Aussiedler. Drei Jahrzehnte Integration, Düsseldorf 1979, 247–261.

LOTH, WILFRIED, Katholiken im Kaiserreich. Der politische Katholizismus in der Krise des wilhelminischen Deutschlands, Düsseldorf 1984.

LOTH, WILFRIED, Integration und Erosion: Wandlungen des katholischen Milieus in Deutschland, in: DERS. (Hrsg.), Deutscher Katholizismus im Umbruch zur Moderne (Konfession und Gesellschaft, Bd. 3), Stuttgart u. a. 1991, 266–281.

LUCKMANN, THOMAS, Persönliche Identität, Soziale Rolle und Rollendistanz, in: MARQUARD, ODO, STIERLE, KARLHEINZ (Hrsg.), Identität (Poetik und Hermeneutik, Bd. VIII), München 1979, 293–313.

LÜBBE, HERMANN, Säkularisierung. Geschichte eines ideenpolitischen Begriffs, Freiburg 1975.

LÜTTINGER, PAUL (unter Mitarbeit von RITA ROSSMANN), Integration der Vertriebenen. Eine empirische Analyse, Frankfurt/M. u. a. 1989.

MAI, PAUL, Rudolf Jokiel (1897–1976), in: GRÖGER, JOHANNES, KÖHLER, JOACHIM, MARSCHALL, WERNER (Hrsg.), Schlesische Kirche in Lebensbildern, Sigmaringen 1992, 164–167.

MAI, PAUL, Schlesierwallfahrten in Süd- und Westdeutschland. Ein Beitrag der Vertriebenen zur Aussöhnung der Völker, in: Archiv für schlesische Kirchengeschichte, Bd. 51/52 (1994), 77–88.

MAI, PAUL, Die Entwicklung der Hedwigswallfahrten in Deutschland nach 1945, in: GRUNEWALD, ECKHARD, GUSSONE, NIKOLAUS (Hrsg.), Das Bild der heiligen Hedwig in Mittelalter und Neuzeit (Schriften des Bundesinstituts für ostdeutsche Kultur und Geschichte, Bd. 7), München 1996, 247–257.

MAIER, HANS, Kirche, Religion und Kultur, in: BROSZAT, MARTIN (Hrsg.), Zäsuren nach 1945. Essays zur Periodisierung der deutschen Nachkriegsgeschichte (Schriftenreihe der Vierteljahrshefte für Zeitgeschichte, Bd. 61), München 1990, 131–139.

MANTHEY, FRANZ, Heimat und Heilsgeschichte. Versuch einer biblischen Theologie der Heimat, Hildesheim 1963.

MARSCHALL, WERNER, Geschichte des Bistums Breslau, Stuttgart 1980.

MARSCHALL, WERNER, Mittelalterliche Heiligenkulte in Schlesien, in: KÖHLER, JOACHIM (Hrsg.), Heilige und Heiligenverehrung in Schlesien (Schlesische Forschungen, Bd. 7), Sigmaringen 1997, 19–30.

MEDER, DIETMAR, Integration oder Assimilation? Eine Feldstudie über den Beitrag der Kirche zur Integration der Heimatvertriebenen vor Ort in der Diözese Rottenburg (Arbeiten zur schlesischen Kirchengeschichte, Bd. 11), Stuttgart 2000.

MEIER, ANDREAS, Hermann Ehlers. Leben in Kirche und Politik, Bonn 1991.

MENGEL, THOMAS, Das Schicksal der schlesischen Frauenklöster während des Dritten Reiches und 1945/46 (Forschungen und Quellen zur Kirchen- und Kulturgeschichte Ostdeutschlands, Bd. 22), Köln u. a. 1986.

MENGES, WALTER, Wandel und Auflösung der Konfessionszonen, in: LEMBERG, EUGEN, EDDING, FRIEDRICH (Hrsg.), Die Vertriebenen in Westdeutschland. Ihre Eingliederung und ihr Einfluß auf Gesellschaft, Wirtschaft, Politik und Geistesleben, Bd. III, Kiel 1959, 1–22.

MENGES, WALTER, Zugehörigkeit zur Kirche und Identifikation mit der Kirche, in: DERS., GREINACHER, NORBERT (Hrsg.), Die Zugehörigkeit zur Kirche. Bericht über die siebte Internationale Konferenz für Religionssoziologie in Königstein/Taunus vom 30. Juni bis 2. Juli 1962 (Schriften zur Pastoralsoziologie, Bd. IV), Mainz 1964, 23–41.

MENGES, WALTER, Soziologische Befunde und Betrachtungen zur kirchlichen Situation der Vertriebenen, in: Schlesisches Priesterjahrbuch, Bd. V/VI (1964/1965), 22–44.

MENGES, WALTER, Nach der großen Wanderung. Die Kirche in den Diasporagebieten, in: GREINACHER, NORBERT, RISSE, HEINZ-THEO (Hrsg.), Bilanz des deutschen Katholizismus, Mainz 1966, 118–136.

MENKHAUS, ULRICH, Neugliederung der Dekanate nach dem Zweiten Weltkrieg, in: THISSEN, WERNER (Hrsg.), Das Bistum Münster, Bd. II: Pastorale Entwicklung im 20. Jahrhundert, Münster 1993, 363–388.

MENSING, HANS PETER, Konrad Adenauer im Briefwechsel mit Flüchtlingen und Vertriebenen (Kulturstiftung der deutschen Vertriebenen: Historische Forschungen), Bonn 1999.

MERKATZ, HANS JOACHIM VON (Hrsg.), Aus Trümmern wurden Fundamente. Vertriebene, Flüchtlinge, Aussiedler. Drei Jahrzehnte Integration, Düsseldorf 1979.

MERTENS, JOHANNES, Geschichte der Kongregation der Schwestern von der hl. Elisabeth 1842–1992, 2 Bde., Reinbek 1998.

MEYER, LIOBA (Hrsg.), Zuhause war anderswo. Flüchtlinge und Vertriebene in Oldenburg (Veröffentlichungen des Stadtmuseums Oldenburg, Bd. 26), Oldenburg 1997.

MEYER, ROBERT, Artikel: Ehlers, Hermann, in: FRIEDL, HANS u. a. (Hrsg.), Biographisches Handbuch zur Geschichte des Landes Oldenburg, Oldenburg 1992, 169–171.

MILDE, HORST, Oldenburg und Schlesien. Alte und neue Heimat von 1945 bis zur Gegenwart, in: Oldenburger Jahrbuch, Bd. 101 (2001), 145–157.

MONSE, FRANZ, Heimat und Kirche, in: Heimat und Glaube 1/1949, 6.

MONSE, GEORG (Hrsg.), Heim und Familie. 10 Jahre katholische Siedlungsarbeit, Köln 1956.

MORSEY, RUDOLF, Die Bundesrepublik Deutschland. Entstehung und Entwicklung bis 1969 (Oldenbourg. Grundriß der Geschichte, Bd. 19), 2. Aufl. München 1980.

MORSEY, RUDOLF, Neubeginn in Trümmern. Der deutsche Katholizismus in der Besatzungszeit, in: ZENTRALKOMITEE DER DEUTSCHEN KATHOLIKEN (Hrsg.), Kehrt um und glaubt – erneuert die Welt. 87. Deutscher Katholikentag vom 1.–5. September 1982 in Düsseldorf. Die Vortragsreihen: Fragen zur Zeitgeschichte nach 1945, Paderborn 1982, 248–263.

MORTHORST, M. BIRGITTA SND, „Der nationalsozialistische Staat liebt keine Privatschulen". Das Wirken der Schwestern Unserer Lieben Frau im Offizialatsbezirk Oldenburg 1933 bis 1945, in: BAUMANN, WILLI, HIRSCHFELD, MICHAEL (Hrsg.), Christenkreuz oder Hakenkreuz. Zum Verhältnis von katholischer Kirche und Nationalsozialismus im Land Oldenburg (Quellen und Beiträge zur Kirchengeschichte des Oldenburger Landes, Bd. 4), Vechta 1999, 313–343.

MOSCHNER, AUGUST, Pfarrer Josef Strauch, in: CHRISTOPH. LEO (Hrsg.), Sie gehören zu uns. Von Glatzer Heimatpriestern, Reinbek o. J. (1969), 123–124.

MOSCHNER, GERHARD, Breslauer Diözesanpriester in den westdeutschen Diözesen, in: Schlesisches Priesterjahrbuch, Bd. I (1960), 120–124.

MOSLER, JOSEF, Das Kardinal-Bertram-Werk. Seine deutsche und europäische Aufgabe, in: SMACZNY, JOHANNES (Bearb.), Hedwigs-Kalender für die katholischen Heimatvertriebenen 1954, 85–88.

MUCHE, ALFRED, Paulus Tillmann (1906-1984), in: GRÖGER, JOHANNES, KÖHLER, JOACHIM, MARSCHALL, WERNER (Hrsg.), Schlesische Kirche in Lebensbildern, Sigmaringen 1992, 279–283.

75 Jahre Kirche und Kloster der Franziskaner in MÜHLEN, o. O. o. J. (1985).

MÜLLER, DIRK H., Katholische Aktion versus Vereinskatholizismus. Zur kirchlichen Integration und Emanzipation der katholischen Laien, in: ELM, KASPAR, LOOCK, HANS-DIETRICH (Hrsg.), Seelsorge und Diakonie in Berlin. Beiträge zum Verhältnis von Kirche und Großstadt im 19. und beginnenden 20. Jahrhundert (Veröffentlichungen der Historischen Kommission zu Berlin, Bd. 74), Berlin u. a. 1990, 475–497.

MÜLLER, SIMONE, Die Durchgangslager für deutsche Ostflüchtlinge und Ostvertriebene in Westfalen (1945–1950) (Uni Press Hochschulschriften, Bd. 118), Münster 2001.

MUSSINGHOFF, HEINRICH, Heinrich Tenhumberg (1969–1979), in: THISSEN, WERNER (Hrsg.), Das Bistum Münster, Bd. I: Die Bischöfe von Münster, Münster 1993, 328–338.

NAHM, PETER PAUL, Der kirchliche Mensch in der Vertreibung. Die sozialen, wirtschaftlichen, politischen und kulturellen Wirkungen des Eingliederungsauftrags unter besonderer Berücksichtigung des kirchlichen und konfessionellen Bereichs, 3. Aufl. Wolfenbüttel 1961.

NAHM, PETER PAUL, Wirkungen der Vertreibung und Flucht auf die katholische Kirche im Rheinland (Schriftenreihe des Rheinischen Heimatbundes, H. 24), Neuß 1966.

NASSMACHER, KARL-HEINZ, Zerfall einer liberalen Subkultur – Kontinuität und Wandel des Parteiensystems in der Region Oldenburg, in: KÜHR, HERBERT (Hrsg.), Vom Milieu zur Volkspartei. Funktionen und Wandlungen der Parteien im kommunalen und regionalen Bereich, Königstein/Taunus 1979, 29–134.

NASSMACHER, KARL-HEINZ, Kontinuität und Wandel eines regionalen Parteiensystems. Zur politischen Entwicklung Oldenburgs im 20. Jahrhundert, in: GÜNTHER, WOLFGANG (Hrsg.), Sozialer und politischer Wandel in Oldenburg. Studien zur Regionalgeschichte vom 17. –20. Jahrhundert (Schriftenreihe der Universität Oldenburg), Oldenburg 1981, 221–251.

NEGWER, JOSEF, Geschichte des Breslauer Domkapitels im Rahmen der Diözesangeschichte vom Beginn des 19. Jahrhunderts bis zum Ende des Zweiten Weltkrieges, Hrsg. v. KURT ENGELBERT, Hildesheim 1964.

NEUMANN, FRANZ, Der Block der Heimatvertriebenen und Entrechteten 1950–1960. Ein Beitrag zur Geschichte und Struktur einer politischen Interessenpartei (Marburger Abhandlungen zur politischen Wissenschaft, Bd. 5), Marburg 1968.

NEUMANN, KLEMENS, Der Spielmann, 3. Aufl. Rothenfels 1920.

NEUMANN, MARTINA, Theodor Tantzen, ein widerspenstiger Liberaler gegen den Nationalsozialismus (Veröffentlichungen der Historischen Kommission für Niedersachsen und Bremen XXXIX, Bd. 8), Hannover 1998.

NIPPERDEY, THOMAS, Religion im Umbruch. Deutschland 1870–1918, München 1988.

NITTNER, ERNST, Vertreibung – Eingliederung – Versöhnung. Schicksal und Leistung der katholischen Heimatvertriebenen, in: ZENTRALKOMITEE DER DEUTSCHEN KATHOLIKEN (Hrsg.), Kehrt um und glaubt – erneuert die Welt. 87. Deutscher Katholikentag vom 1.–5. September 1982 in Düsseldorf. Die Vortragsreihen: Fragen zur Zeitgeschichte nach 1945, Paderborn 1982, 344–371.

NOPPEL, CONSTANTIN, Einführung in die Caritas, Freiburg 1938.

1909–1959. 50 Jahre St. Willehadgemeinde NORDENHAM, Erolzheim 1959.

NOWACK, ALFONS, Schlesische Wallfahrtsorte älterer und neuerer Zeit im Erzbistum Breslau, Breslau 1937.

NOWAK, KURT, Geschichte des Christentums in Deutschland. Religion, Politik und Gesellschaft vom Ende der Aufklärung bis zur Mitte des 20. Jahrhunderts, München 1995.

OCKENFELS, WOLFGANG, Laurentius Siemer (1888–1956), in: ARETZ, JÜRGEN, MORSEY, RUDOLF, RAUSCHER, ANTON (Hrsg.), Zeitgeschichte in Lebensbildern. Aus dem deutschen Katholizismus des 19. und 20. Jahrhunderts, Bd. 5, Mainz 1992, 147–160.

OHLBAUM, RUDOLF (Hrsg.), P. Paulus Sladek. Not ist Anruf Gottes. Aus Veröffentlichungen, Rundschreiben, Predigten und Briefen. Dokumente zur Geschichte der Vertriebenenseelsorge, München u. a. 1991.

OHLBAUM, RUDOLF, P. Paulus Sladek. Sein Weg und Wirken, in: DERS. (Hrsg.), P. Paulus Sladek. Not ist Anruf Gottes. Aus Veröffentlichungen, Rundschreiben, Predigten und Briefen. Dokumente zur Geschichte der Vertriebenenseelsorge, München u. a. 1991, 447–523.

Pfarrgemeinde St. Michael OLDENBURG-KREYENBRÜCK 1946–1971, Oldenburg 1971.

25 Jahre St. Josef [OLDENBURG-BÜMMERSTEDE], Oldenburg 1976.

40 Jahre St.-Peter-Siedlung OLDENBURG-BÜMMERSTEDE, o. O. o. J. (1989).

OLTMANN, JOACHIM, Wieder in die Gänge kommen. Die Gemeinde Stuhr in der Nachkriegszeit 1945–1950, Bremen 1990.

Zur Weihe der OST-THEOLOGEN, in: 5. Verzeichnis der deutschen vertriebenen Priester aus dem Osten (Königsteiner Schematismus) 1960, 25–27.

PAULMANN, JOHANNES, Interkultureller Transfer zwischen Deutschland und Großbritannien. Einführung in ein Forschungskonzept, in: MUHS, RUDOLF, PAULMANN, JOHANNES, STEINMETZ, WILLIBALD (Hrsg.), Aneignung und Abwehr. Interkultureller Transfer zwischen Deutschland und Großbritannien im 19. Jahrhundert (Arbeitskreis Deutsche England-Forschung, Veröffentlichung 32), Bodenheim 1998, 21–43.

PELLENWESSEL, ANNE, Das Heiratsverhalten der Bevölkerung im Kreis Vechta, in. Jahrbuch für das Oldenburger Münsterland 1985, 197–208.

PENKERT, ALFRED, Auf den letzten Platz gestellt? Die Eingliederung der geflüchteten und vertriebenen Priester des Bistums Ermland in die Diözesen der vier Besatzungszonen Deutschlands in den Jahren 1945–1947 (Veröffentlichungen der Bischof-Maximilian-Kaller-Stiftung), Münster 1999.

PENKERT, ALFRED, Ermland in der Zerstreuung. Die ostpreußischen Katholiken nach ihrer Flucht und Vertreibung aus der Heimat (Veröffentlichungen der Bischof-Maximilian-Kaller-Stiftung), Münster 2000.

PEUCKERT, WILL-ERICH, Schlesische Volkskunde (Deutsche Stämme, Deutsche Lande, Deutsche Volkskunde in Einzeldarstellungen), Leipzig 1928, Neudruck Frankfurt/M. 1978.

PFEIL, ELISABETH, Der Flüchtling. Gestalt einer Zeitenwende, Hamburg 1948.

PIESCHL, GERHARD, Aufbau und Organisation der Vertriebenenseelsorge sowie Probleme der Vertriebenenarbeit im katholischen Bereich, in: 40 Jahre Arbeit für Deutschland – die Vertriebenen und Flüchtlinge, Frankfurt/M. 1989, 265–273.

PIESCHL, GERHARD, Entwicklung der Vertriebenenseelsorge in der Katholischen Kirche der Bundesrepublik Deutschland, in: Kirche und Heimat. Die katholische Vertriebenen- und Aussiedlerseelsorge in Deutschland, 29. Januar 1999 (Arbeitshilfen der Deutschen Bischofskonferenz, Nr. 146), Bonn o. J. (1999), 11–26.

PLATO, ALEXANDER VON, Fremde Heimat. Zur Integration von Flüchtlingen und Einheimischen in die Neue Zeit, in: NIETHAMMER, LUTZ, PLATO, ALEXANDER VON (Hrsg.), „Wir kriegen jetzt andere Zeiten". Auf der Suche nach der Erfahrung des Volkes in nachfaschistischen Ländern (Lebensgeschichte und Sozialkultur im Ruhrgebiet 1930 bis 1960, Bd. 3), Berlin u. a. 1985, 172–219.

POHL, ALFONS, Die Pallottiner in Schlesien. Geschichte der Niederlassung in Frankenstein von der Gründung am 20. Dezember 1919 bis zum Jahre 1968, Manuskriptdruck, Himmelwitz 1995.

POHLSCHNEIDER, JOHANNES, Unsere Oldenburgische Diaspora. Tatsachen und Eindrücke, in: Paulus und Liudger. Ein Jahrbuch aus dem Bistum Münster, Bd. 2 (1948), Münster 1948, 42–49.

POHLSCHNEIDER, JOHANNES, Jahre des Aufbaus im Bistum Münster 1948–1954, Donauwörth 1977.

POHLSCHNEIDER, JOHANNES, Der nationalsozialistische Kirchenkampf in Oldenburg. Erinnerungen und Dokumente, Kevelaer 1978.

POSCHMANN, BRIGITTE, Maximilian Kaller (1880–1947), in: ARETZ, JÜRGEN, MORSEY, RUDOLF, RAUSCHER, ANTON (Hrsg.), Zeitgeschichte in Lebensbildern. Aus dem deutschen Katholizismus des 19. und 20. Jahrhunderts, Bd. 7, Mainz 1994, 49–62.

PRIBILLA, MAX, Zeitaufgaben der Christenheit, in: Stimmen der Zeit, Bd. 139 (1946/1947), 338–357.

PÜSCHEL, ERICH, Die Hilfe der Caritas, in: LEMBERG, EUGEN, EDDING, FRIEDRICH (Hrsg.), Die Vertriebenen in Westdeutschland. Ihre Eingliederung und ihr Einfluß auf Gesellschaft, Wirtschaft, Politik und Geistesleben, Bd. I, Kiel 1959, 265–273.

PUZIK, ERICH, Gedanken zur Flüchtlingsseelsorge, in: UNVERRICHT, HUBERT, KEIL, GUNDOLF (Hrsg.), De Ecclesia Silesiae. Festschrift zum 25jährigen Bestehen der Apostolischen Visitatur Breslau, Sigmaringen 1997, 9–15.

RADUNZ, MARTHA, Geschichte der Freien Prälatur Schneidemühl, Teil 1, Fulda o. J. (1995).

RAEM, HEINZ-ALBERT, Die ökumenische Bewegung, in: GATZ, ERWIN (Hrsg.), Geschichte des kirchlichen Lebens in den deutschsprachigen Ländern seit dem Ende des 18. Jahrhunderts, Bd. III: Katholiken in der Minderheit, Freiburg u. a. 1994, 143–212.

50 Jahre Katholische Kirchengemeinde St. Marien RASTEDE-WIEFELSTEDE, o. O. o. J. (1996).

RAUPACH, HANS, Zurück zu den Quellen des Volkstums, in: Christ unterwegs 5/1949, 4–7.

RAUSCHER, ANTON (Hrsg.), Kirche und Katholizismus 1945–1949 (Beiträge zur Katholizismusforschung, Reihe B), München u. a. 1977.

RAUSCHER, ANTON (Hrsg.), Katholizismus, Rechtsethik und Demokratiediskussion 1945–1963 (Beiträge zur Katholizismusforschung, Reihe B), München u. a. 1981.

RAUSCHER, ANTON (Hrsg.), Religiös-kulturelle Bewegungen im deutschen Katholizismus seit 1800 (Beiträge zur Katholizismusforschung, Reihe B), München 1986.

RAWITZER, ANTON, Vertriebenenpriester als Lokalkapläne. Ihr Anteil an der Diasporaseelsorge für die Heimatvertriebenen im Bistum Mainz 1947–1987, in: Neues Jahrbuch für das Bistum Mainz 1993–1995. Beiträge zur Zeit- und Kulturgeschichte der Diözese (1997), 127–159.

RECKER, KLEMENS-AUGUST, Artikel: Berning, Wilhelm, in: Emsländische Geschichte, Bd. 6 (1997), 135–141.

RECKER, KLEMENS-AUGUST, „Wem wollt ihr glauben?" Bischof Berning im Dritten Reich, 2. Aufl. Paderborn u. a. 1998.

REEKEN, DIETMAR VON, Kirchen im Umbruch zur Moderne. Milieubildungsprozesse im nordwestdeutschen Protestantismus 1849–1914 (Religiöse Kulturen der Moderne, Bd. 9), Gütersloh 1999.

RICHTER, HELMUT, Kamerad, komm mit, Breslau 1934.

RICHTER, HELMUT, Die katholische Kirchengemeinde Ganderkesee, in: 860–1960. 1100 Jahre Gemeinde Ganderkesee, Delmenhorst 1960, 170–172.

RICHTER, HELMUT, Weggefährten, Ganderkesee 1962.

RICHTER, HELMUT, Geistliche Lieder, o. O. 1963.

RICHTER, KLEMENS, Liturgie und Seelsorge in der katholischen Kirche seit Beginn des 20. Jahrhunderts, in: ELM, KASPAR, LOOCK, HANS-DIETRICH (Hrsg.), Seelsorge und Diakonie in Berlin. Beiträge zum Verhältnis von Kirche und Großstadt im 19. und beginnenden 20. Jahrhundert (Veröffentlichungen der Historischen Kommission zu Berlin, Bd. 74), Berlin u. a. 1990, 585–608.

RIESENBERGER, DIETER, Der Paderborner Dompropst Paul Simon 1882–1946 (Zeitgeschichte im Erzbistum Paderborn, Bd. 1), Paderborn 1992.

RITTNER, REINHARD, Artikel: Volkers, Johannes, in: FRIEDL, HANS u. a. (Hrsg.), Biographisches Handbuch zur Geschichte des Landes Oldenburg, Oldenburg 1992, 770–771.

RITTNER, REINHARD, Die evangelische Kirche in Oldenburg im 20. Jahrhundert, in: SCHÄFER, ROLF, KUROPKA, JOACHIM, RITTNER, REINHARD, SCHMIDT, HEINRICH, Oldenburgische Kirchengeschichte, Oldenburg 1999, 643–787.

ROEGELE, OTTO B., Der deutsche Katholizismus im sozialen Chaos. Eine nüchterne Bestandsaufnahme, in: Hochland, Bd. 41 (1948/49), 205–233.

Verbotenes oder gebotenes Ärgernis? Ein Nachwort von OTTO B. ROEGELE, in: Hochland, Bd. 41 (1948/49), 542–557.

ROGGE, HEINRICH, Vertreibung und Eingliederung im Spiegel des Rechts, in: LEMBERG, EUGEN, EDDING, FRIEDRICH (Hrsg.), Die Vertriebenen in Westdeutschland. Ihre Eingliederung und ihr Einfluß auf Gesellschaft, Wirtschaft, Politik und Geistesleben, Bd. I, Kiel 1959, 174–245.

ROHE, KARL, Wahlen und Wählertraditionen in Deutschland. Kulturelle Grundlagen deutscher Parteien und Parteiensysteme im 19. und 20. Jahrhundert (edition suhrkamp, NF, Bd. 544), Frankfurt/M. 1992.

ROSE, AMBROSIUS (Hrsg.), Grüssauer Gedenkbuch (Die Dominsel, Bd. II), Stuttgart 1949.

ROSE, AMBROSIUS, Vom Wirken schlesischer Ordenspriester in der Heimat und in der Zerstreuung, in: Schlesisches Priesterjahrbuch, Bd. I (1960), 125–131.

ROSE, AMBROSIUS, Die Benediktinerabtei Grüssau als liturgisches Zentrum in Deutschland (1919-1945), in: Archiv für schlesische Kirchengeschichte, Bd. 31 (1973), 212–222.

ROSE, AMBROSIUS, Kloster Grüssau, Stuttgart u. a. 1974.

ROTHER, ALFRED, 30 Jahre Bischof-Kaller-Heim, Manuskript, o. O. 1984.

ROTHFELS, HANS, Zeitgeschichte als Aufgabe, in: Vierteljahrshefte für Zeitgeschichte 1/1953, 1–8.

ROZUMEK, ANGELA, In der Vorhut des Konzils. Franz Fritsch. Lebensbild eines schlesischen Priesters, Buxheim/Allgäu o. J.

RUDOLPH, HARTMUT, Evangelische Kirche und Vertriebene:
Bd. 1: Kirchen ohne Land (Arbeiten zur kirchlichen Zeitgeschichte, Bd. 11), Göttingen 1984;
Bd. 2: Kirche in der neuen Heimat (Arbeiten zur kirchlichen Zeitgeschichte, Bd. 12), Göttingen 1985.

RUDOLPH, HARTMUT, Der Beitrag der kirchlichen Zeitgeschichte zur Flüchtlingsforschung – Hinweise und Fragen, in: SCHULZE, RAINER, BRELIE-LEWIEN, DORIS VON DER, GREBING, HELGA (Hrsg.), Flüchtlinge und Vertriebene in der westdeutschen Nachkriegsgeschichte. Bilanzierung der Forschung und Perspektiven für die künftige Forschungsarbeit (Veröffentlichungen der Historischen Kommission für Niedersachsen und Bremen, XXVII, Quellen und Untersuchungen zur Geschichte Niedersachsens nach 1945, Bd. 4), Hildesheim 1987, 245–251.

SAMERSKI, STEFAN, Die Katholische Kirche in der Freien Stadt Danzig 1920–1933. Katholizismus zwischen Libertas und Irredenta (Bonner Beiträge zur Kirchengeschichte, Bd. 17), Köln u. a. 1991.

SAMERSKI, STEFAN, Ostdeutscher Katholizismus im Brennpunkt. Der deutsche Osten im Spannungsfeld von Kirche und Staat nach dem Ersten Weltkrieg (Kulturstiftung der deutschen Vertriebenen: Historische Forschungen), Bonn 1999.

25 Jahre St. Ansgar [SANDKRUG], Kirchhatten 1991.

SAUERMANN, DIETMAR, Gefühle und Gedanken der Heimatvertriebenen bei ihrer Auseinandersetzung mit der gegenwärtigen Gesellschaft, in: EIYNCK, ANDREAS (Hrsg.), „Alte Heimat – Neue Heimat". Flüchtlinge und Vertriebene im Raum Lingen nach 1945, Lingen 1997, 189–216.

SAUERMANN, DIETMAR, „Aus allen Bindungen der Heimat herausgerissen". Vertriebenenseelsorge und Sonderbewußtsein der Vertriebenen, in: HIRSCHFELD, MICHAEL, TRAUTMANN, MARKUS (Hrsg.), Gelebter Glaube – Hoffen auf Heimat. Katholische Vertriebene im Bistum Münster, Münster 1999, 187–216.

SAUERMANN, DIETMAR, Akkulturationsprobleme aus der Sicht der Betroffenen, in: LEIDINGER, PAUL (Hrsg.), Deutsche Ostflüchtlinge und Ostvertriebene nach 1945 in Westfalen (Schriften der Historischen Kommission für Westfalen (in Vorbereitung).

SCHÄFER, BERND, Staat und katholische Kirche in der DDR (Schriften des Hannah-Arendt-Instituts für Totalitarismusforschung, Bd. 8), 2. Aufl. Köln u.a. 1999.

SCHÄFER, GISELA U. ROLF, Gustav-Adolf-Werk Oldenburg 1844–1994. 150 Jahre Hilfe für evangelische Minderheiten, Oldenburg 1994.

SCHÄFER, ROLF, Kirchen und Schulen im Landesteil Oldenburg im 19. und 20. Jahrhundert, in: ECKHARDT, ALBRECHT, SCHMIDT, HEINRICH (Hrsg.), Geschichte des Landes Oldenburg, 4., verbess. Aufl. Oldenburg 1993, 791–842.

SCHARF-WREDE, THOMAS, Das Bistum Hildesheim 1866–1914. Kirchenführung, Organisation, Gemeindeleben (Quellen und Studien zur Geschichte des Bistums Hildesheim, Bd. 3), Hannover 1995.

SCHATZ, KLAUS, Geschichte des Bistums Limburg (Quellen und Abhandlungen zur mittelrheinischen Kirchengeschichte, Bd. 48), Mainz 1983.

SCHATZ, KLAUS, Zwischen Säkularisation und Zweitem Vatikanum. Der Weg des deutschen Katholizismus im 19. und 20. Jahrhundert, Frankfurt/M. 1986.

SCHELER, MAX, Wesen und Formen der Sympathie, 5. Aufl. Frankfurt/M. 1948.

SCHELIHA, HANS HEINRICH VON, Artikel: Vertriebene und Flüchtlinge im Verw.-Bez. Oldenburg, in: HELLBERND, FRANZ, MÖLLER, HEINZ (Bearb.), Oldenburg. Ein heimatkundliches Nachschlagewerk, Vechta 1965, 672–676.

SCHELSKY, HELMUT, Wandlungen der deutschen Familie in der Gegenwart, Stuttgart 1952.

SCHELSKY, HELMUT, Familie und Gesellschaft. Eine Bestandsaufnahme der Familie in Westdeutschland I, in: Wort und Wahrheit. Monatsschrift für Religion und Kultur, Bd. 8 (1/1953), 21–28.

SCHIECKEL, HARALD, Die Beziehungen der Familie Jaritz zum Oldenburger Münsterland. Dem Andenken an Propst Otto Jaritz gewidmet, in: Jahrbuch für das Oldenburger Münsterland 1993, 182–188.

SCHIEDER, THEODOR, Die Vertreibung der Deutschen aus dem Osten als wissenschaftliches Problem, in: Vierteljahrshefte für Zeitgeschichte 8/1960, 1–16.

SCHIEDER, WOLFGANG (Hrsg.), Volksreligiosität in der modernen Sozialgeschichte (Geschichte und Gesellschaft, Sonderheft 11), Göttingen 1986.

SCHILSON, ARNO, Die Liturgische Bewegung. Anstöße – Geschichte – Hintergründe, in: RICHTER, KLEMENS, SCHILSON, ARNO (Hrsg.), Den Glauben feiern. Wege liturgischer Erneuerung, Mainz 1989, 11–48.

SCHINDLER, KARL, Die Entstehung der Eichendorff-Gilden 1946–1952, München 1978.

SCHLEICH, THOMAS, Kampf an allen Fronten. Erzpriester Alfons Scholz und seine Anfangsjahre in Elsfleth (1948–1953), in: Katholische Pfarrgemeinde ELSFLETH (Hrsg.), Festschrift aus Anlaß des 50jährigen Pfarrjubiläums, o. O. o. J. (1999), 17–25.

SCHLESIEN als Erbe und Aufgabe. Was ist und will die Eichendorffgilde? Grundsätze und Werkmaterial, München o. J.

SCHLÖMER, HANS, 300 Jahre beim Bistum Münster, in: Jahrbuch für das Oldenburger Münsterland 1969, 195–208.

SCHLÖMER, HANS, Heinrich Grafenhorst 1906–1970, in: Jahrbuch für das Oldenburger Münsterland 1971, 219–222.

SCHMEIER, ANDRÉ, Die Entwicklung der Diözese Ermland zur Apostolischen Visitatur in der Bundesrepublik Deutschland unter kirchenrechtlichem Aspekt. Unveröff. Diplomarbeit, Münster WS 1995/1996.

SCHMIDT, HEINRICH, 175 Jahre Oldenburger Münsterland (Vorträge der Oldenburgischen Landschaft, H. 3), Oldenburg 1979.

SCHMIDTCHEN, GERHARD, Protestanten und Katholiken. Soziologische Analyse konfessioneller Kultur, Bern u. a. 1973.

SCHMIECHEN-ACKERMANN, DETLEF, Kooperation und Abgrenzung. Bürgerliche Gruppen, evangelische Kirchengemeinden und katholisches Sozialmilieu in der Auseinandersetzung mit dem Nationalsozialismus in Hannover (Veröffentlichungen der Historischen Kommission für Niedersachsen und Bremen, XXXIX, Niedersachsen 1933–1945, Bd. 9), Hannover 1999.

SCHMITT, HERMANN-JOSEF, Binnenwanderung und katholische Kirche (Wandernde Kirche), in: ZENTRALSTELLE FÜR KIRCHLICHE STATISTIK (Hrsg.), Kirchliches Handbuch für das katholische Deutschland, Bd. XXII (1943), Köln o. J. (1943), 220–238.

SCHMITT, KARL, Konfession und Wahlverhalten in der Bundesrepublik Deutschland (Ordo Politicus, Bd. 27), Berlin 1989.

SCHMITZ, ALFONS, NL 98495 auf Fahrt im Nord-Oldenburger-Land, in: OMI-Missionsblätter v. November 1951, 258–261.

SCHMOLKE, MICHAEL, Bischof Michael als Bauherr, in: KROOS, FRANZ (Hrsg.), Dr. Michael Keller. Bischof von Münster, Recklinghausen 1962, 105–106.

SCHOLZ, ALFONS, Ehen zwischen Ostfriesen und Ostvertriebenen, in: Ostfriesland 1953, H. 2, 30–32.

SCHOLZ, FRANZ, Ernst Lange (1876–1973), in: GRÖGER, JOHANNES, KÖHLER, JOACHIM, MARSCHALL, WERNER (Hrsg.), Schlesische Kirche in Lebensbildern, Sigmaringen 1992, 25–32.

SCHOLZ, FRANZ, Zwischen Staatsräson und Evangelium. Kardinal Hlond und die Tragödie der ostdeutschen Diözesen. Tatsachen – Hintergründe – Anfragen, 2., verbess. u. erw. Aufl. Frankfurt/M. 1988.

SCHROUBEK, GEORG R., Wallfahrt und Heimatverlust. Ein Beitrag zur religiösen Volkskunde der Gegenwart (Schriftenreihe der Kommission für ostdeutsche Volkskunde in der Deutschen Gesellschaft für Volkskunde, Bd. 5), Marburg 1968.

SCHÜTZ, HANS, Die große soziale Not der Heimatvertriebenen, in: GENERALSEKRETARIAT DES ZENTRALKOMITEES DER DEUTSCHEN KATHOLIKENTAGE (Hrsg.), Gerechtigkeit schafft Frieden. Der 73. Deutsche Katholikentag vom 31. August bis 4. September 1949 in Bochum, Paderborn 1949, 140–144.

SCHULTE, LUDGER, Bauen und Wohnen in der neuen Heimat. Vier Siedlungen für Vertriebene und Flüchtlinge in Ahlen, in: Münsterland. Jahrbuch des Kreises Warendorf 1996: Heimatvertriebene und Flüchtlinge im Kreis Warendorf, 95–102.

SCHULTE-UMBERG, THOMAS, „Was Kirche ist und sein soll ...". Das Kirchenbild Münsteraner Theologen zwischen Romantik und Zweitem Vatikanischem Konzil, in: FRESE, WERNER (Hrsg.), Von St. Mauritius und seiner Gesellschaft. Festschrift zur 150jährigen Neubegründung der Pfarre St. Mauritz in Münster, Münster 1995, 135–168.

SCHULTE-UMBERG, THOMAS, Profession und Charisma. Herkunft und Ausbildung des Klerus im Bistum Münster 1776–1940 (Veröffentlichungen der Kommission für Zeitgeschichte, Reihe B, Bd. 85), Paderborn u. a. 1999.

SCHULZ, MAXIMILIAN MARIA, Abendland und Ostdeutschland (Deutsche Hedwig-Stiftung, Bd. 1), Recklinghausen 1948.

SCHULZE, HEINZ-JOACHIM, Die Begründung des Bischöflich Münsterschen Offizialats in Vechta, in: Oldenburger Jahrbuch, Bd. 62 (1963), 71–91.

SCHULZE, RAINER, BRELIE-LEWIEN, DORIS VON DER, GREBING, HELGA (Hrsg.), Flüchtlinge und Vertriebene in der westdeutschen Nachkriegsgeschichte. Bilanzierung der Forschung und Perspektiven für die künftige Forschungsarbeit (Veröffentlichungen der Historischen Kommission für Niedersachsen und Bremen, XXVII; Quellen und Untersuchungen zur Geschichte Niedersachsens nach 1945, Bd. 4), Hildesheim 1987.

SCHULZE, UDO, Wilhelm Stählin – Lehrer und Bischof der Kirche, in: Jahrbuch der Gesellschaft für Niedersächsische Kirchengeschichte, Bd. 81 (1983), 189–198.

SCHULZE, UDO, Artikel: Stählin, Wilhelm, in: FRIEDL, HANS u. a. (Hrsg.), Biographisches Handbuch zur Geschichte des Landes Oldenburg, Oldenburg 1992, 682–685.

SCHULZE, UDO, Wilhelm Stählin und der Neuanfang in der Ev.-luth. Kirche Oldenburgs 1945/1946, in: Jahrbuch der Gesellschaft für Niedersächsische Kirchengeschichte, Bd. 93 (1995), 259–282.

SCHULZE, UDO, Johannes Wien und Herbert Goltzen – zwei Ostpfarrer in Oldenburg, in: Oldenburger Jahrbuch, Bd. 97 (1997), 181–211.

SCHWERDT, KARL, Artikel: Seelsorgehelferin, in: LThK, 2. Aufl., Bd. 9 (1964), 586–587.

SCHWETER, JOSEF, Geschichte der Marienschwestern, Berlin 1981.

SEDLMAYR, HANS, Verlust der Mitte. Die bildende Kunst des 19. und 20. Jahrhunderts als Symptom und Symbol der Zeit, Frankfurt/M. 1955.

SEEGRÜN, WOLFGANG, Wilhelm Berning (1877–1955). Ein Lebensbild, in: Osnabrücker Mitteilungen, Bd. 79 (1982), 79–92.

SEEGRÜN, WOLFGANG, Artikel: Berning, Wilhelm (1877–1955), in: GATZ, ERWIN (Hrsg.), Die Bischöfe der deutschsprachigen Länder von 1785/1803 bis 1945. Ein biographisches Lexikon, Berlin 1983, 40–43.

SEGGERN, ANDREAS VON, Die unfreiwillige Großstadt. Ein Beitrag zur Geschichte der Flüchtlingsaufnahme und -integration in der Stadt Oldenburg zwischen 1945 und 1961, in: MEYER, LIOBA (Hrsg.), Zuhause war anderswo. Flüchtlinge und Vertriebene in Oldenburg (Veröffentlichungen des Stadtmuseums Oldenburg, Bd. 26), Oldenburg 1997, 25–68.

SEGGERN, ANDREAS VON, „Großstadt wider Willen". Zur Geschichte der Aufnahme und Integration von Flüchtlingen und Vertriebenen in der Stadt Oldenburg nach 1944 (Fremde Nähe – Beiträge zur interkulturellen Diskussion, Bd. 8), Münster 1997.

SENDKER, ADALBERT, Die Entwicklung der kirchlichen Liebestätigkeit im Bistum Hildesheim 1948–1959, in: Unsere Diözese in Vergangenheit und Gegenwart, 2. Heft 1959, 87–123.

SIEDLARZ, JAN, Kirche und Staat im kommunistischen Polen (Abhandlungen zur Sozialethik, Bd. 38), Paderborn u. a. 1996.

SIEMER, CALLISTUS, Das heiße Eisen, in: Heimatkalender für das Oldenburger Münsterland 1954, 34–37.

SIEMER, CALLISTUS, Die Vertreibung aus der Heimat als geschichtliche Erscheinung und ihre geistliche Bewältigung, in: Heimatkalender für das Oldenburger Münsterland 1959, 41–50.

SIEMER, LAURENTIUS, Die katholische Kirche und die Krise der Gegenwart, in: Die neue Ordnung, 2. Jg. 1948, 362–367.

SIEVE, PETER, Geschichte, in: BAUMANN, WILLI, SIEVE, PETER (Hrsg.), Die Katholische Kirche im Oldenburger Land. Ein Handbuch, Vechta 1995, 3–64.

SIEVE, PETER, „Ihrer Zeitschrift fehlt einfach die völkische Kraft". Vikar Wilhelm Gillmann und das Katholische Kirchenblatt für Oldenburg 1934 bis 1941, in: BAUMANN, WILLI, HIRSCHFELD, MICHAEL (Hrsg.), Christenkreuz oder Hakenkreuz. Zum Verhältnis von katholischer Kirche und Nationalsozialismus im Land Oldenburg (Quellen und Beiträge zur Kirchengeschichte des Oldenburger Landes, Bd. 4), Vechta 1999, 240–263.

SILBERBERG, HERMANN-JOSEF, Als Diakon in St. Michael, in: Pfarrgemeinde St. Michael OLDENBURG-KREYENBRÜCK 1946-1971, Oldenburg 1971, 16.

SIMON, CHRISTIAN, Das religiöse Fundament der niedersächsischen Schulgesetze im Parteienstreit der 50er Jahre, in: Niedersächsisches Jahrbuch für Landesgeschichte, Bd. 66 (1994), 261–289.

SIMON, CHRISTIAN, Schule und Schulpolitik unter den Kultusministern Adolf Grimme und Richard Voigt, in: OBENAUS, HERBERT, SCHMID, HANS-DIETER (Hrsg.), Nachkriegszeit in Niedersachsen. Beiträge zu den Anfängen eines Bundeslandes (Hannoversche Schriften zur Regional- und Lokalgeschichte, Bd. 12), Bielefeld 1999, 87–106.

SIMON, PAUL, Noch einmal am Scheidewege?, in: Hochland, Bd. 40 (1947/48), 18–36.

SKUDLIK, HEINZ, Erinnerungen an die Jahre 1946–1948, in: Pfarrgemeinde St. Michael OLDENBURG-KREYENBRÜCK 1946-1971, Oldenburg 1971, 6–8.

SLADEK, PAULUS, Die religiöse Lage der Heimatvertriebenen, in: Stimmen der Zeit, Bd. 143 (1948/49), 425–433.

SLADEK, PAULUS, Die Flüchtlingsfrage soziologisch gesehen, in: Stimmen der Zeit, Bd. 144 (1949), 343–352.

SLADEK, PAULUS, Die Heimatvertriebenen gegenüber Glaube und Kirche, in: GENERALSEKRETARIAT DES ZENTRALKOMITEES DER KATHOLIKEN DEUTSCHLANDS (Hrsg.), Der Christ in der Not der Zeit. Der 72. Deutsche Katholikentag vom 1. bis 5. September 1948 in Mainz, Paderborn 1949.

SLADEK, PAULUS, Die Ackermanngemeinde, Paderborn 1961.

SLADEK, PAULUS, Die Kulturaufgaben der Vertriebenen, Sonderdruck aus: Christ unterwegs, 5/1962, München 1962.

SMACZNY, JOHANNES, Was will das St.-Hedwigs-Werk. Ein Beitrag zur Frage der Ostnot, Paderborn o. J. (1948).

SMACZNY, JOHANNES (Bearb.), Der ostdeutsche Katholik in der Verantwortung. Ein Volksbuch, Lippstadt 1953.

SMACZNY, JOHANNES (Hrsg.), Heimat und Glaube. Jahrbuch der katholischen Heimatvertriebenen, Lippstadt 1953.

SMACZNY, JOHANNES, Das St. Hedwigswerk. Ein Bildungswerk der katholischen Heimatvertriebenen, in: DERS. (Bearb.), Heimat und Glaube. Jahrbuch der katholischen Heimatvertriebenen, Lippstadt 1953, 49–52.

SOLDAT, HANS-ADALBERT, Ein Problem in Zahlen. Die Vertriebenen im Wirtschafts- und Berufsleben des Ammerlandes, in: Der Ammerländer. Ein Heimatkalender 1951, 93–94.

SOWADE, HERBERT, Wachstum, Grenzen und Gestalt des Bistums Münster, in: THISSEN, WERNER (Hrsg.), Das Bistum Münster, Bd. II: Pastorale Entwicklung im 20. Jahrhundert, Münster 1993, 319–359.

STÄHLIN, WILHELM, Via Vitae, Kassel 1968.

STAMBOLIS, BARBARA, Glaube und Heimat. Die Flüchtlingsarbeit der Katholischen Osthilfe im Erzbistum Paderborn nach 1945 (Zeitgeschichte im Erzbistum Paderborn, Bd. 5), Paderborn 1998.

STASIEWSKI, BERNHARD, Artikel: Ferche, Joseph (1888–1965), in: GATZ, ERWIN (Hrsg.), Die Bischöfe der deutschsprachigen Länder von 1785/1803 bis 1945. Ein biographisches Lexikon, Berlin 1983, 84.

STAVENHAGEN, KURT, Heimat als Grundlage menschlicher Existenz, Göttingen 1939.

STECHBART, KARL, BECKER, CLEMENS, Folgen des verlorenen Krieges und der Vertreibung für Lohne, in: Lohne (Oldenburg). Berichte aus der Zeit seiner Entwicklung, Vechta 1980, 448–455.

STEINER, ERHARD, Katholische Kirchengemeinde St. Marien Bad Zwischenahn, in: Chronik der Gemeinde Bad Zwischenahn, Menschen – Geschichte – Landschaft, Löningen 1994, 569–580.

STEINERT, JOHANNES-DIETER, Vertriebenenverbände in Nordrhein-Westfalen 1945–1954 (Flüchtlinge und Vertriebene in Nordrhein-Westfalen, Bd. 1), Düsseldorf 1986.

STEINERT, JOHANNES-DIETER, Organisierte Flüchtlingsinteressen und parlamentarische Demokratie. Westdeutschland 1945–1949, in: BADE, KLAUS J. (Hrsg.), Neue Heimat in Westfalen. Vertriebene, Flüchtlinge, Aussiedler, Münster 1990, 61–80.

STEINERT, JOHANNES-DIETER, Flüchtlingsvereinigungen – Eingliederungsstationen? Zur Rolle organisierter Interessen bei der Flüchtlingsintegration in der frühen Nachkriegszeit, in: Jahrbuch für deutsche und osteuropäische Volkskunde, Bd. 28 (1990), 55–73.

STEINKAMP, KARL, Die 100jährige Entwicklung der katholischen Kirchengemeinde Varel, o. O. o. J. (Varel 1951), 2. Aufl. 1981.

STRAATEN, WERENFRIED VAN, Sieben Jahre Ostpriesterhilfe, Tongerlo o. J. (1955).

STRAATEN, WERENFRIED VAN, Sie nennen mich Speckpater, Recklinghausen 1961.

STREHLER, BERNHARD, Aus dem Werden und Leben Quickborns, Würzburg 1927.

STRICKMANN, HEINZ, DEUX, KLAUS, Geschichte und große Ereignisse des Wallfahrtsortes Bethen (Heimatkundliche Beiträge, H. 2), Cloppenburg 1982.

25 Jahre STUDIENWERK FÜR HEIMATVERTRIEBENE KATHOLISCHE SCHÜLER 1947–1972, o. O. o. J. (1972).

SWOBODA, HEINRICH, Großstadtseelsorge. Eine pastoraltheologische Studie, 2. Aufl. Regensburg 1911.

SYWOTTEK, ARNOLD, Wege in die 50er Jahre, in: SCHILDT, AXEL, SYWOTTEK, ARNOLD (Hrsg.), Modernisierung im Wiederaufbau. Die westdeutsche Gesellschaft der 50er Jahre (Forschungsinstitut der Friedrich-Ebert-Stiftung, Reihe: Politik- und Gesellschaftsgeschichte, Bd. 33), Bonn 1993, 13–39.

TAUBITZ, MONIKA, Treibgut, Stuttgart u. a. 1983.

TELLEN, HEINRICH, Domkapitular Holling ging heim zum Gott der Liebe, in: Caritasblätter für das Bistum Münster 1964, 206–209.

TENSCHERT, JOSEF, Modelle künftiger Arbeit, in: Pfarrgemeinde St. Michael Oldenburg-Kreyenbrück 1946–1971, Oldenburg 1971, 31–32.

TEPING, FRANZ, Der Kampf um die konfessionelle Schule in Oldenburg während der Herrschaft der NS-Regierung, Münster 1949.

THAMER, HANS-ULRICH, Fremde im Land. Überlegungen zu einer Politik- und Sozialgeschichte von Fremden und Fremdheitserfahrungen, in: JOHANEK, PETER (Hrsg.), Westfalens Geschichte und die Fremden (Schriften der Historischen Kommission für Westfalen, Bd. 14), Münster 1994, 3–9.

TILLMANN, FRITZ (Hrsg.), Die Heilige Schrift des neuen Testaments übersetzt und gemeinverständlich erklärt, Bonn 1925 u. 1927.

TISCHNER, WOLFGANG, Katholische Kirche in der SBZ/DDR 1945–1951. Die Formierung einer Subgesellschaft im entstehenden sozialistischen Staat (Veröffentlichungen der Kommission für Zeitgeschichte, Reihe B, Bd. 90), Paderborn u. a. 2001.

TRAUTMANN, MARKUS, „... Anspruch darauf, daß wir sie mit Verständnis aufnehmen ...". Die Eingliederung der Vertriebenen und Flüchtlinge, in: GÖRDES, KARLHEINZ (Red.), „... das Beste der Städte und des platten Landes jederzeit ...". Aus dem Werden und Wirken des Westmünsterlandkreises Borken, Borken 1995, 239–262.

TRAUTMANN, MARKUS, „Arm ist nur, der keine Liebe hat!" Leben und Wirken des Seelsorgers Oskar Franosch (1899–1992) in den Diözesen Breslau und Münster, in: HIRSCHFELD, MICHAEL, DERS. (Hrsg.), Gelebter Glaube – Hoffen auf Heimat. Katholische Vertriebene im Bistum Münster, Münster 1999, 71–126.

TRAUTMANN, MARKUS, Christliche Kunstschaffende aus dem deutschen Osten, in: HIRSCHFELD, MICHAEL, DERS. (Hrsg.), Gelebter Glaube – Hoffen auf Heimat. Katholische Vertriebene im Bistum Münster, Münster 1999, 413–431.

TRIPPEN, NORBERT, Interkonfessionelle Irritationen in den ersten Jahren der Bundesrepublik Deutschland, in: BRACHER, KARL DIETRICH u. a. (Hrsg.), Staat und Parteien. Festschrift für Rudolf Morsey zum 65. Geburtstag, Berlin 1992, 345–377.

TRIPPEN, NORBERT, Die Integration der heimatvertriebenen Priester in Westdeutschland nach 1945, in: HAAS, REIMUND, RIVINIUS, KARL-JOSEF, SCHEIDGEN, HERMANN-JOSEF (Hrsg.), Im Gedächtnis der Kirche neu erwachen. Studien zur Geschichte des Christentums in Mittel- und Osteuropa. Festgabe für Gabriel Adriányi zum 65. Geburtstag (Bonner Beiträge zur Kirchengeschichte, Bd. 22), Köln u. a. 2000, 265–281.

TWICKEL, MAX-GEORG FREIHERR VON, Überblick zur katholischen Kirchengeschichte im früheren Niederstift Münster und im heutigen Offizialatsbezirk Oldenburg bis in die Gegenwart (Vorträge der Oldenburgischen Landschaft, H. 31), Oldenburg 2001.

ÜLHOF, WILHELM, Artikel: Inkardination, in: LThK, 2. Aufl., Bd. 5 (1960), Sp. 677.

ULLRICH, LOTHAR, Diaspora und Ökumene in dogmatischer (systematischer) Sicht, in: KRESING, BRUNO (Hrsg.), Für die Vielen. Zur Theologie der Diaspora, Paderborn 1984, 156–192.

UNGER, TIM, Das Niederstift Münster im Zeitalter der Reformation. Der Reformationsversuch von 1543 und seine Folgen bis 1620 (Quellen und Beiträge zur Kirchengeschichte des Oldenburger Landes, Bd. 2), Vechta 1997.

VINK, BLASIUS, BULLERMANN, JOSEPH (Bearb.), Zum 50jährigen Kirchweihjubiläum 1979 in Schwichteler. Rückblicke und Erinnerungen, Vechta 1979.

Chronik der Evangelisch-Lutherischen Kirchengemeinde VISBEK-LANGFÖRDEN, Vechta 1997.

VOET, WILHELM, Ein soziales Hilfswerk aus dem Geiste der CDU, in: SCHOMAKER, ALWIN (Bearb.), Unser Weg zur Christlichen Volkspartei, Vechta 1970, 86–87.

VOLLNHALS, CLEMENS (Hrsg.), Die Kirchenpolitik von SED und Staatssicherheit. Eine Zwischenbilanz, 2. Aufl. Berlin 1997.

VOLLNHALS, CLEMENS, Kirchliche Zeitgeschichte nach 1945, in: KAISER, JOCHEN-CHRISTOPH, DOERING-MANTEUFFEL, ANSELM (Hrsg.), Christentum und politische Verantwortung. Kirchen im Nachkriegsdeutschland (Konfession und Gesellschaft, Bd. 2), Stuttgart u. a. 1990, 176–191.

VORNHUSEN, AUGUST, Der Rote Dom, Delmenhorst o. J. (1958).

WAGENER-ESSER, MEIKE, Organisierte Barmherzigkeit und Seelenheil. Das caritative Sozialnetzwerk im Bistum Münster von 1803 bis zur Gründung des Diözesancaritasverbands 1916 (Münsteraner Theologische Abhandlungen, Bd. 61), Altenberge 1999.

WALDMANN, PETER, Die Eingliederung der ostdeutschen Vertriebenen in die westdeutsche Gesellschaft, in: BECKER, JOSEF, STAMMEN, THEO, WALDMANN, PETER (Hrsg.), Vorgeschichte der Bundesrepublik Deutschland. Zwischen Kapitulation und Grundgesetz (UTB, Bd. 854), München 1979, 163–192.

WALTERMANN, REINHOLD (Hrsg.), 500 Jahre St.-Sebastian-Kirche Nienberge, Münster 1999.

50 Jahre Katholische Kirchengemeinde WANGERLAND, Esens o. J. (1996).

Münsterland. Jahrbuch des Kreises WARENDORF 1996: Heimatvertriebene und Flüchtlinge im Kreis Warendorf.

WARFELMANN, BRUNO, In Ganderkesee Glocken aus Schlesien, in: Von Hus un Heimat 12/1976, 91.

WASCHIPKI, KARL, Mischehe. Was der evangelische Christ davon wissen muß, Bensheim 1951.

WATERMANN, HANS, Stätten der Caritas in und um Vechta, in: HANISCH, WILHELM, HELLBERND, FRANZ (Red.), Beiträge zur Geschichte der Stadt Vechta, 4. Lieferung, Vechta 1983, 439–466.

WEBER, MAX, Wirtschaft und Gesellschaft, 5. Aufl. Tübingen 1980.

WEGMANN, ANDREAS, Otto Bartning. Notkirchen im Oldenburger Münsterland, in: Jahrbuch für das Oldenburger Münsterland 1993, 169–181.

WEGMANN, AUGUST, Konfessionalität des Schulwesens und der Lehrerbildung im Niedersächsischen Verwaltungsbezirk Oldenburg, Land Niedersachsen, gedrucktes Referat v. 10.3.1962.

WEHLER, HANS-ULRICH, Modernisierungstheorie und Geschichte, Göttingen 1975.

WEICHLEIN, SIEGFRIED, Konfession und Region. Katholische Milieubildung am Beispiel Fuldas, in: BLASCHKE, OLAF, KUHLEMANN, FRANK-MICHAEL (Hrsg.), Religion im Kaiserreich. Milieus – Mentalitäten – Krisen (Religiöse Kulturen der Moderne, Bd. 2), Gütersloh 1996, 193–232.

WENNEMANN, ADOLF, Flüchtlinge und Vertriebene in Niedersachsen: Vergangenheitsorientierung und Strukturwandel, in: BADE, KLAUS J. (Hrsg.), Fremde im Land: Zuwanderung und Eingliederung im Raum Niedersachsen seit dem Zweiten Weltkrieg (IMIS-Schriften, Bd. 3), Osnabrück 1997, 77–124.

WENZ, F.-HERBERT (Bearb.), 1299–1999. 700 Jahre St.-Gallus-Kirche in Altenesch. Beiträge zur Heimatkunde, Lemwerder 1998.

WERMTER, ERNST MANFRED, Geschichte der Diözese und des Hochstifts Ermland. Ein Überblick, 2., durchgesehene u. erg. Aufl., Münster 1977.

25 Jahre katholische Kirchengemeinde im Ammerland 1946–1971. WESTERSTEDE (Oldenburg), Westerstede 1971.

WESTPFAHL, FRANZ (Hrsg.), Die Apostolische Administratur Schneidemühl. Ein Buch für das katholische Volk, Schneidemühl 1928, Neudruck o. J.

WIEBEL-FANDERL, OLIVA, Religion als Heimat? Zur lebensgeschichtlichen Bedeutung katholischer Glaubenstraditionen, Wien 1993.

100 Jahre Katholische Kirche in WILHELMSHAVEN, Erolzheim 1960.

50 Jahre Liturgiekreis St. Marien WILHELMSHAVEN, Manuskript, o. O. o. J. (1987).

50 Jahre Gemeinde Christus König [WILHELMSHAVEN-]FEDDERWARDERGRODEN 1946–1996, o. O. o. J. (1996).

WILLENBORG, RUDOLF, Das Land Oldenburg, das Bischöflich-Münstersche Offizialat und die Organisationsstruktur des konfessionellen Schulwesens in Oldenburg, in: BAUMANN, WILLI, HIRSCHFELD, MICHAEL (Hrsg.), Christenkreuz oder Hakenkreuz. Zum Verhältnis von katholischer Kirche und Nationalsozialismus im Land Oldenburg (Quellen und Beiträge zur Kirchengeschichte des Oldenburger Landes, Bd. 4), Vechta 1999, 357–365.

WINKLER, KONRAD, Artikel: Wandernde Kirche, in: LthK, 2. Aufl., Bd. 10 (1965), Sp. 953–954.

WINTERMANN, GERHARD, Vor 30 Jahren, in: 30 Jahre Evangelisch-lutherische Kirchengemeinde EMSTEK-CAPPELN, Cloppenburg 1975, 11–14.

WINTERMANN, GERHARD, Artikel: Schmidt, Johannes (Hans), in: FRIEDL, HANS u. a. (Hrsg.), Biographisches Handbuch zur Geschichte des Landes Oldenburg, Oldenburg 1992, 644–645.

WINTERMANN, PAUL, Das Bauwesen der Kirche in Oldenburg 1945–1960, in: EV.-LUTH. OBERKIRCHENRAT (Hrsg.), Auf dem Wege. Beiträge zur Geschichte und Aufgabe der Evangelisch-Lutherischen Kirche in Oldenburg, o. O. o. J. (1961), 113–138.

WIR SITZEN AM SELBEN TISCH ... Drei Briefe vom Zueinanderfinden, in: Christ unterwegs 1/1950, 3–7.

WÖSTE, WILHELM, Arbeitsplatz und Heimstätte als Grundlage des sozialen Lebens, in: GENERALSEKRETARIAT DES ZENTRALKOMITEES DER DEUTSCHEN KATHOLIKENTAGE (Hrsg.), Gerechtigkeit schafft Frieden. Der 73. Deutsche Katholikentag vom 31. August bis 4. September 1949 in Bochum, Paderborn 1949, 145–150.

WOLLASCH, HANS-JOSEF, Humanitäre Auslandshilfe für Deutschland nach dem Zweiten Weltkrieg. Darstellung und Dokumentation kirchlicher und nichtkirchlicher Hilfen, Freiburg 1976.

WOLLASCH, HANS-JOSEF, „Das radikale Christentum muß sich jetzt zeigen". Der Deutsche Caritas-Verband nach dem Zusammenbruch von 1945, in: Caritas, Bd. 96 (1995), 324–336.

WORBS, MARCIN, Quickborn und Heimgarten als ein kulturell-religiöses Ereignis in Oberschlesien (1909-1939) (Wydzial Teologiczny Uniwersytetu Opolskiego; Seria: Z dziejow kultury chrzescijanskiej na Slasku, nr 16), Opole 1999.

WORBS, MARCIN, Die Bedeutung der katholischen Jugendbewegung Quickborn für die Erneuerung des kulturellen und religiösen Lebens in Schlesien (1909–1939), in: ENGEL, WALTER, HONSZA, NORBERT (Hrsg.), Kulturraum Schlesien. Ein europäisches Phänomen, Wrocław 2001, 77–84.

WOSNITZA, FRANZ, Die Kirche und die Heimatlosen im katholischen Raum, in: GENERALSEKRETARIAT DES ZENTRALKOMITEES DER DEUTSCHEN KATHOLIKENTAGE (Hrsg.), Gerechtigkeit schafft Frieden. Der 73. Deutsche Katholikentag vom 31. August bis 4. September 1949 in Bochum, Paderborn 1949, 150–156.

WOSNITZA, FRANZ, Katholischer Siedlungsdienst, in: GRONER, FRANZ (Hrsg.), Kirchliches Handbuch für das katholische Deutschland, Bd. XXIII (1944-1951), Köln 1951, 201–202.

ZAYAS, ALFRED MAURICE DE, Anmerkungen zur Vertreibung der Deutschen aus dem Osten, Stuttgart 1986.

ZEIGER, IVO, Um die Zukunft der katholischen Kirche in Deutschland, in: Stimmen der Zeit, Bd. 141 (1947/48), 241–252.

ZEIGER, IVO, Kirchliche Zwischenbilanz 1945. Bericht über die Informationsreise durch Deutschland und Österreich im Herbst 1945. Eingeleitet und kommentiert von Ludwig Volk SJ, in: Stimmen der Zeit, Bd. 193 (1975), 293–312.

ZOCHER, PETER, Die Neuordnung der ev.-luth. Landeskirche in Oldenburg in der Nachkriegszeit (Oldenburger Studien, Bd. 37), Oldenburg 1995.

ZÜRLIK, JOSEF, Staat und Kirchen im Lande Oldenburg von 1848 bis zur Gegenwart, in: Oldenburger Jahrbuch, Bd. 82 (1982), 33–98, u. Bd. 83 (1983), 107–166.

ZÜRLIK, JOSEF, Die katholischen Dekanate im Herzogtum (Landesteil) Oldenburg und ihr Verhältnis zum Staat, in: Oldenburger Jahrbuch, Bd. 89 (1989), 55–74.

ZÜRLIK, JOSEF, Die Auseinandersetzungen um die Rechtswirksamkeit der Konvention von Oliva vom 5. Januar 1830, in: Oldenburger Jahrbuch, Bd. 91 (1991), 61–93.

ZUMHOLZ, MARIA ANNA, Wallfahrt und Massendemonstration. Zur Geschichte der Wallfahrt nach Bethen unter besonderer Berücksichtigung der NS-Zeit, in: Jahrbuch für das Oldenburger Münsterland 1995, 145–166.

ZUMHOLZ, MARIA ANNA, „Mit den Waffen des Gebetes gegen die zerstörenden Mächte der Gottlosigkeit". Glaubensdemonstration, Protest und Volksfrömmigkeit – Wallfahrten und Prozessionen nach Bethen unter den Bedingungen nationalsozialistischer Herrschaft, in: BAUMANN, WILLI, HIRSCHFELD, MICHAEL (Hrsg.), Christenkreuz oder Hakenkreuz. Zum Verhältnis von katholischer Kirche und Nationalsozialismus im Land Oldenburg (Quellen und Beiträge zur Kirchengeschichte des Oldenburger Landes, Bd. 4), Vechta 1999, 203–239.

# ABKÜRZUNGSVERZEICHNIS

| | |
|---|---|
| Abb. | Abbildung |
| Abt. | Abteilung |
| a. D. | außer Dienst |
| Anm. | Anmerkung |
| Apost. | Apostolisch(er) |
| Art. | Artikel |
| Aufl. | Auflage |
| | |
| BAM | Bistumsarchiv Münster |
| Bd./Bde. | Band/Bände |
| bearb./Bearb. | bearbeitet/Bearbeiter |
| BHE | Block Heimatvertriebener und Entrechteter |
| Bl. | Blatt |
| bzw. | beziehungsweise |
| | |
| ca. | circa |
| can./cc. | Canon/Canones (des CIC) |
| ccm | Kubikzentimeter |
| CDU | Christlich-Demokratische Union |
| christl. | christliche(r) |
| CIC | Codex Iuris Canonici |
| | |
| d. | der/des |
| DDR | Deutsche Demokratische Republik |
| Ders./ders. | Derselbe |
| desgl. | desgleichen |
| Diss. | Dissertation |
| div. | diverse |
| DM | Deutsche Mark |
| DP | Deutsche Partei |
| | |
| ebd. | ebenda |
| em. | emeritiert |
| erg. | ergänzte |
| erzbisch. | erzbischöflich(es) |
| erw. | erweiterte(r) |

| | |
|---|---|
| etc. | et cetera |
| ev. | Evangelisch(er) |
| ev.-luth. | Evangelisch-lutherisch |
| e. V. | eingetragener Verein |
| | |
| f. | für |
| f., ff. | folgende Seite(n) |
| F.D.P. | Freie Demokratische Partei |
| | |
| Gal | Galater |
| GD | Gottesdienst |
| gegr. | gegründet |
| Geistl. | Geistlicher |
| G.m.b.H. | Gesellschaft mit beschränkter Haftung |
| | |
| H. | Heft |
| h. c. | honoris causa |
| hl. | heilig(er) |
| Hrsg. | Herausgeber |
| | |
| IGO | Interessengemeinschaft der Ostvertriebenen |
| insbes. | insbesondere |
| i. R. | im Ruhestand |
| | |
| Jg./Jgg. | Jahrgang/Jahrgänge |
| jur. | juristischer |
| jur. can. | juris canonici (kanonischen Rechts) |
| jur. utr. | juris utriusque (beider Rechte) |
| | |
| KA | Katholische Aktion |
| KAB | Katholische Arbeitnehmer-Bewegung |
| Kap. | Kapitel |
| kath. | katholisch(er) |
| kg | Kilogramm |
| km | Kilometer |
| KOJ | Katholische Ostdeutsche Jugend |
| Krs. | Kreis |
| | |
| LCV | Landes-Caritasverband |
| Lic. | Lizentiat |
| Lit. | Literatur |
| LThK | Lexikon für Theologie und Kirche |

| | |
|---|---|
| m. | mit |
| MdB | Mitglied des Bundestages |
| MdL | Mitglied des Landtages |
| MIVA | Motorisierte Innerdeutsche Verkehrs-Arbeitsgemeinschaft |
| Mk | Markus-Evangelium |
| MSC | Missionarii Sacratissimi Cordis Jesu – Missionare vom heiligsten Herzen Jesu (Hiltruper Missionare) |
| | |
| NA | Neues Archiv |
| neubearb. | neubearbeitete(r) |
| NF | Neue Folge |
| NLP | Niedersächsische Landespartei |
| Nr. | Nummer |
| NS | Nationalsozialismus |
| | |
| o. | ohne |
| O. | Oldenburg |
| OAV | Offizialatsarchiv Vechta |
| OFM | Ordo Fratrum Minorum – Franziskaner |
| o. J. | ohne Jahr |
| OKR | Oberkirchenrat |
| o. O. | ohne Ort |
| OMI | Congregatio Oblatorum Missionariorum – Oblaten der Makellosen Jungfrau Maria |
| OP | Ordo Praedicatorum – Dominikaner |
| O/S | Oberschlesien |
| Ostpr. | Ostpreußen |
| | |
| P. | Pater |
| päd. | pädagogisch |
| PH | Pädagogische Hochschule |
| phil. | philosophischer |
| Prof. | Professor |
| | |
| qkm | Quadratkilometer |
| qm | Quadratmeter |
| | |
| rd. | rund |
| Red. | Redaktion |
| ref. | reformiert |
| reg. | regierte |
| RM | Reichsmark |
| ROK | Rundbrief des oldenburgischen Ostpriester-Konveniats |

| | |
|---|---|
| S. | Schlesien |
| SAC | Societas Apostolatus Catholici – Gesellschaft vom Katholischen Apostolat (Pallottiner) |
| SBZ | Sowjetische Besatzungszone |
| SCJ | Sacerdotes a Corde Jesu – Herz-Jesu-Priester |
| SJ | Societas Jesu – Jesuiten |
| SND | Sorores Nostrae Dominae – Schwestern Unserer Lieben Frau |
| s. o. | siehe oben |
| Sp. | Spalte |
| SPD | Sozialdemokratische Partei Deutschlands |
| St. | Sankt |
| StAOl | Niedersächsisches Staatsarchiv Oldenburg |
| | |
| theol. | theologisch |
| | |
| u. | und |
| u. a. | und andere |
| ULF | Unsere Liebe Frau |
| unpag. | unpaginiert |
| unveränd. | unveränderte(r ) |
| | |
| v. | vom |
| v. a. | vor allem |
| VdO | Vereinigung der Ostvertriebenen |
| veränd. | veränderte(r) |
| verbess. | verbesserte |
| Verf. | Verfasser |
| vgl. | vergleiche |
| | |
| W. | Westfalen |
| wiss. | wissenschaftlich(er) |
| WS | Wintersemester |
| | |
| z.B. | zum Beispiel |
| zit. | zitiert |
| z. T. | zum Teil |
| z. Zt. | zur Zeit |
| zugl. | zugleich |
| Zus.-stell. | Zusammenstellung |
| ZvD | Zentralverband vertriebener Deutscher |

# ABBILDUNGSVERZEICHNIS

Abb. 1:   Pfarrhaus-Baracke im Vertriebenenlager Roffhausen bei Wilhelmshaven
Abb. 2:   Eine der ersten Notkirchen in Nordoldenburg: Die ehemalige Schützenhalle in Hude als katholisches Gotteshaus für Vertriebene
Abb. 3:   Bischöflicher Offizial Dr. Johannes Pohlschneider mit den Mitarbeitern des Offizialats in Vechta, 1947
Abb. 4:   Kath. Kindergarten im Vertriebenenlager Roffhausen mit schlesischen Borromäerinnen
Abb. 5:   Bischof Michael Keller im Lager Wehnen bei Oldenburg, Juni 1948
Abb. 6:   „Baustein" (1,- DM-Spende) für eine der drei ersten Diasporakirchen Nordoldenburgs
Abb. 7:   Diasporakirche St. Maria Magdalena in Elsfleth, 1949
Abb. 8:   Inneres der Diasporakirche Unbeflecktes Herz Mariä in Bad Zwischenahn
Abb. 9:   Weihbischof Josef Ferche bei der Konsekration der Kirche St. Hedwig in Ganderkesee am 5.11.1950
Abb. 10:  Vom Lokschuppen zur Kirche: St. Marien in Schillig, 1951
Abb. 11:  Kirchweihe St. Theresia in Abbehausen am 26.10.1952
Abb. 12:  Kapellenwagenmission in Wildeshausen mit Pater Laurentius OP, 1953
Abb. 13:  Goldenes Priesterjubiläum des Vertriebenenseelsorgers in Burhave, Geistlicher Rat Augustin Schinke, am 20.6.1953
Abb. 14:  Meßfeier katholischer Vertriebener in der evangelisch-lutherischen Kirche in Burhave, 1953
Abb. 15:  Katholische Volksschule in Rastede, Neubau 1953
Abb. 16:  Grundsteinlegung der Kirche St. Josef in Roffhausen durch Offizial Grafenhorst am 5.7.1953
Abb. 17:  Kirche St. Josef in Roffhausen, erbaut 1953
Abb. 18:  St. Marien in Rastede mit Pfarrhaus, erbaut 1950
Abb. 19:  Kirche St. Michael in Oldenburg-Kreyenbrück, erbaut 1960.
Abb. 20:  Hilfe aus Südoldenburg für die Diaspora: Kreuz aus der Patengemeinde Vestrup für die Diasporakirche in Bockhorn, 1953
Abb. 21:  Grundsteinlegung der Heilig-Geist-Kirche in Lemwerder am 5.8.1956 mit 100 Bannern der Diözesanjugend des Bistums Münster
Abb. 22:  Grundsteinlegung in Lemwerder am 5.8.1956
Abb. 23:  Gedenktafel in Dinklage zur Erinnerung an die Gründung des Kardinal Graf von Galen-Siedlungswerkes, 1948
Abb. 24:  Oberschülerinnen beim Dachdecken eines Hauses des Kardinal Graf von Galen-Siedlungswerkes

Abb. 25: Holländische Baugesellen des Internationalen Bauordens in Oldenburg-Bümmerstede
Abb. 26: Kirchlicher Siedlungsbau: St.-Peter-Siedlung in Oldenburg-Bümmerstede, 1954
Abb. 27: Bethen, Wallfahrt der Heimatvertriebenen mit Weihbischof Josef Ferche, 1961

## ABBILDUNGSNACHWEIS

Hausstette, Hanna Kops:   Abb. 20

Vechta, Offizialatsarchiv:   Alle Dokumente und Abbildungen, mit Ausnahme Abb. 20

# DOKUMENTENVERZEICHNIS

S. 122 (1) Korrespondenz des St.-Hedwigs-Werkes mit Pfarrer Jaritz, 28.1.1952

S. 135 (2) Einladungszettel zur Vertriebenenwallfahrt nach Bethen, 30.5.1951

S. 228 (3) Korrespondenz des Apostolischen Visitators Muench mit Offizial Pohlschneider, 30.1.1947

S. 243 (4) Spendenaufruf des Katholischen Pfarramts Delmenhorst an katholische Ärzte in der Bundesrepublik Deutschland, wohl 1949

S. 246/247 (5) Bettelbrief des Katholischen Pfarr-Rektorats Ganderkesee, Advent 1950

S. 362/363 (6) Korrespondenz des Landes-Caritasdirektors Watermann, MdL, mit Pfarrer Jaritz, Rastede, 26.10.1953

S. 368 (7) Korrespondenz des Gesamtdeutschen Blocks/BHE mit Pfarrer Springer, Schillig, 10.3.1954

S. 400 (8) Bischöflich Münstersches Offizialat, Ernennung des Vertriebenenpriesters Konrad Leister zum Kaplan der Pfarrgemeinde Delmenhorst, 2.5.1946

S. 422 (9) Bischöflich Münstersches Offizialat, Umschreibung des Seelsorgebezirks Hude als Pfarrektorat für Pfarrer Konrad Leister, 24.12.1947

S. 423 (10) Bischöflich Münstersches Offizialat, Ernennung Georg Gruhns zum Pfarrektor des Seelsorgebezirks Lemwerder, 27.9.1948

S. 438 (11) Bescheinigung des Kapitelsvikars der Erzdiözese Breslau, Dr. Piontek, für Pfarrer Otto Jaritz, o. Datum (wohl 1946)

S. 500 (12) Korrespondenz des Schutzengelvereins für die Diaspora mit dem Katholischen Pfarramt Nordenham, betr. Seelsorgehelferinnen, 8.3.1949

## DOKUMENTENNACHWEIS

S. 122: Archiv St.-Hedwigs-Werk Osnabrück: Korrespondenz 1948–1951

S. 135: Archiv des Apostolischen Visitators Breslau, Münster: Schlesisches Priesterwerk: Offizialatsbezirk Oldenburg

S. 228: OAV A-3-122

S. 243: Pfarrarchiv St. Marien Delmenhorst: Ostvertriebene Katholiken

S. 246/247: OAV B-18-21

S. 362/363 u. S. 368: OAV Nachlaß Otto Jaritz

S. 400 u. S. 422: OAV B-18-20

S. 423: OAV B-58c-9

S. 438: OAV B-43c-13

S. 500: OAV A-3-105

# TABELLEN- UND KARTENVERZEICHNIS

Tabelle 1: Kirchliche Eheschließungen in Varel St. Bonifatius ... S. 107
Tabelle 2: Neugründungen von Kindergärten in Vertriebenengemeinden bzw. Gemeinden mit hohem Vertriebenenanteil 1946–1965 ... S. 181
Tabelle 3: Neugründung von Niederlassungen ostvertriebener weiblicher Kongregationen im karitativen und seelsorglichen Bereich im Offizialatsbezirk Oldenburg nach 1945 ... S. 185
Tabelle 4: Personalbestand der Grauen Schwestern von der heiligen Elisabeth im Offizialatsbezirk Oldenburg ... S. 189
Tabelle 5: Patenschaften zwischen Kirchengemeinden in Nord- und Südoldenburg. Erste Einteilung des Bischöflichen Offizialats vom 17.9.1946 ... S. 223
Tabelle 6: Patenschaften zwischen Kirchengemeinden in Nord- und Südoldenburg. Differenzierte Einteilung des Landes-Caritasverbandes vom 26.4.1947 .... S. 224
Tabelle 7: Patenschaften für Kirchenneubauten in Nordoldenburg. Einteilung der Priestergemeinschaft „Confraternitas Sacerdotum Bonae Voluntatis" ... S. 237
Tabelle 8: Kostenverteilung für einen Kirchbau in der nordoldenburgischen Diaspora. Beispiel: Heilig Kreuz Jaderberg, erbaut 1958 ... S. 238
Tabelle 9: Stationen und Ergebnisse der Kapellenwagenmission 1951 in Nordoldenburg ... S. 257
Tabelle 10: Benutzung evangelisch-lutherischer Kirchen in Nordoldenburg für katholische Gottesdienste nach 1945 ... S. 295
Tabelle 11: Benutzung katholischer Kirchen in Südoldenburg für evangelische Gottesdienste nach 1945 ... S. 295
Tabelle 12: Ehen und Mischehen in ausgewählten katholischen Vertriebenengemeinden in Nordoldenburg ... S. 318
Tabelle 13: Neuerrichtung katholischer Konfessionsschulen im Offizialatsbezirk Oldenburg nach 1945 ... S. 339
Tabelle 14: Neupriester des Bistums Münster bzw. des Offizialatsbezirks Oldenburg 1938-1948 ... S. 472
Tabelle 15: Weltpriester und Ordenspriester in der Pfarrseelsorge in den Dekanaten des Offizialatsbezirks Oldenburg ... S. 474
Tabelle 16: Verhältnis der Priester- zur Katholikenzahl im Offizialatsbezirk Oldenburg und im Bistum Münster 1938, 1949 und 1952 im Vergleich ... S. 475/476
Tabelle 17: Entwicklung der Priesterzahlen in Nordoldenburg ... S. 477
Tabelle 18: Entwicklung der Priesterzahlen in Südoldenburg ... S. 477
Tabelle 19: Entwicklung des Priesternachwuchses (Welt- und Ordensgeistliche) im Offizialatsbezirk Oldenburg ... S. 481

Tabelle 20: Alter der einheimischen und heimatvertriebenen Priester im Offizialatsbezirk Oldenburg (absolut/in %). Stand: 1.1.1948 ... S. 483
Tabelle 21: Durchschnittsalter der Priester im Offizialatsbezirk Oldenburg 1958 ... S. 484
Tabelle 22: Priesterweihen für das Bistum Münster bzw. den Offizialatsbezirk Oldenburg 1946–1965 ... S. 486
Tabelle 23: Niederlassung ostvertriebener männlicher Orden und Kongregationen in Nordoldenburg nach 1945 bzw. Neugründungen im Rahmen der Vertriebenenseelsorge ... S. 491
Tabelle 24: Kirchen- und Kapellenbauten für Vertriebenengemeinden in Nordoldenburg 1947–1958 ... S. 536/537
Tabelle 25: Erste Einsatzdaten und -orte ostvertriebener Priester im Offizialatsbezirk Oldenburg 1946–1948 ... S. 538–541
Tabelle 26: Benutzung ev.-luth. Kirchen für katholische Gottesdienste 1944–1953 ... S. 542–546
Tabelle 27: Benutzung katholischer Kirchen für evangelische Gottesdienste 1945–1953 ... S. 547–550

Karte 1: Katholische Kirchen im Oldenburger Land, Stand: 1937 ... S. 534
Karte 2: Katholische Kirchen in Nordoldenburg, Stand: 1954 ... S. 535

# PERSONEN- UND ORTSREGISTER

A
Aachen 177, 284
Aachen (Diözese) 47, 177, 241, 396
Abbehausen 154, 224, 339, 348, 542
Achenbach, Ute 109
Accum 541
Adelheide bei Delmenhorst 115, 170, 175, 177-179, 185, 467, 505, 537
Adenauer, Konrad 20, 95, 136
Ahaus 234
Ahlen 99, 117, 237
Ahlhorn 59, 154, 167, 172f., 223f., 230, 234, 237, 260, 290, 337, 339, 490f., 496, 536
Albendorf 89, 96, 131
Albertz, Heinrich 62
Allenstein 411
Altaner, Berthold 374
Altenesch 329, 542
Altengroden siehe Wilhelmshaven-Altengroden
Altenhuntorf 257, 542
Altenoythe 547
Altermatt, Urs 16, 28, 30, 42f.
Altjührden 255, 257
Altmoorhausen 422
Altötting 131
Amerbusch 207
Amery, Carl 41
Angelmodde 236
Anholt 432
Ankum 110
Annaberg (O/S) 131
Antonius von Padua 133
Apen 542
Arkenau, Rudolf kl. 495
Arnold, Franz Xaver 9f., 34, 68, 91f.
Arnold, Karl 80
Asberg siehe Moers-Asberg
Aschendorf 244
Aschoff, Hans-Georg 39

Aufderbeck, Hugo 11
Augsburg 82, 488
Augustendorf 299
Augustfehn 58f., 222-224, 337, 405, 542
Aumühle bei Wildeshausen 172
Axmann, Werner 448

B
Baaken, Heinrich 137
Bachem, Julius 40
Bad Driburg 467
Bad Harzburg 397, 433
Bad Honnef 286
Bad Zwischenahn 158, 173, 213, 220, 222, 224, 230–234, 236f., 240, 244f., 257f., 311, 339f., 348, 407, 421, 441, 443, 467, 485, 490–493, 498, 502, 504, 536, 540, 542
Baeumker, Clemens 374
Bäke 422
Baha, Agnes 119
Baha, Norbert 25, 40, 526
Baha, Wenzel 119
Bahr, Heinrich 406, 453, 539
Bakum 113, 221–224, 272, 309, 314f., 331
Ballin, Carl 172f.
Bamberg 75, 485
Bamberg (Erzdiözese) 17f., 30, 243, 283, 511, 514
Bant siehe Wilhelmshaven-Bant
Bardenfleth 542
Bardewisch 542
Barein, Otto 271
Barsinghausen 306
Barßel 76, 160, 227, 238, 401, 500, 538, 547
Bartetzko, M. Hedwigis 184
Bautsch/Ostsudeten 128
Bazenheid/St. Gallen 212f.
Beckum 237
Beckmann, Florenz 238
Bednara, Ernst 92

Beering, Bernhard 412
Behnke, Joachim 20
Behrends, Gemeindedirektor 344
Beigel, Eduard 428
Bendel, Rainer 11, 36f., 55
Bensberg 267
Bensheim 467
Benstrup 155, 211, 223f., 547
Bergfeine bei Damme 267
Berlin 178, 267, 285, 290, 304, 360, 376–378, 396, 430, 522
Berlin (Diözese) 5, 378, 452
Berne 224, 285, 329f., 401, 421, 537, 539, 542
Berning, Wilhelm 83, 85, 142, 244, 266, 341, 420
Bersenbrück 444
Bertram, Adolf 129, 202, 403, 428, 502
Besier, Gerhard 28
Bethen bei Cloppenburg 130f., 133–137, 139f., 223f., 275, 349, 396, 432, 465, 467f., 538, 547
Bethlehem 441
Beuron 467
Beuthen (O/S) 116, 416, 502
Beverbruch 223f., 405, 426, 428, 456, 460, 547
Bevern 223f., 547
Bevin, Ernest 136
Bielau 184, 398, 407
Bilchengrund 175
Bitter, Leo 219
Blaschke, Paul 432, 540
Blessing, Werner K. 17, 29f., 40, 511, 514, 528
Blexen 109, 324, 327, 542
Blexersande 337
Bocevicius, Johannes 397
Bocholt 162, 237
Bochum 74, 141
Bochum-Harme 457
Bock, Pastor 307
Bockhorn 99, 108, 181, 187, 210, 212f., 224, 230, 234, 236f., 240, 257, 303, 309, 312, 318f., 324f., 337, 339, 345, 381, 388, 401, 404, 427, 460, 536, 539, 542
Böckenförde, Ernst-Wolfgang 41
Böggering, Laurenz 120, 430f.

Böhmer, Hermann 163, 211, 250, 320, 503f.
Böhr, Norbert 494
Böning, Herta 298
Bösel 396, 406, 540, 547
Bohmann, Josef 221
Bohrau 399
Bokelesch 547
Bollingen bei Strücklingen 173, 185, 550
Boning, Theodor 496
Bonn 82, 265, 360, 395
Borbeck 257
Borgstede 255, 257
Borken 148, 237
Bottrop 159, 237
Bottrop-Boy 212
Brake 58f., 158, 163, 165, 181, 198, 201, 209, 211, 223f., 226, 250, 285, 307, 312, 320, 337, 398, 418, 426, 503f., 537–539, 541f.
Brand/Grafschaft Glatz 310, 409
Brand, Josef 392
Brandis, Dr. Stadtdirektor 171
Branitz 5, 428, 440, 479
Braun, Gustav 417
Braun, Hans 36
Braunsberg 462
Braunschweig 55, 335, 346, 350, 354f.
Braunstein, Karl 417
Breddewarden 495
Breitenstein 152
Bremen 173, 177, 252, 497
Brengelmann, Bernhard 112, 392
Breslau 75, 80, 88, 96, 110, 183, 186, 214, 240, 277, 305, 310, 353, 358, 360, 369, 373–376, 378, 380, 385, 387, 390, 394, 396–399, 403–407, 409, 411–413, 417, 419, 425f., 428, 430, 432f., 435f., 438, 440, 447f., 452, 462, 466, 469, 485, 487, 495, 506, 528
Breslau (Erzdiözese) 3–6, 89, 107, 220, 309, 378, 381, 383, 385, 404f., 407, 415, 417, 426, 428, 435, 438f., 457f., 468, 478, 493, 504, 538–541
Breuer, Bernhard 432
Brieg 240
Brockau 240
Bromberg/Westpr. 152
Broszat, Martin 17

Bruchhausen-Vilsen 444
Brünn (Diözese) 6
Bucher, Rainer 383, 527
Budweis (Diözese) 6
Bühren 223f., 302, 547
Bümmerstede 238f., 257, 273–276, 278f., 339, 490f., 536
Buer 237
Bürgerfelde 339
Büscherhoff, Johannes 211
Bütschwil 213
Büttner, Albert 142, 461
Buken, Leonhard 191, 355
Buldern 148
Bunnen 155, 210, 223f., 309, 439, 541, 547
Bungerhof siehe Delmenhorst-Bungerhof
Burental 357
Burgsteinfurt 236f.
Burhave 184–186, 189, 196, 213, 224, 230, 234, 236f., 313, 318f., 340f., 361, 369, 390, 397f., 401, 404, 407, 421, 425, 537–539, 542
Burlo bei Borken 240
Butschkau 404
Buxtehude 272
Byrnes, James Francis 443

C
Cäciliengroden 257, 341, 348
Cappeln 211, 223f., 289, 309, 547
Carum 223f., 547
Celle 359
Chemnitz 160
Christian, Josef 213, 404, 421, 540
Christoph, Paul 541
Cleverns 542
Cloppenburg 56–59, 61, 112f., 133, 160f., 167, 170f., 175, 180, 192, 194f., 199, 202, 208, 223–225, 229f., 236f., 270–272, 275, 289f., 293f., 299–301, 304, 309, 321, 352, 355f., 366, 392, 403, 406f., 426, 432, 465, 472, 474f., 480, 485, 499, 501, 539, 547
Coesfeld 237, 465
Comte, Auguste 1
Conzemius, Victor 27
Cottbus 310
Crossen 396
Czech, Erich 444

Czerwensky, Max 432

D
Damberg, Wilhelm 31f., 44
Dammann, August 307, 309
Dammann, Clemens 268
Damme 58, 156, 160, 167–169, 172, 175, 184f., 189f., 202, 223f., 237, 268f., 273, 289, 397, 425, 432, 472, 474f., 480, 538, 547
Dangast 255, 257
Dangastermoor 257
Danzig 5, 360, 411
Danzig (Diözese) 5, 399, 479, 486
Darfeld 432
Datteln 236f.
Daum, Adolf 324, 327
Debring, Johannes 268
Dedesdorf 542
Dellepoort, Jan 480
Delligsen 357
Delmenhorst 25, 40, 56, 58f., 61f., 89, 102, 104, 110–112, 114–119, 139, 160, 164, 174, 176–181, 183–185, 189f., 201f., 204–206, 209, 214, 219f., 223f., 226f., 237, 242f., 252, 259f., 276f., 279, 281, 315, 318f., 322–327, 330, 332, 337, 355, 386, 396, 400f., 407–411, 421, 423f., 426, 445, 458, 467, 474, 476, 480, 491, 495, 497, 505, 516f., 526, 536, 538–540, 542
Delmenhorst-Adelheide siehe Adelheide bei Delmenhorst
Delmenhorst-Bungerhof 339
Delmenhorst-Düsternort 181, 184f., 189, 279, 339, 358, 536
Diederich, Franz-Josef 230
Diedrich, Rudolf 177
Diepholz, Kreis 104
Dinklage 113f., 144, 160, 194, 202, 223f., 236, 268, 290, 315, 328, 406, 426, 548
Dirks, Walter 378, 442
Doering-Manteuffel, Anselm 20, 28
Dörndorf 247
Dötlingen 542
Doms, Herbert 374
Donnerschwee siehe Oldenburg-Donnerschwee
Dorsten 237

Dortmund 8, 76, 301, 504
Dortmund-Hörde 378
Driesen/Neumark 80
Duderstadt 175
Dülmen 237
Düpe/Steinfeld 266
Düsseldorf 7, 82
Düsternort siehe Delmenhorst-Düsternort
Duisburg 87, 128, 159, 208
Durlagsberg siehe Löningen-Durlagsberg

E
Ebsen, Wulf 302f.
Eckersdorf/Grafschaft Glatz 353
Eckfleth 339, 348
Eckhardt, Albrecht 24
Eckwarden 542
Edding, Friedrich 22, 320
Edewecht 257, 491, 536, 542
Eggeloge 257
Ehlen, Nikolaus 266
Ehlers, Hermann 304, 306, 312
Ehren, Hermann 95
Ehrendorf siehe Kroge-Ehrendorf
Eichendorff, Joseph Frhr. von 82
Eichstätt 86
Eickmeier, Anton 277
Einsiedeln 212
Einswarden 59, 109, 224, 295, 399, 542, 550
Eisersdorf 248, 397, 412
Elisabethfehn 7, 289, 425, 548
Elkeringhausen 500, 503, 505
Ellenstedt 223f., 496, 548
Elmeloh bei Delmenhorst 179
Elmendorf 257
Elmendorf-Helle 257, 339f., 348
Elsfleth 137, 181, 213, 224, 230, 232–234, 236f., 247, 261, 301, 318f., 329, 381, 402, 407, 445, 459, 461, 536f., 539, 542
Elsner, Leonhard 254, 453
Elsten 223f., 309, 406, 548
Elsten-Warnstedt 453
Elwes, Oberst 193
Emsdetten 113, 120
Emstek 170, 223f., 289–291, 293, 300, 302f., 314, 333, 426, 471, 548

Engelbert, Josef 248, 360, 366, 369
Enneking, Heinrich 337
Erfurt 11, 487f.
Erkenschwick siehe Oer-Erkenschwick
Esch siehe Ibbenbüren-Esch
Esenshamm 543
Essen 82, 178, 187, 206, 209, 219, 223f., 236, 284, 289f., 309, 392, 547f.
Essen, Werner 70
Eveking siehe Werdohl-Eveking
Evenkamp 155, 206, 209, 223f., 548
Eversten siehe Oldenburg-Eversten

F
Fargo 229
Faulhaber, Michael von 143
Fedderwarden 495, 543
Fedderwardergroden siehe Wilhelmshaven-Fedderwardergroden
Feicke, Karl 539
Feldmann, Werner 268
Ferche, Josef 115, 136, 436, 450, 458
Finckenstein, Gräfin 368
Firmenich, Peter 177
Fischer, Bruno 538
Fischer, Kurt 351, 357, 368
Fitzner, Georg 453, 538
Fladderlohausen 289, 549
Fligge, Armin 321, 355
Folkers, Folkert 311
Follmersdorf bei Kamenz 137, 247
Fortmann, Anton 108, 392f.
Frankenstein 489f.
Frankfurt/M. 82, 142, 192, 378, 416, 441, 446, 461
Frankfurt-Oberrad 461
Franosch, Oskar 133, 149, 385f., 419
Frauenburg 4
Freckenhorst 237
Frei, Mathilde 212–214
Freiburg 142, 201, 420, 485, 498, 504f.
Freiburg (Erzdiözese) 241, 243
Freitag, Werner 308, 527
Freytag, Clemens 273
Friemel, Erich 467
Friesoythe 58, 160, 202, 219, 223f., 227, 237, 289, 303, 460, 472, 474f., 480, 548
Friesoythe-Kampe 374, 411

Frieß, Michael 315
Frings, Josef 18, 179, 415f., 452, 464, 468
Fröhlich, Ewald 286
Füchtel siehe Vechta-Füchtel
Fuhrenkamp 255, 257
Fulda 93, 152, 456, 468, 488
Fulda (Diözese) 452

G
Gabiersch, Arthur 444
Gabriel, Alex 500, 530
Gabriel, Karl 29, 44f., 50
Gade, Max 457
Galen, Christoph Bernhard von 268
Galen, Clemens August Graf von 18f., 144–148, 150, 153, 268, 284, 335f., 338, 352, 379, 386, 408
Ganderkesee 101f., 104, 119, 132f., 187, 190, 210, 213, 220, 224, 230, 234f., 237, 241, 246f., 252, 258f., 262, 309f., 314f., 319, 327, 339–342, 344–346, 380, 384–386, 388, 409, 420f., 424, 446, 502, 536, 543
Garmisch-Partenkirchen 406, 453
Garrel 314, 548
Gatz, Erwin 482
Gauly, Thomas M. 30
Gebauer, Bärbel 504
Gebauer, Georg 485
Gehrden 315
Gelsenkirchen 80, 322, 388, 493
Genf 301
Gewieß, Josef 374
Geyersdorf 88
Gifhorn 351
Gillmann, Wilhelm 156–159, 161, 164, 204, 217
Gladbeck 237
Gläsendorf 432
Glaeser, Herbert 350
Glatz 5, 88f., 96, 110, 112, 138, 240, 251, 399, 417, 419, 431, 434, 440, 443, 445, 453, 455f., 467, 479, 486f., 515, 538f., 541
Gleinig, Werner 303
Gleumes, Heinrich 482
Goch 235
Goebel, Georg 96–99, 445f.

Göbel, Josef 432
Göken, Johannes 293
Goerlich, Stephan 169, 433, 538
Görlitz 5, 381, 435, 447, 451, 453f.
Göttingen 347, 357
Göttke, Franz-Josef 426
Goldenstedt 219, 223f., 269f., 289, 397, 432, 538, 548
Goldmann, Reinhold 485
Golombek, Oskar 74, 128, 186, 447, 450, 467, 488
Golzwarden 307, 543
Gorski, Hanns 365
Goslar 357
Grabstede 257
Grafenhorst, Heinrich 108f., 111f., 119, 121, 129, 161, 163, 170, 191, 196, 211–214, 225f., 232f., 235, 237f., 242, 259, 262, 267, 270–274, 277, 312, 316, 323, 326, 330f., 343, 348, 353–355, 357, 360f., 369, 390, 407f., 427f., 430f., 439, 447, 457, 461, 497f., 503f.
Grebe, Friedrich 268, 272, 309, 331
Gremlowski, Günther 119
Grimme, Adolf 352
Gröger, Herbert 128f., 488
Großenkneten 257, 290, 405, 543
Großenmeer 543
Großmann, Thomas 26
Grüssau 383, 385, 538
Gruhn, Georg 137, 211, 233, 262, 405, 420, 423, 456, 540
Grulich 89
Grummersort siehe Wüsting-Grummersort
Guardini, Romano 377, 379f., 384, 395
Günther, Hubertus 110f., 115f.
Güttler, Pius 397, 538
Gunzenhausen/Mittelfranken 286

H
Haase, Felix 374
Haasler, Horst 357
Habelschwerdt 248, 398, 426, 456, 459f.
Hachmöller, Josef 340, 349
Hackmann, August 160, 175
Hadamczik, Ernst 541
Härtel, Alfons M. 87, 401

Hagel, Josef 158, 258, 274, 407, 421, 441, 443f., 490, 492f., 502, 540
Halen 548
Halen-Höltinghausen 223f., 548
Halfter, Konrad 361, 369
Halle/Saale 80
Hamburg 150, 208, 248, 434
Hamburg (Erzdiözese) 395
Hammelwarden 543
Hanneken, Bernhard 354
Hannover 55, 82, 197, 251f., 266, 278, 283, 287, 313, 315, 346f., 350, 352–354, 357, 359, 361, 364f., 367
Happerschoß siehe Hennef-Happerschoß
Haren 244
Harkebrügge 199, 211, 548
Harms, Hugo 288
Hartmann, Erwin 134, 495
Hartz, Franz 93, 418, 456–458
Hasbergen 110, 543
Haskamp, Clemens 214
Haste siehe Osnabrück-Haste
Hatten 543
Hattwig, Wilhelm 444
Hawellek, Gottfried 419
Hedwig von Schlesien 79, 88f.
Heidegger, Martin 75
Heidmühle 257, 491, 537, 545
Heimann, Erich 305
Heinen, Anton 72
Heinold, Hubert 456, 460
Hekelermoor 422
Helbling, Familie 213
Helle siehe Elmendorf-Helle
Hemmehübel/Böhmen 81
Hemmelsberg 422
Hemmelte 223f., 293, 539, 548
Hennecke, Alfred 493–495
Hennef-Happerschoß 178f.
Hennewig, Josef 412
Hentschel, Karl 398, 418, 432, 541
Henze, Hubert 273
Heppens 301, 546
Herbermann, Nanda 212f.
Hermannsdorf 404f.
Herrnstadt/S. 466
Herten 237
Herzogswalde 404

Hespenriede/Kr. Hoya 174, 189
Heuss, Theodor 19
Hiddigwarder-Ollenermoor 422
Hildegarda, Schwester 405
Hildesheim 73, 126, 175, 177, 251, 266f., 306, 348, 360, 366f., 370, 429, 468, 479, 485
Hildesheim (Diözese) 60, 177, 283, 315, 320, 338, 353, 359, 366, 399, 420, 433, 452f., 468, 470, 528
Hillen, Johannes 397, 413, 502, 504
Hillen, Maria 502
Hiltrup 156
Himmelsthür bei Hildesheim 175
Hindenburg (O/S) 186, 205, 425, 432
Hinxlage, Helmut 476
Hirschmann, Hans 80, 141
Hlond, Augustyn 3f.
Hochhuth, Rolf 41
Höffner, Joseph 390, 427f., 487
Hölscher, Johannes 222
Höltinghausen siehe Halen-Höltinghausen
Hörde siehe Dortmund-Hörde
Hörstmann, Theodor 290, 300–302
Hoffmann, Hermann 376, 380, 395
Hoheging 548
Hohenkirchen 255, 257, 543
Holdorf 223f., 269, 459, 549
Holle 311, 400, 422, 543
Holling, Antonius 471
Holling, Theodor 86, 126, 149, 152f., 158f., 161–163, 177, 218, 234f., 237
Holtemöller, Bernhard 392
Honeburg 487
Hooksiel 257
Hoppe, Otto 169, 433, 540
Hoppe, Paul 487
Hoppe, Wilhelm 540
Hoya/Grafschaft 104
Hude 116, 213, 224, 227, 229f., 234, 237, 239f., 244, 248, 259, 274, 296, 308–311, 318f., 339, 343f., 356, 400f., 409, 422, 432, 437, 536, 538, 543
Hudermoor 422
Hüls bei Krefeld 93, 456
Hünern 240, 404, 460
Hünfeld 240
Hürten, Heinz 15, 19, 27, 35, 43, 472
Huising, Elsa 499

Hultschin 432
Huntlosen 223f., 230, 234, 237, 257, 405, 423, 491, 543
Hurrel 422
Huslage, Heinrich 118, 334, 392

I
Ibbenbüren-Esch 148, 234
Idafehn 289, 550
Ihausen 543
Ilanz/Schweiz 170
Immenheim/Mrotschen 425
Innsbruck 150, 466

J
Jacob, Günter 330
Jacobs, Rolf-Dieter 329
Jade 115, 224, 230, 237, 252, 257f., 261, 285, 310, 318f., 543
Jaderberg 238, 240, 257, 262, 339, 348, 406, 418, 439, 537
Jaeger, Lorenz 80, 83, 126, 145, 260, 263, 288, 415
Jahn, Friedrich Ludwig 69
Jansen, Bernhard 374
Janssen, Heinrich Maria 479
Janssen, Otto 299
Janßen, Sigisbald 309
Jaritz, Otto 102, 121f., 124–129, 164, 201, 212, 222, 235, 239, 241, 243–245, 261f., 278, 309–311, 341, 351, 353–357, 359–362, 364–367, 369, 388, 406–408, 421, 430–432, 435, 438–449, 453, 457, 459, 539
Jassy (Diözese) 96
Jedin, Hubert 374, 376, 390
Jendrzejczyk, Hugo 238, 262, 310, 406, 418, 431, 447, 540
Jessing, Josef 230
Jever 58f., 108, 221–224, 257, 330f., 337, 406, 421, 540, 543
Johannes XXIII. Papst 389f., 528
Jokiel, Rudolf 74, 83
Jolles, Hiddo M. 23
Jonczyk, Gerhard 419, 447

K
Kaiserslautern 398
Kaller, Maximilian 80, 86f., 132, 264f., 284, 415f., 419–421, 434, 442f., 450–452, 455, 462, 499
Kaluza, Hans 496f.
Kamenz 137, 459
Kampe, siehe Friesoythe-Kampe
Kant, Immanuel 323
Kaps, Johannes 34
Kather, Arthur 487
Kattowitz 518
Kattowitz (Diözese) 6, 265
Kaufmann, Franz Xaver 29, 44
Keller, Michael 63, 102, 113, 116, 118, 121, 126f., 139, 150f., 190, 231, 234f., 239, 244, 259f., 271, 332, 348, 353, 355, 358, 364, 384, 393f., 403, 420f., 424, 428, 430, 434, 454f., 458, 465f., 469, 484f., 511, 523
Kellerhöhe 223f., 548
Kessel, Friedrich von 357, 366
Ketteler, Wilhelm Emmanuel von 276
Kettmann, Josef 392
Kevelaer 133
Kewitsch, Paul 439f.
Kierspe 96
Kindermann, Adolf 13f., 33, 68, 227, 259, 373, 451, 469, 487f., 521
Kinzel, Rudolf 158, 163, 209, 223
Kirchhatten 257, 259, 405
Klein, Maria 112f., 121
Kleine, Rudolf 495
Kleineidam, Erich 469, 488
Kleinenkneten 337
Klenner, Paul 109
Kleuschnitz 403
Kleve 162, 479
Klische, Ernst 342
Kloppenburg, Heinz 301, 303, 306f., 314, 316
Knauer, Alois 213, 431f., 496, 538
Kneheim 223f., 439, 453, 549
Kober, Josef 356, 421, 447, 541
Koblenz 76
Koch, Josef 374
Köhler, Joachim 11, 18, 35–38, 55
Köln 7, 82, 128, 136, 177f., 186, 265, 284, 286, 436, 452, 455, 509
Köln (Erzdiözese) 147, 177, 179, 241, 396, 408, 414f., 453, 479

Königgrätz (Diözese) 6
König, Winfried 88
Königsberg/Ostpr. 300
Königstein/Taunus 20, 68, 87, 93, 121, 182, 258f., 435, 450f., 462, 465f., 468, 470, 485, 487f., 495
Kösters, Christoph 378, 525
Kösters, Joseph 391
Köterende-Buttel 422
Kogon, Eugen 442
Konstanz 212
Koopmannsiedlung 257
Kopf, Hinrich Wilhelm 71, 98, 170, 192, 347f., 356, 359
Kopyciok, Alice 210, 502
Koselleck, Reinhart 37
Kramny, Winfried 485
Krapp, Otto 268, 367
Krefeld 284, 456
Kreuzburg 406
Kreuzlingen 212
Kreyenbrück siehe Oldenburg-Kreyenbrück
Krimpenfort, Otto 425, 432
Kröger, Albert 392
Kröger, Siegfried 267f.
Kroge, 223f.
Kroge-Ehrendorf 224, 397, 433, 453, 549
Kroll, Walter 457
Kronberg/Ts. 229, 231
Krone, Heinrich 219, 306, 406f., 492
Krümpelmann, Bernard 160
Krüss, Pater (Redemptorist) 254
Kühling, Georg 268
Kühr, Herbert 30, 43f., 47
Kugelmann, Carolus Antonius 231, 233
Kulm 425
Kulm (Diözese) 5
Kunigk, Herbert 367
Kuntscher, Ernst 95, 128f.
Kurnoth, Rudolf 88, 99, 117, 387, 419
Kuropka, Joachim 39

L
Ladbergen 234
Laer/Kr. Steinfurt 96
Lammerding, Franz 426
Landsberg/Warthe 351
Landeshut 385

Lanfermann, Heinrich 154
Lange, Ernst 128, 133, 369, 403, 443, 538
Lange, Rudolf 13–15, 75, 84, 129f., 521
Langeland, Otto 105
Langendorf 493
Langeoog 444
Langer, Adolf 401, 426–428, 430, 456, 459f., 539
Langewiese 457
Langförden 221–224, 549
Langner, Albrecht 28
Langwarden 313, 543
Lastrup 180, 223f., 309, 396, 432, 540, 549
Lathen 244
Laurahütte 397
Laurentius, Pater (Dominikaner) 254
Lea, Gerhard 290, 300
Lechtenberg, Johanna 503
Lehmann, Albrecht 23
Lehmann, Karl 3, 12
Lehre bei Braunschweig 305
Leiber, Robert 416
Leipzig 150
Leister, Konrad 213, 239f., 244, 308, 310f., 343f., 356, 400, 409, 422, 432, 437, 447, 538
Leitmeritz (Diözese) 6
Leiwering, Hubert 396
Lemberg, Eugen 22, 70, 75
Lemwerder 137, 211, 224, 233, 244, 259, 262, 296, 329, 337, 339, 405, 407, 423, 427, 456, 537, 543
Leobschütz 5
Lepsius, M. Rainer 41–43
Leschik, Anton 541
Lethe bei Ahlhorn 167, 171–173, 185, 189, 224
Lettau, Josef 505
Liebau (N/S) 205, 411
Liegnitz 80
Lienen 234
Limburg 444, 455, 461, 485, 492, 495f.
Limburg (Diözese) 470
Linder, Emil 421, 539
Lindern 223f., 293f., 298–300, 302, 397, 426, 549
Lingen/Ems 25, 85, 110, 244, 346, 352, 487

Lingen/Grafschaft 233
Lintel 422
Lippramsdorf 148
Lippstadt 80, 93, 96f., 101, 145, 439, 445
Listrup 110, 132, 487
Loburg 465
Löbbert, Alfons 178
Löningen 98, 108, 155, 206, 209, 219, 223f., 265, 289, 310, 426, 474, 541
Löningen-Durlagsberg 199
Logemann, Gerhard 310, 329
Lohne 112f., 154, 199, 223f., 226, 268f., 289, 392, 396, 401, 426, 432, 456f., 460, 549
Lohr 377
Lorenz, Franz 35
Loslau 457
Lossen 409
Loth, Wilfried 28
Loy 257
Ludlage, Georg 314, 503
Ludwigsfelde/Brandenburg 290
Lübben 310, 407
Lübeck 230, 307
Lücke, Paul 272
Lüdenscheid 96
Lüdinghausen 159, 237
Lünen 411f.
Lüsche 222–224, 549
Lüttinger, Paul 23
Lukaschek, Hans 95, 115
Luther, Martin 323
Lutten 223f., 238, 549

M
Machens, Joseph Godehard 86, 126, 192, 360, 366, 370, 420
Machinia, Engelbert 254, 322f., 388, 493, 495, 541
Magdeburg 11, 262
Maibusch 422
Maier, Friedrich Wilhelm 374
Maier, Hans 20
Maifritzdorf bei Kamenz 137, 247
Mainz 11, 377, 468, 494
Mainz (Diözese) 395
Mandelsloh 353
Manthey, Franz 73–75

Maria Schnee 89
Maria Veen 132, 459
Marienbaum siehe Xanten-Marienbaum
Marienthal bei Wesel 79
Markhausen 549
Meersburg 412
Meder, Dietmar 38
Meissen (Diözese) 452, 485
Melis, Damian van 18
Menges, Walter 29
Meppen 93, 95, 101f., 272, 439
Merkatz, Hans Joachim von 22
Mertens, Helmut 492, 495
Merveldt, Max Graf von 268f., 272f.
Metten 116
Meyer, Anton 294
Meyer, Richard 360–364, 367
Meyer, Rudolf 303
Michael (Erzengel) 327
Michel, Wilhelm 243f.
Middogge 543
Mijdrecht/Belgien 253
Milwaukee 229
Minsen 100, 358, 544
Mittelwalde 113
Moers 387
Moers-Asberg 419
Molbergen 222–224, 271, 309, 426, 549
Monse, Franz 72, 111, 113–115, 132, 136, 251, 380, 417, 419, 426–428, 434, 443, 455f., 487, 515
Moordeich 230, 545
Morotini, Carl 364
Morsey, Rudolf 527
Morthorst, Franz 270
Moschner, Gerhard 436, 450, 488
Mosler, Josef 320
Muckermann, Friedrich 212
Mühlen 113, 158, 209, 223f., 226, 244, 490, 549
Müller, Franz 177
Müller, Johann Erik 229f.
Müller, Otfried 415, 488
Muench, Aloisius Joseph 228f., 231
München 68, 70, 74, 81–83, 92, 377, 442, 466, 488
München-Freising (Erzdiözese) 406, 453, 455

Münster 83, 87f., 91–93, 101f., 113f., 126, 128f., 137, 140, 144–146, 148, 150, 152f., 156, 158f., 162–164, 166, 177, 200f., 207, 212, 214f., 233f., 238, 265, 267f., 270, 277, 286, 290f., 298, 308, 315, 332, 348, 374, 388, 392–394, 396–398, 403, 406, 409–411, 415, 418–420, 424, 426f., 430, 439–441, 455f., 468f., 471–474, 479, 486–488, 506, 511, 513, 523
Münster (Diözese) 30–33, 46, 56f., 59, 62f., 67, 86, 88–90, 93, 101, 104, 111, 113, 116, 121f., 125–127, 138, 144f., 147–149, 152f., 161, 177, 212, 230, 233, 243, 260, 262, 265, 267, 270f., 275, 310, 315, 344, 352f., 373, 379, 383, 386, 392, 394–396, 408, 410f., 415, 418f., 426, 428, 430f., 434–436, 440, 449, 451, 453, 457, 462, 464, 466, 468–472, 475–479, 481, 483–486, 490, 497, 501, 511
Münster-Hiltrup siehe Hiltrup
Mutke, Franz 540
Myslowitz (O/S) 80

N
Nadorst siehe Oldenburg-Nadorst
Nahne siehe Osnabrück-Nahne
Namslau 240
Nastainczyk, Wolfgang 485
Nauke, Helene 110
Naumburg/Queis 432
Negwer, Josef 451
Neisse (O/S) 183, 243, 375, 377, 399, 403, 407, 425, 438f., 459, 489
Nentwig, Norbert 538
Neuenburg 257, 288, 544
Neuende siehe Wilhelmshaven-Neuende
Neuengroden siehe Wilhelmshaven-Neuengroden
Neuenhuntorf 544
Neuenhuntorfermoor 422
Neuenkirchen 223f., 237, 269, 289, 347, 396, 549
Neuenkoop 422
Neuenwege 257
Neumann, Adalbert 540
Neumann, Klemens 375, 383f., 395
Neuscharrel 227, 549
Neuß 82

Neuzelle 485
Nieberding, Bernhard 426
Nieberding, Heinrich 425f.
Niehaus, Antonie 500, 503
Niemeyer, Aloys 133, 349
Nienberge 275
Niermann, Wilhelm 115f., 119, 160, 163, 174, 177–179, 184, 219, 242f., 277, 323, 325f., 330, 386, 400, 409, 411, 423
Nietzsche, Friedrich 323
Nikolausdorf 222–224, 425, 549
Nipperdey, Thomas 1
Nittritz 374
Noppel, Constantin 157, 204
Norddöllen/Visbek 348
Nordenham 58f., 104, 115, 119f., 165, 175f., 201, 223f., 248, 319, 334, 337, 397, 399, 412f., 500, 502–504, 538f., 541, 544
Nordenholz 422
Nordenholzermoor 422
Nordloh 544
Nordwalde 93, 113
Nottuln 159, 237
Nowak, Kurt 36
Nürnberg 286

O
Obenstrohe 255, 257
Oberglauche 357
Oberhammelwarden 543
Oberhausen 422
Oberrad siehe Frankfurt/M.-Oberrad
Ocholt 257, 422
Ochtrup 149
Oelde 90f.
Oels 305
Oer-Erkenschwick 466
Oesede 110
Ofen 222, 544
Ofenerdiek 256–258, 342, 348
Offenstein, Wilhelm 251, 267, 306
Ohlau 240, 403
Ohmstede 257, 544
Ohrmann, Heinrich 177
Oldenbrok 285, 544
Oldenburg 25, 39, 55–60, 62, 64, 67, 71, 76, 88, 91, 95, 97–102, 104, 111–113, 120, 122, 124–131, 133, 136–138, 143, 148,

150, 153–155, 157, 159–161, 163–167, 171–174, 176f., 179–182, 184–192, 194–201, 205f., 208, 211, 213, 215, 219, 221–225, 231f., 235–237, 240, 242, 244f., 248, 252–255, 257–261, 263, 267, 269, 272f., 277, 279–281, 283, 285–290, 292f., 298f., 302, 304, 306, 311, 315, 319–321, 323, 327f., 330f., 335–343, 345–351, 353f., 356, 359f., 365–367, 369f., 380, 388, 390–392, 394, 397, 402–407, 419, 424, 426, 429, 432, 434–437, 439f., 444–446, 448–453, 457f., 467, 470f., 474–476, 480, 485, 487, 489–495, 497, 499, 501, 505, 514, 517, 521, 540f., 544
Oldenburg-Bümmerstede siehe Bümmerstede
Oldenburg-Donnerschwee 342f.
Oldenburg-Eversten 181, 257, 276, 306, 537, 543, 550
Oldenburg-Kreyenbrück 103, 181, 211, 214, 248, 278, 339, 388f., 401, 427, 466, 485, 503f., 537, 540
Oldenburg-Nadorst 232f., 339, 343, 536
Oldenburg-Ofenerdiek siehe Ofenerdiek
Oldenburg-Osternburg siehe Osternburg
Oldorf 544
Olmütz (Erzdiözese) 5f., 399, 427f., 540
Olsberg 415
Omaha 241
Omasmeier, Rupert 497
Oppeln (O/S) 110, 406, 438
Oppersdorf/Kr. Neisse 184, 406
Orsenigo, Cesare 144
Osnabrück 85, 89, 93, 114, 122f., 150, 177, 244, 266, 327, 359, 362, 365, 369, 393, 420, 429, 434, 461, 468, 485
Osnabrück (Diözese) 60, 80, 84, 91, 93, 101, 103f., 110, 112, 120f., 125, 128, 130, 139, 177, 233, 341, 399, 428f., 444, 452, 455, 468, 487, 523
Osnabrück-Haste 487
Osnabrück-Nahne 110
Ostbevern 465
Ostau, Joachim 98
Osterfeine 223f., 549
Osterforde 257
Osternburg 59, 180f., 211, 223f., 257, 286, 314, 337, 418, 426, 501, 503f., 536f., 544
Ostrhauderfehn 547

Ovelgönne 312, 544
Overmeyer, Franz 268
Overmeyer, Josef 222
Oythe 168, 223f., 397, 538, 549

P
Paderborn 8, 80, 89, 177, 232, 238f., 260, 263, 288, 378, 399, 415, 441, 455, 468, 498, 500, 503f.
Paderborn (Erzdiözese) 80, 84, 147, 177, 204, 243, 398, 408, 452, 457, 470, 505, 523
Pakens 544
Pallotti, Vinzenz 496
Pallus, Rudolf 539
Papenburg 152, 160, 364
Passau 82
Passau (Diözese) 313, 406, 453
Paul VI. Papst 431
Pauly, Julius 356
Peheim 549
Pellenwessel, Anne 321
Pelplin 73, 425
Penkert, Alfred 408, 429, 434, 452, 478
Peter, Bruno 113
Peuckert, Will-Erich 376
Pfahlhausen 422
Pieschl, Gerhard 14
Piontek, Ferdinand 381, 407f., 435, 438, 448, 453
Pius X. Papst 379
Pius XI. Papst 156, 297, 393
Pius XII. Papst 4, 72, 126, 143–145, 190, 239, 260, 264, 273, 296f., 416, 452f., 463, 469
Plaschczek, Corbinian 116
Platz, Hermann 395
Plehn, Edmund 114, 374, 411, 432, 538
Plochocin 425
Plön 492
Plomnitz 397
Plump, Gottfried 113, 160
Pohlschneider, Johannes 63f., 90–92, 102, 108f., 111, 120, 153f., 160f., 164, 166, 171, 173f., 177, 191f., 194, 200f., 208, 210, 212f., 218, 227–232, 234, 261, 263, 266–268, 271–273, 284, 288–290, 292–294, 298–302, 305–308, 311f., 314f., 336, 340–

343, 348, 354, 399, 401f., 404, 408, 413, 421, 424f., 428, 431f., 441, 454–456, 467, 492f., 495f., 502f.
Pollak, Josef  539
Porwit, Aloys  397, 433, 453, 538
Poschmann, Bernhard  207, 374
Posen  80
Posen (Diözese)  5
Prag  68, 81, 451, 456, 469
Prag (Erzdiözese)  5f., 96, 409, 417, 419, 431, 538f., 541
Pribilla, Max  7f.
Pricking, August  87f., 148, 162, 410
Prien/Chiemsee  286
Prinz, Heinrich  396
Przygoda, Herbert  425
Pschow  436
Puschine  358, 403
Puzik, Erich  103, 469

Q
Quakenbrück  175
Quatmann, Franz  426

R
Radzionkau  406
Ragnit  357, 360
Ramatschi, Paul  435, 469
Ramsdorf  236
Ramsloh  173, 187, 214, 538, 549
Rastede  102f., 122, 124, 127, 164, 187, 201, 206, 211f., 222, 224, 229f., 234f., 237, 239, 241, 243f., 257, 261, 263f., 266, 278, 285, 309–311, 327, 339–342, 351, 353, 357, 361f., 369, 388, 407, 421, 435, 439f., 448, 457, 492, 536, 544
Ratenau  425
Rauch, Jakob  455
Raupach, Hans  69f.
Rauscher, Anton  28
Rechterfeld  211, 222–224, 269, 496, 549
Recklinghausen  159, 237, 240, 411, 419, 432, 466
Recklinghausen-Röllinghausen  419
Reeken, Dietmar von  44
Regensburg  82
Regensburg (Diözese)  243
Reichenau/Schlesien  398

Reichling, Gerhard  62
Reinbek  186
Reken  459
Rengersdorf  248
Rheine  234
Richter, Clemens  379
Richter, Helmut  102, 119, 133, 219f., 231, 235, 241, 247, 258, 262, 309f., 315, 340, 344f., 380, 384–386, 388, 409, 420f., 424, 446, 448, 540
Rimsting  286
Rindern  479
Ringel, Bruno  119
Ritter, Hermann  369, 485
Rodenkirchen  158, 256, 258, 262, 307, 536f., 544
Roeder, Ernst  409
Roegele, Otto B.  10f., 471, 523
Röllinghausen siehe Recklinghausen-Röllinghausen
Roffhausen  180f., 185f., 191, 196, 213, 224, 257, 330f., 339, 358, 421, 432, 490f., 537
Roleff, Heinrich  152
Rom  4, 126, 144, 148, 199, 229
Rosenberg  406
Rosenheim  116
Rosenhügel, siehe Wilhelmshaven Lager Rosenhügel
Rosenthal/Grafschaft Glatz  96
Roter, Augustin  391
Rothenfels (Burg)  377
Rothfels, Hans  27, 66
Rottenburg (Diözese)  38, 87, 333, 401, 453, 468
Rudolph, Hartmut  36, 51
Rühlermoor  80
Rüschendorf  223, 549
Rüstringen  58f.
Rüthen  466
Ruhnke, Georg  366
Rulle  90, 94, 130, 136, 434

S
Saalfeld, Paul  160
Saarbrücken  409
Salbert, Theodor  538
Salzbrunn  240
Salzgitter  305

Salzkotten 403
Samulski, Robert 92
Sande 545
Sande-Neufeld 257
Sandel 545
Sanderbusch 545
Sandkrug 211, 213, 224, 230, 254f., 257, 401, 404, 421, 536, 540, 545
Sankt Annaberg (O/S) siehe Annaberg (O/S)
Sankt Gallen 243
Sankt Joost 545
Sauermann, Dietmar 459
Schaefer, Aloys 374
Schäfer, Rolf 39
Scharrel 303, 426, 550
Schatz, Klaus 17, 36
Scheffczyk, Leo 488
Scheffler, Georg 396, 436, 538
Scheler, Max 75
Schelsky, Helmut 23, 50, 78, 316f., 529
Schenk, Fabian 540
Schieder, Wolfgang 42
Schillig 100, 211, 213, 224, 238, 257, 318f., 358, 361, 365, 368f., 381, 401, 403f., 441, 536, 540, 544
Schinke, Augustin 186, 196, 213, 313, 341, 390, 398, 407, 421, 539
Schiprowski, Erwin 397, 538
Schlich-D'horn 396
Schlömer, Hans 391
Schmaus, Michael 394
Schmidt, Elisabeth 119
Schmidt, M. 503
Schmidtchen, Gerhard 29
Schmitt, Karl 30
Schmitz, Alfons 255
Schmitz, Caspar 302
Schnabel, Joseph Ignaz 107
Schneidemühl 4f., 88, 93, 152f., 399, 417, 456, 468, 479
Schneiderkrug 302, 403, 547
Schnellau 426
Schönemoor 545
Schoenke, Rudolf 108f.
Schöppenstedt 305
Scholz, Alfons 137, 232, 236, 247, 262, 317, 329, 374, 381, 401, 445, 459, 461, 538

Scholz, Franz 488
Scholz, Otto 213, 262, 399, 421, 541
Schortens 257, 331, 537, 545
Schubert, Hermann 90f.
Schütz, Hans 81
Schulte, Paul 262, 444
Schulte-Umberg, Thomas 470
Schulz, Alfred 444
Schulz, Georg 538
Schulz, Maximilian Maria 79–81, 89
Schuster, Gerhard 99, 134, 210, 212f., 240, 312, 324f., 381, 388, 404, 459f., 539
Schwäbisch Gmünd 468
Schwaneburgermoor 548
Schwarzheide/Lausitz 75
Schweewarden 324
Schwei 537, 545
Schweiburg 257, 310, 339, 545
Schwenzfeier, Bernhard 241
Schwichteler 167, 170f., 173, 185, 187, 191, 223f., 309, 490, 550
Sdralek, Max 374
Sedelsberg 207, 300, 550
Seefeld/Kr. Wesermarsch 285, 545
Seggern, Andreas von 25
Seidel, M. Vitalis 172
Selung, Bruno 396
Sendker, Adalbert 177, 251
Sengwarden 257, 303, 330, 495, 545
Seppelt, Franz Xaver 374
Sevelten 223f., 425, 550
Siegen 150
Siegert, Heinrich 119
Siemer, Callistus 76
Siemer, J. Hermann 267f.
Siemer, Laurentius 7f.
Sieve, Peter 534f.
Sillenstede 257, 545
Simon, Paul 8f., 288
Sladek, Paulus 33, 68, 78, 81, 96
Smaczny, Johannes 80f., 83–85, 91, 93–95, 102, 112f., 116–126, 369
Somborn 467
Sommer, Theodor 222, 406
Speckpater siehe Straaten, Werenfried van
Spreda/Langförden 267
Spremberg 411

Springer, Hugo 100, 213, 222, 358, 361, 365, 368f., 381, 403f., 430, 447, 540
Stade 128, 226
Stählin, Wilhelm 242, 286–288, 290f., 293, 298–300, 302, 307–309, 325f., 330f.
Stambolis, Barbara 280
Stapelfeld bei Cloppenburg 133, 135, 175, 403, 539
Starischka, Bernhard 539
Stedingen 329
Steinfeld 223f., 226, 269, 314, 366, 412, 550
Steinhausen 257
Stelzenberger, Johannes 374
Stenum 184f., 189, 248, 536
Stockholm 229–231
Stollhamm 213, 224, 230, 234, 237, 261, 399, 411f., 421, 536, 541, 545
Straaten, Werenfried van 200, 253f., 256, 258, 261f., 274f., 323
Strauch, Josef 398, 538
Strehlen 205
Strehler, Bernhard 375, 384, 395
Strehlitz 240
Striegau 493
Strückhausen 538, 545
Strücklingen 173f., 211, 406, 550
Stuhr 545
Stuttgart 82, 443
Südbeck, Ludwig 268
Südlohne 137
Südmoslesfehn 295, 306, 337, 543, 550
Swakopmund/Südafrika 262

T
Tantzen, Theodor 154, 193, 335
Taubitz, Monika 412
Telgte 90, 132f., 236f.
Tellen, Heinrich 128
Tenhumberg, Heinrich 121, 124–127, 129, 471
Tenschert, Josef 213, 278, 356, 388f., 418, 427f., 432, 447, 540
Tenspolde, Josef 152
Tenzler, Johannes 539
Tepe, Carl 303
Teping, Franz 347f.
Teßmar, Josef 369

Tettens 257
Teuber, Elisabeth 119
Themann, Anton 266f.
Thielsch, Bernhard 540
Thienel, Hubert 386
Thiersch, Karl 457
Thorade, Pastor 313
Thüle 550
Tiedtke, Hermann 300f.
Tillmann, Paulus 86, 466f.
Tinschert, Emanuel 435, 447
Tongerlo 253
Tossens 412, 545
Tournay, Edilbert 209, 223
Trebnitz/Böhmen 68, 89
Trennert, Wilhelm 80f., 83, 136, 439, 440
Trensky, Paul 330
Tübingen 8, 38, 377, 488

U
Uelsen 110
Uelzen 178, 272
Ullmann, Hermann 70
Ulm 82, 272
Urban, Alois 492
Urner, Herr 460

V
Vahren 403
Valevicius, Vincentius 397
Vardel bei Vechta 169
Varel 58f., 104f., 107–109, 115, 119, 165, 221, 223f., 255, 257, 319, 337, 405, 426, 517, 538f., 545
Varrelbusch 223f., 550
Vechta 32f., 56–59, 61, 101f., 107, 112–114, 120f., 139, 148, 156, 159f., 162–164, 167–175, 180, 183, 185, 189, 192–199, 201f., 208, 212, 214f., 217f., 220, 223–225, 229, 231f., 234, 237f., 242, 249, 251, 261, 266–273, 277, 281f., 285f., 289, 292–294, 296, 298–300, 302, 304–309, 312, 314, 321, 327, 331, 336f., 341f., 346, 348, 353, 355, 358f., 362, 364, 366f., 382, 391–393, 397–399, 401f., 407f., 413, 418f., 426, 439f., 446f., 453, 461, 472, 474f., 480, 483, 485, 490, 496, 498, 500, 503f., 513, 521, 523, 538–541, 550

Vechta-Füchtel  7, 244, 268
Vehr (Gut) bei Essen  175
Veit, Hans  397
Verona  377
Vestrup  223f., 236, 307, 309, 550
Vielstedt  422
Vinsebeck  505
Visbek  128, 133, 160, 202, 211, 223f., 269, 313, 369, 403, 443, 496, 538, 550
Völkerding, Heinrich  238
Voigt, Richard  354, 356
Voigtsdorf  239f., 248, 310, 409
Volk, Hermann  487
Volkers, Johannes  285
Volkmann, Wilhelm  86–88, 90–93, 103f., 113, 121f., 125f., 152f., 161f., 164, 166, 201, 235, 445–447
Vorwerk, Franz  86, 148f., 152f., 166, 271f., 398, 420, 428, 444, 451, 462f., 471, 485
Voslapp siehe Wilhelmshaven-Voslapp
Vreden  159, 237
Vreschen-Bokel  545

W
Waddens  313, 545
Waddewarden  257, 546
Wadersloh  465
Wagenfeld  399
Wahlich, Johannes  485
Wahlich, Josef  133, 135, 403, 431f., 448, 539
Walberberg  76
Waldenburg/Schlesien  205, 240, 350
Walditz/Grafschaft Glatz  353
Wallisfurth  403
Wandersleben  74
Wangerooge  58f., 87, 154, 165, 210, 224, 230, 234, 237, 396, 546
Wansen  205, 360
Warburg  467
Wardenburg  211, 230, 234, 237, 248, 257, 276, 313f., 537, 546
Warendorf  152, 236f., 397
Warfleth  546
Warlubien  425
Warnstedt siehe Elsten-Warnstedt
Wartha  89, 131f., 137, 149, 419, 459

Watermann, Hans  129, 160–164, 166f., 170–173, 180, 192, 194–200, 202, 208–210, 221f., 230, 268, 272f., 362, 364, 367, 402
Weber, Max  510
Weener  499
Wegmann, August  64, 170, 180, 193f., 328, 335, 348, 355, 402, 404
Wehler, Hans-Ulrich  13, 16
Wehnen  397, 544
Weidenau  457, 469
Weiergans, Elpidius  375
Weigmann, Alfons  119
Weihe bei Buchholz  175
Weißstein  240
Weitzenberg  398
Welker, Dr.  175
Welzel, Edmund  273, 275
Wendenerhütte/Kr. Olpe  173
Wengler, Georg  353f.
Werdohl-Eveking  96
Werl  80, 94f., 132f., 136, 204, 288, 336, 434f.
Werne  237
Wesemann, Paul  271
Westerkappeln  133
Westerstede  211, 224, 230, 234, 237, 241, 257, 341, 369, 485, 490f., 537, 546
Westpfahl, Hans  226
Westrum  546
Westum  357
Wiarden  546
Wiedenbrück  4
Wiefels  546
Wiefelstede  259, 298, 310, 341, 492, 546
Wieschowa (O/S)  186
Wiesmoor  444
Wietfeld, Franz gr.  291f., 294
Wildeshausen  58f., 98, 104, 108, 119, 165, 180, 219, 223f., 257, 260, 337, 392, 540, 546
Wilhelmshaven  56, 58f., 62, 115, 165, 195f., 201, 208f., 218, 223, 227, 238, 256f., 260, 272, 274, 327, 330, 337, 355, 392f., 403, 408, 421, 424, 426, 432, 439, 474, 476, 492, 495–498, 501, 504, 546
Wilhelmshaven-Altengroden  181f., 203, 224, 230, 255–257

Wilhelmshaven-Bant 546
Wilhelmshaven-Fedderwardergroden 181, 224, 337–339, 496, 537
Wilhelmshaven-Heppens siehe Heppens
Wilhelmshaven Lager Rosenhügel 255, 257, 495
Wilhelmshaven-Neuende 546
Wilhelmshaven-Neuengroden 248, 256, 490f., 537
Wilhelmshaven-Voslapp 224, 339, 354, 537
Winkel, Pater (OP) 256
Winkelheide, Bernhard 411, 432
Winterberg 503
Wintermann, Gerhard 290, 293, 300–302
Wirmer, Oberregierungsrat 402
Witte, August 214
Witten, Wilhelm 109
Wittig, Joseph 374
Wöste, Wilhelm 265, 277
Wohl, Franz-Josef 539
Wolfsburg 261, 471
Worbs, Marcin 379
Wosnitza, Franz 187, 265, 518
Woyski, Friedrich von 540
Wraggenort siehe Wüsting-Wraggenort
Wüllen 152
Wüppels 546

Wuermeling, Franz-Josef 272
Würzburg 409, 420
Würzburg (Diözese) 420
Wüsting 339, 343, 350
Wüsting-Grummersort 422
Wüsting-Wraggenort 422
Wulfenau 289, 547f.
Wykiers 496

X
Xanten 200, 466
Xanten-Marienbaum 90

Z
Zaborowo/Krs. Strasburg 73
Zeiger, Ivo 11, 18, 279, 316, 322f.
Zenker, Helene 120
Zetel 108, 115, 224, 230, 234, 237, 257, 302f., 401, 491, 537f., 546
Ziebolz, Georg 168, 538
Ziegenhals 489
Zimmermann, Anton 102, 114–119
Zimolong, Hans 277
Zingerle, Arnold 29
Zumbrägel, Joseph 195f., 256, 426
Zwangsbruch 425

## Von Sacerdotium und Regnum
**Geistliche und weltliche Gewalt im frühen und hohen Mittelalter Festschrift für Egon Boshof zum 65. Geburtstag**
Herausgegeben von Franz-Reiner Erkens und Hartmut Wolff
(Passauer Historische Forschungen, Band 12)
2002. XVIII, 762 S. 1 Frontispiz. 3 s/w-Abb. Gb. mit SU.
€ 80,50/sFr 141,–.
ISBN 3-412-16401-1
Eine breit gefächerte und dennoch thematisch zentrierte Sammlung von Beiträgen zur früh- und hochmittelalterlichen Geschichte.

## Lutz Partenheimer
**Albrecht der Bär**
**Gründer der Mark Brandenburg und des Fürstentums Anhalt**
2001. 438 S. 20 s/w-Abb. auf 16 Tafeln. 2 Karten. Gb.
€ 41,–/sFr 72,50
ISBN 3-412-06301-0
Der um 1100 geborene Albrecht der Bär ist vor allem als Gründer der Mark Brandenburg sowie als Stammvater des Geschlechts der Askanier in die Geschichte eingegangen. Die Biographie beschreibt sein Leben und zeichnet das Bild einer bewegten Epoche mittelalterlicher Geschichte.

## Helge Blanke
**Das Recht als Mittel der Machtpolitik**
**Eine Untersuchung zur nordwestdeutschen Grafschaftschronistik im Spätmittelalter**
(Kollektive Einstellungen und sozialer Wandel im Mittelalter, Neue Folge, Band 6)
2002. 338 S. Br. € 35,50/sFr 63,–
ISBN 3-412-12001-4
Dieses Buch vermittelt einen guten Einblick in das Rechtsempfinden der spätmittelalterlichen Chronisten und ihrer adligen Auftraggeber.

## Andrea Esmyol
**Geliebte oder Ehefrau?**
**Konkubinen im frühen Mittelalter**
(Beihefte zum Archiv für Kulturgeschichte, Band 52)
2002. IX, 315 S. Gb.
€ 29,90/sFr 52,50
ISBN 3-412-11901-6
Das Buch bietet einen gründlichen Überblick über außereheliche Beziehungen in den Königreichen der Langobarden, der Merowinger und Karolinger.

**Manfred Gailus**
**Protestantismus und Nationalsozialismus**
Studien zur nationalsozialistischen Durchdringung des protestantischen Sozialmilieus in Berlin
(Industrielle Welt, Band 61)
2001. X, 752 S. 28 s/w-Abb.
Gb. € 75,50/sFr 131,–
ISBN 3-412-07201-X

Warum waren der Nationalsozialismus, die Hitlerbewegung und die völkischen Ideen so attraktiv für große Teile des protestantischen Sozialmilieus? Diese Frage beantwortet der Verfasser in seiner sozial- und mentalitätsgeschichtlichen Studie.

**Der Erste Weltkrieg und die europäische Nachkriegsordnung**
Sozialer Wandel und Formveränderungen der Politik
Hg. von Hans Mommsen
(Industrielle Welt, Band 60)
2000. 246 S. Gb. € 30,50/sFr 54–
ISBN 3-412-10600-3

Der Erste Weltkrieg gilt als die »Urkatastrophe des 20. Jahrhunderts«. In seinen fatalen politischen, ökonomischen, kulturellen und sozialen Folgen ist dieser gesamteuropäische Epochenumbruch noch längst nicht vollständig aufgearbeitet. Der Band leistet hierzu einen wichtigen Beitrag aus sozialhistorischer Sicht.

**Wolther von Kieseritzky**
**Liberalismus und Sozialstaat**
Liberale Politik in Deutschland zwischen Machtstaat und Arbeiterbewegung (1878–1893)
(Industrielle Welt, Band 62)
2002. 564 S. Gb. € 54,–/sFr 94,–
ISBN 3-412-07601-5

Wie reagierte der politische Liberalismus auf den sozialen und wirtschaftlichen Wandel im Zeitalter der Hochindustrialisierung? Wie wirkungsvoll waren dessen Leitbilder im Übergang zur industriellen Massengesellschaft? Dieses Buch befasst sich mit den wesentlichen Ebenen der liberalen Bewegung – mit Parteien und Parlamentsfraktionen ebenso wie mit dem Netzwerk bürgerlich-liberaler Kommunikation.

**Sven Reichardt**
**Faschistische Kampfbünde**
Gewalt und Gemeinschaft im italienischen Squadrismus und in der deutschen SA
(Industrielle Welt, Band 63)
2002. Ca. 880 S. Gb.
Ca. € 65,–/sFr 114,–
ISBN 3-412-13101-6

Das Buch behandelt den Aufstieg der faschistischen Massenbewegungen in Italien und Deutschland vor dem Machtantritt Mussolinis und Hitlers. Erstmals wird hier ein systematischer Vergleich der politischen Praxis des italienischen Squadrismus und der deutschen SA vorgelegt.

## Archiv für Kulturgeschichte

**In Verbindung mit Karl Acham, Günther Binding, Egon Boshof, Wolfgang Brückner, Kurt Düwell, Wolfgang Harms und Gustav Adolf Lehmann herausgegeben von Helmut Neuhaus**

ISSN 0003-9233
Erscheinungsweise: zweimal jährlich
Einzelheft: € 39,90/SFr 67,–
Jahrgang: € 75,50/SFr 121,–

Entsprechend einer weiten Auslegung des Begriffs »Kulturgeschichte« ist das Spektrum der Aufsätze breit gefächert. Prinzipiell können alle Epochen und Kulturräume vertreten sein, die Themen reichen von der Geschichte im engeren Sinne bis zur Philosophie und Soziologie. Ein historischer Aspekt ist allerdings immer vorhanden. Natürlich liegt ein Schwerpunkt auf der deutschen Geschichte, wobei die Großepochen vom Mittelalter bis zur Gegenwart möglichst gleichmäßig berücksichtigt werden.

Ursulaplatz 1, D-50668 Köln, Telefon (0 221) 91 39 00, Fax 91 39 011

## Beihefte zum Archiv für Kulturgeschichte

In Verbindung mit Karl Acham, Günther Binding, Egon Boshof, Wolfgang Brückner, Kurt Düwell, Wolfgang Harms, Gustav Adolf Lehmann herausgegeben von Helmut Neuhaus

– Eine Auswahl –

Heft 42: Martin Kintzinger, Sönke Lorenz, Michael Walter (Hg.): **Schule und Schüler im Mittelalter.** Beiträge zur europäischen Bildungsgeschichte des 9. bis 15. Jahrhunderts. 1996. VII, 478 S. ISBN 3-412-08296-1

Heft 43: Hubertus Lutterbach: **Sexualität im Mittelalter.** Eine Kulturstudie anhand von Bußbüchern des 6. bis 12. Jahrhunderts. 1999. X, 302 S. Gb. m. SU. ISBN 3-412-10396-9

Heft 44: Markus Müller: **Die spätmittelalterliche Bistumsgeschichtsschreibung.** Überlieferung und Entwicklung. 1998. XII, 541 S. Gb. ISBN 3-412-11697-1

Heft 45: Michael Menzel: **Predigt und Geschichte.** Historische Exempel in der geistlichen Rhetorik des Mittelalters. 1998. 435 S. Gb. ISBN 3-412-13797-9

Heft 46: Luise Schorn-Schütte: **Karl Lamprecht.** Briefwechsel mit Ernst Bernheim und Henri Pirenne. Hrsg. und eingeleitet von Luise Schorn-Schütte unter Mitarbeit von Maria E. Grüter und Charlotte Beiswingert. 2002. Ca. 264 S. Gb. ISBN 3-412-02198-9

Heft 47: Jürgen Strothmann: **Kaiser und Senat.** Der Herrschaftsanspruch der Stadt Rom zur Zeit der Staufer. 1998. XII, 498 S. Gb. ISBN 3-412-06498-X

Heft 48: Franz-Reiner Erkens (Hg.): **Die früh- und hochmittelalterliche Bischofserhebung im europäischen Vergleich.** 1998. IX, 356 S. Gb. ISBN 3-412-0598-6

Heft 49: Rüdiger Hillmer: **Die napoleonische Theaterpolitik.** Geschäftstheater in Paris 1799–1815. 1999. XIV, 538 S. 3 Ktn. Gb. ISBN 3-412-12798-1

Heft 50: Helmut Feld: **Frauen des Mittelalters.** Zwanzig geistige Porträts. 2000. X, 478 S. Gb. m. SU. ISBN 3-412-05800-9

Heft 51: Anselm Fremmer: **Venezianische Buchkultur.** Bücher, Buchhändler und Leser in der Frührenaissance. 2001. X, 452 S. Gb. ISBN 3-412-09301-7

Heft 52: Andrea Esmyol: **Konkubinen im frühen Mittelalter.** Außereheliche Beziehungen in der fränkischen Gesellschaft. 2002. X, 315 S. Gb. ISBN 3-412-11901-6

Heft 53: Axel Bayer: **Spaltung der Christenheit.** Das sogenannte Morgenländische Schisma von 1054. 2002. Ca. VIII, 264 S. Gb. ISBN 3-412-03202-6

Ursulaplatz 1, D-50668 Köln, Telefon (0 22 1) 91 39 00, Fax 91 39 011

## Forschungen und Quellen zur Kirchen- und Kulturgeschichte Ostdeutschlands

Im Auftrag des Instituts f. Ostdeutsche Kirchen- und Kulturgeschichte hrsg. v. Paul Mai
– Eine Auswahl –

Bd. 9: Hans J. Karp: **Grenzen in Ostmitteleuropa während des Mittelalters.** Ein Beitrag zur Entstehungsgeschichte der Grenzlinie aus dem Grenzsaum. 1972. XXIV, 184 S., 1 Faltkte in Rückentasche. Ln. (3-412-93172-1).

Bd 10: **Acta Capituli Wratislaviensis 1500-1562** Teil I: Hlbbd. 1500-1513, 2. Hlbbd. 1514-1516. 1972. LXXII, 1000 S. Ln. (3-412-93072-5).

Bd. 12: Joachim Köhler: **Das Ringen um die tridentinische Erneuerung im Bistum Breslau.** Vom Abschluss des Konzils bis zur Schlacht am Weissen Berg 1564 –1620. 1973. LXVIII, 416 S. 4 Tab., 10 Ktn in Rückentasche. Ln. (3-412-83473-4).

Bd. 13: Otfrid Pustejovsky: **Schlesiens Übergang an die böhmische Krone.** Machtpolitik Böhmens im Zeichen von Herrschaft und Frieden. 1975. XLVIII, 267 S. 14 genealog. Taf. im Text. 6 Ktn u. 1 Falttab. i. Rückentasche. Ln. (3-412-82573-5).

Bd. 14: **Acta Capituli Wratislaviensis 1500-1562.** Teil II: 1. Halbband 1517-1535, 2. Halbband 1535-1540. 1976. LXVIII, IV, 1039 S. Ln. (3-412-04975-1).

Bd. 15: **Die Akten des Kanonisationsprozesses Dorothea von Montau von 1394-1521.** Hrsg. v. Richard Stachnik in Zus.-Arb. mit Anneliese Triller und Hans Westpfahl 1978. XLIV, 629 S., 6 Ktn. Ln. (3-412-06376-2).

Bd. 16: Heinrich Grüger: **Heinrichau.** Geschichte eines schlesischen Zisterzienserklosters 1227-1977. 1978. XX, 323 S. Ln. (3-412-06076-3).

Bd. 17: Gottfried F. Buckisch: **Schlesische Religions-Akten 1517 bis 1675.**
Teil I: Einführung. 1982. IX, 145 S. 1 Faks. 1 Stammtaf. im Anh. Gb. (3-412-06781-4).
Teil II: Regesten der Religions-Akten. Hrsg. v. Joseph Gottschalk/Johannes Grünewald/Georg Steller. 1998. LII, 490 S. 1 Faltkarte, 1 Tafel, 3 Abb. Gb. (3-412-17197-2).

Bd. 18: Horstwalter Heitzer: **Georg Kardinal Kopp und der Gewerkschaftsstreit 1900-1914.** 1983. XIX, 259 S. Gb. (3-412-00583-5).

Bd. 21: **Historia Residentiae Gedanensis Societatis Jesu ab anno 1585.** Geschichte der Jesuitenresidenz in Danzig von 1585-1642. Hrsg. v. Richard Stachnik. 1986. XVIII, 204 S., 1 Abb. Gb. (3-412-04085-1).

Ursulaplatz 1, D-50668 Köln, Telefon (0 2 21) 91 39 00, Fax 91 39 011

## Forschungen und Quellen zur Kirchen- und Kulturgeschichte Ostdeutschlands

Im Auftrag des Instituts f. Ostdeutsche Kirchen- und Kulturgeschichte hrsg. v. Paul Mai
– Eine Auswahl –

**Bd. 23:** Bernhard Stasiewski: **Institut für ostdeutsche Kirchen–und Kulturgeschichte e.V. 1958-1987.** 1988. XIX, 142 S., 15 Abb. auf 8 Taf., 1 Faltkte, Gb. (3-412-01984-4).

**Bd. 24: Adolf Kardinal Bertram. Sein Leben und Wissen auf dem Hintergrund der Geschichte seiner Zeit.** Teil I: Beiträge. Hrsg. v. Bernhard Stasiewski. 1992. XL, 253 S., 12 Abb. Gb. (3-412-07289-3). Teil II: Schrifttum. Zus.-gest. v. Werner Luber/Hans L. Abmeier. 1994. X, 159 S. Gb. (3-412-07389-X).

**Bd. 25: ‚Liber de festis' Magistri Johannis Marienwerder.** Offenbarungen der Dorothea von Montau. Hrsg. v. Anneliese Triller unter Mitw. v. Ernst Borcher, nach Vorarbeiten v. Hans Westpfahl. 1992. 224 S., 4 Abb. Gb. (3-412-04891-7).

**Bd. 26: Schematismen des Fürstbistums Breslau 1724 und 1738.** Hrsg. v. Józef Pater. 1995. XLV, 429 S. Gb. (3-412-07392-X).

**Bd. 27:** Rainer Bendel: **Der Seelsorger im Dienst der Volkserziehung.** Seelsorge im Bistum Breslau im Zeichen der Aufklärung. 1996. XIV, 564 S. Gb. (3-412-06195-6).

**Bd. 28: Humanismus und Renaissance in Ostmitteleuropa vor der Reformation.** Hrsg. v. Winfried Eberhard/Alfred A. Strnad. 1996. VIII, 342 S. 11 schw.-w. Abb. Gb. (3-412-16495-X).

**Bd. 29:** Günter J. Ziebertz: **Berthold Altaner (1885-1964).** Leben und Werk eines schlesischen Kirchenhistorikers. 1997. XIV, 446 S. 1 Frontispiz. 3 s/w Abb. Gb. (3-412-11696-3).

**Bd. 30:** Adolf Kardinal Bertram: **Hirtenbriefe und Hirtenworte.** Bearb. von Werner Marschall. 2000. XXXVIII, 1020 S. 1 Frontispiz. Gb. (3-412-01399-4).

**Bd. 31:** Brigitte Lob: **Albert Schmitt O.S.B., Abt in Grüssau und Wimpfen.** Sein kirchenpolitisches Handeln in der Weimarer Republik und im Dritten Reich. 2000. X, 392 S. 17 s/w-Abb. Gb. (3-412-04200-5)

**Bd. 32:** Hans-Jürgen Karp, Joachim Köhler (Hg.): **Katholische Kirche unter nationalsozialistisscher und kommunistischer Diktatur.** Deutschland und Polen 1939–1989. 2001. XII, 286 S. Gb. (3-412-11800-1)

**Bd. 33:** Michael Hirschfeld: **Katholisches Milieu und Vertriebene.** Eine Fallstudie am Beispiel des Oldenburger Landes 1945–1965. 2002. XIV, 634 S. 16 s/w-Abb. Gb. (3-412-15401-6)

Ursulaplatz 1, D-50668 Köln, Telefon (0 2 21) 91 39 00, Fax 91 39 011

## Forschungen zur kirchlichen Rechtsgeschichte und zum Kirchenrecht

Herausgegeben von M. Heckel, P. Landau und K.W. Nörr

Nicht aufgeführte Bände sind vergriffen.

**14: Jendris Alwast: Dialektik und Rechtstheologie.** Eine Grundlagenuntersuchung zu Ansatz und Methode der rechtstheologischen Konstruktion ‚Christokratie und Bruderschaft' von Erik Wolf. 1984. XI, 172 S. Br.
(3-412-05284-1)

**19: Tilmann Schmidt: Der Bonifaz-Prozeß.** Verfahren der Papstanklage in der Zeit Bonifaz VIII. und Clemens V. 1990. VI, 473 S. Br.
(3-412-21488-4)

**20: Andreas Meyer: Arme Kleriker auf Pfründensuche.** Eine Studie über das in forma-pauperum-Register Gregors XII. von 1407 und über päpstliche Anwartschaften im Spätmittelalter. 1990. XII, 161 S., 2 Abb. Br.
(3-412-18489-6)

**21: Heike J. Mierau: Vita communis und Pfarrseelsorge.** Studien zu den Diözesen Salzburg und Passau im Spät- und Hochmittelalter. 997. X, 753 S. Br.
(3-412-03296-4)

**22: Irmgard Christa Becker: Geistliche Parteien und die Rechtsprechung im Bistum Konstanz (1111-1274).** 1998. 168 S. Br.
(3-412-12697-7)

**23: Regula Gujer: Concordia discordatium codicum manuscriptorum?** Die Textentwicklung von 18 Handschriften anhand der D.16 des Decretum Gratiani. 2002. Ca. 372 S. Br.
(3-412-12997-6)

**24: Wolfgang P. Müller: Die Abtreibung.** Anfänge der Kriminalisierung 1140–1650. 2000. VIII, 355 S. Br.
(3-412-08599-5)

**25: Christian Schwab: Das Augsburger Offizialatsregister (1348–1352).** Ein dokument geistlicher Diözesangerichtsbarkeit. Edition und Untersuchung. 2001. 868 S. Br.
(3-412-16200-0)

**26: Frank Theisen: Mittelalterliches Stiftungsrecht.** Eine Untersuchung zur Urkundenüberlieferung des Klosters Fulda im 12. Jahrhundert. 2002. VII, 491 S. 3 s/w-Abb. Br.
(3-412-09901-5)

**27: Elisabeth Dickerhof-Borello: Ein Liber Septimus für das Corpus Iuris Canonici.** Der Versuch einer nachtridentinischen Kompilation. 2002. 392 S. Br.
(3-412-12301-3)

URSULAPLATZ 1, D-50668 KÖLN, TELEFON (0221) 91 39 00, FAX 91 39 011